2017.3.1. 시행법 수록

특허법

임석재 ◦ 한규현

박영사

머 리 말

이 특허법 해설은 나의 48년간의 변리사(辨理士) 업무를 통해서 체험한 여러 모습의 수많은 사건들에 대한 실무경험을 바탕으로, 기업(企業)에서 특허관리(特許管理)의 수장(首長)을 하시는 분과 직원들 또는 발명을 하시는 분들을 위해서 쓴 것이다.

또 변리사 수험생들에게도 좋은 준비서가 되도록 내용과 체제에 힘을 썼다.

나는 국회에서 1급 공무원(전문위원)으로 근무하면서 변리사시험에 응시하여 합격했고, 또 17년간 변리사시험위원을 역임(歷任)하면서 변리사 시험공부가 얼마나 고달픈 것인지를 잘 알고 있기 때문에 변리사 수험생들의 입장에 무심(無心)할 수가 없었다.

내가 "특허법"을 쓴 것은 이번이 세 번째이다. 전에 두 번에 걸쳐서 쓴 책들은 이론중심(理論中心)이었고 그것을 교재로 하여 고려대학교에서 5년간의 강의도 했었다. 그러나 당시에는 나의 변리사 사업이 성업(盛業)이어서 대학강의를 사양하고 변리사업에만 전념해 왔다.

이번 특허법 해설은 실용신안법을 포함하여 모두 10개의 장(章)으로 편제(編制)되었다. 그 중에서 제8장이 "특허소송(特許訴訟)"인데, 이 분야에 관하여는 법관(판사)으로서 특허 재판에 경험이 많은 분이 쓰는 것이 좋을 것으로 생각되어, 서울고등법원 한규현(韓奎現) 부장판사에게 특별히 부탁했다. 그래서 이 책이 두 사람의 공저(共著)로 된 것이다.

서울고법 한 부장판사는 특허 등에 관한 재판과 인연을 가진 것이, 대법원 재판연구관으로 근무할 때부터 시작하여, 특허법원 부장판사, 특허법원 수석(首席) 부장판사를 거쳐 서울고등법원 특허 등 침해사건의 전담부(專擔部)인 부장판사까지 11년 이상 특허재판의 경험을 가지고 계신 분이다. 그 실무경험자로서 쓰신 것이므로 또한 특허업무의 실무자들과 변리사 수험생들에게 큰 도움이 될 것으로 믿는다.

이 책을 쓰는 동안 특허법이 네 번이나 개정되었고 그 중에서 두 번은 중폭적으로 개정되었다. 마지막 개정은 2016년 2월 29일 이었고, 그 시행일이 2017년 3

월 1일부터이다. 이 책은 그 개정법의 조항들을 모두 수록하여 설명했다.

이 책이 출판되도록 협조해주신 박영사 기획이사 조성호(趙成晧) 님, 편집부장 김선민(金善敏) 님께 이 지면을 빌어 깊은 감사의 뜻을 표한다.

2017년 5월 20일

공동저자 임 석 재(任 石 宰)

법령 약어(無順)

법, 특법＝특허법

령, 시행령＝특허법 시행령(대통령령)

시행규칙＝특허법 시행규칙(산업통상자원부령)

징수규칙＝특허료 등의 징수규칙(산업통상자원부령)

등록령＝특허권 등의 등록령(대통령령)

수용규정＝특허권의 수용·실시 등에 관한 규정(대통령령)

특허법 해설서＝특허법 조문별 해설(특허청편 2009. 9. 개정판)

실용법＝실용신안법

실용령＝실용신안법 시행령(대통령령)

실용규칙＝실용신안법 시행규칙(산업통상자원부령)

기술이전촉진법＝기술의 이전 및 사업화 촉진에 관한 법률

공장저당법＝공장 및 광업재단저당법

부정방지 등 보호법＝부정경쟁방지 및 영업비밀보호에 관한 법률

반도체법＝반도체집적회로의 배치설계에 관한 법률

식물품종법＝식물신품종보호법

농수산물법＝농수산물품질관리법

디자인법＝디자인보호법

법조법＝법원조직법

행소법＝행정소송법

행심법＝행정심판법

민소법＝민사소송법

상고심특례법＝상고심절차에 관한 특례법

국가당사자소송법＝국가를 당사자로 하는 소송에 관한 법률

민집법＝민사집행법

민소인지법＝민사소송 등 인지법

민소규칙＝민사소송규칙

채무회생 및 파산법＝채무자회생 및 파산에 관한 법률

지자법＝지방자치법

질서위반법＝질서위반행위규제법

국내참고문헌(가나다 순)

권두상 산업재산권의 손해배상제도에 관한 연구 (2005)

권택수 요건사실 특허법 (2010)

권택수 특허권침해금지청구소송에 있어서의 실무상 제 문제(피고제품 및 피고방법의 특정, 특
　　허청구범위의 해석과 관련하여) (2014)

김기영, 김병국 공저 특허와 침해 (2012)

김민수 부정경쟁방지 및 영업비밀보호에 관한 법률 (2012)

金祥源 외3인 註釋 民事訴訟法(Ⅰ~Ⅳ) (1991)

김용섭 특허권침해로 인한 손해배상액 산정에 관한 연구 (2009)

대한변리사회 발행 변리사 민사소송 실무연수 (2007)

대한변리사회 발행 지적재산 소송실무연수 (2016)

민일영·김능환 주석 신민사소송법(Ⅳ)(제7판) (2012)

박균성 행정법강의(제13판) (2016)

박동식 유럽특허법 (2009)

박성수 특허침해로 인한 손해배상액의 산정 (2007)

박희섭, 김원오 特許法原論(제4판) (2009)

법원행정처 민사재판운영실무 (2002)

法院行政處 발행 特許訴訟實務 (1998)

법원행정처 법원실무제요 민사집행[Ⅲ·Ⅳ] (2014)

사법연수원 특허법 (2009, 2015)

서울북부지방법원 민형사실무연구 (2004)

蘇星奎 民法總則(제4판) (2014)

孫京漢 特許法院訴訟 (1998)

손경한 편 신특허법론, 전효숙 집필부분 (2005)

송영식 외 6인 지적소유권법(상) (2008)

안원모 특허권의 침해와 손해배상 (2005)

양창수 특허권 침해로 인한 손해배상 시론: 특허법 제128조 제1항의 입법취지와 해석론 법조
　　제588호 (2005)

오승종 저작권법 (2007)

오승택 특허법(제2판) (2014)

윤선희 특허권침해에 있어 손해배상액의 산정 ― 특허법 제128조의 이해 ― (2004)

윤선희 특허법(제3판) (2007)

윤태식 판례중심 특허법 (2013)

이균용 상표권침해로 인한 금지청구 및 손해배상청구에 관한 소고 법조 제40권 제9호

이상경 지적재산권소송법 (1998)

李相哲 조문별·쟁점별 특허판례 (2011)

이시윤 新民事訴訟法(제10판) (2016)

임　호 법학총서 특허법 (2003)

장수길 지적소유권의 침해에 따른 손해배상 (1991)

전효숙 특허권 침해로 인한 손해배상 (1997)

鄭東潤 民事訴訟法(全訂版) (1990)

정상조·박성수 공편 특허법 주해 II (2010)

정희장 특허권 등 침해로 인한 손해배상청구, 부당이득반환청구권 재판 자료 제56집

조영선 특허법(제5판) (2015)

특허법원 지적재산소송실무(제3판)

특허법원 지적재산소송실무 (2014)

特許法院 발행 特許訴訟硏究(第1輯) (1999)

특허법원 발행 특허재판실무편람 (2002)

특허심판원 발행 대법원 특허판례 분석집 (2011)

특허심판원 발행 대법원 특허판례 분석집 (2014)

특허청 발행 産業財産權 侵害事件判例選集 (1991)

특허청 발행 조문별 특허법해설 (2007)

특허청 발행 특허·실용신안심사지침서 (2011)

특허청 발행 특허절차상 미생물기탁의 국제적 승인에 관한 부다페스트조약(Budapest Treaty on the International Recognition of the Deposit of Microorganisms for the Purposes of Patent Procedure) (1988)

특허청 발행 특허출원방식심사지침서 (2014)

특허청 譯 知的財産權總論(WIPO) (1997)

한국경제연구학회 발행 병행수입(paralled imports)활성화를 위한 개선방안 (2008) 현대호 지적재산권의 손해배상제도에 관한 개산방안연구 (2002)

황찬현 손해배상책임에 관한 현행법의 규정과 입법론적 검토 (1999)

외국참고문헌(無順)

日本特許庁 編集 工業所有権制度百年史(上卷) (1984)

日本特許庁 編集 工業所有権法 逐条解説[第19版] (2012)

渋谷達紀 著 特許法 (2013)

渋谷達紀 著 特許法の概要 (2013)

中山信弘 著 特許法[第2版] (2012)

吉藤幸朔 著, 熊谷健一 補訂 特許法解説[第13版] (1998)

中山信弘 編著 注解 特許法[第3版]上卷 (2000)

中山信弘 編著 注解特許法[第3版]下卷 (2000)

橋本良郎 著 特許関係条約(第3版) (2002)

外川英明 著 企業実務家のための実践特許法≪第5版≫ (2013)

奥田百子 著 特許法のしくみ(第2版) (2012)

佐伯とも子・吉住和之 著 化学特許の理論と実際 (2008)

内田謙二 著 欧州特許実体編 (1997)

後藤晴男 著 パリ条約講話 (1982)

ヘンリ_幸田 著 米国特許法逐条解説<第4版> (2001)

弁理士クラブ知財判例研究会編 実務家のための知的財産権判例70選 (2002)

工業所有権判例研究会 編集 工業所有権主要判決250選 (1987)

服部健一 著 アメリカ連邦裁判所 (1993)

青山葆・木棚照一 著 国際特許侵害 (1996)

橋本良郎 著 特許協力条約逐条解説 (1981)

財団法人 知的財産研究所 編 用途発明 (2006)

古川和夫 著 新・多項制の知識 (1988)

日本工業所有権法学会 編 ヨ_ロッパ工業所有権法の諸問題 (1979)

Earl W. Kintner, Jack L. Lahr 著, 有賀美智子 訳 アメリカ知的所有権法概説 (1978)

大場正成先生喜寿記念論文集刊行会 編集 大場正成先生喜寿記念 特許侵害裁判の潮流 (2002)

竹田 稔 知的財産権侵害要論(特許・意匠・商標) 編, (第5版) (2007)

一般社団法人 発明推進協会 編集 2014年改定知的財産権法文集(2015, 2015. 4. 1. 施行版)

INTERNATIONAL PROBLEMS OF INDUSTRIAL PROPERTY, NAKAMATSU Kannosuke
    (1976)

Patent Cooperation Treaty(PCT), WIPO (1970, modified on 2001)

Gerrish's Technical Dictionary, HOWARD H. GERRISH (1976)

European Patent Convention (1970)

Community Patent Convention (1967)

Budapest Treaty on the International Recognition of the Deposit of Microorganisms for the Purposes of Patent Procedure (1988)

Leahy—Smith America Invents Act (2011)

차　례

제 1 장　특허제도의 서설

제 2 장　총　　칙

제 3 장   특허의 출원절차

제 4 장 특허출원의 심사

제 5 장 특허권의 설정등록·특허원부, 존속기간 및 특허권의 효력 등

제 6 장 특허권의 공유·이전·담보·실시권·의무 및
특허권의 소멸

제 7 장 특허의 취소와 심판 및 재심

제 8 장 특허소송

제 9 장 실용신안법의 개요

제10장　특허 등에 관한 조약 등

제 1 장 특허제도의 서설

제 1 절 특허제도의 연혁

제 1 항 외국특허제도의 연혁

(1) **외국특허제도**(特許制度)**의 시원이** 언제부터인지는 명확하지 않다. 1421년 후로렌스(Florence)공화국에서 화물선에 관하여 이탈리아 건축가 Filippo Brunelleschi(1377~1446)에게 부여한 특허가 역사상 최초의 특허권(特許權)이라는 것이다.

또 세계최초의 특허제도는 베니스(Venice)공화국에서 1474년에 새로운 기술과 기계의 발명자에게 대하여 그 보상(報償)으로 10년의 특권을 부여하기로 정하고 1475년에서 1550년 사이에 약 100건의 발명에 대하여 특허권(特許權)이 부여되었다고도 한다. 그리고 유명한 천문학자 Galileo Galilei(1564~1642)도 양수방법(揚水方法)에 대하여 1594년 베니스공화국의 특허를 받았다 한다. 그러나 특허제도는 그 연원을 14세기 영국에서 찾아야 한다. 물론 그 이전에까지 소급할 가능성도 있다. 다만, 고대에는 무형의 창작적 사상이 배타적인 권리의 형식으로 보호되지는 않았다. 중세에 들어와서야 주로 특권(Privilege)의 형식으로 보호되었다는 것이다.

(2) **영국에서는** 새로운 산업을 도입하기 위하여 외국의 우수한 기술자에게 특권을 부여하고 길드(guild)의 독점권에서 벗어날 것을 기도하였다.

이것은 국왕의 특허증(litterae patentes, Letters patent)에 의하여 영업이 허가되었다. 국왕이 특허권을 부여할 때에 다른 사람도 볼 수 있도록 특허증(特許證)을 개봉된 상태로 수여하였다 하여 특허증을 "공개문서(公開文書)"라고 했다 한다. 그 후 "open"이라는 뜻을 가진 "patent"가 특허권이라는 뜻으로 사용하게 되었다고 전해지고 있다.

현재의 특허라는 어원도 여기에서 유래한다고 한다. 그 최초의 예는 1331년 에드워드 3세에 의하여 네덜란드의 직물가(織物家) 죤·켐푸(John Kempe)에게 수여된 것이라 한다.

(3) 이러한 형식으로 일개인에게 독점적으로 또는 사업을 경영하는 특권을 부여하는 것으로 되었다. 이것이 소위 전매특허(monopoly‑patent)이며 오늘날의 특허와 그 성질을 같이 하는 것이다.

그리고 영국에서는 지금도 특허는 국왕의 은혜에 의한다는 은혜주의로 이해되고 있다. 그런데 영국에서 독점권(獨占權)을 부여한 특허는 외국의 신기술수입의 목적에서 벗어나 왕실의 수입을 증가시키는 수단으로 남용되었다.

특히 엘리자베스(Elizabeth) I세(1558~1603)는 그것을 총신(寵臣)에게 남발하여 생활필수품의 가격이 뛰어오름으로써, 국민들의 반감을 사게 되자, 여기에서 소위 "다리시 대 아린(Darcy v. Allin‑1602)"의 특허증무효소송(特許證無效訴訟)이 제기되고 그 판결에 의하여 특허증은 내국에서 신규의 발명에 대하여 수여하는 경우에만 유효하다는 판례의 원칙이 섰다.

(4) 1624년에 의회는 제임스 1세(James I‑1603~1625)로 하여금 전매조례(專賣條例)(Statute of Monopolies)를 발포케 하였다. 이 조례(條例)는 세계최초의 성문특허법인바, 그 내용은 다음과 같은 근대 특허법의 기초를 이루는 제원칙으로서 중요시된다.

(i) 특허를 받을 수 있는 자는 진실하고 또 최초의 발명자에 한 한다는 것

(ii) 특허는 국내에서 알려지지 않은 신규의 상업적 방법에 대하여 부여된다는 것

(iii) 특허일부터 14년 이상의 기간을 존속할 수 없으나 다만, 예외로 21년이하의 기간을 인정할 수 있다는 것

이와 같은 원칙은 현대 각국의 특허제도에 큰 영향을 미친 것이다.

제2항 우리나라 특허법의 연혁

(1) 우리나라 특허제도의 시원

구한국말인 1908년 8월 12일에 공포되고 같은 달 16일부터 시행된 "한국특허령"에서부터이다.

당시의 한국특허 제1호는 독립운동가 정인호(鄭寅琥, 1869~1945) 씨에게 "말총모자"(옛날에 어른이 된 남자들의 머리에 쓰던 갓(笠)의 중앙부위를 갓의 모자(帽子)라 했

다)에 대한 발명특허를 부여한 것이 최초라 한다.[1]

이 특허령(特許令)은 1946년 1월 미군정법령 제44호에 의하여 원용되면서, 특허원(特許院)을 설치하고 특허·실용신안·상표 및 저작권에 관한 사항 등 무체재산권(無體財産權) 일체에 관한 사항을 관장케 하였다.

(2) 보호원제도

한편, 특허법을 제정하여 본격적인 특허행정을 하게 될 때까지의 잠정적인 조치로서 보호원제도(保護願制度)를 채택하였는데 이는 정식의 특허출원이라고는 할 수 없으나 발명·고안의 내용을 표시한 명세서와 도면을 첨부하여 보호원을 제출하면 특허법이 제정된 후에도 이를 우선적으로 보호하도록 하는 제도이었다.

(3) 1946년법(미군정법령 제91호)

1946년 10월에는 특허법안(特許法案)을 완성하여 미군정법령 제91호로 공포되었다(이하 "1946년법"이라 한다). 이것이 우리의 구법에 해당된다. 여기에는 그 소관기관명(所管機關名)을 특허국이라 하고, 당시 상무부(商務部)에 소속시켰다. 이 법은 각국의 제도를 참고삼았던 것이나 특히 미국의 그것에 영향받은 바 크다.

1946년법의 주요내용을 보면, 이 법과 저촉되는 종래에 시행하던 모든 법규를 폐지하고, 법체계로서 특허국의 조직 등을 규정하는 한편, 특허·실용신안(實用新案) 및 미장특허(美匠特許─현재의 디자인등록) 등을 모두 포괄하는 것이었다.

특히 우리나라의 식물특허제도(植物特許制度)는 이 법에서부터이다. 기타 출원공고제(出願公告制─다만, 미장특허는 제외), 심사주의(審査主義), 발명특허권(發明特許權), 식물특허권(植物特許權)의 존속기간을 17년의 장기로 하면서도 그 연장제도를 채용하였고, 특허권의 제한부담보(制限附擔保)·이전제(移轉制), 그리고 2차대전의 종료당시(終了當時─1945. 8. 15)에 우리나라에서 유효하게 존속하던 권리들은 국제법상의 원칙에 입각하여 이를 계속하여 보장하기로 한 점 등이다.

(4) 헌법부칙에 의한 원용과 특허법이라는 독립된 법의 탄생

그 뒤에도 이 법은 대한민국 헌법의 부칙 제100조의 규정에 의하여 유효한 법률로 인정되어 왔다.

1961년 12월 31일에는 구법령정리사업(舊法令整理事業)의 일환으로 이에 대치한 특허법이 제정되었는바, 그 제안이유의 줄거리를 보면 다음과 같다.

당시의 특허법은 특허국설치에 관한 사항, 발명특허(發明特許)에 관한 사항,

1) 상공부·상공행정개관, P. 9. 필자(筆者) 임석재(任石宰) 졸저(拙著), 工業所有權法(發明文化社 刊行, 1966년), P. 47.

실용신안에 관한 사항 및 미장특허(美匠特許 – 현재의 디자인등록)에 관한 사항이 혼합규정되어 있어, 법체제상 불합리할 뿐 아니라 모순되거나 불충분한 규정이 많으므로 이를 각자 별개법으로 정리하기로 하고, 이 법에는 특허에 관한 사항만을 규정하려는 것이라 하였다. 그러나 1946년법인 통합법전을 3개의 독립법으로 분리하고 절차적인 규정을 대폭 특허법시행규칙에 규정한 것 외에는 별다른 신선한 개혁은 없었다.

이 법은 1963년 3월 5일 일부의 개정이 있었으며, 그 후로 특허법의 개정이 28회 있었고, 특허법과 관련된 기타의 법률로써, 특허법의 실질적인 내용에 변화를 준 법의 개정, 즉 정부조직법, 발명진흥법, 국민기초생활보장법, 민사소송법, 디자인보호법, 민법 등 여러법의 개정이 15회 등 도합 43회의 개정을 거쳐 현행법은 2016. 2. 29. 중폭으로 개정되어, 2017. 3. 1.부터 시행되는 법이다.

제 2 절 특허제도의 기초적 근거

제 1 항 발명보호의 이유

국가가 발명을 한 사람(發明者)에게, 특허권(特許權)이라는 독점권(獨占權)을 부여하여 보호하는 이유가 무엇이냐에 관하여는 몇 가지 견해가 있다.

1. 발명자 지배권설(支配權說)

발명을 한 사람은 그 발명에 대하여 당연히 원시적으로 지배권(支配權)을 가지는 것이므로, 특허권의 형성은 이 지배권에 대한 국가와 발명을 한 사람과의 법적관계라고 보는 견해이다. 그리고 여기에서도 다시 세분되지만, 주목할 만한 것은 다음과 같다.

(1) 소유권설(所有權說)

이 설은 발명(發明)에 대하여 부여하는 특허권을 물건에 대한 소유권(所有權)과 같은 것으로 본다.

그러나 권리의 형성과정에 특허요건 등 심사주의(審査主義)에 의한 절차가 있고 또 존속기간 등의 제한이 있다는 점에서 소유권과는 다르고, 또 그 실체를 표현할 수 없는 무체재산권(無體財産權)이라는 점에서도 소유권과는 다르기 때문에 이 견해는 점차 자취를 감추게 되었다.

(2) 계약설(契約說)

특허권의 형성을 국가와 발명을 한 사람(發明者) 사이의 계약이라고 본다. 즉 발명을 한 사람이 제출하는 특허명세서(特許明細書)를 계약서로 보고, 청구범위를 계약조항으로 하는 발명을 한 사람과 국가 사이에 맺어진 계약이라고 본 것이다.

그러나 계약의 전제가 되는 발명보호의 이유를 설명하지는 못하고 있다.

(3) 무체재산권설(無體財産權說)

이 설을 계약설에 포함시키기도 하나, 이는 특허권의 성질에 관한 학설로서는 타당하지만 소유권설의 범위를 벗어날 수 없다 할 것이다.

2. 국가정책설(國家政策說)

발명을 한 사람에게 특허권을 설정하는 것은 국가정책상의 문제라고 보는 입장이다. 여기에서도 구체적인 견해를 달리한다.

(1) 인격권설(人格權說)

발명은 인간의 정신작용인 사상이며, 이는 인격의 구성부분이라 볼 수 있으므로, 발명에 대하여 특허권을 설정하는 것은 발명을 한 사람의 인격을 보호하는 지당한 것이라고 한다.

그러나 인격보호(人格保護)를 목적으로 한다면 적어도 발명을 한 사람의 생존기간(生存期間)은 보호되어야 함에 반하여, 일정기간만을 보호하는 특허법의 견지에서 보면 맞지 않는다.

(2) 발명장려설(發明獎勵說)

발명은 발명을 한 사람의 예의(銳意)한 고심의 결과 완성하는 것이므로, 어떠한 보호방법에 의하여 타인의 모인(冒認)·모방(模倣)을 금하지 않으면 발명을 한 사람의 노고는 물거품이 될 뿐만 아니라, 발명의욕(發明意慾)이 상실되고 산업의 발달이 저해(沮害)되므로, 발명장려(發明獎勵)의 방법으로 특허권을 설정하여 일정기간 발명을 한 사람의 이익을 독점시키는 것이라 한다.

그러나 특허요건 등이 있어 모든 발명에 대하여 특허권을 부여하는 것이 아니고 또 어느 발명은 특허를 받을 수 없거나($\frac{법}{\S32}$) 제한하는 규정($\frac{법}{\S41②}$)을 둔 것으로 본다면, 특허권설정이 발명장려만을 목적으로 하는 것은 아니라 할 것이다.

(3) 보수설(報酬說)

이 설은 발명을 한 사람은 발명을 하려면 정신적인 노고와 물질적(物質的)인

비용을 들이게 되므로, 수익자(受益者)인 사회로부터 보수(報酬)를 받아야 한다는 것이다. 그 보수가 바로 발명의 실시를 독점하는 특허권이라고 보는 견해이다.

좀 더 부연한다면, 발명을 한 사람이 지불한 다대한 노고와 비용의 결과로 얻은 것이 발명이므로, 이에 대한 보상으로 특허권을 부여하는 것이라 한다. 그러나 특허권의 가치가 반드시 그 노고와 비용에 비례되지 않으므로, 논리적으로 지당한 것은 아니다. 또 전혀 실시되지 않고 소멸하는 경우도 있다.

(4) 공개대상설(公開代償說)

발명을 일반사회에 공개하여 이를 이용하게 함으로써 일반의 지식향상에 이바지하고, 나아가 산업의 발전에 기여하는데 대한 대가로서 일정기간에 특허권이란 독점권(獨占權)을 부여하는 것이라고 본다.

애써서 개발한 발명을, 발명을 한 사람(發明者)이 감추고 있다가 활용하지 못하고 쓸모없이 묵혀두거나 발명을 한 사람의 사망과 같이 소멸해 버린다면 사회적인 손실이므로, 특허권이라는 대가를 주고 이를 공개하여 발명을 사회공유(社會共有)의 재산으로 하여 누구나 실시할 수 있게 한다는 특허제도의 목적을 발명의 공개에 두고 있다는 점에 특색이 있다.

그러나 새로운(新規) 발명을 한 사람이 그 발명을 아무리 비밀로 하려 해도 물건의 발명은 제품을 판매하면 그 비밀은 공개되는 것이고, 방법의 발명도 발명을 한 사람이 혼자만이 실시하는 수공업이라면 몰라도, 현대적인 산업구조인 대량의 실시방법(實施方法)으로는 오랫동안 비밀을 지킬 수는 없으므로, 구태여 대가를 치러 가면서 공개시킬 필요는 없다는 것이 문제로 지적되고 있다.

(5) 산업정책설(産業政策說)

(i) 특허제도는 발명을 보호함으로써, 발명을 장려할 뿐만 아니라, 발명을 공개하여 제3자가 이용할 수 있도록 하여 기술의 발전을 촉진시켜 산업발전에 이바지함을 목적으로 한다는 산업정책(産業政策)에서 그 이유를 찾아야 할 것이다.

그렇다면, 국가정책설(國家政策說)의 범주 안에 있어서도, 인격권설(人格權說)은 산업재산권의 본질을 인격권(人格權)으로 볼 수는 없으므로 용납될 수 없고, 발명장려설(發明獎勵說)과 보수설(報酬說) 및 공개대상설(公開代償說)은 서로 배치되는 것이 아니라, 다만 제도적인 이유를 어느 측면 내지는 과정에 더 중점을 두고 보느냐의 차이만이 있을 뿐이라 할 것이다.

(ii) 따라서 특허제도의 기초인 발명을 보호하는 이유는 우리 헌법 제22조(학문과 예술의 자유) 제2항에서, 『 … 발명가·과학기술자 … 의 권리는 법률로써 보호

한다』는 데에 근거를 두고, 지식재산기본법(知識財産基本法) 제1조(목적)와 제2조 (기본이념)에 부합되는 특허법 제1조에서, "이 법은 발명을 보호·장려하고 그 이용을 도모함으로써 기술의 발전을 촉진하여 산업발전에 이바지함을 목적으로 한다"는 취지와 발명진흥법(發明振興法) 제1조 및 제6조(발명에 대한 인식향상과 발명활동의 촉진)에 규정한 취지 등을 종합해보면, 발명을 보호하는 이유는, 오로지 발명을 한 사람만을 보호하자는 것이 아니라, 그 발명을 일반사회의 제3자에게 이용시킴으로써 사회공익이 되는 산업발전에 이바지하도록 정책적으로 조화시킨 특허제도는 어느 일면이나 어느 과정만으로 한정해서 볼 것이 아니라, 널리 산업정책이라는 범주로 보아야 할 것이다.

(iii) 한편, 역사적으로 볼 때, 성문의 특허제도 발상지인 영국의 특허증(特許證)에는 발명을 장려한다는 취지가 쓰여진 것으로 보아, 특허제도의 역사적 기초가 발명장려(發明獎勵)에 있었다는 점을 부인할 수는 없을 것이다. 다만, 현대적인 의의로 본다면 발명의 보호만이 아니라, 그 발명을 공개하여 제3자에게 이용시킴으로써 사회공익과도 조정(調整)하고 있으므로, 보다 다양성을 나타내고 있다. 그러므로 이들을 모두 흡수할 수 있는 산업정책에서 그 이유를 찾아야 할 것이다.

제 2 항 발명보호의 근거

특허제도의 기초로서 발명보호(發明保護)의 이유와 아울러 그 근거가 어디에 있느냐에 대하여도 각 견해는 일치하지 않는다.

1. 은혜주의와 권리주의

(1) 은혜주의

특허권의 부여를 국가의 은혜라고 생각한다. 영국 특허법의 전통(傳統)이며 종래에는 유력(有力)한 지위에 있었으나 현재는 주장하는 이가 없다.

(2) 권리주의

권리주의(權利主義)란 은혜주의(恩惠主義)에 대한 것으로, 발명·고안(考案) 등은 그 창작자(創作者)의 권리라는 점에 근거를 두고, 국가에 대하여 보호를 요구할 수 있으며 국가는 이것을 인정하여 권리를 부여함에 불과하기 때문에, 법정요건(法定要件)을 구비한 것은 그 권리부여를 거절할 수 없다고 생각한다.

우리 특허법이 어느 주의를 취하고 있는가는 명문규정이 없지만, 발명한 사람

에게 특허를 받을 수 있는 권리를 인정하고($^{법}_{§33}$), 특허요건만 구비하면 특허를 받을
수 있다는 점($^{법}_{§29①}$), 특허의 거절결정(拒絶決定)에 대한 불복제도의 규정($^{법 §132의17,}_{§186①⑧}$),
그리고 특허권은 설정등록(設定登錄)에 의하여 발생하지만 특허등록(特許登錄) 전에
도 발명한 사람(發明者)을 보호하는 규정($^{법}_{§65}$)을 두고 있는 점 등은 권리주의(權利
主義)의 간접적인 근거라고 볼 수 있다.

2. 무심사주의와 심사주의

(1) 무심사주의(無審査主義)

자연법(自然法)에 근거를 둔다. 국가로서는 형식적인 요건만 갖추어졌으면 그
대로 수리하여 특허를 부여하여야 한다는 것이다. 실체적 요건의 존부는 사후의
특허취소신청 또는 무효소송(無效訴訟) 등에 의하여 결정하는 주의이다.

(2) 심사주의

특허권 등의 발생에 대하여 법정요건의 구비여부를 행정관청(行政官廳)에서
심사(審査)한 후에 권리부여의 결정을 하고 등록을 시키는 주의이다. 우리 특허법
은 심사주의(審査主義)를 채용하고 있다($^{법}_{§59}$ ^{§57,}).

3. 선발명주의와 선출원주의

(1) 선발명주의

동일한 발명을 한 사람이 두 사람 이상인 경우에는 발명완성의 선·후에 따라
보다 먼저 발명을 완성한 사람에게 권리를 부여하는 주의(First-to-invent rule)이다.
이 주의의 기초는 발명을 완성한 사실행위(事實行爲)의 시점을 중시하고 보다 먼저
발명을 완성한 것에 특허를 인정하는 제도이다. 종전에 미국에서 시행하던 주의였
으나, 현재는 미국마저도 선출원주의를 채택하였다.[2]

논리적으로는 선발명주의(先發明主義)가 타당하다. 그러나 실제로는 사실행위
인 발명완성의 선·후를 확인(심사)하는 것은 아주 어려운 일이라는 단점이 있어,
현재 이 주의를 채용하는 나라는 없다.

---

2) 미국 특허법이 선발명주의에서 선출원주의로 개정되기까지는 2005년 "Patent Reform Act"로 발
   의되어 6년 이상의 기간에 많은 토론과 여러 수정안 및 반대의 비판론도 많았으나, 2011. 9. 15.
   에 "Leahy-Smith America Invents Act"로 개정되어 선출원주의에 관하여는 1년 6개월이 경과
   되는 2013. 3. 16.부터 시행(施行)되었다.

(2) 선출원주의(先出願主義)

동일한 발명에 대하여 요건을 구비한 둘 이상의 출원(出願)이 있는 경우에는, 보다 먼저 출원한 자에게 권리를 부여하는 주의(First-to-file rule)이다. 출원이라는 절차행위의 성립일을 표준으로 하여 그 선·후를 정하고 이를 기준으로 하여 발명완성의 선·후를 의제(擬制)하는 것이다.

발명을 가급적 신속히 공표하여 기술의 진보·향상에 공헌하려는 정책적인 이유도 있어, 선출원주의(先出願主義)를 채용하는 국가가 많다. 우리나라도 선출원의 원칙을 규정하고 있다($\frac{법}{§36①}$).

제3절 특허제도의 기본인 산업재산권의 특성

제1항 특허제도의 개념

1. 넓은 의미의 특허제도

(1) 넓은 의미의 특허제도의 개념

종래의 넓은 의미의 특허제도는 특허(特許)·실용신안(實用新案)·디자인 및 상표(商標) 등 산업재산권(産業財産權)에 관한 제도를 말한다. 이들에 관한 법으로는 특허법·실용신안법·디자인보호법 및 상표법 등이 있고 이들 모두를 총괄하여 산업재산권법(産業財産權法)이라 한다.

산업재산권이란 산업상 이용할 수 있는 인간의 정신적 창작이거나 기타 산업상 보호가치가 있는 무형물(無形物)에 대하여 국가가 독점권(獨占權)을 부여해 주는 권리이다.

다른 소유권과 다른 점은 그것들이 직접·간접으로 산업상 이용할 수 있거나, 산업상 보호할 가치가 있어서 산업발전에 기여하는 것이며 무형의 재산권이라는 점이다.

(2) 넓은 의미의 특허제도를 이와 같이 보는 근거

정부조직법(政府組織法)에서 특허청(特許廳)의 관장사무를 그렇게 명시하고 있기 때문이다($\frac{정부조직법}{§37⑤}$).

그러나 넓은 의미의 특허제도에는 당연히 "반도체집적회로(半導體集積回路)의 배치설계(配置設計)에 관한 법률"이 포함되어야 한다. 이 법은 그 내용이 산업재산권에 관한 사항일 뿐만 아니라, 특허청장(特許廳長)의 소관사항임을 명문으로 규정하고 있기 때문이다(반도체회로설계법 §3②, §13②~④, §15①, §19~§21, §23~§25, §25의3, §26, §39~§41, §43).

(3) 지식재산권법

산업재산권법에 저작권법과 부정경쟁방지 및 영업비밀보호(營業秘密保護)에 관한 법률 등을 포함시켜서 지식재산권법(知識財産權法)이라 한다.

지식재산권이란 인간의 정신적 창작활동의 소산에 관한 권리를 말한다.

이 지식재산권이라는 용어는 17세기 프랑스 까르프조프(Carpzov)에 의해 사용된 정신적소유권설(精神的所有權說)에서 유래한 것이라 한다. 이 설이 나오면서 프랑스에서는 저작권과 특허권·디자인권·상표권 등을 총칭하여 정신적소유권이라 했으나, 그 후에 저작권을 분리하고, 특허권·디자인권·상표권 등을 지식재산권(知識財産權)이라 하여 둘로 나누는 것이 통례로 되었다. 그 후로 국제협약에서도 문학적(文學的)·미술적(美術的) 저작물 보호에 관한 베른협약(Berne Convention, 1886. 9. 9.)과 산업재산권보호에 관한 파리협약(Paris Convention, 1883. 3. 20. 성립, 1884. 7. 7. 발효)으로 나누어졌음을 알 수 있다. 다만, 파리협약 제1조 제2항에 따르면, 산업재산권의 보호는 발명특허(發明特許)로부터 부정경쟁(不正競爭)까지의 넓은 범위로 되어 있다.

독일에서는 콜러(Josef Kohler, 1849~1919)의 무체재산권(無體財産權)이라는 용어가 사용되었는데 이는 저작권과 산업재산권을 포함하는 것으로 해석되었다.

그리고 영·미에서는 파리협약의 산업재산권을 "Industrial Property"로 번역하여 사용하고 있다.

한편, 일본 동경대학의 스에히로(末弘嚴太郎, 1888~1951) 교수는 파리협약인 "Proriété Industrielle"는 산업적 이익을 타인의 부정경쟁적 침해로부터 방위하는 것을 목적으로 하는 제도로서, 그 보호로부터 생기는 법적 이익이 재산적 가치를 가지므로 이것을 총칭하여 산업재산권이라고 부르는 것이 타당하다는 것이었다.

이 산업재산권은 다음 항에서 그 특성인 본질과 속성을 통하여 좀 더 검토해 보기로 한다.

2. 좁은 의미에 있어서의 특허제도

(1) 좁은 의미의 특허제도의 개념

좁은 의미에 있어서의 특허제도라 함은 새로운 발명을 보호·장려하고 그 기

술의 이용을 도모함으로써, 기술의 발전을 촉진하여 산업발전에 이바지함을 목적
으로 하는 특허법과 그 부속법령에 규정된 제도를 말한다.

　(2) 본서의 설명범위

　　특허법에 관한 설명과 특허법과 매우 유사하여 공통점이 많은 실용신안법(實
用新案法)에 관하여 설명하기로 한다.

제 2 항　산업재산권의 특성 ― 그 본질과 속성

1. 산업재산권의 범위정리

　　산업재산권이란 특허권·실용신안권·디자인권 및 상표권을 총칭한 집합명사
이다. 그리고 여기에는 "반도체집적회로배치설계권"(이하 "반도체회로설계권"이라 약
칭한다)이 당연히 포함되어야 한다 함은 앞에서 설명하였다. 우리나라의 실정법규
가 이 입장에 있기 때문이다.

　　또 본서에서도 특별한 예외를 제외하고는 산업재산권이라 함은 이상의 4권과
반도체회로설계권을 말한다. 다만, 국제적인 조약 또는 협정 등에서는 기타의 것
이 포함될 수 있다. 구태여 이러한 예외적인 입장을 인정해야 하는 것은 파리협약
이 넓은 범위로 규정되어 있고($\substack{\text{동협약} \\ \text{§1②}}$), 기타 각국과의 개별적으로 체결하는 협정
등에도 이러한 경우가 있을 가능성이 있기 때문이다.

2. 산업재산권의 본질

　　산업재산권의 성질에 관하여도 상당히 다채로운 학설이 전개되고 있다. 다만,
여기에서 소개하는 것만도 다음과 같이 많은 학설이 있다.

　(1) 인격권설(人格權說)

　　이 설은 발명·고안 등 정신적 산물은 인간의 사상에 의하여 창조되는 것으로
서 이것을 창조자(創造者)인 발명자(發明者)로부터 분리할 수는 없다는 것이다. 이
설은 재산적(財産的) 작용을 가진 것을 인정은 하지만 그것을 경시하고 있으며 오
늘의 실생활이나 실정법의 규정에 적합하지 않은 결점이 있다.

　(2) 정신적소유권설(精神的所有權說)

　　이 설은 발명·고안이라는 정신적 산물의 객관적 존재를 시인하고, 이에 대한
배타적 보호의 필요를 인정하여 무체물(無體物)을 유체물(有體物)과 비교하고 소유

권에 준거한 것이다.

이 설은 자연법사상(自然法思想)에 터잡은 것으로 그것을 신성불가침(神聖不可侵)의 것으로 본다. 그러나 이 설은 많은 비판에 부딪혔으며, 다만 특정의 객체를 배타적 또는 전면적으로 지배할 수 있다는 점을 명백히 한 것에 특색이 있을 뿐이다.

(3) 무체재산권설(無體財産權說)

이 설은 발명·고안이라는 정신적 산물이 경제적 생활에 있어서 존재하는 사실을 직시하고 이것을 무형(無形)의 재화로 하고 또 이러한 재화에 대한 권리는 소유권도 아니며 인격권도 아닌 고래의 법률개념 안에 수용할 수 없는 특수의 권리, 즉 무체재산권(無體財産權)이라는 것이다.

이 설은 정신적소유권설(精神的所有權說)을 개량발전시킨 것이며 Kohler가 처음으로 제창한 것이다. 현재에도 많은 지지자를 가지고 통설적인 입장에 있다. 그리고 그는 이 무체재산권(無體財産權)을 유체물(有體物)과 비교하면 발생·소멸에 대하여 현저한 차이가 있고 권리에 관한 행정적 제한이 강하며, 존속기간(存續期間)이 한정되어 있고, 외형상의 소재지(所在地)가 없으며, 사실상의 점유(占有)가 불가능한 것 등을 들고 있다.

그러나 Kohler는 권리객체(權利客體)의 성질을 무체재산이라고 명확히 한데 공적이 있을 뿐, 그 내용이 불충분하고 불명확하며 권리의 객체와 내용을 혼동한 것이라는 비난을 받는다.

(4) 준소유권설(準所有權說)

이 설은 일정의 무형적 재화에 대한 총괄적·배타적 지배권이라고 한다.

이 설은 일본대학의 제5대 총장이었던, 나가다(永田 菊四郎, 1895~1969) 박사의 주장이며, 무체재산권설(無體財産權說)이 권리의 객체의 내용을 명백히 하지 못한데 반하여 권리의 본질보다도 내용에 중점을 두어야 한다는 입장이다. 따라서 그 내용이 소유권과 유사한 재산권이며 준소유권(準所有權)이라 이름붙일 수 있다는 것이다.[3]

이 설은 산업재산권은 재산권이며 특히, 소유권과 많이 닮았으면서도 그것과는 다른 권리로서 그 성질과 내용은 소유권에 준하여 고려하여야 한다는 점에서 소유권과 구체적인 비교를 하고 있는 데에 특색이 있다. 그러나 그 내용에 있어서

---

3) 永田 菊四郎, 新工業所有權法(1963), P. 64 이하.

무체재산권설(無體財産權說)과 별로 다를 바 없다.

(5) 혼성권설(混成權說)

이 설은 산업재산권은 재산권의 성질과 인격권의 성질을 병존하고 있으며 또 재산권 및 인격권으로 성립된다는 견해이다. 알펠드(Phillipe Allfeld) 등의 견해라 하며, 프랑스학자들의 많은 지지를 받았고, 일본에서도 일부학자들의 호응을 얻었었다.

이 설은 인격적 이익과 재산적 이익을 병행적으로 인정하는 점이 특징이나 인격권설과 같이 인격적 이익을 더 중시하며 성질상 상용되지 않는 인격권과 재산권의 합체라고 보는 데에 이론상의 모순이 있다.

(6) 정신재경업권설(精神財競業權說)

이 설은 발명이나 고안 같은 정신적인 재화는 인격적 요소를 핵심으로 하고 단순한 창작의 단계에서는 인격권으로서 보호되지만, 그것이 산업상 이용될 성질과 형태를 갖추고 경업(競業)의 목적이 되면 재화로서 취급되어 재산권으로서 법률상의 보호를 받게 된다는 견해이다. 이것은 엘스터(Elster, 1854~1920)가 제창한 설이며 그에 의하면 상표에 대하여도 주관적 창작으로 주장하면서 상표의 선정 그 자체도 창작행위(創作行爲)라고 하였다.

이 설이 인격적 요소와 재산적 요소 외에 경업적 요소라는 제삼의 요소를 인정하고 그 경업성(競業性)에 의하여 정신재(精神財)에 관한 제권리의 통일적 파악을 시도한 것은 새로운 발견이라 할 수 있다. 그러나 이것은 재산권과 같이 인격권과 경업권(競業權)도 병존한다는 것이므로 권리의 본질론에 경업적 성질도 필요한 것인지는 의문이다.

(7) 고객권설(顧客權說)

이 설에 의하면 무체재산권의 경제적 유용성(有用性)은 무체재산(발명·예술작품)에 대하여서든, 무체재산(상표·명칭·표지)에 의하여서든 고객의 확보를 목표로 하는 데에 있다는 견해이다. 이 설은 루비에(Roubier)가 주장한 것으로 Elster의 정신재경업권설과 같은 생각을 발전시킨 것이다. 그는 경업성을 그 쟁탈목표로서 고객으로 파악한 것이다. 즉 오늘날의 기본원칙인 상공업의 자유에 의하여 상공업자는 경쟁제도하에 있으며 산업재산권(産業財産權)은 경쟁을 규제하는 것이다. 그 중에서 경업(競業)의 한계를 정하는 것은 부정경쟁의 이론이지만 협의(狹義)의 산업재산권(産業財産權) 등의 전용권(專用權)은 영업자유의 예외로서 그것에 대신하여 배타적인 권리로 나타난다.

그리고 직접으로는 경쟁자가 존중하여야 할 권리자에게 유리한 일정의 지위를 확립할 것을 목적으로 고객을 모집하는 기능을 영위한다. 이런 의미에서 Roubier는 그것을 고객권(droits de clientèle)이라고 제안하였다. 이 권리는 동적인 권리이며 획득된 재산이 아니라 형성 중의 재산이라 한다.

이 설에 대한 트롤러(Troller)의 반대에 의하면, 고객과 직접관계를 하지 않는 경우도 있고(출판자나 실시권자를 통하는 경우) 또 특허에 대하여도 고객의 독점력(獨占力)은 한정되며(예로서, 유사한 신제품이 속출되는 경우), 상표 등에 대하여는 일층 약한 것이라 한다.

그러나 Roubier의 논리는 그러한 고객에 대한 직접적·절대적인 독점권(獨占權)을 의미하는 것이 아닐 뿐만 아니라, 넓은 의미에 있어서의 산업재산권법을 경쟁의 규제로서 통일적으로 파악함과 동시에 좁은 의미의 산업재산권 등의 전용권(專用權)과 부정경쟁(不正競爭)의 보호와의 차이를 명백히 하고 있는 점은 Elster의 정신재경업권설보다 우월한 것이다.

⑻ 결   론

이상의 여러 학설을 개관하면 인격적 이익에 중점을 두느냐, 재산적 이익에 중점을 두느냐에 귀착된다. 즉 인격권설(人格權說)은 인격적인 면을 중시함에 그치고 재산적인 면을 전혀 무시한 것은 아니며, 정신적소유권설(精神的所有權說), 무체재산권설(無體財産權說) 및 준소유권설(準所有權說) 등도 그 관점을 재산적 면에 치중한 것일 뿐 인격적인 면을 전혀 무시한 것은 아니다. 또 혼성권설(混成權說)이나 정신재경업권설(精神財競業權說) 또는 고객권설(顧客權說) 등은 인격적인 면과 재산적인 면을 동등 하게 본 것이라 할 수 있다. 그런 점에서 절충적인 입장이라고도 할 수 있겠으나 이 최후의 이자(二者), 즉 정신재경업권설(精神財競業權說)과 고객권설(顧客權說)은 전술한 바와 같이 인격적·재산적인 요소 외에 경업적인 요소, 즉 경쟁인 영업의 일면을 가하여 관찰한 것이다.

이상의 제설은 제 나름의 특색과 장단점을 가지고 있는 셈이다.

그러나 그 어느 하나가 산업재산권의 본질과 내용을 충분하고 명확하게 설명하는 것으로 보기는 어렵다. 다만, 오늘날 우리들의 사회생활의 실제와 산업재산권에 관한 실정법의 연혁 및 규정내용 등을 고려하여 본다면, 그것이 재산권의 면에서 파악되고 있음은 별로 의문이 없다.

그것이 재산권으로서의 성립과정에서 인격적인 면이 그 전제가 된다거나 관련이 있는 점은 부인할 수 없는 사실이면서도, 그렇다고 해서 산업재산권의 본질

자체가 인격권이라든가 인격권적인 부분과 병존하는 것은 아니다.

그것은 인격권과 산업재산권은 밀접한 관계는 있지만 양자는 전혀 별개의 것이며 후자가 정신적·명예적인 것이 아니라는 것은 우리 실정법상으로, 그 침해를 재산적인 침해로 규정($^{법}_{이하}$§126)한 것을 보아도 알 수 있다.

이것이 같은 무체재산권인 정신적 창작권(創作權)에 관한 저작권법(著作權法)은 인격적·재산적(財産的) 권리로서 그 침해가 손해배상의 청구($^{저작권법}_{§125의2,\ §126}$) 외에, 명예훼손(名譽毁損)으로 되는 경우를 규정하고 있으나($^{저작권법}_{§127,\ §128}$), 특허법·실용신안법·디자인보호법·상표법 등에는 이런 규정이 없는 것은 어디까지나 순수한 경제적 이익을 권리의 목적으로 하는 재산권으로 파악하였기 때문이라고 본다.

따라서 이 권리는 사권(私權)으로서의 재산권이며 일반 소유권과 다른 특징은 전술한 바와 같이 산업상 이용할 수 있거나 적어도 산업발달에 기여할 수 있는 직접 또는 간접의 산업성과 무형적인 무체재산(無體財産)이라는 점이다.

이렇게 볼 때 산업재산권의 본질은 산업적 무체재산권(無體財産權)이라고 보는 것이 타당하다. 따라서 이 권리의 본질을 분설하면 다음과 같다.

(i) **산업재산권은 사권(私權)이다.** 다만, 산업재산권은 일반의 사권과 상이하여 그 발생은 개별적으로 행정청의 행정처분의 효과에 의하고 또 그 보호도 행정청의 심판에 그 기초를 두고 있지만, 설정된 권리는 하나의 사권인 것이다. 이런 점에서 권리의 설정을 요구할 권리(예로서, 특허를 받을 권리)가 공권성(公權性)을 가지는 것과 다르다.

(ii) **산업재산권은 경제적 이익을 그 내용으로 하는 재산권이다.** 인격권이나 인격권과 재산권의 양성(兩性)이 병존하는 것은 아니다. 인격권은 이 권리와는 별개의 고유권이며 인격(人格)과 분리하여 존재할 수 없다. 산업재산권의 객체도 인격적 창작이므로 그 창작자(創作者)는 별도로 인격적 보호를 받을 수 있지만 산업재산권 그 자체와는 별개의 문제이다. 산업재산권은 순수한 재산권으로서 이전성(移轉性)을 가지며, 양도(讓渡) 기타의 처분행위(處分行爲)를 할 수 있다.

(iii) **산업재산권은 무체재산권이다.** 산업재산권은 재산권의 일종으로서의 무형의 재화 위에 설정된 권리이다. 즉 그 지배의 객체는 정신적 창작물(創作物)로서의 무형적(無形的)인 존재이며, 이런 점에서는 저작권(著作權)과 공통성을 가진다. 이와의 비교는 후술한다.

(iv) **산업재산권은 산업적인 무체재산권이다.** 산업적이라 함은 직접·간접으로 산업상 이용할 수 있거나 산업상 보호의 가치가 있는 것을 그 내용으로 하는 권리

이다. 산업재산권제도가 산업의 발달에 기여함을 그 목적으로 하는 것이므로 당연한 결과이기도 하다.

따라서 산업재산권은 이러한 산업성이 있거나 적어도 산업상 보호의 가치가 있는 것을 본질로 하며 이것을 산업적이라고 불러 둔다.

3. 산업재산권의 법률적 속성

(1) 직접지배성

산업재산권은 그 권리의 객체를 직접지배하는 권리이다. 지배란 객체를 자기의 의사에 복종시켜 자기의 수요에 만족시킴을 말하며, 직접이라 함은 타인행위의 개입을 필요로 하지 않고 지배한다는 뜻이다.

(2) 독점배타성(獨占排他性)

산업재산권은 독점적 배타적 권리이다. 산업재산권의 권리주체(權利主體)는 타인을 배척하고 권리자만이 독점적(獨占的)으로 그 권리의 객체를 지배하여 이익을 얻을 수 있는 것이다. 이러한 배타성(排他性)은 누구에게 대하여도 그 효력을 주장할 수 있다는 점에서 절대권(絕對權)이라고도 한다.

배타적 권리란 하나의 권리 위에 서로 양립할 수 없는 두 개 이상의 권리가 병존할 수 없음을 말한다. 즉 한 개의 객체 위에 두 개 이상의 산업재산권이 병존함을 인정하지 않는다. 공유관계는 한 개의 권리가 수인(數人)에게 분속(分屬)하는 것이지, 한 개의 객체 위에 수개의 산업재산권이 성립하는 것은 아니다.

그러나 산업재산권과 그 권리 위에 설정되는 실시권(實施權)·사용권(使用權)·담보권(擔保權) 등 제한된 권리가 병존할 수 있음은 물론이다. 이것을 탄력성(彈力性)이라 하며 후술한다. 그런데 배타성(排他性)은 객체의 성질상 당연히 발생하는 것과 특히 법률의 규정에 의하여 인정된 것이 있다.

소유권은 전자의 예이고, 산업재산권은 후자의 예이다. 즉 무형적인 재화는 그 성질상으로는 수인이 동시에 이용이 가능하다. 그러므로 법률의 규정에 의하여 권리자에게 독점적으로 이용·처분권을 확보함으로 배타성을 인정하는 것이다.

그러나 이 배타성은 후술하는 바와 같이, 이 권리의 성질에서 오는 강한 제한성(制限性)을 가지는 것에 주의하여야 한다. 이러한 배타적 지배권을 가짐으로써 타인에게 불가침(不可侵)의 의무가 간접적으로 부과되며 따라서 침해되는 경우에는 물권(物權)에 준하여 준물권적(準物權的) 청구권이 인정된다(법 §126). 배타성은 제3자에 대한 영향이 크기 때문에 이 성질을 가지게 하기 위하여는 권리의 존재를

표시하는 공시방법을 갖추어야 한다. 따라서 산업재산권도 등록이라는 공시방법을
갖추어서만 배타성을 갖게 되는 것이다.

(3) 포 괄 성

산업재산권은 포괄적 권리이다. 따라서 산업재산권의 권리주체(權利主體)는
그 권리의 객체를 법질서의 범위 내에서 사용·수익·처분 기타 일체의 지배를 할
수 있다. 포괄적이란 법률의 범위 내에서 포괄적으로 지배할 수 있다는 뜻이며, 이
런 점에서 제한물권(制限物權)과 같은 단편적인 지배권(支配權)과 다르다.

(4) 신 축 성

권리의 존속기간이 모두 획일적인 것이 아니다. 출원(出願)과 심사(審査)를 거
쳐 설정등록(設定登錄)에 의하여 발생하지만 심사의 지연 등으로 권리의 수명이 실
질적으로 단축되는 경우가 많고, 권리자의 포기 또는 제3자의 무효심판청구에 따
른 무효심결 등으로 단축될 수 있는가 하면 존속기간의 연장등록이나 갱신등록에
따라 그 권리가 연장되는 경우도 있다.

(5) 탄 력 성

산업재산권은 그 권리 위에 실시권(實施權), 특히 법정(法定) 또는 재정(裁定)
의 실시권·담보권 등의 권리를 설정하면 그만큼 제한을 받지만, 제한이 소멸되면
본래의 원만한 상태로 복귀한다. 또 권리가 특허등록취소(特許登錄取消)나 등록무
효(登錄無效)로 소멸한 후에도 재심심결(再審審決)에 의하여 다시 소급하여 환생하
기도 한다. 이것을 산업재산권의 탄력성(彈力性)이라 한다.

(6) 유한성 및 불안정성

산업재산권은 유한적(有限的)인 권리이다. 소유권은 그 존속기간을 예정하여
성립하지 않는 항구성(恒久性)을 가진다. 그러나 산업재산권은 소유권과 같이 영구
히 존속하는 권리가 아니고, 일정한 법정의 기한부(期限附)로 국가의 설정행위(設
定行爲)에 의하여 발생하고 그 존속기간의 만료나, 기타 취소·무효·포기 등의 사
유로 인하여 소멸하는 유한성(有限性)을 가진다. 따라서 불안정한 권리라고 하여
불안정성을 그 속성으로 들기도 한다.

(7) 제 한 성

산업재산권은 제한성을 가진 권리이다. 19세기에는 모든 소유권은 불가침의
것이며, 또한 무제한의 권리라고 생각되었다.

그러나 오늘날에 있어서는 많은 제한을 받을 수 있는, 그리고 권능뿐만 아니
라 의무를 내용으로 포함하는 것으로 되어 있다. 산업재산권이 이러한 제한을 받

음은 물론이려니와 이외에도 그 이용과 행사에 관하여 보다 강력한 제한과 의무가
부과된다. 상세한 것은 후술하겠지만, 그 이유는 권리에 내재하는 고도의 사회성
(社會性)·공공성(公共性) 등이 있기 때문이다.

　　(8) 기　　　타

　　이외에도 산업재산권은 불가분성(不可分性)·문화성(文化性)·국제성(國際性) 등
을 가진다.

제 3 항　특허법의 기틀와 목적

1. 특허법의 기본구조

　　특허법은 ① 새로운 발명을 보호·장려하고, ② 새로운 발명을 공개하여 그
기술의 이용을 도모함으로써, ③ 기술의 발전을 촉진하여, ④ 산업발전에 이바지
함을 목적으로 한다는 네 구조의 기틀로 되어 있다.

　1) 새로운 발명의 보호·장려

　　새로운 발명을 보호하는 수단으로 그 발명을 한 사람에게 독점권(獨占權)인
특허를 받을 수 있는 권리를 인정한다. 이러한 특권을 부여함으로써, 더욱 새로운
발명을 장려하기 위해서이다.

　　그 독점권으로서의 보호형태는 두 단계로 되어 있다.

　(1) 특허권 설정등록 전의 보호 — 발명한 사람의 특허출원인으로서의 권리

　　새로운 발명을 한 사람 또는 그 승계인은 특허를 받기 위해서 특허출원(特許
出願)을 하게 되는바, 특허출원을 함으로써 "특허를 받을 수 있는 권리"가 법적으
로 인정된다(법 §33①).

　　특허출원(特許出願)을 한 발명은 원칙적으로 1년 6개월이 지난 후 또는 그 전
이라도 특허출원인이 신청한 경우에는 특허공보에 게재하여 일반인에게 공개한다.
이것을 출원공개(出願公開)라 한다(법 §64①).

　　(i) 한편 출원공개가 있은 후에, 그 발명을 업(業)으로서 실시하는 제3자가 있
는 경우에, 특허출원인(特許出願人)은 그 제3자에게 특허출원된 발명임을 서면(書
面)으로 경고할 수 있는 지위를 부여받고 있다(법 §65①).

　　(ii) 특허권이 설정등록되면 특허출원인은 특허권자(特許權者)로 된다. 그리고
그 출원중에 발명을 업으로 실시한 제3자에게, 경고를 받았거나 출원공개(出願公

開)된 발명임을 알았을 때로부터 특허권의 설정등록을 할 때까지의 기간에 그 특허발명을 실시한 데에 대하여, 통상적으로 받을 수 있는 금액에 상당하는 보상금(補償金)의 지급을 청구할 수 있는 권리를 인정하였다($\frac{법}{\S65②}$).

(2) **특허권 설정등록 후(後)의 특허권자의 보호 — 발명을 한 사람 또는 그 승계인이 특허를 받았을 때의 권리**

특허권이 설정등록되면 특허권자(特許權者)만이 특허발명(特許發明)을 실시할 수 있는 권리, 즉 독점배타권(獨占排他權)이라는 특허권이 부여된다($\frac{법}{\S94본}$).

(3) **새로운 발명의 장려**

만약에, 새로운 발명을 전혀 보호하지 않는다면, 발명자(發明者)의 창작의욕(創作意慾)이 감퇴되어 더욱 새롭고 진보된 발명의 창출을 기대하기 어려울 것이다.

그래서 특허법은 새로운 발명을 창작하여 특허출원을 한 출원인에게 준독점권(準獨占權)인 특허를 받을 수 있는 권리를 인정하고, 특허권자(特許權者)에게는 독점배타권(獨占排他權)이라는 특권을 부여하여 보호함으로써 더욱 새롭고 진보된 발명의 창작을 장려하려는 것이다.

2) **새로운 발명의 공개와 그 이용**

(1) **출원공개**

출원발명(出願發明)은 원칙적으로 일정기간(1년 6개월)이 지나면 출원공개(出願公開)를 하여($\frac{법}{\S64①본}$), 새로운 발명의 내용을 일반에게 널리 알린다.

(2) **출원공개의 사회적 효과(발명기술의 이용)**

(i) 출원공개된 발명은 선행의 기술문헌으로 되어 동종의 기술분야에서 새로운 발명을 하려는 사람들에게 유용한 기술정보 및 연구자료로 이용할 수 있다.

(ii) 출원공개된 발명은 특허출원 중에라도 특허출원인의 승낙을 얻어서, 제3자는 그 발명의 기술을 업(業)으로 실시할 수 있다.

3) **기술의 발전을 촉진**

이와 같은 발명기술(發明技術)의 이용은 더욱 새로운 기술의 개발을 촉진하여 더욱 새로운 발명을 창출하는 밑거름이 되고, 새로운 발명의 개발을 촉구하는 자극제(刺戟劑)가 되어 기술의 발전을 촉진시킨다.

4) **산업발전에 이바지(貢獻)**

이와 같은 기술의 발전을 촉진하는 원동력은 산업발전에 크게 이바지하게 됨은 물론이다.

발명의 특허요건이 신규성·진보성 그리고 산업상 이용가능성(利用可能性)으

로 되어 있고, 그 중에서도 법조문에 "산업상 이용할 수 있는 발명으로서…"라는
전제적인 규정($\S29$①법)은 "산업상 이용할 수 없는 발명"은 산업발전에 이바지할 수
없으므로 특허를 부여할 가치가 없다는 의미이다. 즉 발명으로 보호될 수 없다는
의미이다.

이와 같이, 특허법의 기본적인 기틀 중에서도 산업발전에 이바지해야 한다는
것은 가장 중요한 바탕으로 되어 있다.

2. 특허법의 목적

(1) 산업발전에 이바지하려는 공통적인 목적

특허법이 새로운 발명을 보호·장려하고 그 새로운 발명을 공개하여 이용을
도모함으로써, 기술의 발전을 촉진하여 산업발전에 이바지하게 하려는 것은, 바로
특허제도가 산업발전에 이바지함을 그 목적으로 하고 있기 때문이다.

그런데 이 산업발전이 국내산업의 발전을 위한 것이냐, 국경을 초월한 산업발
전을 목적으로 하는 것이냐, 여기에서 각국의 입장은 다르지만, 우선은 어느 국가
이든 특허제도가 산업발전에 이바지함을 목적으로 한다는 점에서의 공통점만은 확
실하다.

(2) 기술의 선진국과 개발도상국 사이의 목적의 차이

각국의 특허법이 산업발전에 이바지함을 그 목적으로 하는데 있어서, 기술의
선진국과 개발도상국(開發途上國) 사이에는 현저한 격차를 보이고 있다. 서로의 이
해관계가 대립되기 때문이다.

기술의 개발도상국에 있어서 특허법의 목적은, 국내산업(國內産業)을 보호하
기 위하여 "국가산업의 발달에 기여함을 목적"으로 하는 제도로서 존재한다. 우리
나라 또한 구 특허법(1990. 9. 1.부터 시행된 법률 제4207호 이전의 구 특허법)은 "국가산
업의 발전에 기여하게 함을 목적"으로 존재하고 있었다(구법 $\S1$).

그러나 기술의 선진국의 입장은, 경쟁분야가 전세계를 상대로 한 국제사회이
기 때문에 특허제도의 목적 또한 넓게 국경을 초월한 국제경쟁력(國際競爭力)의 향
상을 위한 "산업발전에 이바지함을 목적"으로 한다는 점이다.

따라서 특허제도의 목적이 같은 산업발전에 이바지함을 목적으로 하지만, ①
기술의 개발도상국은 국내산업의 보호를 위하여 "국가의 산업발전에 기여함을 목
적"으로 한다는 한계를 두는데 대하여, ② 기술의 선진국에 있어서는 이러한 국내
산업의 보호라는 한계를 초월하여 국제경쟁(國際競爭)을 벌이고 있는 기술의 선진

국으로서의 기업들의 사업활동에 방해 내지 제약이 될 수 있는 그 장애요소를 제거하려는 입장 때문에 이해의 대립이 불가피한 것이라 할 것이다.

(3) 국경 없는 산업발전에의 이바지(貢獻)

우리 현행 특허법은 기술의 선진국으로서 당당한 국제경쟁(國際競爭)의 대열에서 국경 없는 산업발전에 이바지함을 그 목적으로 하고 있다($^{법}_{§1}$).

제 4 절 특허법과 기타의 관련법과의 비교

제 1 항 특허법과 기타의 산업재산권법과의 비교

산업재산권법(産業財産權法)이라 함은 앞에서 거듭 밝힌 바와 같이, 산업상 이용가치가 있는 무체재산권을 일정기간 보호함으로써 산업발전에 이바지하게 함을 목적으로 하는 법을 말하며, 특허법·실용신안법·디자인보호법·상표법 그리고 반도체집적회로(半導體集積回路)의 배치설계(配置設計)에 관한 법률이 포함된다.

1. 특허법과 실용신안법의 비교

(1) 실용신안법의 목적과 고안의 정의

(i) 실용신안법은 실용적인 고안을 보호·장려하고 그 이용을 도모함으로써 기술의 발전을 촉진하여 산업발전에 이바지함을 목적으로 한다 하였다($^{실용법}_{§1}$).

(ii) 한편, 실용신안법은 실용적인 고안을 보호대상으로 하고 있는바, 여기에서 "고안"이라 함은 자연법칙을 이용한 기술적 사상의 창작을 말한다($^{실용법}_{§2(i)}$).

(2) 보호대상의 비교

(i) 특허법은 새로운 발명을 보호대상으로 하는데 비하여,

(ii) 실용신안법(實用新案法)은 실용적인 고안을 보호대상으로 하고 있다.

양자는 모두 자연법칙을 이용한 기술적 창작이라는 점에서는 전혀 같은 것인데, 전자인 발명은 기술적 창작이면서 고도의 것인데 대하여, 후자인 고안은 상대적으로 고도의 것이 아닌 고안도 실용신안법의 보호대상으로 하고 있다.

따라서 특허법으로는 보호되지 않는 간단한 물품에 관한 고안에 대하여 보호받을 수 있다.

(3) 등록요건으로서의 대상범위의 비교

i) 특허법이 보호하는 발명

특허요건으로서의 대상범위를 한정하지 않고 모든 사물의 범위로 넓게 되어 있다.

　(i) 물건의 발명(예로서, 기계, 장치, 화학물질 등)

　(ii) 방법의 발명(예로서, 기계의 사용방법, 통신방법 등)

　(iii) 물건을 생산하는 방법의 발명(예로서, 기계의 생산법, 화학물질의 생산방법, 농작물의 생산방법 등) 따위로 되어 있는데 비하여,

ii) 실용신안법에서 보호하는 고안

물품의 ① 형상(形象) ② 구조 또는 ③ 조합(組合)에 관한 고안으로 한정되어 있다(실용법 §4①본).

(4) 진보성의 비교

　(i) 특허법에 있어서, 발명의 진보성판단기준은 특허출원 전에 그 발명이 속하는 기술분야에서 통상의 지식을 가진 자가 특허출원 전에 공지(公知)·공용(公用)되었거나 반포된 간행물 등에 기재된 발명에 의하여 <u>용이하게 발명할 수 있는 것</u>일 때에는 진보성이 없는 것이어서 특허를 받을 수 없다(법 §29②).

　(ii) 그런데 실용신안법은 실용신안등록의 출원 전에 그 고안이 속하는 기술분야에서 통상의 지식을 가진 자가 공지·공용 또는 반포된 간행물에 기재된 고안에 의하여 <u>극히 용이하게 고안할 수 있는 것</u>일 때에는 진보성이 없으므로 등록을 받을 수 없다(실용법 §4②).

　따라서 특허법은 진보성의 판단기준을 선행(先行)의 공지발명(公知發明)으로부터 <u>용이하게 발명할 수 있는 것</u>일 때로 규정한데 대하여,

　실용신안법은 <u>극히 용이하게</u> 고안(考案)할 수 있는 것일 때로 함으로써, 전자는 대발명(大發明)에 대한 진보성의 기준인데 대하여, 후자는 소발명(小發明), 즉 고안에 대한 것임을 알 수 있다.

(5) 권리의 존속기간의 비교

　(i) 특허권의 존속기간은 원칙적으로(여기에서 '원칙적'이라고 한 것은 특허법 제89조로부터 제92조의 5에 의한 특허권 존속기간 연장제도에 의하여 존속기간이 연장되는 경우도 있기 때문이다) 특허권의 설정등록이 있은 날부터 시작하여, 그 특허발명의 출원일 후 20년이 되는 날까지로 되어 있다(법 §88①).

　(ii) 이에 대하여 실용신안권(實用新案權)은 또한 원칙적으로, 실용신안권의 설

정등록일부터 시작하여, 그 실용신안등록출원일 후 10년이 되는 날까지로 되어 있다($\substack{실용법 \\ \S22①}$). 소발명(小發明)이므로 단기에 소멸되도록 규정한 것이다. 다만, 실용신안권도 존속기간 연장제도는 있다($\substack{실용법 \\ \S22의2~\S22의5}$).

2. 특허법과 디자인보호법의 비교

(1) 디자인보호법의 목적과 디자인의 정의

(i) 디자인보호법은 디자인의 보호 및 이용을 도모함으로써 디자인의 창작을 장려하여 산업발전에 이바지함을 목적으로 한다($\substack{디자인 \\ 법 \S1}$).

(ii) "디자인"이란 물품〔물품의 부분(제42조는 제외한다) 및 그 글 자체를 포함한다. 이하 같다〕의 형상(形狀)·모양(模樣)·색채(色彩) 또는 이들을 결합한 것으로서 시각을 통하여 미감(美感)을 일으키게 하는 것을 말한다($\substack{디자인 \\ 법 \S2(i)}$).

(2) 보호대상의 비교

(i) 특허법은 새로운 발명을 보호대상으로 하고 있는데 비하여,

(ii) 디자인보호법은 그 보호대상을 창작한 디자인으로 하였다($\substack{디자인 \\ 법 \S3①}$).

이와 같은 디자인은 수요자로 하여금 시각(視覺)을 통하여 미감(美感)을 일으키게 함으로써, 상품(商品)의 구매의욕을 증대시키게 되고, 그 물품이 대량생산되어 관련산업의 발전에 이바지할 수 있게 하는 데에 법의 목적을 둔 것이다.

(3) 권리의 존속기간의 비교

디자인권의 존속기간은 특허권과 같이 설정등록일부터 발생하여 디자인등록출원일 후 20년이 되는 날까지 존속한다($\substack{디자인법 \\ \S91①본}$). 다만, 관련디자인으로 등록된 디자인의 존속기간은 그 기본디자인의 존속기간 만료일로 한다($\substack{디자인법 \\ \S91①단}$). 그러나 디자인권은 존속기간 연장제도는 없는 것이 특허권과 다르다.

3. 특허법과 상표법의 비교

(1) 상표법의 목적과 상표의 정의

(i) 상표법(商標法)은 상표를 보호함으로써 상표사용자(商標使用者)의 업무상의 신용유지를 도모하여 산업발전에 이바지함과 아울러 수요자(需要者)의 이익도 보호함을 목적으로 한다($\substack{상표법 \\ \S1}$).

(ii) 한편, 상표라 함은 상품을 생산·가공 또는 판매하는 것을 업(業)으로 영위 하는 자가 자기의 업무에 관련된 상품을 타인의 상품과 식별되도록 하기 위하

여 사용하는 표장(標章)을 말한다($\frac{상표법}{\S2①(i)}$).

상표를 보호함으로써 경업질서(競業秩序)를 유지시켜 상표사용자(商標使用者)인 상표권자의 업무상의 신용유지를 도모하는 한편, 아울러 상품 또는 서비스 등의 수요자의 이익도 보호함을 목적으로 하고 있다.

(2) **보호대상의 비교**

(i) 특허법은 새로운 발명을 보호대상으로 하고 있는데 비하여,

(ii) 상표법(商標法)은 상표 등 표장(標章)을 보호대상으로 한 외에, 아울러 수요자(需要者)도 보호한다는 점이 추가되어 있다.

(3) **권리의 존속기간의 비교**

(i) 특허권의 존속기간은 설정등록일부터 시작하여, 특허출원일 후 20년이 되는 날까지로 되어 있는데 비하여,

(ii) 상표 등 표장의 존속기간은 상표권 등의 설정등록(設定登錄)이 있은 날부터 10년이다($\frac{상표법}{\S42①}$).

그러나 상표권은 존속기간의 갱신등록신청(更新登錄申請)에 따라 10년간씩 갱신할 수 있어, 무기한의 권리로 존속시킬 수 있다($\frac{상표법}{\S42②}$).

4. 특허법과 반도체집적회로의 배치설계에 관한 법률의 비교

(1) **반도체집적회로의 배치설계에 관한 법률의 목적과 정의**

i) 반도체집적회로의 배치설계에 관한 법률은, 제1조(목적)에서 "이 법은 반도체집적회로의 배치설계에 관한 창작자의 권리를 보호하고 배치설계를 공정하게 이용하도록 하여 반도체 관련 산업과 기술을 진흥함으로써 국민경제의 건전한 발전에 이바지함을 목적으로 한다"라고 하였다.

ii) 이어서 반도체집적회로, 배치설계 등의 정의를 다음과 같이 규정하고 있다($\frac{반도체}{법 \S2}$).

(i) "반도체집적회로"란 반도체 재료 또는 절연(絶緣)재료의 표면이나 반도체 재료의 내부에 한 개 이상의 능동소자(能動素子)를 포함한 회로소자(回路素子)들과 그들을 연결하는 도선이 분리될 수 없는 상태로 동시에 형성되어 전자회로의 기능을 가지도록 제조된 중간 및 최종 단계의 제품을 말한다($\frac{같은법}{조(i)}$).

(ii) "배치설계"란 반도체집적회로를 제조하기 위하여 여러 가지 회로소자 및 그들을 연결하는 도선을 평면적 또는 입체적으로 배치한 설계를 말한다($\frac{같은법}{조(ii)}$).

(iii) "창작"이란 배치설계 제작자의 지적(知的) 노력의 결과로 통상적이 아닌

배치설계를 제작하는 행위를 말한다. 이 경우 통상적인 배치설계 요소의 조합으로 구성된 경우라도 전체적으로 볼 때 통상적이 아닌 배치설계를 제작한 것은 창작으로 본다(같은법 조(iii)).

(iv) "이용"이란 다음 각 목(目)의 어느 하나에 해당하는 행위를 말한다(같은법 조(iv)).

가. 배치설계를 복제하는 행위

나. 배치설계에 따라 반도체집적회로를 제조하는 행위

다. 배치설계, 배치설계에 따라 제조된 반도체집적회로 또는 반도체집적회로를 사용하여 제조된 물품(이하 "반도체집적회로 등"이라 한다)을 양도·대여하거나 전시(양도·대여를 위한 경우로 한정한다) 또는 수입하는 행위

(v) "배치설계권"이란 배치설계를 제21조(설정등록 및 공시) 제1항에 따라 특허청장에게 설정등록함으로써 발생하는 권리를 말한다(같은법 조(v)).

(2) **보호대상의 비교**

(i) 특허법은 새로운 발명을 보호하여 산업발전을 기도하고 있는데 비하여,

(ii) 반도체집적회로 및 배치설계에 관한 법률(이하 "반도체회로설계법"이라 한다)은 반도체집적회로의 배치설계에 관한 창작자(創作者)의 권리를 보호하고 배치설계를 공정하게 이용하도록 함을 보호대상으로 하고 있다.

(3) **권리의 발생시기의 비교**

(i) 특허권은 방식심사는 물론이요, 엄격한 실체심사에 따른 설정등록에 의하여 발생하는데 비교하여,

(ii) 배치설계권은 형식적인 절차와 형식적인 요건의 심사만으로 결정등록된다(반도체법 §19, §20, §21).

(4) **권리의 존속기간의 비교**

(i) 특허권의 존속기간은 원칙적으로 설정등록일부터 시작하여 특허출원일 후 20년이 되는 날까지인데 비교하여,

(ii) 배치설계권의 존속기간은 설정등록일부터 10년으로 하되(반도체법 §7①), 영리를 목적으로 그 배치설계를 최초로 이용한 날부터 10년 또는 그 배치설계의 창작일부터 15년을 초과할 수 없다(같은법 조②).

제 2 항 특허법과 지식재산기본법과의 관계 및 기타의 지적재산권법과의 비교

1. 특허법과 지식재산기본법과의 관계

(1) 지식재산기본법의 목적

지식재산기본법(知識財産基本法)의 목적은, 제1조(목적)에서 "지식재산의 창출·보호 및 활용을 촉진하고 그 기반을 조성하기 위한 정부의 기본정책과 추진체계를 마련하여 우리 사회에서 지식재산의 가치가 최대한 발휘될 수 있도록 함으로써 국가의 경제·사회 및 문화 등의 발전과 국민의 삶의 질 향상에 이바지하는 것을 목적으로 한다"라는 큰 뜻을 가지고 있다.

(2) 특허법과의 관계

지식재산기본법은 국가의 지적재산기본정책(知的財産基本政策)과 정부의 추진체계, 그리고 지식재산의 창출·보호 및 활용의 촉진과 그 촉진을 위한 기반조성 등 지적재산(知的財産)의 기본정책대강을 규정한 것으로서, 특허법 또는 특허제도의 운영에 직접적인 영향을 주는 기본적인 강령(綱領)이라 할 수 있다.

2. 특허법과 저작권법의 비교

저작권법(著作權法)이란 인간의 지적창작물(知的創作物), 즉 아디아(idea), 노하우(know−How), 저작물(著作物) 등을 보호하기 위한 법을 말한다.

(1) 저작권법의 목적과 저작물의 정의

(i) 저작권법은 저작자의 권리와 이에 인접(隣接)하는 권리를 보호하고 저작물의 공정(公正)한 이용을 도모함으로써 문화 및 관련산업의 향상발전에 이바지함을 목적으로 한다($\frac{저작법}{§1}$).

(ii) 한편, 여기에서 저작물이라 함은 인간의 사상(思想) 또는 감정(感情)을 표현(表現)한 창작물(創作物)을 말한다($\frac{저작법}{§2(i)}$). 저작권법은 다양한 저작물들을 정의하여 놓았다($\frac{저작법}{§2(iii)}$).

주목되는 것은 컴퓨터 프로그램(Computer Program) 저작물과 데이터베이스(data base) 등도 그 정의를 해 놓고 있다는 점이다($\frac{저작법 §2}{(xvi)(xix)}$). 그리고 또 저작권법에서 말하는 저작물이 무엇인지에 대하여 대표적인 것을 예시해 놓았다($\frac{저작법}{§4①각호}$).

(2) 보호대상의 비교

(i) 특허법은 새로운 발명을 보호하여 산업발전을 기도하고 있는데 비하여,

(ii) 저작권법은 저작자의 권리와 이에 인접한 권리를 보호하여 문화(文化) 및 문화관련산업(文化關聯産業)의 향상발전에 이바지함을 목적으로 하고 있다.

(3) 권리의 발생시기의 비교

(i) 특허권은 엄격한 심사주의(審査主義)이다. 즉 방식심사와 실체심사인 발명의 구성요건과 특허요건 등의 심사를 거쳐서, 그 요건들에 충족된 것에 한하여, 그리고 또한 설정등록이라는 엄격한 절차를 거쳐서 비로소 권리로서 형성된다.

(ii) 그러나 저작권은 무심사주의(無審査主義)이므로, 저작권의 발생에 아무런 절차의 필요가 없다. 그저 저작물의 완성과 동시에 저작권이 발생된다.

(4) 존속기간의 비교

(i) 특허권의 존속기간이 원칙적으로 설정등록일(設定登錄日)부터 시작하여 특허출원일 후 20년이 되는 날까지로 되어 있는데 비하여,

(ii) 저작권의 존속기간은 원칙적으로 저작자(著作者)가 생존하는 동안과 저작자가 사망한 후에도 70년간 존속된다($\binom{저작법}{\S39①}$). 공동저작물(共同著作物)의 저작권은 맨 마지막으로 사망한 저작자의 사망한 후 70년간 존속한다($\binom{같은법}{조②}$).

그리고 저작재산권의 보호기간을 계산하는 경우에는 저작자가 사망하거나 저작물을 창작 또는 공표한 다음해부터 기산한다($\binom{저작법}{\S44}$).

한편, 저작권의 존속기간에 관한 예외규정들이 있음도 주의해야 할 것이다($\binom{저작법}{\S40\sim\S43}$).

3. 특허법과 "부정경쟁방지 및 영업비밀보호에 관한 법률"의 비교

(1) "부정경쟁방지 및 영업비밀보호에 관한 법률"의 목적과 부정경쟁 등의 정의

(i) 부정경쟁방지 및 영업비밀보호에 관한 법률(이하 편의상 "부정방지 등 보호법"이라 약칭한다)은 국내에 널리 알려진 타인의 상표·상호 등을 부정(不正)하게 사용하는 등의 부정경쟁행위와 타인의 영업비밀(營業秘密)을 침해하는 행위를 방지하여 건전한 거래질서(去來秩序)를 유지함을 목적으로 한다($\binom{부정방}{지법 \S1}$).

(ii) 한편, "부정경쟁행위"란 국내에 널리 알려진 타인의 성명, 상호, 상표, 상품의 용기, 포장, 그 밖에 타인의 상품임을 표시한 표지(標識)와 동일하거나 유사한 것을 사용하거나 이러한 것을 사용한 상품을 판매·반포 또는 수입·수출하여

타인의 상품과 혼동하게 하는 행위를 비롯하여 모두 10가지의 경우를 규정해 놓았다(부정방지법).(§2(i)가-차)

(iii) 그리고 "영업비밀"이란 공공연히 알려지지 아니하고 독립된 경제적 가치를 가지는 것으로서, 상당한 노력에 의하여 비밀로 유지된 생산방법, 판매방법, 그 밖에 영업활동에 유용(有用)한 기술 또는 경영상의 정보(情報)를 말한다(부정방지법 §2(ii)).

(2) **보호대상의 비교**

(i) 특허법의 보호대상이 발명인데 비하여,

(ii) 부정방지 등 보호법의 보호대상은 국내에서 널리 알려진 상표·상호 등과 영업비밀(營業秘密)이어서, 이는 특허법의 보호대상인 발명과는 상당한 거리가 있다.

(iii) 차라리, 상표법의 보호대상과 중복 또는 상당히 인접되어 있는 인상을 주고 있다.

그러나 상표법은 상표 등 표장(標章)을 출원하여 엄격한 심사(審査)를 거쳐서 등록(登錄)된 것에 한하여 상표권으로서 보호하도록 되어 있는데 비하여, 부정방지 등 보호법에서는, ① 국내에서 널리 알려진 것임을 전제로, ② 타인의 성명(姓名), 상호(商號), 상표, 상품의 용기(容器)·포장(包裝), 기타 상품표지(商品標識) 등 그 대상이 매우 넓다. ③ 출원(出願)이나 심사의 필요도 없고, 미리 등록되어 있는 권리도 아니며, ④ 부정경쟁의 행위가 있거나, 영업비밀(營業秘密)의 침해가 있을 때에 한하여, 비로소 부정방지 등 보호법에 근거한 권리에 의한 침해를 주장할 수 있다.

이런 점에서 상표법과 유사한 인상(印象)을 주면서도 다른 제도이다. 다만, 특허법 또는 상표법에, 부정방지 등 보호법 제2조(정의)로부터 제6조(부정경쟁행위 등으로 실추된 신용의 회복)까지 및 제18조(벌칙) 제3항과 다른 규정이 있으면, 특허법 또는 상표법의 규정에 따른다는 특별규정이 있다(부정방지법 §15①).

(3) **권리존속기간의 비교**

(i) 특허법과 상표법은 모두 출원·심사·권리의 설정등록 등의 엄격한 절차를 거쳐 특허권 또는 상표권이라는 권리가 형성되므로, 그 권리의 존속기간이 있으나,

(ii) 부정방지 등 보호법에 의한 권리는 존속기간이 없고, 언제든지 침해행위(侵害行爲)가 있는 때에는 발동할 수 있다.

4. 특허법과 기타 신지식재산권법의 관계

신지식재산권법(新知識財産權法) 중에서, (1) "반도체집적회로의 배치설계에 관

한 법률"과 (2) "부정경쟁방지 및 영업비밀보호에 관한 법률"에 관하여는 이미 설명했다.

　기타의 신지식재산권법으로는, (3) "인터넷 주소자원에 관한 법률", (4) "정보통신망 이용촉진 및 정보보호 등에 관한 법률", (5) "종자산업법", (6) "식물신품종보호법" 및 (7) "콘텐츠산업진흥법" 등이 있으나, 특허법과는 직접관련이 없고 비교대상도 되지 않는다.

　(8) 종전에 특허법에 규정되었던 "직무발명"에 관한 규정이 발명진흥법으로 옮겨지면서, 보다 상세히 규정하고 있는바, 이에 대하여는 후술한다.

제2장 총 칙

제1절 특허의 객체인 발명

제1항 특허법상 발명의 정의 — 발명의 성립요건

1. 사회통념으로서의 발명

사회통념(社會通念)으로서의 발명이라 함은 종래에는 없던 물건이나 방법 따위를 새로 생각해 낸 것을 말하는 것으로, 매우 불확실한 개념이다.

그것은 시간적(時間的) 공간적(空間的)으로 사회의 변천에 따라 그 개념도 유동적(流動的)이기 때문에 발명의 정의를 학설·판례에 맡기는 예도 있다. 그러나 발명의 정의를 법으로 정한 입법예가 많은 것은 불확실한 개념을 보호대상으로 할 수 없기 때문이다. 우리 특허법도 발명을 법으로 정의해 놓았다($\frac{법}{\S2(i)}$).

2. 발명의 성립요건 — 특허법에 정의된 발명

특허법은 "발명이라 함은 자연법칙(自然法則)을 이용한 기술적 사상(思想)의 창작(創作)으로서 고도(高度)한 것을 말한다"라고 규정하였다($\frac{법}{\S2(i)}$).

(1) 자연법칙을 이용할 것

(i) "자연법칙(自然法則)"이란 자연(自然)의 영역에 존재하는 법칙, 즉 자연계(自然界)에 존재하는 원리를 말한다.

(ii) "자연법칙을 이용한다"는 것은 자연력(自然力)을 이용한다는 뜻이다. 즉 자연계에 의하여 지배되는 자연현상을 발생시키는 법칙을 이용한다는 말이다.

자연력은 일정한 법칙에 따르는 것이므로 어느 종류의 유형물(有形物)의 형성

또는 방법의 작용과의 관계에 있어서, 이러한 자연력을 이용하는 기술적 사상이
바로 발명인 것이다.

따라서 이러한 자연력의 이용과 직접적인 관계가 없는 문예(文藝) · 학술(學術) · 미술(美術) 따위의 저작물과 다르다. 단순한 상품(商品)의 진열(陳列), 게임(game)의 법칙이나 금융상의 법칙 따위는 자연력의 이용 없이 인간이 결정한 것이므로 특허법에서의 발명은 아니다.

그러한 점에서 유럽특허조약(European Patent Convention: EPC)과 독일, 프랑스, 영국 등 유럽의 여러 나라 특허법들은, 단순한 발견, 학문상(學問上)의 이론(理論), 인위적(人爲的)인 결정, 의장(design) 따위는 발명이 아니라고 열거되어 있다.

한편, 판례는 발명의 일부라도 자연법칙에 반하면 발명에 해당되지 않는다고 판시하였다.[1] 또 새로 발견된 법칙이나 원리의 응용이 때로는 중요한 발명을 낳는 일이 있지만, 그 경우에도 발견은 발명 그 자체와는 구별된다. 다만, 발견(discovery)도 발명이라고 규정하고 있는 입법례도 있다($\substack{\text{미} \cdot \text{특허법} \\ \S100}$).

(2) **기술적 사상일 것**

(i) "기술"이란 일정한 목적을 달성하기 위한 구체적인 수단이다.

여기에서의 "사상(思想)"이란 발명이 기술적으로 소기의 목적인 작용 · 효과를 달성하는 것에 대한 인식을 말한다.

즉 기술적인 수단이 합리적으로 구성되어 실시 내지는 반복실시(反復實施)가 가능하도록 정리되어 소기의 목적인 작용 · 효과를 달성할 수 있는지에 대한 정신작용(情神作用)인 인식을 말한다.

(ii) "기술적인 사상"은 타인에게 전달할 수 있는 구체성(具體性)이 있어야 하고, 또 반복실시가능성(反復實施可能性)도 필요한 요건이기 때문이다. 이런 점에서 훈련에 의하여 숙련된 기능 또는 기량과 다르다.

한편, 기술과 기술적 사상이라는 개념은 차이점이 있다.

"기술"은 보다 구체적으로 산업상 실제 그대로 반복실시될 수 있는 확실한 수단 그 자체인데 비하여, "기술적 사상"으로서의 발명은 기술의 단계까지는 도달되지 않은 보다 추상적 개념으로서 반복실시의 가능성인 정도의 수단이다. 따라서 발명은 기술적 사상이기 때문에, 장차 기술로서 성립할 가능성(可能性)이 있으면 족하다.

---

1) 대법원 1998. 9. 4. 선고 98후744 판결.

(3) 창작일 것

(i) 발명은 창작, 즉 독창적(獨創的)인 것이어야 한다. "창작"이란 새로운 것을 처음으로 만들어 냈다는 말이다. 그리고 특허법에서 요구하는 창작은 종래에 공지된 것으로부터 그 기술분야에서 통상의 지식을 가진 자가 용이하게 발명할 수 있는 영역을 벗어난, 즉 용이창작(容易創作)이 자명(obvious)한 것이 아니어야 한다.

특정인(特定人)이 자기의 정신생활(精神生活)에 있어서 수집한 지식적 재료를 그 사람의 고유한 정신적 노작(勞作)에 의하여 정리하고 체계를 세운 것을 말한다.

(ii) 창작이란 점에서 이미 존재하고 있는 것을 단지 찾아낸 것에 불과한 발견과 구별된다. 일반적으로 물건의 발명이라는 것도 물건 그 자체가 발명의 대상(對象)인 것이 아니라, 그 물건의 작용·효과에 대한 사상이 발명의 요소인 것이다.

(4) 고도한 것일 것

여기에서 "고도(高度)"란 특허법에서의 발명과 실용신안법(實用新案法)의 보호대상인 고안(考案)과를 구별하기 위한 상대적(相對的) 개념이다.

발명과 고안은 다같이 자연법칙을 이용한 기술적 사상의 창작이지만 발명은 고도, 즉 기술적 사상의 창작으로서 고도성을 발명의 성립요건으로 하고 있는데 대하여, 고안은 고도성이 없는 것, 즉 기술적으로 낮은 것도 보호될 수 있도록 규정되어 있다.

3. 발명개념의 유동성 ─ 개념의 확대인가? 보호범위의 확장인가?

발명의 개념은, 원래 통속적(通俗的)인 사회통념에 의하여 이루어지는 것이어서, 사회의 변천에 따라 그 개념이 유동적(流動的)일 수밖에 없다.

그런데 당면한 이 현상을 엄격히 관찰한다면, 그것이 발명개념(發明概念)의 확대해석(擴大解釋)이냐 보호범위의 확장이냐를 논증(論證)해볼 필요도 있지만, 입법적으로 해결해야 할 문제이다.

(1) 용도발명

(i) "용도발명(用途發明)"이란 물건의 미지의 속성을 발견하고, 그것을 일정한 유용한 용도에 사용한다는 창작적 요소가 더해진 것을 말한다. 즉 물건의 미지의 속성으로부터 발생하는 작용·효과를 찾아낸 것은 단순한 발견인데 대하여,

그것을 인간으로서 유용한 용도(用途)를 발견하는 것은 자연법칙(自然法則)을 이용한 기술적 사상의 창작이라 하여, 용도발명의 성립을 인정하고 있다.

(ii) 스위스의 파울 H. 뮐러(Paul Hermann Müller, 1899~1965) 박사는 섬유의

해충에 대한 살충제(殺蟲劑)의 연구중에, D.D.T(dichloro dipheny trichloro-ethane)라는 화합물(化合物)이 탁월한 살충작용을 한다는 것을 발견했다. 뮐러 박사는 그 공적으로 1948년 노벨상(생리·의학상)을 받았다.

이 D.D.T의 화합물은 염화(塩化) 벤졸(benzoyl)과 수면제(睡眠劑)로 알려져 있는 크로럴(chloral)을 유산으로 촉매하여 반응시켜 만들어진 것으로, 뮐러 박사가 용도발명으로 완성한 1939년보다 훨씬 전인, 1874년에 독일의 화학자 자이들러(O. Zeidler)에 의하여 발견되어 있던 화합물이었으나 60여년간 방치되어 있었다.

따라서 뮐러 박사가 발견한 것은 그 용도이었을 뿐이고, 제조방법도 아니었고 화합물 그 자체도 아니었다. 일본에서는 등록 제169665호로 특허되었다 한다.

이것이 용도발명의 등장이라 할 수 있다. 용도발명은 공지(公知)의 물질일지라도 새로운 용도를 발견한 경우에는 그것에 자연법칙을 이용한 기술적 사상의 창작성(創作性)을 인정하여, 용도발명으로 인정한다는 것이다. 그러나 반드시 공지의 물질에 한정되는 것은 아니고, 신규의 화합물(化合物)이나 조성물(組成物)인 경우에도 용도발명이 성립될 수 있음은 물론이다.

(iii) 우리 특허제도로는 1986. 12. 31. 법률 제3891호로 특허법이 개정되어, 다음 해인 1987. 7. 1.부터 시행되기 전에는 화학물질발명이나 용도발명 따위는 모두 특허를 받을 수 없게 되어 있었다.

따라서 법률 제3891호로 특허법이 개정됨으로써, 1987. 7. 1.부터 화학물질발명과 용도발명 등이 보호대상으로 된 것이다. 그런데 여기에서 한 가지 짚고 넘어가야 할 점은 결과에 있어서는 마찬가지이겠지만 특허법상(特許法上)의 불특허사유(不特許事由)와 특허대상으로서의 발명개념은 그 본질이 구별되어야 한다는 점이다.

화학물질발명은 분명히 발명이었지만 산업정책상(産業政策上) 특허로 보호할 수 없어, 불특허사유로 규정되었던 것이고, 용도발명은 원래는 단순한 용도의 발견이라 하여 발명개념에 포함되지 않았던 것이, 그 개념의 확대해석으로 발명에 포함하게 된 것이다.

(iv) 실무적으로는 용도발명을 인정하되 조건을 붙이기도 한다.[2]

---

2) 우리 특허청의 현행 특허·실용신안 심사지침서[(Guidelines for Examination 2011.7) 제1장 산업상 이용가능성 4. 발명의 성립요건 4.1.2의 3단(三段)]에는,
   (i) "자연에 존재하는 물의 속성을 발견하고 그 속성에 따라 새로운 용도로 사용함으로써 기인하는 용도발명(用途發明)도 단순한 발견과는 구분되는 … 새로운 속성의 발견과 그에 연결되는 새로운 용도의 제시행위가 통상의 기술자로서는 자명(自明)하지 않은 발명적 노력을 가(加)한 경우라면 발명으로서 인정될 수 있다"라고 명기(明記)되어 있고,
   또 산업부분별 심사실무 가이드 의약·화장품분야(2011. 12.)에는,

(2) 소프트웨어 관련발명

"소프트웨어(software) 관련발명"이란 컴퓨터 관련발명 중의 일종으로 소프트웨어 자체만은, 인위적(人爲的)으로 작성한 것이어서 발명으로 인정될 수 없고, 소프트웨어와 컴퓨터의 이용을 불가결(不可缺)의 요소로 하는 발명이다.[3]

즉 판단기준의 요점은 소프트웨어와 하드웨어 자원(資源)이 협동할 구체적 수단의 유무(有無)이다.

(3) 비즈니스 모델 발명

(i) 비즈니스 모델(business model) 발명이란 업무의 처리방법에 관한 발명을 말한다.

비즈니스 모델 발명 또한 소프트웨어 관련발명의 하나로서, 소프트웨어 그 자체는 인위적(人爲的)인 결정이므로 특허법의 보호대상인 발명은 아니다.

(ii) 이것을 자연법칙을 이용한 하드웨어 자원인 컴퓨터를 이용하여 효과적으로 처리될 수 있도록 하면, 발명의 성립으로 인정받을 수 있게 되어 있다.

비즈니스 모델을 처음으로 인정한 것은 미국이었고, 미국에서는 업무를 처리하는 방법(method of doing business)으로 표현되고 있다.

(iii) 그런데 미국 특허법 제101조는 "신규하고 유용한 프로세스, 기계, 제품(製品), 조성물(組成物) 또는 이들의 신규하고 유용한 개량을 발명 또는 발견한 자는 이 법률이 정하는 조건 및 요건에 따라 특허를 받을 수 있다"라고 규정되어 있다.

이는 우리나라와는 달리, 발명을 정의해 놓은 것이 아니라 특허법의 보호대상을 명시해 놓은 것으로 보아야 할 것이다.

(iv) 그러나 이러한 법규가 있고 없음을 불구하고 2000년 이후부터 각국은,

(ii) "의약의 용도가 직접 혹은 간접으로 … "(제1장 기본사항 2. 산업부분 적용범위 중에서),

(iii) "용도가 의약인 용도발명 … "(제1장 기본사항 2. 특허청구범위 2.1 의약명의 표현형식 중에서)

(iv) "동일물질에 대한 의약용도발명 … "(제1장 기본사항 3. 신규성 3.1 동일물질에 대한 의약발명의 신규성 중에서) 등과,

(v) "청구항에는 둘 이상의 용도발명을 기재할 수 없다 … "(제2장 기재요건 3. 특허청구범위 3.2 특허청구범위 기재시 유의사항 중에서)

(vi) "천연물자체는 특허받을 수 없다. 다만, … 어떤 특정식품을 용도와 관련된 구성으로 한 발명은 용도발명으로 특허의 대상이 될 수 있다"(제3장 특허요건 1. 발명의 성립성 1.4 천연물 자체 중에서)라는 등의 표현들은 모두 발명개념(發明槪念)에 이미 용도발명이 포함되어 있음을 전제로 한 표현의 예라 할 것이다.

3) 우리 특허청의 컴퓨터 관련발명 심시기준해설에 의하면, "소프트웨어에 의한 정보처리가 하드웨어를 이용해 구체적으로 실현되고 있는 경우, 해당 소프트웨어와 협동해 동작하는 정보처리장치(기계), 그 동작방법 및 해당 소프트웨어를 기록한 컴퓨터로 읽을 수 있는 매체(媒體)는 자연법칙(自然法則)을 이용한 기술적 사상(思想)의 창작이다"라고 규정되어 있다.

모두 비즈니스 모델 특허에 흥미를 갖게 되었고, 우리나라에서는 이에 어떻게 대응하느냐에 고심하게 되었다.

우리 운영의 실제는 앞에서 이미 소개한 바와 같이, "소프트웨어에 의한 정보처리가 하드웨어를 이용해 구체적으로 실현되고 있는 경우"에만, 자연법칙을 이용한 기술적 사상의 창작으로 인정되고 있으며, 판례 또한 같은 취지를 판시하였다.[4]

(4) 컴퓨터 프로그램 관련발명

(i) 우리 법제의 운영은, 앞에서 소개된 소프트웨어(software) 관련발명과 비즈니스 모델(business model) 발명의 경우와 같은 판단기준이다.[5]

문제는 컴퓨터 프로그램 그 자체를 물건의 발명으로 인정하느냐의 여부에 관한 문제이다.

(ii) 일본의 현행 특허법 제2조 제1항에는 "발명"을 정의하고 있는바 그 내용이 우리 특허법 제2조(정의) 제1호에 규정된 "발명의 정의"와 전혀 동일하다.

그럼에도 불구하고 일본은 특허법 제2조 제3항 제1호와 제4항의 규정을 개정하여, "프로그램" 그 자체를 물(物)의 발명에 포함시키고 있다. 이는 발명의 개념을 시대의 흐름에 맞추어 나가기 위한 법의 합리적인 수정조치라 할 것이다.

그런데 우리 특허법은 왜 이러한 시대적 흐름에 맞추어 나가지 못하는 것일까?

4. 발명에 해당하지 않는 유형의 예시

우리 특허청의 특허·실용신안 심사지침서(2011. 7.) 발명의 성립요건 중에는 "발명에 해당하지 않는 유형"들을 예시하였다(제3부 특허요건 제1장 4.).

이는 대표적인 유형을 예시한 것이므로 발명에 해당하지 않는 것들이 이것들만이라는 의미는 아니다. 이외에도 발명의 성립요건에 충족되지 못하는 것들은 얼

---

4) 판례도 "일반적으로 비즈니스 관련발명이라 함은 정보기술을 이용해 구축된 새로운 비즈니스 시스템 혹은 방법발명을 말하고 이러한 비즈니스 관련발명에 해당하려면 컴퓨터상에서 소프트웨어에 의한 정보처리가 하드웨어를 이용해 구체적으로 실현되고 있어야 한다"라고 판시 하였다(대법원 2003. 5. 16. 선고 2001후3194 판결).

5) 우리 특허청 심사지침서(2011. 7.) 제3부 산업상 이용가능성 4. 발명의 성립요건 중, 발명에 해당하지 않는 유형의 예시(例示) 4.1.8에 의하면, "컴퓨터 프로그램 언어 자체, 컴퓨터 프로그램 자체는, 컴퓨터를 실행하는 명령에 불과한 것으로, 컴퓨터 프로그램 자체는 발명이 될 수 없다"라고 명시(明示)되어 있고, 다만, "컴퓨터 프로그램에 의한 정보처리가 하드웨어를 이용해 구체적으로 실현되는 경우에는 해당 프로그램과 연동해 동작하는 정보처리장치(기계), 그 동작방법 및 해당 프로그램을 기록한 컴퓨터로 읽을 수 있는 매체(媒體)는 자연법칙을 이용한 기술적 사상의 창작으로서 발명에 해당한다."

마든지 있을 수 있기 때문이다.

특허청의 심사지침에 예시하고 있는 유형들은 다음과 같다. 이는 발명자(發明者)들을 위한 참고사항으로 소개하는 것이며, 지면관계로 그 설명을 상당부분 생략한다.

⑴ 자연법칙 그 자체

⑵ 단순한 발견이어서 창작이 아닌 것

⑶ 자연법칙에 위배(違背)되는 것

⑷ 자연법칙을 이용하지 아니한 것

(i) 청구항에 기재된 발명이, 자연법칙을 이용하지 아니하고, 경제법칙, 수학공식(數學公式), 논리학적 법칙, 작도법(作圖法) 등 인위적인 약속(게임의 규칙 그 자체 등) 또는 인간의 정신활동(영업계획 그 자체, 교수방법 그 자체, 금융보험제도 그 자체, 과세제도 그 자체 등)을 이용하고 있는 경우에는 발명에 해당되지 않는다.

(ii) 그러나 수학적인 연산(演算)을 통하여 변화되는 데이터를 이용하여 특정한 기술수단의 성능을 높인다거나 제어(制御)함으로써 유용하고 구체적이며 실용적인 결과를 얻을 수 있는 기술적인 장치나 방법으로 청구하는 경우에는, 그와 같은 장치나 방법이 특정한 목적을 달성하기 위한 합리적인 수단으로서 보편성(普遍性)과 반복성(反復性) 및 객관성(客觀性)을 갖는 것이면 발명으로 취급된다 하였다.

(iii) 자연법칙 이용여부는 청구항 전체로 판단하여야 한다.

⑸ 기   능

⑹ 단순한 정보의 제시

단순한 정보의 제시는 정보의 내용에만 특징이 있는 것으로 발명에 해당될 수 없다. 그러나 정보의 제시가 신규한 기술적 특징을 가지고 있으면, 그와 같은 정보의 제시 그 자체, 정보의 제시수단, 정보를 제시하는 방법은 발명에 해당될 수 있다 하였다. 그리고 예로서 문자(文字), 숫자(數字), 기호(記號)로 이루어지는 정보를 양각(陽刻)으로 기록한 플라스틱카드는 정보의 제시 수단에 기술적 특징이 있는 경우라고 했다.

⑺ 미적 창조물

미적(美的) 창조물은 시각적(視覺的)인 면을 가지며, 그 평가도 주관적(主觀的)인 것이어서 그 자체는 발명에 해당하지 않는다. 그러나 미적 효과가 기술적 구성 혹은 다른 기술적 수단에 의하여 얻어지는 경우, 미적인 효과를 얻기 위한 수단은 발명에 해당될 수 있다.

⑻ 컴퓨터 프로그램 언어 자체, 컴퓨터 프로그램 자체

(i) 앞에서 이미 설명한 바와 같이, 우리 특허청의 심사지침서(2011. 7.)는, 컴퓨터 프로그램은 컴퓨터를 실행하는 명령에 불과한 것으로, 컴퓨터 프로그램 자체는 발명이 될 수 없다 하였다.

(ii) 그러나 컴퓨터 프로그램에 의한 정보처리가 하드웨어를 이용해 구체적으로 실현되는 경우에는 해당 프로그램과 연동해 동작하는 정보처리장치(기계), 그 동작방법 및 해당 프로그램을 기록한 컴퓨터로 읽을 수 있는 매체는 자연법칙을 이용한 기술적 사상의 창작으로서 발명에 해당한다는 것이다.

(iii) 특허법은 발명을 보호하고 이를 이용함으로써 기술의 발전을 촉진하여 산업발전에 이바지함을 목적으로 하였다(법§1).

그러므로 특허법의 궁극적인 목적이 "산업발전"에 이바지하는 것이라면, 특허법의 보호대상을 특허법 제2조(정의) 제1호에 규정한 "발명의 정의"에서 말하는 "자연법칙을 이용한 기술적 사상의 창작으로서 고도한 것"에 지나치게 얽매고 있을 것이 아니라, 현실과 타협하는 탄력적인 입법정책으로 해결하는 것이 바람직한 일이다.

왜냐하면, 산업발전에 이바지할 수 있는 기술이라면, 미국 특허법 제100조〔"발명"이라 함은 발명 또는 발견을 말한다(The term "invention" means invention or discovery)〕와 제101조〔…발명 또는 발견…(invents or discovers…)〕 등과 같이, 발견도 받아들일 수 있도록 입법정책의 뒷받침이 따라야 하기 때문이다.

용도발명(用途發明)의 경우, ① 물건의 미지(未知)의 속성인 작용·효과를 찾아낸다는 것은 그러한 효과가 있으니, ② 어느 용도에 유용(有用)하겠다는 것을 찾아내는 것보다도 어려운 경우도 있을 수 있다.

그런데도, 그 자체는 보호대상이 될 수 없고, 그것을 일정한 용도(用途)에 사용하는 것을 발견하는 것만을 자연법칙을 이용한 기술적 사상의 창작으로 본다는 것은, 아무래도 군색(窘塞)하게만 보인다. 그러므로 컴퓨터 관련발명들도 모두 같은 맥락에서 입법정책적으로 해결되어야 할 문제들이다.

⑼ 반복하여 동일한 효과를 얻을 수 없는 것

⑽ 미완성발명

발명이 성립요건에 충족되지 못하면 당연히 미완성발명이다.

판례도 같은 취지를 판시하였다.[6]

---

6) 판례는, "… 완성된 발명이란 그 발명이 속하는 분야에서 통상의 지식을 가진 자가 반복실시하여 목적하는 기술적 효과를 얻을 수 있을 정도까지 구체적, 객관적으로 구성되어 있는 발명으로 그

5. 발명이 성립요건에 충족되지 못한 경우의 효과

(1) 특허거절이유에 해당

심사주의(審査主義)를 채택하고 있는 우리 특허제도($\substack{법\\§57①}$)는 심사관으로 하여금, 발명이 성립요건에 충족된 것인지의 여부, 즉 발명이 제2조(정의) 제1호에 규정된 "발명"의 성립요건에 충족된 것인지의 여부를 심사하게 하여, 미완성발명이면, 의당 거절을 해야 한다.

그런데 미완성발명을 거절할 법조(法條)가 없다. 제62조(특허거절결정) 제1호에는 "제2조 제1호"의 규정이 없기 때문이다. 그러나 성문의 규정이 있고 없음에 불구하고 미완성발명에 특허를 부여하는 제도는 있을 수 없다.

그렇다면, 심사관이 이를 거절할 경우에는 실무적으로 어느 조항을 적용하여야 할 것인가?

판례는 미완성발명이 자연법칙을 이용한 것인지의 여부에 관하여, "자연법칙을 이용하지 않은 것을 특허출원하였을 때에는 특허법 제29조 제1항 본문의 '산업상 이용할 수 있는 발명'의 요건을 충족하지 못함을 이유로 특허법 제62조(특허거절결정)에 의하여 그 특허출원이 거절된다"라고 판시하였다.[7]

제29조(특허요건) 제1항 전단에는 "산업상 이용할 수 있는 발명"이라는 규정이 있으므로 이 조항을 적용한 것이다.

그러나 법리적으로는 발명의 성립요건을 충족시키지 못한 발명의 미완성과 발명의 특허요건으로서의 "산업상 이용가능성"은 그 성질이 판이한 것이다. 전자는 발명 그 자체가 미완성인 것, 즉 발명으로서의 성립요건을 갖추지 못한 것이므로, 발명이라 할 수도 없는 것이다. 후자는 발명으로서는 완성되었으나, 특허요건으로서의 산업상 이용가능성의 문제인 것이다.

대법원의 부득이한 고충이 엿보이기는 한다. 거절하는 조항이 없다 하여 미완성발명에 특허를 부여할 수는 없기 때문이다. 또 대법원 판례는 "산업상 이용가능성"을 총론적인 요건으로 보고, 기타의 특허요건을 각론적인 것으로 보았는지도 모르겠으나, 특허법의 해설로는 아직 그러한 식의 논조는 없다.

판단은 특허출원의 명세서에 기재된 발명의 목적, 구성 및 작용효과 등을 전체적으로 고려하여 출원당시의 기술수준에 입각하여 판단하여야 한다 …"는 요지이다(대법원 1994. 12. 27. 선고 93후1810 판결).

7) 대법원 1998. 9. 4. 선고 98후744 판결.

한편, 자연법칙과 산업상 이용가능성을 관련시킨 판례도 있다.[8] 특허법의 미비를 보완하는 개정이 있을 때까지는 판례의 판지를 따를 수밖에 도리가 없다.

(2) 특허무효의 이유에 해당

발명이 성립요건에 충족되지 못하면, 그것은 발명의 미완성이다. 그런데도 잘못 심사되어 특허등록이 된 경우에는 특허무효의 이유에 해당되어야 할 것이다.

그러나 특허의 무효이유를 규정하고 있는 제133조(특허의 무효심판) 제1항 각호의 규정에는 제2조(정의) 제1호의 규정이 없다.

부득이, 앞에서 소개한 대법원 판결(대법원 1998. 9. 4. 선고 98후744 판결)의 판시를 원용하여야 할 것이다. 따라서 미완성발명의 특허는 무효로 되어야 한다.

제 2 항 발명의 특허요건

발명이 완성되었다 하여 바로 특허(特許)될 수 있는 것은 아니고, 발명의 특허요건(patentability)에도 충족되어야 한다. 그 특허요건들은 다음과 같다.

1. 발명의 산업상 이용가능성

(1) 산업상 이용가능성(industrial applicability)이 특허요건으로 된 근거

특허법은 "산업상 이용가능성(産業上 利用可能性)"을 특허요건의 첫째조건으로 규정하였다($\substack{법\\§29①본}$).

그 근거는 특허법의 목적이 "산업발전에 이바지함을 목적"으로 하고 있기 때문이다. 그러므로 발명은 산업발전에 이바지할 수 있어야만 특허를 받을 수 있다. 즉 "산업상 이용가능성이 없으면 특허될 수 없다"는 것, 즉 특허로서 보호할 가치가 없다는 것이다.

(2) 산   업

"산업(industry)"이란 생산업을 말하며, 공업·농업·임업·광업·수산업·목축업·운송업·기타의 여러 가지 업 등 넓은 의미이다. 근래에는 비즈니스 모델도 특허의 대상으로 되면서 금융업·보험업·광고업 등 서비스업이 포함되는 것으로 보고 있다. 의약생산업이나 의료기기의 생산 등이 특허대상인 산업임에는 의문이 없다.

(i) 의료업도 포함되느냐, 즉 의료업이 산업의 일종이냐의 문제이다.

---

8) 대법원 2001. 12. 11. 선고 2000후334 판결.

인체(人體)로부터 분리된 혈액(血液)이나 모발(毛髮)은 인체는 아니므로 공서
양속에 반하지 않으면 특허대상이 될 수 있다.

인간의 질병을 예방하고 진단·치료하는 행위가 일종의 산업이라면, 그 예방
방법이나 진단·치료방법 등도 특허법상 발명인 한, 산업상 이용가능성이 있으면,
특허를 받을 수 있어야 할 것이다.

그러나 많은 나라들은 전통적으로 이러한 발명은 인도적으로 인류의 건강을
위하여 널리 개방하여야 하며, 특허의 대상으로 할 것은 아니라는 생각이 매우 뿌
리깊게 자리잡고 있다 할 수 있다.[9]

(ii) 우리 특허법 또한 의료업에 대하여는 아무런 규정이 없다. 다만, 특허청의
심사지침에 의료업은 산업상 이용할 수 없는 유형으로 분류해 놓았을 뿐이다.

그 논리적인 근거나 이유를 다른 곳에서 찾을 수는 없다. 특허법이 산업정책
적으로 구성된 법제이므로, 그 근거나 이유도 산업정책에 있는 것으로 보아야 할
것이다. 의료행위는 산업상 이용가능성이 없는 것, 즉 산업발전에 이바지할 수 없
으므로 특허될 수 없다는 결론을 이끌어 낸 것으로 보인다.

판례는 " … 의료행위에 관한 발명은 산업에 이용할 수 있는 발명이라 할 수
없으므로 특허를 받을 수 없는 것이나, 동물용 의약이나 치료방법 등의 발명은 산
업상 이용할 수 있는 발명으로서 특허의 대상이 될 수 있는바, 출원발명이 동물의
질병만이 아니라 사람의 질병에도 사용할 수 있는 의약이나 의료행위에 관한 발명
에 해당하는 경우 그 특허청구범위의 기재에서 동물에만 한정하여 특허청구항을
명시하고 있다면 이는 산업상 이용할 수 있는 발명으로서 특허의 대상이 된다"라
고 판시하였다.[10]

(3) 이용가능성

"이용가능성(利用可能性)"이란 당장 산업상 이용되고 있음을 요하는 것이 아
니라, 장래에 이용가능한 것이면 된다. 그렇다고 장래관련기술의 발전에 따라 기
술적으로 보완되어 장래에 비로소 산업상 이용가능성이 생겨나는 경우까지를 포함
하는 것은 아니다.[11]

"이용"이란 실시를 말한다.[12] 산업상의 이용, 즉 산업상의 실시란 특허법 제2

---

9) 吉藤·熊谷, 特許法槪說(第13版), P. 69.
10) 대법원 1991. 3. 12. 선고 90후250 판결.
11) 대법원 2003. 3. 14. 선고 2001후2801 판결.
12) 吉藤·熊谷, 前揭書, P. 68.

조(정의) 제3호에서 정의하고 있는 실시라기보다는 생산업이 객관적으로 계속반복성(繼續反復性)을 전제로 한 실시를 말한다 할 것이다.

그러나 산업상 이용가능성은 경제적 의미의 이용가능성과는 별개의 문제이다. 발명의 경제적 가치는 당시의 사회적·경제적 여건에 따라 크게 좌우될 수 있다.

예로서 석유(石油)를 대체하는 발명은 석유가(石油價)의 등락에 따라, 군수산업(軍需産業)의 물자인 무기(武器) 기타 전시용품은 전시냐 아니냐에 따라 크게 달라지기 때문이다. 따라서 발명의 산업상 이용가능성과 경제적 이용가능성을 혼동해서는 아니 된다.

2. 신 규 성

(1) 신규성(novelty)의 정의

"신규성(新規性)"이란 출원(出願)된 발명의 기술내용이 출원 전에, 불특정인(不特定人)이 알 수 있는 상태에 있지 아니한 것을 말한다.

특허법은 신규성을 적극적으로 정의하지는 아니하였고, 소극적으로 다음 네 가지 경우는 신규성이 없다 하였다($^{법}_{§29①(i)(ii)}$). 즉 특허출원 전에 ① 국내·외에서 공지되었거나 ② 국내·외에서 공연히 실시된 것 ③ 국내·외에서 반포된 간행물에 게재되었거나 ④ 국내·외에서 전기통신회선을 통하여 공중의 이용가능(利用可能)한 발명 등은 신규성이 없는 것이라 했다($^{법}_{§29①(i)(ii)}$).

그러므로 위 네 가지 중, 어느 하나에도 해당되지 않은 것은 모두 신규성이 있는 것이라는 취지이다. 따라서 "발명의 신규성"이란 출원발명의 기술내용이 그 출원 전에, 국내·외에서 불특정인에게 알려지지 않았고, 알 수 있는 상태에서 사용되지 않았으며 간행물, 즉 문헌공개(文獻公開)된 일도 없고, 전기통신회선을 통하여 공중이 이용가능한 상태에 있지 아니한 발명을 말한다.

(2) 신규성을 특허요건으로 한 이유

새로운 발명을 한 사람이 그 발명을 혼자만 아는 비밀로 하지 않고 특허제도를 통하여 공개시키는 대가로 특허라는 독점권(獨占權)을 부여함으로써, 더욱 새로운 발명을 장려·보호하고, 이를 이용하게 함으로써 기술의 발전을 촉진하여 산업발전에 이바지하게 하려는 것이다.

따라서 이미 알려진 공지(公知)의 발명은 특허법이 보호해야 할 가치가 없기 때문에 발명의 신규성을 특허요건의 하나로 한 것이다.

만약에, 누구나 사용해온 기존의 공지기술(公知技術)에 특허라는 독점권을 부여한다면, 이는 제3자의 자유로운 영업활동을 방해하는 것으로 되어 산업발전에 공헌은 커녕, 산업을 퇴보시키고 말 것이다.

(3) 신규성과 발명의 동일성과의 관계

신규성의 유무를 판단하기 위해서는 발명의 동일성(identity of invention)이 문제로 된다. 즉 출원발명(出願發明)이 공지 등의 발명과 동일하면, 신규성이 없기 때문이다.

(i) "발명의 동일"이란 발명의 기술적 사상의 동일, 즉 발명의 기술적 수단, 목적, 구성 및 작용·효과가 동일한 것을 말한다.

만약에, 출원발명이 공지 등의 발명과 비교하여 동일하지 않고 비슷한 데만 있는 경우에는 신규성의 상실사유(喪失事由)로 되는 것이 아니고, 다음에 설명되는 진보성의 문제로 될 것이다.

(ii) 발명의 동일성문제는 선출원주의(先出願主義)를 규정하고 있는 제36조(선출원)를 비롯하여, 특허의 청구범위의 해석($\frac{법}{§97}$) 등 특허법 전반에 걸쳐 그 해석이 중요시되고 있는 기본문제의 하나이다.

그리고 발명의 동일한지의 여부를 판단하는 기준은 특별한 경우를 제외하고는($\frac{법}{§29③본, ④본}$), 특허의 청구범위에 기재된 내용을 기준으로 비교하는 것이 통설로 되어 있다.

(iii) 특허의 청구범위(請求範圍)는 보호받으려는 사항을 명확히 할 수 있도록 발명을 특정하는데 필요하다고 인정되는 구조·방법·기능·물질(物質) 또는 이들의 결합관계(結合關係) 등을 적어야 하도록 규정되어 있고($\frac{법}{§42⑥}$), 또 특허발명의 보호범위는 특허의 청구범위에 적혀 있는 사항에 의하여 정하여진다($\frac{법}{§97}$)는 규정 및 특허의 청구범위는 출원인(出願人)이 발명으로 인식하고 그에 관한 독점권으로서의 보호를 청구한 것이기 때문이다.

따라서 신규성의 유무는 출원발명의 청구범위를 공지 등의 발명과 비교하여 그 동일성의 유무를 판단하는 것이다.

한편, 비교되는 두 발명이 균등한 것, 즉 발명의 목적을 달성함에 있어서 두 개의 요건을 바꾸어 놓아(置換)도 발명의 본질에 아무런 차이가 없는 것, 또는 설계변경(設計變更)의 미차(微差)에 불과한 것 따위는 모두 발명이 같은 것으로 본다. 이들은 목적달성의 수단과 작용·효과가 본질적으로 같은 것들이기 때문이다.

(4) 신규성 판단의 시간적 기준

신규성을 판단하는 시간적 기준은 출원일(出願日)이 아니고, 출원(出願)의 시각(時刻)이다. 즉 시간의 한 점에 해당된다.

논리적으로 본다면, 특허출원을 하기 1초 전에, 발명의 기술내용을 불특정인 (不特定人)들에게 공표(公表)를 하고 특허출원을 하면, 신규성이 상실된 공지의 기술로 되는 것이고, 반대로 특허출원(特許出願)을 먼저 하고나서, 1초 후에 일반 대중 앞에서 출원된 발명의 기술내용을 발표하더라도, 이미 특허출원되어 있는 발명의 기술은 신규성이 상실된 것이 아니므로 특허를 받을 수 있다는 이치이다.

(5) 신규성 판단의 장소적 기준

신규성을 판단하는 장소를 어디로 보느냐의 문제이다. 국내를 기준으로, 국내에서 공지(公知)·공용(公用)되었거나 간행물에 의하여 반포(頒布)된 것이면 신규성이 상실된 것으로 보는 것을 국내주의라 하고, 국내에서뿐만 아니라 외국에서 공지·공용 또는 반포간행물 등에 의하여 신규성이 상실된 것들도 포괄시키는 것을 국제주의(國際主義)라 한다.

오늘날과 같이 글로벌경제와 다양한 정보화시대에 있어서는 다수의 국가들이 국제주의를 채택하고 있으며, 우리 특허법도 국제주의를 취하고 있다($^{법}_{§29①각호}$).

(6) 신규성상실의 사유

i) 공　지

발명이 특허출원 전에 국내 또는 국외에서 불특정인에게 알려진 것을 말한다. 불특정인이면 족한 것이고 반드시 다수임을 요하지 않는다. 판례도 같은 취지를 판시한 바 있다.[13]

ii) 공　용

발명이 특허출원 전에 국내 또 국외에서 공연히 실시된 것을 말한다($^{법}_{§29①(i)후}$).

"공연(公然)히 실시"라 함은 당해 기술분야에서 통상의 지식을 가진 자가 그 발명의 내용을 용이하게 알 수 있는 상태로 실시하는 것을 말한다. 판례도 같은 취지의 판시를 했다.[14]

공지와 공용은 구별된다. 외관상으로는 공연히 사용되었으나 공지(公知)로는 되지 않는 경우도 있기 때문이다. 자동차의 엔진이나 기계의 내부에 장착되어 있는 부품은 그 자동차 또는 기계가 공연히 사용되었다 하여 그 엔진이나 내장되어 있는 부품까지 공지 또는 공연히 사용되었다고는 할 수 없기 때문이다.

---

13) 대법원 1996. 6. 14. 선고 95후19 판결.
14) 대법원 1996. 1. 23. 선고 94후1688 판결.

iii) 반포간행물에 게재

발명이 특허출원 전에 국내 또는 외국에서 반포된 간행물에 게재됨으로써 불특정인(不特定人)이 발명의 내용을 알아볼 수 있는 상태에 있게 된 것을 말한다.

"반포(頒布)"란 간행물 등이 공중인 불특정인이 열람할 수 있는 상태에 놓여진 것을 말하며, 누군가 그것을 열람했음을 요하는 것은 아니다.

"간행물"이라 함은 반포에 의하여 공중에 공개함을 목적으로 인쇄 기타의 기계적 화학적 방법에 의하여 인쇄·복제된 문서·도면·사진 또는 기타 이와 유사한 정보전달(情報傳達)의 매체를 말한다.[15] 그러나 현대적 개념은 인쇄·복사 등에 한정할 것이 아니라, 마이크로 필름·시디롬(CD-ROM)·플로피디스크·슬라이드 또는 이와 유사한 것들도 포함시켜야 한다는 의견이 지배적이다.

한편, 대학에서의 학위논문이나 어느 기관에서 시행하는 공사(工事)의 경쟁입찰(競爭入札)에 응찰하기 위한 사양서(仕樣書) 등은 그것이 인쇄물로 제본 또는 제작되고 그 간행된 연월일이 기재되어 있는 것을 대학 또는 기관당국에 제출하여 심사위원들에게 배포했다 하여도, 대학 또는 기관당국의 담당자나 심사위원들은 모두 특정인이고, 그 심사위원회에서 최종결정이 나서 공식발표가 있을 때까지는 비밀로 하는 것이 관례이므로 반포간행물에 게재됨으로써 막바로 신규성이 상실되는 것은 아니다. 그러한 논문이나 사양서는 도서관에 비치하여 학생들이나 일반 불특정인(不特定人)이 열람할 수 있는 상태에 놓이거나, 정식으로 공표를 하게 됨으로써, 비로소 간행물에 반포되고 또는 공지로 되어 신규성이 상실된다고 보아야 한다. 다만, 비밀을 유지해야 할 의무가 있는 특정인이 그 비밀의무를 위반하여 일반인에게 발명내용을 공개한 경우에는 그 발명은 공개와 동시에 신규성을 상실하게 된다.

한편, 간행물에 인쇄된 발행년월일(發行年月日)은 해당분야에서의 관행이나 반포에 관한 구체적인 증거가 없는 경우에는 신규성 상실의 유력한 증거로 추정될 수 있을 것이다.

iv) 전기통신회선을 통한 공중의 이용가능한 발명

전기통신회선(電氣通信回線)의 기술발달과 컴퓨터 이용의 증가 등으로 인터넷 등에 개시된 기술정보의 증가현상 등을 감안하여 이러한 수단을 통하여 공중이 이용가능하게 된 발명에 대하여도 신규성이 상실하는 근거를 규정한 것이다(별§29①(iii)).

---

15) 대법원 1992. 10. 27. 선고 92후377 판결.

"전기통신회선"이란 유선(有線)·무선(無線)·광선(光線) 및 기타의 전자적(電磁的) 방식에 의하여 부호·문언·음향 또는 영상을 송신하거나 수신하는 것이면 모두 포함된다($\frac{전기통신법}{\S2(i)}$). 그러나 방송(放送)과 같이 일방향으로만 되는 정보통신은 제외된다.

"공중(公衆)에 이용가능"이란 발명으로 설명된 정보가 불특정인인 공중에게 접근(access)가능한 상태에 놓여 있는 것을 말한다. 누가 그 정보를 현실적으로 보았느냐의 여부는 문제되지 않는다. 그러나 개인간의 사신(私信) 메일 또는 특정인만이 접근할 수 있는 1대 1의 통신인 전화회선이나 전기통신회선은 공중에 이용가능한 것은 아니다.[16]

⑺ 신규성상실의 예외 등

i) 제도의 취지

특허의 출원시에 신규성이 없는 발명, 즉 공지(公知) 등으로 된 발명은 특허를 받을 수 없고 모두 거절되는 것이 원칙이다.

그러나 모든 경우에 이 원칙의 적용을 고집할 경우에는 특허제도에 대한 지식이 부족한 중소기업 또는 개인발명가(個人發明家) 등이 실수로 자기의 발명을 공개한 경우에는 지나치게 가혹하다는 취지에서 원칙에 대한 예외를 규정한 것이다.

ii) 열거주의의 지양(폐지)

종전에는 그 적용되는 경우를 구체적(학술단체에서의 발표, 박람회에 출품 등)으로 일일히 열거하는 열거주의(列擧主義)였으나, 시대의 변천과 기술의 발달에 따라 그 구체적 경우가 다르면서 성질상 동질의 경우가 있음에도 규정에 열거되지 않은 것은 부득이 구제불능의 상태에 있게 되는 등 형평성(衡平性)에 반하는 경우도 있음을 감안하여, 현행법은 "특허를 받을 수 있는 <u>권리를 가진 자에 의하여</u>" 또는 "특허를 받을 수 있는 <u>권리자의 의사에 반하여</u>" 신규성이 상실하게 된 경우로 규정함으로써 구제의 폭이 넓어지고 각 구체적인 사안에 따른 형평성을 유지시켰다.

iii) 구제기간의 연장

종전의 법제하에서는 그 구제기간(救濟期間)이 "6개월" 이내에 특허출원을 하면 공지 등이 되지 아니한 발명으로 보는 것으로 규정되어 있었다.

그러나 특히, 국제학술단체에서의 논문발표는 그 학술회의 개최 전에 외국에서 간행물로 발간되는 경우가 있을 뿐만 아니라, 연구결과의 논문을 학술지의 발

---

16) 日本 特許廳編, 工業所有權法 逐條解說(第19版), P. 82.

간 전에 홈페이지에 게재하는 것이 국제추세인데다, 그 사실의 입증이 어려운 경우도 있는 점 등을 감안하여 현행법은 그 구제기간을 "12개월"로 규정하였다.

즉 특허를 받을 수 있는 권리를 가진 자의 발명이, <u>권리를 가진 자에 의하여 또는 권리를 가진 자의 의사에 반하여</u> 신규성이 상실되게 된 경우에는, <u>그날부터 12개월 이내에 특허출원을 하면</u> 그 특허출원된 발명에 대하여 제29조 제1항(신규성이 상실된 발명) 또는 제2항(진보성이 없는 발명)을 적용할 때에는 그 발명은 같은조 제1항 각호의 어느 하나에 해당하지 아니한 것으로 본다는 규정($^{법}_{§30①본}$)은 신규성과 진보성이 있는 것으로 본다는 취지이다. 진보성의 인정은 새로 추가되었다.

iv) 진보성이 상실되는 경우의 구제

앞에서 지적한 바와 같이, 종래에는 공지(公知)·공용(公用) 또는 간행물(刊行物) 등에 반포된 발명과 동일한 발명만이 신규성상실의 예외로서 구제되었다. 그리고 진보성이 상실되는 경우는 제외되어 결과적으로 불공평하였다.

그러나 비록 동일발명(同一發明)이라도 학회 등에서 발표하는 논문의 형식과 특허출원을 위한 명세서의 작성방법이 조금은 다른 표현으로 되는 경우도 있어, 신규성이 아니라 진보성이 없는 것으로 되는 경우가 있다. 이러한 경우에는 신규성상실의 예외로서, 구제받지 못하는 불합리한 점이 있었다.

현행법에서는 신규성과 진보성을 같이 규정함으로써, 신규성이 상실된 경우뿐만 아니라, 진보성이 상실된 경우도 같이 구제대상으로 규정하여 형평성을 유지시켰다.

⑻ 신규성상실의 예외에 관한 특허법의 규정

i) 제30조(공지 등이 되지 아니한 발명으로 보는 경우) 제1항의 규정

특허를 받을 수 있는 권리를 가진 자의 발명이 다음 각호의 어느 하나에 해당하게 된 경우에는, 그날부터 12개월 이내에 특허출원을 하면 그 특허출원된 발명에 대하여 제29조 제1항(공지·공용·간행물에 게재·전기통신회선을 통한 공중이 이용할 수 있는 발명) 또는 제2항(진보성이 없는 발명)을 적용할 때에는 그 발명은 같은조 (제29조) 제1항 각호의 어느 하나에 해당하지 아니한 것으로 본다($^{법}_{§30①본}$). 즉 신규성과 진보성이 있는 것으로 본다는 취지이다.

ii) 다음 각호는 두 경우로 되어 있다.

(i) 특허를 받을 수 있는 권리를 가진 자에 의하여 그 발명이 제29조 제1항(신규성상실의 발명) 각호의 어느 하나에 해당하게 된 경우($^{법}_{§30①(i)본}$). 다만, 조약 또는 법률에 따라 국내 또는 국외에서 출원공개되거나 등록공고된 경우는 제외한다

($\substack{법\\§30①(i)단}$). 이러한 경우에까지 적용시킬 필요는 없기 때문이다.

(ii) 특허를 받을 수 있는 권리를 가진 자의 의사(意思)에 반하여 그 발명이 제29조 제1항(신규성상실의 발명) 각호의 어느 하나에 해당하게 된 경우($\substack{법\\§30①(ii)}$).

(9) 신규성상실의 예외를 주장하는 절차

i) 원   칙

신규성과 진보성상실의 예외에 관한 적용을 받으려 하는 자는 특허출원서에 그 취지를 적어 출원하여야 하고, 이를 증명할 수 있는 서류를 시행규칙으로 정하는 방법에 따라 특허출원일부터 30일 이내에 특허청장에게 제출하여야 한다($\substack{법\\§30②}$).

ii) 보완수수료를 납부한 경우의 절차

시행규칙이 정하는 보완수수료를 납부한 경우에는 다음 각호의 어느 하나에 해당하는 기간에 제30조(공지 등이 되지 아니한 발명으로 보는 경우) 제1항 제1호(특허를 받을 수 있는 권리를 가진 자에 의하여 신규성이 상실하게 된 경우)를 적용받으려는 취지를 적은 서류 또는 이를 증명할 수 있는 서류를 제출할 수 있다($\substack{법\\§30③본}$).

출원인의 단순한 실수로 출원시에 공지예외주장을 빠뜨렸어도 명세서 또는 도면을 보정할 수 있는 기간 또는 특허거절결정이나 특허거절결정 취소심결의 등본(謄本) 송달을 받은 날부터 3개월 이내에 공지예외주장의 취지를 적은 서류나 증명서를 제출할 수 있는 기회를 주어 출원인을 보호하자는 취지이다.

(i) 제47조(특허출원의 보정) 제1항에 따라 보정할 수 있는 기간($\substack{법\\§30③(i)}$)

(ii) 제66조(특허결정)에 따른 특허결정 또는 제176조(특허거절결정 등의 취소) 제1항에 따른 특허거절결정취소심결(특허등록을 결정한 심결에 한하되, 재심결을 포함한다)의 등본을 송달받은 날부터 3개월 이내의 기간($\substack{법 §30\\③(ii)본}$)   다만, 제79조(특허료)에 따른 설정등록을 받으려는 날이 3개월보다 짧은 경우에는 그날까지의 기간($\substack{법 §30\\③(ii)단}$)

3. 발명의 진보성

(1) 진보성의 용어와 개념 등

i) 진보성이라는 용어

"진보성(inventive step)"이란 법령(法令)에 규정된 용어는 아니다. 실무적으로 사용하는 관용어이다. 그러나 그 진보성의 한계가 어디에서 어디까지인가를 파악하기란 매우 어려운 문제이다. 그렇기에 특허출원이 거절되는 경우 또는 특허무효심판(特許無效審判)의 쟁점도 그 대부분이 진보성이 있느냐 없느냐로 귀착된다.

ii) 발명의 진보성이라는 개념

"진보성"이란 당해 기술분야에서 통상의 지식을 가진 사람이 특허출원시(特許出願時)의 기술수준(技術水準)에서, 공지(公知)·공용(公用)된 발명으로부터 특허출원의 발명을 쉽게 발명할 수 없는 것을 말한다(특법 §29②의 반대해석).

미국 특허법은 그 발명에 관한 기술분야에서 통상의 기량(ordinary skill)을 가진 자가 자명(obvious)하지 않은 것이라 했다(미·특허법 §103).

"쉽게"의 반대말이 "어렵게"이므로, 당해 기술분야에서 통상의 지식을 가진 사람이 특허출원시의 기술수준에서, 공지·공용된 발명으로부터 특허출원의 발명을 하기가 어려운 것은 진보성이 있는 것이고, 쉬운 것이면 진보성이 없는 것이라는 뜻이다.

⑵ 진보성을 특허요건으로 한 이유

당해 기술분야에서 통상의 지식을 가진 사람이 쉽게 발명을 할 수 있는 정도의 발명은 공지(公知)의 기술에 준(準)하는 것이어서 사회공유의 재산으로 누구나 자유(自由)롭게 사용할 수 있도록 맡겨두는 것이 바람직하다는 것이다.

만약에, 이러한 발명에 특허권이라는 독점권을 부여하는 것은 제3자의 자유로운 영업활동(營業活動)을 방해할 뿐만 아니라, 산업발전에 이바지함을 목적으로 하는 특허법의 목적에 반하기 때문이다.

⑶ 당해 기술분야

진보성이란 실무적으로 매우 중요하면서도 그 개념 자체가 너무도 막연한 데다가, 당해 기술분야란 또 그 범위를 가늠하기조차 어렵다.

왜냐하면, 요즈음의 실정을 보면 기술분야(技術分野)는 점점 더 전문화(專門化)되고 세분화되어가고 있을 뿐만 아니라, 전혀 판이한 분야임에도 상호 전용(轉用)이 용이한 경우가 있는가 하면, 반대로 인접분야임에도 서로의 전용이 용이하지 않은 경우도 있기 때문이다.

당해 출원발명을 기준하여 발명의 기술적 사상인 발명의 목적·구성·수단·작용·효과 등을 종합적으로 감안하여 구체적·개별적으로 판단할 수밖에 없는 문제이다.

⑷ 통상의 지식을 가진 자

"통상의 지식을 가진 자"란 당해 기술분야의 전문기술자 중에서 평균적(平均的)인 수준에 있는 자, 즉 통상의 전문가를 말한다. 이것은 구체적으로 어떠한 실존인물(實存人物)을 말하는 것이 아니고, 특허법상(特許法上)으로, 추상적(抽象的)인

상상의 인물을 말한다.[17]

특허법은 그 입법과정에서 단지 통상의 지식을 가진 자를 상상만 하면서 그런 자의 입장에서 판단하여야 한다고 입법한 것이기 때문이다. 이것을 심사관의 주관적 입장에서 자신이 통상의 지식을 가진 평균적인 기술자, 즉 통상의 전문가라고 속단하는 것은 절대금물(絶對禁物)이다. 심사관 중에는 경험(經驗)과 지식(知識)이 풍부한 분도 있고, 그 반대인 신참도 있으며, 중참도 있다. 그러나 어느 경우에 있는 심사관이라도 심사에 임할 때에는 언제나 특허법의 입법자가 상정(想定)한 통상의 지식을 가진 자, 즉 당해 기술분야에서 보통의 기술자 또는 보통의 전문가라는 기준을 한 때라도 잊어서는 아니 될 것이다.

(5) 진보성과 관용기술과의 차이

진보성이 없는 기술이 준공지(準公知)의 기술로 대접받는다 해도 신규성(新規性)은 있는 기술이다. 따라서 신규성이 없는 공지·공용의 기술은 아니기 때문이다. 다만, 당해 발명의 기술분야에서 통상의 지식을 가진 자라면 공지 등의 기술로부터 용이하게 발명할 수 있는 것이므로 특허라는 독점권을 인정할 가치가 없다는 것이다.

(i) "관용기술(慣用技術)"이란 당해 기술분야에서 상식으로 되어 있어 현저한 경험칙에 해당되므로 입증의 필요가 없는 정도의 기술이다.

(ii) 그러나 진보성의 유무를 가늠해야 하는 기술은, 심사·심판 또는 소송에 있어서 심사관이던 출원인 또는 그 진보성의 유무를 주장하는 자가 그 유무를 증거로 입증하여야 한다는 점에서, 입증이 필요 없는 관용기술과는 판이한 것이다.

(6) 진보성 판단의 유형

진보성을 판단하는 데에 있어서 기준이 되는 몇 가지 유형이 있다.

i) 집합과 결합

(i) "집합(aggregation)"이란 공지의 발명을 둘 이상 모아 놓았을 때, 그 각 발명이 가지고 있는 효과의 총화(總和) 이상의 새로운 별단의 효과가 없는 경우를 말한다. 이러한 경우는 신규성도 없는 공지의 발명을 여러 개 모아놓은 것이라 하여 집합(集合) 또는 주합(湊合)이라 하며, 진보성이 없다는 것이다.

(ii) "결합(combination)"이란 공지의 둘 이상의 발명을 결합하는 것이 예측된 바도 없고, 그 결합된 각 발명이 가지고 있는 효과의 총화 이상의 상승효과가 있

---

17) 吉藤·熊谷, 前揭書, P. 108.

어서 예기치 않았던 새로운 효과가 발생하는 경우에는 진보성이 있다는 것이다.

판례는 선행기술을 종합하는 데 각별한 곤란성이 있다거나 이로 인한 작용·효과가 공지된 선행기술로부터 예측되는 효과 이상의 새로운 상승효과(相乘效果)가 있다고 인정되고 그 분야에 통상의 지식을 가진 자가 선행기술에 의하여 용이하게 발명할 수 없다고 보여지는 경우에는 진보성이 있다는 취지를 판시한 바 있다.[18]

그 결합의 대상인 공지의 발명은 장치, 방법, 수단을 결합시킬 수도 있고, 구조를 결합시킬 수도 있으며, 기술사상의 일부 또는 전부를 유기적으로 결합한 전체로서의 기술사상이 새로운 효과가 있어, 하나의 특유의 기술문제를 해결할 수 있도록 한 발명을 말한다. 이와 같이, 유기적으로 결합된 전체로서의 곤란성과 특유의 효과 등이 인정되어 진보성이 있다는 것이다.[19]

ii) 치환, 전용, 설계변경의 미차

(i) "치환(置換)"이란 공지발명(公知發明)의 특정 구성요소를 다른 공지발명에 바꾸어서 구성되는 것을 말한다. 바꾸어 보아도 그 기본적인 기술사상에 변함이 없는 것은 신규성이 없는 것이다.

그러나 이 치환에 의하여 미미한 효과가 있다 하여도 이는 진보성은 없다는 것이다.

(ii) "전용(轉用)"이란 타기술분야에 있는 공지발명을 해당 기술분야에 전용하는 것으로 또한 진보성이 없는 예의 하나이다.

(iii) "설계변경(設計變更)의 미차(微差)"는 동일발명(同一發明)으로 본다. 여기에서 설계변경이라 함은 설계변경으로 그 외견상으로는 상당한 구조변경(構造變更)이 되었다 하더라도 예측하지 못했던 새로운 기술문제를 해결할 수 있는 별단(別段)의 효과가 있으면 진보성이 있는 것으로 될 것이나, 그렇지 못한 설계변경은 진보성이 없는 것으로 된다.

iii) 용도발명·선택발명

(i) "용도발명"이란 공지(公知)의 물건 또는 물질에 새로운 속성을 찾아내서 새로운 용도에 사용할 수 있는 효과를 찾아낸 발명을 말한다. D.D.T와 같은 경우이다.

물질의 속성을 찾아냈다는 것만으로는 발견에 불과하고, 그 일정한 용도를 찾아낸 것에 신규성(新規性)이 있고, 그 용도에 현저한 효과가 있으며, 또 그 용도의

---

18) 대법원 1991. 10. 25. 선고 90후2478 판결.
19) 대법원 2010. 9. 9. 선고 2009후1897 판결.

변경(變更)이 당해 기술분야에서 통상의 기술자가 용이하게 발명할 수 없기 때문에 진보성이 있는 것이다.

(ii) "선택발명(選擇發明)"이란 선택(selection)되는 발명의 구성요건이 이미 공지(公知)되었고, 그 공지의 구성요건 중에서, 자기발명의 구성요건을 선택하여 성립시킨다는 데에서 유래된 것이다. 당해 기술분야에서 이미 공지된 문헌(文獻)이나 특허명세서(特許明細書) 또는 선행발명(先行發明)의 구성요건의 전부 또는 일부가 상위개념(上位槪念)으로 표현되어 있으나, 그 선행발명 중에는 구체적으로 개시(開示)되어 있지 않은 하위개념(下位槪念)을 선택하여 또는 그 선택한 것들을 조합(組合)하여 구성요건으로 한 후발명(後發明)으로서, 그 후발명이 선행발명에 개시되어 있지 않은 특유의 효과가 있는 경우에는 선행발명이 공지사실임에도 불구하고 후발명인 선택발명을 신규성과 진보성이 있는 것으로 인정하는 것이다.

이 선택발명에 관한 우리 대법원 판례의 판지를 보면, 선택발명의 진보성이 부정되지 않기 위해서는 선행발명에 포함되는 하위개념들 모두가 구체적으로 개시하지 않고 있어서 선택발명에 포함되는 하위개념을 모두가 선행발명이 갖는 효과와 질적으로 다른 효과를 갖고 있거나, 질적인 차이가 없더라도 양적으로 현저한 차이가 있어야 하고, 이때 선택발명의 상세한 설명에는 선행발명에 비하여 위와 같은 효과가 있음을 명확히 기재하여야 하며, 위와 같은 효과가 명확히 기재되어 있다고 하기 위하여서는 선택발명의 상세한 설명에 질적인 차이를 확인할 수 있는 구체적인 내용이나, 양적으로 현저한 차이가 있음을 확인할 수 있는 정량적(定量的) 기재가 있어야 한다고 판시하였다.[20]

iv) 수치한정 · 형상 등의 한정발명

(i) "수치한정(數値限定)"이란 종래의 공지인 발명의 구성요건을 특정의 수치범위로 한정한 것을 말한다. 그 범위를 포괄하는 상위개념인 수치한정이 없는 발명이 공지이므로 특허될 수 없는 것이 원칙이다.

그러나 수치범위의 한정 그 자체가 신규이고 그 목적과 작용 · 효과가 현저한 경우에는 진보성을 인정해야 한다는 것이다. 따라서 수치한정에 의하여 발명의 목적과 작용 · 효과에 각별한 차이(差異)가 없는 경우에는 공지의 선행발명(先行發明)과 실질적으로 동일한 것으로, 진보성은 없는 것으로 된다.

판례도 그 한정된 수치범위의 내외에서 현저한 효과의 차이가 생기지 않는다

---

20) 대법원 2010. 3. 25. 선고 2008후3469, 3476 판결.

면 그 특허발명은 그 기술분야에서 통상의 기술자가 통상적이고 반복적인 실험을 통하여 적절히 선택할 수 있는 정도의 단순한 수치한정에 불과하여 진보성이 부정(否定)된다고 판시하였고,[21] 또 수치한정발명은 수치범위 내외에서 이질적(異質的)이거나 현저한 작용·효과의 차이가 생기지 않는다면 진보성이 없다는 취지의 판시도 있다.[22]

(ii) "형상 등의 한정발명"은 공지기술(公知技術)의 형상(形狀)이나 배열(配列) 등을 일정한 범위로 한정 내지는 변경하여 특단의 효과를 발생시킴으로써, 예측하기 어려웠던 기술적인 난제를 해결할 수 있다면, 수치한정의 경우와 같은 논리에서 발명의 특허성(特許性)을 인정하여야 할 것이다.

"형상(形狀)"이란 물품이 공간(空間)에 접하는 선(線) 또는 면(面)의 연속으로서 외면적으로 인식되는 물품의 평면적이거나 입체적인 윤곽을 말한다. 즉 인간이 관찰할 수 있는 물품의 외형을 말한다. 형상은 특히 실용신안과 디자인의 보호대상으로도 되어 있다.

"배열(配列)"이라 함은 일정한 차례나 간격으로 벌여놓는 것을 말하지만, 주로 화학물질(化學物質)의 발명에서 이용되는 것으로 예를 들면, 핵산염기 서열(核酸鹽基 序列) 또는 아미노산서열 같은 것을 말한다(시행규칙 §21의4).

이러한 배열의 한정 또는 변경 등이 수치한정의 경우와 같이 특단의 효과가 있느냐 없느냐에 따라 그 진보성의 유무의 결론을 얻을 수 있을 것이다.

4. 발명이 특허요건에 충족되지 못한 경우의 효과

(i) 특허거절이유에 해당된다. 발명이 특허요건에 충족되지 못하면 제62조(특허거절결정) 제1호의 규정에 의하여 특허가 거절된다.

(ii) 특허취소의 이유에 해당된다. 제132조의2(특허취소신청) 제1항 제1호에 명문으로 규정되어 있다.

(iii) 특허무효의 이유에 해당된다. 제133조(특허의 무효심판) 제1항 제1호에 명문규정이 있다.

---

21) 대법원 2010. 8. 19. 선고 2008후4998 판결.
22) 대법원 2005. 1. 28. 선고 2003후1000 판결.

제3항 발명의 선출원과의 관계

발명이 성립요건에 충족되고 특허요건에도 충족된다 하여도, 같은 발명이 먼저 출원되어 출원공개(出願公開)됨으로써 거절될 수도 있고 또 제일 먼저 출원된 것(最先出願發明)만이 특허를 받을 수 있다. 선출원주의(先出願主義)이기 때문이다.

발명의 선출원과의 관계는 두 가지 경우이다.

1. 확대된 선출원의 범위와의 관계 — 후출원을 거절하기 위한 공지의 의제

(1) 확대된 선출원범위의 개요

i) 종래의 선·후출원의 관계

종래의 선·후출원관계는 특허청구범위(特許請求範圍)를 기준하여 비교되었으므로, 선출원과 후출원의 특허청구범위가 같지 않으면, 후출원의 발명이 선출원의 명세서 또는 도면에 기재된 내용과 같더라도, 후출원을 거절하지 못하였었다.

ii) 현행 확대된 선출원 범위제도의 선·후출원의 관계

선출원이 출원공개 또는 등록공고되면, 후출원이 선출원의 청구범위와는 다르지만 선출원서에 최초로 첨부된 명세서 또는 도면에 기재되어 있는 내용과 같은 발명이면, 후출원은 그 선출원의 출원공개 또는 등록공고된 범위에서 공지된 것으로 보게 되어 거절된다는 제도이다.

iii) 이 제도의 발생원인

이러한 제도는 출원공개(出願公開)와 출원의 심사청구(審査請求) 등 양제도의 실시에 따른 부산물(副産物)로 나타난 것이다(법§29③본). 출원공개의 제도는 조기에 출원을 공개함으로써 중복연구, 중복출원, 중복투자 등을 어느 정도 줄일 수 있게 되었고, 심사청구의 제도 또한 심사적체를 상당히 해소(解消)시키고 있다.

구 법제하의 논리상으로는, 후출원의 출원일이 선출원의 출원공개 전이고, 선·후출원의 청구범위가 상이하면 후출원을 거절할 수 없었다.

그런데 후출원의 출원일이, 선출원의 출원공개되기 전이고 또 선·후출원의 청구범위가 서로 다른데도, 선출원의 출원공개 또는 등록공고된 출원서에 첨부된 최초의 명세서에 설명된 내용 또는 도면에 기재된 부분과 동일하다는 이유만으로 후출원을 거절한다는 취지이다.

(2) 확대된 선출원 범위를 인정하는 입법이유

그렇다면, 이러한 제도의 입법이유는 무엇인가?

i) 선출원의 범위확대로 심사적체의 해소

출원의 조기공개(早期公開)의 제도는 모든 출원을 원칙적으로 출원일부터 1년 6개월이 되면 공개하는데 대하여, 출원의 심사청구는 비교적 장기간인 출원일부터 3년으로 되어 있다($\frac{법}{§59②}$). 여기에 집고 넘어가야 할 점은, 구법에는 심사청구기간이 5년이었으나 2016. 2. 29. 개정되어, 2017. 3. 1.부터 시행된 개정법(이하 "2017. 3. 1. 시행법"이라 약칭한다)은 심사청구기간을 3년으로 단축시켰다.

그리고 선출원의 청구범위는 보정에 의하여 변경될 가능성이 있으므로 심사절차가 종결될 때까지는 그 청구범위가 확정되지 않은 상태에 있게 된다.

따라서 선출원의 청구범위만으로 후출원을 거절시키려면, 선출원이 심사청구되고, 심사절차가 종결단계에 이르러 청구범위가 확정될 때까지, 또는 선출원의 심사청구가 없는 경우에는 그 심사청구 기간이 만료될 때까지는 후출원에 대한 심사절차를 진행할 수 없게 되어, 심사적체(審査積滯)를 해소시키려는 심사청구제도(審査請求制度)의 취지에 크게 어긋난다.

그러나 선출원의 출원서에 최초로 첨부한 명세서와 도면에 기재되어 있는 내용을 출원공개시킴으로써, 선출원의 명세서와 도면에 기재된 내용의 전부가 공지된 것으로 본다(擬制)면, 선출원의 심사절차의 진행정도나, 선출원의 심사청구유·무에 상관없이 후출원을 처리할 수 있게 되어, 심사청구제도의 취지와도 부합된다 할 것이다.

그래서 선출원에 의한 후출원의 거절범위(拒絕範圍)를, "<u>선출원의 특허청구(特許請求)의 범위</u>"로부터 "<u>선출원의 출원서에 최초로 첨부된 명세서와 도면에 기재된 발명</u>"에까지 넓히게 된 것이다.

ii) 방위출원의 심사생략으로 심사적체의 해소

방위출원(防衛出願)은 애당초 출원인이 독점권을 기도한 것은 아니고, 타인의 출원에 의한 독점권을 배제하기 위한 출원임에도 심사청구를 하여 심사적체(審査積滯)에 한몫을 하여 왔었다.

그러나 이 제도로 선출원의 범위가 확대됨으로써 방위출원을 한 것만으로 방치해 두어도 출원공개(出願公開)되어 후출원을 배제시킬 수 있게 되어 심사적체의 해소에 큰 도움을 주게 되었다.

iii) 보호가치 없는 후출원발명의 배제

이와 같은 선출원범위의 확대로 후출원이 배제됨으로써, 후출원에 대하여 가혹한 것이 아닌가, 형평성에 관한 법감정의 문제는 어떠한가.

그러나 선출원서에 최초로 첨부된 명세서 또는 도면에 기재되어 있는 발명은, 비록 청구범위에 기재되지 아니한 부분이라도 그 선출원의 발명인이 먼저 발명을 한 것이고, 또 먼저 선출원한 것이다. 먼저 발명한 선출원에 의하여 후출원이 거절되는 것이라면, 후출원의 출원인으로서는 아무런 불평도 할 수 없는 처지에 있다.

뿐만 아니라, 특허제도가 새로운 발명을 사회에 공개하여 기술의 발전을 촉진함으로써 산업발전에 이바지하는 대가로 특허권을 부여하는 것이라면, 후출원인은 새로운 발명을 먼저 하여서 먼저 출원한 사실이 없으므로 그 대가 또한 없는 것이 당연하다 할 것이다. 다만, 선·후출원의 발명자가 동일하거나 선·후출원의 출원인이 동일한 경우에는, 자기발명 또는 자기출원에 의하여는 거절하지 아니한다는 단서의 규정을 두었다(법 §29③단.).

(3) 확대된 선출원 범위의 특허법 조문(법 §29③본.)

i) 선출원이 특허출원인 경우

특허출원한 발명이 다음 각호의 요건을 모두 갖춘 다른 특허출원의 출원서에 최초로 첨부된 명세서(明細書) 또는 도면(圖面)에 기재된 발명과 동일한 경우에는 그 발명은 제1항(신규성이 인정되는 경우)에도 불구하고 특허를 받을 수 없다(법 §29③본.). 다만, 그 특허출원의 발명자와 다른 특허출원의 발명자가 같거나 그 특허출원을 출원한 때의 출원인과 다른 특허출원의 출원인이 같은 경우에는 그러하지 아니하다(법 같은조항). "요건을 모두 갖춘"이란 다음 각호의 두 가지 요건을 모두 충족된 경우를 말한다. "다른 특허출원"이란 선출원을 말한 것이고, "그 특허출원"이란 후출원을 말한 것이다.

(i) 그 특허출원일 전에 출원된 출원일 것(법 같은조항(i))

(ii) 그 특허출원 후 제64조(출원공개)에 따라 출원공개되거나 제87조(특허권의 설정등록 및 등록공고) 제3항에 따라 등록공고된 특허출원일 것(법 같은조항(ii))

ii) 선출원이 실용신안등록출원인 경우

특허출원한 발명이 다음 각호의 요건을 모두 갖춘 실용신안등록의 출원서에 최초로 첨부된 명세서 또는 도면에 기재된 고안과 동일한 경우에는 그 발명은 제1항(신규성이 인정되는 경우)에도 불구하고 특허를 받을 수 없다(법 §29④본.). 다만, 그 특허출원의 발명자와 실용신안등록출원의 고안자가 같거나 그 특허출원을 출원한 때의 출원인과 실용신안등록의 출원인이 같은 경우에는 그러하지 아니하다(법 같은조항). 여기에서 ① "요건을 모두 갖춘"이란 다음 각호의 두 요건 모두를 충족한 경우를, ② "실용신안등록출원"이란 선출원을, ③ "그 발명" 또는 "그 특허출원"은, 모두

"후출원의 발명" 또는 "후출원"을 말한 것이다.

(i) 그 특허출원일 전에 출원된 실용신안등록출원일 것($\substack{법\\같은조항(i)}$)

(ii) 그 특허출원 후 실용신안법 제15조("특허법"의 준용)에 따라 준용되는 특허법 제64조(출원공개)에 따라 출원공개되거나, 실용신안법 제21조(실용신안권의 설정등록 및 등록공고) 제3항에 따라 등록공고된 실용신안등록출원일 것($\substack{법\\같은조항(ii)}$)

(4) 확대된 선출원범위의 PCT 국제특허출원에의 적용

i) PCT 국제특허출원

"국제특허출원(國際特許出願)"이란 특허협력조약(PCT)에 따라 국제출원일이 인정된 국제출원으로서 특허를 받기 위하여 대한민국을 지정(指定)한 국제출원을 말한다($\substack{법\\§199①}$).

이와 같은 특허협력조약(이하 특별한 경우를 제외하고는 편의상 "PCT"라 약칭한다)에 따른 국제출원은, 국제출원일에 지정국인 우리나라에 정규의 특허출원을 한 것으로 본다($\substack{법\\§199①후}$). 따라서 확대된 선출원범위의 적용에 있어서는 일반출원과 다를 바 없으나, PCT국제출원이므로 법적용에 있어서 PCT규정도 적용된다.

그래서 특허법은 제29조(특허요건) 제5항과 제6항 및 제7항의 조정규정(調整規定)을 두었다.

ii) 선출원이 PCT 국제특허출원인 경우의 조정규정

다른 특허출원, 즉 선출원이 제199조(국제출원에 의한 특허출원) 제2항에 따른 국제출원(제214조 제4항에 따라 특허출원으로 보는 국제출원을 포함한다)인 경우, 제3항 본문 중 "출원서에 최초로 첨부된 명세서 또는 도면"은 "국제출원일까지 제출한 발명의 설명, 청구범위 또는 도면"으로, 같은항 제2호 중 "출원공개"는 "출원공개 또는 특허협력조약(PCT) 제21조(국제공개)에 따라 국제공개"로 본다($\substack{법\\§29⑤}$).

따라서 국내의 일반출원에서 "출원서에 최초로 첨부된 명세서 또는 도면"에 대응(對應)되는 것이, PCT국제출원에서는 "국제출원일까지 제출한 발명의 설명, 청구범위 또는 도면"이라는 것이므로 실질적으로 국내출원의 경우와 같은 것이다.

또 국내의 일반출원에서 "출원공개"에 대응되는 것이, PCT국제출원에서는 PCT 제21조에 규정된 "국제공개"이므로, 형식상 그것을 조정하는 것이며, 국내 특허출원에 적용하는 제29조(특허요건) 제3항과 PCT국제출원에 적용하는 제29조 제5항은 그 실질에 있어서는 같은 것이라 할 수 있다.

iii) 선출원이 PCT 국제실용신안등록출원인 경우의 조정규정

실용신안등록출원이 실용신안법 제34조(국제출원에 의한 실용신안등록출원) 제2

항에 따라 국제실용신안등록출원(같은법 제40조 제4항에 따라 실용신안등록출원으로 보는 국제출원을 포함한다)인 경우, 제29조(특허요건) 제4항 본문 중 "출원서에 최초로 첨부된 명세서 또는 도면"은 "국제출원일까지 제출한 고안의 설명, 청구범위 또는 도면"으로, 제29조(특허요건) 같은항 제2호 중 "출원공개"는 "출원공개 또는 특허협력조약 제21조(국제공개)에 따라 국제공개"로 본다($^{법}_{\S29⑥}$).

iv) 국내출원과 동일한 효과의 경우

PCT국제출원에 있어서도 국제출원일 후, 국제공개 전에 제3자의 후출원이 있는 경우에는 국제공개에 의하여 국제출원일까지 제출한 발명의 설명, 청구범위 또는 도면에 기재된 내용과 동일한 후출원을 모두 배제시킬 수 있는 점은 국내출원인 경우와 같다.

v) 국내출원과 판이한 효과의 경우

국제특허출원 또는 국제실용신안등록출원인 경우에 제201조(국제특허출원의 국어번역문) 제4항에 따라 취하한 것으로 보는 국제특허출원 또는 실용신안법 제35조(국제실용신안등록출원의 국어번역문) 제4항에 따라 취하한 것으로 보는 국제실용신안등록출원은 다른 특허출원 또는 실용신안등록출원으로 보지 아니한다($^{법}_{\S29⑦}$). 이 경우는 국어인 한글이 아닌 외국어로 국제출원을 하고 국내 서면제출기간 내에 그들 서류의 국어번역문을 제출하지 아니하여, 그 국제출원이 취하한 것으로 보는 경우이다($^{법}_{\S201④}$).

이러한 출원은 ① 국어번역문의 제출이 없어, 국내절차단계의 진입이 확정되지 않았고, ② 국어번역문이 없으므로, 출원서에 첨부한 명세서가 없어 선원(先願)으로서의 지위를 인정할 수 없으므로, ③ 확대된 선원의 지위를 부여할 수 없기 때문이다. 그래서 다른 특허출원(선출원) 또는 다른 실용신안등록출원(선출원)으로 보지 아니한다는 규정을 둔 것이다($^{법}_{\S29⑦}$).

(5) 확대된 선출원의 범위와 조약에 의한 우선권주장($^{법}_{\S54}$) 또는 국내 우선권주장($^{법}_{\S55}$)의 경우

i) 확대된 선출원의 범위와 조약에 의한 우선권을 주장하는 경우

조약에 의한 우선권을 주장하는 경우에는 제29조(특허요건) 및 제36조(선출원)를 적용할 때에 그 당사국에 출원한 날을 대한민국에 출원한 날로 본다($^{법}_{\S54①본}$).

이것은 파리협약 제4조B에서, "우선권주장을 하는 출원은 제1국의 출원으로부터 우선권의 이익을 받는 제2국의 출원 사이에 있는 제3자의 출원에 따른 행위로 어떠한 불이익도 받지 않는 것으로, 제3자의 행위는 제3자의 어떠한 권리 또는 사용의 권능(權能)도 발생되지 않는다"라고 규정되어 있는 바와 같이, 제1국의 출원일을 제2국의 출원일로 인정하기 때문이다.

따라서 제1국의 출원일과 제2국 출원일 사이에 제3자의 출원이 있고, 출원내용이 제1국 출원서에 첨부된 명세서와 도면 등에 기재된 발명과 동일할지라도 제2국 출원이 거절되는 일은 없게 되고, 제3자의 출원은 당연히 제1국의 출원서에 첨부된 명세서 또는 도면에 기재되어 있는 발명의 출원공개 또는 등록공고에 의하여 거절된다.

ii) 확대된 선출원의 범위와 국내우선권 주장의 경우

국내우선권주장을 하는 경우 또한 그 출원일의 인정에 있어서 조약우선권주장의 경우와 다를 바 없다.

특허를 받으려는 자는 자신의 특허나 실용신안등록을 받을 수 있는 권리를 가진 특허출원 또는 실용신안등록출원으로 먼저 출원(이하 "선출원"이라 한다)한 출원서에 최초로 첨부된 명세서 또는 도면에 기재된 발명을 기초로 그 특허출원한 발명에 관하여 우선권을 주장할 수 있다(법§55①본).

우선권주장을 수반하는 특허출원된 발명 중, 해당 우선권주장의 기초가 된 선출원의 출원서에 최초로 첨부된 명세서 또는 도면에 기재된 발명과 같은 발명에 관하여 제29조(특허요건) 제1항·제2항, 같은조 제3항 본문, 같은조 제4항 본문, 제30조(공지되지 않은 발명으로 보는 경우) 제1항, 제36조(선출원) 제1항부터 제3항까지 … (등등) … 을 적용할 때에는 그 특허출원은 그 선출원을 한 때에 출원한 것으로 본다(법같은조③).

최초의 출원일(제1출원일)을 우선권주장 출원일(제2출원일)로 보기 때문에, 확대된 선출원의 범위를 적용함에 있어서, 최초의 출원일(제1출원일) 후에 우선권주장의 출원일(제2출원일) 사이에 출원한 제3자의 출원발명은 최초의 출원서(제1출원서)에 첨부된 명세서 또는 도면과 동일한 범위에서 배척된다.

따라서 조약에 따른 우선권주장의 경우와 같다 할 것이다.

(6) 확대된 선출원의 범위와 분할출원 또는 변경출원인 경우

i) 확대된 선출원의 범위와 분할출원인 경우

명문규정에 따라 확대된 선출원 범위를 적용할 여지가 없다.

분할출원이 제29조(특허요건) 제3항에 따른 다른 출원 또는 실용신안법 제4조(실용신안등록요건) 제4항에 따른 특허출원에 해당하여 이 법 제29조(특허요건) 제3항 또는 실용신안법 제4조(실용신안등록요건) 제4항을 적용하는 경우에는 해당 분할

출원을 한 때에 출원한 것으로 본다$\binom{법}{단(i)}$ ^{§52②}).

ii) 확대된 선출원의 범위와 변경출원인 경우

이 또한 명문규정으로 배제시키고 있다. 변경출원이 제29조(특허요건) 제3항에 따른 다른 특허출원 또는 실용신안법 제4조(실용신안등록요건) 제4항에 따른 특허출원에 해당하여, 이 법 제29조 제3항 또는 실용신안법 제4조 제4항을 적용하는 경우에는 변경출원의 출원일이 소급되지 않는 예외로서 변경출원한 날에 출원한 것으로 보기 때문이다$\binom{법}{단(i)}$ ^{§53②}).

(7) 확대된 선출원의 범위제도와 선출원주의와의 비교

앞에서 설명해 온 "확대된 선출원범위(先出願範圍)제도"와 다음에 설명되는 "선출원주의"와는 (i) 양자가 모두 선출원이라는 점만이 같을 뿐 (ii) 존립목적이 다르고 (iii) 동일성의 범위가 다르며 (iv) 선출원의 존속여부로 후출원에 미치는 영향도 아주 다르다.

i) 선출원의 지위의 비교

양자는 모두 선출원의 지위에 있다는 점만은 같다.

ii) 제도의 존립목적의 비교

확대된 선출원의 범위제도는 후출원(後出願)의 출원시에, 선출원의 출원서에 최초로 첨부된 명세서 또는 도면에 기재된 발명이 공개되지 않았음에도 불구하고, 선출원이 출원공개(出願公開) 또는 등록공고되면 후출원의 출원시(出願時)까지 소급하여 공개된 것으로 의제하여, 후출원을 거절시킴으로써 심사적체(審査積滯)를 해소하려는 데에 제도의 존립목적이 있다.

그러나 선출원우선주의는 동일한 발명의 출원이 둘 이상이 서로 경합(競合)되는 경우에는 가장 먼저 출원한 자에게만 특허를 부여한다는 원칙으로서, 발명을 완성하면 지체없이 출원해야 한다는 선출원을 촉구하는 의미도 내재되어 있다.

iii) 발명의 동일성의 비교

양자는 발명의 동일성, 즉 동일의 범위가 전혀 다르다.

확대된 선출원의 범위는 선출원의 최초출원서에 첨부된 명세서 또는 도면에 기재된 발명의 전범위가 선출원의 출원공개 또는 등록공고에 따라 모두 후출원의 출원 전에 공지된 것으로 의제된다. 그러므로 후출원의 특허청구범위(特許請求範圍)가 이 범위에 저촉되면 모두 거절되도록 되어 있다.

그러나 선출원주의에 있어서의 발명의 동일이란 특허청구범위의 동일을 의미한다. 따라서 선·후출원의 명세서 또는 도면의 기재에 같은 내용이 있어도 특허청구범위가 서로 다른 경우에는 선·후출원의 경합문제는 발생되지 않는다.

iv) 선출원의 존속여부로 후출원에 미치는 영향의 비교

확대된 선출원의 범위에 있어서 선출원이 출원공개 또는 등록공고된 이상, 선출원이 포기·무효 또는 취하되거나, 선출원이 거절결정이 확정되거나 거절한다는 취지의 심결이 확정된 경우에도, 후출원에는 하등의 영향이 없다. 즉 후출원이 확대된 선출원의 범위에 저촉되는 한 후출원은 거절된다.

그러나 선출원주의에 있어서는, 선출원이 포기·무효 또는 취하된 경우, 거절결정이나 거절한다는 취지의 심결이 확정된 경우에는 선출원은 선출원으로서의 그 지위가 소급하여 상실함으로써, 처음부터 없었던 것으로 된다($\frac{법}{§36④}$). 다만, 동일출원이 경합하여 협의가 성립하지 아니하거나 협의를 할 수 없는 경우에는 어느 특허출원인도 특허를 받을 수 없는 경우이므로 예외의 규정을 두었다($\frac{법}{§36④단}$). 이 예외의 규정이 적용되는 경우($\frac{법 같은조항}{단(i)(ii)}$)를 제외하고는 후출원은 선출원과의 경합관계가 해소되어 통상의 출원으로 된다.

이와 같은 점에서 양제도는 아주 다르다 할 것이다.

2. 선출원주의의 선출원과의 관계

(1) 선출원주의와 선발명주의

(i) 동일한 발명의 출원이, 둘 이상 출원되어 있는 경우에, 먼저 출원한 자에게 특허를 부여할 것인가, 아니면 먼저 발명을 완성한 자에게 특허를 부여할 것인가의 문제가 있다. 전자를 선출원주의(先出願主義) 또는 선출원우선주의(先出願優先主義)라 하고, 후자를 선발명주의 또는 선발명우선주의라고 한다.

논리적으로는 선발명주의가 타당하다. 먼저 발명한 사람에게 특허권을 부여하는 것은 너무도 당연한 일이기 때문이다.

그러나 실제로는 발명의 완성이란 사실행위이기 때문에, 발명을 완성했다는 선후의 입증이 매우 곤란하다는 단점이 더욱 문제이다.

(ii) 그래서 많은 선진국가들은 발명을 완성하면 지체없이 출원을 하라는 취지도 담아서 선출원주의를 채택하고 있다. 우리 법제도 여러 선진국들과 같이 선출원주의를 채택하였다.

(iii) 다만, 여기에서 한 가지 짚고 넘어가야 할 점이 있다. 그 동안 선발명주의(先發明主義)를 대표해 온 것은 미국이었다. 그런데 이미 지적해둔 바와 같이, 미국 특허법(America Invents Act)도 선발명주의(先發明主義)를 포기하고 선출원주의를

채택했다는 점이다.

간단히 요약하여 소개해보면, 미국 특허법(America Invents Act) 제102조(특허요건)를 개정하여 특허 부여의 우선순위는 선출원주의(First-to-File)로 변경되고, 모든 출원은 유효출원일(effective filing date)을 기준으로, 신규성(novelty)과 선행기술(Prior Art)의 판단기준이 정해진다. 또한 진보성에 해당되는 비자명성(non-obvious)도 유효출원일(有效出願日)을 기준으로 판단한다.

선행기술요건도 출원일 당시에 공중이 이용할 수 있는 모든 공지사유에 대하여 국제주의를 적용한다. 출원일 전 1년 이내에 발명자가 공개한 경우와, 공동발명자 또는 발명자나 공동발명자로부터 직접 또는 간접으로 지득한 제3자가 공개한 경우에는 신규성상실의 예외에 해당하는 유예기간(inventor's publication-conditioned grace period)으로 되는 등 우리의 제도와 실질적으로 거의 같다 할 수 있다.

(2) 선출원주의에 관한 우리의 제도

i) 동일한 발명에 대하여 다른 날에 둘 이상의 특허출원이 있는 경우

동일한 발명에 대하여 다른 날에 둘 이상의 특허출원이 있는 경우에는 먼저 특허출원한 자만이 그 발명에 대하여 특허를 받을 수 있다($\frac{법}{§36①}$). 이는 발명이 동일한 것임을 전제로 한 선원주의의 기본이라 할 것이다.

ii) 동일한 발명에 대하여 같은 날에 둘 이상의 특허출원이 있는 경우

여기에서 동일한 발명이란 특허의 청구범위가 동일한 것을 말한다. 같은 날에 둘 이상의 특허출원이 있는 경우에는 특허출원인간에 협의하여 정한 하나의 특허출원인만이 그 발명에 대하여 특허를 받을 수 있다($\frac{법}{§36②본}$). 다만, 협의가 성립하지 아니하거나 협의를 할 수 없는 경우에는 어느 특허출원인도 그 발명에 대하여 특허를 받을 수 없다($\frac{법}{단}$ 같은조항). 이 경우에 특허청장은 특허출원인에게 기간을 정하여 협의의 결과를 신고할 것을 명하고, 그 기간에 신고가 없으면 협의는 성립되지 아니한 것으로 본다($\frac{법}{같은조⑥}$).

특허출원일(特許出願日)은 일(日)이 기준이기 때문에 경합되는 2 이상의 출원이 오전에 출원된 것과 오후에 출원된 것은 가리지 아니한다. 예로서, 같은 날에 오전 9시에 출원한 것이 있고, 또 다른 출원은 오후 5시에 출원된 것이 있어도 모두 같은 한 날(同日)에 출원한 것으로 취급된다.

특허출원인들 사이에 협의가 아니 되거나 협의를 할 수 없다 하여 어느 특허출원인도 특허를 받을 수 없다는 단서의 규정은 너무 가혹하게 느껴진다. 차라리 공동출원인(共同出願人)으로 인정하여 특허를 받을 수 있는 기회를 주는 것이, 특

허제도의 취지에 부합되고 발명자들의 사기(士氣)에 도움이 될 뿐만 아니라, 그렇게라도 발명자들의 노고에 대한 대가를 인정하는 것이 바람직하다 할 것이다.

물론, 행정절차경제의 문제도 있기는 하다. 그러나 협의가 아니 될 때에는 일차적으로는 공동출원(共同出願)한 것으로 보고, 다만, 협의를 할 수 없는 경우에는 어느 특허출원인도 그 발명에 대하여 특허를 받을 수 없는 것으로 규정해 두는 것이 좋을 것이다.

iii) 특허출원된 발명과 실용신안등록된 고안이 동일한 경우

그 특허출원과 실용신안등록출원이 다른 날에 출원된 것이면 이 또한 먼저 출원한 자만이 특허 또는 실용신안등록을 받을 수 있다(법§36③전). 그 특허출원과 실용신안등록출원이 같은 날에 출원된 것이면, 출원인간에 협의하여 정한 하나의 출원인만이 특허 또는 실용신안등록을 받을 수 있다(법후 같은조항). 다만, 협의가 성립하지 아니하거나 협의를 할 수 없는 경우에는 어느 출원인도 그 발명 또는 실용신안에 대하여 특허 또는 등록을 받을 수 없다(법 같은조②단).

iv) 선출원이 포기, 무효, 취하, 거절결정이나 거절한다는 취지의 심결이 확정된 경우

특허출원 또는 실용신안등록출원이 다음 각호의 어느 하나에 해당하는 경우 그 특허출원 또는 실용신안등록출원은 제36조(선출원) 제1항부터 제3항까지의 규정을 적용할 때에는 즉 동일발명의 출원이 다른 날에 있거나, 같은 날에 경합되는 경우 또는 특허출원과 실용신안등록출원이 위와 같이 경합되는 경우에는 처음부터 이러한 경합이 없었던 것으로 본다(법§36④본).

(i) 포기 · 무효 또는 취하된 경우

(ii) 거절결정이나 거절한다는 취지의 심결이 확정된 경우

선출원주의에 있어서는 경합되는 선출원이 포기 · 무효 · 취하 또는 거절결정이나 거절한다는 취지의 심결이 확정된 경우에는 그 선출원은 소급적으로 소멸되므로 경합관계 또한 해소되기 때문이다. 다만, 제2항 단서(제3항에 따라 준용되는 경우를 포함한다)에 해당하여 그 특허출원 또는 실용신안등록출원에 대하여 거절결정이나 거절한다는 취지의 심결이 확정된 경우에는 그러하지 아니하다(법 같은조④단).

이 경우는 동일출원(同一出願)이 경합되었으나 협의가 성립하지 아니했거나 협의할 수 없는 경우로서, 어느 출원인도 특허 또는 등록을 받을 수 없도록 규정된 경우이다. 어느 일방의 출원이 거절결정 또는 거절한다는 취지의 심결이 확정된 후, 다른 일방의 출원을 회생시킴은 당초의 제도의 취지에 반하고 또 형평(衡

주)의 원칙에도 반하기 때문이다.

그러나 기타의 사유, 즉 거절결정이나 거절한다는 취지의 심결이 확정된 경우가 아닌 사유, 즉 일방이 포기·무효 또는 취하한 경우에, 다른 일방의 출원인이 특허 또는 실용신안등록을 받는 것까지를 금지하는 것은 아니다.

v) 무권리자가 한 출원인 경우

발명자 또는 고안자가 아닌 자로서, 특허를 받을 수 있는 권리 또는 실용신안등록을 받을 수 있는 권리의 승계인이 아닌 자(이하 "무권리자"라 한다)가 한 특허출원 또는 실용신안등록출원은 제36조(선출원) 제1항부터 제3항까지의 규정, 즉 동일한 발명에 대하여 다른 날에 둘 이상의 출원이 있는 경우와 동일한 발명에 대하여 동일출원이 경합되는 경우 및 특허출원과 실용신안등록출원이 위와 같이 경합되는 경우에는 무권리자가 한 출원은 처음부터 없었던 것으로 본다($\S36⑤$).

무권리자의 출원을 정당한 권리자의 출원과 경합키는 것은 무권리자를 보호하는 것으로 되어 형평(衡平)의 원칙에 반하기 때문이다.

(3) 선출원발명과 저촉된 경우의 효과

i) 특허거절이유에 해당

발명이 선출원발명들과 저촉되는 경우에는 제62조(특허거절결정) 제1호의 규정에 의하여 특허가 거절된다.

ii) 특허취소이유 및 특허무효이유에 해당

(i) 특허취소의 이유에 해당 2017. 3. 1. 시행법에 의하여 신설(新設)된 특허취소신청제도에 따르면, 제132조의2(특허취소신청) 제1항 제2호에 규정된 취소이유에 해당된다.

(ii) 특허무효의 이유에 해당 제133조(특허의 무효심판) 제1항 제1호에 명문으로 규정되어 있다. 즉 특허무효의 이유로 된다.

제4항 특허를 받을 수 없는 발명

1. 불특허발명을 특허법에 규정하는 법리적 근거

발명은 ① 성립요건과 ② 특허요건에 충족되고 ③ 선출원과 저촉되지 않아야 하며, ④ "특허를 받을 수 없는 발명"에도 해당하지 않아야 특허를 받을 수 있다.

(1) 불특허발명(不特許發明)의 규정

기술의 선진국과 기술의 개발도상국 사이에는 차이를 보이고 있다.

선진국은 공서양속(公序良俗)에 반하는 발명이나 공중(公衆)의 위생(衛生)을 해할 염려가 있는 발명은 특허를 받을 수 없다는 정도이고, 우리 특허법도 여기에 속한다(법§32). 그러나 개발도상국들은 그 외에도 여러 가지를 더 추가하여 특허받을 수 없는 발명을 규정하고 있다.

(2) 불특허발명을 규정한 법리적 근거

이러한 현실에 비추어 본다면, 불특허발명을 규정하는 법리적 근거는 각국의 공익적인 이유에서 특허를 부여하는 것이 적당하지 않기 때문이라 할 수 있다.

불특허발명으로 규정하는 것이 각 국가의 공익을 위해서라면, 이는 당연히 국가에 따라 또는 시대의 변천에 따라 달라질 수밖에 없다.

또 세계무역기구(世界貿易機構)인, WTO(World Trade Organization)의 부속서로 되어 있는 무역관련지적재산권협정인 TRIPS협정의 영향 또한 받지 않을 수 없다.[23]

이러한 실정에 따라 기술의 선진국에서는 불특허발명은 공익상 부득이한 것인 "공서양속에 반하는 발명"과 "공중의 위생을 해칠 우려가 있는 발명"으로 최소화하였고, 개발도상국도 불특허발명을 최소화하는데 노력하고 있다.

(3) 특허법과 다른 법령의 관계

한편, 공서양속에 반하거나 공중의 위생을 해할 우려가 있는 발명은 특허를 부여하여도 다른 법령에도 위반되므로 실제로 실시될 가능성은 거의 없다 할 것이다. 또 특허를 아니한다 해도 다른 법령이 금지하지 않으면 그 발명은 실시될 수도 있다. 그런데 왜 특허법이 특허를 하지 않는 발명으로 규정하는 것일까?

특허법이 새로운 발명에 특허를 부여하는 것은 더욱 새로운 발명을 장려하기 위해서이다. 그런데 공서양속에 반하거나 공중(公衆)의 위생을 해칠 염려가 있는 발명에 특허를 부여한다는 것은 마치, 국가가 그러한 발명을 장려한다는 꼴로 되어 모순되기 때문이다. 따라서 특허여부의 판단이 어려운 경우에는 특허청 심사관으로서는 이를 거절하기보다는 특허를 허여하는 것이 바람직하다. 특허법이 그러한 발명은 특허를 받을 수 없다는 규정을 하고 있는 것만으로도 특허법의 체면은 이미 서있기 때문이다.

---

23) TRIPS(Agreement on Trade Related Aspects of Intellectual Property Rights)는 1995. 1. 1.부터 발효된 협정(우리나라는 1994. 12. 30.에 가맹)으로서, 이 협정 중 특허에 관하여는 모든 기술분야에서 물질 또는 제법에 관하여 어떠한 발명도 신규성·진보성 및 산업상 이용가능성이 있으면 특허획득이 가능하다는 규정을 두고 있다.

⑷ 판단기관의 합리성 문제

다른 한편, 특허청이 공서양속에 반하는지 또는 공중의 위생을 해칠 우려가
있는지의 여부를 판단하는 기관으로서 적절한 것은 아니다. 물론, 특허청장은 특
허출원을 심사할 때 필요한 경우에는 전문기관 또는 전문가에게 협조요청을 할 수
있다(법§58②).

그러나 그 해석이 어렵고 또 시대의 변천에 따라 불법화(不法化)와 합법화(合法
化) 등으로 뒤바뀌는 공중의 위생기준 등과 같이 어려운 문제를 전문기관도 아닌
특허청이 맡아가면서 특허법에 불특허규정을 둔 것이 과연 합리적인지 궁금하다.

2. 우리 특허법의 불특허발명의 규정

⑴ 불특허발명의 규정

우리 특허법 제32조(특허를 받을 수 없는 발명)는 공공(公共)의 질서(秩序) 또는
선량(善良)한 풍속(風俗)에 어긋나거나 공중(公衆)의 위생을 해칠 우려가 있는 발명
에 대하여는 제29조(특허요건) 제1항의 규정, 즉 산업상 이용가능성과 신규성이 있
음에도 불구하고 특허를 받을 수 없다고 규정되어 있다.

"공공의 질서"라 함은 널리 국가 또는 사회일반의 질서를 말한다.

"양속(良俗)"이라 함은 선량한 풍속을 말한다. 공공의 질서와 선량한 풍속을
아우러서 공서양속(公序良俗)이라 한다. 발명의 본래 목적이 공서양속에 반하고 그
발명의 사용과 그 효과가 당연히 공서양속에 반하는 화폐위조기기(貨幣僞造機器)는
여기에 해당된다. 또 성희롱기구(性戲弄器具)가 있다면 여기에 속한다 할 것이다.

"공중의 위생을 해칠 우려가 있는 발명"이란 예로서, 아편흡입기구(阿片吸入
器具)와 같은 것이다. 의약품(醫藥品)의 제조방법의 발명인 경우에 그 제조방법 자
체에는 공중의 위생을 해칠 우려가 없어도, 그 방법에 의하여 제조된 약품이 공중
의 위생을 해칠 우려가 있을 때에는 그 발명은 공중의 위생을 해칠 우려가 있는
발명이라 할 것이다.

발명이 본래는 유익한 목적이 있음에도 그 사용의 결과 공중을 해칠 우려가
있는 경우라면, 그 해를 제거할 방법이 있는 경우에는 위생을 해칠 우려는 없는
방법으로 해석되고, 그 해를 제거할 방법이 없는 경우에는 이해득실(利害得失)을
비교하여 결정할 문제라 한다.[24]

---

24) 吉藤·熊谷, 前揭書, P. 141.

(2) 발명이 불특허발명에 해당되는 경우의 효과

i) 특허거절이유에 해당

발명이 불특허발명에 해당되면 제62조(특허거절결정) 제1호의 규정에 의하여 특허가 거절된다.

ii) 특허취소이유에 해당되는지 여부

2017. 3. 1. 시행법에 신설된 특허취소이유에는 해당되지 않는다($\binom{법 \ §132의2}{① 각호}$).

iii) 특허무효의 이유에 해당

제133조(특허의 무효심판) 제1항 제1호에, 특허무효의 이유로 규정되어 있다. 너무도 당연한 규정이다.

제 5 항 발명의 종류 — 직무발명 등 포함

1. 물건의 발명, 방법의 발명, 물건을 생산하는 방법의 발명

이것은 발명의 대상을 표준으로 한 표현형식(表現形式)에 의한 구별이다. 특허법 제2조(정의) 제3호 가·나·다 목에 규정된 것으로 특허법상의 발명의 종류 중에서 가장 중요한 비중을 차지하고 있다.

(1) 물건의 발명

"물건의 발명"이란 발명이 일정한 물건에 구체적으로 표현된 경우를 말한다. 기계(機械), 장치(裝置), 화학물질(化學物質), 등 유체물(有體物)을 말하는 것이나, 무체물(無體物)인 "컴퓨터 프로그램"을 물(物)의 발명이라고 규정하고 있는 입법예도 있다($\binom{일·특허법 \ §2}{③(i), ④}$).

우리 특허법 제2조(정의) 제3호는 "실시"의 정의에 있어서, 가 목(目)에서, "물건의 발명인 경우에는 그 물건을 생산(生産)·사용(使用)·양도(讓渡)·대여(貸與) 또는 수입(輸入)하거나 그 물건의 양도 또는 대여의 청약(請約, 양도 또는 대여를 위한 전시(展示)를 포함한다. 이하 같다)을 하는 행위"가 물건의 발명의 실시행위라고 규정하고 있다($\binom{법 \ §2}{(iii)가}$).

(2) 방법의 발명

"방법의 발명"이란 발명이 일정한 방법에 구체적으로 표현된 경우를 말한다. 통신방법(通信方法), 기계의 사용방법 등이 여기에 속한다.

그런데 방법은 일정한 목적을 향한 계열적으로 관련하는 수개의 행위 또는 현상(現象)에 의하여 성립하는 것으로, 필연적(必然的)인 경시적(經時的)인 요소를 포함하는 것이므로(방법의 축차성(逐次性)), 물건의 발명이냐, 방법의 발명이냐의 구별이 어려운 경우에는 경시적인 요소의 유무에 의하여 판단한다는 것이다.

이러한 논란이 있을 수 있는 것은 발명이 물건이냐 방법이냐에 따라 그 권리의 보호범위(保護範圍)에 현저한 차이가 있기 때문이다.

우리 특허법 제2조(정의) 제3호 "실시"의 정의에 있어서, 나 목에 "방법의 발명인 경우에는 그 방법을 사용하는 행위"로 한정되어 있으므로 방법의 발명이라는 특허권의 범위가 매우 좁은 것이다. 방법의 발명의 특허권의 범위가 이렇게 협소(狹小)하기 때문에, 하나의 대안으로서 다음에 설명되는 "물건을 생산하는 방법의 발명"이라는 것이 탄생된 것이다($_{(iii)나}^{법 §2}$).

(3) 물건을 생산하는 방법의 발명

"물건을 생산하는 방법의 발명"은 방법의 발명의 권리가 너무 협소하므로, 이를 강화시킬 필요성에 따라, 물건의 발명과 방법의 발명의 중간단계 정도로 물건을 생산하는 방법의 발명이 나오게 된 것이다.

우리 특허법 제2조(정의) 제3호 다 목에 의하면, "물건을 생산하는 방법의 발명인 경우에는 <u>나 목의 행위</u> 외에 그 방법에 의하여 생산한 물건을 사용(使用)·양도(讓渡)·대여(貸與) 또는 수입(輸入)하거나 그 물건의 양도 또는 대여의 청약(請約)을 하는 행위"로 규정하였다($_{(iii)다}^{법 §2}$).

여기에서 "<u>나 목의 행위</u>"란 "방법의 발명인 경우에는 그 방법을 사용하는 행위"를 지칭한 것이다.

따라서 특허를 출원함에 있어서는 발명이, 물건의 발명이 아닌 경우에는, 단순한 방법의 발명으로 속단(速斷)할 것이 아니라, 권리의 폭이 좀더 넓고 강한 "물건을 생산하는 방법의 발명"인지를 신중히 따져보아야 할 일이다.

2. 직무발명, 직무발명 외의 종업원발명 및 개인발명

1) 직무발명

(1) 직무발명의 중요성

발명의 장려와 산업의 발전은 현대국가의 중요한 임무 중의 하나이다. 그리고 현대에 있어서 발명의 대부분이 기업(企業)이라는 조직을 통한 직무발명(職務發明)이다. 직무발명은 그 양에 있어서 많을 뿐만 아니라, 그 질에 있어서도 우수하다.

그것은 발명자인 종업원(從業員) 등은 오로지 발명의 창작에만 전념할 수 있고, 기업인 사용자(使用者)로서는 발명의 창작에 의욕적인 투자(投資)를 함으로써 새로운 발명이 능률적으로 창출될 수 있도록 여건을 조성하여 뒷받침해주기 때문이다. 여기에서 발명자인 종업원과 기업인 사용자 사이에는 이해(利害)가 상조적(相助的)이면서도 또 상반(相反)되는 관계에 있게 된다.

계약자유(契約自由)의 원칙에 의하면, 종업원은 자기의 발명능력(發明能力)을 높게 평가하여 우대해주는 기업인 사용자와 근무계약(勤務契約)을 맺으면 되고, 기업인 사용자로서는 능력있는 발명자(發明者)를 채용하면 될 것이다.

따라서 여기에 국가가 개재(介在)하여 법으로서 옳고 그름을 따져야 할 여지는 없을 것 같기도 하다. 그러나 현실은 전혀 그렇지 않다. 발명의 대부분이 기업에서 나오는 직무발명이라는 점, 그리고 경제의 국제화시대에 있어서 발명의 혁신적 개발이 사업발전(事業發展)과 국제경쟁력(國際競爭力)에 미치는 영향을 감안한다면, 이는 단순한 종업원과 기업의 문제가 아니라, 국운이 걸려 있는 중차대한 문제인 것이다.

여기에서 국가는 직무발명(職務發明)에 관한 종업원과 기업의 이해관계를 국가의 산업정책적인 면에서 제도적으로 조정(調整)해야 할 책무(責務)가 있다 할 것이다.

직무발명은 원시적으로 종업원에게 귀속(歸屬)한다는 것이나, 현실(現實)은 그 대부분이 기업인 사용자에게 특허를 받을 수 있는 권리를 승계시키는 근무규칙(勤務規則) 또는 근무계약(勤務契約) 등을 미리 정해 놓고, 최종적으로는 권리를 사용자에게 귀속시키고 있다.

그리고 종업원은 그 대가로서 정당한 보상을 받도록 되어 있다($^{발명진흥법}_{§15①}$). 문제는 기업인 사용자로부터, 발명자인 종업원에게 지급되는 보상금(補償金)의 적정성(適正性)이다.

종업원을 후대하면 종업원의 발명의욕(發明意慾)도 높아지므로 우수한 발명창출(發明創出)의 기대치도 높을 것이다. 그러나 반면에 기업인 사용자의 투자의욕(投資意欲)을 증대시키기 위한 투자소득(投資所得)이 보장되지 않으면, 특허법의 목적인 산업발전에 이바지할 수가 없다. 무엇보다도 이것이 가장 어려운 점이다.

왜냐하면, 발명자인 종업원은 기업으로부터 정해진 급여를 받고 또 직무발명의 수당도 받을 뿐만 아니라, 여러 가지 편의도 제공된다. 그러면서도 발명이 기업화되지 않고 무용지물(無用之物)이 되어도 그에 대한 책임추궁이나 위험부담이 없으므로 팔짚고 헤엄치기나 다름이 없다.

한편, 발명자에 대한 직무발명인 보상금이 높으면, 직무발명자들의 발명의욕도 높아지는 것은 사실이나, 다른 부서에 있는 영업사원들의 불평이 높아진다는 것이다. 발명자들은 월급받고 높은 발명수당도 받지만, 실제로 기업에 돈을 벌어오는 것은 영원사원들인데 영업실적이 높다 하여 발명자와 같은 수당이 나오는 것도 아니므로, 대우불평등의 불만과 사기가 현저히 저하되어 영업실적의 감퇴로 이어짐으로써, 기업에 큰 손해를 가져온다는 것이다.

다른 한편, 기업인 사용자는 발명에 대한 투자가 무용지물이 되거나, 기업화(企業化)했으나 실패하는 경우도 있다. 기업인 사용자에게는 이러한 위험부담이 늘 잠재되어 있다. 기업인 사용자에게는 이러한 위험부담이 제거되어야만 발명에 대한 투자의욕이 생기게 되고, 따라서 우수한 발명도 창출되어 기업화도 되는 것이다.

그러니 직무발명에 대한 보상금(補償金)의 적정성의 문제는 ① 기업인 사용자의 역할과 투자의욕(投資意欲) ② 직무발명자의 능력과 노력 ③ 직무발명자를 제외한 전사원의 사기와 분위기 그리고 ④ 산업발전을 위한 공익적인 국가의 기본정책이 어떻게 조화를 이루느냐의 문제이다.

(2) **직무발명의 정의와 요건**

직무발명이란 종업원(從業員), 법인의 임원(任員) 또는 공무원(이하 "종업원 등"이라 한다)이 그 직무에 관하여 발명한 것이 성질상 사용자(使用者) · 법인 또는 국가나 지방자치단체(이하 "사용자 등"이라 한다)의 업무범위에 속하고, 그 발명을 하게 된 행위가 종업원 등의 현재 또는 과거의 직무(職務)에 속하는 발명을 말한다($\binom{발명진흥법}{§2(ii)}$).

직무발명의 요건은 다음과 같다.

(i) **기업인 사용자의 직무범위**   현재 또는 장래에 행할 업무이다. 기업의 정관(定款)과 직접관계는 없다. 통상적으로 기업의 정관에는 앞에 열거한 업무 외에 그에 부수되는 업무라고 기재함으로써 그 범위가 상당히 확대되어 있다.

(ii) **종업원의 직무범위**   발명의 창작에 노력이 기대되는 직무이며, 발명창작의 종업원은 통상 연구개발(研究開發)을 하는 부서에 배치되어 발명의 창작에 노력하는 직원이다.

(iii) **직무제공자의 지원이 있을 것**   기업인 사용자로서 자금(資金), 시설(施設), 인원(人員) 및 기타 발명창작에 도움이 되는 지원이 있어야 한다.

이상과 같은 요건에 충족됨으로써 비로소 직무발명(職務發明)으로 인정된다.

컴퓨터나 인터넷 등을 이용한 비즈니스 모델 발명은 비이공계(非理工系)의 직원도 할 수 있으나, 이것이 직무발명인지 아니면 후술하는 종업원발명(從業員發明)에 해당되는 것인지의 여부는 사안의 구체적 사실을 면밀히 분석함으로써 판별될 것이다.

(3) 직무발명에 관한 규정

이 직무발명에 관한 규정은, 종래에는 특허법에 규정되었던 것을 발명장려와 효율적인 권리화와 사업화를 촉진함으로써 산업의 기술경쟁력을 높이고 국민경제의 발전에 이바지한다는 차원에서 발명진흥법(發明振興法)으로 옮겨졌고, 현재는 발명진흥법의 주축을 이루고 있다.

직무발명에 대하여 종업원 등이 특허 등을 받았거나 특허 등을 받을 수 있는 권리를 승계한 자가 특허 등을 받으면, 사용자 등은 그 특허권 등에 대하여 통상실시권(通常實施權)을 가진다는 원칙이 규정되어 있다($\substack{발명진흥법 \\ §10①본}$). 다만, 사용자 등이 중소기업기본법 제2조(중소기업자의 범위)에 따른 중소기업이 아닌 기업인 경우에는 예외의 규정을 두었다($\substack{같은법 \\ §10①단}$).

한편, 종업원 등은 직무발명에 대하여 특허 등을 받을 수 있는 권리나 특허권 등을 계약이나 근무규정에 따라 사용자 등에게 승계하거나 전용실시권(專用實施權)을 설정한 경우에는 정당한 보상을 받을 권리를 가진다($\substack{같은법 \\ §15①}$).

그리고 사용자 등은 직무발명에 대한 보상에 대하여 보상형태와 보상액(補償額)을 결정하기 위한 기준, 지급방법 등이 명시된 보상규정(補償規程)을 작성하고 종업원 등에게 문서로 알려야 한다($\substack{발명진흥법 \\ §15②}$). 또 공무원의 직무발명에 대한 권리는 국가나 지방자치단체(地方自治團體)가 승계하며 그 직무발명에 대한 특허권 등은 국유(國有)나 공유(公有)로 한다($\substack{같은법 \\ §10②본}$). 다만, "고등교육법" 제3조(국립·공립·사립학교의 구분)에 따른 국·공립학교 교직원의 직무발명에 대한 권리는 "기술의 이전 및 사업화 촉진에 관한 법률" 제11조(공공연구기관의 기술이전·사업화 전담조직) 제1항 후단에 따른 "전담조직"이 승계하며, 전담조직이 승계한 국·공립학교 교직원의 직무발명에 대한 특허권 등은 그 전담조직의 소유로 한다($\substack{같은법조 \\ ②단}$).

한편, 국유로 된 특허권 등의 처분과 관리는 국유재산법 제8조(국유재산사무의 총괄과 관리)에도 불구하고 특허청장(特許廳長)이 관장하며, 그 처분과 관리에 필요한 사항은 대통령령으로 정한다($\substack{같은법 \\ §10④}$).

또, 공무원의 직무발명에 대하여 국가나 지방자치단체(地方自治團體)가 그 권리를 승계한 경우에는 정당한 보상을 하여야 하며, 보상금의 지급에 필요한 사항은 국가는 대통령령으로, 지방자치단체는 조례(條例)로 정한다($^{같은법}_{\S15⑦}$).

2) 직무발명외의 종업원발명

"직무발명외(職務發明外)의 종업원(從業員)발명"이란 직무발명은 아니지만, 그렇다고 개인발명(個人發明)도 아니다. 다수의 종업원들의 협력에 의하여 기존의 설비·경험 등을 이용하여 서서히 이루어지는 발명으로서 개개의 종업원이 발명에 관여했느냐의 여부가 명확하지 아니한 발명이다.

"발명진흥법"도 이에 대하여 직접적으로 정의하지는 않았다. 다만, 간접적으로 직무발명외의 종업원 등의 발명에 대하여 미리 사용자 등에게 특허 등을 받을 수 있는 권리나 특허권 등을 승계시키거나 사용자 등을 위하여 전용실시권을 설정하도록 하는 계약이나 근무규정의 조항은 무효로 한다는 규정을 둠으로써 ($^{발명진흥법}_{\S10③}$), 이러한 발명 또한 직무발명에 준하여 취급되어야 한다는 취지를 간접(間接)으로 표명(表明)한 것이라 할 수 있다.

3) 개인발명 ― 자유발명

"개인발명(個人發明)"이란 무엇인가? 발명진흥법에는 "개인발명가(個人發明家)"란 직무발명외의 발명을 한 자를 말한다고 규정되어 있다($^{발명진흥법}_{\S2(iii)}$).

그러므로 "개인발명"이란 직무와는 전혀 관계가 없는 발명을 말한다. 직무와는 전혀 무관한 발명이므로 자유발명(自由發明)이라고도 한다.

3. 기타의 발명의 표현

발명의 표현은 여러 가지로 할 수 있다. 이미 본서에 나타난 발명만도 여러 가지가 있었다.

따라서 참고될 만한 것 몇 가지를 소개한다.

(1) 특허발명, 특허를 받을 수 없는 발명 및 국방상 필요한 발명

이들의 발명은 특허법에 명문으로 규정되어 있는 발명들의 표현이다.

"특허발명"이란 특허를 받은 발명을 말한다($^{법}_{\S2(ii)}$).

"특허를 받을 수 없는 발명"이란 공공(公共)의 질서(秩序) 또는 선량한 풍속을 문란하게 하거나, 공중의 위생을 해할 염려가 있는 발명에 대하여는 제29조(특허요건) 제1항에도 불구하고 특허를 받을 수 없다 하였다($^{법}_{\S32}$).

이는 소위 공서양속(公序良俗)에 반하거나 공중의 위생을 해하는 발명 따위는 공익적(公益的)인 견지에서 독점권(獨占權)을 허여할 수 없기 때문이다.

"국방상 필요한 발명"이란 발명의 속성이나 종류에 의한 표현은 아니다.

국방정책상(國防政策上) 필요한 발명을 특정인에게 독점권(獨占權)을 부여하여 사익(私益)만을 추구하게 할 수 없으므로, 특허를 아니하거나 제한을 가할 수 있도록 규정하고 있다($^{법}_{§41}$).

(2) 기본발명, 개량발명, 이용발명

"기본발명"이란 하나의 기술문제(技術問題)의 해결을 위한 신규의 발명을 말한다. 주발명(主發明)이라고도 한다.

"개량발명"이란 자기의 선행발명(先行發明)을 보다 높은 효과를 발생할 수 있도록 개량한 발명이다. 추가발명(追加發明)이라고도 한다.

"이용발명"이란 타인의 선행발명을 이용하여 새로운 발명을 한 것이며, 타인의 허락이 있어야 실시할 수 있다.

(3) 결합발명, 단순발명과 복잡발명

"결합발명"이란 하나의 기술문제를 해결하기 위하여 수개의 장치(裝置), 수단 또는 방법 등에 관한 기술적 창작을 결합하여 특별한 효과를 발생시키는 발명이다.

"단순발명"이란 A의 수단에 의하여 B의 효과가 발생하는 것을 말한다.

"복잡발명"이란 A의 수단에 의하여 B의 중간적 효과를 발생시키고, B가 다시 수단으로 되어 C의 효과를 발생시키는 것을 말한다. 복잡발명의 경우는 A+B·B+C를 별개의 발명으로 분할할 수도 있다.

발명은 기타에도 여러 가지로 분류할 수 있다. (i) 출원의 선후에 따라 선원발명(先願發明)과 후원발명(後願發明) (ii) 권리주체(權利主體)의 단(單)·복(複)에 따라 단독발명(單獨發明)과 공동발명(共同發明) (iii) 발명이 단일이냐 관련이냐에 따라 단일발명(單一發明)·관련발명(關聯發明) (iv) 특허의 분류에 따른 다양한 발명 등 여러 가지로 나누어 표현할 수 있다.

제2절 권리능력과 특허를 받을 수 있는 권리

제1항 특허의 주체로서의 권리능력

1. 권리능력의 개념과 특허법에 적용되는 근거

⑴ 권리능력의 개념

여기에서 권리능력이라 함은 특허법상 권리의 주체가 될 수 있는 지위 또는 자격을 말한다. 당사자능력(當事者能力) 또는 권리의 향유능력(享有能力)이라고도 한다.

⑵ 특허법에 적용되는 근거

원래 권리능력이란 민법상의 용어이다. 특허법에 권리능력에 관한 규정이 없으므로, 사법(私法)의 기본법인 민법(民法)이 보충적(補充的)인 법원(法源)으로서 적용되는 것이다.

법은 크게 공법(公法)과 사법(私法)으로 나누는데, 공법은 국가 · 공공단체(公共團體)와 개인 사이의 관계 및 공공단체 상호간의 관계를 규율하고, 사법은 사인의 상호관계를 규율하는 규범이다. 그러나 어느 법은 공법에 관한 규정과 사법에 관한 규정이 섞여져 있는 것도 있다.

특허법은 그 대부분이 공법적인 요소로 구성되어 있지만, 사법에 해당되는 규정도 상당히 포함되어 있다. 권리능력(權利能力)도 사법에 해당되는 규정이다.

한편, 법은 또 그 적용범위에 따라 사람 · 장소 · 사항 등에 특별히 한정되는 특별법과 한정이 없이 적용되는 일반법이 있는데, 특허법은 특허에 관한 사항을 다룬 특별법인데 대하여, 민법은 사법 중에서 대표적인 일반법(一般法)이다.

그래서 특허법에 특별히 규정한 바가 없으면, 공법인 면에서는 행정법(行政法)에 관한 일반규정이 보충적(補充的)으로 적용되고, 사법의 면에서는 일반법인 민법의 규정이 특허법에도 적용된다.

그리고 민법 제3조(권리능력의 존속기간)는 "사람은 생존하는 동안 권리와 의무의 주체가 된다"라고 규정되어 있다. 이것이 민법상의 권리능력(權利能力)에 관한 규정이다.

2. 내국인의 권리능력

내국인으로서 권리능력을 가지는 자는 자연인(自然人)과 법인(法人)이다.

(1) 자 연 인

여기에서 자연인(自然人)이라 함은 대한민국 국적을 가지고 국내(國內) 또는 국외(國外)에 거주하는 모든 한국인(韓國人)을 말한다.

(2) 법 인

"법인"(法人)이란 민법이나 상법(商法)에 규정된 법인은 물론이요, 기타의 특별법에 규정된 법인도 당연히 포함된다. 다만, 법인의 권리능력은 법률 또는 정관(定款)의 목적에 의한 제한을 받는 경우도 있다.

국가나 지방자치단체(地方自治團體)도 법인격(法人格)을 가진 법인이다. 또 법인(法人)의 청산인(淸算人)도 청산이 종료될 때까지는 법인으로서의 권리능력이 있다($^{민법}_{§81}$).

한편, 국립 또는 공립학교 교직원(敎職員)의 직무발명(職務發明)에 대한 권리는 "기술이전 및 사업화 촉진에 관한 법률" 제11조(공공연구기관의 기술이전·사업화 전담조직) 제1항 후단에 따른 전담조직(專擔組織)이 승계하여 그 특허권을 소유(所有)하게 되는바($^{발명진흥법}_{§10②단}$), 이 전담조직도 법인이다($^{기술이전촉진}_{법 §11①후}$).

3. 외국인의 권리능력

1) 외국인의 권리능력의 제한

(1) 재외자(在外者) 중 외국인(外國人)

특허법은 다음 각호의 어느 하나에 해당하는 경우를 제외하고 특허권 또는 특허에 관한 권리를 향유할 수 없도록 제한하였다($^{법}_{§25본}$).

외국에 있는 외국인에게 특허권과 같은 독점권(獨占權)을 부여하는 것은 국민경제(國民經濟)의 활동을 위축시키고 산업발전에 저해(沮害)될 것을 염려하였기 때문이다. 다만, 상호주의(相互主義)에 따른 외국인의 권리능력만은 인정하여, 외국인일지라도 다음 각호의 어느 하나에 해당하는 경우에는 권리를 향유할 수 있도록 하였다.

(i) 그 외국인이 속하는 국가에서, 대한민국 국민에 대하여 그 국가의 국민과 같은 조건으로 특허권 또는 특허에 관한 권리를 인정하는 경우($^{법}_{§25(i)}$)

(ii) 대한민국이 그 외국에 대하여 특허권 또는 특허에 관한 권리를 인정하는

경우에는 그 외국인이 속하는 국가에서 대한민국 국민에 대하여 그 국가의 국민과 같은 조건으로 특허권 또는 특허에 관한 권리를 인정하는 경우($\frac{같은법조}{(ii)}$)

(iii) 조약(條約) 또는 이에 준하는 것(이하 "조약 등"이라 한다)에 따라 특허권 또는 특허에 관한 권리가 인정되는 경우($\frac{같은법조}{(iii)}$)

(2) 예외를 인정하는 이유

상대국이 대한민국 국민에게 특허에 관한 권리능력을 인정하는 것을 조건(條件)으로, 상호주의(相互主義)에 따른 것이다.

(3) 특허협력조약(PCT)에 따른 국제출원인 경우

따로 규정되어 있다($\frac{법 §192(ii)}{(iii)(iv)}$). 국제출원항에서 설명한다.

2) 한국 내에 주소나 영업소를 가진 외국인

외국인이라도 한국 내에 주소나 영업소를 가진 경우에는 내국인과 같이 특허법상의 권리능력을 인정한다. 명문규정이 없더라도 특허법 제25조(외국인의 권리능력) 본문의 반대해석으로 이러한 결론을 얻을 수 있다. 여기에서 외국인(外國人)이라 함은 외국국적을 가진 자연인(自然人)과 법인(法人)을 말한다.

4. 무국적자, 비조약국인, 상호주의 미확인국인의 권리능력

(1) 무국적자

국적이 없는 자일지라도, 대한민국 내에 주소(영업소) 또는 거소(居所)를 가진 자는 특허법상 권리능력이 인정된다.

특허법에 특별히 금지규정이 없으므로 당연히 이러한 해석이 나올 수 있다.

(2) 비조약국인·상호주의 미확인국인

비조약국(非條約國) 또는 상호주의 미확인국의 국민인 경우에도, 대한민국 내에 주소나 영업소가 있거나, 조약국 내에 주소 또는 영업소를 가진 경우에는, 상호주의 확인서 또는 기타 필요한 증빙서를 제출하면 권리능력이 인정된다.

제2항 특허를 받을 수 있는 권리

1. 특허를 받을 수 있는 권리의 개념과 주체

1) 특허를 받을 수 있는 권리의 개념

특허를 받을 수 있는 권리란 발명의 완성이라는 사실행위(事實行爲)로부터, 특허권이 설정등록(設定登錄)되기 전까지의 중간과정에 있는 이익상태를, 발명을 한 사람(發明者) 또는 그 승계인(承繼人)에게 발생된 권리로 본 것이다. 발명자권(發明者權)이라고도 한다.

이 권리에 근거하여 국가에, 특허라는 행정처분을 청구할 수 있게 된다.

특허법은 "발명을 한 사람 또는 그 승계인은 이 법에 정하는 바에 따라 특허를 받을 수 있는 권리를 가진다"라고 규정하였고($^{법}_{§33①본}$), "특허를 받을 수 있는 권리의 이전"에 관한 규정($^{법}_{§37}$)과 또 특허를 받을 수 있는 권리의 승계에 관한 규정($^{법}_{§38}$) 등, 특허를 받을 수 있는 권리라는 표현을 여러 곳에서 사용했다.

2) 특허를 받을 수 있는 권리의 주체

특허를 받을 수 있는 권리의 주체는 발명을 한 사람 또는 그 승계인(承繼人)이다. 앞에서도 밝힌 바와 같이, "발명을 한 사람 또는 그 승계인은 이 법에서 정하는 바에 따라 특허를 받을 수 있는 권리를 가진다"($^{법}_{§33①본}$).

(1) 발명을 한 사람

특허를 받을 수 있는 권리자는, 원시적으로 발명을 한 사람(發明人)이다. 발명을 한 사람(發明人)은 자연인에 한한다. 법인은 정신력, 즉 정신적인 활동을 할 수 없으므로 발명행위를 할 수 없다.

또 발명행위(發明行爲)는 법률행위가 아니라 사실행위이므로, 미성년자(未成年者)도 발명을 할 수 있다. 다만, 성장도(成長度)에 따른 사실상(事實上)의 제한이 따를 뿐이다.

(2) 발명을 한 사람으로부터 승계를 받은 자

발명을 한 사람은 아니지만, 발명을 한 사람으로부터 특허를 받을 수 있는 권리의 승계인(承繼人)은 특허를 받을 수 있다.

법인은 두뇌가 없으므로 스스로 발명을 할 수는 없다. 발명을 한 사람(發明人)인 자연인으로부터 승계에 의하여서만 특허를 받을 수 있는 권리를 가질 수 있다.

(3) 발명을 수인(數人)이 공동(共同)으로 완성한 경우

특허를 받을 수 있는 권리는 공유로 한다($^{법}_{§33②}$).

2. 특허를 받을 수 있는 권리의 발생과 특성

(1) 특허를 받을 수 있는 권리의 발생

발명의 완성이라는 사실행위(事實行爲)에 의하여 발생된다.

발명을 완성하는 발명행위(發明行爲)는 사실행위(事實行爲)이지만, 특허법이 정하고 있는 법정요건을 구비한 발명에 한하여서만 발생한다.

또 그 발생시기(發生時期)에 관하여 견해가 갈리지만, 발명을 한 사람(發明人)의 심리(心理)에서 발명을 완성했다는 신념만으로 발생하는 것은 아니고, 발명의 완성이 구술(口述)·문서 또는 실험(實驗) 등에 의하여 객관적으로 표현된 때를 표준으로 한다.

한편, 완성된 발명이라도 그 후에 특허요건에 충족되지 못하는 사실이 확인되면, 특허를 받을 수 없으므로, 이 권리는 소급적으로 소멸하게 된다.

(2) 특허를 받을 수 있는 권리의 공·사 양면성

여기에서 발명을 완성한 사실행위(事實行爲)는 실체적(實體的)인 사권(私權)이고, 특허를 청구할 수 있는 권리는 절차적인 공권(公權)이라는 양면성을 가진다.

특허라는 행정처분(行政處分)을 내용으로 하는 권리이므로 공권이면서도, 이 권리는 동시에 재산적 가치를 가지기 때문에 사권의 성질을 가지고 이전(移轉)이 가능한 것이므로, 공(公)·사(私) 양면성이 있다고 보는 것이다.

3. 특허를 받을 수 있는 권리의 이전 및 이전에 있어서의 제한

(1) 특허를 받을 수 있는 권리의 이전성

(i) 특허를 받을 수 있는 권리는 재산적(財産的) 가치(價値)가 있으므로 이전성(移轉性)이 있는 것은 당연하다. 특허법도 특허를 받을 수 있는 권리는 이전할 수 있다고 규정했다($\frac{법}{§37①}$).

특허를 받을 수 있는 권리는, 발명을 한 사람(發明人)이 발명을 완성했다는 사실행위(事實行爲)에 의하여 발생하는 것이므로, 이러한 점에서 본다면, 사적자치(私的自治) 내지는 계약자유(契約自由)의 원칙에 의하여 권리의 이전은 물론이요, 담보(擔保)로 제공하던, 어떠한 조건(條件)에 의한 계약도 할 수 있을 것이다.

(ii) 그러나 이 특허를 받을 수 있는 권리는, 그것을 근거로 하여 국가에 특허라는 행정처분을 청구할 수 있는 공권성(公權性)을 전제로 하고 있으므로, 어느 정도의 공적제한(公的制限)이 따르게 된다.

(iii) 특허법은 또 특허를 받을 수 있는 권리의 이전을 규정하면서($\frac{법}{§37①}$), 특허를 받을 수 있는 권리의 승계를 규정하고 있다($\frac{법}{§38}$).

그러나 권리의 이전과 승계는 그 실질에 있어서 같은 것이다. 이전은 양도인(讓渡人)의 입장에서 본 것이고, 승계는 양수인(讓受人)의 입장에서의 표현(表現)이기 때문이다. 전자인 이전(移轉)에 관한 규정은, 특허를 받을 수 있는 권리는 이전이 가능하다는 이전성(移轉性)을 밝히기 위한 선언적인 규정이고, 후자인 승계에 관한 규정은 구체적인 승계의 절차와 그 절차의 효력발생요건(效力發生要件) 등을 규정한 것으로 공적제한(公的制限)이 가해진 것이다.

(2) 특허를 받을 수 있는 권리의 이전에 있어서의 제한

한편, 특허를 받을 수 있는 권리는 이전할 수 있지만 다음과 같은 제한도 받게 되어 있다.

(i) 특허를 받을 수 있는 권리는 질권(質權)의 목적으로 할 수 없다($^{법}_{§37②}$). 이 권리는 불확실한 상태의 권리라는 점과 출원·심사과정에서 명세서의 보정(補正) 등이 있을 경우에는 질권자(質權者)의 동의를 얻어야 하는 불편 등을 감안한 제한이다. 특허권과 같이 확정적인 권리는 질권의 목적으로 할 수 있는 것($^{법 §121,}_{§122, §123}$)과 대조적이다.

(ii) 특허를 받을 수 있는 권리가 공유(共有)인 경우에는 각 공유자(共有者)는 다른 공유자 모두의 동의를 받아야만 그 지분(持分)을 양도할 수 있다($^{법}_{§37③}$).

공유지분(共有持分)의 양도는 다른 공유자에게도 이해관계가 있기 때문이다.

특허권이 형성된 후에도 각 공유자는 다른 공유자 모두의 동의를 받아야만 그 지분을 양도하거나 그 지분을 목적으로 하는 질권을 설정할 수 있다($^{법}_{§99②}$). 다른 공유자에게도 이해관계가 있기 때문이다. 그러나 특허권이 공유(共有)인 경우에 각 공유자는 계약으로 특별히 약정한 경우를 제외하고는, 다른 공유자의 동의를 받지 아니하고, 그 특허발명을 자신이 실시할 수 있다($^{법}_{§99③}$).

또 특허권이 공유인 경우에는 각 공유자는 다른 공유자 모두의 동의를 받아야만, 그 특허권에 대하여 전용실시권을 설정하거나 통상실시권을 허락할 수 있다($^{법}_{§99④}$). 다른 공유자들에게도 이해관계가 있기 때문이다.

4. 특허를 받을 수 있는 권리의 승계절차와 효력발생요건

(1) 출원 전의 승계

(i) 특허출원 전에 이루어진 특허를 받을 수 있는 권리의 승계는 그 승계인(承繼人)이 특허출원(特許出願)을 하여야 제3자에게 대항할 수 있다($^{법}_{§38①}$).

여기에서 "제3자"란 특허를 받을 수 있는 권리의 거래당사자(양도인과 양수인)를 제외한 모든 이해관계 있는 사람을 말한다. 특허청장(特許廳長)도 제3자에 포함됨은 물론이다. 따라서 특허출원을 하지 아니하여도 그 권리를 양·수도한 당사자들 사이에는 효력이 있지만, 제3자에게는 대항할 수 없다는 것이다. 여기에서 "대

항할 수 없다"고 함은 그 권리를 주장할 수 없다는 뜻이다.

한편, 특허법은 출원 전의 승계에 있어서 혹시라도 있을 수 있는 다음의 두 경우를 규정하고 있다.

(ii) 동일한 자로부터 동일한 특허를 받을 수 있는 권리를 승계한 자가 둘 이상인 경우 그 승계한 권리에 대하여 같은 날에 둘 이상의 특허출원이 있으면, 특허출원인 간에 협의하여 정한 자에게만 승계의 효력이 발생하고($\frac{법}{§38②}$), 그 외의 자의 승계는 효력이 발생하지 아니한다.

그런데 여기에서 그 협의에 의하여 수인이 공동출원인(共同出願人)으로 하자는 합의는 가능한 것으로 해석된다. 이런 것을 금지하는 규정은 없기 때문이다.

(iii) 동일한 자로부터 동일한 발명 및 고안에 대한 특허를 받을 수 있는 권리 및 실용신안등록(實用新案登錄)을 받을 수 있는 권리를 승계한 자가 둘 이상인 경우 그 승계한 권리에 대하여, 같은 날에 특허출원 및 실용신안등록출원이 있으면, 특허출원인 및 실용신안등록출원인 간에 협의하여 정한 자에게만 승계의 효력이 발생한다($\frac{법}{§38③}$).

여기에서도 수인이 특허출원이나 실용신안등록출원 중, 어느 한 가지 출원만을 택일하여 이를 공동출원으로 하자고 합의하는 것까지를 금하는 것은 아니라 할 것이다.

(2) 특허출원 후의 승계

발명을 한 사람이 이미 특허출원을 한 후에는 특허를 받을 수 있는 권리의 승계는, 특정승계와 일반승계로 구분되어 있다.

i) 특정승계의 경우

즉 특허를 받을 수 있는 권리만을 승계하는 경우에는 특허출원은 이미 되어 있으므로 특허출원인(特許出願人) 명의변경신고(名義變更申告)를 하여야만 그 효력이 발생한다($\frac{법}{§38④}$).

출원인 명의변경신고라는 형식주의를 승계의 효력발생요건(效力發生要件)으로 함으로써, 심사과정(審査過程) 등 절차에 있어서 승계인(承繼人)에게 불이익이 없도록 하고 또 행정절차상의 편의도 고려한 것이다.

ii) 상속 그 밖의 일반승계의 경우

상속이나 회사합병(會社合倂) 등 일반승계의 경우에는 모든 권리가 포괄적으로 이전되기 때문에 특허를 받을 수 있는 권리도 같이 포괄적으로 승계된다.

따라서 이 경우에는 출원인 명의변경신고가 없어도 이미 그 권리는 승계되어 있으므로, 이 경우에까지 출원인 명의변경신고를 승계의 효력발생요건으로 하는 것은 무의미한 일이다.

그러나 이 권리가 일반승계되어 있음에도 불구하고, 특허출원(特許出願)의 심사(審査) 등 행정행위를 담당하고 있는 특허청장(特許廳長)이 모르고 있다면, 심사과정을 비롯한 행정처리에 불편은 물론이요, 그 권리의 승계인(承繼人)에게도 불이익이 돌아갈 수 있으므로, 상속(相續) 그 밖의 일반승계의 경우에도, 승계인은 지체없이 그 취지를 특허청장에게 신고하여야 한다($\frac{법}{\S38⑤}$). 이 경우의 신고는 서면으로 하여야 하며, 관련 증빙서류(證憑書類)도 첨부하여야 한다.

iii) 권리의 승계인이 둘 이상인 경우

특허출원 후의 승계에 있어서, 동일한 자로부터 동일한 특허를 받을 수 있는 권리의 승계한 자가 둘 이상인 경우, 그 승계한 권리에 대하여 같은 날에 둘 이상의 특허출원인(特許出願人) 변경신고(變更申告)가 있으면, 신고를 한 자간에 협의하여 정한 자에게만 신고의 효력이 발생한다($\frac{법}{\S38⑥}$).

iv) 신고한 자간의 협의

이 특허를 받을 수 있는 권리의 승계에 있어서, 특허출원 전·후 어느 경우에도 둘 이상의 출원 또는 둘 이상의 출원인 명의변경신고가 있으면 신고를 한 자간에 협의하여 정한 자에게만 신고의 효력이 발생한다($\frac{법}{③⑥\S38②}$). 협의가 성립하지 아니하거나 협의를 할 수 없을 때에는 어느 특허출원도 특허를 받을 수 없게 된다($\frac{법}{\S38⑦}$).

⑶ 특허를 받을 수 있는 권리의 승계의 제한 등

i) 직무발명과 종업원발명에 대한 제한

직무발명(職務發明)에 대하여는 이미 설명한 바 있다.

요약한다면, 직무발명이란 종업원(從業員) 등이 그 직무(職務)에 관하여 발명한 것이 사실상 사용자(使用者) 등의 업무범위에 속하고 그 발명을 하게 된 행위가 종업원 등의 현재 또는 과거의 직무에 속하는 발명을 말한다($\frac{발명진흥}{법 \S2(ii)}$).

(i) 일반기업체에 있어서, 이 직무발명을 한 종업원 등과 사용자 등의 계약(契約)이나 근무규정 등에 관하여는 발명진흥법에 규정된 제한이 있다($\frac{발명진흥법}{\S15①~⑥}$ $\S10①$).

(ii) 또 공무원들의 직무발명에 대한 특허권 등은 국가나 지방자치단체(地方自治團體)가 승계하며, 그 특허권 등도 국유(國有)나 공유(公有)로 한다($\frac{같은법}{\S10②}$).

(iii) 직무발명외의 종업원발명(從業員發明) 또한 직무발명에 준한 것으로 보아야 할 것이다.

ii) 특허청 공무원에 대한 제한

특허법은 "특허청(特許廳) 직원 및 특허심판원(特許審判員) 직원은 상속(相續)이나 유증(遺贈)의 경우를 제외하고는 재직중 특허를 받을 수 없다"라고 규정하고 있다($\S33$①단).

이 규정은 특허청과 특허심판원의 소속 공무원들은 특허업무를 직접 다루고 있으므로, 타인의 출원내용을 모인(冒認)하거나 심사관 등이 특허출원을 하고 자신이 심사하여 특허를 받을 가능성의 폐해 등을 미리 방지하기 위한 것이라 한다. 이는 특허청(特許廳) 공무원들의 공정성(公正性)을 천하에 선포한 것처럼 보인다.

그러나 다른 관점에서 본다면 우리 특허청 공무원들은 그 얼마나 공정성(公正性)이 없기에 이러한 규정까지 법조문으로 등장했을가 하는 비난을 받을 수도 있을 것이다. 특허청 공무원이 타인의 발명을 모인(冒認)할 것이 염려된다면, 엄벌(嚴罰), 즉 가중처벌(加重處罰)하는 규정을 두면 될 것이다.

한편, 특허청 공무원이 개인발명을 하여 특허출원을 했다면, 그 출원의 심사(審査)는 특허법 제68조(심판규정의 심사에의 준용)에서 준용하는 특허법 제148조(심판관의 제척) 제7호의 규정에 의하여 그 출원한 심사관은 당연히 그 심사로부터 제척되어 심사는 할 수 없게 되는 것이다.

예로서, 특허청 공무원이 직무와 전혀 무관한 자유시간에 훌륭한 개인발명(個人發明)을 하여 특허출원(特許出願)을 했다면, 그것이 비난거리가 될 수는 없다.

따라서 이 규정은 타당성을 담보할 수 있는 법감정에 부합되지 않는다. 뿐만 아니라, 이 법조는 헌법 제11조(平等權, 特殊階級制度의 否認, 榮典의 效力)의 평등권(平等權)에 반하는 위헌(違憲)의 소지도 있다 할 것이다.

iii) 입법의 미비

한편, 특허법 제150조(심판관의 기피)와 제153조의2(심판관의 회피) 등의 규정들이 심사관에게 준용되지 않는 것은 입법의 미비이다. 당연히 심사관에게도 준용되어야 할 규정들이다.

이러한 법적 근거가 없으니, 현행제도하에서는 심사관이 사촌동생(從弟)이나 친형(親兄)의 특허출원을 심사한다 하여 법적으로는 기피신청(忌避申請)을 할 수도 없고, 심사관이 스스로 회피(回避)하지 않아도 위법은 아닌 것으로 된다.

이와 같이 당연히 갖추어야 할 제도마저 없으면서 특허청과 특허심판원 공무원들의 재직중(在職中) 특허출원인이 될 수 없다고 제한하는 것은 법리에 맞지 않을 뿐만 아니라, 형평의 원칙에도 반한다.

제 3 절 특허법에서 행위능력과 행위무능력 및 법정대리

제 1 항 특허법에서 행위능력과 행위무능력

1. 행위능력의 개념

⑴ 행위능력의 일반적인 개념

(i) 행위능력(行爲能力)이란 스스로 유효한 의사표시를 할 수 있는 능력, 즉 법률행위를 할 수 있는 능력을 말한다.

그런데 누가 그 의사표시능력(意思表示能力)을 가진 자이고 누가 그 능력이 없는 자인지를 합리적으로 측정·판단한다는 것은 매우 어려운 일이다.

왜냐하면, 같은 사람이라도 10세의 초등학생은 초등학교 학용품이라면 유효하게 살 수 있는 의사능력이 있지만, 부동산이나 승용차를 거래할 수 있는 의사능력은 없기 때문이다.

(ii) 이러한 반면에는, 거래사회의 법적 안정이라는 사회공익성(社會公益性)도 요구되므로, 개개인은 의사능력의 차이에도 불구하고 획일적인 연령과 일정한 조건을 기준으로 정해 놓고, 그 기준에 미달하면 행위능력이 없는 것으로 하는 제도가 있다. 이것이 행위무능력자(行爲無能力者) 제도이다.

⑵ 특허에 관한 절차능력

특허법에서 행위능력이라 함은 특허에 관한 출원(出願) 청구(請求) 기타의 절차를 단독으로 유효하게 밟을 수 있는 절차능력을 말한다.

특히, 특허법은 산업정책이라는 사회공익성이 두드러지게 요구되고 있어, 특허법에 특별규정을 두고 있다.

2. 특허법에서 행위능력자

특허에 관한 절차의 행위능력자(行爲能力者)란 특허에 관한 절차의 행위무능력자(行爲無能力者)가 아닌 자를 말한다.

1) 완전한 행위능력자

특허법상 어떠한 조건이나 제한없이 특허에 관한 절차를 밟을 수 있는 자를 말한다. 다음과 같다.

(1) 성 년 자

19세 이상인 자를 말한다($^{민법}_{\S4}$). 내국인뿐만 아니라 대한민국 영토 내에 거주하는 외국인도 행위능력이 있다. 아무런 금지규정이 없기 때문이다. 민사소송법에는 특별규정을 두고 있다. 즉 외국인은 그의 본국법에 따르면 소송능력이 없는 경우라도 대한민국의 법률에 따라 소송능력이 있는 경우에는 소송능력이 있는 것으로 본다($^{민소법}_{\S57}$).

(2) 의제성년자

미성년자가 혼인(婚姻)을 한 경우에는 성년자(成年者)로 의제된다($^{민법}_{\S826의2}$). 따라서 특허에 관한 절차능력도 있게 된다.

(3) 법   인

모든 법인은 법인격이 있으므로 특허에 관한 절차를 밟을 행위능력이 있다. 국내에 영업소(營業所)가 있는 외국법인(外國法人)을 포함한다. 다만, 특별법에 의한 제한이 있을 수 있다($^{채무회생및}_{파산법 \S85}$). 판례도 같은 취지를 판시하였다.[25]

법인은 대표권(代表權) 있는 기관으로 하여금 특허에 관한 절차를 밟게 한다. 다음과 같다.

(i) 사법인의 경우   민법에서의 법인 대표기관은 이사(理事)이고($^{민법}_{\S59}$) 청산인(淸算人)도 이사이다($^{민법}_{\S82}$). 상법에서는 주식회사의 대표기관은 대표이사(代表理事)이고($^{상법}_{\S389}$), 청산인은 대표이사직무대행자(代表理事職務代行者)이다($^{상법 \S255,}_{\S408, \S542}$).

(ii) 공법인의 경우   국가를 당사자로 하는 민사소송(民事訴訟)에서는 법무부장관이 국가를 대표한다($^{국가당사자}_{소송법 \S2}$).

특허에 관한 절차도 같은 것으로 보아야 할 것이다. 다만, 법무부장관은 법정대리인(法定代理人)이 대리인을 선임하는 입장에서 관계행정청의 직원(職員) 중에서 소송수행자를 지정하여 그로 하여금 국가를 대리케 한다($^{국가당사자소}_{송법 \S3②}$).

행정소송의 수행인 경우에는, 행정청의 장이 그 행정청의 직원 또는 상급행정청의 직원(이 경우에는 미리 해당 상급 행정청의 장의 승인을 받아야 한다)을 지정하여 행정소송을 수행하게 할 수 있다($^{같은법}_{\S5①}$). 특허법에 따로 규정이 없으므로, 특허에 관한 절차인 경우에는 이 조항이 준용된다 할 것이다.

특별시, 광역시, 도, 시, 군 자치구청 등 지방자치단체가 특허에 관한 절차를 밟을 때에는 특별·광역의 시장, 도지사, 시장, 군수, 구청장 등이 대표한다($^{지자법}_{\S93}$).

---

25) 대법원 1999. 1. 26. 선고 97후3371 판결.

2) 제한적인 행위능력자

(1) 미성년자와 피한정후견인

미성년자와 피한정후견인이라도 특허법 제3조(권리능력의 존속기간) 제1항 단서의 규정에 의하여 독립하여 법률행위를 할 수 있는 경우에는, 행위능력이 인정된다. 여기에서 법률행위(法律行爲)란 특허에 관한 절차행위를 말한다. 독립하여 법률행위를 할 수 있는 경우란 특허법의 규정만으로는 어느 경우인지 불분명하다.

그러나 민법에는 명문으로 규정되어 있다. 즉 다음과 같다.

(i) 행위무능력자가 권리만을 얻거나 의무만을 면하는 행위($\frac{민법}{§5①후}$)

(ii) 법정대리인이 범위를 정하여 처분을 허락한 재산의 처분($\frac{민법}{§6}$)

(iii) 미성년자가 법정대리인으로부터 허락을 얻은 특정한 영업에 관한 행위($\frac{민법}{§8①}$) 등이 그것이다.

따라서 민법의 규정들을 유추하여, 특허에 관한 절차에 원용(援用)될 수 있을 것이다.

그러므로, (i) 권리만을 얻거나 의무만을 면하는 특허에 관한 절차행위

(ii) 법정대리인이 특허에 관한 절차의 범위를 정하여 허락한 절차행위

(iii) 법정대리인이 미리 허락을 해 놓은 특허에 관한 특정절차행위 등으로 해석된다.

그러나 미성년자와 피한정후견인이 이러한 특허에 관한 절차행위를 하려면, 법정대리인이 허락한 사실을 서면으로 증명하여야 한다. 특허에 관한 절차는 모두 요식행위와 서면주의(書面主義)이기 때문이다.

(2) 법인격 없는 사단 또는 재단

특허법은 법인이 아닌 사단 또는 재단으로서 대표자나 관리인이 정하여져 있는 경우에는 그 사단이나 재단의 이름으로, (i) 출원심사(出願審査)의 청구인, (ii) 특허취소신청인, (iii) 심판의 청구인·피청구인, (iv) 재심(再審)의 청구인·피청구인이 될 수 있다($\frac{법}{§4}$)고 규정하였다.

이러한 법인격 없는 단체도 현실적으로 사회적(社會的) 일원으로서 경제적 활동을 하고 있으므로, 이로 인하여 타인과의 분쟁을 일으킬 수 있으며, 그러한 범위에서 이해관계의 당사자로서 한정적인 행위능력(行爲能力)을 인정한 것이다. 씨족들의 종회(宗會)나 종교단체(宗教團體)들 또는 그 밖에도 비슷한 단체들이 여기에 해당될 것이다. 민사소송법에도 이와 유사한 규정이 있다($\frac{민소법}{§52}$).

3. 특허법에서 행위무능력자

1) 특허법에서 행위무능력에 관한 규정

특허법은 행위무능력자(行爲無能力者)를 규정해 놓았다. 즉 "미성년자(未成年者)·피한정후견인(被限定後見人) 또는 피성년후견인(被成年後見人)은 법정대리인(法定代理人)에 의하지 아니하면 특허에 관한 출원·청구, 그 밖의 절차(이하 "특허에 관한 절차"라 한다)를 밟을 수 없다"라고 규정하고 있다($\frac{법}{\S3①본}$).

2) 특허법에서 행위무능력자

따라서 특허에 관한 절차를 밟을 수 없는 행위무능력자(行爲無能力者)는 다음과 같다.

(1) 미성년자

19세에 달하지 않은 자를 말한다($\frac{민법}{\S4}$).

(2) 피한정후견인

질병(疾病), 장애(障碍), 노령(老齡), 그 밖의 사유로 인한 정신적 제약으로 사무를 처리할 능력이 부족한 사람에 대하여 본인, 배우자(配偶者), 기타 일정한 자의 청구에 의하여 가정법원의 한정후견개시(限定後見開始)의 심판을 받은 자를 말한다($\frac{민법}{\S12①}$).

(3) 피성년후견인

질병, 장애, 노령, 그 밖의 사유로 인한 정신적 제약으로 사무처리능력이 지속적으로 결여된 사람에 대하여 본인, 배우자, 기타 일정한 자의 청구에 의하여 가정법원의 피성년후견개시(被成年後見開始)의 심판을 받은 자를 말한다($\frac{민법}{\S9①}$).

4. 행위무능력 등의 흠에 대한 추인

행위무능력자(行爲無能力者) 또는 법정대리권(法定代理權)이 없거나 특허에 관한 절차를 밟는데 필요한 권한의 위임에 흠이 있는 자가 밟은 절차는 원칙적으로 무효이다. 그러나 법정대리인이나 정당한 수권자(授權者)가 그 흠결(欠缺)을 알아차리고 자진하여 추인하는 보정을 하면, 그 무능력자 또는 무권대리인 등의 행위는 그 특허에 관한 절차를 밟은 행위를 한 때에 소급하여 그 효력이 발생한다($\frac{법}{\S7의2}$).

이러한 무능력자 또는 무권대리인이 밟은 절차라 하여 반드시 본인에게 불리한 것이라고 단정할 수 없으므로, 같은 절차를 되풀이하는 것보다는 추인(追認)이라는 보정만으로 유효하게 하는 것이 절차에 있어서 보다 경제적이기 때문이다.

즉 절차경제(節次經濟)의 원리이다.

　민사소송법도 소송의 절차경제의 원칙에서 같은 취지의 규정을 두었다($^{민소법}_{§60}$).

제 2 항　특허법에서의 법정대리

1. 특허법에서의 법정대리의 개념

(1) 법정대리의 개념

　특허법에서의 법정대리(法定代理)란 대리권이 본인의 의사가 아닌, 법률의 규정 또는 법원(法院)의 재판에 의하여 정하여지는 대리를 말한다.

　본인의 의사능력(意思能力)이 없거나 제한되어 특허에 관한 절차를 밟을 수 없기 때문에 대리권의 발생도 본인의 의사에서 나올 수 없으므로, 법률의 규정 또는 법원(法院)의 재판에 의하여 정하여지는 대리이다.

　법정대리권(法定代理權)을 행사하는 사람을 법정대리인이라 한다.

(2) 특허법에서 법정대리인이 되는 경우

　(i) 미성년자에 대한 친권자(親權者)이다($^{민법}_{§909}$). 민법 제911조(미성년자인 자의 법정대리인), 같은법 제916조(자의 특유재산과 그 관리), 같은법 제920조(자의 재산에 관한 친권자의 대리권) 등이 있다.

　(ii) 미성년자의 친권자가 친권의 일부 또는 전부를 행사할 수 없어 미성년자에 대한 후견(後見)이 개시되거나($^{민법}_{§928}$) 피성년후견인(被成年後見人)에게는, 후견인이 법정대리인이 된다($^{민법}_{§938}$).

　(iii) 피한정후견인(被限定後見人)에게 한정후견인(限定後見人)을 두어야 하는 경우이다($^{민법 §959의2,}_{§959의3}$).

　이와 같이 미성년자·피한정후견인·피성년후견인 등의 법정대리인은 특허에 관한 절차를 밟을 수 있도록 규정되어 있다($^{법}_{§3①본}$).

2. 법정대리인의 대리권이 제한되는 경우

(1) 법정대리인이 후견감독인의 동의를 얻어야 하는 경우

　특허법 제3조(미성년자 등의 행위능력) 제2항은 "제1항의 법정대리인은 후견감독인의 동의 없이 상대방이 청구한 제132조의2(특허취소신청)에 따른 특허취소신청(이하 "특허취소신청"이라 한다)이나 심판 또는 재심에 대한 절차를 밟을 수 있다"($^{법}_{§3②}$)

라는 규정의 취지는, 법정대리인은 상대방이 청구한 특허취소신청이나 심판 또는 재심에 대한 절차는 후견감독인의 동의 없이도 밟을 수 있지만, 그 외의 특허에 관한 절차는 모두 후견감독인의 동의를 얻어야 적법한 특허에 관한 절차를 밟을 수 있다는 뜻이기 때문이다. 민사소송법에는 보다 알기 쉽게 규정되어 있다($\begin{smallmatrix} 민소법 \\ §56② \end{smallmatrix}$).

이는 법정대리인(法定代理人)의 전횡으로부터 미성년자 등 행위무능력자를 보호하기 위해서이다.

(2) 법정대리인이 후견감독인의 동의를 필요로 하는 행위

다음 각호의 어느 하나에 해당되는 행위이다($\begin{smallmatrix} 민법 \\ §950①각호 \end{smallmatrix}$).

(i) 영업에 관한 행위($\begin{smallmatrix} 같은법조항 \\ (i) \end{smallmatrix}$)

(ii) 금전을 빌리는 행위($\begin{smallmatrix} 같은법조항 \\ (iii) \end{smallmatrix}$)

(iii) 의무만을 부담하는 행위($\begin{smallmatrix} 같은법조항 \\ (iii) \end{smallmatrix}$)

(iv) 부동산 또는 중요한 재산에 관한 권리의 득실변경(得失變更)을 목적으로 하는 행위($\begin{smallmatrix} 같은법조항 \\ (iv) \end{smallmatrix}$). 특허권은 여기에 규정된 중요한 재산권에 해당된다.

(v) 소송행위($\begin{smallmatrix} 같은법조항 \\ (v) \end{smallmatrix}$)

(vi) 상속의 승인, 한정승인 또는 포기 및 상속재산의 분할에 관한 협의($\begin{smallmatrix} 같은 \\ 법 \\ 조항 \\ (vi) \end{smallmatrix}$)

이것들 중에서 특허에 관한 절차와 관계있는 것은 (iv), (v) 및 (vi)이라 할 것이다.

(3) 후견감독인이 동의하지 않는 경우

후견감독인의 동의가 필요한 행위에 대하여 후견감독인이 피후견인의 이익이 침해될 우려가 있음에도 동의를 하지 아니하는 경우에는 가정법원은 후견인, 즉 법정대리인의 청구에 의하여 후견감독인의 동의를 갈음하는 허가를 할 수 있다($\begin{smallmatrix} 민법 \\ §950② \end{smallmatrix}$).

(4) 후견감독인의 동의가 필요한 법률행위를 후견인(법정대리인)이 후견감독인의 동의 없이 하였을 때

피후견인 또는 후견감독인은 그 후견인의 행위를 취소할 수 있다($\begin{smallmatrix} 민법 \\ §950③ \end{smallmatrix}$).

3. 법정대리인의 복임권과 책임

(1) 법정대리인의 복임권

(i) 법정대리인(法定代理人)은 스스로 대리행위를 하는 것이 원칙이지만, 스스로 대리행위를 할 수 없는 경우도 있다. 그런 때에는 법정대리인은 법정대리권(法

定代理權)의 범위 내에서 법정대리인 자신의 이름으로 본인인 미성년자, 피한정후
견인 또는 피성년후견인의 대리인을 선임하여 대리행위를 시킬 수 있다.

이와 같이, 대리인 자신의 이름으로 선임(選任)된 본인의 대리인을 "복대리인
(復代理人)"이라 하고, 복대리인을 선임할 수 있는 대리인의 권한을 복임권(複任權)
이라 한다.

(ii) 한편, 법정대리인(法定代理人)은 복대리인을 선임하였어도 법정대리권은
그대로 존속되므로, 복대리인을 감독하면서 법정대리인도 스스로 본인, 즉 미성년
자 등을 위한 대리행위를 할 수 있다.

(2) **법정대리인의 복임권의 책임**

(i) 민법의 규정에 의하면, 법정대리인은 임의대리인과 달리 특별수권(特別授
權) 없이도 그 책임으로 복대리인(復代理人)을 선임할 수 있다($^{민법}_{§122전}$). 법정대리인은
법률의 규정에 의하여 대리인이 되고 그 대리권의 범위도 포괄적이기 때문이다.

따라서 법정대리인은 특허에 관한 절차를 스스로 밟을 수도 있고 복대리인을
선임할 수도 있다. 법정대리인이 복대리인을 선임하는 것은 자유로우나, 법정대리
인은 복대리인의 대리행위에 대하여 모든 책임을 져야 한다($^{민법}_{§122전}$). 다만, 그 선임
이 부득이한 사유로 인한 때에 한하여, 임의대리인과 같이 복대리인의 선임감독에
관한 책임만 지도록 되어 있다($^{민법}_{§122후}$).

(ii) 특허법은 법정대리인의 복대리인 선임에 관한 책임에 대하여 특별한 규정
이 없으므로, 민법에 규정된 법정대리인의 복임권(複任權)과 그 책임(責任)에 관한
규정이 준용된다($^{민법}_{§122}$). 또 "채무자회생 및 파산에 관한 법률"과 같은 특별법의 제
한(법원의 허가)을 받는 경우도 있다($^{채무회생및파산}_{법 §61①②}$).

4. 법정대리권의 증명, 법정대리권의 소멸과 절차의 중단

(1) **법정대리권의 증명**

특허법은 특허에 관한 절차를 밟는 자의 대리인(특허관리인을 포함한다. 이하 같
다)의 대리권은 서면으로써 증명하여야 한다($^{법}_{§7}$). 그래서 예외없이 모두 서면으로
만 증명한다. 한편, 법정대리인이 있는 경우에는 특허청(特許廳)도 법정대리인을
상대로 하여, 특허에 관한 절차를 행하여야 한다.

(2) **법정대리권의 소멸**

법정대리권은 다음 각호의 어느 하나에 해당하는 사유가 있으면 소멸한다($^{민법}_{§127}$).

(i) 본인의 사망($_{(i)}^{같은법조}$)

(ii) 법정대리인의 사망, 성년후견의 개시 또는 파산($_{(ii)}^{같은법조}$)

(iii) 기타 본인의 행위능력취득(行爲能力取得), 법정대리인의 자격상실인 친권의 상실($_{§924}^{민법}$), 후견인의 사임·변경($_{§939, §940}^{민법}$) 등으로 소멸한다.

(3) 법정대리권의 소멸에 따른 절차의 중단

법정대리인이 사망하는 등 대리권이 소멸하면, 특허에 관한 절차는 중단된다($_{§20(iv)}^{법}$).

제 4 절   특허법에서의 임의대리

제 1 항   임의대리의 개념, 특허법에서의 대리 및 대리권의 범위 등

1. 임의대리의 개념과 종류

(1) 임의대리의 개념

"임의대리(任意代理)"란 대리인이라는 타인이 그 수임(受任)된 권한의 범위에서, 제3자에 대하여 본인을 위한 것임을 표시한 의사표시를 하거나, 의사표시를 받은 법률효과(法律效果)를 직접 본인에게 발생하게 하는 제도이다($_{§114}^{민법}$).

의사표시를 본인이 스스로 하고 그 법률효과(法律效果)도 본인에게 직접 귀속(歸屬)함이 원칙이다. 그러나 대리에서는 의사표시는 본인이 아닌 대리인이 하고, 그 대리인이 한 의사표시와 받은 의사표시의 법률효과는 본인에게 직접 귀속시키는 제도이다.

모든 법률행위를 스스로 행하기에는 어려운 점이 많다. 사람의 행동범위가 전 세계적으로 광범위한 현대에 있어서는 더욱 그러하다.

그래서 대리제도(代理制度)는 개인의 사적자치(私的自治)의 확장역할을 하는 것이요(任意代理의 경우), 또 행위능력(行爲能力)이 없거나 제한받는 자에게는 사적자치의 보충역할을 하는 제도이다(法定代理의 경우).

(2) 특허법에서의 임의대리

특허법에서 임의대리(任意代理)란 특허에 관한 절차를 특허출원인 또는 신청·심판 등의 당사자인 본인이 스스로 밟는 대신에, 대리인이 특허에 관한 절차를 밟는 행위(意思表示인 法律行爲를 하거나 받는 行爲)를 하고 그 법률효과(法律效果)는 본인에게 귀속시키는 제도를 말한다.

특허법은 임의대리에 관하여 상당한 조문을 규정하고($\frac{법}{§5~§12}$) 특수한 공법(公法)으로서의 대리체계를 기도하였으나, 특허법에 모든 사항을 규정하기는 어려운 일이므로 대리인에 관하여 특별한 규정이 있는 것을 제외하고는 민사소송법(民事訴訟法)의 소송대리인(訴訟代理人)에 관한 규정을 준용한다 하였다($\frac{법 §12,}{민소법 §87~§97}$).

(3) 특허법에서 임의대리의 종류

대리인이 가지는 대리권(代理權)의 발생원인에 따라 다음과 같이 나뉜다.

i) 임의대리인

본인의 자유의사(自由意思)에 의하여, 즉 본인의 임의(任意)에 따라 선임된 대리인이다. 특허법에서는 위임대리인(委任代理人)이라는 표현이 더 적절할 것이다.

특허출원(特許出願)이나 신청·심판의 당사자로서의 절차는 본인 스스로 밟을 수도 있으나, 또 대리인에게 위임하여 그 절차를 밟게 할 수도 있다.

특허에 관한 절차를 밟는 사항의 위임대리(委任代理)를 전문적인 업으로 하는 자는 변리사(辨理士)이다($\frac{변리사법}{§2}$). 다만, 변리사가 아닌 자라도 대리인이 될 수는 있다. 그러나 특허에 관한 절차의 대리를 업(業)으로 하는 경우에는 변리사가 아니면 할 수 없다($\frac{변리사법}{§2, §22, §24}$).

대리행위(代理行爲)를 업으로 한다 함은 그 행위를 반복하여 한다는 뜻이다. 단 한번의 행위라도 업으로 할 것이 전제되어 있다면 업으로 한 것으로 된다. 그 대가의 유무는 불문한다.

ii) 재외자의 특허관리인

(i) 재외자(在外者)에게 강제로 두도록 한 점을 제외하면, 위임대리(委任代理)라는 점에서 임의대리(任意代理)와 전혀 같다.

특허법은 국내에 주소 또는 영업소가 없는 자(이하 "재외자(在外者)"라 한다)는 재외자(법인의 경우에는 그 대표자)가 국내에 체재하는 경우를 제외하고는 그 재외자의 특허에 관한 대리인으로서 국내에 주소 또는 영업소가 있는 자(이하 "특허관리인(特許管理人)"이라 한다)에 의해서만 특허에 관한 절차를 밟거나 이 법 또는 이 법에 따른 명령에 따라 행정청이 한 처분에 대하여 소를 제기할 수 있다고 규정하고 있다($\frac{법}{§5①}$).

그 특허관리인(特許管理人)은 위임된 범위에서 특허에 관한 모든 절차 및 이 법 또는 이 법에 따른 명령에 따라 행정청이 한 처분에 관한 소송에서 본인을 대리한다($^{법}_{§5②}$).

변리사(辨理士)가 이 특허관리인이 될 수 있음은 물론이다.

(ii) 여기에서 본인이란 재외자이며, 또 재외자란 내국인이든 외국인(外國人)이든 또는 자연인이든 법인이든 불문한다.

이 재외자(在外者)의 특허관리인(特許管理人) 제도는 국내에 주소나 영업소가 없는 자가, 국내에 대리인도 없이 특허에 관한 절차를 밟게 되는 경우에는, 특허청(特許廳)으로서 대단히 불편하므로, 특허에 관한 절차를 원활히 진행시키고, 재외자에게도 불이익이 없게 당사자를 보호하자는 취지에서 특허관리인을 강제로 두도록 한 것이다.

(iii) 다만, 재외자라도 본인 또는 법인인 경우에는 그 대표자가 국내에 체재하는 경우에는 특허관리인이 없어도 특허에 관한 절차를 밟을 수 있다($^{법}_{§5①}$).

또 특허관리인을 선임하는 행위는 외국에서 직접 할 수 있고, 특허협력조약(PCT)에 따른 국제출원의 특허관리인에 관하여는 특례규정을 두었다($^{법}_{§206}$). 기준일까지는 특허관리인에 의하지 아니하고 특허에 관한 절차를 밟을 수 있으나($^{같은조}_{①}$) 국어번역문을 제출한 재외자($^{같은조}_{②}$)는 특허관리인 선임신고가 없으면 그 국제출원은 취하한 것으로 본다($^{같은조}_{③}$).

iii) 임의대리인의 복대리인

(i) 임의대리인의 본인과의 신임관계   임의대리인은 본인의 신임(信任)에 의하여 선임되었으므로 그 수임(受任)된 행위를 스스로가 신의칙(信義則)에 의하여 수행하여야 한다. 그러나 본인의 승낙이 있거나 부득이한 사유가 있는 때에는 복대리인을 선임할 수 있다($^{민법}_{§120}$).

복대리인(復代理人)이란 대리인이 대리인의 이름으로 본인의 대리인을 선임한 본인의 대리인을 말한다. 대리인은 수임된 일을 스스로 할 수 없는 때에는 대리인의 이름으로 수임된 대리권의 범위 내의 일을 수행시키기 위하여 본인의 대리인을 선임할 수 있다. 대리인이 자신의 이름으로 선임된 본인의 대리인을 복대리인이라 하고, 복대리인을 선임할 수 있는 대리인의 권한을 복임권이라 한다.

(ii) 임의대리인(특허관리인을 포함)의 복임권과 책임   민법의 규정에 의하면, 임의대리인은 본인의 신임에 의하여 선임된 대리인이므로 원칙적으로 복임권이 인정되지 않고 예외적으로 본인의 승낙이 있거나, 부득이한 사유가 있는 때에 한하여 복임권이 인정된다($^{민법}_{§120}$).

그리고 임의대리인이 복대리인을 선임한 경우에는 본인에 대하여 복대리인의 선임·감독에 대한 책임을 지도록 규정되어 있다($\substack{민법\\§121①}$).

특허법도 임의대리인이 복대리인을 선임하는 복임권은 특별수권이 있어야 하는 것으로 규정한 점($\substack{법\\§6}$)은 민법과 같다. 특허법은 복대리인의 선임·감독에 관한 책임규정이 따로 없으므로 의당 민법의 해당규정이 준용된다 할 것이다($\substack{민법\\§120 \text{ 이하}}$).

(iii) 대리인에 대한 지위   대리인의 이름으로 대리인에 의하여 선임되었으므로 대리인의 감독(監督)을 받는 것은 당연한 일이다.

복대리인의 대리권은 대리인의 대리권(代理權)의 범위에 의존한다. 그러므로 대리인의 대리권이 소멸하면 복대리인의 복대리권도 소멸한다. 그러나 대리인의 사망에 의하여 복대리인의 대리권이 소멸하는 것은 아니다. 다만, 본인이 복대리인을 해임할 수는 있다.

(iv) 본인에 대한 지위   복대리인은 그 권한 내에서 본인을 대리한다($\substack{민법\\§123①}$). 그리고 복대리인은 본인에 대하여 대리인과 동일한 권리의무가 있다($\substack{민법\\§123②}$).

(v) 상대방에 대한 지위   복대리인은 그 권한 내에서 본인을 대리(代理)하므로($\substack{민법\\§123①}$), 복대리를 함에 있어서 본인을 위한 것임을 표시하여야 한다($\substack{민법\\§114}$).

민법의 이론으로는 복대리임을 표시할 필요는 없고 본인을 위한 대리행위임을 표시하는 것으로 족하다는 것이 통설로 되어 있다.

그러나 특허에 관한 절차에 있어서의 복대리인(複代理人)은 특허청장 또는 특허심판원장을 상대로 절차를 밟게 되므로, 정확한 표현주의(表顯主義)가 요구된다. 따라서 서면으로 복대리인임을 정확히 표시하여야 한다($\substack{법 §7, 시행규칙\\§5⑤~⑦}$).

민법의 규정에 의하면 복대리인은 제3자에 대하여도 대리인과 동일한 권리의무(權利義務)가 있다 하였다($\substack{민법\\§132②}$). 특허에 관한 절차에 있어서도 특허청장 또는 특허심판원장에 대한 복대리인의 지위는 대리인의 지위와 같은 것이다.

2. 대리권의 범위, 대리권의 증명, 각자대리의 원칙, 대리인의 선임 또는 개임명령 및 쌍방대리의 금지원칙

(1) 대리권의 범위에 관한 규정

위임대리인(委任代理人)의 대리권의 범위는 수권행위(授權行爲)에 의하여 정하여진다.

그러나 특허법은 특별수권(特別授權)에 관한 범위를 획일적으로 법정(法定)하였다($\substack{법\\§6}$). 이는 대리권의 범위를 일방적으로 제한함으로써 특허에 관한 절차의 원활한 진행과 당사자를 보호하기 위하여 중대한 이해관계가 있는 특정사항은 특별수권(特別授權)을 받도록 한 것이다.

특허법의 규정은 "국내에 주소 또는 영업소가 있는 자로부터 특허에 관한 절차를 밟을 것을 위임받은 대리인은 특별히 권한을 위임받아야만 다음 각호의 어느 하나에 해당하는 행위를 할 수 있다($^{법}_{§6본·전}$). 특허관리인의 경우도 또한 같다"라고 규정($^{법}_{§6본·후}$)함으로써, 다음 사항은 특별한 수권을 얻어야 하도록 되어 있다.

   (i) 특허출원의 변경·포기·취하($^{법}_{같은조(i)}$)

   (ii) 특허권의 포기($^{법}_{같은조(ii)}$)

   (iii) 특허권 존속기간의 연장등록출원의 취하($^{법}_{같은조(iii)}$)

   (iv) 신청의 취하($^{법}_{같은조(iv)}$)

   (v) 청구의 취하($^{법}_{같은조(v)}$)

   (vi) 제55조(특허출원 등을 기초로 한 우선권 주장) 제1항에 따른 우선권 주장 또는 그 취하($^{법}_{같은조(vi)}$)

   (vii) 제132조의17(특허거절결정 등에 대한 심판)에 따른 심판청구($^{법}_{같은조(vii)}$).

   (viii) 복대리인의 선임($^{법}_{같은조(viii)}$)

대리인으로서 특별수권(特別授權) 없는 자가 위와 같은 행위를 한 경우에는 절차흠결(節次欠缺)로 된다.

이러한 경우에는 정당한 수권자(授權者)의 추인(追認)이나 특허청장의 보정지시(補正指示)에 의하여 보정될 수 있다. 이에 대하여는 절차의 무효와 추완(追完)에 관한 사항에서 설명한다.

  (2) 대리권의 증명 ― 위임장

   (i) 법정대리권의 증명에서 이미 설명한 바 있거니와, 대리권은 모두 서면으로 증명하도록 규정되어 있다($^{법}_{§7}$).

이 또한 서면주의(書面主義)의 원칙에 따라 매사를 확실하게 해두자는 취지이다. 상세한 사항은 후술한다.

   (ii) 대리권의 서면증명을 규정한 제7조(대리권의 증명)에 해당되는 사항을 대리하는 대리인을 해임하거나 대리권의 내용을 변경하거나 복대리권의 내용을 변경하고자 하는 경우에도 서면에 의하여야 함은 물론이다. 이에 대하여도 후술한다.

   (iii) 한편, 포괄위임(包括委任)을 하는 경우에는 따로 정한 특칙이 있다. 포괄위임제도(包括委任制度)란 특허에 관한 절차를 대리인에 의하여 밟는 경우에 있어서, 현재 및 장래의 사건에 대하여 미리 사건을 특정하지 아니하고 포괄적으로 위임하는 제도이다.

그 절차로는 포괄위임등록신청서에 대리권을 증명하는 서류(이하 "포괄위임장"
이라 한다)를 첨부하여 특허청장에게 제출하고 포괄위임등록번호를 부여받으면, 그
등록된 범위 안에서는 개개의 사건마다 별도의 위임장을 제출할 필요없이, 특허에
관한 절차를 대리할 수 있는 제도이다(시행규칙§5의2~§5의4).

(3) 각자대리의 원칙

(i) 개별대리(個別代理)의 원칙이라고도 한다.

특허에 관한 절차를 밟는 자의 대리인이 2인 이상이면 특허청장 또는 특허심
판원장에 대하여 각각의 대리인이 본인을 대리한다(법§9).

이는 특허절차 또는 심판절차의 지연을 방지하고 상대방의 불편도 없도록 하
기 위한 것이다. 따라서 대리인이 수인이 있더라도 그 중에서 1인만이 특허에 관
한 절차를 밟아도 효력이 발생할 뿐만 아니라, 특허청장(特許廳長)이나 심판원장
(審判院長)도 수인의 대리인 중 1인에게만 서류를 송달하는 등 절차를 밟으면 대리
인들 전원에 대하여 절차를 밟은 것과 같은 효력이 발생한다.

(ii) 이는 대리인이 행한 법률효과는 직접 본인에게 귀속된다는 대리제도(代理
制度)의 특수성이다. 대리인 1인만의 행위이든 수인의 공동행위(共同行爲)이든그
본인에게 귀속되는 법률효과는 결과적으로 같기 때문이다.

(4) 대리인의 선임 또는 개임명령 등

i) 대리인의 선임명령

특허청장 또는 제145조(심판장) 제1항에 따라 지정된 심판장(이하 "심판장"이라
한다)은 특허에 관한 절차를 밟는 자가 그 절차를 원활히 수행할 수 없거나 구술심
리에서 진술할 능력이 없다고 인정되는 등 그 절차를 밟는데 적당하지 아니하다고
인정되면 대리인을 선임하여 그 절차를 밟을 것을 명할 수 있다(법§10①).

우리 특허법은 변리사(辨理士) 강제주의(强制主義)를 채택하지 아니했으므로,
본인은 스스로 특허에 관한 절차를 밟을 수 있다.

그러나 특허에 관한 절차가 요식행위이어서 경험이 없으면 원활히 수행할 수
없는 경우가 있고 특히, 심판절차(審判節次)의 구술심리(口述審理)에 있어서는 경험
이 없으면 그 수행이 어려운 점을 감안한 것이다.

ii) 대리인의 개임명령

특허청장 또는 심판장은 특허에 관한 절차를 밟는 자의 대리인이 그 절차를
원활히 수행할 수 없거나 구술심리에서 진술할 능력이 없다고 인정되는 등 그 절
차를 밟는데 적당하지 아니하다고 인정되면 그 대리인을 바꾸어 선임할 것을 명할

수 있다($\substack{\text{법} \\ \S10②}$).

이 경우는 대리인이 특허에 관한 절차를 밟는데 있어서 경험이 없거나 부실한 경우에는 그러한 대리인으로서는 특허에 관한 절차가 원활하게 진행될 수 없기 때문에 특허청장 또는 심판장은 대리인을 바꾸라는 명령을 할 수 있다는 것이다.

iii) 변리사의 선임명령

특허청장 또는 심판장은 대리인 선임명령(選任命令)이나 대리인의 개임명령(改任命令)을 하는 경우에 변리사로 하여금 대리하게 할 것을 명할 수 있다($\substack{\text{법} \\ \S10③}$).

변리사는 특허에 관한 절차를 업으로 하는 전문가이므로 변리사로 하여금 대리하게 함으로써 원활한 절차를 수행하게 하려는 취지이다.

iv) 대리인의 선임 또는 개임 전에 밟은 절차의 무효

특허청장 또는 심판장으로부터 대리인을 선임 또는 개임(改任)하라는 명령이 있었으나, 이에 응하지 않고 계속하여 밟은 특허에 관한 절차를 무효로 할 수 있다($\substack{\text{법} \\ \S10④}$).

이는 대리인(代理人)의 선임 또는 개임 전에 밟았던 절차들이 부실한 것이어서 유효한 절차로 유지시킬 수 없는 경우도 있을 수 있거니와, 또 선임 또는 개임 명령에도 불구하고 본인 스스로 또는 종전의 대리인이 계속하는 경우에는 그 절차를 무효로 할 수 있다는 경고적인 제재규정이기도 하다.

(5) 쌍방대리의 금지원칙 — 부(附) 포괄위임장제도와의 관계

i) 쌍방대리 금지의 규정

변리사법(辨理士法) 제7조(취급하지 못할 사건)에 의하면 "변리사는 상대방의 대리인으로서 취급한 사건에 대하여는 업무를 수행하지 못한다"라고 규정되어 있다.

특허에 관한 절차를 대리하여 업무를 수행하는 변리사의 업무가 심판사건(審判事件)인 경우에, 심판의 청구인과 피청구인은, 이해가 상반하는 관계에 있기 때문에, 동일한 대리인이 청구인과 피청구인을 다같이 대리하는 것은 허용되지 아니한다. 이와 같이 쌍방당사자(雙方當事者)의 대리를 겸하는 것을 쌍방대리(雙方代理)라 하고, 그러한 대리는 허용되지 않다는 것을 쌍방대리의 금지라 한다.

쌍방대리의 금지는 원칙적으로 동일사건(同一事件)을 전제로 하는 것이어서, 예로서, 몇년 전의 심판에서 어느 일방당사자를 대리했던 변리사가 몇년 후에 별개의 심판에서 그 상대방을 대리하는 것은 쌍방대리가 아니다.

ii) 쌍방대리 금지의 예외

특허에 관한 절차에 있어서는, 쌍방대리라도 ① 쌍방의 이해가 상합(相合)되고 ② 쌍방당사자의 의사표시가 명백하게 합치(合致)되는 경우까지를 금하는 것은 아니다.

특허에 관한 절차에 있어서, 권리를 이전등록(移轉登錄)하는 경우에는 동일한 권리의 양도인(讓渡人)과 양수인(讓受人) 쌍방을 동시에 대리하는 경우가 있는데, 이 경우에는 양도인과 양수인 쌍방의 이해가 상합되는 경우이다. 또 양·수도인이 모두가 같은 위임장(委任狀)에 서명(署名)하는 경우도 있는데 이 경우에는 쌍방이 명시적으로 동의한 것이어서, 금지되는 경우는 아니다.

또 특허권자가 실시권(實施權)을 허여하는 경우에, 특허권자와 실시권자(實施權者)가 그 실시권설정등록(實施權設定登錄)에 관한 절차업무를 동일한 변리사에게 위임하는 것이 통례인데, 이 또한 쌍방대리이지만 쌍방의 이해가 상합되고 의사가 합치된 경우로서 금지의 대상은 아니다.

iii) 쌍방대리에 관한 대법원의 판례들

변리사법 제7조(취급하지 못할 사건)는 너무 추상적이다. 판례들을 보면, (i) 일방을 위하여 상표출원사무를 대리한 후, 그와 유사한 상표의 무효심판청구사건에서는 그 상대방을 대리한 사건에 대한 판결요지는 쌍방대리로 볼 수 없다 하였다.[26)]

(ii) 또 다른 판례로는, 일방 당사자의 대리인으로 특허법인이 선임되고, 상대방의 대리인인 변리사가 그 특허법인의 구성원 내지 소속변리사인 경우에는 쌍방대리라고 판시한 판결이다.[27)]

iv) 쌍방대리의 금지에 위반된 대리행위의 법적 효과

법정대리인이 쌍방대리를 한 경우에는 법정대리권의 제한으로서 실체법에 규

---

26) 대법원 판결의 판시내용은, " … 종전에 심판청구인의 대리인이 되어 특허청에 대하여 본건 인용상표의 출원 및 등록에 관한 수임사건에서 대리행위를 하였다 하더라도 심판청구인이 위 인용상표와 피심판청구인의 본건 등록상표가 유사하다고 하여 본건 등록상표의 등록무효심판을 구하는 이 사건에서 피심판청구인의 대리인이 되어 행하는 대리행위를 가리켜 이를 변리사법 제7조에 저촉되는 것이라고는 볼 수 없다"라고 판시하였다(대법원 1982. 4. 27. 선고 81후51 판결).

27) 판시된 내용의 요부는 다음과 같다. " … 변리사법 제7조는 … 변리사가 동일한 사건에 대하여 일방을 대리하여 업무를 취급하였다가 타방을 대리하여 종전의 당사자의 이익과 상반되고 있는 입장에서 업무를 취급해서는 안된다는 취지인 점에 비추어 볼 때, … <중간생략> … 이 규정은 변리사법 제6조의10 제1항에 의하여 특허법인의 경우에도 준용되므로, 일반 당사자의 대리인으로 특허법인이 선임된 경우에 상대방의 대리인인 변리사가 그 특허법인의 구성원 내지 소속변리사라면 변리사법 제7조에 위반하게 된다. 그리고 일방 당사자의 대리인으로 특허법인이 선임된 경우에는 상대방의 대리인인 변리사가 형식적으로 특허청장에게 그 특허법인의 소속 변리사로 신고되어 있는 경우 뿐만 아니라 실질적으로 그 특허법인의 소속변리사에 해당하는 경우에도 특허법인의 변리사라고 보아야 한다"라는 판시이다(대법원 2007. 7. 26. 선고 2005후2571 판결).

정을 두고 있다(민법 §64, §124, 상법 §199, §394).

특허법상의 위임대리(委任代理)의 경우에는, 상대방의 보호를 위한 규정이라고 본다면, 상대방이 이의가 없는 경우에는 유효한 것으로 보아야 할 것이다.

그러나 변리사법 제7조(취급하지 못할 사건)의 취지가 변리사의 업무처리의 공정성과 품위유지도 고려한 것으로 본다면, 변리사에 대한 징계는 물론이요, 상대방의 명시적인 동의가 있는 경우가 아니면, 당연히 무효로 보아야 할 것이다.

v) 포괄위임장 제도하에서의 쌍방대리문제

앞에서 이미 설명한 바와 같이, 포괄위임제도(包括委任制度)는 단일사건(單一事件)의 위임과는 달리, 사건이 복수일 뿐만 아니라 현재는 물론이요, 미래에 있을 사건까지를 미리 포괄하여 위임하는 것이므로 보다 두터운 신임관계의 지속을 전제로 한 것이다. 그렇다면 종래에 단일사건을 전제로 한 쌍방대리의 금지규정이나 그 규정에 의거한 판례와는 달리, 새로운 지표를 설정해야 할 것이다.

따라서 특허에 관한 절차에 있어서 포괄위임(包括委任)은 위임인(委任人)과 수임인(受任人)의 대리관계(代理關係)가 단일사건이 아니라 복수사건의 지속적인 관계이므로 쌍방대리를 사건단위로 볼 것이 아니라 위임인을 단위로 보고, 일방의 위임인을 대리하는 포괄위임 관계가 있다면 그 위임인의 업무와 상충되는 동종업자와의 포괄위임은 쌍방대리로 보아야 할 것이다.

명문규정은 없으나 이렇게 보는 것이 법리에 부합된다.

제 2 항 대리인의 선임과 변경의 신고, 해임 또는 사임의 신고, 대리권의 소멸 및 무권대리

1. 대리인의 선임과 변경의 신고

(1) 대리인의 선임에 따른 절차

특허에 관한 절차를 밟는 자가, 대리인에 의하여 그 절차를 밟는 자의 대리인(특허관리인을 포함한다. 이하 같다)의 대리권은 서면으로 증명하여야 한다(법§7).

특허에 관한 절차를 밟는 자가, 대리인을 선임하여 그 절차를 밟으려 하는 경우에는 대리인의 선임신고(選任申告)를 하여야 한다. 다만, 특허출원·제199조(국제출원에 의한 특허출원) 제2항에 따른 국제특허출원의 국내서면제출·특허출원인 변경신고·특허취소신청·심판청구·재심청구를 하거나 특허취소신청·심판청구·재심청구에 대한 답변을 하는 때에 특허출원서·제203조(서면의 제출)에 따른 서면·권리관계 변경신고서·특허취소신청·심판청구서 또는 답변서에 위임장을 첨부하여 대리인이 제출하는 경우에는 그러하지 아니하다($\binom{\text{시행규칙}}{\S5②}$). 이 경우에는 위임장이 대리권을 증명하는 서면이기 때문이다.

또 대리인의 선임신고를 하거나 대리인이 복대리인을 선임하려는 경우에는 소정의 신고서에 그 신고내용을 증명하는 서류를 첨부하여 특허청장 또는 특허심판원장에게 제출하되, 먼저 선임된 대리인 또는 복대리인이 있는 때에는 그 해임 여부를 기재하여야 한다($\binom{\text{시행규칙}}{\S5③}$).

(2) 대리권 내용의 변경신고

특허에 관한 절차를 밟는 자가 대리권의 내용을 변경하거나 대리인이 복대리권의 내용을 변경하는 경우에는 소정의 신고서에 그 변경내용을 증명하는 서류를 첨부하여 특허청장 또는 특허심판장에게 제출하여야 한다($\binom{\text{시행규칙}}{\S5⑥}$).

(3) 대리인이 특허법인의 구성원 또는 소속 변리사로 되는 경우

대리인이, 변리사법 제6조의3(특허법인의 설립)에 따른 특허법인 또는 같은법 제6조의12(특허법인(유한)의 설립)에 따른 특허법인(유한)(이하 "특허법인 등"이라 한다)의 구성원 또는 소속변리사가 되면, 그 대리인은 시행규칙 제5조(대리인의 선임 등) 제7항에 따라 사임(辭任)하거나, 그 대리인이 해당 특허법인 등의 구성원 또는 소속변리사가 되기 전에 대리하던 사건에 대하여, 해당 특허법인 등을 복대리인으로 선임할 수 있다($\binom{\text{시행규칙}}{\S5⑧}$).

(4) 포괄위임장

포괄위임제도(包括委任制度)의 개념에 대하여는 이미 설명한 바 있다.

특허에 관한 절차를 대리인에 의하여 밟는 경우에 있어서, 현재 및 장래의 사건에 대하여 미리 사건을 특정하지 아니하고 포괄위임하려는 경우에는 포괄위임등록 신청서에 대리권을 증명하는 포괄위임장을 첨부하여 특허청장에게 제출하여야 한다($\binom{\text{시행규칙}}{\S5의2①}$).

특허청장은 포괄위임등록신청이 있는 때에는 포괄위임등록번호를 부여하고 그 번호를 포괄위임등록신청인에게 통지하여야 한다($\binom{\text{시행규칙}}{\text{같은조②}}$). 포괄위임을 받아 특허에 관한 절차를 밟고자 하는 자는 포괄위임등록번호를 특허청 또는 특허심판원에 제출하는 서류에 기재하여야 한다($\binom{\text{시행규칙}}{\text{같은조③}}$).

포괄위임등록사항의 변경을 하려는 경우에는, 포괄위임등록 변경신청서에 포

괄위임장을 첨부하여 특허청장에게 제출하여야 한다($\substack{시행규칙\\같은조④}$).

포괄위임을 하거나 포괄위임등록사항을 변경하려는 자가, 포괄위임장을 온라인 제출하거나 전자적기록매체에 수록하여 제출하는 경우에는 특허청에서 제공하는 소프트웨어나 특허청 홈페이지를 이용하여 그 포괄위임장에 시행규칙 제9조의3(전자문서 이용신고)의 어느 하나에 해당하는 전자서명을 하여야 한다($\substack{시행규칙\\같은조⑤}$).

포괄위임등록을 한 자가, 특정한 사건에 대하여 포괄위임의 원용(援用)을 제한하고자 하는 경우에는 포괄위임원용제한신고서를 특허청장 또는 특허심판원장에 제출하여야 한다. 다만, 다음 각호의 어느 하나에 해당하는 신고서를 제출한 경우에는 그러하지 아니하다($\substack{시행규칙\\§5의3본}$).

(i) 먼저 선임된 대리인 또는 복대리인의 해임을 기재한 신고서를 제출한 경우($\substack{시행규칙\\같은조(i)}$)

(ii) 대리인 또는 복대리인을 해임하는 신고서를 제출한 경우($\substack{시행규칙\\같은조(ii)}$)

포괄위임의 철회를 하고자 하는 경우에는 포괄위임등록철회서를 특허청장에게 제출하여야 한다($\substack{시행규칙\\§5의4}$).

2. 대리인의 해임 또는 사임과 그 신고

(1) 대리인의 해임과 그 신고

특허에 관한 절차를 밟는 자가 대리인을 해임하거나 대리인이 복대리인을 해임하는 경우에는 소정의 신고서를 특허청장 또는 특허심판원장에게 제출하여야 한다($\substack{시행규칙\\§5⑤}$).

(2) 대리인의 사임과 그 신고

대리인 또는 복대리인이, 대리인 또는 복대리인을 사임하고자 하는 경우에는 소정의 신고서를 특허청장 또는 특허심판원장에 제출하여야 한다($\substack{시행규칙\\§5⑦}$).

대리인이 변리사법 제6조의3(특허법인의 설립)에 따른 특허법인 또는 같은법 제6조의12〔특허법인(유한)의설립에 따른 특허법인(유한)(이하 이 조에서 "해당 특허법인등"이라 한다)〕의 구성원 또는 소속변리사가 되면 그 대리인은 시행규칙 제5조(대리인의 선임 등) 제7항에 따라 사임하거나 그 대리인이 해당 특허법인 등의 구성원 또는 소속변리사가 되기 전에 대리하던 사건에 대하여 해당 특허법인 등을 복대리인(複代理人)으로 선임할 수 있다($\substack{시행규칙\\§5⑧}$).

특허에 관한 절차를 밟는 자가 대리인을 선임 또는 해임하려는 경우, 대리인이 복대리인을 선임 또는 해임하려는 경우, 대리인 또는 복대리인이 대리인 또는 복대리인을 사임하려는 경우에 있어서, 두 가지(2건) 이상의 사건에 대하여 특허에 관한 절차를 밟는 자가 동일하고, 대리인 또는 복대리인이 동일한 때에는 하나의 신고서에 기재하여 제출할 수 있다($\substack{시행규칙\\§5⑨}$).

3. 대리권의 불소멸사유와 소멸사유

(1) 위임대리권의 불소멸사유

특허에 관한 절차를 밟는 자의 위임을 받은 대리인(특허관리인을 포함한다. 이하 같다)의 대리권(代理權)은 다음 각호의 어느 하나에 해당하는 사유가 있어도 소멸하지 아니한다($\substack{법\\§8본}$).

(i) 본인의 사망이나 능력(能力)의 상실($\substack{법\\같은조(i)}$)

(ii) 본인인 법인(法人)의 합병(合倂)에 의한 소멸($\substack{법\\같은조(ii)}$)

(iii) 본인인 수탁자(受託者)의 신탁임무의 종료($\substack{법\\같은조(iii)}$)

(iv) 법정대리인의 사망이나 행위능력의 상실($\substack{법\\같은조(iv)}$)

(v) 법정대리인의 대리권 소멸이나 변경($\substack{법\\같은조(v)}$)

특허법이 위의 경우에 대리권이 소멸되지 않도록 한 것($\substack{법 같은법조\\각호}$)은, 특허에 관한 절차의 대리인은, 대리권의 범위가 서면에 의하여 명확하게 정하여져 있는 등 본인 또는 승계인의 이익을 해칠 우려가 없고, 절차진행의 원활을 위해서이다.

(2) 대리권의 소멸사유

위임대리인(委任代理人)의 대리권의 소멸사유는 다음과 같다.

(i) 본인의 사망($\substack{민법\\§127(i)}$)

(ii) 대리인의 사망, 성년후견(成年後見)의 개시(開始), 파산(破産)($\substack{민법\\§127(ii)}$), 특허법인(特許法人)의 인가취소(認可取消)($\substack{변리사법\\§6의9, §6의20}$) 또는 해산(解散)($\substack{변리사법\\같은법조들}$)   다만, 특허법인의 해산이 합병으로 인한 경우에는 합병 후에 존속한 특허법인이 합병으로 인하여 소멸한 특허법인의 권리의무를 승계하게 되므로, 대리인의 대리권은 소멸하지 아니하고($\substack{변리사법 §6의11②,\\상법 §235}$), 대리권도 승계된다.

(iii) 위임사건의 종료와 본인의 수권행위(授權行爲)의 철회(撤回)($\substack{민법\\§128}$)

(iv) 위임계약의 해지   본인은 물론이요, 수임인(受任人)인 대리인도 사임(辭任)할 수 있다.

법정대리권(法定代理權)의 소멸사유(消滅事由)에 대하여는 앞에서 이미 설명한 바 있다.

4. 무권대리

(1) 무권대리의 개념

"무권대리(無權代理)"란 대리권(代理權)이 없는 자가 타인의 대리인으로 한 대리행위(代理行爲)를 말한다($\frac{민법}{\S130}$).

이러한 무권대리행위는 대리권이 없으므로 그 법률효과가 본인에게 미치지 않는 것은 당연한 이치이다.

그러나 민법은 거래의 안전을 고려하여 당연무효(當然無效)로는 하지 않고 본인이 추인하면 대리의 효과가 소급적으로 발생한다는 규정을 두었다($\frac{민법}{\S133}$).

(2) 특허법에서 무권대리

서면주의(書面主義)라는 요식행위를 원칙으로 하는 특허에 관한 절차에 있어서는, 논리적으로 무권대리(無權代理)란 발생할 여지가 없다. 대리인과 대리권(代理權)의 범위를 서면에 명백하게 기록하도록 되어 있기 때문이다.

특허법은 행위능력 또는 법정대리권이 없거나 특허에 관한 절차를 밟는데 필요한 권한의 위임에 흠(欠)이 있는 자가 밟은 절차는 보정된 당사자나 법정대리인이 추인하면 그 흠있는 행위를 한 때로 소급하여 그 효력이 발생한다($\frac{법}{\S7의2}$)고 규정하고 있다.

이는 무권대리인이 밟은 절차가 반드시 본인에게 불리한 것이라고 볼 수 없고 또 이미 무권대리인이 밟아놓은 절차를 무효로 하고 같은 절차를 다시 밟는 것은 절차경제에도 반하기 때문이다.

제5절 절차효력의 승계, 절차의 속행 및 절차의 무효와 절차무효의 추완

제1항 절차효력의 승계와 절차의 속행

1 절차효력의 승계

(1) 절차효력의 승계의 개념

특허에 관한 절차가 진행 중에, 권리의 이동(移動)이 있어도, 이미 밟아놓은 절차는 그대로 승계인(承繼人)에게도 유효하다는 것이다. 특허법은 "특허권 또는 특허에 관한 권리 등의 이전(移轉)에 있어서 이미 밟은 절차의 효력은 그 특허권 또는 특허에 관한 권리의 승계인에게 미친다"라고 하였다($^{법}_{\S18}$).

따라서 승계인은 처음부터 다시 절차를 밟을 필요가 없고, 그 후속절차(後續節次)만을 밟으면 된다.

(2) 절차효력을 유효하게 승계시키는 이유

특허에 관한 절차는 특허출원(特許出願)의 경우에도 심판이나 소송의 경우에도 모두 장기간이 요구되므로, 그 사이에 권리의 이동이 있을 수 있다. 그런데 권리의 이동이 있을 때마다 같은 절차를 되풀이 하는 것은 특허청이나 당사자에게 매우 번거로운 업무처리가 아닐 수 없다. 이러한 불편을 피하려는 조치이다.

따라서, 특허출원의 심사 중에, 전 출원인에게 이미 의견제출통지(意見提出通知)를 한 상태라면, 출원인의 변경이 있더라도 그 승계인에 대하여 재차 의견제출통지는 하지 않고 특허거절결정을 할 수 있다는 것이다.

또 특허무효심판청구 후에 심판청구인이 사망한 때에는 그 상속인이 후속 심판절차를 수행할 수 있는데, 그렇다고 심판절차를 처음부터 다시 되풀이 할 필요는 없다는 것이다.

2. 절차의 속행

(1) 절차속행의 개념

특허에 관한 절차가 계속되고 있는 중에, 특허권 또는 특허에 관한 권리의 이전(移轉)이 있는 때에는, 특허청장 등은 그 재량으로 그 승계인(承繼人)에 대하여 특허에 관한 절차를 속행하게 할 수 있음을 말한다.

(2) 절차의 효력의 승계와의 차이

특허법은 특허청장 또는 심판장은 특허에 관한 절차가 특허청(特許廳) 또는 특허심판원에 계속 중일 때, 특허권 또는 특허에 관한 권리가 이전되면, 그 특허권 또는 특허에 관한 권리의 승계인에 대하여 그 절차를 속행하게 할 수 있다($^{법}_{\S19}$).

이는 특허에 관한 절차의 계속(係屬) 중에 권리의 이전이 있을 때마다 같은 절차를 되풀이 하는 번거로움과 불편함을 피하기 위한 점에 있어서는, 앞에서 소개한 절차의 효력의 승계와 같으나, 효력의 승계는 법률의 규정에 의하여 그 효력이 당연히 승계인에게 미친다는 것인데 반하여, 절차의 속행(續行)은 특허청장 또는 심판장의 재량으로 절차의 지연을 방지하기 위하여 승계인에게 절차의 속행을 명할 수도 있고 아니할 수도 있다는 점이 다르다.

　(3) 절차의 속행에 관한 특허청장 등의 재량권의 한계

　절차의 속행에 관한 특허청장 등의 재량권(裁量權)이 자유재량(自由裁量)은 아니라고 보아야 할 것이다.

　이 제도가 특허청의 행정편의와 절차경제를 고려한 것이라 할지라도 당사자의 이해관계도 있을 뿐만 아니라, 어느 면에서 보아도 공익성(公益性)이 전제되어 있음에 의문이 없기 때문이다.

　따라서 특허청장 등은 구체적 사안을 합리적으로 판단하여 다소의 행정적인 불편을 감수하더라도 절차경제의 공익성과 어느 일방의 당사자에게 희생이 없도록 하는 배려가 있어야 할 것이다.

　한편, 좀 오래 전의 구법에 따른 판례이지만, 그 판지에 있어서 참고될만한 판례가 있다.[28] 그리고 이 판례에서 적용된 당시의 구 특허법 제32조(권리의 이전이 있는 경우의 절차의 승계)는 현행 특허법 제19조(절차의 속행)와 같은 내용이다.

제2항　절차의 무효와 절차무효의 추완

1. 절차무효의 개념과 절차무효의 사유

(1) 절차무효의 개념

　"절차의 무효"란 특허청에 당초에는 유효하게 수리되어 있는 특허에 관한 절차에, 후발적으로 하자가 발생하여 그 절차의 효력을 소급하여 상실시키는 행정처분(行政處分)을 말한다.

　그러므로 당초부터 보정불능이어서 반려하는 행위와 다르다(시행규칙 §11①각호).

　이 제도는 특허에 관한 절차가 서면에 의한 요식행위이므로 절차의 안정(安定)이 필요하고 또 원활한 절차의 진행을 도모하기 위한 것이다.

　그러나 특허법 제16조(절차의 무효)의 규정은, 반드시 "무효로 한다"는 것은

---

28) 판지는 다음과 같다. "특허사건의 피청구인은 계쟁중인 등록권리를 타인에게 양도함으로써 심판청구인으로 하여금 속수무책으로 패배케 하는 불합리한 결과에 이르게 하는 사례가 없지 않을 것인즉 이러한 결과를 막기 위하여 특허사건의 특이성과 당사자 쌍방과 권리 승계인의 권리관계를 공평하게 교량하고, 특허법 제32조의 취지를 감안하여 위와 같은 권리양도의 경우에는 그 양도가 피심판청구인의 당사자로의 지위에는 아무런 영향도 미치는 것이 아니고, 일방 본인에 관한 심결 또는 판결의 효력은 승계인에게도 미치는 것이므로, 당초에 피심판청구인은 그 사건이 종료에 이르기까지 당사자로써 자기 또는 승계인을 위하여 제반의 행위를 할 적격을 가지는 것이라고 해석하지 않을 수 없다"라고 판시했다(대법원 1967. 6. 27. 선고 67후1 판결).

아니고, "무효로 할 수 있다"는 점에 주의해야 할 것이다. 이미 밟아놓은 절차를 무효로 하는 것보다는 이를 보완하여 유효한 것으로 하자는 것이다.

그러므로 이는 절차의 원활을 위하여, 절차에 하자가 있으니, 이를 보완하여 유효한 절차로 만들어놓으라고 촉구하는 경고적인 제도임을 알 수 있다.

(2) 절차무효의 사유

i) 특허법에 규정된 절차무효의 사유

제16조(절차의 무효) 제1항의 규정은 "특허청장 또는 특허심판원장은 제46조(절차의 보정)에 따른 보정명령을 받은 자가 지정된 기간에 그 보정을 하지 아니하면 특허에 관한 절차를 무효로 할 수 있다. 다만, 제82조(수수료) 제2항에 따른 심사청구료를 내지 아니하여 보정명령을 받은 자가 지정된 기간에 그 심사청구료를 내지 아니하면 특허출원서에 첨부한 명세서에 관한 보정을 무효로 할 수 있다"라고 규정되어 있다.

한편, 제16조(절차의 무효) 제1항 단서에서 인용하고 있는 제82조(수수료) 제2항의 내용은 "특허출원인이 아닌 자가 출원심사의 청구를 한 후 그 출원서에 첨부한 명세서를 보정하여 청구범위에 적은 청구항의 수가 증가한 경우에는 그 증가한 청구항에 관하여 내야 할 심사청구료는 특허출원인이 내야 한다"라는 내용이다.

그리고 특허법 제46조(절차의 보정)의 규정에 의하면, "특허청장 또는 특허심판원장은 특허에 관한 절차가 다음 각호의 어느 하나에 해당하는 경우에는 기간을 정하여 보정을 명하여야 한다. 이 경우 보정명령을 받은 자는 기간 내에 그 보정명령에 대한 의견서를 특허청장 또는 특허심판원장에게 제출할 수 있다"로 되어 있는바, 그 다음 각호의 어느 하나인 보정명령의 대상은 다음과 같다($\frac{법}{각호}$§46).

(i) 제3조(미성년자 등의 행위능력) 제1항 또는 제6조(대리권의 범위)를 위반한 경우($\frac{법}{같은조(i)}$)

(ii) 이 법 또는 이 법에 따른 명령으로 정하는 방식을 위반한 경우($\frac{법}{(ii)}$ 같은조)

(iii) 제82조(수수료)에 따라 내야 할 수수료를 내지 아니한 경우($\frac{법}{(iii)}$ 같은조)

따라서 특허청장 또는 특허심판원장은 특허에 관한 절차에 있어서, 위와 같은 사항에 위반하였을 경우에는 기간을 지정하여 보정을 명하여야 하고, 그 지정된 기간 내에 그 보정을 아니하는 경우에는 특허에 관한 절차를 무효로 할 수 있다는 것이다.

ii) 특허법 제10조 제4항에 규정된 사유의 취급

특허법 제16조(절차의 무효)의 규정은, 제10조(대리인의 개임 등) 제4항에 의하

여 무효로 할 수 있는 경우를 포함시키지 않고 있으나, 이 경우에도 대리인의 선
임 또는 개임명령에 응하지 않는 것은 보정명령에 불응하는 경우이므로, 또한 같
은 취급을 하여야 할 것이다.

iii) 절차무효처분의 재량성

"무효로 할 수 있다"는 규정은 특허청장 등에게 재량권(裁量權)이 있음을 명
시한 것이다.

따라서 기간이 경과 후에 곧바로 무효처분을 할 것인지, 다시 보정명령을 할
것인지는 특허청장 등이 구체적 사정을 감안하여 합리적으로 판단해야 할 것이다.

그러므로 지정기간이 경과되었어도 무효처분 전에 보정된 경우에는 적법하게
보정된 것으로 보아야 함은 물론이요, 기일 내에 보정을 하였으나 불충분한 경우
도 재보정지시를 하여 보완시켜야 할 것이다.

2. 무효로 된 절차의 추완 및 법정기간의 추완

(1) 무효로 된 절차의 추완

특허청장 또는 특허심판원장은 보정기간 등을 지키지 못하여 특허에 관한 절
차가 무효로 된 경우로서, 지정된 기간을 지키지 못한 것이 보정명령을 받은 자가
책임질 수 없는 사유에 의한 것으로 인정될 때에는 그 사유가 소멸된 날로부터 2
개월 이내에 보정명령 받은 자의 청구에 따라 그 무효처분을 취소할 수 있다. 다
만, 지정된 기간의 만료일로부터 1년이 지났을 때에는 그러하지 아니한다($\substack{법 \\ \S16②}$).

여기에서 보정명령을 받은 자가 책임질 수 없는 사유란 천재·지변 기타 불가
항력에 한정하지 않고 일반인의 주의·능력을 다하여도 피할 수 없었던 사유를 말
한다. 가능하다면 무효로 된 절차를 구제하자는 취지일 것이다.

(2) 무효로 된 법정기간의 추완

이는 무효로 할 수 있는 절차의 추완이 아니라, 이미 불변(不變)의 법정기간
(法定期間)이 지난 상태인 기간해태(期間懈怠)에 있는 경우의 추후보완(追後補完)이
다. 즉 특허법 제17조(절차의 추후보완)의 규정은 "특허에 관한 절차를 밟는 자가 책
임질 수 없는 사유로 다음 각호의 어느 하나에 해당하는 기간을 지키지 못한 경우
에는 그 사유가 소멸한 날부터 2개월 이내(이는 구법에는 "14일 이내"이었으나, 2017.
3. 1. 시행법에서 "2개월 이내"로 개정되었다)에 지키지 못한 절차를 추후보완할 수 있
다"라고 규정되어 있다($\substack{법 \\ \S17본}$).

그 각호는 다음과 같다.

(i) 제132조의17(특허거절결정 등에 대한 심판)에 따른 심판의 청구기간($\frac{법}{같은조(i)}$)

(ii) 제180조(재심사청구의 기간) 제1항에 따른 재심의 청구기간($\frac{법}{같은조(ii)}$)

이 규정은 법정기간 중에서도 그 누구도 움직일 수 없는 불변기간인 심판청구기간에 적용된다. 민사소송법에도 소송행위의 추후보완이라는 규정이 있다($\frac{민소법}{§173}$).

심판이나 소송에 있어서는 그 절차를 신속히 진행시키기 위하여 심판청구(審判請求) 또는 제소기간을 단기간으로 하였고, 그 기간이 경과되면 심판청구권이나 제소권이 상실되고 심결 또는 판결이 확정된다.

그런데 법정의 불변기간을 준수할 수 없었던 사유가 본인이 책임질 수 없었던 경우에까지 치명적인 불이익을 받게 하는 것은 지나치게 불공평하고 가혹한 처사이므로, 그러한 처지가 되지 않도록 구제절차(救濟節次)를 마련한 것이다.

그러나 한편으로는 법적 안정성이 요구되므로 구제를 받을 수 있는 기간을 "그 사유가 소멸한 날부터 2개월 이내(2017. 3. 1. 시행법에서 "2개월 이내"로 개정되었다)"로 한정하였다. 또 "그 기간의 만료일부터 1년이 지났을 때"에는 구제될 수 없도록 한 것이다($\frac{법}{§17단}$).

여기에서 "2개월 이내(2017. 3. 1. 시행법에서 "2개월 이내")"는 본인이 책임질 수 없는 사유가 소멸한 날부터 "2개월 이내"이고, "1년"은 "당초에 심판을 청구할 수 있었던 기간 또는 재심을 청구할 수 있었던 기간의 만료일부터 기산하여 1년 이내"이다.

어느 경우이든 본인의 신청 또는 주장에 의하여서만 구제받을 수 있다.

판례는 항소를 제기하면서 추완항소라는 취지가 기재되지 않았다고 하더라도 증거에 의하여 항소기간의 도과가 그의 책임질 수 없는 사유에 기인한 것이 인정된 이상(항소를 제기한 훨씬 후에 이 항소가 추완항소라는 주장에도 불구하고) 이 항소는 처음부터 소송행위추완에 의해 제기된 항소라고 보아야 할 것이라고 판시했다.[29]

(3) 처분통지서의 송달방법

절차의 무효의 규정에 의한 절차무효의 추완(追完)에 있어서 특허청장 또는 특허심판원장은 절차의 무효처분 또는 무효처분의 취소처분을 할 때에는 그 보정명령을 받은 자에게 송달하여야 한다($\frac{법}{§16③}$).

또 이 규정은 특허법 제10조(대리인의 개임 등) 제4항에 의한 절차의 전부 또는 일부를 무효처분한 경우에 있어서도 그 무효처분 문서의 송달은 그 보완절차를 밟

---

29) 대법원 1980. 10. 14. 선고 80다1795 판결.

는 자에게 하도록 준용되어야 할 것이다.

제 6 절 절차의 중지와 중단

제 1 항 절차의 중지와 신기간의 진행

1. 절차중지의 개념과 원인 및 효과

(1) 절차중지의 개념과 원인

절차의 중지(中止)란 특허청(特許廳) 또는 당사자에게 특허에 관한 절차를 진행할 수 없는 장애가 발생하여 절차의 진행이 불가능한 경우에, 그 장애사유(障碍事由)가 소멸될 때까지 법률의 규정에 의하여 당연히 그 절차가 중지되거나, 특허청장 또는 심판관의 결정으로 그 절차를 중지시키는 것을 말한다.

  i) 좁은 의미에 있어서의 절차중지의 원인

  (i) 특허청장 또는 심판관이 천재(天災), 지변(地變) 그 밖의 불가피(不可避)한 사유로 그 직무를 수행할 수 없을 때에는 특허청 또는 특허심판원에 계속중인 절차는 그 사유가 없어질 때까지 중지된다($^{법}_{§23①}$). 법률의 규정에 의한 당연중지이다.

  (ii) 당사자에게 일정하지 아니한 기간(不定期間) 동안 특허청 또는 특허심판원에 계속중인 절차를 속행할 수 없는 장애사유(障碍事由)가 생긴 경우에는 특허청장 또는 심판관의 결정으로 장애사유가 해소될 때까지 그 절차의 중지를 명할 수 있다($^{법}_{§23②}$). 일반적으로 좁은 의미에 있어서의 절차의 중지(中止)라 함은 위의 두 경우를 말한다.

  ii) 넓은 의미에 있어서의 절차중지의 원인

  넓은 의미에 있어서는 다음의 중지도 있음을 알아야 한다.

  (i) 특허출원의 심사(審査)에 필요한 경우에는 특허취소신청에 대한 결정이나 심결이 확정될 때까지 또는 소송절차(訴訟節次)가 완결될 때까지 그 심사의 절차를 중지할 수 있다($^{법}_{§78①}$).

  (ii) 심판장은 심판에서 필요하면 직권 또는 당사자의 신청에 따라 그 심판사건과 관련되는 특허취소신청에 대한 결정 또는 다른 심판의 심결(審決)이 확정되거나 소송절차가 완결될 때까지 그 절차를 중지할 수 있다($^{법}_{§164①}$).

(iii) 심판절차(審判節次)에 있어서, 제척(除斥) 또는 기피(忌避)의 신청이 있으면 그 신청에 대한 결정(決定)이 있을 때까지 심판절차를 중지하여야 한다($^{법}_{§153본}$). 다만, 긴급한 경우에는 그러하지 아니하다($^{법}_{§153단}$).

심사(審査)에 있어서도, 제척에 관한 제148조(심판관의 제척)의 규정이 준용되므로($^{법}_{§68}$), 같은 경우에는 심사절차 또한 중지되어야 할 것이다.

(2) 절차중지의 효과

i) 진행기간의 정지

특허에 관한 절차가 중지(中止)된 경우에는 그 기간의 진행은 정지된다($^{법}_{§24전}$).

ii) 절차중지의 통지

특허에 관한 절차가 중지되면, 특허청장 또는 심판장은, 천재・지변 기타 부득이한 사유로 인한 절차의 중지이든, 당사자의 부정기간(不定期間)의 장애로 인한 절차의 중지이든, 어느 경우에도 절차의 중지된 사실을 당사자에게 알려야 한다($^{법}_{§23④}$).

공동심판(共同審判)에 있어서 청구인이나 피청구인 중 1인에게 심판절차(審判節次)의 중지원인이 있으면 모두에게 그 효력이 발생한다($^{법}_{§139④}$). 그러므로 그 모두에게 알려야 한다.

한편, 심판절차에 있어서 심판참가인(審判參加人)이 있는 경우에, 참가인에게 심판절차의 중지원인(中止原因)이 있으면 그 중지는 피참가인에 대하여도 그 효력이 발생한다($^{법}_{§155⑤}$). 그러므로 피참가인에게도 알려야 한다. 이러한 알림은 물론 서면으로 하여야 한다. 중대한 이해관계가 있기 때문이다.

2. 절차중지의 종료와 신기간의 진행

(1) 절차중지의 종료

(i) 절차의 중지(中止)가 천재(天災), 지변(地變) 그 밖의 부득이한 사유로 인한 중지는 그 중지의 사유가 소멸되어 직무집행(職務執行)이 가능하게 되면, 중지는 종료되고 절차는 다시 진행된다.

(ii) 특허청장 또는 심판관은 당사자에게 일정하지 아니한 기간(不定期間) 동안 특허청 또는 특허심판원에 계속중인 절차를 속행할 수 없는 장애사유(障碍事由)로 인한 중지(中止)의 결정(決定)을 취소할 수 있다($^{법}_{§23③}$). 이 취소는 물론 장애사유(障碍事由)가 해소되었다는 합리적인 판단에 의한 결정이어야 할 것이다. 중지의 결정이 취소되면 절차는 다시 진행된다.

(2) 절차중지종료의 통지

절차의 중지를 하게 된 사유가 소멸되어 직무집행이 가능한 경우 또는 절차의 중지를 취소한다는 결정을 했을 때에는 특허청장 또는 심판장은 그 사실을 각각 당사자에게 알려야 한다($^{법}_{§23④}$).

(3) 절차의 신기간의 진행

절차중지(節次中止)의 사유가 소멸되어 직무집행이 가능하게 된 경우이든 또는 중지의 결정을 취소한 경우이든 절차의 중지가 종료되면, 중지되었던 기간이 진행되는 것은 당연한 일이다.

그런데 이 때 다시 진행되는 기간은 중지되기 전에 진행되던 기간의 잔여기간(殘餘期間)이 아니라, 중지가 종료된 후에 새로운 기간(新期間)이 진행된다. 중지종료의 알림이 당사자에게 도달된 날부터 기산(起算)하여 새로운 기간(新期間)이 진행되는 것으로 보아야 한다.

왜냐하면, 이 절차의 중지는 당사자를 보호하기 위한 제도이기 때문이다.

제2항   절차의 중단과 수계

1. 절차중단의 개념, 중단사유, 중단의 예외 및 중단의 효과

(1) 절차중단의 개념

절차의 중단(中斷)이라 함은 특허에 관한 절차를 밟는 당사자 또는 절차수행자(節次遂行者)에게 절차를 밟을 수 없는 사유가 발생하였을 경우에 새로운 당사자 또는 절차수행자가 나타나서 절차를 밟을 수 있을 때까지 법률상 당연히 절차의 진행이 정지(停止)되는 것을 말한다.

(2) 절차의 중단사유

절차의 중단은 일정한 사유에 의하여 특허청이나 당사자가 알던 모르던 관계 없이 발생된다. 중단사유는 법으로 정하여져 있다. 법정사유이므로 법에 의하여 당연히 발생된다.

특허법이 중단사유로 규정해 놓은 것, 즉 특허에 관한 절차가 다음 각호의 어느 하나에 해당하는 경우에는 특허청 또는 특허심판원에 계속중인 절차는 중단 된다($^{법}_{§20본각호}$). 다만, 절차를 밟을 대리인이 있는 경우에는 예외이다($^{법}_{같은조 단}$).

(i) 당사자가 사망한 경우($^{법}_{§20본(i)}$)   특허에 관한 절차가 시작된 후에 사망한

경우를 말하며, 실종선고(失踪宣告)에 의하여 사망으로 보는 경우도 포함된다.[30]

(ii) 당사자인 법인의 합병에 따라 소멸한 경우($^{법}_{§20본(ii)}$)   법인이 합병에 의하여 소멸한 경우에만 중단의 사유로 삼은 것은, 법인이 합병 이외의 사유로 해산하는 경우에는 청산법인(淸算法人)으로 존재하여 절차를 밟을 수 있기 때문이다.

(iii) 당사자가 절차를 밟을 능력을 상실한 경우($^{법}_{§20본(iii)}$)   당사자가 절차능력(節次能力)을 상실하는 경우는, 피한정후견인(被限定後見人) 선고를 받거나($^{민법}_{§12①}$) 또는 피성년후견인(被成年後見人)의 선고를 받은 경우($^{민법}_{§9①}$)이다. 특허에 관한 절차를 밟아오던 당사자가 절차능력을 상실하게 되어 이러한 선고를 받으면, 절차능력이 상실되므로 절차는 중단된다.

(iv) 당사자의 법정대리인(法定代理人)이 사망하거나 그 대리권(代理權)을 상실한 경우($^{법}_{§20본(iv)}$)   법정대리인이 있는 경우는 당사자가 절차능력이 없는 경우이다. 그러므로 법정대리인이 특허에 관한 절차를 밟을 수 없게 되면 절차는 중단된다. 위임대리인(委任代理人)이 사망하면, 당사자 본인이 절차를 밟을 수 있으므로 중단사유로 되지 않는 것과 다른 점이다.

(v) 당사자의 신탁에 의한 수탁자의 임무가 끝난 경우($^{법}_{§20본(v)}$)   신탁법(信託法)에 의한 수탁자의 임무가 종료된 경우($^{신탁법}_{§12~§14}$)에는 절차행위의 공백이 있는 결과로 되므로, 절차는 중단된다.

(vi) 특허법 제11조(복수당사자의 대표) 제1항 각호 외의 부분 단서에 따른 대표자가 사망하거나 그 자격을 상실한 경우($^{법}_{§20본(vi)}$)   이 경우에는 그 대표자의 사망이나 자격상실은 절차의 공백(空白)을 가져오게 되어 절차는 중단된다.

(vii) 파산관재인(破産管財人) 등 일정한 자격에 따라 자기 이름으로 남을 위하여 당사자가 된 자가 그 자격을 잃거나 사망한 경우($^{법}_{§20본(vii)}$)   파산관재인이란 파산법(破産法)의 폐지로 대체(代替)된 "채무자회생 및 파산에 관한 법률" 제355조(파산관재인의 선임)에 의하여 선임된 자를 말하며, 파산관재인의 사임($^{같은법}_{§363}$), 해임($^{같은법}_{§364}$) 또는 파산폐지($^{같은법}_{§564}$) 등에 의하여 자격을 상실한 때에는 특허에 관한 절차는 중단되어야 할 것이다.

(3) **절차중단의 예외**

앞에서 본 중단사유는 그 중단사유가 생긴 당사자 측에 특허에 관한 절차를 밟을 대리인이 없는 경우이고, 특허에 관한 절차를 밟을 대리인이 있으면 절차는

---

30) 대법원 1983. 2. 22. 선고 82사18 판결.

중단되지 않고 그대로 속행된다($^{법.§20}_{본.답}$). 당사자에게 중단사유(中斷事由)가 발생하여
도 대리권(代理權)은 소멸되지 않기 때문이다($^{법}_{§8}$).

　　민사소송의 판례로서는 당사자가 사망한 경우에 대리인은 수계절차(受繼節次)
를 밟지 아니하고 사망한 당사자의 성명을 그대로 표시하여도 판결은 신당사자(新
當事者)인 상속인들 전원에 대하여 미친다는 판례가 있다.[31]

　　이 판례는 특허에 관한 절차에 있어서도 원용(援用)될 수 있다.

　　한편, 대리인이 있다 하여 특허에 관한 절차를 무제한하게 대리할 수는 없는
경우도 있다. 즉 사망한 당사자로부터 이미 수임(受任)되어 있는 대리권(代理權)의
범위 내에서만 대리할 수 있는 것이므로, 그 대리권이 끝나기 전에 신당사자(新當
事者)는 수계(受繼)를 하여야 할 것이다.

　　(4) 절차중단의 효과

　　특허에 관한 절차가 중단된 경우에는 그 기간의 진행은 정지된다($^{법}_{§24전}$).

2. 절차중단의 수계와 절차중단의 해소

(1) 중단된 절차의 수계

　　특허에 관한 절차가 중단(中斷)된 때에는, 다음 각호의 어느 하나에 해당하는
자가 그 절차를 수계하여야 한다($^{법}_{§21본}$).

　　(i) 제20조(절차의 중단) 제1호(당사자가 사망한 경우)의 경우 사망한 당사자의 상
속인. 상속재산관리인 또는 법률에 의하여 절차를 속행할 자가 수계하여야 한다
($^{법}_{§21(i)본}$). 다만, 상속인은 상속을 포기할 수 있을 때까지 그 절차를 수계하지 못한
다($^{법}_{§21(i)단}$).

　　(ii) 제20조(절차의 중단) 제2호(당사자인 법인이 합병(合倂)에 의하여 소멸한 경우)의
경우 합병에 따라 설립되거나 합병 후 존속하는 법인이 수계하여야 한다($^{법}_{§21(ii)}$).

　　(iii) 제20조(절차의 중단) 제3호(당사자의 절차능력 상실) 및 제4호(당사자의 법정대
리인이 사망하거나 대리권을 상실한 경우)의 경우 절차를 밟을 능력을 회복한 당사자
또는 법정대리인이 된 자가 수계하여야 한다($^{법}_{§21(iii)}$).

　　(iv) 제20조(절차의 중단) 제5호(당사자의 신탁에 의한 수탁자의 임무가 종료한 경우)
의 경우 새로운 수탁자가 수계하여야 한다($^{법}_{§21(iv)}$).

　　(v) 제20조(절차의 중단) 제6호(복수당사자의 대표자로 선정된 자)의 경우 새로운

---

31) 대법원 1995. 9. 26. 선고 94다54160 판결.

대표자 또는 각 당사자가 수계하여야 한다($^{법}_{\S21(v)}$).

(vi) 제20조(절차의 중단) 제7호(파산관재인 등)의 경우 같은 자격을 가진 자가 수계하여야 한다($^{법}_{\S21(vi)}$).

(2) 중단절차의 수계신청

(i) 제20조(절차의 중단)에 따라 중단된 절차에 관한 중단절차의 수계신청은 제21조(중단된 절차의 수계) 각호에 규정된 어느 하나에 해당하는 자가 할 수 있다($^{법}_{\S22①전}$).

(ii) 그러나 그 상대방은 특허청장 또는 심판관에게 제21조(중단된 절차의 수계) 각호의 어느 하나에 해당하는 자에 대하여 수계신청을 할 것을 명하도록 요청할 수 있다($^{법}_{\S22①후}$). 수계신청을 하여야 할 자가 수계신청을 아니하는 경우에는 특허에 관한 절차가 지연되어 그 상대방에게 피해를 줄 수 있으므로, 이러한 경우에 대비하여 상대방에게도 구제수단을 규정한 것이다.

(3) 특허청장 또는 심판장의 직권조치

특허청장 또는 심판장은 제20조(절차의 중단)에 따라 중단된 절차에 관한 수계신청이 있으면 그 사실을 상대방에게 알려야 한다($^{법}_{\S22②}$). 상대방은 이해관계에 있는 자로서 당연히 알아야 하기 때문이다.

특허청장 또는 심판관은 제20조(절차의 중단)에 따라 중단된 절차에 관한 수계신청에 대하여 직권으로 조사하여 이유 없다고 인정하면 결정으로 기각하여야 한다($^{법}_{\S22③}$).

특허청장 또는 심판관(이는 "심판장"의 오기이다. 따라서 이하 본조에서 "심판장"으로 바로잡는다)은 결정 또는 심결의 등본을 송달한 후에 중단된 절차에 관한 수계신청에 대해서는 수계하게 할 것인지를 결정하여야 한다($^{법}_{\S22④}$).[32]

특허청장 또는 심판장은 제21조(중단된 절차의 수계) 각호의 어느 하나에 해당하는 자가 중단된 절차를 수계하지 아니하면 직권으로 기간을 정하여 수계를 명하여야 한다($^{법}_{\S22⑤}$).

(4) 수계에 의한 절차중단의 해소

i) 당사자들의 수계에 의한 해소

중단된 절차는 제21조(중단된 절차의 수계) 각호에 규정된 수계적격자(受繼適格

---

32) 특허법 제22조(수계신청) 제1항 후단에 규정된 "제143조"는, "제145조"로 기재되었어야 할 오기(誤記)임이 확실하다. 따라서 제22조(수계신청) 제1항 후단과 같은조 제3항·제4항·제5항에 규정된 "심판관"도 "심판장"으로 규정되었어야 한다. 그렇게 됨으로써 같은조 제2항 또는 제7항에 기재된 "심판장"과 균형이 맞고 또 모순이 되지 않는다.

者)의 수계(受繼)에 의하여 해소된다.

ii) 특허청장 또는 심판장의 수계명령에 의한 해소

특허청장 또는 심판장의 직권에 의한 수계명령(受繼命令)의 기간 내에 수계가 없는 경우에는 그 기간이 만료되는 날의 다음날에 수계가 있는 것으로 본다($\frac{법}{§22⑥}$). 불확실한 상태를 되도록 빨리 확정시킴으로써 상대방의 피해를 줄이는 동시에 절차의 안정과 행정의 편의를 고려한 조치이다.

⑸ 특허청장 또는 심판장의 당사자들에 대한 통지

특허청장 또는 심판장은 직권명령으로 수계한 것으로 보게 된 경우에는 그 사실을 당사자에게 알려야 한다($\frac{법}{§22⑦}$).

이는 직접적인 이해관계가 있는 당사자에게 알리는 것이므로 너무도 당연한 일이다. 또 수계적격자(受繼適格者)에 의한 수계가 있는 경우에도 그 상대방에게 수계사실을 알려야 할 것이다.

⑹ 중단의 해소로 인한 중단되었던 절차의 진행

중단되었던 특허에 관한 절차는 다시 진행이 된다. 절차중지(節次中止)의 종료로 새로운 기간이 진행되는 것과 마찬가지로 다시 진행되는 기간은 중단되기 전에 진행되던 기간의 잔여기간(殘餘期間)이 아니라, 새로운 기간(新期間)이 진행되는 것으로 보아야 할 것이다.

제 7 절   재외자의 재판적

제1항   재외자의 개념과 특허관리인

⑴ 재외자의 개념

재외자(在外者)란 내국인(內國人) 또는 외국인(外國人)으로서 대한민국 국내에 주소(住所)를 가지지 아니한 자연인과 영업소를 가지지 아니한 법인을 말한다.

이러한 재외자(법인의 경우에는 그 대표자)는 국내에 체재하는 경우를 제외하고는 국내에 주소 또는 영업소를 가진 특허관리인에 의하지 아니하면 특허에 관한 절차를 밟을 수 없음은, 특허법이 명문으로 규정하고 있다($\frac{법}{§5①}$).

⑵ 특허관리인

특허관리인(特許管理人)에 관하여는, 앞에서 이미 상세하게 설명하였다.

제 2 항   재판적의 개념과 특허법에 규정된 재외자의 재판적

(1) 재판적의 개념

특허에 관한 절차에 있어서, 재외자(在外者)의 재판적(裁判籍)이란 재외자라는 특정인(特定人)에 대한, 그리고 특허권 등 한정된 재산권에 관하여 인정되는 재판권의 소재지점을 말한다.

(2) 특허법에 규정된 재외자의 재판적

i) 특허관리인이 있는 경우

재외자의 특허권 또는 특허에 관한 권리에 관하여 특허관리인(特許管理人)이 있으면 그 특허관리인의 주소 또는 영업소의 소재지를 민사소송법 제11조(재산이 있는 곳의 특별재판적)에 따른 재산이 있는 곳으로 본다($_{\S13전}^{법}$).

따라서 이 경우에는 특허관리인의 주소 또는 영업소가 있는 지방법원이 재외자의 재판을 관할하게 된다.

ii) 특허관리인이 없는 경우

특허청 소재지를 재산이 있는 곳으로 본다($_{\S13후}^{법}$). 이 경우에는 대전지방법원의 관할로 된다.

(3) 특허법원의 전속관할권

다음의 사건들은 특허법원의 전속관할(專屬管轄)로 되어 있다($_{\S28의4본}^{법조법}$).

(i) 특허법 제186조(심결 등에 대한 소) 제1항, 실용신안법 제33조(특허법의 준용), 디자인보호법 제166조(심결 등에 대한 소) 제1항 및 상표법 제162조(심결 등에 대한 소)에서 정하는 제1심사건($_{\S28의4(i)}^{법조법}$)

(ii) 민사소송법 제24조(지식재산권 등에 관한 특별재판적) 제2항 및 제3항에 따른 사건의 항소사건($_{\S28의4(ii)}^{법조법}$)

이것은 특허권·실용신안권·디자인권 및 상표권 등(이하 "특허권 등"이라 한다)의 침해사건을 관할집중하기 위하여, 특허권 등의 침해사건에 대한 제1심의 소를 제기하는 경우에는, 관할법원 소재지를 관할하는 고등법원이 있는 곳의 지방법원의 전속관할로 하되($_{\S24②본}^{민소법}$), 다만, 서울고등법원이 있는 곳의 지방법원은 서울중앙지방법원으로 한정하기로 되어 있고($_{\S24②단}^{민소법}$), 위와 같은 관할에도 불구하고 당사자는 서울중앙지방법원에 특허권 등의 권리에 관한 소를 제기할 수 있도록 되어 있다($_{\S24③}^{민소법}$).

이와 같이 전국 고등법원 소재지에 있는 지방법원과 서울중앙지방법원에 제기한 소에 대한 판결에 불복하는 항소(抗訴)는 모두 특허법원의 전속관할로 된 것이다.

(iii) 다른 법률에 따라 특허법원의 권한에 속하는 사건$\left(\begin{smallmatrix}\text{법조법}\\ \S28의4(\text{iii})\end{smallmatrix}\right)$

제8절 기일과 기간

제1항 기일과 기간의 개념

(1) 기일의 개념

특허에 관한 절차에 있어서 기일(期日)이란 특허청의 심사관이나 특허심판원의 심판관과 당사자 또는 관계인(참고인, 증인 등)이 모여서 일정한 절차행위를 하기 위하여 정하여진 시간을 말한다. 그 목적에 따라, 기술설명을 위한 기일(期日), 구술변론기일(口述辯論期日), 검증기일(檢證期日) 등 여러 가지 있을 수 있다. 기일은 미리 장소와 연월일(年月日) 및 개시시간(開始時間)을 밝혀서 지정한다.

민사소송법에는 기일은 필요한 경우에만 공휴일로도 정할 수 있다는 규정이 있어$\left(\begin{smallmatrix}\text{민소법}\\ \S166\end{smallmatrix}\right)$, 특별한 경우가 아니면 일요일 기타 일반 공휴일(公休日)을 기일로 정할 수 없다는 해석을 한다. 이는 특허에 관한 절차에도 원용되어야 할 것이다.

(2) 기간의 개념

기간이란 일정한 시점으로부터 다른 시점까지 계속되는 시간의 흐름을 나타내는 것을 말한다. 따라서 특정한 시점만을 나타내는 기일과 다르다.

(3) 특허에 관한 절차에 있어서 기간의 종류

기간에는 여러 가지 종류가 있으나 특허에 관한 절차에 있어서는 다음 몇 가지만을 소개한다.

i) 행위기간과 유예기간

행위기간(行爲期間)은 정하여진 기간에 특허에 관한 절차를 적극적으로 하여야 하는 기간이다. 행위기간은 다시 당사자의 행위에 관한 기간인 고유기간(固有期間)과 법원, 특허청, 특허심판원 등의 행위기간인 직무기간으로 나누어진다. 보정기간(補正期間), 의견서(意見書) 또는 준비서면(準備書面) 등의 제출기간(提出期間), 심판청구기간(審判請求期間), 소(訴) 또는 상소(上訴)의 제기기간 등은 고유기간이다. 이 기간을 도과시키면 실권하거나 불이익을 받는다.

유예기간(猶豫期間)이란 당사자의 이익을 보호할 목적으로 어느 행위를 하지 아니하거나 심사숙고(深思熟考) 또는 준비를 위하여 일정기간 유예를 두는 기간이다. 중간기간(中間期間)이라고도 한다. 판결선고기간(判決宣告期間), 공시송달(公示送達)의 효력발생기간, 공고일(公告日) 등이다. 훈시적(訓示的)인 의미를 갖는다.

ii) 법정기간과 지정기간

법정기간(法定期間)은 법률에 의하여 정하여진 기간으로, 심판청구(審判請求), 재심청구(再審請求), 소의 제기, 상고 등의 기간이 모두 법정기간이다.

지정기간(指定期間)이란 특허청장, 특허심판원장, 심판장 또는 심사관 등이 직권(職權)으로 지정하는 기간이다. 의견서 또는 보정서 등의 제출기간, 심판사건 답변기간 등은 지정기간이다.

iii) 불변기간과 통상기간

법정기간(法定期間) 중에서 법률이 불변기간(不變期間)으로 정해 놓은 것이 불변기간이고, 통상기간은 그 외의 기간이다.

불변기간(不變期間)은 절대적인 불변기간과 상대적인 불변기간이 있다. 상고이유서(上告理由書)의 제출기간은 절대적인 불변기간이어서 기일 내에 상고이유서를 제출하지 않으면 상고는 기각된다($^{민소법}_{§429본}$). 이에 대하여 심판청구기간은 불변기간이기는 하나 청구에 따라 또는 직권으로 그 청구기간을 연장할 수 있는($^{법}_{§15①}$) 상대적인 불변기간이다.

제 2 항 기간의 계산과 연장

(1) 기간의 계산

특허에 관한 절차의 기간계산은 다음 각호에 따른다($^{법}_{§14본}$).

(i) 기간의 첫날(初日)은 계산에 넣지(算入) 아니한다. 다만, 그 기간이 오전(午前) 영시부터 시작하는 경우에는 계산에 넣는다($^{법}_{§14(i)}$).

(ii) 기간을 월(月) 또는 년(年)으로 정한 경우에는 역(歷)에 따라 계산한다($^{법}_{§14(ii)}$).

(iii) 월 또는 년의 처음부터 기간을 기산하지 아니하는 경우에는 마지막의 월 또는 년에서 그 기산일(起算日)에 해당하는 날의 전날(前日)로 기간이 만료한다. 다만, 월 또는 년으로 정한 경우에 마지막 월에 해당하는 날(日)이 없으면 그 월의 마지막날(末日)로 기간이 만료한다($^{법}_{§14(iii)}$).

(iv) 특허에 관한 절차에서 기간의 마지막날이 공휴일("근로자의 날 제정에 관한 법률"에 따른 근로자의 날 및 토요일을 포함한다)에 해당하면 기간은 그 다음날로 만료

한다($\frac{법}{\S 14(iv)}$).

(2) 특허청장 등에 의한 기간의 연장 등

i) 심판청구기간의 연장

특허청장은 청구에 따라 또는 직권으로 제132의17(특허거절결정 등에 대한 심판)에 따른 심판의 청구기간을 30일 이내에서 한 차례만 연장할 수 있다($\frac{법}{\S 15①}$). 다만, 도서(島嶼)·벽지(僻地) 등 교통이 불편한 지역에 있는 자의 경우에는 시행규칙이 정하는 바에 따라 그 횟수 및 기간을 추가로 연장할 수 있다($\frac{같은조항}{}$).

ii) 특허청장 등이 기간을 단축·연장하는 경우

특허청장·특허심판원장·심판장 또는 심사관은 특허법에 따라 특허에 관한 절차를 밟을 기간을 정한 경우에는 청구에 따라 그 기간을 단축 또는 연장하거나 직권으로 그 기간을 연장할 수 있다. 이 경우 특허청장 등은 그 절차의 이해관계인의 이익이 부당하게 침해되지 아니하도록 단축 또는 연장 여부를 결정하여야 한다($\frac{법}{\S 15②}$).

iii) 심판장의 기일변경

심판장은 특허법에 따라 특허에 관한 절차를 밟을 기일을 정한 경우에는 청구에 따라 또는 직권으로 그 기일(期日)을 변경(變更)할 수 있다($\frac{법}{\S 15③}$).

제 9 절   서류 등에 의한 요식행위

제 1 항   서류 등에 의한 요식행위의 원칙

(1) 서류 등에 의한 요식행위의 필요성

사법자치(私法自治)와 계약자유(契約自由)의 원칙에 의한다면, 법률행위(法律行爲)에 반드시 까다로운 특정방식(特定方式)을 필요로 하는 서류(書類) 등의 형식을 갖추어야 하는 요식행위는 불필요한 것들이다.

그러나 사법상(私法上)에도 법률행위를 확실히 하기 위해 엄격한 방식의 형식(形式)을 요하는 경우(예로서, 어음의 발행, 회사정관의 작성, 혼인·입양·유언 등)가 있듯이, 특허에 관한 절차는 원활한 진행이 요구되고 있어 요식행위가 필요하고, 또 확실히 함으로써 절차의 안정을 위하여 서면 또는 전자문서(電子文書) 등(이하 "서류 등"이라 약칭한다)이 불가피하다. 여기에서 서류 등이란 출원인(出願人)의 의사표시인 법률행위뿐만 아니라, 특허청장, 특허심판원장, 심판장 및 심사관의 법률적인 행정행위 또는 준법률적인 행정행위 등을 보다 원활하고 확실하게 함으로써 특허에 관한 행정절차진행의 신속과 안정을 위하여 필요로 하는 것이다.

(2) 서류 등의 요식행위에 반한 경우

특허에 관한 절차에 있어서, 서류 등의 요식행위는 불가피한 선택이라 할 것이다. 절차진행의 원활과 안정이라는 공익성이 전제되어 있기 때문이다.

서류 등의 요식행위에 반하는 절차행위는 구체적인 정도와 상황에 따라 다르겠지만, 경우에 따라서는,

(i) 절차행위가 무효로 되는 경우도 있고($^{법}_{§16}$),

(ii) 보정(補正)의 대상으로 될 수도 있는 등($^{법}_{§17}$), 절차를 밟는 자에게 불이익이 됨은 물론이요, 절차의 진행을 지연시킴으로써 상대방에게도 손해를 입히는 원인이 될 수 있다.

제 2 항 특허법에 규정된 서류 등에 의한 요식행위

(1) 1건 1서류의 원칙

법령(法令)에 따라 특허에 관한 절차를 밟기 위하여 특허청 또는 특허심판원에 제출하는 특허에 관한 절차행위는 법령에 특별히 규정한 것 외에는 모두 서류 등에 의하여야 한다는 것과 제출되는 서류 등은 법령에 특별한 규정이 있는 경우를 제외하고는 1건마다 작성한다는 것이 1건 1서류의 원칙이다.

시행규칙 제2조(서류에 의한 절차) 전단은 이 원칙을 규정하였다($^{시행규칙}_{§2전}$). 그러나 이것은 특허에 관한 절차의 서류에 관한 통칙으로서의 원칙을 규정한 것이고, 법령과 구체적 사안에 따른 예외도 있다.

(2) 서류제출인의 성명과 고유번호의 기재 및 서명·날인 등

특허에 관한 절차의 서류에는 제출인의 성명(법인의 경우는 명칭)과 고유번호(특허출원하는 경우에 출원인에게 부여하는 "출원인코드", 이하 "출원인코드"라 한다)를 기재하고 서명(署名) 또는 날인(전자문서의 경우에는 전자서명을 말한다. 이하 같다)하여야 한다($^{시행규칙}_{§2후}$). 다만, 출원인 코드가 없는 경우에는 제출인의 성명 및 주소(법인의 경우에는 그 명칭 및 영업소의 소재지)를 기재하고 서명 또는 날인하여야 한다($^{시행규칙}_{§2단}$).

(3) 요식행위

i) 고유번호의 기재

특허에 관한 절차를 밟는 자 중 시행규칙으로 정하는 자는 특허청장 또는 특허심판원장에게 자신의 고유번호의 부여를 신청하여야 한다($\frac{법}{\S28조의2①}$).

한편, 시행규칙이 정하는 고유번호의 부여를 신청하여야 할 자는 다음과 같다($\frac{시행규칙}{\S9①}$).

(i) 출원인($\frac{같은조항}{(i)}$)

(ii) 특허를 받을 수 있는 권리의 승계인($\frac{같은조항}{(ii)}$)

(iii) 심사청구인($\frac{같은조항}{(iii)}$)

(iv) 정정청구인($\frac{같은조항}{(iv)}$)

(v) 우선심사신청인($\frac{같은조항}{(vii)}$)

(vi) 특허출원에 대한 정보제공인($\frac{같은조항}{(viii)}$)

(vii) 재심사청구인($\frac{같은조항}{(viii)의(ii)}$)

(viii) 심판청구인·심판피청구인 및 심판참가인($\frac{같은조항}{(ix)}$)

(ix) 특허권자($\frac{같은조항}{(x)}$)

(x) 전용실시권자 또는 통상실시권자($\frac{같은조항}{(xi)}$)

(xi) 질권자(質權者)($\frac{같은조항}{(xii)}$)

특허청장 또는 특허심판원장은 위의 고유번호의 신청을 받으면 신청인에게 고유번호를 부여하고 그 사실을 알려야 한다($\frac{법}{\S28의2②}$).

특허청장 또는 특허심판원장은 위의 특허에 관한 절차를 밟는 자가 고유번호를 신청하지 아니하면 그에게 직권으로 고유번호를 부여하고, 그 사실을 알려야 한다($\frac{법}{같은조③}$). 요식행위를 강요하는 부분이다.

위의 두 경우에 의하여 고유번호를 부여받은 자가 특허에 관한 절차를 밟는 경우에는 시행규칙으로 정하는 서류에 자신의 고유번호를 적어야 한다. 이 경우 특허법 또는 특허법에 따른 명령에도 불구하고, 그 서류에 주소(법인인 경우에는 영업소의 소재지)를 적지 아니할 수 있다($\frac{법}{\S28의2④}$).

위의 사항들은 특허에 관한 절차를 밟는 자의 대리인에 관하여도 준용한다($\frac{법}{같은조⑤}$).

고유번호의 부여신청, 고유번호의 부여 및 통지, 기타 고유번호에 관하여 필요한 사항은 시행규칙으로 정한다($\frac{법}{같은조⑥}$).

한편, 출원인 코드를 부여받은 자가 성명·주소(법인인 경우에는 그 명칭 및 영업

소)·서명·인감·전화번호 등을 변경 또는 경정(更正)하려면 출원인코드정보변경
(경정)신고서를 특허청장에게 제출하여야 하고($^{시행규칙}_{§9③}$), 특허청장은 출원인 코드가
이중으로 부여되었거나 잘못 부여된 경우에는 정정(訂正)신고서에 의하여($^{시행규칙}_{§9④}$)
또는 직권으로 출원인 코드를 정정하거나 말소(抹消)할 수 있다($^{시행규칙}_{§9⑤전}$). 그리고 직
권으로 정정하거나 말소한 경우에는 그 사실을 출원인코드를 부여받은 자에게 통
지하여야 한다($^{시행규칙}_{§9⑤후}$).

ii) 전자문서에 의한 특허에 관한 절차의 수행

특허에 관한 절차를 밟는 자는 특허법에 따라 특허청장 또는 특허심판원장에
게 제출하는 특허출원서, 그 밖의 서류를 시행규칙이 정하는 방식에 따라 전자문
서화(電子文書化)하고 이를 정보통신망(情報通信網)을 이용하여 제출하거나 이동식
저장장치 등 전자적 기록매체(記錄媒體)에 수록하여 제출할 수 있다($^{법}_{§28의3①}$).

제1항에 따라 제출된 전자문서는 특허법에 따라 제출된 서류와 같은 효력을
가진다($^{법}_{같은조②}$).

제1항에 따라 정보통신망(情報通信網)을 이용하여 제출된 전자문서(電子文書)
는 그 문서의 제출인(提出人)이 정보통신망을 통하여 접수번호를 확인한 때에 특허
청 또는 특허심판원에서 사용하는 접수용 전산정보처리조직(電算情報處理組織)의
파일에 기록된 내용으로 접수된 것으로 본다($^{법}_{같은조③}$).

제1항에 따라 전자문서(電子文書)로 제출할 수 있는 서류의 종류·제출방법, 그
밖에 전자문서에 의한 서류의 제출에 필요한 사항은 시행규칙으로 정한다($^{법}_{같은조④}$).

iii) 전자문서 이용신고 및 전자서명

전자문서로 특허에 관한 절차를 밟으려는 자는 미리 특허청장 또는 특허심판
원장에게 전자문서(電子文書) 이용신고(利用申告)를 하여야 하며, 특허청장 또는 특
허심판원장에게 제출하는 전자문서에 제출인(提出人)을 알아볼 수 있도록 전자서
명(電子署名)을 하여야 한다($^{법}_{§28의4①}$).

제28조의3(전자문서에 의한 특허에 관한 절차의 수행)에 따라 제출된 전자문서는
제1항의 규정에 의한 전자서명을 한 자가 제출한 것으로 본다($^{법}_{같은조②}$).

제1항의 규정에 따른 전자문서 이용신고절차(利用申告節次), 전자서명방법(電
子署名方法) 등에 관하여 필요한 사항은 시행규칙으로 정한다($^{법}_{같은조③}$).

iv) 전자통신망을 이용한 통지 등의 수행

특허청장·특허심판원장·심판장·심판관 또는 심사관은 제28조의4(전자문서
이용신고 및 전자서명) 제1항에 따라 전자문서 이용신고를 한 자에게 서류의 통지 및

송달(이하 "통지 등"이라 한다)을 하려는 경우에는 정보통신망(情報通信網)을 이용하여 이를 할 수 있다($\frac{법}{§28의5①}$).

제1항에 따라 정보통신망을 이용하여 한 서류의 통지 등은 서면으로 한 것과 같은 효력을 가진다($\frac{법}{같은조②}$).

제1항에 따른 서류의 통지 등은 그 통지 등을 받는 자가 자신의 사용하는 전산정보처리조직(電算情報處理組織)을 통하여 그 서류를 확인한 때에 특허청 또는 특허심판원에서 사용하는 발송용(發送用) 전산정보처리조직의 파일에 기록된 내용으로 도달한 것으로 본다($\frac{법}{같은조③}$).

제1항에 따라 정보통신망(情報通信網)을 이용하여 하는 통지 등의 종류·방법 등에 관하여 필요한 사항은 시행규칙으로 정한다($\frac{법}{같은조④}$).

(4) 절차에 관한 제출서류의 수신인

특허청 또는 특허심판원에 제출하는 모든 서류는 법령에 특별한 규정이 있는 경우를 제외하고는 특허청장 또는 특허심판원장을 수신인(受信人)으로 하여야 한다($\frac{시행규칙}{§3}$).

이상은 통칙(通則)으로서의 원칙을 말하는 것이고 심판사건에 있어서는 당해 심판장(審判長)을 수신인으로 하는 경우가 있다.

(5) 전자식 이미지로 작성된 첨부서류의 제출

특허에 관한 절차를 밟는 자로서 전자문서로 서류를 제출하는 자는 첨부서류를 전자이미지로 작성하여 제출할 수 있다($\frac{시행규칙}{§3의2①본}$). 다만, 포괄위임장(包括委任狀)인 경우에는 그러하지 아니하다($\frac{같은조항}{단}$).

특허청장·특허심판원장 또는 심판장은 전자적 이미지 첨부서류가 판독이 곤란하여 내용의 확인이 필요하다고 인정되는 경우에는 출원인 등 또는 대리인에게 기간을 지정하여 해당서류를 서면으로 제출하도록 명할 수 있다($\frac{시행규칙}{같은조②}$). 이러한 규정이 없어도 특허심판원장 또는 심판장은 석명권(釋明權)을 발동하여 확인할 수 있을 것이다.

(6) 절차에 관한 서류의 사용어

특허청장 또는 특허심판원장에게 제출하는 서류는 다음 각호의 서류를 제외하고는 국어(한글)로 적어야 한다($\frac{시행규칙}{§4①}$).

(i) 제42조의3(외국어 특허출원 등) 제1항에 따라 시행규칙 제21조의2(외국어 특허출원의 언어 등) 제1항에 따른 언어, 즉 영어로 적은 명세서 및 도면($\frac{같은조항}{(i)}$)

(ii) 위임장, 국적증명서 및 우선권증명서류 등 외국어로 적은 서류(제1호의 서

류는 제외한다$\left(\begin{smallmatrix}같은조항\\(iii)\end{smallmatrix}\right)$.

한편, 위임장·국적증명서 등(우선권 주장에 관한 서류를 제외한다)은 외국어로 적은 서류를 제출하는 경우에는, 국어번역문을 첨부하여야 한다$\left(\begin{smallmatrix}시행규칙\\§4②\end{smallmatrix}\right)$.

제10절 복수당사자와 대표자의 선정·해임

(1) 복수당사자의 대표

2인 이상이 특허에 관한 절차를 밟을 때에는, 다음 각호의 어느 하나에 해당하는 사항을 제외하고는 각자가 모두를 대표한다$\left(\begin{smallmatrix}법\\§11①본\end{smallmatrix}\right)$. 다만, 대표자를 선정하여 특허청장 또는 심판원장에게 신고하면 그 대표자만이 모두를 대표할 수 있다$\left(\begin{smallmatrix}법\\단 같은조항\end{smallmatrix}\right)$.

따라서 대표자를 선정하지 않은 경우에 각자 대리할 수 없는 사항은 다음과 같다. 즉 복수당사자 전원의 명의로만 하여야 하는 경우이다. 매우 중요한 사항들이기 때문이다.

　(i) 특허출원의 변경·포기·취하$\left(\begin{smallmatrix}법 같은조항\\단(i)\end{smallmatrix}\right)$

　(ii) 특허권 존속기간의 연장등록출원의 취하$\left(\begin{smallmatrix}법 같은조항\\단(ii)\end{smallmatrix}\right)$

　(iii) 신청의 취하$\left(\begin{smallmatrix}법 같은조항\\단(iii)\end{smallmatrix}\right)$

　(iv) 청구의 취하$\left(\begin{smallmatrix}법 같은조항\\단(iv)\end{smallmatrix}\right)$

　(v) 제55조 제1항에 따른 우선권주장 또는 취하$\left(\begin{smallmatrix}법 같은조항\\단(v)\end{smallmatrix}\right)$

　(vi) 제132조의17에 따른 심판청구$\left(\begin{smallmatrix}법 같은조항\\단(vi)\end{smallmatrix}\right)$. 이 법조문은 2017. 3. 1. 시행법에 따라 종전법의 "제132조의3"이 "제132조의17"로 개정되었다.

(2) 복수당사자의 대표자 선정신고

복수당사자의 대표자를 선정하여 신고하는 경우에는 대표자로 선임된 사실을 서면으로 증명하여야 한다$\left(\begin{smallmatrix}법\\§11②\end{smallmatrix}\right)$. 제11조(복수당사자의 대표) 제1항 단서의 규정에 의한 대표자 선정신고(選定申告)는 선임된 대표자가 신고서에 소정의 서류를 첨부하여 특허청장 또는 특허심판원장에게 제출하되, 먼저 선임된 대표자가 있는 때에는 그 해임(解任)여부를 기재하여야 한다$\left(\begin{smallmatrix}시행규칙\\§6①\end{smallmatrix}\right)$.

(3) 복수당사자의 대표자 해임신고

복수당사자의 대표자로 선정되었던 대표자를 해임신고(解任申告)하려는 자는 신고서에 소정의 서류를 첨부하여 특허청장 또는 심판원장에게 제출하여야 한다

$\left(\begin{smallmatrix}\text{시행규칙}\\ \S 6②\end{smallmatrix}\right)$.

⑷ 서류를 송달받기 위한 대표자의 선정

복수당사자의 서류를 송달받기 위한 대표자를 선정하여 신고하려는 자는 소정의 서류를 첨부하여 특허청장 또는 특허심판원장에게 제출하여야 한다$\left(\begin{smallmatrix}\text{시행규칙}\\ \S 6③\end{smallmatrix}\right)$.

제11절 증명서류의 제출

⑴ 증명서류의 제출명령

특허청장·특허심판원장 또는 심판장은 특허에 관한 절차를 밟는 자에 대한 구체적인 확인이 필요하다고 인정되면 다음 각호의 서류를 제출하게 할 수 있다$\left(\begin{smallmatrix}\text{시행규칙}\\ \S 8①\end{smallmatrix}\right)$.

(i) 국적증명서(외국인 경우에 한한다) 그 밖에 당사자를 확인할 수 있는 서류$\left(\begin{smallmatrix}\text{같은조항}\\ \text{(i)}\end{smallmatrix}\right)$

(ii) 인감증명서(작성 후 6개월 이내의 것, 인감증명제도가 없는 외국인은 이에 준하는 증명서)$\left(\begin{smallmatrix}\text{같은조항}\\ \text{(iii)}\end{smallmatrix}\right)$

(iii) 서명에 대한 공증서(외국인인 경우에는 본인이 서명했다는 본국 관공서의 증명서면을 포함)$\left(\begin{smallmatrix}\text{같은조항}\\ \text{(iii)}\end{smallmatrix}\right)$

⑵ 특허청장 등의 직권조사 등

특허청장·특허심판원장·심판장은 특허에 관한 절차를 밟는 자의 주민등록표 등본·초본, 법인등기사항증명서(법인인 경우만 해당) 등 "전자정부법 시행령" 제43조에 따른 공동이용대상 행정정보에 해당하는 서류에 대해서는 같은법 제36조제1항에 따른 행정정보의 공동이용을 통하여 확인하여야 한다$\left(\begin{smallmatrix}\text{시행규칙}\\ \S 8②본\end{smallmatrix}\right)$. 다만, 이를 통하여 확인할 수 없거나 다음 각호의 어느 하나에 해당하는 경우에는 그 서류를 제출하게 할 수 있다$\left(\begin{smallmatrix}\text{시행규칙}\\ \S 8②단\end{smallmatrix}\right)$.

(i) 특허에 관한 절차를 밟는 자가 "전자정부법 시행령" 제43조에 따른 공동이용대상 행정정보에 해당하는 서류(법인등기사항 증명서는 제외)의 확인에 동의하지 아니하는 경우$\left(\begin{smallmatrix}\text{같은조항}\\ \text{단(i)}\end{smallmatrix}\right)$

(ii) 특허에 관한 절차를 밟는 자가 법인 등기사항증명서의 확인에 필요한 정보를 제공하지 아니하는 경우$\left(\begin{smallmatrix}\text{같은조항}\\ \text{단(ii)}\end{smallmatrix}\right)$

(3) "파리협약" 또는 "상호브호협약"이 없는 외국인에 대한 증명서류의 제출명령

특허청장 또는 특허심판원장은 외국인이 특허에 관한 절차를 밟을 경우 그 자가 속하는 국가가 "파리조약"의 당사국 또는 대한민국과 "상호보호협약"의 약속 국가가 아니면 다음 각호의 어느 하나에 해당하는 서류를 제출하게 할 수 있다(시행규칙 §8③).

(i) 동맹국 중 1국의 영역 안에 주소 또는 영업소를 가지고 있는 경우에는 이를 중명하는 서류(같은조항 (i))

(ii) 그 외국인이 속하는 국가에서 대한민국 국민에 대하여 그 국민과 동일한 조건으로 특허권 또는 특허에 관한 권리의 향유를 인정하는 경우에는 이를 증명하는 서류(같은조항 (ii))

(iii) 대한민국이 그 외국인에 대하여 특허권 또는 특허에 관한 권리의 향유를 인정하는 경우에 그 외국인이 속하는 국가에서 대한민국 국민에 대하여 그 국민과 동일한 조건으로 인정하는 경우에 이를 중명하는 서류(같은조항 (iii))

(4) 특허청장 등의 서류제출명령과 소명기회의 부여

특허청장·특허심판원장 또는 심판장은 위의 규정들에 따라 서류의 제출을 명하는 때에는 서류제출명령서에 의하여 제출서류명 및 그 이유를 통지하고 기간을 정하여 소명(疏明)할 수 있는 기회를 주어야 한다(시행규칙 §8④).

제12절   수수료 등의 납부

1. 수수료의 개념과 납부의무

(1) 수수료의 개념

수수료란 국가 또는 공공단체가 실시하는 공익사업(公益事業), 즉 공적역무(公的役務)에 의하여 특별히 이익을 받는 사람에게 소요경비(所要經費)의 전부 또는 일부를 부담시키는 부담금(負擔金)을 말한다. 또 이와 같이, 공과금을 부담시키는 논리적 근거를 수익자부담(受益者負擔)의 원칙이라 한다.

조세(租稅), 즉 세금이 공공의 이익에 근거하여 부과하여지는데 반하여, 수익자부담금은 개인의 특별한 수익에 근거하여 부과된다는 점이 특징이다.

(2) 수수료 등의 납부의무

특허에 관한 절차를 밟는 자는 수수료를 내야 한다($\frac{법}{§82①}$).

특허에 관한 절차에 있어서의 수수료 중 중요한 것으로는 출원료(出願料), 심사청구료(審査請求料), 심판청구료(審判請求料) 등이 있다. 또 출원료 중에는 분할·변경 등 여러 가지 출원이 있고, 심사(審査)나 심판 또는 보정(補正) 등에도 여러 가지가 있음은 물론이다.

이 수수료 등의 납부의무(納付義務)의 근거는 수익자부담(受益者負擔)의 원칙에 있다 할 것이다. 즉 수수료를 내는 자에게 그에 대응되는 이익의 개연성(蓋然性)이 전제되어 있기 때문이다.

(3) 수수료의 납부방법

수수료의 납부금액, 그 납부방법, 납부기간 및 그 밖에 필요한 사항은 "징수규칙"으로 정한다($\frac{법}{§82③}$).

징수규칙에는 특허료 및 특허관련 수수료에 관하여 규정되어 있고($\frac{징수규칙}{§2}$), "특허협력조약(PCT)"에 따른 국제출원 수수료는 따로 규정되어 있다($\frac{징수규칙}{§10}$). 수수료 등의 납부방법 등은 징수규칙 제8조에 상세히 규정되어 있다($\frac{징수규칙}{§8각항}$).

2. 수수료 등을 적기에 내지 아니한 경우

수수료 등은 앞에서 이미 밝힌 바와 같이, 수익자부담(受益者負擔)의 원칙에 의한 부담금(負擔金)이므로 이를 내지 않는 자에게는 불이익이 돌아간다. 즉 받을 수 있는 이익을 포기하는 것이기 때문이다.

예로서, 출원료(出願料) 등을 내지 않으면 그 출원이 무효로 될 수 있고, 특허료(特許料)를 내지 않으면 특허권을 포기하는 것으로 되어 특허권은 소멸된다.

그러나 그 절차가 당장에 무효로 되거나, 또 특허권이, 즉시 소멸되는 것은 아니다. 당장에 그렇게 된다면 그 당사자에게 불리함은 물론이요, 공익적으로도 바람직한 것은 아닐 것이다. 특허법은 이렇게 되는 경우를 못내 안타까이 여기어 구제(救濟)하는 규정을 두었다. 즉, 특허청장은 특허에 관한 절차가 제82조(수수료)에 따라 내야 할 수수료를 내지 아니한 경우에는 기간을 정하여 보정을 명하여야 한다($\frac{법}{§46①전, (iii)}$).

특허청장 등은 의무적으로 기간을 정하여 보정명령을 하여 구제의 길을 열어 주어야 한다. 다만, 특허료는 특허에 관한 절차에 관한 수수료와는 달리 납기가 경과되면, 경과된 날로부터 6개월이라는 추납기간(追納期間)을 주고 가산금(加算金)

과 같이 특허료를 추납(追納)하는 방법으로 구제하고 있음은 앞에서 밝힌 바와 같다($\substack{징수규칙 \\ §8⑥}$).

특허청장 등은 출원료 등 특허에 관한 절차의 수수료에 대한 보정명령에도 불구하고 정해진 기간 내에 수수료를 납부하지 아니한 경우에는 특허에 관한 절차를 무효로 할 수 있다($\substack{법 \\ §16①본}$).

특허청장 등은 특허에 관한 절차가 무효로 된 경우로서 지정된 기간을 지키지 못한 것이 보정명령을 받은 자가 책임질 수 없는 사유에 의한 것으로 인정되는 때에는 다시 구제의 길을 열어놓고 있다($\substack{법 \\ §16②}$).

3. 특허료 또는 수수료의 감면과 반환

(1) 특허료 또는 수수료의 감면

특허료 또는 수수료를 납부(納付)하는 자와 수령(受領)하는 주체가 동일하다면 그 납부와 수령이 무의미한 경우도 있다. 이와 같이 납부와 수령의 주체가 국가인 경우에는 불필요한 절차를 거듭하는 셈이 된다. 또 심사관이 심판을 청구하는 경우도 이는 공익을 목적으로 특허행정을 수행하는 공무집행이기 때문에 심사관에게 심판청구료를 부담시킬 수는 없다.

또 수익자부담의 원칙은 소득수준(所得水準)의 높고 낮음에 관계없이 무차별(無差別)하게 적용되기 때문에, 특히 소득수준이 낮은 자에게 일률적으로 부담시키는 것은 매우 불합리하다.

그래서 특허법은 특허료 또는 수수료의 감면(減免) 규정을 두었다. 여기에서 "특허료"라 함은 특허법 제79조(특허료)에 규정한 특허권 설정등록(設定登錄)과 설정등록 후에 특허권자로서 내야 할 부담금을 말한다.

특허청장은 다음 각호의 어느 하나에 해당하는 특허료 및 수수료는 제79조(특허료) 및 제82조(수수료)에도 불구하고 면제한다($\substack{법 \\ §83①본}$).

(i) 국가에 속하는 특허출원 또는 특허권에 관한 수수료 또는 특허료($\substack{법 \\ 같은조항(i)}$)

(ii) 제133조(특허의 무효심판) 제1항, 제134조(특허권 존속기간의 연장등록의 무효심판) 제1항, 제2항 또는 제137조(정정의 무효심판) 제1항에 따른 심사관의 무효심판청구에 대한 수수료($\substack{법 \\ 같은조항(ii)}$)

특허청장은 "국민기초생활보장법" 제5조(수급권자의 범위)에 따른 수급권자(受給權者) 또는 부령(部令), 즉 "특허료 등의 징수규칙"(이하 "징수규칙"이라 한다)으로 정하는 자가 한 특허출원 또는 그 특허출원을 하여 받은 특허권에 대해서 제79조

(특허료) 및 제82조(수수료)에도 불구하고 징수규칙으로 정하는 특허료 및 수수료를 감면할 수 있다($^{법}_{§83②}$).

한편, 특허료·등록료·수수료 및 심사청구료 등의 면제 및 감면에 관하여는 "징수규칙"에 상세히 규정되어 있다($^{징수규칙}_{§7각항}$).

(2) **특허료 등의 반환**

납부된 특허료 및 수수료는 다음 각호의 어느 하나에 해당하는 경우에만 납부한 자의 청구에 의하여 반환된다($^{법}_{§84①본}$).

(i) 잘못 납부된 특허료 및 수수료($^{법}_{같은조항(i)}$)

(ii) 제132조의13 제1항에 따른 특허취소결정이나 특허를 무효로 한다는 심결이 확정된 해의 다음해부터의 특허료 해당분($^{법}_{같은조항(ii)}$)

(iii) 특허권의 존속기간의 연장등록을 무효로 한다는 심결이 확정된 해의 다음해부터의 특허료 해당분($^{법}_{같은조항(iii)}$)

(iv) 특허출원〔분할출원, 변경출원 및 제61조(우선심사)에 따른 우선심사의 신청을 한 특허출원은 제외한다〕 후 1개월 이내에 그 특허출원을 취하하거나 포기한 경우에 이미 낸 수수료 중 특허출원료, 심사청구료 및 특허출원의 우선권주장 신청료 ($^{법}_{같은조항(iv)}$)

(v) 출원심사의 청구를 한 이후 다음 각 목(目) 중 어느 하나가 있기 전까지 특허출원을 취하〔제53조(변경출원) 제4항 또는 제56조(선출원의 취하 등) 제1항 본문에 따라 취하된 것으로 보는 경우를 포함한다〕하거나 포기한 경우 이미 낸 심사청구료 ($^{법}_{같은조항(v)}$)

가. 제36조(선출원) 제6항에 따른 협의결과 신고명령(동일인에 의한 특허출원에 한정한다)

나. 제58조(전문기관의 지정 등) 제1항에 따라 의뢰된 선행기술의 조사업무에 대한 결과 통지

다. 제63조(거절이유통지)에 따른 거절이유통지

라. 제67조(특허여부결정의 방식) 제2항에 따른 특허결정의 등본 송달

특허청장은 납부된 특허료 및 수수료가 위 각호의 어느 하나에 해당하는 경우에는 그 사실을 납부한 자에게 통지하여야 한다($^{법}_{§84②}$). 특허료 등의 반환은 납부한 자의 청구에 의하여서만 반환되므로($^{법}_{같은조①본}$), 납부한 본인이 알아야 하기 때문이다.

한편, 특허료 및 수수료의 반환청구는 특허청장으로부터 납부된 특허료 또는

수수료를 반환받을 수 있다는 통지를 받은 날로부터 3년 이내에 하여야 한다($\substack{법 \\ §84③}$). 단기(短期)의 소멸시효(消滅時效)를 규정한 것이다.

제13절 부적법한 출원서류 등의 반려

1. 부적법한 출원서류 등으로 보는 예시

(1) 예시주의와 열거주의

예시주의(例示主義)는 개괄적(概括的)으로 예를 들어놓은 것이므로 그 외에도 또 있을 수 있음을 전제로 하고 있다. 이에 반하여 열거 또는 열기주의(列記主義)는 열거된 것만 한정시키는 것을 말한다.

따라서 다음에 소개되는 것들은 부적법하여 서류가 반려되는 경우라고 예를 들어놓은 것이다. 부적법한 것이 이것들만이 라고 열거해 놓은 것이 아니라, 예시해 놓은 것이므로 부적법한 것은 그 외에도 또 있을 수 있다는 말이다.

(2) 반려대상의 예시

특허청장 또는 특허심판원장은 출원서류 등이 다음 각호의 어느 하나에 해당하는 경우에는 법령에 특별한 규정이 있는 경우를 제외하고는 적법한 출원서류 등으로 보지 아니한다($\substack{시행규칙 \\ §11①}$). 즉 부적법한 것으로 보는 예시를 해 놓은 것들이다.

(i) 특허출원 등의 서류를 1건마다 서면으로 작성하지 아니한 경우($\substack{같은조항 \\ (i)}$)

(ii) 출원 또는 서류의 종류가 불명확한 것인 경우($\substack{같은조항 \\ (iii)}$)

(iii) 특허에 관한 절차를 밟는 자의 성명(법인의 경우는 명칭) 또는 출원인코드〔출원인코드가 없는 경우에는 성명·주소(법인인 경우에는 그 명칭 및 영업소의 소재지)〕가 기재되지 아니한 경우($\substack{같은조항 \\ (iii)}$)

(iv) 국어로 기재되지 아니한 경우〔제4조(서류의 사용어 등) 제1항 각호에 해당하는 서류의 경우는 제외한다($\substack{같은조항 \\ (iv)}$)〕. 즉 영어로 적은 명세서 및 도면 또는 위임장, 국적증명서 및 우선권 주장서류 등 외국어로 적은 서류는 예외라는 뜻이다.

(v) 출원서에 명세서(명세서에 발명의 상세한 설명이 기재되어 있지 아니한 경우를 포함한다)를 첨부하지 아니한 경우($\substack{같은조항 \\ (v)}$)

(vi) 청구범위를 기재하지 아니한 명세서를 특허출원서에 첨부하여 특허출원한 분할출원, 변경출원 및 정당한 권리자의 출원으로서 그 특허출원 당시에 이미

특허법 제42조의2(특허출원일 등) 제2항, 특허법 제52조(분할출원) 제6항 및 특허법 제53조(변경출원) 제8항에 따른 명세서의 보정기간이 경과된 경우(같은조항$\binom{같은조항}{(v)의(ii)}$)

(vii) 국내에 주소 또는 영업소를 가지지 아니하는 자가 특허법 제5조(재외자의 특허관리인) 제1항에 따른 특허관리인에 의하지 아니하고 제출한 출원서류 등인 경우($\binom{같은조항}{(vi)}$)

(viii) 특허법 또는 특허법에 의한 명령이 정하는 기간 이내에 제출되지 아니한 서류인 경우($\binom{같은조항}{(vii)}$)

(ix) 특허법 또는 특허법에 의한 명령이 정하는 기간 중 연장이 허용되지 아니하는 기간에 대한 기간연장신청서인 경우($\binom{같은조항}{(viii)}$)

(x) 특허법 제132조의17(특허거절결정 등에 대한 심판)에 따른 심판의 청구기간 또는 특허청장·특허심판원장·심판장 또는 심사관이 지정한 기간을 경과하여 제출된 기간연장신청서인 경우($\binom{같은조항}{(ix)}$)

(xi) 특허에 관한 절차가 종료된 후 그 특허에 관한 절차와 관련하여 제출된 서류인 경우($\binom{같은조항}{(x)}$)

(xii) 당해 특허에 관한 절차를 밟을 권리가 없는 자가 그 절차와 관련하여 제출한 서류인 경우($\binom{같은조항}{(xi)}$)

(xiii) 포괄위임원용제한 신고서, 포괄위임등록 신청서, 포괄위임등록변경 신청서 또는 포괄위임등록 철회서, 출원인코드부여 신청서, 또는 직권으로 출원인코드를 부여하여야 하는 경우로서 당해서류가 불명확하여 수리할 수 없는 경우($\binom{같은조항}{(xii)}$)

(xiv) 정보통신망이나 전자적기록매체로 제출된 특허출원서 또는 기타의 서류가 특허청에서 제공하는 소프트웨어 또는 특허청 홈페이지를 이용하여 작성되지 아니하였거나 전자문서로 제출된 서류가 전산정보처리조직에서 처리가 불가능한 상태로 접수된 경우($\binom{같은조항}{(xiii)}$)

(xv) 시행규칙 제3조의2(전자적 이미지로 작성된 첨부서류의 제출) 제2항의 규정에 의하여 제출명령을 받은 서류를 기간 내에 제출하지 아니한 경우($\binom{같은조항}{(xiii)의(ii)}$)

(xvi) 시행규칙 제8조(증명서류의 제출)의 규정에 의하여 제출명령을 받은 서류를 정당한 소명없이 소명기간 내에 제출하지 아니한 경우($\binom{같은조항}{(xiv)}$)

(xvii) 특허출원인이 청구범위가 기재되지 아니한 명세서가 첨부된 특허출원에 대하여 출원심사청구를 제출한 경우($\binom{같은조항}{(xv)}$)

(xviii) 청구범위가 기재되지 아니한 명세서를 첨부한 특허출원 또는 특허법 제87조(특허권의 설정등록 및 등록공고) 제3항에 따라 등록공고를 한 특허에 대하여

조기공개신청서를 제출한 경우($^{같은조항}_{(xvi)}$)

　(xix) 시행규칙 제40조의2(특허여부 결정의 보류) 제1항 각호의 어느 하나에 해당하여 특허여부결정을 보류할 수 없는 경우($^{같은조항}_{(xvii)}$)

　(xx) 시행규칙 제40조의3(특허출원심사의 유예) 제3항 각호의 어느 하나에 해당하여 특허출원에 대한 심사를 유예할 수 없는 경우(심사유예신청서에 한정한다) ($^{같은조항}_{(xviii)}$)

　(xxi) 특허출원서에 첨부된 명세서 또는 도면의 보정없이 재심사를 청구하거나 특허법 제67조의2(재심사의 청구) 제1항 단서에 해당하여 재심사를 청구할 수 없는 경우($^{같은조항}_{(xix)}$)

　이상은 앞에서 언급된 바와 같이 출원서류 등이 부적법하여 반려(返戾)되는 경우를 예로 들어놓은 것이고, 이것들만이 부적법한 것이라고 열거(列擧)해 놓은 것은 아니다.

2. 특허청장 등의 반려예고통지 및 출원인 등의 보완 등

(1) 특허청장 등의 반려예고통지

　특허청장 또는 특허심판원장은 부적법한 것으로 보는 출원서류 등을 반려하려는 경우에는 출원서류 등을 제출한 출원인 등에게 대하여 출원서류 등을 반려하겠다는 취지, 반려이유 및 소명기간을 적은 서면을 송부하여야 한다($^{시행규칙}_{§11②본}$). 다만, 증명의 제출명령을 받은 서류를 정당한 소명 없이 소명기간 내에 제출하지 아니한 경우에는 즉시 출원서류를 반려하여야 한다($^{시행규칙}_{§11②단}$). 이미 주어진 소명기간이 도과되지 않은 경우에는 소명자료를 첨부하여 다시 제출할 기회가 있기 때문이다.

(2) 출원인 등의 적법한 보완 또는 소명

　출원인 등은 정하여진 소명기간 내에 적법절차에 따른 서류 등을 보완하여 제출함으로써 부적법한 서류 등은 적법한 것으로 보완할 수 있음은 물론이다.

(3) 특허청장 등의 출원서 등의 반려처분

　특허청장 또는 특허심판원장은 출원인 등이 소명기간 내에 소명서 또는 반려요청서를 제출하지 아니하거나 제출한 소명이 이유없다고 인정되는 때에는 소명기간이 종료된 후 즉시 출원서류 등을 반려하여야 한다($^{시행규칙}_{§11④}$).

　절차경제의 원칙과 법적 안정성의 요구에서 더 이상 기다릴 필요가 없기 때문이다.

제14절 서류제출의 효력발생시기

(1) 도달주의의 원칙

특허법 또는 특허법에 따른 명령에 따라 특허청장 또는 특허심판원장에게 제출하는 출원서(出願書)·청구서(請求書)·그 밖의 서류(물건을 포함한다. 이하 이 조에서 같다)는 특허청장 또는 특허심판원장에게 도달한 날부터 제출의 효력이 발생한다($^{법}_{§28①}$). 문서의 도달주의(到達主義)의 원칙을 규정한 것이다.

선출원 우선주의(優先主義)를 채택하고 있는 나라에서는 어느 서류가 먼저 도달되었느냐는 매우 중요한 일이다. 그런데 특허청과 출원인(出願人)과의 거리는 천차만별(千差萬別)이므로 일률적으로 도달주의만으로 일관한다면 대단히 불공평(不公平)하게 된다. 그래서 특허법은 공평을 유지하기 위하여 도달주의를 원칙으로 하되 특허청과 지리적으로 원거리에 있는 출원인 등을 고려하여 발신주의(發信主義)의 예외를 인정하였다.

(2) 예외로서의 발신주의 — 우편으로 발송한 경우

출원서·청구서·그 밖의 서류를 우편으로 특허청장 또는 특허심판원장에게 제출하는 경우에는 다음 각호의 구분에 따른 날에 특허청장 또는 심판원장에게 도달한 것으로 본다($^{법}_{§28②본}$).

(i) 우편물의 통신일부인(通信日附印)에 표시된 날이 분명한 경우: 표시된 날($^{같은조항}_{(i)}$).

(ii) 우편물이 통신일부인에 표시된 날이 분명하지 아니한 경우: 우체국에 제출한 날을 우편물 수령증에 하여 증명한 날($^{같은조항}_{(ii)}$). 다만, 특허권 및 특허에 관한 권리의 등록신청서류와 특허협력조약(PCT) 제2조(vii)의 규정에 의한 국제출원(이하 "국제출원"이라 한다)에 관한 서류를 우편으로 제출하는 경우에는 그 서류가 특허청장 또는 심판원장에게 도달한 날부터 효력이 발생한다($^{법}_{§28②단}$).

이러한 경우에는 다시 도달주의의 원칙으로 돌려놓은 것이다. 왜냐하면, 특허권 등의 등록신청서류는 권리의 변동을 수반할 수 있기 때문에 등록의 순위를 보다 명확히 하기 위한 것이다.

국제출원의 경우에는 기본적 요건이 충족되어 있음을 확인하는 것을 조건(條件)으로 그 수리일(受理日)을 국제출원일로 인정하도록 국제협력조약(PCT) 제11조에 규정되어 있기 때문이다.

그러나 이는 국제출원일 부여에 관계되는 국제출원서 또는 그 보완(補完)에 관한 서류 등에 한정되며, 국제출원일 부여 이후에 국내법령에 따라 제출되는 서류를 우편으로 제출하는 경우에는 발신주의가 그대로 적용된다.

한편, 특허협력조약(PCT) 제2조(vii)는 "국제출원이란 이 조약에 따르는 출원을 말한다"라고 되어 있다.

(3) 우편물의 지연·망실 등

우편물의 지연(遲延)·망실(亡失) 및 우편업무의 중단으로 인한 서류제출에 필요한 사항은 시행규칙에 규정하도록 되어 있다($\frac{법}{\S28④}$). 그리고 시행규칙에는 다음과 같이 규정되어 있다.

i) 우편물의 지연의 경우

법령의 규정에 의하여 특허청장에게 제출하는 국제협력조약(PCT)에 따른 국제출원에 관한 서류로서, 제출기간이 정하여져 있는 것을 등기우편에 의하여 제출하는 경우, 우편의 지연(遲延)으로 인하여 당해서류가 제출기간 내에 도달되지 아니하는 때에는 출원인은 당해서류를 제출기간 만료일 5일 이전에 우편으로 발송하였다는 사실을 증명하는 증거를 특허청장에게 제출할 수 있다. 다만, 당해서류를 항공우편(航空郵便)으로 발송할 수 있고 또한 항공우편 외의 방법으로는 도달에 통상(通常) 3일 이상 소요되는 것이 명백한 경우 당해서류를 항공우편으로 발송하지 아니한 때에는 그러하지 아니하다($\frac{시행규칙}{\S86①}$).

제1항의 규정에 의한 증거의 제출은 출원인이 서류의 도달지연을 알게 된 날 또는 상당한 주의를 하였다면 알 수 있었던 날부터 1월(月) 이내, 당해서류의 제출기간의 만료일부터 6월(月) 이내에 제출하여야 한다($\frac{시행규칙}{\S86②}$).

제1항의 규정에 의하여 제출된 증거에 의하여 당해서류가 제출기간 내에 도달되지 아니한 원인이 우편의 지연(遲延)으로 인한 것이라고 인정되는 경우에는 당해서류는 제출기간 내에 제출된 것으로 본다($\frac{시행규칙}{\S86③}$).

ii) 우편물의 망실의 경우

시행규칙 제86조(우편의 지연)의 규정은 국제출원에 관한 서류를 우편으로 제출하는 경우 당해우편물의 망실에 관하여 이를 준용한다. 이 경우 시행규칙 제86조 제1항 내지 제3항 중 "증거"는 각각 "증거 또는 망실한 서류를 대신하는 새로운 서류 및 새로운 서류가 망실한 서류와 동일하다는 것을 증명하는 증거"로, 동조 제1항 및 제3항 중 "우편의 지연으로"는 각각 "우편물의 망실"로, 동조 제3항 중 "당해서류"는 "망실한 서류를 대신하여 제출된 새로운 서류"로 본다($\frac{시행규칙}{\S87}$).

(4) 기간미준수의 구제

출원인 또는 그 대리인은 그의 주소나 영업소가 속하는 지역 또는 체재지에
서의 전쟁(戰爭)·혁명(革命)·폭동(暴動)·파업(罷業)·천재지변(天災地變) 그 밖에
이와 유사한 사고로 인하여 조약규칙(條約規則)에 따른 절차를 그 절차에 대하여
정하여진 기간 이내에 밟지 못하였다는 것을 증명하는 증거서류와 그 절차를 최대
한 빨리 밟았다는 것을 증명하는 증거서류를 제출할 수 있다. 다만, 조약규칙에서
그 절차에 대하여 정한 기간의 만료일부터 6개월이 지난 때에는 그러하지 아니하
다($\binom{시행규칙}{§88의2①}$).

제1항에 따른 증거서류가 모두 제출된 경우에는 조약규칙에 따른 절차를 그
절차에 대하여 정하여진 기간 이내에 밟은 것으로 본다($\binom{시행규칙}{§88의2②}$). 그러나 국제출원
에 관하여 조약규칙에 이 규칙에서 규정한 것과 다른 규정이 있는 경우에는 그 규
정에 따른다($\binom{시행규칙}{§89}$).

제15절 서류의 송달

제 1 항 송달의 의의, 대상·기관

(1) 서류송달의 의의

서류의 송달이란 출원인(出願人), 심판의 당사자, 기타 특허에 관한 절차를 밟
는 사건의 관계인(關係人)에게, 특허에 관한 절차의 서류내용(등본·부본·초본·기타)
을 알 수 있는 기회를 주기 위하여 법령(法令)으로 정해진 방식에 따라 하는 통지
행위(通知行爲)이다.[33][34]

송달은 법정의 방식에 따라서 하여야 한다는 점에서 방식 없이 당사자에게
알리는 통지(通知)와 다르고, 또 송달은 특정인(特定人)을 받는 사람(受領人)으로 하
는 점에서 불특정 다수인을 상대로 하는 공고(公告)와 다르다.

(2) 송달의 대상인 서류

송달은 송달을 받을 자에게 중대한 이해관계가 있거나, 법적인 효력을 수반하
는 경우가 있으므로, 어떠한 경우에 송달이 필요한가는 각 법규정(法規定)에 명시

---

33) 李時潤 著, 新民事訴訟法(제10판·2016), P. 432.
34) 鄭東潤 著, 民事訴訟法(1990), P. 507.

(明示)되어 있다.

특허에 관한 절차의 안전성(安全性)과 절차의 확실성(確實性)을 담보(擔保)하기 위해서이다.

특허법에 규정된 것들을 훑어보면 다음과 같다.

이러한 규정을 소개하는 것이 사족(蛇足)일지도 모른다.[35] 그러나 이러한 것들은 모두 중요한 서류들이라는 점과 다음에서 지적하는 입법의 미비(未備)가 하루 빨리 해소(解消)되기를 바라는 요망에서이다.

(i) 제16조(절차무효) 제3항에 규정된 무효처분 또는 무효처분의 통지서(通知書)

(ii) 제67조(특허여부결정의 방식) 제2항에 규정된 특허결정 또는 특허거절결정의 등본(謄本)

(iii) 제108조(답변서의 제출)에 규정된 재정청구서 부본(副本)

(iv) 제111조(재정서 등본의 송달) 제1항에 규정된 재정서 등본

(v) 제114조(재정의 취소) 제2항에서 준용하는 제108조(답변서의 제출)에 규정된 취소처분의 등본

(vi) 제132조의4(특허취소신청의 방식 등) 제3항에 규정된 특허취소신청서의 부본과 제132조의14(특허취소신청의 결정 방식) 제2항에 규정된 특허취소결정의 등본

(vii) 제133조의2(특허무효심판절차에서의 특허의 정정) 제3항에 규정된 심판청구서의 부본

(viii) 제137조(정정의 무효심판) 제4항에서 준용하는 제133조의2(특허무효심판절차에서의 특허의 정정) 제3항에 규정된 심판청구서 부본

(ix) 제147조(답변서 제출 등) 제1항에 규정된 심판청구서 부본

(x) 제147조(답변서 제출 등) 제2항에 규정된 답변서 부본

(xi) 제154조(구술심리) 제4항에 규정된 구술심리의 기일, 장소 및 취지 등을 적은 서면

(xii) 제156조(참가의 신청 및 결정) 제2항에 규정된 참가신청서의 부본

(xiii) 제162조(심결) 제6항에 규정된 심결 또는 결정의 등본

(xiv) 제214조(결정에 의하여 특허출원으로 되는 국제출원) 제5항에 규정된 결정의 등본

(xv) 제220조(재외자에 대한 송달) 제1항에 규정된 서류

---

35) 화사첨족(畵蛇添足)의 준말로, 뱀을 그리되 다 그리고 나서 있지도 않은 발(足)을 그려 넣었다는 뜻으로 쓸데없는 짓을 하여 도리어 잘못되게 함을 이르는 말이다.

(xvi) 제224조의4(비밀유지명령의 취소) 제2항에 규정된 재판의 결정서(決定書)

이상의 경우 외에도 명문규정은 없으나, 심판절차에 있어서 각 당사자 또는 심판참가인들이 제출하는 중간서류(中間書類), 즉 보충서(補充書), 의견서(意見書), 변박서(辨駁書), 반박서(反駁書) 및 재변박서(再辨駁書) 등 그 명칭이 무엇으로 되었던 불구하고, 그 부본(副本)은 반드시 상대방인 당사자 또는 심판참가인에게 당연히 송달되어야 한다. 심판의 상대방에게 중대한 이해관계가 있기 때문이다. 그러므로 이러한 점을 배려한 포괄적인 규정을 두어 입법적으로 해결하여야 할 것이다.

거듭 강조하거니와 이와 같은 중간서류는 심결결과에 직접 영향을 미칠 수 있는 것이므로 그 부본을 받아야 할 당사자 또는 심판참가인(審判參加人)으로서는 중대한 이해관계가 있음에도 불구하고 그에 대한 명문규정이 없고 관례(慣例)로서 심판장의 재량으로 되어 있는 것은 매우 불안하고 또 위험한 일이다.

제147조(답변서 제출 등) 제1항과 제2항에 규정된 부본의 송달에 관한 규정이 있으나, 이 규정만으로 앞에서 지적된 중간서류들의 부본 송달이 당연히 포함되는 것으로 볼 수는 없기 때문이다.

(3) 송달기관

특허출원에 관한 절차무효처분의 통지서(通知書), 특허결정 또는 특허거절결정의 등본, 기타 특허에 관한 절차에 있어서의 결정 등본 등에 관한 서류의 송달은 특허청장이 한다($\substack{\text{법} \S16, \S67②, \S93, \\ \text{령} \S18②}$). 심판절차(審判節次)에 있어서의 부본(副本) 또는 등본(謄本)은 심판장(審判長)이 한다($\substack{\text{법} \S132의4③, \S132의14②, \\ \S162⑥, \S184, \text{령} \S18②}$).

제2항   송달의 수령인, 송달의 장소, 송달의 방법 및 공시송달 등

(1) 송달의 수령인

i) 자연인일 경우

(i) 송달의 수령인(受領人)은 송달서류(送達書類)의 명의인(名義人)이다.

송달에 있어서 특허법 또는 특허법시행령에 특별한 규정이 있는 경우를 제외하고는 송달을 받는 자에게 그 서류의 부본(副本) 또는 등본(謄本)을 교부(交付)하여야 하며, 송달할 서류의 제출에 갈음하여 조서를 작성한 때에는 그 조서의 등본이나 초본을 교부하여야 한다($\substack{\text{시행령} \\ \S18④}$).

그러나 다음과 같은 예외가 있다.

(ii) 제3조(미성년자 등의 행위능력)의 본문에 해당하는 특허에 관한 절차의 행위능력이 없는 자에 대한 송달은 그 법정대리인에게 하여야 한다($^{시행령}_{§18⑤}$).

(iii) 수인이 공동(共同)으로 대리권을 행사하는 경우에는 그 중 1인에게 송달한다($^{시행령}_{§18⑥}$).

(iv) 교도소(矯導所) 또는 구치소(拘置所)에 구속(拘束)된 자에 대한 송달은 그 소장(所長)에게 한다($^{시행령}_{§18⑦}$).

(v) 당사자가 2인 이상인 경우로서 서류를 송달받기 위한 대표자 1인을 선정하여 특허청장 또는 특허심판원장에게 신고한 경우에는 그 대표자에게 송달한다($^{시행령}_{§18⑧}$).

ii) 법인 또는 기타의 단체일 경우

(i) 법인인 경우   그 대표자에게 송달한다($^{민법 §59①전,}_{상법 §389①전}$). 기타의 단체(團體)의 경우는 그 대표자나 관리인에게 송달한다($^{법}_{§4}$).

(ii) 국가인 경우   국유(國有) 특허의 출원에 관한 절차에 있어서는 그 기관 소속공무원인 특허에 관한 절차 수행자에게 송달하여야 할 것이나, 국유로 된 특허권 등의 처분과 관리는 "국유재산법" 제8조(국유재산사무의 총괄과 관리)에도 불구하고 특허청장이 관장하도록 규정되어 있다($^{발명진흥법}_{§10④}$).

그러나 그에 관한 시행령인 대통령령이 제정되지 아니한 현 단계에서는 국유특허권에 대한 심판절차에 있어서 서류(부본·등본 등)의 송달 또한 각 기관의 특허에 관한 절차의 수행자에게 송달하는 것이 실무적인 관례라 한다.

(iii) 지방자치단체인 경우   각 지방자치단체의 장에게 송달한다($^{지자법}_{§101}$).

(iv) "고등교육법" 제3조(국립·공립·사립학교의 구분)에 따른 국·공립학교 교직원의 직무발명의 경우 특허출원 등 절차에 관한 서류는 대학(大學)인 경우에는 그 출원명의자인 "산업협력단장"에게 송달하고, 중·고등학교인 경우에는 학교장 또는 발명자(발명자 명의로 출원된 경우)에게 송달하되, 특허등록된 경우에는 "기술의 이전 및 사업화 촉진에 관한 법률" 제11조(고등연구기관의 기술이전·사업화 전담조직) 제1항 후단에 따른 "전담조직"이 승계하여 "전담조직"의 소유로 하도록 되어 있으므로, 국·공립학교 교직원의 직무발명의 특허권에 대한 심판 등 특허절차에 관한 서류의 송달은 그 "전담조직"의 장에게 송달한다($^{발명진흥법}_{§10②본}$).

iii) 대리인이 있는 경우

(i) 자연인이든, 법인이든, 기타의 단체이든, 재외자(在外者)이든, 대리인이 있는 경우에는 대리인에게 송달한다. 그러나 판례는 본인에게 송달하여도 유효하다

하였다.[36]

(ii) 수인이 공동으로 대리권을 행사하는 경우에는 그 중 1인에게 송달한다(시행령§18⑥).

(iii) 대리인이 2인 이상인 경우로서 서류를 송달받기 위한 대표자 1인을 선정하여 특허청장 또는 특허심판원장에게 신고한 경우에는 그 대표자에게 송달한다(시행령§18⑧).

iv) 재외자에 대한 송달   다음과 같다.

(i) 재외자(在外者)로서 특허관리인(特許管理人)이 있는 경우 그 재외자에게 송달할 서류는 특허관리인에게 송달하여야 한다(법§220①).

여기에서 "재외자"란 외국에 있는 내국인(內國人)·외국인(外國人) 또는 법인(法人) 등을 모두 포함하는 개념이다.

(ii) 재외자로서 특허관리인이 없는 경우에는, 그 재외자에게 송달할 서류는 항공등기우편(航空登記郵便)으로 발송할 수 있다(법§220②). 이와 같이 서류를 항공등기우편으로 발송한 경우에는 그 발송일에 송달된 것으로 본다(법같은조③).

(2) 송달의 장소

송달할 장소는 이를 받을 자의 주소 또는 영업소로 한다(시행령§18⑨본). 다만, 송달을 받고 자 하는 자가 송달받고자 하는 장소(국내에 한한다)를 특허청장 또는 심판원장에게 미리 신고한 경우에는 그 장소로 한다(같은조항). 송달을 받을 자가 그 장소를 변경한 때에는 지체없이 그 취지를 특허청장에게 신고하여야 한다(시행령§18⑩).

법인 기타 단체의 대표자 또는 관리인에 대한 송달은 법인 단체 등의 사무소에 하고, 그것이 송달불능(送達不能)일 때에는 대표자 등의 주소로 송달한다.[37]

(3) 송달의 방법

i) 서류송달의 원칙

법에 따라 송달할 서류는 특허청 또는 특허심판원에서 당사자 또는 그 대리인이 이를 직접 수령하거나 정보통신망을 이용하여 수령하는 경우를 제외하고는 등기우편으로 발송하여야 한다(시행령§18①). 이는 서류송달방법의 원칙을 규정한 것이라 할 수 있다.

특허청장 또는 심판원장은 법에 따라 송달할 서류를 특허청 또는 심판원에서 당사자 또는 그 대리인이 이를 직접 수령하거나 정보통신망을 이용하여 수령하는

---

36) 대법원 1970. 6. 5.자 1970마325 결정.
37) 대법원 1976. 4. 27. 선고 1976다170 판결.

경우 또는 등기우편으로 발송한 경우에는 다음 각호에 정하는 바에 따라 수령증 (受領證) 또는 그 내용을 보관하여야 한다(시행령 §18②본).

　(i) 당사자 또는 대리인이 특허청 또는 특허심판원에서 직접 수령하는 경우에는 수령일자 및 수령자의 성명이 기재된 수령증(같은조항 (i))

　(ii) 당사자 또는 대리인이 정보통신망을 이용하여 수령하는 경우에는 특허청 또는 특허심판원이 운영하는 발송용 전산정보처리조직의 파일에 기록된 내용 (같은조항 (iii))

　(iii) 등기우편으로 발송하는 경우에는 등기우편물 수령증(같은조항 (iii)). 이 경우 송달을 받는 자가 정당한 사유없이 송달받기를 거부함으로써 송달할 수 없게 된 때에는 발송한 날에 송달된 것으로 본다(시행령 §18①).

　(iv) 송달을 받을 사람 또는 송달을 받을 자를 만나지 못해서 동거인(同居人) 또는 사무원(事務員) 등이 정당한 사유 없이 송달받기를 거부하는 때에는 송달할 장소에 서류를 놓아둘 수 있다(민소법 §186③). 이를 유치송달(留置送達)이라 한다.

　이상은 교부송달(交付送達)의 직접 또는 간접의 여러 가지 모습들이었다.

　그러나 교부송달이 배척되는 경우도 있다. 즉 심판·재심·통상실시권(通常實施權) 설정의 재정(裁定) 및 특허권의 취소에 관한 심결 또는 결정의 등본을 송달하는 경우에는 우편법령에 따른 특별송달방법에 의하여서만 할 수 있다(시행령 §18③본). 다만, 전자문서(電子文書) 이용신고를 한 자에게 송달하는 경우에는 정보통신망을 이용하여 할 수 있다(시행령 §18③단).

　ii) 정보통신망(情報通信網)을 이용한 송달

　제28조의5(정보통신망을 이용한 통지 등의 수행)에 의한 방법이다.

　(i) 특허청장·특허심판원장·심판장·심판관 또는 심사관은 제28조의4(전자문서에 의한 특허에 관한 절차의 수행) 제1항에 따라, 전자문서이용신고를 한 자에게 서류의 통지 및 송달(이하 "통지 등"이라 한다)을 하려는 경우에는 정보통신망을 이용하여 통지 등을 할 수 있다(법 §28의5①).

　(ii) 이와 같은 정보통신망을 이용하여 한 서류의 통지 등은 서면으로 한 것과 같은 효력을 가진다(법 같은조②).

　(iii) 또한 이에 따른 서류의 통지 등은 그 통지 등을 받을 자가 자신이 사용하는 전산정보처리조직을 통하여 그 서류를 확인한 때에 특허청 또는 특허심판원에서 사용하는 발송용 전산정보처리조직의 파일에 기록된 내용으로 도달한 것으로

본다($^{법}_{같은조③}$).

(iv) 그리고 이에 따라 정보통신망을 이용하여 하는 통지 등의 종류·방법 등에 관하여 필요한 사항은 산업통상자원부령인 시행규칙으로 정하도록 규정되었다($^{법}_{같은조④}$).

(v) 송달할 서류를 특허청 또는 특허심판원에서 당사자 또는 대리인이 정보통신망을 이용하여 수령하는 경우에는 특허청 또는 특허심판원이 운영하는 발송용 전산정보처리조직의 파일에 기록된 내용을 보관해야 한다($^{시행령}_{§18②본(ii)}$) 함은 앞에서 밝힌바와 같다.

iii) 우편에 의한 송달

이 방법은 특허청 또는 특허심판원이 송달할 서류를 우편(郵便)으로 하는 방법이다. 여기에도 몇 가지 경우가 있다.

(i) 등기우편 송달   앞에서 소개한 바 있는 교부송달(交付送達)이나 정보통신망을 이용하는 경우를 제외하고는 등기우편(登記郵便)으로 발송, 즉 송달하여야 한다($^{시행령}_{§18①후}$). 이 등기우편으로 서류를 송달한 경우에는 특허청장 또는 특허심판원장은 반드시 등기우편물 수령증(受領證)을 보관하여야 한다($^{시행령}_{§18②본(iii)}$).

송달을 받는 자가 정당한 이유없이 송달받기를 거부함으로써 송달할 수 없게 된 때에는 발송한 날에 송달된 것으로 본다($^{시행령}_{§18⑪}$).

(ii) 우편법령에 따른 특별송달   특허권취소심결(2017. 3. 1. 시행법)·심판·재심·통상실시권설정(通常實施權設定)의 재정 또는 결정의 등본을 송달하는 경우에는 우편법령에 따른 특별송달 방법으로 하여야 한다($^{시행령}_{§18③본}$).

(iii) 항공등기우편송달   재외자(在外者)로서 특허관리인(特許管理人)이 없으면 그 재외자에게 송달할 서류는 항공등기우편으로 발송할 수 있다($^{법}_{§220②}$). 이 경우에는 서류를 항공등기우편으로 발송한 날에 송달된 것으로 본다($^{법}_{§220③}$).

(4) 공시송달

공시송달(公示送達)이라 함은 서류를 송달받을 자의 주소나 영업소가 분명하지 아니하여 송달할 수 없는 경우에 서류를 송달받을 자에게 어느 때라도 발급한다는 뜻을 특허공보(特許公報)에 게재(揭載)하는 송달방법이다($^{법}_{§219①②}$).

공시송달은 송달을 받을 자에게 현실적으로 송달서류(送達書類)를 교부하지 않고 송달의 효력을 발생시키는 제도이므로, 앞에서 소개한 어느 송달방법으로도 송달이 불가능한 경우에만 엄격한 요건하에서 허용된다. 즉,

(i) 공시송달의 허용요건   ① 송달서류를 받을 자의 주소·거소 기타 송달

할 수 있는 장소를 알 수 없고, ② 다른 송달방법이 불가능한 경우에만 인정될 수 있다($^{법}_{§219①}$).

(ii) 공시송달의 방법   공시송달은 특허청장 또는 특허심판원장의 직권(職權) 또는 당사자의 신청에 의하여 하되, 특허공보(特許公報)에 서류를 송달받을 자에게 어느 때라도 서류를 발급한다는 뜻을 게재하는 방법으로 한다($^{법}_{§219②}$).

(iii) 공시송달의 효과   최초의 공시송달은 특허공보에 게재한 날로부터 2주일이 지나면 그 효력이 발생한다($^{법}_{§219③본}$). 다만, 같은 당사자에 대한 이후의 공시송달은 특허공보에 게재한 날의 다음날부터 효력이 발생한다($^{법}_{단}$ 같은조항).

(5) 송달의 하자

송달이 법정방식에 위배된 하자(瑕疵)가 있는 경우에는 원칙적으로 무효이다.

(i) 송달을 받을 자가 아닌 제3자에게 한 송달

(ii) 송달을 받을 수령능력(受領能力)이 없는 자에게 한 송달

(iii) 송달장소가 아닌 허위주소(虛僞住所)에 유치송달(留置送達)을 한 경우

(iv) 보충송달(補充送達)이나 유치송달을 해보지도 않고 우편송달(郵便送達)을 했거나 공시송달(公示送達)을 한 경우 등은 원칙적으로 무효이다.

따라서 송달의 하자가 있어 부적법하게 이루어진 경우에는 다시 적법(適法)한 송달을 하여야 한다.

송달에 하자가 있으면 원칙적으로 무효이다.

그러나 (i) 송달을 받을 자가 추인(追認)하거나, (ii) 이의 없이 특허에 관한 절차를 수행하면, 그 하자는 소급하여 치유(治癒)된 것으로 보아야 한다.

송달을 받을 자가 하자를 알면서도 추인하였고, 또 이의 없이 특허에 관한 절차를 수행함으로써, 특허에 관한 절차는 안정되어 정상화된다. 제3자에게 손해도 없기 때문이다. 절차경제의 원칙이다. 민사소송법에는 같은 취지의 명문규정을 두었다($^{민소법}_{§60}$).

그러나 상소기간(上訴期間)과 같이 불변기간(不變期間)의 기산점에 관계있는 송달에 위법이 있는 경우, 예로서, 심결등본(審決謄本)의 송달이 당사자(불복을 해야 할 패소자)에게 송달을 부적법하게 한 경우에는 송달이 무효이므로, 상소기간이 진행될 수 없다는 것이 판례의 취지이다.[38]

---

38) 대법원 1980. 12. 9. 선고 80다1479 판결.

제**3**장 특허의 출원절차

제1절 특허출원에 필요한 서류 등

제1항 서류 등의 요식행위와 특허출원일

1. 특허출원서류 등의 요식행위

이미 밝힌 바와 같이, 특허에 관한 절차는 서류 등에 의한 요식행위이다. 이는 절차의 원활·신속과 법률행위의 확실·안정을 기하기 위해서이다.

따라서 특허를 받고자 하는 자는 서류 등 일정한 요식을 갖춘 특허출원서(特許出願書)에 명세서(明細書), 필요한 도면(圖面) 및 요약서(要約書)를 첨부하여 특허청장에게 제출하여야 하고($^{법}_{§42}$), 특허출원료도 내야 한다($^{법}_{§82①}$).

2. 특허출원일의 중요성 등

(1) 특허출원일

특허출원일이란 발명을 한 사람 또는 그 승계인(承繼人)이 국가에 대하여 특허라는 독점권(獨占權)을 받기 위하여 특허출원이라는 의사표시를 한 날이다. 즉 발명을 한 사람 또는 그 승계인이 특허출원서에 적은 요식행위로써 국가에 대하여 특허라는 독점권을 받겠다는 의사표시인 법률행위를 한 날이다. 이로써 여러 가지 효과를 발생시킨다.

(i) 특허출원을 함으로써 특허출원일(特許出願日)이 확정된다.

(ii) 그 출원인의 발명이 완성되었음을 객관적으로 나타낸 것으로 된다.

(iii) 발명의 신규성(新規性)과 진보성을 판단하는 기준이 된다.

(iv) 특허의 출원일은 우리나라와 같이 특허출원의 선원주의(先願主義)를 취하는 경우에 있어서는, 선출원과 후출원의 판단기준이 된다.

(v) 특허출원일은 우선권주장(優先權主張), 심사청구(審査請求), 출원공개(出願公開), 특허권의 존속기간 등 여러 가지의 기산일(起算日)이 된다.

(2) 출원일의 도달주의원칙과 예외

특허출원일은 명세서 및 필요한 도면을 첨부한 특허출원서(特許出願書)가 특허청장에게 도달한 날로 한다($^{법}_{§28①}$ ^{§42의2①전}).

그러나 출원서의 도달주의(到達主義)만을 고집한다면, 특허청과 지역적으로 먼 거리에 있는 출원인에게 불리하게 되어, 형평성에 반하므로 발신주의(發信主義)의 예외를 채택하였다. 즉 출원서를 우편으로 특허청장에게 제출하는 경우에는 다음 각호의 구분에 따른 날에 특허청장에게 도달한 것으로 보고 그 날로부터 효력이 발생한다($^{법}_{§28②본}$).

(i) 우편물의 통신일부인(通信日附印)에 표시된 날이 분명한 경우에는 그 통신일부인에 표시된 날($^{법}_{§28②(i)}$)

(ii) 우편물의 통신일부인에 표시된 날이 분명하지 아니한 경우는, 우체국에 제출한 날을 우편물 수령증에 의하여 증명한 날($^{법}_{§28②(ii)}$)

제2항   특허출원서

1. 특허출원의 법적 성질

특허의 출원이란 국가에 대하여 특허를 받고자 하는 취지의 의사표시(意思表示), 즉 법률행위를 하는 것이다. 그러므로 특허출원서는 특허를 받고자 하는 의사표시의 내용을 적은 문서이다. 그래서 특허출원서에 기재하는 내용은 모두 법률적인 효력에 관계되는 것이어서 확실하게 하기 위해서 서면 또는 전자문서(電子文書)로 하도록 되어 있고 기재내용도 서식이 정해져 있으므로 정확하여야 한다.

2. 특허출원서의 작성

(1) 특허출원서의 기재사항

특허를 받으려는 자는 다음 각호의 사항을 적은 특허출원서를 특허청장에게 제출하여야 한다($^{법}_{§42①}$).

(i) 특허출원인의 성명 및 주소(법인인 경우에는 그 명칭 및 영업소의 소재지) $\left(\substack{\text{법}\\\text{같은조항(i)}}\right)$

(ii) 특허출원인의 대리인이 있는 경우에는 그 대리인의 성명 및 주소나 영업소의 소재지[대리인이 특허법인(特許法人)·특허법인(유한)인 경우에는 그 명칭, 사무소의 소재지 및 지정된 변리사의 성명]$\left(\substack{\text{법}\\\text{같은조항(ii)}}\right)$

(iii) 발명의 명칭$\left(\substack{\text{법}\\\text{같은조항(iii)}}\right)$

(iv) 발명자의 성명 및 주소$\left(\substack{\text{법}\\\text{같은조항(iv)}}\right)$

(2) 특허출원서에 첨부되는 서류 등

특허출원서에는 발명의 설명(說明)·청구범위(請求範圍)를 적은 명세서(明細書)와 필요한 도면 및 요약서 등을 첨부하여야 한다$\left(\substack{\text{법}\\\text{§42②}}\right)$. 이에 대하여는 다음 항에서 자세히 설명하기로 한다.

(3) 발명을 설명하는 기재요건

발명의 설명은 다음 각호의 요건을 모두 충족하여야 한다$\left(\substack{\text{법}\\\text{§42③본}}\right)$.

(i) 그 발명이 속하는 기술분야에서 통상의 지식을 가진 사람이 그 발명을 쉽게 실시할 수 있도록 명확하고 상세하게 적을 것$\left(\substack{\text{법}\\\text{같은조항(i)}}\right)$

(ii) 그 발명의 배경이 되는 기술을 적을 것$\left(\substack{\text{법}\\\text{같은조항(ii)}}\right)$ 그러나 개척발명(開拓發明)인 경우에는 배경기술이 없음을 밝혀야 한다.

(4) 청구항의 기재요건

청구범위에는 보호받으려는 사항을 적은 항(이하 "청구항"이라 한다)이 하나 이상 있어야 하며, 그 청구항은 다음 각호의 요건을 모두 충족하여야 한다$\left(\substack{\text{법}\\\text{§42④본}}\right)$.

(i) 발명의 설명에 의하여 뒷받침될 것$\left(\substack{\text{법}\\\text{같은조항(i)}}\right)$

(ii) 발명이 명확하고 간결하게 적혀 있을 것$\left(\substack{\text{법}\\\text{같은조항(ii)}}\right)$

(5) 보호받으려는 사항의 명확화요건

청구범위에는 보호받으려는 사항을 명확히 할 수 있도록 발명을 특정하는데 필요하다고 인정되는 구조·방법·기능·물질 또는 이들의 결합관계 등을 적어야 한다$\left(\substack{\text{법}\\\text{§42⑥}}\right)$.

(6) 청구범위의 기재방법의 대통령에의 위임

청구범위의 기재방법에 관하여 필요한 사항은 대통령령으로 정한다$\left(\substack{\text{법}\\\text{§42⑧}}\right)$.

이에 대하여는 다음 해당항에서 자세히 소개한다.

(7) 발명의 설명 등의 구체적 사항의 시행규칙에의 위임

발명의 설명, 도면 및 요약서의 기재방법 등에 관하여 필요한 사항은 산업통

상자원부령인 "시행규칙"으로 정한다$\left(\begin{smallmatrix}법\\§42⑨\end{smallmatrix}\right)$.

제3항 명 세 서

1. 명세서의 의의와 법적 성질

(1) 명세서의 의의

명세서는 특허권이라는 독점권(獨占權)을 얻기 위하여 특허발명의 기술내용(技術內容)을 상세히 적은 기술문헌(技術文獻)이다.

그리고 여기에 적은 내용은 청구범위를 뒷받침하는 것이어서, 청구범위해석에 중요한 참고자료로 된다. 상세한 사항은 후술한다.

(2) 명세서의 법적 성질

명세서는 특허권이 설정등록 전에는 특허라는 독점권을 얻기 위한 기술(技術)내용의 설명서이고, 특허권이 설정된 후에는 특허발명의 보호범위인 청구범위에 적혀 있는 사항을 특정한 기술문헌이며$\left(\begin{smallmatrix}법\\§97\end{smallmatrix}\right)$, 권리서(權利書)로서 특허원부의 한부분이다$\left(\begin{smallmatrix}법\\§85④\end{smallmatrix}\right)$.

2. 명세서에 적는 발명의 설명

(1) 발명의 설명

발명의 설명에는 다음 각호의 사항이 포함되어야 한다$\left(\begin{smallmatrix}시행규칙\\§21③\end{smallmatrix}\right)$.

(i) 발명의 명칭$\left(\begin{smallmatrix}시행규칙\\같은조항(i)\end{smallmatrix}\right)$

(ii) 기술분야$\left(\begin{smallmatrix}같은조항\\(ii)\end{smallmatrix}\right)$

(iii) 발명의 배경이 되는 기술$\left(\begin{smallmatrix}같은조항\\(iii)\end{smallmatrix}\right)$ 개척발명(開拓發明)은 배경기술이 없음을 밝히면 된다.

(iv) 그리고 다음의 사항들이 포함된 내용$\left(\begin{smallmatrix}같은조항\\(iv)\end{smallmatrix}\right)$

가. 해결하려는 과제(課題)

나. 과제의 해결수단

다. 발명의 효과

명세서는 위와 같은 형식의 요령(순서)에 따라 적음으로써, 명세서에 적은 기술의 내용을 알기 쉽게 할 수 있도록 하는 대표적인 모델이라 할 것이다.

(2) 발명의 설명요건

특허법은 발명의 설명에는 다음의 요건을 모두 충족하여야 한다는 법적인 요구사항을 규정하고 있다($\frac{법}{§42③}$).

(i) 그 발명이 속하는 기술분야에서 통상의 지식을 가진 사람이 그 발명을 쉽게 실시할 수 있도록 명확하고 상세하게 적을 것($\frac{법}{§42③(i)}$) 명세서에 적는 발명의 설명은 청구범위(請求範圍)를 뒷받침할 수 있는 상세한 설명이어야 함은 물론이요, 명세서는 출원공개(出願公開)되고, 특허공보(特許公報)에 게재되면, 제3자는 이것을 기술문헌으로서 이용하게 된다.

또 명세서의 내용은 특허권자뿐만 아니라, 제3자도 실시권(實施權)을 얻어서 실제로 실시할 수 있어야 하므로, 그 발명이 속하는 기술분야에서 통상의 지식을 가진 사람이 그 발명을 쉽게 실시할 수 있도록 명확하고 상세하게 적어야 함은 너무도 당연한 요건이다.

2007. 1. 3. 시행 특허법(제8171호)의 **시행 전의 종전의 법**에는, 발명이 속하는 기술분야에서 통상의 지식을 가진 자가 용이하게 실시할 수 있을 정도로 그 발명의 목적·구성 및 작용·효과를 기재하도록 되어 있었다.

그러나 종전의 기술과는 전혀 다른 신규의 발명으로 개발된 개척발명(開拓發明), 즉 어느 분야에서 최초로 발명된 개척발명은 발명의 기여도가 크고, 발명이 포괄하는 기술적 범위도 넓을 뿐만 아니라, 다른 선행기술을 이용하지 않고 독자적으로 실시가능한 것이므로, 종래기술의 문제점을 해결하기 위해 개발된 것이 아니어서, 목적이나 상승효과를 기재하기 곤란한 바가 있고, 시행착오에 의하여 얻어지는 발명, 즉 신규화학물질, 바이오기술의 성과물 등의 경우에는 목적 또는 효과의 관점보다는 발명의 구조·용도(用道)·유용성(有用性) 등의 관점에서 기술하는 것이 그 발명을 보다 더 이해하기 쉬운 경우가 있게 되었다.

따라서 특허제도의 국제적 통일화 추세에 맞추어 발명의 상세한 설명의 형식적 기재요건을 삭제하고 특허협력조약(PCT) 및 외국의 입법예를 수용함과 동시에 발명자 스스로가 자기의 발명을 가장 적절하게 표현할 수 있는 방법을 골라서 자신있게 기재하는 것이 가능하도록 개선한 것이다.

그러나 발명자 스스로가 종래의 방법, 즉 발명의 목적, 구조 및 작용·효과를 기재하는 것이 적절한 표현이라고 생각된다면, 종래의 방법대로 기재하여도 된다. 종래의 기재방법을 금지하는 것은 아니기 때문이다. 다만, 종래의 방법으로 기재하더라도 현행 법령이 요구하고 있는 요건에 위배되지 않으면 된다. 즉 그 발명이

속하는 기술분야에서 통상의 지식을 가진 사람이 그 발명을 쉽게 실시할 수 있도
록 명확하고 상세하게 적어야 한다는 점$\binom{\text{법}}{\S 42③(i)}$과 다음에 설명하는, 그 발명의 배
경이 되는 기술을 기재할 것$\binom{\text{같은조항}}{(ii)}$) 등의 요건에 충족되면 좋다.

출원발명을 쉽게 실시할 수 있도록 하기 위해서는 출원발명의 최량의 형태요
건(形態要件; Best Mode requirement), 즉 발명자 스스로가 발명을 실시함에 있어서,
가장 좋다고 생각되는 실시형태를 실시예로 기재하여 설명하면 될 것이다. 실시예
에는 발명자가 최량의 결과를 나타낸다고 생각한 것을 기재하기 때문에, 후일에
그보다 월등한 효과를 발생하는 발명이 선택발명(選擇發明)으로 나온 경우에는 이
에 대항할 수 없게 된다. 따라서 실시예를 작성할 때에는 이 점도 미리 염두에 두
어야 할 것이다.

"쉽게 실시"란 그 발명이 속하는 기술분야에서 평균수준의 기술자가 그 발명
의 출원시의 기술수준에 비추어, 그 발명의 상세한 설명에 의하여, 특별한 지식이
나 특별한 실험 없이 그 발명을 정확하게 이해할 수 있고 또 재현(再現)할 수 있는
것을 말한다.

(ii) 그 발명의 배경이 되는 기술을 기재할 것$\binom{\text{법}}{\S 42③(ii)}$ 여기에서 그 발명의 배
경이 되는 기술이란 출원발명의 기술사상을 이해하는데 도움이 될 수 있고, 선행기
술의 조사나 심사관의 심사에 유용하다고 생각되는 것을 간결하게 소개하면 된다.

그러나 개척발명(開拓發明)과 같이 배경이 되는 기술이 전무한 경우에는 배경
기술이 없음을 밝히면 될 일이다. 다만, 배경기술이 있음에도 없다고 한다면, 거절
이유로 될 수도 있다는 점을 유의하여야 한다. 그리고 선행기술(先行技術)이 있는
경우에는 그 선행기술이 해결하지 못했던 결점을 해결하기 위한 것임을 밝히고,
출원발명(出願發明)은 어떠한 구조나 동작수단 또는 방법 등으로 해결하였다는 점
을 명백히 설명해야 할 것이다.

제 4 항   명세서에 적는 청구범위

1. 청구범위 기재유예의 특례

(1) 청구범위 기재를 유예하는 제도의 취지

청구범위(請求範圍)는 명세서 중에서도 핵심을 이루는 부분이다. 특허출원서
에 첨부하는 명세서에 명확히 적어야 한다는 것이 원칙이다.

그러나 우리 특허제도는 선출원주의(先出願主義)를 채택하고 있으므로, 발명을 한 사람은 누구나 출원을 먼저 하려고 서두르는 경향이 있게 된다.

따라서 우수한 발명임에도 불구하고 그 출원을 서두르는 마음으로 명세서에 청구범위를 잘못 적어서, 특허를 받는데 실패하거나 또는 발명에 비교하여 반쪽의 특허를 받는 경우도 있다. 그래서 선원주의의 단점을 보완하여, 출원은 서둘러서 하더라도 발명을 한 사람에게 청구범위를 적을 수 있는 기간을 늘려 줌으로써, 완전한 청구범위를 적을 수 있는 기회를 마련해 준 것이 청구범위 기재의 유예제도(猶豫制度)이다.

특허출원일은 명세서 및 필요한 도면을 첨부한 특허출원서가 특허청장에게 도달한 날로 한다(법§42의2①전). 이 경우 명세서에 청구범위는 적지 아니할 수 있으나, 발명의 설명은 적어야 한다(법같은조항 후). 따라서 청구범위를 적는 기간을 유예해 주었다.

(2) 청구범위의 유예기간

특허출원인은 제64조(출원공개) 제1항 각호의 구분에 따른 날부터 1년 2개월이 되는 날까지 명세서에 청구범위를 적는 보정을 하여야 한다(법§42의2②본). 출원의 공개(법§64)는 중요한 기술정보를 일반에게 제공하는 것이므로 출원명세서에는 청구범위가 명백하게 적혀 있어야 함은 물론이다.

제64조(출원공개) 제1항 각호의 구분은 다음과 같다.

(i) 제54조(조약에 의한 우선권주장) 제1항에 따른 우선권주장을 수반하는 특허출원인 경우: 그 우선권주장의 기초가 된 출원일

(ii) 제55조(특허출원 등을 기초로 한 우선권주장) 제1항에 따른 우선권주장을 수반하는 특허출원의 경우: 선출원의 출원일

(iii) 제54조 제1항 또는 제55조 제1항에 따른 둘 이상의 우선권주장을 수반하는 특허출원의 경우: 해당 우선권주장의 기초가 된 출원일 중 최우선일

(iv) 제1호부터 제3호까지의 어느 하나에 해당하지 아니하는 특허출원의 경우: 그 특허출원일

(3) 유예기간의 예외

이 1년 2개월 전에라도 특허출원(特許出願)의 심사청구는 누구라도 할 수 있으므로(법§59②본), 제60조(출원심사의 청구절차) 제3항에 따른 특허출원인이 아닌 자로부터 출원심사의 청구가 있으면, 특허청장은 그 취지를 특허출원인에게 통지하

여야 하는바($\S2단^{법 같은조}$), 이 경우에는 (i) 그 통지를 받은 날부터 3개월이 되는 날과 (ii) 우선권 주장의 기초가 된 출원일 또는 특허출원일부터 1년 2개월이 되는 날, 두 날짜를 비교하여 그 중에서 더 빠른 날짜에 해당되는 날까지 명세서(明細書)에 청구범위를 적는 보정(補正)을 하여야 한다($\S42의2②^{법}$).

(4) 유예기간에 보정하지 아니한 경우의 효과

기간까지 보정을 하지 아니한 경우에는, 그 기한(期限)이 되는 날(마감날)의 다음날에 해당 특허출원을 취하한 것으로 본다($\S42의2③^{법}$).

한편, 2015. 1. 1.부터 시행되는 개정법의 시행 전에 종전의 규정에 의한 특허출원에 대해서는 종전의 규정에 따른다($\S10^{법 부칙}$).

2. 청구범위의 중요성과 기재방법

(1) 청구범위의 중요성

청구범위는 특허명세서의 핵심부분이다. 명세서에서 발명의 상세한 설명을 아무리 길게 설명했어도 특허를 받고자 하는 것도, 특허로 되는 것은 "청구범위"에 적은 내용이기 때문이다. 즉 특허발명의 보호범위는 청구범위에 적혀 있는 사항에 의하여 정하여진다($\S97^{법}$).

청구범위 기재형식은 각국의 법령(法令)으로 정하고 있으므로 우리 또한 우리 특허법령에 규정되어 있음은 물론이다.

(2) 청구범위의 기재방법

국제적으로 본다면 몇 가지 기재형식이 있다. 참고할 만한 것만을 소개하면 다음과 같다.

(i) 젭슨 식(Jepson type) 청구항   이미 존재하는 기계, 장치, 물, 공정 등을 일부개량한 발명의 청구범위기재에 사용하는 청구항의 기재방식이다.

도입부(preambles)에서 발명이 속한 기술분야의 공지된 구성요소를 인용하고, 연결부(transition)에서 상기 공지된 요소 중, 개량된 부분이 어떤 범위로 포함되어 있음을 시사하며, 구성요소부(elements)에서 출원인이 새롭게 개량했거나 추가한 요소를 기재한다. 도입부 요소들은 출원인 스스로 공지된 기술로 인정하는 것으로 추정된다.

(ii) 마아쿠쉬 식(Markush type) 청구항   이 기재방법은 종전에 발명의 구성요소를 선택적으로 한정하기 위하여 사용했던 "A 또는 B 또는 C" 대신 "A, B, C로 이루어진 그룹으로부터 선택된"으로 기재하는 청구항을 말한다. Markush type은

화학분야의 발명의 구성요소들을 그룹으로 조합하여, 각각의 청구항이 차지하는 범위에 따라 청구범위를 쉽게 작성할 수 있는 편리함이 있다.

특허청의 심사지침서에서는 특수한 경우의 취급으로 이 마아쿠쉬(Markush) 방식 청구항에 대하여 설명하고 있다.[1]

(iii) 제법한정(Product−by−Process) 청구항　　물건(Product)의 청구항을 특정한 방법에 의하여 기재하는 식의 청구항이다. 즉 어떤 물건이나 물질이 특정된 제조방법에 의하여 한정된 형식의 청구항을 말한다. 이러한 청구항은 물건 또는 물질이 신규성이나 진보성이 없어도 제조방법의 특정, 즉 제조방법에 신규성 또는 진보성이 있으면 물건 또는 물질에도 신규성과 진보성이 인정되는 불합리성이 있었다.

그러나 **대법원 전원합의체의 판결**은 이러한 청구항의 기재방식을 부인하면서 제법한정(Product−by−Process) 청구항을 인정했던 종전의 대법원 판결들은, 이 판결의 견해에 배치되는 범위에서 모두 변경하기로 한다는 판시를 했다.[2]

따라서 이러한 청구항의 기재방식은 종래와 같은 특별한 의의를 상실하였고 더 이상 존재의 가치도 없게 되었다.

(iv) **기능식**(Means−Plus−Function) **청구항**　　기능식 청구항은 정확한 구성요소를 기재하지 않고 특별한 기능이나 효과를 기재한 기능적 표현을 포함하는 청구항을 말한다. 청구항을 기능적으로 기재함으로써 청구범위를 넓힐 수 있어 실무상 기능식 청구항을 적는 경우가 많다.

기능적 표현은 해당 청구범위를 더욱 분명히 하면서 쉽게 이해하는데 도움을 줄 수 있다.

(v) **다항식 청구항**(multiple claim system; multiplicity of claims)　　하나의 특

---

1) 심사지침에는,
　(1) 하나의 청구항에 택일적 요소가 마아쿠쉬 방식으로 기재된 경우에 있어서, 택일적 사항들이 "유사한 성질 또는 기능"을 갖는 경우에는 단일성의 요건은 만족된다. 마아쿠쉬 그룹(Markush Grouping)이 화합물의 택일적 사항에 관한 것일 때에는, 제4장(특허청구범위) 4(발명이 명확하고 간결하게 기재할 것) (4)(택일형식)의 요건을 만족하는 경우에는 유사한 성질 또는 기능을 갖는 것으로 간주한다.
　(2) 발명의 단일성 판단에 있어서, 두 개 이상의 택일적 사항을 복수의 독립항으로 기재하든 하나의 청구항 내에 마쿠쉬 방식으로 기재하든 판단기준이 달라지는 것은 아니다.
　(3) 마아쿠쉬 그룹의 택일적 요소들 중 적어도 하나가 선행기술과 관련하여 신규하지 아니한 것으로 판단되면 심사관은 발명의 단일성에 관한 문제를 재검토하여야 한다.
2) 대법원 2015. 1. 22. 선고 2011후927 대법관 전원합의체(全員合議體) 판결은, " … 물건의 발명의 특허청구범위에 기재된 제조방법은 최종생산물인 물건의 구조나 성질 등을 특정하는 하나의 수단으로서 그 의미를 가질 뿐이다"라고 판시하였다.

허출원서에 출원발명의 청구항을 여러 개의 항으로 다양하게 구분하여 기재하는 제도이다. 우리 특허제도는 이 다항식 청구항을 채택하였다. 이는 단항식 청구항(single claim system)에 대칭되는 개념이다.

3. 다항제에 있어서 청구항의 기재방법

(1) 다항제의 개념

다항제(多項制)라 함은 하나의 특허출원서에 출원발명의 청구항을 하나 이상인 여러항(複數項)으로 다양하게 구분하여 기재하는 제도이다. 단항제(單項制)에 대칭되는 개념이다.

발명은 하나만을 창작하는 경우도 있지만, 기술적으로 관련되는 몇 개의 발명이 같이 창작되는 경우도 있다. 기술적으로 서로 관련되는 몇 개의 발명을 모아서 하나의 출원으로 하면서 여러 개의 청구항으로 구분하여 청구항을 적을 수 있는 것이 다항제이다.

이 다항제의 특징은 발명의 기술적 사상을 여러 각도와 여러 측면에서 다양하게 기재하여 그 보호범위를 명확히 함으로써, ① 특허권자는 완전한 권리를 취득하여 충실히 보호할 수 있고, ② 제3자는 특허권자의 권리범위를 쉽게 알 수 있으므로 자유로 사용할 수 있는 공지(公知)의 기술과의 한계를 분명하게 함으로써 분쟁의 소지를 없애고, ③ 특허청에도 관련발명을 한데 모아 심사·심판할 수 있는 편의가 제공된다는 것이다.

(2) 다항식 청구항의 기재방법

기술적 사상은 추상적(抽象的)인 상위개념(上位概念)과 구체적인 하위개념(下位概念)의 관계에 있는 실질적인 동일발명(同一發明)은 복수의 청구항으로 구분하여 적어서 하나의 출원으로 할 수 있고(법§42④) 기술적으로 밀접한 관계에 있는 하나의 총괄적 발명의 개념을 형성하는 일군의 발명에 대하여 하나의 특허로 출원하는 경우(법§45①단)에도 여러 개의 청구항을 구분하여 기재할 수 있다. 물론 이러한 경우에 발명을 하나의 출원(出願)으로 할 것인가, 여러 개의 출원으로 할 것인가는 출원인의 자유의사에 따라 결정될 문제이다. 출원인은 자기의 발명에 관한 보호범위를 스스로 특정할 수 있기 때문이다.

청구항의 기재방법으로는 독립청구항(獨立請求項)과 종속청구항(從屬請求項)으로 구별된다. 독립청구항은, 포괄적 청구항(generic claim) 또는 독립항이라고도 한다. 다른 청구항을 인용하지 않은 청구항이다.

종속청구항(dependent claim) 또는 종속항(從屬項)은 선행(先行)의 다른 청구항을 인용하여 기재한 청구항이다. 즉 선행의 독립항 또는 선행의 다른 종속항에 기재된 발명을 한정(限定)하거나 부가(附加)하여 보다 구체화하는 청구항이다.

4. 우리 법령의 다항제에 따른 청구범위를 적는 규정

(1) 청구범위의 기재요건

명세서에 적는 청구범위에는 보호받으려는 사항을 적은 항, 즉 청구항이 하나 이상 있어야 하며, 그 청구항은 다음 각호의 요건에 모두 충족하여야 한다($^{법}_{§42④}$).

(i) 발명의 설명에 의하여 뒷받침 될 것($^{같은조항}_{(i)}$). 발명의 설명에 의하여 뒷받침되어야 함으로, 발명의 설명으로 기재된 사항 중에서, 권리로서 청구하고자 하는 부분을 추출하여 적는다.

(ii) 발명이 명확하고 간결하게 적혀 있을 것($^{같은조항}_{(ii)}$) 등이다. 즉 특허권의 권리범위를 기재하는 것이므로 그 표현이 확실하여야 한다.

(2) 청구범위의 특정과 청구범위의 기재방법

청구범위는 특허를 받고자 하는 출원인이 특허받고자 하는 발명을 특정하기 위하여 필요한 것이다. 따라서 청구범위에 적는 것은 출원인 스스로가 특허를 받고자 하는 발명을 특정하는 것이므로, 하나의 발명에 대하여 여러 개의 청구항을 기재할 수 있다.

청구범위에는 보호받으려는 사항을 명확히 할 수 있도록 발명을 특정하는데 필요하다고 인정되는 구조·방법·기능·물질 또는 이들의 결합관계 등을 적어야 한다($^{법}_{§42⑥}$).

청구범위의 기재방법에 관하여 필요한 사항은 대통령령, 즉 특허법시행령(이하 "시행령"이라 약칭한다)에 위임되어 있다($^{법}_{§42⑧}$). 그 시행령에 규정된 사항은 다음과 같다.

(i) 청구항을 기재할 때에는 독립항을 기재하여야 하며, 그 독립항을 한정하거나 부가하여 구체화하는 종속항을 기재할 수 있다($^{시행령}_{§5①전}$). 이 경우 필요한 때에는 그 종속항을 한정하거나 부가하여 구체화하는 다른 종속항을 기재할 수 있다($^{시행령}_{§5①후}$).

여기에서 "독립항을 한정하거나 부가하여 구체화한다" 함은 기술구성을 부가하거나 상위개념을 하위개념으로 한정 또는 수치 등을 한정함으로써, 발명을 구체적으로 특정함을 의미하고, "종속항"이란 발명의 내용이 다른 항에 종속되어 다른 항의 내용변경에 따라 해당 청구항의 내용이 변경되는 항을 말한다.

한편, 독립항을 한정하거나 부가하는 항이라 하여 모두 종속항으로 되는 것은 아니고, 그 중에는 독립항일 수도 있다는 점도 유의하여야 한다.

예로서, 인용되는 항의 구성요소를 감소시키는 형식으로 기재하는 경우, 또는 인용되는 항에 기재된 구성을 다른 구성으로 치환(置換)하는 형식으로 기재하는 경우에는 독립항으로 인정된다.

(ii) 청구항은 발명의 성질에 따라 적정한 수로 기재하여야 한다($\binom{시행령}{§5②}$). 적정한 수이어야 함으로 과다한 것도 과소한 것도 바람직하지 않다.

(iii) 다른 청구항을 인용하는 청구항은 인용되는 항의 번호를 적어야 한다($\binom{시행령}{§5④}$). 번호가 없으면, 어느 항을 인용한 것인지 알 수 없기 때문이다.

(iv) 둘 이상의 항을 인용하는 청구항은 인용되는 항의 번호를 택일적(擇一的)으로 기재하여야 한다($\binom{시행령}{§5⑤}$). 따라서 하나만을 골라서 적는다.

(v) 둘 이상의 항을 인용한 청구항에서 그 청구항의 인용된 항은 다시 둘 이상의 항을 인용하는 방식을 사용하여서는 아니 된다($\binom{시행령}{§5⑥전}$). 둘 이상의 항을 인용한 청구항에서, 그 청구항의 인용된 항이 다시 하나의 항을 인용한 후에, 그 하나의 항이 결과적으로 둘 이상의 항을 인용하는 방식도 또한 아니 된다($\binom{시행령}{§5⑥후}$).

(vi) 인용되는 청구항은 인용하는 청구항보다 먼저 기재하여야 한다($\binom{시행령}{§5⑦}$).

(vii) 각 청구항은 항마다 행을 바꾸어 기재하고 순서에 따라 아라비아 숫자로 일련번호(一連番號)를 붙여야 한다($\binom{시행령}{§5⑧}$).

5. 청구항 독립의 원칙 ― 청구항의 독립성

(1) 청구항 독립의 개념

청구항은 독립항이든 종속항이든 각자가 별개로 특허요건을 구비하고 서로 독립되어 있다는 것이다.[3] 따라서 청구항의 독립성(獨立性)은 특허성(特許性)의 판단에 독립적 기능을 가짐으로, 다른 청구항의 기술적 사상의 개념이 상위·하위 또는 동일의 여부를 심리할 필요가 없고, 청구항의 기재형식(記載形式)도 단지 발명의 내용을 이해하는데 대한 편의를 위한 것에 불과한 것으로 본다.

그러므로 청구항은 특허권의 효력·포기, 특허권의 취소결정·무효심판·권리범위확인심판 등의 단위로 되는 등 중요한 구분의 기능을 가진다 할 것이다.

---

3) 특허법원 발행(2006), 특허재판실무편람, P. 110; 吉藤·熊谷, 前揭書, P. 291.

(2) 우리 특허법의 청구항 독립에 관한 규정들

i) 둘 이상의 청구항이 있는 특허출원의 등록에 관한 특칙

둘 이상의 청구항이 있는 특허출원에 대한 특허결정을 받은 자가 특허료를 낼 때에는 청구항별(請求項別)로 이를 포기할 수 있다($^{\text{법}}_{\S215의2①}$).

청구항의 포기에 관하여 필요한 사항은 산업통상자원부령인 시행규칙으로 정하도록 규정하고 있다($^{\text{법}}_{같은조②}$).

ii) 둘 이상의 청구항이 있는 특허 또는 특허권에 관한 특칙

둘 이상의 청구항이 있는 특허 또는 특허권에 관하여 제65조(출원공개의 효과) 제6항, 제84조(특허료 등의 반환) 제1항 제2호, 제85조(특허원부) 제1항 제1호(소멸의 경우만 해당된다), 제101조(특허권 및 전용실시권의 등록의 효력) 제1항 제1호, 제104조(무효심판청구 등록 전의 실시에 의한 통상실시권) 제1항 제1호·제3호·제5호, 제119조(특허권 등의 포기의 제한) 제1항, 제132조의13(특허취소신청에 대한 결정) 제3항, 제133조(특허의 무효심판) 제2항·제3항, 제136조(정정심판) 제7항, 제139조(공동심판의 청구 등) 제1항, 제181조(재심에 의하여 회복된 특허권의 효력제한), 제182조(재심에 의하여 회복한 특허권에 대한 선사용자의 통상실시권) 또는 실용신안법 제26조(무효심판청구 등록 전의 실시에 의한 통상실시권) 제1항 제2호·제4호·제5호를 적용할 때에는 청구항마다 특허가 되거나 특허권이 있는 것으로 본다($^{\text{법}}_{\S215}$).

iii) 기타의 청구항별의 규정

(i) 둘 이상의 청구항에 관하여 특허취소신청이 있는 경우에는 청구항마다 취하할 수 있고($^{\text{법}}_{\S132의12②}$), 그 청구항의 취하가 있으면 그 청구항에 대한 취소신청은 처음부터 없었던 것으로 본다($^{\text{법}}_{같은조③}$).

(ii) 특허의 무효심판을 청구하는 경우 청구범위의 청구항이 둘 이상인 경우에는 청구항마다 청구할 수 있다($^{\text{법 }\S133①}_{본.후}$).

(iii) 특허권의 권리범위 확인심판을 청구하는 경우에 청구범위의 청구항이 둘 이상인 경우에는 청구항마다 청구할 수 있다($^{\text{법}}_{\S135③}$).

제 5 항   필요한 도면

(1) 도면의 법적 성질

도면은 명세서에 기재된 발명의 구성을 설명하는 보충역할(補充役割)을 하는 것이므로, 도면이 필요하지 않을 경우에는 이를 생략할 수 있다.

그러나 기계구조(機械構造)나 설비장치(設備裝置)를 설명하기 위해서는 필수적인 설명수단이다. 또 실용신안에 있어서의 도면은 명세서의 요부를 이루는 필수요건이다.

(2) 도면의 설명

특허출원서에 첨부하는 필요한 도면은 출원발명을 설명하는 보충역할을 하는 것이므로 간단하게나마 그것이 출원발명의 어느 부위를 어떻게 나타내고 있는 것인지를 밝혀 놓아야 한다.

따라서 도면의 설명은 첨부된 도면의 종류에 따라, 예로서 제1도는 본원발명의 장치에 관한 어느 부분의 정면도(正面圖)라든가, 제2도는 어느 부분의 종단면도(縱斷面圖), 제3도는 전체를 보이는 사시도(斜視圖)라는 식으로 기재한다.

제6항   요 약 서

(1) 요약서의 개념

요약서는 출원인(出願人)이 출원발명의 내용, 즉 명세서에 적는 발명의 설명 내용을 간단히 요약한 기술정보서(技術情報書)이다. 이를 공개하여 요약서만 보아도 출원발명의 내용을 쉽게 파악할 수 있도록 하기 위한 것이다.

특허출원 건수의 증가와 기술내용의 고도화(高度化), 복잡화(複雜化)에 따른 특허명세서의 방대화 등 돌아가는 형편은 특허기술정보의 효율적인 이용방법을 요구하게 되었다.

그래서 방대한 발명의 설명을 보다 간단하게 요약한 요약서만 보아도 그 발명의 내용을 대충은 파악할 수 있게 된다면, 신속하고 용이하게 이용할 수 있는 특허정보기술로 되어 선행기술의 조사뿐만 아니라, 중복출원(重複出願) 또는 중복투자(重複投資)를 방지하는 역할도 할 수 있게 된다.

(2) 요약서의 법적 성질

요약서는 기술정보(技術情報)로서의 용도로 사용되어야 하며, 특허발명의 보호범위를 정하는 데에는 사용할 수 없다(법§43).

이러한 규정이 없다면, 요약서의 성질 자체에 대한 시비논쟁이 있을 것이요, 출원인 또한 요약서의 작성에 여러 가지 잡다한 생각으로 주저하는 바 있어 요약서 제도의 본래의 취지가 희석될 수 있기 때문에 그 법적 성질을 명문으로 규정하였다.

(3) 출원서에 요약서의 첨부가 없는 경우

출원서에 요약서의 첨부는 출원서류의 구비여부에 관한 필수요건으로서 방식심사의 대상이다. 따라서 요약서가 없으면, 특허법 제46조(절차의 보정) 제2호에 의한 보정요구사항으로 되고, 그 보정명령에도 불응하여 요약서를 제출하지 않은 경우에는 그 출원은 제16조(절차의 무효)에 따른 절차무효의 대상으로 될 수 있다. 출원서에 요약서를 첨부하는 것을 필수요건으로 삼은 것은($_{§42②}^{법}$), 기술정보자료로 출원을 공개할 때에 필요하기 때문이다.

제 7 항 특허출원료

(1) 특허출원료의 법적 성질

이는 수익자부담(受益者負擔)의 원칙에 따른 것이다. 즉 일정한 법률요건을 갖춤으로써 그에 따른 이익을 받는 자에게 그 이익에 따르는 필요한 경비의 일부 또는 전부를 부담시키는 것을 말한다.

특허출원을 비롯한 특허에 관한 절차를 밟는 자는 수수료를 납부하여야 한다($_{§82①}^{법}$). 특허출원료 등을 납부하지 아니하면 절차의 보정사항으로 되고($_{§46(iii)}^{법}$), 그래도 내지 아니하면 특허출원 그 자체가 무효로 될 수 있다($_{§16①본}^{법}$).

(2) 특허출원료의 납부방법 등

출원료의 금액, 그 납부방법 및 납부기간 등은 특허료 등의 징수규칙(이하 "징수규칙"이라 한다)으로 정하도록 되어 있다($_{§82③}^{법}$). 따라서 출원료 등은 징수규칙 제2조에 규정되어 있고, 특허협력조약(PCT)에 따른 국제출원수수료는 제10조에 따로 규정되어 있다($_{§10}^{징수규칙}$). 그 납부방법 등도 징수규칙에 상세히 규정되어 있다($_{§8}^{징수규칙}$).

제 8 항 특허출원의 효과

(1) 출원일의 확정

특허출원(特許出願)으로써 발생하는 첫번째 효과는 특허출원일(特許出願日)의 확정이다. 이 특허출원일의 확정으로 다음과 같은 여러 가지 부수적인 효과들이 발생한다.

(i) 특허출원인의 발명이 완성된 것임을 객관적으로 나타낸다.

(ii) 특허를 받을 수 있는 권리가 객관적으로 확인된다.

(iii) 특허출원이 특허청에 계속되고 출원번호가 부여되어 특허출원인(特許出願人)에게 통지된다.

(iv) 발명의 신규성(新規性), 진보성은 출원일의 출원시를 기준으로 판단된다.

(v) 우선권주장일도 확정된다. 국제우선권주장, 국내우선권주장 등도 이 출원일을 기초로 한다.

(vi) 심사청구(審査請求), 출원공개(出願公開), 특허권의 존속기간, 청구범위 기재의 유예기간, 외국어 출원의 한국어번역문 제출기간, PCT국제출원의 국어번역문 제출기간 등이, 모두 이 특허출원일을 기산일로 한다.

(vii) 분할출원, 변경출원의 경우도 이 출원일을 기초로 소급된다.

(2) 선출원으로서의 지위확정

특허출원으로 선출원의 지위가 확정된다.

(i) 선출원으로서의 지위확정으로 동일발명(同一發明)으로서 그보다 뒤에 출원되는 후출원(後出願)들의 특허출원은 모두 거절된다.

(ii) 이 선출원으로서의 지위는 실용신안등록출원(實用新案登錄出願)에도 그 효과가 미친다. 실용신안의 고안과 특허출원된 발명이 동일한 경우에는 후출원인 실용신안은 선출원된 발명에 의하여 거절된다($^{실용법}_{§7①③}$).

제 2 절   특례, 조건 또는 제재 및 소급효를 인정하는 출원들

제 1 관   특례, 조건 및 제재가 붙은 출원

제 1 항   외국어 특허출원의 특례

(1) 외국어특허출원

(i) 종래에는 모든 서류는 국어(한글)로만 기재하도록 되어 있었고, 다만 위임장, 국적증명서 및 우선권주장서류 등은 외국어로 기재된 것도 인정되지만, 위임장과 국적증명서 등은 반드시 한글로 번역된 번역문을 첨부하여야 했다. 그리고 외국어(外國語)로만 된 서류는 부적법한 것으로 보고 반려의 대상이었다.

(ii) 현행법은 특허출원서에 최초로 첨부한 명세서와 도면의 설명을 부령(部

令), 즉 시행규칙이 정하는 외국어로 할 수 있도록 하였다($^{법}_{\S42의3①}$). 이는 국제추세 (國際趨勢)에 따라 외국인 출원의 편의를 위하여 외국어특허출원(外國語特許出願)을 인정하는 것이며, 시행규칙은 외국어로 우선은 "영어"만을 지정하였다($^{시행규칙}_{\S21의2①}$).

그러나 PCT국제출원인 경우에는 국어(한글), 영어(英語), 일본어(日本語)로 지 정되었음을 유의하여야 한다($^{법\ \S193①}_{시행규칙\ \S91}$).

(2) 외국어특허출원의 절차

i) 영어로 적은 특허출원

특허출원인이 명세서 및 도면(설명부분에 한정한다)을 국어가 아닌 시행규칙이 정하는 언어(우선은 "영어"만이 지정되었음)로 적겠다는 취지를 특허출원을 할 때 특 허출원서에 적은 경우에는 그 언어로 적을 수 있다($^{법\ \S42의3①,}_{시행규칙\ \S21의2②}$).

특허출원인이 외국어 특허출원을 한 경우에는, 제64조(출원공개) 제1항 각호의 구분에 따른 날부터 1년 2개월이 되는 날까지 그 명세서 및 도면의 국어번역문을 시행규칙으로 정하는 방법에 따라 제출하여야 한다($^{법}_{\S42의3②본}$).

(i) 제54조(조약에 의한 우선권주장) 제1항에 따른 우선권주장을 수반하는 특허 출원의 경우   그 우선권주장의 기초가 된 출원일($^{법}_{같은조항(i)}$)

(ii) 제55조(특허출원 등을 기초로 한 우선권주장) 제1항에 따른 우선권주장을 수 반하는 특허출원의 경우   선출원의 출원일($^{법}_{같은조항(ii)}$)

(iii) 제54조(조약에 의한 우선권 주장) 제1항 또는 제55조(특허출원 등을 기초로 한 우선권주장) 제1항에 따른 둘 이상의 우선권주장을 수반하는 특허출원의 경우   해 당 우선권 주장의 기초가 된 출원일 중 최우선일($^{법}_{같은조항(iii)}$)

(iv) 제1호(i)부터 제3호(iii)까지의 어느 하나에 해당하지 아니하는 특허출원인 경우   그 특허출원일($^{법}_{같은조항(iv)}$)

ii) 국어번역문의 제출기한

따라서 이와 같이, 우선권주장의 기초가 된 날 또는 특허출원일 즉 최선일(最 先日)부터 1년 2개월 이내에 한국어 번역문을 제출하여야 한다($^{법}_{\S42의3②본}$). 다만, 최 우선일 전에 제60조(출원심사의 청구절차) 제3항에 따른 특허출원인이 아닌 자로부 터의 심사청구가 있어 그 취지의 통지를 받은 경우에는, 그 통지를 받은 날부터 3 개월이 되는 날 또는 최우선일부터 1년 2개월이 되는 날 중에서, 빠른 날까지 한 국어 번역문을 제출하여야 한다($^{법}_{법\ 같은조항}$). 이 제도는 최선(最先)의 출원일(出願日) 을 인정하기 위한 제도이다.

iii) 새로운 국어번역문의 제출

국어번역문을 제출한 특허출원인은 우선권 주장의 기초가 된 날 또는 최선일로부터 1년 2개월 이내의 기한 이전에는 그 한국어 번역문에 갈음하여 새로운 번역문을 제출할 수 있다($^{법}_{§42의3③본}$). 다만, 다음 각호의 어느 하나에 해당하는 경우에는 그러하지 아니하다($^{법}_{단}$ 같은조항).

(i) 명세서 또는 도면을 보정(다만, 제42조의3 제5항에 따라 보정한 것으로 보는 경우는 제외한다)한 경우($^{법}_{§42의3②단(i)}$)

(ii) 특허출원인이 출원심사의 청구를 한 경우($^{법}_{단(ii)}$ 같은조항) 이러한 기회를 무제한 줄 수는 없기 때문이다.

iv) 국어번역문 불제출과 취하의제

기일 내에 번역문 제출이 없으면, 그 특허출원은 취하한 것으로 본다($^{법}_{§42의3④}$).

v) 국어번역문제출과 보정의제

외국어 특허출원인이 국어번역문 또는 새로운 국어번역문을 제출한 경우에는 외국어특허출원의 특허출원서에 최초로 첨부한 명세 및 도면을 그 외국어번역문에 따라 보정한 것으로 본다($^{법}_{§42의3⑤본}$). 다만, 새로운 국어번역문을 제출한 경우에는 마지막 번역문(이하 이조 및 제47조 제2항 후단에서 "최종 국어번역문"이라 한다) 전에 제출한 국어번역문에 따라 보정한 것으로 보는 모든 보정은 처음부터 없었던 것으로 본다($^{같은법조}_{⑤단}$).

vi) 잘못된 국어번역문의 정정

특허출원인은 제47조(특허출원의 보정) 제1항에 따라 보정을 할 수 있는 기간에 최종 국어번역문의 잘못된 번역을 시행규칙이 정하는 방법에 따라 정정할 수 있다($^{법}_{§42의3⑥전}$). 이 경우 정정된 번역문에 관하여는 제5항을 적용하지 아니한다($^{같은조항}_{후}$). 이는 번역문제출이 아니고 보정이기 때문이다.

vii) 마지막 정정 전의 정정들의 소급적 소멸

같은법조 제6항 전단에 따라 제47조(특허출원의 보정) 제1항 제1호 또는 제2호에 따른 기간에 정정을 하는 경우에는 마지막 정정 전에 한 모든 정정은 처음부터 없었던 것으로 본다($^{법}_{§42의3⑦}$).

제2항 핵산염기 서열 또는 아미노산 서열을 포함한 특허출원

이에 대하여는 특허법 또는 시행령에는 규정이 없고, 시행규칙에 수개의 조문이 있을 뿐이다(시행규칙 §21의4, §106의12, §106의13, §106의38). 그리고 특허청 심사지침서에 간단히 소개되어 있다.

1. 시행규칙에 규정된 내용

(1) 핵산염기 서열 또는 아미노산 서열을 포함한 특허출원

(i) 서열목록   핵산염기 서열 또는 아미노산 서열을 포함한 특허출원을 하려는 자는 특허청장이 정하는 방법에 따라 작성한 서열목록(이하 "서열목록"이라 한다)을 명세서에 적고, 그 서열목록을 수록한 전자파일(이하 "서열목록전자파일"이라 한다)을 특허청장이 정하는 방법에 따라 작성하여 특허출원서에 첨부하여야 한다. 다만, 특허청장이 정하는 방법에 따라 작성한 서열목록전자파일 형식으로 명세서에 적은 경우에는 서열목록전자파일을 첨부하지 아니하여도 된다(시행규칙 §21의4①).

(ii) 서열을 포함하는 특허출원의 보정   서열을 포함하는 특허출원의 보정에 관하여는 제1항을 준용한다(같은조②).

(2) PCT국제출원에 관한 핵산염기 또는 아미노산 서열에 관한 시행규칙의 규정

PCT국제출원에 관하여는 시행규칙 제106조의12(핵산염기 서열목록의 제출 등), 제106조의13(명세서 서열목록부분의 보정), 제106조의38(핵산염기 서열목록의 제출) 및 제112조의2(핵산염기 서열 또는 아미노산 서열을 포함한 국제특허출원의 특례) 등의 규정이 있음을 유의하여야 한다.

2. 심사지침서에 있는 내용들

(1) 출원서에 첨부하는 서류

핵산염기 서열 또는 아미노산 서열을 포함한 특허출원을 하고자 하는 자는 출원서에 다음 각호의 서류를 첨부하여 특허청장에게 제출하여야 한다.

(i) 특허청장이 정하는 바에 따라 작성한 서열목록을 첨부한 명세서

(ii) 컴퓨터 판독이 가능한 형태로 서열목록을 수록한 전자파일(서면으로 특허출원하는 경우에 한한다)

(2) 서열 목록이 다른 경우

명세서에 첨부한 서열목록과 전자파일에 수록한 서열목록이 다른 경우에는 명세서에 첨부한 서열목록대로 제출된 것으로 본다.

(3) 서열 목록의 보정

서열목록의 보정은 위의 (1) 및 (2)의 심사기준을 준용한다. 보정과 관련한 세부사항은 '핵산염기 서열 또는 아미노산 서열을 포함한 특허출원 등의 서열목록 작성 및 제출요령(특허청 고시 제2009-19호)'을 참조한다.

(4) 서열 목록이 첨부되지 않은 경우

서열목록이 첨부되지 않은 출원의 경우에는 다음과 같이 취급한다.

(i) 출원서의 서지적 사항 중 서열목록란에 [미첨부]라고 기재하고 명세서에도 서열목록을 기재하지 않거나, [첨부]라고 기재하고 명세서에 서열목록을 첨부하지 않은 경우의 취급: 서열목록을 기재 또는 첨부하지 아니하여 청구항에 기재된 발명을 쉽게 실시할 수 없는 때에는 특허법 제42조(특허출원) 제3항 제1호로 거절이유를 통지한다. 거절이유통지에 따라 서열목록을 명세서에 추가하는 경우에는 신규사항 추가금지 규정에 따라 판단한다.

(ii) 전자문서로 제출된 출원의 명세서에 서열목록이 스캐닝에 의하여 작성된 출원의 취급: 명세서에 기재되는 서열목록은, 시행규칙이 정하는 바에 따라 "방송통신 발전기본법" 제33조(표준화의 추진)의 규정에 의한 표준(KSC5601, KS 2바이트 완성형)문자에 포함된 문자 및 기호만을 사용하여 작성하여야 하므로, 이미지에 의해 작성된 스캐닝된 서열목록은 특허법에 의한 명령이 정하는 방식에 위배된 것으로 보정명령 대상에 해당된다.

그러므로 서열목록이 스캐닝에 의하여 작성되어 전자문서로 제출된 출원에 대하여는 특허법 제46조(절차의 보정)에 의하여 보정을 요구하고, 흠결이 치유되지 않는 경우 그 출원절차를 무효로 한다($\substack{법 \\ §46(ii)}$).

제 3 항 미생물 관련 특허출원

특허법은 미생물(微生物) 관련발명의 특수성(特殊性)에 따라, 이를 특허출원하는 경우에 특별취급을 하고 있다. 또 특허법은 특허청장이 필요하다고 인정하면 전문기관을 지정하여 미생물의 기탁·분양, 선행기술의 조사, 특허분류의 부여 등에 관하여 대통령령, 즉 "시행령"으로 정하는 업무를 의뢰할 수 있다($\substack{법 \\ §58①}$).

그리고 미생물에 관하여는 "시행령"에 여러 조문을 두었다. 차례로 소개한다($\substack{법 \\ §46(ii)}$).

1. 미생물의 기탁

(1) 미생물에 관한 특허출원

미생물(微生物)에 관계되는 발명에 대하여 특허출원을 하려는 자는 특허출원 전에 다음 각호의 어느 하나에 해당하는 기관에 특허청장이 정하여 고시하는 방법에 따라 해당 미생물을 기탁하여야 한다($\frac{시행령}{\S2①본}$). 다만, 해당 발명이 속하는 기술분야에서 통상의 지식을 가진 자가 그 미생물을 쉽게 입수할 수 있는 경우에는 기탁하지 아니할 수 있다($\frac{같은조항}{단}$).

    (i) 제58조(전문기관의 지정 등) 제1항에 따라 미생물 기탁 및 분양에 관한 업무를 담당하는 전문기관으로 지정받은 기관(이하 "국내위탁기관"이라 한다)($\frac{같은조항}{(i)}$)

    (ii) "특허절차상 미생물기탁의 국제적 승인에 관한 부다페스트 조약" 제7조에 따라 국제기탁기관으로서의 지위를 취득한 기관(이하 "국제위탁기관"이라 한다)($\frac{같은조}{항(ii)}$)

(2) 미생물을 기탁한 경우

미생물을 기탁한 자는 특허출원서에 시행규칙으로 정하는 방법에 따라 그 취지를 적고, 미생물의 기탁 사실을 증명하는 서류〔국제기탁기관에 기탁한 경우에는 "특허절차상 미생물기탁의 국제적 승인에 관한 부다페스트 조약규칙" 제7규칙에 따른 수탁증(受託證) 중 최신의 수탁증 사본을 말한다〕를 첨부하여야 한다($\frac{시행령}{\S2②}$).

(3) 새로운 수탁번호가 부여된 경우

특허출원인 또는 특허권자는 미생물의 기탁에 대하여 특허출원 후 새로운 수탁번호가 부여된 때에는 지체없이 그 사실을 특허청장에게 신고하여야 한다($\frac{시행령}{\S2③}$).

2. 미생물에 관계되는 발명의 특허출원명세서의 기재

(1) 명세서의 기재방법

미생물에 관계되는 발명에 대하여 특허출원을 하려는 자는 특허법 제42조(특허출원) 제2항에 따른 명세서(특허출원서에 최초로 첨부한 명세서를 말한다)를 적을 때 시행령 제2조(미생물의 기탁) 제1항 본문에 따라 미생물을 기탁한 경우에는 국내기탁기관 또는 국제기탁기관에서 부여받은 수탁번호를 같은 항 단서에 따라 그 미생물을 기탁하지 아니한 경우에는 그 미생물의 입수방법을 적어야 한다($\frac{시행령}{\S3}$).

미생물을 기탁한 경우에는 명세서에 기탁기관의 명칭과 기탁연월일을 부기(附記)하는 것이 더욱 확실하다.

(2) 심사지침서의 지침

특허청 심사지침서에 따르면 미생물을 용이하게 입수할 수 있는 경우로는, 다음의 것들을 소개하였다.

(i) 시중에서 판매되고 있는 미생물

(ii) 그 출원 전에 신용할 수 있는 보존기관에 보존되어 보존기관이 발행하는 카탈로그 등에 의하여 자유롭게 분양될 수 있는 사실이 확인된 미생물, 이 경우에는 해당 미생물의 보존기관, 보존번호를 출원 당초의 명세서에 기재하여야 한다.

(iii) 명세서의 기재에 의하여, 발명이 속하는 기술분야에서 통상의 지식을 가진 자가 용이하게 제조할 수 있는 미생물 등을 들고 있다.

(3) 수탁번호 변경신고서에 첨부서류

한편, 출원인은 미생물 기탁에 대하여 특허출원 후에, 새로운 수탁번호가 부여된 때에는 지체없이 그 사실을 특허청장에게 신고하여야 하는바($\frac{\text{시행령}}{\S2\text{③}}$), 미생물 수탁번호의 변경신고를 하는 자는 그 변경신고서에 다음 각호의 서류를 첨부할 것도 요구되고 있다.

(i) 새로운 수탁번호를 증명하는 서류

(ii) 대리인에 의하여 그 절차를 밟는 경우에는 그 대리인을 증명하는 서류

3. 미생물의 분양

(1) 미생물의 분양을 받을 수 있는 경우

미생물의 기탁규정에 따라 기탁된 미생물에 관계되는 발명을 시험 또는 연구를 위하여 실시하려는 자는 다음 각호의 어느 하나에 해당하는 경우 시행규칙으로 정하는 바에 따라 국내기탁기관 또는 국제기탁기관으로부터 그 미생물을 분양받을 수 있다($\frac{\text{시행령}}{\S4\text{①본}}$).

(i) 그 미생물에 관계되는 발명에 대한 특허출원이 공개되거나 설정등록된 경우($\frac{\text{같은조항}}{\text{(ii)}}$)

(ii) 특허법 제63조(거절이유통지) 제1항〔특허법 제170조(심사규정의 특허거절결정에 대한 심판에의 준용) 제2항에서 준용하는 경우를 포함한다〕에 따른 의견서를 작성하기 위하여 필요한 경우($\frac{\text{같은조항}}{\text{(iii)}}$)

미생물의 기탁규정에 따라 미생물을 기탁한 자로부터 미생물 분양에 대한 허락을 받은 자는 국내기탁기관 또는 국제기탁기관에 신청하여 해당 미생물을 분양

받을 수 있다($\binom{시행령}{§4②}$).

(2) 미생물의 타인이용금지

미생물을 분양받은 자는 그 미생물을 타인에게 이용하게 해서는 아니 된다($\binom{시행령}{§4③}$).

제 4 항   1군발명의 특허출원

1. 일군(一群)의 발명 — 하나의 발명마다 하나의 출원의 예외

특허출원은 하나의 발명마다 하나의 특허출원으로 하는 것이 원칙으로 되어 있다($\binom{법}{§45①본}$). 다만, 예외로서 하나의 총괄적 발명의 개념을 형성하는 일군의 발명에 대하여는 하나의 특허출원으로 할 수 있다($\binom{같은조항}{단}$).

'일군의 발명'이란 기술적으로 서로 밀접하게 연관된 여러 개의 발명이 하나의 총괄적 발명의 개념을 형성하는 경우를 말한다.

2. 1군의 발명이 1출원으로 될 수 있는 요건

1군의 발명에 대하여 하나의 출원으로 할 수 있는 요건은 시행령으로 정하도록 되어 있다($\binom{법}{§42②}$).

따라서 시행령으로 정한 1군의 발명으로서 1특허출원을 하기 위하여는 다음의 요건에 충족되어야 한다($\binom{시행령}{§6본}$).

(i) 청구된 발명 간에 기술적 상호관련성이 있을 것($\binom{시행령}{§6(i)}$)

(ii) 청구된 발명들이 동일하거나 상응(相應)하는 기술적 특징을 가지고 있을 것   이 경우 기술적 특징은 발명 전체로 보아 선행기술에 비하여 개선된 것이어야 한다($\binom{시행령}{§6(ii)}$).

이 요건에 위반한 특허출원은 특허거절결정의 대상으로 된다.

그러나 특허청 조문별 특허법해설(2007. 9. 개정판)에는 일단 특허가 된 경우에는 무효사유는 아니라 하였고, 그 이유로서 특허성(特許性)과는 무관한 사유로서 이미 등록된 권리를 무효로 하는 것은 권리자에게 너무 가혹하기 때문이라 하였다.[4]

---

4) 특허청, 특허법해설, P. 127.

제5항 특별한 제재가 붙은 특허출원 — 국방상 제한·제재를 받는 특허
출원

1. 국방상 필요한 발명의 출원에 제한·제재의 이유

(1) 국방의 개념

국방(國防)이라 함은 국가와 민족의 안전을 보장하기 위한 모든 수단과 체제
를 말한다.

(2) 국방상 필요한 발명

국방상 필요한 발명이, 비밀로 하여야 할 필요가 있음에도 불구하고 외국에
출원되거나 발명이 공개된다면, 이는 국가와 민족의 안위에 직결되는 중대한 문제
이고, 또 국방상 필요한 발명임에도 특정인에게 독점권으로 인정되어 사익(私益)에
만 전용되는 것도 공익적인 면에서 용납될 수 없다고 본 것이다.

이는 영국의 특허법이 비밀특허(Secret Patent)를 규정하고 있는 내용과 비슷한
것이다. 영국은 발명이 국방의 목적(defence purposes)에 관계가 있는 것으로 국무
대신(Secretary of State)으로부터 통지가 있은 종류의 정보라고 특허청장이 인정한
경우에는 그 발명에 관한 정보의 공표(公表)를 금지 또는 제한할 것을 명할 수 있
다($\frac{영}{\S22}$ 특허법).[5]

그래서 정부는 국방상 필요한 발명에 대하여, 필요한 경우에는 일정한 제한·
제재를 가할 수 있으되, 그에 대한 대가로 정당한 보상을 하는 규정을 두었다
($\frac{법}{\S41③}$).

2. 국방상 필요한 발명의 외국출원의 제한

정부는 국방상 필요한 경우, 외국에 특허출원하는 것을 금지하거나 발명자·출
원인 및 대리인에게 그 특허출원의 발명을 비밀로 취급하도록 명할 수 있다
($\frac{법}{\S41①본}$). 다만, 정부의 허가를 받은 경우에는 외국에 특허출원을 할 수 있다($\frac{법}{\S41①단}$).

그리고 국방상 비밀취급된 특허출원의 발명에 대해서는 그 발명의 비밀취급
이 해제될 때까지 그 특허출원의 출원공개를 보류하여야 하며, 그 발명의 비밀취
급이 해제된 경우에는 지체없이 출원공개를 하여야 한다($\frac{법}{\S64④본}$). 다만, 그 특허출
원이 설정등록된 경우에는 출원공개를 하지 아니한다($\frac{법}{\S64④단}$). 특허청장은 특허권

---

5) 朝日奈 宗太 著, 外國特許制度 槪說(第六版), P. 177.

을 설정등록하면 등록공고를 하여야 하므로($^{법}_{§87③⑤}$), 출원공개는 중복되는 일이어서 의미가 없기 때문이다.

또 비밀취급이 필요한 특허발명에 대해서는 그 발명의 비밀취급이 필요할 때까지 그 특허의 등록공고를 보류하여야 하며, 그 발명의 비밀취급이 해제된 경우에는 지체없이 등록공고를 하여야 한다($^{법}_{§87④}$).

3. 특허받을 수 있는 권리의 불특허 또는 수용

(1) 정부의 불특허 또는 수용

정부는 특허출원된 발명이 국방상 필요한 경우에는, 특허를 하지 아니할 수 있으며, 전시(戰時)·사변(事變) 또는 이에 준하는 비상시에 국방상 필요한 경우에는 특허를 받을 수 있는 권리를 수용할 수 있다($^{법}_{§41②}$).

이와 같이, 국방상 필요하여 특허를 하지 아니하거나 수용한 경우에는, 정부는 정당한 보상금을 지급하여야 한다($^{법}_{§41③④}$). 개인의 특허를 받을 수 있는 권리에 대하여 불특허(不特許)의 제재(制裁)를 가하거나, 수용(收用), 즉 강제로 매수(買收)할 수 있다는 규정이므로 개인의 재산권에 대한 극한적인 제재라 할 수 있다.

그러므로 국가라 하더라도 개인의 재산권을 함부로 제재할 수 없도록 엄격한 요건을 규정하였다.

(2) 수용할 수 있는 조건($^{법}_{§41②후}$)

(i) 전시·사변 또는 이에 준하는 비상시와

(ii) 국방상 필요한 경우이다. 국방상 필요한 경우란 국가와 민족의 안전을 보장하기 위해서 필요한 때이다.

국방상 필요한 경우에 특허를 하지 아니하는 경우에도 전시·사변 또는 이에 준하는 비상시라는 요건이 필요한가에 대하여 명시된 규정은 없으나, 불특허 사실의 비중으로 보아, 수용의 경우와 같은 요건이 적용되는 것으로 보아야 할 것이다.

특허법은 특허권이 설정등록된 후에도 국방상 필요한 때에는 또한 엄격한 요건으로 수용할 수 있다($^{법}_{§106①}$).

(3) 정당한 보상금의 지급

(i) 정부는 국방상 필요한 경우에 특허를 받을 수 있는 권리를 외국에 특허출원을 금지하거나 또는 비밀취급을 명하는 등의 제한을 할 수 있는바, 그에 따르는 손실에 대하여 정부는 정당한 보상금을 지급하여야 한다($^{법}_{§41③}$).

(ii) 정부가 국방상 필요하여 특허를 받을 수 있는 권리를 불특허하거나 수용

한 경우에도 정당한 보상금을 지급하여야 한다($\substack{같은조 \\ ④}$). 형평의 원칙에 따른 보상금을 지급하여야 할 것이다.

(4) 비밀취급 등에 위반한 경우의 제재

외국에의 특허출원금지 또는 비밀취급명령 등을 위반한 경우에는, 그 발명에 대하여 특허를 받을 수 있는 권리를 포기한 것으로 보고($\substack{법 \\ §41⑤}$), 또 외국에의 특허출원금지 또는 비밀취급에 따른 손실보상금의 청구권도 포기한 것으로 본다($\substack{같은조 \\ ⑥}$).

모두 정부가 국방상 필요하여, 즉 국가와 민족의 안전보장이라는 대의명분에 따르는 부득이한 조치인데도, 그에 불응한 경우에 대한 벌조(罰條)라 할 수 있다.

(5) 절차규정의 시행령에의 위임

외국에의 특허출원금지, 비밀취급의 절차, 수용 또는 보상금 지급의 절차, 그 밖의 필요한 사항은 대통령령으로 정한다($\substack{법 \\ §41⑦}$).

이 대통령령이 바로 특허법 시행령인바, 이 시행령에는 국방관련 특허출원의 비밀분류기준($\substack{시행령 \\ §11}$), 비밀취급절차($\substack{시행령 \\ §12}$), 비밀에서의 해제($\substack{시행령 \\ §13}$), 보상금($\substack{시행령 \\ §14}$), 외국에 특허출원금지 및 허가($\substack{시행령 \\ §15}$), 특허청장과 방위산업청장과의 협의($\substack{시행령 \\ §16}$) 등의 규정을 두었다.

4. 이원적인 입법체제의 불합리성

(1) 시행령의 규정

대통령령인 특허법 시행령에는 특허법 제41조(국방상 필요한 발명 등) 제1항 및 제3항에 따르는 일부제한에 관한 경우의 보상규정(報償規定)은 있으나($\substack{시행령 \\ §14}$), 특허법 제41조(국방상 필요한 발명 등) 제2항 및 제4항에 따르는 전부를 제한하는 경우, 즉 특허를 아니하거나 수용하는 경우에 대한 보상절차(報償節次)에 관하여는 규정이 없다.

(2) 수용 등의 규정

특허법 제41조(국방상 필요한 발명 등) 제2항 및 제4항, 즉 특허하지 아니하거나 수용한 경우에 정부는 정당한 보상금을 지급하여야 한다는 법규정에 따르는 보상금지급절차에 관하여는 대통령령이면서, 명칭이 다른 "특허권의 수용·실시 등에 관한 규정"에 규정되어 있다($\substack{수용 등의 규정 \\ §1, §2, §3~§5}$).

또 여기에는 특허법 제106조(특허권의 수용), 즉 국방상 필요한 경우에는 특허권을 수용할 수 있고, 그에 대한 정당한 보상금을 지급하도록 되어 있으며, 그 보상금 지급에 필요한 사항은 대통령령으로 정한다는 규정에 따른 절차규정도 이

"특허권의 수용·실시 등에 관한 규정"에 같이 규정되어 있다(수용 등의 규정 §1, §2, §3-§5의2).

(3) 일원적인 통합의 필요성

특허를 받을 수 있는 권리의 수용과 특허권의 수용에 관한 보상절차를, 같은 "특허권의 수용·실시 등의 규정"으로 했다는 점으로 보면 이해될 듯도 하지만, 같은 특허법 제41조(국방상 필요한 발명 등)에 규정된 사항의 보상절차를 양분화하여 명칭도 다른 두 개의 대통령령에 이원적(二元的)으로 분리하여 놓은 점에 대하여는 이해하기 어려운 불합리성이 있다.

따라서 하나의 대통령령으로 모두 통합시키는 입법의 보완작업(補完作業)이 촉구되는 바이다.

제 2 관 출원시의 소급효를 인정하는 특수출원들

제 1 항 분할출원

1. 분할출원의 개념과 제도의 취지

(1) 분할출원의 개념

특허출원의 출원서에 최초로 첨부된 명세서 또는 도면에 기재된 사항의 범위에서 일정한 기간 내에 그 일부를 하나 이상의 특허출원으로 나누어서 출원을 하는 것을 분할출원(分割出願)이라 한다(법§52①본).

(2) 분할출원의 취지

발명이 하나인지, 둘 이상인지를 판단하기가 어려운 경우도 있다. 그래서 둘 이상의 발명을 하나의 특허출원으로 했다면, 특허출원은 하나의 발명마다 하나의 특허출원으로 한다(법§45①본)는 원칙에 반한 것으로 되어, 특허거절결정(特許拒絶決定)의 이유로 된다(법§62(iv)).

그래서 둘 이상의 발명을 하나의 출원으로 한 것을 하나의 발명은 하나의 출원으로 한다는 원칙에 맞도록 나누어서 출원하고, 그 분할된 출원일은 원출원의 출원한 때로 소급하여 인정함으로써 출원인에게 불리함이 없도록 구제해주는 제도이다.

(3) 특허법과 실용신안법과의 분할출원

한편, 명문규정은 없으나 실용신안등록출원에서 특허출원으로 분할출원하거나 특허출원에서 실용신안등록출원으로 분할출원하고자 한다면, 실용신안등록출원

또는 특허출원을 먼저 분할출원을 한 다음에 그 분할출원들을 특허출원 또는 실용
신안등록출원으로 변경출원(變更出願)을 하거나, 먼저 변경출원을 한 후에 그것을
다시 분할출원으로 할 수 있다 할 것이다.

2. 분할출원의 요건

(1) 출원의 주체의 동일성이 있을 것

원출원(原出願)의 출원인과 분할출원인의 동일성(同一性)이 유지되어야 한다.
즉 분할출원을 할 수 있는 사람은 원출원의 출원인이거나 원출원인으로부터 특허
를 받을 수 있는 권리를 적법하게 승계한 사람이어야 한다. 승계를 한 경우에는
출원중에 있는 권리이므로 출원인 명의변경신고도 하여야 한다($^{법}_{§38④}$).

(2) 원출원에 하나 이상의 발명이 포함되어 있을 것

원출원에 남아 있는 발명과 분할되는 발명은 별개의 발명이기 때문이다. 따라
서 분할한 후에 남아 있는 발명과 분할출원된 발명은 실질적으로 달라야 한다. 원
출원에는 복수의 발명이 포함되어 있었으므로 그 중에서 일부의 발명을 분할하는
것이기 때문이다. 그러므로 원출원에 하나의 발명만이 있다면, 이를 분할할 수는
없다.

반대로, 원출원에 여러 개의 발명이 포함되어 있는 경우에는 이를 여러 개의
분할출원으로 할 수 있다. 그리고 분할출원에도 복수의 발명이 포함된 경우에는
분할출원에서 다시 분할하는 재분할출원(再分割出願)도 할 수 있다.

(3) 분할되는 출원은 원출원의 출원서에 최초로 첨부된 명세서 또는 도면에 기재된 사항의 범위 내에서일 것

분할출원은 원출원의 특허출원한 때까지 소급효가 인정되므로, 분할되는 출
원은 원출원의 최초의 명세서 및 도면에 기재된 범위를 벗어날 수 없다.

그러나 분할출원의 명세서를 작성할 때에 기술되는 용어까지 원출원 명세서
의 범위에 제약을 받는 것은 아니다. 그 기술내용의 표현은 상당히 융통성이 있을
수 있어야 할 것이다($^{법}_{§52②단(i)}$).

(4) 일정한 기간 즉 법으로 정해진 기간 내에 할 것

분할출원은 출원한 때의 소급효를 인정하는 것이어서, 타출원(他出願)과의 이
해관계가 있으므로 법적 안정성이 요구된다. 따라서 법으로 정한 기간 내로 하여
야 한다.

(i) 보정이 가능한 기간 내일 것($^{법}_{§52①본(i)}$)   즉 제47조(특허출원의 보정) 제1항에 따라 보정할 수 있는 기간 내에 하여야 한다.

(ii) 특허거절결정 등본을 송달받은 날부터 30일〔제15조(기간의 연장 등) 제1항에 따라 제132조의17에 따른 기간이 연장된 경우에는 그 연장된 기간을 말한다〕 이내의 기간($^{법}_{§52①본(ii)}$)

이때에 특허가능한 청구범위는 바로 특허를 받을 수 있게 분할출원을 하고, 특허를 받을 것인지 불확실한 청구범위에 대하여는 불복하여 심판을 청구하는 것이 바람직하다.

(iii) 특허거절결정 취소심결의 등본을 송달받은 날부터 3개월 이내의 기간($^{법 §52①본}_{(iii)본}$)   다만, 특허권의 설정등록 전이어야 한다($^{같은조항}_{(iii)단}$). 즉 제66조(특허결정)에 따른 특허결정 또는 제176조(특허거절결정 등 취소) 제1항에 따른 특허거절결정 취소심결(특허등록을 결정한 심결에 한정하되, 재심심결을 포함한다)의 등본을 송달받은 날부터 3개월 이내의 기간이다. 다만, 제79조(특허료)에 따른 설정등록을 받으려는 날이 3개월보다 짧은 경우에는 그 날까지의 기간이다.

이 규정은 2015. 7. 29. 시행법에 신설된 것이다. 종래에는 명세서나 도면 등 보정할 수 있는 기간 또는 거절결정불복심판을 청구할 수 있는 기간에 한정했던 것을 출원인이 시장의 환경변화에 능동적으로 대응할 수 있도록 이 규정을 신설함으로써 분할출원가능기간을 확대한 것이다.

(5) 원특허출원이 유효하게 특허청에 계속중일 것

분할출원은 원출원으로부터 그 일부를 분할하는 것이므로 원출원이 출원절차 (出願節次)에 살아있는 경우에만 가능하다. 따라서 원특허출원이 취하·포기·무효 또는 거절확정(拒絕確定)이 된 경우에는 분할출원은 불가능하다. 반면에 분할출원을 한 후에 원출원이 취하 또는 무효 등으로 되어도 분할출원에는 영향이 없다.

특허청에 계속중(係屬中)이어야 함은 분할출원을 할 수 있는 법정기일이, 원출원이 특허청에 계속되고 있음을 전제로 규정되었기 때문이다($^{법 §52①}_{본각호}$).

그러므로 대법원 상고심에 계속중인 사건이라도 원심판결(原審判決)이 파기(破棄)·환송(還送)되어, 특허법원에서 특허거절결정심결이 취소되고, 사건이 특허심판원(特許審判院)에 환송되어, 제176조(특허거절결정 등의 취소)에 따른 특허거절결정을 취소하는 심결, 즉 특허등록을 결정하는 심결을 한 경우에는 그 심결등본을 받은 날부터 3개월 이내의 기간에는 분할출원을 할 수 있다($^{법 §52①}_{본(iii)본}$).

한편, 특허심판원(特許審判院)에서 특허거절결정이 취소되고 심사국에 환송(還

172　제3장　특허의 출원절차

(送)된 경우에도 분할출원이 가능하다(법§52①). 당초에 심사관의 특허거절결정은 심판에서 취소되었으므로 특허출원은 특허여부가 결정되지 않은 상태로 특허청에 계속된 상태이기 때문이다. 다만, 특허권이 설정등록이 되면 분할을 할 수 없다. 특허결정이 확정되면 출원절차는 종료되기 때문이다.

3. 분할출원의 절차

(1) 기본적인 분할출원의 절차

(i) 분할출원서의 제출　분할출원도 하나의 특허출원이므로 특허출원절차가 필요하다. 분할출원을 하려는 자는 특허출원서에 분할되는 명세서, 필요한 도면 및 요약서 등을 첨부하여 특허청장에게 제출하여야 한다(시행규칙§29①).

(ii) 분할출원료의 납부　소정의 출원료, 즉 신규출원료와 같은 출원료도 내야한다(징수규칙§2①(iii)).

(iii) 대리인이 있는 경우　대리인에 의하여 절차를 밟는 경우에는 그 대리권을 증명하는 서류도 제출하여야 하지만(시행규칙§29①(iii)), 원출원에 대리인이 있는 경우에는 원출원의 대리인 위임장을 원용하면 된다. 기타법령의 규정에 의한 증명서류도 제출하여야 한다(시행규칙같은조항(iii)).

(2) 그 밖의 절차에 필요한 사항

(i) 분할출원서에 표시해야 할 사항　분할출원을 하려는 자는 분할출원을 할 때에 특허출원서에 그 취지 및 분할의 기초가 된 특허출원의 표시를 하여야 한다(법§52③).

(ii) 우선권주장서류의 제출　분할출원의 경우에 제54조(조약에 의한 우선권주장)에 따른 우선권을 주장하는 자는 같은조 제4항에 따른 서류를, 같은조 제5항에 따른 기간이 지난 후에도 분할출원을 한 날부터 3개월 이내에 특허청장에게 제출할 수 있다(같은조④).

(iii) 국어번역문의 제출　분할출원이 외국어(外國語) 특허출원인 경우에는 특허출원인은 제42조의3(외국어특허출원 등) 제2항에 따른 국어번역문 또는 같은조 제3항 본문에 따른 새로운 국어번역문을, 같은조 제2항에 따른 기한이 지난 후에도 분할출원을 한 날부터 30일 되는 날까지는 제출할 수 있다(법§52⑤). 다만, 제42조의3(외국어특허출원 등) 제3항 각호의 어느 하나에 해당하는 경우(명세서 또는 도면을 보정한 경우와 출원심사의 청구를 한 경우)에는 새로운 번역문을 제출할 수 없다(같은조항).

(iv) 청구범위를 적는 보정　특허출원서에 최초로 첨부한 명세서에 청구범

위를 적지 아니한 분할출원에 관하여는 제42조의2(특허출원일 등) 제2항에 따른 기한
이 지난 후에도 분할출원을 한 날부터 30일이 되는 날까지 명세서에 청구범위를 적
는 보정을 할 수 있다($\substack{\text{법} \\ \S52\text{⑥}}$). 원출원보다는 늦게 하는 분할출원에 대한 배려이다.

4. 분할출원의 효과

(1) 기본적인 효과

(i) 출원시의 소급효   분할출원은 원출원의 특허출원한 때에 출원한 것으
로 소급효가 인정된다($\substack{\text{법} \\ \S52\text{②}}$). 분할출원은 원출원보다 늦게 하는 것이지만, 원출
원의 한 부분을 떼어서 출원하는 것이므로, 그 분할출원은 원특허출원을 한 때에
출원한 것으로 본다.

(ii) 신규성 등 판단시의 소급효   분할출원의 신규성·진보성 및 선출원의
요건 등은 원출원의 시(時)·일(日)을 기준으로 판단하게 된다.

따라서 원출원과 분할출원 사이에 신규성·진보성 또는 선출원의 지위 등을
제3자는 주장할 수 없다.

(iii) 출원공개·심사청구·존속기간 등 기산일의 소급효   출원공개의 시기,
출원심사청구기간, 존속기간의 기산점(起算點) 등도 원출원의 출원일이 기준으로
된다.

(2) 소급되지 않는 예외

소급효의 원칙만을 고집한다면, 제3자에게 손실을 주거나 또는 분할출원인에
게 오히려 불리하게 되는 경우도 있으므로, 특허법은 소급되지 않는 경우를 명문
으로 규정하였다.

다음 각호의 규정을 적용할 경우에는, 분할출원에 대한 소급효는 없고, 해당
분할출원을 한 때에 출원한 것으로 본다($\substack{\text{법} \\ \text{단} \S52\text{②}}$).

(i) 분할출원이 제29조(특허요건) 제3항에 따른 특허출원 또는 실용신안법 제4
조(실용신안등록의 요건) 제4항에 따른 특허출원에 해당하여 특허법 제29조(특허요건)
제3항 또는 실용신안법 제4조(실용신안등록의 요건) 제4항을 적용하는 경우($\substack{\text{법} \\ \text{단}\text{(i)} \S52\text{②}}$)

분할출원의 명세서를 작성할 때에, 원특허출원의 명세서에는 기재되지 않았
던 내용이 추가되는 경우가 있을 수 있고, 그 추가된 내용이 원특허출원일과 분할
출원일 사이에 출원된 제3자의 청구범위에 기재된 발명과 같은 경우가 있을 수
있다.

이러한 경우의 분할출원을 원출원한 때까지 소급효를 인정한다면 제3자의 출

원은 그 범위 내에서 특허를 받지 못하게 될 것이므로, 이러한 경우에는 분할출원의 소급효를 인정하지 아니한다는 규정이다.

(ii) 제30조(공지 등이 되지 아니한 발명으로 보는 경우) 제2항을 적용하는 경우($\frac{법}{단(ii)}$§52②)　공지 등이 아닌 발명으로 적용받기 위해서는 출원일부터 30일 이내에 이를 증명할 수 있는 서류를 제출하여야 한다($\frac{벌}{후}$§30②). 이는 분할출원인을 위하여 분할출원을 한 때에 출원한 것으로 본다는 것이다.

(iii) 제54조(조약에 의한 우선권 주장) 제3항을 적용하는 경우($\frac{법}{단(iii)}$§52②)　이 경우에는 제54조 제3항이 아니라 제5항 본문이어야 할 것이다. 이 경우도 앞의 (ii)와 같은 이유에서 분할출원한 때에 출원한 것으로 본다는 취지이다.

(iv) 제55조(특허출원 등을 기초로 한 우선권주장) 제2항을 적용하는 경우($\frac{법}{단(iv)}$§52②)

(3) 분할된 원출원에 대한 보정

(i) 분할로 청구범위의 보정이 필요한 경우　　원출원의 명세서에서 청구범위를 보정하여야 할 경우가 있다. 분할출원의 내용이 원출원의 명세서의 상세한 설명 중에서 발명을 추출한 경우라면 보정을 아니해도 별 문제는 없다.

그러나 원출원명세서의 청구범위에 기재된 발명들 중에서 일부의 발명을 분할출원하는 경우가 통례이므로 원출원의 청구범위는 그만큼 감축된 것이다. 원출원의 청구범위를 감축하는 명세서의 보정이 필요하다.

(ii) 청구범위의 보정을 아니한 경우　　동일한 발명에 대하여 같은 날에 둘 이상의 특허출원이 있는 경우에 해당하게 되어 절차가 번거롭게 된다($\frac{법}{§36②}$).

제2항　변경출원

1. 변경출원의 개념과 제도의 취지

(1) 변경출원의 개념

특허법은 실용신안등록출원인은 그 실용신안등록출원의 출원서에 최초로 첨부된 명세서 또는 도면에 기재된 사항의 범위에서 그 실용신안등록출원을 특허출원으로 변경할 수 있다고 규정하고 있다($\frac{법}{분}$§53①). 한편, 실용신안법에도 같은 취지, 즉 특허출원인은 그 특허출원을 실용신안등록출원으로 변경출원할 수 있다는 규정을 두었다($\frac{실용법}{§10①본}$).

특허출원의 객체인 발명과 실용신안등록출원의 객체인 고안은 자연법칙(自然

法則)을 이용한 기술적 사상의 창작이라는 점에서 동질(同質)의 것이고($^{법}_{실용법}$ $^{§2(i)}_{§2(i)}$), 단지, 발명은 고도(高度)의 것이라는 차이만 있다. 따라서 물품에 관한 창작인 경우, 그것을 특허출원으로 할 것인지 실용신안등록출원으로 할 것인지 분간하기 어려운 경우가 있다. 고도라는 기준이 애매할 뿐만 아니라, 각 발명의 분야마다 다르기도 하다.

또, 선원주의(先願主義)라는 우리 제도하에서는 출원을 서두르다가 특허로 출원해야 할 것을 실용신안등록으로 출원하거나, 반대로 실용신안등록으로 출원해야 할 것을 특허출원으로 잘못하는 경우도 있다.

이와 같이 특허출원의 객체(발명)와 실용신안등록출원의 객체(고안)의 동질(同質)로 인한 출원형식이 잘못된 것을, 올바르게 바꾸어서 출원하는 것을 변경출원(變更出願) 또는 출원의 변경이라고 한다.

(2) 제도의 취지

단지 출원형식을 잘못한 것이지만, 그 잘못을 이유로 그 출원이 거절이유로 될 수 있다. 이를 다시 신규의 특허출원으로 하게 된다면, 출원인(出願人)으로서는 선출원의 이익을 받지 못하게 될 수 있고, 또 절차에 있어서 중복되므로 절차경제(節次經濟)에도 반한다. 그래서 출원인의 불이익을 구제하고 절차경제에 반하지 않는 방편으로 출원형식이 잘못된 것을, 올바른 특허출원으로 변경할 수 있게 한 것이다.

2. 변경출원의 요건

(1) 출원의 주체의 동일성이 있을 것

실용신안등록출원인과 특허출원으로 변경출원하는 출원인의 동일성(同一性)이 유지되어야 한다. 즉 변경출원을 할 수 있는 사람은 원출원인 실용신안등록출원인이거나 그로부터 실용신안등록출원을 적법하게 승계한 사람이어야 한다.

승계를 한 경우에는 실용신안등록출원중에 있는 권리이므로 출원인 명의변경 신고도 하여야 한다($^{법}_{§38④}$).

(2) 출원의 객체의 동일성 즉 출원대상인 객체가 같은 것일 것

실용신안등록출원인은 그 실용신안등록출원의 출원서에 최초로 첨부된 명세서 또는 도면에 기재된 사항의 범위에서만 그 내용을 특허출원으로 변경출원할 수 있다($^{법}_{}$ §53①). 그 범위의 제한을 받는 것은 원래 실용신안등록 대상인 객체(고안)를 출원형식만을 특허출원의 객체(발명)로 변경하는 것이므로, 객체의 동일성이 유지되어야 하기 때문이다. 또 변경출원은 실용신안등록출원을 한 때에 출원한 것으로 소급효(遡及效)를 인정받는 것이므로, 그의 객체는 당연히 최초의 출원서에 첨부된 명세서 또는 도면에 기재된 사항으로 제한되는 것이다.

(3) 실용신안등록출원이 유효하게 특허청의 심사단계, 즉 심판청구를 하기 전단계에 계속중일 것

변경출원은 원출원인 실용신안등록출원을 특허출원으로 출원형식(出願形式)을 바꾸는 것이므로 원출원이 유효하게 특허청의 심사단계에 계속중에 있어야 한다.

따라서 원출원인 실용신안등록출원이 취하·포기·무효 또는 거절확정(拒絶確定)이 된 경우에는 변경출원은 불가능하다. 또 변경출원은 특허청의 심사단계에 계속중이어야 한다. 늦어도 특허심판원에 심판을 청구하기 전에 하여야 한다. 즉 "실용신안등록출원 후 등록결정이 있기 전까지, 또는 거절결정이 있을 때에는 최초의 거절결정등본을 받은 날부터 30일 이내"이어야 한다.

그러므로, 실용신안등록출원이 특허청의 심사단계에 유효하게 계속중이어야 한다. 만약에, 최초의 거절결정등본을 받은 날부터 30일 이내에 거절불복심판이 청구되어 심판에 계속되는 경우에는 변경출원을 인정할 수 없다. 이러한 경우에 변경출원을 인정한다면 심판청구가 무의미하게 되기 때문이다.

(4) 법정의 기간 내에 하여야 하고, 또 법정의 조건에도 충족될 것

(i) 변경출원은 그 실용신안등록출원에 관하여 최초의 거절결정등본을 송달받은 날부터 30일〔실용신안법 제3조(특허법의 준용)에 따라 준용되는 이 법 제15조(기간의 연장 등) 제1항에 따라 제132조의17에 따른 기간이 연장된 경우에는 그 연장된 기간을 말한다〕이내(법§53①단(i)).

(ii) 그 실용신안등록출원이 외국어실용신안 등록출원인 경우에는 변경하여 출원하고자 하는 청구항의 국어번역문이 이미 제출되어 있어야 한다(법§53①단(ii)).

(iii) 특허협력조약(PCT)에 의한 특례의 조건에도 충족되어야 한다(법§209). 실용신안법 제34조(국제출원에 의한 실용신안등록출원) 제1항에 따라 국제출원일에 출원된 실용신안 등록출원으로 보는 국제출원을 기초로 하여 특허출원으로 변경출원을 하는 경우에는 제53조(변경출원) 제1항에도 불구하고, ① 실용신안법 제17조(수수료) 제1항에 따른 수수료를 내고, ② 실용신안법 제35조(국제실용신안등록출원의 국어번역문) 제1항에 따른 국어번역문(국어로 출원된 국제실용신안등록출원인 경우는 제외한다)을 제출한 후 실용신안법 제40조(결정에 의하여 실용신안등록출원으로 되는 국제출원) 제4항에 따라 국제출원일로 인정할 수 있었던 날에 출원된 것으로 보는 국제출원

을 기초로 하는 경우에는 같은항에 따른 결정이 있은 후에만 변경출원을 할 수 있다($\frac{법}{\S209}$).

3. 변경출원의 절차

(1) 기본적인 절차

(i) **변경출원서의 제출** 변경출원 또한 하나의 특허출원이다. 따라서 특허출원과 같은 절차가 필요하다. 즉 변경출원을 하려는 자는 특허출원서에 변경출원되는 명세서, 요약서 및 필요한 도면 등을 첨부하여 특허청장에게 제출하여야 한다($\frac{시행규칙}{\S30①}$).

(ii) **변경출원료의 납부** 변경출원도 특허출원이므로, 소정의 변경출원료도 내야 한다($\frac{징수규칙}{\S2①(iv)}$).

(iii) **대리인이 있는 경우** 대리인에 의하여 절차를 밟는 경우에는 그 대리권을 증명하는 서류, 즉 위임장도 제출하여야 하며($\frac{시행규칙}{\S30①(ii)}$), 그 밖의 법령에 따른 증명서도 제출하여야 한다($\frac{시행규칙}{같은조항(iii)}$).

(2) 그 밖의 절차에 필요한 사항

(i) **변경출원서에 표시해야 할 사항** 변경출원을 하려는 자는 변경출원을 할 때 특허출원서에 그 취지 및 변경출원의 기초가 된 실용신안등록출원의 표시를 하여야 한다($\frac{법}{\S53③}$).

(ii) **우선권주장서류의 제출** 변경출원의 경우 제54조(조약에 의한 우선권 주장)에 따른 우선권을 주장하는 자는 같은조 제4항에 따른 서류를 같은조 제5항에 따른 기간이 지난 후에도 변경출원을 한 날부터 3개월 이내에 특허청장에게 제출할 수 있다($\frac{법}{\S53⑥}$).

(iii) **국어번역문의 제출** 특허출원인은 변경출원이 외국어특허출원인 경우에는 제42조의3(외국어특허출원 등) 제2항에 따른 국어번역문 또는 같은조 제3항 본문에 따른 새로운 국어번역문을 같은조 제2항에 따른 기한이 지난 후에도 변경출원을 한 날부터 30일이 되는 날까지 제출할 수 있다. 다만, 제42조의3(외국어특허출원 등) 제3항 각호의 어느 하나(명세서·도면을 보정했거나 심사청구를 한 경우)에 해당하는 경우에는 새로운 국어번역문을 제출할 수 없다($\frac{법}{\S53⑦}$).

(iv) **청구범위를 적는 보정** 특허출원인은 특허출원서에 최초로 첨부한 명세서 청구범위를 적지 아니한 변경출원의 경우 제42조의2(특허출원일 등) 제2항에 따른 기한이 지난 후에도 변경출원을 한 날부터 30일이 되는 날까지 명세서에 청

구범위를 적는 보정을 할 수 있다($_{\S53⑧}^{법}$).

4. 변경출원의 효과

(1) 기본적인 효과

(i) 출원시의 소급효　변경된 특허출원이 있는 경우에는 그 변경출원은 실용신안등록출원을 한 때에 특허출원한 것으로 본다($_{\S53②본}^{법}$).

(ii) 신규성 등 판단시의 소급효　변경출원의 신규성·진보성 및 선출원의 요건 등이 원출원인 실용신안등록출원시를 기준으로 판단된다.

(iii) 출원공개·심사청구·존속기간 등 기산일(起算日)의 소급효 출원공개시기, 출원심사청구기간, 존속기간의 기산점 등도 실용신안등록출원시를 기준으로 판단된다.

(2) 소급되지 않는 예외

변경출원의 출원한 때로 소급시키는 것이 제3자에게 손실을 주거나, 불합리하여 오히려 변경출원인에게 불리하게 되는 경우가 있으므로 특허법은 소급시킬 수 없는 경우를 명문으로 규정하였다. 그 변경출원에 대하여 다음 각호를 적용할 경우에는 소급되지 않고 해당 변경출원을 한 때에 출원한 것으로 본다($_{단}^{법 §53②}$).

(i) 변경출원이 제29조(특허요건) 제3항에 따른 다른 특허출원 또는 실용신안법 제4조(실용신안등록의 요건) 제4항에 따른 특허출원에 해당하여 제29조(특허요건) 제3항 또는 실용신안법 제4조(실용신안등록의 요건) 제4항을 적용하는 경우($_{단(i)}^{법 §53②}$)

변경출원의 명세서를 작성할 때에 원실용신안등록의 출원명세서에는 기재되지 않았던 내용이 추가되어 그 추가된 내용이 원실용신안등록출원일과 변경출원일 사이에 출원된 제3자의 청구범위에 기재된 발명과 같은 경우가 있을 수 있음을 전제로 한 규정이다.

이러한 경우에도 변경출원일을 원실용신안등록출원일까지 소급효를 인정한다면 제3자의 출원은 그 범위 내에서 특허를 받지 못할 것이므로, 변경출원의 소급효는 이러한 경우에는 인정하지 아니한다는 규정이다. 제3자에게 손실이 없도록 배려한 규정이다.

(ii) 제30조(공지 등이 되지 아니한 발명으로 보는 경우) 제2항을 적용하는 경우($_{단(ii)}^{법 §53②}$)　공지 등이 아닌 발명으로 규정을 적용받기 위해서는 출원일부터 30일 이내에 이를 증명할 수 있는 서류를 제출하여야 한다($_{\S30②후}^{법}$). 그러므로 출원일의 소급적용을 받는다면 30일이 이미 지났으므로 변경출원인에게 오히려 불리하게

된다. 이러한 경우는 변경출원을 한 때에 출원한 것으로 본다는 것이다.

(iii) 제54조(조약에 의한 우선권 주장) 제3항을 적용하는 경우(법§53②단(iii))   분할출원의 설명에서 지적했던 바와 같이, 법조문이 "제55조 제5항"으로 되었어야 할 것이다. 취지는 앞에서 설명한 (ii)의 경우와 같다. 이 경우도 (ii)와 같은 이유에서 변경출원인을 위한 규정이다.

(iv) 제55조(특허출원 등을 기초로 한 우선권 주장) 제2항을 적용하는 경우(법§53②단(iv))

이 규정 또한 분할출원의 설명에서 지적한 바와 같이 무의미한 규정이다. 제55조 제2항은 물론이요, 제55조 전문(全文)을 훑어보아도 입증하는 서면을 제출하라는 규정은 없다. 입증하는 서면의 필요성이 없기 때문이다.

제55조(특허출원 등을 기초로 한 우선권 주장)의 국내우선권주장의 경우는 제54조(조약에 의한 우선권주장)와는 달리 모든 관계서류가 특허청에 비치되어 있어 증거법상 특허청에 현저(顯著)한 사실이어서 입증의 필요가 없기 때문이다. 그 특허출원서에 그 취지와 선출원의 표시를 하는 것만으로 족한 것이다(법§55②).

(3) 실용신안등록출원의 취하의제

변경출원이 있는 경우에는 그 실용신안등록출원은 취하된 것으로 본다(법§53④).

변경출원은 출원형식(出願形式)을 잘못 선택한 것을 올바른 형식으로 바로잡아주는 제도이므로, 실용신안등록출원을 특허출원으로 변경출원함으로써 그 내용물인 실체(實體)는 특허출원으로 옮겨졌고, 원실용신안등록출원은 쓸모없는 폐기물(廢棄物)이 되었으니 이를 취하한 것으로 보아 없애버린다는 취지이다.

제3항 정당한 권리자의 특허출원 — 무권리자의 특허출원과 정당한 권리자의 보호

1. 정당한 권리자와 무권리자의 개념

(1) 정당한 권리자

여기에서 '정당한 권리자'란 특허출원을 정당하게 할 수 있는 자이다. 즉 발명을 한 사람 또는 그 발명을 한 사람으로부터 특허를 받을 수 있는 권리를 적법(適法)하게 승계한 승계인을 말한다.

(2) 무권리자

'무권리자'란 특허출원을 할 수 있는 권리가 없는 자이다. 발명을 한 사람도

아니고, 특허를 받을 수 있는 권리의 승계인도 아닌 자가 한 특허출원을 무권리자
의 특허출원이라 한다.

타인의 발명을 모인(冒認)한 자, 즉 타인의 발명을 자기의 발명인 것처럼 꾸며
서 특허출원을 한 출원인뿐만 아니라, 타인의 발명을 모인한 자로부터 그 지위를
승계한 자의 출원도 무권리자(無權利者)의 출원으로 된다. 모인발명(冒認發明)인 것
을 모르고 선의로 승계한 자도 또한 무권리자이다.

특허법은 이러한 무권리자의 출원이 있는 경우에 정당한 권리자를 보호하기
위하여 다음과 같이 규정하였다.

2. 무권리자의 특허출원과 정당한 권리자의 보호

(1) 정당한 권리자출원의 소급효

무권리자가 한 특허출원은 무권리자의 출원이라는 사실이 밝혀지면, 심사관
은 그것을 이유로 거절결정을 하여야 한다(법§62(ii)전). 그리고 무권리자의 출원이 거절
결정되면, 그 무권리자의 특허출원 후에 한 정당한 권리자의 출원은 무권리자가
특허출원한 때에 출원한 것으로 본다(법§34본).

정당한 권리자의 출원이 무권리자의 출원보다 후출원이라는 이유로 거절되지
않도록 출원시(出願時)의 소급효를 인정하여 정당한 권리자를 보호하자는 취지이다.

(2) 소급효를 인정하는 기한

정당한 권리자일지라도 무권리자가 특허를 받지 못하게 된 날부터 30일을 경
과한 후에 한 특허출원은 이러한 소급효를 받지 못한다(법§34단). 정당한 권리자라 하
여 무제한 소급효를 인정한다면 제3자의 선출원의 이익을 해칠 염려가 있으므로
법률관계를 되도록 빨리 확정시키려는 법적 안정성의 요구이다. 여기에서 무권리
자가 특허를 받지 못하게 된 날이란 그 무권리자의 출원에 대한 거절결정이 확정
된 날로 보아야 한다.

(3) 정당한 권리자에게 서면통지

무권리자의 특허출원이 무권리자라는 이유로 특허거절결정되기 전에 정당한
권리자가 이미 특허출원을 한 상태라면 문제는 없다. 그렇지 않은 경우라면 무권
리자가 특허를 받지 못하게 된 사실을 정당한 권리자에게 알려야만 정당한 권리자
가 법으로 정한 기일 내에 특허출원을 할 수 있을 것이다.

그런데 특허법에는 이러한 규정이 없고 시행규칙에 특허청장 또는 특허심판
원장은 특허출원이 무권리자가 한 특허출원이라는 이유로 그 특허출원에 대하여

특허거절결정, 특허거절결정의 불복심판에 대한 기각결정 또는 특허무효심결의 확정이 있는 때에는 이를 그 정당한 권리자에게 서면으로 통지하여야 한다($^{시행규칙}_{\S33}$)는 규정을 두었다.

그러나 이러한 규정은 의당 특허법에 규정되었어야 할 법률사항(法律事項)이다. 또 무권리자라는 사실이 정당한 권리자의 신고에 의한 것이 아니고, 심사관 또는 심판관의 직권(職權)으로 탐지되었거나, 제3자의 신고에 의하여 심사관 또는 심판관이 알게 되었다면 특허청장 또는 심판원장은 지체없이 정당한 권리자에게 알려야 하는 법제도적 보장이 있어야 할 것이다.

3. 무권리자의 특허권이 설정등록된 경우에 정당권리자의 출원

(1) 정당한 권리자의 출원의 소급효

무권리자의 특허권이 설정등록된 경우에는 특허를 받을 수 있는 권리를 가진 자가 아닌 경우에 해당되므로 특허무효사유가 된다($^{법 \S133}_{①(ii)전}$). 그 특허를 무효로 한다는 심결이 확정된 경우에는, 무권리자의 특허출원 후에 한 정당한 권리자의 특허출원은 무효로 된 무권리자의 특허출원을 한 때에 출원한 것으로 본다($^{법}_{\S35본}$). 정당한 권리자를 보호하기 위하여 출원일의 소급효를 인정하는 것이다.

(2) 소급효를 인정하는 기한

종전의 규정은 그 특허의 등록공고(登錄公告)가 있는 날부터 2년을 경과한 후, 또는 그 특허무효의 심결이 확정된 날부터 30일을 경과한 후에 특허출원을 한 경우에는 정당한 권리자의 출원이라도 소급효의 보호를 받을 수 없었다($^{구법}_{\S35단}$). 이는 앞에서 언급한 바와 같이, 불확실한 법률관계를 되도록 빨리 확정시키자는 법적 안정성의 요구이었다.

그러나 2017. 3. 1. 시행법에 따르면, 정당한 권리자의 보호를 강화하기 위한 정당한 권리자의 출원가능기간을 연장하였다. 즉 제35조(무권리자의 특허와 정당한 권리자의 보호) 단서 중 "그 특허의 등록공고가 있는 날부터 2년이 지난 후"를 삭제하여, 무권리자의 특허가 등록공고된 지 2년이 넘었어도 정당한 권리자는 무권리자의 권리를 무효로 한다는 심결이 확정된 날부터 30일 이내에는 특허출원할 수 있도록 개정한 것이다($^{개정법}_{\S35단}$).

(3) 정당한 권리자의 특허출원의 절차

정당한 권리자가 특허출원을 하고자 할 때에는 특허출원서에 다음의 서류를 첨부하여 특허청장에게 제출하여야 한다($\frac{시행규칙}{\S31①본}$).

(i) **명세서·요약서·필요한 도면 등**($\frac{시행규칙}{같은조항(i)}$)   정당한 권리자라도 통상의 특허출원의 경우와 같은 특허출원을 하여야 한다.

(ii) **정당한 권리자임을 증명하는 서류**($\frac{시행규칙}{같은조항(ii)}$)   정당한 권리자라는 사실을 입증하는 서면을 말한다. 특허출원인(特許出願人)이 발명을 한 사람이거나, 그 발명을 한 사람으로부터 특허를 받을 수 있는 권리의 적법한 승계인임을 구체적으로 입증하는 증빙서(證憑書)를 첨부하여야 한다.

(iii) **출원료의 납부**   소정의 특허출원료도 내야 한다($\frac{징수규칙}{\S2①(i)}$).

4. 무권리자의 특허권에 대한 정당한 권리자의 특허권 이전청구

2017. 3. 1. 시행법에 따르면, 정당한 권리자에 대한 또 하나의 보호책으로 제99조의2(특허권의 이전청구)를 신설하였다. 정당한 권리자는 무권리자의 특허가 제133조(특허의 무효심판) 제1항 제2호에 해당하는 경우에는 이를 무효심판을 청구할 수도 있지만, 정당한 권리자는 법원에 무권리자의 명의로 설정등록된 해당 특허권을 정당한 권리자에게 직접 이전(移轉)하라는 청구를 할 수 있게 되었다($\frac{법}{\S99의2}$).

이에 대한 내용은 제6장 제2절 특허권의 이전과 담보 제1항 특허권의 이전과 등록 5.에서 설명한다.

제 3 관   우선권주장의 특허출원들

제 1 항   국제우선권주장의 출원 — 조약에 의한 우선권주장의 출원

1. 국제우선권주장제도의 역사적 배경

특허권의 효력은 그 등록국가(登錄國家)에서만 효력이 있다. 이와 같이, 한나라의 영토 내에서만 효력이 발생하는 것은 특허에 관하여는 속지주의(屬地主義)가 적용되기 때문이다. 그런데 기업(企業)의 활동범위가 국제적(國際的)인 경우에는 외국에서도 특허권을 얻어야 할 필요가 있고, 개인의 경우에도 여러 나라에 특허출원을 하여 특허권을 얻어야 할 경우가 있음은 물론이다.

그러나 여러 나라에 특허출원을 동시에 한다는 것은 실제로는 거의 불가능에 가깝다. 각국의 지리적(地理的) 관계에서 오는 시간적(時間的) 또는 법절차적(法節

次的) 차이와 언어·문자 등이 다르기 때문에, 그 출원국의 국민과 비교하여 불리할 뿐만 아니라, 그 출원의 준비에 많은 시일과 비용을 필요로 한다. 이러한 장애들을 제거시키기 위하여 나타난 것이 국제우선권주장(國際優先權主張)의 제도이다.

국제우선권주장제도는 특허·실용신안·디자인·상표 등 산업재산권을 외국에 출원하는 경우에 지리적, 법절차적 또는 언어·문자 등으로 외국인에게 발생하는 불이익을 해소하기 위하여, 1883년 프랑스 파리에서 제정된 "산업재산권 보호에 관한 파리협약(Paris Convention for the Protection of Industrial Property)"에서 인정된 특별제도이다.

이 "산업재산권보호에 관한 파리협약"(이하 **"파리협약"**이라 한다)은 그동안 브뤼셀(1900), 워싱턴(1901), 헤이그(1925), 런던(1934), 리스본(1958), 스톡홀름(1979년 개정안 채택, 1984년 발효) 등 여러 차례의 개정이 있었으며, 우리나라는 1980년 5월 4일에 가입되었다. 이 파리협약은 ① 우선권주장(優先權主張)의 제도$\left(\substack{\text{파리협약} \\ \S4}\right)$ 외에도 중요한 사항으로 ② 동맹국민에 대한 내국인대우(內國人待遇)의 원칙$\left(\substack{\text{파리협약} \\ \S2}\right)$과 ③ 각국특허독립의 원칙$\left(\substack{\text{파리협약} \\ \S4의2}\right)$ 등을 규정하고 있는바, 이를 파리협약의 3대 원칙이라 한다.

2. 국제우선권주장의 개념

이 파리협약의 가맹국(加盟國) 중에서, 어느 나라이든 한 나라, 즉 제1국에 출원을 하고, 일정기간(특허·실용신안은 12개월, 디자인·상표는 6개월) 내에 제1국의 출원을 근거로, 우선권(優先權)을 주장하여, 협약국 중의 다른 나라인 제2국에 출원을 하면, 제2국의 출원을 제1국의 출원시까지 소급효를 인정한다는 것이다.

이와 같이, 제2국에 출원한 것을, 제1국에 출원한 때에 출원한 것으로 소급효를 인정함으로써 신규성·진보성과 선출원의 지위 등을 판단함에 있어서, 제1국에 출원한 때(出願時)를 기준으로 판단하게 되어, 얻어지는 특별한 이익을 우선권(right of priority)이라 하고, 그 권리를 주장하는 것을 우선권주장이라 하며, 국제관계의 주장이므로 국제우선권주장(國際優先權主張)이라 한다.

3. 조약에 의한 우선권주장의 출원

(1) "조약에 의한 우선권 주장"에서 "조약"의 의미

(i) 제54조(조약에 의한 우선권 주장)에서 "조약"이란 그 형식상의 명칭이 "조약"으로 되어 있는 것만이 아니라, 특허 등에 관한 다자간(多者間)의 "협약"·"협정"

등은 물론이요, 국가와 국가 간에 개별적으로 교환된 각서〔覺書(memorandum)〕 등이 포함되는 넓은 의미로 해석되어야 한다.

왜냐하면, 우리나라도 파리협약에 가맹되기 전인 1970년대까지는 조약에 의한 것은 한·미 우호통상 및 항해조약(1956년 서명, 비준되고 1957년 비준서교환)을 시작으로, 프랑스(1961)·덴마크(1963), 노르웨이(1965) 및 네덜란드(1966) 등과 특허에 관한 상호보호를 인정하는 협정이 있었으나, 기타의 여러 국가들과는 각서(memorandum)의 교환으로 상호보호(相互保護)와 우선권 주장이 인정되었기 때문이다.

하지만, 현재는 여러 국가들과 같이, 우리도 파리협약의 가맹국(加盟國)이 됨으로써, 특허법 제54조(조약에 의한 우선권 주장)의 규정이 마치 파리협약에 의한 우선권주장을 규정한 것처럼 보일 수도 있다.

(ii) 그러나 특허법 제54조(조약에 의한 우선권 주장)는 파리협약 외에도 다른 조약들은 물론이요, 기타 각서(覺書) 등에 의한 상호협정이 있는 경우까지를 모두 포함시킨 넓은 의미이다. 또, 특허법은 특허협력조약(Patent Cooperation Treaty: PCT)에 따른 국제출원에 관하여 제192조(국제출원을 할 수 있는 자) 내지 제214조(결정에 의하여 특허출원으로 되는 국제출원)를 규정하였고, 제199조(국제출원에 의한 특허출원) 제2항에서 국제출원에 관하여는 제54조(조약에 의한 우선권주장)를 적용하지 아니한다는 규정이 있어, 마치 PCT에 따른 국제출원에는 파리협약에 따른 우선권주장이 배제된 것처럼 오해될 수도 있다.

그러나 PCT에 따른 국제출원에는 파리협약에 따른 우선권주장제도의 특례규정(特例規定)들이 있으므로 PCT에 따른 국제출원에는 제54조(조약에 의한 우선권주장)의 적용이 필요 없다는 뜻이지, 파리협약에 따른 우선권 주장이 배제되는 것은 아니다. PCT에는 파리협약에 따른 우선권주장을 할 수 있음을 명문으로 규정하고 있다($^{PCT}_{\S8}$).

(2) 국제우선권의 발생요건

국제우선권이란 특별한 이익이므로, 그 나름대로의 요건을 갖추어야 발생한다.

i) 주체가 조약의 당사국의 국민일 것

국제우선권의 발생은 특허 등에 관한 상호보호에 관한 조약의 당사국(當事國) 국민이, 자기의 나라(제1국)에 출원을 한 후에, 조약당사국(제2국)에 출원을 하거나, 조약당사국 중에서 어느 나라(제1국)에 먼저 출원을 하고, 다음에 자기나라(제2국)

에 출원을 하면서 발생하는 권리이므로 당사국의 국민이어야 한다. 다만, 당사국의 영토 내에서 주거하거나 영업소를 가지고 현실적으로 영업을 하는 자는 당사국의 국민에 준하여 조약에 의한 출원이 인정된다($^{법}_{\S192(ii)}$ $^{\S25본\ 반대해석\ 및}_{참조}$). 이를 준당사국민 또는 준체약국민이라 한다.

ii) 조약의 당사국에 적법한 출원을 할 것

요식을 갖춘 특허출원서에 명세서, 필요한 도면 및 요약서 등을 첨부하여 특허청장에게 제출하여야 하고($^{법}_{\S42①~④⑥}$), 필요한 출원료도 내야 한다($^{법}_{\S82②}$).

제54조(조약에 의한 우선권 주장) 제1항은 조약에 따라 다음 각호의 어느 하나에 해당하는 경우에는 제29조(특허요건) 및 제36조(선출원)를 적용할 때에 그 당사국에 출원한 날을 대한민국에 출원한 날로 본다고 규정하고 있다($^{법}_{\S54①}$).

(i) 대한민국 국민에게 특허권에 대한 우선권을 인정하는 당사국의 국민이 그 당사국 또는 다른 당사국에 특허출원을 한 후 동일한 발명을 대한민국에 출원하여 우선권을 주장하는 경우($^{법}_{\S54①(i)}$)

(ii) 대한민국 국민에게 특허출원에 대한 우선권을 인정하는 당사국에 대한민국 국민이 특허출원한 후 동일한 발명을 대한민국에 특허출원하여 우선권을 주장하는 경우($^{법}_{\S54①(ii)}$)

이와 같이 조약당사국에 출원할 것이 전제로 되어 있다.

iii) 조약당사국의 법령에 적합한 최선의 출원을 했을 것

조약당사국의 적법한 최선의 출원을 했어야 한다. 파리협약에서는 "정규(正規)"라는 표현을 사용하였고, 그 "정규의 출원"이란 출원의 결과여부에 불구하고 당해국(當該國)에 출원을 한 날짜(日付)를 확정하기에 적합한 모든 출원을 의미한다고 하였다($^{파리협약}_{\S4A3}$). 적법한 출원으로서 그 출원일의 확정이 확인되었으면, 그것으로 족한 것이고 그 후의 결과, 즉 취하·포기·무효 따위는 아무런 관계도 없다는 것이다.

"최선(最先)의 출원"이란 제1국에의 출원이 최선의 출원이라는 의미이다.

이상의 세 가지 요건을 국제우선권의 발생요건이라 한다.

(3) 국제우선권의 주장요건

i) 출원주체의 동일성이 있을 것

제1국 출원의 주체(主體)와 제2국에 출원한 출원인이 같거나, 제1국의 출원인으로부터 우선권을 주장할 수 있는 출원을 적법하게 승계(承繼)한 승계인이어야 한다.

ii) 출원객체의 동일성이 있을 것

제1국에 출원한 대상(발명 또는 고안)과 제2국에 출원하는 대상이 실질적으로 같아야 한다. 그 동일여부는 출원서에 첨부된 발명의 명세서 및 도면 등을 종합적으로 판단하여야 한다. 그러므로 국제우선권을 주장한 자는 이러한 경우에 필요한 최초로 출원한 국가의 정부가 인정하는 서류로서 특허출원의 연월일을 적은 서면, 발명의 명세서 및 도면의 등본 등을 특허청장에게 제출하여야 한다($^{법}_{§54④(i)(ii)}$).

iii) 국제우선권을 주장할 수 있는 기간 내일 것

특허출원과 실용신안등록출원의 경우는 12개월, 즉 1년 내이다. 특허법은 우선권을 주장하려는 자는 우선권 주장의 기초가 되는 최초의 출원일부터 1년 이내에 특허출원을 하지 아니하면 우선권을 주장할 수 없다 하였다($^{법}_{§54②}$).

⑷ 국제우선권 주장의 적법적인 절차

모든 국제출원이 우선권을 수반하는 것은 아니다. 그러므로 우선권은 반드시 주장을 하여야 한다.

i) 특허출원서에 기재해야 할 사항

우선권을 주장하려는 자는 특허출원을 할 때 특허출원서에 그 취지, 최초로 출원한 국가명 및 출원의 연월일(年月日)을 적어야 한다($^{법}_{§54③}$).

ii) 제출해야 할 증빙서류·서면 등

우선권주장을 한 자는 다음의 제1호의 서류 또는 제2호의 서면을 특허청장에게 제출하여야 한다($^{법}_{§54④본}$). 다만, 제2호의 서면은 시행규칙으로 정하는 국가의 경우만 해당한다($^{같은조항}_{단}$).

(i) 최초로 출원한 국가의 정부가 인정하는 서류로서 특허출원의 연월일을 적은 서면, 발명의 명세서 및 도면의 등본($^{같은조항}_{본(i)}$)

(ii) 최초로 출원한 국가의 특허출원의 출원번호 및 그 밖의 출원을 확인할 수 있는 정보 등 "시행규칙으로 정하는 사항"을 적은 서면($^{같은조항}_{본(ii)}$) 여기에서 "시행규칙으로 정하는 사항"이란 세계지적재산권기구(WIPO)의 우선권증명서류를 전자적 매체에 의하여 교환할 수 있는 체제에 접근하도록 하기 위하여 최초로 출원한 국가에서 부여하는 고유번호, 즉 접근코드를 말한다($^{시행규칙}_{§25⑥}$).

따라서 특허출원서에 최초로 출원한 국가의 특허출원번호와 접근코드를 적음으로써 우선권주장에 관한 서류 또는 서면의 제출에 갈음할 수 있다($^{시행규칙}_{§25⑦}$).

iii) 서류·서면의 제출기한

위의 서류 또는 서면은 다음 각호에 해당하는 날 중 최우선일부터 1년 4개월 이내에 제출하여야 한다($^{법}_{§54⑤본}$).

(i) 조약당사국에 최초로 출원한 출원일($^{법}_{같은조항(i)}$)

(ii) 그 특허출원이 제55조(특허출원 등을 기초로 한 우선권 주장) 제1항에 따른 우선권 주장을 수반하는 경우에는 그 우선권 주장의 기초가 되는 출원의 출원일($^{법}_{같은조항(ii)}$)

(iii) 그 특허출원이 다른 우선권주장을 수반하는 경우에는 그 우선권주장의 기초가 되는 출원의 출원일($^{법}_{(iii)}$ 같은조항) 등이다.

iv) 우선권주장의 보정·보충

제54조(조약에 의한 우선권주장) 제1항에 따라 우선권주장을 한 자 중 제2항의 요건(최초의 출원일부터 1년 이내에 특허출원을 할 것)을 갖춘 자는 제5항에 따른 최우선일부터 1년 4개월 이내에 해당 우선권주장을 보정하거나 추가할 수 있다($^{법}_{§54⑦}$).

v) 서류·서면의 제출기한을 어긴 경우

제54조(조약에 의한 우선권주장) 제3항에 따라 우선권을 주장한 자가 제5항의 기간, 즉 최선출원일부터 1년 4개월 이내에 제4항에 따른 서류를 제출하지 아니한 경우에는 우선권주장은 효력을 상실한다($^{법}_{§54⑥}$).

4. 국제우선권주장의 효과

신규성·진보성 및 선원(先願)의 지위 등의 판단에 있어서, 제2국에의 출원이 제1국에 출원한 때(出願時)까지 소급효를 인정받는다. 따라서 제1국출원과 제2국출원의 사이에 신규성의 상실사유나 제3자의 출원이 있어도 신규성이 상실되거나 후출원(後出願)으로 되는 일이 없게 된다.

제 2 항 국내우선권주장의 출원 — 선특허출원 등을 기초로 한 우선권주장의 출원

1. 국내우선권주장의 개념 — 선특허출원 등을 기초로 한 우선권 주장의 개념

(1) 국내우선권주장

이는 파리협약에 의한 우선권주장과 비슷한 것으로, 우리나라는 1996년 개정법(1990. 1. 14. 법률 제4270호)에서 처음으로 도입되었다.

이는 국내에 특허출원 또는 실용신안등록출원을 해 놓고(이하 "선출원"이라 한다), 그 선출원일부터 1년 이내에 보다 개량된 발명이나 추가 발명 또는 상위개념의 발명 등을 하여, 선출원과 같이 묶어서 포괄적인 하나의 출원(1出願)으로 후출원을 하면서, 선출원의 명세서 또는 도면에 기재된 발명을 기초로 하여 우선권을 주장하는 것이다.

(2) 특허법의 규정

"특허를 받고자 하는 자는 그 특허출원한 발명에 관하여 그 자가 특허나 실용신안등록을 받을 수 있는 권리를 가진 특허출원 또는 실용신안등록출원으로 먼저 한 출원(이하 "선출원"이라 한다)의 출원서에 최초로 첨부된 명세서 또는 도면에 기재된 발명을 기초로 우선권을 주장할 수 있다"라고 규정하였다(법 §55①본).

이를 요약한다면, 국내에서 자기의 선출원의 출원서에 최초로 첨부된 명세서 또는 도면에 기재된 발명을 기초로 하여 우선권을 주장하는 후출원(後出願)을 할 수 있다는 의미이다.

2. 제도의 역사적인 배경

이는 영국의 특허제도로부터 유래되었다. 영국은 국내우선권의 제도로서 1852년 특허법의 특징 중 하나인 가명세서(Provisional Specification)제도가 있었다. 가명세서(假明細書)를 제출한 날부터 12개월 이내에 완전명세서(Complete Specification)를 제출하여 가명세서의 내용과 동일한 범위에서 소급효를 인정받는 것이었다.

(1) 영국의 현행법제(1977. 7. 29. 제정, 1978. 6. 1. 시행)

영국은 가명세서(假明細書)제도와는 다른 다음과 같은 국내우선권주장제도를 두었다.[6]

(i) 청구범위를 기재하지 아니한 출원을 하여 출원일을 확보한다(다만, 파리협약에 의한 우선권을 주장하는 경우는 반드시 청구범위가 기재되어야 한다).

(ii) 그리고 12개월 이내에 원출원을 기초로 우선권주장을 하면서 청구범위를 기재한 신출원으로 바꾼다.

(iii) 원출원을 포기하거나 또는 원출원을 그대로 둔다.

(iv) 그리고 12개월 이내에 원출원에 청구범위를 보충하여 원출원(原出願)을 정정할 수도 있다.

---

6) 朝日奈 宗太, 前揭書, P. 814.

(2) **일본의 특허법**[1985년(昭和60) 개정법]

일본도 국내우선권주장제도를 도입하였고 그 내용은 우리 제도와 거의 같은 내용이다.

(3) **미국의 제도**

이른바 일부계속출원(一部繼續出願: Continuation—In—Part Application; CIP)이라는 것이 있다. 그 역사는 1860년대로 거슬러 올라 갈 수 있지만, 현행제도로서 계속출원의 절차요건을 법조문(제120조 미합중국 선출원에 의한 출원일의 소급)으로 규정하게 된 것은 1952년 미국 의회가 판례를 추인하는 형식으로 명문화한 것이다.

이 제도는 동일인에 의한 계속발명(繼續發明)을 보호하기 위하여 신규사항(new matter)을 부가한 명세서를 일부계속출원으로 보고, 선출원의 출원일까지 소급효를 인정하는 제도이다.

그러나 우리나라의 국내우선권주장제도와는 다르다 할 수 있다.

3. 국내우선권 제도의 취지

(1) 복수출원의 포괄성

기술개발의 속도가 빨라지고 발명의 내용이 복잡해짐에 따라 선출원의 발명을 개량·추가·보충을 하는 등의 경우가 증가추세에 있으나, 이 제도가 있기 전의 종래의 제도하에서는, 개량발명을 하였을 경우 선출원에 보정으로 추가시키면 요지변경이라 하여 거절되고, 별도의 출원을 하면 자기의 선출원에 의하여 거절될 수 있으며, 선·후출원이 각각 특허를 얻게 되는 경우도 있을 수 있는 등 관리에 번거로운 문제도 있었다.

이 제도에 의하여 선출원 발명에 대한 개량·추가·보충발명을 하나의 발명으로 묶어 포괄적인 특허를 받을 수 있다.

(2) 내·외국인의 형평성의 실현 — 내국인 역차별의 해소

우리나라는 1980년에 파리협약에 가맹되었음은 앞에서 밝힌 바 있거니와, 파리협약 제2조는 협약국민에 대한 내국인대우를 규정하고 있어, 내·외국인에 평등한 대우를 하도록 되어 있다. 그런데 종래에는 한국인이 국내출원을 하는 경우에는 국내우선권제도가 없었으므로, 내국인에게 상대적으로 불리한 역차별(逆差別)의 대우로 되어 있었다.

국내우선권주장제도는 내·외국인의 형평성을 보장한 것, 즉 내국인 역차별을 해소한 것이다.

(3) PCT국제출원에 있어서 자기지정의 가능

PCT에 따른 국제출원에 있어서도 한국 내에서의 선출원을 기초로 우선권을 주장하는 출원을 할 수 있는데($_{§8(1)}^{PCT}$), 그 경우에는 당해지정국에서의 우선권주장의 조건 및 효과는 당해 지정국의 국내법령이 정하는 바에 따르도록 되어 있다($_{§8(2)(b)}^{PCT}$). 그러나 이 국내우선권제도의 도입(1990) 전에는 국내법의 규정이 없어 국제출원을 하면서 자국지정을 할 수 없었으나 이 제도의 도입으로 문제가 해결되었다.

4. 국내우선권주장의 유형

(1) 실시예의 보충형

선출원의 명세서에 기재된 실시예만으로는 청구범위를 충분히 뒷받침할 수 없는 경우에, 이를 보충하기 위하여 새로운 국내우선권을 주장하는 출원으로 명세서의 실시예를 보충하므로써 청구범위를 충분히 뒷받침하는 유형이다.

(2) 상위개념의 추출형

관련발명(關聯發明)을 계속개발하여 발명이 완성 되는대로 출원을 하면서, 그들의 복수의 발명을 기초로 새로운 포괄적인 발명을 하였을 경우에, 이들 모두를 묶어서 하나의 출원(1出願)으로 하는 것을 상위개념의 추출형(抽出型)이라 한다.

(3) 일군발명의 일출원형

관련발명에 있어서 발명이 완성될 때마다 출원을 한 경우에, 이들 복수의 발명이 "물건의 발명과 그 물건을 생산하는 방법의 발명" 또는 "방법의 발명과 그 방법의 실시에 직접 사용하는 기계 등"이 발명의 단일성(單一性)의 개념을 형성하는 기술적 관계에 있어서, 이들이 일군의 발명에 대한 일특허(一特許) 일출원(一出願)의 요건에 충족되었을 경우($_{시행령 §6}^{법 §45①단.}$), 그 일군의 발명을 기초로 국내우선권주장을 하여 일출원으로 집약시킬 수 있다는 유형이다.

(4) 기타의 유형

이상의 세 가지 유형은 일본 특허청이 이 제도를 도입하는 과정에서 이 제도의 이용되는 유형을 크게 3분류해보았던 것이다.[7]

그러나 일특허 일출원의 요건에 충족되는 범위 내에서 기타의 유형도 있을 수 있음은 물론이다.

---

7) 外川英明 著, 實踐 特許法(2013年 第五版), P. 172.

5. 국내우선권주장의 요건

(1) 선·후출원의 주체의 동일성

선출원의 출원인과 후출원의 출원인이 동일하거나 그 승계인이어야 한다.

(2) 선·후출원의 객체에 총괄적 일군성

선출원의 객체와 후출원의 객체가 하나의 총괄적 발명의 개념을 형성하는 일군의 발명요건에 충족되어야 한다($\frac{법}{시행령}$ $\frac{§45①단.}{§6}$).

(3) 우선권주장 기간 내일 것($\frac{법}{§55①(i)}$)

우선권을 주장하는 후출원은 선출원일부터 1년 이내이어야 한다.

(4) 선출원이 분할출원 또는 변경출원이 아닐 것($\frac{법 §55}{①(iii)}$)

분할 또는 변경출원은 출원일이 원출원의 출원일로 소급되는데 이러한 출원에도 국내우선권주장을 인정하면, 우선권주장기간이 실질적으로 연장되어 타출원과 형평성에 반하고, 또 분할·변경의 요건에 충족되었는지 여부까지를 심사할 필요가 있으므로 심사관에게 부담될 뿐만 아니라, 제3자의 조사업무에도 큰 부담이 되기 때문이다.

(5) 선출원이 출원절차에 계속중일 것($\frac{법}{(iii)(iv)}$ $\frac{§55①}{}$).

(i) 후출원시에 선출원이 포기·무효·각하·취하되지 않았을 것($\frac{법}{§55①(iii)}$)   선출원이 출원절차에 계속중이어야 하므로, 출원이 포기·무효·각하·취하되었다면, 국내우선권주장은 할 수 없다. 이를 인정한다면, 특허될 수 없어 죽었던 발명이 살아나는 것으로 되기 때문이다. 다만, 국내우선권주장을 한 후에는 포기·무효·취하·각하 결정이 있어도 국내우선권주장에는 영향을 미치지 아니한다.

(ii) 후출원시에 선출원이 특허여부 또는 실용신안의 등록여부의 결정 또는 심결이 확정되지 않았을 것($\frac{법}{§55①(iv)}$)   우선권주장이란 후출원을 하면서 선출원을 기초로 후출원의 출원일을, 선출원의 출원일까지 소급효를 인정받고자 하는 주장이다.

그러므로, 우선권주장시에 선출원이 출원절차에 계속중이어야 하며, 선출원의 특허여부 또는 등록여부의 결정이나 심결이 확정되면 이미 출원절차가 종료된 상태이기 때문에 우선권주장의 기초로 삼을 수 없게 된다.

6. 국내우선권주장의 절차

국내우선권을 주장하려는 자는 특허출원을 할 때 특허출원서에 그 취지와 선출원의 표시를 하여야 한다($^{법}_{§55②}$).

국내우선권주장의 기초가 된 선출원은 한글로 된 출원서 등이 특허청에 현저한 것이므로, 증거서류의 제출은 필요가 없고 특허출원서에 그 취지와 선출원의 표시만으로 족한 것이다.

7. 국내우선권주장의 효과

(1) 출원시의 소급효

후출원(後出願)이 선출원의 출원시까지 소급하게 되므로, 신규성·진보성 및 선출원의 지위 등의 판단을 선출원시로 하게 된다($^{법}_{§55③}$). 여기에서 "출원시(出願時)"라 함은 출원일(出願日)과 시(時)를 포함하는 개념이다.

(2) 소급효과를 인정하는 범위

후출원의 발명 중 선출원의 출원서에 최초로 첨부된 명세서 또는 도면에 기재된 발명과 동일한 범위 내에서만 인정된다.

특허법은 이에 관하여 상세히 규정하였다($^{법}_{§55③}$). 즉 제1항에 따른 우선권주장을 수반하는 특허출원된 발명 중 당해 우선권주장의 기초가 된 선출원의 출원에서 최초로 첨부한 명세서 또는 도면에 기재된 발명과 같은 발명에 관하여 제29조(특허요건) 제1항·제2항, 같은조 제3항 본문, 같은조 제4항 본문(신규성·진보성 등 특허요건), 제30조 제1항(공지 등이 되지 아니한 발명으로 보는 경우), 제36조 제1항부터 제3항까지(선출원의 지위), 제96조 제1항 제3호(특허권의 효력이 미치지 아니하는 범위), 제98조(타인의 특허발명 등과의 관계), 제103조(선사용에 의한 통상실시권), 제105조 제1항·제2항(디자인권의 존속기간 만료 후의 통상실시권), 제129조(생산방법의 추정) 및 제136조 제5항〔정정심판에 있어서 정정 후 청구범위에 적혀 있는 사항이 특허출원을 하였을 때에 특허를 받을 수 있는 것, 제132조의3(특허취소신청절차에서의 특허의 정정) 제3항 또는 제133조의2(특허무효심판절차에서의 특허의 정정) 제4항에 따라 준용되는 경우를 포함한다)〕, 실용신안법 제7조 제3항·제4항(실용신안의 선출원) 및 제25조(타인의 실용신안 등과의 관계) 디자인보호법 제95조(타인의 등록디자인 등과의 관계) 및 제103조 제3항(디자인권 등의 존속기간 만료 후의 통상실시권) 등을 적용할 때에는 그 특허출원은 그 선출원을 한 때에 특허출원한 것으로 본다고 규정되어 있다($^{법}_{§55③}$). 여기에서, "제136조 제5항, 제132조의3 제3항 또는"은 2017. 3. 1. 시행법에 따라 개정(추가)된 부분이다.

(3) 소급효가 인정되지 않는 경우

소급효를 인정하는 것이 법적으로 불합리하거나 출원인에게 오히려 불리한 경우이다.

(ⅰ) 선출원과 동일하지 않은 후출원의 발명은 소급효를 인정하지 않고 후출원시에 출원한 것으로 된다. 선출원발명인지의 여부는 청구항별로 판단한다.

(ⅱ) 존속기간의 기산(起算), 출원심사청구기간 등도 후출원의 출원일부터 기산한다. 이 경우에 소급시키는 것은 오히려 존속기간 또는 출원심사청구기간이 실질적으로 짧아서 출원인에게 불리하기 때문이다.

(ⅲ) 이중우선(二重優先)의 경우   선출원이 국내우선권주장을 수반하는 출원과 파리협약에 의한 우선권주장을 수반하는 출원인 경우에는 그 선출원의 출원서에 최초로 첨부된 명세서 또는 도면에 기재된 발명에 대해서는 신규성·진보성·선원의 지위 등을 판단함에 있어서 소급효를 인정하지 아니한다($\frac{법}{\S55⑤}$).

이러한 경우에도 우선권주장의 효과를 인정하면 우선기간(優先期間)이 실질적으로 누적되어 1년 이상으로 연장되기 때문이다.

(4) 선출원의 지위확대로 인한 출원공개의 의제

국내우선권 주장을 수반하는 후출원의 특허출원서에 최초로 첨부된 명세서 또는 도면에 기재된 발명 중에 해당우선권 주장의 기초가 된 선출원의 출원서에 최초로 첨부된 명세서 또는 도면에 기재된 발명, 즉 후출원 발명 중에서 선출원 발명과 같은 발명은 그 후의 특허출원이 출원공개되거나 특허가 등록공고되었을 때에는 해당우선권주장의 기초가 된 선출원에 관하여 출원공개가 된 것으로 보고, 제29조(특허요건) 제3항 본문, 같은조 제4항 본문 또는 실용신안법 제4조(실용신안등록의 요건) 제3항 본문·제4항 본문을 적용한다($\frac{법}{\S55④}$).

특허에 독점권을 인정하는 것이 발명기술의 공개에 대한 대가라면 출원공개는 필수적인 것이다. 그러나 우선권주장의 기초가 된 선출원은 1년 3개월이 지난 때에 취하된 것으로 보게 되므로($\frac{법}{\S55①본}$), 선출원은 공개될 기회가 없게 된다($\frac{법}{\S64①}$).

그러므로, 선출원의 발명이 후출원의 발명과 같은 범위 내에서 선원(先願)으로서의 지위를 인정하여 선출원이 출원공개된 것으로 의제(擬制)시킨 것이다.

(5) 선원지위의 확대의 적용배제

국내우선권주장을 규정한 제55조(특허출원 등을 기초로 한 우선권 주장) 제4항을 적용할 때 선출원이 다음 각호의 어느 하나에 해당하더라도, 즉 선출원인 국제특허출원 또는 국제실용신안등록출원 등에 있어서, 다음 각호와 같이 국어번역문을 제때에 제출하지 못하여 취하한 것으로 보게 되는 경우라도 제29조(특허요건) 제7항을 적용하지 아니한다($^{법}_{§55⑥본}$). 이 경우에는 국어번역문제출이 없는 경우이므로 ① 국내절차단계에 진입이 확정되지 않았고 ② 국어번역문이 없으므로 출원서에 첨부한 명세서가 없어 선원으로서의 지위를 인정할 수 없으므로 ③ 확대된 선원의 지위를 부여할 수 없기 때문이다.

(i) 선출원이 제201조(국제특허출원의 국어번역문) 제4항에 따라 취하한 것으로 보는 국제특허출원인 경우($^{법}_{§55⑥(i)}$)

(ii) 선출원이 실용신안법 제35조(국제실용신안등록출원의 국어번역문) 제4항에 따라 취하(取下)한 것으로 보는 국제실용신안등록출원인 경우($^{같은조항}_{(ii)}$) 등이다.

8. 국내우선권주장의 보정·추가

국내우선권주장을 한 자는 선출원일(선출원이 둘 이상인 경우에는 최선출원일을 말한다)부터 1년 4개월 이내에 그 우선권주장을 보정하거나 추가할 수 있다($^{법}_{§55⑦}$).

9. 선출원의 취하의 의제

국내우선권주장의 기초가 된 선출원은 그 출원일부터 1년 3개월이 지난 때에 취하(取下)된 것으로 본다($^{법}_{§56①본}$). 다만, 그 선출원이 다음 각호의 어느 하나에 해당하는 경우에는 그러하지 아니하다($^{같은법조}_{단}$).

(i) 포기·무효 또는 취하된 경우($^{법 같은조}_{단(i)}$)

(ii) 특허여부의 결정, 실용신안등록여부의 결정 또는 거절한다는 취지의 심결이 확정된 경우($^{법 같은조}_{단(ii)}$)

(iii) 해당 선출원을 기초로 한 우선권주장이 취하된 경우($^{법 같은조}_{단(iii)}$)

선출원을 취하한 것으로 보는 것은 후출원이 선출원을 보충하여 하나의 포괄적인 국내우선권을 주장하는 것이므로 중복되는 출원공개(出願公開)와 중복심사(重複審査)를 피하기 위해서이다.

특허출원은 원칙적으로 1년 6개월이 되면 출원공개를 하게 되므로 특허청의 출원공개의 준비기간을 고려하였고 또 1년 이상을 방치해둘 필요도 없기 때문이다. 그러나 반대로 1년 이내에 국내우선권주장 그 자체를 취하하거나 후출원을 취하하면, 선출원은 살아있는 특허출원으로 존속한다.

10. 국내우선권주장의 취하의 제한

(1) 취하의 기한

국내우선권주장을 수반하는 특허출원의 출원인은 선출원의 출원일부터 1년 3개월이 지난 후에는 그 우선권주장을 취하할 수 없다(법§56②).

따라서 후출원은 국내우선권주장일부터 1년 3개월 이내이면 언제든지 우선권주장을 취하할 수 있다는 해석도 된다.

그러나 이 기간이 지난 후에는 특허청의 출원공개에 따르는 준비기간 등을 고려하여 취하할 수 없도록 제한한 것이다.

(2) 우선권주장의 취하의제와 선출원의 존속

국내우선권주장을 수반하는 후출원이 선출원의 출원일부터 1년 3개월 이내에 취하된 때에는 그 우선권주장도 동시에 취하된 것으로 본다(법§56③).

후출원이 선출원의 출원일부터 1년 3개월 내에 취하되거나 후출원이 취하되지 않더라도, 국내우선권주장 그 자체를 취하하면 선출원을 살리겠다는 것이므로 선출원은 정상적인 특허출원으로서 존속된다.

제 4 관   특허협력조약(PCT)에 따른 국제출원

제 1 항   특허협력조약(PCT)의 성립배경과 특징 및 파리협약에 따른 출원 과의 비교

1. 특허협력조약(PCT)의 성립배경

(1) 특허협력조약(Patent Cooperation Treaty: PCT)은 1966년 9월 파리협약 동맹 집행위원회에서 미국대표의 제의에 의하여 파리협약 제19조(특별협정)의 규정에 근거를 두고, 파리협약에 배치되지 않으면서 국제출원절차의 효율화로 국제출원인(國際出願人)과 그 수리관청(受理官廳)인 각국 특허청의 부담경감(負擔輕減) 등을 목적으로 1970년 6월 19일 워싱턴에서 체결된 조약이다. 1978년 1월 24일에 발효되었다.

(2) 우리나라는 1984년 8월 10일에 가입되었고, 한국 특허청은 국제출원의 국제적인 기관으로서의 수리관청이고(PCT §10, 법§193①) 국제조사기관인 동시에 국제예비심사

기관(國際豫備審査機關)이다($^{PCT~§16,~§32}_{법~§198의2}$).

사무총괄은 세계지적재산기구(WIPO) 산하의 국제사무국(BIRPI)에 의해 관장된다($^{PCT~§2}_{(XIX)}$).

2. 특허협력조약에 따른 국제출원의 특징

(1) 하나의 출원(一出願)으로 다수국에 출원한 것으로 인정

하나의 발명으로 여러 나라(多數國)에서 특허를 얻고자 하는 경우, 한 건의 국제출원(國際出願)을 하나의 언어(言語)로 하면서 체약국(締約國) 중에서 여러 나라를 지정하면 그 국제출원일이 각 지정국의 국내출원일(國內出願日)로 인정된다($^{PCT}_{§10(3)}$).

(2) 국제조사 등으로 특허여부를 쉽게 예측하고 비용을 절감

국제조사와 국제예비심사(國際豫備審査) 등의 제도를 두어 출원인으로서는 국제출원의 특허여부를 쉽게 예측할 수 있어 비용과 절차부담을 경감시킬 수 있다.

(3) 중복심사·중복공개의 생략

각 지정국의 특허청들은 중복심사(重複審査) 및 중복공개(重複公開)에 드는 노력이 경감된다.

(4) 각 국내단계진입의 선택·준비기간의 여유

각 국내단계의 진입기간(進入期間)이 장기간(30개월 이상)이어서 준비에 여유가 있다. 파리협약에 의한 우선권주장기간은 비교적 짧은 1년인데 비하여, 국제협력조약(PCT)에 따른 각 지정국의 국내단계의 진입은 비교적 장기인 30개월 이상이므로 각 지정국에의 국내단계 진입을 위한 준비, 즉 각 지정국의 외국어번역과 특허여부의 가능성을 검토·선택할 기간이 넉넉하다.

(5) 이 제도의 단점

① 여러 단계의 절차가 복잡하고, ② 각 지정국에서 특허를 얻기까지에는 장기간을 필요로 한다는 점이다.

3. 파리협약에 따른 출원과 PCT에 따른 출원의 간략한 비교

(1) 파리협약에 의한 우선권주장제도

수개국(數個國)에만 출원을 하는 경우에는 별문제가 없겠지만, 다수국에 우선권을 주장하는 경우에는 우선권주장기간이 1년이어서 짧은기간 내에 각국의 언어(言語)로 번역하여야 하는 등 출원인에게 큰 부담이 된다.

(2) 특허협력조약에 따른 국제출원

1개국에 하나의 언어(言語)로 국제출원을 하면서, 여러 나라를 지정하면 각 지정국에서 정규로 국내출원을 한 효과와 같으며, 국제출원일은 각 지정국에서 실제출원일(實際出願日)로 보게 되므로($^{PCT}_{(3)}$ §11), 출원인의 큰 부담을 줄일 수 있다.

(3) PCT출원의 노력·비용의 절감

국제조사(國際調査), 국제예비심사(國際豫備審査) 및 국제공개(國際公開) 등의 제도는 국제출원인의 노력과 비용을 절감시킬 수 있을 뿐만 아니라, 각국 특허청의 중복심사 및 중복공개 등의 노력도 경감시킬 수 있다.

(4) 기   타

그리고 또 특허협력조약(PCT)에 따른 국제출원을 하면서도 파리협약에 의한 우선권주장도 할 수 있다($^{PCT}_{§8}$).

가장 두드러진 차이는 이미 밝힌 바와 같이, 파리협약에 의한 출원의 우선권 주장기간은 1년 이내이어서 비교적 짧다.

그러나 국제협력조약(PCT)에 의한 국제출원(이하 "PCT국제출원"이라 한다)의 국내진입단계(國內進入段階)인 번역문제출기간(飜譯文提出期間)은 비교적 장기간(30개월 이상)[8]이라는 점은 양제도에 있어서 현저한 차이를 보이고 있다.

제 2 항   PCT국제출원절차(1) ─ 국제단계(International Phase)의 절차

PCT국제출원은 국제적인 기관에서 통일적으로 처리하는 국제단계(International Phase)와 각국에서 출원심사(出願審査)와 특허등록(特許登錄)을 위한 절차인 국내단계(National Phase)로 나누어진다. 국제출원절차(1)은 국제단계(International Phase)의 절차를 의미한다.

한편, 이 PCT국제출원에 관한 설명에 있어서, 산업통상자원부령(産業通商資源部令)인 시행규칙에 많은 조문들이 규정되어 있다. 그것은 다음과 같은 이유에 의한 것이므로 독자 여러분의 양해있으시기 바란다.

우리나라는 특허협력조약(PCT)에 가입하여 국제출원 제도를 도입하면서 의당 법으로 규정해야 할 사항의 일부가 부령(部令)인 시행규칙에 위임되어 있기 때문이

---

[8] PCT 제22조(1)은 30개월로 되어 있으나, 같은조(3)항에는 국내법령은 그 기간보다 늦게 만료하는 기간을 정할 수 있다 하였고, 한국 특허법은 2년 7개월(31개월)로 규정하면서(법 §201①본), 필요하면 1개월을 더 연장할 수 있도록 규정되었다(같은법조항 단).

다. 절차에 관한 사항이지만 법률사항을 시행령도 아닌 시행규칙에 위임되어 있음
은 시정(是正)되어야 한다.[9]

1. 국제출원의 보호대상

특허협력조약(이하 특별한 경우를 제외하고는 편의상 "PCT"라 한다)은 그 보호대상
을 PCT 제2조(정의)에서 다음과 같이 "출원(appication)"이라는 용어를 정의하였다.
즉, 『"출원"은 발명의 보호를 위한 출원을 의미한다. "출원"이라 할 때에는 발명특
허, 발명자증, 실용증, 실용신안, 추가특허 또는 추가특허증, 추가발명자증, 추가실
용증의 출원을 말하는 것으로 한다』$\binom{PCT}{\S2(i)}$.

이것은 물론 각 체약국(締約國)의 국내법령(國內法令)에 규정되어 있는 보호대
상이 각양각색으로 다르게 표현되어 있기 때문에 이것들을 모두 포함시키기 위하여
이와 같이 다양한 용어로서 국제출원의 보호대상을 규정해 놓은 것이라 할 것이다.

2. 국제출원의 수리관청

(1) 수리관청의 개념

수리관청(Receiving Office)이란 국제출원을 수리하는 국내관청 또는 정부간 기
구를 말한다$\binom{PCT}{\S2(xv)}$.

PCT국제출원은 원칙적으로 출원인의 선택에 따라 출원인이 거주자(居住者)이
거나 또는 그 국민으로 있는 체약국(締約國)의 국내관청 또는 그 체약국을 위하여
업무를 수행하는 국내관청으로 되어 있다$\binom{PCT규칙}{\S19.1(a)(i)(ii)}$. 그러므로 통상으로는 출원인
이 그 나라에서 살고 있거나(居住者), 그 나라의 국민으로서 그 나라의 특허청에
출원을 할 수 있다.

따라서 한국 특허청은 국제출원의 수리관청이다$\binom{PCT \S10,}{법 \S192본}$. 또 국제사무국에는
누구든지 국제출원을 할 수 있다$\binom{PCT규칙}{\S19.1(a)(iii)}$.

(2) 수리관청의 기능

수리관청은 이 국제협력조약과 국제협력조약 규칙의 정하는 바에 따라 PCT

---

9) 일본은 이 특허협력조약(PCT)에 따른 국제출원제도를 도입하면서 관계법조항을 특허법에는 18개
조(제184조의3 내지 제184조의20)만을 규정하였고, 나머지의 **법률사항**은 부칙(附則)을 제외한
본문(本文) 21개조로 구성된 특별법인 "특허협력조약에 의거한 국제출원 등에 관한 법률(特許協
力條約に基づく國際出願等に關する法律)"에 비교적 상세히 규정하고 있다.
그런데 우리나라는 당초에 특허법에 26개조를 규정하였다가 2개조를 삭제하고 현재는 24개조가
특허법에 규정되어 있고, 국제출원에 관한 절차에 따른 특별법이 없이, 일부 법률사항을 대통령령
(大統領令)도 아닌 부령(部令)인 시행규칙에 규정되어 있어 부적법성(不適法性)을 노출하고 있다.

국제출원을 점검(check)하고 처리한다($^{PCT}_{§10}$). 그 수리관청의 PCT국제출원에 대한 검토·처리로서 중요한 것들을 보면,

(i) PCT국제출원 정본의 국제사무국 송부 등   국제출원을 접수하여 1통(수리관청용 사본: home copy)은 보관하고, 1통(기록원본: record copy)은 국제사무국에 송부하고, 다른 1통(조사용사본: search copy)은 PCT 제16조(국제조사기관)에 규정하는 관할 국제조사기관에 송부한다($^{PCT}_{§12(1)}$). 기록원본(record copy)은 국제출원의 기록정본(true copy)이며($^{PCT}_{같은조(2)}$), 국제사무국이 소정의 기간 내에 기록원본을 수리하지 아니하였을 때에는 국제출원은 취하된 것으로 본다($^{PCT}_{같은조(3)}$).

(ii) PCT국제출원의 언어선정   수리관청은 국제출원서, 발명의 설명, 청구범위, 필요한 도면 및 요약서 등의 작성에 필요한 언어를 적어도 하나 이상 인정하여야 한다($^{PCT규칙}_{§12.1(a)(b)}$). 이에 따라 우리 특허청은 국어(한글), 영어(英語), 일본어(日本語)로 정해 놓았다($^{법§193①,}_{시행규칙§91}$).

(iii) 방식심사   수리관청이 국제출원의 방식심사를 하는 것은 필수적이다($^{PCT §11,}_{§14}$). 이 방식심사에 의하여 하자가 있으면 보완(補完) 또는 보정(補正)을 명하게 된다($^{법 §194②~④,}_{시행규칙 §97, §99의2}$).

(iv) PCT국제출원에 따른 수수료의 징수($^{PCT §3(4)(iv), §17(3)(a), §31(5),}_{법 §198, 징수규칙 §10②(i)}$)

(v) PCT국제출원일의 인정   수리관청은 국제출원을 수리한 날을 국제출원일로 인정한다($^{PCT §11(1)}_{법 §194①본}$).

(vi) PCT국제조사와 국제예비심사   수리관청이 이러한 조사와 심사를 겸하는 경우에 한한다. 한국 특허청은 이러한 기능을 겸하고 있다($^{법}_{§198의2}$).

3. PCT국제출원을 할 수 있는 자

(1) PCT국제출원의 적격자

우리 특허법에 따르면, PCT에 따른 국제출원을 할 수 있는 적격자는 다음과 같다($^{법}_{§192본}$).

(i) 대한민국 국민($^{법 같은조}_{(i)}$)   자연인(自然人)은 물론이고, 대한민국 국적(國籍)을 가진 법인(法人)을 포함한다.

(ii) 한국 내에 주소 또는 영업소를 가진 외국인($^{법 같은조}_{(iii)}$)   자연인은 주소, 법인은 영업소를 가진 경우이므로 영업소를 가진 외국법인(外國法人)이 포함된다.

(iii) 제1호(대한민국 국민) 또는 제2호(한국 내에 주소 또는 영업소를 가진 외국인)에 해당하는 자가 아닌 자로서, 제1호 또는 제2호에 해당하는 자를 대표자로 하여 국

제출원을 하는 자($_{(iii)}^{법 \ 같은조}$) 즉 대한민국 국민이나 한국 내에 주소 또는 영업소를 가진 외국인을 대표자로 하면 국제출원을 할 수 있다.

(iv) 산업통상자원부령으로 정하는 요건에 해당하는 자($_{(iv)}^{법 \ 같은조}$) 부령인 시행규칙에 의하면, 1명 이상의 대한민국 국민이나 한국 내에 주소 또는 영업소를 가진 외국인과 공동으로 국제출원하는 자로 되어 있다($_{\S90}^{시행규칙}$). 공동출원인(共同出願人) 중에서 적어도 1명의 출원적격자(出願適格者)를 필요로 한다는 의미이다.

(2) **공동출원의 대표자 등**

2인 이상이 공동으로 국제출원을 하는 경우에는 제192조(국제출원을 할 수 있는 자)부터 제196조(취하된 것으로 보는 국제출원 등)까지 및 제198조(수수료)에 따른 절차는 출원인의 대표자가 밟을 수 있다($_{\S197①}^{법}$).

또 2인 이상이 공동으로 국제출원을 하는 경우에, 출원인의 대표자를 정하지 아니한 경우에는 산업통상부령(시행규칙)으로 정하는 방법에 따라 대표자를 정할 수 있다($_{단②}^{법 \ 같은조}$).

이 조항에 근거를 둔 부령인 시행규칙에 의한 출원인의 대표자 지정은, 제192조(국제출원을 할 수 있는 자) 제1호(대한민국 국민) 또는 제2호(국내에 주소 또는 영업소를 가진 외국인)에 해당하는 출원인 중 첫번째로 기재되어 있는 자로 한다($_{\S106의4}^{시행규칙}$).

그리고 2인 이상이 공동으로 출원하는 절차를 대리인에 의하여 밟으려는 자는 제3조(미성년자 등의 행위능력)에 따른 법정대리인(法定代理人)을 제외하고는 변리사(辨理士)를 대리인으로 하여야 한다($_{\S197③}^{법}$). 변리사는 국제출원 절차의 전문지식(專門知識)을 가진 자이기 때문이다.

4. PCT국제출원서 등

1) PCT국제출원서

국제출원을 하려는 자는 국어(한글), 영어(英語) 또는 일본어(日本語) 중에서 어느 하나의 언어로 작성한, 출원서와 발명의 설명·청구범위·필요한 도면 및 요약서를 특허청장에게 제출하여야 한다($_{시행규칙 \ \S91}^{법 \S193①,}$).

(1) PCT국제출원의 용어

제193조(국제출원) 제1항에는 국제출원의 용어를 "산업통상자원부령으로 정하는 언어"로 되어 있고, 그 부령인 시행규칙에는 국어, 영어 또는 일본어로 규정되어 있다($_{\S91}^{시행규칙}$).

(2) PCT국제출원서

출원서에는 다음 각호의 사항을 적어야 한다$\binom{\text{법}}{\S193②본}$.

(ⅰ) 해당 출원이 국제협력조약(PCT)에 따른 국제출원이라는 표시$\binom{\text{법}}{\text{같은조항}(ⅰ)}$

(ⅱ) 해당 출원된 발명의 보호가 필요한 특허협력조약(PCT) 체약국(締約國)의 지정$\binom{\text{법}}{\text{같은조항}(ⅱ)}$ 체약국의 지정은 반드시 1개국 이상을 지정하여야 한다.

그러나 경비문제를 고려한다면, 3개국 이내의 외국출원을 하려면 파리협약에 따른 우선권을 주장하는 출원을 하는 것이 경비가 절감되고, 4개국 이상의 국가에 출원할 경우에는 PCT국제출원이 바람직한 것으로 나타나 있다.

(ⅲ) 제2호에 따라 지정된 체약국(이하 "지정국"이라 한다) 중 PCT 제2조(정의)(ⅳ)의 지역특허(地域特許: 廣域特許로도 번역됨)를 받으려는 경우에는 그 취지$\binom{\text{법}}{\text{같은조항}(ⅲ)}$

여기에서 PCT 제2조(정의)(ⅳ)의 "지역특허(Regional Patent)"라 함은 "1개국보다 많은 국가(more than one state), 즉 2 이상의 국가에서 효력이 있는 특허를 부여하는 권한을 가진 국내 당국 또는 정부간 당국이 부여하는 특허를 말한다. 예로서, 유럽특허조약(European Patent Convention: EPC)에 의한 특허와 같은 경우를 말한다.

(ⅳ) 출원인의 성명이나 명칭·주소나 영업소 및 국적$\binom{\text{법} \S193②}{\text{본}(ⅳ)}$

(ⅴ) 대리인이 있으면 그 대리인의 성명 및 주소나 영업소$\binom{\text{법 같은조}}{\text{항}(ⅴ)}$

(ⅵ) 발명의 명칭$\binom{\text{법 같은조}}{\text{항}(ⅵ)}$ 국제출원된 발명의 명칭이 다음의 어느 하나에 해당하는 경우에는 심사관이 결정한다$\binom{\text{시행규칙}}{\S106의17①본}$.

(ㄱ) 국제출원에 발명의 명칭이 기재되어 있지 아니하고 발명의 명칭에 관하여 PCT규칙 제37조(발명의 명칭의 누락 또는 결함) 제2항의 규정에 의한 통지를 받지 못한 경우$\binom{\text{시행규칙}}{\text{같은조항}(ⅰ)}$ PCT규칙 제37조(발명의 명칭의 누락 또는 결함) 제2항은 발명의 명칭을 결정할 수 있는 내용에 관한 것이다$\binom{\text{PCT규칙}}{\S37·2}$.

(ㄴ) 국제출원에 기재된 발명의 명칭이 PCT규칙 제4조〔원서(내용)〕제3항의 규정에 의한 요건을 충족하지 못하는 경우$\binom{\text{시행규칙}}{\text{같은조항}(ⅱ)}$ PCT규칙 제4조〔원서(내용)〕제3항은 발명의 명칭은 짧게(영어인 경우 또는 영어를 번역한 경우에는 2단어 이상 7단어 이내 일것이 바람직하다), 그리고 명확한 것으로 한다는 내용이다$\binom{\text{PCT규칙}}{\S4·4}$.

심사관은 심사관이 결정한 발명의 명칭을 국제조사보고서에 기재하여야 한다$\binom{\text{시행규칙}}{\text{같은조}②}$.

(ⅶ) 발명자의 성명 및 주소(지정국의 법령에서 발명자에 관한 사항을 적도록 규정되어 있는 경우만 해당한다)$\binom{\text{법}}{\S193②본(ⅶ)}$

(3) 발명의 설명 — 명세서

발명의 설명은 그 발명이 속하는 기술분야에서 통상의 지식을 가진 사람이 쉽게 실시할 수 있도록 명확하고 상세하게 적어야 한다($^{법}_{③}$ ^{같은조}).

일반 특허출원에 있어서 명세서에 적는 발명의 설명을 말한다. 또 특별한 조건이 붙은 특허출원, 즉 외국어특허출원, 핵산염기(核酸塩基) 또는 아미노산 서열이나 미생물(微生物) 관련특허출원 등의 경우도 일반 특허출원의 명세서에서와 같이 이들 특별조건들을 명세서에 명백히 적는 것과 같다. 다만, PCT국제출원에 관하여는 몇 개의 특별규정들이 있다.

다음 사항들을 갖추지 아니한 PCT국제출원은 심사관의 보완명령사항이 되므로 출원시에 미리 갖추어두는 것이 바람직하다. 시행규칙에 규정된 "핵산염기 서열목록의 제출 등"의 내용은 다음과 같다($^{시행규칙}_{§106의12①}$).

(i) PCT시행세칙에서 규정하는 표준(이하 이조에서 "표준"이라 한다)에 의하여 서면으로 작성된 서열목록($^{시행규칙}_{같은조항(i)}$)

(ii) 표준에 의하여 작성된 전자적 형태의 서열목록($^{시행규칙}_{같은조항(ii)}$)

(iii) 전자적 형태의 서열목록이 서면으로 작성된 서열목록과 동일하다는 진술서($^{시행규칙}_{같은조항(iii)}$)

국제출원에 이상의 것이 구비되어 있지 않으면 심사관은 그 서열목록 또는 진술서의 제출을 명할 수 있다($^{시행규칙}_{§106의12①전}$). 뿐만 아니라, 심사관의 보정명령으로 될 수 있고($^{시행규칙}_{§106의13①}$), 또 이 규정은 국제예비심사에 있어서도 준용된다($^{시행규칙}_{§106의38}$).

(4) 청구범위

청구범위는 보호를 받으려는 사항을 명확하고 간결하게 적어야 하며, 발명의 설명에 의하여 충분히 뒷받침되어야 한다($^{법 §193④}_{PCT규칙 §6}$).

(5) 필요한 도면

도면이 필요한 출원에만 해당된다.

(6) 요 약 서

국제출원을 규정하고 있는 제193조(국제출원) 제1항에는, 국제출원을 하려는 자는 출원서와 발명의 명칭·청구범위·필요한 도면 및 요약서를 특허청장에게 제출하여야 한다고 규정되었고, 같은조 제2항 내지 제4항에는 국제출원서에 적는 사항으로부터 청구범위를 적는 요령까지는 규정되어 있으나($^{법}_{§193①~④}$) 도면과 요약서에 관하여는 부령인 시행규칙에 위임하였다($^{법}_{§193⑤}$).

그러나 이는 입법자의 실수인 듯하다. 요약서는 출원인이 출원발명의 내용을 간단히 요약한 기술정보서(技術情報書)로서 방식심사의 대상이다. 이것이 없으면 제46조(절차의 보정) 제2항에 의한 보정요구사항이고, 그 보정명령에도 불응하여 요약서를 제출하지 않는 경우에는 그 출원은 제16조(절차의 무효)에 따른 절차무효대상이다. 그러므로 법에 규정되었어야 했다. 출원서에 요약서의 첨부는 필수적인 구비서류이기 때문이다.

한편, 시행규칙의 규정에는 심사관이 요약서를 작성하도록 되어 있다. PCT규칙 제38조(요약서의 불비 또는 결함) 제2항(요약서의 작성)에도 이러한 규정이 있다. 심사를 해야 할 심사관이 요약서를 작성한다는 것도 이상하다.

i) 심사관의 요약서 작성

심사관은 다음 각호의 1에 해당하는 경우에는 요약서를 새로 작성하여야 한다$\left(\substack{\text{시행규칙} \\ \S106의18①본}\right)$

(i) PCT국제출원에 요약서가 포함되어 있지 아니하고 요약서에 관하여 PCT규칙 제38조(요약서의 불비 또는 결함) 제2항(요약서의 작성)의 규정에 의한 통지를 받지 못한 경우$\left(\substack{\text{시행규칙} \\ \S106의18①본(i)}\right)$

(ii) PCT국제출원에 포함된 요약서가 PCT규칙 제8조(요약서)의 규정에 의한 요건을 충족하지 못하는 경우$\left(\substack{\text{시행규칙} \\ \text{같은조항(ii)}}\right)$

ii) 심사관이 작성한 요약서의 출원인에게 송부

특허청장은 제1항의 규정에 의하여 심사관이 작성한 요약서를 국제조사보고서에 첨부하여 출원인에게 송부하여야 한다$\left(\substack{\text{시행규칙} \\ \text{같은조②}}\right)$.

iii) 출원인의 보정신청 등

출원인은 국제조사보고서 송부일부터 1월 이내에 제1항에 따른 요약서에 대하여 보정신청 또는 의견진술을 하거나 심사관이 요약서를 새로 작성하지 아니한 경우에는 출원인이 작성한 요약서에 대하여 보정신청을 할 수 있다$\left(\substack{\text{시행규칙} \\ \text{같은조③}}\right)$.

iv) 출원인의 제3항에 따른 보정신청 등

출원인이 시행규칙 제106조의18(요약서의 보정) 제3항에 따른 보정서에 의견을 진술하려는 경우에는 시행규칙 소정서식의 의견제출서에 다음 각호의 서류를 첨부하여 특허청장에게 제출하여야 한다$\left(\substack{\text{시행규칙} \\ \S106의18④본}\right)$.

(i) 보정서 2통(보정을 신청하는 경우에 한한다)$\left(\substack{\text{시행규칙} \\ \text{같은조항(i)}}\right)$

(ii) 의견서 1통(의견을 진술하는 경우에 한한다)$\left(\substack{\text{시행규칙} \\ \text{같은조항(ii)}}\right)$

(iii) 대리인(代理人)에 의하여 절차를 밟는 경우에는 그 대리권을 증명하는 서류$\left(\substack{\text{시행규칙} \\ \text{같은조항(iii)}}\right)$

v) 심사관의 요약서 보정여부결정 등

심사관은 제4항($\frac{시행규칙}{\S106의18④}$)에 따른 보정신청 또는 의견진술이 있는 때에는 요약서의 보정여부를 결정하여야 하며, 요약서를 보정한 때에는 국제사무국에 그 보정사실을 통지하여야 한다($\frac{시행규칙}{같은조⑤}$).

(7) 기타 PCT국제출원에 포함되어서는 아니 되는 사항

국제출원에는 다음 각호의 사항이 포함되어서는 아니 된다($\frac{시행규칙}{\S77본}$).

(i) 공공(公共)의 질서(秩序)에 반하는 표현 또는 도면($\frac{시행규칙}{같은조항(i)}$)

(ii) 선량(善良)한 풍속(風俗)에 반하는 표현 또는 도면($\frac{시행규칙}{같은조항(ii)}$)

(iii) 출원인 외에 특정인의 생산물(生産物)·방법 또는 출원인이나 특허의 이점(利點) 또는 유효성을 비방하는 내용($\frac{시행규칙}{같은조항(iii)}$)

(iv) PCT국제출원에 기재된 사항과 관련이 없거나 불필요한 내용($\frac{시행규칙}{같은조항(iv)}$)

(8) 특허청장의 직권말소사항

특허청장은 제193조(국제출원) 제2항에 규정된 PCT국제출원서 및 시행규칙에 정한 이러한 불필요한 사항이 기재되어 있는 경우에는 직권으로 그 사항의 기재를 말소하여야 한다($\frac{시행규칙}{\S95}$).

(9) 수수료의 납부

국제출원을 하려는 자는 수수료(手數料)를 내야 한다($\frac{법}{\S198①}$). 그 수수료, 납부방법 및 납부기간 등에 관하여 필요한 사항은 산업통상자원부령으로 정한다($\frac{같은법조}{②}$). 이에 관한 "특허료 등의 징수규칙"(부령) 제10조("특허협력조약"에 따른 국제출원수수료)에 상세히 규정되어 있다.

한편, 시행규칙에는 수수료미납부에 대한 보정에 관한 규정($\frac{시행규칙}{\S104}$)과 소정의 수수료납부서를 특허청장에게 제출하여야 한다는 규정($\frac{시행규칙}{\S106의5}$)이 있을 뿐이다.

(10) 우선권주장을 하는 경우

PCT 제2조(정의)(vi)의 규정에 의한 국내출원 또는 국제출원을 기초로 하여 우선권을 주장하고자 하는 자는 우선일부터 1년 4개월 이내에 시행규칙 소정의 우선권서류 송달신청서에 그 국내출원 또는 국제출원을 수리한 관청이 인정하는 당해 국내출원 또는 국제출원의 등본(이하 "우선권서류"라 한다)을 첨부하여 특허청장에게 제출할 수 있다($\frac{시행규칙}{\S106의6①}$).

대한민국에 출원한 특허출원, 실용신안 등록출원 또는 국제출원을 기초로 하여, 우선권을 주장하려는 자는 국제출원의 출원서에 우선권서류의 송달신청의 취지를 적거나 우선일부터 4개월 이내에 우선권서류송달신청서를 특허청장에게 제출하

여 우선권서류를 국제사무국에 송달할 것을 특허청장에게 요청할 수 있다($\frac{같은조}{②}$). 대리인이 절차를 밟는 경우에는 그 대리권을 증명하는 서류를 첨부하여야 한다($\frac{같은조}{④}$).

2) PCT국제출원 번호 등의 통지

특허청장은 PCT국제출원으로 제출된 서류를 접수한 때에는 그 국제출원번호 및 접수일을 출원인에게 통지하여야 한다($\frac{시행규칙}{§94}$). 출원번호는 당해 PCT국제출원의 근거가 되는 것으로 모든 서면에 그 PCT국제출원번호를 표시하여야 한다.

3) PCT국제출원일의 인정 등

(1) PCT국제출원일의 인정(원칙)

특허청장은 국제출원이 특허청에 도달한 날을 PCT 제11조(출원일과 국제출원의 효과)의 국제출원일(이하 "국제출원일"이라 한다)로 인정하여야 한다($\frac{법 §194①본}{PCT §11(1)}$).

(2) PCT국제출원일의 인정(예외)

다음 각호의 어느 하나에 해당하는 경우에는 그러하지 아니하다($\frac{법}{단}$ 같은조항).

(i) 출원인이 제192조(국제출원을 할 수 있는 자) 각호의 어느 하나에 해당하지 아니하는 경우($\frac{법}{단(i)}$ 같은조항) PCT국제출원의 적격자가 아닌 경우를 말한다.

(ii) 제193조(국제출원) 제1항에 따른 언어로 작성되지 아니한 경우($\frac{법}{단(ii)}$ 같은조항)

PCT국제출원이 국어(한글), 영어(英語) 또는 일본어(日本語)로 작성되지 아니한 경우를 의미한다($\frac{시행규칙}{§91}$).

(iii) 제193조(국제출원) 제2항에 따른 발명의 설명 또는 청구범위가 제출되지 아니한 경우($\frac{법}{단(iii)}$ §194①)

(iv) 제193조(국제출원) 제1항 제1호·제2호에 따른 사항 및 출원인의 성명이나 명칭을 적지 아니한 경우($\frac{법}{단(iv)}$ 같은조항)

(3) PCT국제출원일의 통지

특허청장은 국제출원일을 인정한 때에는 당해 국제출원일을 출원인에게 통지하여야 한다($\frac{시행규칙}{§100}$).

4) PCT국제출원 인증의 확인청구

(1) 국제출원인의 확인청구

PCT국제출원의 출원인은 우선일부터 1년 2월이 경과한 후 특허청장에게 PCT국제출원의 사본을 제출하여 출원시의 PCT국제출원과 동일하다는 인증을 청구할 수 있다($\frac{시행규칙}{§106의9①}$). 우선일부터 1년 2월이 경과되었으니 출원인으로서 PCT국제출원이 아무런 하자(瑕疵) 없이 되었는지를 확인하기 위한 것이다.

(2) 확인을 거부할 수 있는 경우

특허청장은 제1항의 규정에 의한 청구가 PCT규칙 제22조(기록원본과 번역문의 송부) 제1항(e)에 해당하는 경우에는 동 규칙에 의하여 그 인증을 거부할 수 있다($\frac{시행규칙}{§106의9②}$). 즉 PCT규칙 제22조(기록원본과 번역문의 송부) 제1항(e)에 해당하여 인증을 거부할 수 있는 경우는 다음과 같다.

(i) 수리관청의 증명을 신청한 사본이 출원된 PCT국제출원서와 같지 않은 경우($\frac{PCT규칙}{§22.1(e)(i)}$)

(ii) 국가보안에 관련된 규정이 PCT국제출원서의 그러한 증명을 허여하지 않는 경우($\frac{PCT규칙}{§22.1(e)(ii)}$)

(iii) 수리관청이 이미 사본을 국제사무국에 송부하였고 국제사무국이 사본의 수령을 통지한 경우($\frac{PCT규칙}{§22.1(e)(iii)}$)   이 경우에는 출원인의 목적이 이미 달성된 경우이기 때문이다.

(3) 인증받은 사본의 국제사무국에의 송부

PCT국제출원의 출원인은 PCT국제출원과 동일하다는 인증을 받은 PCT국제출원의 사본을 국제사무국에 송부할 수 있다($\frac{시행규칙}{§106의9③}$). PCT국제출원인으로서는 만약에 있을 수 있는 수리관청인 특허청의 실수를 염려하여 이러한 조항을 둔 것으로 보인다. 장식적인 규정이라 할 수 있다.

5) PCT국제출원 등의 취하와 그 절차

(1) PCT국제출원 등의 취하와 그 예외

PCT국제출원의 출원인은 특허청장에 대하여 PCT국제출원, 지정국의 지정, 우선권주장, 국제예비심사의 청구 또는 선택국(選擇國)의 선택을 취하할 수 있다($\frac{시행규칙}{§106의7①본}$). 다만, 다음 각호의 1에 해당하는 경우에는 그러하지 아니한다($\frac{시행규칙}{같은조항}$단).

(i) 우선일부터 2년 6개월을 경과한 경우($\frac{시행규칙}{§106의7①단(i)}$)   행정절차의 법적 안정성을 위해서이다. 따라서 2년 6월 이전에만 취하할 수 있다.

(ii) PCT 제23조(국내절차의 지연)(2) 또는 PCT 제40조(국내심사와 기타처리의 지연)(2)의 규정에 의한 청구를 한 경우($\frac{시행규칙}{같은조항}$단(ii))   PCT 제23조(국내절차의 지연)(2)는 (1)과 반대되는 내용으로서 지정된 국가의 특허청은 출원인의 명시된 청구에 의하여 PCT국제출원의 처리 또는 심사(審査)를 언제라도 할 수 있다는 내용이다. 또 PCT 제40조(국내심사와 기타처리의 지연)(2)도 (1)과는 반대로, 선택관청은 출원인의 명시적인 청구에 의하여 PCT국제출원의 심사 및 기타의 처리를 언제라도 개시할 수 있다는 내용이다.

따라서 출원인은 이미 지정국 또는 선택국에 심사 또는 기타의 처리할 것을 명시적으로 청구해 놓은 상태에서는 PCT국제출원을 취하할 수 없다는 것이며, 이 또한 행정절차의 법적 안정성을 요구한 규정이다.

(2) 취하서의 제출

제1항의 규정에 의한 취하를 하고자 하는 자는(물론, 제1항 제1호와 제2호의 경우는 취하할 수 없다) 시행규칙이 정하는 소정의 취하서를 특허청장에게 제출하여야 한다($\frac{시행규칙}{§106의7②}$).

(3) 공동출원인 경우의 취하서

제1항에 따른 PCT국제출원의 취하는 모든 출원인을 대리하는 대리인 또는 대표자〔제197조(대표자 등) 제1항에 따른 대표자는 제외한다〕가 없는 경우에는 모든 출원인이 기명한 후 서명 또는 날인한 서면으로 하여야 한다($\frac{시행규칙}{같은조항④}$). 출원인이 수인 이상인 경우에는 PCT국제출원의 취하(取下)에 있어서 이해가 상반되는 경우도 있을 수 있기 때문이다.

6) PCT국제수수료의 반환

(1) PCT국제수수료가 반환되는 경우

PCT국제출원은 이미 납부된 PCT국제출원료 등이 그에 상당하는 대가를 발휘하지 못한 경우에는 그 반환을 청구할 수 있다. 즉 다음 각호의 어느 하나에 해당하는 경우에는 출원인의 청구에 의하여 납부된 PCT국제출원료를 반환하여야 한다($\frac{시행규칙}{§106의8①본}$). 부당이득(不當利得)이니 반환해야 형평에 맞기 때문이다.

(i) PCT국제출원일이 인정되지 아니한 경우($\frac{시행규칙}{같은조항(i)}$)

(ii) PCT 제12조(국제출원의 국제사무국과 국제조사기관에의 송부)(1)의 규정에 의한 국제출원의 기록원본이 국제사무국에 송부되기 전에 PCT국제출원이 취하되거나 취하된 것으로 보는 경우($\frac{시행규칙}{같은조항(iii)}$)   PCT 제12조(국제출원의 국제사무국과 국제조사기관에의 송부)(1)에는 국제출원의 1통은 기록원본으로서 국제사무국에 송부된다는 내용이 규정되어 있다.

(iii) 특허법 시행령 제15조(외국에의 특허출원금지 및 기타)의 규정에 의하여 외국에의 출원이 금지된 경우($\frac{시행규칙}{같은조항(iii)}$)

(2) PCT국제출원의 조사료가 반환되는 경우

다음 각호의 1에 해당하는 경우에도 출원인의 청구에 의하여 납부된 조사료를 반환하여야 한다($\frac{시행규칙}{§106의8②본}$).

(i) PCT 제12조(국제출원의 국제사무국과 국제조사기관에의 송부)(1)의 규정에 의한

PCT국제출원의 조사용사본(이하 "조사용사본"이라 한다)이 PCT국제조사기관에 송부
되기 전에 PCT국제출원이 취하되었거나 취하된 것으로 보는 경우(시행규칙 같은조항(i))

　PCT 제12조(국제출원의 국제사무국과 국제조사기관에의 송부)(1)에는 PCT국제출원의
1통은 조사용사본으로 PCT 제16조(국제조사기관)에 규정하는 관할 PCT국제조사기
관에 송부된다는 내용이 규정되어 있다(PCT §12(1)).

　　(ii) PCT국제출원일이 인정되지 아니한 경우 또는 외국에의 출원이 금지된 경
우(시행규칙 같은조항(ii))

　　이상의 어느 경우에도 국제출원료 또는 조사료는 그 대가(代價)로서의 급부
(給付)가 없었으므로 부당이득이 되어 반환하는 것이다. 그러나 이 요금들은 PCT
국제출원인의 반환청구가 있어야만 반환하도록 되어 있다(시행규칙 §106의8①, §106의22①본, §106의45①).

제 3 항　PCT국제조사

1. PCT국제조사기관

(1) PCT국제조사기관인 한국 특허청

　한국 특허청은 PCT 제2조(정의)(xix)의 국제사무국(이하 "국제사무국"이라 한다)
과 체결한 협정에 따라 PCT국제출원에 대한 PCT국제조사기관으로서의 업무를 수
행한다(법 §198의2①).

　　한편, PCT 제2조(정의)(xix)의 규정은 "'국제사무국'이란 기관(Organization)의
국제사무국 및 그것이 존속하는 한(as long as it subsists) 지적소유권보호 합동국제
사무국(BIRPI)을 말한다"라는 규정이다(PCT §2(xix)).

(2) PCT국제조사기관의 선정 등

　　PCT국제조사기관은 일정한 요건이 충족된 국내관청 또는 정부기관 중에서
총회가 선정한다(PCT §16(3), PCT규칙 §36). 현재 국제조사기관으로 선정된 곳은 20개국의 특허청
과 유럽특허청(EPO) 및 비세그라드그룹(Visegrad Group) 등 22곳으로 알려져 있
다.10)

　　국제출원의 수리관청은 다수의 국제조사기관을 선언(宣言)할 수 있고, 통상은

---

10) 2017년 5월 8일 현재 국제조사기관으로 지정된 기관은 미국, 일본, 스웨덴, 호주, 오스트리아, 러
시아, 스페인, 중국, 대한민국, 캐나다, 핀란드, 노르딕, 브라질, 이스라엘, 인도, 이집트, 우크라이
나, 칠레, 싱가포르, 터키 등 20개국의 특허청과 유럽특허청(EPO) 및 비세그라드 그룹(Visegrad
Group: 체코, 헝가리, 폴란드, 슬로바키아 간의 지역특허조약기구) 등 총 22개 기관이다.

수리관청인 특허청이 국제조사의 기관으로서 역할을 한다. PCT국제출원인은 국제
출원국 외에 다른 국가의 조사기관을 선택할 수 있고, 또 복수의 조사기관을 선택
할 수도 있다$\binom{PCT규칙 \ §35}{2(a)(i)(ii)후}$.

2. PCT국제조사의 절차

(1) 조사용사본 수령의 통지

특허청장은 PCT규칙 제23조(조사용사본, 번역문 및 서열목록의 송부) 제1항의 규
정에 의하여 송부된 조사용사본을 수령한 때에는 그 수령사실 및 수령일을 출원인
에게 즉시 통지하여야 한다$\binom{시행규칙}{§106의10}$.

(2) PCT국제조사보고서의 작성기한

PCT국제조사보고서는 국제출원의 사본의 수령(접수)일부터 3개월 또는 우선
일(優先日)부터 9개월의 기간 중 늦게 만료되는 기간이 초과되기 전에 작성하여야
하고$\binom{PCT규칙}{§42}$, 지체없이 PCT국제출원인과 국제사무국에 보낸다$\binom{PCT}{§18(2)}$.

PCT국제출원인에게는 그 PCT국제출원발명의 특허성(特許性), 즉 발명의 신규
성·진보성 및 산업상 이용가능성 등의 유무판단을 용이하게 하기 위한 조사이다.

3. PCT국제조사기관의 조사대상

(1) 형식적인 조사대상

모든 PCT국제출원은 PCT국제조사의 대상이 된다$\binom{PCT}{§15(1)}$. 그리고 PCT국제출
원의 방식심사가 선행(先行)된다.

한국 특허청의 실제를 보면, PCT국제출원의 방식심사는 PCT국제조사담당의
심사관이 관장한다. 일반출원과 달리 국제조약(PCT)과 PCT규칙에 적합한 출원인
지 여부도 심사하여야 하므로 당연한 분담이라 할 것이다.

(2) 부적합한 조사대상

출원서류의 일반적인 방식조사는 물론이요, PCT국제출원으로서 PCT와 PCT
규칙에 적합한 서식과 절차에 충족되고 있는지의 여부가 선행절차로서 조사된다.
이와 같은 조사에 부적합한 경우에는 의당 그에 대한 보완(補完) 또는 보정(補正)
이 요구되는 것은 일반 출원의 경우와 같다. 특별히 지적되는 것은 다음과 같다.

4. PCT국제조사를 위한 보완명령 등

(1) 번역문 등의 보완

특허청장은 우선권주장의 기초가 되는 선출원이 국어, 영어 또는 일본어 외의 언어로 기재되어 있는 경우에는 기간을 정하여 국어번역문을 제출할 것을 출원인에게 명할 수 있다$\left(\substack{\text{시행규칙}\\ \S106의11②}\right)$. 국어번역문의 제출명령을 받은 자가 지정된 기간 내에 국어번역문을 제출하지 아니한 경우에는 그 PCT국제출원에 대하여 우선권주장이 없는 것으로 보고 PCT국제조사기관의 견해서를 작성할 수 있다$\left(\substack{\text{시행규칙}\\ \text{같은조④}}\right)$.

(2) 핵염산서열목록 등의 보완

심사관은 핵염산서열 또는 아미노산서열을 포함하는 PCT국제출원에 대하여 다음 각호의 서열목록 또는 진술서가 제출되지 아니한 경우에는 그 기간을 정하여 그 서열목록 또는 진술서의 제출을 명할 수 있다. 이 경우 PCT규칙 제13조의3(뉴클레오티드 및/또는 아미노산의 서열목록) 제1항의 규정에 의하여 가산료 납부를 명할 수 있다$\left(\substack{\text{시행규칙}\\ \S106의12①}\right)$.

(i) PCT시행세칙에서 규정하는 표준에 의하여 서면으로 작성된 서열목록 $\left(\substack{\text{시행규칙}\\ \text{같은조항(i)}}\right)$

(ii) 표준에 의하여 작성된 전자적 형태의 서열목록$\left(\substack{\text{시행규칙}\\ \text{같은조항(ii)}}\right)$

(iii) 전자적 형태의 서열목록이 서면으로 작성된 서열목록과 동일하다는 진술서$\left(\substack{\text{시행규칙}\\ \text{같은조항(iii)}}\right)$

심사관은 위 제출명령 또는 납부명령을 받은 자가 지정된 기간 내에 서열목록 또는 진술서를 제출하지 아니하거나 가산료를 납부하지 아니하여 유효한 국제조사를 할 수 없는 청구범위에 대하여는 국제조사를 하지 아니한다$\left(\substack{\text{시행규칙}\\ \S106의12③}\right)$. 제출명령에 의하여 제출된 서열목록에 기재된 사항 중 최초의 PCT국제출원에 포함되지 아니하였던 사항은 PCT국제출원의 일부로 보지 아니한다$\left(\substack{\text{시행규칙}\\ \text{같은조④}}\right)$.

심사관은 PCT국제조사를 하지 아니한 청구범위에 대해서는 조사기관의 견해서에 그 취지를 기재하고 해당 청구범위에 대한 견해서를 제시하지 아니한다$\left(\substack{\text{시행규칙}\\ \text{같은조⑤}}\right)$.

(3) 명세서 서열목록부분의 보정

명세서의 서열목록부분이 PCT규칙 제5조(명세서) 제2항(b)에서 규정하는 요건을 갖추지 못한 경우에는 심사관은 기간을 정하여 출원인에게 보정을 명하여야 한다$\left(\substack{\text{시행규칙}\\ \S106의13①}\right)$.

5. 발명의 단일성의 조사

(1) 심사관의 추가수수료 납부명령

심사관은 국제출원이 PCT 제17조(국제조사기관에서의 절차)(3)(a)의 규정에 의한 발명의 단일성 요건을 충족하지 아니하는 경우에는 기간을 정하여 추가수수료의 납부를 명하여야 한다($\frac{시행규칙}{§106의14①}$).

(2) PCT국제조사의 수행

심사관은 추가수수료의 납부명령(이하 "추가수수료납부명령"이라 한다)을 받은 자가 지정된 기간 내에 추가수수료를 납부한 경우에는 당해 발명에 대하여 PCT국제조사를 수행하여야 한다($\frac{시행규칙}{같은조항②}$).

(3) 심사관의 한정적인 보고서작성

심사관은 추가수수료납부명령을 받은 자가 지정된 기간 내에 추가수수료를 납부하지 아니하는 경우에는 청구범위에 가장 먼저 기재된 발명 또는 1군의 발명과 관련되는 PCT국제출원부분에 한정하여 PCT국제조사보고서를 작성하여야 한다($\frac{시행규칙}{같은조③}$).

(4) 심사관의 한정적인 견해제시

심사관은 청구범위 일부에 한정하여 PCT국제조사보고서를 작성하는 경우에는 PCT국제조사기관의 견해서에 그 취지를 기재하고 해당 청구범위 일부에 한정하여 견해를 제시하여야 한다($\frac{시행규칙}{같은조④}$).

6. 심사관에 의한 발명의 명칭 결정

(1) 심사관이 발명의 명칭을 정할 수 있는 경우

PCT국제출원된 발명의 명칭이 다음의 어느 하나에 해당하는 경우에는 심사관이 이를 정한다($\frac{시행규칙}{§106의17①}$).

(i) PCT국제출원에 발명의 명칭이 기재되어 있지 아니하고 발명의 명칭에 관하여 PCT규칙 제37조(발명의 명칭의 누락 또는 흠결) 제2항의 규정에 의한 통지를 받지 못한 경우($\frac{시행규칙}{같은조항(i)}$)

(ii) PCT국제출원에 기재된 발명의 명칭이 PCT규칙 제4조(출원서) 제3항의 규정에 의한 요건을 충족하지 못하는 경우($\frac{시행규칙}{같은조항(ii)}$)

(2) 발명의 명칭을 국제보고서에 기재

심사관은 결정한 발명의 명칭을 국제조사보고서에 기재하여야 한다$\left(\substack{\text{시행규칙} \\ \text{§106의17②}}\right)$.

7. 요약서의 보정

(1) 심사관이 요약서를 작성하는 경우

심사관은 다음 각호의 1에 해당하는 경우에는 요약서를 새로 작성하여야 한다$\left(\substack{\text{시행규칙} \\ \text{§106의18①본}}\right)$.

(i) PCT국제출원에 요약서가 포함되어 있지 아니하고 요약서에 관하여 PCT 규칙 제38조(요약서의 누락 또는 흠결) 제2항의 규정에 의한 통지를 받지 못한 경우 $\left(\substack{\text{시행규칙} \\ \text{같은조항(i)}}\right)$

(ii) PCT국제출원에 포함된 요약서가 PCT규칙 제8조(요약서)의 규정에 의한 요건을 충족하지 못하는 경우$\left(\substack{\text{시행규칙} \\ \text{같은조항(ii)}}\right)$

(2) 심사관이 작성한 요약서의 출원인에게 송부

특허청장은 제1항의 규정에 의하여 심사관이 작성한 요약서를 PCT국제조사 보고서에 첨부하여 출원인에게 송부하여야 한다$\left(\substack{\text{시행규칙} \\ \text{같은조②}}\right)$.

(3) 출원인의 요약서 보정신청 등

출원인은 PCT국제조사보고서 송부일부터 1월 이내에 제1항에 따른 요약서에 대하여 보정신청 또는 의견진술을 하거나, 심사관이 요약서를 새로 작성하지 아니한 경우에는 출원인이 작성한 요약서에 대하여 보정신청을 할 수 있다$\left(\substack{\text{시행규칙} \\ \text{같은조③}}\right)$.

(4) 출원인의 보정서 등의 제출

출원인은 보정을 신청하려는 경우에는 소정서식의 보정서에, 의견을 진술하려는 경우에는 의견제출서를 특허청장에게 제출하여야 한다$\left(\substack{\text{시행규칙} \\ \text{같은조④}}\right)$.

(5) 보정서 등을 받은 심사관의 조치

심사관은 위의 보정신청 또는 의견진술이 있는 때에는 요약서의 보정여부를 결정하여야 하며, 요약서를 보정한 때에는 국제사무국에 그 보정사실을 통지하여야 한다$\left(\substack{\text{시행규칙} \\ \text{같은조⑤}}\right)$.

8. 실체적인 조사

(1) 선행기술의 조사

PCT국제조사의 실체적인 대상은 PCT국제출원과 관련이 있는 선행기술이다

$\binom{\text{PCT}}{\S15(2)}$. 여기에서 관련선행기술(relevant prior art)이란 세계의 어느 장소에서나 서면에 의한 공개(도면, 기타 예시를 포함한다)에 의하여 공중이 이용할 수 있도록 되어 있으며 또한 청구범위에 기재되어 있는 발명의 신규성 및 진보성(자명한 것인지 또는 아닌지)을 판단하는데 도움이 될 수 있는 모든 것을 말한다$\binom{\text{PCT규칙}}{\S33의1(a)본}$. 다만, 공중의 이용가능성이 국제출원일 전에 발생하였어야 한다$\binom{\text{PCT규칙}}{\text{같은조항 단}}$. PCT국제조사는 명세서와 도면을 적당히 고려하여 청구의 범위에 기준을 두고 한다$\binom{\text{PCT}}{\S15(3)}$. PCT국제조사기관은 그 시설이 허용하는 한 많은 관련 선행기술을 발견하도록 노력하고 모든 경우에 규칙에 정하는 자료를 참고한다$\binom{\text{PCT}}{\text{같은조}(4)}$.

이러한 조사를 함으로써 PCT국제출원의 발명이 선행기술과 비교하여 특허성, 즉 신규성·진보성·산업상 이용가능성이 있는지의 여부를 판단하는 자료로 제공하기 위해서이다.

(2) PCT국제조사를 하였으나 국제조사보고서를 작성하지 않는 경우

PCT국제출원의 청구범위가 다음 각호의 어느 하나에 해당하는 경우에는 심사관은 PCT국제조사보고서를 작성하지 아니한다$\binom{\text{시행규칙}}{\S106의11⑤본}$.

(i) PCT국제출원의 대상이 다음 각 목의 어느 하나에 해당하는 경우$\binom{\text{시행규칙}}{\text{같은조항}(i)}$

가. 과학 또는 수학의 이론

나. 단순히 발견한 동물·식물의 변종

다. 사업활동, 순수한 정신적 행위의 수행 또는 유희에 관한 계획, 법칙 또는 방법

라. 수술 또는 치료에 의한 사람의 처치방법 및 진단방법

마. 정보의 단순한 제시

바. 심사관이 선행기술을 조사할 수 없는 컴퓨터프로그램

(ii) 발명의 설명, 청구범위 또는 도면에 필요한 사항이 기재되어 있지 아니하거나 기재된 사항이 현저히 불명료하여 유효한 국제조사를 할 수 없는 경우$\binom{\text{시행규칙}}{\text{같은조항}(ii)}$

(3) 심사관의 국제조사보고서에 그 취지의 기재

PCT국제출원의 청구범위의 일부가 위 제5항 각호의 어느 하나에 해당하는 경우 또는 그에 기재된 종속항이 PCT규칙 제6조(청구범위) 제4항(종속청구범위)(a)에 위반되는 경우에는 심사관은 국제조사보고서에 그 취지를 기재하고 해당 청구범위에 대하여는 국제조사를 하지 아니한다$\binom{\text{시행규칙}}{\S106의11⑥}$.

심사관은 PCT국제조사를 하지 아니한 청구범위에 대해서는 PCT국제조사기관의 견해서에 그 취지를 기재하고 해당 청구범위에 대한 견해를 제시하지 아니한

다($\substack{\text{시행규칙} \\ \text{같은조⑦}}$).

(4) PCT국제조사보고서 및 PCT국제조사기관의 견해서 등의 작성

PCT국제조사기관인 특허청장은 심사관으로 하여금 PCT 제18조(국제조사보고
서)(1)의 규정에 따른 PCT국제조사보고서 및 PCT규칙 제43조의2(국제조사보고서) 제
1항의 규정에 따른 국제조사기관의 견해서를 작성하게 하여야 한다($\substack{\text{시행규칙} \\ §106의11①본}$).
다만, 출원인이 특허청 외의 기관을 국제조사기관으로 지정한 경우에는 그러하
지 아니하다($\substack{\text{시행규칙} \\ \text{같은조항 단}}$). 물론, 특허청 외의 기관이 국제조사기관으로 지정된 경우에
는 그 기관에서 국제조사보고서와 국제조사기관의 견해서를 작성하게 되기 때문
이다.

9. PCT국제조사보고서와 국제조사기관의 견해서의 성격

(1) PCT국제조사보고서의 성격과 이용 등

모든 PCT국제출원은 국제조사의 대상이 된다는 점에서 국제조사는 필수적이
다($\substack{\text{PCT} \\ §15(1)}$). 다만, 국제조사보고서를 작성하지 아니하는 예외가 있음은 앞에서 밝힌
바와 같다($\substack{\text{시행규칙 §106의11⑤,} \\ \text{PCT§17(2)(a)}}$).

PCT국제조사보고서는 국제출원 특히, 그 청구범위에 영향을 줄만한 관련 선
행기술의 발견을 목적으로 한다($\substack{\text{PCT §15(2)(3),} \\ \text{PCT규칙 §33 1(a)}}$). 그러나 이 PCT국제조사보고서에
특별한 법적 효력이 부여되어 구속력이 있는 것은 아니다. 다만, 출원인과 심사
기관에게 참고자료로서 이용될 수 있을 뿐이다.

(2) PCT국제조사기관의 견해와 그 성격

국제조사기관은 PCT 제17조(국제조사기관에서의 절차)(2)(a)의 규정에 의한 선
언과 함께 다음에 관한 견해서(見解書)를 작성하여야 한다($\substack{\text{PCT규칙} \\ §43의2(1)(a)전}$).

(i) PCT국제출원된 청구범위의 발명이 신규성, 진보성(비자명성) 및 산업상 이
용가능성이 있는 것으로 보이는지의 여부

(ii) 그 PCT국제출원이 국제조사기관의 판단에 따라 조약과 동규칙의 요건들을
충족시키는지의 여부에 관한 견해서이다.

견해서에는 PCT규칙이 정하는 바에 따라 기타 의견들도 첨부되어야 한
다($\substack{\text{PCT규칙} \\ §43의2(1)(a)후}$). 주목되는 것은 다음의 내용이다. 즉 견해서에는 국제예비심사청구
를 하는 경우 그 견해서가 국제예비심사기관의 견해서로 보게 된다는 내용의 통
지서와, 그러한 경우 출원인은 PCT규칙 제54조의2(국제예비심사 청구기간) 제1항
(a)의 규정에 의한 기간(견해서가 출원인에게 송부된 날부터 3월 또는 우선일부터 22월

중 더 늦게 만료되는 날) 만료 전에 답변서와, 해당되는 경우 보정서를 함께 국제예비심사기관에 제출하도록 요구된다는 내용을 출원인에게 알리는 통지를 포함하여야 한다($\substack{\text{PCT규칙} \\ \text{같은조항(c)}}$).

　이와 같은 견해서의 성격은 PCT국제출원인에게 단순한 참고서가 아니라 앞으로 PCT국제출원을 어떻게 끌고 갈 것인지의 진로를 가리키는 나침반역할을 하는 것이요, 또 국제출원을 보정(補正)해야 할 것인지의 여부를 지적해주는 지도서라 할 수 있다.

(3) PCT국제조사보고서 등의 송부

　특허청장은 심사관이 PCT국제조사보고서 및 PCT국제조사기관의 견해서를 작성한 경우에는 이를 출원인에게 송부하여야 한다($\substack{\text{시행규칙} \\ \text{§106의20①}}$).

　특허청장은 PCT국제조사보고서를 작성하지 아니한 경우에는 그 취지 및 이유를 출원인에게 통지하여야 한다($\substack{\text{시행규칙} \\ \text{같은조②}}$).

10. 출원인이 PCT국제조사보고서와 견해서를 본 후의 판단과 조치 등

(1) PCT국제출원인의 판단

　(i) PCT국제출원인은 국제조사기관의 PCT국제조사보고서와 견해서를 참고하여 국제출원을 취하할 것인지, 계속 진행할 것인지를 판단하게 된다.

　또 계속 진행한다면, 지정국 중에서 특정국만을 계속 할 것인지 지정국 모두를 계속 진행 시킬 것인지도 판단하게 된다. 이것이 PCT국제출원제도의 중요한 특징 중의 하나이다. 왜냐하면, PCT국제출원인은 국제조사보고서와 견해서를 보고 불필요한 PCT국제출원이라고 판단되면 더 이상의 비용을 발생시킬 필요없이 PCT국제출원을 취하할 수 있고, 또 여러 지정국 중에서 선별적으로 특허될 수 있는 국가만을 진행시키고 나머지 국가의 지정을 취하할 수 있기 때문이다.

　(ii) PCT국제출원이 국제조사보고서 등에 나타난 선행기술과 비교하여 불완전한 점이 있다면, 소정의 기간 내에 청구범위를 보완하기 위한 보정을 함으로써($\substack{\text{PCT} \\ \text{§19}}$) 계속시킬 수 있다.

(2) PCT국제출원의 보정

　(i) PCT국제출원인은 PCT국제조사보고서를 받은 후에 국제출원을 계속시킬 경우에는 소정의 기간 내에 국제사무국에, 국제출원의 청구범위에 대하여 1차에 한하는 보정서(補正書)와 간단한 설명서를 제출할 수 있다($\substack{\text{PCT} \\ \text{§19(1)}}$).

(ii) 보정은 출원시 PCT국제출원의 범위를 넘어서는 아니 된다($^{PCT}_{같은조(2)}$). 그러나 지정국(指定國)의 국내법령이 그 범위를 넘어서 보정을 허용하고 있는 경우에는 그 지정국에 있어서는 어떠한 영향도 미치지 아니한다($^{PCT}_{같은조(3)}$). 지정국의 국내단계에 있어서는 그 국내법의 효력을 우선시킨다는 의미이다.

(iii) 이 보정은 PCT국제조사보고서의 송부일(送付日)부터 2개월 또는 우선일(優先日)부터 16개월 중, 늦게 만료하는 날 이전에 할 수 있다($^{PCT규칙}_{§46·1본}$).

(iv) 보정서는 PCT국제공개 언어로 작성하여 PCT국제사무국에 제출한다($^{PCT규칙}_{§46·2·3}$). 그러나 PCT국제예비심사를 청구하는 경우에는 출원인은 PCT국제예비심사청구의 기간 내(국제조사보고서 및 견해서 또는 국제조사보고서를 작성하지 아니한다는 통지서의 송부된 날부터 3월, 우선일부터 22월)에 PCT국제출원에 관한 의견서 또는 보정서를 특허청장에게 제출할 수 있다($^{시행규칙}_{§106의23③}$).

(3) 보정 후의 PCT국제출원인의 판단과 조치

PCT국제출원의 보정은 계속 진행할 것을 전제로 한 것이다. 그리고 PCT국제출원을 계속 진행하게 되는 경우에도 두 가지 길이 있다.

① 한 가지 길은 바로 국내단계로 진입하는 길이고, ② 다른 한 가지 길은 국제예비심사(國際豫備審査)를 청구하는 길이다. 즉 보정을 하고도 불안한 점이 있다면 국제예비심사를 청구하여 보다 확실한 정보를 얻을 수 있다. 특히, 국가조사기관의 견해서에 나타난 내용이 예비심사를 청구하는 것이 바람직하겠다는 지적이 있다면 더욱 그러하다.

제 4 항   PCT국제예비심사

1. PCT국제예비심사의 개념과 법적 성격

(1) PCT국제예비심사의 개념

PCT국제예비심사(international preliminary examination)는 국제단계에서 PCT국제출원인의 청구에 의하여 청구의 범위에 기재되어 있는 PCT국제출원의 발명이 신규성, 진보성(자명한 것이 아닌 것) 및 산업상 이용가능성을 가지는지의 여부에 대한 예비적이고 구속력(拘束力)이 없는 견해를 표시하는 것을 목적으로 하는 국제기관의 예비적인 심사이다($^{PCT}_{§33(1)}$).

(2) PCT국제예비심사의 법적 성격

PCT국제예비심사의 결과는 법적 구속력이 있는 것은 아니다.

(i) 첫째로, 국제단계(international phase)에서 국제기관에 의한 예비심사이므로 종국적인 심사는 아니다. 국내단계(national phase)에서의 특허여부에 대한 결정을 하는 종국심사와는 전혀 다른 예비심사이다.

(ii) 둘째로, 국내단계(national phase)의 특허여부(特許與否)를 결정하는 종국심사에 어떠한 법적 구속력이 미치는 것도 아니다.

(iii) 셋째로, PCT국제예비심사에서 적용하는 기준은 PCT국제예비심사에만 적용하고, 체약국은 청구범위에 기재되어 있는 발명이 자국에서 특허를 받을 수 있는 발명인지의 여부를 결정함에 있어서는 PCT국제예비심사에서 적용하는 기준에 추가하거나 다른 기준을 적용할 수 있다($\frac{PCT}{\S33(5)}$).

즉 PCT국제예비심사의 기준은 참고사항이므로, 각 지정국에서는 이를 참고하여, 그 기준에 가감할 수도 있고 또 별개의 기준에 의하여 심사할 수도 있다는 취지이다.

2. PCT국제예비심사의 기관

PCT국제예비심사는 PCT국제예비심사기관이 행한다($\frac{PCT}{\S32(1)}$).

한국 특허청은 PCT국제예비심사기관이다($\frac{법}{\S198의2①}$). 한국 특허청을 수리관청으로 PCT국제출원을 한 경우에도 국제예비심사기관은 PCT국제출원의 언어가 무엇이냐에 따라 달라진다. 즉 2017년 4월 현재로 확인된 바에 의하면 다음과 같다.

(i) 한국어로 된 경우에는 한국 특허청이 예비심사기관이다.

(ii) 영어로 된 경우에는 출원인의 선택에 따라 한국, 오스트리아 또는 호주의 각 특허청이다.

(iii) 일본어로 된 경우에는 일본 특허청이 국제예비심사기관으로 된다.

PCT 예비심사료는 한국이 제일 저렴하고(US$1,219), 다음이 오스트리아(US$1,798), 호주(US$2,112)의 순으로 되어 있다.

3. PCT국제예비심사의 청구인과 청구기간

(1) 예비심사를 청구할 수 있는 출원인

PCT국제출원은 출원인의 청구에 의하여 비로소 PCT국제예비심사를 하게 된다($^{\text{PCT}}_{\S31(1)}$). 그러나 모든 PCT국제출원인이 국제예비심사를 청구할 수 있는 것은 아니고, PCT국제예비심사를 청구할 수 있는 출원인은 PCT 제31조(국제예비심사의 청구)(2)의 규정에 해당하는 출원인이다($^{\text{시행규칙 }\S106의23①,}_{\text{PCT }\S31(2)(a)}$).

(i) 출원인이 체약국(締約國)의 거주자 또는 국민으로서 체약국의 수리관청 또는 체약국을 위하여 행동하는 수리관청에 국제출원을 한 출원인($^{\text{PCT}}_{\S31(2)(a)}$). 따라서 한국인 또는 한국에 거주하는 자가 한국 특허청에 PCT국제출원을 한 경우에는 모두 PCT국제예비심사를 청구할 수 있다.

(ii) 국제출원을 할 자격이 있는 자에 대하여, 비체약국(非締約國) 또는 체약국의 거주자 또는 국민으로서 총회(總會)에서 국제예비심사의 청구를 할 수 있다고 결정된 자($^{\text{PCT }\S31}_{(2)(b)}$). 한국 특허청장은 PCT규칙 제54조(국제예비심사를 청구할 수 있는 출원인) 제4항의 규정에 의하여, PCT국제예비심사를 청구할 수 없는 출원인이 PCT국제예비심사를 청구한 경우에는 당해 PCT국제예비심사청구는 제출되지 아니한 것으로 본다($^{\text{시행규칙 }\S106의26,}_{\text{PCT규칙 }\S54·4}$).

(2) PCT국제예비심사의 청구기간

PCT국제예비심사를 청구할 수 있는 기간은 다음과 같다. 다음의 기간 중 더 늦게 만료되는 날 이전에 청구할 수 있다($^{\text{PCT규칙 }\S54의2·1}_{(a)본}$).

(i) PCT국제조사보고서 및 국제조사기관의 견해서 또는 PCT 제17조(국제조사기관에서의 절차)(2)(a)의 규정에 따라 국제조사보고서를 작성하지 아니한다는 취지의 통지서를 PCT출원인에게 송부된 날부터 3개월($^{\text{시행규칙 }\S106의23②(i),}_{\text{PCT규칙 }\S54의2·1(a)(i)}$)

(ii) 우선일부터 22개월($^{\text{시행규칙 같은조항(ii),}}_{\text{PCT규칙 }\S54의2·1(a)(ii)}$)

(3) 의견서 또는 보정서의 제출

PCT국제예비심사청구서를 제출하는 경우에는 출원인은 PCT국제예비심사청구 기간 내에 PCT국제출원에 관한 의견서 또는 보정서를 특허청장에게 제출할 수 있다($^{\text{시행규칙}}_{\S106의23③}$).

(4) 청구기간 만료 후의 PCT국제예비심사청구서

청구기간 만료 후에 제출된 PCT국제예비심사청구서는 당해 PCT국제예비심사청구서가 제출되지 아니한 것으로 본다. 이 경우 특허청장은 그 취지를 PCT출원인에게 통지하여야 한다($^{\text{시행규칙}}_{\S106의23⑤}$).

(5) PCT국제예비심사 청구서의 기재사항

PCT국제예비심사의 청구서는 PCT국제출원의 언어로 작성하여야 하고($^{\text{시행}}_{\text{규칙}}$

$\binom{\S106의}{24②}$), 다음 사항을 기재하여 특허청장에게 제출하여야 한다$\binom{\text{시행규칙 }\S106의23②본,}{\S106의24①본}$).

    (i) PCT국제예비심사청구라는 표시$\binom{\text{시행규칙}}{\S106의24①(i)}$)

    (ii) PCT출원인에 관한 사항$\binom{\text{시행규칙}}{\text{같은조항(ii)}}$)

    (iii) 대리인 또는 대표자가 있는 경우에는 그 대리인 또는 대표자에 관한 사항$\binom{\text{시행규칙}}{\text{같은조항(iii)}}$)

    (iv) PCT국제예비심사청구에 관련된 국제출원에 관한 사항$\binom{\text{시행규칙}}{\text{같은조항(iv)}}$)

    (v) 보정에 관한사항〔PCT규칙 제53조(국제예비심사 청구서) 제9항(보정에 관한 설명)의 규정에 의한 기재사항이 있는 경우에 한한다〕$\binom{\text{시행규칙}}{\text{같은조항(v)}}$)

    또 출원인·대리인 또는 대표자는 PCT규칙 제53조(국제예비심사 청구서) 제8항(서명)에 따라 국제예비심사청구서에 기명을 한 후 서명 또는 날인하여야 한다$\binom{\text{시행규칙}}{\text{같은조③}}$).

(6) 예비심사료 등

    PCT국제예비심사를 청구하기 위해서는 소정의 수수료를 지불하여야 한다$\binom{\text{시행규칙}}{\S106의25①}$).

4. PCT국제예비심사의 결과를 이용할 체약국의 선택 또는 취하 등

(1) 체약국의 선택

    PCT국제예비심사의 청구서에는 국제예비심사의 결과를 이용하는 것을 출원인이 의도하는 하나 또는 둘 이상의 체약국(선택국)을 표시한다. 선택국(選擇國)은 추후선택에 의하여 추가할 수도 있다. 선택의 대상은 이미 PCT국제출원서에 지정된 지정국에 한정한다$\binom{\text{PCT}}{\S31(4)(a)}$).

    그러나 우리 법제는 PCT국제예비심사청구서가 제출된 경우에는 PCT 제2장(국제예비심사)의 효력이 미치는 모든 지정국이 선택된 것으로 본다$\binom{\text{시행규칙}}{\S106의23④}$)는 규정을 둠으로써 지정국(指定國)과 선택국(選擇國)의 개념이 동질화되어 구별할 필요성이 없게 되었다.

(2) 선택국의 취하

    PCT국제출원인은 일부 또는 모든 선택국을 취하할 수 있다$\binom{\text{PCT}}{\S37(1)}$). 모든 선택국의 선택이 취하된 경우에는 PCT국제예비심사의 청구는 취하된 것으로 본다$\binom{\text{PCT}}{\text{같은조(2)}}$).

    PCT 제37조(국제예비심사보고의 청구 또는 선택의 취하)(4)(b)의 규정이 적용되는 경우를 제외하고, PCT국제예비심사의 청구 또는 체약국 선택의 취하는 관계체약국의 국내법령에 별도의 규정이 없는 한 관계체약국에 있어서 PCT국제출원의 취하로 본다($^{PCT}_{같은조(4)(a)}$).

앞에서 밝힌 바와 같이 우리나라는 선택국과 지정국이 일치되므로 선택국의 취하는 지정국의 취하로 된다 할 것이다.

5. PCT국제예비심사청구서의 불제출통지와 국제예비심사청구서의 수리 일의 통지

(1) PCT국제예비심사청구서의 불제출통지

특허청장은 PCT국제예비심사청구서가 시행규칙 제106조의26(국제예비심사권이 없는 출원인의 국제예비심사청구서)·제106조의27(국제예비심사청구에 관한 절차의 보완) 제4항·제106조의29(국제예비심사청구에 관한 절차의 보정) 제4항 또는 제106조의30(국제예비심사에 관한 수수료 미납부에 대한 보정) 제3항의 규정에 의하여 PCT국제예비심사청구서가 제출되지 아니한 것으로 보는 경우에는 그 취지 및 이유를 PCT국제출원인에게 통지하여야 한다($^{시행규칙}_{§106의31}$).

(2) PCT국제예비심사청구서 수리일의 통지

특허청장은 PCT국제예비심사청구서를 수리한 때에는 그 수리일을 출원인에게 즉시 통지하여야 한다($^{시행규칙}_{§106의28}$).

6. PCT국제예비심사의 개시

출원인이 PCT규칙 제69조(국제예비심사의 착수 및 기간) 제1항(국제예비심사의 착수)(d)의 규정에 의하여 국제예비심사에 관하여 PCT 제19조(국제사무국에 제출하는 청구범위의 보정서)의 규정에 의한 보정을 하지 아니한다는 취지를 기재한 신청서를 특허청장에게 제출하는 경우 심사관은 국제예비심사를 개시하여야 한다($^{시행규칙}_{§106의34}$).

7. PCT국제예비심사기관의 방식심사와 보완·보정

(1) 형식적인 방식심사

PCT국제예비심사청구에 대하여는 방식심사가 선행된다. 중요한 것은 소정의 서식요건에 충족되었는지의 여부이다($^{시행규칙}_{§106의24}$). 특히, 국제예비심사를 청구할 수 있는 출원인인지의 여부($^{시행규칙}_{§106의23①}$), 국제예비심사의 청구기간 내의 청구인지(^{같은조②}), 소정의 언어로 갖추어져 있는지($^{시행규칙}_{§106의24②}$), 발명의 단일성(單一性) 여부와 예비심사에 따른 추가수수료의 납부 등을 심사하게 된다.

(2) 방식심사로서의 절차의 보완

특허청장은 PCT국제예비심사청구서에 그 대상인 국제출원이 특정되지 아니한 경우에는 기간을 정하여 보완(補完)을 명하여야 한다(시행규칙 §106의27①).

특허청장은 보완명령을 받은 자가 지정된 기간 내에 보완을 한 경우에는 그 보완서의 도달일에 PCT국제예비심사청구서가 수리된 것으로 본다(시행규칙 같은조③).

특허청장은 보완명령을 받은 자가 지정된 기간 내에 보완을 하지 아니한 경우에는 PCT국제예비심사청구는 제출되지 아니한 것으로 본다(시행규칙 같은조④).

특허청장은 국제예비심사청구서가 제출되지 아니한 것으로 보기전까지는 PCT국제출원인의 신청에 의하여 보완을 할 수 있는 기간을 연장할 수 있다(시행규칙 같은조⑤).

(3) 방식심사로서의 절차의 보정 등

특허청장은 국제예비삼시청구서가 다음 각호의 어느 하나에 해당하는 경우에는 기간을 정하여 보정(補正)을 명하여야 한다(시행규칙 §106의29①).

(i) PCT국제예비심사청구기간에 위반되는 경우(시행규칙 같은조항(i))

(ii) PCT국제예비심사청구서의 기재사항들에 위반되는 경우(시행규칙 같은조항(ii)본) 다만, 출원인이 2인 이상인 경우 국제예비심사를 청구할 수 있는 출원인 중 최소 1인에 관하여 기재된 경우를 제외한다(시행규칙 같은조항(i)단).

(iii) PCT국제예비심사청구서가 국제출원의 언어로 작성되지 않았거나, 출원인, 대리인 또는 대표자 등이 국제예비심사청구서에 기명한 후 서명 또는 날인을 아니한 경우(시행규칙 §106의29①) 다만, 시행규칙 제206조의24 제3항에 관한 사항은 출원인이 2명 이상이거나 대리인이 2명 이상인 경우 그 둘 중 최소 1명이 기명을 한 후 서명 또는 날인한 경우에는 제외하고, 대리인이 기명을 한 경우에는 출원인(출원인이 2명 이상인 경우에는 모든 출원인)이 기명을 한 후 서명 또는 날인한 위임장이 첨부되어야 한다(시행규칙 같은조항(iii)단).

특허청장은 보정명령을 받은 자가 지정된 기간 내에 보정을 한 경우에는 PCT국제예비심사청구의 도달일에 PCT국제예비심사청구서가 수리된 것으로 본다(시행규칙 §106의29③).

특허청장은 보정명령을 받은 자가 지정된 기간 내에 보정을 하지 아니한 경우에는 그 PCT국제예비심사청구서는 제출되지 아니한 것으로 본다(시행규칙 같은조④).

특허청장은 PCT국제예비심사청구서가 제출되지 아니한 것으로 보기 전까지는 출원인의 신청에 의하여 보정기간을 연장할 수 있다(시행규칙 같은조⑤).

⑷ PCT국제예비심사의 수수료미납에 대한 보정

특허청장은 PCT국제예비심사를 청구한 자가 징수규칙 제10조(PCT에 따른 국제출원수수료) 제1항 제8호 또는 제9호에 따른 수수료를 같은조 제2항 제2호에 따른 기간 내에 납부하지 아니한 경우에는 PCT규칙 제58조의2(수수료납부기간의 연장)1(a)에 따라 1개월 이내에 해당수수료 및 가산료를 납부할 것을 명하여야 한다($\binom{\text{시행규칙}}{\S106의30①}$).

특허청장은 수수료 및 가산료의 납부명령을 받은 자가 지정된 기간 내에 당해 수수료 및 가산료를 납부하지 아니한 경우에는 당해 PCT국제예비심사청구는 제출되지 아니한 것으로 본다($\binom{\text{시행규칙}}{\text{같은조③}}$).

⑸ 누락된 보정서의 제출명령

특허청장은 PCT국제예비심사청구서에 국제예비심사청구와 동시에 PCT 제34조(국제예비심사기관에서의 절차)(2)(b)의 규정에 의한 보정서를 제출한다는 취지가 기재되어 있음에도 불구하고 그 보정서가 첨부되어 있지 아니한 경우에는 기간을 정하여 당해보정서의 제출을 명하여야 한다($\binom{\text{시행규칙}}{\S106의33①}$).

⑹ 국어번역문의 제출 명령

우선권주장의 기초가 되는 선출원이 국어 또는 영어 외의 언어로 되어 있는 경우, 특허청장은 조약 제33조(국제조사에 있어서의 관련선행기술)(1)에 따른 견해를 제시함에 있어서 그 우선권주장의 유효성여부에 대한 판단이 필요한 때에는 기간을 정하여 국어로 기재된 번역문을 제출할 것을 청구인에게 명할 수 있다($\binom{\text{시행규칙}}{\S106의35①}$).

국어번역문의 제출명령을 받은 자가 지정된 기간 내에 국어번역문을 제출하지 아니한 경우에는 해당 국제출원에 대하여 우선권주장이 없었던 것으로 보고 PCT국제예비심사보고서를 작성할 수 있다($\binom{\text{시행규칙}}{\S106의35①③}$).

⑺ 시행규칙 제106조의12(핵산염기 서열목록의 제출 등) 및 시행규칙 제106조의13(명세서 서열목록의 보정)의 규정

심사관은 핵산염기 서열목록 또는 진술서가 제출되지 않은 경우에 제출을 명할 수 있고, 그에 따른 가산료를 명할 수 있는 내용과 심사관은 명세서 서열목록 부분이 PCT규칙 제5조(명세서)2(뉴클레오티드 및/또는 아미노산 서열의 기재)(b)에서 규정하는 요건을 갖추지 못한 경우에는 기간을 정하여 출원인에게 보정을 명하여야 한다는 내용 등은 PCT국제예비심사에 있어서의 핵산염기 서열 또는 아미노산 서열목록의 제출에 관하여 이를 준용한다($\binom{\text{시행규칙}}{\S106의38}$).

(8) 발명의 단일성의 심사

PCT국제예비심사기관의 심사관은 PCT국제출원이 PCT 제34조(국제예비심사기관에서의 절차)(3)(a)에 따른 발명의 단일성 요건을 충족하지 아니하는 경우에는 기간을 정하여 청구범위의 감축 또는 추가수수료의 납부를 명할 수 있다($^{시행규칙}_{§106의39①,}$ $^{PCT}_{§34(3)(a)}$).

심사관은 제1항의 명령을 받은 자가 지정된 기간 내에 청구범위를 감축함이 없이 추가수수료를 납부하지 아니하는 경우에는 청구범위에 가장 먼저 기재된 발명 또는 1군의 발명과 관련되는 PCT국제출원부분에 한정하여 국제예비심사를 하고 그 취지를 국제예비심사 보고서에 기재한다($^{시행규칙}_{같은조②}$).

제2항은 제1항에 따른 명령을 받은 자가 지정된 기간 내에 청구범위를 감축하였으나 발명의 단일성요건을 충족하지 아니하는 경우에 준용한다($^{시행규칙}_{같은조③}$).

8. 출원인에 의한 PCT국제출원의 보정 등

(1) 출원인의 PCT국제예비심사기관과의 의견교환

PCT국제출원인은 국제예비심사기관과 구술 또는 서면으로 연락할 권리를 가진다($^{PCT}_{§34(2)(a)}$).

PCT국제예비심사기관은 전화, 서면 또는 면담에 의하여 수시로 출원인과 자유로이 의견을 교환할 수 있다. PCT국제예비심사기관은 그의 재량으로 출원인이 요구하는 경우에 2회 이상의 면담을 인정할 것인지의 여부 또는 출원인으로부터 서면에 의한 비공식의견에 대하여 회답할 것인지의 여부를 결정한다($^{PCT규칙}_{§66·6}$).

(2) PCT국제출원인에 의한 PCT국제출원의 보정

PCT국제예비심사를 청구한 출원인은 국제예비심사보고서의 작성개시 전까지 발명의 설명, 청구범위 또는 도면에 대하여 자진하여 보정할 수 있다($^{시행규칙}_{§106의36①}$). 보정은 최초로 국제출원을 한 때의 PCT국제출원에 기재된 범위 내이어야 한다($^{시행규칙}_{같은조②}$).

보정을 하려는 자는 소정의 보정서에 다음 각호의 서류를 첨부하여 특허청장에게 제출하여야 한다($^{시행규칙}_{같은조③}$).

(i) PCT국제출원의 언어로 작성된 보정서(청구범위에 관한 보정의 경우에는 청구범위 전체를 적은 보정서를 말한다)($^{시행규칙}_{같은조항(i)}$)

(ii) PCT국제출원의 발명의 설명 또는 도면에 관한 보정의 경우에는 다음 각목의 사항을 적은 설명서($^{시행규칙}_{같은조(i)의2}$)

가. 보정 전과 보정 후의 차이점

나. PCT국제출원에 제출된 국제출원에서 보정의 근거가 되는 부분

다. 보정의 이유

(iii) PCT국제출원의 청구범위에 관한 보정의 경우에는 다음 각목의 사항을 적은 설명서$\left(\begin{smallmatrix}시행규칙\\같은조항(i)의3\end{smallmatrix}\right)$

가. 보정 전과 보정 후의 차이점

나. PCT국제출원일에 제출된 PCT국제출원에서 보정의 근거가 되는 부분

다. 보정서에 적혀 있는 청구항 중 보정된 청구항의 번호

9. PCT국제예비심사의 대상 등

(1) PCT국제예비심사의 대상

특허청장은 시행규칙 제106조의23(국제예비심사청구)의 규정에 의하여 국제예비심사가 청구된 국제출원에 대하여 심사관으로 하여금 PCT국제예비심사를 하게 한다$\left(\begin{smallmatrix}시행규칙\\§106의37①\end{smallmatrix}\right)$.

(2) PCT국제예비심사의 대상이 아닌 경우

PCT국제출원의 청구범위의 전부가 다음 각호의 어느 하나에 해당하는 경우에는 심사관은 국제예비심사를 하지 아니한다는 취지를 조약 제34조(국제예비심사)(2)(c)에 따른 견해서(이하 "PCT국제예비심사기관의 견해서"라 한다) 또는 국제예비심사보고서에 기재하여야 한다$\left(\begin{smallmatrix}시행규칙\\§106의37②\end{smallmatrix}\right)$.

(i) 시행규칙 제106조의11(국제조사의 대상 등) 제5항 제1호에 해당하는 경우 $\left(\begin{smallmatrix}시행규칙\\§106의37②\end{smallmatrix}\right)$ 즉 다음과 같은 경우들이다.

가. 과학 또는 수학의 이론

나. 단순히 발견한 동물·식물의 변종

다. 사업활동·순수한 정식적 행위의 수행 또는 유희에 관한 계획, 법칙 또는 방법

라. 수술 또는 치료에 의한 사람의 처치방법 및 진단방법

마. 정보의 단순한 제시

바. 심사기관이 선행기술을 조사할 수 없는 컴퓨터 프로그램

(ii) 발명의 설명, 청구범위 또는 도면에 필요한 사항이 기재되어 있지 아니하거나 기재된 사항이 현저히 불명료하거나 청구범위가 발명의 설명에 의하여 충분히 뒷받침되어 있지 아니하여 PCT 제33조(국제예비심사)에 따른 신규성·진보성 또

는 산업상 이용가능성에 대하여 유효한 견해를 제시할 수 없는 경우($^{시행규칙}_{§106의37②(ii)}$)

(iii) PCT국제조사보고서가 작성되지 아니하여 심사관이 국제예비심사를 하지 아니한다고 결정한 경우($^{시행규칙}_{같은조항(iii)}$)

(iv) PCT국제출원의 청구범위의 일부가 위 각호의 어느 하나에 해당하는 경우 또는 청구범위에 기재된 종속항이 조약규칙 제66조 · 6(국제출원인과의 비공식의견 교환)(a)에 위반되는 경우에는 심사관은 견해서 또는 PCT국제예비심사보고서에 그 취지를 기재하고 해당청구범위에 대하여는 PCT국제예비심사를 하지 아니한다 ($^{시행규칙}_{§106의37③}$).

(3) PCT국제예비심사의 실체적 심사기준

(i) 국제예비심사는 청구의 범위에 기재되어 있는 발명이 신규성 · 진보성(자명한 것이 아닌 것) · 산업상의 이용가능성을 가지는지의 여부에 대한 예비적이고 구속력이 없는 견해를 표시하는 것을 목적으로 한다($^{PCT}_{§33(1)}$).

그리고 PCT국제예비심사의 목적에 따라 다음의 기준을 규정하였다.

(ii) 청구의 범위에 기재되어 있는 발명은 규칙에 정의된 선행기술에 의하여 예상되지 아니한 경우에는 신규성이 있는 것으로 본다($^{PCT}_{§33(2)}$).

(iii) 청구의 범위에 기재되어 있는 발명은 규칙에 정의된 선행기술을 고려할 때 소정의 기준에 당해 기술분야의 전문가에게 명백한 것이 아닌 경우에는 진보성이 있는 것으로 본다($^{PCT}_{§33(3)}$).

(iv) 청구의 범위에 기재되어 있는 발명은 어떠한 종류의 산업분야에서든지 그 발명의 실정에 따라 기술적인 의미에서 생산되고 사용될 수 있는 것일 경우에는 산업상의 이용가능성이 있는 것으로 본다. "산업"은 산업재산권의 보호를 위한 파리협약에 있어서와 같이 가장 넓은 의미로 해석된다($^{PCT}_{§33(4)}$).

(4) PCT실체적심사기준의 적용한계

(i) 앞에서 (i)~(iv)의 기준은 PCT국제예비심사에만 사용한다. 체약국은 청구범위에 기재되어 있는 발명이 자국에서 특허를 받을 수 있는 발명인지의 여부를 결정함에 있어서는 위 기준에 추가하거나 또는 다른 기준을 적용할 수 있다($^{PCT}_{§33(5)}$). 즉 이 기준은 PCT국제예비심사에만 적용하기 위한 기준일뿐이고, 각 지정국에서는 다른 기준을 적용할 수 있다는 점을 밝힌 것이다.

(ii) PCT국제예비심사는 PCT국제조사보고서에 인용된 모든 문헌을 참고할 것이며, 또한 해당 사안에 관련이 있다고 인정되는 문헌도 참고할 수 있다($^{PCT}_{§33(6)}$).

10. PCT국제예비심사기관의 견해서의 작성

(1) 국제조사기관의 견해서

PCT국제예비심사가 청구된 경우 국제조사기관의 견해서는 당해 국제출원에 대한 국제예비심사기관의 견해서로 본다($\substack{시행규칙\\§106의40①}$). 국제조사기관의 견해서이므로 예비심사기관에서도 기초적인 견해서로 보아도 출원인에게 불이익이 될 일이 없기 때문이다.

(2) 국제예비심사관의 추가견해서

그럼에도 불구하고 PCT국제출원이 다음 각호의 어느 하나에 해당하는 경우에는 심사관은 PCT국제예비심사보고서의 작성 전에 국제예비심사기관의 견해서를 추가로 작성하여 PCT국제출원인에게 송부하고 기간을 정하여 의견서 및 보정서를 제출할 수 있는 기회를 줄 수 있다($\substack{시행규칙\\§106의40②본}$).

(i) 제106조의36(출원인에 의한 국제출원의 보정) 제2항의 규정에 위반되는 경우($\substack{시행규칙\\같은조항(i)}$)

(ii) 제106조의37(국제예비심사의 대상) 제2항 또는 동조 제3항의 규정에 해당하는 경우($\substack{시행규칙\\같은조항(ii)}$)

(iii) 제106조의38(핵산염기 서열목록의 제출)의 규정에 의한 제출명령을 받은 자가 서열목록 등을 제출하지 아니하여 유효한 국제예비심사를 할 수 없는 경우($\substack{시행규칙\\같은조항(iii)}$)

(iv) 청구범위에 기재되어 있는 발명이 조약 제33조 3호(국제예비심사)에 따른 신규성·진보성 또는 산업상 이용가능성의 요건을 충족하지 못하는 경우($\substack{시행규칙\\같은조항(iv)}$)

(v) PCT국제출원의 형식 또는 내용이 조약 및 조약규칙에서 정하고 있는 요건을 충족하지 아니하는 경우($\substack{시행규칙\\같은조항(v)}$)

(vi) 기타 조약 및 조약규칙에 의하여 PCT국제예비심사기관의 견해서 작성이 필요한 경우($\substack{시행규칙\\같은조항(vi)}$)

(3) 기간의 연장

심사관은 정하여진 기간 내에 PCT국제출원인의 신청이 있는 경우에는 그 기간을 연장할 수 있다($\substack{시행규칙\\§106의40③}$).

(4) 의견서·보정서의 추가제출기회

심사관은 PCT국제출원인의 신청이 있는 경우 기간을 정하여 PCT국제출원인에게 PCT국제출원에 관한 의견서 및 보정서를 제출할 수 있는 기회를 추가로 줄 수 있다($\substack{\text{시행규칙}\\\text{같은조④}}$). PCT출원인에게 최대한의 편의를 주자는 취지이다.

(5) 소정의 보정서와 첨부되는 서류

보정서를 제출하려는 자는 소정서식의 보정서에 다음 각호의 서류를 첨부하여 특허청장에게 제출하여야 한다($\substack{\text{시행규칙}\\\S106\text{의}40⑥}$).

(i) PCT국제출원의 언어로 작성된 보정서(청구범위에 관한 보정의 경우에는 청구범위 전체를 적은 보정서를 말한다)($\substack{\text{시행규칙}\\\text{같은조항(i)}}$)

(ii) PCT국제출원의 발명의 설명 또는 도면에 관한 보정의 경우에는 다음 각목(目)의 사항을 적은 설명서($\substack{\text{시행규칙}\\\text{같은조항(iii)}}$)

가. 보정 전과 보정 후의 차이점

나. PCT국제출원일에 제출된 PCT국제출원에서 보정의 근거가 되는 부분

다. 보정의 이유

(iii) PCT국제출원의 청구범위에 관한 보정의 경우에는 다음 각목의 사항을 적은 설명서($\substack{\text{시행규칙}\\\text{같은조항2(ii)}}$)

가. 보정 전과 보정 후의 차이점

나. PCT국제출원일에 제출된 국제출원에서 보정의 근거가 되는 부분

다. PCT국제출원일에 제출된 국제출원에서 삭제된 청구항의 번호

라. 보정서에 적혀 있는 청구항 중 보정된 청구항의 번호

(iv) 대리인에 의하여 절차를 밟는 경우에는 그 대리권을 증명하는 서류($\substack{\text{시행규칙}\\\text{같은조항(iii)}}$)

11. PCT국제예비심사보고서의 기재사항 등

(1) 심사보고서의 기재사항

심사관은 PCT국제예비심사보고서에 다음 각호의 사항을 기재하여야 한다($\substack{\text{시행규칙}\\\S106\text{의}41①}$).

(i) PCT국제출원번호($\substack{\text{시행규칙}\\\text{같은조항(i)}}$)

(ii) PCT국제출원일($\substack{\text{시행규칙}\\\text{같은조항(ii)}}$)

(iii) 발명이 속하는 분야의 국제특허분류기호($\substack{\text{시행규칙}\\\text{같은조항(iii)}}$)

(iv) PCT출원인의 성명 또는 명칭($\substack{\text{시행규칙}\\\text{같은조항(iv)}}$)

(v) 발명의 단일성에 관한 사항($\substack{\text{시행규칙}\\\text{같은조항(v)}}$)

(vi) 청구범위에 기재되어 있는 발명의 신규성·진보성 또는 산업상 이용가능

성에 관한 견해($\substack{시행규칙\\같은조항(vi)}$)

(vii) 제6호의 견해에 관련되는 문헌($\substack{시행규칙\\같은조항(vii)}$)

(viii) PCT국제예비심사청구서 제출일($\substack{시행규칙\\같은조항(viii)}$)

(ix) PCT국제예비심사보고서 작성일($\substack{시행규칙\\같은조항(ix)}$)

(x) 기타 필요한 사항($\substack{시행규칙\\같은조항(x)}$)

(2) 심사보고서의 언어

PCT국제예비심사보고서는 국제출원의 언어로 작성하여야 한다($\substack{시행규칙\\같은조②}$).

12. PCT국제예비심사보고서 등의 송부

특허청장은 심사관이 PCT국제예비심사보고서를 작성한 때에는 당해국제예비
심사보고서 및 그 부속서류를 PCT국제출원인에게 송부하여야 한다($\substack{시행규칙\\§106의42}$).

13. 인용문헌사본의 발급신청 등

(1) 인용문헌사본의 발급신청

PCT국제조사보고서에 인용되지 않았으나 국제예비심사보고서에 인용된 문헌
사본의 발급을 필요로 하는 출원인은 국제출원일부터 7년 이내에 특허청장에게 신
청할 수 있다($\substack{시행규칙 §106의43,\\§106의21}$).

(2) 인용서류사본의 발급신청

PCT국제예비심사를 청구한 PCT출원인 또는 그 출원인의 승낙을 받은 자는
해당 국제출원에 관한 서류의 사본 발급을 특허청장에게 신청할 수 있다($\substack{시행규칙\\§106의44}$).

14. PCT예비심사료 또는 취급료의 반환신청

(1) PCT예비심사료의 반환

특허청장은 조약규칙 제58조(예비심사료)의 규정에 의한 예비심사료가 다음 각
호의 1에 해당하는 경우에는 PCT국제출원인의 청구에 의하여 이를 반환하여야 한
다($\substack{시행규칙\\§106의45①본}$). 어느 경우에나 PCT국제예비심사료는 납부되었으나 PCT국제예비심
사는 하지 아니하였으므로 그 예비심사료를 반환하는 것은 당연한 일이다.

(i) 시행규칙 제106조의23(국제예비심사청구) 제5항·시행규칙 제106조의26(국
제예비심사권이 없는 출원인의 국제예비심사청구)·시행규칙 제106조의27(국제예비심사청
구에 관한 절차의 보완) 제4항·시행규칙 제106조의29(국제예비심사청구에 관한 절차의
보완) 제4항 또는 시행규칙 제106조의30(국제예비심사에 관한 수수료 미납부에 대한 보

정) 제3항의 규정에 의하여 PCT국제예비심사청구서가 제출되지 아니한 것으로 보는 경우($\binom{시행규칙}{같은조항(i)}$)

(ii) PCT국제예비심사의 개시 전에 PCT국제출원 또는 PCT국제예비심사청구가 취하된 경우($\binom{시행규칙}{같은조항(ii)}$)

(2) PCT취급료의 반환

특허청장은 조약규칙 제57조(취급료)의 규정에 의한 취급료가 다음 각호의 1에 해당하는 경우에는 PCT국제출원인의 청구에 의하여 이를 반환하여야 한다($\binom{시행규칙}{\S106의45②본}$).

(i) PCT국제예비심사청구서를 국제사무국에 송부하기 전에 국제예비심사청구서가 취하된 경우($\binom{시행규칙}{같은조항(i)}$)

(ii) 시행규칙 제106조의23(국제예비심사청구) 제5항 또는 시행규칙 제106조의26(국제예비심사 청구권이 없는 출원인의 국제예비심사 청구서)의 규정에 의한 PCT국제예비심사청구서가 제출되지 아니한 것으로 보는 경우($\binom{시행규칙}{같은조항(ii)}$)

15. PCT국제출원의 취하 등

(1) PCT국제출원인의 또 한번의 새로운 결단

PCT국제출원인은 국제예비심사과정을 통하여 국제예비심사기관과 구술(口述) 또는 서면에 의하여 공식(公式) 또는 비공식(非公式)으로 의견을 교환할 수 있는 기회가 있었고($\binom{PCT \ \S34(2)(a),}{PCT규칙 \ \S66·6}$), PCT국제예비심사보고서의 작성개시 전까지 발명의 설명, 청구범위 또는 도면에 대하여 자진하여 보정할 수 있는 기회도 부여되었다($\binom{시행규칙}{\S106의36①}$).

이러한 과정을 거친 PCT국제출원인이 PCT국제예비심사보고서를 받아 보았다면 자신의 PCT국제출원의 진로가 어떻게 될 것이라는 가늠을 할 수 있을 것이다. 따라서 이 시점에서 PCT국제출원인은 PCT국제출원의 진행여부에 대한 또 한번 결단의 기회를 갖게 된다.

(2) PCT국제출원의 취하 등

PCT국제출원 등의 취하에는 시행규칙 제106조의7(국제출원 등의 취하)의 규정이 준용된다($\binom{시행규칙}{\S106의46}$). PCT국제출원의 출원인은 특허청장에 대하여 PCT국제출원, 지정국의 지정, 우선권 주장 또는 선택국의 선택을 취하할 수 있다($\binom{시행규칙 \ \S106의46,}{\S106의7①본}$). 다만, 다음 각호의 1에 해당하는 경우에는 그러하지 아니하다($\binom{시행규칙}{같은조항 \ 단}$).

(i) 우선일부터 2년 6월을 경과한 후(시행규칙§106의7①단(i))   행정절차의 법적 안정성의 요구이다.

(ii) PCT 제23조(국제절차의 지연)(2) 또는 같은 조약 제40조(국제심사와 다른 절차의 지연)(2)의 규정에 의한 청구를 한 경우(시행규칙같은조항 단(ii))   PCT국제출원인은 이미 지정국(指定國) 또는 선택국(選擇國)에 심사 또는 기타의 처리할 것을 명시적으로 청구해 놓은 상태이므로, 이런 상태에서는 PCT국제출원을 취하할 수 없다는 것이다. 이 또한 행정절차의 법적 안정성의 요구라 할 수 있다.

PCT국제출원의 취하는 모든 출원인을 대리하는 대리인 또는 대표자〔제197조(대표자등) 제2항에 따른 대표자는 제외한다〕가 없는 경우에는 모든 출원인이 기명한 후 서명 또는 날인한 서면으로 하여야 한다. 특히, 공동출원인인 경우에는 각 출원인의 의견과 이해가 다를 수 있으므로 신중을 기해야 한다는 취지이다.

제 5 항   PCT국제출원절차(2) ─ 국내단계(National Phase)의 절차

PCT국제출원의 국내단계의 절차는 PCT국제출원에 대한 특례규정(特例規定)들이 있다. 이 특례규정들 외에는 일반특허출원의 절차와 다를 바 없다. 중요한 특례규정들은 다음과 같다.

1. PCT국제출원에 의한 특허출원

1) PCT국제출원일·PCT국제출원서 등의 특례규정

⑴ PCT국제출원일의 인정

PCT에 의하여 국제출원일이 인정된 국제출원으로서 특허를 받기 위하여 대한민국을 지정국으로 지정한 PCT국제출원은 그 국제출원일에 출원된 특허출원으로 본다(법§199①).

⑵ 일부절차규정의 배제

PCT국제출원일에 출원된 특허출원으로 보는 PCT국제출원에 관하여는 제42조의2(특허출원일 등), 제42조의3(외국어특허출원 등) 및 제54조(조약에 의한 우선권주장)를 적용하지 아니한다(같은법조②). PCT국제출원에는 따로 특례규정이 있기 때문이다.

⑶ 공지 등이 되지 아니한 발명으로 보는 경우의 특례

PCT국제특허출원된 발명에 관하여 제30조(공지 등이 되지 아니한 발명으로 보는 경우) 제1항 제1호를 적용받으려는 자는 그 취지를 적은 서면 및 이를 증명할 수 있는 서류를 같은조 제2항에도 불구하고 시행규칙으로 정하는 기간에 특허청장에게 제출할 수 있다($\frac{법}{\S200}$).

이에 따른 시행규칙은 제201조(국제특허출원의 국제번역문) 제4항에 따른 기준일 경과 후 30일을 말한다($\frac{시행규칙}{\S111}$).

(4) PCT국제특허출원의 출원서

PCT국제특허출원의 국제출원일까지 제출된 출원서는 제42조(특허출원) 제1항에 따라 제출된 특허출원서로 본다($\frac{법}{\S200의2①}$). PCT국제특허출원의 국제출원일까지 제출된 발명의 설명, 청구범위 및 도면은 제42조(특허출원) 제2항에 따른 특허출원서에 최초로 첨부된 명세서 및 도면으로 본다($\frac{같은법}{조②}$).

PCT국제특허출원에 대해서는 다음 각호의 구분에 따른 요약서 또는 국어번역문을 제42조(특허출원) 제2항에 따른 요약서로 본다($\frac{같은법}{조③}$).

(i) PCT국제특허출원의 요약서를 국어로 적은 경우: 국제특허출원의 요약서($\frac{같은법}{조항(i)}$)

(ii) PCT국제특허출원의 요약서를 외국어로 적은 경우: 제201조(국제특허출원의 국어번역문) 제1항에 따라 제출된 PCT국제출원의 요약서의 국어번역문〔제201조(국제특허출원의 국어번역문) 제3항 본문에 따라 새로운 국어번역문을 제출한 경우에는 마지막에 제출한 국제특허출원의 요약서의 국어번역문을 말한다〕

(5) 서면의 제출

PCT국제특허출원의 출원인은 국내서면제출기간(우선일부터 31개월)에 다음 각호의 사항을 적은 서면을 특허청장에게 제출하여야 한다($\frac{법}{\S203①전}$).

(i) 출원인의 성명 및 주소(법인인 경우에는 그 명칭 및 영업소의 소재지)($\frac{법}{같은조항(i)}$)

(ii) 출원인의 대리인이 있는 경우에는 그 대리인의 성명 및 주소나 영업소의 소재지〔대리인의 특허법인·특허법인(유한)인 경우에는 그 명칭, 사무소의 소재지 및 지정된 변리사의 성명〕($\frac{법}{같은조항(ii)}$)

(iii) 발명의 명칭($\frac{법}{같은조항(iii)}$)

(iv) 발명자의 성명 및 주소($\frac{법}{같은조항(iv)}$)

(v) PCT국제출원일 및 국제출원번호($\frac{법}{같은조항(v)}$)

이 경우 PCT국제특허출원을 외국어로 출원한 출원인은 제201조(국제특허출원의 국어번역문) 제1항에 따른 국어번역문을 함께 제출하여야 한다($\frac{법}{\S203①후}$).

제201조(국제특허출원의 국어번역문) 제1항 단서에 따라 국어번역문의 제출기간

을 연장하여 달라는 취지를 적어 서면을 제출하는 경우에는 국어번역문을 함께 제
출하지 아니할 수 있다($\frac{법}{같은조②}$).

（6） 특허청장의 보정명령

특허청장은 다음 각호의 어느 하나에 해당하는 경우에는 보정기간을 정하여
보정을 명하여야 한다($\frac{법}{§203③}$).

（i） 서면을 국내서면 제출기간에 제출하지 아니한 경우($\frac{법}{같은조항(i)}$)

（ii） 서면이 특허법 또는 특허법에 따른 명령으로 정하는 방식에 위반되는 경
우($\frac{법}{같은조항(ii)}$)

보정명령을 받은 자가 지정된 기간에 보정을 하지 아니하면 특허청장은 해당
PCT국제특허출원을 무효로 할 수 있다($\frac{법}{같은조④}$).

2） PCT국제특허출원의 국어번역문

PCT국제출원으로서 국제출원일이 인정된 국제출원은, 각 지정국에서도 PCT
국제출원일에 정규의 국내출원을 한 것과 같은 효과가 있는 것으로 된다는 점에
대하여는 이미 거듭 설명되었다.

그러나 PCT국제출원인은 각 지정국에 국내서면 제출기간 내에 지정국의 언
어로 된 번역문을 제출하여야 한다($\frac{PCT §22, §39,}{법 §201①}$).

（1） 외국어로 PCT출원한 경우의 특례

PCT국제특허출원을 외국어로 출원한 출원인은 PCT 제2조(정의)(xi)의 우선일
(이하 "우선일"이라 한다)부터 2년 7개월(이하 "국내서면제출기간"이라 한다) 이내, 즉 31
개월 이내에 다음 각호의 국어번역문을 특허청장에게 제출하여야 한다($\frac{법}{§201①본}$).

（i） PCT국제출원일까지 제출한 발명의 설명, 청구범위 및 도면(도면 중 설명부
분에 한정한다)의 국어번역문($\frac{법}{같은조항(i)}$)

（ii） PCT국제특허출원의 요약서의 국어번역문($\frac{법}{같은조항(ii)}$)   다만, 국어번역문의
제출기간을 연장하여 달라는 취지를 제203조(서면의 제출) 제1항에 따른 서면에 적
어 국내서면제출기간 만료일 전 1개월부터 그 만료일까지 제출한 경우(그 서면을
제출하기 전에 국어번역문을 제출한 경우는 제외한다)에는 국내서면제출기간 만료일부터
1개월이 되는 날까지 국어번역문을 제출할 수 있다($\frac{법}{같은조항 단}$). 즉 미리 연장신청을
하면 번역문제출기간을 1개월 연장할 수 있다는 취지이다.

（2） 청구범위에 관한 보정 후 번역문의 대체

PCT국제특허출원을 외국어로 출원한 출원인이 PCT 제19조(국제사무국에 제출
하는 청구범위의 보정서)(1)에 따라 청구범위에 관한 보정을 한 경우에는 PCT국제출

원일까지 제출한 청구범위에 대한 국어번역문을 보정 후의 청구범위에 대한 국어
번역문으로 대체하여 제출할 수 있다(법§201②). 보정 후의 청구범위에 대한 국어번역
문을 제출하는 경우에는 제204조(국제조사보고서를 받은 후의 보정) 제1항 및 제2항
을 적용하지 아니한다(법§201⑦). 적용될 여지가 없기 때문이다.

　　국어번역문을 제출한 PCT국제출원인은 국내서면제출기간(국어번역문제출기간
을 연장한 경우에는 연장된 기간을 말한다)에 그 국어번역문을 갈음하여 새로운 국어번
역문을 제출할 수 있다(같은법조③). 다만, 출원인이 출원심사의 청구를 한 경우에는
그러하지 아니하다(법같은조③단). 행정절차에 관한 법적 안정성의 요구이다.

　　(3) PCT국제출원취하의 의제

　　PCT국제특허출원인이 국내서면제출기간에 발명의 설명 및 청구범위의 국어
번역문을 제출하지 아니하면 그 PCT국제특허출원을 취하한 것으로 본다(법같은조④).
PCT국제출원인의 취하의사가 소극적으로 표시된 것으로 본 것이다.

　　(4) PCT국제출원의 보정의 의제

　　PCT국제특허출원인이 국내서면제출기간의 만료일(국내서면제출기간에 출원인이
출원심사의 청구를 한 경우에는 그 청구일을 말하며, 이하 "기준일"이라 한다)까지 발명의
설명, 청구범위 및 도면(도면 중 설명부분에 한정한다)의 국어번역문(새로운 국어번역문
을 제출한 경우에는 마지막에 제출한 국어번역문을 말한다. 이하 이 조에서 "최종 국어번역
문"이라 한다)을 제출한 경우에는 국제출원일까지 제출한 발명의 설명, 청구범위 및
도면(도면 중 설명부분에 한정한다)을 최종국어번역문에 따라 PCT국제출원일에 제47
조(특허출원의 보정) 제1항에 따른 보정을 한 것으로 본다(법같은조⑤).

　　(5) PCT국제출원의 국어번역문의 오역정정

　　PCT국제특허출원인은 제47조(특허출원의 보정) 제1항 및 제208조(보정의 특례
등) 제1항에 따라 보정을 할 수 있는 기간에 최종국어번역문의 잘못된 번역을 시
행규칙으로 정하는 방법에 따라 정정할 수 있다(법§201⑥전). 이 경우 정정된 국어번역
문에 관하여는 제5항(보정의 의제)을 적용하지 아니한다(법§201⑥후).

　　이 경우는 잘못된 번역문을 정정하는 경우이고, 제5항(보정의 의제)은 보정을
한 것으로 보는 경우이므로 양자의 성질과 내용이 다르기 때문이다.

　　한편, 시행규칙 제114조(국어번역문 등의 제출) 제5항에 규정된 내용을 요약해
보면, 제201조(국제특허출원의 국어번역문) 제6항에 따라 국어번역문의 잘못된 번역
을 정정하려는 자는 국어번역문 오역정정서에 정정사항에 대한 설명서를 첨부하여
특허청장에게 제출하고 특허료 등의 징수규칙 제2조(특허료 및 특허관련수수료) 제1

항 제11호의3(특허법 제201조 제6항에 따른 국어번역문의 오역정정료)에 따른 수수료를
납부하여야 한다는 내용으로 되어 있다($\substack{시행규칙 \\ §114⑤}$).

2. 결정에 의하여 특허출원으로 되는 PCT국제출원

⑴ 특허청장에 대한 구제결정의 신청

PCT국제출원의 출원인은 PCT 제4조(출원서)(1)(ii)의 지정국에 대한민국을 포
함하는 국제출원(특허출원만 해당한다)이 다음 각호의 어느 하나에 해당하는 경우에
는 산업통상자원부령인 시행규칙이 정하는 기간에, 시행규칙으로 정하는 바에 따
라 특허청장에게 PCT 제25조(지정관청에 의한 검사)(2)(a)에 따른 결정을 하여줄 것
을 신청할 수 있다($\substack{법 \\ §214①본}$).

(i) PCT 제2조(정의)(xv)의 수리관청이 그 PCT국제출원에 대하여 PCT 제25조
(지정관청에 의한 검사)(1)(a)에 따른 거부를 한 경우($\substack{법 \\ 같은조항(i)}$)

(ii) PCT 제2조(정의)(xv)의 수리관청이 그 PCT국제출원에 대하여 PCT 제25
조(지정관청에 의한 검사)(1)(a) 또는 (b)에 따른 선언을 한 경우($\substack{법 \\ 같은조항(ii)}$)

(iii) 국제사무국이 그 PCT국제출원에 대하여 PCT 제25조(지정관청에 의한 검
사)(1)(a)에 따른 인정을 한 경우($\substack{법 \\ 같은조항(iii)}$)

⑵ 발명의 설명 등의 국어번역문의 제출

특허청장에게 위와 같은 신청을 하려는 자는 그 신청을 할 때 발명의 설명,
청구범위 또는 도면(도면 중 설명부분에 한정한다) 그 밖의 시행규칙으로 정하는 PCT
국제출원에 관한 서류의 국어번역문을 특허청장에게 제출하여야 한다($\substack{법 \\ §214②}$).

⑶ 거부·선언 또는 인정에 대한 특허청장의 결정

특허청장은 그 신청에 관한 거부·선언 또는 인정이 PCT 및 PCT규칙에 따라
정당하게 된 것인지에 관하여 결정을 하여야 한다($\substack{법 \\ §214③}$).

특허청장은 이에 대한 정당성(正當性)여부의 결정을 하는 경우에는 그 결정의
등본을 PCT국제출원의 출원인에게 송달하여야 한다($\substack{법 \\ 같은조⑤}$). PCT국제출원인으로
서는 중요한 서류이므로 송달절차로 규정한 것이다.

⑷ 구제된 국제출원의 PCT국제출원일의 소급

특허청장은 그 거부·선언 또는 인정이 PCT 및 PCT규칙에 따라 정당하게 된
것이 아니라고 결정을 한 경우에는 그 결정에 관한 PCT국제출원은 그 PCT국제출
원에 대하여 거부·선언 또는 인정이 없었다면 PCT국제출원일로 인정할 수 있었

던 날에 출원된 특허출원으로 본다($\frac{법}{\S214④}$). 이 경우의 PCT국제출원에 관하여는 제199조(국제출원에 의한 특허출원) 제2항, 제200조(공지 등이 되지 아니한 발명으로 보는 경우의 특례), 제200조의2(국제특허출원의 출원서 등), 제201조(국제특허출원의 국어번역문) 제5항부터 제7항까지, 제202조(특허출원 등에 의한 우선권주장의 특례) 제1항·제2항, 제208조(보정의 특례 등) 및 제210조(출원심사 청구시기의 제한)를 준용한다($\frac{법}{같은조⑥}$).

또 이 PCT국제출원에 관한 출원공개에 관하여는 제64조(출원공개) 제1항 중 "다음 각호의 구분에 따른 날"을 제201조(국제특허출원의 국어번역문) 제1항의 "우선일"로 본다($\frac{법 같은조⑦,}{\S64①각호}$).

모두 결정에 의하여 특허출원으로 되는 PCT국제출원의 출원일자가 소급되는 데에 대한 조정이다.

3. PCT국제특허출원 등에 의한 우선권 주장의 특례

(1) 제55조 제2항과 제56조 제2항의 배제

PCT국제특허출원의 경우에는 국내우선권 주장인 제55조(특허출원 등을 기초로 한 우선권 주장) 제2항과 제56조(선출원의 취하 등) 제2항의 규정은 이를 적용하지 아니한다($\frac{법}{\S202①}$).

국내우선권주장의 규정인 제55조(특허출원 등을 기초로 한 우선권주장) 제2항의 규정이 배제되는 것은, PCT국제특허출원의 우선권주장은 PCT 제8조(우선권주장) 제1항, 제2항(b)와 PCT규칙 제4조(출원서-내용-) 제1항(b)(i) 및 같은규칙 제4조 제10항(우선권주장) 등의 규정이 적용되기 때문이다. 또 선출원의 취하 등을 규정한 제56조(선출원의 취하 등) 제2항의 규정이 배제되는 것은 우선권주장의 취하(取下)에 있어서 기간의 차이가 있기 때문이다.

이 규정에 의하면 국내우선권을 규정한 제55조(특허출원 등을 기초로 한 우선권주장) 제2항에 따른 우선권주장을 수반하는 특허출원의 출원인은 선출원의 출원일부터 1년 3개월, 즉 15개월이 지난 후에는 그 우선권주장을 취하할 수 없다($\frac{법}{\S56②}$).

그러나 PCT국제출원의 우선권주장은 우선일부터 30개월(한국은 31개월) 만료 전에는 언제라도 그 우선권주장을 취하할 수 있기 때문이다($\frac{PCT규칙 \S90의2③(a),}{시행규칙 \S106의7①}$).

(2) 제55조 제4항 적용의 특례

국내우선권주장을 규정한 제55조(특허출원 등을 기초로 한 우선권주장) 제4항을 적용할 때 우선권주장을 수반하는 특허출원이 PCT국제특허출원인 경우에는 같은 항 중 "특허출원의 출원서에 최초로 첨부된 명세서 또는 도면"은 "국제출원일까지 제출된 발명의 설명, 청구범위 또는 도면"으로, "출원공개되거나"는 "출원공개 또는 PCT 제21조(국제공개)에 따라 국제공개되거나"로 본다($^{법}_{§202③본}$). 다만, 그 PCT 국제특허출원이 제201조(국제특허출원의 국어번역문) 제4항에 따라 취하된 것으로 보는 경우에는 제55조(특허출원 등을 기초로 한 우선권주장) 제4항을 적용하지 아니한다($^{법}_{같은조②단}$).

PCT국제특허출원은 이미 취하된 것으로 되어 있기 때문에 제55조(특허출원 등을 기초로 한 우선권주장) 제4항을 적용할 근거가 없다 할 것이다.

(3) 제55조 제1·3·4·5항 및 제56조 제1항 적용의 특례

제55조(특허출원 등을 기초로 한 우선권주장) 제1·3·4·5항 및 제56조(선출원의 취하 등)를 적용할 때, 선출원이 PCT국제특허출원 또는 실용신안법 제34조(국제출원에 의한 실용신안등록출원) 제2항에 따른 PCT국제실용신안등록출원인 경우에는 다음 각호에 따른다($^{법}_{§202③본}$).

(i) 제55조(특허출원 등을 기초로 한 우선권주장) 제1항 각호 외의 부분 본문, 같은조 제3항 및 제5항 각호 외의 부분 중 "출원서에 최초로 첨부된 명세서 또는 도면"은 다음 각 목의 구분에 따른 것으로 본다($^{법}_{§202의③본(i)}$).

가. 선출원이 PCT국제특허출원인 경우: "국제출원일까지 제출된 국제출원의 발명의 설명, 청구범위 또는 도면"

나. 선출원이 실용신안법 제34조(국제출원에 의한 실용신안등록출원) 제2항에 따른 PCT국제실용신안등록출원인 경우: "국제출원일까지 제출된 국제출원의 고안의 설명, 청구범위 또는 도면"

(ii) 제55조(특허출원 등을 기초로 한 우선권주장) 제4항 중 "선출원의 출원서에 최초로 첨부된 명세서 또는 도면"은 다음 각목의 구분에 따른 것으로 보고, "선출원에 관하여 출원공개"는 "선출원에 관하여 출원공개 또는 PCT 제21조(국제공개)에 따른 국제공개"로 본다($^{법}_{같은조항(ii)}$).

가. 선출원이 PCT국제출원인 경우: "선출원의 국제출원일까지 제출된 국제출원의 발명의 설명, 청구범위 또는 도면"

나. 선출원이 실용신안법 제34조(국제출원에 의한 실용신안등록출원) 제2항에 따른 PCT국제실용신안등록출원인 경우: "선출원의 국제출원일까지 제출된 PCT국제출원의 고안의 설명, 청구범위 또는 도면"

(iii) 제56조(선출원의 취하 등) 제1항 각호 외의 부분 본문 중 "그 출원일부터 1년 3개월이 지난 때"는 "국제출원일부터 1년 3개월이 지난 때 또는 제201조(국제

특허출원의 국어번역문) 제5항이나 실용신안법 제35조(국제실용신안 등록출원의 국어번
역문) 제5항에 따른 기준일 중 늦은 때"로 본다($\substack{법 \\ 같은조항(iii)}$).

(4) PCT국제우선권주장의 요건·효과에 관한 특례

여기에서는 우선권주장의 기초가 되는 선출원이 제214조(결정에 의하여 특허출
원으로 되는 국제출원) 제4항 또는 실용신안법 제40조(결정에 의하여 실용신안등록출원
으로 되는 국제출원) 제4항의 규정에 의하여 특허출원 또는 실용신안등록출원으로
되는 PCT국제출원인 경우에 있어서의 국내우선권주장의 요건과 효과 등에 관한
특례를 규정하였다.

국내우선권주장에 관한 규정인 제55조(특허출원 등을 기초로 한 우선권 주장) 제1
항, 같은조 제3항부터 제5항까지 및 제56조(선출원의 취하 등) 제1항을 적용할 때
제55조 제1항에 따른 선출원이 제214조(결정에 의하여 특허출원으로 되는 국제출원) 제
4항 또는 실용신안법 제40조(결정에 의하여 실용신안등록출원으로 되는 국제출원) 제4항
에 따라 특허출원 또는 실용신안등록출원으로 되는 PCT국제출원인 경우에는 다음
각호에 따른다($\substack{법 \\ \S202④본}$).

(i) 제55조(특허출원 등을 기초로 한 우선권주장) 제1항 각호 외의 부분 본문, 같
은조 제3항 및 제5항 각호 외의 부분 중 "출원서에 최초로 첨부된 명세서 또는 도
면"은 다음 각 목의 구분에 따른 것으로 본다($\substack{법 \\ \S202의④(i)}$).

가. 선출원이 제214조(결정에 의하여 특허출원으로 되는 국제출원) 제4항에 따라
특허출원으로 되는 PCT국제출원인 경우: "제214조 제4항에 따라 PCT국제출원으
로 인정할 수 있었던 날의 PCT국제출원의 발명의 설명, 청구범위 또는 도면"

나. 선출원이 실용신안법 제40조(결정에 의하여 실용신안등록출원으로 되는 국제출
원) 제4항에 따라 실용신안등록으로 보는 PCT국제출원인 경우: "실용신안법 제
40조 제4항에 따라 PCT국제출원일로 인정할 수 있었던 날의 PCT국제출원의 고안
의 설명, 청구범위 또는 도면"

(ii) 제55조(특허출원 등을 기초로 한 우선권주장) 제4항 중 "선출원의 출원서에 최
초로 첨부된 명세서 또는 도면"은 다음 각 목의 구분에 따른 것으로 본다($\substack{법 \S202의 \\ ④본(ii)}$).

가. 선출원이 제214조(결정에 의하여 특허출원으로 되는 국제출원) 제4항에 따라
특허출원으로 되는 PCT국제출원인 경우: "제214조 제4항에 따라 PCT국제출원으
로 인정할 수 있었던 날의 선출원의 PCT국제출원의 발명의 설명, 청구범위 또는
도면"

나. 선출원이 실용신안법 제40조(결정에 의하여 실용신안으로 되는 국제출원) 제4

항에 따라 실용신안등록출원으로 되는 PCT국제출원인 경우: "실용신안법 제40조 제4항에 따라 PCT국제출원일로 인정할 수 있었던 날의 선출원의 PCT국제출원의 고안의 설명, 청구범위 또는 도면"

　　(iii) 제56조(선출원의 취하 등) 제1항 각호 외의 부분 본문 중 "그 출원일부터 1년 3개월이 지난 때"는 "제214조 제4항 또는 실용신안법 제40조 제4항에 따라 PCT국제출원일로 인정할 수 있었던 날부터 1년 3개월이 지난 때 또는 제214조 제4항이나 실용신안법 제40조 제4항에 따른 결정을 한 때 중 늦은 때"로 본다 (법같은조항(iii)).

(5) 변경출원시기의 제한의 특례

　　실용신안법 제34조(국제출원에 의한 실용신안등록출원) 제1항에 따라 PCT국제출원일에 출원된 실용신안등록출원으로 보는 PCT국제출원을 기초로 하여 특허출원으로 변경출원을 하는 경우에는 제53조(변경출원) 제1항에도 불구하고 실용신안법 제17조(수수료) 제1항에 따른 수수료를 내고 같은법 제35조(국제실용신안등록출원의 국어번역문) 제1항에 따른 국어번역문(국어로 출원된 국제실용신안등록출원의 경우는 제외한다)을 제출한 후〔실용신안법 제40조(결정에 의하여 실용신안등록출원으로 되는 국제출원) 제4항에 따라 PCT국제출원일로 인정할 수 있었던 날에 출원된 것으로 보는 PCT국제출원을 기초로 하는 경우에는 같은항에 따른 결정이 있은 후〕에만 변경출원을 할 수 있다 (법§209). 이에 대하여는 변경출원에서 이미 설명한 바 있다.

4. 보정에 관한 특례규정

1) PCT국제조사보고서를 받은 후의 보정
(1) 국어번역문 등의 제출

　　PCT국제특허출원의 출원인은 PCT 제19조(국제사무국에 제출하는 청구범위의 보정서)(1)에 따라 국제조사보고서를 받은 후에 PCT국제특허출원의 청구범위에 관하여 보정을 한 경우 기준일까지(기준일이 출원심사의 청구일인 경우 출원심사의 청구를 한 때까지를 말한다. 이하 이 조 및 제205조에서 같다) 다음 각호의 구분에 따라 서류를 특허청장에게 제출하여야 한다(법§204①본).

　　(i) 외국어로 출원한 PCT국제특허출원인 경우: 그 보정서의 국어번역문(법같은조항(i))

　　(ii) 국어로 출원한 PCT국제출원인 경우: 그 보정서의 사본(법같은조항(ii))

(2) 보정내용의 의제

보정서의 국어번역문 또는 사본이 제출되었을 때에는 그 보정서의 국어번역문 또는 사본에 따라 제47조(특허출원의 보정) 제1항에 따른 청구범위가 보정된 것으로 본다. 다만, PCT 제20조(지정관청에의 송달)에 따라 기준일까지 그 보정서(국어로 출원한 국제특허출원인 경우에 한정한다)가 특허청에 송달된 경우에는 그 보정서에 따라 보정된 것으로 본다(법§204②).

(3) 청구범위보정에 따른 설명서를 국제사무국에 제출한 경우

PCT국제특허출원의 출원인은 PCT 제19조(국제사무국에 제출하는 청구범위의 보정서)(1)에 따른 설명서를 국제사무국에 제출한 경우 다음 각호의 구분에 따른 서류를 기준일까지 특허청장에게 제출하여야 한다(법같은조③본).

(i) 외국어로 출원한 국제특허출원인 경우: 그 설명서의 국어번역문(법같은조항(i))

(ii) 국어로 출원한 국제출원인 경우: 그 설명서의 사본(법같은조항(ii))

(4) 서류를 제출하지 않은 경우의 불이익

PCT국제특허출원의 출원인이 기준일까지 보정서의 국어번역문 등 또는 설명서의 국어번역문 등을 제출하지 아니하면 PCT 제19조(국제사무국에 제출하는 청구범위의 보정서)(1)에 따른 보정서 또는 설명서는 제출하지 아니한 것으로 본다(법§204④본). 다만, 국어(한글)로 출원한 PCT국제출원인 경우에 PCT 제20조(지정관청에의 송달)에 따라 기준일까지 그 보정서 또는 그 설명서가 특허청에 송달된 경우에는 그러하지 아니하다(법같은조④단).

2) PCT국제예비심사보고서 작성 전의 보정

(1) 국어번역문 등의 제출

PCT국제특허출원의 출원인은 PCT 제34조(국제예비심사기관에서의 절차)(2)(b)에 따라 PCT국제특허출원의 발명의 설명, 청구범위 및 도면에 대하여 보정을 한 경우 기준일까지 다음 각호의 구분에 따른 서류를 특허청장에게 제출하여야 한다(법§205①본).

(i) 외국어로 작성된 보정서의 경우: 그 보정서의 국어번역문(법같은조항(i))

(ii) 국어(한글)로 작성된 보정서인 경우: 그 보정서의 사본(법같은조항(ii))

(2) 명세서 및 도면의 보정의제

보정서의 국어번역문 또는 사본이 제출되었을 때에는 그 보정서의 국어번역문 또는 사본에 따라 제47조(특허출원의 보정) 제1항에 따른 명세서 및 도면이 보정

된 것으로 본다($\substack{법 \\ \S205②본}$). 다만, PCT 제36조(국제예비심사보고서의 송부, 번역 및 송달)(3)(a)에 따라 기준일까지 그 보정서(국어로 작성된 보정서의 경우만 해당한다)가 특허청에 송달된 경우에는 그 보정서에 따라 보정된 것으로 본다($\substack{법 \\ 같은조②단}$).

(3) 서류를 제출하지 아니한 경우의 불이익

PCT국제특허출원의 출원인이 기준일까지 제1항에 따른 절차를 밟지 아니하면 PCT 제34조(국제예비심사기관에서의 절차)(2)(b)에 따른 보정서는 제출되지 아니한 것으로 본다($\substack{법 \\ \S205③본}$). 다만, PCT 제36조(국제예비심사보고서의 송부, 번역 및 송달)(3)(a)에 따라 기준일까지 그 보정서(국어로 작성된 보정서의 경우에만 해당된다)가 특허청에 송달된 경우에는 그러하지 아니한다($\substack{법 \\ 같은조③}$).

3) PCT국제특허출원에 관한 보정의 특례 등

(1) 보정요건의 특례

PCT국제특허출원에 관하여는 다음 각호의 요건을 모두 갖추지 아니하면 제47조(특허출원의 보정) 제1항에도 불구하고 보정(제204조 제2항 및 제205조 제2항에 따른 보정은 제외한다)을 할 수 없다($\substack{법 \\ \S208①본}$).

(i) 제82조(수수료) 제1항에 따른 수수료를 낼 것($\substack{법 \\ 같은조항(i)}$)

(ii) 제201조(국제특허출원의 국어번역문) 제1항에 따른 국어번역문을 제출할 것. 다만, 국어로 출원된 PCT국제특허출원인 경우에는 그러하지 아니하다($\substack{법 \\ 같은조항(ii)}$)

(iii) 기준일(기준일이 출원심사의 청구일인 경우 출원심사를 청구한 때를 말한다)이 지날 것($\substack{법 \\ 같은조항(iii)}$)

(2) 보정범위의 의제

외국어로 출원된 PCT국제특허출원의 보정할 수 있는 범위에 관하여 제47조(특허출원의 보정) 제2항 전단을 적용할 때에는 "특허출원서에 최초로 첨부한 명세서 또는 도면"은 "국제출원일까지 제출한 발명의 설명, 청구범위 또는 도면"으로 본다($\substack{법 \\ \S208③}$).

(3) 외국어로 출원된 PCT국제출원의 보정범위

외국어로 출원된 PCT국제특허출원의 보정할 수 있는 범위에 관하여 제47조(특허출원의 보정) 제2항 후단을 적용할 때에는 "외국어특허출원"은 "외국어로 출원된 국제특허출원"으로, "최종 국어번역문(제42조의3 제6항 전단에 따른 정정이 있는 경우에는 정정된 국어번역문을 말한다) 또는 특허출원서에 최초로 첨부한 도면(도면 중 설명부분은 제외한다)"은 제201조(국제특허출원의 국어번역문) 제5항에 따른 최종 국어번역문(제201조 제6항 전단에 따른 정정이 있는 경우에는 정정된 국어번역문을 말한다) 또는

PCT국제출원일까지 제출한 도면(도면 중 설명부분은 제외한다)으로 본다($\frac{법}{같은조④}$).

5. PCT국제특허출원에 관한 기타의 특례규정들

1) 재외자의 특허관리인의 특례

(1) PCT국제출원에 있어서 국제단계에서의 재외자의 특허관리인의 특례

재외자인 PCT국제특허출원의 출원인은 기준일까지는 제5조(재외자의 특허관리인) 제1항에도 불구하고 특허관리인에 의하지 아니하고 절차를 밟을 수 있다($\frac{법}{§206①}$). 국내서면제출기간의 만료일인 기준일까지의 절차는 국제단계(international phase)의 절차이므로 재외자가 직접절차를 밟을 수 있기 때문이다.

제201조(국제특허출원의 국어번역문) 제1항에 따라 국어번역문을 제출한 재외자는 시행규칙으로 정하는 제201조(국제특허출원의 국어번역문) 제4항에 따른 서면제출기간인 기준일(31개월)부터 2개월 내에 특허관리인을 선임하여 특허청장에게 신고하여야 한다($\frac{법 §206②,}{시행규칙 §116}$).

(2) PCT국내단계에서 특허관리인 신고가 없는 경우

국내단계의 절차에서 특허관리인 선임신고가 없으면 그 국제특허출원은 취하된 것으로 본다($\frac{법}{§206③}$). 제201조(국제특허출원의 국어번역문) 제1항에 따른 국어번역문의 제출단계는 국내단계(national phase)의 절차이므로 특허관리인의 선임이 필수적인 것이다.

그러나 보정절차에 의한 특허관리인 선임의 촉구도 없이 막바로 국제출원을 취하된 것으로 본다는 것은 국제출원의 기타의 절차에 하자가 있어 보정절차에 따라 구제되는 경우와 비교하여 균형을 잃은 규정이라는 비난을 받아야 할 것이다.

2) PCT국제출원의 출원공개시기 및 효과의 특례

일반 국내출원의 공개절차의 설명에서 같이 다루기로 한다.

3) 출원심사 청구의 제한

이 또한 일반 국내출원의 심사청구절차의 설명에서 같이 다루기로 한다.

PCT국제출원일지라도 국내절차단계에서는 국내출원의 절차와 다르지 않기 때문이다.

제 3 절 특허출원절차의 보정

제 1 항 특허청장 등의 특허출원절차에 대한 보정명령

1. 특허청장 등의 보정명령

(1) 특허출원절차의 보정

특허출원(特許出願)의 절차는 모두 정해진 요식행위에 따라야 하므로 무엇인가 모자라거나 잘못되는 경우가 있다.

따라서 특허출원절차의 보정(補正)이란 방식심사(方式審査)의 대상에 이와 같은 흠절(欠節)이 있어 모자라는 것을 보충하고 잘못된 것을 바르게 고치는 것을 말한다. 그리고 실체심사에 대한 보정($^{법}_{§47}$)에 대하여는 제4장에서 따로 설명한다.

(2) 보정명령

특허청장 또는 특허심판원장(이하 "특허청장 등"이라 한다. 이 절에서 같다)은 특허에 관한 절차가 다음 각호의 어느 하나에 해당하는 경우에는 기간을 정하여 보정(補正)을 명하여야 한다. 이 경우 보정명령을 받은 자는 그 기간에 그 보정명령에 대한 의견서를 특허청장 등에게 제출할 수 있다($^{법}_{§46①본}$).

(i) 제3조(미성년자 등의 행위능력) 제1항 또는 제6조(대리권의 범위)를 위반한 경우($^{법}_{같은조(i)}$)

(ii) 이 법 또는 이 법에 따른 명령으로 정하는 방식을 위반한 경우($^{법}_{같은조(ii)}$)

(iii) 제82조(수수료)에 따라 내야 할 수수료를 내지 아니한 경우($^{법}_{같은조(iii)}$)

(3) 보정에 의한 흠절의 치유

보정명령을 받은 자는 보정명령대로 보정을 하면 그 흠절은 보완(補完) 또는 치유(治癒)된다. 그러나 보정명령에 대하여 해명만으로 보정(補正)에 갈음할 수 있는 경우에는 해명하는 의견서만을 제출할 수도 있고, 또 보정을 하면서도 보정에 대한 해명이나 설명이 필요한 경우에는 보정서와 의견서를 같이 제출하는 경우가 일반적이다.

2. 보정기간

(1) 보정기간의 지정

특허청장 등의 보정명령이 있을 때에는 그 명령으로 지정된 기간 내에 보정을 하여야 한다.

(2) 보정기간의 연장

그러나 부득이한 사정으로 그 보정명령의 기일(期日)을 지킬 수 없는 경우에는 그 보정기간의 연장을 신청할 수 있다($^{법}_{§15②}$). 이 경우에 특허청장 등은 그 절차의 이해관계인의 이익이 부당하게 침해되지 아니하도록 단축 또는 연장 여부를 결정하여야 한다($^{법}_{같은조②후}$). 여기에서 "단축"이란 연장을 신청한 기간이 너무 길다고 판단된 경우에 신청한 기간을 단축시켜서 연장기간을 승인하는 경우를 말한다.

3. 적법한 보정의 효과

특허청장 등의 보정명령에 따라 보정기간 또는 연장된 기간에 적법한 보정을 하여 특허출원의 절차에 관한 흠절이 보완 또는 치유되면 그 출원절차에 관한 흠절은 처음부터 없었던 것으로 소급된다. 명문규정은 없으나 법리적으로 그러한 결론을 얻을 수 있다.

4. 보정기간 위반의 효과

(1) 특허출원절차의 무효처분

특허청장 등의 보정명령을 받은 자가 그 지정된 보정기간 또는 연장된 기간 내에 보정을 하지 아니한 경우에는 특허청장 등은 당해 특허출원 절차를 무효로 할 수 있다($^{법}_{§16①본}$). 다만, 제82조(수수료) 제2항에 따른 심사청구료를 내지 아니하여 보정명령을 받은 자가 지정된 기간에 심사청구료를 내지 아니하면 특허출원서에 첨부된 명세서에 관한 보정을 무효로 할 수 있다($^{법}_{같은조항 단}$).

(2) 무효처분의 취소

그러나 특허청장 등은 보정명령의 보정기간을 지키지 못하여 특허에 관한 절차가 무효로 된 경우로서 지정된 기간을 지키지 못한 것이 보정명령을 받은 자가 책임질 수 없는 사유에 의한 것으로 인정될 때에는 그 사유가 소멸한 날부터 2개월 이내에 보정명령을 받은 자의 청구에 따라 그 무효처분을 취소할 수 있다($^{법}_{§16②본}$). 다만, 지정된 기간의 만료일부터 1년이 지났을 때에는 그러하지 아니하다($^{법}_{같은조항 단}$).

행정절차의 법적 안정성을 위한 기간이라 할 수 있다.

(3) 무효처분 또는 그 취소처분의 송달

특허청장 등은 무효처분 또는 무효처분의 취소처분을 할 때에는 그 보정명령을 받은 자에게 처분통지서를 송달하여야 한다($^{법}_{같은조③}$). 보정명령을 받은 자는 당해사건의 중대한 이해관계에 있는 당사자이기 때문이다.

제 2 항 출원인의 출원절차에 대한 자진보정

1. 자진보정에 대한 법적 근거

특허출원인은 제66조(특허결정)에 따른 특허결정의 등본을 송달하기 전까지 특허출원서에 첨부한 명세서 또는 도면을 보정할 수 있다($^{법}_{§47①본}$). 다만, 제63조(거절이유통지)를 받은 후에는 일정한 제한된 기간 내에 보정할 수 있다($^{법}_{같은조항 단}$).

법문에는 명세서 또는 도면에 대한 보정만을 규정하고 있으나 그 외에도 특허에 관한 모든 절차를 보정할 수 있다 할 것이다. 명문규정은 없으나 법논리로 보아 당연하다.

따라서 특허출원인은 특허출원절차에 흠절, 즉 모자라거나 잘못된 점이 있음을 스스로 알아차렸을 때에는 특허청장 등의 보정명령을 기다릴 필요 없이 자진하여 보정할 수 있다.

2. 출원절차에 대한 자진보정의 두 가지 경우

(1) 출원절차에 처음부터 흠절이 있는 경우

출원절차에 모자라거나 잘못된 점이 있음을 자진하여 보완 또는 보충하여 보정하는 경우이다.

(2) 출원절차에 사후적으로 보정사유가 발생한 경우

당초의 출원절차에는 아무런 흠절(欠節)이 없었으나 출원 후에 후발적으로 보정사유(補正事由)가 발생하는 경우가 있다.

예로서, 특허출원 후에 특허를 받을 수 있는 권리의 일부의 지분을 양도함으로써 특허출원인을 공동출원인으로 보정을 해야 할 경우가 있고, 그 반대로 공동출원인을 단독출원인으로 보정해야 할 경우도 있다. 또 출원인의 주소에 변동이 있다든가, 행위무능력자가 행위능력자로 되어 법정대리인이 불필요하게 된 경우, 그 반대로 되는 경우, 출원변경이나 분할출원으로 명세서 또는 도면 등을 보정할 필요가 있는 경우 등등 여러 가지 있을 수 있다.

3. 출원절차에 대한 자진보정을 할 수 있는 기간

출원절차에 흠절이 있는 경우라면, 특허출원이 실체심사(實體審査)에 들어가기 전에 보정하는 것이 바람직하다 할 것이다.

그러나 특별히 제한하는 규정이 있는 경우가 아니면, 특허결정등본의 송달이 있기 전까지는 자진보정은 언제든지 할 수 있다($\frac{법}{\S47①본}$).

4. 출원절차에 대한 자진보정의 효과

출원절차의 흠절이 치유되면 흠절은 처음부터 없었던 것으로 소급효가 있다. 명세서 또는 도면의 보정 또한 같다.

그러나 사후에 발생한 사유에 따른 보정은 법리상, 그 후발적인 보정사유가 발생한 때까지만 효력이 소급발생하는 것으로 보아야 한다.

제3항 PCT국제특허출원에 따른 출원절차의 보완과 보정 등

PCT국제특허출원에 따른 출원절차(出願節次)의 보완과 보정에 대하여는 PCT국제출원의 특수성 때문에 특허법 제10장(『특허협력조약』에 따른 국제출원) 제1절(국제출원절차)에 따로 규정되어 있다.

1. 특허청장의 보완명령 등

(1) PCT국제출원서의 보완명령

특허청장은 국제출원이 제194조(국제출원일의 인정 등) 제1항 각호의 어느 하나에 해당하는 경우에는 기간을 정하여 서면으로 절차를 보완(補完)할 것을 명하여야 한다($\frac{법}{\S194②}$).

제194조(국제출원일의 인정 등) 제1항 각호에 규정된 절차의 보완대상(補完對象)은 다음과 같다($\frac{법}{\S194①단}$).

(i) PCT국제출원이 제192조(국제출원을 할 수 있는 자) 제1항 각호의 어느 하나에 해당하지 아니하는 경우($\frac{법}{같은조항(i)}$) PCT국제출원을 할 수 있는 자격이 없는 경우이다.

(ii) 제193조(국제출원) 제1항에 따른 언어로 작성되지 아니한 경우($\frac{법}{같은조항(ii)}$) PCT국제출원이 국어, 영어 또는 일본어로 작성되지 아니한 경우를 말한다.

(iii) 제193조(국제출원) 제1항에 따른 발명의 설명 또는 청구범위가 제출되지 아니한 경우($^{법}_{같은조항(iii)}$)

(iv) 제193조(국제출원) 제2항 제1호(해당출원이 PCT에 따른 국제출원이라는 표시)·제2호에 따른 사항(해당 출원된 발명의 보호가 필요한 PCT체약국의 지정) 및 출원인의 성명이나 명칭을 적지 아니한 경우($^{법}_{같은조항(iv)}$) 등이다.

특허청장은 절차의 보완명령(補完命令)을 받은 자가 지정된 기간에 보완을 한 경우에는 그 보완에 관계되는 서면의 도달일을 국제출원일로 인정하여야 한다($^{법}_{§194④본}$).

(2) 국제출원서에 첨부된 도면에 관한 보완명령

PCT국제출원이 도면에 관하여 적고 있으나 그 출원에 도면이 포함되어 있지 아니하면 그 취지를 PCT국제출원인에게 통지하여야 한다($^{법}_{§194③}$). 이 통지를 받은 PCT국제출원인은 이 통지일부터 2개월 이내($^{시행규칙}_{§99①}$)에 시행규칙에 규정된 서식의 서류제출서를 특허청장에게 제출하여야 한다($^{시행규칙}_{같은조②}$).

도면에 흠결이 있어 통지를 받은 자($^{법}_{§194③}$)가 시행규칙 소정의 2개월 이내에 ($^{시행규칙}_{§99①}$) 도면을 제출한 경우에는 그 도면의 도달일(到達日)을 PCT국제출원일로 인정하여야 한다($^{법.§194④}_{본.후}$). 다만, 시행규칙에 정한 기간 내에 도면을 제출하지 아니한 경우에는 그 도면에 관한 기재는 없는 것으로 본다($^{법}_{§194④단}$).

(3) PCT국제출원서의 누락된 부분의 보완명령

특허청장은 제194조(국제출원일의 인정 등) 제1항에 따른 PCT국제출원일을 인정할 때 다음 각호의 어느 하나에 해당하는 경우에는 2개월 이내에 그 누락된 부분을 제출하도록 PCT국제출원인에게 보완을 명하여야 한다($^{시행규칙}_{§99의2①본}$).

(i) 발명의 설명 또는 청구범위의 일부가 누락(제194조 제1항 제3호에 해당하는 경우는 제외한다)되어 있는 경우($^{시행규칙}_{같은조항(i)}$)

(ii) 도면의 전부 또는 일부가 누락되어 있는 경우($^{시행규칙}_{같은조항(ii)}$)

(4) 누락된 부분의 자진보완

특허청장의 보완명령에도 불구하고 출원인은 PCT국제출원의 접수일부터 2개월 이내에 제1항 각호의 누락된 부분을 특허청장에게 제출할 수 있다($^{시행규칙}_{§99의2②}$). 제1항 각호의 누락된 부분을 제출하려는 자는 시행규칙 소정서식의 서류제출서를 특허청장에게 제출하여야 한다($^{시행규칙}_{같은조③}$).

(5) 보완명령에 대한 의견서

출원인은 시행규칙 제99조의2(국제출원의 명세서 등의 보완) 제1항에 따른 기간

(2개월 이내)에 그 보완명령에 대한 의견서를 특허청장에게 제출할 수 있다($\substack{시행규칙\\§99의2④}$).

(6) 보완에 의한 PCT국제출원일의 인정

특허청장은 PCT국제출원서의 누락된 부분을 보완하는 서류제출서가 접수된 경우에는 해당 서류의 접수일을 제194조(국제출원일의 인정 등) 제1항 각호 외의 부분 본문에 따른 PCT국제출원일로 인정하여야 한다($\substack{시행규칙\\§99의2⑥본}$). 다만, 해당 접수일이 제194조(국제출원일의 인정 등) 제4항에 따라 PCT국제출원일로 인정되는 날보다 앞서는 경우에는 그러하지 아니하다($\substack{시행규칙\\같은조항 단}$).

2. PCT국제출원에 대한 특허청장의 보정명령

(1) 특허법에 규정된 보정명령

특허청장은 PCT국제출원이 다음 각호의 어느 하나에 해당하는 경우에는 기간을 정하여 보정을 명하여야 한다($\substack{법\\§195본}$).

(i) 발명의 명칭이 적혀있지 아니한 경우($\substack{법\\같은조(i)}$)

(ii) 요약서(要約書)가 제출되지 아니한 경우($\substack{법\\같은조(ii)}$)

(iii) 제3조(미성년자 등의 행위능력) 또는 제197조(대표자 등) 제3항을 위반한 경우($\substack{법\\같은조(iii)}$)   미성년자 등의 특허에 관한 절차능력에 반하거나 또는 제197조(대표자 등) 제1항의 절차를 대리인에 의하여 밟으려는 자는 제3조(미성년자 등의 행위능력)에 따른 법정대리인을 제외하고는 변리사(辨理士)를 대리인으로 하여야 한다($\substack{법\\§197③}$).

(iv) 산업통상자원부령인 시행규칙으로 정하는 방식을 위반한 경우($\substack{법\\§195(iv)}$)

(2) 시행규칙에 위임된 절차의 보정

제195조(보정명령) 제4호에서 시행규칙에 위임된 절차의 보정사항은 다음 각호와 같다($\substack{시행규칙\\§101①본}$).

(i) PCT국제출원인〔출원인이 2명 이상인 경우에는 제192조(국제출원을 할 수 있는 자) 제1호 또는 제2호에 해당하는 최소 1명의 출원인〕의 주소(법인의 경우에는 그 영업소의 소재지) 및 국적에 관한 기재가 있을 것($\substack{시행규칙\\같은조항(i)}$)

(ii) PCT국제출원인 또는 대리인(출원인이 2명 이상이거나 대리인이 2명 이상인 경우에는 그들 중 최소 1명의 출원인 또는 대리인)이 기명을 한 후 서명(署名) 또는 날인(捺印)할 것($\substack{시행규칙\\§101①(ii)본}$). 다만, 대리인이 기명을 한 후 서명 또는 날인한 경우에는 출원인(출원인이 2명 이상인 경우에는 모든 출원인)이 기명을 한 후 서명 또는 날인한 위임장이 첨부되어야 한다($\substack{시행규칙\\같은조항(ii)단}$).

(iii) PCT국제출원의 출원서, 발명의 설명, 청구범위, 도면 및 요약서(要約書)

가 각각 시행규칙 제101조(절차의 보정) 제1항 제3호에서 정한 서식에 따라 작성되어 있을 것($^{시행규칙}_{같은조항(iii)}$)

제195조(보정명령)와 같은법조 제4호에서 시행규칙에 위임된 절차의 보정을 하고자 하는 자는 시행규칙에서 정하는 보정서를 특허청장에게 제출하여야 한다($^{시행규칙}_{§101②본}$).

(3) 우선권주장의 자진보정 또는 추가 등

(i) 우선권주장의 자진보정 또는 추가   특허출원인은 특허청장의 우선권 주장에 대한 보정명령이 있기 전에 우선권주장의 하자에 대하여 자진하여 보정 또는 추가를 할 수 있다.

PCT국제출원인이 우선권주장을 자진하여 보정 또는 추가하고자 하는 경우에는 우선일부터 1년 4월(우선권 주장의 보정 또는 추가로 인하여 우선일이 변경된 경우에는 변경된 우선일부터 1년 4월과 우선일부터 1년 4월 중 먼저 만료되는 날)과 국제출원일부터 4월 중 늦게 만료되는 날 이내에 보정 또는 추가하여야 한다($^{시행규칙}_{§102①}$).

(ii) PCT국제출원인이 조기국제공개를 신청한 후에, 특허청장이 보정서를 수령한 경우   이러한 경우에는 당해서류는 제출되지 아니한 것으로 본다($^{시행규칙}_{§102②본}$). 다만, 조기국제공개를 위한 기술적 준비가 완료되기 전에 당해 조기국제공개신청을 취하한 경우에는 그러하지 아니하다($^{시행규칙}_{같은조항 단}$).

(iii) 우선권주장의 보정 또는 추가로 인하여 우선일이 변경된 경우   변경 전 우선일부터 기산하여 만료되지 아니한 기간은 변경된 우선일부터 그 기간을 기산하여야 한다($^{시행규칙}_{§102③}$). PCT국제출원인이 자진하여 우선권 주장을 보정 또는 추가하고자 하는 자는 시행규칙 소정의 보정서를 특허청장에게 제출하여야 한다($^{법}_{같은조④}$).

대리인에 의하여 절차를 밟는 경우에는 보정서에 그 대리권을 증명하는 서류를 첨부하여야 한다($^{법}_{같은조⑤}$).

(4) PCT국제출원인의 우선권주장에 대한 특허청장의 보정명령

i) 특허청장의 보정명령

특허청장은 다음 각호의 어느 하나에 해당하는 경우에는 PCT국제출원인에게 우선권주장을 보정할 것을 명하여야 한다($^{시행규칙}_{§103①}$).

(i) PCT국제출원일이 우선일부터 1년 이내에 해당하지 아니하는 경우($^{시행}_{규칙}$ $_{같은조항}_{(i)}$)

(ii) 우선권주장이 PCT규칙 제4조(원서-내용-) 제10항에 따른 요건을 충족하

지 아니한 경우(시행규칙
같은조항(ii))   여기에서 PCT규칙 제4조(원서－내용－) 제10항이란 제
4조(원서－내용－) 제10항에 규정된 "우선권의 주장"에 관한 설명이다.

(iii) 우선권주장에 관한 기재내용이 해당 우선권서류의 기재내용과 일치하지 아
니하는 경우(시행규칙
같은조항(iii))   우선권주장에 대한 보정명령에 의한 보정을 하고자 하는
자는 시행규칙 소정의 서식에 의한 보정서를 특허청장에게 제출하여야 한다(시행규칙
§103②).

대리인에 의하여 절차를 밟고자 하는 자는 보정서에 대리권을 증명하는 서류
를 첨부하여야 한다(시행규칙
같은조③).

ii) 보정불응자에 대한 특허청장의 조치

특허청장은 우선권주장에 대한 보정명령을 받은 자가 시행규칙 제102조(우선
권주장의 보정 또는 추가) 제1항에 따른 기간(우선일부터 1년 4월, 보정으로 인하여 우선일
이 변경된 경우에는 변경된 우선일부터 1년 4월과 우선일부터 1년 4월 중 먼저 만료되는 날)
과 PCT국제출원일부터 4월 중 늦게 만료되는 날 이내에 보정을 하지 아니하는 경
우에는 해당 우선권주장이 없는 것으로 보고 그 취지를 출원인에게 통지하여야 한
다(시행규칙
§103④본). 다만, 다음 각호의 어느 하나에 해당된다는 이유만으로는 해당 우선권
주장이 없는 것으로 보지 아니한다(시행규칙
같은조항 단).

(i) PCT규칙 제4조(원서－내용－) 제10항(a)(ii)에 따른 선출원번호를 적지 아니
한 경우(시행규칙
같은조항 단(i))

(ii) 우선권주장에 관한 기재내용이 시행규칙 제106조의6(우선권 서류의 제출)
제1항에 따른 우선권서류의 기재와 일치하지 아니하는 경우(시행규칙
같은조항 단(ii))

(iii) PCT국제출원이 우선일부터 1년을 경과하였으나 그 경과일부터 2개월 이
내인 경우(시행규칙
같은조항 단(iii))

iii) 보정기간 내에 보정한 것으로 보는 경우

다음 각호의 요건을 모두 충족하는 우선권주장의 보정이 있는 경우에는 해당
보정은 시행규칙 제102조(우선권주장의 보정 또는 추가) 제1항에 따른 기간에 한 것
으로 본다(시행규칙
§103⑤).

(i) 시행규칙 제102조(우선권주장의 보정 또는 추가) 제1항에 따른 기간의 만료일
부터 1개월 이내일 것(시행규칙
같은조항(i))

(ii) 시행규칙 제103조(우선권주장에 대한 보정명령) 제4항 각호 외의 부분 본문
에 따른 통지가 있기 전일 것(시행규칙
같은조항(ii))

(5) 수수료 미납에 대한 보정명령

특허청장은 PCT국제출원을 한 자가 특허료 등의 징수규칙 제10조("특허협력조

약"에 따른 국제출원수수료) 제2항 제1호의 수수료를 해당 기간 내에 납부하지 아니한 경우에는 PCT규칙 제16조의2(국제사무국에 의한 수수료의 입체) 제1항(a)에 따라 1개월의 기간을 정하여 해당 수수료 및 가산료(加算料)를 납부할 것을 명하여야 한다(시행규칙 §104①).

수수료 미납부에 대한 보정명령에 의하여 수수료 등을 납부하고자 하는 자는 시행규칙 소정의 수수료 납부서를 특허청장에게 제출하여야 한다(시행규칙 같은조②).

3. PCT국제출원에 대한 심사관의 보정명령

명세서 서열목록 부분이 PCT규칙 제5조(명세서) 제I항(b)에서 규정하는 요건을 갖추지 못한 경우에는 심사관은 기간을 정하여 PCT국제출원인에게 보정을 명하여야 한다(시행규칙 §106의13①).

제1항의 규정에 의하여 보정을 하고자 하는 자는 시행규칙 소정 서식의 서류제출서를 특허청장에게 제출하여야 한다(시행규칙 같은조②).

시행규칙 제106조의12(핵산염기 서열목록의 제출 등) 제4항의 규정은 제1항의 규정에 의한 보정명령에 의하여 제출된 보정서에 관하여 이를 준용한다(시행규칙 같은조③).

4. 취하된 것으로 보는 시기와 취하된 것으로 보는 취지의 사전통지 등

제196조(취하된 것으로 보는 국제출원 등) 제1항 제2호에서 "산업자원부령이 정하는 기간"이란 부령인 시행규칙 제104조(수수료미납에 대한 보정) 제1항에 따른 수수료납부에 대한 보정을 명한 날부터 1개월을 말한다(시행규칙 §106①). 이 수수료는 의당 PCT국제출원일에 출원과 같이 냈어야 할 수수료였다.

제196조(취하된 것으로 보는 국제출원 등) 제1항 제3호에 따른 기간은 국제출원일부터 4개월이다(시행규칙 §106②).

특허청장은 제196조(취하된 것으로 보는 국제출원 등) 제1항 제3호에 해당하여, 즉 이미 PCT국제출원으로 인정된 PCT국제출원에 하자가 발견된 경우에는 미리 그 취지 및 이유를 출원인에게 통지하여야 한다(시행규칙 §106의2①). 미리 알림으로써 PCT국제출원인으로서의 준비와 대책에 차질이 없도록 하기 위해서이다.

PCT국제출원인은 제1항에 따라 통지를 받은 경우에는 통지일부터 2개월 이내에 시행규칙 소정서식의 의견제출서를 특허청장에게 제출할 수 있다(시행규칙 같은조②본).

어느 경우에나 PCT국제출원을 살려나가려는 배려들이라 할 수 있다.

5. 취하된 것으로 보는 PCT국제출원 등

(1) 취하된 것으로 보는 PCT국제출원

다음 각호의 어느 하나에 해당하는 PCT국제출원은 취하된 것으로 본다$\binom{\text{법 §196}}{\text{①본}}$.

(i) 제195조(보정명령)에 따른 보정명령을 받은 자가 지정된 기간에 보정을 하지 아니한 경우$\binom{\text{법}}{\text{같은조항(i)}}$

(ii) PCT국제출원에 관한 수수료를 시행규칙으로 정하는 기간에 내지 아니하여 PCT 제14조(국제출원의 누락과 결함)(3)(a)에 해당하게 된 경우$\binom{\text{법}}{\text{같은조항(ii)}}$ 시행규칙에 의하면, 수수료미납부에 대한 보정을 명한 날부터 1개월을 말한다$\binom{\text{시행규칙}}{\text{§106①}}$.

따라서 PCT국제출원에 관한 수수료를 미납한 출원인에게 특허청장으로부터 이를 납부하라는 보정명령이 있는 경우에는, 출원인은 그 보정을 명한 날부터 1개월 이내에 미납된 수수료를 납부하여야 한다. 또 그 보정을 명한 날부터 1개월이내이므로 보정명령을 받은 날이 아니라는 점을 명심해야 할 것이다.

(iii) 제194조(국제출원일의 인정 등)에 따라 PCT국제출원일이 인정된 PCT국제출원에 관하여 시행규칙으로 정하는 기간에 그 PCT국제출원이 제194조(국제출원의 인정 등) 제1항 각호의 어느 하나에 해당하는 것이 발견된 경우$\binom{\text{법 §196①}}{\text{본(iii)}}$ 이 경우에는 시행규칙에 규정된 기간은 국제출원일부터 4개월로 되어 있다$\binom{\text{시행규칙}}{\text{§106②}}$.

(2) 취하된 것으로 보는 지정국

PCT국제출원에 관하여 내야 할 수수료의 일부를 시행규칙으로 정하는 기간 내에 내지 아니하여 PCT 제14조(국제출원의 누락과 결함)(3)(b)에 해당하게 된 경우에는 수수료를 내지 아니한 지정국(指定國)의 지정은 취하된 것으로 본다$\binom{\text{법}}{\text{§196②}}$.

소정의 수수료가 기간 내에 1 또는 그 이상의 지정국에는 냈으나, 모든 지정국에 다 내지는 않은 것으로 수리관청(受理官廳)이 인정한 경우에는 그 수수료를 소정의 기간 내에 내지 않은 지정국의 지정은 취하한 것으로 보고 수리관청은 그 취지를 선언(declare)한다$\binom{\text{PCT §14}}{\text{(3)(b)}}$.

(3) 취하된 것으로 보는 사실통보

특허청장은 제1항 및 제2항에 따라 PCT국제출원 또는 지정국의 일부가 취하된 것으로 보는 경우에는 그 사실을 출원인에게 알려야 한다$\binom{\text{법}}{\text{§196③}}$.

제4장 특허출원의 심사

제1절 심사주의와 무심사주의

제1항 심사의 방식

특허출원(特許出願)에 대하여 특허를 부여할 것인지의 여부를 판단하기 위한 심리를 심사라 한다.

심사에는 방식심사(方式審査)와 실체심사(實體審査)가 있으며, 형식심사(形式審査)를 소개한 예도 있다.[1]

1. 방식심사

(1) 법정된 형식요건의 심사

출원서류(出願書類)의 구비여부와 정하여진 기재사항이 모두 갖추어졌는지 여부 및 수수료의 납부 여부 등 형식적인 요건만을 심사하는 것이다.

좀더 부연하면 다음과 같은 설명으로 된다. 법령에 규정하고 있는 출원인(出願人)의 권리능력, 출원인의 행위능력(行爲能力), 법정대리인(法定代理人) 또는 위임대리인(委任代理人) 등에 관한 적법여부, 제출서류와 첨부서류의 구비여부, 기재방

---

1) 방식심사(方式審査)외에 형식심사(形式審査)를 소개한 예는, 吉藤 幸朔 著·熊谷, 健一 補訂 特許法槪說(第13版), P. 395 참조.
형식심사(形式審査)란 출원(出願)의 단일성(單一性) 등 명세서(明細書)의 기재요건과 공서양속(公序良俗)에 반하는 발명인 불특허사유(不特許事由) 등을 지칭한 것으로, 이는 일본의 무심사주의(無審査主義)로 되어 있는 실용신안법(實用新案法)의 심사기준을 말한 것이다.
우리 법제로 본다면, 출원(出願)의 단일성은 방식심사에서, 공서양속(公序良俗)에 반하는 불특허사유(不特許事由)는 실체심사의 대상이다.

식의 충족여부, 우선권주장(優先權主張)이 있다면 그에 따른 서류의 구비와 그에 따르는 기재사항의 부합여부 및 수수료의 납부여부 등을 점검한다.[2]

(2) 출원서류 등 출원절차에 흠절(欠節)이 있는 경우

출원인(出願人)은 자진하여 보정할 수도 있고, 또 특허청장 등의 보정명령(補正命令)에 의한 보정절차에 따라서 구제된다($^{법}_{§46}$^{§16①})는 점에 대하는 이미 앞에서 설명하였다.

또 그 하자(瑕疵)가 현저하게 부적법하여 특허출원의 본질적 요건의 흠절로 보정불능의 경우에도, 막바로 서류를 반려하는 것은 아니고, 특허청장 등은 먼저 출원인 등에게 출원서류 등을 반려하겠다는 취지·이유 및 소명기간 등을 서면통지(書面通知)하여 소명(疎明)의 기회를 주고($^{시행규칙}_{§11②}$), 출원인이 소명기간 내에 소명서(疎明書) 또는 반려요청서(返戾要請書)를 제출하지 아니하거나, 제출한 소명이 이유 없다고 인정되는 때에는 소명기간이 종료된 후 즉시 출원서류 등을 반려하여야 한다($^{시행규칙}_{§11④}$).

이러한 사항은 법률사항이라고 볼 수 있으므로, 법률로 정하거나 적어도 대통령령인 시행령에 규정되어야 할 사항인데도 시행규칙으로 정한 것은 적절하지 못한 것으로 보인다.

(3) 특허청장 등이 부적법한 것으로 보는 사항

시행규칙에 예시되어 있고($^{시행규칙}_{§11①}$), 이는 제2장에서 이미 소개한 바 있다.

2. 실체심사

실체심사(實體審査)는 발명에 관한 실체를 심사하는 것이다. 즉 발명의 성립요건을 비롯하여, 발명의 특허요건인 신규성(新規性)·진보성·산업상 이용가능성(産業上利用可能性), 선원성(先願性)의 유무, 불특허발명(不特許發明)인지의 여부 등뿐

---

2) 특허청의 "특허출원방식심사 지침서(2014. 4. 8. 발행)"에 나와 있는 것을 보면,
  (i) 출원인(出願人)에 관한 25개 사항
  (ii) 대리인에 관한 25개 사항
  (iii) 출원서류에 관한 23개 사항
  (iv) 분할·변경·이중출원에 관한 11개 사항
  (v) 절차의 보정에 관한 15개 사항
  (vi) 우선권 주장에 관한 6개 사항
  (vii) 기타절차에 관한 14개 사항
  (viii) 기간에 관한 16개 사항
  (ix) 수수료(手數料)에 관한 8개 사항 등이 리스트에 올라 있다.

만 아니라, 방식심사에서 미처 심사하지 못한 부분이 있으면, 그것을 방식심사로 반려하거나, 실체심사에서 직접 심사할 수 있다.

이 실체심사에 대하여는 그 해당항목에서 상술한다.

제2항 무심사주의와 심사주의 및 신심사주의

특허출원(特許出願)에 대하여, 법정의 형식적인 요건만을 심사할 것이냐, 실체적인 요건도 심사할 것이냐에 따른 구별이다. 전자를 무심사주의(無審査主義)라 하고, 후자를 심사주의(審査主義)라 한다.

무심사주의라 하여도 특허를 부여하기 위하여서는 방식심사의 절차에 따라 최소한 법정의 형식요건은 필수조건으로 심사를 하여야 한다.

1. 무심사주의와 그 장·단점

(1) 개념과 배경

무심사주의는 비교적 간단한 방식만을 심사하여, 특허의 권리형성을 조기화(早期化)하고, 실체심사는 사후에 분쟁이 있으면 별도의 독립기관(獨立機關)에서 심판 또는 재판을 통하여 해결하는 주의이다.

무심사주의는 프랑스 대혁명의 배경인 천부인권설(天賦人權說)의 영향을 받은 것으로, 프랑스가 전통적으로 채용했던 제도였다. 그러나 현재는 프랑스 또한 심사주의적인 경향에 접어들었다. 전통적인 무심사주의의 단점을 감당하기 어렵기 때문이다.

이미 밝힌 바와 같이, 무심사주의는 특허요건 등의 실체심사는 아니하고, 특허를 부여하기 위하여 필요한 최소한의 방식심사만을 하여, 특허를 조속히 권리화시킴으로써 그 발명의 내용 또한 조기공개된다.

우리 제도는 "반도체집적회로의 배치설계에 관한 법률"의 보호대상인 반도체집적회로의 "배치설계권"은 방식심사만을 거쳐서 등록하는 무심사주의를 취하고 있다($^{반도체설계법}_{§6, \ §21①}$).

(2) 무심사주의의 장점

(i) 실체심사를 아니하므로 막대한 심사의 인력(人力)·경비(經費)·시일(時日) 등이 불필요하다.

(ii) 조속한 권리화로 발명이 쉽게 보호된다.

(iii) 특허발명(特許發明)이 조기공개됨으로써, 제3자의 중복연구(重複研究) · 중복출원(重複出願) · 중복투자(重複投資) 등을 예방할 수 있다.

(3) 무심사주의의 단점

단점이 더 큰 것으로 평가되고 있다.

(i) 실체심사(實體審査)가 생략되므로, 무효이유를 포함한 부실특허(不實特許)를 많이 양산한다는 점이다. 이러한 부실특허는 제3자는 물론이요, 특허권자 자신도 그 특허가 언제 무효로 될지 모르기 때문에 그 특허발명의 사업화에 안심하고 투자하기 어렵다.

(ii) 따라서 특허권의 신뢰성(信賴性)과 법적 안정성이 낮다. 때문에 특허가치(特許價値)의 감쇄는 물론이요, 특허제도의 본질과 관계되어 특허제도 그 자체도 평가절하된다.

(iii) 실체심사 없이 권리화한 부실특허에 대한 다수의 분쟁은 그 해결에 많은 인력 · 경비 · 기간 등이 필요하고, 해당 산업분야의 혼란을 불러일으키는 문제도 있다.

2. 심사주의와 그 장 · 단점

(1) 심사주의의 개념

심사주의는 특허권을 부여하기 위하여, 방식심사는 물론이요, 특허의 유효성을 확인하기 위한 실체심사를 하는 주의이다.

발명의 성립요건을 비롯하여 발명의 특허요건인 산업상 이용가능성(産業上利用可能性) · 신규성(新規性) · 진보성 등, 그리고 선원성(先願性), 불특허발명(不特許發明)인지의 여부 등을 모조리 심사하여 각 요건에 충족한 것이라고 판단된 출원에 한하여 특허권을 부여하는 주의이다.

(2) 심사주의의 장점

심사주의는 특허의 유효성에 대하여 심사하는 것이므로, 특허권에 대한 신뢰성(信賴性) · 법적 안정성이 높고, 특허권의 가치도 높이 평가될 뿐만 아니라, 특허제도 그 자체의 권위가 인정된다. 그 장점을 열거해보면 다음과 같다.

(i) 실체심사를 통하여 부실특허(不實特許)를 최소화한다.

(ii) 부실특허의 최소화로 인하여, 특허분쟁(特許紛爭)도 최소화되므로, 해당 산업분야의 혼란 또한 최소화된다.

(iii) 특허권의 신뢰성 · 법적 안정성이 높다. 그러므로 특허권의 가치도 높이

평가되고, 특허제도 또한 권위가 있다.

(3) 심사주의의 단점

(i) 실체심사에 막대한 전문인력(專門人力)·경비(經費)·장시일(長時日) 등을
필요로 한다.

(ii) 실체심사를 위한 심사의 지연과 적체(積滯)로 발명의 권리화가 늦어진다.
출원인은 유행성(流行性)의 출원발명(出願發明)에 대한 제3자의 모방(模倣)에
대응해야 할 번거로움은 물론이고, 권리화되었을 때에는 기술가치(技術價値)가 반
감되거나 상실되어 유명무실한 것으로 되는 경우도 있다.

(iii) 특허출원(特許出願)의 공개가 늦어짐으로 인한 중복연구·중복출원·중복
투자의 발생은 물론, 늦게 특허권으로 등록된 후에는 동종기술분야(同種技術分野)
에 중복투자했던 선의의 제3자가 폐업을 하는 등의 심각한 손해의 발생도 있다.

한편, 심사주의와 무심사주의(無審査主義)의 장·단점은 서로 피할 수 없는 숙
명적인 표리(表裏)를 이루고 있다.

3. 신심사주의 — 심사주의의 보완

전통적인 심사주의와 무심사주의는 모두 감당할 수 없는 단점들을 가지고
있다. 그러나 다수의 국가들은 많은 전문인력(專門人力)·경비(經費)·시일(時日) 등
이 필요함에도 신뢰성(信賴性)과 법적 안정성이 있는 특허권의 등록을 위하여 심사
주의를 채택하여 왔다.

그런데 근자에 과학기술의 급진적 발달로 인한 기술의 고도화(高度化)·복잡
화(複雜化)는 기술경쟁(技術競爭)을 가속화시킴으로써, 특허출원을 급증시켰고 심사
적체로 인한 발명권리화(發明權利化)의 지연과 발명공개(發明公開)의 지연 등은 중
복연구·중복출원·중복투자 등의 결과로 이어지는 등 심사주의의 단점을 극대화
시키기에 충분하였다.

여기에서 그 단점들을 개선하기 위한 보완책으로 발명의 조기공개(早期公開),
특허출원의 심사청구제도(審査請求制度) 및 우선심사제도(優先審査制度) 등이 강구
되었다. 이는 전통적인 심사주의에 대한 대보완작업이다. 이것을 신심사주의라고
한다. 우리 특허법 또한 보완된 심사주의의 규정들을 두었다.

상세한 것은 후술한다.

제 2 절 심사기관

제 1 항 심사의 주체 — 심사관

1. 일반 심사기관의 두 계열

심사기관은 특허출원의 접수에서 특허여부(特許與否)의 결정(決定)에 이르기까지의 절차의 전과정을 주관하는 심사의 주체를 말한다.

특허청장은 심사관(Examiner)에게 특허출원을 심사하게 한다($^{법}_{§57①}$). 그 구성은 두 계열로 나누어진다.

(1) 방식심사기관

출원(出願)에 관한 형식적 요건인 방식심사를 관장하는 심사기관으로 특허청장(特許廳長)의 소관이다.

특허·실용신안·디자인 및 상표에 관한 사무와 이에 대한 심사·심판사무를 관장하기 위하여 산업통상자원부장관 소속으로 특허청(特許廳)을 두고($^{정부조직법}_{§37⑤}$), 특허청에 청장 1명과 차장 1명을 두되, 청장은 정무직으로 하고, 차장은 고위공무원단(高位公務員團)에 속하는 일반직공무원으로 보(補)하도록 되어 있다($^{정부조직법}_{§37⑥}$).

(2) 실체심사기관

출원에 대한 실체심사(實體審査)를 담당하는 기관으로서의 심사관이다. 출원발명의 특허성(特許性) 등을 심리·판단하여 특허여부를 결정하는, 즉 실체심사(實體審査)를 하는 심사기관이다.

2. PCT국제출원의 심사기관

우리나라의 특허청은 PCT국제출원의 수리관청이고($^{법}_{§194}$), 국제조사 및 국제예비심사기관이어서($^{법}_{§198의2}$), 이에 관한 심사기관도 갖추어져 있다.

제 2 항 심사관의 자격과 지위

1. 심사관의 자격

(1) 심사관의 자격기준

이에 관하여 필요한 사항은 대통령령으로 정한다($^{법}_{§57②}$).

(2) 심사관이 될 수 있는 사람

특허청 또는 그 소속기관의 다음 각호의 어느 하나에 해당하는 공무원으로서 국제지식재산연수원에서 소정의 심사관연수과정을 수료한 자로 한다($^{시행령}_{§8①본}$).

(i) 고위공무원단(高位公務員團)에 속하는 일반직공무원($^{같은조항}_{(ii)}$)

(ii) 5급이상의 일반직 국가공무원($^{같은조항}_{(ii)}$)

(iii) "공무원임용령" 별표4의2에 따른 가급 또는 나급의 자격기준에 해당하는 전문임기제공무원($^{같은조항}_{(iii)}$)

(iv) 6급 일반직 국가공무원("공무원임용령" 별표4의2에 따른 전문임기제 공무원 가급 또는 나급의 자격기준에 해당하는 자격을 갖춘 사람으로 한정한다)

2. 심사관의 지위

(1) 방식심사관의 지위

앞에서 언급한 바와 같이, 출원의 형식적 요건만을 심리·판단하는 방식심사는 특허청장의 소관이므로, 방식심사관의 지위는 특허청장의 지휘·감독하에 있다.

(2) 실체심사관의 지위

실체심사(實體審査)를 하는 심사관은 특허청장의 명에 의하여 특허출원을 심사하지만($^{법}_{§57①}$), 그 직무의 특성으로 보아 특허청장으로부터 상대적으로 독립된 지위에 있다 할 것이다.

실체심사를 하는 심사관은 특허여부에 관한 심리·판단을 주관하는 기능을 가진 단독제(單獨制) 심리기관(審理機關)으로서, 특허청장으로부터 사건의 지정명령(指定命令)을 받으면 그 한도에서 직무상 독립하여 심사하는 지위에 있게 된다.

따라서 특허청장이라 할지라도 실체심사업무(實體審査業務)에 직접 관여하여 사건내용에 대한 구체적인 지휘명령(指揮命令)은 할 수 없는 것으로 보아야 한다. 이에 대한 직접적인 규정은 없으나 직무의 특성으로 보아 이것이 보장되어야 하며, 또 심사관에 대한 제척제도(除斥制度), 즉 제68조(심판규정의 심사에의 준용)에서 준용하는 제148조(심판관의 제척) 제1호로부터 제5호까지 및 제7호의 준용은 심사관의 직무상 독립을 전제로 하여서만 의의가 있다. 그렇지 않으면 무의미하게 되므로, 심사관의 제척제도는 심사관의 직무상독립을 간접으로 보증하는 규정이라 볼 수 있다.[3]

---

3) 임석재 졸저(拙著), 特許·實用新案·商標解說(1970年), P. 91

우리 법제에 심사관의 자격과 지위가 법률로 보장되지 못하고 대통령령(大統領令)으로 규정하도록 된 것은 개선되어야 할 과제이다. 그나마 심사관이 될 수 있는 자격을 "국제지식재산연수원에서 소정의 심사관 연수과정을 수료한 자로 한다"는 규정을 둔 것은 특허제도의 발전을 위하여 다행한 일로 위안이 된다 할 것이다.

3. 심사관의 제척제도

(1) 제도의 취지

심사(審査)의 공정성(公正性)과 국민의 신뢰성을 확보하기 위한 제도이다.

이는 앞에서도 지적한 바와 같이 심사관의 지위, 즉 직무상 독립성을 간접으로 보증하는 규정이라 할 수 있다.

심사관이 담당하는 구체적 사건과 인적(人的)으로나 물적(物的)으로 법률로 정해 놓은 특수한 관계가 있는 때에는, 법규정에 의하여 당연히 그 사건에 관한 직무집행을 못하게 되는 제도이다. 그런데, 심판관에게는 제척제도($\frac{법}{\S148}$) 외에도 불공정한 심판을 막기 위해 기피의 규정($\frac{법}{\S150}$)과 회피(回避)의 규정($\frac{법}{\S153조의2}$)을 두면서, 심사관에의 준용이 없는 것은 이해하기 어렵다.

민사소송법은 법관(法官)에 대한 제척·기피 및 회피에 관한 규정을 법원사무관 등에게도 준용하고 있다($\frac{민소법}{\S50}$).

제척은 법정사유(法定事由)가 있으면 당연히 집무집행으로부터 배제된다는 점에서 불공정한 의심이 있을 때에 당사자 또는 참가인의 신청에 의하여 직무집행을 못하게 하는 기피제도(忌避制度)와 다르고, 공정한 심사를 위하여 심판관 스스로 그 직무집행으로부터 물러나는 회피제도(回避制度)와도 다르다.

(2) 제척의 원인

심사관은 다음 각호의 어느 하나에 해당하는 경우에는 그 심사에서 제척된다 ($\frac{법 \S68에서 준용하는}{\S148(i)-(v)(vii)}$).

2017. 3. 1. 시행법에 따르면, 제68조(심판규정의 심사에의 준용)에서 심사관에게 준용하는 제148조(심판관의 제척) 제1·2·3·5호 등이 개정되었다.

그러나 그 개정된 규정을 심사관에 준용함에 있어서는 종전의 법과 차이가 없다. 따라서 심판관의 제척규정을 심사관에게 준용한다면 다음과 같이 된다.

(i) 심사관 또는 그 배우자이거나 배우자이었던 사람이 출원인인 경우($\frac{법}{\S148(i)}$)

(ii) 심사관이 출원인의 친족이거나 친족이었던 경우($\frac{법}{같은조(ii)}$)

(iii) 심사관이 출원인의 법정대리인(法定代理人)이거나 법정대리인이었던 경우

$\left(\begin{smallmatrix}법\\같은조(iii)\end{smallmatrix}\right)$

(iv) 심사관이 출원사건에 대한 증인(證人), 감정인(鑑定人)이거나 증인, 감정인이었던 경우($\begin{smallmatrix}법\\같은조(iv)\end{smallmatrix}$). 여기에서 "증인이었던 경우"가 빠진 것은 입법자의 실수인 것으로 보인다.

(v) 심사관이 출원인의 대리인이거나 대리인이었던 경우($\begin{smallmatrix}법\\같은조(v)\end{smallmatrix}$)

(vi) 제6호는 심판관이 같은 사건에 대하여 심사관 또는 심판관으로서 특허여부결정 또는 심결에 관여한 경우($\begin{smallmatrix}법\\같은조(vi)\end{smallmatrix}$)이므로 심사관에게는 준용될 여지가 없어서 준용에서 제외된 것이다.

(vii) 심사관이 출원사건에 관하여 직접 이해관계를 가진 경우이다($\begin{smallmatrix}법\\같은조(vii)\end{smallmatrix}$).

(3) 제척의 효과

제척의 원인이 있으면 심사관은 법률상 당연히 심사사무(審査事務)의 집행으로부터 제척된다. 원인이 있으면 당연히 효과는 발생하는 것이기 때문이다. 그러므로 심사관 자신이 그 사유를 알고 모름을 불문한다.

심사관과 구체적 사건과의 사이에 특수한 관계가 객관적으로 명백하지 않은 경우에는, 출원인(出願人)은 제척의 신청을 하여 제척원인(除斥原因)의 존재 내지는 그에 해당됨을 촉구하여야 할 것이다.

제 3 절 특허출원의 심사청구와 출원공개 및 우선심사

제 1 항 특허출원의 심사청구제도

1. 심사청구제도의 출현배경

(1) 심사적체의 해소방안

심사주의제도(審査主義制度)를 유지하면서 특허출원의 심사적체를 해소하기 위한 제도이다.

앞에서 이미 지적되어 온 바와 같이 근래에 과학기술(科學技術)의 급진적인 발달은 기술의 고도화·복잡화는 물론이요, 기술경쟁을 가속화시킴으로써 특허출원을 급증시켰고, 실체심사주의는 특허출원의 심사적체로 인한 권리화의 지연 등으로 그 단점을 극대화시키기에 이르렀다.

여기에서 그 해결책으로 강구된 것들 중 하나가 특허출원의 심사청구제도이다.

(2) 선출원우선주의의 부산물

선출원우선주의(先出願優先主義)를 채택하고 있는($^{법}_{§36}$) 우리 특허제도는 우선 서둘러서 출원을 해 놓고 다시 검토를 해보면, ① 유행이 지나서 권리화의 필요가 없게 된 것도 있고, ② 타인의 혁신적인 새로운 발명의 출현으로 자신의 출원발명(出願發明)이 특허를 받아야 할 가치가 없게 되는 경우도 있다. ③ 또 타인의 특허등록(特許登錄)을 막기 위한 방위출원(防衛出願)은 반드시 심사가 필요한 것도 아니며, ④ 출원인의 사정에 따라 권리화를 포기하는 경우도 있다.

그래서 심사가 필요한 출원만을 골라서 심사청구(審査請求)를 하게 함으로써 심사적체(審査積滯)를 어느 정도 해소시키자는 것이다.

2. 특허출원의 심사청구

출원인의 특허출원 중에서 권리화(權利化)가 꼭 필요한 것만을 골라서 특허여부에 대한 실체심사를 해줄 것을 청구하는 것을 특허출원의 심사청구라 한다.

그렇게 되면 모든 특허출원을 심사할 필요가 없으므로 심사대상(審査對象)의 수는 그만큼 줄어들게 되므로, 심사적체(審査積滯) 또한 그만큼 해소되어, 특허출원의 권리화도 그만큼 빨라질 수 있다.

3. 특허출원의 심사대상

심사청구가 있는 특허출원만이 심사의 대상이 된다. 즉 특허출원에 대하여 심사청구가 있을 때에만 이를 심사한다($^{법}_{§59①}$).

따라서 특허출원은 했으나, 심사청구가 없는 출원들은 무심사(無審査)로 방치(放置)되어 있다가 심사청구를 할 수 있는 기간[종전의 법은 출원일부터 "5년"이었으나, 2017. 3. 1. 시행법은 "3년"으로 단축되었다($^{개정법}_{§59②}$)]이 지나도록 출원심사의 청구가 없으면 그 특허출원은 취하된 것으로 본다($^{법}_{§59②}$).

4. 출원심사의 청구인

(1) 원   칙

특허출원의 심사청구는 누구든지 할 수 있다($^{법}_{§59②본}$). 출원인은 물론이고 이해관계가 없는 제3자라도 심사청구를 할 수 있다. 자연인 또는 법인뿐만 아니라 법인격 없는 사단(社團)이나 재단(財團)도 심사청구를 할 수 있다($\substack{법\\ \S4}$).

(2) 예   외

다만, 특허출원인은 다음 각호의 어느 하나에 해당하는 경우에는 출원심사의 청구를 할 수 없다($\substack{법\\ \S59②단}$). 그 이유는 특허출원이 심사관으로 하여금 심사할 수 있는 상태의 준비가 되어 있지 않기 때문이다.

(i) 명세서에 청구범위를 적지 아니한 경우($\substack{법\\ 같은조항(i)}$)

(ii) 제42조의3(외국어특허출원 등) 제2항에 따른 국어번역문을 제출하지 아니한 경우(외국어특허출원의 경우로 한정한다)($\substack{법\\ 같은조항(ii)}$)

(3) PCT국제출원의 심사청구 특례

PCT국제출원에 관하여는 따로 특례규정이 있다($\substack{법\\ \S210}$). 즉 다음 각호의 어느 하나에 해당하는 때에만 출원심사의 청구를 할 수 있다.

(i) PCT국제특허출원의 출원인은 제201조(국제특허출원의 국어번역문) 제1항에 따라 국어번역문을 제출하고(국어로 출원된 국제특허출원의 경우는 제외된다), 제82조(수수료) 제1항에 따른 수수료(手數料)를 낸 후($\substack{법\\ \S210(i)}$)

(ii) PCT국제특허출원의 출원인이 아닌 자는 국내서면제출기간(제201조 제1항 각호 외의 부분 단서에 따라 국어번역문의 제출기간을 연장하여 달라는 취지를 적은 서면이 제출된 경우에는 연장된 국어번역문 제출기간을 말한다)이 지난 후($\substack{법\\ 같은조(ii)}$)

PCT국제출원인 경우에는 지정국의 국내단계, 즉 국어번역문의 제출기간이 경과 전에는 성질상 국제단계(International phase)에 있으므로, 지정국의 국내법이 적용되지 않기 때문이다. 다만, PCT국제출원이 대한민국을 지정국으로 하여, 국어(한글)로 출원된 경우에는 제82조(수수료) 제1항에 따른 수수료를 납부한 후에는 심사청구를 할 수 있다($\substack{법 \S210(i)\\ 괄호안}$).

5. 특허출원의 심사청구기간

(1) 심사청구기간의 개정

종래의 규정은 특허출원일부터 <u>5년 이내</u>이었다. 그러나 2017. 3. 1. 시행법은 "특허출원일부터 <u>3년 이내</u>"로 개정되었다($\substack{법\\ \S59②본}$). 종래의 기간이 너무 장기이어서 실효성(實效性)에 문제가 있을 뿐만 아니라, 권리관계의 불안정상태가 너무 길고 국제추세로 보아서도 3년 이내가 적절하다는 것이다.[4]

---

4) EPO와 영국은 2년, 일본·중국·러시아는 3년 등으로 되어 있다.

하지만 2017. 3. 1. 시행법의 시행 전에 출원한 특허출원에 관하여는 종전의
규정(5년)이 적용된다($\frac{법}{부칙 §19}$).

(2) "특허출원일"이란 특허출원이 된 날

(i) 우선권주장을 수반하는 특허출원은 우선권주장의 기초가 되는 출원일이
아니라, "실제의 출원일"을 말한다.

(ii) PCT국제특허출원의 경우에는 "국제출원일"이다. 다만, 국제출원은 제59
조(특허출원심사의 청구) 제2항에도 불구하고 해당출원이 국내단계의 이행절차를 밟
은 후 국내서면제출기간(국어번역문 제출기간)이 지난 후가 아니면, 출원심사의 청구
는 할 수 없다($\frac{법}{§210}$).

그러나 대한민국을 지정국으로 하여 한글로 출원한 경우에는 심사청구를 할
수 있다는 점은 앞에서 밝힌 바와 같다($\frac{법}{§210(i)}$ 괄호안).

(iii) 제34조(무권리자의 특허출원과 정당한 권리자의 보호) 및 제35조(무권리자의 특
허와 정당한 권리자의 보호)에 따른 정당한 권리자의 특허출원, 분할출원 또는 변경출
원에 대하여는 원칙적으로 "원출원(原出願)의 출원일"이다. 다만, 원칙을 고집한다
면 특허출원심사의 청구기간이 지난 후에 정당한 권리자의 출원이나 분할출원 또
는 변경출원 등이 있는 경우도 있을 수 있으므로, 이러한 경우에 대비하여 "정당
한 권리자가 특허출원을 한 날", "분할출원을 한 날" 또는 "변경출원을 한 날"부
터 각각 30일 이내에 출원심사의 청구를 할 수 있다($\frac{법}{§59③}$).

(3) 출원심사청구의 회복

특허출원인이 책임질 수 없는 사유로 제59조(특허출원 심사의 청구) 제2항 또는
제3항에 따라 출원심사의 청구를 할 수 있는 기간을 지키지 못하여 특허출원이 취
하된 것으로 인정되는 경우에는 그 사유가 소멸한 날부터 2개월 이내에 출원심사
의 청구를 할 수 있다. 다만, 그 기간의 만료일부터 1년이 지난 때에는 그러하지
아니하다($\frac{법 §67의3}{①본①}$). 이러한 조항을 출원심사의 조항인 제59조(특허출원심사의 청구)
및 제60조(출원심사의 청구절차)와 멀리 떨어진 제67조의3(특허출원의 회복)에 규정해
놓은 입법자의 심리를 이해할 수가 없다.

6. 출원심사의 청구절차

(1) 출원심사청구서

출원심사의 청구를 하려는 자는 다음 각호의 사항을 적은 출원심사청구서를

특허청장에게 제출하여야 한다($^{법}_{§60①본}$). 다만, 특허출원과 동시에 특허출원심사의 청구를 하는 경우(청구범위가 기재된 명세서가 첨부된 경우로 한정한다)에는 출원서에 그 취지를 기재함으로써 그 청구서에 갈음할 수 있다($^{시행규칙}_{§37①}$).

    (i) 청구인의 성명 및 주소(법인인 경우에는 그 명칭 및 영업소의 소재지)($^{법}_{§60①(i)}$)

    (ii) 출원심사의 청구대상이 되는 특허출원의 표시($^{법}_{같은조항(ii)}$)

(2) 출원심사청구의 특허공보에의 게재

특허청장은 출원공개(出願公開) 전에 출원심사의 청구가 있으면 출원공개시에, 출원공개 후에 출원심사의 청구가 있으면 지체없이 그 취지를 특허공보에 게재하여야 한다($^{법}_{§60②}$).

(3) 제3자의 출원심사청구의 출원인에의 통지

특허청장은 특허출원인이 아닌 자로부터 출원심사의 청구가 있으면 그 취지를 출원인에게 알려야 한다($^{법}_{같은조③}$).

7. 출원심사청구의 취하금지와 취하의 의제

(1) 심사청구의 취하금지

출원심사의 청구는 취하할 수 없다($^{법}_{§59④}$). 출원심사의 청구는 해당 특허출원에 대한 실체심사의 개시조건이다.

따라서 그 심사절차가 진행중에 취하를 인정한다면, 이미 진행된 절차는 무의미하게 되고 특허출원인이 한 심사청구절차에 대하여 다음 절차의 계속여부가 미정인 상태로 되기 때문이라고 해설하였다.[5]

그러나 이러한 견해만으로는 불충분하다. 거절결정을 받은 출원도 취하하고 다시 출원할 수 있고, 심판도 막바지에서 취하하고 다시 청구하는 경우와 균형이 맞지 않는다.

출원심사의 청구는 누구나 할 수 있으므로($^{법}_{§59②본}$), 누구나 언제든지 심사청구를 취하할 수 있게 된다면, 특허출원인의 보호와 행정절차의 안정성(安定性)이 농락(籠絡)되기 때문에 그 취하를 금하는 것으로 보아야 할 것이다.

(2) 출원심사청구의 취하의제와 특허출원의 회복

출원심사의 청구할 수 있는 기간에 출원심사의 청구가 없으면 그 특허출원은 취하한 것으로 본다($^{법}_{§59⑤}$). 출원인의 특허출원에 대한 취하 의사를 의제한 것이다.

---

5) 특허청 조문별 특허법해설(特許法解說), P. 169

그러나 제67조의3(특허출원의 회복) 제1항에 따른 출원심사의 청구가 있는 경우에는, 제59조(특허출원심사의 청구) 제5항에도 불구하고 그 특허출원은 취하되지 아니한 것으로 본다($\frac{법}{\$67의3②}$).

제2항 출원공개제도

1. 출원공개의 개념과 강제성

(1) 출원공개의 개념

출원공개(出願公開)란 특허청에 계속중인 특허출원발명(特許出願發明)의 내용, 즉 특허명세서, 도면 및 요약서 등을 출원일(出願日)부터 일정기간(원칙적으로 1년 6개월)이 지나면, 공개특허공보(公開特許公報)에 게재하여 일반공중에게 공개하는 것을 말한다.

(2) 출원공개의 강제성

출원공개는 출원인(出願人)의 의사(意思)와는 관계없이, 또 실체심사(實體審查)를 할 것인지의 여부나 심사의 진행정도 여부 등과는 전혀 관계없이 일정기간이 지나면 강제로 공개된다. 이와 같은 의미에서 이 제도는 공익적 내지는 산업정책적인 의미를 강하게 나타내고 있다.

2. 출원공개제도의 취지

출원공고제도를 폐지시킨 특허제도하에서는 특허출원이 심사되어 특허권이 설정등록(設定登錄)되어야만 특허공보에 등록공고(登錄公告)되므로, 발명기술의 공개가 너무 장기간이 소요된다. 또 특허등록이 되지 못하는 출원들은 공개될 기회마저 없게 되어, 선행기술문헌(先行技術文獻)으로서의 역할을 못하고 사장되었다.

뿐만 아니라, 앞에서 이미 밝힌 바 있거니와 근자에는 과학기술의 급진적인 발달로 인한 기술의 고도화(高度化)·복잡화(複雜化)는 기술경쟁을 가속화시킴으로써 특허출원을 급증시켰고, 실체심사는 적체되어 발명의 권리화에 장기간을 요하게 됨으로써, 특허발명의 등록공고에 따른 공개의 지연 등은 타기업 또는 다른 발명가들로서는 선출원발명(先出願發明)의 기술정보를 알 길이 없어, 중복연구(重複研究), 중복출원(重複出願) 또는 중복투자(重複投資) 등으로 많은 인력과 자금을 허비하는 폐단으로 이어지게 되었다.

여기에서 나타난 것이 특허출원발명의 내용을 일정기간이 지나면, 조기공개하여 일반공중(一般公衆)에게 선행출원발명(先行出願發明)의 기술정보(技術情報)를 제공하여 중복연구, 중복출원 및 중복투자 등을 방지하자는 공익적 내지는 산업정책적인 제도의 하나가 출원공개의 제도이다.

3. 출원공개의 절차

1) 출원공개의 원칙

(1) 출원공개의 시기

특허청장은 특허출원일부터 1년 6개월이 지난 후 또는 그 전이라도 특허출원인이 신청한 경우에는 시행규칙으로 정하는 바에 따라 그 특허출원에 관하여 특허공보(特許公報)에 게재하여 출원공개(出願公開)를 하여야 한다($^{법}_{§64①본}$).

(2) 출원인의 조기공개의 신청

원칙적으로 모든 특허출원은 출원일부터 1년 6개월이 지나면 특허공보에 그 출원발명의 내용을 공개하여야 한다. 이와 같은 공개는 출원인의 의사(意思)에 불구하고 강제로 공개되는 것이다. 다만, 출원인에게 재량을 인정한 것은 출원인이 보다 조기공개(早期公開)를 원한다면 출원일부터 1년 6개월 이전에라도 언제든지 시행규칙 소정의 신청서에 따라 출원공개할 것을 신청할 수 있다($^{시행규칙}_{§44①본}$). 다만, 특허출원과 동시에 출원공개를 신청하려는 경우에는 출원서에 그 취지를 기재함으로써 신청서의 제출에 갈음할 수 있으며, 출원과 동시에 출원공개를 신청하려면, 특허출원서에 청구범위가 기재된 명세서가 첨부된 경우에만 해당된다($^{시행규칙}_{§44①단}$).

(3) 출원공개취하의 제한

특허출원인은 출원일부터 언제든지 출원공개신청을 할 수 있지만, 그 출원공개신청의 취하는 제한을 받는다. 조기공개신청서를 제출한 날부터 10일 이내에 취하서를 제출하여야 한다($^{시행규칙}_{§44③}$).

(4) 출원공개의 시행세칙

출원공개에 관하여 출원인의 성명·주소 및 출원번호 등 특허공보에 게재할 사항은 대통령령(시행령)으로 정하도록 규정되어 있다($^{법}_{§64④}$). 따라서 공개특허공보에 게재할 사항은 시행령에 상세히 규정되어 있다($^{시행령}_{§19③}$).

2) 출원공개의 예외

(1) 출원공개를 아니하는 경우

출원공개의 원칙에도 불구하고 다음 각호의 어느 하나에 해당하는 경우에는 출원공개를 하지 아니한다($\frac{법}{\S64②본}$).

(i) 명세서에 청구범위를 기재하지 아니한 경우($\frac{법}{같은조항(i)}$)　 출원공개는 특허출원의 발명내용인 기술정보(技術情報)를 일반공중에게 공개하는 것이므로, 명세서에 청구범위를 기재하지 아니한 것은 출원발명의 특허를 받으려는 기술의 범위가 특정되지 않은 불완전한 기술정보로 되기 때문이다.

(ii) 외국어 특허출원인 경우($\frac{\S42조의3}{②}$)에 국어번역문을 제출하지 아니한 경우($\frac{법}{같은조항(ii)}$)　 만약에 외국어로 출원공개를 한다면 그 외국어를 아는 사람에게만 한정적으로 공개하는 것으로 되기 때문이다.

(iii) 이미 특허등록공고($\frac{법}{\S87③}$)를 한 특허의 경우($\frac{법}{같은조항(iii)}$)　 이 경우는 특허출원이 심사완료되어 특허등록절차를 마침으로써 특허등록공고된 것이므로 특허발명의 내용이 이미 공중에게 공개된 것이어서 이중으로 공개할 필요가 없기 때문이다.

(2) 출원공개를 보류해야 하는 경우

특허출원이 제41조(국방상 필요한 발명 등) 제1항에 따라 비밀취급된 발명에 대해서는 그 발명의 비밀취급이 해제될 때까지 그 특허출원의 출원공개를 보류(保留)하여야 하며, 그 발명의 비밀취급이 해제된 경우에는 지체없이 출원공개하여야 한다($\frac{법}{\S64③본}$). 다만, 그 특허출원이 설정등록된 경우에는 출원공개를 하지 아니한다($\frac{법}{단}$ 같은조항).

단서의 규정은 두 가지 이유로 보인다. (i) 그 한 가지는 국방상 비밀취급이 계속 해제되지 않을 경우에는 특허등록 후에도 비밀취급이 지속되어야 할 필요가 있는 경우이다. 그러므로 특허출원이 특허권으로 설정등록된 경우에는 출원공개를 아니한다는 것이다.

(ii) 다른 한 가지는 특허등록공보에 이미 공고(公告)되었으니 이중으로 출원공개를 할 필요는 없다는 경우이다.

4. 출원공개의 기산일

(1) 일반적인 원칙

특허청장은 다음 각호의 구분에 따른 날부터 1년 6개월이 지난 후 또는 그 전이라도 특허출원인이 출원공개를 신청한 경우에는 시행규칙으로 정하는 바에 따라 그 특허출원에 관하여 특허공보에 게재하여 출원공개를 하여야 한다($\frac{법}{\S64①본}$). 그 1년 6개월의 기산일(起算日)은 특허의 출원일(出願日)이다.

그러나 출원일의 소급효가 적용되는 경우와 소급효가 적용되지 않는 경우가 있으므로, 그 혼란을 막기 위해 특허법은 명문으로 그 기산일을 다음과 같이 규정하였다($_{§64①각호}^{법}$).

(i) 국내우선권 주장을 한 출원, 즉 제55조(특허출원 등을 기초로 한 우선권주장) 제1항에 따른 우선권주장을 수반하는 특허출원의 경우는 <u>선출원의 출원일</u>($_{같은조항(i)}^{법}$)

(ii) 조약에 의한 국제우선권 주장을 한 출원, 즉 제54조(조약에 의한 우선권 주장) 제1항에 따른 우선권 주장을 수반하는 특허출원의 경우는 <u>선출원의 출원일</u>($_{같은조항(ii)}^{법}$)

(iii) 조약에 의한 국제우선권 주장인 제54조 제1항 또는 국내우선권 주장인 제55조 제1항에 따른 둘 이상의 우선권 주장을 수반하는 특허출원의 경우는 해당 <u>우선권 주장의 기초가 된 출원일 중 최우선일</u>($_{같은조항(iii)}^{법}$)

조약에 의한 국제우선권 주장을 둘 이상 할 경우와 국내우선권주장을 둘 이상할 경우에도 그 중에서 최우선일, 즉 가장 먼저 출원된 출원의 출원일이다.

(iv) 위의 각호, 즉 제1호(i)부터 제3호(iii)까지의 어느 하나에 해당하지 아니하는 특허출원의 경우는 <u>그 특허출원일</u>($_{같은조항(iv)}^{법}$)

따라서 분할출원(分割出願), 변경출원(變更出願) 및 정당한 권리자의 특허출원 등은 실제로 <u>분할·변경 등의 출원을 한 출원일</u>부터 기산된다.

분할출원·변경출원·정당한 권리자의 출원 등은 모두 원출원(原出願)의 내용과는 발명의 상세한 설명이나 청구범위 등이 다르게 된다. 그래서 분할 또는 변경 등의 실제로 출원된 발명의 내용을 공개할 필요가 있기 때문에 그 출원일의 소급을 인정하지 아니한 것이다.

(2) PCT국제출원공개 시기의 특례

PCT국제출원의 출원공개에 관하여 제64조(출원공개) 제1항을 적용하는 경우에는 "다음 각호의 구분에 따른 날부터 1년 6개월이 지난 후"는 "국내서면제출기간이 지난 후"로 본다($_{§207①}^{법}$).

따라서 출원공개의 기산일은 <u>국내서면제출일</u>이다. 이 경우에 제201조(국제특허출원의 국어번역문) 제1항 각호 외의 부분 단서에 따라 국어 번역문의 제출기간을 연장해 달라는 취지를 적은 서면이 제출된 경우에는 연장된 국어 번역문 제출일을 말한다($_{괄호 \ 같은조①전}^{법}$).

그리고 국내서면제출기간에 출원인이 출원심사의 청구를 한 국제출원으로서 PCT 제21조(국제공개)에 따라 국제공개된 경우에는 <u>우선일부터 1년 6개월이 되는</u>

날 또는 출원심사의 청구일 중, 늦은 날이 출원공개의 기산일이다($\substack{법 \ 같은조①후}$).

그러나 국어(한글)로 출원한 PCT국제특허출원에 관하여 국내에서 출원공개 전에 이미 PCT 제21조(국제공개)에 따라 국제공개가 된 경우에는 그 국제공개가 된 때에 출원공개가 된 것으로 본다($\substack{법 \ §207②}$). 그 국제공개는 국어(한글)로 되어 있으므로 국내에서의 출원공개에 갈음할 수 있기 때문이다.

5. 출원공개의 효과

1) 출원공개의 제도적인 효과

(1) 가장 중요한 제도적인 효과

출원발명의 조기공개(早期公開)로 중복연구·중복출원 및 중복투자 등을 감소시킬 수 있다는 점이다.

(2) 심사적체의 해소

실체심사(實體審査)의 심사적체를 해소하는 데에 중요한 역할을 한다는 점도 이미 설명했다.

(3) 기술정보의 조기제공

출원공개는 출원발명에 관한 기술정보(技術情報)를 그만큼 조기에 제공하는 것이므로, 동종기술분야(同種技術分野)의 기술수준을 그만큼 앞당겨 향상시킨다 할 수 있을 것이다.

2) 출원공개의 법률적 효과

(1) 확대된 선출원의 지위확정

출원공개(出願公開)의 가장 중요한 법률적 효과는 확대된 선출원으로서의 지위가 확정된다는 점이다.

출원공개된 출원서에 최초로 첨부된 발명의 상세한 설명 및 도면 등에 기재된 발명이 공개됨으로써, 그와 동일한 발명의 후출원을 거절시키는 선행기술로서의 지위가 확정된다.

(2) 출원공개된 출원에 제3자의 관여기회의 부여

출원공개로 제3자는 출원발명의 내용과 출원일 등 상세한 정보를 알 수 있으므로, ① 누구든지 그 출원에 대한 심사청구(審査請求)를 할 수 있고($\substack{법 \ §59②본}$), ② 누구든지 그 특허출원이 거절이유에 해당하여 특허될 수 없다는 취지의 정보를 증거와 함께 특허청장에게 제공할 수 있다($\substack{법 \ §63의2본}$). ③ 뿐만 아니라 제3자는 그 내용을 기술정보문헌으로 이용할 수 있다.

⑶ 업으로 무단실시한 자에 대한 경고

특허법은 출원공개의 대상으로 특허출원인으로 하여금, 공개특허발명을 업으로 실시하는 제3자에게 경고를 할 수 있는 지위를 인정하였다($\frac{법}{§65①}$). 이 경고는 향후의 대비를 위한 것이다.

⑷ 보상금의 청구

특허출원인은 경고를 받거나 제64조(출원공개)에 따라 출원공개된 발명임을 알고 그 특허출원된 발명을 업으로 실시한 자에게 그 경고를 받거나 출원공개된 발명임을 알았을 때부터 특허권의 설정등록을 할 때까지의 기간 동안 그 특허발명의 실시에 대하여 통상적으로 받을 수 있는 금액에 상당하는 보상금(補償金)의 지급을 청구할 수 있다($\frac{법}{§65②}$).

통상적으로 받을 수 있는 금액이란 특허권의 통상실시권(通常實施權)에 따르는 실시료(實施料)에 상당하는 금액을 말한다. 이 보상청구권은 그 특허출원된 발명에 대한 특허권이 설정등록(設定登錄)된 후에만 행사할 수 있다($\frac{법}{§65③}$). 특허권이 설정등록되기 전에는 특허가 될 것인지의 여부 또는 특허결정이 되어도 특허출원이 특허등록을 할 것인지의 여부 등 불확정한 상태에 있기 때문이다.

이 보상청구권의 행사는 특허권의 행사에 영향을 미치지 아니한다($\frac{법}{같은조④}$). 보상의 청구원인(請求原因)이 특허권의 설정등록 전에 발생한 것이므로 특허권의 설정등록에 따라 발생하는 특허권의 행사와는 별개의 권리행사이기 때문이다.

이 보상청구권을 행사하는 경우에는 제127조(침해로 보는 행위) · 제129조(생산방법의 추정) · 제132조(서류의 제출) 및 민법 제760조(공동불법행위자의 책임) · 같은법 제766조(손해배상청구권의 소멸시효)를 준용한다. 이 경우 민법 제766조 제1항 중 "피해자나 그 법정대리인이 그 손해 및 가해자를 안 날"은 해당특허권의 설정등록일로 본다($\frac{법}{§65⑤}$).

이 규정은 이 보상권의 행사가 특허침해 또는 "민법"에서의 불법행위로 인한 손해배상의 청구($\frac{민법}{§750}$)에 준하는 것이라 할 수 있고, 민법 제766조(손해배상청구권의 소멸시효)에 규정된 손해배상청구권의 소멸시효기간(消滅時效期間)은 피해자(被害者), 즉 이 경우에는 특허출원인에 해당되므로, 특허출원인이나 그 법정대리인이 그 손해 및 가해자(이 경우에는 특허출원발명을 업으로 실시한 자 및 그 실시로 인하여 발생한 손해액, 즉 통상실시료에 해당하는 금액)를 안 날부터 3년간 이를 행사하지 아니하면 시효(時效)로 인하여 소멸하고($\frac{민법}{§776①}$), 불법행위(이 경우에는 업으로 실시한 행위)를 한 날부터 10년을 경과한 때에는 시효로 인하여 소멸하는 것으로 되어 있다

$\binom{민법}{같은조②}$.

(5) PCT국제특허출원의 국제공개가 있은 후, 업으로 실시하는 자에 대한 경고와 그에 대한 보상청구

(i) 업으로 실시한 자에 대한 경고　　PCT국제특허출원의 출원인은 국제특허출원에 관하여 출원공개〔국어로 출원한 국제특허출원인 경우 PCT 제21조(국제공개)에 따른 국제공개를 말한다〕가 있은 후 국제특허출원된 발명을 업으로 실시한 자에게 국제특허출원된 발명인 것을 서면으로 경고할 수 있다$\binom{법}{§207③}$.

이 경우는 PCT국제특허출원의 국제공개일지라도 국어(한글)로 출원된 것이므로 PCT 제21조(국제공개)에 따른 국제공개이든 제64조(출원공개) 제1항에 따른 국내에서의 출원공개이든 실질적(實質的)으로는 같은 것이기 때문이다.

(ii) 업으로 실시한 자에 대한 보상청구　　PCT국제특허출원의 출원인은 국제특허출원된 발명인 것을 서면으로 경고(警告)를 받았거나 출원공개된 발명임을 알고도 그 국제특허출원된 발명을 업으로 실시한 자에게 그 경고를 받거나 출원공개된 발명임을 안 때부터 특허권의 설정등록한 때까지의 기간 동안 그 특허발명의 실시에 대하여 통상적으로 받을 수 있는 금액에 상당하는 보상금(補償金)의 지급을 청구할 수 있다. 다만, 그 청구권은 당해 특허출원이 특허권의 설정등록된 후에만 행사할 수 있다$\binom{법}{§207④}$.

PCT국제특허출원 국제공개 및 PCT국제특허출원된 발명이라는 용어의 차이만 있을 뿐이고, 제65조(출원공개의 효과) 제2항과 제3항의 내용과 같은 것이어서 따로 설명할 필요는 없다. 다만, 제65조(출원공개의 효과) 제4항 내지 제6항의 준용이 없으나 따로 구별할 이유는 없다고 본다. 단지 입법의 미비임을 지적해둔다.

(6) 보상청구권이 소급적으로 소멸하는 경우

이 보상청구권은 다음 각호의 어느 하나에 해당하는 경우에는 처음부터 발생하지 아니한 것으로 본다$\binom{법}{§65⑥}$.

(i) 특허출원이 포기·무효 또는 취하된 경우$\binom{법}{같은조항(i)}$

(ii) 특허출원에 대하여 제62조(특허거절결정)에 따른 특허거절결정이 확정된 경우$\binom{법}{같은조항(ii)}$

(iii) 제132조의13(특허취소신청에 대한 결정) 제1항에 따른 특허취소결정이 확정된 경우$\binom{법}{같은조항(iii)}$

이 규정은 2017. 3. 1. 시행법에 따라 신설되었다.

(iv) 제133조(특허의 무효심판)에 따른 특허를 무효로 한다는 심결(같은조 제1항

제4호에 따른 경우는 제외한다)이 확정된 경우($^{법}_{같은조항(iv)}$)

여기에서 "같은조 제1항 제4호에 따른 경우에는 제외된다"는 괄호안의 규정은 특허된 후 그 특허권자가 제25조(외국인의 권리능력)에 따라 특허권을 누릴 수 없는 자로 되거나 그 특허가 조약을 위반한 경우이므로, 무효심결이 확정된 경우에도 특허권이 설정등록일까지 소급하여 소멸하지 않는 경우이다. 즉 이 경우는 특허권이 유효하게 존속하다가 후발적(後發的)으로 무효원인이 발생한 경우이므로 특허권의 효력은 그 후발적인 무효원인이 발생한 때까지만 소급하여 소멸하고 그 후발적인 무효원인(無效原因)의 발생 전의 특허권은 유효한 것으로 되기 때문이다.

보상청구권은 특허권이 설정등록된 후에만 행사할 수 있는 말하자면 조건부 권리(條件附權利)이므로, 특허권의 설정등록이 이루어 질 수 없는 경우인 특허출원이 포기·무효·취하·거절확정·취소심결의 확정 또는 무효심결이 확정된 경우에는 보상청구권의 원인도 소급하여 소멸하는 것은 당연한 이치이다.

(7) 우선심사의 대상

특허청장은 출원공개($^{법}_{§64}$) 후에 특허출원인이 아닌 자가 업으로서 특허출원된 발명을 실시하고 있다고 인정되는 경우에는 심사관에게 다른 특허출원에 우선하여 심사하게 할 수 있다($^{법}_{§61(i)}$).

제 3 항   우선심사제도

1. 우선심사제도의 취지와 성질

(1) 우선심사제도의 취지

현대기술의 급진적인 발달로 인한 기술의 고도화·복잡화는 기술개발(技術開發)의 경쟁과 특허출원의 급증으로 이어졌고, 심사주의제도(審査主義制度)는 그 실체심사를 감당하지 못하여 심사적체를 초래함으로써 이를 해소하기 위하여 심사청구제도(審査請求制度)와 출원공개제도(出願公開制度)를 채택하였다 함은 이미 설명되었다.

그럼에도 불구하고 특허출원일(特許出願日)부터 특허권의 설정등록(設定登錄)까지는 너무 오랜 기간(長期間)을 기다려야 하는 것이 실정이다. 그런데 특허출원 중에는 조속히 심사(審査)하여 특허될 것인지의 여부를 확정지어야 할 필요가 있는 것이 있다.

예로서, (i) 출원공개(出願公開) 후에 특허출원인이 아닌 제3자의 실시가 있으면 보상청구권(補償請求權)을 인정하고 있지만($^{법}_{\S65②}$), 그 청구권은 특허권이 설정등록된 후에만 행사할 수 있으므로($^{법}_{같은조③}$), 악의(惡意)의 제3자가 특허권 설정등록 전까지만 실시하고, 특허권이 설정등록되면 자취를 감추는 경우도 있고, 단기의 유행성이 있는 발명품은 특허권의 설정등록 전에 이미 상품생명(商品生命)이 소진되어 특허를 받아도 유명무실한 경우도 있을 수 있다.

(ii) 한편, 경고를 받은 제3자도 그 특허출원발명이 특허될 것인지의 여부가 조속히 결정되기를 기다리는 경우가 있다.

특히, 그 출원발명이 공지(公知)에 가까운 기술임에도 특허출원인으로부터 협박적인 경고를 받거나 업무를 방해받는 경우도 있기 때문이다.

(iii) 뿐만 아니라, 기타에도 공적 또는 사적으로 긴급하게 심사처리해야 할 필요가 있다고 인정되는 여러 가지 경우가 있다.

이와 같이 긴급히 심사처리를 해야 할 경우에 특허청장은 그의 재량권(裁量權)으로 심사관에게 다른 특허출원에 우선하여 심사하게 할 수 있는 제도($^{법}_{\S61}$)를 우선심사제도(優先審査制度)라 한다.

(2) 우선심사제도의 성질

다음의 것을 들 수 있다.

(i) **심사청구 순서의 예외성**　　특허출원에 대한 심사(審査)는 심사청구가 있을 때에만 이를 심사한다($^{법}_{\S59①}$). 그리고 특허출원에 대한 심사는 출원심사의 청구순위(請求順位)에 따른다($^{시행규칙}_{\S38①}$).

따라서 출원심사는 특허출원일 순위가 아니라 심사청구의 순서대로 하는 것이 원칙이다. 그러나 우선심사는 심사청구의 순위에 우선하여 먼저 심사처리하는 것이므로, 원칙에 대한 예외의 경우이다.

(ii) **특허청장의 재량성**　　우선심사는 특허청장의 재량으로 심사순위만을 우선시키는 특허청의 내부적인 사무관리(事務管理)에 해당하는 것이므로, 이에 대한 불복은 인정되지 않는다.

그러므로 출원인이 특허청장에게 우선심사를 해달라고 제출하는 서류도 "우선심사청구서"가 아니고, "우선심사신청서"로 규정되어 있는 것($^{시행규칙}_{\S39본}$)은 특허청장에게 우선심사 해줄 것을 촉구하는 데 불과한 것이고 청구권은 아니기 때문이다. 청구권이라면 불복의 길이 있어야 한다.

2. 우선심사를 신청할 수 있는 자

(1) 특허출원인

우선심사를 신청할 수 있는 자가 누구인가에 대한 직접적인 규정은 어디에도 없다. 그러나 논리적으로 볼 때, 특허출원인은 우선심사를 신청할 수 있어야 함은 물론이다. 가장 이해관계가 있는 자이고, 또 시행령 제9조(우선심사의 대상) 각호의 규정과 우선심사의 신청을 규정하고 있는 시행규칙 제39조(우선심사의 신청)에 규정된 내용으로 보아도 특허출원인은 우선심사의 신청을 할 수 있음을 간접적으로 표현한 것으로 해석되기 때문이다.

(2) 직접이해관계 있는 자

우선심사에 직접적인 이해관계가 있는 자는 우선심사신청을 할 수 있어야 한다. 시행령 제9조(우선심사의 대상) 각호에 열거된 특허출원과 직접 이해관계에 있는 자에게 우선심사를 신청할 수 있는 기회가 허용되지 않는다면 우선심사제도의 의의는 반감되기 때문이다.

예로서, 방위산업분야의 특허출원인 경우 또는 녹색기술과 직접 관련된 특허출원인 경우에는, 그 소관의 기관장(機關長)은 당연히 우선심사의 신청을 할 수 있어야 할 것이다.

3. 우선심사의 대상

(1) 법에 규정된 대상

특허법에 규정된 대상은 다음과 같다.

(i) 제64조(출원공개)에 따른 출원공개 후 특허출원인이 아닌 자가 업(業)으로서 특허출원된 발명을 실시하고 있다고 인정되는 경우($^{법}_{§61(i)}$)

(ii) 대통령령으로 정하는 특허출원으로서 긴급하게 처리할 필요가 있다고 인정되는 경우($^{법}_{같은조(ii)}$)로 되어 있다.

(2) 대통령령으로 규정한 우선심사대상

제61조(우선심사) 제2호에 규정된 "대통령령으로 정하는 특허출원"을 규정하고 있는 특허법 시행령은 제9조(우선심사의 대상)에서, 우선심사대상의 특허출원을 " … 다음 각호의 어느 하나에 해당하는 것으로서 특허청장이 정하는 출원을 말한다"라고 규정하고 있다($^{시행령}_{§9}$).

(i) 방위산업분야의 특허출원$\left(\begin{smallmatrix}시행령\\§9(i)\end{smallmatrix}\right)$

(ii) 녹색기술〔온실가스 감축기술, 에너지이용효율화 기술, 청정생산 기술, 청정에너지 기술, 자원순환 및 친환경 기술(관련 융합기술을 포함한다) 등 사회·경제 활동의 전 과정에 걸쳐 에너지와 자원을 절약하고 효율적으로 사용하여 온실가스 및 오염물질의 배출을 최소화 하는 기술을 말한다〕과 직접 관련된 특허출원$\left(\begin{smallmatrix}시행령\\§9(ii)\end{smallmatrix}\right)$

(iii) 수출촉진에 직접 관련된 특허출원$\left(\begin{smallmatrix}시행령\\§9(iii)\end{smallmatrix}\right)$

(iv) 국가 또는 지방자치단체의 직무에 관한 특허출원("고등교육법"에 따른 국· 공립학교의 직무에 관한 특허출원으로서 "기술의 이전 및 사업화 촉진에 관한 법률" 제11조 (공공연구기관의 기술이전·사업화 전담조직) 제1항에 따라 국·공립학교 안에 설치된 기술이 전·사업화 전담조직에 의한 특허출원을 포함한다)$\left(\begin{smallmatrix}시행령\\§9(iv)\end{smallmatrix}\right)$

(v) "벤처기업육성에 관한 특별조치법" 제25조(벤처기업의 해당여부에 대한 확인) 에 따른 벤처기업의 확인을 받은 기업의 특허출원$\left(\begin{smallmatrix}시행령\\§9(v)\end{smallmatrix}\right)$

(v의 2) "중소기업기술혁신 촉진법" 제15조(중소기업의 국제기술협력지원)에 따라 기술혁신형 중소기업으로 선정된 기업의 특허출원$\left(\begin{smallmatrix}시행령\\§9(v)의2\end{smallmatrix}\right)$

(v의 3) "발명진흥법" 제11조의2(직무발명보상 우수기업에 대한 지원)에 따라 직 무발명보상 우수기업으로 선정된 기업의 특허출원$\left(\begin{smallmatrix}시행령\\§9(v)의3\end{smallmatrix}\right)$

(vi) 국가의 신기술개발지원사업 또는 품질인증사업의 결과물에 관한 특허출 원$\left(\begin{smallmatrix}시행령\\§9(vi)\end{smallmatrix}\right)$

(vii) 조약에 의한 우선권주장의 기초가 되는 특허출원(당해 특허출원을 기초로 하 는 우선권주장에 의하여 외국특허청에서 특허에 관한 절차가 진행중인 것에 한정한다)$\left(\begin{smallmatrix}시행령\\§9(vii)\end{smallmatrix}\right)$

(viii) 특허출원인이 특허출원된 발명을 실시하고 있거나 실시준비중인 특허출 원$\left(\begin{smallmatrix}시행령\\§9(viii)\end{smallmatrix}\right)$

(ix) 전자거래와 직접 관련된 특허출원$\left(\begin{smallmatrix}시행령\\§9(ix)\end{smallmatrix}\right)$

(x) 특허청장이 외국특허청장과 우선심사하기로 합의한 특허출원$\left(\begin{smallmatrix}시행령\\§9(x)\end{smallmatrix}\right)$

(xi) 우선심사의 신청을 하려는 자가 특허출원된 발명에 관하여 조사·분류 전문기관 중 특허청장이 정하여 고시한 전문기관에 선행기술의 조사를 의뢰한 경 우로서 그 조사 결과를 특허청장에게 통지하도록 해당 전문기관에 요청한 특허출 원$\left(\begin{smallmatrix}시행령\\§9(xi)\end{smallmatrix}\right)$

(3) 우선심사설명서

특허청장이 정하는 사항을 기재한 우선심사설명서를 첨부하여야 한다$\left(\begin{smallmatrix}시행령\\§39(i)\end{smallmatrix}\right)$. 이러한 설명이 없을 때에는 특허청장도 구체적 사실에 관한 정보를 알 수 없기 때문이다. 이 설명서에는 증빙이 될 만한 자료를 첨부하는 것이 바람직하다.

4. 우선심사를 신청할 수 있는 기간

(1) 출원과 동시에 심사신청을 한 경우

우선심사청구도 출원과 동시에 할 수 있다. 제61조(우선심사) 제2호에 따라 시행령 제9조(우선심사의 대상) 각호의 규정에 따른 우선심사의 신청을 하는 경우는 특허출원과 동시에 심사청구를 하고 우선심사신청도 출원과 동시에 할 수 있다.

또 심사청구를 한 때부터, 특허결정 또는 거절결정이 확정되기 전까지는 언제든지 우선심사의 신청을 할 수 있다.

(2) 출원공개 전에 심사청구를 아니한 경우

심사청구일부터 특허여부결정이 확정되기 전까지이다. 제64조(출원공개)에 따른 출원공개 후 특허출원인이 아닌 자가 업으로서 특허출원된 발명을 실시하고 있다고 인정되는 경우($\frac{법}{§61(i)}$)에는 특허출원의 심사청구일로부터 특허결정(特許決定) 또는 거절결정(拒絕決定)이 확정되기 전의 기간이다.

우선심사의 신청은 특허출원의 심사청구가 된 것임을 전제로 하고 있으므로, 심사청구가 되지 않은 특허출원이 공개되고 출원인 아닌 제3자가 출원공개된 발명을 업으로 실시한다 해도 심사청구를 아니한 특허출원에 대하여는 우선심사를 신청할 수는 없다.

5. 우선심사신청의 취하

(1) 취하할 수 있는 시기

우선심사신청을 취하할 수 있느냐? 명문규정은 없으나 우선심사신청의 취하를 금지해야 할 이유는 없다. 문제는 취하할 수 없는 시기이다.

(2) 취하할 수 없는 시기

심사관의 우선심사신청에 대한 결정통지(決定通知)가 있은 후에는 취하할 수 없다고 보아야 한다. 행정절차(行政節次)의 안정성의 요구이다.

6. 우선심사에 대한 심사관의 결정 — 재량성의 문제

(1) 심사관의 우선심사결정

특허청장이 직접 하는 것은 아니고 당해 특허출원의 심사를 담당한 심사관이 한다.

특허청장은 심사관에게 다른 특허출원에 우선하여 심사하게 할 수 있는 사항이기 때문이다($^{\text{법}}_{\S61본}$). 시행령 제9조(우선심사의 대상) 각호에 규정된 대상들은 그 각호의 어느 하나에 해당하는 것으로서 "특허청장이 정하는 특허출원"이라는 표현을 사용했으나($^{\text{시행령}}_{\S9본}$), 이 또한 실제에 있어서는 심사관이 처리한다.

(2) 우선심사결정의 기속재량

다른 특허출원에 우선하여 할 것이냐의 여부는 성질상 특허청 내부의 사무관리에 해당되어 재량에 관한 것이라 할지라도 그 대상이 공익적인 것임은 물론이요, 사익적(私益的)인 점에서도 특허제도 자체가 산업발전에 이바지한다는 공익성(公益性)을 전제하고 있다. 이러한 공익적인 면에서 볼 때 우선심사신청의 내용이 우선심사의 요건에 충족되어 있으면, 심사관은 당연히 우선심사를 결정하여야 할 것이다. 따라서 우선심사여부의 결정이 비록 재량이라 할지라도 심사관의 자유재량(自由裁量)이 아니라, 우선심사요건에 충족된 것이면 심사관은 당연히 우선심사결정을 하여야 하는 기속재량(羈束裁量)이라 할 것이다. 그러므로 우선심사요건에 충족되고 있음에도 불구하고 심사관이 이를 거부한다면 이는 심사관의 직권남용(職權濫用)에 해당된다 할 것이다.

제 4 절 출원의 실체심사와 실체보정 — 명세서, 도면의 심사와 보정

제 1 관 출원의 실체심사

제 1 항 심사관에 의한 실체심사 — 특허발명의 명세서 도면의 심사

1. 실체심사를 해야 하는 이유

(1) 특허제도의 본질에 부합여부의 심리

발명에 특허권을 부여하는 것은 산업발전에 이바지한다는 특허제도의 본질적인 목적에 그 뜻이 있다. 그 특허제도의 본질 또는 목적에 반한다면 도리어 산업발전을 저해하는 것이 되므로, 그 본질에 또는 목적에 부합되는지의 여부에 대한 실체심사를 엄격히 하여야 할 필요가 있기 때문이다.

(2) 독점권의 가치평가

한편, 특허권은 일정기간 타인의 실시를 배제하고 특허발명을 독점실시(獨占實施)할 수 있는 권리를 부여하는 것이므로, 그러한 독점권(獨占權)을 인정할만한 가치가 있는 발명인지의 여부를 심리하기 위해서 실체심사가 필요한 것이다.

2. 실체심사의 대상

(1) 명세서와 도면

명세서와 도면에 기재된 특허출원발명에 특허를 부여할만한 발명인지 또는 특허요건에 충족되는 것인지, 기타 거절이유에 해당되는 것의 유무 등을 심리하는 것이다. 즉 발명이 특허권을 부여할만한 유효성을 갖추고 있는지의 여부를 심리하는 것이다.

(2) 거절이유의 열거

출원발명이 제62조(특허거절결정)의 이유에 해당하는지의 여부를 심사한다. 여기에서 한 가지 확인해야 할 것은 특허거절이유를 규정하고 있는 제62조(특허거절결정) 제1호에는 외국인의 권리능력을 규정한 제25조부터 열기되고 있으나, 당연히 제2조(정의) 제1호를 먼저 규정했어야 했다. 발명의 정의, 즉 발명의 성립요건에 충족되지 못한 발명에 특허권을 부여할 수는 없기 때문이다.

제2조(정의) 제1호에 반하는 발명이 특허거절결정의 대상으로 되는 것은 너무도 자명한 사실인데도 제62조(특허거절결정)에 제2조 제1호가 빠져있는 것은 입법의 미비이다. 이 점에 대하여는 발명의 성립요건에 대한 설명에서 이미 소개되었다. 또 이에 대한 대법원 판례가 있음도 지적되었다.[6]

심사관이 특허출원을 거절하여야 한다는 거절이유의 대상을 규정한 현행 제62조(특허거절결정)에 열기된 사항들은 다음과 같다.

(i) 제25조(외국인의 권리능력)·제29조(특허요건)·제32조(특허를 받을 수 없는 발명)·제36조(선출원) 제1항부터 제3항까지 또는 제44조(공동출원)에 따라 특허를 받을 수 없는 경우($^{법}_{§62(i)}$)

(ii) 제33조(특허를 받을 수 없는 자) 제1항 본문에 따른 특허를 받을 수 있는 권리를 가지지 아니하거나 같은 항 단서에 따라 특허를 받을 수 없는 경우($^{법}_{같은조(ii)}$)

(iii) 조약을 위반한 경우($^{법}_{같은조(iii)}$)

(iv) 제42조(특허출원) 제3항·제4항·제8항 또는 제45조(하나의 특허출원의 범위)

---

6) 대법원 1998. 9. 4. 선고 98후744 판결.

에 따른 요건을 갖추지 아니한 경우($_{같은조(iv)}^{법}$)

　　(v) 제47조(특허출원의 보정) 제2항에 따른 범위를 벗어난 보정인 경우($_{같은조(v)}^{법}$)

　　(vi) 제52조(분할출원) 제1항에 따른 범위를 벗어난 분할출원인 경우($_{같은조(vi)}^{법}$)

　　(vii) 제53조(변경출원) 제1항에 따른 범위를 벗어난 변경출원인 경우($_{같은조(vii)}^{법}$)

등이 실체심사의 대상으로 되어 있다.

(3) 실체심사의 강화

한편, 2017. 3. 1. 시행법에 따르면, 부실특허(不實特許)를 사전에 방지하기 위하여 심사관의 특허결정(特許決定) 후 특허권의 설정등록(設定登錄) 전까지 명백한 거절이유(拒絶理由)를 새롭게 발견한 경우에는 심사관은 특허결정을 직권으로 취소하고 특허출원의 심사를 다시 재개하는 것을 내용으로 하는 제도를 도입했다($_{§66의3}^{개정법}$). 이는 특허제도의 본질 또는 목적과 특허권이라는 독점권의 가치평가에 관한 실체심사가 그만큼 강화됐다 할 것이다.

제 2 항   실체심사의 보조

1. 전문기관의 지정 등

(1) 전문기관의 지정

특허청장은 출원인이 특허출원을 할 때 필요하거나 특허출원을 심사(국제출원에 대한 국제조사 및 국제예비심사를 포함한다)할 때에 필요하다고 인정하면 전문기관을 지정하여 미생물(微生物)의 기탁(寄託)·분양(分讓), 선행기술(先行技術)의 조사, 특허분류의 부여, 그 밖에 대통령령으로 정하는 업무를 의뢰할 수 있다($_{§58①}^{법}$).

(2) 전문기관의 기준

선행기술의 조사 또는 특허분류의 부여 등의 의뢰에 필요한 사항은 대통령령으로 정한다 하였는바($_{같은조③}^{법}$), 그 "대통령령" 제8조의2에는 "선행기술조사 등에 관한 전문기관의 지정 등"이 규정되었고, 제8조의3에는 "선행기술의 조사의뢰 등"이, 제8조의4에는 "미생물기탁·분양에 관한 전문기관의 지정기준 등"이 상세히 규정되어 있다.

2. 전문기관 또는 전문가의 자문

특허청장은 특허출원의 심사에 필요하다고 인정하는 경우에는 관계행정기관,

해당기술분야의 전문기관 또는 특허에 관한 지식과 경험이 풍부한 사람에게 협조를 요청하거나 의견을 들을 수 있다($\frac{법}{\S58②전}$). 이 경우에 특허청장은 예산의 범위에서 수당 또는 비용을 지급할 수 있다($\frac{법}{같은조항\ 후}$).

3. 전문기관 지정의 취소 등과 청문회

(1) 전문기관의 지정취소 등

특허청장은 제58조(전문기관의 지정 등) 제1항에 따른 전문기관이, 제1호에 해당하는 경우에는 전문기관의 지정을 취소하여야 하며, 제2호 또는 제3호에 해당하는 경우에는 그 지정을 취소하거나 6개월 이내의 기간을 정하여 업무의 전부 또는 일부의 정지를 명할 수 있다($\frac{법}{\S58의2①본}$).

  (i) 거짓이나 그 밖의 부정(不正)한 방법으로 지정을 받은 경우($\frac{법}{\S58의2①(i)}$)

  (ii) 제58조(전문기관의 지정 등) 제3항에 따른 지정기준에 맞지 아니하게 된 경우($\frac{법}{같은조항(ii)}$)

  (iii) 전문기관의 임직원이 특허출원 중인 발명(국제출원 중인 발명을 포함한다)에 관하여 직무상 알게 된 비밀을 누설하거나 도용한 경우($\frac{법}{같은조항(iii)}$)

이 제3호(iii)의 규정은 2017. 3. 1. 시행법에서 신설되었고, 그 시행은 이 법시행이후, 전문기관의 임직원이 특허출원중인 발명에 관하여 직무상 알게 된 비밀을 누설하거나 도용한 경우부터 적용한다($\frac{개정법}{부칙\ \S4}$).

(2) 지정취소 등의 전에 청문의 실시

특허청장은 전문기관의 지정을 취소하거나 업무정지를 명하려면 청문(聽聞)을 하여, 해당기관의 답변을 들어야 한다($\frac{법}{\S58의2②}$). 신중을 기해야 하기 때문이다.

전문기관의 지정취소 또는 업무정지와 청문 등에 관하여 필요한 사항은 시행규칙으로 정한다($\frac{법}{같은조③}$).

4. 일반공중의 심사보조

(1) 정보제공을 할 수 있는 자

특허출원에 관하여 누구든지 그 특허출원이 거절이유에 해당하여 특허될 수 없다는 취지의 정보를 증거(證據)와 함께 특허청장에게 제공할 수 있다($\frac{법}{\S63의2본}$).

심사에 관한 보조수단(補助手段)으로 일반공중의 특허출원에 대한 정보제공(情報提供)을 하게 함으로써 심사의 정확성에 기여하도록 하자는 제도이다.

타인의 특허등록의 방해나 심사지연의 수단으로의 악용(惡用)을 방지하기 위하여 반드시 증거(證據)와 함께 제출할 것을 요건으로 하였다. 그러므로 증거도 없이 제출하는 정보라면 심사관은 이를 무시할 수 있다.

(2) 정보제공대상이 아닌 것

제42조(특허출원) 제3항 제2호(즉 발명의 설명에 있어서 "그 발명의 배경이 되는 기술을 적을 것")와 같은조 제8항(청구범위의 기재방법) 및 제45조(하나의 특허출원의 범위)에 따른 요건을 갖추지 아니한 경우 등은 정보제공대상에서 제외시키고 있다 ($_{같은조\;단}^{법}$). 이러한 경우의 심사에는 객관적인 증거가 필요한 것도 아니요, 구태여 정보제공이 없어도 심사관은 이를 능히 심사할 수 있기 때문이다.

5. 외국 심사결과의 참조

2017. 3. 1. 시행법은 다음과 같은 제63조의3(외국의심사결과 제출명령)을 신설하였다.

즉 "심사관은 제54조(조약에 의한 우선권주장)에 따른 우선권주장을 수반한 특허출원의 심사에 필요한 경우에는 기간을 정하여 그 우선권주장의 기초가 되는 출원을 한 국가의 심사결과에 대한 자료(그 심사결과가 없는 경우에는 그 취지를 적은 의견서를 말한다)를 산업통상자원부령인 시행규칙으로 정하는 방법에 따라 제출할 것을 특허출원인에게 명할 수 있다"라는 규정이다($_{\S63의3}^{법}$).

같은 기술이 복수의 국가에 출원되는 경우가 증가됨에 따라, 그리고 외국의 심사결과를 심사관의 직권으로 확인이 어려우므로, 이를 제도적으로 활용할 수 있도록 한 것이다.

이 규정은 2017. 3. 1. 시행법 시행 전에 출원된 우선권 주장을 수반한 특허출원에 대해서도 적용한다($_{부칙\;\S5}^{개정법}$).

제3항   심사의 순위, 심사의 유예 및 특허결정의 유보

1. 심사의 순위

(1) 심사순위의 원칙

수많은 특허출원들은 어떠한 순서로 심사할 것인가. 제59조(특허출원심사의 청구) 제1항은 "특허출원에 대하여 심사청구가 있을 때에만 이를 심사한다" 하였으므로, 그 심사도 심사청구한 순서에 따라야 한다는 의미가 내포되어 있다 할 것이다.

따라서 시행규칙 제38조(심사순위) 제1항에서는 특허출원에 대한 심사는 출원의 심사청구순위(審査請求順位)에 따른다는 원칙을 규정하였다(시행규칙 §38①).

(2) 심사순위의 예외

심사청구순위라는 원칙에도 불구하고 다음 각호의 어느 하나에 해당하는 경우에는 다음 각호의 구분에 따라 심사할 수 있다(시행규칙 §38②본).

(i) 다음 각 목의 어느 하나에 해당하는 경우: 원출원(原出願)의 심사청구 순위(시행규칙 §38②(i))

가. 심사청구된 특허출원을 분할출원한 후 그 분할출원을 심사청구한 경우(같은조항 같은호 가)

나. 심사청구된 실용신안등록출원을 특허출원으로 변경출원한 후 그 변경출원을 심사청구한 경우(같은조항 같은호 나)

(ii) 특허청장이 특허출원인의 심사에 필요한 선행기술의 조사를 전문기관에 의뢰한 경우: 특허출원에 대한 심사의 효율성을 고려하여 특허청장이 정하는 기준에 따른 심사순위(시행규칙 §38②(ii))

2. 동일발명의 심사

동일한 발명에 대하여 다른 날에 둘 이상의 특허출원이 있는 경우에는 선출원이 처리되거나 출원공개 또는 등록공고될 때까지 후출원의 심사를 보류하여야 한다(시행규칙 §40본). 다만, 선출원을 거절할 이유와 동일한 이유에 의하여 후출원을 거절하는 경우에는 그러하지 아니하다(같은조 단). 후출원이 등록될 가능성은 없기 때문이다.

3. 특허출원심사의 유예

(1) 유예신청인과 신청기간

특허출원인이 출원심사의 청구를 한 경우로서 출원심사의 청구일부터 24개월이 지난 후에 특허출원에 대한 심사를 받으려면, 출원심사의 청구일부터 9개월 이내에 심사를 받으려는 시점(출원일부터 5년 이내에 한정하며, 이하 "유예희망시점"이라 한다)을 적은 소정서식의 심사유예신청서를 특허청장에게 제출할 수 있다. 다만, 다음 각호에 따른 특허출원서 또는 심사청구서에 그 취지 및 유예희망시점을 적음으로써 그 신청서를 갈음할 수 있다(시행규칙 §40의3①).

그러나 2017. 3. 1. 시행법은 심사청구기간이 "출원일부터 3년 이내"로 개정되어 있으므로($^{법}_{§59②본}$), 유예희망시점도 출원일부터 3년 이내로 개정되어야 한다.

(i) 제37조(특허출원심사의 청구) 제1항 단서에 따라 특허출원과 동시에 심사청구를 하면서 심사유예신청도 같이 하는 경우에는 소정서식의 특허출원서($^{시행규칙}_{§40의3①(i)}$)

(ii) 심사청구와 동시에 심사유예신청을 하는 경우(제1호의 경우는 제외한다)에는 소정서식의 심사청구서($^{시행규칙}_{§40의3①(ii)}$)

(2) 유예신청의 취하·변경

특허출원인이 제1항에 따른 심사유예신청을 취하하거나 유예희망시점을 변경하려면 심사유예신청서를 제출한 날부터 2개월 이내에 소정서식의 취하서 또는 소정의 보정서를 제출하여야 한다($^{시행규칙}_{§40의3②}$).

(3) 심사관의 유예조치의 예외

심사관은 제1항에 따른 심사유예신청이 있으면 유예희망시점까지 특허출원에 대한 심사를 유예할 수 있다($^{시행규칙}_{§40의3③본}$). 다만, 다음 각호의 어느 하나에 해당하는 경우에는 그러하지 아니하다($^{같은조항}_{단}$). 심사를 유예할 이유가 없기 때문이다.

(i) 특허출원이 분할출원, 변경출원 또는 정당한 권리자의 출원인 경우($^{같은조항}_{(i)}$)

(ii) 특허출원에 대하여 우선심사결정을 한 경우($^{같은조항}_{(ii)}$)

(iii) 특허출원심사의 유예신청이 있기 전에 이미 거절이유를 통지하거나 특허결정서를 통지한 경우($^{같은조항}_{(iii)}$)

4. 특허여부결정의 보류

(1) 유보의 신청·유보기간

특허출원인은 특허출원에 대한 심사청구를 한 후에 심사중에 있는 출원에 대하여 특허여부결정을 일정기간 보류해줄 것을 신청할 수 있다. 이러한 사항은 법률사항이라 할 수 있으므로 시행규칙에 규정하는 것은 불합리하다. 법률로 규정하거나 적어도 시행령에 규정되어야 할 사항이다.

심사관은 특허출원심사의 청구 후 출원인이 특허출원일부터 6개월 이내에 소정의 특허여부결정의 보류신청서를 특허청장에게 제출하는 경우에는 특허출원일부터 12개월이 경과되기 전까지 특허여부결정을 보류할 수 있다. 다만, 다음 각호의 어느 하나에 해당하는 경우에는 그러하지 아니하다($^{시행규칙}_{§40의2①본}$).

(i) 특허출원이 분할출원 또는 변경출원인 경우($^{같은조항}_{(i)}$)

(ii) 특허출원에 대하여 우선심사결정을 한 경우($^{같은조항}_{(ii)}$)

(iii) 특허여부결정의 보류신청이 있기 전에 이미 특허거절결정서 또는 특허결

정서를 통지한 경우($\substack{같은조항 \\ (iii)}$)

(2) 유보의 실효성문제

이 규정은 특허출원의 심사기간이 1년 6개월 이내일 때에 한하여 그 실효성(實效性)이 있을 뿐이고, 심사기간이 그 이상 소요되는 현실하에서는 아무런 실효성도 없다 할 것이다.

제 4 항 심사관의 거절이유통지

1. 출원인에게 의견진술의 기회부여

(1) 심사관의 거절이유통지

2017. 3. 1. 시행법은 제63조(거절이유통지) 제1항을 다음과 같이 개정하였다.

심사관은 다음 각호의 어느 하나에 해당하는 경우 특허출원인에게 거절이유를 통지하고, 그 기간을 정하여 의견서를 제출할 수 있는 기회를 주어야 한다($\substack{법 \\ §63①본}$). 다만, 제51조(보정각하) 제1항에 따라 각하결정을 하려는 경우에는 그러하지 아니하다($\substack{법 \\ 같은조①단}$).

(i) 제62조(특허거절결정)에 따라 특허거절결정을 하려는 경우($\substack{같법 \\ 같은조①본(i)}$)

(ii) 제66조의3(특허결정 이후 직권재심사) 제1항에 따른 직권재심사를 하여 취소된 특허결정 전에 이미 통지한 거절이유로 특허거절결정을 하려는 경우($\substack{같은조항}$)

이는 심사관이 거절결정을 하려는 심증(心證)이 형성되었다 하여 막바로 거절하는 것보다는 출원인에게 변명의 기회를 주어 의견을 들어봄으로써, 심사관에게도 있을 수 있는 오해(誤解)나 착각(錯覺) 등이 없도록 재검토의 기회를 줌으로써 심사의 공정성(公正性)을 보다 객관적으로 보장하기 위한 규정이기 때문에 출원인에 대한 의견진술의 기회는 반드시 주어야 한다는 강행규정이다. 그 기회를 주지 않거나 기회를 주어도 부당하게 짧은 기간을 주는 것은 모두 위법(違法)으로 보아야 한다. 정당한 의견진술의 기회를 준 것으로 볼 수 없기 때문이다.

(2) 단서의 예외규정

단서에 규정된 제51조(보정각하) 제1항에 따라 각하결정을 하려는 경우에는 예외임을 규정하였다. 이에 대하여는 다음 2.에 설명되어 있다.

(3) 청구항의 독립성

심사관은 청구범위에 둘 이상의 청구항이 있는 특허출원에 대하여 제63조(거절이유통지) 제1항 본문에 따라 거절이유를 통지할 때에는 그 통지서에 거절되는 청구항을 명확히 밝히고, 그 청구항에 관한 거절이유를 구체적으로 적어야 한다($^{법}_{§63②}$).

청구범위의 다항제(多項制)에 있어서는 청구항 독립의 원칙에 따라 거절이유를 통지할 때에 그 항별로 거절이유를 구체적으로 밝혀주어야만 출원인도 그에 대응할 수 있기 때문이다.

(4) 출원인의 의견서제출기간

출원인의 의견서제출기간은 통상 2개월 이내로 지정하되 제15조(기간의 연장 등) 제2항에 따라 출원인의 지정기간연장신청이 있는 경우에는 기간연장이 가능하다. 다만, 그 연장이 4개월을 초과하는 경우에는 심사관의 승인여부(承認與否)에 따라 연장이 결정된다(특허·실용심사지침서 제4부 제1장 제4의2 참조).

심사관의 거절이유는 반드시 제62조(특허거절결정)에 따라 거절할 수 있는 법적 근거에 의하여야 함은 물론이요, 그 이유 또한 구체적이어야 한다($^{법}_{§63②후}$). 추상적이면 그에 대한 의견서를 쓸 수 없거나 쓰기가 매우 어렵고 보정(補正)을 가늠하기도 어렵기 때문이다.

출원인은 심사관의 거절이유에 대하여, 지정기간 내에 거절이유를 해소(解消)하기 위한 의견서(意見書)를 제출할 수 있을 뿐만 아니라, 필요하다면 보정서(補正書)를 제출할 수 있고, 분할출원을 하거나($^{법}_{§52}$), 변경출원을 할 수도 있다($^{실용법}_{§10}$).

2. 거절이유의 통지를 아니하고도 거절할 수 있는 경우

제51조(보정각하) 제1항에 따라 각하결정을 하려는 경우에는 거절이유의 통지를 아니한다($^{법}_{§63①단}$).

이 경우는 거절이유통지에 대한 보정에 따라 발생한 거절이유에 대하여, 거절이유통지를 받은 경우($^{법}_{§47①(ii)}$)와 재심사를 청구하는 경우($^{법}_{같은조①(ii)}$)이므로, 이미 거절이유를 한번 통지하여 출원인에게 의견진술의 기회를 주었으므로 같은 절차를 되풀이 할 필요가 없기 때문이다.

제5항 거절이유의 통지를 받은 출원인이 취해야 할 방법

(1) 출원인의 자세

출원인(出願人)은 특허출원에 대한 심사관의 거절이유통지(拒絶理由通知, 통상은 "의견제출통지서"로 통지한다)를 받았다 하여 실망할 필요는 없다.

왜냐하면, 특허출원이 거절이유(拒絶理由)나 보정지시(補正指示)도 없이 막바로 특허결정(特許決定)되는 경우는 비공식집계이지만 20% 미만이기 때문이다. 그렇다고 출원인이 너무 낙관할 일은 더더욱 아니다. 출원인으로서는 차분한 자세로 다음 단계들을 신중하게 판단하여야 한다.

(2) **출원인이 취해야 할 방법**

(i) **거절이유에 대한 의견서**   먼저, 의견서(意見書)의 제출만으로 거절이유(拒絶理由)를 해소할 수 있는지, 그렇다면 제일 문제는 간단하게 해결되는 셈이다. 그러나 의견서만으로 거절이유를 해소하는 경우는 매우 드물다.

(ii) **출원에 대하 보정**   명세서나 도면의 일부를 보충하거나 고치거나 또는 청구범위를 감축하는 보정서와 의견서를 같이 제출하여 거절이유에 나타난 문제점을 해소하는 것이 일반적인 통례(通例)이다.

(iii) **분할 또는 변경출원**   분할출원(分割出願)을 하거나($^{법}_{§52}$), 실용신안(實用新案)으로 변경출원(變更出願)할 수 있는 것($^{실용법}_{§10}$)인지의 여부도 검토하여 판단을 내려야 한다.

(iv) **국내우선권주장출원**   법리적으로는 출원발명을 개량하여 거절이유통지를 받은 특허출원을 기초로 국내우선권주장을 하는 신규출원을 생각해볼 수도 있지만, 국내우선권주장은 1년 이내에 하여야 한다는 기간제한(期間制限)이 있다($^{법}_{단①}$). 현재와 같은 심사진도에서는 어려운 일이다. 그러나 거절이유통지를 출원일부터 1년 이내에 받았다면 가능하다.

(v) **재심사청구 또는 거절결정에 대한 불복심판청구**   거절결정서를 송달받은 후의 최종적인 대책으로는 재심사청구($^{법}_{§67의2}$)와 특허거절결정에 대한 불복심판을 청구할 수 있다($^{법}_{§132의17}$). 이에 대하여는 각각 그 해당항에서 후술한다.

(vi) **출원의 취하·포기**   이상의 어느 방법으로도 거절이유를 극복할 수 없는 경우라고 판단된다면, 출원을 취하하거나 포기하게 된다.

취하와 포기는 모두 그 특허출원에 대하여 더 이상의 진행을 접고 끝내는 것이지만, 취하의 효과는 특허출원이 처음부터 없었던 것으로 소급효가 있다. 그러나 이미 출원공개(出願公開)된 것이면 그 공개된 발명의 내용은 확대된 선출원의 범위로 확정되어, 소멸하지 않고 남아 있게 된다. 다만, 선·후출원인이 같은 경우에는 확대된 선출원의 범위는 적용되지 않는 것으로 되어 있다($^{법}_{단④단}$ ^{§29③}).

그러나 포기는 취하서를 내지 아니하고, 출원의 거절이 확정되도록 놓아두는 것이므로, 선출원의 지위도 확정된 채로 계속 남아 있게 된다.

제2관 특허출원의 실체보정 — 명세서와 도면의 보정

제1항 출원인의 자진보정

자진보정에 대하여는 이미 설명한 바 있다. 특허청장 또는 심사관의 보정명령 (補正命令)에 따른 보정이 아니고 출원인 스스로가 자진하여 보정하는 경우이다.

1. 자진보정을 할 수 있는 기간

(1) 원   칙

특허출원인은 제66조(특허결정)에 따른 특허결정(特許決定)의 등본을 송달하기 전까지 특허출원서에 첨부한 명세서 또는 도면을 보정할 수 있다(법 §47①본).

(2) 예   외

다만, 제63조(거절이유 통지)를 받은 경우에는 일정한 제한을 받는다(법 같은조①단). 이에 대하여는 후술한다.

2. 자진보정의 범위

자진보정이든 보정명령에 의한 보정이든 모든 보정의 범위는 제한을 받는다. 보정의 소급효가 있기 때문이다. 다음 제2항에서 상술한다.

제2항 거절이유통지를 받은 후, 출원인의 보정

1. 보정의 기간·범위가 제한되는 이유

(1) 보정의 기간

보정명령 또는 거절이유통지를 받은 후의 보정은 지정된 기간내(期間內)에 하여야 한다(법 §47① 단각호).

그 이유는 조속한 권리부여를 위하여 심사촉진을 위한 행정절차경제(行政節次 經濟)를 위해서이다. 보정기간(補正期間)을 제한하지 않는다면 심사(審査)가 지연되어 특허결정이 늦어지고 사무처리를 지연시키기 때문이다.

(2) 보정의 범위의 제한

보정은 소급효(遡及效)가 있다. 즉 특허출원의 명세서와 도면을 보정하면 그 보정효과는 출원시까지 소급효가 있다.

그러므로 보정에 제한을 두지 않고 신규사항의 추가를 인정한다면 선출원주의(先出願主義)에 반하게 된다. 그래서 보정은 특허출원서에 최초로 첨부한 명세서 또는 도면에 기재된 사항의 범위에서 만으로 제한을 둔 것이다(법§47②전).

그리고 외국어출원(外國語出願)인 경우에도 오역(誤譯)이나 최초의 출원서에 첨부된 도면에 기재된 범위에 한정하여야 한다(법§47②후).

만약에 보정범위에 제한을 두지 않는다면, 보정의 소급효가 악용(惡用)될 수 있다. 처음에는 부실한 명세서(明細書)로 출원해 놓고 출원 후에 보정하는 자와 처음부터 완전명세서(完全明細書)로 출원한 출원인과의 사이에 불공평성(不公平性)이 발생한다. 보정범위의 제한은 국제적인 추세이다. 따라서 국제적인 조화를 위해서도 필요하다.

2. 거절이유통지를 받은 출원인의 보정

(1) 보정의 기간

출원인이 제63조(거절이유통지) 제1항에 따른 "거절이유통지(실제는 "의견서제출통지")"를 받은 후에는 다음 각호의 구분에 따른 기간(제3호의 경우에는 그 때)에만 보정할 수 있다(법§47①단). 제3호의 경우란 재심사(再審査)를 청구하는 경우이다.

(i) 거절이유통지(거절이유통지에 대한 보정에 따라 발생한 거절이유에 대한 거절이유통지는 제외한다)를 최초로 받거나 제2호의 거절이유통지가 아닌 거절이유통지를 받은 경우: 해당 거절이유통지에 따른 의견서 제출기간(법같은조항(i))

따라서 의견서와 보정서를 같이 제출한다.

(ii) 거절이유통지(제66조의3 제2항에 따른 통지를 한 경우에는 그 통지 전의 거절이유통지는 제외한다)에 대한 보정에 따라 발생한 거절이유에 대하여 거절이유통지를 받은 경우: 해당 거절이유통지에 따른 의견서 제출기간(법같은조항(ii)). 괄호안은 2017. 3. 1. 시행의 개정법에 따라 삽입된 것이다.

(iii) 제67조의2(재심사의 청구)에 따른 재심사를 청구하는 경우: 재심사를 청구할 때(법같은조항(iii)). 재심사를 청구할 때에는 반드시 보정서를 제출하여야 하고(법§67의2①본), 의견서도 제출할 수 있다(법§67의2②).

이상의 보정기간들이 매우 제한되어 있는 것은 자진보정(自進補正)과는 다르

다. 조속한 심사촉진을 위한 행정절차경제(行政節次經濟)에 그 이유가 있다 할 것
이다.

(2) 보정의 범위

명세서 또는 도면의 보정은 특허출원서에 최초로 첨부한 명세서 또는 도면에
기재된 사항의 범위에서만 하여야 한다. 이 경우, 외국어특허출원에 대한 보정은
최종 국어번역문〔제42조의3(외국어특허출원 등) 제6항 전단에 따른 정정이 있는 경우에는
정정된 국어번역문을 말한다〕 또는 특허출원서에 최초로 첨부한 도면(도면 중 설명부분
은 제외한다)에 기재된 사항의 범위에서 하여야 한다($^{법}_{§47②}$).

(3) 청구범위에 대한 보정

청구범위에 대한 보정은 다음 각호의 어느 하나에 해당하는 경우에만 할 수
있다($^{법}_{§47③본}$). 청구범위의 보정이 엄격히 제한되는 것은 이것이 특허권, 즉 독점배
타권의 범위이기 때문이다.

(i) 청구항을 한정 또는 삭제하거나 청구항에 부가하여 청구범위를 감축하는
경우($^{법}_{같은조항(i)}$)

(ii) 잘못기재된 사항을 정정하는 경우($^{법}_{같은조항(ii)}$).

(iii) 분명하지 아니하게 기재된 사항을 명확하게 하는 경우($^{법}_{같은조항(iii)}$)

(iv) 특허출원서에 최초로 첨부한 명세서 또는 도면에 기재된 사항의 범위를
벗어난 보정에 대하여, 그 보정 전 청구범위로 되돌아가거나 되돌아가면서 청구범
위를 제1호(i)부터 제3호(iii)까지의 규정에 따라 보정하는 경우($^{법}_{같은조항(iv)}$)

(4) 전 보정의 취하의제

제47조(특허출원의 보정) 제1항 제1호 또는 제2호에 따른 기간에 보정을 하는
경우에는 각각의 보정절차에서 마지막 보정 전에 한 모든 보정은 취하된 것으로 본
다($^{법}_{§47④}$). 마지막 보정만 남기고 그 전에 한 보정들은 모두 쓸모없다는 말이다.

(5) 외국어특허출원의 보정특례

외국어특허출원인 경우에는 제47조(특허출원의 보정) 제1항 본문에도 불구하고
제42조의3(외국어특허출원 등) 제2항에 따라 국어번역문을 제출한 경우에만 명세서
또는 도면을 보정할 수 있다($^{법}_{§47⑤}$).

외국어특허출원은 출원인의 편의를 위한 특례이므로 본격적인 심사단계에 접
어드는 보정단계에서는 국어번역문을 제출할 것을 전제로 한 것이다.

제 3 항   보정각하

1. 보정각하의 원칙과 예외

(1) 심사관의 보정각하 — 원칙

심사관은 제47조(특허출원의 보정) 제1항 제2호 및 제3호에 따른 보정이 같은 조 제2항 또는 제3항을 위반하거나 그 보정(같은조 제3항 제1호 및 제4호에 따른 보정 중 청구항을 삭제하는 보정은 제외한다)에 따라 새로운 거절이유가 발생한 것으로 인정하면 결정으로 그 보정을 각하하여야 한다($\frac{법}{\S51①본}$).

제47조 제1항 제2호란 거절이유통지에 대한 보정에 따라 발생한 거절이유에 대하여 거절이유통지를 받은 경우이고, 제47조 제1항 제3호란 제67조의2(재심사의 청구)에 따른 재심사를 청구하는 경우를 말한다.

(i) 제47조 제2항에 위반한 경우란 보정이 특허출원서에 최초로 첨부한 명세서 또는 도면에 기재된 사항의 범위 내에서 하여야 하고, 외국어특허출원에 대한 보정은 최종국어번역문 또는 특허출원서에 최초로 첨부한 도면에 기재된 범위 내에서 보정하여야 하는바($\frac{법}{\S47②}$), 이에 반한 보정을 한 경우이다.

(ii) 제47조 제3항에 위반한 경우란 보정 중 청구범위에 대한 보정은 제3항 각 호에 규정된 내용에 따르지 않은 보정을 말한다($\frac{법}{\S47③각호}$).

심사관은 위와 같은 보정, 즉 제51조(보정각하) 제1항 본문에 따른 보정(같은조 제3항 제1호 및 제4호에 따른 보정중 청구항을 삭제하는 보정은 제외한다)에 따라 새로운 거절이유가 발생한 것으로 인정하면 결정으로 그 보정을 각하하여야 한다($\frac{법}{\S51①본}$).

(2) 보정각하의 예외

종전의 법 제51조(보정각하) 제1항 단서는 다만, 제67조의2(재심사의 청구)에 따른 재심사의 청구가 있는 경우 그 청구 전에 한 보정인 경우에는 그러하지 아니하다고 규정되어 있었다($\frac{종전 법}{\S51①단}$). 그러나 개정된 2017. 3. 1. 시행법은 제51조(보정각하) 제1항 단서는 다음 각호의 어느 하나에 해당하는 보정인 경우에는 그러하지 아니하다고 규정하고 있다($\frac{개정법}{\S51①단}$).

(i) 제66조의2(직권에 의한 보정 등)에 따른 직권보정을 하는 경우: 그 직권보정전에 한 보정($\frac{법 같은조항}{단(i)}$)

이 개정규정은 2017. 3. 1. 시행법 시행 이후 직권보정을 하는 경우부터 적용한다($\frac{개정법}{부칙 \S3}$).

(ii) 제66조의3(특허결정 이후 직권 재심사)에 따른 직권 재심사를 하는 경우: 취소된 특허결정 전에 한 보정($^{법}_{단(ii)}$ 같은조항)

(iii) 제67조의2(재심사의 청구)에 따른 재심사의 청구가 있는 경우: 그 청구 전에 한 보정($^{법}_{단(iii)}$ 같은조항)

2. 보정각하결정의 방식

보정각하결정은 서면으로 하여야 하며, 그 이유를 붙여야 한다($^{법}_{§51②}$). 비록, 보정이 법에 위반된 것이어서 각하결정을 하여야 하는 경우이지만, 출원인에 대한 의견진술의 기회도 없이 심사관의 결정(決定)으로 각하(却下)하는 경우이므로 서면으로 그 이유를 밝히도록 한 것이다.

이 보정각하인 경우에 출원인에게 의견진술의 기회를 주지 않는 것은 처음 거절이유통지를 할 때에 이미 의견진술의 기회를 주었고 또 보정이 법규에 반하는 것이 명백하기 때문이다.

3. 보정각하결정에 대한 불복의 불허와 예외

(1) 원 칙

보정각하결정에 대해서는 불복할 수 없다($^{법}_{§51③본}$). 이와 같은 보정각하결정에 대한 불복을 허용하느냐의 여부에는 일장(一長)·일단(一短)이 있다. 그러나 종전의 법은 불복을 불허하였다.

법리적으로 보면, 불복을 허용(許容)한다면, 보정각하불복이 종결된 후에야 특허여부결정을 할 수 있게 되므로, 심사절차가 지연되고 또 1건의 특허출원에 대하여 보정각하결정에 대한 불복심판과 거절결정에 대한 불복심판 등 같은 심급(審級)의 심결을 따로 따로 해야 하는 번거로움을 없애기 위해서일 것이다.

(2) 예 외

2017. 3. 1. 시행되는 개정법에 따르면, 제51조(보정각하) 제3항 "단서"를 다음과 같이 개정했다.

다만, 제132조의17(특허거절결정 등에 대한 심판)에 따른 특허거절결정에 대한 심판에서 그 각하결정(제66조의3에 따른 직권재심사를 하는 경우 취소된 특허결정 전에 한 각하결정과 제67조의2에 따른 재심사의 청구가 있는 경우 그 청구전에 한 각하결정은 제외한다)에 대하여 다투는 경우에는 그러하지 아니하다($^{개정법}_{§51③단}$).

따라서 보정각하 그 자체에 대한 불복은 허용되지 않지만, 특허거절결정 등에 대한 심판($\S132$의17)을 청구하는 경우에는, 괄호안에 인용된 제66조의3(특허결정 이후 직권재심사)에서 취소된 특허결정 전에 한 각하결정과 제67조의2(재심사의 청구)에서 재심사청구 전에 한 각하결정을 제외하고는, 그 심판절차에서 그 보정 또는 보정 각하에 대한 의견을 주장할 수 있다는 취지이다.

제 5 절 특허여부의 결정 및 재심사의 청구

제 1 관 특허여부의 결정 등

제 1 항 특허결정과 직권보정, 특허거절결정 및 특허여부결정의 방식 등

1. 심사관의 특허결정

심사관은 특허출원에 대하여 거절이유를 발견할 수 없으면 특허결정을 하여야 한다(법$\S66$).

(1) 특허결정의 의의

특허출원인에 대하여 특허를 부여한다는 국가의 의사표시, 즉 국가의 법률행위(法律行爲)인 행정처분(行政處分)이다. 이 법률행위는 서면으로 된 특허결정서(特許決定書)라는 등본을 출원인에게 송달됨으로써 확정된다.

출원인은 이 특허결정서인 등본을 가지고 소정의 특허료(최소한 3년분 연도금)를 납부하고 특허등록(特許登錄)을 함으로써 특허권이라는 독점배타권(獨占排他權)의 효력이 발생한다.

(2) 특허결정을 하여야 하는 경우

심사관은 특허결정을 하여야 하는 두 가지 경우가 있다.

첫째는 특허출원이 거절이유를 발견할 수 없을 때이고(개정법$\S66$), 둘째는 특허출원에 거절이유가 있었으나, 출원인에게 거절이유를 통지하였던바, 특허출원인의 보정(補正) 등에 의하여 거절이유가 해소된 경우이다.

제66조(특허결정)에 "거절이유를 발견할 수 없을 때"란 위의 두 가지 경우 모두가 포함된 경우를 지칭한 것이다.

2. 심사관의 직권에 의한 보정

심사관의 직권보정제도는 종전의 법에도 있었으나 그것은 단순한 오기를 보정하는 정도이었다.

(1) 개정법의 규정

2017. 3. 1. 시행법은 제66조의2(직권보정 등) 제1항과 제4항을 다음과 같이 하고, 제2항과 제3항은 종전대로 유지하되 제5항을 삭제하는 개정을 했다.

제66조의2(직권에 의한 보정 등) ① 심사관은 제66조(특허결정)에 따른 특허결정을 할 때에 특허출원서에 첨부된 명세서, 도면 또는 요약서에 적힌 사항이 명백히 잘못된 경우에는 직권으로 보정(이하 "직권보정"이라 한다)할 수 있다.

② 제1항에 따라 심사관이 직권보정을 하려면 제67조(특허여부결정의 방식) 제2항에 따른 특허결정의 등본 송달과 함께 그 직권보정사항을 특허출원인에게 알려야 한다.

③ 특허출원인은 직권보정 사항의 전부 또는 일부를 받아드릴 수 없으면 제79조(특허료) 제1항에 따라 특허료를 낼 때까지 그 직권보정사항에 대한 의견서를 특허청장에게 제출하여야 한다.

④ 특허출원인이 제3항에 따라 의견서를 제출한 경우 해당 직권보정사항의 전부 또는 일부는 처음부터 없었던 것으로 본다. 이 경우 그 특허결정도 함께 취소된 것으로 본다. 다만, 특허출원서에 첨부된 요약서에 관한 직권보정사항의 전부 또는 일부만 처음부터 없었던 것으로 보는 경우에는 그러하지 아니하다.

종전의 제5항은 불필요한 것으로 되어 삭제한 것이다.

제4항 단서의 규정은 요약서는 법률적으로 중요한 비중이 있는 것이 아니므로, 요약서에 대한 직권보정사항이 처음부터 없었던 것으로 본다 하여 특허결정까지를 함께 취소할 필요는 없기 때문에 예외로 한 것이다.

(2) 직권보정의 요지

이 제도는 사소한 오자(誤字)·탈자(脫字)는 물론, 특허여부(特許與否)를 좌우할만한 중요한 내용일지라도 객관적으로 누가 보아도 잘못기재된 것임이 자명한 것은, 번거로운 정상적인 보정절차에 의하지 아니하고 심사관의 직권보정이 가능하도록 규정한 것이다.

그러나 2017. 3. 1. 시행법 시행 전에 특허출원서에 첨부된 명세서, 도면 또는 요약서에 대하여 직권보정이 이루어진 경우에는 제66조의2(직권에 의한 보정 등)의 개정규정에도 불구하고 종전의 규정에 따른다($^{개정법}_{부칙 \S20}$).

3. 특허거절결정

심사관은 특허출원에 대하여 거절이유를 발견한 경우($^{법}_{\S63}$)에는 특허거절결정을 하여야 한다($^{법}_{\S62}$). 이는 특허출원에 대하여 특허를 부여할 수 없다는 국가의 의사표시인 행정행위이다.

출원인에게 거절이유를 통지하고 의견진술의 기회를 주는 등 적법절차가 선행되어야 함은 물론이다.

4. 특허여부결정의 방식 등

(1) 서면주의와 이유의 명시

특허결정 또는 특허거절결정(이하 "특허여부결정"이라 한다)은 서면으로 하여야 하며, 그 이유를 붙여야 함은 물론이다($^{법}_{\S67①}$).

서면으로 하여야 함은 특허에 관한 절차의 서면주의(書面主義)의 당연한 귀결이다. 그 이유를 붙여야 함은 특허결정의 경우보다는 특허거절결정의 경우에 더 큰 의의가 있다.

특허출원인은 특허거절결정에 대한 재심사(再審査)를 청구하는 경우($^{법}_{\S67의2}$)와 특허거절결정에 대한 심판을 청구하는 경우($^{법}_{\S132의17}$)에는 특허거절결정에 대한 이유를 불복의 이유로 하기 때문이다.

(2) 특허결정등본의 송달

특허청장은 특허여부결정이 있는 경우에는 그 결정(決定)의 등본(謄本)을 특허출원인에게 송달하여야 한다($^{법}_{\S67②}$). 특허여부의 결정은 송달에 의하여 그 효력이 발생하기 때문이다.

송달에 대하여는 제2장(총칙)에서 이미 설명되었다.

제 2 항 특허거절결정서의 등본을 송달받은 출원인의 판단

특허거절결정서는, 심사관이 출원인에게 특허출원에 대한 심사를 하였으나, 특허거절이유가 있어(또는 거절이유가 해소되지 않아서) 특허를 부여할 수 없다는 국가의 의사표시인 법률행위(法律行爲)로서의 행정처분(行政處分)이다.

출원인은 이에 대하여 특허출원발명을 다시 한번 신중한 검토의 자가판단을 하여야 한다.

(1) 분할출원·변경출원

출원내용이 분할출원이나 변경출원으로 살려갈 수 있다면, 거절결정서의 등본을 송달받은 날부터 30일 이내에 하여야 한다($^{법\ \S52①각호,}_{\S53①(i)}$).

(2) 국내우선권주장출원

개량발명을 하여 신규출원을 출원하면서 특허거절결정된 출원발명의 일부를 기초로 국내우선권주장을 하는 출원($^{법}_{\S55}$)도 검토해볼 필요가 있다. 그러나 국내우선권주장은 출원일부터 1년 이내라는 제한기간이 있어($^{법}_{\S55①(i)}$), 현재와 같은 심사진도(審査進度)라면, 현실적으로 어렵다는 점 이미 설명되었다.

(3) 재심사의 청구

거절이유에 대한 적절한 보정을 했으나 심사관이 잘못 이해하여 거절결정이 되었거나, 재보정(再補正)이 필요한 경우에는 거절결정등본을 송달받은 날부터 30일 이내에 명세서 또는 도면에 대한 보정서(補正書)를 첨부하여 재심사(再審査)를 청구할 수 있다($^{법}_{\S67의2}$).

(4) 불복심판의 청구

특허출원인은 재심사(再審査)를 청구하였으나($^{법}_{\S67의2}$), 다시 재심사에서도 거절결정을 받으면, 거절결정에 대한 심판을 청구할 수 있다($^{법}_{\S132의17}$).

출원인은 또 재심사의 청구를 아니하고, 막바로 거절결정에 대한 심판을 청구할 수도 있다($^{법}_{\S132의17}$). 재심사의 청구와 거절결정에 대한 심판의 청구에 대하여는 각 해당항에서 설명한다.

(5) 출원의 취하·포기

자신의 특허출원발명이 거절이유로 인용되었던 선행기술(先行技術)과 그 전체가 완전히 동일한 경우에는 더 이상 불복의 길로 계속시킬 필요는 없다. 특허출원을 취하하거나 포기함으로써 특허거절결정을 확정시킨다. 단념하고 나면 차라리 개운하게 느낄 수도 있다.

제 2 관 재심사의 청구 등

제 1 항 특허결정 이후의 직권재심사

이 직권재심사제도는 2017. 3. 1. 시행법에 따라 신설되었고, 이 법 시행 이후 특허결정하는 특허출원부터 적용한다($^{개정법}_{부칙 §6}$).

1. 직권재심사제도의 취지

부실특허등록을 사전에 방지하자는 것이다. 특허결정 후에라도 특허권이 설정등록되기 전에, 심사관이 명백한 거절이유를 발견하면 직권으로 특허결정을 취소하고 다시 심사를 재개한다는 절차이다.

심사관이 특허결정의 등본을 발송하더라도 특허출원인은 특허료의 최초 3년분을 그 특허결정의 등본을 송달받은 날부터 3월 이내에 일시에 납부하고($^{징수규칙}_{§8⑤}$), 특허권의 설정등록을 하여야만 특허권이 발생한다($^{법}_{§87①}$).

⑴ 개정법에 따른 새로운 제도

2017. 3. 1. 시행법에 따르면, 심사관은 특허결정된 특허출원에 관하여 명백한 거절이유를 발견한 경우에는 직권으로 특허결정을 취소하고, 그 특허출원을 다시 심사(이하 "직권재심사"라 한다)할 수 있다($^{개정법}_{§66의3①본}$). 다만, 다음 각호의 어느 하나에 해당하는 경우에는 그러하지 아니하다($^{개정법}_{§66의3①단}$).

(i) 거절이유가 제42조(특허출원) 제3항 제2호 같은조 제8항 및 제45조(하나의 특허출원의 범위)에 따른 요건에 관한 것인 경우($^{같은법조항}_{단(i)}$)

(ii) 특허결정에 따라 특허권이 설정등록된 경우($^{같은법조항}_{단(ii)}$)

(iii) 그 특허출원이 취하되거나 포기된 경우($^{같은법조항}_{단(iii)}$)

⑵ 특허출원인에 대한 통지

심사관이 직권재심사를 하려면 특허결정을 취소한다는 사실을 특허출원인에게 통지하여야 한다($^{개정법}_{§66의3②}$).

법조문에는 없으나, 이 통지는 반드시 서면으로 하고, 그 이유를 붙여야 할 것이다. 이 통지는 마치, 거절이유통지와 같은 것이기 때문이다. 이유도 없는 통지만 받았다면, 출원인으로서 그에 대응되는 의견서 또는 보정서를 작성할 수 없기 때문이다.

(3) 특허결정의 취소처분의 무효화

특허출원인이 심사관의 특허결정을 취소한다는 통지를 받기 전에, 특허출원이 이미 특허권으로 설정등록되었거나($\substack{개정법 \\ 의3①단(ii)}$§66), 그 특허출원이 취하 또는 포기된 경우($\substack{개정법 같은조항 \\ 단(iii)}$)에는 심사관의 특허결정의 취소는 처음부터 없었던 것으로 본다($\substack{개정법 \\ §66의3③}$).

이미 앞에서 밝힌 바와 같이, 이 직권재심사의 규정은 2017. 3. 1. 시행법의 시행 이후 특허결정하는 특허출원부터 적용한다($\substack{개정법 \\ 부칙 §6}$).

2. 직권재심사의 요건

엄격한 요건이 충족되는 경우에 한정되어야 할 것이다($\substack{개정법 \\ §66의3①본}$).

(1) 특허결정된 출원이 유효하게 특허청에 계속되어 있을 것

특허결정된 특허출원이 취하, 포기, 무효로 되지 않고 특허청에 유효하게 계속되어 있어야 한다.

(2) 특허결정 이후 특허권의 설정등록 전일 것

특허권의 설정등록과 직권취소가 같은 날(同日) 다른 시간에 있었다면 먼저 있는 일이 유효하고, 나중에 있는 일을 없었던 것으로 하여야 할 것이다. 즉 특허권의 설정등록이 오전에 있었고 직권취소는 오후에 있었다면 설정등록이 유효한 것으로 되고, 반대로 직권취소가 오전에 있었다면 오후에 있었던 설정등록이 무효인 것으로 될 것이다. 있을 수 없는 일에 가깝지만 만약에, 양자가 동시에 있었다면 제도의 공익성(公益性)을 감안하여 특허출원인이 한발 물러서야 할 것이다.

(3) 명백한 거절이유를 새롭게 발견한 경우일 것($\substack{개정법 \\ §66의3①본·전}$)

여기에서 명백(明白)한 이란 누가 보아도 객관적으로 다툼이 없을 정도의 것이어야 한다.

따라서 심사관의 주관으로는 명백한 것 같지만, 객관적으로 볼 때 정반대(正反對)의 경우라면 여기에서의 명백한 것은 아니다.

또 ① 그 명백한 거절이유는 ② 새롭게 발견한 경우여야 한다.

그러므로 심사관이 특허결정 전에 이미 거절이유가 될 만한 것을 발견했으나 그 정도로는 거절결정에 인용할만한 것이 못된다고 생각하고 특허결정을 했고, 나중에 다시 생각해보니 그것으로도 거절되었어야 한다는 심증을 가지고는 직권취소를 할 수는 없다. 그런 경우는 ① 명백한 거절이유도 아니요 ② 새롭게 발견한 거절이유도 아니기 때문이다.

⑷ 직권재심사는 다음 각호의 어느 하나에 해당하는 경우에는 요건에 해당
되지 아니한다(개정법§66의3①단).

⒤ 새롭게 발견한 거절이유가 제42조(특허출원) 제3항 제2호, 같은조 제8항 및
제45조(하나의 특허출원의 범위)에 따른 요건에 관한 것인 경우(개정법§66의3①단⒤)

제42조(특허출원) 제3항 제2호의 규정은 "그 발명의 배경이 되는 기술을 적을
것"으로 되어 있으므로, 이러한 배경기술은 특허출원인은 물론이요, 심사관도 심
사과정에서 이미 알고 있었던 기술이다. 그러므로 새롭게 발견한 기술이 될 수는
없다.

같은조, 즉 제42조(특허출원)제8항은 "제2항에 따른 청구범위의 기재방법에
관하여 필요한 사항은 대통령령으로 정한다"라는 규정이다. 따라서 심사관이 청구
범위의 기재방법을 몰라서 대충 넘겼다가 직권재심사의 대상으로 삼을 수는 없는
일이다.

제45조(하나의 특허출원의 범위)에 따른 요건에 관한 것인 경우도 직권재심사의
대상으로 삼을 수는 없다는 취지이다. 이러한 사항은 심사과정에서 당연히 이미
심사되었어야 할 사항이기 때문이다.

⒤⒤ 특허출원이 설정등록된 경우(법 같은조항단⒤⒤)

이 경우는 이미 특허권이 형성되어 특허권으로서의 효력이 발생되어 있는 경
우이므로, 심사관의 직권으로 특허권을 취소할 수는 없다.

⒤⒤⒤ 그 특허출원이 취하되었거나 포기된 경우(법 같은조항단⒤⒤⒤)

취하는 그 출원자체가 소급적으로 소멸되는 것이고, 포기는 특허결정에 대한
권리를 버려진 상태이므로 직권취소란 아무런 의미도 없기 때문이다.

제 2 항 특허출원인의 재심사의 청구

1. 재심사의 제도적 취지

⑴ 심사전치에 대체한 제도

재심사청구제도는 종전의 심사전치제도(審査前置制度)를 폐지하고 그 대신에
마련한 제도이다.

특허출원인에게는 특허거절결정서의 등본을 받은 특허출원의 명세서(明細書)
또는 도면(圖面) 등에 대한 보정서(補正書)와 의견서(意見書)를 제출할 수 있게 하

여 이미, 거절결정을 받은 특허출원에 대하여 다시 한번 심사를 받을 기회를 주자는 것이고, 심사관에게도 재심사의 기회를 줌으로써 거절결정에 대한 심판청구의 전단계인 심사절차(審査節次)에서 사건을 간이하게 해결해 보자는 취지이다.

(2) 심사전치제도와의 비교

구법(舊法, 1995. 1. 5. 개정)에서의 심사전치제도(審査前置制度)는 거절결정에 대한 심판청구를 한 사건, 즉 거절결정(拒絕決定)에 대한 불복의 심판청구를 하고, 그 청구가 있는 날부터 30일 이내에 명세서 또는 도면에 대한 보정이 있는 때에는, 심판원장(또는 심판장)은 심판을 하기 전에 이를 특허청장에게 통지하여야 하고 $\left(\begin{smallmatrix}구법\\§173①\end{smallmatrix}\right)$, 특허청장은 통지가 있는 경우에 심사관에게 그 특허출원을 다시 심사하게 하여야 하는 제도였다$\left(\begin{smallmatrix}구법\\같은조②\end{smallmatrix}\right)$. 그러나 현행법에 있어서의 재심사제도는 이러한 심판의 청구없이, 그 전단계(前段階)에서 사건을 간이하게 처리할 수 있는데에$\left(\begin{smallmatrix}법\\§67의2\end{smallmatrix}\right)$ 장점이 있다 할 것이다.

2. 재심사를 청구할 수 있는 요건

(1) 재심사를 청구할 수 있는 자

특허출원인만이 할 수 있다$\left(\begin{smallmatrix}법\\①본·전\end{smallmatrix}§67의2\right)$. 제3자는 재심사를 청구할 수 없다.

(2) 거절결정된 특허출원이 특허청에 계속되어 있을 것

재심사의 대상인 거절결정된 특허출원이, 취하·무효 또는 거절결정이 확정되지 않고 또 거절불복심판이 청구되지 않고 특허청에 계속되어 있어야 한다. 한편, 제67조의3(특허출원의 회복) 제1항에 따른 재심사청구가 있는 경우에는 특허거절결정이 확정되지 아니한 것으로 본다$\left(\begin{smallmatrix}법\\②\end{smallmatrix}§67의3\right)$.

(3) 재심사를 청구할 수 있는 기간 내일 것

특허거절결정등본을 송달받은 날부터 30일 이내에 청구할 수 있다$\left(\begin{smallmatrix}법\\①본·중\end{smallmatrix}§67의2\right)$. 이 기간이란 제15조(기간의 연장 등) 제1항에 따라 특허청장 등은 청구에 따라 또는 직권으로 제132조의17(특허거절결정 등에 대한 심판)에 따른 심판의 청구기간을 30일 이내에서 한 차례만 연장할 수 있는바, 그 기간이 연장된 경우에는 그 연장된 기간을 말한다$\left(\begin{smallmatrix}법. 같은조항\\본·괄호안\end{smallmatrix}\right)$.

그리고 특허출원인이 책임질 수 없는 사유로 재심사의 청구를 할 수 있는 기간을 지키지 못하여 특허거절결정이 확정된 것으로 인정되는 경우에는 그 사유가 소멸한 날부터 2개월 이내에 재심사의 청구를 할 수 있다. 다만, 그 기간의 만료일부터 1년이 지난 때에는 그러하지 아니하다($^{법}_{①본(ii)}$^{§67의3}). 법적 안정성의 요구이다.

⑷ 명세서 또는 도면에 대한 보정이 있을 것

거절결정된 특허출원의 명세서(明細書) 또는 도면(圖面)을 보정(補正)하여야 한다($^{법}_{①본·후}$^{§67의2}). 절대적인 필수요건이다. 그러므로 재심사의 청구가 명세서 또는 도면에 대한 아무런 보정도 없이, 거절결정된 특허출원을 한번 더 심사해달라는 취지의 청구라면 요건불비(要件不備)로 각하된다.

특허출원인은 재심사의 청구와 함께 의견서를 제출할 수 있다($^{법}_{§67의2②}$). 의견서는 보정서에 따르는 의견서이다.

⑸ 재심사청구의 되풀이거나 심판청구된 것이 아닐 것

재심사의 청구를 할 때에, 이미 재심사에 따른 특허거절결정이 있거나, 제132조의17(거절결정 등에 대한 심판)에 따른 심판청구가 있지 않을 것 등이 요건으로 되어 있다($^{법}_{§67의2①단}$).

따라서 이미 재심사의 청구를 하여 특허거절결정이 있는 경우의 재심사 청구는 재심사의 청구를 계속 되풀이 하자는 것이므로 아무런 의미도 없는 경우이고, 또 거절결정에 대한 심판청구가 있었다면, 이는 사건이 이미 심판에 계속중(係屬中)이므로 재심사의 청구를 인정할 수 없기 때문이다.

만약에, 재심사의 청구와 거절결정에 대한 심판청구가 같은 날 같은 시에 제출되었다면, 특허출원인으로 하여금 택일하도록 권유해야 할 것이다. 그러나 재심사 또는 심판의 청구가 부적법한 요건불비가 있다면, 그것을 각하하고 적법요건을 갖춘 재심사 또는 심판을 계속시켜야 할 것이다.

3. 재심사 청구의 효과

⑴ 종전 거절결정의 취소

재심사가 청구된 경우에는 그 특허출원에 대하여 종전에 이루어진 특허거절결정은 취소된 것으로 본다($^{법}_{§67의2③본}$). 다만, 재심사의 청구절차가 제16조(절차의 무효) 제1항에 따라 무효로 된 경우에는 그러하지 아니하다($^{법}_{§67의2③단}$).

취소된 것으로 보는 것은 "특허거절결정"이다. 그러므로 종전의 특허거절결정 전의 심사절차에서 있었던 보정이나 의견서제출 등은 모두 유효하게 존속된다.

⑵ 심사절차의 재진행

재심사의 청구에 의하여 심사절차는 다시 진행된다. 따라서 특허출원인은 재심사를 청구할 때에 제출된 명세서 또는 도면에 대한 보정서(補正書)를 좀 더 보완하는 재보정서(再補正書)와 재의견서(再意見書)를 추완(追完)할 수 있는 것으로 보아야 한다.

4. 재심사청구의 취하금지

재심사의 청구는 취하할 수 없다($\text{법}_{\S67\text{의}2④}$). 재심사의 청구가 있으면, 심사관은 바로 재심사에 들어가게 되므로 재심사진행 중에 재심사의 취하를 허용한다면, 심사절차(審査節次)가 농락당하는 것 같이 보일 수도 있다.

그러나 재심사의 청구는 특허출원의 심사청구와는 달리 누구라도 청구할 수 있는 것은 아니다. 특허출원인만이 청구할 수 있는 것인데 특허출원의 취하나 심판청구의 취하는 모두 인정하면서 재심사의 청구는 취하할 수 없다는 규정의 입법취지를 이해하기 어렵다.

재심사의 청구를 취하한다 하여 어떠한 공익(公益)이 침해되는 것도 아니요, 누구에게 손해를 끼치는 일도 없기 때문이다. 오로지 특허출원인만의 자업자득의 문제이다. 이것을 금지해야 할 이유가 없다.

제3항   특허출원의 회복에 따른 재심사

(1) 특허출원의 회복에 따른 재심사청구

특허출원인이 책임질 수 없는 사유로 다음 각호의 어느 하나에 해당하는 기간을 지키지 못하여 특허출원이 취하되거나 특허거절결정이 확정된 것으로 인정되는 경우에는 그 사유가 소멸한 날부터 2개월 이내에 출원심사의 청구 또는 재심사의 청구를 할 수 있다($\text{법}_{\S67\text{의}3①본}$). 다만, 그 기간의 만료일부터 1년이 지난 때에는 그러하지 아니하다($\text{법}_{\text{같은조항 단}}$). 불안정한 상태를 되도록 빨리 안정시키려는 취지이다.

출원인의 귀책사유(歸責事由)가 아닌데도 불구하고, ① 특허출원이 취하된 것으로 되거나 ② 특허거절결정이 확정된 것으로 인정된 경우에 대한 구제절차(救濟節次)의 하나이다.

출원인이 책임질 수 없는 사유란 다음 각호의 어느 하나에 해당하는 기간을 지키지 못한 경우이다.

(i) 제59조(특허출원심사의 청구) 제2항 또는 제3항에 따라 출원심사의 청구를 할 수 있는 기간($\text{법}_{\text{같은조항(i)}}$)   제59조 제2항은 "특허출원일부터 3년 이내"에 심사청구를 할 수 있는 기간이고, 제3항은 제34조(무권리자의 특허출원과 정당한 권리자의

보호) 및 제35조(무권리자의 특허와 정당한 권리자의 보호)에 따른 정당한 권리자의 특허출원, 분할출원, 또는 변경출원에 관하여는 제2항에 따른 기간이 지난 후에도 정당한 권리자가 특허출원을 한 날, 분할출원을 한 날 또는 변경출원을 한 날부터 30일 이내에 출원심사의 청구를 할 수 있다는 규정이다.

  (ii) 제67조의2(재심사청구) 제1항에 따라 재심사의 청구를 할 수 있는 기간 $\left(\substack{법\\같은조항(ii)}\right)$ 제67조의2(재심사의 청구) 제1항은 특허출원인은 특허거절결정등본을 송달 받은 날부터 30일(제15조 제1항에 따라 제132조의17에 따른 기간이 연장된 경우 그 연장된 기간을 말한다) 이내에 그 특허출원의 명세서 또는 도면을 보정하여 해당 특허출원에 관한 재심사(이하 "재심사"라 한다)를 청구할 수 있다$\left(\substack{법\\§67의2①}\right)$. 다만, 재심사를 청구할 때에 이미 재심사에 따른 특허거절결정이나 특허거절불복심판청구가 있는 경우에는 그러하지 아니하다$\left(\substack{법\\같은조항 단}\right)$.

  (2) 특허출원의 회복에 따른 재심사청구의 효과

  제1항에 따른 출원심사의 청구 또는 재심사의 청구가 있는 경우에는 제59조(특허출원심사의 청구) 제5항에도 불구하고 그 특허출원은 취하되지 아니한 것으로 보거나 특허거절결정이 확정되지 아니한 것으로 본다$\left(\substack{법\\§67의3②}\right)$. 특허출원의 회복(回復)에 따른 재심사청구의 효과를 규정한 것이다.

제 6 절 심사절차의 중지와 종료

제 1 항 심사절차 또는 소송절차의 중지

1. 심사절차의 중지

(1) 심사절차의 중지가 필요한 경우

  특허출원의 심사에 필요한 경우에는 특허취소신청에 대한 결정이나(2017. 3. 1. 시행법에서 신설한 제도) 심결(審決)이 확정될 때까지 또는 소송절차(訴訟節次)가 완결될 때까지 그 심사절차를 중지할 수 있다$\left(\substack{법\\§78①}\right)$.

  출원심사에 필요한 경우란 심사절차 중에 있는 사건과 관련이 있는 심판사건이나 소송사건으로서, 그 사건의 결과가 심사에 영향을 미칠 것으로 판단되는 경우이다. 심판 또는 소송이 완결될 때까지 심사절차를 중지했다가 그 결과를 기다려서 심사를 재개(再開)하자는 것이다.

이러한 경우 심사절차를 먼저 진행시켜 결론을 내린 경우에는 심판 또는 소송의 결과여하(結果如何)에 따라 심사결과도 뒤집히는 헛일(無爲)로 되지 않도록 하자는 취지이다.

(2) 심사관의 직권재량성

심사절차를 중지할 필요가 있는지의 여부는 심사관의 합리적인 재량에 따라 직권으로 결정하는 것이며,[7] 또 이는 임의규정(任意規定)이므로 꼭 중지하여야 하는 것도 아니라는 판례가 있다.[8]

2. 소송절차의 중지

법원(法院)은 소송에 필요한 경우에는 특허출원에 대한 특허여부결정(特許與否決定)이 확정될 때까지 그 소송절차를 중지할 수 있다($^{법}_{§78②}$). 취지는 심사절차의 경우와 같다.

3. 심사절차와 소송절차의 중지에 대한 불복금지

심사절차의 중지결정 또는 소송절차의 중지결정에 대하여는 불복할 수 없다($^{법}_{같은조③}$). 이는 임의규정(任意規定)에 따른 재량행위(裁量行爲)이기 때문이다.

제2항 심사절차의 종료

심사절차는 심사관의 특허결정(特許決定) 또는 특허거절결정(特許拒絶決定)에 의하여 종료하는 것이 원칙이나, 결정에 이르기 전에 또는 결정 후에도 그 결정이 존재하지 않았던 것과 같은 상태에 환원시켜 사건을 종료시키는 경우가 있다.

1. 심사관의 결정에 의하지 않은 심사절차의 종료

(1) 특허출원의 취하

i) 취하의 의의

출원의 취하(取下)라 함은 이미 제출했던 특허출원을 철회(撤回)하는 출원인(出願人)의 일방적인 의사표시이다.

---

7) 대법원 1992. 1. 15.자 91마612 결정.
8) 대법원 1990. 3. 23. 선고 89후2168 판결.

특허출원인은 특허출원을 취하할 수 있다. 특허출원이 제44조(공동출원)에 따른 공동출원인 경우에는 공유자 모두가 공동으로 취하하여야 한다. 공유자의 법률적 효과가 합일적으로 확정되어야 하기 때문이다.

특허출원의 취하는 그 의사표시를 명백히 한 서면을 특허청장에게 제출하여야 한다($\substack{시행규칙 \\ \S19①②}$). 대리인에 의하여 특허출원절차를 밟는 경우에 특허출원의 취하는 특별수권(特別授權)이 있어야 한다.

ii) 취하할 수 있는 시기

특허출원의 계속 중에 할 수 있다. 심사절차(審査節次)에서는 물론이요, 심판과정(審判過程)에서도 특허출원을 취하할 수 있다.

특허법원에 심결취소의 소송이 계속 중에 또는 대법원에 상고심으로 계속중에도 특허출원을 취하할 수 있느냐? 특허출원이 특허결정 또는 특허거절결정이 확정되기 전이라면, 그 특허출원은 계속중에 있는 것이므로 특허출원인은 그 특허출원의 의사표시를 철회(撤回)할 수 있다. 따라서 그 특허출원을 취하할 수 있다고 보아야 할 것이다. 다만, 그 취하서는 특허청장에게 제출하여야 하고, 특허청장은 지체없이 그 취하사실을 특허법원 또는 대법원에 알려야 할 것이다.

심사관은 특허결정 후에도 설정등록(設定登錄)을 하기 전에는 특허결정을 취소할 수 있으므로($\substack{법 \\ \S66의3①}$), 특허권의 설정등록 전이라면 특허출원인도 그 특허출원을 취하할 수 있는 것으로 보아야 한다.

iii) 취하의 효과

특허출원의 취하에 의하여 계속되어 있는 특허출원이 처음부터 없었던 것으로 된다.

따라서 이미 출원 계속중에 밟았던 일체의 절차는 그 효력이 소급적으로 상실된다. 취하의 효과로서, 특히 밝혀둘 것은 다음과 같다.

(i) 출원의 취하는 최선출원(最先出願)의 지위도 상실한다. 따라서 동일발명(同一發明)의 후출원이 있는 경우에는 그 후출원이 최선출원으로 된다.

(ii) 출원공개(出願公開) 후에 취하한 경우에는 공개된 발명의 내용은 확대된 선출원의 범위로 남아서, 취하된 선출원일(先出願日) 후에 출원된 후출원(後出願)들의 신규성(新規性)을 상실시키는 선행기술(先行技術)로서 존속된다($\substack{법 \\ \S29③}$). 다만, 취하된 출원의 발명자와 같은 발명자이거나, 출원인이 같은 경우에는 그러하지 아니하다($\substack{법 \\ 같은조항 \, 단}$).

(2) **특허출원의 의제취하**

특허출원인의 의사에 따른 취하가 아니라, 법률상 취하와 동일한 것으로 보고 취하의 효과를 부여하는 것이다.

(i) 특허출원을 실용신안등록출원으로 변경출원이 있는 경우에는 그 특허출원은 취하된 것으로 본다($\frac{실용법}{\S10④}$).

(ii) 국내우선권주장을 한 경우, 즉 제55조(특허출원 등을 기초로 한 우선권주장) 제1항에 따른 우선권주장의 기초가 된 선출원은 그 출원일부터 1년 3개월이 지난 때에 취하된 것으로 본다($\frac{법}{\S56①본}$).

(iii) 특허출원심사의 청구를 할 수 있는 기간(종전의 법은 5년, 2017. 3. 1. 시행법은 3년)에 출원심사의 청구가 없으면 그 특허출원은 취하한 것으로 본다($\frac{법}{\S59⑤}$).

(3) **특허출원의 포기**

(i) **출원포기의 의의**   특허출원의 포기란 특허출원의 계속중에 출원인(出願人)이 출원절차를 버린다는 일방적인 의사표시를 말한다. 형식적으로는 특허출원의 절차진행의 권능을 버리는 것이고, 실질적으로는 특허출원을 하여 받을 수 있는 일체의 이익을 모두 버린다는 의사표시이다.

출원의 포기는 취하(取下)와 같이 포기서(抛棄書)를 특허청장에게 제출하여야 한다($\frac{시행규칙}{\S19①②}$).

(ii) **포기할 수 있는 시기**   취하와 같이 특허출원의 계속중에 하여야 한다.

(iii) **포기의 효과**   출원의 포기도 계속 중인 특허출원절차가 마치 없었던 것으로 된다. 실질적으로는 출원에 따르는 선원의 이익이나 특허를 받을 권리의 포기를 수반한다.

그러나 포기된 출원은 그 비밀이 보장되어 그 후출원(後出願)에 대한 거절에 이를 참작하지 아니한다. 다만, 그 포기의 시기가 출원공개(出願公開)된 후에라면, 출원의 취하의 경우에서 ②와 같은 효과를 나타낸다($\frac{법}{\S29③}$).

(4) **출원절차의 무효**

(i) **출원절차의 무효의 의의**   적법한 출원절차의 계속 중에, 출원인에게 정하여진 지정행위기간(指定行爲期間)을 어기거나 특허의 설정등록(設定登錄)을 할 때에 내야 할 특허료를 내지 아니한 경우 또는 행위능력(行爲能力)이나 대리권 등의 흠결에 대한 보정명령(補正命令)에 불응·불능 등의 경우에 특허청장의 행정처분으로 특허출원의 모든 절차를 처음부터 없었던 것과 같은 상태로 소멸시키는 것을

말한다(법§16①본).

　이 특허청장의 무효처분에 대하여는 일반 행정처분(行政處分)에 대한 불복절차(不服節次)인 행정심판법(行政審判法)에 의한 취소심판을 청구할 수 있고(행심법§5(i)), 행정소송법(行政訴訟法)에 의한 취소소송(取消訴訟)을 청구할 수 있는바(행소법§4(i)), 그 청구할 수 있는 기간은 각각 처분이 있음을 안 날부터 90일 이내에 청구 또는 제기하여야 한다(행심법 §27①,행소법 §20①).

　(ii) **무효처분의 시기와 절차**　　특허출원 절차의 계속 중에 할 수 있다. 따라서 특허의 설정등록(設定登錄) 전까지에 할 수 있다. 무효처분(無效處分)은 그 이유를 명시한 서면을 보정명령을 받은 자(출원인)에게 송달하여야 한다(법§16③). 출원인은 이러한 사실을 알아야만 불복할 수 있기 때문이다.

　(iii) **무효처분의 효과**　　특허출원의 계속 상태가 모두 소멸한다.

　무효로 된 출원은 그 후출원(後出願)에 대한 거절에 이를 선행기술(先行技術)로 참작하지 아니한다.

　그러나 출원공개(出願公開) 후에 무효처분이 된 경우에는 선원범위(先願範圍) 확대의 지위에 그대로 존속되어, 후출원의 신규성 또는 진보성을 판단함에 있어서 선행기술로 참작된다.

2. 심사관의 결정에 의한 출원절차의 종료

　심사관의 결정(決定)에는 특허결정(特許決定)과 특허거절결정(特許拒絶決定)이 있으며, 어느 것이나 그것이 특허출원에 대한 심사절차의 종료원인이 된다.

(1) 결정의 의의와 성질

　여기에서의 결정(決定)이란 심사관이 특허출원에 대한 심사(審査)를 한 결과 특허의 설정등록(設定登錄)을 인정하는 특허결정과 이를 부정하는 특허거절결정을 하는 국가기관의 종국적인 의사표시이다.

　이 결정의 법률적 성질에 대하여 두 견해가 있다. 이 결정이 단순한 특허를 받을 권리의 존부만을 확인하는 확인행위(確認行爲)이냐, 아니면 특허라는 권리를 형성시키는 설권행위(設權行爲)이냐의 문제이다.

　(i) 특허출원(特許出願)이란 특허출원인이 새로운 발명을 하여 국가에 대하여 그것이 법정(法定)의 요건에 해당되는 여부를 직권(職權)으로 심사하여 특허권을 설정, 즉 권리를 형성하여 줄 것을 요구하는 의사표시를 한 것이다.

　(ii) 국가는 이 특허출원인의 요구인 특허권을 설권(設權)해 달라는 요구에 대

하여, 심사라는 법정절차(法定節次)를 통하여 직권으로 법정요건(法定要件)에 충족되는지의 여부를 조사하여, 특허권을 설정해 줄 것인지의 여부를 결정하는 형성행위(形成行爲)의 의사표시를 하는 것이다.

이 형성행위의 의사표시는 심사관이 특허결정 또는 특허거절결정이라는 결정서(決定書)의 원본(原本)을 작성함으로써 행정행위의 의사가 내부적으로 형성되는 것이고, 특허청장이 그 결정서의 등본(謄本)을 특허출원인에게 송달하여 그 등본이 출원인에게 도달됨으로써 특허청장의 행정행위는 대외적으로 표시되어 그 효력이 발생된다($\substack{법 §218, \\ 령 §18}$).

(iii) 특허출원인은 국가의 행정관청인 특허청장의 권리형성의 의사표시인 특허결정등본(特許決定謄本)에 의하여 소정의 특허료(特許料)를 내고($\substack{법 \\ §79①}$), 특허권의 설정등록(設定登錄)을 함으로써 특허권이 발생하거나($\substack{법 \\ §87①}$), 특허거절결정등본(特許拒絶決定謄本)의 송달에 의하여 심사절차(審査節次)는 종료된다.

따라서 특허결정의 법률적 성질은 단순한 특허권 존부의 확인행위가 아니고 특허권을 형성시키는 설권행위이다.

(2) 심사관의 특허결정

심사관은 특허출원에 대하여 거절이유(拒絶理由)를 발견할 수 없으면 특허결정(特許決定)을 하여야 한다($\substack{법 \\ §66}$). 심사관은 거절이유가 없으면 반드시 특허결정을 해야하며, 여기에는 심사관의 재량의 여지는 없다.

특허결정은 서면으로 하여야 한다($\substack{시행규칙 \\ §48②}$). 심사관은 특허출원에 대하여 특허거절결정 또는 특허결정을 하려는 때에는 특허청장에게 이를 보고하고 시행규칙 제48조(거절이유통지 등) 제2항 각호의 사항을 적은 특허거절결정 또는 특허결정서를 작성하여 기명날인 하여야 한다($\substack{시행규칙 \\ §48②}$). 앞에서 설명한 바와 같이, 이것이 특허출원에 대한 국가의 행정관청인 특허청장의 의사형성(意思形成)이고 이것의 등본(謄本)을 특허출원인에게 송달함으로써 행정관청인 특허청장의 행정행위가 대외적으로 표시된 것이다. 출원인은 최초 3년분의 특허료와 이 특허결정등본을 제시하고 특허의 설정등록을 함으로써 특허권이 발생한다($\substack{법 \\ §87①}$).

(3) 심사관의 특허거절결정

심사관은 특허출원이 특허거절이유에 해당하는 경우에는 특허거절결정을 하여야 한다($\substack{법 \\ §62본}$).

거절이유는 제62조(특허거절결정)의 각호에 명시되어 있다($\substack{법 \\ §62(i)-(vii)}$).

특허거절이유는 여기에 규정된 것만으로 한정되느냐? 그래야 하는 것이 원칙이다. 그러나 우리 특허법은 입법의 미비로 문제가 있다. 이미 지적해둔 바와 같이, 제2조(정의) 제2호에는 발명의 정의로서 "발명이란 자연법칙(自然法則)을 이용한 기술적 사상의 창작으로서 고도의 것을 말한다"라고 규정되어 있다. 그런데 이것은 특허법에서의 "발명의 정의"인 동시에 발명의 성립요건을 규정한 것이다.

발명이 이 성립요건에 충족하지 못할 때, 즉 발명이 발명으로 성립도 되지 못한 것은 특허거절의 대상임이 자명하다. 그런데 이것을 거절할 수 있는 명문규정이 없다는 것은 입법의 큰 미비이다.

판례는 이러한 미완성발명(未完成發明)은 산업상 이용가능성이 없다는 이유로 거절했다.[9] 거절은 해야겠고 부득이 이와 같은 것이 산업상 이용할 수 없는 발명이라고 판시한 판례의 고충은 충분히 이해된다. 그러나 발명의 미완성은 발명의 성립요건이 충족되지 못한 경우이고, 산업상 이용가능성(利用可能性)은 발명은 완성되었으나 특허요건이 충족되지 못한 경우이므로 법리상으로는 전혀 별개의 문제이다. 합리적인 입법을 촉구하는 바이다.

한편, 심사관은 거절이유가 있다 하여 막바로 거절하는 것은 아니고, 그 이유를 출원인에게 통지하여 알리고 기간을 정하여 의견서를 제출할 수 있는 기회를 주어야 한다($^{민법}_{§63①}$).

소정의 절차를 거쳐서 출원인으로 하여금 보정서 또는 의견서 등을 제출하게 하였으나 거절이유를 해소하지 못한 경우에는 심사관은 거절결정을 하고 특허청장은 거절결정서를 출원인에게 송달함으로써 심사절차는 종료된다. 특허출원인은 이것을 심사(審査)의 속심(續審)인 거절결정에 대한 불복심판(不服審判)을 청구하는 경우도 있으나, 이러한 경우에도 심사절차는 종료되고 따로 심판절차(審判節次)가 계속되는 것이다. 이에 대하여는 심판의 절차에서 설명한다.

---

9) 대법원 1998. 9. 4. 선고 98후744 판결.

제1절 특허권의 설정등록과 특허료의 납부

제1항 특허권의 설정등록과 특허권의 발생 등

(1) 특허권의 설정등록

특허청장은 다음 각호의 어느 하나에 해당하는 경우에는 특허권을 설정하기 위한 등록을 하여야 한다($\frac{법}{\$87②본}$). 이것들이 바로 특허권의 설정등록이다.

(i) 제79조(특허료) 제1항에 따라 특허료를 냈을 때($\frac{법}{같은조항(i)}$)

(ii) 제81조(특허료의 추가납부 등) 제1항에 따라 특허료를 추가로 냈을 때($\frac{법}{같은조항(ii)}$)

(iii) 제81조의2(특허료의 보전) 제2항에 따라 특허료를 보전하였을 때($\frac{법}{같은조항(iii)}$)

(iv) 제81조의3(특허료의 추가납부 또는 보전에 의한 특허출원과 특허권의 회복 등) 제1항에 따라 특허료를 내거나 보전(補塡)하였을 때($\frac{법}{같은조항(iv)}$)

(v) 제83조(특허료 또는 수수료의 감면) 제1항 제1호 및 같은조 제2항에 따라 그 특허료가 면제되었을 때($\frac{법}{같은조항(v)}$)

(2) 특허권의 발생

특허출원인은 특허결정서(特許決定書)의 송달을 받은 날부터 3개월 이내에, 설정등록(設定登錄)을 받으려는 날(이하 "설정등록일"이라 한다)부터 계산하여 3년분에 해당하는 소정 특허료(特許料)를 일시에 내고($\frac{법 \$79①전,}{징수규칙 \$2②}$), 특허권의 설정등록을 함으로써 특허권이라는 권리가 발생한다($\frac{법}{\$87①}$).

여기에서 특허권의 설정등록이란 특허청장(특허청장의 위임을 받은 등록공무원)이 법령절차에 따라 공적장부(公的帳簿)인 특허원부(特許原簿)에 특허권의 설정에 관한 사항을 기록함으로써 특허권의 효력을 발생시키는 행위를 말한다.

제 2 항 특허료와 특허료의 납부

1. 특허료의 개념과 법적 성질 등

(1) 특허료의 개념

특허료(特許料)는 국가의 입장에서는 특허권자에게 특허발명(特許發明)을 업으로서 독점실시할 수 있는 특허권이라는 권리를 부여해주는 대가로서 받아들이는 것이요, 특허권자(特許權者)의 입장에서는 수익자부담(受益者負擔)의 원칙에 따라 특허권의 설정등록과 권리의 존속을 위하여 납부하는 부담금(負擔金)이다.

(2) 특허료의 법적 성질

특허료는 특허권의 발생과 존속을 위한 요건이다.

설정등록을 위하여 납부하는 3년분의 특허료는 특허권의 발생요건이요, 4년도부터의 특허료는 특허권의 존속을 위하여 납부하는 존속요건이다.

(i) 최초의 특허료(3년분)의 납부는 특허권 설정등록을 위하여 납부하는 것이므로 특허권의 발생요건이다. 특허료를 내고 특허권을 설정등록함으로써 특허권이라는 권리가 발생된다.

(ii) 그리고 4년도분부터의 납부는 특허권을 존속시키기 위해 내는 존속요건(存續要件)이다. 특허료를 내지 아니하면 특허권은 존속되지 않고 소멸하기 때문이다.

2. 특허료의 납부에 관한 규정

(1) 특허료의 납부

특허권의 설정등록을 받으려는 자는 설정등록일부터 3년분의 특허료를 내야 하고, 특허권자는 그 다음해부터의 특허료를 해당권리의 설정등록일에 해당하는 날을 기준으로 매년 1년분씩 내야 한다($\substack{법 \\ \S79①}$). 이 특허권을 존속시키기 위한 요금을 연도금(年度金)이라 한다.

(2) 특허료의 납부방법

특허권자는 설정등록 다음부터의 특허료는 설정등록일을 기준으로 그 납부년도순서에 따라 수년분 또는 모든 연도분을 함께 낼 수 있다($\substack{법 \\ 같은조②}$).

여기에서 '모든 연도분을 함께 낼 수 있다'는 특허권의 존속기간이 만료될 때까지의 특허료를 한꺼번에 낼 수 있다는 말이다.

(3) "특허료 등의 징수규칙"에의 세칙에 위임

특허료, 그 납부방법 및 납부기간, 그 밖에 필요한 사항은 산업통상자원부령으로 정한다(법같은조③). 이 조항에 따라 제정된 "특허료 등의 징수규칙"이 있다.

3. 이해관계인에 의한 특허료의 납부

(1) 이해관계인의 납부

이해관계인은 특허료를 내야 할 자의 의사에 관계없이 특허료를 낼 수 있다(법§80①). 여기에서 이해관계인이란 당해 특허료를 냄으로써 이익을 얻거나 손해(損害)를 면할 수 있는 자를 말한다. 그러므로 당해 특허발명의 실시권자(實施權者) 또는 당해특허권에 대한 질권자(質權者)나 일반 채권자(債權者)일 수도 있고, 그 외에도 구체적인 실정에 따라 더 있을 수 있다.

특허청 당국의 실무적인 예로는 이해관계의 여부를 불문하고 특허료는 누구든지 대납이 가능한 것으로 받아들이고 있다. 또 특허료를 낼 자의 의사에 관계없이란 특허료를 내야 할 자(특허출원인 또는 특허권자)의 동의 없이 또는 반대에도 불구하고 낼 수 있다는 뜻이다.

(2) 이해관계인의 비용청구

이해관계인이 특허료를 낸 경우에는 내야 할 자가 현재 이익을 얻는 한도에서 그 비용의 상환을 청구할 수 있다(법같은조②).

4. 특허료의 추가납부와 보전

1) 특허료의 추가납부

(1) 개   념

특허료의 추가납부란 특허료를 내야 할 자가 정해진 날짜까지 내지 못하는 경우에 일정한 기간(6개월) 내에 특허료와 추가되는 요금을 같이 내게 하는 제도이다. 특허료는 일반 조세(租稅)와는 달리, 특허권자에게 독촉하거나 강제징수를 하는 것이 아니고 특허권자의 자유의사(自由意思)에 맡겨져 있다.

(2) 취   지

특허료의 추가납부제도의 취지는 특허료의 미납으로 특허권을 소멸시킨다면, 새로운 발명을 한 출원인 또는 특허권자에게 너무나 가혹하고 국가의 산업발전에 이바지한다는 특허법의 목적에도 부합되지 않는다.

뿐만 아니라, 파리협약에도 부득이 특허료를 내지 못한 특허권자의 구제를 위하여 6개월 이상의 은혜기간(a period of grace not less than six months)을 부여하도록 규정되어 있다($^{파리협약}_{§5의2}$).

(3) 추가납부의 기간

특허권의 설정등록을 받으려는 자 또는 특허권자는 제79조(특허료) 제3항에 따른 특허료의 납부기간이 지난 후에도 6개월 이내(이하 "추납기간"이라한다)에 특허료를 추가로 낼 수 있다($^{법}_{§81①}$).

(4) 추가납부액

특허료를 추가로 낼 때에는 내야 할 특허료의 2배의 범위에서 산업통상자원부령으로 정하는 금액을 납부하여야 한다($^{법}_{같은조②}$). 산업통상자원부령이란 앞에서 밝힌 바와 같이 "특허료 등의 징수규칙"이다.

(5) 추가납부기간 경과 후 권리의 포기 또는 소멸

추가납부기간에 특허료를 내지 아니한 경우〔추가납부기간이 끝나더라도 제81조의 2(특허료의 보전) 제2항에 따른 보전기간(補塡期間)이 끝나지 아니한 경우에는 그 보전기간에 보전하지 아니한 경우를 말한다〕에는 특허권의 설정등록을 받으려는 자의 특허출원은 포기한 것으로 보며, 특허권자의 특허권은 제79조(특허료) 제1항 또는 제2항에 따라 낸 특허료납부기간에 해당되는 기간이 끝나는 날의 다음날로 소급하여 소멸된 것으로 본다($^{법}_{§81③}$).

2) 특허료의 보전

(1) 보전의 개념

특허료의 보전(補塡)이란 특허권의 설정등록을 받고자 하는 자 또는 특허권자가 특허료의 정상납부기간(正常納付期間) 또는 추가납부기간(追加納付期間)에 특허료를 부족하게 낸 경우, 보전명령(補塡命令)을 하여 추후(追後)에 납부할 기회를 부여해주는 제도이다. 특허등록의 절차에 있어서는 특허출원절차에 있어서와 같은 절차를 보정(補正)하는 기회는 없다.

그러나 특허료의 보전제도는 특허권의 설정등록을 받고자 하는 자 또는 특허권자가 특허료를 납부할 의사가 있었으나 특허료의 일부를 부족하게 납부한 경우에 보정절차(補正節次)가 없다 하여 특허결정이 포기된 것으로 되고 또는 특허권이 소멸한다면 그 출원인 또는 특허권자에게 너무 가혹한 결과로 되는 것을 막기 위한 구제제도이다.

(2) 특허청장의 보전명령

특허청장은 특허권의 설정등록을 받으려는 자 또는 특허권자가 제79조(특허료) 제3항 또는 제81조(특허료의 추가납부 등) 제1항에 따른 기간에 특허료의 일부를 내지 아니한 경우에는 특허료의 보전을 명하여야 한다($\S{81}$의2①).

(3) 보전기간

특허료의 보전명령을 받은 자는 그 보전명령을 받은 날부터 1개월 이내(이하 "보전기간"이라 한다)에 특허료를 보전할 수 있다($\S{81}$의2②).

(4) 2배의 보전액

보전명령에 따라 특허료를 보전하는 자는 내지 아니한 금액의 2배의 범위에서 "특허료 등의 징수규칙"으로 정한 금액을 내야 한다(같은조③). 여기에서의 2배의 금액은 과태료(過怠料)와 같은 성질의 것이라 할 것이다.

5. 특허료의 추가납부 또는 보전에 의한 특허출원과 특허권의 회복 등

(1) 특허권 등의 회복절차

특허권의 설정등록을 받으려는 자 또는 특허권자가 책임질 수 없는 사유로 추가납부기간에 특허료를 내지 아니하였거나 보전기간에 보전하지 아니한 경우에는 그 사유가 소멸한 날부터 2개월 이내에 그 특허료를 내거나 보전할 수 있다($\S{81}$의3①본). 다만, 추가납부기간의 만료일 또는 보전기간의 만료일 중 늦은 날부터 1년이 지난 때에는 그러하지 아니하다(같은조①단).

권리의 불안정한 상태를 가능한 빨리 안정시키려는 법적 안정성의 요구이다.

(2) 특허료 추가납부와 보전의 효과

특허료를 내거나 보전한 자는 제81조(특허료의 추가납부 등) 제3항에도 불구하고 그 특허출원을 포기하지 아니한 것으로 보며, 그 특허권은 계속하여 존속하고 있던 것으로 본다($\S{81}$의3②).

(3) 소멸된 특허권의 회복

추가납부기간에 특허료를 내지 아니하였거나 보전기간에 보전하지 아니하여 특허발명의 특허권이 소멸할 경우, 그 특허권자는 추가납부기간 또는 보전기간 만료일부터 3개월 이내에 제79조(특허료)에 따른 특허료의 2배를 내고, 그 소멸한 권리의 회복을 신청할 수 있다. 이 경우 그 특허권은 계속하여 존속하고 있던 것으로 본다($\S{81}$의3③).

(4) 효력의 제한기간

특허출원 또는 특허권의 효력은 추가납부기간 또는 보전기간이 지난 날부터 특허료를 내거나 보전한 날까지의 기간(이하 이 조에서 "효력제한기간"이라 한다)중에 타인이 특허출원된 발명 또는 특허발명을 실시한 행위에 대해서는 그 효력이 미치지 아니한다($\frac{법}{§81의3④}$).

(5) 선의의 실시자 또는 사업준비자의 통상실시권

효력제한기간 중 국내에서 선의로 특허출원된 발명 또는 특허발명을 업으로 실시하거나 이를 준비하고 있는 자는 그 실시하거나 준비하고 있는 발명 및 사업 목적의 범위에서 그 특허출원발명 또는 특허발명에 대한 특허권에 대하여 통상실시권을 가진다($\frac{법}{§81의3⑤}$).

여기에서 선의란 어떤 사정을 알지 못하는 것을 말하므로 특허출원된 발명 또는 특허발명임을 알지 못하고 실시하거나 준비한 경우는 물론이요, 효력제한기간에 특허료의 추가납부 또는 보전(補塡)에 의하여 소멸된 특허권이 회복될 것임을 알지 못했던 자도 여기에서의 선의에 포함된다고 보아야 한다.

(6) 실시료(대가)의 지급

제81조의3(특허료의 추가납부 또는 보전에 의한 특허출원과 특허권의 회복 등) 제5항에 따라 통상실시권을 가진 자는 특허권자 또는 전용실시권자에게 상당한 대가를 지급하여야 한다($\frac{법}{§81의3⑥}$). 형평성(衡平性)의 배려이다.

(7) 세칙에의 위임

제81조의3(특허료의 추가납부 또는 보전에 의한 특허출원과 특허권의 회복 등) 제1항 본문에 따른 납부(納付)나 보전(補塡) 또는 제3항 전단에 따른 신청에 필요한 사항은 시행규칙으로 정한다($\frac{법 §81의3⑦.}{시행규칙 §55의2}$).

6. 특허료 등의 감면과 반환

이에 대하여는 제2장 제12절 3. "특허료 또는 수수료의 감면과 반환"에 관하여 같이 설명되어 있다.

제 3 항 특허공보에의 등록공고

1. 특허공보

(1) 특허공보의 개념

특허공보란 특허에 관한 일정사항 기타 특허청장이 필요한 사항들을 일반공중(一般公衆)에게 알리기 위하여 특허청에서 발행하는 공시매체(公示媒體)이다.

특허청장은 특허권의 설정등록을 한 경우에는 특허권자의 성명·주소 및 등록번호 등 대통령령으로 정하는 사항을 특허공보에 게재하여 등록공고를 하여야 한다($\S87③^{법}$).

(2) 특허공보의 발행

특허청장은 대통령령, 즉 시행령으로 정하는 바에 따라 특허공보를 발행하여야 한다($\S221①^{법}$). 그리고 특허공보는 시행규칙으로 정하는 바에 따라 전자적(電子的) 매체(媒體)로 발행할 수 있다($같은조②^{법}$).

특허청장은 전자적 매체로 특허공보를 발행하는 경우에는 정보통신망(情報通信網)을 활용하여 특허공보의 발행사실·주요목록 및 공시송달에 관한 사항을 알려야 한다($같은조③^{법}$).

(3) 특허공보의 종류

특허공보는 등록특허공보와 공개특허공보로 구분한다($\S19①^{시행령}$). 등록특허공보에 게재할 사항은 시행령 제19조(특허공보) 제1항에 열거되어 있고($②(i)-(xii)^{시행령 \S19}$), 공개특허공보에 게재할 사항은 시행령 제19조 제3항에 열거되어 있다($③(i)-(x)^{시행령 \S19}$).

(4) 공보에 게재사항의 제한

특허청장은 등록특허공보 및 공개특허공보를 게재하는 경우에 자연인(自然人)인 특허권자, 자연인인 출원인 또는 발명자의 주소를 게재하는 경우 그들의 신청이 있으면 그 주소(住所)의 일부만을 게재할 수 있다($\S19④^{시행령}$). 이에 관한 신청방법 및 절차, 주소의 게재범위는 특허청장이 정하여 고시한다($같은조⑤^{령}$).

2. 특허권 설정등록의 등록공고

(1) 개정법의 등록공고사항

2017. 3. 1. 시행법은 위와 같은 종전의 제87조(특허권의 설정등록 및 등록공고) 제3항을 다음과 같이 개정했다.

『③ 특허청장은 제2항에 따라 등록한 경우에는 다음 각호의 사항을 특허공보에 게재하여 등록공고를 하여야 한다.

(i) 특허권자의 성명 및 주소(법인인 경우에는 그 명칭 및 영업소의 소재지를 말한다)($\substack{개정법\\ §87③(i)}$)

(ii) 특허출원번호 및 출원연월일($\substack{같은조항\\ (ii)}$)

(iii) 발명자의 성명 및 주소($\substack{같은조항\\ (iii)}$)

(iv) 특허출원서에 첨부된 요약서($\substack{같은조항\\ (iv)}$)

(v) 특허번호 및 설정등록연월일($\substack{같은조항\\ (v)}$)

(vi) 등록공고연월일($\substack{같은조항\\ (vi)}$)

(vii) 제63조(거절이유 통지) 제1항 각호 외의 부분 본문에 따라 통지한 거절이유에 선행기술에 관한 정보(선행기술이 적혀 있는 간행물의 명칭과 그 밖에 선행기술에 관한 정보의 소재지를 말한다)가 포함된 경우의 그 정보($\substack{같은조항\\ (vii)}$)

(viii) 그 밖에 대통령령으로 정하는 사항』($\substack{같은조항\\ (viii)}$)

(2) 경과조치

2017. 3. 1. 시행법에 의하여 개정된 제87조(특허권의 설정등록 및 등록공고) 제3항의 개정규정은 이 법 시행 이후 설정등록된 특허권에 관한 등록공고부터 적용한다($\substack{개정법\\ 부칙 §7}$).

3. 비밀취급이 필요한 특허발명의 등록공고의 보류

비밀취급이 필요한 특허발명에 대해서는 그 발명의 비밀취급이 해제될 때까지 그 특허의 등록공고를 보류하여야 하며, 그 발명의 비밀취급이 해제된 경우에는 지체없이 등록공고를 하여야 한다($\substack{법\\ §87④}$).

비밀취급이 필요한 발명이란 제41조(국방상 필요한 발명 등) 제1항에 따라 비밀취급되는 경우이며, 이러한 경우에는 출원공개(出願公開)에서도 그 발명의 비밀취급이 해제될 때까지는 공개를 아니하도록 되어 있다($\substack{법\\ §64③}$).

4. 출원서류 및 부속물건의 공중에의 열람

특허청장은 등록공고가 있는 날부터 3개월 동안 출원서류 및 그 부속물건을 공중(公衆)이 열람할 수 있도록 하여야 한다($\substack{법\\ §87⑤}$). 누구든지 열람할 수 있게 함으로써 실시권을 설정할 수 있는지 여부 또는 무효심판을 청구할 수 있는지의 여부뿐만 아니라, 기술문헌으로서의 참조 등 여러 가지로 이용할 수 있는 기회를 부여하는 것이다.

열람기간을 3개월로 한 것은 누구든지 무효심판을 청구할 수 있는 기간이 특허권의 설정등록공고일부터 3개월로 되어 있기 때문이다($\substack{법 \\ \S133①단}$).

한편, 2017. 3. 1. 시행법에 따르면, 제132조의2(특허취소신청)를 규정하고 있으므로, 이 "취소신청을 위한 열람의 기간"도 여기에 반영시켜야 할 것이다.

제 4 항 특허원부와 특허증의 발급

1. 특허원부의 비치 등

(1) 특허원부

특허 등의 등록령(이하 "등록령"이라 한다)에 따르면 특허청에는 특허, 실용, 디자인·상표 등 여러 가지 원부(原簿)가 있다($\substack{등록령 \\ \S9①}$). 그리고 "특허원부"에도 "특허등록원부(特許登錄原簿)"와 "특허신탁원부(特許信託原簿)"가 있다($\substack{등록령 \\ \S9②}$).

"특허등록원부"란 특허권 또는 그에 수반되는 실시권(實施權) 등 권리의 발생·변동·제한·소멸·회복 또는 연장 등에 관한 모든 사항을 기록하는 공적장부이다.

(2) 특허원부에 등록사항

특허청장은 특허청에 특허원부를 갖추어 두고 다음 각호의 사항을 등록한다($\substack{법 \\ \S85①}$).

(i) 특허권의 설정·이전(移轉)·소멸·회복(回復)·처분의 제한 또는 존속기간의 연장(延長)($\substack{법 \\ 같은조항(i)}$)

(ii) 전용실시권(專用實施權) 또는 통상실시권(通常實施權)의 설정·보존(保存)·이전(移轉)·변경(變更)·소멸 또는 처분의 제한($\substack{법 \\ 같은조항(ii)}$)

(iii) 특허권·전용실시권 또는 통상실시권을 목적으로 하는 질권(質權)의 설정·이전·변경·소멸 또는 처분의 제한($\substack{법 \\ 같은조항(iii)}$)

(3) 특허원부의 전자적 기록매체

특허원부는 그 전부 또는 일부를 전자적 기록매체(記錄媒體) 등으로 작성할 수 있다($\substack{법 \\ \S85②}$).

(4) 시행세칙의 "특허권 등의 등록령"에의 위임

등록사항 및 등록절차 등에 관하여 필요한 사항은 대통령령으로 정한다

($\substack{법\\같은조③}$). 이 규정에 의하여 제정된 것이 "특허권 등의 등록령"이다.

(5) 명세서 등의 특허원부의 일부로 의제

특허발명의 명세서 및 도면 그 밖에 대통령령으로 정하는 서류는 특허원부의 일부로 본다($\substack{법\\같은조④}$).

특허등록원부에는 명세서 및 도면 등까지 기재하는 것은 아니므로, 이 규정을 함으로써 명세서 및 도면 또는 기타 대통령령으로 정하는 필요한 사항들이 특허등록원부에 기재된 것과 같은 효력이 있음을 명문화한 것이다.

2. 특허증의 발급

1) 특허증의 개념과 종류

(1) 특허증의 개념

특허증(特許證)이란 특허원부에 등록된 특허권에 관한 사항을 시행규칙 제50조(특허증의 발급) 소정의 서식에 따른 형식으로 작성하여 특허청장이 특허권자에게 발급하는 서면장(書面狀)이다.

(2) 특허증의 법적 성질

이 특허증에 공신력(公信力)이 부여된 것은 아니다. 다만, 원부에 기재된 중요 사항을 기록한 서면으로 관례적인 유물(遺物)이라 할 수 있다.

2) 특허증의 발급에 관한 규정

(1) 특허증의 발급

특허청장은 특허권의 설정등록을 한 경우에는 산업통상자원부령, 즉 시행규칙으로 정하는 바에 따라 특허권자에게 특허증을 발급하여야 한다($\substack{법\\§86①}$).

(2) 특허증의 정정발급

특허청장은 특허증이 특허원부나 그 밖의 서류와 맞지 아니하면 신청에 따라 또는 직권으로 특허증을 회수하여 정정발급(訂正發給)하거나 새로운 특허증을 발급하여야 한다($\substack{법\\같은조②}$).

(3) 정정심결 확정 후의 신특허증발급

특허청장은 제136조(정정심판) 제1항에 따른 정정심판의 심결이 확정된 경우에는 그 심결에 따라 새로운 특허증을 발급하여야 한다($\substack{법\\같은조③}$).

그런데 2017. 3. 1. 시행법에 따르면, 제86조(특허증의 발급) 제3항을 다음과 같이 개정했다. 즉『③ 특허청장은 다음 각호의 어느 하나에 해당하는 경우에는 결정, 심결 또는 이전 등록에 따라 새로운 특허증을 발급하여야 한다.

(i) 특허발명의 명세서 또는 도면의 정정을 인정한다는 취지의 결정 또는 심결이 확정된 경우($\substack{개정법\\§86③(i)}$)

(ii) 제99조의2(특허권의 이전청구) 제2항에 따라 특허권이 이전등록된 경우($\substack{개정법\\같은조항(ii)}$)』

(4) 휴대용 특허증의 발급

특허청장은 특허권자의 신청이 있는 때에는 소정의 휴대용(携帶用) 특허증을 발급할 수 있다($\substack{시행규칙\\§50의2①}$). 기타 특허증에 관하여는 시행규칙에 상세히 규정되어 있다($\substack{시행규칙\\§50 이하}$).

제 2 절   특허권의 존속기간과 존속기간의 연장등록

제 1 항   특허권의 존속기간

1. 특허권의 산업재산권으로서의 특성 — 특허권의 본질과 속성

(1) 특허권의 본질

산업재산권의 특성에 대하여는 제1장 제3절에서 이미 설명한 바 있다.

특허권은 산업재산권 중에서도 가장 큰 비중을 차지하는 대표적인 산업재산권이다. 따라서 특허권의 본질 또한 산업재산권이므로, 산업적 무체재산권(無體財産權)이다.

(2) 특허권의 속성

특허권의 속성 또한 산업재산권의 속성과 같다.

산업재산권의 일반적인 법률적 속성으로는 ① 직접지배성(直接支配性) ② 독점배타성(獨占排他性) ③ 포괄성(包括性) ④ 신축성(伸縮性) ⑤ 탄력성(彈力性) ⑥ 유한성(有限性) ⑦ 제한성(制限性) 등을 소개한 바 있다. 특허권은 산업재산권을 대표하는 권리이어서 이러한 속성들을 빠짐없이 구비하고 있다.

구체적인 내용은 제1장 제3절 제2항 "산업재산권의 특성 — 그 본질과 속성"에서 이미 소개되어 있다.

2. 특허권의 존속기간과 관련된 속성

특허권은 설정등록을 함으로써 발생하여($\frac{법}{\S87①}$), 그 존속기간은 특허출원일 후 20년이 되는 날까지로 한다($\frac{법}{\S88①}$).

(1) 유 한 성

특허권은 유한적인 권리이다. 동산(動産) 또는 부동산(不動産) 등의 소유권은 무한존속(無限存續)하는 권리인데 대하여, 특허권은 일정기간만을 존속하고 소멸하는 유한성(有限性)을 가진다.

(2) 신 축 성

특허권의 존속기간은 모두가 한결같이 획일적으로 정해진 것은 아니다. 설정등록에 의하여 발생하고, 특허출원일 후 20년이 되는 날까지이지만, 심사의 지연과 설정등록의 지연 등으로 실질적으로 단축될 수 있다. 또 특허권자의 권리포기 또는 제3자의 특허취소 또는 특허무효심판의 청구에 따라 취소결정 또는 무효심결 등의 확정으로 단축될 수도 있다.

그런가 하면 존속기간의 연장제도를 통하여 연장될 수도 있는 등 신축성(伸縮性)이 있는 권리이다.

(3) 탄 력 성

특허권 위에 실시권(實施權) 특히, 법정 또는 강제의 실시권(實施權)·담보권(擔保權) 등이 설정되면 특허권의 효력은 그만큼 제한되지만, 그러한 제한권이 소멸하면 본래의 원만한 상태로 복귀한다. 또 특허취소결정이나 특허무효의 심결로 권리가 소멸했던 것이 재심심결(再審審決)로 소급하여 다시 살아나기도 한다. 이러한 속성을 탄력성(彈力性)이라 한다.

3. 특허권의 존속기간을 유한적으로 한 이유

(1) 특허제도의 산업정책적인 목적

특허제도는 발명을 보호·장려하고 그 이용을 도모함으로써 기술의 발전을 촉진하여, 산업발전에 이바지함을 목적으로 한다($\frac{법}{\S1}$). 따라서 특허권의 유한성은 산업발전에 이바지하려는 다음과 같은 국가의 산업정책적인 이유에 그 근거가 있다.

특허권자에게는 새로운 발명을 하여 공개시킨 대상으로 특허권이라는 독점권(獨占權)을 일정기간(一定期間)만 유한적(有限的)으로 부여하고, 그 후로는 그 발명을 널리 누구나 이용할 수 있는 사회공유재산(社會共有財産)으로 함으로써 산업발전에 기여할 수 있고 또 사회공익(社會公益)에도 부합된다고 보는 것이다.

반면, 특허권이란 독점권(獨占權)을 특정인에게만 영구히 존속시키는 것은 오히려 산업발전에 크게 저해된다고 보기 때문이다.

(2) 선진국과 개발도상국과의 입장차이

기술의 선진국과 개발도상국의 입장은 서로 다르게 나타나고 있다. 개발도상국은 발명의 수준 또한 낮기 때문에 존속기간을 비교적 단기로 하려는 경향이 있고, 선진국은 그와 상반되어 있다.

이를 협의한 결과인 WTO의 TRIPs협정은 특허권의 존속기간을 적어도 출원으로부터 20년으로 하기로 되어 있다($\substack{협정\\§33}$).

(3) 우리나라의 역사적인 유래

1945년 해방직후 미군정의 영향을 받은 1946년 특허법에 의하면, "발명특허 및 식물특허(植物特許)에 대하여 17년"이었다($\substack{동법\\§87①(i)}$). 그 후 1961년 제정법(법률 제950호)에는 출원공고가 있는 경우에는 공고일부터, 출원공고가 없는 경우에는 특허권설정의 등록일부터 12년으로 하되, 출원일부터 15년을 초과하지 못하도록 되어 있었다.

다음 1990년 개정법(법률 제4207호)에서는 출원공고가 있은 날 또는 설정등록이 있은 날부터 15년으로 하되, 출원일부터 20년을 초과할 수 없다고 되어 있었다. 1995년 개정법(법률 제5080호)에서는 TRIPs협정의 영향을 받아, 특허권의 존속기간은 특허출원일부터 20년으로 되었다가, 1997년 개정법(법률 제5329호)에서, 특허권의 설정등록이 있는 날부터, 특허출원일 후 20년이 되는 날까지로 되었고, 현행법에도 그대로 유지되고 있다($\substack{법\\§88①}$).

4. 특허권의 존속기간에 관한 기산일

1) 원 칙

(1) 정상적인 특허권

특허권의 존속기간은 특허권을 설정등록한 날부터 특허출원일 후 20년이 되는 날까지로 한다($\substack{법\\§88①}$). 즉 특허권은 특허권을 설정등록한 날부터 발생하고, 특허출원일부터 기산하여 20년이 되는 날까지 존속할 수 있다.

앞에서 설명한 바와 같이 특허권의 존속기간은 신축성(伸縮性)이 있는 것이어서, 반드시 존속하는 것은 아니고 특허출원일부터 20년이 되는 날까지 존속할 수 있다는 뜻이다.

(2) 분할출원·변경출원의 특허권

특허권의 존속기간은 특허의 출원일(出願日)부터 기산하므로, 분할출원(分割出願)이나 변경출원(變更出願) 등 출원일의 소급이 인정된 출원들은 원출원(原出願)의 출원일이 기산일이다.

(3) 우선권주장을 한 특허권

우선권주장(優先權主張)을 수반하는 출원들, 즉 조약에 의한 우선권주장($\frac{법}{§54}$)과 국내우선권주장($\frac{법}{§55}$) 등은 우선권주장의 기초가 된 출원일(선출원일)까지 출원일 자체가 소급되는 것은 아니고, 신규성 등 특허요건을 판단하는 시점만이 소급하는 것이기 때문에($\frac{법}{§55③}$), 우선권을 주장한 출원일(후출원일)부터 기산한다.

(4) PCT국제출원의 특허권

PCT국제출원에 대하여는 특별규정이 있다. 즉 PCT국제출원일이 인정된 국제출원으로서 특허를 받기 위하여 대한민국을 지정국으로 지정한 국제출원은 그 국제출원일에 출원된 특허출원으로 본다($\frac{법}{§199①}$). 따라서 PCT국제특허출원은 국제특허출원일이 특허권존속기간의 기산일(起算日)이다. 즉 PCT국제특허출원의 특허권은 설정등록으로 발생하여, 국제특허출원일부터 20년이 되는 날까지 존속한다.

그런데 대한민국 특허청은 PCT국제특허출원의 수리관청(受理官廳)이므로, 우리나라 국민 또는 국제출원을 할 수 있는 외국인($\frac{법}{§192}$ 각호)이 한글로 PCT국제특허출원을 하면서 대한민국을 지정국으로 지정할 수 있음은 물론이다. 이 경우에는 특허권존속기간의 기산일(起算日)은 대한민국 특허청에 통상의 국내특허출원(國內特許出願)을 하는 경우와 실질적으로 같다.

2) 예외 ─ 정당한 권리자의 특허권

정당한 권리자의 특허출원이 제34조(무권리자의 특허출원과 정당한 권리자의 보호) 또는 제35조(무권리자의 특허와 정당한 권리자의 보호)에 따라 특허된 경우에는 특허권의 존속기간은 무권리자의 특허출원일의 다음날부터 기산한다($\frac{법}{§88②}$).

제 2 항 특허권의 존속기간의 연장등록

1. 존속기간 연장등록제도의 취지

특허권의 존속기간은 유한성(有限性)과 신축성(伸縮性)이 있다 함은 이미 설명되었다.

그런데 특허권이 설정등록되어 그 효력이 발생되고, 특허권자가 특허발명을 업으로 실시, 즉 특허발명의 물품을 제조(製造)·판매(販賣)할 의사(意思)가 있음에도 불구하고, 특허법이 아닌 다른 법령에 따라 허가(許可)를 받거나 등록(登錄)을 하여야 하고, 그 허가 또는 등록(이하 "허가 등"이라 한다)을 받기 위하여 필요한 유효성(有效性) 또는 안정성(安定性) 등의 시험으로 인하여 장기간 소요되는 경우가 있다. 이러한 기간에는 사실상 특허발명을 실시할 수 없는 경우이다.

그러한 대표적인 경우가 의약품(醫藥品)이거나 농약인 경우라 할 수 있다.

이러한 경우에는 일정기간(5년 이내)의 범위에서 특허권의 존속기간을 연장해 줌으로써, 그러한 제한을 받지 않는 특허권의 존속기간과 비교하여 형평성을 배려한 보상제도(補償制度)라고 할 수 있다.

2. 존속기간 연장등록출원의 요건

1) 주관적 요건

(1) 연장등록출원인은 해당 특허권자일 것($^{법 \S90①,}_{\S91(iv)}$)

제91조(존속기간의 연장등록거절결정) 제4호의 규정은 연장등록출원인을 "해당 특허권자"로 한정할 것을 전제하고 있다($^{법 \S91(iv)의}_{반대해석}$). 그러나 특허권의 전용실시권자 또한 특허권자와 같은 이해관계인이므로 이러한 실시권자도 특허권자의 동의를 얻어 연장등록출원을 할 수 있어야 합리적이라 할 수 있다.

(2) 특허권자 또는 실시권자에게 특허발명을 실시하겠다는 의사가 있을 것 ($^{법}_{\S89①전}$)

존속기간연장등록을 출원하는 경우는 특허권자 또는 실시권자가 그 특허발명을 실시할 의사가 있어야 한다. 제89조(허가 등에 따른 특허권의 존속기간의 연장) 제1항 전단의 규정은 특허권자 또는 실시권자의 주관적 의사를 당연히 전제하고 있기 때문이다($^{법}_{\S89①전}$). 그 특허발명을 실시하겠다는 주관적 의사는 간단한 소명이나 이유만으로 족할 것이다. 연장등록출원 자체가 특허발명의 실시를 전제로 하고 있기 때문이다.

2) 객관적 요건

(1) 특허발명을 실시하기 위하여 다른 법령에 따라 허가를 받거나 등록 등 (이하 "허가 등"이라 한다)을 하여야 하는 경우일 것($^{법}_{\S89①전}$)

(2) 허가 등을 위하여 필요한 유효성 또는 안정성 등의 시험이 필요한 경우

일 것($\frac{법}{\S89①중}$)

(3) 그 안전성 등의 시험에 장기간이 소요되는 대통령령으로 정하는 발명일 것($\frac{법}{같은조①중}$)

여기에서 "장기간"이란 어느 정도의 기간을 말하는 것이냐? 명문규정은 없으나 하나의 장식적인 규정일 뿐, 실무적으로는 불과 수개월인 것도 연장등록이 필요하다고 인정한 선례가 있는 것으로 확인되고 있다. 특허발명의 실시는 그 형식적인 기간보다는 질적인 가치평가가 더 중요한 경우가 있기 때문일 것이다.

"대통령령으로 정하는 발명일 것"이란 이 규정에 근거를 둔 대통령령인 특허법 시행령 제7조(허가 등에 따른 특허권의 존속기간의 연장등록출원 대상발명)에 규정된 발명이다.

이 규정에 따르면, (i) 특허발명을 실시하기 위하여 "약사법" 제31조(제조업 허가 등) 제2항·제3항 또는 제42조(의약품 등의 수입허가 등) 제1항에 따라 품목허가를 받은 의약품[신물질(약효를 나타내는 활성부분의 화학구조가 새로운 물질을 말한다. 이하 이 조에서 같다)을 유효성분으로 하여 제조한 의약품으로서 최초로 품목허가를 받은 의약품으로 한정한다)의 발명($\frac{시행령}{\S7(i)}$)

(ii) 특허발명을 실시하기 위하여 "농약관리법" 제8조(국내제조품목의 등록) 제1항, 제16조(원제의 등록 등) 제1항 또는 제17조(수입농약 등의 등록 등) 제1항에 따라 등록한 농약 또는 원제(신물질을 유효성분으로 하여 제조한 농약 또는 원제로서 최초로 등록한 농약 또는 원제로 한정한다)의 발명($\frac{시행령}{\S7(ii)}$)

(4) 실시할 수 없었던 기간에 대하여 5년의 기간까지 그 특허권의 존속기간을 한 차례만 연장할 수 있다($\frac{법}{\S89①후}$).

여기에서 허가 등을 받은 자에게 책임있는 사유로 소요된 기간은 "실시할 수 없었던 기간"에 포함되지 아니한다($\frac{법}{같은조②}$). 그리고 특허발명을 다른 법령 등의 규제에 의하여 비록 10년 이상 실시할 수 없었다 하더라도 연장등록출원은 5년 이내의 범위에 한하여, 그것도 한 차례만을 연장할 수 있다($\frac{법}{같은조①후}$).

또 실시할 수 없었던 기간이 1년인데 그 이상의 초과되는 기간을 연장등록출원을 할 수 없음은 물론이다($\frac{법}{\S91(iii)}$).

3) 절차적인 요건

제90조(허가 등에 따른 특허권의 존속기간의 연장등록출원) 제1항 각호, 제2항 및 제3항에 상세히 규정되어 있다.

(1) 연장등록출원서

특허권의 존속기간의 연장등록출원을 하려는 자는 다음 각호의 사항을 적은 특허권의 존속기간의 연장등록출원서를 특허청장에게 제출하여야 한다($\frac{법}{\S90①본}$).

(i) 연장등록출원인의 성명 및 주소(법인인 경우에는 그 명칭 및 영업소의 소재지) ($\frac{법}{같은조항(i)}$)

(ii) 연장등록출원인의 대리인이 있는 경우에는 그 대리인의 성명 및 주소나 영업소의 소재지〔대리인이 특허법인·특허법인(유한)인 경우에는 그 명칭, 사무소의 소재지 및 지정된 변리사의 성명〕($\frac{법}{같은조항(ii)}$)

(iii) 연장대상특허권의 특허번호 및 연장대상청구범위의 표시($\frac{법}{같은조항(iii)}$)

(iv) 연장신청의 기간($\frac{법}{같은조항(iv)}$)

(v) 제89조(특허권의 존속기간 연장) 제1항에 따른 허가 등의 내용($\frac{법}{같은조항(v)}$)

(vi) 산업통상자원부령으로 정하는 연장이유(이를 증명할 수 있는 자료를 첨부하여야 한다)($\frac{법}{같은조항(vi)}$)

(2) 공유자의 연장등록출원

특허권이 공유(共有)인 경우에는 공유자 모두가 공동으로 특허권의 존속기간의 연장등록출원을 하여야 한다($\frac{법}{\S90③}$).

만약에, 공유특허권자들 중에서 연장등록출원을 한 일부공유자에게만 특허권의 존속기간이 연장된다면 형평(衡平)에 반하기 때문이다. 이에 위반한 경우에는 거절결정의 이유로 되고($\frac{법}{\S91(v)}$), 연장등록의 무효이유로 된다($\frac{법}{\S134①(v)}$).

(3) 연장등록 출원기간

허가 등에 따른 특허권의 존속기간의 연장등록출원은 제89조(특허권의 존속기간 연장) 제1항에 따른 "허가 등을 받은 날부터 3개월 이내"에 출원하여야 한다($\frac{법}{\S90②본}$). "3개월 이내"에 출원하여야 한다는 조건은 특허권의 존속기간연장절차를 신속(迅速)히 확정하려는 법적 안정성의 요구라 할 수 있다.

(4) 연장등록 출원기간의 제한

제88조(특허권의 존속기간)에 따른 특허권의 존속기간의 만료 전 6개월 이후에는 그 특허권의 존속기간의 연장등록출원을 할 수 없다($\frac{법}{\S90②단}$). 제90조 제1항 단서의 규정에서 "존속기간만료 전 6개월 이후"에는 특허권의 존속기간의 연장등록출원을 할 수 없다는 제한규정을 둔 것은 두 가지 의미가 있다고 보아야 할 것이다.

(i) 그 한 가지는 특허청의 준비절차의 기간을 고려한 것이다. 연장등록출원이 있으면 특허청은 방식심사는 물론이요, 실체심사에 있어서는 심사에 관한 중요조

항들이 준용된다($^{법}_{§93}$). 특히, 제63조(거절이유 등)의 준용은 연장등록출원에 거절이유가 있는 경우에는 연장등록출원인에게 거절이유를 통지하고 의견진술의 기회를 주어야 하는 등 심사기간을 수개월로 단축시킬 수 없음을 알 수 있다.

또 특허청장은 제90조(허가 등에 따른 존속기간연장등록출원) 제1항 각호의 사항을 일반공중에게 알리기 위해 특허공보에 게재하여야 한다($^{법}_{§90⑤}$).

(ⅱ) 다른 한 가지는 특허권은 존속기간이 만료되면 특허권으로서의 일생(一生)을 마치고 소멸함과 동시에, 그 특허발명을 누구나 실시할 수 있는 사회공유재산(社會共有財産)으로 된다.

따라서 그에 관한 사업을 준비하는 사람들이 있을 수 있는바, 존속기간만료 수개월 또는 수일전에 존속기간이 연장등록된다면, 특허권의 존속기간만료될 것을 전제로 사업을 준비한 사람들에게 뜻하지 않은 손해를 입힐 수도 있다. 그러므로 이러한 실정 등을 감안한 법적 안정성의 요구라 할 것이다.

3. 특허권의 존속기간 연장등록출원의 효과

(1) 연장등록출원의 효과

특허권의 존속기간의 연장등록출원이 있으면 그 존속기간은 연장된 것으로 본다($^{법}_{§90④본}$). 다만, 그 출원에 관하여 제91조(존속기간의 연장등록거절결정)의 연장등록거절결정이 확정된 경우에는 그러하지 아니하다($^{법}_{§90④단}$).

(2) 연장등록출원의 특허공보에 게재

특허청장은 특허권의 존속기간의 연장등록출원이 있으면 제90조(존속기간의 연장등록출원) 제1항 각호의 사항을 특허공보에 게재하여야 한다($^{법}_{§90⑤}$). 존속기간이 만료된 후에 그 특허발명에 관한 사업을 준비하는 제3자 등 일반공중에게 알리기 위해서이다.

4. 허가 등에 따른 특허권의 존속기간 연장등록출원의 보정 등

연장등록출원인은 특허청장이 연장등록 여부결정의 등본을 송달하기 전까지 연장등록출원서에 적혀 있는 사항 중 제90조(존속기간의 연장등록출원) 제1항 제3호부터 제6호까지의 사항(제3호 중 연장대상등록권의 특허번호는 제외한다)에 대하여 보정할 수 있다($^{법}_{§90⑥}$). 다만, 제93조(준용규정)에 따라 준용되는 거절이유통지를 받은 후에는 해당거절이유통지에 따른 의견서제출기간에만 보정할 수 있다($^{법}_{§90⑥}$).

5. 허가 등에 따른 특허권의 존속기간 연장등록의 거절결정

(1) 연장등록거절결정

심사관은 특허권의 존속기간의 연장등록출원이 다음 각호의 어느 하나에 해당하는 경우에는 그 출원에 대하여 연장등록거절결정을 하여야 한다($\frac{법}{§91본}$).

(i) 그 특허발명의 실시가 제89조(허가 등에 따른 특허권의 존속기간의 연장) 제1항에 따른 허가 등을 받을 필요가 있는 것으로 인정되지 아니하는 경우($\frac{법}{§91(i)}$)

(ii) 그 특허권자 또는 그 특허권의 전용실시권이나 통상실시권을 가진 자가 제89조(허가 등에 따른 특허권의 존속기간의 연장) 제1항에 따른 허가 등을 받지 아니한 경우($\frac{법}{§91(ii)}$)

(iii) 연장신청의 기간이 제89조(허가 등에 따른 특허권의 존속기간의 연장)에 따라 인정되는 그 특허발명을 실시할 수 없었던 기간을 초과(超過)하는 경우($\frac{법}{§91(iii)}$)

(iv) 연장등록출원인이 해당 특허권자가 아닌 경우($\frac{법}{§91(iv)}$): 그러나 반드시 특허권자로 한정할 필요는 없다고 생각된다. 해당 특허발명의 전용실시권자도 특허권자의 동의를 얻으면, 존속기간 연장등록신청을 인정하는 것이 바람직하다.

(v) 제90조(허가 등에 따른 특허권의 존속기간의 연장등록출원) 제3항을 위반하여 연장등록출원을 한 경우($\frac{법}{§91(v)}$): 공유자 모두의 공동출원이 아닌 경우이다.

(2) 심사에 관한 규정의 준용

존속기간 연장등록출원의 심사에 관하여는 제57조(심사관에 의한 심사) 제1항, 제63조(거절이유통지), 제67조(특허여부 결정의 방식), 제148조(심판관의 제척) 제1호부터 제5호까지 및 같은조 제7호를 준용한다($\frac{법}{§93}$).

모든 것이 심사절차에 준하여 생각할 수 있다. 가장 중요한 것은 제63조(거절이유통지)의 준용이다. 존속기간의 연장등록출원 또한 특허출원에 대한 거절이유와 마찬가지로, 존속기간 연장등록출원인에게 거절이유를 통지하고 기간을 정하여 의견서를 제출할 수 있는 기회를 주어야 한다($\frac{법}{§63①본}$). 다만, 제51조(보정각하) 제1항에 따라 각하결정을 하려는 경우에는 그러하지 아니하다($\frac{법}{같은조항 단}$).

(3) 청구항의 독립성

청구범위에 둘 이상의 청구항이 있는 존속기간연장등록출원에 대하여 거절이유를 통지할 때에는, 그 통지서에 거절되는 청구항을 명확히 하고, 그 청구항에 관한 거절이유를 구체적으로 적어야 한다($\frac{법}{§63②}$).

6. 허가 등에 따른 특허권의 존속기간 연장등록결정

(1) 연장등록결정

심사관은 제90조(허가 등에 따른 특허권의 존속기간의 연장등록출원)에 따른 특허권의 존속기간 연장등록출원에 대하여 제91조(허가 등에 따른 특허권의 존속기간 연장등록거절결정) 각호의 어느 하나에 해당하는 사유를 발견할 수 없을 때에는 연장등록결정을 하여야 한다($^{법}_{§92①}$).

(2) 특허원부에의 등록과 특허공보에 게재

특허청장은 심사관이 연장등록결정을 한 경우에는 특허권의 존속기간의 연장을 특허원부에 등록하여야 한다($^{법}_{같은조②}$).

특허청장은 특허권의 존속기간연장 등록을 한 경우에는 다음 각호의 사항을 특허공보에 게재하여야 한다($^{법}_{§92③본}$).

   (i) 특허권자의 성명 및 주소(법인인 경우에는 그 명칭 및 영업소의 소재지)($^{법}_{같은조항(i)}$)

   (ii) 특허번호($^{법}_{같은조항(ii)}$)

   (iii) 연장등록의 연월일($^{법}_{같은조항(iii)}$)

   (iv) 연장기간($^{법}_{같은조항(iv)}$)

   (v) 제89조(허가 등에 따른 특허권의 존속기간의 연장) 제1항에 따른 허가 등의 내용($^{법}_{같은조항(v)}$)

제 3 항 등록지연에 따른 특허권의 존속기간의 연장

1. 등록지연에 따른 존속기간 연장제도의 취지

(1) 심사지연의 이유

통상의 출원심사는 그렇지 않으나 예외적으로는 특허출원인의 귀책사유(歸責事由)가 아님에도 불구하고 심사(審査) 또는 심판 등의 부실 또는 착오(錯誤) 등으로 최종적인 심사결과가 지연되어, 출원일부터 특허등록일까지 4년 또는 심사청구일부터 3년보다도 그 이상이 소요되는 경우가 있을 수 있다.

예로써, 특허출원이 심사관의 잘못된 심사로 거절결정(拒絶決定)된 것에 불복하여 심판원(審判院)에 심판을 청구하였으나 심판관(審判官)들 또한 잘못 심리하여 심결한 것에 대한 불복으로 특허법원에 심결을 취소하라는 소를 제기하였는데 특

허법원 또한 잘못 판결하였다고 가정할 때, 이에 대한 불복으로 대법원에 상고(上
告)하고, 대법원만은 올바른 재판을 하여 대법원 판결로써 원심(原審)인 특허법원
의 판결을 파기하고 사건을 특허법원에 환송하였다면, 특허법원은 대법원의 판결
이유에 기속되어 심판원(審判院)의 원심결(原審決)을 취소하고 사건을 다시 특허청
심판원에 환송하고, 심판원에서 다시 심리하여 원심사인 특허거절결정(特許拒絶決
定)을 취소하고 사건을 심사국의 심사에 붙일 것이라는 심결을 하였다면, 심사관
은 이를 다시 심사하여 특허결정(特許決定)을 하게 될 것이다.

(2) 특허출원인의 손실에 대한 보상책

이러한 과정을 거쳐서 특허권 설정등록을 하게 된다면 통상의 심사(審査)에서
특허결정을 받은 경우에 비하여 수년 내지는 4~5년 이상이 지연되는 경우도 있을
수 있다. 따라서 특허권의 존속기간은 설정등록일에 발생하되 특허출원일부터 20
년이 되는 날까지이므로, 특허권의 존속기간이 실질적으로 현저히 단축되어 특허
출원인에게 너무 억울한 손실(損失)을 입히는 것으로 된다.

이러한 경우에, 이 등록지연에 따른 특허권의 존속기간 연장제도를 둠으로써,
출원인의 억울한 손실을 어느 정도 보상해 주자는 제도이다.

2. 등록지연에 따른 존속기간 연장의 요건

(1) 특허출원이 특허출원일부터 4년과 출원심사청구일부터 3년 중 늦은날 보다도 더 지연되어 특허권의 설정등록이 이루어지는 경우일 것(법 §92의2 ①전)

특허출원일부터 4년을 기산할 때에는 제34조(무권리자의 특허출원과 정당한 권리
자의 보호), 제35조(무권리자의 특허와 정당한 권리자의 보호), 제52조(분할출원) 제2항,
제53조(변경출원) 제2항, 제199조(국제출원에 의한 특허출원) 제1항 및 제214조(결정에
의하여 특허출원으로 되는 국제출원) 제4항에도 불구하고 다음 각호에 해당하는 날을
특허출원일로 본다(법 §92의2④본).

(i) 제34조(무권리자의 특허출원과 정당한 권리자의 보호) 또는 35조(무권리자의 특허
와 정당한 권리자의 보호)에 따른 정당한 권리자의 특허출원의 경우에는 정당한 권리
자가 출원을 한 날(법 같은조항(i))

(ii) 제52조(분할출원)에 따른 분할출원의 경우에는 분할출원을 한 날(법 같은조항(ii))

(iii) 제53조(변경출원)에 따른 변경출원의 경우에는 변경출원을 한 날(법 같은조항(iii))

(iv) 제199조(국제출원에 의한 특허출원) 제1항에 따라 특허출원으로 보는 PCT
국제출원의 경우에는 제203조(서면의 제출) 제1항 각호의 사항을 기재한 서면을 제

출한 날($^{\text{법}}_{\text{같은조항(iv)}}$)

(v) 제214조(결정에 의하여 특허출원으로 되는 국제출원)에 따라 특허출원으로 보는 PCT국제출원의 경우에는 국제출원의 출원일이 제214조(결정에 의하여 특허출원으로 되는 국제출원) 제1항에 따라 결정을 신청한 날($^{\text{법}}_{\text{같은조항(v)}}$)

(vi) 제1호(i)부터 제5호(v)까지의 규정 중 어느 하나에 해당되지 아니한 특허출원에 대하여는 그 특허출원일($^{\text{법}}_{\text{같은조항(vi)}}$)

(2) 그 지연이 대통령령으로 정하는 출원인으로 인하여 지연된 기간이 아닐 것($^{\text{법}}_{\text{§92의2②③}}$)

이 조항에 근거를 둔 시행령 제7조의2(출원인으로 인하여 지연된 기간) 규정에는 제92조의2(등록지연에 따른 특허권의 존속기간의 연장) 제3항에서 "출원인으로 인하여 지연된 기간"이란 다음 각호의 어느 하나에 해당하는 기간을 말한다"라고 규정하였다($^{\text{시행규칙}}_{\text{§7의2①}}$).

(i) 특허청 또는 특허심판원에 계속 중인 특허에 관한 절차에서 다음 각목의 어느 하나에 해당하는 기간($^{\text{시행령}}_{\text{§7의2①(i)}}$) "가, 나, 다, 라, 마, 바, 사, 아, 자, 차, 카, 타, 파, 하, 거, 너, 더, 러, 및 머"까지 19개 목을 규정하였다.

(ii) 제186조(심결 등에 대한 소) 제1항 또는 제8항에 따른 심결·결정·판결에 대한 소송절차에서 다음 각 목의 어느 하나에 해당하는 기간($^{\text{시행령}}_{\text{§7의2①(ii)}}$) "가, 나, 다, 라, 마, 바, 사, 아, 자, 차, 카, 타, 파, 하 및 거"까지 15개 목을 규정하였다.

(iii) 제224조의2(불복의 제한) 제2항에 따른 처분의 불복에 대한 행정심판·행정소송의 절차에서 다음 각 목의 어느 하나에 해당하는 기간($^{\text{시행령}}_{\text{§7의2①(iii)}}$) "가, 나, 다, 라, 마, 바 및 사"까지 7개 목으로 규정하였다.

(iv) 그 밖에 특허청 또는 특허심판원에 계속 중인 특허에 관한 절차, 제186조(심결 등에 대한 소) 제1항 또는 제8항에 따른 심결·결정·판결에 대한 소송절차 또는 제224조의2(불복의 제한) 제2항에 따른 처분의 불복에 대한 행정심판·행정소송의 절차에서 출원인으로 인하여 지연된 기간으로서 산업통상자원부령, 즉 시행규칙으로 정하는 기간($^{\text{시행령}}_{\text{§7의2①(iv)}}$)

모두 출원인이 특허청장 또는 심판원장의 명령을 어긴 경우, 법령에 규정되었거나 법령에 따라 받아들여지지 않는 기간, 불복이 허용되지 않는 사안에 대한 불복기간 및 기타 출원인의 귀책사유(歸責事由)에 해당되는 것들을 예시하여 규정해 놓았다.

그러나 이상의 경우에도 불구하고 제92조의2(등록지연에 따른 특허권의 존속기간의 연장) 제1항에 따른 특허권의 설정등록이 지연된 원인 중 출원인으로 인하여 지연된 것이 아니라고 객관적으로 인정되는 원인이 있는 경우에는 그에 해당하는 기간은 위에 따른 기간에서 제외한다($\frac{시행령}{§7의2②}$).

(3) 그 지연된 기간만큼 해당 특허권의 존속기간을 연장할 수 있다($\frac{시행령}{§92의2①후}$).

특허출원에 대하여 특허출원일부터 4년과 출원심사청구일부터 3년 중 늦은 날보다 지연되어 특허권의 설정등록이 이루어지는 경우에는 그 지연된 기간만큼, 즉 그 이상도 이하도 아닌 "그 지연된 기간만큼" 해당특허권의 존속기간을 연장할 수 있다는 것이다.

3. 등록지연에 따른 존속기간의 연장등록출원

(1) 연장등록출원서

제92조의2(등록지연에 따른 특허권의 존속기간의 연장)에 따라 특허권의 존속기간의 연장등록출원을 하려는 자(이하 이 조 및 제92조의4(등록지연에 따른 특허권의 존속기간의 연장등록거절결정)에서 "연장등록출원인"이라 한다)는 다음 각호의 사항을 적은 특허권의 존속기간의 연장등록출원서를 특허청장에게 제출하여야 한다($\frac{법}{§92의3①}$).

(i) 연장등록출원인의 성명 및 주소(법인인 경우에는 그 명칭 및 영업소의 소재지) ($\frac{법}{같은조항(i)}$)

(ii) 연장등록출원인의 대리인이 있는 경우에는 그 대리인의 성명 및 주소나 영업소의 소재지(대리인이 특허법인·특허법인(유한)인 경우에는 그 명칭, 사무소의 소재지 및 지정된 변리사의 성명)($\frac{법}{같은조항(ii)}$)

(iii) 연장 대상 특허권의 특허번호($\frac{법}{같은조항(iii)}$)

(iv) 연장신청의 기간($\frac{법}{같은조항(iv)}$)

(v) 산업통상자원부령이 정하는 연장이유(이를 증명할 수 있는 자료를 첨부하여야 한다)($\frac{법}{같은조항(v)}$)

(2) 특허권이 공유인 경우

공유자 전원이 공동으로 특허권의 존속기간의 연장등록출원을 하여야 한다 ($\frac{법}{§92의3③}$). 만약에, 공유특허권자들 중에서 일부만의 연장등록출원을 인정한다면, 그 일부 공유자에게만 특허권의 존속기간이 연장될 것이므로 공유자간에 상반되는 이해관계의 결과로 되어 형평(衡平)의 원칙에 반한다.

따라서 이 규정에 위반하면 거절결정의 이유로 되고($\frac{법}{§92의4(iii)}$), 연장등록의 무효이유로 된다($^{법}_{§134②(iii)}$).

(3) 연장등록의 출원기간

특허권의 존속기간의 연장등록출원은 특허권의 설정등록일부터 3개월 이내에 출원하여야 한다($^{법}_{§92의3②}$).

특허권의 설정등록이 특허출원일부터 4년 또는 출원심사청구일부터 3년 중 늦은날보다도 지연되어 특허권의 설정등록이 이루어진 경우이므로, 그 특허권설정 등록이 되면, 바로 이어서 3개월 내에 등록지연에 따른 존속기간연장등록출원을 하여야 한다.

4. 등록지연에 따른 존속기간의 연장등록출원의 보정

연장등록출원인은 심사관이 특허권의 존속기간의 연장등록 여부결정 전까지 연장등록출원서에 기재된 사항 중 제1항 제4호 및 제5호의 사항에 대하여 보정할 수 있다. 다만, 제93조(준용규정)에 따라 준용되는 거절이유통지를 받은 후에는 해 당 거절이유통지에 따른 의견서 제출기간 내에서만 보정할 수 있다($^{법}_{§92의3④단}$).

5. 등록지연에 따른 존속기간의 연장등록거절결정

심사관은 제92조의3(등록지연에 따른 특허권의 존속기간 연장등록출원)에 따른 특 허권의 존속기간의 연장등록출원이 다음 각호의 어느 하나에 해당하는 경우에는 그 출원에 대하여 연장등록거절결정을 하여야 한다($^{법}_{§92의4①}$).

　(i) 연장신청의 기간이 제92조의2(등록지연에 따른 특허권의 존속기간 연장)에 따 라 인정되는 연장의 기간을 초과한 경우($^{법}_{같은조항(i)}$)　특허권의 설정등록일부터 3개 월 이내에 한 것이 아닌 경우이다.

　(ii) 연장등록출원인이 해당 특허권자가 아닌 경우($^{법}_{같은조항(ii)}$)

　(iii) 제92조의3(등록지연에 따른 특허권의 존속기간 연장등록출원) 제3항을 위반하 여 연장등록출원을 한 경우($^{법}_{같은조항(iii)}$)　특허권이 공유(共有)인 경우에 공유자(共 有者) 전원(全員)의 명의로 하지 않은 경우이다.

6. 등록지연에 따른 존속기간의 연장등록결정 등

(1) 연장등록결정

심사관은 제92조의3(등록지연에 따른 특허권의 존속기간 연장등록출원)에 따른 특 허권의 존속기간의 연장등록출원에 대하여 제92조의4(등록지연에 따른 특허권의 존속기간의 연장등록거절결정) 각호의 어느 하나에 해당하는 사유를 발견할 수 없는 경우에는 연장등록결정을 하여야 한다($\frac{법}{\S92의5①}$).

(2) 특허원부에의 등록

특허청장은 연장등록결정이 있으면 특허권의 존속기간의 연장을 특허원부에 등록하여야 한다($\frac{법}{같은조②}$).

(3) 특허공보에 게재할 사항

다음 각호의 사항을 특허공보에 게재하여야 한다($\frac{법}{같은조③}$).

(i) 특허권자의 성명 및 주소(법인인 경우에는 그 명칭 및 영업소의 소재지)($\frac{법}{같은조항(i)}$)

(ii) 특허번호($\frac{법}{같은조항(ii)}$)

(iii) 연장등록연월일($\frac{법}{같은조항(iii)}$)

(iv) 연장기간($\frac{법}{같은조항(iv)}$)

7. 준용규정

특허권의 존속기간연장등록출원의 심사에 관하여는 제57조(심사관에 의한 심사) 제1항, 제63조(거절이유통지), 제67조(특허여부결정의 방식), 제148조(심판관의 제척)제1호부터 제5호까지 및 같은조 제7호를 준용한다($\frac{법}{\S93}$). 심사절차와 유사하기 때문이다.

제 3 절 특허권의 효력 — 부(附)·실시행위의 독립성과 진정특허품(眞正特許品)의 병행수입

제 1 항 특허권의 효력

1. 특허권의 총괄적인 효력개념

(1) 특허권의 효력

"특허권의 효력"이란 특허권자는 업으로서 특허발명을 독점(獨占)하여 실시할 수 있고($\frac{법}{\S94본}$), 타인이 업으로서 특허발명을 실시하는 것을 금지시키는 권리의 효력을 말한다($\frac{법}{\S126①}$). 이를 총괄하여 독점배타권(獨占排他權)이라 한다. 다만, 그 특허권에 전용실시권(專用實施權)을 설정하였을 때에는 그 전용실시권의 설정범위에서는 전용실시권자가 특허발명을 독점실시한다($\frac{법}{같은조 단}$). 이것은 특허권 그 자체의 효력을 제한한 것이 아니라, 특허권과 전용실시권의 한계를 밝힌 규정이라 할 수 있다. 왜냐하면, 특허권자는 독점권의 대가로 전용실시권자가 지급하는 실시료(實施料)를 받기 때문이다.

이 특허권자의 독점실시권(獨占實施權)을 특허권의 적극적 효력이라 하고, 타인이 업으로서 특허발명을 실시하는 것을 금지시키는 배타적 효력을 특허권의 소극적 효력이라 한다.

그리고 특허권의 소극적 효력이 미치는 범위를 특허발명의 보호범위라 한다 ($\frac{법}{§97}$). 또한, 기술적 범위라고도 한다. 따라서 특허발명의 보호범위란 바로 특허권의 배타적 효력이 미치는 기술적 범위이다.

(2) 특허권의 적극적 효력 ― 독점실시의 효력

특허권자는 업으로서 특허발명을 실시할 권리를 독점한다 함은 특허권자 스스로가 반드시 독점실시(獨占實施)한다는 말은 아니고 그러한 권리를 향유(享有)한다는 뜻이다.

그러므로 특허권자는 업으로서 특허발명을 스스로가 자가실시할 수도 있고, 타인에게 전용실시권(專用實施權)을 설정하거나($\frac{법}{§100}$), 또는 통상실시권(通常實施權)을 허락하여($\frac{법}{§102}$) 타인으로 하여금 실시하게 할 수 있다.

"업으로서"란 계속적으로 반복할 의사를 가지고 특정의 행위, 즉 특허발명 또는 그와 같은 기술을 실시함을 말한다. 영리적 또는 비영리적임은 가리지 않는다. 개인적인 취미로서 일회성(一回性)의 제작(製作) 또는 가정에서의 사용 등은 "업으로서"의 실시가 아니다.

"실시"란 제2조(정의) 제3호에 규정되어 있다. 즉 국내에서 다음과 같은 행위를 하는 것이다. 외국에서 실시하는 것은 국내법의 적용대상은 아니다.

(i) 물건의 발명인 경우에는 그 물건을 생산(生産)·사용(使用)·양도(讓渡)·대여(貸與) 또는 수입(輸入)하거나 그 물건의 양도 또는 대여의 청약(請約)(양도 또는 대여를 위한 전시를 포함한다. 이하 같다)을 하는 행위이다($\frac{법}{§2(iii)가}$).

여기에서 "생산(生産)"이란 특허발명의 물품을 만들어내는 행위이다. 공업적인 생산만이 아니라, 조립(組立), 결합(結合), 구축(構築), 성형(成型), 개조(改造) 및 식물(植物)의 재배(栽培) 등도 포함된다.[1]

"사용(使用)"이란 특허발명의 물품을 사용함을 말한다. 발명의 목적을 달성시키는 방법으로 해당 특허발명에 관한 물품을 사용하는 것이다.

---

1) 中山信弘 著, 特許法(第二版), P. 314

"양도(讓渡)"란 특허발명품을 타인에게 넘겨줌을 말한다. 그 대가의 유무(有無)는 불문한다.

"대여(貸與)"는 특허발명품을 타인에게 빌려주거나 꾸어줌을 말한다. 그 대가의 유무는 따지지 않는다.

"수입(輸入)"이란 특허발명품을 외국으로부터 국내에 반입하는 것을 말한다. 그것이 유상이냐 무상이냐도 불문한다. 수출(輸出)에 관한 명문규정이 없는 것은 규정이 없더라도 수출을 위하여 특허발명품을 "양도(讓渡)"하는 행위에 포함되기 때문이다.

"그 물건의 양도 또는 대여의 청약(請約)(양도 또는 대여를 위한 전시를 포함한다)"이란 발명특허품을 양도하거나 대여할 것을 목적으로 하는 의사표시이다.

원래, 청약(請約·offer)이란 민법에서의 법정용어로서($\substack{민법 \S527 \\ 이하 참조}$), 승낙(承諾·acceptance)과 결합하여 일정한 내용의 계약을 성립시킬 것을 목적으로 하는 일방적·확정적인 의사표시인 법률사실이다.

한편, 괄호안의 "전시(展示)"라 함은 특허발명품을 양도 또는 대여하기 위하여 한 곳에 벌려놓고 여러 사람들에게 보이는 것인바, 특허발명품의 양도 또는 대여를 위한 청약(請約)의 한 수단으로서 당연히 청약에 포함되는 행위이다. 특허발명품의 선전(宣傳)·광고(廣告) 등도 전시와 같이 청약의 수단으로 볼 수 있다.

(ii) 방법의 발명인 경우에는 그 방법을 사용하는 행위이다($\substack{법 \\ \S2(iii)나}$). 발명의 목적을 달성시키는 방법으로 사용하는 행위이다. 물건을 생산하는 방법의 발명과 구별하기 위하여 단순방법(單純方法)의 발명이라고도 한다.

(iii) 물건을 생산하는 방법의 발명인 경우에는 그 방법을 사용하는 행위 외에 그 방법에 의하여 생산한 물건을 사용·양도·대여 또는 수입하거나 그 물건의 양도 또는 대여의 청약을 하는 행위 등이다($\substack{법 \\ \S2(iii)다}$).

"독점(獨占)"이란 특허권자만이 독점실시권(獨占實施權)을 향유한다는 뜻이다. 즉 특허권자는 개념적으로 업으로 독점실시할 수 있는 권리를 가진다는 것이다.

실제에 있어서는 특허권자 스스로만이 실시할 수도 있으나, 특허권자는 전혀 업으로 실시하지 않고 전용실시권을 설정하거나 통상실시권을 허락하여 실시권자로 하여금 실시하게 할 수 있을 뿐만 아니라, 특허권자 스스로가 실시하면서도 실시권자에게 실시하게 할 수도 있다.

(3) **특허권의 소극적 효력 — 타인의 실시를 배제하는 효력**

(i) 타인이 업으로서 특허발명을 실시함을 금지(禁止)시키는 배타적 효력이다.

그러므로 여기에서 타인이 특허발명을 업으로 실시한다 함은 특허발명의 독점배타권(獨占排他權)인 보호범위를 침범한다는 말이다.

업이란 계속적으로 반복할 의사를 가지고 특허발명을 실시하는 것이다. 특허발명의 목적을 달성시킬 계획으로 사업을 경영함을 말한다. 영리적(營利的)이거나 공익적임은 가리지 아니한다.

경영(經營)이란 지속성(持續性)을 전제로 하고 있지만, 업으로서의 실시라면 단지 1회만의 실시라도 특허발명의 보호범위를 침해한 것으로 된다.

(ii) 업으로서의 실시가 아닌, 가정적인 사용이나 개인적인 제작(製作) 등의 실시는 특허발명의 보호범위에는 속하지 아니한다는 점은 이미 설명되었다. 업으로서 한 것이 아니므로 특허권의 침해는 아니다.

(iii) 디지털(Digital)기술의 발달로 개인수준에서도 대량복제(大量複製)가 매우 용이하게 됨으로써 저작권법(著作權法)에서는 사적인 사용목적의 복제(複製)를 규제하는 규정이 있다(저작권법 §30단, 일·저작권법 §30). 특허법에 있어서도 특허권자와 타인의 이해를 조정하는 조화점을 어느 선에서 구할 것인가 하는 것은 더욱 중요한 논점으로 될 것이라는 지적이 나와 있다.[2]

2. 허가 등에 따른 존속기간이 연장된 경우의 특허권의 효력

제90조(허가 등에 따른 특허권의 존속기간의 연장등록출원) 제4항에 따라 특허권의 존속기간이 연장된 특허권의 효력은 그 연장등록의 이유가 된 허가 등의 대상물건〔그 허가 등에 있어 물건에 대하여 특정의 용도가 정하여져 있는 경우에는 그 용도에 사용되는 물건〕에 관한 그 특허발명의 실시행위에만 그 효력이 미친다(법 §95). 그 연장등록의 이유가 된 허가 등의 대상물에만 존속기간이 연장된 것이고, 기타의 부분은 이미 존속기간이 만료되었기 때문이다.

제 2 항   실시행위의 독립성과 소진론(消盡論)

1. 실시행위의 독립의 원칙

(1) 실시행위의 독립성

특허권의 효력은 앞에서 설명된 각 실시행위(實施行爲)에 각각 독립성을 가지

---

2) 中山信弘, 前揭書, P. 312.

고 있다. 이것을 실시행위 독립의 원칙이라 한다. 하나의 실시행위가 적법하다 하여, 다른 실시행위도 반드시 적법하다고 할 수 없다는 것이다.

따라서 특허권자는 실시권을 설정 또는 허락하는 경우에 생산, 판매, 대여, 수출 등 각 실시형태에 따라, 그 중 1 또는 2만으로 한정할 수도 있고, 그것들을 모두 포괄시키는 경우도 있으나, 1 또는 2개의 실시형태로 한정된 실시권이라면 그와 다른 형태의 실시는 특허권의 침해로 된다.

또 타인의 특허권에 위반되는 특허품을 생산하는 것은 당연히 특허권의 침해로 된다. 그 위법의 특허품을 제3자가 사용하거나 판매하는 등도 특허침해로 된다. 위법의 "생산자"가 특허침해로 처벌받았다 하여도 그것을 사용 또는 판매한 자까지 그 책임이 면제되는 것은 아니고, 사용·판매자도 각각 특허침해의 책임을 지는 것은 이들 각 실시행위가 독립성(獨立性)을 가지고 있기 때문이다.

(2) 실시계약 만료 후의 행위

특허권의 실시권자가 실시권(實施權)의 계약기간만료 직전에 대량생산을 해 놓고 실시권이 만료된 후에 수삼년간에 걸쳐 판매하는 경우에는 어떠한 법률관계가 성립되는가? 이러한 경우에 실시행위의 독립성이 작용하게 된다.

(i) 그러한 일이 있을 수 있음을 예견하고 특허권자와 실시권자 간에 특약(特約)이 있다면 그 특약조건에 따라 해결될 것이다.

(ii) 문제는 특약이 없는 경우이다. 어제까지의 생산은 실시권의 유효기간 중이어서 합법이었는데 오늘부터의 판매는 특허침해로 된다는 법논리는 실시행위의 독립성에 그 근거가 있다. 문제는 그러한 경우 사회통념에 반드시 부합되는 것인지의 여운을 남기는 것은 사실이다.

① 실시권의 계약기간이 작년(昨年) 12월 말일까지인데, 다음해 여름철에나 팔리는 수영복을 매년 한여름철에 팔리는 해당량 만큼을 실시권의 계약기간중에 제작했다가 실시권이 만료된 다음해 여름에 판매를 하는 것은 특허권자의 너그러운 마음으로 참을 수도 있고, 또 실시계약기간중에 제작했던 자의 인심으로 얻은 이득의 일부를 특허권자에게 반환할 수도 있을 것이다.

② 그러나 실시권의 계약기간중에 대량생산을 해 놓고 실시기간이 만료된 후에 수삼년간에 걸쳐서 판매하는 것이 특허침해냐 실시권의 계약기간중에 합법적으로 생산된 물건이므로 특허침해가 아니냐의 법적 해석은 실시행위의 독립성(獨立性)여하에 있는 것이다. 생산과는 다른 판매라는 독립된 실시행위가 침해여부의 대상이 되기 때문이다. 당연히 침해로 되어야 할 것이다.

(iii) 한편, 특허권의 존속기간만료 직전에 제3자가 비밀리에 특허발명품을 대량생산(제작)했다가 특허권 존속기간이 만료된 다음날부터 판매한 경우에는 어떠한가? 특허권의 존속기간에 특허발명품을 생산한 것은 당연히 특허권의 침해이다.

문제는 판매할 때에는 특허권의 존속기간이 만료되었고 실시행위의 독립성에 따라 생산과 판매의 실시형태가 다르다는 사실이다.

이 경우에는 특허침해품을 판매하는 것이므로 같은 침해행위의 선상에 있는 명백한 침해행위이다. 도둑놈이 도둑질해서 얻은 물건을 판매하는 것이 절도죄에 포괄되는 것과 같다.

(3) 실시행위독립의 원칙에 대한 예외

특허권자로부터 특허발명품을 적법(適法)하게 구입(購入)한 후에 그 구입한 자가 그 특허발명품을 스스로 사용하거나 또는 다시 팔거나 하여도 특허침해로는 되지 않는다. 당연한 일 같지만 법리적인 근거는 무엇인가에 대하여 여러 가지 견해가 있다.

(i) 소유권이전설(所有權移轉說)　　특허품이란 소유권을 적법하게 취득했으므로 특허권자의 권리범위에서 벗어났다는 견해이다. 그러나 이 설은 특허권과 소유권을 혼동했다는 이유로 지지를 받지 못하고 있다.

(ii) 묵시실시허락설(黙示實施許諾說) 또는 묵시적동의론(黙示的同意論)　　특허권자가 특허품을 팔 때에 그것을 사는 사람에게 묵시의 실시허락을 했다고 보는 것으로 한 때 미국에서 지지되었던 견해라 한다. 우리나라에서도 이 입장에선 하급심의 판결이 있다. 후술한다.

(iii) 권리소멸설(權利消滅說)　　권리자가 특허에 관계된 물건을 적법하게 확포(擴布)한 경우에는 당해물건에 한해서 특허권은 그 목적을 달성한 것이고 그 물건에 있어서 특허권은 소멸되었다는 견해이다.

그러나 특허권이 각 특허품마다 여러 개로 쪼개서 있는 것은 아니고, 특허권은 여전히 존속되고 있으면서 특허권으로부터 파생되는 실시권의 효력이 특허권자 등으로부터 적법하게 양도된 특허발명품을 양수한 경우에, 그 이후에는 그 물건을 사용하거나 재판매(再販賣)하는 등 확포시켜도 특허권의 실시효력이 미치지 아니하는 것이지, 특허권이 소멸되는 것은 아니다.

(iv) 권리의 소진설(消盡說) 또는 용진론(用盡論)　　특허권자가 특허발명품을 정당하게 한번 양도하면 그 동일물에 대한 특허권의 실시효력은 이미 다 쓴 것

이므로, 두 번 다시 특허권을 주장할 수 없다는 견해이다. 이것이 소진론(消盡論: Doctrine of Exhaustion)이며, 독일의 세계적인 법학자 Josef Kohler(1849~1919)에 의해 주장되었고 독일·일본 등에서 정설적인 입장이다. 현재는 널리 국제적인 지지를 받고 있다.

이 소진론(消盡論)에 관하여는 다음으로 계속하여 이어진다.

2. 진정특허품에 대한 특허권의 실시효력의 소진

(1) 진정특허품

특허권자 또는 실시권자(이하 "특허권자 등"이라 한다)가 생산하여 적법절차(適法節次)에 따라 양도된 특허발명품(特許發明品)을 "진정특허품(眞正特許品)"이라 할 수 있다.

원래 소진론(消盡論)은 상표권(商標權)과 관련하여 상표권자(商標權者) 또는 그 사용권자(使用權者)(이하 "상표권자 등"이라 한다)가 제조(製造)·판매(販賣)한 상품(商品)을 "진정상품(眞正商品)"이라 하였고, 상표권자 등이 진정상품을 한 번 판매함으로써 그 판매된 진정상품에 관한 상표권의 효력은 소진되었으므로, 진정상품을 구입한 자가 그 상품을 사용하거나 재판매 또는 수출하는 등 확포를 하여도 상표권자 등은 두 번 다시 권리주장은 할 수 없다는 것이 소진론의 줄거리이다.

이와 같이 유래된 소진론을 특허법에 원용(援用)하게 되어 특허법에서도 진정상품이라 하기도 한다.

(2) 실시행위의 적법성

특허권자 등으로부터 진정특허품을 양도받은(일반적으로는 구입(購入)하는 경우가 보통일 것이다) 양수인(讓受人)은 생산을 제외하고는 그것을 스스로 사용하거나 또 다른 사람에게 재판매하는 등의 실시를 하여도 특허권을 침해하는 것은 아니라는 적법성(適法性)의 근거는 어디에 있는가의 문제이다.

그것은 특허권자 등이 진정특허품의 양도(또는 판매 등)와 동시에 특허권으로부터 파생된 그 진정특허품위에 있는 실시의 효력은 이미 사용했으므로 소진되었다는 것이다.

특허권에 의한 진정특허품이 생산되어 한번 양도된 후에는 자유롭게 사용(使用)되거나 유통되는 것은 산업발전에 필수적인 동시에, 특허권자에게도 이득을 안겨주는 일이다. 이러한 견지에서 소진론(消盡論)은 진정특허품에 대한 특허권의 실시효력의 법적 한계를 밝혀줌으로써 상품유통(商品流通)의 원활에 큰 공을 세웠다고 볼 수 있다.

이 소진론의 논리적 근거의 배경을 좀 더 부연해보기로 한다.

특허권자의 독점배타권 중에서 가장 중요한 것은 특허발명품을 생산하여 최초로 양도(증여·판매·수출 등)하는 것이다. 이것이 독점배타권으로서의 최초의 실시권의 행사이다. 미국에서 소진론을 "first-sale doctrine"이라고 하는 것도 같은 취지이다.

미국에서는 특허제품이 특허권자 등에 의하여 최초로 판매된 경우, 특허권자 등의 배타권(排他權)은 소진되고, 구매자(購買者)는 그 제품을 사용하거나 재판매할 수 있다 하여 국내소진론(國內消盡論)을 인정하였다.

그런데 이를 외국으로부터 수입하는 경우에는 외국에도 동일한 특허발명을 가진 특허권자 등으로부터 특허제품을 구입한 자는 미국으로 수입하여 판매할 수 있다. 그러나 미국의 특허권자(特許權者)와 외국의 특허권자가 다른 경우 또는 미국의 특허발명(特許發明)과 외국의 특허발명이 다른 경우에는 미국에의 수입과 판매는 미국의 특허권을 침해한다는 것이다. 지당한 법리이며, 당연한 결론이다.

발명자로서는 최초의 실시를 통하여, ① 발명개발에 투자한 개발비를 회수(回收)하였고 ② 초과이득(超過利得)도 여기에서 얻게 되었으므로, 진정특허품이 한번 양도된 후에는 생산을 제외하고는 특허권에서 파생된 그 진정상품에 대한 배타적 실시권의 효력은 이미 소진된다는 법리이다.

만약에, 특허권의 실시효력이 진정특허품을 양수한 자의 재실시행위(再實施行爲)에까지 다시 미치게 된다면, 이는 특허권자에게 이중(二重)의 이득을 인정하는 결과로 되어 형평칙에 반할 뿐만 아니라, 특허발명품의 유통에 혼란을 일으켜 거래(去來)의 안전(安全)을 크게 해침으로써 산업발전에 역행하게 된다는 점 등을 들 수 있다.

(3) 소진론이 적용되는 범위

소진이 적용되는 것은 다음과 같다.

i) 특허가 물건의 발명인 경우(법§2(iii)가)

생산(生産)하여 최초로 양도(讓渡)되는 모든 물건에 대하여 적용된다. 물건을 "생산"하는 실시의 효력은 양도된 것이 아니므로 소진(消盡)이 적용되지 않는다.

한편, 생산한 물건을 소지·점유·보관하는 경우에도 양도와 같이 실시효력의 소진으로 볼 것인가?

"소지(所持)"란 형법상에는 아편(阿片) 또는 음란물(淫亂物) 등의 목적물(目的物)을 사실상의 지배에 두는 것이고($\substack{형법 \$198, \$199, \\ \$205, \$244}$), 민법상으로는 영수증을 소지한 자와 같이($\substack{민법 \\ \$471}$), 어떤 물건을 사실상 지배하고 있으면서 그것을 타인에게 제시할 수 있을 만한 공간적 관계에 있는 것을 말한다($\substack{민법 \$471, \\ \$512~\$515}$).

특허법에는 "서류의 소지자"라는 표현이 있을 뿐이다($\substack{법 \\ \$132단}$).

"점유" 또한 물건에 대한 사실상의 지배를 말함으로($\substack{민법 \\ \$192}$), 그 실질에 있어서 소지(所持)와 차이가 없다.

"보관(保管)"이란 타인 또는 자기의 물건을 공간적인 관계에서 자기의 사실상의 관리범위에 두어, 그 물건의 멸실·훼손을 방지하고 보존하는 것을 말한다.

상표법은 사용하거나 사용하게 할 목적, 양도 또는 인도(引渡)하기 위하여, 모조(模造)하게 할 목적으로 소지하는 것을 모두 상표권의 침해로 보는 행위라고 규정하였다($\substack{상표법 \$66①(ii)(iii)(iv) \\ ②(ii)(iii)(iv)}$).

특허법 또한 특허권을 침해 또는 침해하게 할 목적으로 물건을 소지·점유·보관하고 있다면, 이는 당연히 권리침해에 대한 금지청구권의 대상이 됨은 물론이요($\substack{법 \\ \$126①}$), 양도(讓渡)와는 달리 실시효력도 소진되지 않는다.

따라서 이러한 소지(所持) 등의 행위에 대한 소진론의 적용여부는 특허권자 등의 최초의 실시인 양도로 인한 이득을 얻을 수 있는 기회가 있었으냐, 없었느냐에 따라 달라지는 것이다. 또 최초의 이득을 얻을 수 있는 기회가 있었느냐의 문제이지, 꼭 이득을 얻었느냐는 문제는 아니다. 특허권자는 무상으로 양도할 수도 있기 때문이다.

그러므로 특허권자 등이 진정특허품을 타인에게 양도가 아닌 소지·점유·보관을 시킨 경우에는 소진이 적용되는 경우는 아니다. 특허권자의 최초의 실시로 인한 이득을 얻을 기회가 없었기 때문이다.

ii) 특허가 방법의 발명인 경우($\substack{법 \\ \$2(iii)나}$)

방법 그 자체에는 소진이 적용되지 않는다. 다만, 다음의 경우에는 소진문제가 있는 것으로 해석된다.

(i) 그 방법의 실시에만 사용하는 물건($\substack{법 \\ \$127(ii)}$)을 특허권자가 양도한 경우

(ii) 그 특허방법의 실시에도 사용되고 또 다른 방법에도 사용하는 물건에 특허권이 있는 경우에 특허권자가 그 물건을 양도한 경우 등에는 그 실시의 효력은 소진된다.

iii) 특허가 물건을 생산하는 방법의 발명인 경우$\left(\substack{법 \\ \S2(iii)다}\right)$

그 방법에 의하여 생산된 물건을 양도한 경우에 적용된다. 즉 그 방법에 의하여 생산된 진정특허품을 양도한 경우에 실시권의 효력이 소진된다. 이와 같은 진정특허품에 대한 특허권의 실시효력의 소진은 대세적인 물권적 효력이라 해석된다. 그렇지 않으면 진정특허품의 자유로운 유통과 거래의 안전을 보장할 수 없게 되어 산업발전에 역행되기 때문이다.

따라서 당사자간에 특별한 약정을 한다 해도 그것은 채권적(債權的)인 효력으로서 그 약정당사자 간에만 효력이 있을 뿐이다.

⑷ 소진의 효력이 미치지 않는 경우

(i) 특허가 물건의 발명인 경우에는 "생산(生産) 그 자체"와 "특허권자의 양도(讓渡)가 아닌 단순한 임시의 소지·점유·보관 등의 행위", (ii) "방법의 발명" 및 (iii) "물건을 생산하는 방법 그 자체" 등이다.

⑸ 특허권의 실시효력이 소진되는 한계

특허권의 실시효력이 소진되는 한계가 반드시 명백한 것은 아니다. 특히, 진정특허품(眞正特許品)의 수리(修理), 개조(改造) 또는 부품교환(部品交換)의 경우(이하 "수리 등"이라 한다)에 그러하다.

수리 등이 특허청구범위와 관계없는 부분이라면 특허권의 실시효력의 소진여부와는 관계가 없다. 문제는 특허권자로부터 정당하게 양도(기증·판매 등)된 진정특허품의 수리, 개조 또는 그 부품교환 등이 있는 경우에 특허침해로 되느냐, 한번 정당하게 양도된 것이니 특허권의 실시효력은 수리 등에까지도 소진되었으므로 특허침해는 아니라고 보느냐의 문제이다.

(i) 수　　리　　수리란 당초의 기능상태(機能狀態)인 작용·효과에 이상이 발생하여 그 기능이 감소되거나 불능상태로 된 것을 당초의 상태로 유지 또는 회복시키기 위하여 보수하는 것을 말한다. 특허발명품이 기계나 설비 따위의 장치인 경우에는 수리해가면서 사용하는 것이 통례이다.

문제는 청구범위와 관계되는 부분의 수리이다. 기계 또는 장치 등이 당초의 기능인 작용·효과의 감소를 원래대로 유지시키기 위한 보수(補修)는 늘 있을 수 있는 일이므로 특허침해로 보기는 어려운 경우이다.

당초의 기능이 전혀 불능상태인 경우에, 그 수리부분이 청구범위에 적혀 있는 특징적인 요부라면 그 수리는 특허권의 침해로 된다. 이는 특허품의 재생산(再生産)이나 다름이 없기 때문이다.

(ii) 개   조   개조란 특허품의 일부 또는 전부를 다른 구조로 바꾸어 놓는 것이다. 수리(修理)의 경우와 마찬가지로 청구범위에 적혀 있는 특징의 요부를 개조하는 경우의 문제이다. 다만, 개조하여 질적으로 다른 효과가 발생하거나 양적으로 현저한 작용·효과가 있다면, 이는 새로운 발명으로 인정된다. 다만, 선원발명(先願發明)과의 관계에서 이용으로 되느냐의 문제는 있을 수 있다.

그러나 기계나 장치 등이 사용불능(使用不能)인 것을 개조함으로써 그 기능이 원상회복되어 당초에 사용하던 특허품과 같은 작용·효과를 얻을 수 있게 되었다면, 이는 당초의 특허품과 같은 물품의 재생산이라 할 수 있다. 당연히 특허침해로 된다. 특허권의 실시효력의 소진은 이러한 특허품의 재생산에까지 미치는 것은 아니기 때문이다.

(iii) **부품의 교환**   청구범위에 적혀 있는 것과 관계없는 부품의 교환은 특허침해가 아니다. 기계·장치 또는 기타의 특허발명품의 부품이 마모되어 사용할 수 없게 된 경우에 그 부품을 교환함으로써 다시 제 기능을 발휘할 수 있는 경우에는, 그 교환된 부품이 특허발명품의 생산에만 사용하는 물건인 경우에는 이른바 특허권의 간접침해 물건을 교체한 것이어서 특허권의 침해로 된다($\binom{법}{\S127(i)}$). 또 특허발명품의 생산에도 사용되고 동시에 다른 물품에도 사용되는 물건이라도 특허권이 있는 경우에는 앞의 경우와 마찬가지로 특허권의 침해이다.

제 3 항 진정특허품의 병행수입과 소진론

(1) 병행수입의 개념
병행수입(Parallel importation)이란 우리나라에 특허권이 있고, 같은 특허권자의 같은 특허권이 외국에도 있는 경우에, 외국에서 특허권자 등으로부터 양수(讓受)하거나 또는 특허권자 등과 일정한 관계가 있는 자에 의하여 외국에서 적법한 유통과정(流通過程)에 있는 진정특허품(이하 "외국의 진정특허품"이라 한다)을 우리 국내에 반입하는 것을 말한다.

진정상품(眞正商品)의 병행수입에 관한 문제는 산업재산권(특허권·실용신안권·디자인권 및 상표권)뿐만 아니라, 다른 지적재산권(예로서 저작권 등)에도 관계되는 것이지만 여기에서는 특허권에 관하여서만 설명하기로 한다.

(2) 병행수입이 발생되는 원인
우리나라에도 특허발명품이 있는데 구태여 외국의 진정특허품을 수입하게 되는 것은 양국간에서 진정특허품의 가격(價格) 또는 품질(品質)에 차이가 있기 때문이다. 즉 우리나라 특허발명품의 가격이 높고, 외국의 진정특허품의 가격이 낮거나, 같은 가격인데 외국특허품의 품질이 좋기 때문에 일어나는 현상이다. 그 가격차이의 발생원인은 여러 가지가 있을 수 있다. 중요한 것은 ① 기술의 미숙으로 인한 제품의 질(質), ② 값싼노임(勞賃)과 원자재(原資材) 등을 포함한 생산비용, ③ 환율(換率)을 포함한 통화가치(通貨價値) 등이다.

국내의 소진론(消盡論)은 각국에 있어서 정설화되어 있는 것으로 볼 수 있다. 우리나라에서도 이견이 없는 것으로 보여진다. 그러나 진정특허품의 병행수입에 관하여는 특허권의 실시효력이 소진되느냐, 즉 특허권의 국제적 소진에 있어서는 각국의 입장이 조금씩은 다른 견해들이다.

기술의 선진국들은 대체로 부정적이거나, 일정한 조건하에 긍정적으로 인정하고 있으며, 반면에 기술의 개발도상국들은 국제소진(國際消盡)을 긍정적으로 받아들이는 나라들이 많은 듯하다.

(3) 국제소진의 인정 여부

외국에서 특허권의 실시효력이 이미 소진된 그 외국의 진정특허품을 자국으로 수입하는 경우에, 자국 특허권을 침해하는 것으로 되느냐의 문제이다.

이는 바로 그 외국의 진정특허품을 자국 내로 수입하는 경우에 그 소진의 효과가 자국 내의 특허권에까지도 미치느냐의 문제이다.

(i) 긍 정 설   ① 외국의 특허권자와 우리 국내의 특허권자가 동일하고 ② 특허권의 내용인 발명도 동일한 경우에는 ③ 소진효과도 국내·외를 따질 필요없이 같아야 할 것이라는 견해이다.

(ii) 부 정 설   그러나 특허권의 국제적 소진을 부정하는 견해는 특허제도는 속지주의(屬地主義: territoriality)에 입각한 특허독립(特許獨立)의 원칙이 있는 이상($^{파리협정}_{§4의2}$), 한 나라의 특허권의 소멸이 타국의 특허권의 소장(消長)에 아무런 영향을 줄 수 없다는 견해이다.

(iii) WTO의 TRIPS의 입장   한편, 병행수입의 문제에 대하여는 WTO의 TRIPS협정의 성립과정에서도 여러 가지 논의가 있었으나 결국에 합의되지는 못하였고, 그 협정 제6조에 이 협정의 어떠한 규정도 지적재산권(知的財産權)의 소진에 관한 문제를 다루기 위하여 사용해서는 아니 된다는 취지의 규정을 둠으로써, 병행수입에 관하여는 아무런 합의도 보지 못했다는 점과 각국에서 병행수입을 인정하던, 금지하던 TRIPS협정과는 아무런 관계도 없다는 점을 밝혀놓은 셈이다.

(4) 특허독립의 원칙과 속지주의

(i) 속지주의(屬地主義)에 의하여 ① 각국의 법은 그 영역 안에서만 효력이 있고 ② 각국의 영역 내에 있는 것은 그 각국의 법적용을 받으며 ③ 각국법의 속지적 효과는 존중되어야 한다는 내용이 국제법의 원칙이다.

그리고, (ii) 특허독립의 원칙은 타국과 자국의 특허권은 서로 독립하여 존속하는 것이고 서로 영향을 주고받는 것이 아니라는 원칙이다.

그러나 각국 특허제도의 운영실태를 보면 특허독립의 원칙은 그 줄거리만은 유지되고 있을 뿐, 특허법의 통일화 움직임을 비롯하여 심사기준 내지는 심사실무에 이르기까지 그 주고받는 영향은 다종다양함을 그 누구도 부인할 수 없을 정도이다. 다만, 이러한 실태가 각국의 자유에 맡겨진 것은 사실이다.

그렇다면, 진정특허품의 병행수입문제도 각국이 각자의 산업정책적인 실정에 따라 그 기준을 정할 문제로 보여진다.

(5) 우리나라의 실제

우리나라에서는 소진론(消盡論)과 병행수입에 관한 논설이 그다지 활발하지는 못한 것으로 보인다. 학위논문으로는 여러 건이 있으나 그 밖의 논문으로는 몇 건이 확인될 뿐이다.[3][4] 또 많은 최고심의 판례가 있는 것도 아니다. 특허품의 병행수입에 관한 판례로서는 한 건의 지방법원 판결만이 확인되었다.[5]

그러나 이 판결은 진정특허품의 병행수입에 대한 법리적 근거를 명백하게 판시한 것이라고 보기에는 미흡하다. 다만, 그 결론에 있어서, 『… 특허권자의 손을 떠나버린 당해 제품에 관한 한 특허권행사 없이 유통/소비되리라는 것을 특허권자도 용인하였다고 볼 것이다』라고 판시함으로써 특허권자의 묵시실시허락설(黙示實施許諾說)을 지지한 판결이라 할 수 있다.

한편, 상표(商標)에 관한 진정상품의 병행수입에 관하여는 3건의 대법원 판결이 확인되었다. 그 중 1건의 판결은 진정상품의 병행수입에 관한 요건에 충족되지 않으므로 국내의 상표권의 전용사용권(專用使用權)을 침해하는 것으로 본 판결이다.[6] 나머지 2건의 판결들은 모두 상표에 관한 진정상품의 병행수입을 인정한 판

---

3) 변호사(전 특허법원 판사) 趙龍植, "判例로 본 竝行輸入의 認定要件", 특허법원(1999).
4) 고려대학교 경제학과 교수 이만우 외 3인 "병행수입(Parallel imports)활성화를 위한 개선방안" 한국경제학회(2008). 이 논문은 상표나 특허에 대한 병행수입(竝行輸入)뿐만 아니라, 지적재산권 전반과 공정거래 등에까지 광범위하게 다루었다는 점에 주목을 끌고 있다.
5) 서울지방법원 동부지원 1981. 7. 30. 선고 81가합466 판결.
6) 대법원 1997. 10. 10. 선고 96도2191 판결.

결들이다.[7)]

그러나 위 대법원 판결들은 모두 상표에 관한 진정상품의 병행수입에 관한 사건들이었고 또 진정상품의 병행수입에 관한 법리적 근거를 명확하게 판시한 것은 아니었다. 그것은 특허사건이 아니고 상표사건이었기 때문인지도 모르겠다.

왜냐하면, 진정상품의 병행수입은 산업재산권 내지는 지적재산권 전반에 관한 것이지만, 상표에 관한 진정상품의 병행수입은 진정특허품의 병행수입과는 법리적 논리가 조금은 다르기 때문이다.

(6) 일본의 경우

일본은 일찍이 파아카(PARKER) 만년필 사건〔오오사카(大阪) 지방재판소 1970(소화45. 2. 27.)〕에서 진정상품의 병행수입문제를 다루었고, 이어서 많은 병행수입에 관한 사건들과 직접 또는 간접으로 다양한 학설과 판례들을 창출했다.

그러나 그 법리적 근거를 좀 더 명확하게 판시한 것은 일본 최고재판소의 세칭 BBS병행수입사건의 판결이다.[8)]

사안은 독일의 BBS사는 자동차부품인 "Aluminum wheel"(アルミホイール)에 관한 발명을 하여 일본과 독일 양국에서 각각의 특허권을 가지고 있었는데, 일본의 수입업자가 독일의 진정특허품을 일본에 수입하여 판매하는 것에 대하여, BBS사의 일본 특허권을 근거로 특허침해를 주장함으로써 일어난 사건이었다.

제1심인 도쿄(東京) 지방재판소는 일본 특허권을 침해하는 것으로 판단하였으나, 제2심인 도쿄 고등재판소는 진정상품의 병행수입은 특허권자 등은 특허품을 확포함에 즈음하여 발명공개(發明公開)의 대상을 확보할 기회가 있었으므로, 그 후의 유통과정에서 이중이득(二重利得)의 기회를 인정할 필요는 없다는 근거로 국내 및 국제소진(國際消盡)을 인정하는 판결을 했다.

제2심에서 패소한 BBS사측은 상고를 했고, 상고심인 일본 최고재판소는 상고를 기각하면서 판시한 판지는, 진정특허품의 병행수입에 관한 법리적 근거를 보다 명확히 하였다는 점에서 주목을 끌게 되었다.

이 일본 최고재판소의 BBS병행수입 판례는 우리들에게도 많은 참고가 된다. 그 판지를 요약해보면, 다음과 같다.

(i) 진정상품의 병행수입문제는 오로지 국내법의 문제이므로, 특허독립(特許獨

---

7) 대법원 2002. 9. 24. 선고 99다42322 판결; 2005. 6. 9. 선고 2002다16965 판결.

8) 일본 최고재판소 1997(平成9年) 7. 1. 선고 1995(平成7年)(才)1988호 판결(特許權侵害差止等請求事件).

立)의 원칙이나 속지주의(屬地主義)와는 관계가 없다.

(ii) 특허권의 국내소진(國內消盡)에 있어서는 ① 발명보호와 공공이익(公共利益)의 조화 ② 특허제품의 원활한 유통의 확보와 특허권자의 이익보호 및 특허법의 목적실현 ③ 특허권자의 이중이득을 인정할 필요는 없다는 등을 이유로 소진론은 긍정된다 하였다.

(iii) 진정특허품(眞正特許品)의 병행수입에 대하여는 ① 국내 특허권자 또는 이와 같이 볼 수 있는 자와 외국특허권자가 같은 것임을 전제로 하고 ② 국내특허발명과 외국의 특허발명의 내용이 같은 경우 ③ 국제거래의 상품유통의 자유는 최대한 존중되어야 하므로, 외국에서의 거래에 있어서도 양도인(讓渡人)은 목적물에 대하여 가지고 있는 권리를 양수인(讓受人)에게 이전하고, 양수인은 양도인이 가지고 있는 모든 권리를 취득하는 것을 전제로 하여 이루어지는 것이므로, 양수인은 업으로서 이것을 일본에 수입하고 일본에서 업으로서 이것을 사용 또는 제3자에게 양도하는 것은 당연히 예상되는 바이다. ④ 이러한 점에서 일본의 특허권자가 외국에서 특허제품을 양도할 때, 양수인과 특별약정에 의하여 일본 또는 특정지역을 제외한다는 명확한 표시가 있는 경우가 아니면, 해당제품(외국에서 양도한 제품)에 대하여 일본에서 특허권을 행사할 수 없다는 판지이다.

한편, ④의 판지 중, 특약에 의한 국가 또는 지역 등의 제한에 대하여는 좀 더 부연해설이 필요한 듯하다. 병행수입문제가 BBS사건과 같이, 일본과 독일의 관계처럼 다같이 기술의 선진국들 사이라면 ④의 판시는 필요가 없을 것이다.

문제는 기술의 선진국과 저개발국(低開發國)과의 경우를 의식한 판시였다고 추측된다.

예로서, 기술의 선진국과 저개발도상국(低開發途上國)에 같은 특허권이 있는 경우에는 그 외국에서 생산된 특허제품은 같은 특허발명에 의한 제품일지라도 기술의 미숙과 값싼 노임(勞賃) 및 값싼 원자재(原資材)에 의하여 만들어진 것이므로 선진국제품에 비하여 품질(品質)이 낮고 값도 저렴할 것이다. 이러한 경우에는 특허제품을 양·수도함에 있어서 저개발도상국가에서 만들어진 특허제품(이하 "저개발특허품"이라 한다)을 기술의 선진국에 병행수입하는 것을 금지시키는 합의(合意)의 특약(特約)을 할 것이 예상되고, 그러한 경우에 저개발특허품을 국제유통(國際流通)시킬 때에는 그 판매선(販賣先) 또는 사용지역을 기술의 선진국인 특정국가 또는 특정지역을 제외한다는 특약의 합의를 하면서 그 저개발특허품에 그 특약사항을 명확히 표시한 경우에는 전득자(轉得者)도 당해 제품에는 그러한 제한이 붙여진 것을 인식하고 그 구입여부(購入與否)를 결정할 것이라는 판지로 해석된다.

그러나 그것은 그 합의를 한 당사자간의 채권·채무계약(債權·債務契約)이므로 그 당사자들에게만 효력이 있고 의무와 책임도 있는 것이다. 그리고 명확한 표시의 기준을 놓고 책임의 공방이 있을 것임은 자명하다. 그러한 상품이 국제거래시장에 유통되는 경우에 그 양수인으로부터 다시 양수한 제3의 양수인에게까지 그러한 채권적인 특약의 책임을 부담시키는 것은 상품유통(商品流通)의 자유에 장애요인으로 될 수 있고, 법적 안정성을 해칠 염려도 있다 할 것이다.

(7) 진정특허품의 병행수입의 요건

이상의 국내·외의 학설과 판례들에 따라, 우리는 특허권의 실시행위(實施行爲)의 독립성(獨立性)과 국내에서 특허발명품이 양도된 후에는 특허권의 실시효력이 소진된다는 소진론 및 특허진정품의 병행수입의 경우에도 소진론을 근거로 국내 특허권의 침해로 되지 않는다는 법리적 근거도 확인해 보았다.

이를 모두 종합적으로 정리하기 위하여 진정특허품의 병행수입에 관한 요건들을 간략하게 추려보기로 한다.

(i) 먼저 주체적 요건으로 국내특허권자와 외국특허권자의 동일시(同一視)될 것

양국의 특허권자가 같거나 적어도 동일시되어야 한다. 여기에서 특허권자의 동일시라 함은 특허권자 또는 실시권자(이하 "특허권자 등"이라 한다)뿐만 아니라, 특허권자 등으로부터 적법하게 진정특허품을 양도받은 자는 물론, 그 양도 받은 자로부터 다시 양도받은 전득자(轉得者)를 포함한다.

그러므로, 진정특허품을 국제거래의 유통과정에서 적법하게 양수(讓受)한 자이면 된다.

(ii) 국내와 외국에서 얻은 특허권의 특허발명의 내용이 같을 것　　양국의 특허권자가 동일인일지라도 양국의 특허가 다를 때에는 병행수입문제는 적용될 여지가 없다.

특허발명의 내용이 어느 정도 같아야 하느냐는 우리 특허법에 따른 특허발명의 동일기준이 적용된다. 대개는 국내에 특허출원한 것을 우선권주장하여 외국에 출원한 특허발명이면 나라에 따라 청구범위에 다소 수정이 있어도 청구요지는 대동소이하므로 양국의 특허는 같은 것으로 보아야 할 것이다.

(iii) 진정특허품(眞正特許品)일 것　　외국에서 수입되는 특허품이 특허권자 등으로부터 적법하게 양수한 특허품이거나 그 양수인(讓受人)으로부터 적법한 유통과정(流通過程)에서 유통되는 진정특허품을 말한다.

(ⅳ) 품질(品質)의 동질성(同質性)이 보장될 것   이 품질문제는 원래 소진론(消盡論)이 상표법(商標法)에 규정된 상품, 즉 진정상품을 전제로 유래되었고, 상표의 몇 가지 기능 중에는 본질적 기능인 상품의 출처표시기능(出處表示機能)과 품질보증기능(品質保證機能)이 있는바, 전자는 상표권자를 위한 것이고, 후자는 상품의 수요자를 보호하는 공익적인 차원에서 보다 중요한 것이어서, 진정상품의 병행수입의 요건으로서 상품의 품질이 보증되어야 함이 절대적인 요건이었다.

이 요건은 진정특허품의 병행수입에 있어서도 요구되는 것이며 품질의 보증이 없이 기술의 저개발국가에서 외국의 저개발특허품을 기술의 선진국에 병행수입된다면, 수요자들은 품질의 오인(誤認)으로 불의의 손해를 입을 수 있다는 점에서 무조건(無條件)·무차별(無差別)의 병행수입은 금지되어야 할 것이다.

이러한 관계에서 일본 최고재판소가 BBS사의 사건판결에서 양국 특허권자가 동일시되는 경우에도 양당사자간의 합의에 의한 특정국 또는 특정지역을 배제하는 특약을 할 수 있다는 병행수입의 예외조건을 판시한 고충을 이해할 수는 있다.

이와 같은 요건들이 모두 충족될 때에 한하여 진정상품의 병행수입은 가능한 것으로 보여진다.

제 4 절 특허발명의 보호범위 — 특허권의 배타적 효력이 미치는 범위

제 1 항 특허발명의 보호범위의 특정과 청구범위의 해석방법

1. 보호범위의 특정 — 특허발명의 기술적 범위

(1) 특허발명의 보호범위

특허발명의 보호범위는 청구범위에 적혀 있는 사항에 의하여 정하여진다($\substack{법 \\ \S 97}$). 특허권의 소극적 효력인 배타적 범위는 특허청구범위에 문언(文言)으로 적혀 있는 사항에 따라 특정된다는 것이다. 이와 같이 특정된 특허발명의 보호범위 또는 기술적 범위는 형식적으로 일반공중에게 공시적 기능이 있으므로 법적 안정성도 있다 할 것이다.

그러나 특허권으로 보호되는 대상인 발명은 무체(無體)의 기술사상이어서 그

것을 문언으로 완전무결하게 표현한다는 것은 매우 어려운 일이다.

(2) 보호범위의 특정

원래 이 특허발명의 보호범위인 특허청구범위는 발명자 또는 특허출원인 스
스로가 자기의 특허출원발명의 기술적 범위를 청구범위로 특정해 적는 것이므로
특허청구범위를 적정하게 적어놓은 경우도 있다. 그러한 경우에는 그 해석에 있어
서도 별로 문제되지 않는 경우이다.

그러나 특허발명의 보호범위를 적는 것은 발명자 또는 특허출원인이지만, 그
것을 해석하는 것은 제3자이다.

청구범위는 심사과정에서 심사관의 지적에 따라 어느 정도 다듬어지기도 한
다. 하지만, 청구범위에 대한 심사관의 관점은 특허결정여부에 주안점을 두고 있
어, 반드시 절대적인 객관성을 가진 제3자의 입장은 아니라고 본다.

그래서 언제나 청구범위에 적혀 있는 문언 또는 용어를 놓고 해석에 이견이
있을 수 있다.

2. 특허발명의 보호범위(기술적 범위)인 청구범위의 해석방법

대표적인 두 가지 방법이 있다.

(1) 주변한정주의(周邊限定主義: Principle of peripheral definition)

미국 특허법의 해석방법이다. 특허발명의 기술적 범위는 발명의 특허청구항
(特許請求項)에 기재된 문언(literal)에 따라 특정되는 것이므로, 특허청구범위에 적
혀 있는 대로 엄격히 한정하여 해석해야 한다는 것이다. 확장해석은 인정하지 않
는 주의이다.

특허권은 발명자와 공중 사이에 발명실시(發明實施)의 독점범위(獨占範圍)에
관한 계약이라고 보고 그 계약조항이 특허의 청구범위에 해당되는 것이어서, 계약
해석의 원칙이 청구범위의 해석에도 근본적으로 들어맞으므로 명세서 기재의 전체
해석이 아니라 청구범위에 의하여 한계가 명시된 범위에 들어가는 것만이 침해로
된다. 그러나 이것은 미국 특허청구범위 해석의 대원칙일 뿐이고, 실제에 있어서
는 청구범위해석에 있어서 발명자의 보호를 제일주의로 하면서, 금반언(禁反言)의
원칙, 명세서·도면의 참조, 균등론(Doctrine of Equivalents) 또는 역균등론(Reverse
Doctrine of Equivalents) 등 매우 복잡하다.

이 주변한정주의 해석방법은 일찍이(1870년대) 청구범위의 다항제(多項制: multiple
claim system)를 실시해온 미국 특허법제하에서 적절한 것으로 되어 있고, 또 이 제

도는 특허권자와 제3자 사이의 특허권의 한계를 객관적으로 명시해 주는 것이어서 법적 안정성도 있다.

(2) **중심한정주의(中心限定主義: Principle of central definition)**

대륙법계의 해석방법이다. 이는 독일에 있어서 1981년 개정 전의 독일 특허법의 입장이기도 하다. 학설·판례의 정설적 지위를 유지해왔다.

특허청구범위는 발명의 요점을 표현하는 것이므로 권리해석은 명세서 전체를 참조하여 해석해야 한다. 청구범위에 명확하게 기재되어 있지 않은 경우에도 균등기술은 모두 권리범위에 포함된다는 것이 이 주의이다.

따라서 발명자의 발명사상(發明思想)인 창작이 미치고 있다 할 수 있는 범위의 기술이라면 특허권의 효력이 미치는 것이라는 입장이다.

특허권은 발명사상을 보호하는 권리라고 보는 견해이며, 특허권자에게 유리할 뿐만 아니라, 특허청구범위를 단항제(單項制: single claim system)로 하는 법제하에서는 단항의 청구범위에 특허발명의 기술적 범위를 모두 포함시켜 적어 넣는다는 것은 불가능에 가깝기 때문에 이 해석방법의 채용이 바람직하였다.

우리나라 또한 1980년 개정법(법률 제3325호) 전의 구법은 특허청구범위의 단항제(單項制)이었으므로 이 중심한정주의가 이론적인 설득력이 있었다. 그러나 다항제(多項制)를 채용하고 있는 현행법제하에서는 일응(一應)은 주변한정주의가 타당하다는 결론을 얻을 수 있다.

이상의 두 주의는 형식논리로는 각자 그럴싸하지만, 실제로 특허발명의 보호범위를 해석함에 있어서는 필수적으로 챙겨야 할 몇 가지가 있다. 다음으로 이어서 설명한다.

제 2 항 청구범위에 관한 현행법의 문제점과 청구범위해석에 참작해야 할 자료들

1. 현행법의 문제점

(1) 특허발명의 보호범위에 관한 규정

앞에서 거듭 밝힌 바와 같이, 특허발명의 보호범위는 청구범위에 적혀 있는 사항에 의하여 정하여진다$\left(\substack{법\\§97}\right)$.

이 규정은 2014. 6. 11. 개정된 것이지만, 그 개정 전의 규정인 "특허발명의 보호범위는 특허청구범위에 기재된 사항에 의하여 정하여진다"와 비교하여 실질적으로 차이가 없다. 단지, 구법의 "특허청구범위"를 개정법에서는 "청구범위"로 고쳤고, 구법에서 "기재된 사항"을 개정된 규정에서는 "적혀 있는 사항"으로 자구를 수정했을 뿐이다.

(2) 특허발명의 보호범위 또는 기술적 범위의 특정

발명의 보호범위를 청구범위에 적혀 있는 대로 특정한다는 취지는 특허권은 독점권(獨占權)으로서 물권적 효력이 있는 강력한 권리이므로, 일반공중인 제3자에 대하여 그 권리의 범위를 명확하게 알리는 공시방법이라는 점에서 최선의 방법이라 할 수 있다.

그러나 발명이라는 무체의 기술적 창작을 문언으로 명확하게 기재한다는 것은 예외는 있으나, 일반적으로는 불가능에 가까운 일이다. 그래서 다음과 같은 중요한 문제점이 현실로 나타나고 있다.

(3) 청구범위에 적혀 있는 사항의 문언을 엄격히 해석하는 경우의 문제점

특허청구범위에 적혀 있는 문언이 무엇보다 중요한 것은 사실이다.

문제는 청구범위에 적혀 있는 문언에만 매달린 해석을 한다면, 특허발명의 기술이 실질적으로 동일하면서도 문언만을 다른 표현으로 우회(迂廻)하여 특허침해(特許侵害)를 면탈(免脫)할 수 있다는 점이다.

특히, 무체인 발명사상(發明思想)을 문언으로 표현하기가 어렵다는 점과 특허출원할때에 앞으로 새로 나오는 동일효과(同一效果)의 재료로 치환(置換)할 것까지를 대비하여 청구범위를 적는다는 것은 불가능한 일이다.

그러므로 특허발명과 실질적으로 동일한 기술임에도 특허침해를 회피하기 위하여, 특허발명에 대비되는 기술의 설명서를 우회적으로 작성하고, 특허발명의 청구범위에 적혀 있는 문언과는 상이하다는 항변을 한다면, 특허권자로서는 스스로 특허발명의 보호범위라고 적어놓은 청구범위의 문언에 자승자박되는 꼴이 되고 만다. 이러한 모순을 해결하기 위하여 청구범위해석에는 참작해야 할 불가결의 자료들이 있어야 한다는 것이다.

2. 청구범위의 해석에 참작해야 할 자료들

무체(無體)의 발명이라는 기술적 창작에 부여하는 특허권은 물권적(物權的) 효력이 있는 강력한 권리이지만, 유체물(有體物)인 토지(土地)나 건물(建物)과 같이 그 경계나 한계가 뚜렷한 것이 아니고, 문언으로 표현된 청구범위를 보호범위로 법정하고 있다($\frac{법}{§97}$). 그래서 청구범위의 해석에 있어서는, 명문규정에도 불구하고 그 보호범위의 경계가 불명료하다는 속성을 가졌다.

따라서 몇 가지 불가피한 자료들의 참작이 필요한 것으로 되어 있다.

1) 심사과정에서 의식적으로 제외된 사항

(1) 출원포대의 열람

출원포대(file wrapper)란 특허출원서와 거기에 첨부된 명세서 또는 도면뿐만 아니라, 특허출원에서 특허결정되기까지의 심사과정에서, 출원인(出願人)과 심사관 사이에 오고간 의견제출통지서(意見提出通知書)와 의견서(意見書), 보정요구서(補正要求書)와 보정서 및 기타 일반인으로부터 특허출원에 대하여 제공된 정보와 증거($\frac{법}{§63의2}$) 등 관련 자료들인 일체의 문건(文件)들을 넣어둔 종이로 된 봉투를 지칭했던 것에서 유래된 명칭이다.

그러나 현재는 전자출원(電子出願)으로 되어 있어, 그 출원서류의 문건들은 모두 전자문서화하여 컴퓨터에 저장하는 것으로 되어 있지만 이 기록들을 열람하여 청구범위해석에 참작할 수 있다.

(2) 금반언의 원칙

청구범위의 해석에 이 출원과정의 문건들을 참작하는 것은 특허출원의 심사과정에서 특허청구범위에 관하여 출원인과 심사관 사이에 주고받은 내용이 기록으로 남아 있으므로 그것을 참작한다는 것이다.

출원인이 출원과정에서 주장한 내용은 특허권이 설정등록된 후에, 스스로의 주장에 반하는 주장을 할 수 없다는 금반언의 원칙이 있다. 이것을 심사경과금반언(審査經過禁反言: Prosecution history estoppel)이라고 한다. 특히, 특허출원인은 심사관으로부터 의견제출통지서를 받으면($\frac{법}{§63①}$), 그에 대한 의견서에서 거절이유를 해소하기 위하여 청구범위를 감축하는 보정을 하거나, 기재된 문언을 한정적으로 해석하는 의견서를 제출하는 경우가 있다.

이와 같이 특허출원인이 심사과정에서 의식적으로 청구범위로부터 제외시킨 사항은 특허권의 설정등록된 후에 특허취소신청(特許取消申請)·특허무효심판(特許無效審判)·권리범위확인심판(權利範圍確認審判) 또는 특허침해소송(特許侵害訴訟) 등에 있어서 특허권자로서 주장할 수 없다는 것이며, 이것을 의식적 제외사항(除外事項)이라 한다.

(3) 출원포대 또는 심사과정의 서류 등의 복사

의식적 제외사항 또는 금반언의 원칙을 찾아서, 특허청구범위의 해석에 참작하기 위하여 출원심사과정의 서류 등의 복사도 필요하다.

이 심사과정의 자료는 일반에게 공개하는 것은 아니다. 그러나 제3자의 열람(閱覽) 또는 복사(複寫) 등이 가능한 것이므로, 특허취소신청(特許取消申請), 특허무효심판(特許無效審判) 또는 권리범위확인심판(權利範圍確認審判) 및 특허침해소송 등에 있어서는 그 자료의 열람이 무엇보다도 매우 중요한 것으로 이용되고 있다.

따라서 이러한 자료들의 증명, 서류의 등본 또는 초본의 발급, 특허원부 및 서류의 열람 또는 복사가 필요한 자는 특허청장 또는 특허심판원장에게 서류의 열람 등의 허가를 신청할 수 있다($\frac{법}{\S216①}$).

그리고 특허청장 또는 특허심판원장은 이러한 신청이 있는 경우에는 다음 각호의 어느 하나에 해당하는 서류를 비밀로 유지할 필요가 있다고 인정하는 경우에는 그 서류의 열람 또는 복사를 허가하지 아니할 수도 있으나($\frac{법}{\S216②본}$), 그런 경우가 아니라면 서류의 열람·복사 등을 허가하여야 한다.

한편, 서류의 열람 또는 복사가 제한되는 경우는 다음과 같다.

(i) 출원공개 또는 설정등록되지 아니한 특허출원(제55조 제1항에 따른 우선권주장을 수반하는 특허출원이 출원공개 또는 설정등록된 경우에는 그 선출원은 제외한다)에 관한 서류($\frac{법}{\S216②(i)}$)

(ii) 출원공개 또는 설정등록되지 아니한 특허출원의 제132조의17에 따른 특허거절결정에 대한 심판에 관한 서류($\frac{법}{같은조항(ii)}$)

(iii) 공공의 질서 또는 선량한 풍속에 어긋나거나 공중의 위생을 해칠 우려가 있는 서류($\frac{법}{같은조항(iii)}$)

여기에서 한 가지 혼동해서는 아니 될 사항은 서류의 증명·등본 또는 초본의 발급, 특허원부 및 서류의 열람 또는 복사 등과 특허출원 등에 관한 서류 등의 반출(搬出)은 전혀 별개의 사항이라는 점이다.

특허출원 등에 관한 서류 등의 외부에의 반출은 원칙적으로 금지되어 있고, 예외로서 반출될 수 있는 경우는 미리 법정되어 열거되어 있다($\frac{법}{\S217②(i)~(iii)}$). 그리고 특허출원·심사·특허취소신청·심판 또는 재심으로 계속중인 사건의 내용이나 특허여부결정·심결 또는 결정의 내용에 관하여는 감정(鑑定)·증언(證言)하거나 질의에 응답할 수 없도록 규정되어 있다($\frac{법}{같은조②}$).

2) 명세서 또는 도면

(1) 명세서 또는 도면을 청구범위해석에 법정해석자료로 한 입법예

특허발명의 보호범위를 청구범위에 적혀 있는 문언만으로는 그 발명사상(發明

思想)인 창작의 뜻이 명료하지 못한 경우에는 부득이 명세서 또는 도면에 기재되어 있는 설명을 참작하지 않을 수 없다.

이러한 경우에는 명세서 또는 도면을 해석자료로 할 것을 법에 규정한 입법예들이 있다.

(i) 미국 특허법은 명세서에는 당업계에 있어서의 기술자가 발명을 생산하고, 사용할 수 있을 정도로 발명과 그 생산, 사용의 방법을 충실히 명료하고 간결하게 그리고 정확한 용어로써 명기하여야 하며, 발명자(發明者)는 그 발명이 가장 좋은 방법(Best mode)이라고 생각되는 형태로 적어야 한다 하였고(미특허법 §112①), 또 조합(Combination)에 관계된 청구항의 구성요소(構成要素)는 구체적인 구조(structure), 재료(material) 또는 작용(acts)을 명기하지 않고, 특정의 기능을 수행하기 위한 수단(means) 또는 공정(step)으로 표현할 수 있으며, 이러한 청구항은 명세서에 적혀 있는 대응의 구조, 재료 및 작용 또는 그것들의 균등물(equivalents)을 나타낸 것으로 해석한다는 규정이 있다(미특허법 §112⑥).

(ii) 또 일본 특허법은 특허발명의 기술적 범위는 출원서에 첨부한 특허청구범위의 기재에 기초하여 정하여야 한다 하였고(일특허법 §70①), 이어서 전항(제1항을 말함)의 경우에 있어서 출원서에 첨부한 명세서의 기재 및 도면을 고려하여 특허청구의 범위에 적혀있는 용어의 의의를 해석하는 것으로 한다 하였다(일특허법 §70②).

(2) 명세서 또는 도면을 법정해석자료로 규정하지 않은 우리의 특허법

명문규정이 없으니 어떻게 해야 할 것인가? 궁금하지 않을 수 없다. 실무적으로 원용하는 데에 신중하여야 할 대법원의 여러 판례들로서 대표적인 판례들의 요약된 판지를 소개해 본다.

(i) 한 판례는 『… 특허발명의 요지는 특허청구범위의 기재를 기초로 하여야 할 뿐, 발명의 상세한 설명의 기재에 의하여 보완해석할 수는 없다』라고 판시하였다.[9] 이는 법문에 규정(법 §97)된 대로만 해석해야 한다는 판지이며 같은 취지의 판례들도 있다. 문제는 청구범위에 기재된 문언이나 용어만으로는 해석되지 않는 경우이다.

(ii) 또 한 판례는, 『… 특별한사정이 없는 한 청구범위를 제한하여 해석할 수 없다』라는 취지의 판시이다.[10] 이를 반대해석 해보면 특별한 사정이 있는 경우,

---

9) 대법원 2005. 11. 24. 선고 2003후2515 판결; 2005. 10.10. 선고 2004후3546 판결; 2001. 9. 7. 선고 99후734 판결.
10) 대법원 2010. 1. 28. 선고 2007후3752 판결.

즉 명세서 등을 참작해야 할 특별한 사정이 있는 경우에는 예외도 있을 수 있다는 판지이다.

앞의 (i)의 판례의 경우보다는 진보된 판시라 할 수 있다.

(iii) 다른 판례는 (ii)의 판례와 같은 날짜에 선고된 비슷한 판지로서, 『… 청구범위의 기재가 불명확하여 명세서의 다른 부분을 참작하여 해석한다』는 취지의 판시이다.[11]

(iv) 또 다른 판례는 『… 특허청구항에 구성을 기능적으로 표현한 경우 그 구성을 문언대로 해석할 수 없고, 명세서 본문과 도면의 기재를 참고로 하여 해석할 수 있다』라는 요지의 판시이다.[12]

(v) 또 다른 판례는 『… 특허발명의 보호범위는 특허청구범위에 기재된 사항에 의하여 정하여야 할 것이되, 거기에 기재된 문언의 의미내용을 해석함에 있어서는 문언의 일반적인 의미내용을 기초로 하면서도 발명의 상세한 설명의 기재 및 도면 등을 참작하여 객관적 합리적으로 하여야 하고, 특허청구범위에 기재된 문언으로부터 기술적 구성의 구체적 내용을 알 수 없는 경우에는, 명세서의 다른 기재 및 도면을 보충하여 그 문언이 표현하고자 하는 기술적 구성을 확정하여 특허발명의 보호범위를 정하여야 한다… 』라고 판시하였다.[13] 합리성(合理性)을 구체적으로 판시한 판결이다.

(vi) 또 다른 판례는 『… 양발명(兩發明)에서 과제의 해결원리가 동일한지의 여부를 가릴때에는 특허청구범위에 기재된 구성의 일부를 형식적으로 추출(抽出)할 것이 아니라 명세서의 발명의 상세한 설명의 기재와 출원당시의 공지기술 등을 참작하여 선행기술(先行技術)과 대비하여 …』라는 요지의 판시를 했다.[14]

이와 같이 명세서와 도면은, 그것을 특허법이 명문으로 규정된 법정(法定)의 해석자료(解釋資料)로 하고 있는지의 여부에 불구하고, 청구범위해석에 중요한 보충해석(補充解釋)의 자료임을 부정할 수 없다 할 것이다.

여기에서 다시 한번 확인해야 할 점은 앞에서 소개된 판례들이 모두 ① 특허청구범위에 적혀 있는 사항만으로도 특허발명의 보호범위인 청구범위의 해석이 가능한 경우에는 그 적혀 있는 사항(내용)으로 특정하는 것이 원칙이라는 점에 대하

---

11) 대법원 2010. 1. 28. 선고 2008후26 판결.
12) 대법원 2001. 6. 29. 선고 98후2252 판결.
13) 대법원 2014. 7. 24. 선고 2012후917 판결.
14) 대법원 2014. 7. 27. 선고 2012후1132 판결.

여는 일맥상통(一脈相通)하고 있다. 이는 우리 특허법이 그렇게 명문으로 규정($\frac{법}{§97}$)하고 있기 때문이며 ② 예외로서 청구범위에 적혀 있는 것만으로 해석하기 어려운 경우에 한하여 명세서 등을 참작하여 해석해야 한다는 판지로 요약되고 있다.

3) 균등의 법칙 또는 균등론

(1) 균등기술

특허발명의 구성은 형식적으로 다른데, 실질적으로는 동일한 기술도 있다. 특허발명과 비교대상 발명이 형식적으로는 다르나, 실질적으로는 그 과제를 달성하려는 목적과 수단이 같고, 작용·효과(作用·效果)가 같은 기술을 균등기술이라 하고, 균등기술의 실시는 특허권의 침해라고 해석한다.

이와 같이 특허의 권리범위해석에 있어서 청구범위에 적혀있는 문언의 범위를 넘어서 권리범위로서 보호하는 것이 형평(equity)의 관점에서 타당하다는 것이며, 청구범위에 적혀 있는 문장의 범위를 형식적으로 우회하여 회피하려는 특허침해자(特許侵害者)로부터 특허권자를 보호하려는 법리를 균등의 법칙(doctrine of equivalents) 또는 균등론(均等論)이라 한다.

이 법칙은 주변한정주의(周邊限定主義)가 일반 제3자를 보호하려는 것이라면, 이는 중심한정주의(中心限定主義)의 입장에서 특허권자를 보호하려는 것이며, 실질적으로는 동일한 기술을 보호하기 위한 법리이다. 그런데 이 원칙을 남용한다면 제3자(일반공중)에게 손해를 가할 수 있다는 점 또한 주의해야 할 점이다.

(2) 균등법칙의 해석기준

특허권자와 제3자의 이해가 조화되는 점을 찾아야 함은 물론이다. 이러한 차원에서 특허발명(特許發明)과 비교되는 발명 또는 기술이 설계상의 미차(微差)·치환(置換)·우회기술(迂廻技術)·불완전이용기술(不完全利用技術) 등은 그 과제를 해결하려는 목적과 작용·효과가, 특허발명(特許發明)과 동일한 경우에만 모두 균등기술로 인정한다.

(i) 설계상의 미차   특허발명품에 대비되는 대상물이 특허발명의 구성요건을 대체로 갖추고 있으면서, 그 일부의 설계에 근소한 차이가 있으나 발명의 목적과 작용·효과가 같은 경우이다.

(ii) 치   환   대상물인 특허발명의 구성요건의 일부를 다른 재료나 방법으로 바꾸어 놓음으로써, 실질적으로 같은 발명의 목적을 달성하고 같은 작용·효과를 얻는 것을 말한다.

(iii) 우회기술   예로서 화학물질(化學物質)의 합성방법에서 특허발명과 그

대상발명이 기본적으로 같은 기술사상으로서 구성요건 중, 출발물질(出發物質)과
최종물질은 같이 하면서, 그 중간에 객관적으로 무용지물이나 용이한 물질을 첨가
함으로써, 특허발명의 청구범위에 적혀 있는 내용이 형식적인 문언으로 보면 상이
한 것처럼 보이나, 실질에 있어서는 동일한 효과인 같은 물질을 얻는 것이다.

우회기술로 인정되기 위해서는 ① 우회를 생각해 내는 것이 당업자로서 극히
용이할 것 ② 우회방법으로 무용 또는 불리한 구성을 부가한 것이며 ③ 우회에 따
라 발명의 실용가치 내지 기술적 가치의 저하를 초래하는 것이 당업자로서 자명한
경우를 들고 있다.[15]

(iv) **불완전이용기술**   대비되는 발명을 몇 개의 구성으로 된 특허발명의
구성요건의 일부를 생략 또는 변경하는 것으로, 특허발명의 작용·효과가 저하되
는 것이라 하여 개악발명(改惡發明) 또는 생략발명(省略發明)이라고도 한다. 일부구
성을 생략 또는 변경한 것이어서, 특허발명이 목적으로 하는 작용·효과에 미치지
못하는 것이므로 특허발명의 권리범위에는 속하지 아니한다는 것이 일반론이다.

그러나 이 불완전이용발명이 특허발명의 기술적 범위에 속하기 위해서는 다
음의 요건이 충족되어야 한다는 것이다.[16]

① 특허발명과 동일한 기술사상이면서 특허청구범위에서 하나의 비교적 중요
도가 낮은 것을 생략을 한 것일 것. ② 특허발명이 이미 공지(公知)되었으므로 그
것에 의하여 생략을 하기가 극히 용이할 것. ③ 생략을 함으로써 특허발명보다도
효과가 떨어짐(劣)이 명백할 것, 따라서 기술적 완전을 기대하는 한 그러한 생략을
할 이유가 없다고 추인되는 것이며, 바꾸어 말하면 특허청구의 범위를 알고 그로
부터 빠져나가기 위하여 감히 기술적으로 떨어짐이 명백한 수단을 채용한 것이라
고 추인되어도 어쩔 수 없고, ④ 그렇게 개악(改惡)하여도 특허발명의 출원 전의
기술(종래의 기술)에 비교하여서는 작용·효과상 특히 우수한 것 — 다소는 아님 —
이 있을 것 등이다.

(3) 대법원의 균등에 관한 판례

구체적 사건에 관한 우리 대법원 판례들을 통하여 균등법칙이 적용된 요건을
살펴보기로 한다.

균등법칙에 관한 대법원의 판결은 10여건이 되는 것으로 확인된다.[17]

---

15) 澁谷 達紀 著, 特許法(2013年), P. 451.
16) 吉藤·熊谷, 前揭書, P. 532 以下.
17) 변호사 洪東午 民事判例研究 대법원 2012후1132 판결 이후 나타난 균등론 적용완화경향의 한

그 판결들 중에서, 대표적인 (i) 2002년도에 선고(宣告)된 판결,[18] (ii) 2009년도에 선고된 판결[19] 및 (iii) 2014년도에 선고된 판결[20][21] 등 몇 건의 대법원 판결들이 그 지엽적인 표현은 다르나 그 판지의 줄거리가 같은 논리로 되어 있으며, 정리해보면 다음과 같다.

① 특허발명과 침해대상발명(이하 편의상 "양발명(兩發明)"이라 한다)에서 과제해결의 원리가 동일하고, ② 양발명의 목적을 달성하려는 실질적인 작용·효과가 같으며, ③ 치환(置換) 또는 변경하는 것을 그 발명이 속하는 기술분야에서 통상의 지식을 가진 당업자가 용이하게 생각해 낼 수 있을 정도로 자명(自明)하고, ④ 침해대상발명이 특허발명의 출원시에 이미 공지된 기술 내지 공지기술로부터 당업자가 용이하게 발명할 수 있었던 기술에 해당하거나, 특허발명의 출원절차를 통하여 침해대상발명의 치환 또는 변경된 구성요소가 특허청구의 범위로부터 의식적으로 제외된 것에 해당하는 등의 특별한 사정이 없는 한, 양발명의 구성요소는 균등관계에 있는 것으로 본다는 판지들이다.

앞에서 지적된 ④의 요건을 요약하면, 특허발명의 출원시에 침해대상발명의 치환 또는 변경된 구성요소와 특허발명의 구성요소가 모두 신규성(新規性)과 진보성이 있는 것이었다면, 균등관계에 있는 기술이라는 조건이다. 이는 만약에 양발명 중 신규성이나 진보성이 없는 것이 있다면, 그러한 기술은 사회공유의 기술이어서 누구나 자유로 실시할 수 있는 것이므로 균등의 여부를 따질 필요조차 없는 것이다.

한편, 균등법칙을 적용함에 있어서 특허의 출원시설(出願時說)과 침해시설(侵害時說)의 대립이 있다. 그런데 위 판례들은 출원시설의 입장에 있음을 알 수 있다.

4) 출원시의 공지·주지의 기술과 기술상식

(1) 공지·주지의 기술

특허출원할 때에 공지(公知)된 기술이란 당해 기술분야(技術分野)에서 통상의 지식(知識)을 가진 자(이하 "당업자(當業者)"라 한다)라 하여 당연히 모두가 알고 있는 것은 아니다. 그래서 명세서에 기술의 상세한 설명을 적을 때에는 공지기술(公知技

계(The limitation of Extension of Equivalent Theory Accepted in Supreme Court 2012 HU 1132 Decision), P. 28.
18) 대법원 2002. 9. 6. 선고 2001후171 판결.
19) 대법원 2009. 10. 15. 선고 2009다46712 판결.
20) 대법원 2014. 7. 24. 선고 2012후1132 판결.
21) 대법원 2014. 7. 24. 선고 2013다14361 판결.

術)을 인용하여 설명하는 경우가 있다. 또 주지기술(周知技術)은 널리(여러 사람에게) 알려진 것이라 하여 명세서에서 기술의 상세한 설명을 적을 때에 단지 언급만 해 두는 경우도 있다. 그러나 청구범위에는 보호받으려는 사항을 명확하고 간결하게 적어야 하므로(법§42④(ii)), 발명의 상세한 설명인 명세서에서 인용했거나 언급한 공지 (公知)·주지의 기술까지 청구범위에 적는 것은 아니다.

따라서 청구범위에는 그 발명의 출원시의 공지 또는 주지의 기술은 적지 않 았으므로, 명세서의 상세한 설명을 참작해야 함은 물론이요, 주지기술을 참작하여 야 할 경우도 있다.

주지기술(周知技術)은 관용기술(慣用技術)과는 다르다. "관용기술"이란 그 해 당기술분야에서 일반적으로 오래전부터 관례가 되어 사용되어 오는 기술이어서 당 업자에게 숙지되어 있는 기술이다. 그러나 "주지기술"은 그 기술분야에서 일반적 으로 알려져 있으나 관용된 것은 아니고, 또 각 기술분야가 다르므로 한 기술분야 에서는 주지되었으나 다른 기술분야에까지 주지된 것은 아닌 경우도 있다. 그래서 청구범위를 해석하는 경우에 중요한 자료로서 참작될 수 있다.

(2) 기술수준과 기술상식

한 산업부문(産業部門) 또는 기술분야에 있어서 기술의 경시적(經時的)인 진 보·발전에 따라 형성되는 정도를 지칭하는 것으로 기술수준이라는 용어를 사용 한다.

각국의 특허제도는 이 기술수준을 향상시킴으로써 산업발전에 이바지함을 목 적으로 하고 있다. 따라서 기술분야의 각 기술수준에 따라, 그 기술분야의 당업자 라면 일반적으로 모두 다 알고 있는 기술지식(技術知識)을 기술상식(技術常識)이라 한다. 그러므로 청구범위를 적을 때에 기술상식은 적지 않는 것이 일반적이다. 그 러한 사항은 너무도 자명사항(自明事項)이기 때문이다.

그리고 기술상식인 자명사항은 청구항에 적지 않았어도 적혀 있는 것으로 알 고 기술적 범위를 해석하는 경우가 있다. 우리들의 일상용어(日常用語)에서도 말의 어느 한 부분을 생략하고서도 잘 통하는 경우와 같다. 그러므로 청구범위를 해석 할 때에는 이 기술수준에 의하여 형성된 기술상식이 중요한 해석자료로 참작될 수 도 있다.

제5절 특허권의 효력이 미치지 못하는 범위

특허권은 특허발명을 업으로서 독점실시(獨占實施)할 수 있는 권리로서, 이 독점권을 방해하는 자에 대하여 특정의 행위(行爲) 또는 부작위(不作爲)를 청구할 수 있는 물권적(物權的) 효력인 침해금지청구권(侵害禁止請求權)이 인정된다($\frac{법}{§126}$).

이와 같이 강력한 권리인데도 불구하고 그 효력이 미치지 못하는 경우가 있다. 다음과 같은 경우들이다.

① 특허권에 전용실시권(專用實施權)이 설정된 경우 ② 특허권의 한계에 따르는 경우 ③ 타인과의 형평칙(衡平則)에 따라 ④ 공익상의 이유에서 ⑤ 특허법의 목적인 산업발전을 위한 이유 ⑥ 재심에 의하여 회복된 특허권의 효력제한 등이다.

제1항 전용실시권을 설정하였을 때

특허권에 관하여 전용실시권을 설정하였을 때에는 전용실시권자가 그 특허발명을 실시할 권리를 독점하는 범위에서는 특허권자의 특허권의 효력이 미치지 못한다($\frac{법}{§94단}$). 전용실시권을 설정받은 전용실시권자는 그 설정행위로 정한 범위에서 그 특허발명을 업으로서 실시할 권리를 독점하기 때문이다($\frac{법}{§100②}$). 그러나 특허권자의 의사(동의)에 따른 것이어서 실질적으로는 특허권 행사의 한 모습이다.

제2항 특허권의 한계에 따르는 제한

이것들이 전형적(典型的)인 특허권의 효력이 미치지 못하는 한계라 할 수 있다. 즉 특허권의 효력은 다음 각호의 어느 하나에 해당하는 사항에는 미치지 아니한다($\frac{법}{§96①본}$).

1. **연구 또는 시험**("약사법"에 따른 의약품의 품목허가·품목신고 및 "농약관리법"에 따른 농약의 등록을 위한 연구 또는 시험을 포함한다)**을 하기 위한 특허발명의 실시**($\frac{법}{같은조항(i)}$)

제3자는 개량발명(改良發明) 또는 별개의 새로운 대체발명(代替發明)을 하기 위하여 특허발명의 내용을 확인하는 연구 또는 시험을 할 필요가 있다. 즉 기술을 다음 단계로 향상 발전시키기 위해서는 이러한 연구·시험이 필요한 것이다. 따라서 특허발명의 구성분석, 작용·효과의 확인을 하는 등 특허발명의 기술적 내용을 확인하기 위하여 특허발명을 실시하는 것이며, 연구 또는 시험을 위한 물품의 양·수도가 있는 경우도 연구 또는 시험을 위한 실시라 할 수 있다. 그러나 시험에 필요한 물품의 생산은 특허권의 간접침해(間接侵害)로 된다($^{법}_{\S127}$).

특허발명의 시장성을 연구 또는 시험하는 것도 여기에 포함되느냐? 앞으로 특허발명의 실시권(實施權)을 얻고자 하는 자가 시장성이 있는지의 여부를 가늠하기 위한 연구 또는 시험이라면 여기에 포함시켜야 할 것이다.

하자(瑕疵) 있는 특허발명을 무효심판(無效審判)을 청구하기 위한 준비로 특허발명을 실시하는 연구·시험도 여기에서의 연구 또는 시험에 포함시키는 것이 타당하다. 그런 행위는 특허법의 목적인 산업발전에 반하는 것이 아니기 때문이다. 합법적인 연구 또는 시험의 결과 생산된 물품을 시장에서 판매하는 것은 특허권의 침해로 보아야 한다. 특허권자에게 직접적으로 손해를 입히기 때문이다.

문제는 연구 또는 시험이 새로운 기술의 발전을 목적으로 하는 것으로 한정할 필요는 없다고 본다. 특허법이 목적으로 하는 산업발전에 이바지하는 것이면, 여기에서 말하는 연구 또는 시험으로 보아야 할 것이다.

2. 국내를 통과하는 데 불과한 선박·항공기·차량 또는 이에 사용되는 기계·기구·장치 기타의 물건($^{법}_{\S96①(ii)}$)

이것은 파리협약 제5조의3의 규정을 국내법화한 것으로서 국제운송(國際運送)의 원활을 고려하여, 특허권의 효력이 미치지 않도록 한 규정이다. 이러한 경우에는 특허권자에게 하등의 손해를 미치는 것도 아니고, 특허권의 효력이 이런 것들에게까지 미친다면 국제교통의 중대한 장애가 되므로 이들에 대하여는 특허권의 효력이 미치지 않도록 한 것이다.

여기에서 국내란 대한민국의 영토(領土)·영해(領海)·영공(領空)을 포함한다.

파리협약 제5조의3에 의하면 선박, 항공기 또는 차량이 동맹국 또는 그 영수(領水)에 일시적 또는 우발적으로 들어온 경우에는 특허권의 효력은 제한된다는 것이며, 이는 우리 특허법에서 국내를 통과하는 데 불과한 선박·항공기·차량 등과 같은 뜻이다.

정기노선으로 들어오는 외국기업의 선박·항공기가 우리 국내를 목적지로 하여 들어오는 것은 우리 국내를 통과하는데 불과한 것은 아니므로 어떻게 해석해야 할 것인가? 이런 것들도 바로 되돌아간다는 조건이 붙어 있으므로 국내를 통과하는데 불과한 것으로 해석할 수 있을 것이다.

여기에서 기계·기구·장치 기타의 물건은 선박·항공기 등의 운항에 직접 필요한 것을 말한다. 여기에는 여객과 승무원들의 생활에 필요한 일체의 설비물도 포함된다.

3. 특허출원을 한 때부터 국내에 있는 물건($^{법}_{§96①(iii)}$)

특허출원을 한 때에 이미 국내에 있는 물건으로서 공지(公知)되었다면, 특허출원은 신규성(新規性)이 상실된 것이어서 특허될 수 없는 것이요, 만약, 특허가 되어도 특허무효(特許無效)의 이유로 될 것이다. 또 제103조(선사용에 의한 통상실시권)의 요건을 갖춘 경우에는 그 범위에서 선사용의 실시권이 보장될 것이다.

그러나 특허출원을 한 때에 그 물건이 공지된 것이 아닌 경우에 적용하는 규정이다. 이러한 경우에까지 특허권의 효력이 미친다면 지나치게 가혹할 뿐만 아니라, 특허제도의 목적으로 비추어 보아도 특허권의 효력을 미치게 할만한 합리적인 근거가 없다.

4. 의약품의 조제행위와 그 조제에 의한 의약

둘 이상의 의약〔사람의 질병의 진단·경감·치료·처치(處置) 또는 예방(豫防)을 위하여 사용되는 물건을 말한다. 이하 같다〕이 혼합되어 제조되는 의약의 발명 또는 둘 이상의 의약을 혼합하여 의약을 제조하는 방법의 발명에 관한 특허권의 효력은 "약사법"에 따른 조제행위와 그 조제에 의한 의약에는 미치지 아니한다($^{법}_{§96②}$).

둘 이상인 복수의 의약을 혼합하여 만드는 의약의 발명 또는 둘 이상의 의약을 혼합하여 의약을 제조하는 방법의 발명에 관한 특허권의 효력이 의사의 처방에 의한 조제행위(調劑行爲)에까지 미친다면, 치료행위 등 의료행위(醫療行爲)에 위급한 환자의 치료를 중단해야 하는 등 대혼란의 위험성(危險性)이 올 것이 분명하다.

그래서 이와 같은 조제행위와 조제에 의하여 만들어진 의약에는 특허권의 효력이 미치지 아니하게 한 것이다.

이와 같이 특허권의 효력이 미치지 아니하는 것은 "약사법"에 따른 조제행위와 조제에 의한 의약으로 한정되어 있으므로, 사람의 질병을 치료하는 등의 의약에만 한정하여 해당되는 것이고($^{법}_{§96②괄호}$), "약사법" 제2조(정의) 제4호(의약품) 나목(目)에는 "사람이나 동물의 질병 … "이라 규정되어 있으나, 특허법에 규정된 특허권의 효력이 미치지 아니하는 것은 사람의 질병을 치료하는 등의 의약품으로 한정되어 있다. 동물애호가들에게는 안타까운 일이기도 하나, 산업발전을 위한 특허법의 목적에 비추어 특허권의 보호차원에서 부득이한 산업정책적 조정이라 할 것이다.

5. 효력제한기간중에 타인의 특허발명을 실시한 행위($_{§81의3④}^{법}$)

제81조의3(특허료의 추가납부 또는 보전에 의한 특허출원과 특허권의 회복 등) 제2항 또는 제3항에 따른 특허출원 또는 특허권의 효력은 추가납부기간 또는 보전기간(補塡期間)이 지난 날부터 특허료를 내거나 보전한 날까지의 기간(이하 "효력제한기간"이라 한다) 중에 타인이 특허발명을 실시한 행위에 대해서는 그 효력이 미치지 아니한다. 비록 특허료의 추가납부 또는 보전(補塡)에 의하여 특허권이 소급하여 회복(回復)되는 것으로 인정은 되지만($_{같은조②③}^{법}$), 그 효력제한기간 중에는 실제로 특허권이 존재했던 것은 아니었으므로 특허권의 효력이 미치지 못하는 것이다.

제 3 항 타인과의 형평칙에 따른 제한

1. 타인의 발명 등의 이용에 따르는 효력의 제한

특허권자·전용실시권자 또는 통상실시권자는 특허발명이 그 특허발명의 출원일 전에 출원된 타인의 특허발명·등록실용신안 또는 등록디자인이나 그 디자인과 유사한 디자인을 이용한 경우에는($_{§98전}^{법}$), 그 특허권자·실용신안권자 또는 디자인권자의 허락을 받지 아니하고는 자기의 특허발명을 업으로 실시할 수 없다($_{§98후}^{법}$).

이용이란 후발명(後發明)이 선발명(先發明)의 요지에 새로운 기술적 요소를 가한 개량발명(改良發明)으로서 후발명이 선발명의 요지를 전부 포함하고 이를 그대로 이용하는 경우를 말한다.[22]

자기의 특허발명이 자기의 특허출원보다도 먼저 출원된 타인의 특허발명, 등록실용신안, 등록디자인 또는 유사 디자인을 이용한 것이면, 그 권리자들의 허락을 받지 아니하고는 자기의 특허발명을 업으로 실시할 수 없다는 규정이며, 자기의 특허권은 이와 같은 효력제한을 받는다.

만약에 선원권리자(先願權利者)의 허락없이 업으로 실시한다면 선원권리자(先願權利者)의 권리침해로 된다. 선원권리자의 허락을 받아 실시하려 했으나 선원권리자가 허락을 아니하는 경우에는 후원(後願)의 권리자로서는 우선 선사용에 의한

---

22) 대법원 1995. 12. 5. 선고 92후1660 판결.

통상실시권($^{법}_{§103}$) 또는 재정(裁定) 실시권($^{법}_{§107}$) 등의 요건에 충족되는지, 혹은 선원 (先願)의 발명 등이 무효심판의 대상이 되는지($^{법}_{§133}$)의 여부도 검토해 보아야 할 것이다. 이들 중 어느 하나에 해당된다면 선원권자의 허락 없이도 실시할 수 있는 경우가 있기 때문이다. 또 자기의 특허발명이 선원발명을 상위개념으로 한 하위개념으로서의 선택발명(選擇發明)인 경우에는 선원발명(先願發明)과의 이용관계의 유무를 엄밀히 따져보아야 한다. 왜냐하면 선택발명이라 하여 모두 이용관계에 있는 것은 아니기 때문이다.

"선택발명(選擇發明)"이란 상위개념으로서 구성된 선원발명(先願發明)에 포함은 되어 있으나, 상위개념인 선원발명의 명세서에는 구체적으로 표현되지 아니한 하위개념으로 표현된 구성요건으로 선택한 발명을 말한다. 선택발명은 당업자가 실험에 의하여 용이하게 선택할 수 있다 하여 진보성이 없는 것으로 되는 경우가 많다. 하지만, 선원발명이 상위개념으로 폭넓게 어림잡고 있으나 구체적으로는 개시(開始)되지 아니한 하위개념의 발명이 당업자가 예측할 수 없는 이질(異質)의 효과가 있거나 질적인 차이가 없더라도, 양적으로 현저한 차이가 있는 경우에는 새로운 발명으로서 특허를 받을 수 있다는 것이 우리 대법원의 판지들이다.[23]

이러한 경우에의 선택발명이 상위개념인 선원발명(先願發明)과 이용관계에 있느냐, 선·후의 양발명은 별개의 기술적 과제를 해결한 별개의 발명이냐에 대한 견해가 다를 수 있다. 일반론으로는 선택발명이 상위개념인 선원발명의 청구범위에서 나온 것이라면, 이용관계의 가능성이 높을 것이고, 그렇지 않은 경우, 즉 선원발명의 청구범위에서가 아니고 명세서의 상세한 설명에도 구체적으로 개시되지 않은 새로운 발명이라면 이용관계는 부정되어야 할 것이다. 그러므로 구체적 문제의 구체적 조건에 따라 결정될 문제이다.

2. 타인의 권리와 저촉관계에 따른 제한

특허권자 또는 등록실시권자는 특허발명이 그 특허발명의 특허출원일 전에 출원된 타인의 디자인권 또는 상표권(商標權)과 저촉되는 경우에는 디자인권자 또는 상표권자의 허락을 받지 아니하고는 자기의 특허발명을 업으로서 실시할 수 없다($^{법}_{§98}$).

권리의 저촉관계는 앞에서 설명한 이용관계와는 다르기 때문에 특허발명이

---

23) 대법원 2003. 4. 25. 선고 2001후2740 판결; 2005. 1. 28. 선고 2003후1000 판결.

선출원의 특허나 실용신안과의 저촉관계란 발생할 여지가 없다. 특허발명이나 실용신안고안은 그 기술이 단지 고도(高度)의 것이냐의 여부에 차이가 있을 뿐이고, 서로가 저촉되면 후출원(後出願)은 거절될 것이요, 출원일이 같은 경우에는 제36조(선출원)의 적용이 있게 된다. 그러므로 선출원 등록의 디자인권자와 상표권자와의 저촉관계만을 규정한 것이다.

3. 교차실시권(Cross license)에 따르는 각자 특허권의 효력의 제한

특허권자, 전용실시권자 또는 통상실시권자는 해당 특허발명이 제98조(타인의 특허발명 등과의 관계)에 해당하여 실시의 허락을 받으려는 경우에 그 타인이 정당한 이유없이 허락하지 아니하거나 그 타인의 허락을 받을 수 없을 때에는 자기의 특허발명의 실시에 필요한 범위에서 통상실시권 허락의 심판을 청구할 수 있다($\substack{법\\§138①}$).

반면에 통상실시권을 허락한 자가 그 통상실시권을 허락받은 자의 특허발명을 실시할 필요가 있는 경우에 그 통상실시권을 허락받은 자가 실시를 허락하지 아니하거나 실시의 허락을 받을 수 없을 때에는 통상실시권을 허락받아 실시하려는 특허발명의 범위에서 통상실시권 허락의 심판을 청구할 수 있다($\substack{법\\같은조③}$).

위의 두 경우에 심결로써 통상실시권의 허락을 받은 자들의 특허권의 효력은 각 상대방의 통상실시권에는 미치지 못하는 제한을 받는 것이다.

상세한 설명은 심판의 장으로 미룬다.

4. 특허권이 공유인 경우에 따르는 효력의 제한

특허권이 공유인 경우에는 각 공유자는 다른 공유자 모두의 동의를 받아야만 그 지분(持分)을 양도(讓渡)하거나 그 처분을 목적으로 하는 질권(質權)을 설정할 수 있다($\substack{법\\§99②}$).

이 규정은 민법 제278조(준공동)에 대한 특별규정이다. 특허권의 공유(共有)란 특허권을 2인 이상이 공동소유함을 말한다. 여기에서 질권(質權)이란 특허권의 공유자인 채무자(債務者)가 금융을 위한 채권의 담보로 공유지분(共有持分)인 특허권을 질권의 목적으로 제공하는 경우를 말한다. 권리질권의 설정방법은 그 권리의 양도에 관한 방법에 의하여야 한다($\substack{민법\\§346}$) 하였으나, 특허권을 담보로 질권을 설정하는 경우에는 "특허권 등의 등록령" 제40조(질권설정의 등록신청) 내지 제42조(채권의 일부양도 등에 따른 이전의 등록신청)의 규정에 따르도록 되어 있다($\substack{등록령\\§40~§42}$).

한편, 공유특허권에 이러한 제한이 가해지는 것은 공유자의 변경에 따라 경제적인 이해관계도 크게 다를 수 있기 때문이다. 그래서 특허법은 다른 공유자 모두의 동의 없이는 그 지분의 양도나 질권의 목적으로 제공하는 것을 제한시킴으로써 공유자의 지분변동에 따른 다른 공유지분의 급격한 경제적 가치의 변동을 막고 공유자들 상호간의 신뢰관계(信賴關係)를 유지시키기 위한 형평칙(衡平則)을 고려한 규정이라 할 수 있다.

특허권이 공유인 경우에는 계약으로 특별히 약정한 경우를 제외하고는 다른 공유자의 동의없이 그 특허발명을 자신이 실시할 수 있다($^{법}_{\S99③}$). 공유자간에 특별한 계약으로 그 실시규모 또는 실시지역(시장) 등을 약정할 수 있다. 그러한 특약이 없으면, 공유자들은 그 특허발명을 각자가 실시할 수 있다. 그러나 공유자가 자신이 실시하는 경우가 아니고 타인에게 전용실시권을 설정하거나 통상실시권을 허락하는 경우에는 다른 공유자 모두의 동의를 받아야 한다($^{법}_{같은조④}$).

이 경우에도 실시권자의 자본에 따른 사업규모와 실시능력 등에 따라 다른 공유자들에게 미치는 경제적인 이해관계가 크기 때문이다. 따라서 특허권이 공유인 경우에는 위와 같은 제한을 받는 것으로 되어 있다.

5. 직무발명에 따르는 제한

직무발명에 대하여 종업원 등이 특허 등을 받았거나 특허 등을 받을 수 있는 권리를 승계한 자가 특허 등을 받으면 사용자 등은 그 특허권 등에 대하여 통상실시권을 가진다($^{발명진흥법}_{\S10①본}$).

따라서 종업원 등의 특허권의 효력은 사용자 등의 통상실시권에 따른 제한을 받는다. 종업원 등과 사용자 등의 이해를 형평칙에 의하여 조정한 것이다. 그러나 현실은 직무발명의 절대다수의 경우 사용자 등이 특허를 받을 수 있는 권리를 승계하여 특허 등을 받고, 종업원 등에게는 정당한 보상을 하도록 되어 있다($^{발명진흥법}_{\S15}$).

제 4 항   공익상의 이유에 따른 제한

1. 특허권의 수용에 따른 제한

⑴ 특허권의 수용

정부는 특허발명이 전시(戰時), 사변(事變) 또는 이에 준하는 비상시에 국방상(國防上) 필요한 경우에는 특허권을 수용(收用)할 수 있다($^{법}_{\S106①}$).

여기에서 수용이라 함은 정부가 특허권을 강제로 국가의 소유로 함을 말한다.

이는 정부가 강제로 사유재산권(私有財産權)을 국가의 소유로 하는 것이므로 특허권이 극도로 제한되는 경우이다. 따라서 엄격한 요건하에서만 가능하다.

즉 ① 전시, 사변 또는 이에 준하는 비상시 일 것 ② 국방상 특허권의 수용이 필요할 것 등의 요건이 충족되는 경우에 한정되어 있다.

(2) 특허권 외의 권리의 소멸

특허권이 수용되는 경우에는 그 특허발명에 관한 특허권 외의 권리는 소멸된다($\frac{법}{같은조②}$).

특허권 외의 권리란 당해 특허권 위에 있는 전용실시권 또는 통상실시권 및 질권(質權) 등이다. 여기에서 소멸된다 함은 무의미하게 없어진다기보다는 포괄적으로 같이 수용(收用)에 흡수된다는 뜻으로 해석된다. 그 특허권 외의 권리에 대한 보상(補償)이 있기 때문이다.

(3) 정당한 보상금의 지급

정부는 특허권을 수용하는 경우에는 특허권자, 전용실시권자 또는 통상실시권자에 대하여 정당한 보상금을 지급하여야 한다($\frac{법}{§106③}$). 여기에 질권자(質權者)가 빠져 있는 것은 입법의 미비인 듯하다. 설마, 특허권자와 실시권자에게는 보상금을 지급하면서 질권자에게만은 보상을 못하겠다는 법은 있을 수 없는 일이다.

(4) 보상금지급에 관한 규정

특허권의 수용 및 보상금의 지급에 필요한 사항은 대통령령으로 정한다($\frac{법}{§106④}$). 이 규정에 따른 대통령령이란 "특허권의 수용·실시 등에 관한 규정"이다. 이 규정의 제5조의2(보상금의 산정기준 등) 제1항과 제4항에 규정되어 있다.

2. 정부 등에 의한 특허발명의 강제실시

(1) 개   념

정부는 특허발명이 국가 비상사태(非常事態), 극도의 긴급상황 또는 공공의 이익을 위하여, 비상업적으로 실시할 필요가 있다고 인정하는 경우에는 그 특허발명을 실시하거나 정부 외의 자에게 실시하게 할 수 있다($\frac{법}{§106의2①}$).

이 경우 또한 공익적인 이유에 의하여 사유재산권(私有財産權)인 특허권의 효력이 제한되는 경우이다.

(2) 수용과의 비교

이 경우는 특허권이 수용되는 경우와는 다르므로 특허권이 극도로 제한되는 경우는 아니다. 이 경우에 특허권자는 스스로 실시할 수 있음은 물론이요, 타인에게 통상실시권을 허락할 수도 있기 때문이다.

수용의 경우는 특허권 자체를 강제로 국가의 소유로 하는 경우인데 반하여, 이 실시의 경우에는 특허권 자체는 특허권자의 권리로 존속시키면서, 단지 그 특허발명의 실시만을 특허권자의 동의 없이 정부가 비상업적으로 직접 실시하거나 제3자로 하여금 실시하게 하는 강제의 통상실시(通常實施)이다.

하지만, 이 경우에도 특허권자의 의사와는 관계없이 정부가 일방적으로 국가권력을 발동시키는 경우이므로 그 요건은 매우 제한적이다.

(3) **강제실시의 요건**

다음과 같다. ① 특허발명이 국가비상사태, 극도의 긴급상황 또는 공공(公共)의 이익을 위하여 ② 비상업적으로 ③ 정부가 실시하거나, 정부 외의 자에게 실시하게 할 필요가 있다고 인정하는 경우 등으로 한정되어 있다.

(4) **특허권자 등에게 통보**

정부 또는 정부 외의 자는 타인의 특허권이 존재한다는 사실을 알았거나 알 수 있을 때에는 정부 등에 의한 특허발명의 실시사실을 특허권자, 전용실시권자 또는 통상실시권자에게 신속하게 알려야 한다($\substack{\text{법} \\ \S106의2②}$). 질권자가 있으면 질권자에게도 알려야 할 것이다.

(5) **정당한 보상금 지급**

정부 또는 정부 외의 자는 정부 등에 의한 특허발명을 실시하는 경우에는 특허권자, 전용실시권자 또는 통상실시권자에게 정당한 보상금을 지급하여야 한다($\substack{\text{법} \\ \text{같은조③}}$).

특허발명의 실시 및 보상금의 지급에 필요한 사항은 대통령령으로 정한다 ($\substack{\text{법} \\ \text{같은조④}}$). 이 규정에 의하여 "특허권의 수용·실시 등에 관한 규정" 제5조의2(보상금액의 산정기준 등) 제2항 내지 제5항에 상세히 규정되어 있다.

제 5 항 특허법의 목적인 산업발전을 위한 이유에 따르는 제한 — 법정 또는 재정의 실시권에 따른 제한

이 경우는 그 대부분이 법정(法定) 또는 재정(裁定)의 실시권에 의한 특허권의 효력을 제한하는 경우이다. 제한하지 않으면, 선의(善意)의 사업실시자 또는 준비자들의 사업시설이 황폐되어 산업발전에 역행되기 때문이다.

1. 효력제한기간 중에 선의로 특허발명을 업으로 실시 또는 준비한 자의 법정의 통상실시권에 따른 제한

(1) 개   념

제81조의3(특허료의 추가납부 또는 보전에 의한 특허출원과 특허권의 회복 등) 제2항 또는 제3항에 따른 특허출원 또는 특허권의 효력은 추가납부기간 또는 보전(補塡) 기간이 지난 날부터 특허료를 내거나 보전한 날까지의 기간인 효력제한기간 중에, 타인이 특허발명을 실시한 행위에 대해서는 그 효력이 미치지 아니한다($_{\S81의3④}^{법}$)는 점에 대하여는 이미 설명되었다.

(2) 요   건

① 이 효력제한기간 중에 ② 국내에서 선의로 ③ 제81조의3(특허료의 추가납부 또는 보전에 의한 특허출원과 특허권의 회복 등) 제2항 또는 제3항에 따른 특허출원된 발명 또는 특허발명을 업으로 실시하거나 이를 준비하고 있는 자는 ④ 그 실시하거나 준비하고 있는 발명 및 사업목적의 범위에서 ⑤ 그 특허출원된 발명 또는 특허발명에 대하여 통상실시권을 가진다($_{\S81의3⑤}^{법}$).

이 실시권은 특허권자의 의사에 따른 것이 아니고, 법률의 규정에 의하여 강제되는 것이어서 법정실시권(法定實施權)이라 한다.

따라서 특허권의 효력은 이 법정의 통상실시권에 따른 제한을 받는다. 상세한 설명은 다음 절(실시권)로 미룬다.

2. 선사용에 의한 법정실시권에 따른 제한($_{\S103}^{법}$)

특허출원시에 그 특허출원된 발명의 내용을 알지 못하고 그 발명을 하거나 그 발명을 한 사람으로부터 알게 되어 국내에서 그 발명의 실시사업을 하거나 이를 준비하고 있는 자는 그 실시하거나 준비하고 있는 발명 및 사업목적의 범위에서 그 특허출원된 발명의 특허권에 대하여 통상실시권을 가진다($_{\S103}^{법}$).

따라서 특허권의 효력은 이 법정의 통상실시권에 따른 제한을 받는다. 상세한 내용은 다음 장(제6장)에서 설명한다.

3. 특허권의 이전청구에 따른 이전등록 전의 실시에 의한 통상실시권에 따른 제한($_{\S103의2}^{법}$)

이 규정은 2017. 3. 1. 시행법에서 신설되었고, 이 법 시행 이후 설정등록된 무권리자의 특허권부터 적용한다($\substack{개정법\\부칙 \S8}$).

다음 각호의 어느 하나에 해당하는 자가 제99조의2(특허권의 이전청구) 제2항에 따른 특허권의 이전등록이 있기 전에 해당 특허가 제133조(특허의 무효심판) 제1항 제2호 본문에 해당하는 것을 알지 못하고 국내에서 해당발명의 실시사업을 하거나 이를 준비하고 있는 경우에는 그 실시하거나 준비하고 있는 발명 및 사업목적의 범위에서 그 특허권에 대하여 통상실시권을 가진다($\substack{법\\\S103의2①본}$).

(i) 이전등록된 특허의 원특허권자($\substack{법\\같은조항(i)}$)

(ii) 이전등록된 특허권에 대하여 이전등록 당시에 이미 전용실시권이나 통상실시권 또는 그 전용실시권에 대한 통상실시권을 취득하고 등록을 받은 자. 다만, 제118조(통상실시권의 등록의 효력) 제2항에 따른 통상실시권을 취득한 자는 등록을 필요로 하지 아니한다($\substack{법\\같은조항(ii)}$).

이에 의한 통상실시권은 특허권자의 의사와는 관계없이 법규정에 따른 법정실시권이며, 특허권의 효력은 이 통상실시권에 따른 제한을 받는다.

상세한 설명은 다음 장(제6장)으로 미룬다.

4. 무효심판청구 등록전의 실시에 의한 통상실시권에 따른 제한($\substack{법\\\S104}$)

자기의 특허 또는 실용신안등록에 대한 무효심판청구 등록 전에 자기의 특허발명 또는 등록실용신안이 무효사유에 해당하는 것을 알지 못하고 국내에서 그 발명 또는 고안의 실시사업을 하거나 이를 준비하고 있는 경우에는 그 실시하거나 준비하고 있는 발명 또는 고안 및 사업목적의 범위에서 그 특허권에 대하여 통상실시권을 가지거나 특허나 실용신안등록이 무효로 된 당시에 존재하는 특허권의 전용실시권에 대하여 통상실시권을 가진다($\substack{법\\\S104①본}$).

따라서 특허권의 효력은 이 통상실시권에는 미치지 못하며 그 범위에서 제한을 받는다. 상세한 내용은 다음 장(제6장)에서 설명한다.

5. 디자인의 존속기간만료 후의 통상실시권($\substack{법\\\S105}$)

특허출원일 전 또는 특허출원일과 같은 날에 출원되어 등록된 디자인권이 그 특허권과 저촉되는 경우 그 디자인권의 존속기간이 만료될 때에는 그 디자인권자는 그 디자인권의 범위에서($\substack{법\\\S105①}$) 그 디자인권의 전용실시권자와 등록된 통상실시권자는 원(原)권리의 범위에서 그 특허권에 대한 법정(法定)의 통상실시권을 가진다($^{법}_{같은조②}$).

따라서 특허권의 효력은 이 법정실시권에는 미치지 못하는 제한을 받는다. 상
세한 설명은 다음 장(제6장)으로 미룬다.

6. 질권행사로 인한 특허권의 이전에 따른 법정실시권에 따른 제한($^{법}_{§122}$)

특허권자는 특허권을 목적으로 하는 질권설정 이전에 그 특허발명을 실시하
고 있는 경우에는 그 특허권이 경매(競賣) 등에 의하여 이전(移轉)되더라도 그 특
허발명에 대하여 통상실시권을 가진다($^{법}_{§122전}$). 이 통상실시권 또한 법정실시권으로
특허권의 효력은 이 실시권에는 미치지 못하는 제한을 받는다.

상세한 설명은 다음 장(제6장)으로 미룬다.

7. 재심에 의하여 회복한 특허권에 대한 선사용자의 통상실시권에 따른 제한($^{법}_{§182}$)

제181조(재심에 의하여 회복된 특허권의 효력제한) 제1항 각호의 어느 하나에 해
당하는 경우에 해당 특허취소결정 또는 심결이 확정된 후 재심청구등록 전에 국내
에서 선의로 그 발명의 실시사업을 하고 있는 자 또는 그 사업을 준비하고 있는
자는 실시하고 있거나 준비하고 있는 발명 및 사업목적의 범위에서 그 특허권에
관하여 통상실시권을 가진다($^{법}_{§182}$). 여기에서 "특허취소결정 또는"은 2017. 3. 1.시
행법에 따라 신설된 사항이다.

따라서 재심에 의하여 회복한 특허권의 효력은 이 법정의 통상실시권에는 미
치지 못하는 제한을 받는다. 상세한 설명은 다음 장(제6장)로 미룬다.

8. 재심에 의하여 통상실시권을 상실한 원권리자의 통상실시권에 따른 제한($^{법}_{§183}$)

제138조(통상실시권 허락심판) 제1항 또는 제3항에 따라 통상실시권을 허락한
다는 심결이 확정된 후 재심에서 그 심결과 상반되는 심결이 확정된 경우에는 재
심청구 등록 전에 선의로 국내에서 그 발명의 실시사업을 하고 있는 자 또는 그
사업을 준비하고 있는 자는 원(原)통상실시권의 사업목적 및 발명의 범위에서 그
특허권 또는 재심의 심결이 확정된 당시에 존재하는 전용실시권에 대하여 통상실
시권을 가진다($^{법}_{§183①}$). 따라서 그 특허권의 효력은 이 법정의 통상실시권에 따른
효력의 제한을 받는다.

다음 장(제6장)에서 다시 약술한다.

9. 특허청장의 재정에 의한 통상실시권에 따른 제한($\frac{법}{\S107\ 이하}$)

이 통상실시권의 재정(裁定)은 그 요건·절차 등이 매우 복잡하다. 다만, 여기에서는 이 재정에 의한 통상실시권에 따라 특허권의 효력이 제한된다는 점만을 언급해두고 상세한 내용은 다음의 장(제6장)에서 상술한다.

제 6 항   재심에 의하여 회복된 특허권의 효력제한($\frac{법}{\S181}$)

1. 재심청구등록 전에 선의로 취득한 물건에 대한 효력제한

다음 각호의 어느 하나에 해당하는 경우에 특허권의 효력은 해당 특허취소결정 또는 심결이 확정된 후 재심청구등록 전에 선의로 수입하거나 국내에서 생산 또는 취득한 물건에는 미치지 아니한다($\frac{법}{\S181①본}$).

(i) 특허가 무효된 특허권(존속기간이 연장등록된 특허권을 포함한다)이 재심에 의하여 회복된 경우($\frac{법}{같은조항(i)}$)

(ii) 특허권의 권리범위에 속하지 아니한다는 심결이 확정된 후 재심에 의하여 그 심결과 상반되는 심결이 확정된 경우($\frac{법}{같은조항(ii)}$)

(iii) 거절한다는 취지의 심결이 있었던 특허출원 또는 특허권의 존속기간의 연장등록출원이 재심에 의하여 특허권의 설정등록 또는 특허권의 존속기간의 연장등록이 된 경우($\frac{법}{같은조항(iii)}$)

(iv) 취소된 특허권이 재심에 의하여 회복된 경우($\frac{법}{같은조항(iv)}$)

여기에서 "특허취소결정" 또는 "취소된 특허권" 등은 2017. 3. 1. 시행법에서 개정된 용어이다.

2. 재심청구등록 전에 선의로 한 행위에 대한 효력제한

각호의 어느 하나에 해당하는 경우의 특허권의 효력은 다음 각호의 어느 하나의 행위에 미치지 아니한다($\frac{법}{\S181②본}$).

(i) 해당 특허취소결정 또는 심결이 확정된 후 재심청구 등록 전에 한 해당발명의 선의의 실시($\frac{법}{같은조항(i)}$)

(ii) 특허가 물건의 발명인 경우에는 그 물건의 생산에만 사용하는 물건을 해

당 특허취소결정 또는 심결이 확정된 후 재심청구등록 전에 선의로 생산·양도·대여 또는 수입(輸入)하거나 양도 또는 대여의 청약(請約)을 하는 행위($\substack{법\\같은조항(ii)}$)

   (iii) 특허가 방법의 발명인 경우에는 그 방법의 실시에만 사용하는 물건을 해당 특허취소결정 또는 심결이 확정된 후 재심청구등록 전에 선의로 생산·양도·대여 또는 수입하거나 양도 또는 대여의 청약을 하는 행위($\substack{법\\같은조항(iii)}$)

   이상에서의 선의란 재심청구의 대상되는 사정을 알지 못했다는 뜻이다.

   재심에 의하여 회복된 특허권의 효력은 재심청구 등록 전에 선의로 수입하거나 국내에서 생산 또는 취득한 물건과 선의로 생산·양도·대여 또는 수입하거나 양도 또는 대여의 청약을 하는 행위에는 미치지 아니한다.

   이상은 모두 특허권의 효력이 미치지 아니하거나 효력이 제한되는 경우들을 소개해 본 것이다.

제 6 장 특허권의 공유·이전·담보· 실시권·의무 및 특허권의 소멸

제 1 절 특허권의 공유

제 1 항 특허권의 공유의 개념과 특수성

1. 특허권의 공유와 민법의 규정

(1) 특허권의 공유의 개념

특허권의 공유(共有)라 함은 하나(一個)의 특허권을 두 사람(二人) 이상이 공동(共同)으로 소유한다는 뜻이다. 바꾸어 말하면, 하나의 특허권에 권리자가 두 사람 이상이란 말이다.

공유(共有)라는 개념 그 자체에는 민법에 규정되어 있는 물건의 공유와 다를 바 없다($\frac{민법}{§262}$). 그러나 특허권의 본성이 무체재산권(無體財産權)이라는 점에서 현저한 차이를 보이고 있다.

일반 물건의 경우에는 공유자 한 사람이 사용하면, 다른 사람은 사용할 수 없게 된다. 그러나 특허권의 공유인 경우에는, 특약(特約)이 없는 한 공유자(共有者)의 1인의 사용이 다른 공유자들의 사용을 방해하지 않는다. 하나의 특허권을 5인이 공유하는 경우에도 5인이 동시에 각자가 실시하여도 서로 방해를 받지 않는다.

하지만, 이것은 무체재산권이라는 특허권의 본성에 기인된 것이고, 특허권의 공유 그 자체의 특성은 아니다. 특허권의 공유에는 그 나름의 특수성이 있다.

(2) 민법의 규정

민법의 공동소유(共同所有)에 관한 규정은 소유권 이외의 재산권에도 준용한다. 그러나 다른 법률에 특별한 규정이 있으면 그에 의한다는 것이 민법의 규정이다($\substack{민법 \\ \S278}$).

특허권의 공유는 얼핏보아 민법에 규정된 물건의 합유와 유사하다($\substack{민법 \\ \S271①}$). 특히, 합유물(合有物)을 처분 또는 변경함에는 합유자(合有者) 전원의 동의가 있어야 한다. 그러나 보존행위는 각자가 할 수 있다($\substack{민법 \\ \S271}$)든가, 합유자는 전원의 동의없이 합유물에 대한 지분(持分)을 처분하지 못한다($\substack{민법 \\ \S273①}$)는 규정 등이 특허권의 공유에 관한 규정들($\substack{민법 \\ \S99②④}$)과 근사하기 때문이다.

그러나 특허권의 공유는 특허권이라는 특성과 특허권의 공유라는 특수한 속성에 따라 특허법상의 공유(共有)인 것이고, 민법에서의 합유(合有)와는 판이하다. 왜냐하면, 특허권의 공유자는 상호출자하여 공동사업을 경영한다는 조합체(組合體)는 전혀 아니기 때문이다($\substack{민법 \\ \S271, \S703}$).

판례(상표사건)도 합유와 유사한 성질을 가지지만, 이러한 제약은 무체재산권(無體財産權)인 특수성에서 유래한 것으로 보일 뿐이고 합유관계는 아니라고 판시하였고, 이어서 그 본질에 반하지 아니하는 범위 내에서 민법상의 공유규정이 적용될 수 있다 하였다.[1]

따라서 특허권의 공유는 그 특수성에 따라 특허법에 규정된 공유의 규정이 우선하여 적용됨은 물론이다. 그러나 특허법에 규정이 있는 것 외에는 민법의 규정이 준용된다 할 것이다($\substack{민법 \\ \S278}$).

준용되는 민법의 규정으로는 권리의 관리에 필요한 사항은 공유자의 지분의 과반수로써 결정하고($\substack{민법 \\ \S265전}$), 보존행위(保存行爲)는 각자할 수 있다는 규정($\substack{같은조\ 후}$), 관리비용은 지분의 비율로 부담하고($\substack{민법 \\ \S266①}$), 공유자가 그 지분을 포기하거나 상속인(相續人) 없이 사망한 때에는 그 지분은 다른 공유자에게 각 지분의 비율로 귀속한다($\substack{민법 \\ \S267}$)는 등의 규정이 준용될 것이다.

분할(分割)에 관하여는 특허권을 현물(現物)로는 분할할 수 없으므로 민법 제269조(분할의 방법) 제2항을 준용하여, 공유물을 평가하여 그 금액을 분할하면 될 것이다.

2. 특허권 공유의 특수한 속성

특허권의 공유(共有)에는 몇 가지의 특수한 속성이 있다. 이것들을 정리해보면 다음과 같다.

---

1) 대법원 2004. 12. 9. 선고 2002후567 판결.

(1) 인간적인 신뢰성

특허권은 일반 물건에 대한 권리와는 달리 그 발명자의 발명을 한 명예의 인격권도 있지만, 특허권의 공유(共有)는 일반 물건의 공유에 비교해 볼 때 공유자(共有者) 상호간에 인간적(人間的)인 신뢰성(信賴性)이 전제되어 있다.

필자가 변리사(辨理士)라는 실무경험에서 본 바에 의하면, 특허권의 공유(共有)의 발생원인은 ① 하나의 발명을 수인이 공동으로 개발한 경우, ② 발명은 1인 또는 1기업에서 단독으로 해서 특허를 받았으나, 그것을 실시할 자금이 부족하여 지인(知人)인 투자자(投資者)에게 특허권 일부의 지분을 양도(讓渡)하여 공유(共有)로 된 경우 ③ 모자관계(母子關係) 또는 자매관계(姉妹關係)의 회사가 권리를 공유(共有)하는 경우 ④ 특허권자인 아버지(父)의 사망으로 어머니(母)와 자녀(子女) 3남매(2男 1女)가 공동상속(共同相續)되어(민법 §1000① (i)②, §1003), 특허권이 4인의 공유로 된 경우 등 공유자들 사이의 특수한 인간적인 신뢰관계(信賴關係)에 있음을 알 수 있다.

물론, 이것이 특허권의 공유관계(共有關係)의 성립요건이라는 것은 아니다. 이러한 경향이 있다는 것이다.

(2) 지배·협력·경쟁의 속성

공유특허(共有特許)의 실시형태는 ① 지배·감독(監督)관계와 ② 협력(協力)관계 및 ③ 경쟁관계로 되어 있다.

특허권의 공유가 모자회사(母子會社)의 지배·감독관계에 있는 경우는 별로 문제가 없다. 자매기업(姉妹企業)의 협력관계도 큰 문제는 없다.

문제는 특허권의 공유가 경쟁관계에 있는 경우이다. 인간에게는 서로의 협력심(協力心)과 경쟁심(競爭心)이 복잡다단하게 내재되어 있다. 그 중에 경쟁이란 형제·자매 사이에도 있다. 그리고 경쟁은 기업분야의 본성이기도 하다. 특히, 특허의 공유자들의 경쟁은 같은 특허발명으로 같은 물품을 생산한다는 점에서, 그 경쟁은 피해 갈 수 없는 숙명이기도 하다. 그래서 서로 신뢰관계에 있는 공유자간에도 오히려 극심한 경쟁심이 잠재되어 있는 경쟁의 속성이 있다.

(3) 제 한 성

여기에서의 제한성(制限性)이란 특허권의 제한성과는 전혀 무관한 것이다. 오로지 특허권의 공유에 관한 제한이다.

특허권의 공유에 대하여는 여러 규정으로 제한하고 있는바, 이 제한들은, 몇 가지 깊은 뜻을 가지고 있다. 즉 ① 공유자 상호간의 신뢰(信賴)와 협력의 유지를 위해서, 그리고 ② 잠재적이면서도 실제 있어서는 극심한 경쟁의 조정적인 의미에서, ③ 공유지분(共有持分)의 경제적인 변화를 막기 위해서, 그리고 ④ 법률적 효력의 합일적인 확정을 위한 규제 등이다(민법 §90③, §92의3③,/§139②③).

따라서 이 제한규정에 위반하면 그 행위는 효력을 발생하지 못한다.[2]

제 2 항 특허권의 공유의 권리보전행위·각자실시와 그 한계 및 법에 따른 제한

1. 공유의 권리보전행위

먼저, 공유자 중에서 한 사람이 다른 공유자의 동의 없이 공유자 전원을 위해서 단독으로 할 수 있는 일을 보면 다음과 같다.

(1) 공유특허권의 보전행위

공유자의 1인이 전원을 위한 일은 공유특허권의 보존행위(保存行爲)이다.

특허법에는 규정이 없으나, 민법 제278조(준공동소유)에 의하여 특허법에 준용되는 민법 제265조(공유물의 관리, 보존)에 따르면 "공유물(共有物)의 관리에 관한 사항은 공유자의 지분의 과반수로써 결정한다. 그러나 보존행위는 각자가 할 수 있다"라고 규정되어 있다. 따라서 특허권이 공유인 경우에 그 보존행위는 각자 할 수 있으므로, 특허료를 내고 공유 특허권의 설정등록을 하는 행위와 그 후에 특허권의 존속을 위하여 연도금(年度金)을 내는 행위 등은 다른 공유자의 동의없이 공유자 중 한 사람의 단독으로 할 수 있다(법§79①②).

(2) 거절결정에 대한 심판청구 또는 기타의 심판에 대응하는 행위

공유의 특허출원에 대한 특허거절결정에 대한 불복의 심판청구 또는 무효나 권리범위 등의 심판에 대한 답변 등을 공유자 중 1인이 공유자전원의 동의없이 청구하거나(법§132의17) 답변하는 것은 법논리로는 공유특허의 보존행위로 보여진다. 거절결정되어 죽어가는 권리를 혼자(1인)서라도 살리려는 행위 또는 무효심판이 청구되어 답변하지 않으면 무효로 될 수 있는 것을 막는(防禦)행위가 법리적으로는 권리의 보존행위(保存行爲)임에 의문이 없기 때문이다.

판례도 그 권리의 소멸을 방지하거나 그 권리행사방해의 배제를 위하여 단독으로 그 심결의 취소를 구할 수 있다 하였다.[3]

---

2) 吉藤·熊谷, 前揭書, P. 549.
3) 대법원 2004. 12. 9. 선고 2002후567 판결.

그러나 제139조(공동심판의 청구 등) 제3항에는 특허권 또는 특허를 받을 수 있는 권리의 공유자가 그 공유인 권리에 관하여 심판을 청구할 때에는 공유자 모두가 공동으로 청구하여야 한다는 명문규정이 있다.

따라서 법논리로는 권리의 보존행위임에도 제139조(공유심판의 청구 등) 제3항의 명문규정으로 소위 필수적 공동심판(共同審判)으로 규정되어 있어, 공유자 전원으로만 심판청구를 하여야 한다.

(3) 심결취소의 소는 단독으로 가능하다는 판례의 판지(判旨)

앞에서 소개된 대법원 2004. 12. 9. 선고 2002후567 판결은 공유자 1인이라도 그 권리의 소멸을 방지하거나 그 권리행사의 방해배제를 위하여 단독으로 그 심결(審決)의 취소를 구할 수 있다 하였다.

한편, 이어지는 판지는 "특허법 제139조를 준용하고 있으나, 그 심결취소소송 절차에 대하여는 아무런 규정을 두고 있지 아니하다. … 공유자들 사이에 합일확정의 요청은 필요하다고 할 것인데, 공유자 1인이 단독으로 심결취소소송을 제기할 경우라도 … 그 소송에서 승소(勝訴)할 경우에는 그 취소판결의 효력은 행정소송법 제29조(취소판결 등의 효력) 제1항에 의해 다른 공유자에게도 미쳐 특허심판원에서 공유자 전원과의 관계에서 심판절차가 재개됨으로써 충족되고, 그 소송에서 패소하더라도 이미 심판절차에서 패소한 다른 공유자의 권리에 영향을 미치지 아니하므로, 어느 경우에도 합일확정(合一確定)의 요청에 반한다거나 다른 공유자의 권리를 해하지 아니하는 반면, 오히려 그 심결취소소송을 공유자 전원이 제기하여야만 한다면 합일확정의 요청은 이룰지언정 상표권 공유자의 1인이라도 소재불명이나 파산(破産) 등으로 소의 제기에 협력할 수 없거나 또는 이해관계가 달라 의도적으로 협력하지 않는 경우에는 나머지 공유자들은 출소(出訴)기간의 만료와 동시에 그 권리행사에 장애를 받거나 그 권리가 소멸되어 버려 그 의사에 기하지 않고 재산권이 침해되는 부당한 결과에 이르게 된다"라고 판시하였다.

이 판례의 판지에 따라 심판의 심결을 취소하는 소송은 공유자 1인이라도 제기할 수 있게 되어 있다.

(4) 권리침해에 대한 금지청구를 하는 행위

이 행위는 공유특허권을 보존하기 위한 행위이므로($^{법}_{\S126}$), 공유자 중 1인의 단독으로 청구할 수 있다 할 것이다.

공유의 특허권을 침해한 자 또는 침해할 우려가 있는 자를 상대로 그 침해의 금지 또는 예방을 청구하는 것이기 때문이다. 침해행위 등이 없었다면 패소할 것이나, 그 후에 침해하는 행위가 있으면 다시 청구할 수 있으므로 확정판결(確定判決)의 기판력(旣判力)의 문제는 심각하게 생각할 일은 아니다.

특허침해로 인한 손해배상청구를 하는 행위도 공유자 전원을 위한 행위로 볼 수 있느냐? 그러나 공유자의 1인이 특허침해로 인한 손해배상의 청구소송을 제기하는 경우에 그 기판력(旣判力)의 주관적 범위에 관한 문제가 있다.

확정판결(確定判決)은 주문에 포함된 것에 한하여 기판력을 가진다 하였고($\frac{민소법}{§216①}$), 확정판결은 당사자, … 승계인(承繼人) … 또는 그를 위하여 청구의 목적물을 소지한 사람에 대하여 효력이 미친다 하였다($\frac{민소법}{§218①}$).

이에 대하여는 여러 가지의 설도 있으나, 다른 사람을 위하여 원고나 피고가 된 사람에 대한 확정판결은 그 다른 사람에 대하여도 효력이 미친다($\frac{민소법}{같은조③}$)는 명문규정이 있으므로 부정되어야 할 것이다. 따라서 특허침해로 인한 손해배상청구의 소송은 공유자 모두가 공동명의로 원고가 되어야 할 것이다.

(5) 특허권 침해죄에 대한 고소

공유자의 1인은 특허침해행위를 한 자에 대하여 고소를 할 수 있다($\frac{법}{§225②}$). 이 또한 결과에 있어서는 공유자의 전원을 위한 권리보존을 위한 행위라 할 것이다.

2. 특허권공유자의 각자실시의 범위와 한계

(1) 특허권 공유자의 각자실시의 범위

특허권이 공유인 경우에는 각 공유자는 계약으로 특별히 약정한 경우를 제외하고는 다른 공유자의 동의를 받지 아니하고 그 특허발명을 자신이 실시할 수 있다($\frac{법}{§99③}$).

이는 공유자 사이에 특약이 없으면 각자는 자유로 실시할 수 있지만, 특약(特約)으로 공유관계를 제약하는 계약도 얼마든지 할 수 있다는 임의성(任意性), 즉 공유의 당사자들의 의견에 따라 적용될 계약을 그들의 임의로 만들 수 있다는 취지를 선언한 규정이다.

공유자는 특허발명을 자신이 실시할 수 있으므로 그 양적(量的)으로는 제한없이 실시할 수 있을 것이다. 물론, 상품의 생산인 공급(供給)은 수요(需要)에 의하여 실질적인 제한을 받는 것이므로 무제한적인 실시란 있을 수 없는 일이다.

특히, 공유자들은 지배·감독관계에 있는 모자회사나 서로 협력관계에 있는 자매기업(姉妹企業)이 아니면, 동일발명에 의한 동일상품이라는 전제에서 그 질과 양 또는 제품의 디자인과 가격 그리고 서비스면에 이르기까지 치열한 경쟁자로서의 지위에 있다는 점에서 특허권의 공유자에게 부여된 각자의 실시란 그 실질면에서는 매우 힘든 산업전선이 될 수도 있다.

여기에서 문제의 하나는 공유자의 각자실시에 있어서, 그 각자의 실시를 도급(都給)을 주는 경우이다. 즉 각자실시를 공유자가 자신의 실시에 갈음하여 제3자인 도급업자(都給業者)로 하여금 실시하게 하는 것이다. 이것이 과연 공유자의 실시로 볼 것이냐 공유지분(共有持分)의 양도로 볼 것이냐 아니면 공유지분에 대한 실시권(實施權)으로 볼 것이냐이다.

도급계약(都給契約)의 내용에 따라 구분되어야 할 것이다. 공유자의 감독하에 도급업자가 실시한 특허발명품의 전량을 공유자에게 납품하는 경우라면 공유자의 실시로 보아야 할 것이고, 제품(製品)의 일부 또는 전부를 도급업자가 처분한다면 지분(持分)의 일부 또는 전부를 양도한 것으로 보아야 할 것이다.

(2) 공유자의 각자실시의 한계 ― 공유자의 특약

공유자의 각자실시(各自實施)의 한계란 바로 공유자 사이의 특약(特約)이다. 나누어 볼 수 있다.

(i) 특별한 관계가 있는 경우   지배·협력관계의 특약은 그 대부분이 모자회사 또는 자매기업이 공유하는 경우로서, ① 원료나 부품의 공급과 완제품의 생산이라든가 ② 생산과 판매 ③ 수출과 국내의 시판 등으로 그 역할을 나누어서 실시하는 지배 또는 협력관계의 특약이어서, 그 특약의 성립·변경 등에 큰 문제는 없다.

(ii) 특별한 관계가 없는 경우   특약은 임의규정(任意規定)이므로 계약자유의 원칙에 따라 공서양속(公序良俗)에 반하는 등 강행법규(强行法規)에 반하지 않는 범위 내에서 공유의 당사자들이 자유의사로 정할 수 있다. 따라서 계약당사자인 공유의 특허권자들의 지위·특약조건의 형평성(衡平性)·상호의 협조정신 등으로 원만한 특약이 이루어지는 경우에는 문제가 없을 것이다.

그러나 이 특약이라는 것 자체의 성립단계에서부터 서로의 경쟁적인 관계에서 이해가 상충되는 경우도 있어, 전혀 자유로운 것만은 아니다.

가장 문제로 되는 것은 공유자의 경제적 지위에 현저한 차이, 즉 개인과 대기업과 같이 현저한 차이가 있는 경우에는 특약조건의 형평성이란 애당초 기대되지 않는 경우이다. 이 경우 개인의 입장에서는 각자실시에 관련된 특약보다는 ① 일정량의 판매 ② 일정량의 부품의 납품 ③ 대기업의 이익분배 등의 특약 등을 기대해 보는 것도 고려의 대상이 될 것이다.

이와 같은 문제점들을 배려한 것이 공유지분(共有持分)의 행사에 법적인 제한을 가하는 것이다.

3. 특허권이 공유인 경우, 그 행사의 법적인 제한

특허권이 공유인 경우에는 그 권리의 행사에 상당한 제한을 가하고 있다. 그리고 그 제한의 이유가 모두 같은 것은 아니다. 다음과 같다.

(1) 공유자의 인간적인 신뢰와 협력의 유지 및 경제적인 이해관계의 이유로 인한 제한

(i) 공유지분의 양도와 질권설정에 있어서의 제한   특허권이 공유인 경우에는 각 공유자는 다른 공유자 모두의 동의를 받지 아니하면 그 지분(持分)을 양도하거나 그 지분을 목적으로 하는 질권을 설정 할 수 없다(법§99②). 이 경우는 공유자 상호의 신뢰(信賴)와 협력관계의 유지는 물론이요, 공유지분의 이전으로 급격한 경제적인 이해관계의 변동을 막기 위해서이다.

예로서, 수인의 개인들의 공유인 경우에 한 개인의 지분이 투자와 경영의 능력이 있는 대기업에 양도되어 그 대기업이 대규모로 실시한다면, 다른 공유자의 지분이란 유명무실한 것으로 되어버릴 것이다.

한편, 그 반대의 경우도 있다. 대학과 대기업이 특허권을 공유하면서, 대학은 사업을 경영하지 않으므로 공유의 대기업으로부터 상당한 경제적인 도움(기부행위)을 받아왔는데, 그 기업이 더 좋은 사업이 있어서 특허발명사업을 중단하고 공유지분을 투자능력도 사업능력도 없는 개인에게 양도하는 경우이다. 상당한 도움을 받아오던 대학으로서는 커다란 경제적인 불이익으로 될 수 있는 경우이다. 물론, 공유지분의 양도에 따른 공유자 모두의 동의를 필요로 하는 제도의 취지는 후자의 예보다는 전자의 예인 경우를 전제한 것이라 할 것이다.

지분(持分)에 질권을 설정하는 경우에도 그 질권의 행사로 공유지분이 제3자에게 이전되므로, 공유지분을 양도하는 경우와 같이 공유자 모두에게 신뢰·협력관계와 경제적인 이해관계에 영향을 미치는 것이어서, 공유자 모두의 동의를 얻어야 하는 것으로 규정한 것이다(법§99②후).

(ii) 공유지분의 전용실시권의 설정과 통상실시권의 허락에 있어서의 제한

특허권이 공유인 경우에는 각 공유자는 다른 공유자 모두의 동의를 얻어야만 그 특허권에 대하여 전용실시권을 설정하거나 통상실시권을 허락할 수 있다

$\left(\begin{smallmatrix}법\\§99④\end{smallmatrix}\right)$. 제한이유는 앞에서의 (i)과 전혀 같은 이유에서이다.

(iii) 전용실시권이 공유인 경우의 제한   이 경우에도 앞에서의 (i)(ii)와 전혀 같은 이유에서 제99조(특허권의 이전 및 공유 등) 제2항부터 제4항까지의 규정을 준용하는 것으로 되어 있다$\left(\begin{smallmatrix}법\\§100⑤\end{smallmatrix}\right)$.

(2) 권리의 효과를 합일적으로 확정시킬 필요가 있는 경우의 제한

다음과 같은 것들이다.

(i) 특허를 받을 수 있는 권리가 공유인 경우   특허를 받을 수 있는 권리가 공유인 경우에는 공유자 모두가 공동으로 특허출원을 하여야 한다$\left(\begin{smallmatrix}법\\§44\end{smallmatrix}\right)$.

특허를 받을 수 있는 발명을 수인이 공동으로 발명한 경우에도 발명은 하나이므로 권리도 하나의 특허권만 있다. 따라서 하나의 발명을 수인 모두가 하나의 특허출원을 공동으로 하여야만 한 특허권의 공유자로서 법률관계가 합일적으로 확정될 수 있다.

(ii) 특허권의 연장등록출원을 하는 경우   특허권의 연장등록출원은 두 경우가 있다. ① 제90조(허가 등에 따른 특허권의 존속기간의 연장등록출원)에 의한 허가 등에 따른 특허권의 존속기간을 연장등록출원하는 경우와 ② 제92조의2(등록지연에 따른 특허권의 존속기간의 연장)에 의한 등록지연에 따른 특허권의 존속기간의 연장등록출원하는 경우이다. 어느 경우에도 특허권이 공유인 경우에는 모두가 공동으로 특허권의 존속기간을 연장등록출원을 하여야 한다$\left(\begin{smallmatrix}법 §90③\\§92의3③\end{smallmatrix}\right)$.

두 경우 모두 법률관계의 효과를 합일적으로 확정시켜야 하기 때문이다. 이 경우 특허권의 ① 연장등록의 출원은 물론이요, ② 그 연장의 등록 또한 공유자 전원의 명의로 합일적인 확정이 필요로 하기 때문이다.

(iii) 심판을 청구하거나 피청구인이 되는 경우   심판의 결과가 공유자(共有者) 전원에게 합일적으로 확정을 필요로 하는 고유의 필수적인 공동심판(共同審判)을 청구하는 경우이다.

특허권 또는 특허를 받을 수 있는 권리의 공유자가 그 공유인 권리에 관하여 심판을 청구할 때에는 공유자 모두가 공동으로 청구하여야 한다$\left(\begin{smallmatrix}법\\§139③\end{smallmatrix}\right)$. 그 심판의 결과, 즉 특허권 등 권리의 공유자에게 같이 내려질 법률적인 효과는 같은 결과가 합일적으로 확정되어야 하기 때문이다.

이러한 점에서 공유인 특허권의 특허권자에 대하여 심판을 청구할 때에는 공유자 모두를 피청구인으로 하여야 한다$\left(\begin{smallmatrix}법\\§139②\end{smallmatrix}\right)$. 공유자 전원을 청구인으로 하여야 하는 경우와 마찬가지로 심판의 결과인 법적 효과가 공유자 전원에게 합일적으로

확정되어야 하기 때문이다.

여기에서 심판이라 함은 ① 특허거절결정 등에 대한 심판($\substack{법\\§132의17}$) ② 특허의 무효심판($\substack{법\\§133}$) ③ 권리범위확인(權利範圍確認)심판($\substack{법\\§135}$) ④ 정정심판($\substack{법\\§136}$) ⑤ 정정의 무효심판($\substack{법\\§137}$) ⑥ 통상실시권(通常實施權) 허락(許諾)심판($\substack{법\\§138}$) 및 ⑦ 재심(再審)($\substack{법\\§178}$) 은 물론이요, 입법의 미비로 법문에는 규정이 없지만 당연히 준심판적인 ⑧ 특허 취소신청($\substack{법\\§132의2}$)의 경우도 포함되어야 할 것이다.

(3) 공유인 경우의 제한에 위반된 경우

특허권 공유의 제한에 반하는 행위는 제1차적으로는 보정(補正)의 대상으로 된다($\substack{법\\§141①}$). 그러나 보정지시를 받은 자가 지정된 기간에 보정을 하지 아니하거나 보정한 사항이 위법인 경우에는 그 심판청구는 각하된다($\substack{법\\§141②}$).

4. 특허권의 공유관계의 종료

특허권의 공유관계는 다음 사유로 종료한다.

(1) 공유의 지분이 1인에게 귀속되는 경우

(i) 공유자 1인이 다른 공유자(공유자가 여러 사람인 경우에는 공유자 모두)의 공유 지분(共有持分)을 양수하면 권리는 혼동되어 그 양수인(讓受人) 단독의 특허권으로 되므로 공유관계는 종료된다.

(ii) 공유자 중 1인 외의 다른 공유자들이 모두 지분을 포기하면 그 지분(持分) 은 나머지 1인에게 귀속되므로 공유관계는 종료된다($\substack{민법\\§267}$).

(iii) 공유자가 상속인(相續人) 없이 사망한 때도 그 지분은 다른 공유자에게 각 지분의 비율로 귀속되는바($\substack{민법\\§267}$) 나머지 공유자가 1인인 경우에는 공유관계는 종료된다.

(2) 특허권의 수용

특허권이 수용(收用)되면($\substack{법\\§106}$) 권원이 없으므로 공유관계는 종료된다.

(3) 특허권의 소멸

특허권의 소멸은 ① 존속기간의 만료가 대표적이고 ② 특허취소결정의 확정 ③ 특허무효심결이 확정 ④ 특허료의 불납(不納) ⑤ 특허권의 포기 ⑥ 상속인의 부존재 등으로 공유특허권이 소멸하므로 공유관계도 종료한다.

제 2 절 특허권의 이전과 담보

제 1 항 특허권의 이전과 등록

1. 특허권의 이전

(1) 특허권의 이전성

특허권은 사유(私有)의 재산권이므로 거래의 대상임은 물론이다. 그러므로 특허권은 이전성(移轉性)을 가진다.

(2) 이전의 개념

특허권의 이전(移轉)이란 특허권이라는 권리의 주체가 교체되는 것을 말한다. 권리가 옛 주인으로부터 새 주인에게로 옮겨지는 것이다.

2. 특허권이 이전되는 형태

특허권이 이전되는 형태는 크게 두 가지이다.

(1) 특정승계

특허권이 특정의 개별적인 원인에 의하여 승계되는 경우이다.

권리자의 의사에 따라 양도(讓渡)되는 ① 매매(賣買), 교환(交換), 증여(贈與) 등의 경우가 있고, ② 권리자의 의사와는 관계없이, 강제집행(强制執行)에 의한 특허권의 경매(競賣)나 특허권을 담보로 한 질권(質權)의 실행, 판결 또는 특허권의 수용 등으로 이전되는 경우는 모두 특정승계의 경우이다.

물론 특허권도 여러 개의 특허권을 노하우(Know-How)와 함께 묶어서 팩키지(Package)로 이전되는 경우도 있지만, 그러한 경우에도 주로 특허권의 이전을 목적으로 하는 것이지 다른 모든 권리·의무들이 포괄적으로 이전되는 경우는 아니다.

(2) 일반승계 — 포괄승계

특정승계에 대칭되는 개념이며 특허권이 상속(相續) 그 밖의 회사합병(會社合倂) 등과 같이, 단일의 원인에 의하여 다수의 권리·의무가 포괄적으로 이전되는 경우이다. 하나의 원인으로 다수의 권리·의무가 포괄적으로 이전되는 경우이므로 특허권도 일반권리·의무와 같이 포괄되어 이전된다. 그래서 이 경우를 일반승계 또는 포괄승계라고 한다.

(3) 특정승계와 일반승계를 구별하는 이유

특허권이 특정승계로 이전되는 경우는 이전등록(移轉登錄)을 하여야만 효력이 발생한다($\frac{법}{\S101①(i)}$).

"이전등록을 하여야만 효력이 발생한다"는 의미는 ① 특허권이 이전되었다는 사실의 존재를 전제로 ② 이전등록이라는 형식적인 요건을 갖추어야만, 특허권 이전의 효력이 발생한다는 뜻이다. 그러므로 "특허권의 이전"이라는 사실도 없이 특허권의 이전등록이 되었다면, 그 이전등록은 무효이고, 특허권은 이전되지 않는다.

이와 같이 이전등록을 해야만 효력이 발생하는 경우는 특허권의 특정승계(特定承繼)의 경우이다. 즉 특허권이 양도(매매·교환·증여 등)되는 경우는 물론이요, 경매(競賣)나 질권(質權)의 실행, 판결 또는 수용 등으로 취득한 특허권 등의 이전도 이전등록을 그 효력발생의 요건으로 규정하고 있다($\frac{법 \S85,\ \S101①(i)}{등록령 \S3①}$).

그러나 상속(相續) 그 밖의 일반승계에 의하여 특허권이 다른 모든 권리·의무와 같이 포괄이전된 경우에는 이전등록을 아니해도 그 이전의 효력이 인정된다($\frac{법 \S101①(i)}{괄호}$).

특허권이 일반승계(一般承繼)된 경우에는 그 이전이 확실하므로 이전등록을 아니해도 이전의 효력이 인정되는 것이다. 그러나 특허권의 상속인이나 그 밖의 일반승계인(一般承繼人)은 지체없이 그 일반승계의 취지를 특허청장에게 신고하여야 한다($\frac{법}{\S101②}$).

법적으로는 피상속인(被相續人)이 사망한 사실과 동시에 특허권은 당연히 상속인(相續人)에게 자동으로 상속되어 승계되는 것이고, 또 회사가 합병되면 피합병회사(被合倂會社)의 권리는 자동적으로 합병회사(合倂會社)로 이전되는 것이지만, 상속인 또는 합병회사는 그 상속 또는 회사합병 등 일반승계의 사실을 지체없이 특허청장에게 신고하여야 한다.

상속 또는 회사합병 등 일반승계의 사실을 특허원부와 일치시키기 위해서이다. 법적 안정성의 요구이다.

3. 특허권의 이전 등에 등록을 효력발생의 요건으로 하는 이유

(1) 공시수단

특허권의 이전에는 왜 이전등록(移轉登錄)이 필요한가? 특허권이 이전된 사실을 확실하게 특허원부에 기록해 놓음으로써 일반에게 공시(公示)하기 위해서이다. 즉 이전등록을 아니하면, 일반 제3자는 특허권이 이전되었는지의 여부를 알 수 없기 때문이다.

특허권은 무체재산권(無體財産權)이다. 보이지도 않고 만져볼 수도 없다. 인간의 기술사상 위에 형성된 권리이다. 그러므로 특허권의 이전등록을 이전의 효력발생요건으로 하지 않는다면, 제3자로서는 그것이 누구의 권리인지 알 수 없게 되고, 따라서 그 특허기술을 양수하려는 자, 실시하려는 자, 특허무효심판을 청구하려는 경우, 질권을 설정하는 경우 등 특허권자가 누구인지 불확실하다면 특허권을 중심으로 야기되는 법률관계의 혼란이 있을 수 있기 때문이다.

(2) 등록이 있어야 효력이 발생하는 경우

(i) 특허권은 이전(상속 등 일반승계의 경우는 제외)되는 경우뿐만 아니라 포기에 의한 소멸 또는 처분의 제한($^{법}_{\S101①(i)}$)

(ii) 전용실시권(專用實施權)의 설정·이전(상속 등 일반승계의 경우는 제외)·변경·소멸(혼동에 의한 경우는 제외한다) 또는 처분의 제한($^{법}_{같은조항(ii)}$)

(iii) 특허권 또는 전용실시권을 목적으로 하는 질권(質權)의 설정·이전(상속 등 일반승계의 경우는 제외)·변경·소멸(혼동에 의한 경우는 제외한다) 또는 처분의 제한($^{법}_{같은조항(iii)}$) 등은 등록하여야만 효력이 발생한다($^{법}_{\S101①본}$). 여기에서 혼동이란 두 권리가 같은 권리자에게 귀속함으로써 하나의 권리는 소멸되는 경우이다.

질권자(質權者)나 전용실시권자(專用實施權者)가 특허권을 양수하면 질권 또는 전용실시권은 특허권에 혼동되어 소멸된다.

(3) 등록없이 효력이 발생하는 경우

상속(相續)이나 그 밖의 일반승계의 경우는 등록을 아니하여도 효력이 발생된다($^{법 \S101(i)(ii)}_{(iii)각 괄호}$). 권리·의무가 포괄하여 이전되는 경우이므로 이전등록이 없어도 그 이전이 확실하기 때문이다.

그러나 그 일반승계된 사실을 지체없이 특허청장에게 신고하여야 한다($^{법}_{\S101②}$). 특허청장은 일반승계된 사실을 지체없이 신고받아서 특허원부에 그 사실을 기록해 놓음으로써, 일반 제3자들에게도 공시(公示)되어야 하기 때문이다.

4. 특허권이 공유인 경우

특허권의 공유에 관하여는 전절(제1절)에서 설명되었다. 여기에서는 간단하게 지적만 하고 넘긴다.

(1) 특허권이 공유인 경우의 각자실시

특허권이 공유인 경우에는 각 공유자는 계약으로 특별히 약정한 경우를 제외하고는 다른 공유자의 동의를 받지 아니하고 그 특허발명을 자신이 실시할 수 있다($\substack{법 \\ §99③}$).

(2) 공유지분의 양도 등의 제한

특허권이 공유인 경우에는 각 공유자는 다른 공유자 모두의 동의를 받아야만 그 지분을 양도하거나 그 지분을 목적으로 하는 질권을 설정할 수 있다($\substack{법 \\ §99②}$).

공유자는 다른 공유자와의 인격적인 신뢰와 협력관계 및 공유자의 재력과 실시규모 등에 따라 경제적인 이해관계의 영향을 받을 수 있기 때문에 지분양도에 다른 공유자들 모두의 동의를 받도록 한 것이다.

지분을 목적으로 하는 질권의 설정에 있어서도 동의를 받아야 하는 것은, 질권의 실시로 그 지분이 제3자에게 이전될 수 있기 때문에 지분의 이전과 같이 다른 공유자 모두의 동의를 받도록 규정한 것이다.

(3) 공유지분의 실시권의 설정 또는 허락의 제한

특허권이 공유인 경우에는 각 공유자는 다른 공유자 모두의 동의를 받아야만 그 특허권에 대하여 전용실시권(專用實施權)을 설정하거나 통상실시권(通常實施權)을 허락할 수 있다($\substack{법 \\ §99④}$). 다른 공유자의 동의를 받아야 하는 이유는 공유지분의 양도(讓渡)의 경우와 같다.

5. 특허권의 이전청구

이 특허권의 이전청구는 2017. 3. 1. 시행법에 따라 신설되었고, 이 법 시행이후 설정등록된 무권리자의 특허권부터 적용한다($\substack{개정법 \\ 부칙 §8}$).

(1) 정당한 권리자의 특허권 이전청구

특허가 제133조(특허의 무효심판) 제1항 제2호 본문에 해당하는 경우에 특허를 받을 수 있는 권리를 가진 자는 법원(法院)에 해당 특허권의 이전(특허를 받을 수 있는 권리가 공유인 경우에는 그 지분의 이전을 말한다)을 청구할 수 있다($\substack{법 \\ §99의2①}$).

제133조(특허의 무효심판) 제1항 제2호란 제33조(특허를 받을 수 있는 자) 제1항 본문에 따른 특허를 받을 수 있는 권리를 가지지 아니하거나 제44조(공동출원)를 위반한 경우이다.

종래에는 이러한 제도가 없어 정당한 권리자 등은 심판에 의하여 무권리자의 특허를 무효로 한 후에 정당한 권리자는 신규출원을 하되 그 출원일만을 무권리자의 특허출원일까지 소급효를 인정받았다. 현행법에도 이러한 규정이 없는 바는 아니다($\frac{법}{\S35}$). 그러나 2017. 3. 1. 시행법에는 특허권의 이전청구의 규정이 신설됨으로써 정당권리자는 무권리자가 출원·등록해 놓은 특허권을 막바로 이전받을 수 있게 된 것은 진일보된 개선이라 할 것이다.

(2) 이전등록의 소급효

정당한 권리자의 특허권 이전청구에 기초하여 특허권이 이전등록된 경우에는 다음 각호의 권리는 그 특허권이 설정등록된 날부터 이전등록을 받은 자에게 있는 것으로 본다($\frac{법}{\S99의2②본}$).

　(i) 해당 특허권($\frac{법}{같은조항(i)}$)

　(ii) 제65조(출원공개의 효과) 제2항에 따른 보상금 지급청구권($\frac{법}{같은조항(ii)}$)

　(iii) 제207조(출원공개시기 및 효과의 특례) 제4항에 따른 보상금 지급청구권($\frac{법}{같은조항(iii)}$)

(3) 이 경우에는 공유자의 동의는 불필요

정당한 권리자의 특허권 이전청구에 따라 공유인 특허권의 지분을 이전하는 경우에는 제99조(특허권의 이전 및 공유 등) 제2항에도 불구하고 다른 공유자의 동의를 받지 아니하더라도 그 지분을 이전할 수 있다($\frac{법}{같은조③}$). 무권리자의 권리를 정당한 권리자에게 이전하는 경우이므로 다른 공유자의 의사에 구애될 필요가 없기 때문이다.

제 2 항 특허권의 담보

1. 특허권 등 담보제도의 현실과 전망

특허권 또는 실시권(實施權) 등은 재산권이므로 담보의 대상이 되는 것은 당연하다. 다만, 특허권 또는 실시권(이하 "특허권 등"이라 한다)은 일반재산권과 같이, 그 가치평가(價値評價)가 쉽지 않고 또 그 가치의 굴곡도 예측하기 어려운 점이 있는 경우도 있어서, 금융기관이 특허권을 담보(擔保)로 자금융자(資金融資) 해주는 것을 그리 선호하지는 않는 것이 현실인 듯하다.

2. 질　권

(1) 특허발명의 실시제한

특허권·전용실시권 또는 통상실시권을 목적으로 하는 질권을 설정하였을 때에는 질권자는 계약으로 특별히 정한 경우를 제외하고는 해당 특허발명을 실시할 수 없다($\frac{법}{\S121}$).

특허권 등을 질권의 목적으로 하는 것은 그것을 담보로 융자를 목적으로 한 것이지, 질권자에게 특허발명의 실시를 목적으로 하는 것은 아니기 때문이다.

(2) 질권의 물상대위권

질권은 특허법에 따른 보상금(補償金)이나 특허발명의 실시에 대하여 받는 대가나 물건에 대해서도 행사할 수 있다($\frac{법}{\S123}$ 본). 다만, 그 보상금 등의 지급 또는 인도(引渡) 전에 압류(押留)하여야 한다($\frac{법}{같은조}$ 단). 채무자(특허권자 등)의 실시료는 물론이요, 손해배상청구권에도 질권의 효력이 인정된다. 다만, 보상금이나 물건 자체에 질권이 있는 것은 아니고 그 청구권 위에 질권이 행사되는 것이다.

(3) 효력발생을 위한 등록

질권의 설정·이전·변경·소멸(혼동에 의한 경우는 제외한다) 또는 처분의 제한 등은 등록을 해야만 효력이 발생한다($\frac{법}{\S101①본(iii)}$). 다만, 상속(相續)이나 그 밖의 일반승계의 경우는 예외로 되어 있으나($\frac{법 같은조항(iii)}{괄호안}$), 일반승계의 경우에도 지체없이 특허청장에게 신고하여야 한다($\frac{법}{같은조②}$).

또 특허권이 공유인 경우에는 각 공유자는 다른 공유자 모두의 동의를 받아야만 그 지분을 목적으로 질권을 설정할 수 있다($\frac{법}{\S99③}$). 질권의 실행으로 그 지분이 제3자에게 이전될 수 있기 때문이다.

질권의 목적이 되는 것은 특허권과 실시권 등이지 특허를 받을 수 있는 권리는 질권의 목적으로 할 수 없다($\frac{법}{\S37②}$). 미확정의 권리이고 또 등록에 관한 규정도 없기 때문이다.

3. 양도담보

특허법에는 질권에 관한 규정만이 있을 뿐 특허권을 양도담보(讓渡擔保)하는 제도는 없다. 그러므로, 등록에 관한 규정이 없는 것은 당연하다.

특허권의 양도담보란 금융을 목적으로 하는 담보로서 형식적으로 특허권을 양도하고 이전등록(移轉登錄)을 하는 조건으로 융자를 받되, 후일에 융자금의 변제(辨濟)와 동시에, 특허권은 채무자이었던 원특허권자(原特許權者)에게 이전등록되는 형식으로 이루어진다.

그 이면에는 채무자(원 특허권자)는 융자금의 변제와 동시에 특허권을 환매(還買)한다는 환매권(還買權)의 특약을 하는 것으로 되어 있다.

이 제도의 활용빈도가 향상되어 특허권의 담보제도로서 보다 두각을 나타낸다면, 그에 따르는 특허법상의 제도적인 뒷받침이 필요한 것으로 보인다.

4. 신 탁 질

(1) 신탁의 개념

신탁(信託)이라는 용어는 산업재산권(産業財産權) 분야에서는 생소한 개념이다. 그러나 전혀 무관한 것은 아니다.

신탁이란 위탁자(委託者)와 수탁자(受託者) 간의 신임관계(信任關係)에서 위탁자가 수탁자에게 특정의 재산을 이전하거나 담보권(擔保權)의 설정 또는 그 밖의 처분을 하고, 수탁자로 하여금 일정한 수익자의 이익 또는 특정의 목적을 위하여 그 재산의 관리, 처분, 운용, 개발 그 밖에 신탁목적의 달성을 위하여 필요한 행위를 하게 하는 법률관계를 말한다($\substack{신탁법 \\ §2}$).

따라서 특허권이 신탁재산(信託財産)이 될 수 있음에는 의문이 없다. 그래서 "특허권 등의 등록령"에는 신탁에 관한 규정이 제49조(신탁등록의 신청인)부터 제61조(수탁자의 해임에 대한 부기)까지를 차지하고 있다.

(2) 신 탁 질

담보방법의 하나로서 "신탁질(信託質)"이라는 것이 있다. 특허권을 채권자(債權者)에게 신탁적으로 양도하는 방법에 의한 담보권(擔保權)을 말한다. 이는 채무자(특허권자)가 채무를 변제해야 할 의무가 있음은 물론이고, 채무의 변제가 있으면 특허권은 원특허권자(채무자)에게 복귀하는 점에서 앞에서 설명한 양도담보(讓渡擔保)의 일종이라 할 수 있다.

그러나 양도담보는 등록에 관한 규정이 없는데 대하여, 이 신탁질(信託質)은 "신탁법"에 규정된 설정방법에 따라서($\substack{신탁법 \\ §3①(i)}$) 하는 경우에는 "특허권 등의 등록령"에 의한 등록을 할 수 있다는 점이 다르다 할 것이다($\substack{등록령 \\ §49 \, 이하}$).

5. 공장재단의 저당

"공장(工場) 및 광업재단(鑛業財團) 저당법(抵當法)"(이하 "공장저당법"이라 약칭한다) 제13조(공장재단의 구성물) 제1항의 규정은 "공장재단은 다음 각호에 열거하는 것의 전부 또는 일부로 구성할 수 있다"라고 하였고, 그 다음 각호 중 제6호에 "지식재산권(知識財産權)"이 규정되어 있다($\substack{공장저당법 \\ §13①(vi)}$).

여기에 특허권이 포함되어 있음은 물론이다. 다만, "특허를 받을 수 있는 권리"는 질권의 목적으로 할 수 없다($\frac{법}{§37②}$). 확정되지 않은 권리이고 또 그 공시방법인 등록제도의 규정이 없기 때문이다. 같은 취지에서 저당권의 목적으로 할 수도 없을 것이다.

그러나 지식재산권이 공장재단에 속하는 경우에는 소유권 보존 등의 대상이 되는 것임이 명문으로 규정되어 있다($\frac{공장저당법}{§32④}$).

공장재단의 저당(抵當)이란 "공장재단 저당법"에 의하여 공장의 설비 등의 재산을 포괄적으로 하나의 물건으로서 저당의 목적으로 하는 제도이다($\frac{공장저당법}{§10\ 이하}$).

제3절 특허권의 실시권

제1관 실시권의 개념과 종류

제1항 특허권의 지배형태와 실시권의 개념

1. 특허권의 지배형태

사법(私法)의 기본법인 민법에 규정된 소유권의 내용에는, "소유자(所有者)는 법률의 범위 내에서 그 소유물을 사용(使用), 수익(收益), 처분(處分)할 수 있다"라고 규정되어 있다($\frac{민법}{§211}$). 이는 소유물을 전면적·일반적으로 지배할 수 있다는 것, 즉 그 소유물이 가지고 있는 사용가치(使用價値)·교환가치(交換價値)의 전부를 지배할 수 있는 권리임을 규정한 것이다.

특허권은 무체재산권(無體財産權)이어서 일반 소유권과 같이 항구성(恒久性)도 없는 유한성의 권리이지만, 그 존속기간 동안은 민법에 규정된 소유권과 같이, 법률의 범위 안에서 사용, 수익, 처분할 수 있는 권리이다.

특허권의 사용이란 특허권자 스스로 특허발명을 독점·배타적으로 실시하는 것이다.

특허권의 수익이란 타인으로 하여금 특허발명을 실시하게 함으로써 그 대가로서 실시료(Royalty)를 수익하는 것이다.

그리고 일반 제3자가 특허권자의 설정행위나 허락 또는 법정(法定)·재정(裁定) 등으로 특허발명을 실시할 수 있는 권리를 실시권(實施權)이라 한다. 이 실시권도 그 존재형태에 따라 여러 가지로 구분된다. 이에 대하여는 후술한다.

한편, 특허권의 처분이란 특허권을 양도하는 것이다. 양도에는 매도(賣渡)·교환(交換)·증여(贈與) 등 그 대가의 유무를 불문하고 특허권을 이전하는 것이며, 다른 표현으로는 처분이다. 포기도 처분이다.

2. 특허발명의 실시와 실시권의 개념

특허권자는 특허발명을 스스로 실시하지 아니하고 타인에게 그 특허발명을 실시하게 할 수 있고, 또 특허권자 스스로 실시하면서도 타인에게 특허발명을 실시하게 할 수도 있다.

특허권자가 타인에게 특허발명을 실시할 수 있는 권원을 부여하는 것을 실시허락(實施許諾)이라 하고, 타인이 그 권원에 의하여 특허발명을 실시할 수 있는 권리를 실시권(實施權)이라 한다. 또 특허권자로부터 실시권을 부여받은 자를 실시권자(實施權者)라 한다.

3. 특허발명의 산업발전에 공헌하는 형태

(1) 간접적으로 공헌하는 형태

특허발명의 기술을 공개하여 선행(先行)의 기술문헌으로서 기술정보(技術情報)를 제공함으로써 기술의 발전을 촉진하여 기술수준(技術水準)을 향상시킨다.

(2) 직접적으로 공헌하는 형태

특허발명을 실제로 실시함으로써 산업발전에 이바지하는 것이다. 특허발명을 특허권자가 스스로 실시하는 경우이든, 타인에게 실시권을 부여하여 타인으로 하여금 실시하게 하는 경우이든 "특허발명의 실시" 그 자체는 산업발전에 직접 공헌하는 중요한 역할을 하는 것이며, 이것이야말로 산업발전에 이바지하는 본질적인 모습이라 할 것이다.

왜냐하면, 만약에 발명을 해서 특허를 받았는데 그 특허발명을 특허권자 스스로 실시하지도 않고 타인도 실시하지 않는다면 그러한 발명은 마치 무위도식과 같은 것이어서 특허제도의 목적인 산업발전에 직접 공헌하는 아무런 역할도 없기 때문이다.

따라서 특허발명의 실시 그것이야말로 산업발전에 직접적으로 공헌하는 것이며, 그런 의미에서 실시의 본질적 의의도 찾아야 할 것이다.

제2항 실시권의 종류

특허권의 실시형태는 크게는 세 가지로 분류할 수 있다.

1. 당사자의 계약에 의한 실시권

(1) 당사자들의 계약

특허권자와 실시하려는 자의 계약(契約)으로 성립되는 실시권(實施權)이다. 특허권자는 특허발명을 스스로 실시하면서 또는 실시하지 아니하고 타인으로 하여금 실시하게 할 수 있음은 물론이다.

특허권자의 자유의사로 실시권을 부여하는 경우는 특허권자와 실시하려는 자의 실시계약(實施契約)에 의하여 이루어진다. 그 형태로는 (i) 전용실시권(專用實施權)과 (ii) 통상실시권(通常實施權)이라는 두 가지 형태가 있다.

(2) 계약의 성립과정

계약이 성립되는 과정은 특허발명을 실시하려는 자의 청약(請約)에 대하여 특허권자의 승낙에 해당하는 실시허락(實施許諾)이다.

설정등록(設定登錄)은 효력발생 또는 대항의 요건이다.

특허권자와 실시하려는 자는 계약자유(契約自由)의 원칙에 따라 공서양속(公序良俗) 등 강행법규(強行法規)와 특허법에 반하지 않은 범위에서 다른 여러 가지 형태의 실시계약도 가능함은 물론이다.

그리고 특허권자의 자유의사로 성립되는 실시계약은 특허권자의 권리행사의 한 모습인 수익을 위한 것이므로, 특허권의 독점배타권이라는 효력이 형식적으로는 제한되나, 실질적으로 제한되는 경우는 아니다. 특허권자는 독점권을 양보하는 대가로 수익을 하고 있는 상태이기 때문이다. 다만, 특허법은 전용실시권을 설정하였을 때에는 전용실시권자가 그 설정행위로 정한 범위에서 그 특허발명을 업으로서 실시할 권리를 독점한다 하였다(법 §94단.§100②). 특허권과 전용실시권의 한계를 명확히 한 것이다.

2. 정부 또는 심판 및 재정에 의한 강제의 통상실시권

(1) 정부 또는 심판 및 재정(裁定) 등에 의한 강제실시권

세 가지 경우가 있다.

(i) 국가 비상사태, 극도의 긴급상황 또는 공공의 이익을 위하여 정부 또는 정

부 외의 자로 하여금 특허발명을 비상업적으로 실시하는 경우가 있다($^{법}_{§106의2}$).

(ii) 특허권자 등은 타인의 특허발명 등과의 관계에서 통상실시권 허락을 강제로 얻기 위하여 심판에 의한 통상실시권이 있다($^{법}_{§138①}$). 이 경우에는 그 상대방도 강제실시의 심판을 청구할 수 있다($^{법}_{같은조③}$). 이렇게 되면 교차실시권(交叉實施權)의 성립이 가능한 경우이다.

(iii) 특허권자 등과 실시하려는 자의 협의불성립 또는 협의불가능으로 특허청장의 재정(裁定)에 의한 통상실시권이다($^{법}_{§107}$).

(2) 예비적인 장치성

이상의 강제실시권(强制實施權)들은 만약의 경우를 위해서 예비적인 장치를 마련한 것이다. 실제로 발동되는 경우는 아주 드문 일이다.

3. 법정의 통상실시권

(1) 법정요건에 의한 실시권

산업발전을 위하여 법정(法定)의 요건에 충족되면 법정의 통상실시권이 인정되는 경우이다. 당사자의 의사와는 무관하다. 모두 9종이 있다.

(i) 효력제한기간 중 국내에서 선의로 특허출원한 발명 또는 특허발명을 업으로 실시한 자 또는 준비하고 있는 자에 대한 통상실시권($^{법}_{§81의3⑤}$)

(ii) 선사용에 의한 통상실시권($^{법}_{§103}$)

(iii) 특허권의 이전청구에 따른 이전등록 전의 실시에 의한 통상실시권($^{법}_{§103의2}$)

(iv) 무효심판청구등록 전의 실시에 의한 통상실시권($^{법}_{§104}$)

(v) 디자인권존속기간 만료 후의 통상실시권($^{법}_{§105}$)

(vi) 질권행사(質權行使)로 인한 특허권의 이전에 따른 통상실시권($^{법}_{§122}$)

(vii) 재심에 의하여 회복한 특허권에 대한 선사용자의 통상실시권($^{법}_{§182}$)

(viii) 재심에 의하여 통상사용권을 상실한 원권리자의 통상실시권($^{법}_{§183}$)

(ix) 직무발명(職務發明)에 대하여 종업원 등이 특허를 받은 경우에 사용자(使用者)의 통상실시권($^{발명진흥법}_{§10①본}$) 등이다.

(2) 직무발명에 관하여는 원래 특허법에 규정되었던 것을 직무발명의 활성화 차원에서 "발명진흥법"에 옮기고 보다 상세히 규정하였다($^{발명진흥법}_{§10~§19}$).

제 2 관 당사자의 약정에 의한 실시권

제 1 항 전용실시권

1. 전용실시권의 개념

전용실시권(exclusive license)이란 설정행위로 정한 범위에서 그 특허발명을 업(業)으로서 실시할 권리를 독점하는 권리를 말한다($\frac{법}{§100②}$).

특허권자는 그 특허권에 대하여 타인에게 전용실시권을 설정할 수 있다 ($\frac{법}{같은조①}$). 전용실시권의 발생원인은 특허권자와 특허발명을 전용실시하려는 자의 계약(契約)인 약정행위로 성립된다. 그러나 그 효력은 설정등록을 하여야만 발생한 다($\frac{법}{①(ii)}$ §101).

여기에서 "설정"이란 확정된 권리 안에 제한된 권리를 새로이 발생시키는 것, 즉 특허권이라는 독점배타권에 특허권보다는 제한적인 범위에서 전용실시권을 새로이 발생시킨다는 의미이다.

2. 전용실시권의 설정등록

전용실시권은 설정등록(設定登錄)을 효력발생의 요건으로 하고 있다($\frac{법}{①(ii)}$ §101).

따라서 특허권자는 전용실시권의 설정등록에 협력할 의무가 있다. 전용실시권은 설정뿐만 아니라, 그 이전 · 변경 · 소멸 등도 등록을 하여야만 효력이 발생한 다($\frac{법}{①(ii)}$ §101). 다만, 상속이나 그 밖의 일반승계의 경우에는 등록을 아니해도 그 효력이 인정된다($\frac{같은조항(ii)}{전 괄호}$). 그 이유는 특허권의 이전에서 설명한 바와 같다. 또 전용실시권의 소멸도 등록하여야 하지만 권리의 혼동으로 소멸하는 경우는 등록을 아니해도 된다($\frac{같은조항(ii)}{후 괄호}$).

설정등록을 전용실시권의 효력발생의 요건으로 한 것은 하나의 절대권(絶對權)으로서 제3자에게 미치는 영향이 특허권에 준하는 것이므로 등록(登錄)이라는 공시방법으로 그 성립 · 변동 등의 법률관계를 일반에 알림으로써 법적 안정성을 도모하자는 취지이다.

3. 전용실시권의 법적 성질

전용실시권은 준물권(準物權)으로 불리고 있으며, 그 법적 성질에 있어서 절대권(絶對權), 지배권(支配權), 배타권(排他權)을 가진다.

따라서 전용실시권자는 자기의 명의로 침해자에 대하여 권리침해금지 청구권($\frac{법}{§126}$), 손해배상청구권($\frac{법}{§128}$), 신용회복청구권($\frac{법}{§131}$), 권리침해자에 대한 형사(刑事) 고소권(告訴權)($\frac{법}{§225①②}$) 등이 있다.

4. 전용실시권의 범위

(1) 설정범위의 여러 형태

전용실시권자는 그 설정행위로 정한 범위에서 그 특허발명을 업으로 실시할 권리를 독점한다($\frac{법}{§100②}$). 그 설정범위는 여러 가지로 다를 수 있다. 그리고 그 설정 범위를 정하는 것은 바로 그 설정행위의 한 부분임으로 당연히 그 범위를 등록해 놓아야 한다.

(i) 설정범위를 정함에 있어서, ① 특허권의 범위를 생산·사용·양도·대여· 수입·청약 등 전범위로 하고 ② 지역범위를 전국일원으로 하여 ③ 전용실시의 기 간을 특허권의 존속기간만료시(存續期間滿了時)까지로 설정하는 전용실시권은 실질 적으로 특허권과 거의 같다.

이러한 전용실시권이 설정된 상황에서 특허권자가 특허발명을 실시하면 전용 실시권의 침해로 된다($\frac{법 §94단}{§126~§129}$). 전용실시권은 물권적인 절대권이기 때문이다.

물론, 특허권자는 전용실시권을 설정하면서, 특허권자도 특허발명을 실시할 수 있다는 유보조건(留保條件)을 붙이는 약정을 할 수 있고, 전용실시권자로부터 통상실시권을 허락받을 수도 있다($\frac{법}{§100④후}$).

(ii) 다른 한편, 전용실시권을 설정등록함에 있어서 그 특허발명의 범위를 물 품의 생산만으로 또는 판매만으로 한정하는 경우가 있고, 그 지역범위를 서울특별 시와 경기도 일원으로 한다는 등 특정지역으로만 한정하는 경우도 있을 수 있으 며, 또 전용실시권의 설정기간을 3년·또는 5년으로 한정하는 경우도 있을 수 있 다. 이러한 경우에, 전용실시권자가 그 제한범위를 초과한다면, 그것은 특허권의 침해로 된다.

이와 같이 전용실시권의 범위는 구체적인 범위·제한 등에 따라 여러 가지 형 태·범위의 전용실시권이 있을 수 있다.

(2) 전용실시권자의 통상실시권허락

제3자는 특허권자의 동의를 얻어 전용실시권자로부터 통상실시권의 허락을 받음으로써 특허발명을 실시할 수도 있다($\frac{법}{\S100④후}$).

5. 전용실시권에 대한 제한

(1) 이전의 제한

전용실시권자도 다음 각호의 경우를 제외하고는 특허권자의 동의를 받아야만 전용실시권을 이전(移轉)할 수 있다($\frac{법}{\S100③본}$).

(ⅰ) 전용실시권을 실시사업(實施事業)과 함께 이전하는 경우($\frac{법}{같은조항(i)}$)

(ⅱ) 상속이나 그 밖의 일반승계의 경우($\frac{법}{같은조항(ii)}$)

(2) 질권의 설정 또는 통상실시권의 허락의 제한

전용실시권자는 특허권자의 동의를 받아야만 그 전용실시권을 목적으로 하는 질권(質權)을 설정하거나 통상실시권을 허락할 수 있다($\frac{법}{\S100④}$).

(3) 전용실시권이 공유인 경우의 제한

각 공유자는 다른 공유자 모두의 동의를 받아야만 그 지분(持分)을 양도하거나 그 지분을 목적으로 하는 질권을 설정할 수 있다($\frac{법}{\S99②}\frac{\S100⑤}{}$). 전용실시권이 공유인 경우 각 공유자는 다른 공유자 모두의 동의와 특허권자의 동의를 받아야만 그 전용실시권에 대하여 통상실시권을 허락할 수 있다($\frac{법}{\S99④}\frac{\S100⑤}{}$).

전용실시권이 공유인 경우에는 다른 공유자의 동의를 얻어야만 자신의 지분을 처리할 수 있을 뿐만 아니라, 동시에 특허권자의 동의도 있어야 하는 점을 유의해야 할 것이다($\frac{법}{\S100③본④}$).

다른 공유자 모두의 동의를 받아야만 하는 이유는 공유자들의 인격적인 신뢰(信賴)와 협력(協力)의 관계 및 경제적인 이해관계 등을 고려한 것이다. 자세한 설명은 같은 장 제1절 특허권의 공유 제1항에서 다루었다.

(4) 공유자의 특허발명의 실시

전용실시권이 공유인 경우에는 각 공유자는 계약으로 특별히 약정한 경우를 제외하고는 다른 공유자의 동의를 받지 아니하고 그 특허발명을 자신이 실시할 수 있다($\frac{법}{\S99③}\frac{\S100⑤}{}$).

6. 전용실시권 설정계약에 수반하는 양당사자의 권리와 의무

1) 특허권자의 권리

(1) 특허권자의 지위

특허권자는 전용실시권을 설정등록한 후에도 고유의 특허권자로서의 지위에는 변동이 없다.

따라서 전용실시권자의 동의 없이도 특허권을 이전할 수 있고(법§99①), 침해금지청구권도 있다 할 것이다(법§126①).

(2) 특허권자의 권리범위

전용실시권의 설정범위에 따라 그 폭이 다르다(법§94단,§100②). 전용실시권이 제한된 범위로 설정되었다면, 그 나머지 부분은 특허권자의 독점·배타권의 영역이다.

따라서 전용실시권이 대구광역시와 경상북도 일원에 설정되었다면, 특허권자는 그 지역을 제외한 전국일원에서 스스로 특허발명을 실시할 수 있고, 타인에게 전용실시권을 설정할 수도 있으며 통상실시권을 허락할 수도 있다.

2) 특허권자의 의무

(1) 설정등록의무

전용실시권의 설정등록(設定登錄)에 협력하여야 할 의무가 있다. 설정등록을 하는 경우에는 등록권리자(전용실시권자)와 등록의무자(특허권자)의 공동으로 신청하여야 한다(등록령§15①). 그러나 등록신청서에 등록의무자의 승낙서를 첨부하였을 때에는 등록권리자만으로 신청할 수 있다(등록령같은조②).

상속·일반승계 등의 신고나 기타 간단한 등록명의인의 표시변경 따위는 등록권리자 또는 명의인만으로 신청할 수 있다(등록령같은조④⑤).

(2) 특허료를 납부해야 할 의무

최초의 3년분의 특허료납부는 특허권의 발생요건이고, 4년도부터의 연도금(年度金)의 납부는 특허권의 존속요건이다.

따라서 특허권자는 특허권이 존속되도록 연도금을 납부할 의무가 있다.

(3) 특허권의 하자담보

특허취소나 무효심판에 의하여 특허권이 취소 또는 무효로 되는 경우의 하자담보의 책임이 특허권자에게 있느냐?

특허권자가 하자를 알면서 전용실시권자에게 말하지 않았다면 당연히 특허권자는 그 책임을 져야 할 것이다.

특허권에 법정실시권이 있는 것은 하자있는 것으로 보는 것이 타당하다. 그러나 하자가 전용실시권의 설정등록 후에 발생하였거나 하자를 설정등록 후에 알게 된 것이면 전용실시권을 해지할 수 있는 조건에 불과하다. 그 외의 경우는 계약조건(契約條件)으로 명시해 두는 것이 바람직하다.

⑷ 심판 등에 대응해야 할 의무

명문조건의 유무를 불문하고 특허취소신청 또는 특허무효심판이 있으면 최선을 다해서 특허권이 취소 또는 무효되지 않도록 적절히 대응해야 할 의무가 있다.

⑸ 권리를 남용하지 않을 의무

특허권자로서는 부작위(不作爲)의 의무이다. (i) 전용실시권의 실시를 방해하지 않고 (ii) 제3자에게 중복되는 실시권 설정 또는 허락을 아니하여야 하는 의무 등은 모두 특허권을 남용하지 아니하는 부작위의 의무이다.

⑹ 청구범위감축·특허권포기에 전용실시권자의 동의를 얻어야 할 의무

특허권자는 전용실시권자의 동의 없이 특허청구범위를 감축시키는 정정심판을 청구할 수 없다($^{법}_{§136⑧}$).

특허권을 포기할 경우에는 전용실시권자의 동의가 있어야 한다($^{법}_{§119①(i)}$). 특허권이 소멸되면 전용실시권도 소멸되기 때문이다.

3) 전용실시권자의 권리·의무

⑴ 전용실시권 실시의 권리

전용실시권자는 전용실시권의 설정등록된 범위에서 특허발명을 업으로서 독점실시할 수 있는 권리가 있다($^{법\ §94단.}_{§100②}$).

⑵ 전용실시료 지불의무

전용실시권자는 특허권자에게 실시료(實施料)를 내야 할 의무가 있다.

⑶ 특허권자의 동의를 얻어야 할 의무

전용실시권자는 특허권자의 동의를 받아 전용실시권을 목적으로 하는 질권을 설정하거나 통상실시권을 허락할 수 있다($^{법}_{같은조④}$).

⑷ 전용실시권 남용금지의무

전용실시권자도 전용실시권을 남용하지 아니해야하는 등의 부작위(不作爲)의 의무도 있다 할 것이다.

7. 전용실시권의 소멸

① 약정된 전용실시권 설정기간의 만료 ② 특허권자와 전용실시권자의 합의에 의한 계약해지(契約解止) ③ 기타 특허권과의 혼동 ④ 특허료의 불납으로 인한 특허권의 소멸 ⑤ 특허권의 포기 ⑥ 특허권의 취소·무효의 확정 ⑦ 특허권 존속기간의 만료 등에 따라 같이 소멸한다.

제 2 항 약정의 통상실시권

1. 약정의 통상실시권의 개념

통상실시권(non-exclusive license)이란 특허권자 또는 전용실시권자가 아닌, 타인(他人)이 특허권자 등의 허락(許諾)을 받아 특허발명을 업(業)으로 실시하는 권리를 말한다.

특허권자는 그 특허권에 대하여 타인에게 통상실시권을 허락할 수 있다($\frac{법}{§102①}$). 그리고 전용실시권자도 특허권자의 동의를 받아서 타인에게 통상실시권을 허락할 수 있다($\frac{법}{§100④}$).

2. 통상실시권의 성립과 효력의 발생

⑴ 통상실시권의 성립과 동시에 효력발생

특허권자 등의 의사(意思)로 허락되는 통상실시권은 특허발명을 실시하려는 자의 "통상실시계약"의 청약(請約)에 대한 특허권자 등의 승낙에 해당되는 허락이 있음으로써 성립되고, 동시에 그 효력도 발생한다. 설정등록(設定登錄)은 그 등록 후에 특허권 또는 전용실시권을 취득한 자에 대한 효력과 기타 제3자에 대한 대항요건에 불과하다($\frac{법}{§118①③}$).

이 점 전용실시권의 설정등록이 그 효력발생요건인 것과 다르다($\frac{법}{§100①}$). 통상실시권은 공서양속(公序良俗) 등 강행법규에 반하지 않는 범위에서 다양한 내용의 통상실시권을 성립시킬 수 있다.

그리고 이 통상실시권의 허락은 약정서(約定書) 또는 계약서(契約書)라는 서면으로 하는 것이 통례이지만, 구술(口述)의 허락만으로도 유효하게 성립된다.

⑵ 허가를 필요로 하는 경우의 효력발생

다양한 내용 중에는 약품(藥品)이나 농약에 대하여 당국의 허가를 필요로 하는 경우도 있는데, 그것은 제3자의 의사에 따르는 비수의조건(非隨意條件)으로서의 정지조건(停止條件)이다. 만약에, 그 허가를 얻게 되면 통상실시권의 효력이 발생하는 것으로 되고, 허가를 얻지 못하는 때에는 통상실시권의 효력을 발생하지 못하는 경우이다.

3. 통상실시권을 등록하는 경우의 효력

(1) 통상실시권 설정등록의 일반적인 효력

통상실시권은 원칙적으로 당사자의 계약, 즉 실시하려는 자의 청약과 특허권자 등의 허락만으로 성립되고 동시에 효력을 발생한다.

그러나 그 등록을 해두면 대단히 중요한 효력이 발생하여 법적 안전성을 보장해준다.

통상실시권을 등록한 경우에는 그 등록 후에 특허권 또는 전용실시권을 취득한 자에 대해서도 그 효력이 발생한다($\frac{법}{\S118①}$). 다만, 법정(法定)의 통상실시권(通常實施權)은 등록을 아니해도 후에 특허권 또는 전용실시권을 취득한 자에 대해서도 등록을 한 것과 같은 효력이 발생한다($\frac{법}{\S118②}$). 법정실시권(法定實施權)은 모두 법률의 규정에 의하여 그 효력이 발생한 것들이기 때문이다.

(2) 이전·기타 등 등록의 제3자 대항요건

통상실시권의 이전 또는 기타의 등록은 제3자에 대한 대항력이 있다. 통상실시권의 이전·변경·소멸 또는 처분의 제한, 통상실시권을 목적으로 하는 질권의 설정·이전·변경·소멸 또는 처분의 제한은 이를 등록하여야만 제3자에게 대항할 수 있다($\frac{법}{\S118③}$). 통상실시권의 이전을 비롯한 여러 변동사항들도 당사자들의 계약(契約)만으로 당사자간에는 유효하게 성립되고 효력을 발생한다.

그러나 보다 확실하게 등록을 해두면 제3자에게 대항할 수 있는 효력이 발생한다. 여기에서 "제3자"란 통상실시권의 계약 당사자가 아닌 이해관계 있는 자를 말한다. 특허청장도 여기에서의 제3자이다. 또 "대항할 수 있다"함은 통상실시권에 관한 권리를 주장할 수 있다는 말이다.

4. 통상실시권의 법적 성질

(1) 채권적인 성질

채권적인 성질이 있을 뿐이다. 전용실시권과 같이 독점배타권(獨占排他權)이 아니므로, 물권적인 절대권은 없다. 따라서 특허권자는 통상실시권을 허락한 후에도 제3자에 대한 이중 또는 다중첩(多重疊)의 실시권을 허락할 수 있다.

통상실시권은 다양한 형태로 약정할 수 있으므로 속칭 독점적 통상실시권(獨占的 通常實施權)이라는 것도 약정할 수 있다. 특허권자는 계약의 상대방인 독점적 통상실시권자에게만 통상실시권을 허락하고 기타의 누구에게도 실시권을 허락하지 아니한다는 것을 명백하게 하는 경우의 통상실시권이다.

전용실시권과 흡사하지만 ① 특허권자는 특단의 조건이 없어도 특허발명을 실시할 수 있다는 점 ② 설정등록을 아니하고도 계약이 성립되고 ③ 효력이 발생한다는 점에서 전용실시권과는 다르다.

(2) 독점적 통상실시권과 전용실시권이 판이한 점

전용실시권을 설정등록한 후에 특허권자가 제3자에게 실시권을 허락했다면 준물권적인 절대권의 침해로 되어, 특허법에 의한 침해금지청구권($\frac{법}{\S126①}$), 손해배상청구권($\frac{법}{\S128}$), 신용회복청구권($\frac{법}{\S131}$), 전용실시권침해죄($\frac{법}{\S225}$) 등의 문제로 된다.

그러나 이 **독점적 통상실시권**은 단지 채권적인 권리이므로 그 후에 특허권자가 타인에게 실시권을 허락하여도 단지 독점적 통상실시권의 계약위반으로 되어 민법상의 채권적인 손해배상청구의 원인으로 될 뿐이다($\frac{민법}{\S750}$).

5. 통상실시권의 범위

(1) 설정행위로 정한 범위

통상실시권자는 특허법에 따라 또는 설정행위로 정한 범위에서 특허발명을 업(業)으로서 실시할 수 있는 권리를 가진다($\frac{법}{\S102②}$).

여기에서 "설정행위로 정한 범위"란 통상실시권의 계약당사자인 특허권자 등과 통상실시권자 간에 "계약으로 정한 범위"를 말한다.

이 범위는 ① 특허발명의 실시범위를 전범위(全範圍)로 하고 ② 지역범위를 전국으로 ③ 그리고 실시기간(實施期間)은 특허권의 존속기간만료시까지로 약정할 수 있고, 특허발명의 일부만의 실시, 즉 생산이나 판매만으로 하고, 지역범위를 경기도만으로 그리고 실시기간은 단기인 1~2년만으로 한정할 수도 있다.

(2) 계약자유의 원칙

전용실시권이 비교적 전형적인 것이라면, 이 통상실시권은 당사자간의 의사로 다양한 범위 또는 다양한 조건으로 약정할 수 있다. 원래, 계약자유의 원칙이란 계약에 관한 법률관계를 당사자 스스로가 자율적으로 형성하도록 한다는 것, 즉 개인의 생활관계를 국가의 간섭없이 각자의 책임하에서 형성할 수 있도록 한다는 것이다.

사법자치(私法自治)를 가장 잘 반영시킨 것으로, ① 계약 체결의 자유 ② 상대방 선택의 자유 ③ 계약내용의 자유 ④ 당사자간의 합의 방식의 자유를 들고 있다.

여기에서는 통상실시권의 실시의 범위 · 실시지역 · 실시기간 등 그 내용을 계약 당사자들의 의사에 의하여 자유로 넓게도 또는 좁게도, 길게도 짧게도 자유로 정할 수 있다는 것이다.

(3) 계약자유의 한계

그러나 아무리 계약자유라 해도 반사회질서(反社會秩序)나 현저히 불공정한 행위 등 강행법규에 반하는 행위는 당연무효(當然無效)인 것이고($\frac{민법 §103;}{§104}$), 또 특허법이나 "독점규제 및 공정거래에 관한 법률"(이하 "독점규제법"이라 약칭한다)에 반하는 행위이어서도 아니 된다($\frac{독점규제법}{§23①, §59}$).

6. 통상실시권이 제한을 받는 경우

(1) 이전의 제한

통상실시권은 실시사업(實施事業)과 함께 이전하는 경우 또는 상속 그 밖의 일반승계의 경우를 제외하고는 특허권자(전용실시권에 관한 통상실시권의 경우에는 특허권자 및 전용실시권자)의 동의를 받아야만 이전할 수 있다($\frac{법}{§102⑤}$). 실시권자의 투자능력·사업수완 등 실시권자가 누구이냐에 따라 특허권자 등에게 미치는 이해관계가 다르기 때문이다.

(2) 질권설정의 제한

통상실시권은 특허권자(전용실시권에 관한 통상실시권의 경우에는 특허권자 및 전용실시권자)의 동의를 받아야만 그 통상실시권을 목적으로 하는 질권을 설정할 수 있다($\frac{법}{§102⑥}$). 이 경우도 질권이 실행되면 통상실시권자가 바뀌는 경우이므로, 실시권자가 누구인가에 따라 특허권자 등에게 미치는 이해관계에 변화가 있을 수 있기 때문이다.

(3) 공유인 경우의 제한

통상실시권이 공유인 경우에는 각 공유자는 다른 공유자 모두의 동의를 받아야만 그 지분을 양도하거나 그 지분을 목적으로 하는 질권을 설정할 수 있다($\frac{법 §102⑦,}{§99②}$). 이 경우에도 특허권자 등의 동의를 받아야 함은 물론이다($\frac{법}{§102⑥}$).

공유인 경우에 공유자 모두의 동의를 받아야 하는 이유에 대하여는 같은 장 제1절 특허권의 공유 제1항에 설명되어 있다.

7. 통상실시권에 수반하는 당사자들의 권리·의무

1) 특허권자 등의 권리·의무

⑴ 특허권자의 지위

특허권자의 권리로서는 아무런 변동이 없다.

⑵ 특허권자의 의무

특허권자의 의무로서는 ① 특허권의 연도금을 내야하고 ② 특허취소 또는 무효심판 등이 있는 경우에는 선량한 관리자로서의 의무를 다하여 적법·적절하게 대응하여야 한다. ③ 특허권자는 실시권자의 동의를 받아야만 특허권을 포기할 수 있고($\substack{법 §119① \\ (iii)(iv)}$) ④ 권리를 남용하지 않아야 할 부작위 의무가 있다.

2) 통상실시권자의 권리·의무

⑴ 통상실시권자의 권리

권리로는 설정행위로 정한 범위에서 특허발명을 업으로 실시할 수 있는 권리가 있다($\substack{법 \\ §102②}$).

⑵ 통상실시권자의 의무

약정행위로 정한 실시료(實施料)를 내야 한다.

⑶ 통상실시권의 제한

앞에서 설명한 바와 같이 여러 가지 제한을 받는다. ① 통상실시권의 이전에는 특허권자 등의 동의를 받아야 하고($\substack{법 \\ §102⑤}$), ② 통상실시권을 질권의 목적으로 하는 경우에도 특허권자 등의 동의를 받아야만 할 수 있다($\substack{법 \\ §102⑥}$). ③ 통상실시권이 공유인 경우에는 다른 공유자 모두의 동의를 받아야만 그 지분을 양도하거나 그 지분을 목적으로 질권을 설정할 수 있다($\substack{법 §102⑦ \\ §99②}$). 또 ④ 통상실시권자는 질권자(質權者)의 동의를 받아야만 통상실시권을 포기할 수 있다($\substack{법 \\ §119③}$).

8. 약정의 통상실시권의 소멸

⑴ 계약으로 약정된 기간의 만료

⑵ 계약당사자들의 합의에 의한 해지(解止)

⑶ 특허권 또는 전용실시권(전용실시권에 대한 통상실시권인 경우)과의 혼동(混同)

⑷ 특허취소의 결정·무효심결 등의 확정

⑸ 특허권 또는 전용실시권의 포기

⑹ 특허료의 불납으로 인한 특허권의 소멸

(7) 특허권의 존속기간의 만료 등 특허권 또는 전용실시권이 소멸하면 같이 소멸한다.

제3관 정부에 의한 강제실시, 심판에 의한 통상실시권 및 재정(裁定)에 의한 통상실시권

제1항 정부에 의한 특허발명의 강제실시

1. 정부 등의 강제실시

강제실시권(compulsory license)이란 특허권자의 의사와는 관계없이 국가의 공권력(公權力)으로 정부가 실시하거나, 국가의 공권력이 특허권자의 의사에 갈음하여 실시를 허락해주는 실시를 말한다.

정부(政府)는 국가의 비상사태, 극도의 긴급상황 또는 공공의 이익을 위하여 정부 또는 정부 외의 자로 하여금 특허발명을 비상업적으로 강제실시하는 경우이다($\frac{법}{\S106의2}$).

이에 대하여는 본장 제3절 특허권의 효력이 미치지 못하는 범위 제4항 공익상의 이유에 따른 제한에서 이미 설명되었다. 그 중요사항만을 보충해본다.

2. 법정되어 있는 요건

(1) 정부에 대한 제한

① 특허발명이 국가비상사태, 극도의 긴급상황 또는 공공(公共)의 이익을 위하여 ② 비상업적으로 ③ 정부가 실시하거나, 정부 외의 자에게 실시하게 할 필요가 있다고 인정하는 경우에는 특허권자의 의사와는 관계없이 강제로 실시하는 경우이다($\frac{법}{\S106의2①}$).

(2) 강제실시의 성격

이 경우 정부 또는 정부 외의 자가 실시하는 것이 실시권(實施權)이냐 정부의 일과성(一過性)의 명령 현상이냐의 문제이다. 후자로 보아야 할 것이다.

따라서 정부의 명령에 의한 강제실시(强制實施)일 뿐이다. 그리고 법조문에도 실시권이란 용어를 사용하지 아니했다($\frac{법}{\S106의2}$). 다만, 그 내용이 실시권에 준하는 것이어서 여기에서 같이 다루는 것이다.

(3) 특허권자 등에의 통지

이 경우에 정부 또는 정부 외의 자는 타인의 특허권이 존재한다는 사실을 알았거나 알 수 있을 때에는 그 실시사실을 특허권자, 전용실시권자 또는 통상실시권자에게 신속하게 알려야 한다(법같은조②). 질권자가 빠진 것은 입법의 미비이다.

(4) 특허권자 등에게 정당한 보상금지급

정부 또는 정부 외의 자는 강제실시를 하는 경우에는 특허권자, 전용실시권자 또는 통상실시권자에게 정당한 보상금을 지급하여야 한다(법같은조③). 여기에도 질권자가 같이 규정되어야 한다.

(5) 보상금지급 등의 세칙(細則)

이 경우 특허발명의 실시 및 보상금의 지급에 필요한 사항은 대통령령으로 정한다(법같은조④).

제2항   심판에 의한 통상실시권

이에 대하여는 제7장 특허심판(特許審判) — 특허취소(特許取消)와 특허의 심판 및 재심(再審) — 에서 설명한다.

제3항   재정(裁定)에 의한 통상실시권

1. 재정제도의 개념과 취지

(1) 제도의 개념

재정(adjudication)이란 특허권자 등의 의사(意思)에 갈음하여 행정청(특허청장)이 특허발명의 통상실시허락을 결정하는 행정행위이다.

특허발명을 실시하려는 자는 특허발명이 일정한 요건, 즉 제107조(통상실시권 설정의 재정) 제1항 각호의 어느 하나에 해당하고, 그 특허발명의 특허권자 등과 합리적인 조건으로 통상실시권 허락에 관한 협의(이하 "협의"라 한다)를 하였으나 협의가 이루어지지 아니하는 경우 또는 협의를 할 수 없는 경우에는 특허청장에게 통상실시권 설정에 관한 재정(이하 "재정"이라 한다)을 청구할 수 있다(법§107①본). 다만, 공공(公共)의 이익을 위하여 비상업적으로 실시하려는 경우와 제4호(사법·행정의 절차로 불공정거래행위로 판정된 사항을 바로잡기 위한 특허발명의 실시)에 해당하는 경우에는 협의 없이도 재정을 청구할 수 있다($\substack{법 \\ \S107①단}$).

(2) 제도의 취지

특허발명은 특허법의 목적에 부합되도록 실시되어야 함에도 불구하고, 통상실시권의 약정에 특허권자 또는 전용실시권자(이하 "특허권자 등"이라 한다)와 특허발명을 실시하려는 자와의 협의가 성립되지 않거나 불가능한 경우가 있다.

이러한 경우에 공권력(公權力)이 개입하여 재정(裁定)함으로써 통상실시권이 부여되는 경우이다. 이 제도는 파리협정 제5조A(2)(3)에 규정된 특허권의 배타적권리의 남용을 막기 위한 조치에 기초를 두었고, WTO/TRIPs의 영향을 받은 것이라 할 수 있다.

통상실시권(通常實施權)은 특허권자 등과 특허발명을 실시하려는 자의 사이에 계약자유의 원칙에 따라 어떠한 내용의 실시권도 약정할 수 있다.

그러나 그 통상실시계약은 당사자간에 협의를 하다보면 경제적인 이해관계가 상반·상충되는 경우가 있어, 그 협의가 원만하게 이루어지지 못하는 경우에 국가의 공권력(公權力)이 개입하여 공평한 조건으로 문제를 해결해 줌으로써 산업발전에 공헌할 수 있는 특허발명의 실시를 이루게 하자는 취지이다.

2. 재정을 청구할 수 있는 요건

특허권자 등 당사자의 의사도 충분히 청취하지만 국가의 공권력에 의한 재정이므로 엄격한 요건에 충족되는 경우에 한하여 허용되어야 함은 물론이다.

(1) 특허발명을 실시하려는 자가 특허발명의 특허권자 등과 합리적인 조건으로 통상실시권 허락에 관한 협의를 하였을 것($\substack{법 \\ 107①본}$)

우선 이 협의가 전제조건이다. 이 협의도 없는 재정청구는 인정되지 않는다. 다만, ① 공공의 이익을 위하여 ② 비상업적으로 실시하려는 경우와 ③ 사법적 절차 또는 행정적 절차에 의하여 불공정거래행위로 판정된 사항을 바로잡기 위하여 특허발명을 실시할 필요가 있는 경우에는 ④ 협의 없이도 재정을 청구할 수 있다($\substack{법 \\ 같은조항 단}$).

여기에서 비상업적이란 특허발명의 실시가 영리(營利)를 목적으로 하는 것이 아님을 말한다 할 것이다.

(2) 특허발명이 다음 각호의 어느 하나에 해당하는 경우에만 특허청장에게 재정을 청구할 수 있다($\substack{법 \\ 본·전}$ $\S107①$).

(i) 특허발명이 천재지변(天災地變)이나 그 밖의 불가항력(不可抗力), 즉 인간의

힘으로는 어찌할 수 없는 경우 또는 대통령령으로 정하는 정당한 이유없이 계속하여 3년 이상 국내에서 실시되고 있지 아니한 경우($^{법}_{본·전(i)}$ ^{107①})   다만, 이 규정은 특허출원일부터 4년이 지나지 아니한 특허발명에 관하여는 적용하지 아니한다($^{법}_{§107②}$).

여기에서 대통령령으로 정하는 "정당한 이유"란 "특허권의 수용·실시 등에 관한 규정"에 규정되어 있다($^{수용규정}_{§6①(i)~(vi)}$).

(ii) 특허발명이 정당한 이유없이 계속하여 3년 이상 국내에서 상당한 영업적 규모로 실시되고 있지 아니하거나 정당한 정도와 조건으로 국내수요를 충족시키지 못한 경우($^{법}_{본·전(ii)}$ ^{107①})   이 규정도 특허출원일부터 4년이 지나지 아니한 특허발명에 관하여는 적용하지 아니한다($^{법}_{§107②}$).

여기에서 "정당한 이유"도 "수용규정" 제6조(특허발명 불실시) 제1항 각호의 경우를 원용(援用)할 수 있을 것이다($^{수용규정}_{§6①(i)~(v)}$).

(iii) 특허발명의 실시가 공공의 이익을 위하여 특히 필요한 경우($^{§107①}_{본·전(iii)}$)   이 규정은 너무 추상적이다. "공공의 이익"이란 너무도 광범위한 것이기 때문이다. 뿐만 아니라, 제106조의2(정부 등에 의한 특허발명의 실시)의 경우에는 그런 대로의 요건도 있다. 따라서 그 규정과의 형평성(衡平性)도 없다. 이 규정이 남용될 우려가 있음을 지적하지 않을 수 없다.

(iv) 사법적(司法的) 절차 또는 행정적 절차에 의하여 불공정거래행위(不公正去來行爲)로 판정된 사항을 바로잡기 위하여 특허발명을 실시할 필요가 있는 경우($^{법}_{본·전(iv)}$ ^{§107①})   이 조항 또한 너무 추상적이다. "불공정거래행위"란 "독점규제법" 제23조(불공정거래행위의 금지) 제1항 각호에 열거한 내용인바, 거기에는 크고 작은 여러 경우의 불공정거래행위가 규정되어 있기 때문이다. 조건을 좀 더 구체적으로 규정하여야 할 것이다.

(v) 자국민(自國民) 다수의 보건(保健)을 위협하는 질병(疾病)을 치료하기 위하여 의약품(의약품 생산에 필요한 유효성분, 의약품사용에 필요한 진단키트를 포함한다)을 수입하려는 국가(이하 "수입국"이라 한다)에 그 의약품을 수출할 수 있도록 특허발명을 실시할 필요가 있는 경우($^{법}_{본·전(v)}$ ^{§107①}) 등이다.

그런데 이 경우의 "의약품"은 다음 각호의 어느 하나에 해당하는 것으로 한다($^{법}_{§107⑧}$). 즉 ① 특허된 의약품($^{법}_{같은조항(i)}$) ② 특허된 제조방법으로 생산된 의약품($^{법}_{같은조항(ii)}$) ③ 의약품생산에 필요한 특허된 유효성분($^{법}_{같은조항(iii)}$) 및 ④ 의약품사용에 필요한 특허된 진단키트($^{법}_{같은조항(iv)}$) 등이다.

3. 특허청장이 취해야 할 사항과 조건들

(1) 청구항의 독립성

특허청장은 재정(裁定)을 하는 경우 청구별(請求別)로 통상실시권 설정의 필요성을 검토하여야 한다($^{법}_{§107③}$).

(2) 특허청장이 붙여야 하는 조건

특허청장은 제1항 제1호부터 제3호까지 또는 제5호에 따른 재정을 하는 경우 재정을 받는 자에게 다음 각호의 조건을 붙여야 한다($^{법}_{같은조④}$).

(i) 제1항 제1호부터 제3호까지의 규정에 따른 재정의 경우에는 통상실시권을 국내 수요충족을 공급의 주목적으로 실시할 것($^{법}_{§107④(i)}$)

(ii) 제1항 제5호에 따른 재정의 경우에는 생산된 의약품 전량을 수입국에 수출할 것($^{법}_{같은조항(ii)}$)

(3) 대가의 지급

특허청장은 재정을 하는 경우에 상당한 대가가 지급될 수 있도록 하여야 한다($^{법}_{본·전}$ ^{§107⑤}). 이 경우에 제1항 제4호 또는 제5호에 따른 재정을 하는 경우에는 다음 각호의 사항을 대가결정에 고려할 수 있다($^{법}_{본·후}$ ^{§107⑤}).

(i) 제1항 제4호에 따른 재정의 경우에는 불공정거래행위를 바로잡기 위한 취지($^{법}_{같은조항(i)}$)

(ii) 제1항 제5호에 따른 재정의 경우에는 그 특허발명을 실시함으로써 발생하는 수입국에서의 경제적 가치($^{법}_{같은조항(ii)}$)

(4) 반도체기술인 경우

반도체기술에 대해서는 제1항 제3호(공공의 이익을 위하여 비상업적으로 실시하는 경우만 해당한다) 또는 제4호의 경우에만 재정을 청구할 수 있다($^{법}_{§107⑥}$).

(5) 수입국의 범위

수입국은 세계 무역기구 회원국 중 세계무역기구에 다음 각호의 사항을 통지한 국가 또는 세계 무역기구회원국이 아닌 국가 중 대통령령으로 정하는 국가로서 다음 각호의 사항을 대한민국정부에 통지한 국가의 경우만 해당한다($^{법}_{같은조⑦본}$).

(i) 수입국이 필요로 하는 의약품의 명칭과 수량($^{법}_{같은조항(i)}$)

(ii) 국제연합총회의 결의에 따른 최빈개발도상국이 아닌 경우 해당 의약품의 생산을 위한 제조능력이 없거나 부족하다는 수입국의 확인($^{법}_{같은조항(ii)}$)

(iii) 수입국에서 해당의약품이 특허된 경우로서 강제적인 실시를 허락하였거나 허락할 의사가 있다는 그 국가의 확인($\substack{법\\같은조항(iii)}$)

4. 재정청구인이 제출하여야 할 서류 등

(1) 재정청구인의 제출서류

재정을 청구하는 자가 제출하여야 하는 서류, 그 밖에 재정에 관하여 필요한 사항은 대통령령으로 정한다($\substack{법\\§107⑨}$). 이에 관한 대통령령으로 "수용규정"이 있다.

(2) 재정청구서에 기재사항

"수용규정" 제3조(신청서 등)에 의하면 재정청구서에는 다음 각호의 사항을 기재하여야 한다($\substack{수용규정\\§3①}$).

(i) 특허번호($\substack{같은조항\\(i)}$)

(ii) 발명의 명칭($\substack{같은조항\\(ii)}$)

(iii) 청구인의 성명 및 주소(법인인 경우에는 그 명칭, 영업소 및 대표자의 성명)($\substack{같은조항\\(iii)}$)

(iv) 특허권자·전용실시권자·통상실시권자·질권자의 성명 및 주소나 영업소($\substack{같은조항\\(iv)}$)

(v) 재정청구의 표시($\substack{같은조항\\(v)}$)

(vi) 청구의 취지 및 이유($\substack{같은조항\\(vi)}$)

(vii) 대가의 금액과 그 지급방법 및 시기($\substack{같은조항\\(vii)}$)

(viii) 통상실시권의 범위($\substack{같은조항\\(viii)}$)

(3) 첨부서류

재정청구서에는 다음의 서류를 첨부하여야 한다($\substack{수용규정\\§3②본}$).

(i) 대가의 산출근거를 기재한 서류($\substack{같은조항\\(i)}$)

(ii) 청구의 이유를 입증하는 서류($\substack{같은조항\\(ii)}$)

(iii) 특허발명의 특허권자 또는 전용실시권자와 합리적인 조건하에 통상실시권 허락에 관한 협의를 하였으나 합의가 이루어지지 아니한 사실 또는 협의를 할 수 없음을 입증하는 서류. 다만, 제107조(통상실시권 설정의 재정) 제1항 단서에 해당하는 경우에는 그러하지 아니하다($\substack{같은조항\\(iii)}$).

(4) 의약품수입을 위한 재정을 청구하는 경우

의약품수입사실을 입증하는 서류를 추가로 첨부하여야 한다($\substack{수용규정\\§3③}$).

⑸ 제107조(통상실시권 설정의 재정) 제1항 제5호의 규정에 따라 재정을 청구
하는 경우

이 경우에는 그 청구서에 의약품을 수입하고자 하는 국가명, 필요한 의약품의
명칭 및 수량을 기재하여야 하며, 다음 각호의 서류를 추가로 첨부하여야 한다. 이
경우 의약품을 수입하고자 하는 국가(이하 "수입국"이라 한다)가 2 이상인 때에는 국
가별로 구분하여야 한다($\frac{수용규정}{§3④본}$).

(i) 의약품이 수입국 국민 다수의 보건을 위협하는 질병을 치료하기 위한 것
임을 입증하는 서류($\frac{같은조항}{(i)}$)

(ii) 수입국이 재정을 청구하는 자로부터 의약품을 수입하겠다는 의사(意思)를
확인하는 서류($\frac{같은조항}{(iii)}$)

(iii) 의약품이 수입국에서 갖는 경제적 가치에 관한 평가서(評價書)($\frac{같은조항}{(iii)}$)

(iv) 제107조(통상실시권 설정의 재정) 제7항에 따라 통지한 서류의 사본 또는
이를 입증하는 서류($\frac{같은조항}{(iv)}$)

(v) 제110조(재정의 방식 등) 제2항 제3호의 규정에 따라 특허권자·전용실시권
자 또는 통상실시권자(재정에 의한 경우를 제외한다. 이하 같다)가 공급하는 의약품과
외관상 구분할 수 있는 포장·표시 및 특징을 명시한 서류 및 재정에서 정한 사항
을 공시할 인터넷 주소. 다만, 특허권자·전용실시권자 또는 통상실시권자가 공급
하는 의약품과 구분할 수 있도록 하는 포장·표시가 불가능하거나, 구분하기 위한
포장·표시가 그 의약품의 가격에 중대한 영향을 미칠 때에는 이를 입증하는 서류
를 제출하여야 한다($\frac{같은조항}{(v)}$).

⑹ 기타 필요한 자료의 제출

특허청장은 이상의 서류 외에도 특히 필요하다고 인정하는 경우에는 추가로
관련자료의 제출을 요청할 수 있다($\frac{수용규정}{§3⑥}$).

5. 재정청구서의 송달과 그에 대한 답변서

⑴ 재정청구서의 특허권자 등에게 송달과 답변

특허청장은 재정의 청구가 있으면, 그 청구서의 부본을 그 청구에 관련된 특
허권자·전용실시권자, 그 밖에 특허에 관하여 등록을 한 권리를 가지는 자에게
송달하고, 기간을 정하여 답변서를 제출할 수 있는 기회를 주어야 한다($\frac{법}{§108}$).

⑵ 의견서(답변서)부본의 청구인에게 송달

특허청장은 재정청구서의 부본을 받은 자로부터 의견서의 제출이 있을 때에

는 그 의견서의 부본을 청구인에게 송달하여야 한다($\substack{수용규정 \\ \S4②}$).

6. 관계위원회 및 관계부처의 장의 의견청취

특허청장은 재정을 할 때 필요하다고 인정하는 경우에는 "발명진흥법" 제41조(산업재산권분쟁조정위원회)에 따른 산업재산권분쟁조정위원회 및 관계부처의 장의 의견을 들을 수 있고, 관계 행정기관이나 관계인에게 협조를 요청할 수 있다($\substack{법 \\ \S109}$).

7. 재정서의 방식·재정서의 송달·재정서의 변경 등

1) 재정서의 방식 등

(1) 재정서의 서면과 구체적인 이유

재정(裁定)은 서면으로 하고, 그 이유를 구체적으로 적어야 한다($\substack{법 \\ \S110①}$). 그 이유를 구체적으로 적어야만, 불복의 이유로 삼을 수 있음은 물론이다.

(2) 재정서에 기재사항

재정에는 다음 각호의 사항을 구체적으로 적어야 한다($\substack{법 \\ \S110②본}$).

(i) 통상실시권의 범위 및 기간($\substack{같은조항 \\ (i)}$)

(ii) 대가와 그 지급방법 및 지급시기($\substack{같은조항 \\ (ii)}$)

(iii) 제107조(통상실시권 설정의 재정) 제1항 제5호에 따른 재정의 경우에는 그 특허발명의 특허권자·전용실시권자 또는 통상실시권자(재정에 따른 경우는 제외한다)가 공급하는 의약품과 외관상 구분할 수 있는 포장·표시 및 재정에서 정한 사항을 공시할 인터넷 주소($\substack{같은조항 \\ (iii)}$)

(iv) 그 밖에 재정을 받은 자가 그 특허발명을 실시할 경우 법령 또는 조약에 따른 내용을 이행하기 위하여 필요한 준수사항($\substack{같은조항 \\ (iv)}$)

(3) 재정결정의 기한

특허청장은 정당한 사유가 있는 경우를 제외하고는 재정청구일부터 6개월 이내에 재정에 관한 결정을 하여야 한다($\substack{법 \\ \S110③}$). 심판과 비교하여 간이한 절차이기 때문에 지연되는 것을 막기 위해서이다.

(4) 재정결정의 의무

제107조(통상실시권 설정의 재정) 제1항 제5호에 따른 재정청구가 같은조 제7항 및 제8항에 해당하고, 같은조 제9항에 따른 서류가 모두 제출된 경우에는 특허청장은 정당한 사유가 있는 경우를 제외하고는 통상실시권 설정의 재정을 하여야 한

다($_{같은조④}^{법}$).

보건을 위협하는 질병을 치료하기 위한 의약품에 관한 실시권의 재정청구일 뿐만 아니라, 제107조(통상실시권 설정의 재정) 제7항과 제8항의 요건을 갖추고 또 제9항에서 정하고 있는 서류가 모두 제출된 경우이므로, 특허청장은 특단의 정당한 이유가 있는 경우가 아니면, 의당 통상실시권 설정의 재정을 하여야 할 경우이기 때문이다. 이에 반하는 경우에는 특허청장의 재량권(裁量權)의 남용으로 된다 할 것이다.

2) 재정서 등본의 송달

(1) 당사자 및 특허권 등의 이해관계인에게 재정서송달

특허청장은 재정을 한 경우에는 당사자 및 그 특허에 관하여 등록을 한 권리를 가지는 자에게 재정서(裁定書) 등본(謄本)을 송달하여야 한다($_{§111①}^{법}$). 특허권 등에 관한 이해관계인에게 알려야 하기 때문이다.

(2) 당사자간의 협의의제

당사자에게 재정서등본이 송달되었을 때에는 재정서에 적혀 있는 바에 따라 당사자 사이에 협의가 이루어진 것으로 본다($_{같은조②}^{법}$). 비록 당사자의 협의가 이루어진 것은 아니지만, 재정에 대한 불복을 하는 경우가 아니면, 당사자 사이의 협의가 이루어진 것으로 의제(擬制)하여 특허권자 등의 통상실시권 허락의 효과를 발생시킨다는 취지이다.

3) 재정서의 변경

(1) 재정의 변경청구

재정(裁定)을 받은 자는 재정서에 적혀 있는 제110조(재정의 방식 등) 제2항 제3호의 사항에 관하여 변경이 필요하면 그 원인을 증명하는 서류를 첨부하여 특허청장에게 변경청구를 할 수 있다($_{§111의2①}^{법}$).

제110조(재정의 방식 등) 제2항 제3호의 사항이란 제107조(통상실시권 설정의 재정) 제1항 제5호에 따른 재정의 경우에는 그 특허발명의 특허권자·전용실시권자 또는 통상실시권자가 공급하는 의약품과 외관상 구분할 수 있는 포장·표시 및 재정에서 정한 사항을 공시(公示)할 인터넷 주소이다.

(2) 재정의 변경

특허청장은 재정변경청구가 이유 있다고 인정되면 재정서에 적혀 있는 사항을 변경할 수 있다. 이 경우 이해관계인의 의견을 들어야 한다($_{같은조②}^{법}$).

(3) 재정서 변경의 송달 등

재정서의 변경이 있는 경우에는 제111조(재정서등본의 송달)를 준용한다($\frac{법}{같은조③}$).

8. 대가의 공탁과 대가에 대한 불복의 제한

(1) 대가의 공탁

제110조(재정의 방식 등) 제2항 제2호(대가와 그 지급방법 및 지급시기)에 따른 대가를 지급하여야 하는 자는 다음 각호의 어느 하나에 해당하는 경우에는 그 대가를 공탁(供託)하여야 한다($\frac{법}{§112본}$).

(i) 대가를 받을 자가 수령을 거부하거나 수령할 수 없는 경우($\frac{법}{같은조(i)}$)

(ii) 대가에 대하여 제190조(보상금 또는 대가에 관한 불복의 소) 제1항에 따른 소송이 제기된 경우($\frac{법}{같은조(ii)}$)

(iii) 해당 특허권 또는 전용실시권을 목적으로 하는 질권이 설정되어 있는 경우. 다만, 질권자의 동의를 받은 경우에는 그러하지 아니하다($\frac{법}{같은조(iii)}$).

(2) 재정대가의 불복제한

재정에 대하여 "행정심판법"에 따라 행정심판을 제기하거나 "행정소송법"에 따라 취소소송을 제기하는 경우에는 그 재정(裁定)으로 정한 대가는 불복이유로 할 수 없다($\frac{법}{§115}$).

그러나 재정으로 인한 대가, 즉 제110조(재정의 방식 등) 제2항 제2호의 대가에 불복을 할 때에는 법원에 소송을 제기할 수 있다($\frac{법}{§190①}$).

9. 재정의 실효와 취소

(1) 재정의 실효

재정(裁定)을 받은 자가 제110조(재정의 방식 등) 제2항 제2호에 따른 지급시기까지 대가(대가를 정기 또는 분할하여 지급할 경우에는 최초의 지급분)를 지급하지 아니하거나 공탁(供託)을 하지 아니한 경우는 그 재정은 효력을 잃는다($\frac{법}{§113}$).

(2) 재정의 취소

특허청장은 재정을 받은 자가 다음 각호의 어느 하나에 해당하는 경우에는 이해관계인의 신청에 따라 또는 직권(職權)으로 그 재정을 취소할 수 있다. 다만, 제2호의 경우에는 재정을 받은 통상실시권자의 정당한 이익이 보호될 수 있는 경우로 한정한다($\frac{법}{§114①본}$).

(i) 재정을 받은 목적에 적합하도록 그 특허발명을 실시하지 아니한 경우

$\left(\begin{smallmatrix}법\\같은조항(i)\end{smallmatrix}\right)$

(ii) 통상실시권을 재정한 사유가 없어지고 그 사유가 다시 발생하지 아니할 것이라고 인정되는 경우$\left(\begin{smallmatrix}법\\같은조항(ii)\end{smallmatrix}\right)$

(iii) 정당한 사유없이 재정서에 적혀 있는 제110조(재정의 방식 등) 제2항 제3호 또는 제4호의 사항을 위반하였을 경우$\left(\begin{smallmatrix}법\\같은조항(iii)\end{smallmatrix}\right)$

(3) 준용규정

제1항의 경우에 관하여는 제108조(답변서의 제출)·제109조(산업재산권분쟁조정위원회 및 관계부처의 장의 의견청취)·제110조(재정의 방식 등) 제1항 및 제111조(재정서 등본의 송달) 제1항을 준용한다$\left(\begin{smallmatrix}법\\§114②\end{smallmatrix}\right)$.

(4) 재정취소로 인한 통상실시권의 소멸시기

재정(裁定)이 취소되면 통상실시권은 그 때부터 소멸한다$\left(\begin{smallmatrix}법\\같은조③\end{smallmatrix}\right)$.

10. 재정에 대한 불복

"행정심판법"과 "행정소송법" 등에 의해 불복할 수 있다. 다만, 이 경우에는 그 재정으로 정한 대가는 불복이유로 할 수 없고$\left(\begin{smallmatrix}법\\§115\end{smallmatrix}\right)$, 대가에 대한 불복은 재정등본의 송달을 받은 날부터 30일 이내에 별도의 소송을 제기할 수 있다$\left(\begin{smallmatrix}법\\§190②\end{smallmatrix}\right)$

11. 재정 통상실시권의 이전의 제한과 등록의 효력 등

(1) 이전의 제한

이 재정 통상실시권은 실시사업과 함께 이전하는 경우에만 이전할 수 있다$\left(\begin{smallmatrix}법\\§102③\end{smallmatrix}\right)$. 재정에 따른 통상실시권의 속성이 실시사업과 불가분리(不可分離)의 관계에 있기 때문이다.

(2) 등록의 효력

이 재정 통상실시권을 등록한 경우에는 그 등록 후에 특허권 또는 전용실시권을 취득한 자에 대하여도 그 효력이 발생한다$\left(\begin{smallmatrix}법\\§118①\end{smallmatrix}\right)$.

이 통상실시권의 이전·변경·소멸 또는 처분의 제한, 통상실시권을 목적으로 하는 질권설정·이전·변경·소멸 또는 처분의 제한은 이를 등록하여야만 제3자에게 대항할 수 있다$\left(\begin{smallmatrix}법\\같은조②\end{smallmatrix}\right)$.

(3) 공유관계 등의 준용

공유(共有)에 관한 제99조(특허권의 이전 및 공유 등) 제2항 및 제3항의 준용이 있다($\substack{법 \\ \S102⑦}$).

제 4 관 법정의 통상실시권

특허권자 등의 의사와는 관계없이, 특허법과 발명진흥법에 미리 정해 놓은 규정의 요건을 갖춘 경우에는 통상실시권(通常實施權)을 인정하는 경우이다.

제 1 항 효력제한기간에 선의의 실시자에 대한 통상실시권

1. 제도의 취지와 개념 등

(1) 제도의 취지

효력제한기간(效力制限期間)에는 사실상 특허권 등은 이미 소멸되었으므로 어떠한 권리도 존재하지 아니한다.

그러므로 특허권자 등이 소멸된 특허권 등을 회복시킬 것인지 여부를 전혀 알지 못하는 자(善意者)는 그와 같은 발명을 업으로 실시하거나 실시할 준비를 하고 있었는데, 특허권자 등이 제79조(특허료)에 따른 특허료의 2배를 내고 소멸되었던 특허권을 회복시킨 경우의 법률관계이다($\substack{법 \\ \S86의3}$).

효력제한기간 중에 죽어있던 특허권이 살아났다 하여 선의로 자금(資金)과 노력을 투자하여 실시하거나 실시준비를 한 자에게 사업을 중단시킨다는 것은 특허권자 등을 과잉보호(過剩保護)하는 것으로 될 뿐만 아니라, 애써 시설해 놓은 설비를 황폐화시키는 것이어서 특허법의 목적인 산업발전에 이바지한다는 취지에도 반한다 할 것이다.

그래서 일정한 요건에 충족된 경우에 통상실시권을 인정한다는 산업정책적인 배려이다.

(2) 제도의 개념

효력제한기간 중에 국내에서 선의(善意)로 제81조의3(특허료의 추가납부 또는 보전에 의한 특허출원과 특허권의 회복 등) 제2항 또는 제3항에 따른 특허출원된 발명 또는 특허발명을 업으로 실시하거나 이를 준비하고 있는 자는 그 실시하거나 준비하고 있는 발명 및 사업목적의 범위에서 그 특허출원된 발명 또는 특허발명에 대한 특허권에 대하여 통상실시권(通常實施權)을 가진다($\substack{법 \\ \S81의3⑤}$).

효력제한기간이란 특허료(特許料)는 늦어도 추가납부기간(追加納付期間) 또는 보전기간(補塡期間)까지는 납부해야 되고($\frac{법}{\S81의2①}$ $\S79①$, $\S81①②$), 이 기간 내에 내지 아니하면 특허출원 또는 특허권(이하 "특허권 등"이라 한다)은 소급하여 소멸된 것으로 본다($\frac{법}{\S81③}$).

그러나 추가납부기간 또는 보전기간에 특허료를 내지 아니하여 특허권 등이 소멸한 경우에도 특허권자 등은 그 기간만료일(滿了日)부터 3개월 이내에 제79조(특허료)에 따른 특허료의 2배를 내고, 그 소멸한 권리의 회복을 신청할 수 있다. 이 경우 그 특허권은 계속하여 존속하고 있던 것으로 본다($\frac{법}{\S81의3③}$).

그리고 특허권 등의 효력은 추가납부 또는 보전의 기간이 지난날부터 특허료를 내거나 보전한 날까지의 3개월 내의 기간을 효력제한기간이라 한다($\frac{법}{같은조④}$).

이 기간은 특허권 등이 이미 소멸되어 있었던 기간이었으므로, 특허권 등이 회복이 되었다 하여도 이 기간에는 그 효력이 일정한 제한을 받는 기간이라 하여 "효력제한기간"이란 이름을 붙인 것이다.

2. 법정의 성립요건

(1) 효력제한기간 중이었을 것

효력제한기간에는 특허권 등은 소멸되어 있었으므로 아무런 효력도 발휘할 수 없는 기간이다($\frac{법}{\S81③}$).

(2) 선의일 것

일반적으로 사법(私法)에서 선의(善意)라 함은 어떤 사실을 알지 못하는 것을 말한다. 따라서 여기에서의 선의란 소멸된 특허권 등이 회복되는 것임을 알지 못했다는 의미로 해석된다. 특허권 등이 회복될 것이라는 사정을 알았다면 그것은 악의(惡意)이다.

그러한 발명이 있었다는 것까지도 알지 못했어야 하느냐? 여기에서 선의란 그것은 포함되지 않는다. 그러한 발명이 있었다는 것은 출원공개(出願公開)에 의하여 이미 세상이 다 알고 있는 일이기 때문이다.

(3) 특허출원된 발명 또는 특허발명을 실시하였거나 실시준비를 하였을 것

특허출원된 발명 또는 특허발명은 같은 발명에 대하여 특허권설정등록의 전·후를 구분한 표현이다(이하 "특허발명"이라 한다). 특허발명의 일부만을 실시한 경우에는 그 일부에 해당되는 통상실시권만이 허용된다 할 것이다.

⑷ 업으로 실시하거나 이를 준비하였을 것

실시에 대하여는 의문이 없을 것이다. 그러나 업으로서의 실시를 준비하고 있다 함은 어느 정도의 준비를 해야 이 요건에 충족되는 것인지 의문이 있다.

여기에서의 업(業)으로서의 실시준비(實施準備)란 발명을 즉시라도 실시할 의도가 객관적으로 인식될 수 있는 형태 내지는 정도로 표명되는 경우라 한다.[4]

상세는 다음 선사용(先使用)의 통상실시권에서 보충하기로 한다.

⑸ 통상실시권은 발명 및 사업의 목적범위에서 갖게 된다.

발명 및 사업의 목적범위 중에서 발명은 특허발명과 전부가 같은것이냐 일부만이 같은 것이냐에 따라 그 폭이 달라지겠지만, 사업의 목적범위는 효력제한기간 중에 실시 또는 실시를 준비하였던 범위이다.

3. 이전과 질권설정의 제한 및 공유관계의 준용

⑴ 이전의 제한

이 법정(法定)의 통상실시권은 실시사업과 함께 이전하는 경우 또는 상속이나 그 밖의 일반승계의 경우를 제외하고는 특허권자(전용실시권에 관한 통상실시권의 경우에는 특허권자 및 전용실시권자)의 동의를 받아야만 이전할 수 있다($^{법}_{§102⑤}$).

⑵ 질권설정의 제한

이 통상실시권은 특허권자(전용실시권에 대한 통상실시권의 경우에는 특허권자 및 전용실시권자)의 동의를 받아야만 그 통상실시권을 목적으로 하는 질권을 설정할 수 있다($^{법}_{같은조⑥}$).

⑶ 공유관계의 준용

통상실시권이 공유인 경우에는 각 공유자는 다른 공유자 모두의 동의를 받아야만 그 지분을 양도(讓渡)하거나 그 지분을 목적으로 하는 질권을 설정할 수 있다($^{법 §102⑦}_{§99②}$).

이 통상실시권이 공유인 경우에는 공유자 모두의 동의를 받아야하는 이유는 같은 장 제1절 특허권의 공유 제1항에서 설명되었다.

통상실시권이 공유인 경우에는 각 공유자는 계약으로 특별히 약정한 경우를 제외하고는 다른 공유자의 동의를 받지 아니하고 그 통상실시권의 발명을 자신이 실시할 수 있다($^{법 §102⑦}_{§99③}$).

---

4) 渋谷 達紀, 前揭書, P. 600.

4. 등록의 여부와 대가의 지급

(1) 등록의 여부

이 법정의 통상실시권은 등록이 없더라도 후에 특허권 또는 전용실시권을 취득한 자에 대해서도 그 효력이 발생한다($\frac{법}{\S118②}$).

그러나 이 통상실시권의 이전·변경·소멸 또는 처분의 제한, 통상실시권을 목적으로 하는 질권의 설정·이전·변경·소멸 또는 처분의 제한은 등록하여야만 제3자에게 대항할 수 있다($\frac{법}{같은조③}$). 제3자라 함은 특허권자 등 당사자가 아닌 이 통상실시권과 직접 또는 간접의 이해관계가 있는 제3자를 말한다. 대항이란 권리를 주장함을 말한다.

(2) 대가의 지급

이 법정의 통상실시권을 가진 자는 특허권자 또는 전용실시권자에게 상당한 대가를 지급하여야 한다($\frac{법}{\S81의3⑥}$). 통상의 실시료(實施料)를 지급하면 된다.

제2항 선사용에 의한 통상실시권

1. 선사용권의 개념과 발생원인

(1) 선사용권의 개념

특허출원시(特許出願時)에 그 특허출원된 발명의 내용을 알지 못하고 그 발명을 하거나 그 발명을 한 사람으로부터 알게 되어 국내에서 그 발명의 실시사업을 하거나 이를 준비하고 있는 자는 그 실시하거나 준비하고 있는 발명 및 사업목적의 범위에서 그 특허출원된 발명의 특허권에 대하여 통상실시권을 가진다($\frac{법}{\S103}$).

이것을 선사용권(先使用權)이라고도 한다. 선원주의의 부산물이라 할 수 있다. 선발명주의의 제도하에서는 이러한 문제는 있을 수 없기 때문이다.

(2) 선사용권의 발생원인

선원주의 또는 선출원우선주의 제도하에서 서로 모르는 두 사람이 같은 내용의 발명을 각각 완성하여, A라는 사람은 그 발명을 노하우(Know-how)로 비밀리에 간직하면서 실시하였거나 또는 그 발명이 진보성이 없다 하여 특허출원을 아니하고 실시하고 있는데, 다른 B라는 사람은 그 발명을 특허출원하여 특허권이 설정등록된 경우에 특허출원을 한 B에게는 독점배타권이라는 특허권이 보장됨은 물론이다.

그러나 A라는 사람은 같은 내용의 발명을, B라는 사람이 특허출원하여 특허권을 설정등록한 줄도 모르고 그 발명을 실시만 해온 경우에, A에게도 특허권자의 특허출원시에 이미 선사용했거나 선사용의 준비를 했었다는 조건으로 그 동안 실시해오던 사업의 범위에서 통상실시권을 인정하는 제도이다.

2. 선사용의 통상실시권제도의 법리적 근거

선사용권(先使用權)을 인정한 제도의 법리적 근거가 무엇이냐에 대하여는 여러 가지의 설이 소개되었다.[5]

(i) 선발명보호설(先發明保護說)   선원주의(先願主義)를 관철하기 위하여 발생하는 실질적인 불합리를 시정하고 선발명자(先發明者)와 선출원자(先出願者)의 보호를 균등하게 하기 위한 것이라는 설이다.

제도의 역사적인 발상이 선원주의의 부산물인 것은 사실이다. 그러나 오늘날에 있어서의 제도적 의의는 그렇게만 볼 수는 없다.

(ii) 교사설(敎師說)   발명자는 국민의 교사라는 논리를 전제로 선사용자(先使用者)는 특허권의 발명에서 가르침을 받은 것은 아니므로 특허권에 굴복할 필요가 없다는 설이다. 이 설에는 논리적으로나 현실적으로 동의할 수가 없다.

(iii) 공평설(公平說)   특허출원할 때에 실시 또는 실시의 준비를 한 선의의 사업자가 그 후에 특허출원한 특허권 때문에 실시를 계속할 수 없게 된다는 것은, 발명의 출원 전에 이미 점유하고 있었다는 사실이 객관적으로 명확한 선의의 선사용자를 희생시켜 특허권자를 과잉보호하는 것으로 되어 현저히 공평관념(公平觀念)에 반한다는 설이다. 그러나 제도의 현대적 의의에 부합된다고 볼 수는 없다.

(iv) 노하우 보호설(保護說)   노하우(Know-how)에 법률상 보호를 부여하는 것이 필요하다 하여 선사용권이 그 한 가지 표현이라고 보는 설이다.

논리적인 이론구성에 동의하기 어렵다. 특허제도는 신규의 발명기술을 공개함으로써 기술수준을 향상시키고, 이를 이용(실시)하게 함으로써 기술의 발전을 촉진하여 산업발전에 이바지함을 목적으로 한다(법§1). 그런데 기술정보를 구태여 숨기고 있는 노하우에 법률상 보호를 해야 할 법리적 근거가 없다.

(v) 경제설(經濟說)   특허출원할 때에 이미 실시하고 있거나 실시를 준비

---

5) 吉藤·熊谷, 前揭書, P. 577.

하고 있는 사업의 계속을 불가능하게 하는 것은 선의의 사업자에게 가혹할 뿐만 아니라, 국민경제상 또는 산업정책상 바람직하지 않다는 설이다. 산업정책적인 면을 배려한 점은 발전된 설이라 할 수 있다.

3. 제도의 현대적·정책적인 의의

(1) 선사용권의 발상

선원주의(先願主義)라는 제도하에서 발생한 것이다. 그러나 역사적인 유래가 어떻게 되었던, 시대의 변천에 따라 현대적 그리고 정책적인 의의는 변화하는 것이 세상의 이치이다.

현대적 의미에서의 특허제도는 ① 신규의 발명을 보호·장려하기 위하여 특허출원한 발명을 일정기간이 되면(원칙으로 1년 6월) 이를 일반에게 공개하여, 기술수준의 향상에 공헌할 수 있게 하고 ② 특허발명을 실시(이용)하게 함으로써 기술의 발전을 촉진하여 산업발전에 이바지함을 목적으로 한다($^{법}_{§1}$). 따라서 선사용자에게 통상실시권을 인정한다는 현대적·정책적 의의를 선사용자의 입장에서 찾을 것이 아니라, 특허제도의 목적에 법리적 근거를 두어야 할 것이다.

(2) 선사용권제도의 취지 또는 목적

특허제도의 입장에서 보면, 그 제도를 적극적으로 활용하는 특허출원인 또는 특허권자를 가급적 보호하는 것은 당연한 일이다. 반대해석은 발명을 했어도 특허출원을 아니하고 그 사실을 감춰가면서 비밀리에 실시한 사람에게 불이익이 돌아간다 해도 그것은 자업자득이요, 그 결과를 후회는 할 수 있어도 불평할 일은 아니다.

따라서 특허권자와 이러한 선사용자 간의 이해에 있어서, 형평(衡平)이니 공평(公平)이니 하는 것은 특허법의 영역 외에서나 논할 문제이다. 특히, 발명을 하고도 비밀로 하여 오래도록 노하우(Know-how)로 독점하려는 입장을 특허법이 특허권자와 같은 대우를 할 필요는 없기 때문이다.

(3) 산업정책의 반사적 이익

이러한 입장에서 본다면 선사용자에게 법정의 통상실시권을 인정하는 것은 선사용자를 위해서가 아니고 선사용한 시설의 황폐화를 방지하자는 산업정책의 반사적(反射的)인 이익이라 할 수 있다.

4. 선사용실시권의 법정요건

(1) 특허출원시(特許出願時)에 이미 사업의 실시 또는 실시의 준비를 하고 있었을 것

따라서 특허출원보다 1년 전에 실시했었지만 출원시에는 폐업을 했었다면 요건에는 해당되지 않는다. 출원시에 실시 또는 준비한 것은 아니기 때문이다. 다만, 자금사정 또는 특단의 사정으로 일시적인 휴업을 하는 것은 여기의 요건에 해당된다. 그 사업시설은 즉시 활용할 수 있는 상태에 있기 때문이다.

(2) 그 특허출원된 발명의 내용을 알지 못하고 같은 내용의 발명을 했거나 그러한 발명을 한 사람으로부터 알게 되었을 것

특허출원발명을 알지 못하고 같은 발명을 하고서도 특허출원은 아니하고 실시한 자 또는 타인이 발명을 하고서도 사업성이 없다고 판단했거나 진보성이 없다 하여 특허출원을 아니하고 그 내용을 알려줌으로써 알게 된 경우 등이 여기에 해당될 것이다.

특허출원한 발명과 선사용의 발명은 그 전부가 동일한 발명일 수도 있고, 일부만이 동일할 수도 있다. 일부만이 동일한 경우에는 그 동일한 부분에 대해서만 선사용의 요건에 해당된다.

(3) 국내에서 그 발명의 실시사업을 하거나 이를 준비하고 있는 자일 것

선사용의 주체의 요건인 동시에 주체의 행동(行動)이 객관적으로 표현(表現)된 경우이다. 발명의 실시사업을 하고 있는 경우에는 객관적으로 쉽게 확인될 수 있는 경우이므로 별로 문제되지 않을 것이다.

그러나 실시를 준비하고 있었다는 것은 그것이 쉽게 객관적으로 드러나는 것이 아니므로 그 해석의 기준이 명백하지 못하다.

단순한 자금(資金)의 차용(借用)이나 공장부지를 알아보고 다녔다는 것, 간단한 시제품 하나를 의뢰했다든가 시장성(市場性)을 조사해본 것 따위는 이러한 것들을 다른 용도로 전용(轉用)할 수도 있고 시제품이나 시장조사를 해본 결과 사업화를 단념할 수도 있는 것들이어서 여기에서의 준비에는 해당되지 않는다.

최소한 해당 발명사업의 실시에 필요한 공장시설(工場施設)을 했다든가, 기술도입(技術導入)의 계약, 필요한 기술자의 채용 등이 완료되었다면 실시사업의 준비를 한 것이라고 보아야 할 것이다.

실제에 있어서, 애매한 경우에는 그 실시준비(實施準備)를 중단시키는 것이 그 시설을 황폐화시키는 것으로 되어 산업발전에 역행하는 것인지의 여부를 기준으로 판단하여야 할 것이다.

⑷ 그 발명 및 그 사업목적의 범위에서 통상실시권을 가진다.

여기에서 그 발명 및 그 사업목적의 범위란 특허출원 당시에 실시하던 발명 및 그 실시범위를 계속할 수 있다는 뜻이다. 사업목적의 범위 내이면 족한 것이고, 그 사업의 규모까지 동일할 필요는 없다.

따라서 특허출원 당시에는 월간 100개 생산하던 것을 특허권 설정등록 후에는 150개로 늘릴 수도 있다는 것이다.

5. 이전과 질권설정의 제한 및 공유관계의 준용

⑴ 이전의 제한

선사용의 법정실시권은 실시사업과 함께 이전하는 경우 또는 상속이나 그 밖의 일반승계의 경우를 제외하고는 특허권자(전용실시권에 관한 통상실시권의 경우에는 특허권자 및 전용실시권자)의 동의를 받아야만 이전할 수 있다($\frac{법}{\S102⑤}$). 실시권이 실시사업과 유기적인 관계에 있을 뿐만 아니라, 실시권의 이전이 특허권자에게 경제적인 이해관계가 있기 때문이다.

⑵ 질권설정의 제한

이 통상실시권은 특허권자(전용실시권에 대한 통상실시권의 경우에는 특허권자 및 전용실시권자)의 동의를 받아야만 그 통상실시권을 목적으로 하는 질권을 설정할 수 있다($\frac{법}{같은조⑥}$). 질권의 행사결과는 실시권의 이전과 같기 때문이다.

⑶ 공유관계의 준용

통상실시권이 공유인 경우에는 각 공유자는 다른 공유자 모두의 동의를 받아야만 그 지분을 실시사업과 함께 양도(讓渡)하거나 그 지분을 목적으로 하는 질권(質權)을 설정할 수 있다($\frac{법}{\S99②}\frac{\S102⑦}{}$).

통상실시권이 공유인 경우에는 각 공유자는 계약으로 특별히 약정한 경우를 제외하고는 다른 공유자의 동의를 받지 아니하고 그 통상실시권의 발명을 자신이 실시할 수 있다($\frac{법}{\S99③}\frac{\S102⑦}{}$).

6. 등록의 여부 및 무상실시

⑴ 등록의 여부

이 실시권은 등록이 없어도 그 후에 특허권 또는 전용실시권을 취득한 자에게도 효력이 있다($\substack{법\\ \S118②}$). 그러나 제3자에 대항하기 위해서는 통상실시권에 관한 모든 사항을 등록해야 한다($\substack{법\\ 같은조③}$).

(2) 무상실시

이 실시권은 대가를 지급하지 않는다. 산업정책적인 면에서 인정되는 제도이기 때문이다.

제3항 특허권의 이전청구에 따른 이전등록 전의 실시에 의한 통상실시권

1. 제도의 입법배경과 개념

(1) 입법의 배경

이 제도는 2017년 3월 1일 시행법에 따라 시행되는 제99조의2(특허권의 이전 청구)의 신설로 탄생(誕生)되었다.

제133조(특허의 무효심판) 제1항 제2호에 규정된 무효사유는 특허를 받을 수 있는 권리를 가진 자($\substack{법\\ \S33①본}$)가 아닌 자 또는 공유규정($\substack{법\\ \S44}$)에 위반한 경우에는 특허의 무효사유로 되어 있다.

특허가 이와 같은 무효사유에 해당되는 경우에는 정당한 권리자는 무효심판을 청구하여 그 특허를 무효시키고 일정기간 내에 정당한 권리자의 명의로 특허출원을 할 수도 있다($\substack{법\\ \S35}$). 그러나 신설된 이 제도는 특허를 받을 수 있는 정당한 권리를 가진 자는 법원에 해당 특허권의 이전을 청구할 수 있다는 것이 제99조의2 (특허권의 이전청구) 제1항의 취지이다.

이 규정의 신설에 따라 그 이전등록 전의 실시자의 통상실시권을 인정하자는 것이 이 제도의 입법배경이다.

(2) 제도의 개념

다음 각호의 어느 하나에 해당하는 자가 제99조의2(특허권의 이전청구) 제2항에 따른 특허권의 이전등록이 있기 전에 해당 특허가 제133조(특허의 무효심판) 제1항 제2호 본문에 해당하는 것을 알지 못하고 국내에서 해당 발명의 실시사업을 하거나 이를 준비하고 있는 경우에는 그 실시하거나 준비하고 있는 발명 및 사업목적의 범위에서 그 특허권에 대하여 통상실시권을 가진다($\substack{법\\ \S103의2①본}$).

(i) 이전등록된 특허의 원(原)특허권자($\substack{법\\ 같은조항(i)}$)

(ii) 이전등록된 특허권에 대하여 이전등록 당시에 이미 전용실시권이나 통상

실시권 또는 그 전용실시권에 대한 통상실시권을 취득하고 등록을 받은 자: 다만,
제118조(통상실시권의 등록의 효력) 제2항에 따른 통상실시권을 취득한 자는 등록을
필요로 하지 아니한다($^{법}_{같은조항(ii)}$).

2. 법정의 성립요건

(1) 제103조의2(선사용에 의한 통상실시권) 제1항 각호에 규정되어 있는 자들
이다.

   (i) 이전등록된 특허의 원(原)특허권자($^{법 §103의2}_{①(i)}$)   여기에서의 "원(原)특허권
자"는 두 가지로 나누어 보아야 할 것이다. ① 타인의 특허받을 수 있는 발명을
모인(冒認), 즉 남의 발명을 제것처럼 속여서 특허를 받은 악의(惡意)의 원특허권자
또는 공동발명(共同發明)을 공동명의로 출원하지 않고 자기만의 단독으로 출원해서
특허를 받은 원특허권자는 그 특허발명이 특허의 무효사유($^{법}_{§133①(ii)}$)에 해당되는 것
임을 이미 알고 있었으므로 이러한 불법행위자들은 성립요건에 충족되지 못하는
것으로 보아야 할 것이다. ② 그러나 이러한 특허의 무효사유에 해당하는 것임을
알지 못하고 그 특허받을 수 있는 권리를 승계하여 특허를 받은 원특허권자 또는
모인이나 공동출원 규정에 반하여 특허된 특허권임을 전혀 모르고 특허권을 이전
등록을 한, 즉 선의의 원특허권자로 한정하여 성립요건을 인정하여야 할 것이다.

   (ii) 이전등록된 특허권에 대하여 이전등록 당시에 이미 전용 또는 통상실시권을
취득하고 등록을 받은 자($^{법 §103의2}_{①(ii)}$)   그 특허권이 특허의 무효사유에 해당($^{법}_{§133①(ii)}$)
되는 것임을 알지 못한 것으로 추정되어야 할 것이다. 따라서 특단의 사정에 있어
서 특허의 무효사유에 해당되는 것임을 알 수 있었던 것으로 구체적인 입증이 되
는 경우에는 성립요건에 충족되지 못한다 할 것이다.

(2) 제99조의2(특허권의 이전청구) 제2항에 따른 특허권의 이전등록이 있기
전에 해당 특허가 제133조(특허의 무효심판) 제1항 제2호 본문에 해당하
는 것을 알지 못했을 것($^{법 §103의2①}_{본·중}$)

앞에서 이미 밝힌 바와 같이, 제133조(특허의 무효심판) 제1항 제2호의 무효사
유란 특허를 받을 수 있는 자가 아닌 자($^{법}_{§33①본}$) 또는 특허를 받을 수 있는 권리가
공유이어서 공동출원을 해야 함에도 단독출원을 한 자($^{법}_{§44}$) 등이 특허를 받은 경우
에는 모두 특허의 무효사유에 해당되는 경우이다.

여기에서 알지 못하고란 "그러한 사실을 알지 못하고"라는 뜻이다. 즉 사실을
알지 못했다는 것이고 법률지식이 없어서 특허의 무효사유로 되는지의 여부를 알

지 못한 것은 여기에서의 알지 못하고에는 해당되지 않는다.

⑶ 국내에서 해당발명의 실시사업을 하거나 이를 준비하고 있는 경우일 것

이에 대하여는 선사용의 통상실시권에서 설명한 바와 같다.

⑷ 그 발명 및 사업의 목적범위 내에서 통상실시권이 인정된다.

이에 대하여도 선사용의 통상실시권에서 설명한 바와 같다.

3. 이전과 질권설정의 제한 및 공유관계의 준용

⑴ 이전의 제한

이 법정의 통상실시권은 실시사업과 함께 이전하는 경우 또는 상속이나 그밖의 일반승계의 경우를 제외하고는 특허권자(전용실시권에 관한 통상실시권의 경우에는 특허권자 및 전용실시권자)의 동의를 받아야만 이전할 수 있다($\frac{법}{\S102⑤}$). 이유는 선사용의 실시권에서 설명한 바와 같다.

⑵ 질권설정의 제한

이 통상실시권은 특허권자(전용실시권에 대한 통상실시권의 경우에는 특허권자 및 전용실시권자)의 동의를 받아야만 그 통상실시권을 목적으로 하는 질권을 설정할 수 있다($\frac{법}{같은조⑥}$). 이유는 선사용의 실시권에서 설명한 바와 같다.

⑶ 공유관계의 준용

통상실시권이 공유인 경우에는 각 공유자는 다른 공유자 모두의 동의를 받아야만 그 지분을 실시사업과 함께 양도하거나 그 지분을 목적으로 하는 질권을 설정할 수 있다($\frac{법}{\S99②}\frac{\S102⑦}{}$). 통상실시권이 공유인 경우에는 각 공유자는 계약으로 특별히 약정한 경우를 제외하고는 다른 공유자의 동의를 받지 아니하고 그 통상실시권의 발명을 자신이 실시할 수 있다($\frac{법}{\S99③}\frac{\S102⑦}{}$).

4. 등록의 여부 및 상당한 대가의 지급

⑴ 등록의 여부

이 통상실시권은 등록이 없어도 후에 특허권 또는 전용실시권을 취득한 자에 대해서도 그 효력이 있다($\frac{법}{\S118②}$). 그러나 제3자에 대항하기 위해서는 모든 사항을 등록해야 한다($\frac{법}{같은조③}$).

⑵ 상당한 대가의 지급

이 통상실시권을 가진 자는 이전등록된 특허권자에게 상당한 대가(代價)를 지

급하여야 한다($\frac{법}{\S103의2②}$). 통상의 실시료(實施料)를 지급하면 된다.

이 제도는 이미 실시 또는 준비한 산업시설의 황폐화를 방지한다는 산업정책 차원뿐만 아니라, 정당한 특허권자와 실시권자 간의 이해관계도 배려한 것이다.

제4항   무효심판청구 등록 전의 실시에 의한 통상실시권

1. 제도의 취지와 개념

(1) 제도의 취지

같은 내용의 발명에 대하여 복수의 특허가 설정등록되는 경우가 있고 또 같은 내용의 발명과 실용신안고안이 모두 등록되어 서로 저촉되는 경우도 있다.

이러한 경우에는 두 권리 중에서 하나는 무효심판(無效審判)에 의하여 무효로 된다. 그런데 자기의 발명이 특허된 것을 철석같이 믿고, 그 권리가 무효로 될 것이라는 것은 생각지도 못한 채, 사업을 실시하거나 사업실시를 준비하는 경우가 있을 수 있다. 이러한 경우에는 그 믿었던 특허권이 무효로 된 것도 허황(虛荒)한데, 해오던 사업까지 못하게 된다면 억울하기 짝이 없을 것이다.

그래서 일정한 요건이 충족되는 범위에서 무효로 된 원특허의 권리자 및 그 특허에 대한 전용실시권자나 통상실시권자 등에게 그동안 실시 또는 준비해온 사업만이라도 계속하게 함으로써 이들의 억울함을 달래고, 또 그 시설의 황폐화를 방지하자는 것이다. 이 법정의 통상실시권을 중용권(中用權)이라고도 한다.

(2) 제도의 개념

다음 각호의 어느 하나에 해당하는 자가 특허 또는 실용신안등록에 대한 무효심판청구의 등록 전에 자기의 특허발명 또는 등록실용신안이 무효사유에 해당하는 것을 알지 못하고 국내에서 그 발명 또는 고안의 실시사업을 하거나 이를 준비하고 있는 경우에는 그 실시하거나 준비하고 있는 발명 또는 고안 및 사업목적의 범위에서 그 특허권에 대하여 통상실시권을 가지거나 특허나 실용신안 등록이 무효로 된 당시에 존재하는 특허권의 전용실시권에 대하여 통상실시권을 가진다($\frac{법}{\S104①본}$).

(i) 동일발명에 대한 둘 이상의 특허 중 그 하나의 특허를 무효로 한 경우 그 무효로 된 특허의 원특허권자($\frac{법}{같은조항(i)}$)

(ii) 특허발명과 등록실용신안이 동일하여 그 실용신안등록을 무효로 한 경우

그 무효로 된 실용신안등록의 원실용신안권자($\substack{\text{법}\\\text{같은조항(ii)}}$)

(iii) 특허를 무효로 하고 동일한 발명에 관하여 정당한 권리자에게 특허를 한 경우 그 무효로 된 특허의 원특허권자($\substack{\text{법}\\\text{같은조항(iii)}}$)

(iv) 실용신안등록을 무효로 하고 그 고안과 동일한 발명에 관하여 정당한 권리자에게 특허를 한 경우 그 무효로 된 실용신안의 원실용신안권자($\substack{\text{법}\\\text{같은조항(iv)}}$)

(v) 제1호로부터 제4호까지의 경우에 있어서, 그 무효로 된 특허권 또는 실용신안권에 대하여 무효심판청구 등록 당시에 이미 전용실시권이나 통상실시권 또는 그 전용실시권에 대한 통상실시권을 취득하고 등록을 받은 자($\substack{\text{법}\\\text{같은조항(v)본}}$). 다만, 제118조(통상실시권의 등록의 효력) 제2항에 따른 통상실시권을 취득한 자는 등록을 필요로 하지 아니한다($\substack{\text{법}\\\text{같은조항(v)단}}$).

2. 법정의 성립요건

(1) 주체적(主體的) 요건

제104조(무효심판청구 등록 전의 실시에 의한 통상실시권) 제1항 각호[(i)~(v)]에 열거되어 있는 원권리자들이다.

(2) 기타의 성립요건

(i) 특허 또는 실용신안등록에 대한 무효심판청구의 등록 전에 자기의 특허발명 또는 등록실용신안이 무효사유에 해당하는 것을 알지 못하였을 것($\substack{\text{법 §104①}\\\text{본.전}}$).

"무효심판청구의 등록 전"이란 무효심판이 청구되면 그 무효심판이 청구되었다는 사실을 예고등록하는바, 이 예고등록이 되기 전에 자기의 특허발명이나 등록실용신안이 무효사유에 해당되는 것을 알지 못하였을 것이 요구된다.

물론, 무효심판청구의 예고등록이 된 다음에는 무효가 될 가능성을 알게 된다. 그러므로 그 예고등록 전에 자기의 특허 또는 실용신안 등이 무효로 될 수 있다는 사실을 모르고 있었어야 한다.

(ii) 국내에서 그 발명 또는 고안의 실시사업을 하거나 이를 준비하고 있어야 한다($\substack{\text{법 §104①}\\\text{본.중}}$).

(iii) 그 실시하거나 준비하고 있는 발명 또는 고안 및 사업목적의 범위에서 그 특허권에 대하여 통상실시권을 가지거나 특허나 실용신안등록이 무효로 된 당시에 존재하는 특허권의 전용실시권에 대하여 통상실시권을 가진다($\substack{\text{법 §104①}\\\text{본.후}}$).

3. 이전과 질권설정의 제한 및 공유관계의 준용

(1) 이전의 제한

이 법정의 통상실시권은 실시사업과 함께 이전하는 경우 또는 상속이나 그 밖의 일반승계의 경우를 제외하고는 특허권자(전용실시권에 관한 통상실시권의 경우에는 특허권자 및 전용실시권자)의 동의를 받아야만 이전할 수 있다($\substack{법\\§102⑤}$).

(2) 질권설정의 제한

이 통상실시권은 특허권자(전용실시권에 대한 통상실시권의 경우에는 특허권자 및 전용실시권자)의 동의를 받아야만 그 통상실시권을 목적으로 하는 질권을 설정할 수 있다($\substack{법\\같은조⑥}$).

(3) 공유관계의 준용

통상실시권이 공유인 경우에는 각 공유자는 다른 공유자 모두의 동의를 받아야만 그 지분을 양도하거나 그 지분을 목적으로 하는 질권을 설정할 수 있다($\substack{법 §102⑦\\§99②}$).

통상실시권이 공유인 경우에는 각 공유자는 계약으로 특별히 약정한 경우를 제외하고는 다른 공유자의 동의를 받지 아니하고 그 통상실시권의 발명을 자신이 실시할 수 있다($\substack{법 §102⑦\\§99③}$).

4. 등록의 여부 및 대가의 지급

(1) 등록의 여부

이 실시권은 등록을 아니해도 후에 특허권 또는 전용실시권을 취득한 자에게도 그 효력이 있다($\substack{법\\§118①②}$). 그러나 제3자에 대항하기 위해서는 등록을 해 놓아야 한다($\substack{법\\같은조③}$).

(2) 대가의 지급

특허권자 또는 전용실시권자에게 상당한 대가를 지급해야 한다($\substack{법\\§104②}$). 통상의 실시료를 지급하면 된다.

이 제도는 산업정책적인 면만이 아니라, 당사자의 이해관계에 관하여도 배려를 한 제도이다.

제5항 디자인권의 존속기간 만료 후의 통상실시권

1. 제도의 취지

특허출원과 디자인출원은 그 보호대상(발명 또는 디자인)이 다른 것이 원칙이므로, 이들 출원의 선·후관계는 심사하지 않는다. 이 점 특허출원과 실용신안등록출원 사이에 선·후출원을 심사하고 있는 것과 다르다($^{법 \S36③\sim⑤,}_{실용법 \S7③\sim⑤}$).

그러나 예외로, 특허발명과 등록디자인이 서로 저촉되는 경우가 있다. 예로서, 타이어(tire)의 미끄럼 방지(防止)의 요철(凹凸)은 수치(數値)로 따지면 특허대상이나, 그 외형(外形)은 디자인이다. 이런 경우가 있어 이를 조정하는 규정들을 두었다($^{법 \S98, \ 디자인법}_{\S95①②}$).

문제는 특허발명과 등록디자인은 출원·심사절차에서는 서로 무관한 것으로 되어 있어 각각 심사되고, 두 가지가 모두 권리화(權利化)하여 각자실시를 하다가 디자인권은 그 존속기간이 먼저 만료되어 소멸되고, 특허권은 존속중(存續中)인 경우에 조정이 필요하므로 특허법은 이 제도를 규정하였고($^{법}_{\S105}$) 디자인보호법도 같은 취지의 규정을 두었다($^{디자인법}_{\S103③}$).

2. 통상실시권이 인정되는 두 가지 경우

(1) 디자인 등록권자에 대한 통상실시권

특허출원일 전 또는 특허출원일과 같은 날에 출원되어 등록된 디자인권이 그 특허권과 저촉되는 경우 그 디자인권의 존속기간이 만료될 때에는 그 디자인권자는 그 디자인권의 범위에서 그 특허권에 대하여 통상실시권을 가지거나 그 디자인권의 존속기간 만료 당시 존재하는 특허권의 전용실시권에 대하여 통상실시권을 가진다($^{법}_{\S105①}$).

이 경우는 ① 디자인권과 특허권이 저촉되는데 ② 디자인권은 존속기간이 만료되었고, 특허권은 존속중인 경우이다 ③ 그 디자인권자는 ④ 그 디자인권의 범위에서 ⑤ 디자인권 만료 당시에 존재하는 그 특허권 또는 특허권의 전용실시권에 대하여 통상실시권을 가진다는 것이다.

따라서 디자인권의 존속기간이 만료되었다 하여 이제까지 계속 실시하여오던 디자인권자에게, 당장 그 사업의 실시를 그만두라는 것은 그 사업시설의 황폐화가 아까운 것은 물론이요, 디자인권자에게도 가혹한 일이므로 그 사업을 계속하게 하

자는 것이다. 여기에서 계속되는 사업의 범위는 특허권의 전범위가 아니라, 존속
기간이 만료된 원디자인권의 범위로 제한됨은 물론이다.

(2) 디자인 실시권자 등에 대한 통상실시권

특허출원일 전 또는 특허출원일과 같은 날에 출원되어 등록된 디자인권이 그
특허권과 저촉되는 경우, 그 디자인권의 존속기간이 만료될 때에는 다음 각호의
어느 하나에 해당하는 권리를 가진 자는 원권리의 범위에서 그 특허권에 대하여
통상실시권을 가지거나 그 디자인권의 존속기간 만료 당시 존재하는 그 특허권의
전용실시권에 대하여 통상실시권을 가진다($\frac{법}{\S105②본}$).

(i) 그 디자인권의 존속기간 만료 당시 존재하는 그 디자인권에 대한 전용실
시권($\frac{법}{같은조항(i)}$)

(ii) 그 디자인권이나 그 디자인권에 대한 전용실시권에 대하여 "디자인보호법"
제104조(통상실시권 등록의 효력) 제1항에 따라 효력이 발생한 통상실시권($\frac{법}{같은조항(ii)}$)

(3) 이상의 (1)과 (2)의 차이

(i) 법정의 통상실시권의 주체가 각각 다르다. (1)에서는 존속기간이 만료된
디자인권의 등록권자(登錄權者)이었다. (2)에서는 그 디자인권에 대한 **전용실시권
자와 등록된 통상실시권자**이다.

(ii) 법정의 통상실시권의 범위가 다르다. (1)에서 디자인권자에게 인정되는 범
위는 **디자인권의 전범위**이다. 그러나 (2)에서의 범위는 디자인권에 설정된 원권리
인 전용실시권 또는 등록된 통상실시권의 범위로 한정된다는 뜻이다. 따라서 전용
실시권은 그 디자인권보다 범위가 좁을 수 있고, 디자인권에 대한 통상실시권의
범위는 더욱 좁다.

3. 이전과 질권설정의 제한 및 공유관계의 준용

(1) 이전의 제한

이 법정의 통상실시권도 실시사업과 함께 이전하는 경우 또는 상속이나 그
밖의 일반승계의 경우를 제외하고는 특허권자(전용실시권에 관한 통상실시권의 경우에
는 특허권자 및 전용실시권자)의 동의를 받아야만 이전할 수 있다($\frac{법}{\S102⑤}$).

(2) 질권설정의 제한

이 통상실시권은 특허권자(전용실시권에 대한 통상실시권의 경우에는 특허권자 및
전용실시권자)의 동의를 받아야만 그 통상실시권을 목적으로 하는 질권을 설정할 수

있다($\frac{법}{같은조⑥}$).

(3) 공유관계의 준용

통상실시권이 공유인 경우에는 각 공유자는 다른 공유자 모두의 동의를 받아야만 그 지분을 양도하거나 그 지분을 목적으로 하는 질권을 설정할 수 있다($\frac{법 \S102⑦,}{\S99②}$).

통상실시권이 공유인 경우에는 각 공유자는 계약으로 특별히 약정한 경우를 제외하고는 다른 공유자의 동의를 받지 아니하고 그 통상실시권의 발명을 자신이 실시할 수 있다($\frac{법 \S102⑦,}{\S99③}$).

4. 등록의 여부 및 상당한 대가의 지급

(1) 등록의 여부

이 법정의 통상실시권은 등록을 하지 않아도 이후의 특허권자 또는 전용실시권을 취득한 자에 대해서도 효력이 발생한다($\frac{법}{\S118②}$). 그러나 제3자에 대항하기 위해서는 통상실시권에 관한 모든 사항을 등록해야 한다($\frac{법}{같은조③}$).

(2) 상당한 대가의 지급

특허권자 또는 전용실시권자에게 상당한 대가를 지급하여야 한다($\frac{법}{\S105③}$).

제 6 항 질권행사로 인한 특허권의 이전에 따른 통상실시권

1. 제도의 취지와 개념 및 요건 등

(1) 제도의 취지

특허권자는 특허권을 담보(擔保)로 질권(質權)을 설정하고 자금을 차용(借用)하였더라도 그 차용금(借用金)을 기일내(期日內)에 변제하고 질권(質權)의 설정등록(設定登錄)을 말소하면, 특허권은 본연의 자리에 있게 된다.

그러나 기일내 차용금을 변제하지 못하면 질권자는 질권을 행사하기 위하여 특허권을 경매(競賣)에 붙이고 특허권은 경낙자(競落者)에게로 이전되는 경우가 있다.

이 경우에 종래에 특허발명을 실시해오던 원특허권의 실시사업을 중지하고 폐업을 시킨다면 그 시설의 황폐화는 산업발전에 역행되는 것이요, 신규의 발명을 공개하였고 또 그 동안 특허발명을 실시하는 등 산업발전에 나름대로 공헌해온 원특허권자에게도 가혹한 일이다. 그래서 이러한 경우에는 원특허권자가 그동안 해오던 특허발명의 실시사업을 계속할 수 있게 법정의 통상실시권을 인정하자는 취지이다.

(2) 제도의 개념과 요건

특허권자는 특허권을 목적으로 하는 질권설정 전에 그 특허발명을 실시하고 있는 경우에는 그 특허권이 경매 등에 의하여 이전되더라도 그 특허발명에 대하여 통상실시권을 가진다($\frac{법}{\S122전}$).

① 질권설정 이전부터 ② 특허발명을 실시하고 있는 경우이다.

따라서 특허발명의 실시를 질권설정 이전부터 질권행사 때까지 계속하고 있어야 한다. 질권설정 후에 시작했거나 그 이전에 실시하여오다가 질권행사 당시에는 폐업을 한 경우 등은 이 요건에 해당되지 않는다. 여기에서 질권설정이란 질권의 설정등록을 말한다.

2. 이전과 질권설정의 제한 및 공유관계의 준용

(1) 이전의 제한

이 법정의 통상실시권도 실시사업과 함께 이전하는 경우 또는 상속이나 그 밖의 일반승계의 경우를 제외하고는 특허권자(전용실시권에 관한 통상실시권의 경우에는 특허권자 및 전용실시권자)의 동의를 받아야만 이전할 수 있다($\frac{법}{\S102⑤}$).

(2) 질권설정의 제한

이 통상실시권은 특허권자(전용실시권에 대한 통상실시권의 경우에는 특허권자 및 전용실시권자)의 동의를 받아야만 그 통상실시권을 목적으로 하는 질권을 설정할 수 있다($\frac{법}{같은조⑥}$).

(3) 공유관계의 준용

통상실시권이 공유인 경우에는 각 공유자는 다른 공유자 모두의 동의를 받아야만 그 지분을 양도하거나 그 지분을 목적으로 하는 질권을 설정할 수 있다($\frac{법\ \S102⑦,}{\S99②}$).

통상실시권이 공유인 경우에는 각 공유자는 계약으로 특별히 약정한 경우를 제외하고는 다른 공유자의 동의를 받지 아니하고 그 통상실시권의 발명을 자신이 실시할 수 있다($\frac{법\ \S102⑦,}{\S99③}$).

3. 등록의 여부 및 상당한 대가의 지급

(1) 등록의 여부

이 법정의 통상실시권은 등록을 아니해도 그 후에 특허권 또는 전용실시권을 취득한 자에게도 효력이 있다($\frac{법}{\S118②}$).

그러나 통상실시권의 이전·변경·소멸 또는 처분의 제한, 통상실시권을 목적으로 하는 질권의 설정·이전·변경·소멸 또는 처분의 제한 등은 이를 등록하여야만 제3자에게 대항할 수 있다($\frac{법}{같은조③}$).

(2) 상당한 대가의 지급

이 경우 원특허권자는 경매 등에 의하여 특허권을 이전받은 자(경낙자 또는 신특허권자)에게 상당한 대가를 지급하여야 한다($\frac{법}{\S122후}$).

제7항 재심에 의하여 회복한 특허권에 대한 선사용자의 통상실시권

1. 제도의 취지와 개념

(1) 제도의 취지

어느 발명에 대한 특허의 무효심결이 확정되거나, 권리범위에 속하지 아니한다는 심결이 확정된 경우 또는 특허출원을 거절한다는 취지의 심결이 확정되었거나 특허권 취소결정이 확정된 경우에는 누구나 확정된 심결을 믿고 그 발명은 아무나 실시할 수 있다는 것은 법적 안정성의 요구이다.

그런데 이 법적 안정성도 뒤집혀지는 경우가 있다. 특허가 죽은 줄만 알고 그 발명을 안심하고 실시하고 있는 사람 앞에 특허권이 죽기 전의 모습으로 회생되어 나타나는 경우가 있다. 망령이 나타난 것으로 착각할 수 있을 것이다.

그러나 그것은 망령특허(亡靈特許)는 아니고 죽었던 특허권이 재심(再審)이라는 법절차에 따라 회복(回復)된 경우이다.

이러한 경우에는 특허권이 살아났다 하여 그 재심청구(再審請求)의 등록 전에, 특허출원 또는 특허권이 죽은 줄만 알고 선의로 국내에서 그 발명의 실시사업을 하고 있는 자 또는 사업을 준비하고 있는 자를 특허권의 침해자(侵害者)로 몰아세운다면 법을 믿고 행한 것이 법에 걸리는 것으로 되어 무엇이 법인지 분간할 수 없을 것이다.

뿐만 아니라, 그 사업을 폐지시킨다면 그 사업시설이 황폐되어 산업발전에 역행되고 선의의 실시자에게도 가혹하기 때문에, 일정한 요건에 충족되는 경우에는 통상의 실시권을 인정하여 사업을 계속시키자는 것이다.

(2) 제도의 개념

제181조(재심에 의하여 회복된 특허권의 효력제한) 제1항 각호의 어느 하나에 해당하는 경우에, 해당 특허취소결정 또는 심결이 확정된 후 재심청구 등록 전에 국내에서 선의로 그 발명의 실시사업을 하고 있는 자 또는 그 사업을 준비하고 있는 자는 실시하고 있거나 준비하고 있는 발명 및 사업목적의 범위에서 그 특허권에 관하여 통상실시권을 가진다($\frac{법}{\S182}$).

2. 법정의 성립요건

(1) 제181조(재심에 의하여 회복된 특허권의 효력제한) 제1항 "각호의 어느 하나"에 해당되는 경우일 것

(i) 무효가 된 특허권(존속기간이 연장된 특허권을 포함한다)이 재심에 의하여 회복된 경우($\frac{법}{\S181①(i)}$)

(ii) 특허권의 권리범위에 속하지 아니한다는 심결이 확정된 후 재심에 의하여 그 심결과 상반되는 심결이 확정된 경우($\frac{법}{같은조항(ii)}$)

(iii) 거절한다는 취지의 심결이 있었던 특허출원 또는 특허권의 존속기간의 연장등록출원이 재심에 의하여 특허권의 설정등록 또는 특허권의 존속기간의 연장등록이 된 경우($\frac{법}{\S181①(iii)}$)

(iv) 취소된 특허권이 재심에 의하여 회복된 경우($\frac{법}{같은조항(iv)}$)

(2) 사업의 실시 또는 준비한 시기가 해당 특허취소결정(特許取消決定) 또는 심결(審決)이 확정된 후 재심청구(再審請求)의 등록(登錄) 전일 것

따라서 취소결정이나 심결이 확정도 되기도 전부터 그 발명에 관한 사업을 실시했다면 이는 악의(惡意)에 해당될 것이고, 재심청구(再審請求)의 예고등록(豫告登錄) 후에 사업을 실시했거나 준비를 한 경우 등도 이 요건에는 해당되지 않는다.

(3) 국내에서 선의로 그 발명의 실시사업 또는 실시사업을 준비하고 있는 자일 것

여기에서의 선의란 그 취소 또는 무효 등으로 확정된 특허권이 재심(再審)에 의하여 회복될 것이라는 사실을 전혀 모르고 있었음을 뜻한다.

(4) 실시하고 있거나 준비하고 있는 발명 및 사업목적의 범위 내에서 통상실

시권이 인정된다.

따라서 종전에는 그 발명의 일부범위에 해당하는 사업을 하던 자가 법정(法定)의 통상실시권을 얻었다 하여 그 발명의 전범위로 사업범위(事業範圍)를 확장하는 것은 아니 된다.

3. 이전과 질권설정의 제한 및 공유관계의 준용

(1) 이전의 제한

이 법정의 통상실시권도 실시사업과 함께 이전하는 경우 또는 상속이나 그밖의 일반승계의 경우를 제외하고는 특허권자(전용실시권에 관한 통상실시권의 경우에는 특허권자 및 전용실시권자)의 동의를 받아야만 이전할 수 있다($\frac{법}{\S102⑤}$).

(2) 질권설정의 제한

이 통상실시권은 특허권자(전용실시권에 대한 통상실시권의 경우에는 특허권자 및 전용실시권자)의 동의를 받아야만 그 통상실시권을 목적으로 하는 질권을 설정할 수 있다($\frac{법}{같은조⑥}$).

(3) 공유관계의 준용

통상실시권이 공유인 경우에는 각 공유자는 다른 공유자 모두의 동의를 받아야만 그 지분을 양도하거나 그 지분을 목적으로 하는 질권을 설정할 수 있다($\frac{법 \S102⑦,}{\S99②}$).

통상실시권이 공유인 경우에는 각 공유자는 계약으로 특별히 약정한 경우를 제외하고는 다른 공유자의 동의를 받지 아니하고 그 통상실시권의 발명을 자신이 실시할 수 있다($\frac{법 \S102⑦,}{\S99③}$).

4. 등록의 여부 및 무상실시

(1) 등록의 여부

이 통상실시권은 등록을 아니해도 그 후에 특허권 또는 전용실시권을 취득한 자에 대하여도 그 효력이 있다($\frac{법}{\S118②}$). 그러나 이 통상실시권의 이전·변경·소멸 또는 처분의 제한, 통상실시권을 목적으로 하는 질권의 설정·이전·변경·소멸 또는 처분의 제한은 이를 등록하여야만 제3자에게 대항할 수 있다($\frac{법}{같은조⑥}$).

(2) 무상실시

이 통상실시권은 선사용에 의한 통상실시권($\frac{법}{\S103}$)과 같이 특허권자 등에 대한 대가의 지급(支給)이 없이 무상(無償)으로 실시할 수 있다. 이 또한 산업정책에 따라 인정된 선사용(先使用)의 실시권이기 때문이다.

제8항 재심에 의하여 통상실시권을 상실한 원권리자의 통상실시권

1. 제도의 취지와 개념

(1) 제도의 취지

심판에 따른 강제의 통상실시권을 허락한다는 심결, 즉 제138조(통상실시권 허락의 심판) 제1항 또는 제3항에 따라 통상실시권을 허락한다는 심결이 확정되면, 그 통상실시권의 허락을 받은 자는 물론이요, 그 실시권을 합법한 절차에 따라 이전받은 자, 즉 승계한 자도 안심하고 그 발명사업을 실시할 것이다. 이것이야말로 인간이 법에 따라 안심하고 생활할 수 있는 법적 안정성의 요구이다. 그런데 그 통상실시권을 허락한다는 심결이 재심(再審)에 의하여 상반된 심결이 확정되면 사태는 달라진다. 종래의 공권력(公權力)의 판단은 효력을 잃고 상반된 새로운 공권력의 판단이 나왔기 때문이다.

이 경우에 종전의 확정된 심결을 믿고 실시 또는 준비해오던 사업을 중단하라고 한다면, 선의로 실시 또는 준비해오던 자에게 가혹한 일일 뿐만 아니라, 그 실시 또는 준비한 시설이 황폐되는 것도 안타까운 일이다. 그래서 일정한 조건이 충족되는 경우에 한하여 실시 또는 준비해온 사업을 계속할 수 있도록 통상실시권을 인정해 주자는 취지이다.

(2) 제도의 개념

제138조(통상실시권 허락의 심판) 제1항 또는 제3항에 따라 통상실시권을 허락한다는 심결이 확정된 후에 재심(再審)에서 그 심결과 상반되는 심결이 확정된 경우에는, 재심청구 등록 전에 선의로 국내에서 그 발명의 실시사업을 하고 있는 자 또는 그 사업을 준비하고 있는 자는 원(原)통상실시권자의 사업목적 및 발명의 범위에서 그 특허권 또는 재심(再審)의 심결이 확정된 당시에 존재하는 전용실시권에 대하여 통상실시권을 가진다($\frac{\text{법}}{\S183①}$).

2. 법정의 요건과 실시사업의 범위

(1) 법정의 요건

(i) 제138조(통상실시권 허락의 심판) 제1항 또는 제3항에 따라 통상실시권을 허

락한다는 심결이 확정된 후, 재심에서 그 확정심결과 상반되는 재심심결이 확정된 경우일 것($\frac{법}{①전}$§183).

(ii) 발명의 실시사업을 허락한다는 심결이 확정된 후, 재심청구 등록 전에 실시 또는 준비를 하였을 것($\frac{법}{같은조①중}$).

통상실시권을 허락한다는 심결이 확정되기 전에는 실시허락이 미확정상태이었고 재심청구의 등록 후에는 재심이 청구되었다는 예고등록에 의하여 재심이 이미 청구되어 있음을 공시(公示)하고 있는 것이므로 재심의 청구된 사실은 물론이요, 심결이 상반될 수도 있다는 것을 예고하고 있기 때문에 요건에 충족되지 않는다.

(iii) 선의로 국내에서 실시 또는 준비하였을 것. 선의란 재심(再審)의 청구사실 또는 그 심결이 상반되는 것으로 될 수도 있다는 사실 등 일체의 사실들을 전혀 모르고 국내에서 실시한 경우에만 요건에 충족된다.

(iv) 그 발명의 실시사업을 하고 있는 자 또는 그 사업을 준비하고 있는 자 일 것. 주체적 요건이며 원통상실시권자이다.

(2) 실시사업의 범위

원통상실시권의 사업목적 및 발명의 범위에서 그 특허권 또는 재심의 심결이 확정된 당시에 존재하는 전용실시권에 대하여 통상실시권을 가진다($\frac{법}{§183①후}$).

3. 이전과 질권설정의 제한 및 공유관계의 준용

(1) 이전의 제한

이 통상실시권도 법정(法定)의 실시권이므로 실시사업과 함께 이전하는 경우 또는 상속이나 그 밖의 일반승계의 경우를 제외하고는 특허권자(전용실시권에 관한 통상실시권의 경우에는 특허권자 및 전용실시권자)의 동의를 받아야만 이전할 수 있다($\frac{법}{§102⑤}$).

(2) 질권설정의 제한

이 통상실시권은 특허권자(전용실시권에 대한 통상실시권의 경우에는 특허권자 및 전용실시권자)의 동의를 받아야만 그 통상실시권을 목적으로 하는 질권을 설정할 수 있다($\frac{법}{같은조⑥}$).

(3) 공유관계의 준용

통상실시권이 공유인 경우에는 각 공유자는 다른 공유자 모두의 동의를 받아야만 그 지분을 양도하거나 그 지분을 목적으로 하는 질권을 설정할 수 있다

($\frac{법}{§99②}$§102⑦.). 통상실시권이 공유인 경우에는 각 공유자는 계약으로 특별히 약정한 경우를 제외하고는 다른 공유자의 동의를 받지 아니하고 그 통상실시권의 발명을 자신이 실시할 수 있다($\frac{법}{§99③}$§102⑦.).

4. 등록의 여부 및 상당한 대가의 지급

(1) 등록의 여부

이 통상실시권은 등록이 없더라도 후에 특허권 또는 전용실시권을 취득한 자에 대해서도 그 효력이 발생한다($\frac{법}{§118②}$). 그러나 기타의 모든 사항에 관하여는 등록을 하여야만 제3자에게 대항할 수 있다($\frac{법}{같은조③}$).

(2) 상당한 대가의 지급

이 통상실시권을 가진 자는 특허권자 또는 전용실시권자에게 상당한 대가를 지급하여야 한다($\frac{법}{§183②}$). 원래 원통상실시권에 대하여 특허권자 등에게 대가를 지급하도록 되어 있었기 때문이다($\frac{법}{§138④}$).

제9항 직무발명의 사용자 등의 통상실시권

1. 직무발명의 개념과 중요성

(1) 개 념

직무발명(employee('s) invention)이란 종업원(從業員), 법인(法人)의 임원(任員) 또는 공무원(이하 "종업원 등"이라 한다)이 그 직무에 관하여 발명한 것이 성질상 사용자·법인 또는 국가나 지방자치단체(이하 "사용자 등"이라 한다)의 업무범위에 속하고 그 발명을 하게 된 행위가 종업원 등의 현재 또는 과거의 직무(職務)에 속하는 발명을 말한다($\frac{발명진흥법}{§2(ii)}$).

(2) 중 요 성

직무발명에 관하여는 제2장 총칙 제1절 특허의 객체인 발명 제5항 발명의 종류 2. 직무발명(職務發明)에서 그 중요성 등에 대하여 이미 설명되었다.

2. 직무발명에 대한 "통상실시권"에 특허법 규정의 원용 또는 준용

(1) 발명진흥법에 규정된 직무발명에 대한 통상실시권

직무발명에 대하여 종업원 등이 특허, 실용신안등록, 디자인등록(이하 "특허

등"이라 한다)을 받았거나 특허 등을 받을 수 있는 권리를 승계한 자가 특허 등을
받으면 사용자 등은 그 특허권, 실용신안권, 디자인권(이하 "특허권 등"이라 한다)에
대하여 통상실시권(通常實施權)을 가진다($\frac{발명진흥법}{\S10 ① 본}$). 다만, 사용자(使用者) 등이 "중
소기업기본법" 제2조(중소기업자의 범위)에 따른 중소기업이 아닌 기업인 경우, 종업
원 등과의 협의를 거쳐 미리 다음 각호의 어느 하나에 해당하는 계약 또는 근무규
정을 체결 또는 작성하지 아니한 경우에는 그러하지 아니하다($\frac{발명진흥법}{\S10 ① 단}$).

　(i) 종업원 등의 직무발명에 대하여 사용자 등에게 특허 등을 받을 수 있는 권
리나 특허권 등을 승계시키는 계약 또는 근무규정($\frac{같은조항}{(ii)}$)

　(ii) 종업원 등의 직무발명에 대하여 사용자 등을 위하여 전용실시권을 설정하
도록 하는 계약 또는 근무규정($\frac{같은조항}{(ii)}$)

(2) 특허법 규정의 원용

발명진흥법에는 직무발명에 대한 "통상실시권"이 규정되어 있으나, 그것이
특허법 제102조(통상실시권) 제2항에 규정된 "통상실시권"과 같은 것인지의 여부에
대한 규정이 없다.

그러나 법리적으로 본다면 전혀 같은 내용, 즉 통상실시권자는 특허법에 따라
또는 설정행위로 정한 범위에서 특허발명을 업으로서 실시할 수 있는 권리를 가진
다($\frac{법}{\S102 ②}$)는 것으로 해석되어야 할 것이다.

뿐만 아니라, 발명진흥법에 규정된 "통상실시권"에는 특허법 제102조(통상실
시권) 제5·6·7항도 원용(援用)되어야 할 것이다.

(3) 통상실시권의 등록여부에 대한 규정

제118조(통상실시권의 등록의 효력) 제2항에는 명문으로 "발명진흥법" 제10조
(직무발명) 제2항에 따른 통상실시권은 등록이 없더라도 그 후에 특허권 또는 전용
실시권을 취득한 자에 대해서도 그 효력이 발생한다는 규정을 두었다($\frac{법}{\S118 ②}$).

이 조항으로 보아, 같은조 제3항, 즉 통상실시권의 이전·변경 등 모든 사항
은 등록을 하여야만 제3자에게 대항할 수 있다는 규정($\frac{법}{같은조 ③}$)도 당연히 준용되는
것으로 보아야 할 것이다.

(4) 대가의 지급여부

직무발명에 대한 통상실시권은 특허권자 또는 전용실시권자에게 대가를 지급
하지 아니하는 것으로 해석해야 할 것이다. 사용자(使用者) 등은 발명자인 종업원
에게 정해진 급여(給與)는 물론이요, 직무발명에 대한 수당을 지급하였을 뿐만 아
니라, 기타의 편의 등을 이미 지원하였기 때문이다.

3. 직무발명에 대한 통상실시권의 현황

직무발명에 대한 사용자 등의 통상실시권은 직무발명을 종업원 등의 명의로 특허를 받는 경우에 사용자 등의 지원(支援)에 대한 보상(補償) 또는 대가라 할 수 있다. 그러나 현황을 보면, 대기업은 물론이요, 중·소기업에 이르기까지 대부분의 기업들이 직무발명에 관한 근무규칙(勤務規則) 또는 근무계약(勤務契約) 등을 미리 정해 놓고, 직무발명의 특허권은 사용자 등에게 귀속시키고 종업원 등은 그에 대한 보상금(補償金)을 받는 체계로 되어 있는 것이 현실이라 할 수 있다.

따라서 직무발명에 대한 사용자 등의 통상실시권의 제도적 의의는 쇠퇴일로에 접어들었다고 할 수 있다.

제 4 절 특허권에 따르는 의무

1. 특허권 행사의 기본적인 의무

특허법은 특허권에 따르는 기본적 또는 법적 의무를 직접 규정해 놓지는 않았다. 그러나 특허권은 독점배타적(獨占排他的)인 강력한 물권적인 권리이다. 이러한 권리의 행사가 자칫 남용이라도 된다면 그 피해는 클 수 있기 때문에, 특허법 외에도 모든 사법(私法)의 기본 법전인 민법에는 신의성실(信義誠實)의 원칙과 권리남용(權利濫用)의 금지원칙을 규정하고 있다.

즉 민법 제2조(신의성실)는 ① "권리의 행사(行使)와 의무의 이행(履行)은 신의(信義)에 좇아 성실(誠實)히 하여야 한다." ② "권리는 남용하지 못한다"라고 규정하였다.

구(舊) 특허법(1963. 3. 5. 개정 법률 제1293호)에는 특허권의 남용이라는 제목으로 제45조의2를 규정하기도 하였다. 그 내용의 일부인 중요부분만은 현행법 제107조(통상실시권 설정의 재정)에 흡수되었다.

구 특허법(법률1293호)에 규정했던 특허권의 남용에 관한 규정을 삭제한 이유는 그러한 명문규정이 있는 경우에는 그 명시된 규정에만 저촉되지 않으면 남용이 아닌 것으로 된다. 그러나 특허권의 남용은 그 명시규정 외에도 얼마든지 있을 수 있다. 실질적으로는 남용이 확실한데도 명문의 규정이 없어 적용할 수 없게 된다면, "특허권남용"의 일부만을 규정해 놓은 것이 도리어 남용을 조장하는 역효과의 소지로 될 수 있음을 염려하여 이를 제거한 것이다.

특허권의 남용은 사회의 변천 특히 기술의 향상의 척도에 따라 유동적(流動的)으로 변할 수 있는 것이어서 규정으로 고정해 놓는 것은 불합리한 일이다.

한편, "독점규제법"은 "특허권 등에 의한 권리의 정당한 행사라고 인정되는 행위에 대하여는 적용하지 아니한다"라고 규정($\frac{독점규제법}{\S 59}$)되어 있는바, 이 또한 특허권의 권리행사가 정당하지 못함이 명백한 경우에는 독점규제법 제23조(불공정거래 행위의 금지) 제1항에 해당하는 행위로 볼 수도 있음을 전제한 규정이라 할 수 있을 것이다. 그렇다면, 특허권의 권리행사는 신의에 좇아 성실하게 하여야 하고($\frac{민법}{\S 2①}$), 이를 남용하여서는 아니 되며($\frac{같은법조}{②}$), 정당하게 행사하여야 한다($\frac{독점규제법}{\S 59}$)는 것이 대원칙이라 할 것이다.

2. 특허권에 따르는 일반적인 의무

(1) 특허발명의 실시의무

특허법은 이 실시의무를 직접 규정하지는 아니했고, 불실시의 경우에 재정실시(裁定實施)의 제도로서 간접적인 제재를 가하고 있다($\frac{법}{\S 107}$).

특허권자가 권리만을 독점(獨占)해 놓고 실시하지 않으면 산업발전에 이바지함을 목적으로 한다는 특허제도의 근본취지에 반하게 된다.

여기에서 특허권자는 특허발명의 실시에 최선의 노력을 해야 할 의무가 있다 할 것이다. 그리고 그 의무의 강도는 특허발명의 실시요망(實施要望)의 공공성(公共性)과 사회성(社會性)에 정비례된다 할 것이다.

(2) 특허료의 납무의무

특허료는 최초의 3년분을 내고 특허권의 설정등록을 하는 것은 특허권의 성립요건이고 발생요건이며, 그 후에 매년 또는 일시불로 내는 것은 특허권을 존속시키기 위한 특허권의 존속요건이다.

그런데 이 특허료는 조세와는 달리 그것을 꼭 내야 할 법적 의무가 있는 것은 아니다. 특허출원인이 이것을 내지 않고 특허권의 설정등록을 아니하거나 특허권자가 내지 않고 권리를 포기해도 법적으로 어떠한 제재가 있는 것은 아니다. 특허출원인 또는 특허권자가 특허료를 내는 것은 자기 특허권의 성립과 효력발생 또는 존속을 위한 것이며, 내는 것이 유리하기 때문에 내는 것이고 법적인 의무는 아니다.

문제는 특허권에 대한 전용실시권을 설정했거나 통상실시권을 허락한 경우에

는 특허권자는 특허료를 납부하고 특허권을 존속시켜야 할 의무가 있다. 여기에
계약상의 법적 의무가 있는 것이다. 따라서 이 경우에 특허권자가 특허료를 납부
할 의무를 이행하지 않는다면 이는 특허권의 남용인 동시에 실시계약의 위반인 불
법행위의 책임이 있다 할 것이다($\frac{민법}{\S750}$).

(3) 정당한 특허표시를 할 의무

특허표시를 할 수 있는 것은 특허권자의 권리로 되어 있다($\frac{법}{\S223}$).

그리고 그 표시의 방법도 법에 규정되어 있다($\frac{법}{같은조①본}$). 즉 다음과 같다.

(i) 물건의 특허발명인 경우 그 물건에 특허표시($\frac{법}{같은조항(i)}$)

(ii) 물건을 생산하는 방법의 특허발명의 경우 그 방법에 따라 생산된 물건
에 특허표시($\frac{법}{같은조항(ii)}$)

(iii) 물건에 특허표시를 할 수 없는 경우 그 물건의 용기(用器) 또는 포장
(包裝)에 특허표시($\frac{법}{같은조항(iii)}$)

그리고 특허표시의 방법에 관하여 필요한 사항은 산업통상부령인 시행규칙에
정하도록 되어 있는바($\frac{법}{\S223②}$), 그 시행규칙 제121조(특허표시)에 정해 있는 것을 보
면, 특허표시는 물건의 특허발명에 있어서는 그 물건에 "특허"라는 문자와 그 특허
번호를 표시하고, 물건을 생산하는 방법의 특허발명에 있어서는 그 방법에 의하여
생산된 물건에 "방법특허"라는 문자와 그 특허번호를 표시하는 것으로 되어 있다.
따라서 특허권자, 전용실시권자 또는 통상실시권자(이하 "특허권자 등"이라 한다)는
이상과 같이 정당한 특허표시를 하는 것이 권리인 동시에 의무로 되어 있다.

특허권자 등에게 정당한 특허표시를 하는 것이 의무라는 근거는 제224조(허위
표시의 금지)의 규정이 있고 또 제228조(허위표시의 죄)의 규정이 있는 등 특허권자
등이 아닌 자들의 허위표시를 금지하고 있는바, 이러한 허위표시는 특허권자 등도
하여서는 아니 되는 것이다. 따라서 특허권자 등은 특허표시를 할 권리가 있는 동
시에($\frac{법}{\S223}$), 그 표시는 언제나 정당한 특허표시를 할 의무도 있는 것이다.

(4) 특허실시보고의무

특허청장은 특허권자·전용실시권자 또는 통상실시권자에게 특허발명의 실시
여부(實施與否) 및 그 규모 등에 관하여 보고하게 할 수 있다($\frac{법}{\S125}$).

이것도 반드시 강요되는 것은 아니지만, 특허청장으로서는 이러한 실시상황
을 통계적으로 파악하여 특허행정에 참고하여야 함으로 필요한 것이다. 따라서 특
허청장의 보고요청이 있으면 특허권자 등은 그 보고서를 제출해야할 의무가 있다.
특허행정에 협조하는 의무이다.

제 5 절 특허권의 소멸

제 1 항 특허권을 소멸시키는 이유

(1) 특허권의 유한성

특허권은 산업재산권의 하나로서 유한적인 권리이다. 부동산(不動産)인 소유권과 같이 천재지변에 의하여 멸실되지 않는 한 영구히 존속하는 권리가 아니고, 일정한 기한부(期限附)로 국가의 설정행위(設定行爲)에 의하여 권리로서 발생하고 그 기한부인 존속기간이 만료되면 권리로서의 일생을 마치게 된다.

또 특허권이 존속기간의 만료로 소멸되는 것은 본연의 수명을 다하는 것이고, 그전에라도 특허권자가 연도금(年度金)을 불납(不納)하거나 특허권을 포기함으로써 소멸되는 경우도 있고, 특허취소결정이나 특허무효심결이 확정된 경우 또는 특허권자(自然人)가 사망하고 그 상속인(相續人)이 없거나 특허권자인 법인(法人)이 해산되면 특허권이 소멸된다. 다만, 여기에서는 특허권의 유한성을 말한 것이고 특허권의 소멸에 대하여는 다음 항에서 상술한다.

(2) 사회적 공공성 ─ 특허발명기술의 산업발전에의 공헌

특허제도는 새로운 발명을 특허출원 후에 일정한 기간(원칙적으로 1년 6월)이 지나면 출원공개(出願公開)를 함으로써 선행의 기술정보로 제공하여 기술수준을 향상시키는 한편, 특허권으로서 독점권을 행사할 수 있는 존속기간이 만료된 특허발명의 기술은 누구든지 자유로이 실시할 수 있게 함으로써 산업발전에 공헌할 수 있도록 하기 위한 것이다.

따라서 특허권은 이와 같은 산업정책적인 공공성(公共性)을 전제로 일정기간만을 독점권(獨占權)으로 인정하고, 새로운 발명을 하여 공개한 대가로서 인정한 독점기간이 지나면 그 권리를 소멸시켜서 그 특허발명의 기술을 만인이 자유로이 실시할 수 있는 사회의 공유재산(共有財産)으로 함으로써 산업발전에 공헌하도록 하려는 것이다.

제 2 항 특허권의 소멸사유

(1) 존속기간의 만료

특허권은 존속기간이 만료되면 당연히 소멸한다. 존속기간의 만료는 다음과 같다.

i) 원　칙

특허권은 설정등록(設定登錄)에 의하여 발생한다($\frac{법}{\S87①}$). 그리고 특허권의 존속기간은 설정등록한 날부터 특허출원일(特許出願日) 후 20년이 되는 날까지로 한다($\frac{법}{\S88①}$).

ii) 예　외

(i) 정당한 권리자의 특허출원일의 기산일　　정당한 권리자의 특허출원이 제34조(무권리자의 특허출원과 정당한 권리자의 보호) 또는 제35조(무권리자의 특허와 정당한 권리자의 보호)에 따라 특허된 경우에는 특허권의 존속기간은 무권리자의 특허출원일의 다음날부터 기산한다($\frac{법}{\S88②}$). 따라서 무권리자의 특허출원일의 다음날 후 20년이 되는 날까지가 만료일이고, 그 다음날에 특허권은 소멸한다.

(ii) 허가 등에 따른 특허권의 존속기간의 연장등록된 특허권의 존속기간

이 경우에는 특허청장은 특허권의 존속기간의 연장을 특허원부에 등록하여야 하는바($\frac{법}{\S92②}$), 그 특허권은 원부에 등록된 존속기간 만료일의 다음날에 소멸한다.

(iii) 등록지연에 따른 특허권의 존속기간의 연장등록된 특허권의 존속기간

이 경우에도 특허청장은 특허권의 존속기간의 연장을 특허원부에 등록하여야 하며($\frac{법}{\S92의5②}$), 그 특허권은 원부에 등록된 존속기간 만료일의 다음날에 소멸된다.

(2) 특허취소결정의 확정

특허취소결정이 확정된 때에는 그 특허권은 처음부터 없었던 것으로 본다($\frac{법}{\S132의13②}$). 특허권은 소급하여 없었던 것으로 보게 되어 권원(權原)이 없으므로 파생되는 권리도 전무하다.

(3) 특허무효심결의 확정

특허를 무효로 한다는 심결이 확정된 경우에는 그 특허권은 처음부터 없었던 것으로 본다($\frac{법}{\S133③본}$). 이 경우도 특허권이 소급하여 소멸하는 경우이다. 다만, 특허된 후 그 특허권자가 제25조(외국인의 권리능력)에 따라 특허권을 누릴 수 없는 자로 되거나 그 특허가 조약을 위반한 경우에 해당하여 특허를 무효로 한다는 심결이 확정된 경우에는 특허권은 그 특허가 무효이유에 해당하게 된 때부터 없었던 것으로 본다($\frac{법}{같은조③단}$). 즉 특허가 된 후에 무효이유가 후발적으로 발생하여 특허를 무효로 한다는 심결이 확정된 경우에는, 특허권은 그 특허된 후에 특허무효이유에 해당한 때까지만 소급하여 소멸하는 것이고 그 무효이유에 해당하기 전의 특허권은 유효하게 존속된 것이라는 뜻이다.

따라서 유효하게 존속되었던 기간에 발생된 법률관계나 사실관계는 모두 유

효한 것으로 인정된다.

(4) **특허료의 불납**

특허료는 특허권의 설정등록을 위하여 최초에 3년분을 내는 것은 특허권의 발생요건이고($\substack{법 \\ §79①전}$), 특허권자는 그 다음 해부터의 특허료를 해당권리의 설정등록일에 해당하는 날을 기준으로 매년 1년분씩 내야 한다($\substack{법 \\ 같은조①후}$). 특허권 설정등록일부터 4년도 이후에 내는 특허료는 특허권을 존속시키기 위한 존속요건(存續要件)으로서 특허권자의 의무이기도 하다. 그러므로 이 특허료를 내지 아니하면 특허권은 소멸한다.

또 이 요금은 매년 낸다 하여 연도금(年度金)이라고도 하지만 이를 납부연도의 순서에 따라 수년분 또는 모든 년도분을 함께 일시불로 낼 수도 있다($\substack{법 \\ §79②}$). 특허료 납부기간이 지난 후에도 6개월 이내에는 추가납부제도가 있고($\substack{법 \\ §81}$), 특허료의 일부를 보전(補塡)하는 제도도 있다($\substack{법 \\ §81의2}$).

그런데 다음에 설명되는 특허권을 포기하는 경우에는 그 특허권 위에 설정된 권리자(전용실시권자·질권자·실시권자들)의 동의를 받아야 한다는 명문의 제한규정이 있으나, 특허권자가 요금불납으로 특허권리를 소멸시키는 경우에는 아무런 제한이 없다는 것이 문제로 될 수 있다. 특허료는 이해관계인도 낼 수 있으므로($\substack{법 \\ §80}$) 전용실시권자나 질권자 또는 통상실시권자도 낸다면 아무런 문제도 없다.

그러나 특허권자가 특허법 상식이 없어서 전용실시권을 설정하면서 특허권자도 특허발명을 실시할 수 있다는 조건이 없이 설정등록을 해주었고, 특허권자는 계약조건은 아니었지만 매년 연도금도 성실히 내주었다. 문제는 10년쯤 후에 특허발명의 사업이 대성업이 되자, 특허권자가 전용실시권자로부터 통상실시권을 얻으려 해도 전용실시권자가 허락하지 않으므로, 특허권자는 특허료의 불납으로 특허권을 소멸시킨 경우에 문제는 법적으로 복잡해질 수 있다. 전용실시권자는 특허권자를 권리의 남용이라 주장했으나 문제의 당시법제는 남용에는 해당되지 않았었다.

앞으로는 이러한 경우에 특허권자의 의무와 책임한계를 명백히 해두는 방법을 입법적으로 강구하는 것이 바람직하다.

(5) **특허권의 포기**

특허권의 포기란 특허권자 스스로가 특허권을 버리겠다는 의사표시인 법률행위를 하는 것이다. 서면으로 특허청장에게 제출하여야 한다($\substack{등록령 \\ §43}$). 특허권자는 특허권을 포기할 수 있고 특허권은 포기한 때부터 소멸한다($\substack{법 \\ §120}$). 포기한 때란 특허청장이 특허원부에 포기에 의한 특허권의 소멸등록(消滅登錄)을 마친 때부터 특허권 소멸의 효력이 발생한다($^{법}_{§101①(i)}$). 또 특허권자는 청구항 독립의 원칙에 따라 청구항이 둘 이상인 경우에는 그 청구항별로 포기할 수 있다($^{법 §215,}_{§101①(i)}$).

한편, 특허권자는 다음 각호에 열거한 자가 있는 경우에는 이들의 전원, 즉 모두의 동의를 얻어야만 특허권을 포기할 수 있다($^{법}_{§119①본}$). 특허권이 포기되면 특허권에 부수되어 있는 이들의 권리도 모두 소멸되므로 중대한 이해관계가 있기 때문이다.

    (i) 전용실시권자($^{법}_{같은조항(i)}$)

    (ii) 질권자(質權者)($^{법}_{같은조항(ii)}$)

    (iii) 제100조(전용실시권자) 제4항에 따른 통상실시권자($^{법}_{같은조항(iii)}$). 전용실시권을 목적으로 하는 질권자가 누락된 것은 입법의 미비이다.

    (iv) 제102조(통상실시권) 제1항에 따른 통상실시권자($^{법}_{같은조항(iv)}$)

    (v) 발명진흥법 제10조(직무발명) 제1항에 따른 통상실시권자($^{법}_{같은조항(v)}$)

(6) 상속인이 없는 경우 등

특허권자가 사망하여 특허권의 상속이 개시된 때 상속인이 없는 경우에는 그 특허권은 소멸된다($^{법}_{§124①}$). 또 특허권자인 법인이 해산되고 청산절차(淸算節次)가 진행 중인 법인의 특허권은 법인이 청산종결등기일(청산종결등기가 되었더라도 청산사무가 사실상 끝나지 아니한 경우에는 청산사무가 사실상 끝난 날과 청산종결등기일부터 6개월이 지난 날 중 빠른 날로 한다. 이하 이 항에서 같다)까지 그 특허권의 이전등록을 아니한 경우에는 청산종결등기일의 다음 날에 소멸한다($^{법}_{§124②}$).

특허권자가 사망하였으나 그 상속인이 없거나, 특허권자인 법인이 해산되어 청산절차를 거쳐 청산사무가 끝났거나 청산종결등기일부터 6개월이 지나도 그 특허권의 이전등록을 하지 아니한 경우에는 그 특허권은 주인이 없으므로 소멸된다는 규정이다.

특허권이 공유인 경우에는 공유자 중의 1인 또는 수인이 사망하고 상속인이 없으면, 다른 공유자 또는 공유자들에게 지분(持分)의 비율로 귀속된다($^{민법}_{§267}$). 그러나 공유자 전원이 사망한 경우에 그 상속인들이 없으면 특허권은 소멸된다.

일반 재산권은 상속인이 없고 특별연고자에 대한 규정($^{민법}_{§1057의2}$)에 의하여 분여(分與)되지 아니한 때에는 상속재산은 국가에 귀속된다($^{민법}_{§1058①}$). 그러나 특허권은 상속인이 없으면 소멸시키는 것은 이를 사회공공재산(社會公共財産)으로 하여 누구나 자유로 실시할 수 있게 함으로써 산업발전에 공헌하게 하자는 취지이다.

제7장 특허의 취소와 심판 및 재심

제1절 특허취소신청

이 제도는 2017. 3. 1. 시행법에 따라 신설되었고, 이 규정은 이 법시행 이후 설정등록된 특허권부터 적용된다(개정법 부칙 §10).

제1항 특허취소신청의 제도적 의의

1. 조속한 권리화로 발생되는 부실특허를 조기에 취소하는 간이제도

(1) 제도의 취지와 개념

특허출원을 조기심사(早期審査)하여 조기권리화한다는 정책에 따라, 그 부작용으로 부실특허(不實特許)의 발생이 우려되므로 그에 대한 대비책이다.

조기심사로 우선 권리화하여 특허를 부여하고, 특허등록(特許登錄)된 것을 특허공보(特許公報)에 공고하여, 등록공고 후 6개월이 되는 날까지에 일반공중(一般公衆)으로 하여금 하자있는 특허에 대한 정보(증거)의 제공을 받는 수단으로 특허취소(特許取消)의 신청을 받아, 그 하자 있는 등록특허를 조기에 취소시킴으로써 특허의 질적향상을 도모하고 특허제도의 신뢰성(信賴性)을 높인다는 것이다.

종전에 있었던 출원공고(出願公告)에 대한 이의신청(異議申請)제도를 특허등록 후에 특허취소제도로 바꾸어 놓은 것이다.

출원공고제도는 형식논리로 보면, 매우 합리적인 제도이었다. 그러나 이의신청의 남용으로 심사가 지연되어 특허의 권리화에 장기간이 필요했다는 단점이 있어서, 특허출원이 증가되는 현실에는 적응되지 못하므로 폐지된 것이다.

(2) 일본의 이의신입제도와의 비교

일본의 특허권에 대한 이의신입(異議申立)제도와 비슷한 것이다($\substack{일·특허법 §113~ \\ §120의8}$). 그러나 그 특허취소의 이유에 있어서는 크게 상이하다. 일본의 특허권에 대한 이의신입의 이유는 광범위한데($\substack{일·특허법 \\ §113(i)~(v)}$) 비하여, 우리의 특허취소(特許取消)의 이유는 매우 제한적이다($\substack{법 §132의2 \\ (i)(ii)}$).

2. 직권재심사제도와의 차이

(1) 직권재심사제도

특허출원에 대한 심사처리기간의 단축으로 출원공개(出願公開) 전에 특허심사가 이루어지는 경우도 있는 등, 조기권리화로 인한 부실특허(不實特許)를 막기 위해 특허결정 후에 직권재심사(職權再審査)제도를 신설했다($\substack{법 §66의3}$).

심사관은 특허결정된 특허출원에 관하여 명백한 거절이유를 발견한 경우에는 직권으로 특허결정을 취소하고, 그 특허출원을 다시 심사(이하 "직권재심사"라 한다) 할 수 있다($\substack{법 §66의 \\ 3본}$). 다만, 다음 각호의 어느 하나에 해당하는 경우에는 그러하지 아니하다($\substack{법 \\ 단}$).

(i) 거절이유가 제42조(특허출원) 제3항 제2호(그 발명의 배경이 되는 기술의 기재) 같은조 제8항(청구범위의 기재방법) 및 제45조(하나의 특허출원의 범위)에 따른 요건에 관한 것인 경우($\substack{법 같은조항 \\ 단(i)}$): 이러한 사항들은 심사과정에서 심사관이 당연히 심사를 하였던 것이기 때문이다.

(ii) 그 특허결정에 따라 특허권이 설정등록된 경우($\substack{법 같은조항 \\ 단(ii)}$): 이미 특허권으로 형성된 것을 심사관의 직권으로 취소할 수 없기 때문이다.

(iii) 그 특허출원이 취하되거나 포기된 경우($\substack{법 같은조항 \\ 단(iii)}$): 심사관이 직권취소를 할 대상이 이미 소멸되었기 때문이다.

그리고 심사관이 직권재심사를 하려면 특허결정을 취소한다는 사실을 특허출원인에게 통지를 하여야 하는바($\substack{법 \\ 같은조②}$), 출원인이 그 통지를 받기 전에 특허권을 설정등록했거나, 그 출원을 취하 또는 포기한 경우에는 특허결정의 취소는 처음부터 없었던 것으로 본다($\substack{법 \\ 같은조③}$). 그러나 이러한 제도는 심사관의 직권에 의한 심사활동의 연장에 불과한 것이다.

(2) 직권재심사제도와 특허취소제도의 비교

양제도는 모두 부실특허를 가려서 조기에 취소하겠다는 동기만은 같다.

그러나 특허취소의 신청은 ① 누구든지 신청할 수 있고 ② 특허권의 설정등록일(設定登錄日)부터 시작하여 등록공고일(登錄公告日) 후 6개월이 되는 날까지 ③ 취소신청의 이유와 증거 등은 국내·외에 반포된 간행물과 전기통신회선을 통하여 공중이 이용할 수 있는 입증이 용이한 선행기술정보(先行技術情報) 등으로 한정하여 ④ 특허심판원(特許審判院)의 합의체에서 해당 특허의 취소여부를 신속하게 심리하여 결정하는 간이제도이다.

제2항 특허취소신청의 신청인·신청기간·신청의 이유·신청방식과 기타의 절차

1. 특허취소의 신청인과 피신청인

(1) 신 청 인

누구든지 할 수 있다($\frac{법}{의2①전}^{§132}$). 이해관계인으로 한정하지 않고, "누구든지"로 함으로써 널리 일반대중에게 부실특허를 가려내는데에 협조의 기회를 준 것이다.

(2) 피신청인

특허권자이다. 특허권이 공유(共有)인 경우에는 공유자 모두를 피신청인으로 해야 할 것인데도($\frac{법}{§139②}$), 제139조(공동심판의 청구 등) 제3항의 준용은 있으나 제2항의 준용이 없는 것은($\frac{법}{의3③}^{§132}$) 입법의 미비이다. 취소결정의 효과는 합일적으로 확정되어야 하기 때문이다.

2. 특허취소신청을 할 수 있는 기간

특허권의 설정등록일(設定登錄日)부터 등록공고일 후 6개월이 되는 날까지이다($\frac{법}{의2①중}^{§132}$). 신청기간을 단기로 한 것은 법적 안정성의 요구이다.

그러나 특허의 무효심판은 누구든지 청구할 수 있는 기간이 "3개월"인 점($\frac{법}{①단}^{§133}$)과는 균형이 맞지 않는다. 오히려 특허무효심판의 경우를 보다 장기로, 특허취소신청의 경우를 보다 단기로 하는 것이 바람직하다. 종전의 출원공고제도에 있어서의 이의신청기간(異議申請期間)도 3개월이었다.

3. 특허취소의 이유

(1) 취소이유의 열거주의

다음 각호의 어느 하나에 해당하는 경우이다($\frac{법}{①본·전}^{§132의2}$).

특허취소의 이유를 무효심판의 청구이유와 비교하여 제한한 것은 일반공중이 쉽게 제공할 수 있는 정보로 한정하기 때문이며, 또 이 제도가 간이제도(簡易制度)이기 때문이다.

(i) 제29조(같은조 제1항 제1호에 해당하는 경우와 같은호에 해당하는 발명에 의하여 쉽게 발명할 수 있는 경우는 제외한다)에 위반된 경우($\frac{법}{①(i)}$ §132의2)   특허출원 전 국내·외에서 공지·공용되어 신규성이 상실된 것과 그것들에 의하여 쉽게 발명할 수 있는 것은 그 입증과 판단이 쉽지 않고 간이절차에 적합하지 않으므로 제외시킨 것이다. 그러므로 제29조 중, 제1호(국내·외에서 공지·공용)에 해당하여 신규성이 없는 경우와 진보성이 없는 경우를 제외한 기타의 규정, 즉 같은조 제2항·제3항 및 제4항에 규정된 특허요건에 반하는 경우는 모두 특허취소의 이유에 해당되는 것이다($\frac{법}{같은조항(i)}$).

(ii) 제36조(선출원) 제1항부터 제3항까지의 규정에 위반된 경우($\frac{법}{같은조항(ii)}$)   제36조 제1항은 동일한 발명에 대하여 다른 날에 둘 이상의 특허출원이 있는 경우에는 먼저 출원한 자만이 특허를 받을 수 있다는 규정이고, 같은조 제2항은 동일한 발명에 대하여 같은 날에 둘 이상의 특허출원이 있는 경우에는 특허출원인 간에 협의를 해서 정한 하나의 특허출원만 인정하는 경우이며, 같은조 제3항은 특허출원된 발명과 실용신안등록출원된 고안이 동일한 경우 서로 다른 날에 출원된 것이면 먼저 출원된 것이, 같은날에 출원된 것이면 협의하여 정한 출원인만을 출원인으로 인정한다는 규정이다. 따라서 모두 간략한 심리만으로도 쉽게 가려낼 수 있는 사항만을 대상으로 한 것이다.

⑵ 취소이유로 할 수 없는 경우

등록공고된 특허공보에 게재된 제87조(특허권의 설정등록 및 등록공고) 제3항 제7호에 따른 선행기술에 기초한 이유로는 특허취소신청을 할 수 없다($\frac{법}{의2②}$ §132).

여기에서 제87조 제3항 제7호란 "제63조(거절이유통지) 제1항 각호 외의 부분 본문에 따라 통지한 거절이유에 선행기술에 관한 정보(선행기술이 적혀 있는 간행물의 명칭과 그 밖에 선행기술에 관한 정보의 소재지를 말한다)가 포함된 경우 그 정보"인바, 이 경우에는 심사관에 의하여 이미 심사된 자료들이기 때문이다.

4. 특허취소신청의 방식 등

⑴ 특허취소신청서

특허취소신청을 하려는 자는 다음 각호의 사항을 적은 취소신청서를 특허심판원장에게 제출하여야 한다$\left(\begin{smallmatrix}법 \\ 의4①본\end{smallmatrix}§132\right)$.

(i) 신청인의 성명 및 주소(법인인 경우에는 그 명칭 및 영업소의 소재지)$\left(\begin{smallmatrix}법 \\ 같은조항(i)\end{smallmatrix}\right)$

(ii) 대리인이 있는 경우에는 그 대리인의 성명 및 주소나 영업소의 소재지〔대리인이 특허법인·특허법인(유한)인 경우에는 그 명칭, 사무소의 소재지 및 지정된 변리사의 성명〕$\left(\begin{smallmatrix}법 \\ 같은조항(ii)\end{smallmatrix}\right)$

(iii) 특허취소신청의 대상이 되는 특허의 표시$\left(\begin{smallmatrix}같은조항 \\ (iii)\end{smallmatrix}\right)$

(iv) 특허취소신청의 이유 및 증거의 표시$\left(\begin{smallmatrix}같은조항 \\ (iv)\end{smallmatrix}\right)$: 특허취소신청에 있어서 증거의 제출은 필수적이다. 특허취소신청의 남용을 막기 위해서이다.

(v) 소정의 수수료도 내야 한다$\left(\begin{smallmatrix}법 \\ §82①③\end{smallmatrix}\right)$.

(2) 특허취소신청서의 보정의 한계

특허취소신청서의 보정은 그 요지를 변경할 수 없다$\left(\begin{smallmatrix}법 \\ 의4②본\end{smallmatrix}§132\right)$. 다만, 제132조의2(특허취소신청) 제1항에 따른 기간〔그 기간중 제132조의13(특허취소신청에 대한 결정) 제2항에 따른 통지가 있는 경우에는 통지한 때까지로 한정한다〕에 제132조의4(특허취소신청의 방식 등) 제1항 제4호를 보정하는 경우에는 그러하지 아니하다$\left(\begin{smallmatrix}법 같은조 \\ ②단\end{smallmatrix}\right)$. 여기에서 제1항 제4호란 "특허취소신청의 이유 및 증거의 표시"를 말한다.

5. 심판장의 부본송달과 통지

(1) 신청서부본의 송달

심판장은 특허취소신청이 있으면 그 신청서의 부본(副本)을 특허권자에게 송달하여야 한다$\left(\begin{smallmatrix}법 \\ 의4③\end{smallmatrix}§132\right)$.

특허권자로서는 특허취소신청의 이유와 증거 등을 살펴볼 수 있는 기회를 반드시 가져야 하기 때문이다.

(2) 전용실시권자 등 그 특허에 관하여 등록한 권리자들에게 통지

심판장은 특허취소신청이 있으면 그 사실을 해당 특허권의 전용실시권자나 그 밖에 그 특허에 관하여 등록을 한 권리를 가지는 자에게 알려야 한다$\left(\begin{smallmatrix}법 \\ 의4④\end{smallmatrix}§132\right)$. 등록을 한 권리를 가지는 자란 전용실시권자는 물론, 등록된 통상실시권자 또는 질권자(質權者) 등을 말한다. 이들은 모두 특허권의 취소여부에 중대한 이해관계를 가진 자들이므로 당연히 알아야 그 특허취소신청에 대한 참가여부(參加與否)의 결정과 의견서의 제출을 할 수 있기 때문이다.

6. 특허취소신청서 등의 보정 및 각하

(1) 특허취소신청서 등의 보정명령

심판장은 다음 각호의 어느 하나에 해당하는 경우에는 기간을 정하여 그 보정(補正)을 명하여야 한다($^법_{5①본}$ ^{§132의}).

(i) 특허취소신청서가 제132조의4(특허취소신청의 방식 등) 제1항(같은항 제4호는 제외한다)을 위반한 경우($^법_{같은조항(i)}$): 같은 항 제4호란 "특허취소신청의 이유 및 증거의 표시"이다.

(ii) 특허취소신청에 관한 절차가 다음 각 목의 어느 하나에 해당하는 경우 ($^법_{같은조항(ii)}$)

가. 제3조(미성년자 등의 행위능력) 제1항 또는 제6조(대리권의 범위)를 위반한 경우
나. 이 법 또는 이 법에 따른 명령으로 정하는 방식을 위반한 경우
다. 제82조(수수료)에 따라 내야 할 수수료를 내지 아니한 경우

(2) 특허취소신청서 등의 각하

심판장은 제1항에 따른 보정명령을 받은 자가 지정된 기간에 보정을 하지 아니하거나, 보정한 사항이 제132조의4(특허취소신청의 방식 등) 제2항을 위반한 경우에는 특허취소신청서 또는 해당절차와 관련된 청구 또는 신청 등을 결정으로 각하하여야 한다($^법_{§132의5②}$).

(3) 특허취소신청서 등의 각하결정의 방식

특허취소신청서 등의 각하결정은 서면으로 하여야 하며, 그 이유를 붙여야 한다($^법_{같은조③}$). 그 이유를 알아야 함은 물론이요, 이에 불복하는 경우도 필요하기 때문이다. 특허취소신청서의 각하결정에 대한 불복의 소는 특허법원의 전속관할(專屬管轄)로 되어 있다($^법조법_{§28의4(i)}$).

7. 보정할 수 없는 특허취소신청의 각하결정

(1) 부적법하여 보정불능한 취소신청서의 각하결정

제132조의7(특허취소신청의 합의체 등) 제1항에 따른 합의체는 부적법한 특허취소신청으로서 그 흠을 보정할 수 없을 때에는 제132조의4(특허취소신청의 방식 등)제3항에도 불구하고 특허권자에게 특허취소신청서의 부본을 송달하지 아니하고, 결정으로 그 특허취소신청을 각하할 수 있다($^법_{의6①}$ ^{§132}).

특허취소신청이 부적법할 뿐만 아니라 그 흠을 보정할 수 없는 것이어서 보

정명령을 할 필요없이, 심판부 합의체의 결정으로 특허취소신청을 각하할 수 있다는 것이다.

(2) 각하결정에 대한 불복의 제한

이 각하결정(却下決定), 즉 특허취소신청이 부적법(不適法) 또는 흠을 보정할 수 없는 것이어서 심판의 합의체에서 각하결정한 것에 대해서는 불복할 수 없다 ($_{의6②}^{법 §132}$). 이 규정은 제132조의5(특허취소신청서 등의 보정·각하) 및 제186조(심결 등에 대한 소) 제1항에 대한 특별규정이다.

간이절차에 관한 사건이므로 이와 같이 부적법함이 명백한 사건을 신속하게 확정시키자는 취지이다.

제 3 항 특허취소신청절차에서의 특허의 정정

1. 특허권자의 정정청구

(1) 정정청구

특허취소신청의 절차가 진행중인 특허에 대한 특허권자는 제136조(정정심판) 제1항 각호의 어느 하나에 해당하는 경우에만 제132조의13(특허취소신청에 대한 결정) 제2항에 따라 지정된 기간에 특허발명의 명세서 또는 도면에 대하여 정정청구(訂正請求)를 할 수 있다($_{의3①}^{법 §132}$). 특허취소신청의 절차를 이용하여, 정정할 기회를 줌으로써 특허가 취소되지 않도록 구제의 길을 열어 준 것이다.

(2) 정정청구의 대상

정정(訂正)이 가능한 것은 제136조(정정심판) 제1항 각호의 어느 하나에 해당하는 경우만 가능하다.

(i) 청구범위를 감축하는 경우($_{§132의①(i)}^{법}$)

(ii) 잘못 기재된 사항을 정정하는 경우($_{같은조항(ii)}^{법}$)

(iii) 분명하지 아니하게 기재된 사항을 명확하게 하는 경우($_{같은조항(iii)}^{법}$)

따라서 이상의 정정 중에는 청구범위를 감축함으로써 특허권의 취소를 면하는 것이 가장 중요한 정정이 될 것이다.

(3) 정정청구를 할 수 있는 기간

제132조의13(특허취소신청에 대한 결정) 제2항에 따라, 심판장은 특허취소결정을 하려는 때에는 특허권자 및 참가인에게 특허의 취소이유를 통지하고 기간을 정

하여 의견서를 제출할 기회를 주어야 한다($^{법}_{13②}$§132의). 따라서 의견서를 제출할 수 있는 기간 내에만 정정청구를 할 수 있는바, 지정된 기간 내에 정정청구를 먼저 할 수도 있고, 정정청구와 의견서를 같이 제출해도 된다.

(4) 정정청구 전에 한 정정청구의 취하의제

정정청구 전에 한 정정청구는 취하한 것으로 본다. 제132조의3(특허취소신청절차에서의 특허의 정정) 제1항에 따른 정정청구를 하였을 때에는, 해당 특허취소신청절차에서 그 정정청구 전에 한 정정청구는 취하된 것으로 본다($^{법}_{의3②}$§132). 정정청구가 중복되는 경우에는 전에 한 정정청구는 취하된 것으로 본다는 취지이다.

(5) 정정심판·공동심판 및 심판청구방식 등의 준용

특허취소신청절차에서의 특허의 정정청구에 관하여는 제136조(정정심판) 제3항부터 제6항까지, 제8항, 제10항부터 제13항까지, 제139조(공동심판의 청구 등) 제3항 및 제140조(심판청구방식) 제1항·제2항·제5항을 준용한다($^{법}_{의3③전}$§132).

이 경우 제136조(정정심판) 제11항 중 "제162조(심결) 제3항에 따른 심리의 종결이 통지되기 전(같은조 제4항에 따라 심리가 재개된 경우에는 그 후 다시 같은조 제3항에 따른 심리종결이 통지되기 전)에"는, "제132조의13(특허취소신청에 대한 결정) 제2항 또는 제136조(정정심판) 제6항에 따라 지정된 기간에"로 본다($^{법}_{의3③후}$§132).

2. 정정청구의 취하

(1) 취하할 수 있는 기간

특허취소신청절차에서의 정정청구(訂正請求)는 다음 각호의 어느 하나에 해당하는 기간에만 취하할 수 있다($^{법}_{§132의3④}$).

(i) 제1항에 따라 정정청구를 할 수 있도록 지정된 기간과 그 기간의 만료일부터 1개월 이내의 기간($^{법}_{같은조항(i)}$): 즉 심판장이 특허권자 및 참가인에게 특허의 취소이유를 통지하고 그 기간을 정하여 의견서를 제출할 기회를 주어야 하는바($^{법}_{의13②}$§132), 그 의견서 제출기간 내 또는 그 기간의 만료일부터 1개월 이내이다.

특허취소신청에 대한 취소여부를 결정할 시기이므로, 정정청구의 취하여부도 되도록 빨리 결정하라는 취지이다.

(ii) 제132조의3(특허취소신청절차에서의 특허의 정정) 제3항에서 준용하는 제136조(정정심판) 제6항에 따라 지정된 기간($^{법}_{의3④(ii)}$§132)

(2) 제136조 제6항의 설명

제136조(정정심판) 제6항의 규정의 내용은 다음과 같다.

즉 심판관은 제1항에 따라 심판청구가 다음 각호의 어느 하나에 해당한다고 인정하는 경우에는 청구인에게 그 이유를 통지하고, 기간을 정하여 의견서를 제출할 수 있는 기회를 주어야 한다($^{법}_{⑥본}$§136).

(i) 제1항 각호의 어느 하나에 해당하지 아니한 경우($^{법}_{⑥(i)}$§136): 청구범위감축, 잘못된 기재사항의 정정 또는 불분명한 사항을 명확하게 하는 경우 등에 해당하지 아니한 경우를 말한다.

(ii) 제3항에 따른 범위를 벗어난 경우($^{법}_{⑥(ii)}$같은조): 특허발명의 명세서 또는 도면에 기재된 사항의 범위를 벗어난 경우이다. 다만, 잘못된 기재를 정정하는 경우에는 출원서에 최초로 첨부된 명세서 또는 도면에 기재된 사항의 범위에서 할 수 있다($^{법}_{§136③단}$).

(iii) 제4항 또는 제5항을 위반한 경우($^{법}_{§136⑥(iii)}$): 제4항은 명세서 또는 도면의 정정은 청구범위를 실질적으로 확장하거나 변경할 수 없다는 규정이고($^{법}_{§136④}$), 제5항은 제1항에 따른 정정 중 같은 항 제1호(청구범위를 감축하는 경우) 또는 제2호(잘못 기재된 사항을 정정하는 경우)에 해당하는 정정은 정정 후의 청구범위에 적혀 있는 사항이 특허출원을 하였을 때에 특허받을 수 있는 것이어야 한다는 규정이다($^{법}_{§136⑤}$).

(3) 일부 준용규정의 배제

제132조의3(특허취소신청절차에서의 특허의 정정) 제3항을 적용할 때 제132조의2(특허취소신청)에 따라 특허취소신청이 된 청구항을 정정하는 경우에는 제136조(정정심판) 제5항을 준용하지 아니한다($^{법}_{§132의3⑤}$). 이유는 독립된 정정심판($^{법}_{§136}$)이 아니고, 특허취소절차에서 당연히 검토되는 것이기 때문이다.

3. 정정결정의 확정시기

정정의 인정여부는 특허취소절차에서 함께 심리되어 특허취소결정이 확정되는 때에 함께 확정된다.[1]

---

1) 대법원 2008. 6. 26. 선고 2006후2912 판결; 2009. 1. 15. 선고 2007후1053 판결.

제4항 특허취소신청의 합의체·보조참가·심리방식·직권심리와 병합 또는 분리심리 및 특허취소신청의 취하 등

1. 특허취소신청의 합의체

(1) 합의체의 구성

특허취소신청은 3명 또는 5명의 심판관으로 구성되는 합의체가 심리하여 결정한다($^{법}_{\S132의7①}$). 심판부의 구성을 일반 심판의 합의체와 같은 인원수로 하였다($^{법}_{\S146①}$).

(2) 심판규정의 준용

이 합의체 및 이를 구성하는 심판관에 관하여는 제143조(심판관)부터 제145조(심판장)까지, 제146조(심판의 합의체) 제2항·제3항, 제148조(심판관의 제척)부터 제153조(심판절차의 중지)까지 및 제153조의2(심판관의 회피)를 준용한다($^{법}_{②전}{}^{\S132의7}$). 이 경우 제148조(심판관의 제척) 제6호 중 "심결"은 "특허취소결정"으로 본다($^{법}_{같은조②후}$).

중요한 것은 심판관의 직무상의 독립($^{법}_{\S143③}$), 심판관의 지정($^{법}_{\S144}$), 심판관의 제척($^{법}_{\S148}$), 심판관의 기피($^{법}_{\S150}$), 및 심판관의 회피($^{법}_{\S153의2}$) 등이다. 심판의 해당항에서 설명한다.

2. 보조참가

(1) 보조참가를 할 수 있는 자

특허권에 관하여 권리를 가진 자 또는 이해관계를 가진 자는 특허취소신청에 대한 결정이 있을 때까지 특허권자를 보조(補助)하기 위하여 그 심리에 참가할 수 있다($^{법}_{\S132의9①}$).

특허권에 관하여 권리를 가진 자란 전용실시권자($^{법}_{\S100}$), 통상실시권자($^{법}_{\S118①③}{}^{\S102,}$), 질권자($^{법}_{\S121}$)는 물론이요, 기타의 각 법정실시권자($^{법}_{\S103~\S105}$) 또는 재정실시권자($^{법}_{\S107 \, 이하}$) 등도 특허가 취소되어 누구나 실시할 수 있는 사회공유(社會共有)로 되는 것보다는 특허권으로 존속되는 것을 원한다면, 특허권자를 보조하기 위하여 보조참가인(補助參加人)이 될 수 있다. 이해관계를 가진 자란 특허가 취소되지 않으면 이득을 볼 수 있는 자 또는 특허가 취소되면 손해를 볼 수 있는 자이다. 특허권자의 채권자(債權者) 등 넓게 보아야 할 것이다.

한편, 특허권자를 보조하기 위한 참가를 인정하면서, 특허취소신청인을 보조하기 위한 참가를 인정하지 아니한 것은, 이 특허취소신청은 누구든지 신청할 수 있기 때문이다($\frac{법 §132의}{2①전}$).

(2) 보조참가를 할 수 있는 기간

특허취소신청에 대한 결정이 있을 때까지이다($\frac{법 §132의9①,}{§132의2①④}$). 따라서 특허취소결정이 있거나($\frac{법 §132}{의13①}$), 특허취소신청을 기각한다는 결정($\frac{법}{같은조④}$)이 있은 후의 참가신청은 부적법한 것으로 각하(却下)된다.

(3) 심판참가 규정의 준용

보조참가에 관하여는 제155조(참가) 제4항·제5항 및 제156조(참가의 신청 및 결정)를 준용한다($\frac{법 §132}{의9②}$).

여기에서 제155조(참가) 제4항은 참가인은 모든 심판절차를 밟을 수 있다는 규정이고, 같은조 제5항은 참가인에게 심판절차의 중단 또는 중지의 원인이 있으면 그 중단 또는 중지는 피참가인에 대해서도 그 효력이 발생한다는 규정이다($\frac{법}{§155⑤}$).

제156조(참가의 신청 및 결정)의 준용은 심판참가를 하려는 자는 참가신청서를 심판장에게 제출하여야 한다는 내용이고($\frac{법}{§156①}$), 심판장은 참가신청이 있는 경우에는 참가신청서 부본(副本)을 당사자 및 다른 참가인에게 송달하고 기간을 정하여 의견서를 제출할 수 있는 기회를 주어야 한다는 내용이며($\frac{법}{같은조②}$), 참가신청이 있는 경우에는 심판으로 그 참가여부를 결정하여야 한다 하였고($\frac{법}{같은조③}$), 참가여부의 결정은 서면으로 하여야 하며 그 이유를 붙여야 한다 하였으며($\frac{법}{같은조④}$), 참가여부의 결정에 대해서는 불복할 수 없다($\frac{법}{같은조⑤}$)는 등의 규정이다.

3. 심리방식 등

(1) 서면심리의 원칙

특허취소신청에 관한 심리는 서면으로 한다($\frac{법 §132}{의8①}$). 간이한 방식으로 속결할 것이 전제되어 있으므로, 또는 사건의 특성으로 보아 번거로운 구술심리(口述審理)를 요하지 않기 때문이다.

(2) 공유특허권의 절차의 중단·중지

공유(共有)인 특허권의 특허권자 중 1인에게 특허취소신청절차의 중단 또는 중지의 원인이 있으면 공유자 모두에게 그 효력이 발생한다($\frac{법}{§132의8②}$). 법률적 효과의 합일적인 확정이 요구되기 때문이다. 절차의 중지와 중단에 관하여는 제2장 총칙 제6절 절차의 중지와 중단에서 이미 상세히 설명한 바 있다.

(3) 직권심리의 원칙

심판관은 특허취소신청에 관하여 특허취소신청인, 특허권자 또는 참가인(參加人)이 제출하지 아니한 이유에 대해서도 심리할 수 있다($_{10①}^{법 §132의}$). 심판부의 직권(職權)으로 탐지(探知)할 이유가 있으면 이를 심리대상으로 할 수 있다는 소위 직권심리를 규정한 것이다. 직권심리의 대상은 취소신청인에게 유리한 이유일 수도 있고, 특허권자에게 유리한 이유일 수도 있다.

(4) 청구항독립성에 따른 직권심리의 한계

심판관은 특허취소신청에 관하여 특허취소신청인이 신청하지 아니한 청구항(請求項)에 대해서는 심리할 수 없다($_{10②}^{법 §132의}$). 특허취소신청은 특허청구항이 둘 이상인 경우에는 청구항마다 청구할 수 있다($_{2①후}^{법 §132의}$). 그러므로 아무리 직권심리라할지라도, 신청인이 신청하지도 아니한 청구항을 심리한다는 것은 신청의 취지를벗어난 것, 즉 특허취소신청도 아니한 사항을 심리하는 위법행위이기 때문에 심리할 수 없는 것이다.

심판부는 특허취소신청인이 주장하지 아니한 이유에 대하여는 직권탐지(職權探知) 또는 직권심리(職權審理)를 할 수 있으나, 취소신청인이 신청하지 아니한 청구항에 대하여는 심리할 수 없다는 직권심리의 한계를 규정한 것이다.

(5) 심리의 병합

심판관 합의체(合議體)는 하나의 특허권에 관한 둘 이상의 특허취소신청에 대해서는 특별한 사정이 있는 경우를 제외하고는 그 심리를 병합하여 결정하여야 한다($_{11①}^{법 §132의}$). 하나의 특허권에 관하여 특허취소신청이 복수로 신청된 경우에는 각건별로 심리하지 않고 모두 병합하여 심리·결정하는 것이 심판의 절차경제에 합리적이기 때문이다.

(6) 심리의 분리

병합심리(倂合審理)가 오히려 불합리한 경우도 있을 수 있다. 이런 경우에는심판관 합의체는 병합된 심리를 분리할 수도 있다($_{같은조②}^{법}$).

4. 특허취소신청의 취하

(1) 취하할 수 있는 기간

특허취소신청은 제132조의14(특허취소신청의 결정방식) 제2항에 따라 결정등본이 송달되기 전까지만 취하할 수 있다($_{12①본}^{법 §132의}$). 다만, 제132조의13(특허취소신청에 대한 결정) 제2항에 따라 특허권자 및 참가인에게 특허의 취소이유가 통지된 후에

는 취하할 수 없다(법_{같은조①단}). 이 제도는 부실특허(不實特許)를 일반공중의 협조로
가려내자는 데에 그 취지가 있으므로 특허취소이유가 있는 경우에는 그 특허취소
신청을 취하할 수 없게 함으로써 제도의 목적을 달성하기 위해서이다.

(2) 청구항의 독립성

한편, 둘 이상의 청구항에 관하여 특허취소신청이 있는 경우에는 청구항마다
취하할 수 있다(법_{같은조②}). 특허취소신청도 청구항마다 할 수 있는 것이므로(법_{①본·후}^{§132의2}),
그 취하 또한 청구항마다 할 수 있어야 함은 당연한 이치이다.

(3) 취하의 소급효

특허취소신청에 대한 취하가 있으면 그 특허취소신청 또는 그 청구항에 대한
특허취소신청은 처음부터 없었던 것으로 본다(법_{12③}^{§132의}).

제 5 항 특허취소이유의 통지 등, 특허취소신청에 대한 결정·결정의 방식 및 심판규정의 준용 등

1. 특허취소이유의 통지 등

(1) 취소이유의 통지와 의견서제출기회

심판장은 특허취소결정을 하려는 때에는 특허권자 및 참가인에게 특허의 취
소이유를 통지하고 기간을 정하여 의견서를 제출할 기회를 주어야 한다(법_{13②}^{§132의}).
심사관의 거절이유통지와 같은 성질이다(법_{§63}). 이 절차는 필수적이며, 이 절차에
반하는 결정을 하는 것은 불복의 이유로 된다.

(2) 의견서제출·정정청구

이 통지를 받은 특허권자 또는 참가인은 그 지정된 기간 내에 의견서를 제출할
수 있음은 물론이요, 특허권자는 이 지정기간 내에 정정청구를 할 수 있음(법_{의3①}^{§132})
은 앞에서 설명한 바와 같다.

2. 특허취소신청에 대한 결정

(1) 합의체에 의한 결정

심판관 합의체는 특허취소신청이 이유있다고 인정되는 때에는 그 특허를 취
소한다는 취지의 결정(이하 "특허취소결정"이라 한다)을 하여야 한다(법_{13①}^{§132의}).

(2) 취소결정의 소급효

특허취소결정이 확정된 때에는 그 특허권은 처음부터 없었던 것으로 본다($^{법}_{같은조③}$). 취소신청인데도 무효심판과 같이 소급효를 인정한 것은 법리적으로는 맞지 않는다. 그러나 이 특허취소제도는 그 명칭만을 "취소"로 했을 뿐, 실질에 있어서는 특허무효(特許無效)제도와 같다. 간이무효심판(簡易無效審判)제도라 할 수 있다.

(3) 취소신청의 기각

심판관 합의체는 특허취소신청이 제132조의2(특허취소신청) 제1항 각호의 어느 하나에 해당하지 아니하거나, 같은조 제2항을 위반한 것으로 인정되는 경우에는 결정으로 그 특허취소신청을 기각(棄却)하여야 한다($^{법}_{13④}$^{§132의}).

(4) 취소신청을 기각한 결정에 대한 불복의 제한

특허취소신청에 대한 기각결정(棄却決定)에 대해서는 불복할 수 없다($^{법}_{13⑤}$^{§132의}). 이에 대한 불복을 인정한다면, 결과적으로 무효심판과 다를 바 없게 되어 단기·간이절차에 의하여 조속히 확정하려는 본래의 취지에 반하기 때문이다.

특허취소결정에 대하여는 그 불복을 인정하고($^{법}_{§186①}$), 기각결정에 대한 불복은 제한한 것이다. 그러나 기각을 받은 자는 별도로 특허의 무효심판을 청구할 수도 있을 것이다.

3. 특허취소신청의 결정 방식

(1) 특허취소신청에 대한 결정

다음 각호의 사항을 적은 서면으로 하여야 하며, 결정을 한 심판관은 그 서면에 기명날인하여야 한다($^{법}_{14①본}$^{§132의}). 책임의 소재를 명백히 하려는 취지이다.

(i) 특허취소신청사건의 번호($^{법}_{같은조항(i)}$)

(ii) 특허취소신청인, 특허권자 및 참가인의 성명 및 주소(법인인 경우에는 그 명칭 및 영업소의 소재지)($^{법}_{같은조항(ii)}$)

(iii) 대리인이 있는 경우에는 그 대리인의 성명 및 주소나 영업소의 소재지〔대리인이 특허법인·특허법인(유한)인 경우에는 그 명칭, 사무소의 소재지 및 지정된 변리사의 성명〕($^{법}_{같은조항(iii)}$)

(iv) 결정에 관련된 특허의 표시($^{법}_{같은조항(iv)}$)

(v) 결정의 결론 및 이유($^{법}_{같은조항(v)}$)

(vi) 결정년월일($^{법}_{같은조항(vi)}$)

(2) 취소결정의 송달

심판장은 특허취소신청에 대한 결정이 있는 때에는 그 결정의 등본을 특허취소신청인, 특허권자, 참가인 및 그 특허취소신청에 대한 심리에 참가를 신청하였으나 그 신청이 거부된 자에게 송달하여야 한다(법§132의14②). 참가인과 참가신청을 했으나 거부된 자에게도 결정등본을 송달하여야 하는 것은 이들도 특허취소결정에 대한 불복의 소를 제기할 수 있는 자들이기 때문이다(법§186②(ii)(iii)).

4. 심판규정의 특허취소신청에의 준용

특허취소신청의 심리·결정에 관하여는 제147조(답변서 제출 등) 제3항, 제157조(증거조사 및 증거보전), 제158조(심판의 진행), 제164조(소송과의 관계), 제165조(심판비용) 제3항부터 제6항까지 및 제166조(심판비용액 또는 대가에 대한 집행권원)를 준용한다(법§132의15).

5. 특허취소결정에 대한 불복의 소

특허취소결정에 대한 소는 특허법원의 전속관할(專屬管轄)로 한다(법§186①).
상세한 내용은 소송의 장에서 설명한다.

제 6 항 특허취소신청과 무효심판청구와의 관계

1. 특허취소신청과 무효심판청구의 상호관계

(1) 상호의 견련관계의 유무

서로의 얽혀 있는 관계는 없다. 특허취소신청을 하면서, 동시에 특허무효심판을 청구할 수도 있다. 양자를 동시에 병존시킨다 하여 서로 사이에 법리적인 모순이 있는 것은 아니다. 양자병존하여 심판부에 계속된다면 성질로는 특허취소사건을 먼저 심리하여 결정하는 것이 제도의 취지에 부합된다.

(2) 양제도를 병존시킨 이유

(i) 양제도의 목적이 다르다. ① 특허취소신청제도는 특허의 조기심사(早期審査)·조기권리화(早期權利化)로 인한 특허권의 질적저하(質的低下)가 우려되므로, 일반공중의 협조적인 차원에서 정보제공을 받아 부실특허를 취소시킴으로써 특허권의 질과 신뢰성(信賴性)을 높이기 위한 제도인데 대하여, ② 특허무효심판제도는

하자있는 특허권의 권리남용에 대한 대항방법으로서 당사자간의 분쟁을 해결하고 제3자의 공익을 위하여 특허권을 무효화하려는 것이다.

(ii) 특허취소신청은 출원공고에 대한 이의신청제도에 대체된 것으로 일본 등 선진국의 법제에도 병존시키고 있을 뿐만 아니라, WIPO(국제지적재산기구)의 특허법조약(特許法條約: Patent Law Treat)과의 관계 등을 고려한 것이라 한다.[2]

따라서 양자간에 상호견련관계는 없다.

2. 양제도의 기타의 차이

(1) 청구인의 차이

특허취소신청인과 특허무효심판청구인을 비교해보면, ① 특허취소신청은 누구든지 신청할 수 있다($^{법}_{①본}$§132의2). ② 특허무효심판청구는 원칙적으로 이해관계인 또는 심사관만이 청구할 수 있고($^{법}_{§133①본}$), 다만, 특허권의 설정등록일부터 등록공고일 후 3개월 이내에는 누구든지 그것도 제133조(특허의 무효심판) 제1항 제2호〔제33조(특허를 받을 수 있는 자) 제1항 본문에 따른 특허를 받을 수 있는 권리를 가지지 아니하거나 제44조(공동출원)를 위반한 경우〕는 제외하는 조건부로 무효심판을 청구할 수 있다는 예외를 규정하고 있다($^{법}_{§133①단}$).

(2) 청구기간의 차이

양자의 청구기간을 보면, ① 특허취소신청은 특허권의 설정등록일부터 등록공고일 후 6개월 이내이다($^{법}_{2①}$§132의). ② 특허무효심판은 특허권 설정등록 후 특허권이 소멸된 후에도 청구할 수 있다($^{법}_{§133②}$).

(3) 취소이유와 무효이유의 차이

양자는 그 이유에 커다란 차이를 나타내고 있다. 즉 ① 특허취소신청이유는 제한적이다($^{법}_{①(i)(ii)}$§132의2). ② 특허무효심판의 이유는 광범하다($^{법}_{(i)~(viii)}$§133①).

(4) 심리방법에 있어서의 차이

① 특허취소신청에 관한 심리는 서면으로만 한다($^{법}_{§132의8}$). ② 특허무효심판은 구술심리(口述審理) 또는 서면심리로 한다($^{법}_{§154①}$).

(5) 취하에 있어서의 차이

① 특허취소신청의 취하는 특허권자 및 참가인에게 특허취소이유가 통지된 후에는 취하할 수 없다($^{법}_{의12①단}$§132). 제도의 목적을 달성하기 위해서이다. ② 특허무효

---

2) 吉藤·熊谷, 前揭書, P. 640.

심판의 청구는 심결이 확정되기 전까지는 취하할 수 있다($\frac{법}{\S161①본}$). 그러므로 심결 후에도 확정되기 전에는 취하할 수 있다.

(6) 불복에 있어서의 차이

불복제도에 있어서도 차이가 있다. 즉 ① 특허취소신청의 기각결정에 대해서는 불복할 수 없다($\frac{법}{13⑤}\S132의$). ② 특허무효심판을 기각한다는 심결에 대하여는 특허법원에 불복할 수 있다($\frac{법}{\S186①}$).

제 2 절   특허의 심판

제 1 관   특허의 심판제도와 심판기관

제 1 항   특허심판제도의 개념과 그 법적 특수성

1. 특허심판제도의 개념

(1) 특허심판

특허심판(Patent trial)이란 특허에 관한 행정쟁송을 심리·판단하여 심결(審決)이라는 처분을 하는 특수한 행정쟁송절차(行政爭訟節次)를 말한다. 여기에서 처분이란 행정청이 행하는 구체적 사실에 관한 법집행으로서의 공권력(公權力)의 행사 또는 그 거부, 그 밖에 이에 준하는 행정작용(行政作用)을 말한다($\frac{행정절차법 \S2(ii),}{행정심판법 \S2(i)}$).

일반행정에 관한 쟁송절차(爭訟節次)는 행정절차법, 행정심판법 및 행정소송법 등에 의하여 해결하도록 되어 있다. 그러나 특허 등 산업재산권(産業財産權)에 관한 분쟁은 그 특수성으로 인하여 특허법 등 산업재산권법에 정하는 심판과 그에 대한 불복의 소는 특허법원의 전속관할로 되어 있다($\frac{법 \S186①, 법조법)}{\S28의4(i)}$).

(2) 특허심판의 특수성

두 가지 점에서 특수성을 가진다.

(i) 특허권이 무체재산권이라는 점이다. 일반적인 권리와는 다르다.

(ii) 고도의 기술적 또는 전문적인 특수성이다. 따라서 고도의 기술에 관한 전문지식이 없으면 사안을 심리·판단을 할 수 없다.

(3) 준사법적인 절차

특허심판(特許審判)은 특허청장(特許廳長)의 소속인 특허심판원이라는 행정기관에서 관장하고 있으나, 공정성을 담보하기 위하여 그 심판절차는 소송절차와 유사하게 진행함으로써 준사법절차(準司法節次)로서의 기능을 하고 있다. 심판의 공정을 기하기 위하여 심판관의 직무상의 독립성을 규정하였고($\frac{법}{\S143\text{③}}$), 심판의 직권주의(職權主義), 즉 직권탐지(職權探知)($\frac{법}{\S157\text{①}}$), 직권진행($\frac{법}{\S158}$), 직권심리($\frac{법}{\S159\text{①}}$) 및 심판관에 대한 제척·기피 및 회피(回避)제도를 두었으며($\frac{법\ \S148\sim}{\S153\text{의2}}$), 법적 안정성을 위한 일사부재리(一事不再理)의 원칙도 규정하였다($\frac{법}{\S163}$). 다만, 심판관의 자격과 신분보장이 법관과 같이 법률($\frac{법조법}{\S46}$)로 되어 있지 않은 것은 큰 아쉬움이다.

2. 특허심판의 법적 성격

(1) 특수한 행정처분

특허심판(特許審判)은 특허사건이라는 특수한 행정쟁송에 관하여 심리·판단하여 종국적으로 심결이라는 행정처분을 하는 쟁송절차(爭訟節次)이다. 따라서 그 행정기관이 심리·판단하여 종국적으로 내리는 결론인 심결은 행정처분이다.

(2) 실질적인 사실심으로서 제1심의 역할

심판의 심결에 대한 불복은 특허법원에 그 심결의 취소를 구하는 소를 제기하도록 되어 있다($\frac{법}{\S186\text{①}}$).

특허법원은 사법재판기관(司法裁判機關)으로서는 이 심결취소의 소를 제1심(第1審)으로 재판한다($\frac{법조법}{\S28\text{의4(i)}}$). 그러나 이 특허사건이 사법재판(司法裁判)으로서는 처음이므로 제1심에 해당되는 것은 사실이지만, 그렇다고 특허법원의 판결에 대하여, 사실심으로서의 판단을 받을 제2심의 법원이 있는 것은 아니고, 특허법원이 사실심으로서는 제1심인 동시에 최종급심인 것이다.

특허법원의 판결에 대하여 불복할 수 있는 사실심은 없고, 오로지 법률심(法律審)인 대법원에 상고하는 길이 있을 뿐이다. 그렇다면 모든 재판은 3심제(三審制)로 되어 있고 그 3심 중에서 두 번(2회)은 사실심(事實審)의 판단을 받을 수 있도록 되어 있는데, 재판 중에서도 사실판단이 가장 복잡하다는 특허재판은 사실심이 특허법원의 단심(單審)으로 된 것은 법리적으로 대단히 불합리하다.

그러나 법적으로는 사실심이 특허법원의 단심으로 되어 있으나, 그 실질에 있어서는 비록 행정기관이기는 하나 특허심판원(特許審判院)에서 특허기술에 대한 전문지식을 가진 심판관들에 의한 사실판단을 받을 기회가 있기 때문에, 특허법원의 단심만으로도 큰 불만이 없는 것이다.

만약에, 이러한 경우에 사법재판기관에서 사실심을 두 번(二審) 거쳐서 대법원에 상고(上告)하게 된다면, 이는 특허심판까지 합산하면 실질적인 사실심이 세 번(三審)으로 되고, 대법원 상고심까지 4심제(四審制)로 되어 분쟁기간이 너무 장기에 걸치게 됨은 물론, 많은 인력(人力)과 비용(費用)이 들게 되어 오히려 불합리하다 할 것이다.

이러한 점에서 볼 때, 특허의 심판은 특허쟁송(特許爭訟)에 있어서 비록 사법기관이 아닌 행정기관의 심리절차이지만 그 실질에 있어서는 사실심으로서 충실한 제1심(第一審)의 역할을 담당하고 있다 할 것이다. 따라서 특허의 심판은 그 실질에 있어서 준사법적(準司法的)인 사실심으로서의 제1심의 역할을 하는 것이다.

제 2 항   심판기관

1. 특허심판원과 심판관

(1) 특허심판원

특허 · 실용신안에 관한 취소신청, 특허 · 실용신안 · 디자인 · 상표에 관한 심판과 재심(再審) 및 이에 관한 조사 · 연구 사무를 관장하기 위하여 특허청장 소속으로 특허심판원(特許審判院)을 둔다(법§132의16①).

특허심판원에 원장과 심판관을 둔다(법같은조②). 특허심판원의 조직과 정원 및 운영에 필요한 사항은 대통령령으로 정한다(법같은조③).

(2) 심 판 관

심판원장은 심판이 청구되면 심판관에게 심판하게 한다(법§143①). 심판관의 자격(資格)은 대통령령으로 정한다(법같은조②). 심판관의 자격을 법관과 같이 법률로 정하도록 되어 있지 않은 것은 심판이 준사법적(準司法的)인 절차로 되어 있는 것에 비하여 몹시 아쉬운 점이다.

(i) 심판관(審判官)의 자격은 대통령령인 특허법 시행령(이하 "시행령"이라 한다) 제8조(심사관 등의 자격) 제2항에 규정되어 있고, (ii) 심판장(審判長)의 자격은 시행령 같은조 제3항에 규정되어 있으며, (iii) 심판원장(審判院長)의 자격은 시행령 같은조 제4항에 규정되어 있다. (iv) 변리사 자격을 가진 사람이 심사 · 심판관 또는 심판장 등이 되는 자격기준은 같은 시행령 같은조 제5항에 규정되어 있다.

2. 심판의 공정성의 보장과 원만한 심판을 위한 장치

(1) 심판관의 직무상 독립성

심판관은 직무상(職務上) 독립하여 심판한다($\frac{법}{\S143\text{③}}$). 심판의 공정성(公正性)을 보장하고 국민의 신뢰를 확보하기 위한 규정이다.

심판관은 특허청장의 지휘감독을 받는 특허청의 행정공무원이다. 그러나 그 것은 행정공무원으로서 일반행정적인 면에서는 특허청장·특허심판원장 또는 기타 상사의 지휘·감독하에 있다 할지라도, 심판관으로서 심판을 함에 있어서는 관계 법령과 양심에 따라서 심리·판단하여야 하며, 어느 상사의 명령이나 제3자의 간섭을 받지 아니하도록 규정한 것이다. 여기에서 직무상(職務上)이란 심판에 있어서 심결만이 아니라 심판절차(審判節次)를 포함한다.

(2) 심판관의 제척·기피 및 회피

심판관이 담당사건과 인적(人的) 또는 물적(物的)으로 특수한 관계에 있는 경우에는 불공정(不公正)한 심판을 할 염려가 있으므로 심판의 공정(公正)과 심판제도에 대한 신뢰를 위하여 심판관을 직무집행으로부터 배제시키거나 심판관 스스로가 물러나게 하는 제도들이다($\frac{법}{\S148\sim}{\S153\text{의}2}$).

상세한 것은 후술한다.

(3) 심판에 지장이 있는 심판관의 교체

특허심판원장은 심판관 중에서 심판을 하는데 지장이 있는 사람이 있으면 다른 심판관에게 심판하게 할 수 있다($\frac{법}{\S144\text{②}}$). 원만한 심판의 진행을 위해서이다.

3. 심판관의 지정·심판장·심판의 합의체

(1) 심판관의 지정

특허심판원장은 심판사건에 대하여 심판합의체(審判合議體)를 구성할 심판관을 지정하여야 한다($\frac{법}{\S144\text{①}}$).

(2) 심판장의 지정

특허심판원장은 지정된 심판관(審判官) 중에서 1명을 심판장으로 지정하여야 한다($\frac{법}{\S145\text{①}}$). 심판장은 그 심판사건에 관한 사무를 총괄한다($\frac{법}{\text{같은조②}}$).

(3) 심판의 합의체

심판은 3명 또는 5명의 심판관으로 구성되는 합의체(合議體)가 한다($\frac{법}{\S146\text{①}}$).

심판합의체의 합의는 과반수(過半數)로 결정한다($\frac{법}{같은조②}$). 심판의 합의(合議)는 공개하지 아니한다($\frac{법}{같은조③}$). 합의과정은 공개해야 할 성질이 아니기 때문이다.

제 2 관 심판의 종류

제 1 항 특허거절결정 등에 대한 심판

1. 특허거절결정 등에 대한 심판의 개념과 성질

(1) 개   념

특허거절결정 등에 대한 심판(appeal/trial against examiner's decision of rejection/refusal)이란 심사관으로부터 특허거절결정 등을 받은 자가 그 거절결정(拒絶決定)에 불복하여, 심사관의 특허거절결정 또는 특허권의 존속기간연장등록의 거절결정 등을 취소하고 특허결정 등을 구하는 심판을 말한다.

특허거절결정 또는 특허권의 존속기간연장등록의 거절결정(이하 "거절결정 등"이라 한다)을 받은 자가 거절결정 등에 불복할 때에는 그 거절결정등본을 받은 날부터 30일 이내에 심판을 청구할 수 있다($\frac{법}{§132의17}$).

(2) 법적인 성질

심사관의 거절결정(拒絶決定) 등을 취소하고 다시 심사하여 특허결정 또는 존속기간연장결정(이하 "특허결정 등"이라 한다)을 구하는 절차이므로, 심사절차(審査節次)의 계속이며 이를 속심(續審)이라 한다.

이 심판절차는 심사관의 심사절차의 계속적인 심리이므로 심사절차를 기초로 심리를 속행한다($\frac{법}{§172}$).

첫째로, 특허출원 또는 특허권의 존속기간의 연장등록출원에 대하여 특허결정 등을 할 것인지의 여부를 3인 또는 5인으로 구성하는 심판관의 합의체(合議體)에서 심리한다는 데에 그 의의가 있다.

둘째로, 심판부는 심사절차에서 심사하지 못했던 사항, 즉 새로운 사항도 심리할 수 있으며, 새로운 거절이유가 있으면 제63조(거절이유통지)에 따른 절차를 되풀이 하여야 한다.

셋째로, 속심이므로 출원인은 최초의 출원서에 첨부했던 명세서(明細書)와 도면의 범위 내에서 출원명세서, 도면, 특허청구범위 등 새로운 보정을 할 수 있다.

2. 거절결정 등에 대한 심판청구인

(1) 거절결정 등을 받은 자와 그 승계인

특허출원 또는 특허권의 존속기간연장등록의 출원을 했다가 거절결정 등을 받은 자 또는 그 승계인(承繼人)만이 심판을 청구할 수 있다(법§132의
17후).

거절결정 등을 받은자로부터 그 지위를 승계한 자는 거절결정 등을 받은 자와 같으므로 심판청구인이 될 수 있다. 거절결정 등을 받은 자의 승계인이란 거절결정 등을 받은 특허출원인으로부터 특허를 받을 수 있는 권리를 양수한 자 또는 그 상속인(相續人)이나 기타 일반승계인(一般承繼人)을 말한다.

(2) 특허출원 등의 공유자

특허출원인 등이 공유인 경우에는 그 공유자 전원이 공동으로 심판청구인이 되어야 한다(법§139③). 심판의 목적인 법률적 효과가 공유자 전원에게 합일적(合一的)으로 확정되어야 하는 필수공동심판이기 때문이다.

3. 거절결정 등에 대한 심판의 청구기간

(1) 원   칙

거절결정의 등본(謄本)을 송달받은 날부터 30일 이내이다(법§132의
17후).

(2) 예   외

특허청장 또는 특허심판원장은 청구에 따라 또는 직권으로 제132조의17(거절결정 등에 대한 심판)에 따른 심판청구기간을 30일 이내에서 한 차례만 연장할 수 있다(법§15①본). 다만, 도서·벽지 등 교통이 불편한 지역에 있는 자의 경우에는 시행규칙이 정하는 바에 따라 그 횟수 및 기간을 추가로 연장할 수 있다(같은조항단). 이에 따라 추가로 연장할 수 있는 횟수는 1회로 하고, 그 기간은 30일 이내로 하도록 되어 있다(시행규칙§16④).

4. 특허거절결정 등에 대한 심판청구의 방식

(1) 심판청구서

제132조의17(특허거절결정 등에 대한 심판)에 따라 특허거절결정에 대한 심판을 청구하려는 자는 제140조(심판청구방식) 제1항에도 불구하고 다음 각호의 사항을 적은 심판청구서를 특허심판원장에게 제출하여야 한다(법§140의
2①본).

(i) 청구인의 성명 및 주소(법인인 경우에는 그 명칭 및 영업소의 소재지)$\left(\begin{smallmatrix}법\\같은조항(i)\end{smallmatrix}\right)$

(ii) 대리인이 있는 경우에는 그 대리인의 성명 및 주소나 영업소의 소재지〔대리인이 특허법인·특허법인(유한)인 경우에는 그 명칭, 사무소 소재지 및 지정된 변리사의 성명〕$\left(\begin{smallmatrix}법\\같은조항(ii)\end{smallmatrix}\right)$

(iii) 출원일 및 출원번호$\left(\begin{smallmatrix}법\\같은조항(iii)\end{smallmatrix}\right)$

(iv) 발명의 명칭$\left(\begin{smallmatrix}법\\같은조항(iv)\end{smallmatrix}\right)$

(v) 특허거절결정일$\left(\begin{smallmatrix}법\\같은조항(v)\end{smallmatrix}\right)$

(vi) 심판사건의 표시$\left(\begin{smallmatrix}법\\같은조항(vi)\end{smallmatrix}\right)$

(vii) 청구의 취지 및 그 이유$\left(\begin{smallmatrix}법\\같은조항(vii)\end{smallmatrix}\right)$

(viii) 소정의 수수료도 내야 한다$\left(\begin{smallmatrix}법\\§82①③\end{smallmatrix}\right)$.

(2) 심판청구서의 보정제한

제1항에 따라 제출된 심판청구서를 보정하는 경우에는 그 요지를 변경할 수 없다. 다만, 다음 각호의 어느 하나에 해당하는 경우에는 그러하지 아니하다$\left(\begin{smallmatrix}법 §140의\\2②본\end{smallmatrix}\right)$.

(i) 제1항 제1호에 따른 청구인의 기재를 바로잡기 위하여 보정(청구인을 추가하는 것을 포함하되, 그 청구인의 동의가 있는 경우로 한정한다)하는 경우$\left(\begin{smallmatrix}법\\같은조항(i)\end{smallmatrix}\right)$

(ii) 제1항 제7호에 따른 청구의 이유를 보정하는 경우$\left(\begin{smallmatrix}법\\같은조항(ii)\end{smallmatrix}\right)$

5. 심판청구서 등에 대한 보정명령, 결정각하 및 심결각하

(1) 심판장의 보정명령

심판장은 다음 각호의 어느 하나에 해당하는 경우에는 기간을 정하여 그 보정을 명하여야 한다$\left(\begin{smallmatrix}법\\§141①본\end{smallmatrix}\right)$.

(i) 심판청구서가 제140조(심판청구방식) 제1항 및 제3항부터 제5항까지 또는 제140조의2(특허거절결정에 대한 심판청구방식) 제1항을 위반한 경우$\left(\begin{smallmatrix}법\\§141①(i)\end{smallmatrix}\right)$: 물론, 특허거절결정에 대한 심판청구를 하는 경우에는 제140조(심판청구방식)는 적용이 없고, 제140조의2(특허거절결정에 대한 심판청구방식)의 적용이 있을 따름이다.

(ii) 심판에 관한 절차가 다음 각 목의 하나에 해당하는 경우$\left(\begin{smallmatrix}법\\§141①(ii)\end{smallmatrix}\right)$

가. 제3조(미성년자 등의 행위능력) 제1항 또는 제6조(대리권의 범위)를 위반한 경우

나. 제82조(수수료)에 따라 내야 할 수수료를 내지 아니한 경우

다. 이 법 또는 이 법에 따른 명령으로 정하는 방식을 위반한 경우

(2) 심판장의 결정각하

심판장은 제1항에 따른 보정명령을 받은 자가 지정된 기간에 보정을 하지 아

니하거나 보정한 사항이 제140조의2(특허거절결정에 대한 심판청구방식) 제2항을 위반한 경우에는 심판청구서 또는 해당절차와 관련된 청구나 신청 등을 결정으로 각하하여야 한다($^{법}_{§141②}$).

(3) 결정각하의 방식

제2항에 따른 결정은 서면으로 하여야 하며, 그 이유를 붙여야 한다($^{법}_{같은조③}$).

(4) 보정할 수 없는 심판청구의 심결각하

부적법한 심판청구로서 그 흠을 보정할 수 없을 때에는 심결로서 그 청구를 각하(却下)할 수 있다($^{법}_{§142}$).

심판청구가 ① 부적법한 것이고 또 ② 그 흠을 보정(補正)할 수도 없을 때에 해당하는 경우라면 각하될 수밖에 없다. "각하할 수 있다"라는 표현은 적절하지 못하다. 각하하여야 하기 때문이다.

6. 심사의 효력과 심사규정의 특허거절결정에 대한 심판에의 준용

(1) 심사의 효력

거절결정에 대한 불복심판은 심사(審査)에 대한 속심(續審)이므로, 심사(審査)에서 밟은 특허에 관한 절차는 특허거절결정 또는 특허권의 존속기간의 연장등록거절결정에 대한 심판에서도 그 효력이 있다($^{법}_{§172}$).

(2) 심사규정의 특허거절결정에 대한 심판에의 준용

특허거절결정에 대한 심판에 관하여는 제47조(특허출원의 보정) 제1항 제1호·제2호, 같은조 제4항, 제51조(보정각하), 제63조(거절이유통지), 제63조의2(특허출원에 대한 정보제공) 및 제66조(특허결정)를 준용한다. 이 경우 제51조(보정각하) 제1항 본문 중 "제47조(특허출원의 보정) 제1항 제2호 및 제3호에 따른 보정"은 "제47조(특허출원의 보정) 제1항 제2호에 따른 보정(제132조의17의 특허거절결정에 대한 심판청구 전에 한 것은 제외한다)"으로, 제63조의2(특허출원에 대한 정보제공) 본문 중 "특허청장"은 "특허심판원장"으로 본다($^{법}_{§170①}$).

심판에 준용되는 제63조(거절이유 통지)는 특허거절결정의 이유와 다른 거절이유를 발견한 경우에만 적용한다($^{법}_{같은조②}$). 즉 심사에서 이미 한번 다루었던 특허거절결정이유에 다시 적용하여서는 아니 되고, 심판에서 새로운 거절이유가 발생한 경우에만 준용된다는 의미이다.

7. 특허거절결정에 대한 심판의 특칙

(1) 적용이 배제되는 규정

특허거절결정 또는 특허권의 존속기간연장등록거절결정에 대한 심판에는 제 147조(답변서 제출 등) 제1항·제2항, 제155조(참가) 및 제156조(참가의 신청 및 결정)를 적용하지 아니한다($\frac{법}{\S171}$).

특허거절결정에 대한 심판은 당사자계(當事者系)와 같이, 청구인과 피청구인이 있는 구조가 아니므로 심판청구서의 부본(副本)을 피청구인에게 송달해야 하는 일도 없고, 기간을 지정하여 답변서를 제출하라고 할 일도 없으며, 당사자계의 구조가 아니므로 심판참가제(審判參加制)도 없기 때문이다.

(2) 실제적인 관례

그러나 실제의 실무적인 관례에 의하면 그 심판청구서의 부본을 특허거절결정을 한 심사관에게 보내고 그 심사관의 의견을 요청하는 것으로 되어 있다. 이에 대하여 시행규칙은 특허심판원장은 심판을 위하여 필요한 경우 특허청장에게 해당 심판청구서의 부본을 송부하고, 관계심사관의 의견을 제출하도록 특허청장에게 요청할 수 있다는 규정을 두었다($\frac{시행규칙}{\S64}$).

8. 거절결정에 대한 불복의 이유 ─ 심리대상

거절결정(拒絶決定)에 대한 불복심판(不服審判)은 심사관의 심사절차를 계속하는 속심(續審)이므로, 심사관의 거절결정이 위법·부당한 것인지의 여부가 그 심리대상이 아니라, 당해출원에 대하여 특허를 부여할 것인지의 여부를 심리·판단하는 것이다. 그러므로 심판청구의 이유로는 ① 심사절차에서 심사관이 간과(看過)했거나 오해로 잘못심사한 점을 지적할 수 있음은 물론이요 ② 새로운 증거를 제출할 수 있고 ③ 명세서·도면 또는 청구범위 등에 대한 보정도 가능하다.

물론, 그 보정범위는 최초의 출원서에 첨부된 명세서나 도면에 기재된 범위 내에서이며, 신규의 사항을 추가할 수는 없다. 그러나 청구범위를 감축하는 경우, 잘못 기재된 사항을 정정하는 경우 또는 분명하지 아니하게 기재된 사항을 명확하게 하는 등의 보정은 가능하다($\frac{법}{각호}$^{136①}).

9. 심판의 진행과 직권심리 등

(1) 심판의 직권진행

심판장은 심판청구인이 지정기간에 절차를 밟지 아니하거나 제154조(심리 등) 제4항에 따른 기일에 출석하지 아니하여도 심판을 진행할 수 있다(법§158). 직권진행 주의(職權進行主義)이기 때문이다.

(2) 직권탐지 등

심판에서는, 청구인의 신청에 의하여 또는 직권(職權)으로 증거조사(證據調査)나 증거보전(證據保全)을 할 수 있다(법§157①).

증거조사 및 증거보전에 관하여는 민사소송법 중 증거조사 및 증거보전에 관한 규정을 준용한다(법같은조②본). 다만, 심판관은 다음 각호의 행위는 하지 못한다(법같은조②단). 법관이 아니기 때문이다.

(i) 과태료의 결정(법같은조항(i))

(ii) 구인(拘引)을 명하는 행위(법같은조항(ii))

(iii) 보증금을 공탁(供託)하게 하는 행위(법같은조항(iii))

(3) 증거보전신청

증거보전신청은 심판청구 전에는 특허심판원장에게 하고, 심판계속 중에는 그 사건의 심판장(審判長)에게 하여야 한다(법§157③).

특허심판원장은 심판청구 전에 증거보전신청이 있으면 그 신청에 관여할 심판관(審判官)을 지정한다(법같은조④). 심판장은 직권으로 증거조사나 증거보전을 하였을 때에는 그 결과를 심판청구인에게 통지하고, 그 기간을 정하여 의견서를 제출할 수 있는 기회를 주어야 한다(법같은조⑤).

(4) 직권심리

심판에서는 심판청구인이 신청하지 아니한 이유에 대해서도 심리할 수 있다. 이 경우 심판청구인에게 기간을 정하여 그 이유에 대하여 의견을 진술할 수 있는 기회를 주어야 한다(법§159①). 그러나 심판에서는 청구인이 신청하지 아니한 청구의 취지에 대해서는 심리할 수 없다.

청구인이 청구하지 아니한 이유에 대하여는 직권심리(職權審理)를 할 수 있으나, 청구인이 신청하지도 않은 취지에 대하여는 심리할 수 없다는 직권심리의 한계를 명시한 것이다.

(5) 서면심리의 원칙

특허거절결정에 대한 심판의 심리는 서면심리가 원칙이다.

10. 심   결

(1) 심결의 의의

여기에서의 심결(trial decision)이란 심판기관(審判機關)인 심판의 합의체에 의한 심리 · 판단에 따른 의사결정이다. 행정처분이라고도 한다.

행정처분이란 행정청이 행하는 구체적 사실에 관한 법집행으로서의 공권력(公權力)의 행사(行事) 또는 그 거부(拒否), 이에 준하는 행정작용(行政作用)을 말한다($^{행심법}_{\S2(i)}$). 심결에는 본안(本案) 전의 심결각하($^{법}_{\S142}$)와 본안심결이 있다. 심결은 법에 규정된 방식에 따라 서면으로 하여야 하고($^{법}_{\S162②본}$), 확정되면 그 주문에 기재된 내용의 법적 효력이 발생한다. 그리고 일사부재리(一事不再理)의 원칙에 따라 다툴 수 없게 된다($^{법}_{\S163본}$).

(2) 심결의 종류

이미 설명된 바와 같이 심결에는 보정할 수 없는 심판청구의 심결각하(審決却下)와 같이, 본안 전의 심결(審決)이 있고($^{법}_{\S142}$), 심판청구의 당부를 판단하는 본안심결(本案審決)이 있다($^{법}_{\S162①}$). 심결로써 각하(却下)되는 전자도 종국심결(終局審決)이기는 하지만, 일사부재리의 확정력(確定力)은 없고($^{법}_{\S163단}$), 확정력이 있는 것은 청구의 당부를 판단하는 본안에 관한 심결에만 있다($^{법}_{\S163본}$).

또 본안의 심결에는 청구인의 청구가 이유 있다고 받아들이는 인용심결(認容審決)과 청구인의 청구가 이유 없다고 배척하는 기각심결(棄却審決)이 있다.

(3) 심판장의 심리종결통지 등

심판장은 사건이 심결할 정도로 성숙하였을 때에는 심리의 종결을 당사자인 심판청구인에게 통지하여야 한다($^{법}_{\S162③}$). 당사자는 이 통지를 받은 후에도 새로운 증거와 의견서를 제출할 수 있다.

심판장은 필요하다고 인정하면 심리종결을 통지한 후에도 청구인의 신청에 의하여 또는 직권으로 심리를 재개할 수 있다($^{법}_{같은조④}$). 심결은 심리종결 통지를 한 날부터 20일 이내에 한다($^{법}_{같은조⑤}$).

(4) 심판의 종결

심판은 특별한 규정이 있는 경우를 제외하고는 심결로써 종결한다($^{법}_{\S162①}$). 특별한 규정이 있는 경우란 ① 심판을 취하한 경우($\frac{법}{\S161}$) ② 심판절차가 무효처분(無效處分)된 경우($\frac{법}{\S16①③}$) ③ 심판청구가 각하(却下)된 경우($\frac{법}{\S141②}$) 등이고 ④ 특허를 받을 수 있는 권리를 포기한 경우(실질적으로 심판의 취하와 같음)도 심판은 종결된다.

(5) 심 결 문

거절결정에 대한 심판의 심결은 다음 각호의 사항을 적은 서면으로 하여야 하며, 심결을 한 심판관은 그 서면에 기명(記名) 날인(捺印)하여야 한다($\frac{법}{\S162②본}$).

(i) 심판의 번호($\frac{법}{같은조항(i)}$)

(ii) 심판청구인의 성명 및 주소(법인인 경우에는 그 명칭 및 영업소의 소재지) ($\frac{법}{같은조항(ii)}$)

(iii) 대리인이 있는 경우에는 그 대리인의 성명 및 주소나 영업소의 소재지〔대리인이 특허법인·특허법인(유한)인 경우에는 그 명칭, 사무소의 소재지 및 지정된 변리사의 성명〕($\frac{법}{같은조항(iii)}$)

(iv) 심판사건의 표시($\frac{법}{같은조항(iv)}$)

(v) 심결의 주문($\frac{법}{같은조항(v)}$)

(vi) 심결의 이유(청구의 취지 및 그 이유의 요지를 포함한다)($\frac{법}{같은조항(vi)}$)

(vii) 심결연월일($\frac{법}{같은조항(vii)}$)

(6) 심결등본의 송달

심판장은 심결이 있으면 그 등본을 당사자인 심판청구인에게 송달하여야 한다($\frac{법}{\S162⑥}$).

11. 특허거절결정 등의 취소심결(특칙)·확정 등

(1) 심판청구의 이유 있는 경우

심판관은 제132조의17(특허거절결정 등에 대한 심판)에 따른 심판이 청구된 경우에, 그 청구가 이유 있다고 인정할 때에는 심결로써 특허거절결정 또는 특허권의 존속기간의 연장등록거절결정을 취소하여야 한다($\frac{법}{\S176①}$).

(i) **심판부의 자판** 이 경우에 심판에서 그 거절결정 또는 특허권의 존속기간의 연장등록거절결정을 취소하고, 자판(自判)으로 그 특허출원에 대하여 특허결정 또는 특허권의 존속기간연장등록결정을 한다는 주문(主文)의 심결을 할 수 있음은 물론이다.

(ii) **심사에의 환송과 기속력** 한편, 심판에서는 특허거절결정 또는 특허권의 존속기간의 연장등록거절결정을 취소하고 심사(審査)에 붙일 것이라는 심결을

할 수 있다($^{법}_{§176②}$). 이 경우에는 심결에서 취소의 기본이 된 이유는 그 사건에 대하여 심사관을 기속한다($^{법}_{같은조③}$). 심판에서 자판(自判)하지 아니하고 심사에 되돌려 보냈다 하여 심사에서 심판의 이유와 상반되는 반발이 있어서는 아니 되기 때문이다. 다만, 새로운 증거에 따른 거절이유가 발생한 경우에는 예외이다.

(2) 심결의 확정

심결의 등본(謄本)이 특허출원인 또는 특허권의 존속기간연장등록 출원인에게 송달됨으로써 그 심결은 확정된다.

12. 거절결정에 대한 심판청구의 기각심결

(1) 기각심결

특허거절결정 등에 대한 심판청구를 심리한 결과 그 심판청구에 이유가 없어, 심사관의 거절결정을 유지시키는 경우에는 그 심판청구를 기각(棄却)한다는 취지의 심결을 하여야 한다.

(2) 불복의 소

이 기각심결(棄却審決)에 대하여는 그 심결등본(審決謄本)을 송달받은 날부터 30일 이내에 특허법원에 불복의 소를 제기할 수 있다($^{법}_{§186①③}$).

13. 심판청구의 취하

(1) 개   념

심판청구인이 심판청구의 의사를 스스로 철회(撤回)하는 의사표시이다. 거절결정에 대한 불복심판에 있어서, 청구인은 심결이 확정될 때까지는 언제든지 자유로 그 심판청구를 취하(取下)할 수 있다($^{법}_{§161①}$).

당사자계의 심판이 아니어서 피청구인이 없으므로, 답변서의 제출 후에 피청구인의 동의를 얻어야 하는 절차도 없는 등 그 취하는 청구인의 자유이다. 심결(審決)이 확정될 때까지는 취하할 수 있으므로 심결이 있은 후에도 취하할 수 있다. 그러나 심판청구가 취하되면 심사관의 거절결정이 확정된다.

(2) 출원의 취하를 선행시킬 필요성

한편, 특허출원이 계속중이면, 특허출원인은 그 출원(出願) 자체를 취하(取下)할 수 있으므로 특허거절결정에 대한 불복심결이 확정되기 전에 특허출원을 먼저 취하하거나 동시에 심판청구를 취하할 수 있다. 그 심급이 심판이든 특허법원이든 대법원에 계속중이든 가리지 않는다. 다만, 그 특허출원사건이 특허법원 등 상급심(上級審)에 계속중인 경우에는 특허출원의 취하서(取下書)는 특허청장(特許廳長)에게 제출하여야 하고, 심판의 취하서는 특허심판원장에게 제출하면 된다.

사건이 특허법원 또는 대법원에 계속중인 경우에는 소의 취하서는 소송이 계속된 법원에 제출하여야 한다. 당사자계의 소의 취하에는 상대방의 동의를 필요로 하는 경우가 있음을 유의하여야 한다($\frac{민소법}{\S266②}$).

(3) 특허출원의 취하 또는 심판취하의 소급효

특허출원을 취하하면 그 특허출원은 처음부터 없었던 것으로 된다. 다만, 출원이 출원공개(出願公開)된 경우($\frac{법}{\S64}$)에는 확대된 선원의 지위를 유지하나($\frac{법}{\S29③}$), 이것도 출원인이 동일한 경우에는 예외이다($\frac{법}{같은조항 단}$). 그러므로, 특허출원의 취하를 먼저 선행시킬 필요가 있다. 출원이 취하되면, 심판은 그 심리대상이 없으므로 부적법한 것으로 되어 그 청구는 심결각하된다($\frac{법}{\S142}$).

거절결정에 대한 심판을 취하하면, 그 심판청구는 처음부터 없었던 것으로 본다($\frac{법}{\S161③}$). 사건이 특허법원이나 상고심에 있는 경우에 소를 취하한 경우에도 또한 같다($\frac{민소법}{\S267①}$).

제 2 항 특허의 무효심판

1. 특허의 무효심판의 개념과 취지

(1) 특허의무효심판의 개념

특허의 무효심판(trial for invalidation of a patent)이란 심사관의 심사를 거쳐 일단은 유효한 특허로 부여되었으나, 그 특허에 하자가 있음을 이유로, 심판절차(審判節次)에 의하여 그 특허의 효력을 소급하여 소멸시키는 행정행위(行政行爲)를 말한다($\frac{법}{\S133}$).

특허는 ① 심사관이 거절이유($\frac{법}{\S62}$)가 있는지 여부의 심사를 하여 특허를 부여하였고 ② 또 심사관이 거절결정한 출원에 대하여는 불복심판(不服審判)을 청구하여 심판관들의 합의체의 심결에 의하여 특허된 경우도 있으며 ③ 또 어느 경우에는 그 이상의 상급심에서 특허를 부여해야 한다는 취지의 판결에 의하여 특허된 경우도 있다.

그런데 그 특허 중에는 무효이유(無效理由)에 해당하는 하자가 있는 특허가 있고, 하자가 특허부여(特許付與) 후에 후발적으로 발생하는 경우도 있다($\frac{법}{\S133①(iv)}$).

이와 같이, 일단 유효하게 부여된 특허에 하자 있음을 이유로 그 특허의 효력을 소급하여 소멸시키는 심판을 무효심판이라 한다.

(2) 무효심판제도의 취지

하자 있는 특허를 그대로 방치해 둔다면 ① 특허권자(特許權者)에게는 권원도 없이 독점권을 부여하여, 부당하게 이득을 취할 수 있는 기회를 주고 ② 일반공중 (一般公衆)에게는 누구나 자유로 사용할 수 있는 기술에 대한 실시를 금지시키는 것으로 되어 공공이익(公共利益)에 반할 뿐만 아니라 ③ 특허의 제도적인 면에서는 산업발전에 이바지한다는 본질적인 목적에 크게 반하는 것으로 된다.

따라서 이와 같이 하자 있는 특허는 무효심판(無效審判)으로 그 특허의 효력을 소급하여 소멸시킴으로써, 누구나가 자유로 실시할 수 있는 사회공공기술(社會 公共技術)로서 산업발전에 이바지하게 하는 것이 특허제도의 목적에 부합되기 때문이다.

2. 특허무효의 심판청구방식

(1) 무효심판의 청구서

특허의 무효심판을 청구하려는 자는 제140조(심판청구방식) 제1항 소정의 사항을 적은 심판청구서를 특허심판원장에게 제출하여야 한다($^{법}_{§140①각호}$). 그리고 소정의 수수료도 내야 한다($^{법}_{§82①③}$).

(2) 청구서 보정의 제한과 예외

제출된 심판청구서의 보정(補正)은 그 요지를 변경할 수 없다($^{법}_{§140②본}$). 다만, 다음 각호의 어느 하나에 해당하는 경우에는 그러하지 아니한다($^{법}_{같은조항 단}$).

(i) 당사자 중 특허권자의 기재를 바로잡기 위하여 보정(특허권자를 추가하는 것을 포함한다)하는 경우($^{법 같은조}_{②단(i)}$)

(ii) 청구의 이유를 보정하는 경우($^{법 같은조}_{②단(ii)}$)

3. 심판장의 전용실시권자 등에 대한 통지

심판장은 특허무효심판이 청구된 경우에는 그 취지를 당해 특허권의 전용실시권자나 그 밖에 특허에 관하여 등록을 한 권리를 가지는 자에게 알려야 한다 ($^{법}_{§133④}$). 특허에 관하여 등록을 한 권리자란 질권자(質權者) 또는 등록한 통상실시권자이다. 이들에게 알려줌으로써 이들로 하여금 심판참가 등을 할 수 있도록 기회를 주기 위해서이다.

4. 무효심판의 청구인과 피청구인

1) 심판청구인이 될 수 있는 자

(1) 원   칙

원칙적으로는 ① 이해관계인(利害關係人)과 ② 심사관이고($^{법}_{§133①본}$), ③ 제133조(특허의 무효심판) 제1항 제2호 본문의 경우에는 특허를 받을 수 있는 권리를 가진 자이다($^{법 §133①}_{단·괄호안}$).

일반적인 이해관계인이란 무효이유인 하자 있는 특허권자로부터 권리침해라는 공격 또는 경고를 받거나, 받을 염려가 있는 기술을 실시하는 자 또는 실시하려는 자 등이다. 여기에서 이해관계인이란 논리적으로는 당해 특허를 무효시킴으로써 이득을 볼 수 있거나 손실을 면할 수 있는 자이다.

그렇다면, 하자 있는 특허를 그대로 두는 것은 만인에게 불이익(不利益)한 것, 즉 공공이익(公共利益)에 반하는 것이니, 만인이 모두 특허무효심판을 청구할 수 있는 이해관계인(利害關係人)이 될 수 있을 것이다. 이러한 의미에서 특허무효심판을 청구할 수 있는 이해관계인을 너무 엄격하게 따져야 할 필요는 없다고 생각한다. 왜냐하면, 무효심판을 청구하는 경우에는 심판청구료는 물론이요, 대리인에게 지불해야 하는 위임료(委任料) 등 상당한 비용(費用)이 필요하므로 실제에 있어 이해관계인(利害關係人)이면서도 무효심판청구를 하지 못하는 경우도 있다. 이렇게 되어 무효심판을 청구하는 사람이 없어서, 무효이유가 있는 특허권을 특정인의 독점권으로 방치해두는 것보다는 차라리 누구든지 무효심판을 청구할 수 있게 하는 제도가 바람직하다.

하자 있는 특허를 실시하는 실시권자(實施權者)도 무효심판을 청구할 수 있는 이해관계인인가? 하자 있는 특허를 무효시키면 실시료를 내지 않게 되므로 이득을 볼 수 있는 자이다. 그러나 전용실시권자는 특허권자에 준하는 지위에서 특허권의 보호에 노력해야 할 자이므로, 무효심판청구의 적격자는 아니다. 다만, 통상실시권자는 그 이해득실을 구체적으로 판단해야 할 것이다. 하자 있는 특허인줄 모르고 실시권을 허락받고 실시료를 지불해오다가 하자 있는 특허임을 알고 실시계약을 해지하고, 무효심판을 청구하여도 신의칙(信義則)에 반하는 것은 아니라고 본다.

물론, 엄격하게 이해관계인이 특정되어 있는 경우도 따로 있다($^{법 §133②}_{iii의경우}$). 제133조(특허의 무효심판) 제1항 제2호 본문의 경우에는 특허를 받을 수 있는 권리를 가진 자만이 해당한다($\frac{법}{본 \cdot \text{괄호안}}$§133①). 한편, 심사관에게 무효심판을 청구할 수 있게 한 것은 심사관이 잘못심사하여 특허가 부여된 경우에는 심사관의 책임하에 그 특허를 무효로 하는 것이 공익(公益)에 부합되기 때문이다.

(2) 예   외

예외로서는 특허권의 설정등록일부터 등록공고일(登錄公告日) 후 3개월 이내에는, 제133조(특허의 무효심판) 제1항 제2호(모인출원과 공유자의 출원)를 제외한 무효이유에 대하여는 누구든지, 즉 이해관계인이 아닌 자라도 누구든지 무효심판을 청구할 수 있다($\frac{법}{§133①단}$). 하자 있는 특허를 조속히 골라내서 무효를 시킴으로써 특허제도의 신뢰성(信賴性)을 높인다는 취지이다.

(3) 공유인 특허권 등에 관한 특칙 등

공유인 특허권 또는 동일한 특허권에 관하여 심판을 청구하는 자가 2인 이상인 경우에는 따로 정해 놓은 특칙이 있다($\frac{법}{139①}$).

(i) 공유인 특허권에 대한 심판을 청구할 때   공유인 특허권의 특허권자에 대하여 심판을 청구할 때에는 공유자 모두를 피청구인으로 하여야 한다($\frac{법}{§139②}$).

이 경우에는 공유의 특허권자(特許權者) 전원에게 법률효과가 합일적으로 확정되어야 하는 소위 필수적 공동심판(共同審判)이기 때문이다.

(ii) 특허권 등 공유인 권리자가 심판을 청구할 때   특허권 또는 특허를 받을 수 있는 권리의 공유자가 그 공유인 권리에 관하여 심판을 청구할 때에는 공유자 모두가 공동으로 청구하여야 한다($\frac{법}{§139③}$).

(iii) 공동심판의 청구 등   동일한 특허권에 관하여 제133조(특허의 무효심판) 제1항, 제134조(특허권 존속기간의 연장등록의 무효심판) 제1항 · 제2항 또는 제137조(정정의 무효심판) 제1항의 무효심판이나 제135조(권리범위확인심판) 제1항 · 제2항의 권리범위 확인심판을 청구하는 자가 2인 이상이면 모두가 공동으로 심판을 청구할 수 있다($\frac{법}{§139①}$).

이 경우는 같은 시기에 여러 사람들이 무효심판 또는 권리범위확인심판 등의 청구를 각자가 여러 건으로 청구하여 번거롭게 하는 것보다는 심판청구를 한 건으로 2인 이상이 공동명의로 청구하는 것이 비용 · 시간 · 인력 등 심판에 경제적이기 때문에 권장하는 규정일 뿐, 꼭 공동으로만 청구해야 한다는 것은 아니다.

(iv) 심판절차의 중단 · 중지의 효과   위의 경우에 심판청구인이나 피청구인 중 1인에게 심판절차의 중단 또는 중지의 원인이 있으면 모두에게 그 효력이 발생

한다($\frac{법}{\S139④}$).

2) 피심판청구인이 되는 자

무효심판의 피청구인은 무효심판의 대상으로 되어 있는 특허권자(特許權者)이다. 정확하게는 특허원부(特許原簿)에 등록되어 있는 특허권리자이다.

5. 무효심판의 청구기간

특허의 무효심판은 특허권이 소멸된 후에도 청구할 수 있다($\frac{법}{\S133②}$). 따라서 특허권은 설정등록에 의하여 발생하므로($\frac{법}{\S87①}$), 설정등록일부터 특허권이 소멸된 후에도 무효심판을 청구할 수 있다($\frac{법}{\S133②}$). 여기에서 특허권의 소멸이란 확정되면 효력이 소급하여 소멸하는 특허취소결정($\frac{법}{\S132의13③}$)이나 특허무효심결($\frac{법}{\S133③본}$) 등으로 소멸되는 경우를 제외한 특허권의 소멸만을 의미하는 것으로 보아야 한다.

따라서 특허권의 존속기간의 만료나 포기로 인한 소멸 등을 의미하는 것이다. 그러나 특허권의 소멸 중에서 특허취소결정의 확정으로 특허권이 소급하여 소멸된 경우($\frac{법}{\S132의13③}$)와 특허무효심판의 심결의 확정으로 소급하여 소멸된 경우($\frac{법}{\S133③본}$)에는 또 다른 무효심판은 청구할 수가 없다.

이 경우에 또 다른 무효심판을 청구하는 것은 일사부재리(一事不再理)의 원칙에 반하고($\frac{법}{\S163본}$), 특허권의 효력은 이미 소급하여 소멸되었으므로 더 이상 무효심판을 청구할 대상이 없으므로, 심판을 청구할 실익이 없기 때문이다.

한편, 특허권의 소멸 후에도 특허무효심판을 청구할 수 있다면, 특허권의 소멸 후에 언제까지 청구할 수 있느냐? ① 특허권의 존속 중에 하자 있는 특허권의 권리주장으로 손해를 입은 자가 그 특허를 무효로 하고 손해배상청구 또는 부당이득반환 등을 청구할 수 있는 채권청구(債權請求)의 시효소멸(時效消滅) 전까지는 무효심판을 청구할 수 있을 것이다($\frac{민법}{\S766①②}\frac{\S162①}{}$). ② 한편, 특허권이 소멸 후에, 특허권자가 사망하면 소멸된 특허권까지도 상속되는 것은 아니므로, 무효심판을 청구할 피심판청구인이 없으므로 부적법한 심판청구로 될 것이어서($\frac{법}{\S142}$), 특허무효심판은 청구할 수 없는 한계에 이르게 될 것이다.

6. 특허무효의 이유

(1) 무효이유의 열거주의

특허무효(特許無效)의 이유는 제133조(특허의 무효심판) 제1항 각호에 열거되어 있다($^{법 \S133①}_{(i)~(viii)}$). 특허무효의 이유는 열거주의(列擧主義)이다. 열거주의란 열거된 것만으로 한정되고 그 외에는 무효의 이유로 할 수 없다는 한계를 명시한 것이다. 또 특허를 무효로 하는 것은 이 무효심판에 의하여서만 가능하고 기타의 여하한 기관도 특허를 무효로 할 수 없다.

(2) 열거된 특허의 무효이유

(i) 제25조(외국인의 권리능력), 제29조(특허요건), 제32조(특허를 받을 수 없는 발명), 제36조(선출원) 제1항부터 제3항까지, 제42조(특허출원) 제3항 제1호 또는 같은 조 제4항을 위반한 경우($^{법}_{\S133①(i)}$): 이들 조항에 위반된 특허를 무효로 하여야 하는 것은 너무도 당연한 일이다.

(ii) 제33조(특허를 받을 수 있는 자) 제1항 본문에 따른 특허를 받을 수 있는 권리를 가지지 아니하거나 제44조(공동출원)를 위반한 경우: 다만, 제99조의2(특허권의 이전청구) 제2항에 따라 이전등록된 경우에는 제외한다($^{법}_{\S133①(ii)}$). <2017. 3. 1. 시행>

이 규정의 본문은 특허를 받을 수 있는 자가 아닌 자인, 타인의 발명을 모인(冒認), 즉 남의 발명을 제 것처럼 꾸며서 특허출원하여 부여된 특허($^{법}_{\S33①위반}$)와 특허를 받을 수 있는 권리가 공유인데도 이에 위반한($^{법}_{\S44위반}$) 특허출원의 특허를 무효로 한다는 규정이다. 그래서 무효심판을 청구할 수 있는 청구인의 적격도 특허를 받을 수 있는 권리를 가진 자만으로 한정되어 있다($^{법 \S133①}_{전·괄호안}$). <2017. 3. 1. 시행>

그런데 개정법(2017. 3. 1. 시행)에 신설된 제99조의2(특허권의 이전청구) 제1항에 따르면 특허가 제133조(특허의 무효심판) 제1항 제2호 본문에 해당하는 경우에 특허를 받을 수 있는 권리를 가진 자는 법원에 해당 특허권의 이전(특허를 받을 수 있는 권리가 공유인 경우에는 그 지분의 이전을 말한다)을 청구할 수 있다($^{법}_{\S99의2①}$).

그리고 같은조(제99조의2) 제2항에 따르면, 특허권이 이전등록된 경우에는 해당 특허권은 그 특허권이 설정등록된 날부터 이전등록을 받은 자에게 있는 것으로 본다는 규정($^{법 같은조}_{②본(i)}$)이 있으므로, 제2호 단서의 규정에 따라 권리가 정당한 권리자에게 이전된 경우에는 무효이유에서 제외된다는 예외규정을 명시해 놓은 것이다. 특허권이 정당한 권리자에게 이전되었으므로 무효이유가 치유된 경우이다.

(iii) 제33조(특허를 받을 수 있는 자) 제1항 단서에 따라 특허를 받을 수 없는 경우($^{법}_{\S133①(iii)}$): 제133조(특허의 무효심판) 제1항 단서는 특허청 직원 및 특허심판원 직원은 상속이나 유증(遺贈)의 경우를 제외하고는 재직중(在職中) 특허를 받을 수 없다는 규정이다.

(iv) 특허된 후 그 특허권자가 제25조(외국인의 권리능력)에 따라 특허권을 누릴

수 없는 자로 되거나 그 특허가 조약을 위반한 경우($_{같은조항(iv)}^{법}$): 이 경우는 특허의 출원등록까지는 모두 적법하였던 것이나, 특허된 후에, 즉 후발적으로 외국인이 권리능력을 상실하였거나 특허가 조약을 위반한 경우이다.

(v) 조약을 위반하여 특허를 받을 수 없는 경우($_{같은조항(v)}^{법}$): "조약에 위반하여 특허를 받을 수 없는 경우"임에도 불구하고 "특허가 된 경우"를 말한다.

(vi) 제47조(특허출원의 보정) 제2항 전단에 따른 범위를 벗어난 보정(補正)인 경우($_{같은조항(vi)}^{법}$): 법정된 보정범위, 즉 명세서 또는 도면의 보정이 특허출원서에 최초로 첨부한 명세서 또는 도면에 기재된 사항의 범위를 벗어난 보정을 하여 특허된 경우에는 무효이유가 된다는 규정이다.

(vii) 제52조(분할출원) 제1항에 따른 범위를 벗어난 분할출원인 경우($_{같은조항(vii)}^{법}$)

(viii) 제53조(변경출원) 제1항에 따른 범위를 벗어난 변경출원인 경우($_{같은조항(viii)}^{법}$)

(3) 청구항의 독립성

특허 청구범위의 청구항이 둘 이상인 경우에는 청구항마다 청구할 수 있다($_{본·후단}^{법 §133①}$).

(4) 특허무효의 이유에서 제외된 사항

특허의 무효이유($_{§133①각호}^{법}$)는 특허의 거절이유($_{§62각호}^{법}$)와 대동소이하다.

물론 특허의 무효이유 중에는, 특허가 된 후에 후발적으로 발생된 무효이유는 특허의 거절이유에는 있을 수가 없다. 그 당시는 합법적이기 때문이다.

그런가 하면, 제42조(특허출원) 제8항에 규정한 대통령(시행령)으로 정하는 "청구범위의 기재방법에 관하여 필요한 사항"과 제45조(하나의 특허출원의 범위)에 규정된 요건을 갖추지 아니한 경우에는 거절이유로는 되어 있으나($_{§62(iv)}^{법}$), 특허의 무효이유에는 열거되어 있지 아니하다. 그 이유는 이것들의 요건을 갖추지 못한 것은 실체적인 하자가 아니고, 심사절차에서 심사의 편의를 위한 절차상의 하자라 할 수 있으므로, 일단 특허가 부여된 이상 구태여 무효로까지 해야 할 이유는 없다는 것이다.

(5) 무효이유의 법조문에서 빠뜨린 사항

발명의 성립요건에서 지적했던 바와 같이, 우리 특허법 제2조(정의) 제1호에는 발명을 정의하여 "발명"이란 자연법칙(自然法則)을 이용한 기술적 사상의 창작으로서 고도한 것을 말한다고 하였다($_{§2(i)}^{법}$).

이 규정은 발명을 정의하는 동시에 발명의 성립요건(成立要件)을 규정한 것이다. 발명이 "특허발명"으로 되기 위해서는 발명의 성립요건에 충족되어야 함은 물

론이다. 그런데 우리 특허법에는 발명이 성립요건에 충족되는지의 여부를 심사대
상(審査對象)으로는 하지 않고 있다. 왜냐하면, 발명의 성립요건에 충족되지 아니
한다 해도, 제62조(특허거절결정)에 규정한 특허거절결정(特許拒絶決定)의 이유로는
규정되어 있지 아니했기 때문이다. 그렇다면, 발명의 성립요건에 충족되지 못한
발명이라도 특허결정을 하여 특허를 부여할 수 있다는 법리로 되어 그야말로 어불
성설이다.

    판례는 이것을 적용할 법조는 없고 그렇다고 특허를 부여할 수도 없으니 궁
여지책으로 미완성발명은 산업상 이용할 수 없는 발명이므로 제29조(특허요건)에
반하는 것으로 거절해야 한다 했다.[3]

    그러나 발명의 성립요건은 발명의 완성을 말하는 것이고, 완성된 발명은 다시
특허요건에 충족되어야 특허될 수 있는 것이다. 그리고 대법원판결이 적용한 제29
조는 그 제목이 "특허요건"으로 되어 있다.

    발명의 성립요건과 특허요건은 전혀 별개의 요건인데 미완성발명, 즉 발명의
성립요건에 충족하지 못한 것을 발명의 특허요건에 충족하지 못한 것으로 판시한
판례의 입장은 현실적으로는 충분히 이해할 수 있으나 법리적으로는 맞지 않는다.
그런데 문제는 발명의 성립요건은 특허의 실체적인 요건인데, 이것이 결여된 특허
가 부여되고 그 하자가 명백한데도 이를 무효로 할 수 있는 규정은 없다는 점이
다. 특허의 무효사유는 열거주의(列擧主義)로 되어 있다. 판례와 같이, 발명의 미완
성이라는 하자를 제29조(특허요건)를 적용하는 것이 법리적으로 타당한지의 문제이
다. 조속한 입법이 촉구되는 바이다.

7. 특허무효심결의 효과

    특허를 무효로 한다는 심결(審決)이 확정된 경우에는 그 특허권은 처음부터
없었던 것으로 본다(법§133③본). 다만, 제1항 제4호에 따라 특허를 무효로 한다는 심
결이 확정된 경우에는 특허권은 그 특허가 같은 호에 해당하게 된 때부터 없었던
것으로 본다(법 같은조항). 후발적인 이유로 무효로 되는 경우이므로 그 효과도 후발
적인 이유가 있은 때까지만 소급한다는 취지의 규정이다.

---

3) 대법원 1998. 9. 4. 선고 98후744 판결.

8. 특허무효심판의 절차에서 특허의 정정

(1) 특허무효심판의 절차를 이용하는 특허의 정정

제133조(특허의 무효심판) 제1항에 따른 심판의 피청구인은 제136조(정정심판) 제1항 각호의 어느 하나에 해당하는 경우에만 제147조(답변서의 제출 등) 제1항 또는 제159조(직권심리) 제1항 후단에 따라 지정된 기간에 특허발명의 명세서 또는 도면에 대하여 정정청구를 할 수 있다($\frac{법}{2①전}$ §133의).

특허무효심판의 피청구인인 특허권자에게 하자(瑕疵) 있는 특허권에서 하자 있는 부분의 청구범위를 삭제하는 등의 정정을 하여, 특허권의 하자를 치유하기 위한 방법으로 명세서 또는 도면을 정정할 수 있는 기회를 부여한 것이다.

제136조(정정심판) 제1항 각호의 어느 하나에 해당하는 경우란 ① 청구범위를 감축하는 경우 ② 잘못기재된 사항을 정정하는 경우 ③ 분명하지 아니하게 기재된 사항을 명확하게 하는 경우 등이다. 이 경우 심판장이 제147조(답변서 제출 등) 제1항에 따라 지정된 기간 후에도 청구인이 증거를 제출하거나 새로운 무효사유를 주장함으로 인하여 정정청구를 허용할 필요가 있다고 인정하는 경우에는 기간을 정하여 정정청구를 하게 할 수 있다($\frac{법}{2①후}$ §133의).

(2) 종전 정정청구의 취하의 의제

정정청구를 하였을 때에는 해당 무효심판절차에서 그 정정청구 전에 한 정정청구는 취하된 것으로 본다($\frac{법}{같은조②}$).

(3) 심판청구인에게 정정청구서의 부본송달

심판장은 제1항에 따른 정정청구가 있을 때에는 그 청구서의 부본을 제133조(특허의 무효심판) 제1항에 따른 심판의 청구인에게 송달하여야 한다($\frac{법}{같은조③}$).

심판청구인으로서는 피청구인의 정정청구내용을 확인하고 무효심판의 청구를 취하(取下)할 것인가에 대해 검토할 기회를 주어야 하기 때문이다.

(4) 정정청구에 관한 법조의 준용

제133조의2(특허무효심판절차에서의 특허의 정정) 제1항에 따른 정정청구에 관하여는 제136조(정정심판) 제3항부터 제6항까지, 제8항 및 제10항부터 제13항까지, 제139조(공동심판의 청구 등) 제3항 및 제140조(심판청구방식) 제1항·제2항·제5항을 준용한다($\frac{법}{§133의2④전}$). 이 경우에 제136조(정정심판) 제11항 중 "제162조(심결) 제3항에 따른 심리의 종결(終結)이 통지되기 전(같은조 제4항에 따라 심리가 재개된 경우에는 그 후 다시 같은조 제3항에 따른 심리의 종결이 통지되기 전)에"는 "제133조의2(특허무효

심판절차에서의 특허의 정정) 제1항 또는 제136조(정정심판) 제6항에 따라 지정된 기간에"로 본다($\substack{법\\§133의2④}$).

(5) 정정청구를 취하할 수 있는 기간

제133조의2(특허무효심판절차에서의 특허의 정정) 제1항에 따른 정정청구는 다음 각호의 어느 하나에 해당하는 기간에만 취하할 수 있다($\substack{법\\§133의2⑤본}$).

(i) 제1항에 따라 정정을 청구할 수 있도록 지정된 기간과 그 기간의 만료일부터 1개월 이내의 기간($\substack{법\\같은조항(i)}$)

(ii) 제4항에서 준용하는 제136조(정정심판) 제6항에 따라 지정된 기간($\substack{법\\같은조항(ii)}$)

(6) 제136조 제5항의 준용배제

제133조의2(특허무효심판절차에서의 특허의 정정) 제4항을 적용할 때 제133조(특허의 무효심판) 제1항에 따른 특허무효심판이 청구된 청구항을 정정하는 경우에는 제136조(정정심판) 제5항을 준용하지 아니한다($\substack{법\\같은조⑥}$). 이유는 특허무효심판에서 당연히 심리되기 때문이다.

(7) 정정청구에 대한 결정의 확정시기

정정의 인정여부는 무효심판절차에 대한 결정절차에서 함께 심리되는 것이므로, 정정결정의 확정은 무효심판의 심결이 확정되는 때에 함께 확정된다.[4]

제 3 항 특허권의 존속기간 연장등록의 무효심판

1. 존속기간연장등록의 무효심판의 개념

존속기간연장등록의 무효심판(trial for invalidation of registration of extention of term)이란 존속기간연장등록이 요건에 충족되지 못한 하자 있음을 이유로 그 존속기간의 효력을 소급하여 소멸시키는 무효심판이다.

두 경우가 있다. ① 허가 등에 따른 특허권의 존속기간이 연장등록된 경우($\substack{법\\§92}$)와 ② 등록지연에 따른 특허권의 존속기간이 연장등록된 경우($\substack{법\\§92의5}$)이다.

2. 존속기간연장등록무효의 심판청구방식

(1) 연장등록무효심판청구서

심판을 청구하려는 자는 제140조(심판청구방식) 제1항 소정의 사항을 적은 심

---

[4] 대법원 2009. 1. 15. 선고 2007후1053 판결.

판청구서를 특허심판원장에게 제출하여야 한다($\substack{법 \\ \S140①각호}$). 소정의 수수료도 내야
한다($\substack{법 \\ \S82①③}$).

(2) 심판청구서 보정의 제한과 예외

제출된 심판청구서의 보정(補正)은 그 요지를 변경할 수 없다($\substack{법 \\ 같은조②}$). 다만,
다음의 경우에는 예외이다($\substack{법 \\ 같은조항 단}$).

(ⅰ) 심판청구의 당사자 중 특허권자의 기재를 바로잡기 위하여 보정(특허권자를
추가하는 것을 포함한다)하는 경우($\substack{법 같은조항 \\ 단(i)}$)

(ⅱ) 청구의 이유를 보정하는 경우($\substack{법 같은조항 \\ 단(ii)}$)

3. 심판장의 전용실시권자 등에게의 통지

심판장은 특허권의 존속기간연장등록무효심판이 청구된 경우에는 그 취지를
해당 특허권의 전용실시권자나 그 밖에 특허에 관하여 등록을 한 권리를 가지는
자에게 알려야 한다($\substack{법 \S134③에서 \\ 준용하는 \S133④}$).

등록을 한 권리를 가지는 자란 질권자(質權者) 또는 등록을 한 통상실시권자
등이다. 이들에게 알림으로써 이들로 하여금 심판참가 여부 등에 대한 검토의 기
회를 주기 위해서이다.

4. 특허권의 존속기간연장등록 무효심판의 청구인과 청구기간

(1) 연장등록 무효심판의 청구인

이해관계인 또는 심사관이다. 여기에서의 이해관계인이란 특허무효심판(特許
無效審判)에 있어서의 이해관계인과 같다. 심사관은 공익(公益)을 대표해서이다.

(2) 연장등록 무효심판의 청구기간

존속기간연장등록의 무효심판은 존속기간연장등록된 특허권이 소멸된 후에도
청구할 수 있다($\substack{법 \S134③ \\ \S133②}$). 다만, 취소결정이나 무효심결의 확정과 같이, 권리가 소
급하여 소멸된 경우에는 예외이다. 권리는 이미 소급하여 소멸되었기 때문이다.

5. 특허권의 존속기간연장등록의 무효이유

(1) 허가 등에 따른 특허권의 존속기간연장등록의 무효이유

(ⅰ) 특허발명을 실시하기 위하여 제89조(허가 등에 따른 특허권의 존속기간의 연장)
에 따른 허가 등을 받을 필요가 없는 출원에 대하여 연장등록이 된 경우($\substack{법 \\ \S134①(i)}$):
연장등록의 대상이 아닌데도 연장등록이 된 경우이다.

(ii) 특허권자 또는 그 특허권의 전용실시권 또는 등록된 통상실시권을 가진 자가 제89조(허가 등에 따른 특허권의 존속기간의 연장)에 따른 허가 등을 받지 아니한 출원에 대하여 연장등록이 된 경우($\frac{법}{같은조항(ii)}$)

(iii) 연장등록에 따라 연장된 기간이 그 특허발명을 실시할 수 없었던 기간을 초과하는 경우($\frac{법}{같은조항(iii)}$)

(iv) 해당특허권자가 아닌 자의 출원에 대하여 연장등록이 된 경우($\frac{법}{같은조항(iv)}$): 심사관이 만취한 상태에서나 있을 수 있는 일이다.

(v) 제90조(허가 등에 따른 특허권의 존속기간의 연장등록출원) 제3항을 위반한 출원에 대하여 연장등록이 된 경우($\frac{법}{같은조항(v)}$)

특허권이 공유인 경우에는 공유자가 공동으로 특허권의 존속기간의 연장등록출원을 하여야 한다. 이에 반한 경우에는 존속기간연장등록의 무효이유로 된다.

(2) 등록지연에 따른 특허권의 존속기간의 연장등록의 무효이유

(i) 연장등록에 따라 연장된 기간이 제92조의2(등록지연에 따른 특허권의 존속기간의 연장)에 따라 인정되는 연장의 기간을 초과한 경우($\frac{법}{§134②(i)}$)

(ii) 해당 특허권자가 아닌 자의 출원에 대하여 연장등록이 된 경우($\frac{법}{같은조항(ii)}$)

(iii) 제92조의3(등록지연에 따른 특허권의 존속기간의 연장등록출원) 제3항을 위반한 출원에 대하여 연장등록이 된 경우($\frac{법}{같은조항(iii)}$): 이 경우는 특허권이 공유인데도 이 공유규정에 반하여 연장등록이 된 경우이다.

6. 연장등록 무효심결의 확정효과

(1) 소급소멸의 원칙

연장등록을 무효로 한다는 심결이 확정된 경우에는 그 연장등록에 따른 존속기간의 연장은 처음부터 없었던 것으로 본다($\frac{법}{§134④본}$). 연장등록의 무효심결로 그 효력이 소급하여 소멸되기 때문이다.

(2) 소급효가 제한되는 예외

다만, 연장등록이 다음 각호의 어느 하나에 해당하는 경우에는 해당 기간에 대해서만 연장이 없었던 것으로 본다($\frac{법}{§134④단}$).

(i) 연장등록이 제134조 제1항 제3호에 해당하여 무효로 된 경우: 그 특허발명을 실시할 수 없었던 기간을 초과하여 연장된 기간($\frac{법§134④}{단(i)}$). 초과된 기간만이 불법적으로 연장되었기 때문이다.

(ii) 연장등록이 제134조 제2항 제1호에 해당하여 무효로 된 경우: 제92조의

2(등록지연에 따른 특허권의 존속기간의 연장)에 따라 인정되는 연장의 기간을 초과하여 연장된 기간(법_{같은조항(ii)}). 이 경우도 초과하여 연장된 기간만이 불법의 하자 있는 기간이기 때문이다.

제 4 항   권리범위확인심판

1. 권리범위확인심판의 개념과 제도의 취지

(1) 권리범위확인심판의 개념

권리범위확인심판(trial for confirmation of scope of claims)이란 특허발명(特許發明)과 비교되는 확인대상발명(確認對象發明)이 특허발명의 보호범위인 권리범위에 속하는지의 여부를 확인하는 심판이다.

특허발명의 내재적인 범위를 확정하는 것은 아니고, 특허권의 효력이 미치는 범위를 비교되는 확인대상발명(確認對象發明)과의 관계에서 구체적으로 확인하는 것이다. ① 특허발명에 설계변경(設計變更)을 하거나 원료를 치환하거나 우회기술(迂廻技術)로써 균등원리(均等原理)의 범위를 벗어나지 못하는 기술을, 특허청구범위에 기재된 문언(文言)과는 상이하게 표현하여서, 특허발명과 대비되는 확인대상발명(確認對象發明)으로 하여 특허발명의 권리범위에 속하지 아니한다는 확인을 받으려는 경우가 있고 ② 외관적으로는 특허발명과 근사·근접한 것 같으나 그 기술적 원리가 상이한 데도 특허발명의 권리범위에 속하는지 여부가 애매하여 확인받는 경우도 있다.

(2) 제도의 취지

앞에서 설명한 바와 같이, 특허발명과 근사한 기술 중에는 특허발명의 보호범위인 권리범위에 속하는 것인지의 여부를 가늠하기 어려운 경우가 있다.

이러한 경우에 특허권자는 특허발명의 보호범위인 권리범위에 속하는 것이라 주장하고, 그와는 반대로 확인대상발명(確認對象發明)[이것을 "(가)호 발명"이라고도 한다]을 실시하는 자는 권리범위에 속하지 아니한다고 주장하는 경우에, 권리범위확인심판(權利範圍確認審判)이라는 국가 행정의 공권력(公權力)으로 특허권의 보호범위인 권리범위에 속하는지의 여부를 공정(公正)하게 심리·판단하여 확인해 주는 제도이다. 민사소송에 있어서, 확인의 소와 유사한 성질의 것이라 할 수 있다.

2. 권리범위확인의 심판청구방식

(1) 심판청구서

권리범위확인의 심판을 청구하려는 자는 제140조(심판청구방식) 제1항 소정의 사항을 적은 심판청구서를 특허심판원장에게 제출하여야 한다($\frac{법}{\S140①각호}$). 소정의 수수료도 내야 한다($\frac{법}{\S82①③}$).

(2) 심판청구서의 보정

제출된 심판청구서는 보정이 가능하나 그 요지를 변경할 수 없다($\frac{법}{같은조②본}$). 다만, 다음 각호의 어느 하나에 해당하는 경우에는 그러하지 아니하다($\frac{법}{같은조②단}$).

(i) 당사자 중 특허권자의 기재를 바로잡기 위하여 보정(특허권자를 추가하는 것을 포함하되, 청구인이 특허권자인 경우에는 추가되는 특허권자의 동의가 있는 경우로 한정한다)하는 경우($\frac{법 같은조}{②단(i)}$)

(ii) 청구의 이유를 보정(補正)하는 경우($\frac{법 같은조}{②단(ii)}$)

(iii) 권리범위확인심판에서 심판청구서의 확인대상발명(청구인이 주장하는 피청구인의 발명을 말한다)의 설명서 또는 도면에 대하여 피청구인이 자신이 실제로 실시하고 있는 발명과 비교하여 다르다고 주장하는 경우에, 청구인이 피청구인의 실시발명과 동일하게 하기 위하여 심판청구서의 확인대상발명의 설명서 또는 도면을 보정하는 경우($\frac{법 같은조}{②단(iii)}$) <2017. 3. 1. 시행의 개정법>

(3) 확인대상발명의 설명서

권리범위 확인심판을 청구할 때에는 특허발명과 대비할 수 있는 설명서 및 필요한 도면을 첨부하여야 한다($\frac{법}{같은조③}$). 이 "설명서 및 도면"을 "확인대상발명(確認對象發明)" 또는 "(가)호 발명"이라고도 한다.

3. 권리범위확인심판의 두 형태

(1) 적극적인 확인심판

특허권자 또는 전용실시권자가 자신의 특허발명의 보호범위를 확인하기 위하여 특허발명과 대비되는 확인대상발명(確認對象發明)이 특허발명의 권리범위에 속한다는 심결(審決)을 구하는 모습으로 되어 있다. 이것을 적극적 권리범위확인심판(權利範圍確認審判)이라 한다.

(2) 소극적인 확인심판

이해관계인이 타인의 특허발명의 보호범위를 확인하기 위하여 특허발명과 대비되는 확인대상발명이 특허발명의 권리범위에 속하지 아니한다는 심결을 구하는 모습으로 되어 있다. 이것을 소극적 권리범위확인심판이라 한다.

4. 심판청구인의 적격

(1) 적극적 확인심판의 청구인

개정법(2017. 3. 1. 시행)은 적극적 확인의 심판청구인을 명문으로 규정해 놓았다. 특허권자 또는 전용실시권자이다. 특허권자 또는 전용실시권자는 자신의 특허발명의 보호범위를 확인하기 위하여 특허권의 권리범위 확인심판을 청구할 수 있다($^{법}_{§135①}$).

(2) 소극적 확인심판의 청구인

이해관계인(利害關係人)이다. 이해관계인은 타인의 특허발명의 보호범위를 확인하기 위하여 특허권의 권리범위확인심판을 청구할 수 있다($^{법}_{같은조②}$).

여기에서 이해관계인이란 특허권자 또는 전용실시권자(이하 "특허권자 등"이라 한다)로부터 특허권을 침해한다는 주장 또는 경고를 받았거나 받을 염려가 있는 자 또는 앞으로 그러한 염려 있는 기술을 실시하려는 자이다.

(3) 특허권이 공유인 경우

공유인 특허권에 관하여 심판을 청구하는 경우에는 공유자 모두가 공동으로 청구하여야 하고($^{법}_{§139③}$), 공유인 특허권자에 대하여 심판을 청구할 때에는 공유자 모두를 피청구인으로 하여야 한다($^{법}_{같은조②}$). 권리의 효력이 합일적으로 확정되어야 하기 때문이다.

5. 권리범위확인심판을 청구할 수 있는 기간

(1) 대법원판례의 판지(특허권이 존속하는 기간에만으로 한정)

판례는 특허권이 존속하는 기간에만 적법한 권리범위확인심판을 청구할 수 있다는 판지이다.

판례의 판지에 따르면 권리범위확인심판은 현존하는 권리의 범위를 확정하려는데 그 목적이 있으므로, 그 권리가 소멸된 이후에는 그에 대한 권리범위 확인을 구할 이익이 없다 하였다.[5]

---

5) 대법원 1970. 3. 9. 선고 68후21 판결; 1996. 9. 10. 선고 94후2223 판결; 2002. 4. 23. 선고 2000후2439 판결·2004후1311 판결; 2007. 3. 29. 선고 2006후3595 판결 등 참조.

(2) 위의 판례들에 대한 반론(反論)

권리범위확인심판은 확인대상발명이 특허발명의 보호범위에 속하는지의 여부의 확인(確認)을 구할 이익이 있거나 손해(損害)를 면할 이해관계가 있으면 청구할 수 있는 제도이다. 그리고 "그 확인을 구할 이익"은 특허권이 존속중에도 없는 경우가 있고, 특허권이 소멸한 후에도 "확인을 구해야만 할 이익"만은 여전히 현실적으로 존속되는 경우도 있다.

위의 대법원 판례들에 대한 반론의 근거는 다음과 같다.

(i) 법적 근거가 없다   특허법에는 대법원 판지와 같은 규정이 전혀 없다. 즉 권리범위확인심판은 ① "현존하는 권리범위를 확정하려는데 그 목적이 있다"든가 ② "그 권리가 소멸된 이후에는 그에 대한 권리범위확인을 구할 이익이 없다"는 등의 명문규정이 없다. 명문규정이 전혀 없는데, 대법원은 이러한 판지를 거듭 판시하여 왔다.

(ii) 법논리적 근거도 미미하다   법리적(法理的)으로도 꼭 그렇게 해야 할 근거는 없다.

대법원의 종래의 판지대로라면, 권리범위확인심판의 심결이 현실적으로 필요하여 특허권자와 비권리자(확인대상발명의 실시자) 사이에 열띤 공방을 벌이다가 확인심결이 특허권자에게 불리할 것으로 짐작이 되면, 특허권자는 그 심결직전에 특허권을 자진포기하여 소멸시키면, 권리범위확인심판은 각하(却下)되어 무위로 되고, 생생하게 존속하고 있는 이해관계는 해결되지 못한 채 현실적으로 남아 있게 된다.

특허권의 권리범위에 속하는지의 여부를 확인하여 특허분쟁을 해결하기 위한 권리범위확인심판제도가 분쟁해결은커녕, 특허권자의 일방적인 자진포기라는 농단(壟斷)에 따라 비권리자인 비교대상발명의 실시자에게는 속수무책으로 더욱 큰 손해만을 몰아서 안겨주는 해괴한 결과로 형평칙에 반할 뿐만 아니라, 국가의 공권력(公權力)도 특허권자에 의하여 마치 농락(籠絡)이라도 당한 격으로 될 수도 있다.

(iii) 현실적인 이해관계만 증가(增加)된다   특허권이 소멸되면 권리범위확인심판을 종결시켜야 한다는 것은 ① 권리범위확인심판제도의 산업발전에 공헌할 수 있는 기능적 의의를 외면하고 ② 권리의 존속중에 있었던 얽히고설킨 이해관계들(특허권의 존속중에 가처분에 의한 업무정지(폐업), 특허권 침해소송, 형사고소로 인한 인신구속 등)이, 오로지 권리범위확인심판의 심결결과에 따라서 일사천리격으로 한꺼번에 해결될 수 있는 것으로 기대하고 있는 이해관계가 엄연히 존재하고 있는 데도

불구하고 ③ 특허권이 소멸된 것을 이유로 국가의 공권력(권리범위확인심판)은 그 분쟁에는 더 이상 관여할 필요가 없다는 식으로 종결(각하)시킨다면, 국가의 공권력(公權力)을 행사하는 심판(또는 재판)기관이 당사자의 현실적으로 얽혀있는 이해관계는 심리하지 않고 외면하는 결과로 되어 직무를 유기한 것 같이 된다.

물론, 특허권의 취소결정이나 무효심결이 확정되어 권리가 소급하여 소멸되었다면($^{법}_{\S133\text{③}}{}^{\S132\text{의}13\text{③},}$), 그 권원(權原)도 소급하여 없어졌으므로 권리범위확인을 받아야 할 필요도 없이 권리범위에 속하지 아니함은 자명한 일이다.

그러나 특허권이, 존속기간의 만료 또는 포기 등에 따라 장래에 향하여 소멸하는 경우에는, 그 특허권이 유효하게 존속 중에 발생했던 현실적인 이해관계를 해결하기 위한 제도로서 권리범위확인심판의 필요성은 특허권의 소멸 후에도 여전히 존재하고 있는 것이다.

따라서 특허권의 존속중에 특허권자가 자행했던 불법행위로 인한 손해($^{민법}_{\S750}$) 등 채권소멸시효($^{민법}_{\S766}$) 전이라면 권리범위확인심판을 청구할 이해관계가 있는 것으로 보아야 타당하다.

(3) 문제해결을 위한 입법의 필요성

이러한 문제는 입법의 미비로 인하여 발생되는 것이므로 조속한 입법이 필요함은 물론이다. 한편, 현행법제하에서라도 권리범위확인심판을 청구해야 할 실익의 유무를 심리해 주는 권리범위확인심판제도의 기능적 의의를 살리는 것이 민초들의 숙원을 해결해 주는 길이라 생각한다.

6. 특허발명의 보호범위 — 특허발명의 기술적 범위

(1) 특허발명의 보호범위

특허권의 배타적 효력, 즉 타인의 침범을 배제하는 특허권의 효력범위이다. 특허발명의 보호범위는 청구범위에 적혀 있는 사항에 의하여 정하여진다($^{법}_{\S97}$). 특허권의 소극적 효력인 배타적 범위는 청구범위에 문언(文言)으로 적혀 있는 사항에 따라 특정된다.

(2) 청구항의 독립성

청구범위의 청구항(請求項)은 발명의 성질에 따라 적정한 수로 기재하도록 규정되어 있고($^{시행령}_{\S5\text{②}}$), 특허권의 권리범위확인심판을 청구하는 경우에 청구범위의 청구항이 둘 이상인 경우에는 청구항마다 청구할 수 있다($^{법}_{\S135\text{③}}$).

7. 확인대상발명의 특정과 보정

(1) 확인대상발명의 특정

특허발명의 보호범위를 확인하기 위하여는 그에 대비되는 확인대상발명(確認對象發明)이 특정되어야 한다. 이 확인대상발명을 관례로는 "(가)호 발명"이라고도 한다 함은 거듭 지적한 바 있다.

권리범위확인심판이란 이 확인대상발명이 특허발명의 보호범위($\frac{법}{\S97}$)를 침범(侵犯)하느냐의 여부를 확인(確認)하는 것이다. 그 확인대상발명이 특허발명의 보호범위를 침범하는 것이면 특허권의 권리범위에 속하는 것이다. 그러므로, 이 확인대상발명은 정확하게 특정되어야 함은 물론이다.

따라서 권리범위확인심판을 청구할 때에는 특허발명과 대비할 수 있는 설명서 및 필요한 도면을 첨부하여야 한다($\frac{법}{\S140③}$). <2017. 3. 1. 시행법>

확인대상발명은 특허발명의 보호범위인 청구범위에 적혀 있는 사항에 대비하여 판단이 가능할 정도로 구체적으로 특정되어야 한다.[6]

판례는 또 일부가 수치로 한정되어 있고 확인대상의 대응구성은 수치한정이 없다면 확인대상은 특정되었다고 할 수 없다 하였다.[7]

특허권의 권리범위확인심판은 청구범위의 청구항이 둘 이상인 경우에는 청구항마다 청구할 수 있으므로($\frac{법}{\S135③}$), 대비대상의 기술도 청구항별로 특정되어야 한다.

(2) 확인대상발명의 보정

심판청구인이 피청구인의 실시하는 확인대상발명이 정확하지 않은 것을 심판청구서에 첨부하였을 경우, 이를 보정하는 기회를 마련해 놓고 있다($\frac{법 \S140}{②단(iii)}$). 그러나 이 보정에 관한 규정은 적극적 확인심판에 있어서 특허권자 등 심판청구인이 피청구인의 실시하는 확인대상발명의 설명서와 도면을 정확치 않게 작성한 경우에 이를 보정할 수 있는 경우만을 규정하고 있음은 입법의 미비이다. 왜냐하면, 실제에 있어서 소극적 확인심판에 있어서도 심판청구인이 자신이 실시하는 확인대상발명의 설명서와 도면을 의도적으로 부정확하게 작성하여 특허발명의 권리범위를 면탈하려는 경우도 있기 때문이다.

이러한 경우에는 막바로 제142조(보정할 수 없는 심판청구의 심결각하)를 적용할 수도 있을 것이다. 그러나 그것은 확인심판의 적극적 청구인과 소극적 청구인의

---

6) 대법원 2006. 4. 28. 선고 2004후2826 판결.
7) 대법원 2001. 8. 21. 선고 99후2389 판결.

형평성(衡平性)의 원칙에 크게 반한다 할 것이다.

심판이 청구되면 심판장은 심판청구서 부본을 피청구인에게 송달하고, 기간을 정하여 답변서를 제출할 수 있는 기회를 주어야 한다($^{법}_{§147①}$). 그리고 심판장은 답변서를 받았을 때에는 그 부본을 청구인에게 송달하여야 한다($^{법}_{같은조②}$). 이 절차를 통하여 ① 적극적 확인심판의 청구인(특허권자 등)이 피청구인의 실시하고 있는 확인대상발명을 잘못 파악한 경우이든 ② 소극적 확인심판의 청구인(비권리자)이 자신이 실시하는 확인대상발명을 잘못 작성한 경우이든 보정할 수 있는 기회를 공평(公平)하게 부여하는 장치가 마련되어야 할 것이다.

(3) 확인대상발명의 정확성의 입증책임

확인대상발명이 정확한 것이라는 사실은 각 심판청구인이 입증하여야 한다. 입증되지 못하는 확인대상발명은 부적법한 심판의 청구로 되어 심결로써 각하되어야 할 것이다($^{법}_{§142}$).

8. 확인대상발명의 적법성 문제 — 권리 대 권리, 실시불능의 기술 등

권리범위확인심판에 있어서 특허발명에 대비되는 확인대상발명의 적법성(適法性)이 문제로 된다. 그 대상기술이 부적법한 경우에는 그 흠을 보정할 수 없음을 이유로 그 심판청구는 각하되어야 하기 때문이다($^{법}_{§142}$).

(1) 권리 대 권리의 적법여부

(i) 적극적 권리범위 확인심판의 경우   특허권자 등이 타인의 후출원(後出願) 특허발명이 자기의 선출원 특허발명의 권리범위에 속한다는 심결을 구하는 경우이다.

판례는 이러한 적극적 권리범위확인 심판은 후등록된 권리에 대한 무효심판의 확정 전에 그 권리의 효력을 부정하는 결과로 되어 원칙적으로 허용되지 아니하고, 다만, 권리의 이용관계에 있어서 후 등록권리의 효력을 부정하지 않고 권리범위의 확인을 구할 수 있는 경우에는 권리 대 권리 간의 적극적 권리범위확인심판의 청구가 허용된다 하였다.[8]

(ii) 소극적 권리범위 확인심판의 경우   이해관계인이 자기의 후출원 권리가 타인의 선출원권리의 권리범위에 속하지 아니한다는 심결을 구하는 경우이다.

이 경우에는 타인의 선출원권리(先出願權利)를 부인하는 경우가 아니므로 적

---

8) 대법원 2002. 6. 28. 선고 99후2433 판결.

법한 것임은 물론이다.[9]

(iii) 한편, 특허법원의 판례는 권리범위확인심판의 확인대상물이 신규성이 부정되어 그 보호범위를 인정할 수 없어 권리 대 권리의 적극적 권리범위확인심판에 해당한다고 볼 수 없다 하였다.[10] 수긍이 가는 판례로 보여진다.

(2) 실시불능의 확인대상발명

특허발명은 유효한 실시기술인데 비하여, 확인대상발명이 실시불능의 것이라면 특허발명의 권리범위에 속하지 아니함은 자명하다. 그러나 이와 같이 실시불능의 기술을 특허발명의 확인대상으로 하는 권리범위확인심판은 심판을 청구할 이해관계가 전무한 것이요, 그 흠을 보정할 수 없는 부적법한 심판청구로서 심결로써 그 청구는 각하되어야 한다($^{법}_{§142}$).

(3) 진보성 여부의 판단

권리범위확인심판에서 진보성 여부를 판단할 수 있느냐의 문제이다.

판례는 … 진보성여부를 권리범위확인심판에서까지 판단할 수 있게 하는 것은 본래 특허무효심판의 기능에 속하는 것을 권리범위확인심판에 부여함으로써 특허무효심판의 기능성을 상당부분 약화시킬 우려가 있다는 점에서도 바람직하지 않다. 따라서 권리범위확인심판에서는 특허발명의 진보성이 부정된다는 이유로 그 권리범위를 부정하여서는 안된다고 판시했다.[11]

(4) 청구범위에 기재된 사항의 전부가 출원전 공지인 경우

판례는 청구범위에 기재된 고안의 전부가 출원당시 공지(公知)된 것이므로 권리범위를 인정할 수 없다는 취지의 판시이다.[12]

(5) 간접침해의 확인대상

판례는 특허발명의 대상이거나 그와 관련된 물건을 자주 교체해 주어야 하는 소모품일지라도 특허발명의 본질적인 구성요소에 해당하고 다른 용도로 사용하지 아니하며 일반적으로 널리 쉽게 구할 수 없는 물품으로서 당해발명에 관한 물건의 구입시에 이미 그러한 교체가 예정되어 있었고 특허권자 측에 의하여 그러한 부품이 따로 제조판매되고 있다면, 그러한 물건은 특허권에 대한 이른바 간접침해에서 말하는 '특허물건의 생산에만 사용하는 물건'에 해당한다는 점은 특허권자가 주장,

---

9) 대법원 2007. 10. 11. 선고 2007후2766 판결.
10) 특허법원 2013. 10. 25. 선고 2013허976 판결.
11) 대법원 2014. 3. 20. 선고 2012후4162 전원합의체 판결.
12) 대법원 2005. 12. 23. 선고 2005후285 판결; 2005. 10. 14. 선고 2005도1262 판결.

입증하여야 한다고 판시했다.[13]

9. 권리범위확인심판의 심결확정의 효과

심결이 확정되면 심판의 당사자는 물론이요, 제3자에게도 일사부재리(一事不再理)의 효력이 미치는 대세적인 효력을 가진다.[14]

일사부재리(一事不再理)란 심판의 심결이 확정되었을 때에는 누구든지 동일사실(同一事實) 및 동일증거(同一證據)에 의하여 다시 그 심판을 청구할 수 없다는 원칙이다(법§163본).

제 5 항 정정심판

1. 정정심판의 개념과 제도의 취지

(1) 정정심판의 개념

정정심판(trial for correction)이란 특허권이 설정등록된 후에 특허발명의 명세서, 청구범위 또는 도면 등에 하자가 있음을 이유로 특허권자가 자진하여 그것을 바로잡아 놓기 위하여 청구하는 심판이다. 특허권자는 특허발명의 명세서 또는 도면에 대하여 정정심판을 청구할 수 있다(법§136①본).

(2) 정정심판제도의 취지

특허권은 설정등록되면 그 권리의 범위가 특허공보에 게재되어 일반에게 공시(公示)됨으로써 함부로 고칠 수 없게 된다.

그러나 그 청구범위가 너무 광범하여 타인의 선등록기술(先登錄技術)과 저촉되는 하자(瑕疵)가 있어 무효사유가 된다든가, 명세서에 잘못 기재된 사항이 있다든가, 불명확하게 기재되어 애매한 데가 있는 등의 흠이 있는 경우에, 특허권자에게 청구범위를 감축시켜 특허의 무효를 미연에 방지하고 오기(誤記)를 바로잡고 불명료한 곳을 분명하게 고쳐놓을 수 있는 기회를 줌으로써 특허권자를 구제·보호하는 동시에, 불필요한 무효심판을 아니해도 되고 또 명세서나 도면 등에 대한 불필요한 오해를 사전에 방지할 수 있는 등 공익적(公益的)인 법적 안정성도 있다 할 것이다.

---

13) 대법원 2001. 1. 30. 선고 98후2580 판결.
14) 대법원 2014. 3. 20. 선고 2012후4162 **전원합의체** 판결.

2. 정정심판의 심판청구방식

(1) 정정심판청구서

다른 심판의 청구방식과 같이, 제140조(심판청구방식) 제1항 각호 소정의 사항을 기재한 심판청구서를 특허심판원장에게 제출하여야 한다(법§140①각호). 소정의 수수료도 내야 한다(법§82①③).

(2) 정정심판청구서의 보정

제출된 심판청구서에 잘못된 점이 있으면 보정(補正)할 수 있으나, 그 요지를 변경할 수 없다(법같은조②본). 다만, 다음 각호의 어느 하나에 해당하는 경우에는 그러하지 않다(법같은조항 단).

(i) 특허권자의 기재를 바로잡기 위하여 보정(특허권자를 추가하는 것을 포함하되, 추가되는 특허권자의 동의가 있는 경우로 한정한다)하는 경우(법같은조항 단(i))

(ii) 청구의 이유를 보정하는 경우(법같은조항 단(ii))

(3) 정정한 명세서 또는 도면의 첨부

정정심판을 청구할 때에는 심판청구서에 정정한 명세서 또는 도면을 첨부하여야 한다(법§140⑤). 여기에 첨부되는 명세서 또는 도면 및 청구범위에 적은대로 정정하겠다는 심판을 청구하는 것이다.

3. 정정심판의 청구인

(1) 특허권자

특허권자만이 청구인이다. 정정심판은 당사자계가 아닌 사정계(査定系)이어서 청구인만 있고 피청구인이 없다. 특허권이 공유인 때에는 공유자 모두가 공동으로 청구인이 되어야 한다(법§139③).

(2) 전용실시권자 등의 동의

특허권자는 전용실시권자, 질권자와 제100조(전용실시권) 제4항·제102조(통상실시권) 제1항 및 "발명진흥법" 제10조(직무발명) 제1항에 따른 통상실시권을 갖는 자의 동의를 받아야만 정정심판을 청구할 수 있다(법§136⑧). 이들에게도 정정심판에 따른 청구범위의 감축 등에 이해관계가 있기 때문이다. 다만, 특허권자가 정정심판을 청구하기 위하여 동의를 받아야 하는 자가 무효심판을 청구한 경우에는 그러하지 아니하다(법같은조항 단). 이 경우에는 동의 없이 정정심판을 청구할 수 있다.

4. 정정심판의 청구기간

(1) 정정심판의 청구기간과 예외

특허권자는 정정심판을 언제든지 청구할 수 있다. 특허권이 소멸된 후에도 청구할 수 있다($^{법}_{\S136⑦본}$). 다만, 특허의 무효심판 또는 정정의 무효심판이 특허심판원에 계속되고 있는 경우에는 그러하지 아니하다($^{법}_{\S136①단}$). 특허무효심판이 청구된 경우에는 그 무효심판절차를 이용한 정정이 가능하도록 규정되어 있고($^{법}_{\S133의2}$), 정정의 무효심판이 청구된 경우에도 특허권자인 피청구인은 지정된 기간에 특허발명의 명세서 또는 도면의 정정을 청구할 수 있기 때문이다($^{법}_{\S137③}$).

(2) 정정심판을 청구할 수 없는 기간

다음 각호의 어느 하나에 해당하는 기간에는 정정심판을 청구할 수 없다 ($^{법}_{\S136②본}$).

(i) 특허취소신청이 특허심판원에 계속중인 때부터 그 결정이 확정될 때까지의 기간($^{법 \S136}_{②(i)본}$). 이 경우도 특허취소신청절차에서의 특허의 정정에 관한 제도가 있기 때문이다($^{법}_{\S132의3}$). 다만, 특허무효의 심결 또는 정정의 무효심판의 심결에 대한 소가 특허법원에 계속 중인 경우에는 특허법원에서 변론이 종결(변론 없이 한 판결의 경우에는 판결의 선고를 말한다)된 날까지 정정심판을 청구할 수 있다($^{법}_{\S136②(i)단}$). 특허심판원에서의 중복청구를 피하면서, 가능한 범위에서 특허권자에게 정정의 기회를 주자는 취지이다.

(ii) 특허무효심판 또는 정정의 무효심판이 특허심판원에 계속중인 기간 ($^{법}_{\S136②(ii)}$). 같은 법 조문($^{법}_{\S136}$) 안에서 제1항 단서의 규정과 제2항 제2호가 중복되는 표현을 했다. 결과에 별문제가 있는 것은 아니다.

(3) 특허권 소멸된 후의 정정심판청구

정정심판은 특허권이 소멸된 후에도 청구할 수 있다($^{법}_{\S136⑦본}$). 다만, 특허취소 결정이 확정되거나 특허를 무효(제133조 제1항 제4호에 의한 무효는 제외한다)로 한다는 심결이 확정된 후에는 그러하지 아니하다($^{법}_{\S136⑦단}$). 특허권리가 소급하여 소멸되기 때문이다.

5. 정정할 수 있는 범위와 한계

1) 정정할 수 있는 범위

(1) 정정범위의 제한

정정되는 범위는 매우 제한적이다. 청구범위를 감축하거나, 잘못 기재된 사항을 정정하는 경우 또는 분명하지 아니하게 기재된 사항을 명확하게 하는 경우로 한정되어 있다. ① 청구범위를 감축하는 경우($\frac{법}{①(i)}$§136) ② 잘못기재된 사항을 정정하는 경우($\frac{법 같은조}{①(ii)}$) ③ 분명하지 아니하게 기재된 사항을 명백하게 하는 경우($\frac{법 같은조}{①(iii)}$).

(2) 명세서 또는 도면의 정정범위

명세서 또는 도면의 정정은 특허발명의 명세서 또는 도면에 기재된 사항의 범위에서 할 수 있다($\frac{법}{§136③}$). 여기에서 "명세서 또는 도면"이란 특허권의 설정등록을 한 때(또는 정정심판을 청구한 때)의 것을 말한다. 보정 또는 정정되어 있는 경우에는 보정 또는 정정된 출원서(出願書)에 첨부된 명세서 또는 도면 등이 정정의 대상이 된다. 다만, 잘못 기재된 사항을 정정하는 경우에는 출원서에 최초로 첨부된 명세서 또는 도면에 기재된 사항의 범위에서 할 수 있다($\frac{법}{같은조③단}$).

2) 정정할 수 있는 한계

(1) 청구범위의 실질적 한계

명세서 또는 도면의 정정은 청구범위를 실질적으로 확장하거나 변경할 수 없다($\frac{법}{§136④}$). 청구범위는 감축만 할 수 있기 때문이다($\frac{법 같은조}{①(i)}$).

정정심판은 공익적인 면도 있으나 주로 특허권자를 위한 제도이므로, 특히, 제3자에 대한 불이익이 없도록 제한되어야 함은 당연하다. 따라서 정정심판에 있어서 청구범위를 실질적으로 확장하거나 변경할 수 없다는 것이다.

(2) 정정 후의 청구범위의 요건

정정 후의 청구범위가 특허를 받을 수 있는 것이어야 한다. 제136조(정정심판)제1항에 따른 정정 중 같은 항 제1호 또는 제2호에 해당하는 정정, 즉 청구범위를 감축하는 경우($\frac{법 같은조}{①(i)}$) 또는 잘못 기재된 사항을 정정하는 경우($\frac{법 같은조}{①(ii)}$)의 정정은 정정 후의 청구범위에 적혀 있는 사항이 특허출원을 하였을 때에 특허를 받을 수 있는 것이어야 한다($\frac{법}{§136⑤}$).

만약에, 명세서 또는 도면을 정정하고 청구범위를 감축하는 정정을 하였으나, 정정후의 청구범위가 특허를 출원하였을 때에 특허를 받을 수 없는 것인 경우에는, 그 정정은 무효의 대상으로 된다($^{법 §137}_{①각호}$). 그러한 경우에는, 다시 명세서 또는
도면의 정정을 청구할 수 있는지의 여부를 검토하여야 할 것이다.

6. 의견서 등의 제출기회부여와 명세서 등의 보정

(1) 심판관의 이유통지와 의견제출기회부여

심판관은 정정심판청구서가 다음 각호의 어느 하나에 해당한다고 인정하는
경우에는 청구인에게 그 이유를 통지하고 기간을 정하여 의견서를 제출할 수 있는
기회를 주어야 한다($^{법}_{§136⑥본}$).

(i) 제136조 제1항 각호의 어느 하나에 해당하지 아니한 경우($^{법 같은조}_{⑥(i)}$): 청구
범위의 감축, 잘못 기재된 사항의 정정 또는 분명하지 아니하게 기재된 사항을 명
확하게 하는 경우가 아닌 경우를 말한다.

(ii) 제3항에 따른 범위를 벗어난 경우($^{법 같은조}_{⑥(ii)}$): 명세서 또는 도면의 정정은
특허발명의 명세서 또는 도면에 기재된 사항의 범위에서 할 수 있고, 잘못된 기재
를 정정하는 경우에는 출원서에 최초로 첨부된 명세서 또는 도면에 기재된 범위에
서만 할 수 있는바, 이 범위를 초과한 경우를 말한다.

(iii) 제4항 또는 제5항을 위반한 경우($^{법 같은조}_{⑥(iii)}$): 청구범위를 실질적으로 확장
하거나 변경한 경우 또는 정정 후에 적혀 있는 사항이 특허출원을 하였을 때에 특
허를 받을 수 있는 것이어야 하는바, 이에 충족되지 못한 경우를 말한다.

(2) 정정청구인의 의견서 또는 보정서 등의 제출

청구인은 심판장이 지정한 기일 내에 의견서를 제출할 수 있음은 물론이요,
청구인은 제162조(심결) 제3항에 따른 심리종결이 되기 전(같은조 제4항에 따라 심리
가 재개된 경우에는 그 후 다시 같은조 제3항에 따른 심리의 종결이 통지되기 전)에 제140
조(심판청구방식) 제5항에 따른 심판청구서에 첨부된 정정한 명세서 또는 도면에 대
하여 보정(補正)할 수 있다($^{법}_{§136⑪}$).

7. 정정심판에는 적용하지 아니하는 규정들

정정심판에는 제147조(답변서제출 등) 제1항·제2항, 제155조(참가) 및 제156조
(참가의 신청 및 결정)를 적용하지 아니한다($^{법}_{§136⑨}$). 정정심판에는 불필요한 규정들이
기 때문이다. 정정심판에는 제도의 성질로 보아 피청구인이 없고, 심판참가제(審判
參加制) 또한 있을 수 없기 때문에 이러한 규정들을 적용할 여지가 없다 할 것이다.

8. 정정심판의 심리·심결·심결의 확정시기 등

⑴ 심판의 심리

일반심리와 같다. 후술한다.

⑵ 심   결

정정을 인용(認容)하는 경우와 이유 없음을 이유로 기각(棄却)하는 경우 또는 심판청구가 부적법하여 각하(却下)하는 경우가 있다($^{법\ \S141,}_{\S142\ 등}$).

후의 2자(기각 또는 각하)의 경우에는 불복의 소를 그 심결 또는 결정의 등본을 송달받은 날부터 30일 이내에 특허법원에 제기할 수 있다($^{법}_{\S186①③}$). 특허법원의 전속관할이다. 정정심판이 이유 있음을 이유로 정정을 인용하는 심결이 있은 경우에는 특허출원에 대한 특허결정을 한다는 심결과 같이 그 심결등본(審決謄本)이 정정심판의 청구인에게 송달됨으로써 확정된다.

9. 정정심결의 확정효과

특허발명의 명세서 또는 도면에 대하여 정정을 한다는 심결이 확정되었을 때에는 그 정정후의 명세서 또는 도면에 따라 특허출원(特許出願), 출원공개(出願公開), 특허결정(特許決定) 또는 심결 및 특허권의 설정등록이 된 것으로 본다($^{법}_{\S136⑩}$). 정정된 특허명세서와 도면 등을 특허출원을 한 당시에 제출했던 것으로 소급하여 인정한다는 취지이다.

10. 기타 부수적인 절차 등

특허발명의 명세서 또는 도면에 대한 정정을 한다는 심결이 있는 경우, 특허심판원장은 그 내용을 특허청장에게 알려야 한다($^{법}_{\S136⑫}$). 물론 이 경우에는 서면으로 알려야 한다.

특허청장에게 알림으로써 특허청장은 그 내용을 특허공보(特許公報)에 게재하여야 한다($^{법}_{같은조⑬}$). 뿐만 아니라 특허청장은 이를 특허원부에 등재(登載)하여야 하고($^{등록령\ \S3(iii),}_{\S14①(ii)}$), 정정심결에 따른 특허증도 발급한다($^{법}_{86③(i)}$).

제6항 정정의 무효심판

1. 정정무효심판의 개념과 취지

(1) 개   념

정정의 무효심판(trial for invalidation of correction)이란 정정된 특허발명의 명세서 또는 도면에 법정요건을 위반한 하자가 있어 그 정정을 무효로 하라는 심판이다($^{법}_{\S137①}$).

당초에 특허발명의 명세서 또는 도면에 무효사유 등 부적법한 하자가 있어서 그러한 하자를 제거시킴으로써 특허의 무효를 면하기 위하여 특허명세서 또는 도면을 정정했는데, 그 특허발명의 명세서 또는 도면에 대한 정정 그 자체가 법규정을 위반한 하자가 있으므로, 그 정정의 무효를 구하는 것이다.

(2) 취   지

특허발명의 명세서 또는 도면에 대하여 정정한다는 심결이 확정되었을 때에는 정정 후의 명세서 또는 도면에 따라 특허출원, 출원공개, 특허결정(特許決定) 또는 심결 및 특허권의 설정등록이 된 것으로 소급효과가 발생한다($^{법}_{\S136⑩}$) 함은 앞에서 설명되었다.

그런데 정정 그 자체가 법규정을 위반한 것이라면, 위법의 특허결정을 한 것이요, 위법의 특허권의 설정등록을 한 것이므로, 이러한 하자 있는 특허발명을 방치하는 것은 선출원권(先出願權)에 반하고 공익적인 면에서 제3자를 보호하기 위하여 이를 무효로 하자는 취지이다.

2. 정정의 무효심판의 청구방식

(1) 정정무효심판청구서

정정의 무효심판을 청구하려는 자는 제140조(심판청구방식) 제1항 각호 소정의 사항을 적은 정정무효(訂正無效)의 심판청구서를 특허심판원장에게 제출하여야 한다($^{법}_{①각호}^{\S140}$). 이때에 소정의 수수료도 내야 한다($^{법}_{\S82①③}$).

(2) 청구서의 보정 등

제출된 심판청구서를 보정할 수도 있으나 그 요지를 변경할 수 없다($^{법}_{\S140②본}$). 다만, 다음 각호의 어느 하나에 해당하는 경우에는 그러하지 아니하다($^{법}_{같은조②단}$).

(i) 당사자 중 특허권자의 기재를 바로잡기 위하여 보정(특허권자를 추가하는 것

을 포함한다)하는 경우$\binom{\text{법 같은조항}}{\text{단(i)}}$

　(ii) 청구의 이유를 보정하는 경우$\binom{\text{법 같은조항}}{\text{단(ii)}}$

3. 전용실시권자 등에 통지

　심판장은 정정의 무효심판이 청구된 경우에는 그 취지를 당해 특허권의 전용실시권자나 그 밖에 특허에 관하여 등록을 한 권리를 가지는 자에게 알려야 한다$\binom{\text{법 §137②,}}{\text{§133④}}$.

　특허에 관하여 등록을 한 권리자란 질권자 또는 등록을 한 통상실시권자 등이다. 이들은 정정된 특허권에 직접적인 이해관계인이므로 심판참가(審判參加)의 기회를 주기 위해서이다.

4. 청구인과 피청구인

(1) 청 구 인

　이해관계인과 심사관이다. 이해관계인이란 무효심판에 있어서의 이해관계인과 같다. 특허권자로부터 특허침해라는 주장의 공격 또는 경고를 받거나 받을 염려가 있는 자이다. 심사관에게 정정무효심판을 청구할 수 있게 한 것은 특허무효심판의 경우와 같이, 공공이익(公共利益)에 관계되기 때문이다.

(2) 피청구인

　특허권자이다. 정정심판의 청구에는 청구인(특허권자)만 있고 피청구인이 없었으나, 정정의 무효심판에 있어서는 정정특허의 특허권자가 피청구인이다. 특허권이 공유인 경우에는 제139조(공동심판의 청구 등) 제2항의 적용이 있다.

5. 정정무효심판의 청구기간

　정정이 된 후에는 언제든지 청구할 수 있다. 즉 특허권이 소멸된 후에도 청구할 수 있다$\binom{\text{법 §137②,}}{\text{§133②}}$.

　여기에서 특허권의 소멸이란 특허권의 소멸이 소급되지 않는 경우이다. 특허취소결정이 확정된 경우$\binom{\text{법 §132의}}{13③}$와 특허의 무효심결이 확정된 경우$\binom{\text{법}}{\text{§133③본}}$ 또는 특허권 존속기간의 연장등록의 무효심결이 확정된 경우$\binom{\text{법}}{\text{§134④본}}$ 등 특허권의 효력이 소급하여 소멸하는 경우를 제외한 특허권의 소멸을 말한다. 왜냐하면, 특허권이 선행의 취소결정이나 무효심결 등이 확정되어 특허권이 소급적으로 효력이 이미 소멸된 경우에는 더 이상 무효로 할 대상물이 없기 때문이다.

6. 정정의 무효이유

제132조의3(특허취소신청절차에서의 특허의 정정) 제1항, 제133조의2(특허무효심판 절차에서의 특허의 정정) 제1항, 제136조(정정심판) 제1항 또는 이 조 제3항에 따른 특허발명의 명세서 또는 도면에 대한 정정이 다음 각호의 어느 하나의 규정을 위반한 경우이다(법§137①각호).

(i) 제136조(정정심판) 제1항 각호의 어느 하나의 규정(법같은조①(i)): 그 내용은 ① 청구범위를 감축하는 경우 ② 잘못 기재된 사항을 정정하는 경우 ③ 분명하지 아니하게 기재된 사항을 명확하게 하는 경우 등이다.

(ii) 제136조(정정심판) 제3항부터 제5항까지의 규정〔제132조의3(특허취소신청절차에서의 특허의 정정) 제3항 또는 제133조의2(특허무효심판절차에서의 특허의 정정) 제4항에 따라 준용되는 경우를 포함한다〕(법같은조①(ii))

7. 피청구인에게 정정청구의 기회부여

(1) 피청구인의 정정청구

정정무효심판의 피청구인은 제136조(정정심판) 제1항 각호의 어느 하나에 해당하는 경우에만, 즉 ① 청구범위를 감축하는 경우 ② 잘못 기재된 사항을 정정하는 경우 ③ 분명하지 아니하게 기재된 사항을 명확하게 하는 경우에만, 제147조(답변서 제출 등) 제1항 또는 제159조(직권심리) 제1항 후단에 따라 지정된 기간에 특허발명의 명세서 또는 도면의 정정을 청구할 수 있다(법§137③전).

이 경우 심판장이 제147조(답변서 제출 등) 제1항에 따라 지정된 기간 후에도 청구인이 증거를 제출하거나 새로운 무효사유를 주장함으로 인하여 정정의 청구를 허용할 필요가 있다고 인정하는 경우에는 기간을 정하여 정정청구를 하게 할 수 있다(법§137③후). 2017. 3. 1. 시행의 개정법에 따라 청구인과 피청구인의 형평성(衡平性)을 배려한 규정이다.

(2) 준용규정

이 정정청구에 관하여는 제133조의2(특허무효심판절차에서의 특허의 정정) 제2항부터 제5항까지의 규정을 준용한다(법§137④전). 이 경우 제133조의2 제3항 중 "제133조 제1항"은 "제137조 제1항"으로 보고, 같은조 제4항 후단 중 "제133조의2 제1항"을 "제137조 제3항"으로 보며, 같은조 제5항 중 "제1항"을 각각 "제3항"으로

본다($\substack{법 \\ \S137④후}$). <2017. 3. 1. 시행법>

8. 정정무효심판의 심결의 효과

(1) 정정의 소급소멸

정정을 무효로 한다는 심결(審決)이 확정되었을 때에는 그 정정은 처음부터 없었던 것으로 본다($\substack{법 \\ \S137⑤}$).

(2) 특허권자의 대응책

정정이 처음부터 없었던 것으로 보게 되므로, 정정의 청구 전에 하자 있었던 특허발명은 다시 하자 있는 특허발명으로 되는 등 무효사유로 될 수 있으므로, 특허권자로서는 특허법원에 정정무효심결의 취소를 구하는 소를 제기하든지($\substack{법 \\ \S186①③}$), 특허발명의 명세서 또는 도면에 대한 새로운 정정범위를 정하여 다시 정정심판을 청구하는($\substack{법 \\ \S137①}$) 대응책을 강구해야 할 것이다.

제 7 항   통상실시권 허락의 심판 — 심판에 의한 통상실시권

1. 개념과 요건

(1) 개   념

통상실시권 허락(許諾)의 심판(trial for grant of working license)이란 특허권자 등에 갈음하여 심판이라는 공권력(公權力)에 의한 강제적인 실시허락(實施許諾)을 구하는 심판이다.

특허권자·전용실시권자 또는 통상실시권자는 특허발명이 그 특허발명의 특허출원일 전에 출원된 타인의 특허발명·등록실용신안 또는 등록디자인이나 그 디자인과 유사한 디자인을 이용하거나 특허권이 그 특허발명의 특허출원일 전에 출원된 타인의 디자인권 또는 상표권과 저촉되는 경우에는 그 특허권자·실용신안권자·디자인권자 또는 상표권자의 허락을 받지 아니하고는 자기의 특허발명을 업으로서 실시할 수 없다($\substack{법 \\ \S98}$).

그런데, 특허권자, 전용실시권자 또는 통상실시권자는 해당 특허발명이 제98조(타인의 특허발명 등과의 관계)에 해당하여 실시의 허락을 받으려는 경우에 그 타인이 정당한 이유 없이 허락하지 아니하거나 그 타인의 허락을 받을 수 없을 때에는 자기의 특허발명의 실시에 필요한 범위에서 통상실시권 허락의 심판을 청구할 수 있다($_{§138①}^{법}$). 그러나 이 경우에는 전제적인 요건이 필요하다. 다음과 같다.

(2) 심판청구의 전제적 요건

그 특허발명이 그 특허출원일 전에 출원된 타인의 특허발명 또는 등록실용신안과 비교하여, ① 상당한 경제적(經濟的) 가치가 있고 ② 중요한 기술적 진보를 가져오는 것이어야만, 통상실시권을 허락하는 심결을 받을 수 있다($_{§138②}^{법}$). 이러한 요건에 충족되는 것으로 한정함으로써, 특허법의 목적에 부합시키고 이 심판제도의 남용을 방지하자는 취지이다.

2. 통상실시권 허락의 심판청구인과 상대방인 피청구인의 심판청구

(1) 심판의 청구인

해당 특허발명이 제98조(타인의 특허발명 등과의 관계)에 해당하여 실시의 허락을 받으려는 특허권자, 전용실시권자 또는 통상실시권이다($_{§138①}^{법}$).

(2) 상대방인 피심판청구인의 심판청구

이 심판에 따라 통상실시권을 허락한 자가 그 통상실시권을 허락받은 자의 특허발명을 실시할 필요가 있는 경우에, 그 통상실시권을 허락받은 자가 실시를 허락하지 아니하거나 실시의 허락을 받을 수 없을 때에는, 통상실시권을 허락받아 실시하려는 특허발명의 범위에서 통상실시권 허락의 심판을 청구할 수 있다($_{같은조③}^{법}$).

이것은 심판의 심결에 의하여 통상실시의 허락을 한 자가, 허락을 받은 자의 특허발명 등의 통상실시의 허락을 받으려는 심판의 청구이다.

허락을 해주었으니 허락을 받으려는 심판의 청구이므로, 결과에 있어서는 교차실시권(交叉實施權), 즉 Cross license를 갖자는 것이다. 이 경우는 청구인의 특허발명 등과 비교하여 ① 경제적 가치나 ② 기술적 진보 등이 요구되는 것은 아니다. 그러므로 실시허락을 해주는 것이 형평칙(衡平則)에 맞을 것이다.

3. 통상실시권 허락의 심판청구방식

(1) 통상실시권 허락 심판청구서

통상실시권 허락의 심판을 청구하려는 자는 제140조(심판청구방식) 제1항 소정의 사항을 적은 심판청구서를 특허심판원장에게 제출하여야 한다($_{①각호}^{법 §140}$). 그리고 소정의 수수료도 내야 한다($_{§82①③}^{법}$).

(2) 심판청구서에 기재사항

제138조(통상실시권 허락의 심판) 제1항에 따른 통상실시권 허락의 심판의 청구

서에는 제140조(심판청구방식) 제1항 각호의 사항 외에 다음 사항을 추가로 적어야
한다($^{법}_{§140④본}$).

　(ⅰ) 실시하려는 자기의 특허의 번호 및 명칭($^{법}_{같은조④(ⅰ)}$)

　(ⅱ) 실시되어야 할 타인의 특허발명·등록실용신안 또는 등록디자인의 번호·
명칭 및 특허나 등록연월일($^{법}_{같은조④(ⅱ)}$)

　(ⅲ) 특허발명·등록실용신안 또는 등록디자인의 통상실시권의 범위·기간 및
대가($^{법}_{같은조④(ⅲ)}$)

(3) 심판청구서의 보정

　제출된 심판청구서의 보정은 그 요지를 변경할 수 없다($^{법}_{§140②본}$). 다만, 다음
각호의 어느 하나에 해당하는 경우에는 그러하지 아니하다($^{법}_{같은조②단}$).

　(ⅰ) 당사자 중 특허권자의 기재를 바로잡기 위하여 보정(특허권자를 추가하는 것
을 포함하되, 청구인이 특허권자인 경우에는 추가되는 특허권자의 동의가 있는 경우로 한정한
다)하는 경우($^{법}_{같은조②단(ⅰ)}$)

　(ⅱ) 청구이유를 보정하는 경우($^{법}_{같은조②단(ⅱ)}$)

(4) 특허권이 공유인 경우

　특허권이 공유인 경우에는 공유자 모두가 공동으로 청구하여야 하고($^{법}_{§139③}$),
공유자 모두를 피청구인으로 하여야 한다($^{법}_{같은조②}$). 법률적 효과가 공유자 모두에게
합일적으로 확정되어야 하기 때문이다.

4. 등록 및 대가의 지급

(1) 실시권의 등록

　등록을 한 경우에는 그 등록 후에 특허권 또는 전용실시권을 취득한 자에 대
해서도 그 효력이 발생한다($^{법}_{§118①}$). 기타의 사항에 대하여도 등록을 하여야만 제3
자에게 대항할 수 있다($^{법}_{같은조③}$). 제3자라 함은 특허권자 또는 전용실시권자 등 당
사자 외에 통상실시권에 관한 이해관계 있는 자를 말한다. 대항할 수 있다 함은
권리를 주장할 수 있다는 뜻이다.

(2) 대가의 지급

　(ⅰ) 이 통상실시권을 허락받은 자는 특허권자, 실용신안권자, 디자인권자 또는
전용실시권자에게 대가를 지급하여야 한다($^{법}_{§138④본}$). 다만, 자기가 책임질 수 없는
사유로 지급할 수 없는 경우에는 그 대가를 공탁하여야 한다($^{법}_{같은조항 단}$).

　(ⅱ) 위의 통상실시권을 허락받은 통상실시권자는 그 대가를 지급하지 아니하

거나 공탁(供託)을 하지 아니하면 그 특허발명, 등록실용신안 또는 등록디자인이나 이와 유사한 디자인을 실시할 수 없다($_{같은조⑤}^{법}$). 그 대가지급(對價支給)의 의무를 동시이행(同時履行)의 조건으로 한다는 취지이다.

(iii) 그 대가는 통상실시료(通常實施料)에 해당되는 것이다.

5. 실시권의 이전·소멸 등의 부종성(附從性)

이 실시권은 그 통상실시권자의 해당 특허권·실용신안권 또는 디자인권(이하 "특허권 등"이라 한다)과 함께 이전되고, 해당 특허권 등과 함께 소멸된다($_{§102④}^{법}$). 이 실시권은 해당 특허권 등의 이용·저촉의 관계로 인한 강제실시권이므로, 권원(權原)인 해당 원특허권과 분리할 수 없으므로 부종되는 운명이기 때문이다.

이 통상실시권에 관하여는 제99조(특허권의 이전 및 공유 등) 제2항 및 제3항의 준용이 있다($_{§102⑦}^{법}$). 즉 공유의 지분이전에는 공유자 모두의 동의가 필요하고, 각 공유자는 특약이 없는 한 다른 공유자의 동의 없이 그 특허발명을 자신이 실시할 수 있다.

제 3 관 심판의 본안심리 전의 절차

제 1 항 심판관의 지정, 심판번호의 부여와 심판관의 지정통지 및 심판 청구의 예고등록

(1) 심판관의 지정 등

특허심판원장은 심판이 청구되면 심판관(審判官)에게 심판하게 한다($_{§143①}^{법}$). 그러기 위하여 특허심판원장은 심판사건에 대하여 제146조(심판의 합의체)에 따른 합의체(合議體)를 구성할 심판관을 지정(指定)하여야 한다($_{§144①}^{법}$).

특허심판원장은 제144조(심판관의 지정) 제1항에 따라 지정된 심판관 중에서 1명을 심판장(審判長)으로 지정하여야 한다($_{§145①}^{법}$). 심판장은 그 심판사건에 관한 사무를 총괄한다($_{같은조②}^{법}$).

(2) 특허심판원장의 심판관 변경지정

특허심판원장은 제146조(심판의 합의체)에 따른 합의체를 구성한 후에, 심판관 중에서 심판에 관여하는데 지장이 있는 심판관이 있으면 다른 심판관에게 심판하게 할 수 있다($\frac{법}{\S144②}$).

이미 지정된 합의체의 심판관 중에서 질병(疾病)·사고(事故)·기타 부득이한
사정(事情)이 있거나, 심판관에게 제척·기피·회피(回避) 등의 사유가 있는 경우
등으로 제한적이어야 할 것이다.

(3) 심판번호의 부여와 심판관의 지정통지

특허심판원장은 심판청구서를 수리한 때에는 심판번호를 부여하고 그 사건에
대한 합의체를 구성할 심판관을 지정하여 당사자에게 통지하여야 한다($\frac{시행규칙}{\S58}$).

이 통지는 두 가지 의미가 있다. 첫째는, 심판번호와 심판관의 지정사실을 알
리는 것이요, 둘째는, 지정된 심판관 중에 제척·기피·회피(回避) 등의 사실이 있
는지의 여부도 살펴보라는 뜻이 담겨져 있다.

(4) 심판청구의 예고등록

심판이 청구되면 특허청장은 특허원부(特許原簿)에 심판이 청구된 사실을 예
고등록한다($\frac{등록령}{\S6①(iv)}$). 제3자에 대한 예측하지 못한 손해발생이 없도록 일반에게 심
판청구사실을 공시하는 것이다.

제 2 항 심판관의 직무상 독립과 제척·기피·회피

1. 심판관의 직무상 독립성

(1) 심판관의 독립성

심판관은 직무상 독립하여 심판한다($\frac{법}{\S143③}$). 심판관의 자격은 대통령령으로 정
한다($\frac{법 같은조②,}{시행령 \S8②③④}$). 심판관의 직무상의 독립성(獨立性)을 규정하면서, 심판관의 자격
(資格)과 신분보장(身分保障)을 심판직의 특별법으로 규정하지 못한 것은 자기모순
이 아닐 수 없다. 매우 아쉬운 일이다.

법관에게는 재판의 적정·공평(公平)을 보장하고 국민의 신뢰(信賴)를 유지하
기 위하여 헌법에 물적독립(物的獨立)인 법관의 독립($\frac{헌법}{\S103}$)과 인적독립(人的獨立)인
법관의 신분보장($\frac{헌법}{\S106}$)의 규정이 있고, 법관의 자격은 법률로 정한다 하였다($\frac{헌법}{\S101③}$).
물론 사법권(司法權)의 독립이 전제로 되어 있는 법관(法官)과 행정공무원인 심판
관의 자격과 신분보장이 같을 수는 없지만, 그래도 일반직 국가공무원과는 차별화
된 자격과 신분보장에 관한 특단의 법률이 있어야 할 것이다. 여기에서 심판관의
직무상(職務上) 독립(獨立)이 요구되는 직무는 지정된 심판사건의 직무를 말한다.

지정된 심판사건의 심판절차, 심리 및 심결 등의 직무는 특허청장이나 특허심판원
장으로부터 직무상 독립하여 심판한다는 뜻이다.

심판관은 행정공무원으로서 심판에 관한 직무 외의 일반행정에 관하여는 특
허청장 또는 특허심판원장의 지휘·감독하에 있다.

(2) 제도의 취지

지정된 심판직무(審判職務)에 대하여 심판의 공정(公正)을 보장하고 국민의 신
뢰를 얻기 위하여, 어떠한 지시나 압력에 영향을 받지 아니하고 직무상 독립하여
오로지 법령에 대한 자기 자신의 확신과 기술적 지식에 대한 확신에 따라 심판해
야 한다는 의미이다.

2. 심판관의 제척·기피·회피

이 제도 또한 심판의 공정(公正)을 보장(保障)함으로써, 국민의 신뢰(信賴)를
얻기 위한 제도이다.

심판관이 지정된 당해 심판사건과 인적으로나 물적으로 특별한 관계가 있기
때문에 공정한 심판을 기대하기 어려운 경우에 심판의 공정성을 보장하기 위하여,
그러한 심판관으로 하여금 그 심판에 관여할 수 없게 하거나(제척·기피) 심판관 스
스로가 물러남(회피)으로써 국민으로부터 심판제도의 신뢰성을 얻자는 것이다.

1) 심판관의 제척

(1) 제척(除斥)의 개념

심판관의 제척(exclusion of a trial examiner)이란 심판관이 지정된 심판사건과
의 관계에서, 법에서 정한 특별한 원인이 있는 때에는 법률상 당연히 그 사건에
관한 직무집행(職務執行)을 하지 못하는 것을 말한다. 법정의 특수한 관계가 있을
때에는 자동적으로 그 직무로부터 배제되는 제도이다.

(2) 제척의 원인

법에 열거되어 있다. 심판관은 다음 각호의 어느 하나에 해당하는 경우에는
그 심판에서 제척된다($\frac{법}{\S148본}$).

(ⅰ) 심판관 또는 그 배우자(配偶者)이거나 배우자이었던 사람이 사건의 당사
자, 참가인 또는 특허취소신청인인 경우($\frac{법}{같은조(i)}$): 여기에서 배우자라 함은 법률상
혼인(婚姻)에 의한 배우자를 말한다($\frac{민법}{\S812}$). 사실혼인 내연의 배우자 또는 약혼자는
기피의 대상이고, 제척의 대상은 아니다.

(ⅱ) 심판관이 사건의 당사자, 참가인 또는 특허취소신청인의 친족(親族)이거나

친족이었던 경우($^{법}_{같은조(ii)}$): 여기에서 친족이란 민법 제777조(친족의 범위)에 규정된 팔촌(8寸) 이내의 혈족(血族)과 사촌(四寸) 이내의 인척(姻戚)을 말한다.

(iii) 심판관이 사건의 당사자, 참가인 또는 특허취소신청인의 법정대리인이거나 법정대리인이었던 경우($^{법}_{같은조(iii)}$)

(iv) 심판관이 사건에 대한 증인, 감정인이거나 감정인 이었던 경우($^{법}_{같은조(iv)}$): "감정인이거나" 다음에 "<u>증인 또는</u>"이 탈루(脫漏)된 듯하다.

(v) 심판관이 사건의 당사자, 참가인 또는 특허취소신청인의 대리인이거나 대리인이었던 경우($^{법}_{같은조(v)}$): 여기에서의 대리인이란 당해 특허의 출원 또는 심판의 대리인이었거나 법정대리인이었거나 모두 포함된다.

(vi) 심판관이 사건에 대하여 심사관 또는 심판관으로서 특허여부결정 또는 심결에 관여한 경우($^{법}_{같은조(vi)}$): 당해 특허의 출원절차나 심판과정에서 심사관 또는 심판관으로서 관여한 경우를 말한다.

(vii) 심판관이 사건에 관하여 직접 이해관계를 가진 경우($^{법}_{같은조(vii)}$): 여기에서의 "이해관계"란 법률상의 권리·의무에 직접적인 영향, 즉 이익을 얻거나 손해를 면하거나 또는 손해를 볼 수 있는 관계이다. 경제적인 이해관계는 기피신청의 대상이다.

(3) 제척의 신청

제148조(심판관의 제척)에 따른 제척의 원인이 있으면 당사자 또는 참가인은 제척신청(除斥申請)을 할 수 있다($^{법}_{§149}$).

제척은 법률의 규정에 의하여 당연히 직무로부터 제척되는 것이므로, 당해 심판관 또는 심판의 합의체가 직권으로 탐지(探知)해야 할 사항이다. 그러므로 여기에서 제척의 신청이란 제척원인이 있다는 사실을 알리는 것이고 법정의 요건은 아니다. 이 제척신청을 하려는 자는 그 원인을 적은 서면을 특허심판원장에게 제출하여야 한다. 다만, 구술심리를 할 때에는 구술로 할 수 있다($^{법}_{§151①}$). 이 제척의 원인은 신청한 날부터 3일 이내에 소명(疎明)하여야 한다($^{법}_{같은조②}$). 소명을 요구하는 것은 근거도 없는 제척신청으로 심판을 지연시키는 남용을 막자는 것이고, 3일 이내로 요구하는 것도 심판의 지연을 방지하자는 취지이다. 소명이란 어느 사실의 존재가 일응은 확실할 것이라는 추측을 얻은 상태 또는 그러한 상태에 이르도록 증거를 제출하는 당사자의 노력을 말한다.

(4) 제척의 결정

제척신청이 있으면 심판으로 결정하여야 한다($^{법}_{§152①}$).

제척대상이 된 심판관은 그 제척에 대한 심판에 관여할 수 없고 다만, 의견을 진술할 수 있을 뿐이다($^{법.같은조}_{②본·단}$). 제척결정은 서면으로 하여야 하며, 그 이유를 붙여야 한다($^{법}_{같은조③}$). 제척결정에 대해서는 불복할 수 없다($^{법}_{같은조④}$). 제척결정에 대해서 독립해서 불복할 수 없다는 뜻이고, 본안심결에 대한 불복을 하는 경우에는 제척규정에 반한 사실을 불복의 이유로 할 수는 있다 할 것이다.

제척신청이 있으면, 그 신청에 대한 결정이 있을 때까지 심판절차를 중지하여야 한다($^{법}_{§153본}$). 다만, 긴급한 경우에는 그러하지 아니하다($^{법}_{같은조 단}$). 긴급한 증거보전(證據保全) 등이 필요한 경우이다($^{법}_{§157②③}$).

(5) 제척의 효과

심판관에게 제척원인이 있으면 법률상 당연히 해당 심판사건에 관한 직무집행으로부터 배제된다.

당사자가 그 제척원인을 알고 모르고를 따질 필요 없이 일체의 직무를 행할 수 없는 법적 효과가 발생한다. 따라서 제척원인이 있음에도 불구하고 심판관이 심결에 관여했다면, 심결이 확정 전이면 불복의 이유가 됨은 물론이요, 심결이 확정된 경우에는 재심(再審)의 사유로 된다($^{법 §178②,}_{민소법 §451①(ii)}$).

2) 심판관의 기피

(1) 기피(忌避)의 개념

심판관의 기피(refusal of a trial examiner)란 제척원인(除斥原因) 외에 심판관에게 공정한 심판을 기대하기 어려운 사정이 있을 때에는 당사자 또는 참가인 등의 신청과 그에 대한 심판의 결정으로 당해 심판사건으로부터 심판관의 직무집행을 배제시키는 제도이다

심판관에게 공정한 심판을 기대하기 어려운 사정이 있으면 당사자 또는 참가인은 기피신청(忌避申請)을 할 수 있다($^{법}_{§150①}$).

(2) 제척과 기피의 비교

① 제척원인(除斥原因)은 고정적으로 법정되어 있으므로 신청이 없거나 심판으로 결정(확인)이 없어도 당연히 배제된다. 그러나 기피사유(忌避事由)는 유동적이어서 당사자 또는 참가인 등의 신청과 심판의 결정으로 비로소 배제된다.

② 제척원인은 열거된 것만으로 한정되어 있으나, 기피는 "심판관에게 공정한 심판을 기대하기 어려운 사정"이란 매우 광범하다. 통상인을 기준으로 구체적

인 사정을 객관적으로 판단해야 겠지만 심판관과 당사자 또는 참가인과의 관계에
서 친밀한 교우(交友)·동료(同僚)·사제(師弟)·주객(主客)·친인척(민법 제777조 외
의 親姻戚)·원한관계(怨恨關係)·사실혼(事實婚)·약혼(約婚)·기타의 애정관계(愛情
關係)·경제적인 이해관계·법인의 임원관계(任員關係) 등이라 할 것이다.

③ 제척에 관하여도 신청에 관한 규정이 있으나($\frac{법}{\S149}$), 이는 제척원인이 있음
을 심판부에 알리는 의미에 불과하고 또 제척도 심판으로 결정하나($\frac{법}{\S152}$), 이는 확
인(確認)하는 것에 불과하다. 그러나 기피는 그 신청이 요건으로 되어 있고 그에
대한 결정(決定)은 확인이 아니라 형성적(形成的)이다.

④ 따라서 제척에 반하는 행위는 제척신청의 전·후를 불문하고 모두 위법(違
法)이지만, 기피는 기피의 결정 전에 당해 심판관이 행한 직무는 위법은 아니라고
해석된다. 따라서 기피제도(忌避制度)는 제척제도(除斥制度)에 보완적으로 심판의
공정성(公正性)을 확보하려는 제도라 할 것이다.

(3) 기피의 신청

심판관에게 공정한 심판을 기대하기 어려운 사정이 있으면 당사자 또는 참가
인은 기피신청을 할 수 있다($\frac{법}{\S150①}$).

그러나 당사자 또는 참가인이 심판관에게 기피원인(忌避原因)이 있음을 알면
서도 당해 사건의 심판관에게 서면 또는 구술(口述)로 진술(陳述)을 한 후에는 기
피신청을 할 수 없다($\frac{법}{\S150②본}$). 당해 심판관에게 기피사유가 있음을 알면서도 진술
한 것은, 그 심판관을 신뢰한 것으로 보기 때문이다. 다만, 기피의 원인이 있는 것
을 알지 못한 경우 또는 기피의 원인이 그 후에 발생한 경우에는 그러하지 아니하
다($\frac{법}{같은조 단}$).

(4) 기피의 소명

기피신청을 하려는 자는 그 원인을 적은 서면을 특허심판원장에게 제출하여
야 한다($\frac{법}{\S151①본}$). 다만, 구술심리를 할 때에는 구술로 할 수 있다($\frac{법}{같은조①단}$).

기피의 원인은 신청한 날부터 3일 이내에 소명(疏明)하여야 한다($\frac{법}{같은조②}$). 소
명을 요구하는 것은 소명도 없는 기피신청의 남용을 막자는 것이고, 3일 이내의
소명요구는 심판절차의 지연을 막기 위해서이다. 소명은 엄격한 증거(證據)는 아니
지만, 사실의 존재가 있음은 사실일 것이라고 추측할 수 있는 상태 또는 그러한
상태에 이르도록 증거를 제출하려는 당사자의 노력을 말한다. 소명도 없는 신청은
심판의 지연책으로 남용되는 경우가 있으므로 각하되어야 할 것이다.

(5) 기피신청에 관한 결정

기피신청이 있으면 심판으로 결정하여야 한다($\substack{법 \\ \S152①}$). 기피신청의 대상이 된 심판관은 그 기피에 대한 심판에 관여할 수 없으나, 의견을 진술할 수 있다($\substack{법 \\ 같은조②}$). 심판에 관여하지 못하게 하는 것은 공정한 결정을 하기 위한 것이고, 의견진술의 기회를 주는 것은 변명의 기회를 주고 또 그 의견이 참고될 수 있기 때문이다. 기피신청에 따른 결정은 서면으로 하여야 하고, 그 이유를 붙여야 한다($\substack{법 \\ 같은조③}$). 신청인이 그 내용을 확실히 알 수 있게 하기 위해서이다. 기피신청에 대한 결정에 대해서는 불복할 수 없다($\substack{법 \\ 같은조④}$). 기피의 결정 그 자체만의 불복을 금하는 것이다. 기피대상인 심판관이 본안의 심결에 관여한 사실을 이유로 심결에 대한 불복이 가능함은 물론이다.

(6) 심판절차의 중지

기피신청이 있으면 그 신청에 대한 결정이 있을 때까지 심판절차를 중지하여야 한다($\substack{법 \\ \S153본}$). 기피대상이 되어 있는 심판관의 관여하에 심판절차를 진행시킬 수 없기 때문이다. 다만, 긴급한 경우에는 그러하지 아니하다($\substack{법 \\ 같은조 단}$). 증거조사를 긴급히 하지 않으면 증거가 소멸의 우려가 있는 경우 등 부득이한 경우를 말한다($\substack{법 \\ \S157②③}$).

3) 심판관의 회피

(1) 회피(回避)의 개념

심판관의 회피(refrainment of a trial examiner)란 제척이나 기피의 원인 또는 이에 준하는 원인이 있어, 공정한 심판을 기대하기 어려운 사정이 있는 경우에는 심판관이 자진하여 당해 심판사건으로부터 물러나는 것이다. 심판관이 제148조(심판관의 제척) 또는 제150조(심판관의 기피)에 해당하는 경우에는 특허심판원장의 허가를 받아 그 사건에 대한 심판을 회피할 수 있다($\substack{법 \\ \S153의2}$). 이 또한 공정한 심판을 보장하기 위한 제도이다.

(2) 회피의 절차

특허심판원장의 허가(許可)만 받으면 된다. 제척이나 기피와 같이 여러 절차가 필요 없으므로 제척원인이나 기피사유가 있을 때에, 심판관이 자진하여 그 사건으로부터 물러나는 회피제도(回避制度)는 매우 합리적이다. 다만, 심판관이 회피사유(回避事由)도 없으면서, 의도적으로 복잡한 심판사건을 회피하기 위한 직무유기(職務遺棄)의 수단으로 남용되어서는 아니 될 것이다. 그러나 제척이나 기피의 신청이 있었고 그에 대한 결정이 있기 전에 해당 심판관이 자진하여 회피하면, 제척이나 기피에 대한 결정의 필요 없이 제척·기피의 사건은 종료된다.

제 3 항 심판청구의 보정명령 불응에 대한 심판청구의 결정각하와 보정 불능의 심판청구에 대한 심결각하

1. 심판청구의 보정명령과 심판청구의 결정각하

(1) 심판장의 보정명령

심판장은 다음 각호의 어느 하나에 해당하는 경우에는 기간을 정하여 그 보정(補正)을 명하여야 한다($^{법}_{\S141①본}$).

(i) 심판청구서가 제140조(심판청구방식) 제1항 및 제3항부터 제5항까지 또는 제140조의2(특허거절결정에 대한 심판청구방식) 제1항을 위반한 경우($^{법}_{같은조①(i)}$)

(ii) 심판에 대한 절차가 다음 각 목의 어느 하나에 해당하는 경우($^{법}_{같은조①(ii)}$)

가. 제3조(미성년자 등의 행위능력) 제1항 또는 제6조(대리권의 범위)를 위반한 경우

나. 제82조(수수료)에 따라 내야 할 수수료를 내지 아니한 경우

다. 이 법 또는 이 법에 따른 명령으로 정하는 방식을 위반한 경우

(2) 심판의 결정각하

심판장은 제1항에 따른 보정명령을 받은 자가 지정된 기간에 보정을 하지 아니하거나 보정한 사항이 제140조(심판청구방식) 제2항 또는 제140조의2(특허거절결정에 대한 심판청구방식) 제2항을 위반한 경우에는 심판청구서 또는 해당절차와 관련된 청구나 신청 등을 결정(決定)으로 각하(却下)하여야 한다($^{법}_{\S141②}$).

(3) 결정각하의 방식

결정은 서면으로 하여야 하고, 그 이유를 붙여야 한다($^{법}_{같은조③}$). 결정을 서면으로 하여야 하는 것은 공권력(公權力)의 의사결정(意思決定)을 명백히 하기 위한 서면주의(書面主義)의 원칙에 의한 것이요, 이유를 붙여야 하는 것은 심판청구인에게 결정각하의 까닭을 자세히 밝혀 주어야만 심판청구인으로서도 자신의 잘못을 확인할 수 있고, 또 불복의 이유도 가늠할 수 있기 때문이다($^{법}_{\S186①}$).

2. 보정할 수 없는 심판청구의 심결각하

(1) 보정할 수 없는 심판청구

심판청구의 하자가 경미한 것은 심판장의 보정명령과 심판청구인의 보정에

의하여 하자가 치유(治癒)될 수 있으나($^{법}_{§141}$), 그 하자가 매우 중요하여 보정(補正)만으로는 치유될 수 없는 경우가 있다.

예로서, 심판의 당사자를 잘못 정한 경우, 심판의 대상(특허권)을 잘못 정한 경우, 일사부재리(一事不再理)의 원칙에 반한 심판인 경우, 기타 부적법한 경우 등은 모두 보정불능(補正不能)의 경우들이다.

(2) 합의체의 심결각하

이와 같이 그 흠을 보정할 수 없는 심판청구의 경우에는 피청구인에게 답변서(答辯書)제출의 기회($^{법}_{§147}$)를 주지 아니하고, 합의체의 심결로써 그 심판청구를 각하(却下)할 수 있다($^{법}_{§142}$). 그러나 심결의 합의절차(合議節次)에서 이견이 있으면, 심판청구인에게 의견진술의 기회를 주는 것이 바람직할 것이다.

제 4 항   심판청구서 부본의 송달과 답변서부본의 송달 등

(1) 심판청구서 부본의 송달

심판장은 심판이 청구되면 심판청구서 부본을 피청구인에게 송달하고, 기간을 정하여 답변서(答辯書)를 제출할 수 있는 기회를 주어야 한다($^{법}_{§147①}$). 심판의 피청구인에게 대응할 수 있는 기회를 주기 위해서이다.

답변서 제출기간을 지정하는 것은 심판절차의 지연을 막고 신속한 진행을 위해서이다. 답변서의 제출기간은 통상 1개월이지만, 반증(反證)의 수집 등에 상당한 기일이 필요할 때에는 기간의 연장이 가능하다.

답변기일이 지정된 경우에는 그 기일 전에는 심리를 종결할 수는 없다. 그러나 답변기일이 경과 후에는 답변서의 제출여부에 관계없이 심리를 진행할 수 있다($^{법}_{§158}$). 또 답변서가 지정기일의 경과 후에 제출되어도 부적법한 것은 아니므로 당연히 심리하여야 한다.

답변서가 심리종결(審理終結) 후에 접수된 경우에 심리를 재개하여야 하느냐의 여부는, 답변서의 내용에 따라 합의체에서 결정해야 할 것이다. 답변서의 내용(증거를 포함하여)이 종결된 심리결과를 번복할만한 것이라면 당연히 심리를 재개하여야 할 것이다.

(2) 답변서 부본의 송달

심판장은 피청구인의 답변서를 받았을 때에는 그 부본을 청구인에게 송달하여야 한다($\substack{법 \\ \S147②}$).

청구인에게도 피청구인의 답변내용을 알려야 함은 물론이요, 심판청구인의 청구이유 또는 증거방법 등을 보완할 수 있다. 물론, 청구인뿐만 아니라, 피청구인 도 답변의 이유 또는 증거방법 등을 심리종결 전에는 언제든지 제출할 수 있다.

(3) 심판장의 당사자 심문

당사자의 심문(審問)이란 당사자의 주장한 사실관계를 정리하기 위하여 당사 자의 주장을 들어보는 절차이다. 당사자에게 서면 또는 구술 등 적당한 방법으로 진술할 기회를 부여하는 것을 말하며, 공개를 요하지 않는다.

심판장은 심판에 관하여 당사자를 심문(審問)할 수 있다($\substack{법 \\ \S147③}$). 심판장의 재 량으로 할 수 있는 것이다. 증거조사를 위한 신문(訊問)도 할 수 있느냐? 엄격한 증거조사를 위한 당사자의 신문은 제157조(증거조사 및 증거보전)와 제159조(직권심 리) 제1항에 의하여야 한다.

제 4 관   심판의 본안심리

제 1 항   심리의 방식 — 구술심리 또는 서면심리

(1) 심판의 심리방식

심판은 구술심리(口述審理) 또는 서면심리(書面審理)로 한다($\substack{법 \\ \S154①본}$). 다만, 당 사자가 구술심리를 신청하였을 때에는 서면심리만으로 결정할 수 있다고 인정되는 경우 외에는 구술심리를 하여야 한다($\substack{법 \\ 같은조 단}$).

(2) 구술·서면·양주의의 장·단점

(i) 구술심리(口述審理)란 심리절차에 있어서 변론(辯論)이나 증거조사(證據調 查) 등의 심리를 구술의 방식으로 진행하는 것을 말한다. ① 구술심리는 당사자의 구술태도(口述態度)를 직접 듣고 볼 수 있어 진의(眞意)와 쟁점의 파악이 용이하여, 심리의 촉진에 기여할 수 있고 또 공개주의(公開主義)와 직접주의(直接主義)에 부합 된다. ② 그러나 너무 복잡한 사실관계는 구술설명이 어렵고 청취하여 정리하기도 어려울 뿐만 아니라, 구변(口辯) 좋은 사람의 화술(話術)에 영향될 수 있는 등 명확 성과 안전성이 부족하다.

(ii) 서면심리란 심리절차에 있어서 변론이나 증거조사 등의 심리를 서면자료 (書面資料)의 방식으로 진행하는 것이다. ① 이 서면심리는 구술에 비교하여 내용

이 정확하고 안전성(安全性)이 있다. 한번 기재된 내용은 재확인도 쉽게 할 수 있다. 요즘은 구술심리(口述審理)에 있어서도 녹음(錄音)기술이 발달되어 그 재확인이 용이해졌으나 그래도 그 정확성과 안전성은 서면이 우수하다. ② 서면심리의 단점으로는 그 서면의 작성·열람(閱覽)·교환(交換)·보관(保管) 등에 많은 시간·노력·장소(보관장소) 등이 필요하고 쟁점의 정리도 쉽지 않다.

(3) 구술심리의 공개

구술심리는 공개하여야 한다($^{법}_{\S154③본}$). 구술심리의 공개란 일반공중 누구라도 방청할 수 있는 상태에서 심리하는 원칙을 말한다. 이것은 밀행주의(密行主義)에 대한 개념으로서 구술심리의 과정을 일반공중에게 알림으로써 심판의 공정을 기함과 국민의 신뢰를 얻기 위해서이다. 다만, 공공(公共)의 질서 또는 선량(善良)한 풍속(風俗)에 어긋날 우려가 있으면 공개를 아니한다는 예외규정을 두었다($^{법}_{같은조③단}$).

(4) 구술심리의 기일·장소·취지 등의 통지

심판장은 구술심리로 심판을 할 경우에는 그 기일 및 장소를 정하고, 그 취지를 적은 서면을 당사자 및 참가인(參加人)에게 송달하여야 한다($^{법}_{154④본}$). 다만, 해당사건의 이전 심리에서 출석한 당사자 및 참가인에게 이미 알렸을 때에는 그러하지 아니하다($^{법}_{같은조④단}$).

(5) 구술심리의 조서작성

심판장은 구술심리로 심판할 경우에는 특허심판원장이 지정한 직원에게 기일(期日)마다 심리의 요지와 그 밖에 필요한 사항을 적은 조서(調書)를 작성하게 하여야 한다($^{법}_{같은조⑤}$). 구심심리의 내용을 당해사건의 심결에 참조하기 위해서이다.

(6) 구술심리의 조서에 심판장 등의 기명날인

구술심리의 조서에는 당해 심판의 심판장과 그 조서를 작성한 직원(職員)이 기명·날인하여야 한다($^{법}_{같은조⑥}$). 그 조서내용이 사실과 다름이 없고, 그 책임을 지겠다는 당해 심판장과 조서작성자(調書作成者)의 책임소재를 밝혀두는 기명·날인이다.

(7) 조서에 관한 민사소송법의 준용

민사소송법 제153조(형식적 기재사항)·제154조(실질적 기재사항) 및 제156조(서면 등의 인용·첨부)부터 제160조(다른 조서에 준용하는 규정)까지의 규정을 준용한다($^{법}_{\S154⑦}$). 이상은 모두 민사소송에 있어서, 변론절차(辯論節次)에서 작성하는 조서에 관한 규정들로서 심판의 구술심리절차에서 작성하는 조서에 준용하기에 적절한 규정들이다.

(8) 심판에 관하여 민사소송법의 준용

심판에 관하여는 민사소송법 제143조(통역) · 제259조(중복된 소제기의 금지) · 제299조(소명의 방법) 및 제367조(당사자신문)를 준용한다($\substack{법 \\ \S154⑧}$). 심판절차에서 구술심리(口述審理)를 하는 경우에 준용이 필요한 규정들이다.

(9) 심판장의 심판정 내 질서유지권

심판의 심리를 구술심리로 하는 경우에는 이를 공개하여야 하므로($\substack{법 \\ \S154③본}$), 일반공중의 방청을 허용하여야 한다. 그래서 당해 심판장에게 심판정 내의 질서유지권(秩序維持權)을 부여한 근거규정이다.

이에 대하여는 별도의 세칙이 마련되어야 할 것이다.

제 2 항   심판청구할 수 있는 자의 심판참가 — 공동심판참가

1. 심판참가의 개념과 제도의 취지 및 종류

(1) 심판참가의 개념

심판참가(intervention in the trial)란 당사자로서 심판을 청구할 수 있는 자가 타인이 청구한 심판에 합류하여 심판절차를 수행하거나, 법률상의 이해관계 있는 제3자가 그 심판의 어느 한 쪽 당사자의 편에서 그 심판절차를 보조하는 것이다.

참가제도는 결정계(決定系)의 심판인 특허거절결정 등에 대한 심판($\substack{법 \\ \S132의17}$)과 정정심판($\substack{법 \\ \S136}$) 등 피청구인이 없는 심판에는 적용되지 않는다.[15]

그러나 특허권이 설정등록되고, 또 특허의 정정심결이 확정된 후에는 그 특허의 무효심판 또는 정정의 무효심판을 청구할 수 있으므로 그러한 경우에는 피청구인이 있는 당사자계(當事者系)이므로, 그 어느 한쪽의 편에 심판참가를 할 수 있음은 물론이다.

(2) 심판참가제도의 취지

두 경우로 나누어진다. (i) 동일한 특허권에 관하여 심판을 각자가 독립하여 청구할 수 있는 경우에는 2인 이상이 공동으로 심판을 청구할 수 있음은 명문규정이 있다($\substack{법 \\ \S139①}$). 그러나 이러한 경우에도 각자가 독자적으로 심판을 청구할 수 있음은 물론이지만, 이미 타인이 심판을 청구하여 상당한 진행이 되었을 경우에는,

---

15) 대법원 1995. 4. 25. 선고 93후1834 **전원합의체** 판결.

차라리 그 심판에 참가함으로써 이미 진행된 심판절차를 이용하여 심판을 수행하는 것이, 뒤늦게 따로 심판을 청구하는 것보다 시간적으로나 경제적으로 유리하고 또, 심판의 절차경제에도 부합된다.

(ii) 한편, 심판의 결과에 이해관계가 있는 제3자가 그 심판을 당사자에게만 맡겨두고 방관하다가 잘못되어 손해를 볼 수 있는 경우에 심판당사자의 어느 한쪽 편에서 그 심판이 성공할 수 있도록 당사자를 돕는 심판절차를 밟음으로써 심결의 법적 효력이 참가인에게 유리한 결과를 가져오게 하려는 경우이다.

(3) 심판참가의 종류

민사소송법에는 소송참가(訴訟參加)로서 보조참가($^{민소법}_{§71}$), 공동소송적 보조참가($^{민소법}_{§78}$), 독립당사자참가($^{민소법}_{§79}$) 및 공동소송참가($^{민소법}_{§83}$) 등의 규정이 있다. 그러나 특허법에는 민사소송법의 공동소송참가에 해당되는 당사자참가(當事者參加)에 관한 규정($^{법}_{§155①}$)과 보조참가(補助參加)에 관한 규정($^{법}_{같은조③}$)만이 있다.

(i) 당사자참가(공동심판참가)   원래는 당사자로서 독자적으로 심판을 청구할 수 있는 자가 타인이 청구한 심판에 합류하여 심판수행에 협동하는 참가이다.

이 참가인은 공동심판청구인($^{법}_{§139①}$)과 같은 지위와 권한을 가지고 일체의 심판절차를 수행할 수 있음은 물론이다.

또 이 참가인은 공동심판청구인($^{법}_{§139①}$)과 같은 지위에 있으므로 피참가인(심판청구인)이 심판을 취하한 후에도 그 심판절차를 독자적(獨自的)으로 속행할 수 있다($^{법}_{§155②}$). 제139조(공동심판의 청구 등) 제1항에 따른 공동심판의 청구는 원래 각자가 심판을 청구할 수 있었으나 편의상 공동으로 청구한 것이므로 그 중 1인의 심판청구가 취하되더라도 다른 청구인의 심판청구에는 아무런 영향을 미치지 않고 속행되는 것과 같다.

(ii) 보조참가   당사자(청구인 또는 피청구인)의 어느 한쪽을 보조하기 위한 참가이다. 심판의 결과에 대하여 이해관계를 가진 자는 당사자의 어느 한쪽을 보조하기 위하여 그 심판에 참가할 수 있다($^{법}_{§155③}$).

특허권의 전용실시권자 또는 통상실시권자 등이 특허의 무효심판에 있어서 피청구인(특허권자)을 보조하기 위하여, 또는 적극적 권리범위심판에 있어서 청구인(특허권자)을 보조하기 위하여 참가하는 경우는 보조참가이다.

그와는 반대로, 후출원 특허의 전용실시권자 또는 통상실시권자가 선출원 특허무효심판의 청구인(후출원의 특허권자)을 보조하기 위하여, 또는 후출원 특허권자의 선출원특허에 대한 소극적 권리범위확인심판의 청구인을 보조하기 위한 보조참

가도 있다. 이 보조참가인에게도 심판결과의 법적 효력이 미치는 이해관계가 있으
므로 일체의 심판절차를 밟을 수 있는 권한이 부여되어 있다($^{법}_{§155④}$). 그러나 이 보
조참가는 당사자참가(공동심판참가)와는 달리, 청구인이 심판을 취하한 후에는 심판
을 속행할 수 없다. 보조참가이므로 청구인이 심판을 취하하면 보조참가도 이에
부수·부종되어 종료되기 때문이다.

2. 심판참가의 요건

(1) 심판당사자와 참가인 사이에 ① 합일적으로 확정되어야 할 공동의 목적 또는 ② 이해관계가 있을 것

(i) 당사자참가(공동심판참가)   심판결과가 합일적으로 확정되어야 할 공
동의 목적이 있어야 한다. 그렇지 않으면 심판참가의 의의가 없기 때문이다. 그것
이 특허의 무효심판이든 권리범위확인심판이든 심판청구의 목적과 심판참가인의
목적이 같아서 심결의 결과가 누구에게나 합일적으로 확정될 수 있어야 할 경우이
다($^{민소법}_{§83① 참조}$).

(ii) 보조참가   심판의 결과에 대하여 법률적인 이해관계가 있어야 한다
($^{법}_{§155③전}$). 여기에서는 법률적인 이해관계이다. 감정적(感情的)이거나 단순한 경제적
인 이해관계는 여기에 포함되지 않는다. 심판의 결과란 심결의 결론인 심결의 주
문(主文)을 말한다. 심결의 이유는 포함되지 않는다.

(2) 타인이 청구한 심판이 계속중일 것

제139조(공동심판의 청구 등) 제1항에 따라 심판을 청구할 수 있는 자의 심판참
가(당사자참가)이든, 보조참가이든, 타인이 청구한 심판이 계속중이어야 하며, 그
시한은 심리가 종결할 때까지이다($^{법}_{§155①}$).

심리가 종결할 때까지란 심리종결통지(審理終結通知)가 당사자에게 송달된 때
를 말한다. 합의체의 심리종결이 있은 후에도 그 통지가 당사자에게 송달되기 전
이면 참가할 수 있다. 제162조(심결) 제4항의 취지로 보아 그렇게 해석된다.

(3) 심판의 대상물이 구체적으로 같을 것

특허의 무효심판을 청구하는 경우, 청구범위의 청구항이 둘 이상인 경우에
는 청구항마다 청구할 수 있고($^{법}_{§133①본후}$), 권리범위확인심판을 청구하는 경우도
또한 같은 취지를 규정하고 있다($^{법}_{§135③}$). 따라서 특허의 무효심판 또는 권리범위확
인심판에 있어서 심판청구의 대상물과 심판참가의 대상물이 구체적으로 동일하
지 않으면, 심결결과의 합일적 확정이나 법률적인 이해관계가 부합되지 않기 때문

이다.

권리범위확인심판에 있어서는 청구항만이 아니라, 확인대상발명도 동일해야
한다. 다만, 특허의 무효심판에 있어서, 심판청구인은 5개항 모두를 무효대상으
로 했는데 보조참가자는 법률적인 이해관계가 3개항이어서 3개항만을 무효의 대
상으로 하는 보조참가는 허용될 수 있을 것이다. 그러나 당사자참가(공동심판참가)
인 경우에는 대상물이 구체적으로 일치하여야만 심결이 합일적으로 확정될 수
있다.

(4) 참가신청이 적법할 것

참가신청이 있어야 함은 너무도 당연한 일이다($\substack{법 \\ \S 156①}$). 그런데 참가신청의 적
법요건(適法要件)이 충족되어야 한다. 참가인의 권리능력·행위능력(물론 대리인에
의한 참가신청인 경우는 문제되지 않지만)·국적 등 적법요건에 충족된 자의 참가신청
서를 심판장에게 제출하여야 한다($\substack{법 \S 156①, \\ 시행규칙 \S 62}$).

3. 참가의 신청 및 결정

(1) 참가신청서의 제출

심판에 참가하려는 자는 참가신청서를 심판장에게 제출하여야 한다($\substack{법 \\ \S 156①}$).

(2) 참가신청서부본의 송달과 의견서제출의 기간지정

심판장은 참가신청이 있는 경우에는 참가신청서 부본(副本)을 당사자 및 다른
참가인에게 송달하고, 기간을 정하여 의견서를 제출할 수 있는 기회를 주어야 한
다($\substack{법 \\ 같은조②}$).

참가신청서는 마치, 심판청구서 또는 그 답변서와 같은 성질의 것이므로 당사
자(피참가인 또는 그 상대방)는 물론이요, 다른 참가인이 있는 경우에는 그 참가신청
의 내용을 알리고 또 그에 대한 의견진술의 기회를 주는 것이다.

(3) 참가여부의 결정

심판의 합의체는 참가신청서와 그에 대한 당사자들 또는 다른 참가인들의
의견을 참조하면서 참가요건에 충족되고 있는지의 여부를 심리한 후에, 참가의
여부를 심판으로 결정하여야 한다($\substack{법 \\ \S 156③}$). 참가여부의 결정은 서면으로 하여야 하
며 이유를 붙여야 한다($\substack{법 \\ 같은조④}$). 참가신청인에게 확실한 내용을 알려야 하기 때문
이다.

⑷ 불복의 금지

심판참가는 거부되어도 그 결정에 대해서는 불복할 수 없다($\frac{법}{같은조⑤}$). 이것만을 따로 불복은 심판절차를 지연시키기 때문이다. 참가신청인은 참가신청이 거부되었어도 그 거부된 심판의 심결에 불복할 수 있는 길이 따로 열려 있다. 즉 제186조(심결 등에 대한 소) 제2항 제3호에 규정된 심결불복의 소를 특허법원에 제기할 수 있는 적격자(適格者)로 되어 있어, 실질적인 불복이 보장되어 있다($\frac{법}{§186①②(iii)}$).

4. 심판참가인의 지위

1) 공통적인 지위

당사자참가(當事者參加)든 보조참가(補助參加)든 모두에게 심판참가인은 당사자의 어느 한 쪽에 참가하여 심판절차를 밟을 수 있는 권리가 부여된다($\frac{법}{§155②후④}$).

참가인에게 심판절차의 중단 또는 중지의 원인이 있으면 그 중단 또는 중지는 피참가인에 대해서도 그 효력이 발생한다($\frac{법}{§155⑤}$).

2) 당사자참가인(공동심판참가인)의 지위

⑴ 피참가인(당사자)과 동일한 지위

이 참가는 제139조(공동심판의 청구 등) 제1항에 따라 각자가 심판을 청구할 수 있는데도, 공동으로 심판을 청구한 경우이므로 청구인과 동일한 지위를 가지고 있어 참가인은 피참가인과 동일한 지위에 있다. 따라서 심결의 효력이 참가인과 피참가인에게 합일적으로 확정되는 효과가 있다.

⑵ 독자적 심판절차의 속행과 불복의 소를 제기할 수 있는 지위

피참가인이 심판을 취하(取下)한 후에도 참가인은 심판절차를 속행할 수 있고, 피참가인이 심결에 대한 불복을 포기해도 참가인은 독자적으로 불복할 수 있다.

⑶ 참가신청이 거부된 자의 지위

참가신청을 했으나 그 신청이 거부된 경우에도 거부된 자에게 심결 또는 결정이 송달되고($\frac{법}{§162⑥}$), 그 심결의 등본을 송달받은 날부터 30일 이내에($\frac{법}{§186③}$), 특허법원에 심결취소를 구하는 불복의 소를 제기할 수 있는 당사자(원고)의 적격(適格)이 있다($\frac{법\ 같은조}{①②(iii)}$).

3) 보조참가인의 지위

⑴ 보조참가인의 종속적인 지위

피참가인(당사자)의 심판절차를 보조(補助)하기 위한 참가이므로 피참가인(당사자)의 법률행위에 영향을 받는다. 따라서 보조참가인은 피참가인이 심판을 취하하면 더 이상 심판절차를 밟을 수 없다. 심판결과에 유리하도록 보조하는 것만이 역할이기 때문이다. 심판의 결과란 심결의 주문(主文)에 나타난 결론을 말한다.

민사소송법에는 참가인의 소송행위를 구체적으로 규정하였다. 즉 참가인은 소송에 관하여 공격・방어・이의・상소, 그 밖의 모든 소송행위를 할 수 있다 하였다($^{민소법}_{§76①본}$). 특허법의 규정은 추상적으로 참가인은 모든 심판절차를 밟을 수 있다라고만 규정하였으나($^{법}_{§155④}$), 민사소송법에 규정된 사항을 포괄하는 것으로 풀이할 수 있을 것이다.

(2) **보조참가인의 독립적인 지위**

피참가인이 심결에 대한 불복을 포기하여도 보조참가인은 독자적인 불복을 할 수 있다($^{법}_{§186②(ii)}$).

(3) **피참가인에게 불리한 행위를 하지 못하는 지위**

피참가인의 이익에 반하는 심판절차를 밟을 수 없다. 보조참가는 피참가인의 심판절차에서 피참가인을 유리하게 도와서 피참가인이 바라는 심결결과를 얻음으로써, 그 심결결과에서 보조참가인의 법률적인 이익을 얻거나 손해를 면함을 목적으로 하는 제도이다. 만약에, 피참가인을 도와주기 위해서 보조참가를 했다가 심판진행중에 피참가인과 사이에 이해관계가 상충(相衝)되는 일이 생겼다면, 보조참가를 취하한 후에 다른 방법으로 공격할 수 있을 것이다.

그러나 보조참가인이 해당 심판절차에서 피참가인의 이익에 반하는 행위를 한다는 것은 첫째로, 신의칙(信義則)에 반하는 것이요($^{민법}_{§2①}$), 둘째로, 보조참가제도의 취지에 반하는 것이어서 허용될 수 없는 일이다.

5. 심판참가의 취하

당사자참가든 보조참가든 심판참가를 취하할 수 있다고 보아야 한다. 명문규정은 없으나 참가(參加)의 취하를 금해야 할 이유가 없다. 특히, 당사자참가는 그 실질에 있어서 당사자인 피참가인(被參加人)과는 독립적(獨立的)인 입장에서 심판을 수행하는 동일한 지위에 있다. 그러므로 참가를 취하할 수 있어야 함은 법리로 보아 당연한 이치이다. 다만, 피참가인(당사자)의 동의는 필요할 것이다.

심판참가의 취하에 관하여는 명문규정이 없으므로 심판취하에 관한 제161조(심판청구의 취하)의 규정이 유추될 수 있을 것이다.

6. 심결 또는 결정의 참가인에게 미치는 효력

(1) 심결 또는 결정문의 송달

심판장은 심결 또는 결정이 있으면 그 등본(謄本)을 당사자, 참가인 및 심판에 참가신청을 하였으나 그 신청이 거부된 자에게 송달하여야 한다($^{법}_{§162⑥}$). 심결 또는 결정문의 효력은 이들에게도 미치기 때문이다.

그 효력은 특히 참가신청을 했으나 거부당한 자에게는 중요한 의의가 있다. 그 심결문을 통하여 불복 여부를 가늠할 수 있을 뿐만 아니라, 당해 사건에 관하여 불복할 수 있는 기회가 보장되어 있기 때문이다($^{법}_{(iii)③}{}^{§186①②}$).

(2) 불복의 소를 제기할 수 있는 지위의 인정

독립당사자참가인이든($^{법}_{§155①}$), 보조참가인이든($^{법}_{같은조②}$) 또는 참가신청을 했으나 그 신청이 거부된 자($^{법}_{§186②(iii)}$)가 심결 또는 결정에 불복을 하고자 하는 경우에는 심결 또는 결정의 등본을 송달받은 날부터 30일 이내에 특허법원에 불복의 소를 제기할 수 있다($^{법}_{(ii)(iii)③}{}^{§186①②}$).

제 3 항 직권주의

1. 직권주의의 개념과 취지

(1) 직권주의의 개념

직권주의(ex officio principle)란 소송이나 심판의 절차에 있어서 법원(法院) 또는 심판기관(審判機關)이 주도권을 가지고 적극적인 역할을 하는 원칙이다.

민사소송법의 변론주의(辯論主義)에 대비되는 개념이다. 민사소송에서는 변론주의를 원칙으로 하고 있다. 그러므로 심판에 있어서, 직권주의란 그 실질에 있어서 민사소송법에서의 변론주의에 대비되는 개념이다.

그 주된 내용은 직권탐지, 직권진행 및 직권심리 등으로 이루어진다.

(2) 직권주의의 취지

특허심판에 있어서는 비록 당사자들의 분쟁이 사익적(私益的)인 것은 사실이나, 그 심결의 효력은 대세적인 것이므로 제3자에게도 크게 영향을 주는 공공이익(公共利益)에 관한 것이어서, 심판절차의 주도적 역할을 당사자들에게 맡길 수 없기 때문에 직권주의를 원칙으로 하는 것이다. "원칙으로 한다"는 것은 당사자주의든 직권주의든 모두 예외는 있다는 뜻이다. 뒤에서 설명한다.

민사소송은 원래 당사자들의 사익(私益)에 관한 분쟁해결이 목적이어서, 판결이 확정되면 기판력(旣判力)도 그 당사자들에게만 미치므로 소송자료의 제출이나 주장을 당사자들에게 맡기는 것이 공평하고 소송절차를 활기있고 능률적으로 진행할 수 있다고 보고 변론주의(辯論主義)를 원칙으로 하고 있다.

그러나 민사소송에서도 소송절차의 진행방법 기타 국가기관에 이해관계되는 사항은 직권주의를 취하고 있으며, 심판에 있어서도 당사자들의 책임으로 맡기는 것이 타당한 경우까지 직권주의를 고집하는 것은 아니다. 한 예로서, 증거조사 및 증거보전에 관하여는 민사소송법 중 증거조사 및 증거보전에 관한 규정을 준용하였다($^{법}_{§157②본}$). 다만, 성질상 심판관에게 준용할 수 없는 경우만이 제외되어 있다($^{법}_{같은조②단}$).

2. 직권주의의 모습(형태) — 직권탐지·직권진행·직권심리

세 가지 모습으로 나타나 있다. 다음과 같다.

(1) 직권탐지

직권탐지(職權探知)란 당사자의 신청여부에 불구하고 심판기관 또는 법원의 직권으로, 심결(審決) 또는 판결의 기초자료를 적극적으로 수집하는 것을 말한다.

심판에서 가장 중요한 것은 직권으로 증거를 수집·조사하는 일이다. 특히, 심판은 거절이유(拒絶理由)와 취소 또는 무효이유(無效理由)의 유무판단(有無判斷)이 주된 역할이다.

심판은 당사자들의 사익만이 아니라, 제3자와의 관계에서 공공이익(公共利益)의 중요성을 감안하여 직권에 의한 증거자료의 탐지를 심판관에게 맡긴 것이다. 즉 심판에서는 당사자, 참가인 또는 이해관계인의 신청에 의하여 또는 직권으로 증거조사나 증거보전을 할 수 있다($^{법}_{§157①}$). 이 증거조사 및 증거보전에 관하여는 민사소송법 중 증거조사 및 증거보전에 관한 규정을 준용한다($^{법}_{같은조②본}$). 다만, 심판관은 다음 각호의 행위는 하지 못한다($^{법}_{같은조②단}$). 심판관은 법관(法官)이 아니므로 다음 각호의 행위는 할 수 없는 것이다.

(i) 과태료(過怠料)의 결정($^{법\ 같은조②}_{단(i)}$)

(ii) 구인(拘引)을 명하는 행위($^{법\ 같은조②}_{단(ii)}$)

(iii) 보증금을 공탁(供託)하게 하는 행위($^{법\ 같은조②}_{단(iii)}$)

증거의 보전신청은 심판청구 전에는 특허심판원장에게 하고, 심판계속중에는 그 사건의 심판장에게 한다($^법_{§157③}$). 특허심판원장은 심판청구전에 증거보전신청이 있으면 그 신청에 관여할 심판관을 지정하여야 한다($^법_④$ 같은조).

심판장은 직권으로 증거조사나 증거보전을 하였을 때에는 그 결과를 당사자, 참가인 또는 이해관계인에게 통지하고, 그 기간을 정하여 의견서를 제출할 수 있는 기회를 주어야 한다($^법_⑤$ 같은조).

이 규정은 당사자 등에게 불측의 불이익을 입히지 않게 하기 위하여 의견진술의 기회를 주는 것이며, 이는 마치 특허출원에 있어서 거절이유통지($^법_{§63}$)와 같은 것으로, 이에 위반한 경우에는 심결불복의 이유로 된다.

(2) 직권진행

직권진행(職權進行)이란 심판절차에 있어서 당사자 등이 기간 내에 절차를 밟지 아니하거나 기일(期日)에 출석하지 아니해도 심판장의 직권으로 심판절차를 진행하는 것을 말한다.

심판장은 당사자 또는 참가인이 법정기간 또는 지정기간에 절차를 밟지 아니하거나 제154조(심리 등) 제4항에 따른 구술심리(口述審理)의 기일에 출석하지 아니하여도 심판을 진행할 수 있다($^법_{§158}$). 공익적인 관점에서 심판의 지연을 막기 위한 직권주의 원칙에 따른 직권발동(職權發動)의 한 모습이다. 심리를 속행하여 분쟁을 조속히 해결하는 것이 공익(公益)에 부합되기 때문이다.

(3) 직권심리

직권심리(職權審理)란 심판에서 당사자 또는 참가인이 신청하지 아니한 이유에 대해서도 심리할 수 있다는 심리절차이다($^법_{§159①전}$).

앞에서 설명한 바와 같이, 심판에서 직권탐지를 할 수 있으므로 직권탐지로 알게 된 자료는 당사자 등의 신청과는 무관하다. 심판에서는 이와 같이 직권탐지에서 알게 된 이유이거나 기타 우연히 알게 된 이유일지라도 이에 대한 직권심리를 할 수 있다는 것이다. 그러나 이미 설명된 바와 같이, 이런 경우에는 당사자 및 참가인에게 기간을 정하여 그 이유에 대하여 의견을 진술할 수 있는 기회를 주어야 한다($^법_{§159①후}$). 이는 당사자 등에게 불측의 불이익을 받지 않도록 하고 심판의 공정성(公正性)을 보장하기 위해서이다. 당사자 등이 모르는 사이에 심판관에게만 알게 된 자료로 심리하여 얻은 심증으로 심결된다면 공정성(公正性)을 보장하려는 취지에 반하고 형평칙(衡平則)에도 크게 반한다 할 것이다.

이 규정에 위반되는 심결은 심결취소(불복)의 이유가 된다.

3. 청구항의 독립성과 직권심리의 한계

(1) 청구항의 독립성

우리 법제는 청구범위의 다항제를 채택함으로써 청구항 독립의 원칙에 따라 청구범위의 청구항이 둘 이상인 경우에는 청구항마다 특허취소신청($\substack{법 §132의2 \\ ①본후}$), 특허의 무효심판($\substack{법 \\ §133①본후}$) 또는 권리범위확인심판($\substack{법 \\ §135③}$)을 청구할 수 있다 하였다.

따라서 특허의 무효심판에 있어서 심판청구인이 청구범위 제1항을 무효로 한다는 심결을 구하는 심판청구를 한 경우에, 심판장 또는 심판관이 직권탐지에 의하여 청구범위 제2항에 대한 무효이유를 알게 되었다 하더라도, 청구인이 청구하지도 않은 청구범위 제2항을 무효로 하는 직권심리는 할 수 없다는 것이다. 그러므로 심판에서는 청구인이 신청하지 아니한 청구(請求)의 취지에 대해서는 심리할 수 없다($\substack{법 \\ §159②}$).

(2) 직권심리의 한계

직권으로 탐지된 사항을 심리할 수 있는 것은 심판청구의 이유에만 한정된다. 그러나 심판에서 청구인이 청구하지 아니한 청구의 취지에 대해서는 심리대상으로 할 수 없다는 직권주의의 한계가 있다.

청구의 취지는 심판청구에서 구하는 심판청구의 결론에 해당된다. 따라서 청구하지도 아니한 심판(취지)은 심리할 수 없다는 한계선을 명시한 것이다($\substack{법 \\ §159②}$).

제 4 항 심판의 심리·심결의 병합과 분리

심판관은 당사자 양쪽 또는 어느 한쪽이 동일한 둘 이상의 심판에 대하여 심리 또는 심결(審決)을 병합(倂合)하거나 분리할 수 있다($\substack{법 \\ §160}$).

(1) 심판의 심리·심결

심판의 심리(trial examination)란 심판절차에서 심판의 개시와 종료를 제외한 전과정을 말한다.

심판의 심결(trial decision)이란 심판기관인 심판의 합의체에 의한 심리·판단에 따른 의사결정(意思決定)인 행정처분(行政處分)이며, 여기에서 심결이란 본안 전의 심결($\substack{법 \\ §142}$)과 본안에 대한 심결($\substack{법 \\ §162}$) 등 모두를 포함한다.

(2) 심리의 병합

심리의 병합(consolidation of trials)이란 둘 또는 그 이상의 심판사건을 한 덩

어리 또는 한 자리에 같이 모은다는 뜻이다. 따라서 심리를 병합한다는 것은 둘 이상의 심판사건을 함께 심리한다는 뜻이 된다.

(i) 제도의 취지   심리를 병합한다는 취지는 여러 건의 심판을 건별로 심리하는 것보다는 심판의 절차경제에 부합되고, 있을 수 있는 심판간의 모순·저촉을 피할 수 있으며, 당사자에게도 유리하기 때문이다.

(ii) 병합의 요건   병합의 요건으로는 ① 당사자의 양쪽(雙方) 또는 어느 한쪽(一方)이 ② 동일한 둘 이상의 심판이 청구되었을 것을 요한다.

심판종류의 이동(異同)은 문제가 되지 않는다. 동일한 특허권에 대한 무효심판과 권리범위확인심판을 같이, 같은 심판정에서, 같은 기일에 구술변론을 한다 해서 문제로 될 것은 없다. 그러나 심리의 병합과 심결을 병합한다는 것은 문제가 다르다. 심결의 병합이란 심판의 심리결과인 합의체의 의사결정을 병합한다는 것이다. 그렇다고 반드시 심결문까지 병합심결문이 작성되어야 하는 것은 아니다. 동일한 특허권의 같은 청구항에 대하여, 여러 청구인들에 의한 무효심판이 청구되었다면, 이들의 병합심결문을 작성하는 데에 아무런 문제가 없을 것이다.

그러나 동일한 특허권의 각각 다른 청구항들에 대한 무효심판 또는 무효심판과 권리범위 확인심판의 병합심리를 한다 해도, 그 심결문까지 병합한다는 것은 오히려 복잡하고 불편한 일이다. 심리와 심결은 병합해도 심결문은 분리하는 것이 절차경제에도 부합될 것이다.

(3) 심리의 분리

심리의 분리(separation of consolidated trial examination)란 서로 나누어 떨어지게 함으로써 병합했던 사건들을 병합 전의 상태로 되돌려 놓는다는 뜻이다.

심판의 심리를 병합한 것이 잘못 판단했을 수도 있고, 또 후발적으로 분리해야 할 사정이 생길 수도 있다. 원래 심판은 각 건별로 심리·심결하는 것이 원칙이다. 그러나 병합하는 것이 심판절차에 경제적이고, 각 심판간의 모순·저촉을 피할 수 있는 합리성과 당사자의 편의 등을 위한 일이었으나, 도리어 그 병합이 불편하거나 불합리한 경우에는 이를 다시 분리하여, 각 건별로 심리·심결할 수 있도록 하는 것이다.

(4) 심판관(주심) 또는 합의체의 재량성

원래 이 심리·심결의 병합 또는 분리는 심판절차의 능률을 올리기 위한 심판절차의 경제성에 기초한 제도이므로, 그 병합 또는 분리 등의 결정은 심판관(주심) 또는 합의체의 재량에 따를 문제이다.

제5항 심판의 심리순위

1. 심판의 심리순위에 관한 원칙

법에는 심판의 심리순위(審理順位)에 관하여 규정된 것이 없다. 특별한 규정이 없으면 같은 분야라면 심판이 접수된 순번에 따라 심리하는 것이 원칙일 것이다.

그러나 심판은 심사(審査)와는 달리, 결정계(決定系)가 아닌 당사자계에 있어서는 청구인과 피청구인 간의 공격 또한 방어의 자료제출(資料提出)의 계속여하에 따라 그 심리종결(審理終結) 또한 그만큼 좌우되는 것이어서 접수의 순서와 심결의 순차가 질서정연할 수 없는 속성을 가지고 있다.

이 점에 있어서도 직권진행주의는 실질적인 한계를 부인할 수 없을 것이다.

2. 심판의 우선심리 또는 신속심판에 관한 내규(內規)

(1) 내규에 의한 우선·신속심판의 예시

법에 규정된 것은 아니고, 실무적으로 "심판사무취급규정(審判事務取扱規程)"이라는 내규(內規)가 있는 것으로 확인된다.[16]

---

16) <이 내용은 각 기업에서 특허관리를 담당하시는 분들의 참고용으로 제공한다>
　(i) 심판사무취급규정에 따른 우선심판의 예시는 다음과 같다.
　① 보정각하결정에 대한 심판사건
　② 심결취소소송에서 취소된 사건
　③ 심사관이 무효심판을 청구한 사건
　④ 종전에 거절결정불복심판이 있었던 출원에 대하여 취소심결 후 다시 청구된 거절결정불복심판사건
　⑤ 발명(고안)의 명칭만 정정하는 정정심판으로서 우선심판신청이 있는 사건
　⑥ 지식재산권분쟁으로 사회적인 물의를 일으키고 있는 사건으로서 당사자 또는 관련기관으로부터 우선심판신청이 있는 사건
　⑦ 국제간에 지식재산권분쟁이 야기된 사건으로 당사자가 속한 국가기관으로부터 우선심판신청이 있는 사건
　⑧ 국민경제상 긴급한 처리가 필요한 사건 및 군수품 등 전쟁수행에 필요한 심판사건으로서 당사자 또는 관련기관으로부터 우선심판신청이 있는 사건
　⑨ 침해분쟁의 사전 또는 예방단계에 활용하기 위하여 경고장 등으로 소명한 권리범위확인심판, 무효심판 또는 취소심판으로서 당사자로부터 우선심판신청이 있는 사건
　⑩ 우선심사한 출원에 대한 거절결정불복심판. 다만, 출원과 동시에 심사청구를 하고 그 출원 후 2개월 이내에 우선심사의 신청이 있는 실용신안등록출원, 자기 실시 중이거나 준비 중인 출원, 전문기관에 선행기술·디자인조사를 의뢰한 경우로서 그 조사결과를 특허청장에게 통지하도록 해당 전문기관에 요청한 출원에 대한 거절결정불복심판인 경우에는 그러하지 아니하다.
　⑪ 약사법 제50조의2 또는 제50조의3에 따라 특허목록에 등재된 특허권(일부 청구항만 등재된 경우에는 등재된 청구항에 한정한다)에 대한 심판사건으로서 당사자로부터 우선심판신청이 있는 사건. 다만, 약사법 제32조 또는 제42조에 따른 재심사기간의 만료일이 우선심판신청일

(2) 심판의 심리순위의 무법체제

특허출원의 심사에 우선심사(優先審査)의 규정이 있는 경우($^{법}_{\S61}$)와 같이, 심판에도 우선심리(優先審理)의 필요가 있을 것이다. 그리고 그 필요성이 있다면, 특허법에 규정되어야 할 법률사항(法律事項)일 것이다.

그런데 특허법에는 아무런 규정도 근거도 없는데 "심판사무취급규정(審判事務取扱規程)"이라는 특허청 내부의 사무취급의 요령을 가지고 국민의 권리·의무에 직결되는 문제요, 경우에 따라서는 한 기업의 사운이 좌우되기도 하는 심판의 심리순위를 특허청의 내규로 정해 놓고 심판한다는 것은, 적어도 법치국가의 합법적 또는 합리적인 특허행정이라고 할 수는 없을 것이다.

최소한 법적 근거를 규정해 놓고, 그 세부적인 사항을 대통령령에 위임(委任)하고, 더 세부사항은 부령인 시행규칙에 규정하는 것이 바람직한 일일 것이다. 법률사항을 아무런 법적 근거도 없이, 일반국민에게 공포(公布) 또는 공고(公告)되는 "법령 등 공포에 관한 법률" 제11조(공포 및 공고의 절차)에 따른 절차도 밟지 않은 "사무취급요령"으로 실시한다는 것은 심판의 심리순위를 무법체제(無法體制)에 두

부터 1년 이후인 의약품과 관련된 특허권에 대한 심판사건은 제외한다.
(ii) 신속심판의 예시
　이 경우는 우선심판보다도 더 빠른 순위로 심판할 수 있다는 경우이다.
① 특허법 제164조(소송과의 관계) 제3항, 실용신안법 제33조(특허법의 준용), 디자인보호법 제152조(소송과의 관계) 제3항, 상표법 제151조(소송과의 관계) 제3항에 의하여 법원이 통보한 침해소송사건 또는 무역위원회가 통보한 불공정무역행위조사사건과 관련된 사건으로서 심리 종결되지 아니한 권리범위확인심판사건, 무효심판사건 또는 취소심판사건. 다만, 법원 등에서의 관련 사건과 당사자가 동일하지 않은 권리범위확인심판, 2심까지 침해소송이 종결된 사건과 관련된 심판은 그러하지 아니하다.
①의2. 지식재산권침해분쟁으로 법원에 계류중이거나(침해금지가처분신청 포함) 경찰 또는 검찰에 입건된 사건과 관련된 심판으로서 당사자로부터 신속심판신청이 있는 권리범위확인심판사건, 무효심판사건 또는 취소심판사건. 다만, 법원 등에서의 관련 사건과 당사자가 동일하지 않은 권리범위확인심판, 2심까지 침해소송이 종결된 사건과 관련된 심판은 그러하지 아니하다.
② 당사자 일방이 상대방의 동의를 얻어 신속심판신청서를 답변서 제출기간 내에 제출한 사건
③ 「중소기업창업지원법」 제4조에 따라 정부로부터 자금을 투자·출연·보조·융자 지원을 받은 기업 또는 「1인 창조기업육성에 관한 법률」 제11조, 제12조 또는 제15조에 따라 정부로부터 기술개발지원 또는 아이디어의 사업화 지원, 금융지원을 받은 1인 창조기업이 당사자인 권리범위확인심판 또는 무효심판으로서 당사자로부터 신속심판신청이 있는 사건
④ 특허법원이 무효심판의 심결취소소송에 대한 변론을 종결하기 전에 권리자가 당해 소송대상 등록권리에 대하여 청구한 최초의 정정심판으로서 신속심판신청이 있는 사건
⑤ 특허법 제33조(특허를 받을 수 있는 자) 제1항 본문의 규정에 따른 무권리자의 특허라는 이유에 의해서만 청구된 무효심판사건으로서 당사자로부터 신속심판신청이 있는 사건
⑥ 중소기업과 대기업 간의 권리범위확인심판, 무효심판 또는 취소심판으로서 중소기업 당사자로부터 신속심판신청이 있는 사건

고 운영하겠다는 것과 같다. 조속한 시정이 요구되는 바이다.

제 5 관   심판의 종료 등

제 1 항   심결에 의하지 않은 심판의 종료

1. 심판청구의 취하

(1) 개   념

심판청구(審判請求)의 취하(withdrawal)란 심판청구인이 일방적(一方的)으로 심판청구의 의사(意思)인 법률행위를 철회(撤回)한다는 의사표시이다. 심판청구는 심결(審決)이 확정될 때까지 취하할 수 있다($\substack{법\\ \S161①본}$). 취하의 원인은 청구인의 일방적인 의사일 수도 있고, 향후로 특허분쟁을 아니하기로 합의에 의한 취하일 수도 있다. 다만, 그 합의가 제3자를 사해(詐害)하기 위한 것이어서는 아니 된다. 한편, 심판청구서에 대한 상대방의 답변서가 제출된 후에는 그 상대방의 동의를 받아야만 심판청구를 취하할 수 있다($\substack{법\\ \S161①단}$). 답변서를 제출한 상대방에게도 심판청구의 취하여부(取下與否)에 이해관계가 있기 때문이다.

(2) 청구항별의 취하

둘 이상의 청구항에 관하여 특허의 무효심판 또는 권리범위확인심판을 청구하였을 때에는 청구항마다 취하할 수 있다($\substack{법\\ \S161②}$). 청구항 독립성의 작용이다.

(3) 취하의 소급효

심판청구의 취하가 있으면 그 심판청구 또는 그 청구항(請求項)에 대한 심판청구는 처음부터 없었던 것으로 본다($\substack{법\\ 같은조③}$).

2. 심판청구의 절차보정명령에 불응한 심판청구의 무효처분

(1) 심판절차의 보정명령

특허청장 또는 특허심판원장은 심판절차가 다음 각호의 어느 하나에 해당하는 경우에는 기간을 정하여 보정을 명하여야 한다. 이 경우 보정명령을 받은 자는 그 기간에 그 보정명령에 대한 의견서를 특허청장 또는 특허심판원장에게 제출할 수 있다($\substack{법\\ \S46본}$).

(i) 제3조(미성년자 등의 행위능력) 제1항 또는 제6조(대리권의 범위)를 위반한 경

우$\left(\substack{법\\같은조(i)}\right)$

   (ii) 이 법 또는 이 법에 따른 명령으로 정하는 방식을 위반한 경우$\left(\substack{법\\같은조(ii)}\right)$

   (iii) 제82조(수수료)에 따라 내야 할 수수료를 내지 아니한 경우$\left(\substack{법\\같은조(iii)}\right)$

   ⑵ 보정불응에 대한 무효처분

특허청장 또는 특허심판원장은 제46조(절차의 보정)에 따른 보정명령을 받은 자가 지정된 기간에 그 보정을 하지 아니하면 특허에 관한 절차를 무효로 할 수 있다$\left(\substack{법\\§16①본}\right)$.

3. 심판장의 심판청구의 각하

이에 대하여는 같은 장 같은 절 제3관 제3항에서 이미 소개되었다.

제 2 항 심결에 의한 심판의 종료

1. 보정할 수 없는 심판청구의 심결각하

같은 장 같은 절 제3관 제3항에서 이미 소개되었다.

2. 본안에 대한 심결

이에 대하여도 같은 장 같은 절 제2관 제1항에서 ⑴ 심결의 의의 ⑵ 심결의 종류 ⑶ 심판장의 심리종결통지(審理終決通知) 등 ⑷ 심판의 종결 ⑸ 심결문 ⑹ 심결등본의 송달 등의 세목으로 이미 상세히 소개된 바 있다.

따라서 여기에서는 그 중복을 피하기로 한다.

제 3 항 심결의 확정과 심결확정의 효력

1. 심결의 확정

심판은 심결(審決)이 확정됨으로써 실질적(實質的)으로 종결(終結)되고 법적 안전성도 확보된다 할 수 있다. 여기에서 지적해 둘 것은 ① 결정계(決定系)의 심판으로서 특허거절결정에 대한 심판과 정정허가심판은 그 심판청구가 이유 있어 청구를 인용하는 심결은 그 심결문이 청구인에게 송달됨으로써 바로 확정된다.

여기에는 피청구인이 없어 송달 후 30일이라는 불복제소의 유예기간(猶豫期

間)도 필요 없으므로 송달되면 바로 확정된다. ② 다만, 특허취소신청, 특허의 무
효심판, 특허권존속기간연장등록무효심판, 정정의 무효심판 등의 절차를 이용한
정정은 그 취소결정 또는 무효심결 등이 확정될 때에 같이 확정된다.

2. 심결의 형식적 확정

(1) 형식적 확정의 개념

심결의 형식적 확정이란 심판의 당사자 또는 참가인 등이 심결의 취소를 위한
불복을 할 수 없게 된 상태를 말한다. 이와 같이 당사자 등이 심결의 취소를 구할 수
없는 상태의 효력을 심결의 형식적 확정력이라 한다.

(2) 형식적 확정의 시기

(i) 불복의 제소기간(提訴期間)이 만료되었을 때에 확정된다. 심결 또는 결정은
그 등본(謄本)을 송달받은 날부터 30일 이내에 심결 등에 대한 소를 제기할 수 있
으므로($^{법}_{§186①③}$), 불복의 소를 제기할 수 없는 상태인, 심결등본을 받은 날부터 30
일이 경과함으로써 확정된다.

불복의 소를 제기할 수 있는 당사자가 두 사람 이상이거나, 당사자 외에 참가
인 또는 해당 심판에 참가신청을 하였으나 신청이 거부된 자 등 불복의 소를 제기
할 수 있는 자($^{법§186②}_{각호}$)가 여러 사람인 경우에는 심결의 확정시기(確定時期)도 각각
다를 수 있다. 심결 또는 결정의 등본송달일이 각각 다를 수 있기 때문이다.

(ii) 불복의 제소기간(提訴期間) 안에 제소하였으나 부적법한 것으로 각하(却下)
되었거나 소를 취하하면 제소기간 만료시에 소급하여 심결이 확정된다.

(iii) 불복의 제소기간 안에 적법한 소의 제기가 있은 경우에도 그 소를 취하
(取下)하면 원심결(原審決)이 확정된다.

(iv) 불복의 제소기간(提訴期間) 안에 적법한 소의 제기가 있은 경우에도 그 소
를 기각(棄却)하는 판결이 확정되면 동시에 원심결도 확정된다.

(3) 형식적 확정의 배제

(i) **심판장의 부가기간**   특허법원에 불복의 소를 제기하는 기간은 불변기
간(不變期間)이다($^{법}_{§186④}$). 다만, 심판장은 주소(住所) 또는 거소(居所)가 멀리 떨어진
곳에 있거나 교통이 불편한 지역에 있는 자를 위하여 직권으로 소제기의 불변기간
(不變期間)에 대하여 부가기간(附加期間)을 정할 수 있다($^{법}_{같은조⑤}$).

이 부가기간이 경과되기 전에는 심결의 형식적 확정이 배제된다.

(ii) **재 심**   당사자는 확정된 특허취소결정 또는 확정된 심결에 대하여

재심(再審)을 청구할 수 있다($\substack{법 \\ \S178①}$).

이 재심의 청구가 이유 있으면 전에 확정되었던 심결(또는 결정)은 취소되므로 심결의 확정력이 배제되고, 심판은 심결 전의 상태로 부활된다.

3. 심결의 실질적 확정

심결의 형식적 확정에 의하여 심결의 내용도 바꿀 수 없는 구속력(拘束力)을 가진다. 이것을 심결의 실질적 확정이라 하고, 그 효력을 실질적 확정력이라 한다. 민사소송에서는 기판력(旣判力)이라고 한다.

확정된 심결내용은 당사자 등은 물론, 심판기관도 구속되고 제3자에게도 미치는 대세적 효력이 발생한다. 따라서 그 사건에 대해서는 누구든지 동일사실 및 동일증거에 의하여 다시 심판을 청구할 수 없다는 일사부재리(一事不再理)의 원칙이 적용된다($\substack{법 \\ \S163본}$). 다만, 확정된 심결이 각하심결(却下審決)인 경우에는 일사부재리의 적용은 없다($\substack{법 \\ \S163단}$). 실질적으로 확정된 것이 아니기 때문이다.

심결의 형식적 확정(력)과 실질적 확정(력)을 구별하는 실익은 이 일사부재리의 원칙이 적용되느냐의 여부에 있다 할 것이다.

일사부재리의 원칙은 심결이 실질적으로 확정된 경우에 한해서만 그 효력이 발생하기 때문이다. 심판에 있어서의 일사부재리(一事不再理)란 심결이 실질적으로 확정되면, 같은 사건에 대하여 다시 심판하는 것이 허용(許容)되지 아니한다는 것이나, 거듭되는 심판이 허용되지 않는 것은, 동일사실, 동일증거임을 전제로 하는 경우이고 증거가 판이한 경우에는 다시 심판을 청구할 수 있다.

증거의 이동은 형식적으로 판단할 것이 아니라 실질적으로 판단하여 종전의 확정심결을 전복(顚覆)할 정도의 증거라면 동일증거가 아닌 것으로 된다.

제 4 항 특허의 심판과 소송과의 관계

1. 특허쟁송에 있어서, 심판과 소송과의 관계 및 그 절차의 중지

(1) 심판과 소송과의 관계

같은 특허권에 관한 쟁송인 경우에 특허권자가 원고로서 특허권의 침해소송을 법원에 제기하면 그 사건의 피고인 비권리자는 특허심판원(特許審判院)에 특허의 무효심판과 권리범위확인심판을 청구하는 것이 거의 단골메뉴로 되어 있다.

특허침해소송을 당한 비권리자(피고)가 특허의 무효심판과 권리범위확인심판
을 동시에 청구하는 것은 그 두 심판 중 하나만 이기면 특허침해가 아닌 것으로
되기 때문이다. 즉 특허가 무효로 되면 특허는 처음부터 없었던 것으로 되므로, 특
허침해도 있을 수 없는 일이요, 소극적인 권리범위확인심판에서 비권리자가 실시
하는 확인대상발명이 특허권의 권리범위에 속하지 아니한다는 심결을 받으면, 이
또한 특허침해는 아니라는 것이므로, 비권리자인 피고는 특허침해소송에서 승소
(勝訴)할 수 있게 된다.

특허권자의 입장에서는 하나의 특허권에 관하여 이렇게 소송과 심판을 여러
건이 되게 하는 것보다는 먼저, 적극적(積極的)인 권리범위확인심판을 청구하여,
비권리자가 실시하는 확인대상발명이 특허권의 권리범위에 속한다는 심결을 확정
시킨 다음에, 그 심결의 내용을 증거로 하여 특허권 침해소송을 제기하면, 침해소
송이 보다 빨리 진행됨은 물론이고, 승소도 보장된다.

(2) 조정을 위한 절차중지제도

특허쟁송에 있어서 심판과 소송이 병행(倂行)되는 경우에는 소송 또는 심판사
건 중 어느 한쪽이, 다른 쪽의 절차가 완결될 때까지 기다리는 것이 합리적이다.

소송과 심판이 하나의 특허권에 관한 쟁송이면서도 상호의 정보교환(情報交
換)도 없이 각자·진행한다면, 그 결과에 있어서 모순·저촉이 있을 수 있고, 그 모
순·저촉된 결과를 해결하기 위한 재심(再審)을 해야 하는 등 소송경제에도 반한
다. 따라서 이와 같은 모순·저촉을 피하고, 소송경제에 부합시키기 위하여 양자를
조정(調整)하는 절차중지(節次中止)의 규정이 있다.

2. 심판 또는 소송절차의 중지에 관한 규정

(1) 심판절차의 중지

심판장은 심판에서 필요하면 직권 또는 당사자의 신청에 따라 그 심판사건과
관련되는 특허취소신청에 대한 결정 또는 다른 심판의 심결이 확정되거나 소송절
차가 완결될 때까지 그 절차를 중지할 수 있다(법§164①).

심판 대 심판 또는 심판 대 소송관계로 심판절차의 중지를 규정한 것이다. 여
기에서 "중지"란 다른 쪽의 절차가 완결될 때까지 대기상태로 절차의 진행을 유보
한다는 뜻이다. 심판절차의 중지여부(中止與否)의 결정은 심판합의체의 재량(裁量)
이라 할 것이다.

(2) 소송절차의 중지

법원(法院)은 소송절차에서 필요하면 직권 또는 당사자의 신청에 따라 특허취소신청에 대한 결정이나 특허에 관한 심결이 확정될 때까지 그 소송절차를 중지할 수 있다(법같은조②). 재판절차의 중지여부는 해당 재판부의 재량이라 할 것이나, 특허쟁송에 있어서 심판과 재판이 병행되는 경우에는 심판을 선행(先行)시키는 것이 보다 합리적이라 할 수 있다.

(3) 법원의 정보제공

법원은 특허권 또는 전용실시권의 침해에 관한 소가 제기된 경우에는 그 취지를 특허심판원장에게 통보(通報)하여야 한다. 그 소송절차가 끝났을 때에도 또한 같다(법§164③).

(4) 특허심판원장의 정보제공

특허심판원장은 법원으로부터 정보제공을 받은 특허권 또는 전용실시권의 침해에 관한 소에 대응하여 그 특허권에 관한 무효심판 등이 청구된 경우에는 그 취지를 해당 법원에 통보하여야 한다. 그 심판청구서의 각하결정(却下決定), 심결 또는 청구의 취하가 있는 경우에도 또한 같다(법§164④).

이 정보제공은 상호간 지체없이 소통되는 것이 효과적일 것이다. 또 이 정보교환의 소통을 통하여 필요한 증거자료를 공유할 수도 있어야 할 것이다.

제 5 항 심판비용

1. 심판비용의 개념과 비용부담의 원칙 등

(1) 심판비용의 개념

심판비용이란 당사자가 당해 심판사건을 수행하기 위하여 발생한 비용 중에서 법령에 정하여진 범위에 속하는 비용을 말한다.

당사자가 국고에 내는 심판청구료, 심판절차에 필요한 비용과 당사자가 심판절차 외에 지출하는 비용으로 나누어진다.

(ⅰ) **심판절차의 비용**   당사자가 국고에 내는 심판청구의 수수료(手數料)가 대표적이고, 기타 심판절차에서 특별히 지출해야 할 경우로는 증인, 감정 또는 검증 등이 필요할 경우에는 그에 따르는 비용들이다.

(ⅱ) **당사자의 비용**   심판사건을 변리사에게 위임하는 경우에는 변리사에

게 지불하는 수수료가 대표적인 비용이다. 본인이 직접 심판수행을 하는 경우에는 심판서류의 작성료(作成料) 기타 일당(日當)·여비(旅費) 등이다.

(2) 심판비용의 부담자

심판에서 패한 자의 부담으로 하는 것이 원칙이다. 이에 대하여는 민사소송법이 대폭적으로 준용되고 있다($\frac{법}{\S165②}$). 후술한다.

(i) 심판 중 일부만 패한 경우, 즉 두 개의 청구범위에 대하여 무효심판 또는 권리범위확인심판이 청구되어 하나의 청구범위만 패하였다면 다른 하나의 청구범위는 상대편 당사자가 패한 것으로 된다. 이런 경우의 심판비용을 각자 부담시키는 것이 공평하다. 심판비용에 준용되는 민사소송법 제101조(일부패소의 경우)는 법원이 정하고, 다만, 사정에 따라 한 쪽 당사자에게 소송비용의 전부를 부담하게 할 수 있다 하였다.

(ii) 그러나 패심자(敗審者)에게 심판비용을 부담시키는 것이 타당하지 않은 경우에는 승심자(勝審者)에게 부담시켜야 할 경우도 있다.

소극적 권리범위확인심판에 있어서, 피청구인인 특허권자는 확인대상발명의 실시자에게 특허침해를 하지 말라는 경고를 한 일이 없고, 권리범위확인심판이 청구된 후에 그 청구서(청구이유를 포함한다)의 부본을 송달받고도 답변도 아니한 경우에는 그 피청구인에게 심판비용을 부담시킨다는 것이 매우 불합리하다. 이러한 경우에는 승심자(勝審者)인 심판청구인에게 부담시켜야 합리적인 경우이다. 특허심판에 준용되는 민사소송법 제99조(원칙에 대한 예외)의 취지에도 반하지 아니한다 할 것이다.

2. 심판비용에 관한 규정

(1) 심판비용의 부담을 정하는 기준

제133조(특허의 무효심판) 제1항, 제134조(특허권존속기간연장등록의 무효심판) 제1항·제2항, 제135조(권리범위확인심판) 및 제137조(정정의 무효심판) 제1항의 심판비용의 부담은 심판이 심결에 의하여 종결된 때에는 그 심결로써 정하고, 심판이 심결에 의하지 아니하고 종결될 때에는 결정으로써 정하여야 한다($\frac{법}{\S165①}$).

(2) 심결·결정으로 정하는 심판비용에 관한 민사소송법의 준용

심결 또는 결정으로써 정한 심판비용에 관하여는, 민사소송법 제98조(소송비용부담의 원칙), 제99조(원칙에 대한 예외), 제100조(원칙에 대한 예외), 제101조(일부패소의 경우), 제102조(공동소송의 경우), 103조(참가소송의 경우), 제107조(제3자의 비용상환) 제1항·제2항, 제108조(무권대리인의 비용부담), 제111조(상대방에 대한 최고), 제

112조(부담비용의 상계) 및 제116조(비용의 예납)를 준용한다($\substack{법 \\ §165②}$).

(3) 심판청구인이 부담하는 심판의 비용 등

제132조의17(특허거절결정 등에 대한 심판), 제136조(정정심판) 또는 제138조(통상실시권 허락의 심판)에 따른 심판비용은 청구인이 부담한다($\substack{법 \\ §165③}$).

특허거절결정 등에 대한 심판과 특허정정심판의 경우에는 청구인만 있고, 피청구인이 없으므로 심판의 승·패를 따질 필요도 없이 청구인의 부담으로 하는 것이고, 통상실시권허여심판의 경우는 오로지 청구인을 위한 심판이므로 형평칙에 의한 것이다. 다만, 그 상대방인 피청구인이 청구한 경우($\substack{법 \\ §138③}$)에도 그 심판절차를 이용하는 경우이고 또 그 심판의 성질로 보아, 그 상대방(피청구인)이 비용부담을 하는 것은 비합리적인 것으로 본 듯하다.

(4) 청구인이 부담하는 심판비용 등에 민사소송법의 준용

심판청구인이 부담하는 비용($\substack{법 \\ §165③}$)에 관하여는 민사소송법 제102조(공동소송의 경우)를 준용한다($\substack{법 \\ §165④}$).

(5) 심판비용액의 결정시기와 결정권자

심판비용액은 심결 또는 결정이 확정된 후 당사자의 청구에 따라 특허심판원장이 결정한다($\substack{법 \\ 같은조⑤}$).

(6)

심판비용의 범위·금액 등에 관하여는 민사소송법의 예에 따라 심판비용의 범위·금액·납부 및 심판에서 절차상의 행위를 하기 위하여 필요한 비용의 지급에 관하여는 그 성질에 반하지 아니하는 범위에서 민사소송법 중 해당 규정의 예에 따른다($\substack{법 \\ 같은조⑥}$).

이 규정은 지나치게 추상적이다. 심판비용에 관한 규정 또한 국민의 권리의무에 관한 법률사항이므로, 이를 대통령에 위임하여 적절한 규정을 따로 마련하는 입법체제가 바람직하다 할 것이다.

(7) 변리사의 보수 중 심판비용에의 산입범위

심판의 대리를 한 변리사에게 당사자가 지급하였거나 지급할 보수는 특허청장이 정하는 금액의 범위에서 심판비용으로 본다. 이 경우 여러 명의 변리사가 심판의 대리를 한 경우라도 1명의 변리사가 심판대리를 한 것으로 본다($\substack{법 \\ §165⑦}$).

3. 심판비용액 또는 대가에 대한 집행권원

특허심판원장이 정한 심판비용액 또는 심판관이 정한 대가에 관하여 확정된 결정은 집행력 있는 집행권원(執行權原)과 같은 효력을 가진다. 이 경우 집행력 있는 정본(正本)은 특허심판원 소속 공무원이 부여한다($\frac{법}{\S166}$).

　　여기에서 집행력(執行力)이란 특허심판원장 또는 심판관의 결정내용을 스스로의 강제력(强制力)에 의하여 실현시킬 수 있는 힘을 말한다. 이를 자력집행력(自力執行力)이라고도 한다. 또 집행력있는 정본이란 심결정본(審決正本)의 말미에 집행문을 부기한 것으로서 집행력의 존재를 공증한 것을 말한다.

제 3 절　재　　심

제 1 항　재심의 개념·취지 및 적법요건

1. 재심의 개념과 제도의 취지

(1) 재심의 개념

　　재심(retrial)이란 이미 확정되어 있는 심결에 대하여 중대한 하자(瑕疵)가 있거나, 그 판단의 기초자료에 중대한 결함이 있는 경우에 그 확정심결을 취소하고, 다시 새로운 재심판(再審判)을 구하는 비상(非常)의 구제방법(救濟方法)이다. 여기에서의 확정심결에는 당사자계(當事者系)뿐만 아니라, 결정계(決定系)와 재심의 심결도 포함된다.

　　이 재심제도는 민사소송(民事訴訟)에서 유래된 것이어서 법률적 원리가 같으므로 특히, 재심사유(再審事由)에 관하여는 민사소송법 제451조(재심사유) 및 제453조(재심관할법원)를 준용한다($\frac{법}{\S178②}$).

　　특허법 특유의 재심사유로는 심판당사자들이 공모(共謀)하여 제3자의 권리 또는 이익을 사해(詐害)할 목적으로 심결을 하게 한 사해심결(詐害審決)의 경우를 규정하고 있다($\frac{법}{\S179}$).

　　당사자는 확정된 특허취소결정 또는 확정된 심결에 대하여 재심을 청구할 수 있다($\frac{법}{\S178①}$). 이 재심청구에 관하여는 민사소송법 제451조(재심사유) 및 제453조(재심관할법원)를 준용하고($\frac{법}{같은조②}$), 심판의 당사자가 공모(共謀)하여 제3자의 권리나 이익을 사해(詐害)할 목적으로 심결을 하게 하였을 때에는, 제3자는 그 확정된 심결에 대하여 재심을 청구할 수 있다($\frac{법}{\S179①}$). 이 재심청구의 경우에는 심판의 당사자를 공동피청구인으로 정한다($\frac{법}{같은조②}$).

(2) 재심제도의 취지

심결(審決)이 확정되면, 일사부재리(一事不再理)의 원칙에 따라($\substack{법\\ \S163본}$) 누구든지 다툴 수 없다는 것은 법적 안정성의 요구이다. 그러나 확정된 심결의 심판절차에 중대한 하자가 있거나 결함이 있는 경우에도 불구하고, 법적 안정성이라는 추상적 정의만으로 요지부동한다면, 심판의 적정과 위신을 유지할 수 없고, 당사자의 권리구제(權利救濟)라는 구체적 정의에 반한다.

여기에서 법적 안정성과 구체적 정의라는 상반되는 두 가지 목적을 타협적으로 조화시킨 것이 재심제도이다.

2. 재심심판의 대상

민사소송법에서는 재심소송(再審訴訟)의 소송물(訴訟物)에 관하여 이원론(二元論-訴訟의 形成訴訟說-)과 일원론(一元論-本案訴訟說-)의 대립이 있는 것으로 되어 있다.[17] 그러나 특허제도에 있어서의 심판의 재심은 구체적으로는 민사소송의 경우와는 조금 다른 점이 있을 뿐만 아니라 논쟁의 실익이 없다고 본다.

그저 하나의 심판절차를 통하여 확정심결을 취소하고 그에 대체되는 새로운 심결을 구하는 것이며, 재심사유(再審事由)는 여러 개로 복합적으로 주장할 수도 있고, 변경할 수도 있다고 보아야 할 것이다.

3. 재심의 적법요건

확정된 심결을 취소하는 것이므로 법적 안정성에 대한 예외조치라는 점에서 엄격한 적법요건(適法要件)이 요구된다. 따라서 적법요건에 충족되지 못하면 심판규정 등의 준용이 있으므로 보정할 수는 있지만($\substack{법\\ \S184}$), 보정할 수 없을 때에는 재심의 청구는 부적법한 것으로 심결로써 각하(却下)된다 할 것이다($\substack{법\\ \S142}$).

(1) 재심청구의 당사자

(i) 확정된 심결의 청구인과 피청구인이다. 확정심결에 의하여 불이익을 받는 자가 재심청구인이 되고, 그 상대방이 피청구인으로 된다.

(ii) 사해심결(詐害審決)에 있어서의 재심청구인은 권리나 이익을 사해(詐害)당한 제3자이고, 재심의 피청구인은 확정된 심결의 당사자들이다. 확정된 심결의 청구인과 피청구인이 공모하여 제3자의 권리·이익을 사해할 목적으로 심결을 하

---

17) 李時潤, 前揭書, P. 933.

게 한 것이어서 이들을 재심의 공동피청구인으로 하여야 한다.

(iii) 확정심결의 심판에 참가인이 있는 경우에 그 참가인도 재심청구를 할 수
있느냐? 제155조(참가) 제1항에 규정된 당사자참가인은 원래 제139조(공동심판의 청
구 등) 제1항에 따라 심판을 청구할 수 있는 자로서 확정된 심결의 당사자와 동일
한 지위에 있었던 자이므로 당연히 재심을 청구할 수 있다고 보아야 한다.

제155조(참가) 제3항에 규정된 보조참가인도 심결에 대하여 이해관계를 가진
자이므로 재심을 청구할 수 있어야 할 것 같기도 하다. 하지만, 심판의 당사자를
보조하는 지위에 있었던 자이어서 당사자(피참가인)에 부종적 지위에 있으므로, 독
립하여 재심을 청구할 수는 없다 할 것이다. 아무래도 보조참가는 당사자(피참가인)
를 보조만 하기 위한 것이기 때문이다.

(iv) 특허권의 공유관계로 확정심결의 당사자가 여러 사람인 경우에는 그 여
러 사람들이 공동으로 재심의 청구인 또는 피청구인이 되어야 제139조(공동심판의
청구 등) 제2항과 제3항의 취지에 부합된다 할 것이다.

(2) 재심청구의 기간

심결확정 후 재심사유를 안 날부터 30일 이내($^{법}_{§180①}$), 심결확정 후 3년 이내
이다($^{법}_{같은조③}$). 그러나 당해심결이 그 이전의 확정심결에 저촉된다는 이유로 재심을
청구하는 경우에는 30일 이내 또는 3년 이내의 기간의 제한을 받지 않고 언제라도
재심을 청구할 수 있도록 되어 있다($^{법}_{§180⑤}$).

(i) 일반재심의 당사자는 특허취소결정 또는 심결의 확정 후 재심사유를 안
날부터 30일 이내에 재심을 청구하여야 한다($^{법}_{§180①}$). 재심의 청구기간을 단기(短期)
로 한 것은 법적 안전성의 요구이다. 재심청구기간을 무제한으로 하거나 보다 장
기(長期)로 하는 것은 법질서(法秩序)를 불안상태에 두는 것으로 되어 제3자의 이
익을 해칠 수 있기 때문이다.

(ii) 대리권의 흠을 이유로 재심을 청구하는 경우에는 30일 이내의 기간은 청
구인 또는 법정대리인이 특허취소결정 또는 심결의 등본송달(謄本送達)에 의하여
특허취소결정 또는 심결이 있는 것을 안 날의 다음 날부터 기산(起算)한다($^{법}_{§180②}$).
이 경우에는 취소결정 또는 심결 등본의 송달일을 재심사유를 안 날로 의제(擬制)
하는 것이다. 대리권의 유무(有無)는 심결문을 보고 알 수 있기 때문이다.

(iii) 특허취소결정 또는 심결 확정 후 3년이 지나면 재심을 청구할 수 없다
($^{법}_{같은조③}$). 민사소송법에는 5년으로 되어 있다($^{민소법}_{§456③}$). 특허권은 유한적(有限的)인 권
리이므로 민사소송의 경우보다 단기로 하는 것이 합리적이기 때문이다.

(iv) 재심사유가 특허취소결정 또는 심결 확정 후에 생겼을 때에는 3년의 기간은 그 사유가 발생한 날의 다음 날부터 기산한다($^{법}_{같은조④}$). 예로서, 심결의 확정 후에 그 심판에 관여했던 심판관이 당해 심결과 관련된 수뢰죄(收賂罪)의 판결이 확정되었다면, 그 유죄확정 전에는 재심사유는 발생하지 않았던 것으로 보기 때문이다.

(v) 그러나 재심사유를 안 날부터 30일 이내 또는 재심사유가 있은 날부터 3년이라는 기간은, 해당 확정심결이 그 이전의 확정심결에 저촉된다는 이유로 재심을 청구하는 경우에는 이 기간들을 적용하지 아니한다($^{법}_{§180⑤}$). 이 경우에는 언제라도 재심을 청구할 수 있다.

이것은 민사소송법 제451조(재심사유) 제1항 제10호에 규정되어 있는 전에 확정된 심결과 후에 확정된 심결, 즉 확정심결과 확정심결이 저촉되는 경우이어서, 그것을 반드시 풀어놓아야 할 것으로 보고 언제라도 재심을 청구할 수 있게 한 것이다.

(3) 재심대상의 적격

재심의 대상은 확정된 심결이다. 민사소송에 있어서와 같이 여러 가지 복잡한 문제는 없다 할 것이다. 심결이 확정력(確定力) 있는 일사부재리(一事不再理)의 적용을 받는 확정심결(確定審決)이면 재심대상(再審對象)으로서 적격(適格)한 것이다.

(4) 법정의 재심사유의 주장

재심사유(再審事由)는 민사소송법 제451조(재심사유)를 준용한다($^{법}_{§178②}$). 재심청구인은 재심사유를 주장하여야 한다. 그 주장이 없거나 재심사유가 되지 아니하면 재심의 청구는 각하된다.[18]

재심청구는 재심사유를, 전의 심판에서 불복의 소로써 주장할 수 없었던 경우에 한하여 청구할 수 있다. 따라서 당사자가 불복의 소에 의하여 그 사유를 주장하였거나, 이를 알고도 주장하지 아니한 때에는 재심을 청구할 수 없다($^{민소법}_{§451①단}$).

제 2 항   각개의 재심사유

(1) 재심사유의 열거주의

재심사유는 민사소송법 제451조(재심사유)가 준용된다($^{법}_{§178②}$). 재심사유는 같은 법조 제1항 제1호 내지 제11호에 열거되어 있다. 여기에 열거된 경우가 아니면 재

---

18) 李時潤, 前揭書, P. 816. 대법원 1988. 12. 13. 선고 87다카2341 판결.

심을 청구할 수 없다. 그 각호의 내용을 심판의 재심에 준용해보면, 다음과 같다.

(i) 법률에 따라 심판의 합의체(合議體)를 구성하지 아니한 때($\binom{민소법 \S451①}{(i)의 \, 준용}$) 심판관의 자격이 없는 자를 심판합의체의 구성원으로 하였거나, 심판은 3명 또는 5명의 심판관으로 구성되는 합의체가 하도록 규정되어 있는데($\frac{법}{\S146①}$), 합의체의 정수에 모자라거나 또는 초과하는 심판관으로 구성되어 있다면, 법률에 따라 심판의 합의체를 구성하지 아니한 것으로 될 것이다.

(ii) 법률상 그 심판에 관여할 수 없는 심판관이 관여한 때($\binom{민소법 \S451①}{(ii)의 \, 준용}$) 심판에 관여할 수 없는 심판관의 관여란 제척사유(除斥事由)가 있는 심판관 또는 기피의 결정이 있는 심판관이 심판·심결에 관여한 경우, 또는 특허의 무효심판사건에 있어서 당해 특허의 출원심사를 담당했던 심사관이 심판관으로서 당해 특허무효심판에 관여한 경우라 할 수 있다.

(iii) 법정대리권·심판대리권 또는 대리인이 심판행위를 하는 데에 필요한 권한의 수여에 흠이 있는 때($\binom{민소법 \S451①}{(iii)본의 \, 준용}$) 다만, 제7조의2(행위능력 등의 흠에 대한 추인) 또는 제12조(민사소송법의 준용)에 의하여 준용되는 민사소송법 제97조(법정대리인에 관한 규정의 준용)의 규정에 따라 추인(追認)한 때에는 그러하지 아니하다($\binom{민소법 \S451①}{(iii)단의 \, 준용}$). 대리권의 증명인 위임장($\frac{법}{\S7}$)을 위조(僞造)한 경우, 대리권에 관한 특별수권(特別授權)이 있어야 하는 경우($\frac{법}{\S6각호}$)인데도 특별수권 없이 심판절차를 수행한 경우 등 무권대리(無權代理)를 한 경우이다. 다만, 위임권한(委任權限)이 있는 자가 추인을 한 경우에는 재심사유로 되지 아니한다($\binom{민소법 \S451①}{(iii)단}$).

(iv) 심판에 관여한 심판관이 그 사건에 관하여 직무에 관한 죄를 범한 때($\binom{민소법}{\S451①(iv)의 \, 준용}$) 심판관이 그 해당 확정심결의 심판사건에 관련하여 수뢰죄(受賂罪)나 공문서위조죄(公文書僞造罪) 또는 기타 그 확정심결에 영향을 미칠만한 죄를 범하고 그 처벌을 받을 행위에 대하여 유죄(有罪)의 판결이나 과태료(過怠料) 부과(賦課)의 재판이 확정된 때 또는 증거부족 외의 이유로 유죄의 확정판결이나 과태료 부과의 확정재판을 할 수 없을 때이다($\binom{민소법}{\S451②}$).

(v) 형사상 처벌을 받을 다른 사람의 행위로 말미암아 자백을 하였거나 심결(審決)에 영향을 미칠 공격 또는 방어방법의 제출에 방해를 받은 때($\binom{민소법 \S451①}{(v)의 \, 준용}$) 여기에서 형사상 처벌을 받을 행위라 함은 형법뿐만 아니라 특별형법이 포함되지만, 경범죄처벌법(輕犯罪處罰法) 위반행위나 질서법은 포함되지 아니한다.[19]

---

19) 李時潤, 前揭書, P. 819.

자백(自白)이나 공격방어방법의 제출방해와 불리한 확정심결 간에 인과관계(因果關係)가 있어야 한다. 공격방어방법에는 주장·답변·증거방법 등으로 확정심결의 승패에 영향을 미칠만한 것을 말한다.

한편, 이 경우에도 민사소송법 제451조(재심사유) 제2항의 요건을 갖추어야 하는 것으로 되어 있다. 즉 유죄의 판결이나 과태료부과의 재판이 확정된 때 또는 증거부족 외의 이유로 유죄의 확정판결이나 과태료부과의 확정재판을 할 수 없을 때에만 재심을 청구할 수 있다.

(vi) 심결(審決)의 증거가 된 문서 그 밖의 물건이 위조(僞造)되거나 변조(變造)된 것인 때(민소법 §451①
(vi)의 준용)   심결의 증거가 된 문서란 확정된 심결의 사실인정(事實認定)에 채증(採證)되어 심결결과에 영향을 미친 것을 말한다. 문서란 공문서이든 사문서이든 가리지 않는다. 물건이란 공인(公印)·사인(私印)뿐만 아니라, 권리의 증명을 위해 만든 경계표(境界標)도 포함된다 하였다.[20] 이 경우도 민사소송법 제451조(재심사유) 제2항의 요건충족을 전제로 하고 있다.

(vii) 증인·감정인·통역인(通譯人)의 거짓진술(陳述) 또는 당사자신문(當事者訊問)에 따른 당사자나 법정대리인의 거짓진술이 심결의 증거가 된 때(민소법 §451①
(vii)의 준용)

심결의 증거가 된 때란 문서의 위조·변조의 경우와 같이, 증인·감정인·통역인·당사자나 법정대리의 거짓말(陳述)이 확정심결의 심결결과에 영향을 미친 경우를 말한다. 이 경우에도 민사소송법 제451조(재심사유) 제2항의 요건에 충족된 것임을 전제로 하고 있다.

(viii) 심결의 기초가 된 민사(民事)나 형사(刑事)의 판결 그 밖의 재판 또는 행정처분이 다른 재판이나 행정처분에 따라 바뀐 때(민소법 §451①
(viii)의 준용)   확정된 심결의 기초로 되었던 민·형사의 판결이나 행정처분(行政處分) 기타 심결 등이, 다른 재판이나 행정처분 또는 심결 등에 따라 변경된 경우를 말한다.

그 변경은 확정된 심결의 확정 후에 있었던 것을 요하고, 또 확정적이고 소급적(遡及的)인 변경이어야 하며, 그 재판이나 행정처분 등의 변경이 확정된 심결의 사실인정(事實認定)에 영향을 미칠 가능성(可能性)이 있는 경우이어야 한다.[21]

(ix) 심결에 영향을 미칠 중요한 사항에 관하여 판단을 누락한 때(민소법 §451①
(ix)의 준용)   중요한 사항의 판단유탈(判斷遺脫)의 경우이다. 중요한 사항이라 함은 당사자

---

20) 李時潤, 前揭書, P. 820.
21) 李時潤, 前揭書, P. 821. 대법원 1981. 1. 27. 선고 80다1210·1211 판결; 1994. 11. 25. 선고 94다33897 판결.

의 공격·방어방법 중 확정된 심결의 결과에 중요한 영향을 미칠만한 사항을 말한다. 판단유탈이란 당사자가 주장한 공격·방어방법으로서 심결에 영향이 있는 것임에도 이를 판단하지 아니한 경우이다. 그 판단이 있었는지의 여부는 심결이유(審決理由)의 판시에 따라 판별된다.

(x) 재심을 제기할 심결이 전에 심결한 확정심결에 어긋나는 때($\binom{민소법 §451①}{(x)의 준용}$)

이것은 전에 확정된 심결과 후에 확정된 심결과의 저촉(抵觸)을 해결하기 위한 재심사유이다. 전·후의 확정심결은 모두 실질적(實質的)인 확정력(確定力)인 일사부재리(一事不再理)의 원칙이 적용되는 경우이므로($\binom{법}{§163본}$), ① 동일한 당사자간에 ② 확정된 전·후의 심판이 같은 것이어야 한다. 따라서 심판의 종류가 다른 무효심판과 권리범위확인심판은 여기에 해당되지 않는다.

한편, 이에 해당하는 재심청구(再審請求)의 기간은 언제든지 재심을 청구할 수 있다($\binom{법}{같은조⑤}$). 전·후에 확정된 심결의 저촉은 언제든 꼭 해결되어야 하기 때문이다.

(xi) 당사자가 상대방의 주소 또는 거소를 알고 있었음에도 있는 곳을 잘 모른다고 하거나 주소나 거소를 거짓으로 하여 심판을 청구한 때($\binom{민소법 §451①}{(xi)의 준용}$)　상대방의 주소·거소를 소재불명(所在不明) 또는 허위장소(虛僞場所)로 하여 심판을 청구하여 공시송달(公示送達)을 하게 하거나($\binom{법}{§219}$), 심판과는 무관한 엉뚱한 사람이 심판청구서의 부본을 받게 하여, 심판청구서의 부본이 심판의 피청구인에게는 송달불능(送達不能)하게 함으로써, 피청구인의 답변서를 제출할 수 있는 기회를 주지 아니하고 청구인의 일방적인 주장만으로 심결을 받은 경우이다. 이 경우에는 청구인의 일방적인 주장만으로 심결의 승패를 좌우할 수 있는 영향을 미친 인과관계(因果關係)가 있어야 한다.

심판은 민사소송의 변론주의(辯論主義)원칙과는 달리 직권주의(職權主義)를 원칙으로 하기 때문에 피청구인의 답변이 없는 등 심판에 불응한다 하여 반드시 불리한 결과로 되는 것은 아니기 때문에 그 결과에 미친 인과관계를 필요로 한다.

(2) 제4호(iv) 내지 제7호(vii)에 관한 특칙

민사소송법 제451조(재심사유) 제1항 제4호 내지 제7호의 경우에는 제4호(iv)에서 설명한 바와 같이, 처벌받을 행위에 대하여 유죄의 판결이나 과태료(過怠料) 부과의 재판이 확정된 때 또는 증거부족 외의 이유로 유죄의 확정판결이나 과태료 부과의 확정재판을 할 수 없을 때에만 재심을 청구할 수 있다($\binom{민소법}{§451②의 준용}$).

(3) 민사소송법 제451조(재심사유) 제3항 준용의 불요(不要)

항소심(抗訴審)이 없고 단심(單審)으로 되어 있는 현행 특허심판제도(特許審判制度)에서는 준용될 여지가 없다 할 것이다.

제3항 재심의 심판절차

1. 재심의 관할기관

재심의 관할에 관하여는 민사소송법 제453조(재심관할법원)를 준용한다($\frac{법}{§178②}$).
따라서 재심의 청구는 재심의 청구대상인 확정심결을 한 특허심판원의 전속관할(專屬管轄)로 된다($\frac{민소법}{의 준용}$ §453①).

2. 재심의 청구방식·심리·심결 등

(1) 재심청구의 방식과 심리절차 등

특허취소결정 또는 심판에 대한 재심의 절차에 관하여는 그 성질에 반하지 아니하는 범위에서 특허취소신청 또는 심판의 절차에 관한 규정을 준용한다($\frac{법}{§184}$).

(i) 특허취소신청($\frac{법}{§132의2}$)의 특허취소결정에 대한 재심인 경우에는 제132조의4(특허취소신청의 방식 등) 내지 제132조의15(심판규정의 특허취소신청에의 준용)를 준용하게 된다.

(ii) 특허거절결정 등에 대한 심판의 심결에 대한 재심인 경우에는 제140조의2(특허거절결정에 대한 심판청구방식) 내지 제154조(심리 등), 제157조(증거조사 및 증거보전) 내지 제162조(심결), 제164조(소송과의 관계) 내지 제166조(심판비용액 또는 대가에 대한 집행권원)를 준용하게 된다.

(iii) 정정심판의 심결에 대한 재심인 경우에는 제140조(심판청구방식), 제141조(심판청구의 각하) 내지 제154조(심리 등), 제157조(증거조사 및 증거보전) 내지 제162조(심결), 제164조(소송과의 관계) 내지 제166조(심판비용액 또는 대가에 대한 집행권원)를 준용하게 된다.

(iv) 기타의 심판, 즉 특허의 무효심판, 존속기간연장등록 무효심판, 정정무효심판 또는 권리범위확인심판 및 통상실시권허락의 심판 등의 심결에 대한 재심인 경우에는 제140조(심판청구방식), 제141조(심판청구의 각하) 내지 제162조(심결), 제164조(소송과의 관계) 내지 제166조(심판비용액 또는 대가에 대한 집행권원)가 준용된다.

(2) 민사소송법 제459조(변론과 재판의 범위) 제1항의 준용

민사소송법 제459조(변론과 재판의 범위) 제1항의 규정은 "본안의 변론(辯論)과 재판은 재심청구이유의 범위 안에서 하여야 한다"라는 내용이다.

특허심판에 있어서는 변론주의가 아닌 직권주의를 원칙으로 하고 있으므로, 이 조항을 특허심판의 재심에 준용해보면, "본안의 심판은 재심사유의 범위 안에서 심리하여야 한다"로 요약된다. 따라서 특허심판의 재심에 있어서도 직권주의는 재심청구의 이유(재심사유)의 범위 안에서만 할 수 있다는 한계를 규정한 것으로 보고 그 한계를 넘지 않아야 할 것이다.

(3) 재심사유의 추가·변경

재심의 이유(재심사유)를 추가하거나 바꿀 수 있느냐? 제140조(심판청구방식) 제2항 본문의 규정은 "제출된 청구서의 보정은 그 요지를 변경할 수 없다" 하였으나, 그 단서 제2호의 규정은 청구의 이유를 보정하는 경우를 허용(許容)하고 있고, 제140조의2(특허거절결정에 대한 심판청구방식) 제2항 단서 제2호에도 같은 내용이 규정되어 있을 뿐만 아니라, 민사소송법 제459조(변론과 재판의 범위) 제2항이 특허의 재심에 준용되지는 아니하지만 "재심의 이유는 바꿀 수 있다" 하였다. 민사소송법에 규정($^{민소법}_{§459②}$)된 취지로 볼 때, 민사소송에서는 재심사유를 바꿀 수 있는데, 특허심판의 재심에서는 재심사유를 바꿀 수 없다는 법리적 근거가 없다.

따라서 특허심판의 재심에서도 제184조(재심에서의 심판규정 등의 준용)에서 준용하는 제140조(심판청구방식) 제2항 제2호와 제140조의2(특허거절결정에 대한 심판청구방식) 제2항 제2호의 규정에 의하여 재심사유를 추가 또는 변경(變更)하는 보정(補正)이 가능한 것으로 보아야 한다.

(4) 민사소송법 제460조(결과가 정당한 경우의 재심기각)의 규정이 특허심판의 재심에 준용되지 아니하는 것은 아쉬운 점이다. 그 내용은 재심의 사유가 있는 경우라도 판결이 정당하다고 인정한 때에는 법원은 재심의 청구를 기각하여야 한다고 되어 있다.

3. 재심의 심결에 대한 불복의 소

재심에 대한 심결 또한 하나의 심결이므로, 그 심결이나 재심청구서의 각하결정에 대한 소는 특허법원의 전속관할(專屬管轄)로 되어 있다($^{법}_{§186①}$).

따라서 재심의 심결에 불복을 하는 경우에는, 특허법원에 재심심결의 취소를 구하는 소를 제기할 수 있다.

4. 재심심결의 확정효과

1) 재심심결확정의 일반적 효과

재심심결이 확정되면 형식적 확정력이 발생되고 실질적 확정력인 일사부재리 (一事不再理)의 원칙이 발생된다($\S163$본 법).

2) 재심에 의하여 회복된 특허권의 효력의 제한($\S181$ 법)

이에 대하여는 제5장 제5절 제6항 "재심에 의하여 회복된 특허권의 효력제한"에서 이미 소개되었다.

여기에서는 그 법조문만을 다시 소개한다.

⑴ 다음 각호의 어느 하나에 해당하는 경우

특허권의 효력은 해당 특허취소결정 또는 심결이 확정된 후 재심청구 등록 전에 선의(善意)로 수입하거나 국내에서 생산 또는 취득한 물건에는 미치지 아니한다($\S181$① 법).

(i) 무효가 된 특허권(존속기간이 연장등록된 특허권을 포함한다)이 재심에 의하여 회복된 경우(같은조①(i) 법)

(ii) 특허권의 권리범위에 속하지 아니한다는 심결이 확정된 후 재심에 의하여 그 심결과 상반되는 심결이 확정된 경우(같은조①(ii) 법)

(iii) 거절한다는 취지의 심결이 있었던 특허출원 또는 특허권의 존속기간의 연장등록출원이 재심에 의하여 특허권의 설정등록 또는 특허권의 존속기간의 연장 등록이 된 경우(같은조①(iii) 법)

(iv) 취소된 특허권이 재심에 의하여 회복된 경우(같은조①(iv) 법)

⑵ 제181조 제1항 각호의 어느 하나에 해당하는 경우

특허권의 효력은 다음 각호의 어느 하나의 행위에 미치지 아니한다(같은조② 법).

(i) 해당 특허취소결정 또는 심결이 확정된 후 재심청구 등록 전에 한 해당 발명의 선의의 실시(같은조②(i) 법)

(ii) 특허가 물건의 발명인 경우에는 그 물건의 생산에만 사용하는 물건을 해당 특허취소결정 또는 심결이 확정된 후 재심청구 등록 전에 선의로 생산·양도·대여 또는 수입하거나 양도 또는 대여의 청약을 하는 행위(같은조②(ii) 법)

(iii) 특허가 방법의 발명인 경우에는 그 방법의 실시에만 사용하는 물건을 해당 특허취소결정 또는 심결이 확정된 후 재심청구 등록 전에 선의로 생산·양도·

대여 또는 수입하거나 양도 또는 대여를 청약하는 행위($\substack{법 \\ 같은조②(iii)}$)

3) 재심에 의하여 회복한 특허권에 대한 선사용자의 통상실시권($\substack{법 \\ §182}$)

이에 대하여는 제6장 제3절 제4관 "법정의 통상실시권" 제7항에서 이미 설명되어 있다. 이에 다시 그 골자만을 소개한다.

(1) 개   념

제181조(재심에 의하여 회복된 특허권의 효력제한) 제1항 각호의 어느 하나에 해당하는 경우에 해당 특허취소결정 또는 심결이 확정된 후, 재심청구(再審請求) 등록(登錄) 전에 국내에서 선의로 그 발명의 실시사업을 하고 있는 자 또는 그 사업을 준비하고 있는 자는 실시하고 있거나 준비하고 있는 발명 및 사업목적의 범위에서 그 특허권에 관하여 통상실시권을 가진다($\substack{법 \\ §182}$).

(2) 취   지

재심이 청구되면, 특허원부에 재심이 청구된 사항이 등록된다. 그런데 이 재심청구의 등록 전에 특허출원 또는 특허권이 죽어있는 줄 알고 또 그 죽은 특허권을 살리기 위한 재심을 청구하는 것을 전혀 모르고, 즉 선의로 국내에서 그 발명의 실시사업을 하고 있는 자 또는 그 사업을 하기 위한 투자(投資)를 하여 준비하고 있는 자에게 재심에 의하여 죽었던 특허권이 환생되었다 하여 그 사업을 폐지 또는 그 사업준비를 중단(中斷)시킨다면, 그 사업시설이 황폐되어 산업발전에 역행하면서 특허권자를 과잉보호(過剩保護)하는 것으로 되고, 반면 선의의 실시자 또는 준비자에게 너무 가혹한 것으로 된다.

그래서 일정한 요건이 충족되는 사업실시자 또는 그 사업의 준비자에게 통상의 실시권을 인정한다는 산업정책적인 조정이라 할 수 있다.

(3) 법정의 성립요건

(i) 제181조(재심에 의하여 회복된 특허권의 효력제한) 제1항 각호의 어느 하나에 해당되는 경우일 것

즉, ① 무효가 된 특허권(존속기간이 연장된 특허권을 포함한다)이 재심에 의하여 회복된 경우($\substack{법 \\ §181①(i)}$) ② 특허권의 권리범위에 속하지 아니한다는 심결이 확정된 후, 재심에 의하여 그 심결과 상반되는 심결이 확정된 경우($\substack{법 \\ 같은조항(ii)}$) ③ 거절한다는 취지의 심결이 있었던 특허출원 또는 특허권의 존속기간의 연장등록출원이 재심에 의하여 특허권의 설정등록 또는 특허권의 존속기간이 연장등록이 된 경우($\substack{법 \\ 같은조항(iii)}$) ④ 취소된 특허권이 재심에 의하여 회복(回復)된 경우($\substack{법 \\ 같은조항(iv)}$)

(ii) 사업의 실시 또는 준비한 시기가 해당 특허취소결정 또는 심결이 확정된

후, 재심청구의 등록 전일 것($^{법}_{§182전}$)

　(iii) 국내에서 선의로 그 발명의 실시사업 또는 실시사업을 준비하고 있는 자일 것($^{법}_{같은조 중}$)

　선의란 특허의 취소 또는 무효 등으로 확정된 특허권이 재심에 의하여 회복(回復)될 것이라는 사실을 전혀 모르고 있었음을 말한다.

　(iv) 실시하고 있거나 준비하고 있는 발명 및 사업목적(事業目的)의 범위 내에서 통상실시권이 인정된다($^{법}_{같은조 후}$).

　(4) 기타의 지적될 사항

　(i) **이전의 제한**　　이 법정의 실시권은 실시사업과 함께 이전하는 경우 또는 상속이나 그 밖의 일반승계(一般承繼)의 경우가 아니면 특허권자(또는 전용실시권자)의 동의를 받아야만 이전할 수 있다($^{법}_{§102⑤}$).

　(ii) **질권설정의 제한**　　앞에서와 같이 특허권자의 동의가 있어야만 질권을 설정할 수 있다($^{법}_{§102⑥}$).

　(iii) **공유관계의 준용**　　이 실시권이 공유인 경우에는 공유관계의 준용이 있다($^{법}_{§99②③}{}^{§102⑦}$). 공유자 모두의 동의를 받아야 한다.

　(iv) **등록의 여부**　　법정실시권이므로 등록을 아니해도 그 후에 특허권 또는 전용실시권을 취득한 자에 대해서도 그 효력이 있다($^{법}_{§118②}$).

　(v) **무상실시**　　이 실시권은 선사용(先使用)에 의한 통상실시권($^{법}_{§103}$)과 같이 특허권자에 대한 대가의 지급없이 무상(無償)으로 실시할 수 있다. 산업정책에 따른 법정의 실시권이기 때문이다.

　4) 재심에 의하여 통상실시권을 상실한 원권리자의 통상실시권($^{법}_{§183}$)

　이에 대하여도 제6장 제3절 제4관 "법정의 통상실시권" 제8항에서 이미 설명되었다. 다시 그 요점만을 간단히 짚고 넘어가기로 한다.

　(1) 개　　념

　제138조(통상실시권 허락의 심판) 제1항 또는 제3항에 따라 통상실시권을 허락한다는 심결이 확정된 후 재심에서 그 심결과 상반되는 심결이 확정된 경우에는 재심청구등록 전에 선의로 국내에서 그 발명의 실시사업을 하고 있는 자 또는 그 사업을 준비하고 있는 자는 원통상실시권의 사업목적 및 발명의 범위에서 그 특허권 또는 재심의 심결이 확정된 당시에 존재하는 전용실시권에 대하여 통상실시권을 가진다($^{법}_{§183①}$).

(2) **취   지**

제138조(통상실시권 허락의 심판) 제1항 또는 제3항에 따라 통상실시권을 허락한다는 심결이 확정되면, 그 통상실시권의 허락을 받은 자 또는 그로부터 이전을 받은 승계인(承繼人)은 안심하고 그 발명사업을 실시할 것이다.

그런데 그 통상실시권을 실시허락한다는 심결과는 상반되는 재심(再審)의 심결이 확정되면, 전에 실시허락을 한 심결은 그 효력을 잃고 그에 상반되는 재심심결의 효력이 발생한다. 이러한 경우에 종전의 확정심결을 믿고 그 발명사업을 실시하여왔거나 준비해오던 자가 그 사업을 폐업 또는 중단하게 된다면 그 투자된 사업시설(事業施設)의 황폐화로 산업발전에 역행되어 특허법의 근본목적에 반할 뿐만 아니라, 산업발전에 역행하면서까지 특허권자 등을 과잉보호(過剩保護)하고 원실시권자에게는 너무 가혹한 처사가 아닐 수 없다. 그래서 원통상실시권자와 재심의 심결로 이득을 보게 되는 특허권자 등의 이해관계를 산업정책적인 차원에서 조정한다는 취지이다.

(3) **법정의 요건**

(i) 제138조(통상실시권 허락의 심판) 제1항 또는 제3항에 따라 통상실시권을 허락한다는 심결이 확정된 후 재심에서 그 확정심결과 상반되는 재심의 심결이 확정된 경우일 것($_{§183①전}^{법}$)

(ii) 발명의 실시사업을 통상실시권을 허락한다는 심결이 확정된 후, 재심청구 등록 전에 실시 또는 준비를 하였을 것($_{같은조①중(전)}^{법}$)

(iii) 선의로 국내에서 실시 또는 준비를 하였을 것($_{같은조①중(중)}^{법}$)

(iv) 그 발명의 실시사업을 하고 있는 자 또는 그 사업을 준비하고 있는 자 일 것($_{같은조①중(후)}^{법}$)

주체적(主體的) 요건이며, 원통상실시권자 또는 그 승계자(承繼者)를 말한다.

(v) 원통상실시권의 사업목적 및 발명의 범위에서 그 특허권 또는 재심의 심결이 확정된 당시에 존재하는 전용실시권에 대하여 통상실시권을 가진다($_{같은조①후}^{법}$).

(4) **기타의 지적사항**

(i) **이전의 제한**   이 통상실시권도 법정의 실시권이므로 실시사업과 같이 이전하는 경우 또는 상속이나 그 밖의 일반승계(一般承繼)의 경우를 제외하고는 특허권자(또는 전용실시권자)의 동의를 받아야만 이전할 수 있다($_{§102⑤}^{법}$).

(ii) **질권 설정의 제한**   이 통상실시권은 특허권자(또는 전용실시권자)의 동의

를 받아야만 그 통상실시권을 목적으로 하는 질권을 설정할 수 있다($\substack{법 \\ 같은조⑥}$).

　(iii) **공유관계의 준용**　　이 실시권이 공유(共有)인 경우에는 공유관계의 준용이 있다($\substack{법 \ §102⑦, \\ §99②③}$). 모든 공유자의 동의를 받아야 한다.

　(iv) **등록의 여부**　　이 통상실시권은 등록이 없더라도 후에 특허권 또는 전용실시권을 취득한 자에 대하여서도 그 효력이 발생한다($\substack{법 \\ §118②}$). 법정의 실시권이기 때문이다.

　(v) **상당한 대가의 지급**　　이 통상실시권이 법정의 실시권임에도 불구하고 실시권자는 특허권자 또는 전용실시권자에게 상당한 대가를 지급하여야 한다($\substack{법 \\ §183②}$). 이 통상실시권자는 원(原)통상실시권을 통상실시권 허락의 심판에 의하여 얻었고, 그 때에도 특허권자 등에게 대가를 지급하도록 되어 있었기 때문이다($\substack{법 \\ §138④}$).

제8장 특허소송

제1절 총 설

제1항 특허소송의 의의

특허소송이란 발명, 실용신안, 디자인, 상표 등 산업재산권을 둘러싼 이해의 충돌 내지 분쟁을 해결하기 위한 소송을 의미한다.

소송이란 법원이 사회에서 일어나는 이해의 충돌 내지 분쟁을 공정하게 해결하기 위하여 서로 대립하는 이해관계인을 당사자로 관여시켜 심판하는 절차로서 민사소송, 형사소송, 행정소송 등을 포함한다.

제2항 특허소송의 종류와 범위

1. 민사소송

산업재산권을 둘러싼 민사소송에는 크게 민사본안소송과 가처분소송으로 나뉜다. 민사본안소송에는 침해금지청구소송, 손해배상청구소송, 신용회복 또는 명예회복조치청구소송, 산업재산권 이전·설정 또는 말소청구소송, 직무발명보상금청구소송, 부당가처분으로 인한 손해배상청구소송, 실시계약소송 등이 있다. 가처분소송은 산업재산권침해금지청구권에 기초한 본안 확정판결을 받기 전에 미리 임시의 지위를 정하는 소송이다.

2. 행정소송

(1) 특허청장 등의 처분 등에 대한 불복의 소

특허청장 또는 특허심판원장(이하 "특허청장 등"이라 한다)의 처분 또는 재정결정(裁定決定) 등(이하 "처분 등"이라 한다)인 특허법 제10조(대리인의 선임 또는 개임명령 등) 제4항, 제16조(절차의 무효) 및 제107조(통상실시권 설정의 재정) 등과 실용신안법, 디자인보호법 및 상표법 등의 이에 준하는 규정들에 관한 특허청장 등의 처분 등에 대한 불복소송을 의미한다.

이는 행정소송법이 규정하고 있는 항고소송(抗告訴訟)에 해당된다($^{행소법}_{§4(i)}$ $^{§3(i),}$). 항고소송이란 행정청의 공권력(公權力) 행사 또는 불행사에 관한 불복의 소이다. 즉 행정청의 처분 등이나 부작위에 대하여 제기하는 소송을 말한다($^{행소법}_{§3(i)}$).

(2) 특허법 제186조(심결 등에 대한 소) 제1항 등의 소

특허취소결정($^{법}_{§132의13①}$) 또는 심판 등, 즉 특허거절 등에 대한 심판($^{법}_{§132의17}$), 특허의 무효심판($^{법}_{§133}$), 특허권존속기간 연장등록의 무효심판($^{법}_{§134}$), 권리범위확인심판($^{법}_{§135}$), 정정심판($^{법}_{§136}$), 정정의 무효심판($^{법}_{§137}$), 통상실시권 허락의 심판($^{법}_{§138}$), 심판참가신청에 대한 결정($^{법}_{§156③}$), 재심($^{법}_{§178 이하}$)의 심결에 대한 소 및 심판청구서나 재심청구서의 각하결정(却下決定)에 대한 소와 실용신안법 제33조("특허법"의 준용)에서 준용하는 특허법 제186조 제1항, 디자인보호법 제166조(심결 등에 대한 소) 제1항 및 상표법 제162조(심결 등에 대한 소) 제1항의 소를 말한다.

실무상으로는 심결취소소송이라 한다. 심결취소소송에는 그 밖에 지리적 표시에 관한 지리적표시심판위원회의 심결에 대한 소($^{농산물법}_{§54①}$), 품종에 관한 품종보호심판위원회의 심결 또는 결정에 대한 소($^{식물품종법}_{§103①}$)도 포함하는 의미로도 사용된다. 이는 그 성질이 행정소송법이 규정하고 있는 항고소송에 해당한다.

(3) 보상금 또는 대가에 관한 불복의 소

특허법 제41조(국방상 필요한 발명 등) 제3항·제4항, 제106조(특허권의 수용) 제3항, 제106조의2(정부 등에 의한 특허발명의 실시) 제3항, 제110조(재정의 방식 등) 제2항 제2호 및 제138조(통상실시권 허락의 심판) 제4항에 따른 보상금 또는 대가에 대하여 심결·결정 또는 재정(裁定)을 받은 자와, 실용신안법·디자인보호법 등에 규정된 이에 준하는 규정들에 따른 자가, 각 해당 법의 규정들에 따른 그 보상금 또는 대가에 불복하는 소송을 말한다($^{법}_{§190①}$).

이 소송은 행정소송법에 규정되어 있는 당사자소송(當事者訴訟)에 해당한다.

다만, 그 성질에 따라 특허권 수용 등의 보상금에 관한 불복의 소는 행정소송법에 규정되어 있는 당사자소송(當事者訴訟)이 되고, 통상실시권 설정의 재정 및 허여시의 대가에 관한 불복의 소는 민사소송이 된다는 견해가 유력하다.[1]

당사자소송이란 행정청의 처분 등을 원인으로 하는 법률관계에 관한 소송 그 밖에 공법상(公法上)의 법률관계에 관한 소송으로서 그 법률관계의 한쪽 당사자를 피고(被告)로 하는 소송을 말한다($\frac{행소법}{\S3(ii)}$).

3. 형사소송

산업재산권침해에 대한 형사적인 구제절차이다. 산업재산에 관한 권리자는 수사기관에 고소 또는 고발을 하면 형사절차가 개시된다. 형사절차에는 수사절차, 공판절차, 집행절차 등으로 이루어져 있는데, 공소의 제기로부터 판결의 선고에 이르기까지의 공판절차를 좁은 의미의 형사소송이라 한다.

4. 특허소송의 범위

(1) 침해소송의 광협

(ⅰ) 광의－산업재산권 침해를 원인으로 한 민사·형사소송　산업재산권 침해를 원인으로 한 민사·형사소송을 포함하되, 침해를 원인으로 하지 아니하는 소송, 예컨대, 산업재산권 귀속을 둘러싼 소송, 산업재산권 이전등록청구소송, 직무발명보상금청구소송, 부당가처분으로 인한 손해배상청구소송 등은 포함되지 않는다.

(ⅱ) 협의－산업재산권 침해를 원인으로 한 민사본안소송　광의의 침해소송 중 산업재산권 침해를 원인으로 한 민사본안소송만을 의미한다. 여기에는 금지청구소송, 손해배상청구소송, 신용회복조치청구소송이 포함된다.

(2) 특허소송의 광협

(ⅰ) 광　의　발명, 실용신안, 디자인, 상표 등 산업재산에 관한 행정소송, 민사소송 및 형사소송을 의미한다. 행정소송으로는 앞서 본 특허청장 등의 처분에 관한 불복의 소, 특허심판원의 심결 등에 대한 소, 보상금 또는 대가에 관한 불복의 소가 포함된다. 민사소송에는 침해금지청구, 손해배상청구, 신용회복조치청구, 특허권, 디자인권, 상표권의 귀속을 둘러싼 소 등이 포함된다.

(ⅱ) 협　의　발명, 실용신안, 디자인, 상표를 대상으로 하는 특허심판원

1) 특허법원 지적재산소송실무연구회(제3판), 지적재산소송실무, P. 4; 정상조·박성수 공편, 특허법 주해Ⅱ, P. 896 참조.

의 심결 등에 대한 소를 의미한다.

제 3 항   특허소송의 관할

관할(管轄)이란 재판권(裁判權)을 행사하는 여러 법원과 법원 사이에서 사건에 대한 재판권을 분장(分掌)해 놓은 것으로 크게 나누어 토지관할(土地管轄), 사물관할(事物管轄) 및 심급관할(審級管轄)을 들 수 있다. 특허소송의 관할은 다음과 같다.

1. 민사소송의 관할 및 심급

(1) 민사본안소송

(i) 제 1 심   전국 19개 지방법원 또는 39개 지원 합의부(금지청구 및 2억 초과 금전청구소송) 또는 단독 재판부에서 담당하되($\frac{법조법}{\S32}$), 특허권, 실용신안권, 디자인권, 상표권, 품종보호권(이하 '특허권 등'이라 한다)에 관한 소를 제기하는 경우에는 서울중앙지방법원, 대전지방법원, 대구지방법원, 부산지방법원, 광주지방법원(이하 '5개 지법'이라 한다) 전속관할 및 서울중앙지법 선택적 중복관할로 되어 있다($\frac{민소법}{\S24②}$).[2]

따라서 대부분의 사건이 서울중앙지법에 집중되어 있다.

특허권 등을 제외한 지식재산권에 관한 사건은 민사소송법 제2조 내지 제23조의 규정에 따른 관할법원 소재지를 관할하는 고등법원이 있는 곳의 지방법원(서울중앙, 대전, 대구, 부산, 광주)에 중복관할을 인정하고 있다($\frac{민소법}{\S24①}$).

한편, 민사소송법 제24조(지식재산권 등에 관한 특별재판적) 제2항 또는 제3항에 따라 특허권 등의 지식재산권에 관한 소를 관할하는 법원은 현저한 손해 또는 지연을 피하기 위하여 필요한 때에는 직권 또는 당사자의 신청에 따른 결정으로 소송의 전부 또는 일부를 민사소송법 제2조(보통재판적)부터 제23조(상속·유증 등의 특별재판적)까지의 규정에 따른 지방법원으로 이송(移送)할 수 있다($\frac{민소법}{\S36③}$).

서울중앙지법은 지식재산 사건을 총괄하는 제2민사수석부장을 두고, 다수의 합의부에서 민사본안사건을 전담하고 있다.

(ii) 제2심(항소심)   제1심 합의부의 항소 사건은 서울고등법원, 대전고등법원, 대구고등법원, 부산고등법원, 광주고등법원(이하 '5개 고법'이라 한다)에서 담

---

2) 이에 따라 서울이 아닌 전국(全國) 어느 지방(地方)에서 이던 당사자가 원한다면, 특허침해사건에 대한 제1심의 소를 서울중앙(中央)지방법원에 제기할 수도 있다.

당하고($\substack{법조법 \\ §28}$), 제1심 단독 재판부의 항소사건은 18개 지방법원 본원 항소부에서 담당하되($\substack{법조법 \\ §32}$), 특허권 등에 관한 항소사건은 특허법원 전속관할이다($\substack{법조법 \\ §28의4}$).

서울고등법원은 2개의 재판부(제4, 5민사부)에서 지식재산 민사항소 사건을 담당하고 있다.

(iii) 제3심(상고심) 항소심 재판에 대한 불복은 대법원이 담당한다($\substack{법조법 \\ §14}$).

(2) 가처분소송

제1심은 본안의 관할 법원 또는 다툼의 대상이 있는 곳을 관할하는 지방법원(지원 포함) 합의부가 담당한다($\substack{민집법 \\ §303}$). 서울중앙지방법원은 1개의 재판부(제60민사부)에서 담당하고 있다.

제2심은 고등법원에서 담당한다($\substack{법조법 \\ §28}$). 서울고등법원은 2개의 재판부(제4, 5민사부)에서 담당하고 있다. 제3심은 대법원이 담당한다($\substack{법조법 \\ §14}$).

2. 형사소송의 관할 및 심급

제1심은 지방법원 합의부 또는 단독 재판부에서 담당한다($\substack{법조법 \\ §32}$). 제2심은 고등법원 또는 지방법원본원 항소부가 담당한다($\substack{법조법 \\ §28, §32}$). 제3심은 대법원이 담당한다($\substack{법조법 \\ §14}$). 제1심은 대부분 단독 재판부에서 담당하나, 관련 합의사건(징역 1년 이상)과 병합되어 있는 경우에는 합의부에서 심리되는 경우도 있다.

3. 행정소송의 관할 및 심급

행정소송 중 심결취소소송의 제1심은 특허법원 전속관할이다($\substack{법조법 §28의4, 법 \\ §186①, 실용법 §33, \\ 디자인법 §166①, 상표법 §162①, \\ 식물품종법 §103, 농산물법 §54①}$). 제2심(상고심)은 대법원에서 담당한다($\substack{법조법 \\ §14}$). 심결취소소송은 특허법원과 대법원의 2심 구조로 되어 있다.

심결취소소송 이외의 행정소송의 제1심은 행정법원에서 담당하고($\substack{법조법 \\ §40의4}$), 제2심은 고등법원에서 담당하고($\substack{법조법 \\ §28}$), 제3심은 대법원에서 담당한다($\substack{법조법 \\ §14}$).

4. 특허법원의 구성

특허법원은 다음과 같이 구성된다.

(1) 특허법원장

특허법원에 특허법원장을 둔다($\substack{법조법 \\ §28의2①}$). 특허법원장은 판사로 보한다($\substack{같은법 \\ 같은조②}$). 특허법원장은 그 법원의 사법행정사무(司法行政事務)를 관장하며, 소속 공무원을 지휘(指揮)·감독(監督)한다($^{같은법}_{같은조③}$).

(2) 특허법원에 대한 준용규정

특허법원에 대해서는 법원조직법 제26조(고등법원장) 제4항(궐위나 사고로 직무수행을 할 수 없을 때에는 수석부장판사·선임부장판사의 순서로 그 권한 대행)·제5항(원장실에 비서관을 둔다)·제6항(비서관은 법원사무관 또는 5급상당의 별정직공무원으로 보한다)을 준용한다.

(3) 특허법원의 부

특허법원에 부(部)를 둔다($^{법조법}_{§28의3①}$). 특허법원에 대해서는 법원조직법 제27조(部) 제2항 및 제3항을 준용한다($^{같은법}_{같은조②}$). 제2항은 부에 부장판사(部長判事)를 둔다는 내용이고, 제3항은 부장판사는 그 부의 재판에 있어서 재판장이 되며, 원장의 지휘에 의하여 그 부의 사무를 감독한다는 내용이다.

(4) 기술심리관

특허법원의 사건을 심판하는 법관(法官)들은 기술의 전문가(專門家)는 아니기 때문에 특허사건의 심리에 기술적인 판단을 함에 있어서 어려움이 있음은 부인할 수 없는 일이다. 이러한 점을 보강하기 위하여, 즉 기술분야에 대한 전문성을 보좌(補佐)키 위해 특허법원에 기술심리관(技術審理官)을 두고 있다($^{법조법}_{§54의2①}$).

그리고 대법원장은 특허청 등 관련 국가기관에 대하여 그 소속공무원을 기술심리관으로 근무하게 하기 위하여 파견근무(派遣勤務)를 요청할 수 있다($^{법조법}_{같은조④}$). 기술심리관의 자격, 직제 및 그 수 기타 필요한 사항은 대법원규칙(大法院規則)으로 정한다($^{법조법}_{같은조⑤}$).

기술심리관은 소송에 관여할 수 있고, 합의(合議)에서 의견을 진술할 수 있는 등 재판에 영향을 미칠 수 있는 직무수행을 한다는 점에서, 기술심리관의 행위에 대한 공정성(公正性)이 보장되어야 함은 당연한 일이다. 이에 따라 기술심리관에게 제척·기피 및 회피(回避)의 제도도 규정되어 있다($^{법}_{§188의2}$).

제 2 절 심결취소소송

제 1 관 심결취소소송의 종류 및 성격

제 1 항 심결취소소송의 종류

(1) 피고적격에 따른 소송의 분류

심결취소(審決取消)를 구하는 소송을 크게 나누어보면 결정계(決定系)와 당사자계(當事者系)의 두 종류로 나뉜다. 양자를 구별하는 실익은 피고 적격을 달리하는 데에 있다. 심판절차에서 결정계는 피청구인이 없고, 당사자계는 청구인과 피청구인의 대립당사자로 되어 있다. 이로 인하여 양자는 심결취소소송에서 피고 적격을 달리하고 있다.

(2) 결정계의 소송

특허청장을 피고로 하여야 하는 소송이다($\frac{법}{\S187본}$). 결정계의 소에서는 특허를 받을 수 있는 자 또는 특허권자가 원고로 되고, 특허청장은 피고로 고정되어 있다. 특허청장은 특허심판원에서 한 심결을 취소하라는 소를 제기할 수 없다. 심결취소를 구하는 소는 특허출원인 또는 특허권자만이 원고적격자로서 제기할 수 있다.

특허거절결정 등에 대한 심판($\frac{법}{\S132의17}$), 정정심판($\frac{법}{\S136}$) 및 이들의 확정심결에 대한 재심(再審)의 심결($\frac{법}{\S178①}$)에 대한 소가 여기에 해당한다.

다만, 특허취소결정($\frac{법}{\S132의13①}$)에 대한 소가 결정계의 소에 해당하는지에 관하여는 의문이 있을 수 있다. 특허심판원에서는 특허취소신청인과 특허권자의 대립구조로 되어 있었기 때문이다. 그러나 특허취소결정에 대한 소는 특허청장을 피고로 하는 결정계의 소에 해당한다. 그 근거는 다음과 같다.

특허법 제186조(심결 등에 대한 소) 제1항의 규정은 "특허취소결정 또는 심결에 대한 소 및 특허취소신청서 · 심판청구서 · 재심청구서의 각하결정에 대한 소는 특허법원의 전속관할로 한다"하였다. 그런데 (i) 결정계와 당사자계로 구별하여 규정하고 있는 특허법 제187조(피고적격)는 당사자계만을 따로 단서에 명문으로 열거하여 규정해 놓고 있는바, 특허취소결정에 대한 소는 이 단서에 포함되지 않았다. (ii) 한편, "특허취소신청을 기각(棄却)하는 결정($\frac{법}{\S132의13④}$)에 대해서는 불복할 수 없다"하였다($\frac{법}{같은조⑤}$).

여기에서 기각결정에 대하여 특허취소신청인의 불복을 제한한 주된 이유는 특허취소신청의 제도적 취지가 간이절차(簡易節次)로서 부실특허(不實特許)를 신속히 가려내겠다는 것이고, 부실특허가 아니어서 기각결정을 한 것인데, 이에 대한 불복을 인정한다면 간이·신속이라는 제도의 취지에 반하기 때문이다.

(3) 당사자계의 소송

심판 또는 그 재심(再審)의 심결에 대한 소를 제기하는 경우에는 그 청구인 또는 피청구인을 피고(被告)로 하여야 하는 경우이다(법§187단(후)).

심결의 청구인 또는 피청구인 중 누가 원고로 되고 누가 피고로 되느냐는 심결에서 불이익을 받은 패심자(敗審者)가 원고로 되고, 이익을 보게 된 승심자(勝審者)가 피고로 된다.

특허법 제133조(특허의 무효심판) 제1항, 제134조(특허권존속기간의 연장등록무효심판) 제1항·제2항, 제135조(권리범위확인심판) 제1항·제2항, 제137조(정정의 무효심판) 제1항 또는 제138조(통상실시권 허락의 심판) 제1항·제3항에 따른 심판 또는 그 재심의 심결에 대한 소는 당사자계의 소에 해당한다(법§187단).

비록, 형식적으로는 당사자계라 하나 그 실질에 있어서는 결정계(決定系)와 마찬가지로 특허심판원의 심결(행정처분)이 위법임에 대한 불복의 소이고, 단지 편의상 형식적으로 심결의 청구인 또는 피청구인을 피고로 의제하여 당사자적격을 인정하는 것이다.

제2항 심결취소소송의 성격과 적용법률

1. 성 질

(1) 행정작용이 아닌 사법작용

심결취소소송은 행정기관이 진행하는 행정절차가 아니라 사법부에 속하는 특허법원이 진행하는 사법절차이다. 특허심판원의 행정작용(심판)에 대한 사법적 통제를 하는 소송절차에 해당한다.

심결취소소송은 1998년 특허법원이 개원하면서 발생되었다. 특허법원 개원 이전에는 특허청 심판소의 심판에 불복하면 특허청 내부에 마련된 항고심판소에서 담당하였다. 항고심판은 소송절차가 아닌 행정절차이다. 이는 쟁송절차로서 부적절하고 위헌의 소지가 있다는 논란이 있었다. 이에 발맞추어 헌법재판소의 위헌결정도 있었고, 대법원과 특허청은 1994년 항고심판제도의 폐지, 특허심판원 및 특허법원의 신설 등을 합의하였다. 이에 따른 법률이 개정됨에 따라 항고심판제도가 폐지되고 특허법원 관할의 심결취소소송 제도가 마련되었다.

(2) 민사소송이 아닌 특수한 행정소송

심결취소소송은 민사소송이 아니라 행정소송법상의 항고소송에 해당한다. 항고소송 중에서도 특수한 항고소송에 해당한다.

일반적으로 행정청의 처분 등에 대한 불복의 소는 행정소송법에 따라 행정소송으로 제기하도록 되어 있다($\substack{\text{행소법} \\ \S1}$). 심결취소소송도 행정소송법상의 항고소송에 해당한다.

그런데 심결취소소송은 특허법의 특별규정에 따라 "특허취소결정 또는 심결에 대한 소 및 특허취소신청서·심판청구서·재심청구서의 각하결정에 대한 소는 특허법원의 전속관할로 한다"고 규정하고 있다($\substack{\text{법} \\ \S186①}$). 이처럼 심결취소소송은 그 대상 및 관할을 한정하고 있다. 따라서 항고소송 중에서 특수한 항고소송이라 할 수 있다.

따라서 심결취소소송은 그 소가 심결 등의 취소를 구하는 것에 해당하여야 한다. 특허취소를 신청할 수 있는 사항 또는 심판을 청구할 수 있는 사항에 관한 소는 특허취소결정이나 심결에 대한 것이 아니면 제기할 수 없다($\substack{\text{법} \\ \S186⑥}$).

특허법 제162조(심결) 제2항 제5호에 따른 대가의 심결 및 제165조(심판비용) 제1항에 따른 심판비용의 심결 또는 결정에 대해서는 독립하여 제186조(심결 등에 대한 소) 제1항에 따른 소를 제기할 수 없다($\substack{\text{법} \\ \S186⑦}$). 이 대가 또는 심판비용 등은 본체에 대한 부수적인 것이므로 그 본체와 불가분의 관계에 있기 때문에 독립된 불복하는 것이 허용되지 않는다.

2. 심결취소소송의 특징

(1) 대상물의 특수성

그 대상물이 ① 무체재산권(無體財産權)이란 점 ② 그 판단에 전문성(專門性)이 요구되는 점 ③ 고도의 공익성(公益性) ④ 산업정책적인 특수성(特殊性) 등으로 일반 행정사건으로 다루는 것이 어렵고, 불합리하다. 때문에 특허법에 특별규정이 마련되어 있다.

(2) 준사법절차에 따른 심결(행정처분)에 대한 불복

일반 행정사건과는 달리 특수분야(特殊分野)로서의 특색이 강한 전문성(專門性)을 갖춘 심판관(審判官)으로 구성되는 심판의 합의체(3인 또는 5인)로 하여금 준사법절차(準司法節次)에 따른 심결이라는 행정처분에 대한 불복절차이다.

(3) 청구항 독립원칙

우리 특허제도는 청구범위(請求範圍)가 다항제(多項制)로 되어 있다. 즉 특허
출원서에는 청구범위를 적은 명세서(明細書)를 첨부하도록 되어 있고($^{법}_{§42②}$), 청구범
위에는 보호받으려는 청구항(請求項)이 하나 이상 있어야 하며($^{같은조}_{④}$), 특허발명의
보호범위는 청구범위에 적혀 있는 사항에 의하여 정하여진다($^{법}_{§97}$).

이러한 전제에서 ① 특허취소신청을 하는 경우에, 청구범위의 청구항이 둘
이상인 경우에는 청구항마다 특허취소신청을 할 수 있고($^{법}_{§132의2①}$), ② 특허의 무효
심판을 청구하는 경우에, 청구범위의 청구항이 둘 이상인 경우에는 청구항마다 청
구할 수 있으며($^{법}_{§133①본후}$), ③ 특허권의 권리범위확인심판을 청구하는 경우에, 청구
범위의 청구항이 둘 이상인 경우에는 청구항마다 청구할 수 있다($^{법}_{§135③}$).

따라서 둘 이상의 청구항에 대한 특허취소, 특허무효심판 또는 권리범위확인
심판을 청구하는 경우에, 그 중 하나의 청구항은 취소·무효 또는 권리범위에 속
한다는 심결을 하면서, 그 외의 청구항에 대한 취소·무효 또는 권리범위확인의
심판이 기각(棄却)된 경우에는 청구항독립(請求項獨立)의 원칙에 의하여 청구항별
(請求項別)로 불복의 제소(提訴)를 할 수 있다.

3. 적용법률

행정소송법 적용을 원칙으로 하되, 특허법의 특별규정이 있으면 이를 우선 적
용한다($^{행소법}_{§8①}$). 행정소송법에 특별한 규정이 없는 사항은 법원조직법과 민사소송법
및 민사집행법의 규정을 준용한다($^{행소법}_{§8②}$).

따라서 심결취소소송에 있어서 소의 제기절차에 관하여는 특허법과 행정소송
법에 특별히 규정된 것 외에는 민사소송법이 준용되므로, 소장 또는 준비서면(準備
書面) 등에 관하여는 민사소송에 관한 규정이 준용된다 할 것이다($^{민소법}_{§248, §249, §274}$).

4. 특허심판원의 심판과의 관계

특허심판원에서의 심판은 행정절차임에 비하여, 특허법원에서의 심결취소소
송은 사법기관(司法機關)인 법원(法院)의 재판절차이다. 심결취소소송은 심판의 속
심절차 내지 항소심이 아니다. 특허심판원과 심급적인 연관이 없다. 심판과 소송
은 법원의 제1심과 제2심처럼 연계되어 있지 않다. 심판절차에서 한 주장이나 제
출한 자료를 소송에서 원용할 수 없다. 소송절차에서 별도의 주장과 자료제출이

필요하다.

제 2 관 소의 제기와 소송물

제 1 항 심결취소소송에 있어서 소의 이익

1. 소의 이익의 의의

(1) 소의 이익의 개념

소의 이익이란 소송을 이용할 정당한 이익 또는 필요성을 말한다. 소송제도에 필연적으로 내재하는 요청으로서 중요한 소송요건(訴訟要件)의 하나이다.

소송요건의 최종판단은 심리종결시(審理終結時)이지만 소의 이익은 소의 제기 단계(提起段階)에서 정확한 검토가 필요하다. 소가 각하될 수도 있기 때문이다.

(2) 소의 이익을 소송요건으로 하는 이유

소의 이익을 소송요건으로 함으로써 ① 법원은 소송을 필요로 하는 사건에만 그 정력을 집중(集中)할 수 있고, ② 제소자(提訴者)의 남소(濫訴)를 막을 수 있으며, ③ 그 상대방으로서는 불필요한 소송에 응소(應訴)하지 않아도 되는 반사적(反射的)인 이익을 볼 수 있다. 그런데 소의 이익의 범위를 너무 넓히면 남소(濫訴)를 허용하는 꼴이 되어 법원의 적정한 재판권이 저해(沮害)되고, 반대로 너무 좁히면 헌법이 보장하고 있는 국민의 재판을 받을 권리($\frac{헌법}{\S27①}$)를 침해하는 것으로 된다. 따라서 그 해석에는 적정의 수준이 필요하다 할 것이다.

2. 소의 이익의 요건 — 형태

심결취소소송에서 소의 이익이 인정되기 위해서는 다음의 요건들에 충족되어야 한다.

(1) 부제소합의가 없을 것

제소(提訴)하지 아니하기로 합의(合意)가 있는 경우에는 소의 이익은 없다고 보아야 할 것이다.

(2) 원고가 심결취소를 구하는 법률상의 이익이 현실적으로 있을 것

(i) 거절결정불복의 심결에 대한 심결취소소송의 계속중에 등록출원이 취하 또는 포기된 경우에는 현실적으로 소의 이익이 없으므로 소는 각하(却下)된다.

(ii) 정정심판(訂正審判)이나 실시권허여심판(實施權許與審判)의 경우에도 권리가 소멸하면 소의 이익도 소멸한다.

(iii) 특허무효심결에 대한 심결취소소송 중에, 특허권이 다른 무효심결의 확정으로 소급하여 소멸되면 소의 이익도 소멸된다. 다만, ① 특허권 존속기간의 만료 또는 ② 특허료의 불납(不納) 등으로 특허권이 소급하지 않고 소멸한 경우에는 특허권은 소멸된 후에도 특허무효심판을 청구할 수 있으므로($^{법}_{§133②}$) 소의 이익은 현실적으로 존재한다. 존속기간연장등록무효심결 또는 정정무효심결의 경우도 같은 법리로 된다.

한편, 이상의 어느 경우이던 무효심판청구인이 무효심판대상인 특허권을 승계한 경우에는 그 특허권에 관한 소는 더 이상 계속시킬 이익이 없다.

(iv) 권리범위확인심판의 경우에는 특허권의 존속기간 중에만 권리범위의 확인을 구할 이익이 있다는 것이 대법원의 판지이다. 즉 대법원 판례들은 특허권의 권리범위확인심판의 청구는 현존하는 특허권의 범위를 확정하려는데 그 목적이 있으므로, 일단 적법하게 발생한 특허권이라 할지라도 그 권리가 소멸된 이후에는 그에 대한 권리범위확인을 구할 이익이 없어진다는 취지의 판시를 하였다.[3]

한편, 판례는 또 권리 대 권리의 적극적 확인심판, 즉 등록된 권리를 대상으로 하는 적극적 권리범위확인심판은 결과적으로 등록된 권리를 부정하는 것이라 하여 선·후 권리의 이용관계(利用關係)가 아니면, 확인의 이익이 없다 하였다.[4]

(v) 심결취소소송의 계속 중에 당사자 사이에 특허분쟁을 종결하는 합의를 한 경우에도 심판청구의 이해관계가 소멸하므로 소의 이익도 소멸한다.

이 경우에는 소가 각하(却下)되면, 심결이 확정되고 그 심결은 일사부재리의 대세적 효력이 발생되므로 소가 각하되기 전에 심판청구를 취하(取下)할 필요가 있을 것이다. 심판청구는 심결이 확정될 때까지는 언제든지 취하할 수 있다($^{법}_{§161①본}$). 다만, 답변서가 제출된 후에는 상대방의 동의를 받아야 하므로($^{법}_{같은조항 단}$) 심판청구 취하서에 당사자간의 합의문을 첨부하여 특허청장에게 제출하면 된다.

---

3) 대법원 2009. 3. 26. 선고 2008후4790 판결; 2010. 1. 28. 선고 2008후4561 판결; 2010. 9. 30. 선고 2010후173 판결; 2010. 11. 11. 선고 2008후4745 판결; 2011. 7. 14. 선고 2011후378 판결; 2012. 1. 12. 선고 2011후57 판결; 2013. 6. 13. 선고 2012후1224 판결; 2013. 6. 13. 선고 2012후1040 판결 등 외에도 같은 취지를 판시한 다수의 판례들이 있다.
4) 대법원 2002. 6. 28. 선고 99후2433 판결.

3. 소의 이익의 판단시점

(1) 원   칙

소의 이익의 유무는 제소단계(提訴段階)에서부터 검토되어야 할 문제이지만, 모든 소송요건은 변론종결시를 기준으로 하는 것이 원칙이다. 그러므로 소의 이익에 대한 최종판단시기도 사실심(事實審)의 변론종결시이다.

따라서 소를 제기할 때에 소의 이익이 있었어도 사실심의 변론종결시에 소의 이익이 없으면, 심결취소의 소는 각하된다.

(2) 예   외

판례는 특허무효심결에 대한 심결취소소송이 상고심에 계속 중에, 특허를 무효로 하는 소외인(訴外人)이 제기한 심결이 확정되어 그 특허권이 소급적으로 소멸한 경우에는 결과적으로 존재하지 않은 특허를 대상으로 판단한 심결은 위법하게 되지만 그 심결취소를 구할 법률상 이익도 없어졌다고 보아 원심판결(原審判決)을 파기(破棄)하고 대법원의 자판(自判)으로 소를 각하했다.[5]

이것은 특허무효심결이 확정되면 그 특허권이 소급하여 소멸한다는 특단의 법률관계에서 결과되는 것으로, 사실심의 변론종결일 이후에 발생한 사실도 판단의 대상으로 한 예외의 경우임을 지적해둔다.

제 2 항 제소기간 및 당사자

1. 제소기간

(1) 원   칙

단기(短期)의 제소기간을 규정하고 있다. 즉 심결 또는 결정의 등본을 송달받은 날부터 30일 이내에 소를 제기하여야 한다($\binom{법}{\S186③}$).

일반 행정소송인 취소소송의 제소기간은 처분 등이 있음을 안 날부터 90일 이내에($\binom{행소법}{\S20①본}$) 또는 처분 등이 있은 날부터 1년 이내에($\binom{같은법조}{②}$) 제기하도록 되어 있다. 심결 등에 대한 취소소송의 제기기간을 30일 이내인 단기로 한 것은 특허권 등의 존속기간이 유한성의 것이어서 조속히 확정시켜야 할 필요가 있기 때문이다.

30일은 송달을 받은 날의 다음 날부터 계산된다($\binom{법}{\S14(i)}$). 제소기간의 말일이 토

---

5) 대법원 2004. 11. 25. 선고 2004후1311 판결.

요일 또는 공휴일에 해당하는 경우에는 기간은 그 익일에 만료한다($^{민법}_{\S161}$). 다만, 제소기간의 말일이 근로자의 날인 경우에는 근로자의 날에 만료한다.[6]

(2) 예 외

이 제소기간(30일 이내)은 불변기간(不變期間)이다($^{법}_{\S186④}$). 다만, 예외로서 심판장은 주소(住所) 또는 거소(居所)가 멀리 떨어진 곳에 있거나 교통이 불편한 지역에 있는 자를 위하여 직권으로 불변기간에 대하여 부가기간(附加期間)을 정할 수 있다($^{법}_{같은조⑤}$).

제소기간이 단기인 점을 고려하고, 먼 거리 또는 교통이 불편한 곳에 있는 자에 대한 형평성(衡平性)을 배려한 것이다.

(3) 추 완

민사소송법 제173조 제1항은 당사자가 책임질 수 없는 사유로 말미암아 불변기간을 지킬 수 없었던 경우에는 그 사유가 없어진 날부터 2주(다만, 외국에 있는 당사자에 대하여는 30일) 이내에 게을리 한 소송행위를 보완할 수 있다. 위 규정은 심결취소소송의 제소기간에도 준용된다.

2. 당 사 자

(1) 원고적격

원고적격을 가지는 자는 심판 또는 재심사건의 당사자, 참가인 또는 당해 심판 또는 재심에 참가신청을 하였으나 그 신청이 거부된 자이다($^{법}_{\S186②}$). 즉 심판사건의 패심자(敗審者), 참가인, 참가신청이 거부된 자가 원고가 될 수 있다.

(2) 피고적격

결정계의 소에서는 피고(被告)가 특허청장으로 고정(固定)되어 있다($^{법}_{\S187①본}$). 당사자계의 소에서는 심판 또는 재심의 승소 당사자가 피고로 된다.

(3) 심결에서 복수의 청구항에 관하여 승패가 갈린 경우

청구항(請求項)이 둘 이상인 경우에는 항별로 청구할 수 있다. 특허심판원도 청구항 별로 판단하여 심결을 한다. 따라서 여러 개의 청구항을 한 건의 심판으로 청구한 경우에는 하나의 심결문에 몇 개의 청구항은 청구의 인용으로 되고, 몇 개의 청구항은 청구의 기각으로 판시된다. 이 경우에는 하나의 심결문에서도 그 승·패가 갈리게 된다. 패심자들이 각각 불복소송을 제기하는 경우에는 한 소송의 원고는 다른 소송의 피고로 되고, 다른 소송에서는 그와 상반되는 원·피고가 된

---

6) 대법원 2014. 2. 13. 선고 2013후1573 판결 참조.

다. 심판에서는 1건의 사건이었으나 그에 대한 심결취소소송은 2건으로 되어, 각
각 패심된 청구항에 대한 불복소송의 원고와 피고가 두 사람씩으로 될 수 있다.

물론, 특허법원에서는 2건의 소송이 병합(倂合)되어 심리될 것인지의 여부는
특허법원의 재량사항(裁量事項)이 되겠지만, 그 제소단계(提訴段階)에서는 1건의 심
판이 2건의 소송으로 되는 것이 원칙이라 할 것이다.

(4) 특허를 받을 권리 또는 특허권이 공유인 경우

(i) 심판청구의 경우   특허권 또는 특허를 받을 수 있는 권리의 공유자(共
有者)가 그 공유인 권리에 관하여 심판을 청구할 때에는 공유자가 모두 공동(共同)
으로 청구하여야 한다($\frac{법}{\S139③}$).

그리고 공유인 특허권의 특허권자에 대하여 심판을 청구할 때에는 공유자모
두를 피청구인으로 하여야 한다($\frac{법}{같은조②}$).

어느 경우든 심결결과(심결의 목적)가 공유자 전원에게 합일적으로 확정되어야
할 필요가 있기 때문이다.

(ii) 소송의 경우   특허소송에 있어서는 특허법 제139조(공동심판의 청구 등)
제2항 또는 제3항과 같은 규정이 없으므로 여러 가지의 견해가 있었다.

원고적격과 관련하여서는 대법원 판결은 비록 상표사건에 관한 판결이기는
하나, 1인에 의한 소제기가 가능하다는 취지로 판시하고 있다.[7] 위 대법원 판결은

---

7) 대법원 2004. 12. 9. 선고 2002후567 판결의 해당 판지(判旨):
『… <전략(前略)> … 상표권이 공유자 전원에게 합일적으로 확정되어야 할 필요에서 심판절
차에 관하여 고유필수적 공동심판을 규정한 특허법 제139조를 준용하고 있으나, 그 심결취소소송
절차에 대하여는 아무런 규정을 두고 있지 아니하다. 그러나 심결취소소송절차에 있어서도 공유
자들 사이에 합일확정의 요청은 필요하다고 할 것인데, 이러한 합일확정의 요청은 상표권의 공유
자의 1인이 단독으로 심결취소소송을 제기한 경우라도 그 소송에서 승소할 경우에는 그 취소판결
의 효력은 행정소송법 제29조 제1항에 의해 다른 공유자에게도 미쳐 특허심판원에서 공유자 전
원과의 관계에서 심판절차가 재개됨으로써 충족되고, 그 소송에서 패소하더라도 이미 심판절차에
서 패소한 다른 공유자의 권리에 영향을 미치지 아니하므로, 어느 경우에도 합일확정의 요청에
반한다거나 다른 공유자의 권리를 해하지 아니하는 반면, 오히려 그 심결취소소송을 공유자 전원
이 제기하여야 한다면 합일확정의 요청은 이룰지언정, 상표권의 공유자의 1인이라도 소재불명이
나 파산 등으로 소의 제기에 협력할 수 없거나 또는 이해관계가 달라 의도적으로 협력하지 않는
경우에는 나머지 공유자들은 출소기간의 만료와 동시에 그 권리행사에 장애를 받거나 그 권리가
소멸되어버려 그 의사에 기하지 않고 재산권이 침해되는 부당한 결과에 이르게 된다. 따라서 상
표권의 공유자가 그 상표권의 효력에 관한 심판에서 패소한 경우에 제기할 심결취소소송은 공유
자 전원이 공동으로 제기하여야만 하는 고유필수적 공동소송이라고 할 수 없고, 공유자의 1인이
라도 당해 상표등록을 무효로 하거나 권리행사를 제한·방해하는 심결이 있을 때에는 그 권리의
소멸을 방지하거나 그 권리행사방해배제를 위하여 단독으로 그 심결의 취소를 구할 수 있다 할
것이고, 위와 같이 공유자 1인에 의한 심결취소소송의 제기를 인정하더라도 위에서 본 바와 같이
다른 공유자의 이익을 해한다거나 합일확정의 요청에 반하는 사태가 생긴다고 할 수 없다. 그렇

특허사건의 심결취소소송에도 적용될 수 있다.

피고적격과 관련하여서는 특허법원 2005. 4. 22. 선고 2004허4693 판결은 고유필수적공동소송설을 취하고 있다. 이에 따른다면 원고가 공유자 중 일부를 피고에서 누락하였더라도 민사소송법 제68조(필수적 공동소송인의 추가) 제1항에 의하여 변론종결 때까지 누락된 피고를 추가할 수 있다.

제3항 소제기의 방식 및 통지

1. 소제기의 방식

소는 특허법원에 소장을 제출함으로써 제기한다($\frac{민소법}{\S248}$). 이와 같이 소장이라는 서면을 제출하는 것을 소장제출주의라 한다. 다만, "민사소송 등에서의 전자문서 이용(電子文書利用) 등에 관한 법률"의 시행(2011. 5)에 따른 전자문서의 소장제출도 인정되고 있다.

2. 소장의 기재사항

소장의 기재사항에는 필요적 기재사항과 임의적 기재사항이 있다. 소장의 맨 끝에는 당사자 또는 대리인이 기명날인 또는 서명을 하여야 한다.

(1) 필요적 기재사항

소장으로서의 효력을 갖기 위해서 반드시 기재해야 할 사항이다.

(i) 당사자와 법정대리인($\frac{민소법}{\S249①}$)   ① 당사자는 원고 및 피고가 누구인가를 다른 사람과 구별할 수 있을 정도로 특정되어야 한다.

자연인(自然人)은 실무상 이름·주소와 연락처를 기재한다($\frac{민소규칙}{\S2(ii)}$). 법인(法人) 또는 법인이 아닌 사단·재단(이하 "법인 등"이라 한다)은 실무상 명칭(회사는 상호), 주된 사무소(회사는 본점)의 소재지, 대표자를 각각 기재한다. 대표자의 표시는 대표자의 직명(대표이사, 이사장, 회장 또는 대표자 등)·이름·연락처를 기재한다. 결정계 소송에서의 피고는 특허청장으로 표시하면 되고 그 성명이나 특허청의 주소 등은 기재하지 않아도 된다.

② 당사자가 미성년자·피성년후견인·피한정후견인 등 제한능력자인 경우에

다면 피고가 제기한 이 사건 등록상표에 관한 권리범위확인심판에서 패소한 원고들로서는 이 사건 등록상표권의 권리행사를 방해하는 위 심결의 확정을 배제하기 위하여 보존행위로서 이 사건 심결취소소송을 제기할 수 있다고 할 것이다 … <후략(後略)> … 』

는 친권자(親權者)나 후견인(後見人) 등 법정대리인(法定代理人)을 기재하여야 한다. 법정대리인의 기재방식은 실무상 당사자의 표시 아래에 소송법상 및 실체법상의 대리자격을 표시하고 이름과 함께 그 주소·연락처를 기재한다. 다만, 그 주소가 당사자 본인의 주소·연락처와 같을 때에는 기재할 필요가 없다.

(ii) 청구의 취지　　판결의 결론에 해당되는 주문에 대응되는 내용이다.

소장의 기재사항 중에서 "청구의 취지"라는 별도의 항목을 표기하고, 청구항이 복수인 경우에는 심결의 취소를 구하는 청구항을 구체적이고도 명백하게 적어야 한다.

그리고 소송비용은 피고의 부담으로 한다는 기재도 부기해 둔다. 이는 필수적 기재사항은 아니고, 법원의 직권판단을 촉구하는 의미에 불과하다.

예를 들면 다음과 같다.

『 1. 특허심판원이 2016. 9. ○○. 2016당000호 사건에 관하여 한 심결을 취소한다(또는 심결 중 특허 제○○○○호 청구범위 제1항, 제2항 및 제5항 부분을 취소한다)

2. 소송비용은 피고가 부담한다라는 판결을 구합니다』

(iii) 청구의 원인　　원고가 주장하는 권리 또는 법률관계인 소송물의 성립 원인인 사실을 말한다.

소장에 청구원인을 기재하는 것은 청구의 취지를 보충하여 심판의 대상인 소송물(訴訟物)을 특정하고, 원고의 청구를 이유 있게 하기 위해서이다.

당해사건의 발명의 내용과 권리범위확인심판에 있어서는 확인대상발명의 특정, 특허심판원에서의 절차의 경위, 심결의 요지 및 그 심결이 취소되어야 하는 이유를 분명하게 적어야 한다.

(iv) 청구하는 이유에 대응하는 증거방법　　재판장은 소장을 심사하면서 필요하다고 인정하는 경우에 원고에게 청구하는 이유에 대응하는 증거방법을 구체적으로 적어내도록 명할 수 있다(민소법 §254④). 원고는 이를 대비하여 소장에 원고가 청구하는 이유에 대응하는 증거방법(證據方法)을 구체적으로 적어서 낼 필요가 있다.

(2) 임의적 기재사항

소송대리인을 선임한 경우에는 소송대리인의 직(職)·성명·주소·연락처를 기재한다. 소송대리인이 법무법인 또는 특허법인 등 법인인 경우에는 그 명칭(상호)·소재지·지정된 소송대리인의 성명·연락처(전화번호) 등을 기재한다.

소장에 기재하지 아니하고 뒤에 제출하는 준비서면(準備書面)으로 제출하여도 되는 것을 미리 소장에 적어 둘 수도 있다. 소장에는 준비서면에 관한 규정을 준용한다($\substack{민소법 \\ \S249②}$). 이는 소장으로 하여금 최초의 준비서면을 겸하게 하려는 취지이다.

소장에 준용되는 준비서면에는 ① 당사자의 성명·명칭 또는 상호와 주소 ② 대리인의 성명과 주소 ③ 사건의 표시 ④ 공격 또는 방어방법 ⑤ 상대방의 청구와 공격 또는 방어의 방법에 대한 진술 ⑥ 덧붙인 서류의 표시 ⑦ 작성한 날짜 ⑧ 법원의 표시($\substack{민소법 \\ \S274 \text{ 각호}}$)를 적고, 당사자 또는 대리인이 기명날인(記名捺印) 또는 서명한다($\substack{민소법 \\ \S274①}$). ④와 ⑤의 사항에 대하여는 사실상 주장을 증명하기 위한 증거방법과 상대방의 증거방법에 대한 의견을 함께 적어야 한다($\substack{민소법 \\ \S274②}$).

3. 첨부서류

(1) 자격을 증명하는 서류

(i) 법정대리인 또는 대표자의 자격을 증명하는 서류   ① 법정대리인임을 증명하는 서류 ② 법인의 대표자임을 증명하는 법인등기부등본 ③ 외국인인 경우에는 그 국적증명서(번역문과 같이) 등 원본을 제출하거나 우선 팩스에 의한 사본을 제출하고 원본은 후일에 보정할 것임을 밝혀 둔다. 또 외국어로 된 경우에는 번역문을 첨부해야 한다.

(ii) 소송대리권을 증명하는 서류   ① 소송위임장을 제출하여야 하며, ② 외국인(외국법인 포함)인 경우에는 공증인(公證人)의 인증이 있어야 하고 번역문을 첨부해야 한다.

(2) 심결문 송달증명

심결취소소송은 심결등본을 송달받은 날부터 30일 이내에 제기하여야 하므로 ($\substack{법 \\ \S186③}$), 소 제기기간을 준수했는지의 여부를 확인하기 위한 자료이다.

(3) 소장의 부본

소장의 정본(正本)은 특허법원의 기록으로 편철(編綴)되므로, 부본(副本)은 주심판사용 1부와 기술심리관용 1부 그리고 상대방에 송달용으로 피고의 수만큼의 부본을 첨부하여야 한다. 다만, 피고가 여러 사람이라도 소송대리인이 있으면 그 소송대리인에게 송달될 1부만 있으면 된다.

(4) 정부의 수입인지대 및 송달료의 납부

(i) 정부의 수입인지대의 납부   재산권상의 소로써 그 소가를 산출할 수 없는 특허법원의 전속관할에 속하는 소송의 소가는 1억원으로 한다($\substack{민소 등 인지규칙 \\ \S17의2, \S18의2}$). 이에 따라 수입인지대는 서면소장(書面訴狀)인 경우는 455,000원, 전자소장(電子訴狀)인 경우는 409,500원이다. 10만원을 초과하므로 전액을 현금납부하여야 한다

($^{민소\ 등\ 인지규칙}_{§27①}$). 이런 경우에는 은행에 납입시키고 수납은행이 발행하는 영수필증 및 영수필확인서를 첨부한다($^{민소\ 등\ 인지규칙}_{§29①②}$).

(ii) 송달료의 납부   심결취소소송에서 당사자의 수와 10회 기준의 송달료를 예납하되, 우체국 특별송달료의 액수변경에 따라 유동적이다. 수시로 우체국 또는 특허법원에 확인하여 수납은행에 현금으로 납부하고 송달료납부서를 받아서 첨부한다.

(5) 증거방법 ─ 입증방법

소장에서 인용한 서증(書證)은 그 등본 또는 사본을 첨부하여 제출하여야 한다($^{민소법}_{§254④}$). 기타의 입증방법으로는 ① 심결문 ② 의견제출통지서 ③ 거절결정문 ④ 특허발명의 원부등본 ⑤ 특허공보 ⑥ 권리범위확인심판에 있어서는 확인대상발명임을 입증할 수 있는 증거물 등을 예로 들 수 있다.

4. 소제기의 통지

법원은 특허법 제186조(심결 등에 대한 소) 제1항에 따른 소가 제기되었을 때에는 지체없이 그 취지를 특허심판원장에게 통지하여야 한다($^{법}_{§188①}$). 특허심판원장으로서는 해당 심결의 확정여부를 확인하여야 하고 특허청장에게 보고함으로써 특허원부에도 기재하여야 하기 때문이다.

5. 특허법원의 소장제출 관련 매뉴얼

특허법원에서 발표한 "심결취소소송 심리매뉴얼"(2016. 9. 1. 시행)의 "원고의 소장제출"이란 제목으로 나와 있는 내용 중에서 순번인 가.나.다.를, 본서의 순번 체계에 따라 (1)i)(i)으로 대체하여 소개하면 다음과 같다.

(1) 원고는 소장에 다음의 사항을 구체적으로 기재하여야 한다.

(i) 특허청의 심사 및 특허심판원의 심판절차의 경위

(ii) 심결의 요지(심판단계에서 당사자의 주장과 그에 관한 특허심판원의 판단)

(iii) 심결의 이유 중 인정하는 부분과 인정하지 않는 부분

(iv) 심결의 위법사유에 관한 모든 주장

(v) 관련 사건의 표시(정정심판 및 정정청구를 포함한 관련 심판 및 심결취소소송, 관련 민사 본안 및 신청사건, 형사 사건의 진행 경과 및 그 결과 포함, 이를 기재하지 아니한 경우 소송절차의 진행에서 고려되지 않을 수 있음)

(vi) 증거신청 계획 등을 비롯한 소송 진행 전반에 관한 의견

(2) 원고는 위 (i) 내지 (vi)항에 대응하는 증거와 그 입증취지를 기재한 증거설명서를 제출하여야 한다. 특히 다음과 같은 기본적 서증과 소송위임장, 법인등기부등본 또는 법인국적증명서(당사자가 외국법인인 경우), 심결문송달증명원 등의 필수 첨부서류가 누락되지 않도록 주의하여야 한다.

(i) 거절결정 사건 심결문, 출원서, 의견제출통지서, 보정서, 의견서, 거절결정서

(ii) 등록무효 사건 심결문, 등록원부, 등록공보, 선행발명(선행고안, 선등록상표, 선사용상표, 선행디자인)에 관한 증거

(iii) 권리범위확인 사건 심결문, 등록원부, 등록공보, 확인대상발명(확인대상고안, 확인대상상표, 확인대상디자인 등)의 설명서 및 도면

(3) 소장에 (1)항의 소장기재사항이 기재되지 않은 경우 또는 (2)항의 기본적 서증(書證)이나 필수 첨부서류가 누락된 경우, 재판장 또는 재판장의 명을 받은 법원사무관 등은 원고에게 이를 보완하는 준비서면 또는 기본적 서증이나 필수 첨부서류의 제출을 명하는 보정명령을 한다. 원고는 보정명령 수령 후 3주 이내에 보정명령의 내용에 따라 준비서면, 증거 또는 서류 등을 제출하여야 한다.

제4항 소제기의 효과

1. 소송계속의 효과

(1) 소송계속

소가 제기되면 특허법원에 소송이 현실적으로 계속된다. 소송계속이란 법원이 소송절차에 의하여 행위를 할 수 있는 상태를 말한다.

(2) 소송계속의 발생 시기

소송계속의 발생 시기는 피고에게 소장의 부본이 송달된 때로 보는 것이 통설로 되어 있다. 소송 법률관계를 법원·원고·피고인 3자 사이의 법률관계로 보기 때문이다.

2. 심결확정의 차단효과

소의 제기로 특허심판원에서 한 심결의 확정이 차단된다. 심결취소소송은 일반 민사소송과 달리 청구항독립의 원칙에 따라, 청구항별로 불복을 인정하기 때문

에 심결확정차단의 효력도 그 소를 제기한 일부청구항에만 차단의 효력이 발생하고, 나머지 청구항에 대하여는 소를 제기하지 않으면 확정된다.

3. 중복제소 금지의 효과

(1) 개　념

법원에 계속되어 있는 사건에 대하여 당사자는 다시 소를 제기하지 못한다($\binom{민소법}{§259}$).

같은 사건에 대하여 이중으로 소를 제기하는 것은 소권(訴權)의 남용으로 보는 것이다. 법원이나 당사자에게 시간·노력·비용을 이중으로 낭비시키는 것이어서 소송경제에 반하고, 판결이 서로 모순·저촉될 우려도 있기 때문이다.

(2) 요　건

중복제소로 되기 위한 요건은 다음과 같다.

(i) 당사자가 동일할 것. 중복된 전소(前訴)와 후소(後訴)의 당사자가 같아야 한다.

(ii) 소송의 대상인 소송물(訴訟物)이 동일할 것. 소송물의 동일여부는 거절결정유지심결, 취소결정, 정정심결, 무효심결, 권리범위확인심결 및 실시권허여심결 등에 대한 불복소송물은 각각 다른 것이고 또 청구항(請求項) 독립의 원칙에 따라 청구항이 동일하지 않으면 소송물은 다른 것이다.

(iii) 전소의 계속 중에 후소가 제기되었을 것. 이 경우에도 전·후의 소의 청구항이 상이하면 중복제소는 아니다.

(3) 효　과

중복제소가 있으면 후소는 부적법한 것으로 각하되고, 만약에 전·후 소의 판결이 확정되면 후소의 판결이 재심사유로 된다($\binom{민소법}{§451①(x)}$).

4. 소송참가와 소송고지의 효과

(1) 소송참가

소송이 계속되면 소송결과에 이해관계가 있는 제3자는 한쪽 당사자를 돕기 위하여 법원에 계속 중인 소송에 참가할 수 있다. 다만, 소송절차를 현저하게 지연시키는 경우에는 그러하지 아니하다($\binom{민소법}{§71}$).[8]

---

8) 대법원 2013. 10. 31. 선고 2012후1033 판결.

(2) 소송고지

소송이 계속된 때에는 당사자는 참가할 수 있는 제3자에게 소송고지를 할 수 있다($\substack{민소법 \\ §84①}$). 소송고지를 받은 사람은 다시 소송고지를 할 수 있다($\substack{민소법 \\ 같은조②}$).

제 5 항   소장의 심사 및 답변서의 제출

1. 소장의 심사 및 소장부본의 송달

(1) 재판장의 소장심사

소장이 민사소송법 제249조(소장의 기재사항) 제1항의 규정에 어긋나는 경우에는 재판장은 상당한 기간을 정하고, 그 기간 이내에 흠을 보정하도록 명하여야 한다. 소장에 법률의 규정에 따른 인지를 붙이지 아니한 경우도 또한 같다($\substack{민소법 \\ §254①}$).

원고가 지정된 기간 이내에 소장의 흠을 보정하지 아니한 때에는 재판장은 명령으로 소를 각하(却下)하여야 한다($\substack{민소법 \\ 같은조②}$). 이 각하 명령에 대하여는 즉시항고(卽時抗告)를 할 수 있다($\substack{민소법 \\ §254③, §444}$).

재판장은 소장을 심사하면서 필요하다고 인정하는 경우에는 원고에게 청구하는 이유에 대응하는 증거방법을 구체적으로 적어내도록 명할 수 있으며, 원고가 소장에 인용한 서증(書證)의 등본 또는 사본을 붙이지 아니한 경우에는 이를 제출하도록 명할 수 있다($\substack{민소법 \\ §245④}$).

(2) 소장부본의 송달

법원은 소장의 부본을 피고에게 송달하여야 한다($\substack{민소법 \\ §255①}$). 소장의 부본을 송달할 수 없는 경우에는 민사소송법 제254조(재판장의 소장심사권) 제1항 내지 제3항의 규정을 준용한다($\substack{민소법 \\ 같은조②}$).

2. 답변서의 제출 및 송달

(1) 답변서의 제출의무

피고가 원고의 청구를 다투는 경우에는 소장의 부본을 송달받은 날부터 30일 이내에 답변서를 제출하여야 한다($\substack{민소법 \\ §256①본}$).

(2) 답변서의 기재사항

답변서에는 청구의 취지에 대한 답변과 청구의 원인에 대한 구체적인 진술을 적어야 한다($\substack{민소규칙 \\ §65}$). 따라서 예컨대, "청구원인사실을 전부 부인한다"는 식으로 작성하여서는 곤란하다.

답변서에는 준비서면에 관한 규정을 준용한다($\begin{smallmatrix}민소법\\§256④\end{smallmatrix}$). 따라서 답변서는 그것에 적힌 사항에 대하여 상대방이 준비하는 데에 필요한 기간을 두고 제출하여야 한다($\begin{smallmatrix}민소법\\§273\end{smallmatrix}$). 당사자의 성명·명칭 또는 상호와 주소, 대리인의 성명과 주소, 사건의 표시, 공격 또는 방어의 방법, 상대방의 청구와 공격방어방법에 대한 진술, 덧붙인 서류의 표시, 작성한 날짜, 법원의 표시를 적고, 당사자 또는 대리인이 기명날인 또는 서명한다($\begin{smallmatrix}민소법\\§274①\end{smallmatrix}$). 공격 또는 방어의 방법, 상대방의 청구와 공격방어방법에 대한 진술에 대하여는 사실상 주장을 증명하기 위한 증거방법과 상대방의 증거방법에 대한 의견을 함께 적어야 한다($\begin{smallmatrix}민소법\\§274②\end{smallmatrix}$).

당사자가 가지고 있는 문서로서 답변서에서 인용한 것은 그 등본 또는 사본을 붙여야 한다. 문서의 일부가 필요한 때에는 그 부분에 대한 초본을 붙이고, 문서가 많을 때에는 그 문서를 표시하면 된다. 위 문서는 상대방이 요구하면 그 원본을 보여주어야 한다($\begin{smallmatrix}민소법\\§275\end{smallmatrix}$).

답변서에 적지 아니한 사실은 상대방이 출석하지 아니한 때에는 원칙적으로 변론에서 주장하지 못한다($\begin{smallmatrix}민소법\\§276\end{smallmatrix}$).

(3) 답변서 미제출의 효과

법원은 피고가 답변서를 제출하지 아니한 때에는 청구의 원인이 된 사실을 자백한 것으로 보고 변론 없이 판결을 선고할 수 있다($\begin{smallmatrix}민소법\\§257①\end{smallmatrix}$).

(4) 답변서 부본의 송달

법원은 답변서의 부본을 원고에게 송달하여야 한다($\begin{smallmatrix}민소법\\§255\end{smallmatrix}$).

(5) 특허법원의 답변서 관련 매뉴얼

특허법원의 매뉴얼 중에서 "피고의 답변서 제출 등"의 내용은 다음과 같다.

피고는 원고로부터 구체적 청구원인이 기재된 소장 또는 준비서면을 송달받은 때부터 3주 이내에 준비명령에 따라 다음의 사항이 포함된 답변서와 함께, 답변서에서 인용하고 있는 증거 및 증거설명서를 제출하여야 한다.

(i) 원고의 청구취지에 대한 답변

(ii) 원고의 주장 중 인정하는 부분과 인정하지 않는 부분

(iii) 원고의 주장 중 인정하지 않는 부분에 대한 구체적인 반박

(iv) 그 밖에 심결의 적법 사유에 관한 모든 주장

(v) 관련 사건의 표시(정정심판 및 정정청구를 포함한 관련 심판 및 심결취소소송, 관련 민사 본안 및 신청사건, 형사 사건의 진행 경과 및 그 결과 포함, 이를 기재하지 아니한 경

우 소송절차의 진행에서 고려되지 않을 수 있음)

  (vi) 원고가 제출한 서증에 대한 인부(認否)

  (vii) 증거신청 계획 등을 비롯한 소송 진행 전반에 관한 의견

  여기에서 지적하여 둘 점은, 민사소송법 제256조(답변서의 제출의무) 제1항 본문(本文)에 따르면 "피고가 원고의 청구를 다투는 경우에는 소장의 부본을 송달받은 날부터 30일 이내에 답변서를 제출하여야 한다" 하였다.[9]

  재판장은 피고의 답변서 제출 후, 소장 및 답변서와 당사자들로부터 제출된 증거 등을 종합적으로 검토한 결과, 추가 서면 공방이 필요하다고 인정되는 경우에 원고에게 구체적인 반박, 증거의 추가 제출 등을 명하는 준비명령을 한다. 원고는 준비명령 수령 후 3주 이내에 준비서면, 증거 또는 서류 등을 제출하여야 한다.

제 6 항   소 송 물

  (1) 소송물의 의의

  소송물이란 재판의 대상이다. 행정소송의 소송물은 행정처분의 위법성 일반(행정처분의 주체, 내용, 절차, 형식의 모든 면에서 위법)이다. 행정처분을 위법하게 하는 개개의 위법사유는 공격방어방법에 해당한다. 심결취소소송의 소송물 역시 심결의 실체적·절차적 위법성이다.

  (2) 소송물의 유형에 따른 소송물의 형태

  (i) 거절결정불복심판의 심결취소소송   출원발명에 특허법 제29조 제1항 각호(신규성), 제29조 제2항(진보성), 제42조 제3항(발명의 설명 기재요건), 제42조 제4항(청구범위 기재요건) 등의 거절사유의 존재를 이유로 거절결정을 유지한 청구기각 심결의 위법성이다.

  (ii) 무효심판의 심결취소소송   특허발명에 특허법 제29조 제1항 각호, 제29조 제2항, 제42조 제3항, 제4항 등의 무효사유의 존재 또는 부존재를 이유로 한 청구인용(특허무효) 심결 또는 청구기각 심결의 위법성이다.

  (iii) 권리범위확인심판의 심결취소소송   확인대상발명과의 관계에서 특허발명의 보호범위를 확인한 청구인용 심결 또는 청구기각 심결의 위법성이다.

---

9) 그런데 매뉴얼에 3주 이내로 된 것은 소송촉진(訴訟促進)을 위한 훈시적인 조치라 할 것이다.

(3) 소송물의 개수

청구항 별로 하나의 소송물이 된다. 따라서 복수의 청구항이 있는 경우에는 복수의 소송물이 존재한다.

제3관 심결취소소송의 심리

제1항 심리의 일반원칙 및 심리절차의 특징

1. 민사소송법상의 심리원칙의 준용

(1) 행정소송법, 민사소송법 등의 준용

앞에서 본 바와 같이 심결취소소송에는 특허법의 특별한 규정이 있는 경우를 제외하고는 행정소송법이 적용되고, 행정소송법에 특별한 규정이 없는 사항에 대하여는 법원조직법과 민사소송법 및 민사집행법의 규정을 준용한다. 따라서 민사소송의 심리에 관한 일반원칙인 공개심리주의, 쌍방심리주의, 구술심리주의, 직접심리주의, 처분권주의, 변론주의가 심결취소소송에도 원칙적으로 적용된다. 이하에서는 심결취소소송에서 주로 문제되는 변론주의와 처분권주의에 관하여 설명한다.

(2) 변론주의

(i) 의 의 심결취소소송에서도 원칙적으로 변론주의가 적용된다. 소송자료(사실과 증거)의 수집·제출의 책임을 당사자에게 일임하고, 당사자가 수집·제출한 소송자료만을 재판의 기초로 삼는다.

변론주의는 사실관계에만 적용되고, 사실관계에 대한 법적 판단(법률의 해석·적용)이나 제출된 증거의 가치평가에 대하여는 적용되지 않는다. 경험법칙, 간접사실, 보조사실에 대하여도 적용되지 않는다. 또한 소송요건, 소송계속의 유무와 같은 직권조사사항에 대하여도 적용되지 않는다.

(ii) 주장책임 당사자가 주장하지 않으면 판결의 기초로 삼을 수 없다. 이를 주장책임이라 한다. 당사자는 자기에게 유리한 법규적용의 기초가 되는 요건사실을 구체적으로 주장하여야 하고, 이를 주장하지 아니하면 판결의 기초로 삼을 수 없게 되는 불이익을 입는다. 주장책임은 주요사실에 관하여만 적용되고, 간접사실, 보조사실에 대하여는 적용되지 않는다.

심결취소소송에서 원고가 심결의 위법사유에 해당하는 구체적 사실을 먼저

584 제 8 장 특허소송

주장하여야 한다. 법원이 당사자가 주장하지도 아니한 법률요건에 관하여 판단하
는 것은 변론주의에 위반된다.[10]

　　(iii) **자백의 구속력**　　당사자 사이에 다툼이 없는 주요사실은 그대로 판결
의 기초로 하여야 한다. 법원은 그와 반대되는 사실을 인정할 수도 없다. 이를 자
백의 구속력이라 한다. 다툼이 없는 사실이란 당사자가 자백한 사실과 자백한 것
으로 간주되는 사실〔당사자가 변론에서 상대방이 주장하는 사실을 명백히 다투지 아니한
경우($\frac{민소법}{\S150①본}$), 당사자가 변론기일에 출석하지 아니한 경우〕을 의미한다.

　　심결취소소송에서도 변론주의가 적용되므로, 주요사실에 대하여는 자백 또는
자백간주가 인정된다.[11] 따라서 피고가 답변서도 제출하지 아니하고 불출석하는
경우 원고주장의 사실에 관하여 자백한 것으로 간주된다.

　　당해 발명의 진보성판단에 제공되는 선행발명이 어떤 구성요소를 가지고 있
는지는 주요사실로서 자백의 대상이 된다. 하지만, 당해 발명의 신규성 유무, 진보
성유무 등 법적 평가는 자백의 대상이 되지 아니한다.

　　제소기간 도과 등 소송요건도 자백의 대상이 되지 아니함은 물론이다.

　　(iv) **직권에 의한 증거조사의 금지**　　당사자 사이에 다툼이 있는 사실을 증
거로 인정하려면 당사자가 신청한 증거에 의하여야 하고, 법원이 직권으로 증거조
사를 할 수 없다. 이를 직권증거조사의 금지라 한다. 심결취소소송에서는 특허발생
요건[12]의 존재 사실은 출원인 또는 특허권자가, 특허장애 요건(特許障碍要件)[13]의
존재 사실은 특허청장 또는 상대방이 입증하여야 한다.

　　다만, 제소기간의 도과 여부를 비롯한 소송요건 등 직권조사사항에 관하여는
변론주의가 적용되지 아니한다.

　　또한 법원은 당사자가 신청한 증거에 의하여 심증을 얻을 수 없거나 그 밖에
필요하다고 인정한 때에는 직권으로 증거조사를 할 수 있다($\frac{민소법}{\S292}$). 이는 변론주의
에 대한 보충적 규정이다.

　　(v) **변론주의의 보완**　　변론주의는 당사자들의 소송수행능력이 평등하고 완
전한 대립구조를 전제로 하고 있다. 그러나 현실은 천차만별이기 때문에 제도의
본연취지는 형식만이 유지되고, 실제에 있어서는 퇴색되어 폐단을 파생시키기도

---

10) 대법원 2011. 3. 24. 선고 2010후3509 판결 참조.
11) 대법원 2000. 12. 22. 선고 2000후1542 판결 등 다수.
12) 특허법 제29조 제1항 본문, 제42조 제3항, 제4항.
13) 특허법 제29조 제1항 각호, 제2항.

한다.

여기에서 당사자 간의 실질적인 불균형을 조정하기 위하여, 법원의 ① 석명권(釋明權)의 활용 ② 소송대리인의 선임명령(選任命令) ③ 당사자의 진실의무(眞實義務, 진실에 반하는 것을 알면서 주장해서는 안 되고, 상대방의 주장이 진실한 것임을 알면서 상대방의 주장을 다투어서도 안 된다는 의무) 등이 변론주의에 대한 보완책으로 나와 있다.

(3) **처분권주의**

심결취소소송에서도 처분권주의가 적용되는 결과 법원은 당사자가 신청하지 아니한 사항에 대하여는 판결하지 아니한다($\frac{민소법}{\S203}$). 소의 제기 및 종료, 심판의 대상이 당사자에 의하여 결정된다. 당사자의 소의 제기에 의하여 비로소 개시되며 결코 법원의 직권에 의하여 개시되지 않는다. 심판의 대상과 범위도 원고의 의사에 의하여 특정되고, 법원은 당사자가 신청한 사항 및 범위 내에서만 판단하여야 한다. 개시된 절차를 종국판결에 의하지 아니하고 종결시킬 것인지의 여부도 당사자의 의사에 일임되어 있다. 당사자는 소의 취하, 상소의 취하에 의하여 절차를 종결시킬 수 있다. 다만, 심결취소소송의 대상인 심결은 자유로운 처분의 대상이 될 수 없으므로, 청구의 포기·인락 또는 화해는 허용되지 않는다(상세는 후술함).

2. 행정소송법상의 직권심리

(1) **의   의**

행정소송법 제26조는 "법원은 필요하다고 인정할 때에는 직권으로 증거조사를 할 수 있고, 당사자가 주장하지 아니한 사실에 대하여도 판단할 수 있다"고 규정하고 있다. 따라서 당사자가 주장한 사실에 대하여 법원이 보충적으로 증거를 조사할 수 있고, 나아가 당사자가 주장하지 아니한 사실에 대하여도 직권으로 증거를 조사하여 판단의 자료로 삼을 수 있다.[14] 행정소송의 하나인 심결취소소송에서도 행정소송법 제26조(직권심리)의 직권심리 규정이 적용됨은 물론이다.

(2) **직권심리의 범위 — 변론주의와의 조화**

학설은 변론주의가 원칙이며 행정소송법 26조의 직권심리는 보충적인 것으로 보는 것이 다수의 견해이다.

대법원 판례는 행정소송법 제26조 직권심리를 변론주의의 예외로만 인정하고

---

14) 박균성 저, 행정법강의(제13판), P. 822 참조.

있다. 즉 "행정소송법 제26조는 행정소송의 특수성에 연여하는 당사자주의, 변론주의에 대한 일부 예외일 뿐 법원이 아무런 제한 없이 당사자가 주장하지 아니한 사실을 판단할 수 있는 것은 아니고, 일건 기록에 현출되어 있는 사항에 관하여서만 직권으로 증거조사를 하고 이를 기초로 판단할 수 있을 따름이고, 그것도 법원이 필요하다고 인정할 때에 한하여 청구의 범위 내에서 증거조사를 하고 판단할 수 있을 뿐이다"라는 입장을 취하고 있다.[15]

대법원 2010. 1. 28. 선고 2007후3752 판결도 같은 취지에서 "행정소송의 일종인 심결취소소송에서 법원이 필요하다고 인정할 때에는 당사자가 명백하게 주장하지 않는 것도 기록에 나타난 자료를 기초로 하여 직권으로 조사하고 이를 토대로 판단할 수 있다"고 판시하고 있다. 위 판결에서는 "설사 피고들이 원심 판시의 비교대상발명 1을 선행기술 중의 하나로 주장하지 아니하였다 하더라도, 원심이 기록에 나타난 비교대상발명 1을 기초로 이 사건 특허발명 특허청구범위 제1, 2항(이하 '이 사건 제1, 2항 발명'이라 한다)의 진보성유무를 판단한 것이 잘못이라고 할 수 없다"고 판단하였다.

3. 법원조직법상의 기술심리관의 심리 참여

법원은 필요하다고 인정하는 경우 결정으로 기술심리관을 특허법 제186조(심결 등에 대한 소) 제1항의 규정에 의한 소송의 심리에 참여하게 할 수 있다($\frac{법조법}{§54의2②}$).

소송의 심리에 참여하게 할 수 있다는 점에서, 각급 법원에 두는 조사관(調査官)이 심판에 필요한 자료의 수집·조사를 하는 업무와는 판이하다 할 수 있다.

소송의 심리에 참여하는 기술심리관은 재판장(裁判長)의 허가를 얻어 기술적인 사항에 관하여 소송관계인에게 질문을 할 수 있고, 재판의 합의에서 의견을 진술(陳述)할 수 있다($\frac{법조법}{같은조③}$).

제 2 항   심리·판단의 구조와 범위

1. 심리·판단의 대상 및 구조

특허심판원은 행정작용(심판)의 적법성을 판단한다. 심판에서는 거절사유 또는 무효사유 등의 존부를 심리·판단한다. 심결취소소송에서는 심결취소사유의 존

---

15) 대법원 1995. 2. 24. 선고 94누9146 판결 참조.

부를 심리·판단한다. 소송을 통해 당사자는 심결의 취소라는 목적을 달성하게 된다. 소송에서는 심결을 취소할 수 있을 뿐 취소 후 적절한 처분을 할 수는 없다. 심결의 취소를 구하는 당사자로서는 당해 심결에 하자가 있고, 그 하자는 심결을 위법하게 하는 하자에 해당하여야 함을 주장·입증하여야 한다.

발명의 진보성에 관한 심결의 하자(瑕疵)로는 예를 들면, 출원발명 또는 특허발명(이하 출원발명과 특허발명을 합하여 '당해발명'이라 한다)의 인정의 잘못, 선행발명의 인정의 잘못, 당해발명과 선행발명의 일치점 인정의 잘못(오인, 간과), 당해발명과 선행발명의 차이점 인정의 잘못(오인, 간과), 차이점에 관한 판단의 잘못, 현저한 작용효과의 간과 등을 들 수 있다. 하지만, 심결에 하자가 있다고 하여 심결이 항상 취소되는 것은 아니고, 심결이 위법한 경우에만 심결이 취소된다.

절차상의 하자의 경우에도 그것이 훈시규정(訓示規定)에 반하는 것으로, 심결결과(審決結果)에 영향을 미치지 않는 것이면 심결취소의 이유는 아닌 것으로 된다. 반면에 심결결과에 영향을 미치는 것이면 중대한 하자로서 심결취소의 이유가 된다 할 것이다.

2. 심리·판단의 범위

심결취소소송의 심리범위가 특허심판원에서 심리·판단한 사항에 한정되는 것이냐 아니면 당사자는 특허법원에서 새로운 주장과 새로운 증거(證據)도 제출할 수 있고, 특허법원도 당사자의 새로운 주장과 새로운 증거 등을 심리하여 심결의 위법 여부를 판단할 수 있느냐의 문제이다.

이에 대하여 제한설(制限說)과 무제한설(無制限說)이 있다.

(1) 제 한 설

(i) 제한설의 요지　　심결취소소송의 심리의 범위를 심판에서 판단한 실체적(實體的) 또는 절차적인 사항만으로 제한해야 한다는 견해이다.

일본 최고재판소(最高裁判所)의 1976년(소화 51년) 3. 10. 편물기사건(編物機事件)에 대한 판결의 판지(判旨)이다.

(ii) 제한설의 법리적 근거　　제한하지 아니하면, ① 심판의 준사법절차(準司法節次)·심판전치(審判前置)·심급생략(審級省略) 등의 취지에 반하고, 특허청의 기능을 무시한다는 점 ② 당사자의 심급보장이 침해된다는 점 ③ 담당 법관(法官)의 직무부담(職務負擔) 및 ④ 소송자료(訴訟資料)의 재작성 등 소송경제에도 반한다는 점 등을 들고 있다.

그러나 ①은 특허제도의 특수성(特殊性)과 전문성(專門性)의 문제이고 ②의 당사자의 심급보장의 이유나 ③의 담당 법관의 직무부담 또는 ④의 소송자료의 재작성 따위를 이유로, 당사자의 재판을 받을 권리를 제한할 수는 없다. 즉 헌법 제27조(재판을 받을 권리 …) 제1항에 규정된 "모든 국민은 헌법과 법률이 정한 법관에 의하여 법률에 의한 재판을 받을 권리"를 법적 근거도 없이 제한할 수는 없다 할 것이다.

이 제한설은 그 법리적인 근거가 없을 뿐만 아니라, 이론구성 또한 지나치게 군색하다. 따라서 우리 법제하에서는 그 타당성을 찾을 수 없다.

(2) 무제한설

i) 무제한설의 요지

심결취소소송에서 심리의 범위에 대하여 제한을 두어서는 안 된다는 견해이다.

일본 최고재판소의 1980년(소화 55년) 6. 21. 공작기계사건(工作機械事件)에 대한 판지이기도 하다. 이 무제한설 중에서도 견해가 세 갈래로 나뉘지기도 한다.

(i) 정통적인 무제한설　　　행정소송의 항고소송(抗告訴訟)과 같이 당사자는 심결의 위법사항은 물론, 새로운 주장, 새로운 증거를 제한 없이 제출할 수 있고, 법원도 제한 없이 심리·판단하고 직권조사·직권심리도 할 수 있다는 견해이다.

(ii) 동일법조설　　　심판에서 쟁점이 되었던 법조(法條)의 범위 안에서만 새로운 주장·새로운 증거를 제출할 수 있고, 법원도 그 범위 내에서 심리·판단할 수 있다는 견해이나, 이는 제한설(制限說)과 크게 다를 바가 없다.

(iii) 동일사실 및 동일증거설　　　이 견해는 동일법조 내에서 다시 그 범위를 동일사실 동일증거범위로 제한해야 한다는 견해이나, 법리적 근거가 없고, 결과적으로 제한설과 같다.

따라서 위 (ii)와 (iii)의 견해는 실질적으로 제한설과 다를 바 없어 논할 가치도 없다할 것이다.

ii) 무제한설의 법리적 근거

일반 행정처분에 대한 취소소송(取消訴訟)의 제1심과 같이, 당사자는 특허심판원이 심리 판단한 사항뿐만 아니라 새로운 주장·새로운 증거를 제출할 수 있고, 법원(法院)도 심결의 판단사항뿐만 아니라, 당사자의 새로운 주장·새로운 증거는 물론이요, 나아가서 보충적으로 직권탐지·직권심리도 가능하다는 것이다($^{행소법}_{§26}$).

iii) 대법원 판결의 판지

판례는 심결취소소송의 심리범위를 무제한설(無制限說)의 입장에서 판시하였다.

『심판은 특허심판원에서의 행정절차이며 심결은 행정처분에 해당하고, 그에 대한 불복의 소송인 심결취소소송은 항고소송에 해당하여 그 소송물은 심결의 실체적·절차적 위법성 여부라 할 것이므로, 당사자는 심결에서 판단되지 않은 처분의 위법사유도 심결취소소송단계에서 주장·입증할 수 있고, 심결취소소송의 법원은 특별한 사정이 없는 한 제한 없이 이를 심리·판단하여 판결의 기초로 삼을 수 있는 것이며, 이와 같이 본다고 하여 심급의 이익을 해한다거나 당사자에게 예측하지 못한 불의의 손해를 입히는 것이 아니다(대법원 2002. 6. 25. 선고 2000후1290 판결; 2004. 7. 22. 선고 2004후356 판결 등 참조))』라고 판시하였다.[16]

한편, 대법원 판례가 결정계사건의 경우에는 제한설을 취한 것이라는 전제로, 대법원 2003. 12. 26. 선고 2001후2702 판결과 대법원 2009. 12. 10. 선고 2007후3820 판결이 소개되기도 했다.[17]

그런데 대법원은 위에서 인용된 판결 외에도 같은 취지를 판시한 바 있지만[18] 이 판결들은 특허거절결정(特許拒絶決定) 등에 대한 원칙을 설시하였을 뿐, 결정계(決定系)의 심결취소소송에 있어서는 심리범위가 제한되어야 한다고 판시한 것은 아니다.

뿐만 아니라, 심결취소소송에 있어서의 심리범위를 당사자계와 결정계를 구별해야 할 이유도 없다고 본다. 다만, 결정계 특허, 특허출원의 거절결정심결에 대한 심결취소소송에 있어서 특허법원이, 특허청장(실제에 있어서는 심사관)의 의견을 듣는 경우에, 특허출원을 거절할 수 있는 새로운 증거가 나타났다면, 특허출원인에게 그에 대한 의견진술과 명세서(明細書)를 보정(補正)할 수 있는 기회를 주어야 하므로(법§63, §170), 그 요건을 갖추기 위한 절차가 필요하다. 그러한 경우에는 출원인에게 의견진술과 보정의 기회를 주기 위하여, 심결을 취소함으로써 특허심판원의 심판을 재개시켜서 출원인에게 의견진술과 명세서 보정의 기회를 열어주는 방법이 있을 수 있다.

일본에서는 이러한 우회방법을 실질적증거법칙이라 하였다.[19]

특허법의 근본취지는 발명이 특허될 수 있는 것은 특허를 허여하고 특허될 수 없는 발명은 특허를 허여해서는 안 되나, 그 거절에는 법정의 절차를 밟아야 한다는 것이다(법§63).

16) 대법원 2009. 5. 28. 선고 2007후4410 판결.
17) 조영선(曺永善) 지음(著), 특허법(제5판), P. 654.
18) 대법원 2002. 11. 26. 선고 2000후1177 판결; 2012. 7. 12. 선고 2011후934 판결.
19) 渋谷 達紀, 前揭書, P. 564, 565.

그렇게 함으로써 출원발명에 대한 특허여부를 합리적으로 해결하는 것이 출원사건을 우선 확정시키고 필요하면 별도의 무효심판 또는 재심을 청구하라는 것보다는 출원인의 비용을 절감시킬 수 있고, 국가의 노력도 절감되어 소송경제에도 부합된다 할 것이다.

제3항 변론과 변론의 준비

1. 변   론

(1) 변론의 필요성 및 집중

당사자는 소송에 대하여 법원에서 변론하여야 한다($\frac{민소법}{\S134}$). 그리고 변론은 집중되어야 한다($\frac{민소법}{\S272①}$). 법원은 변론이 집중되도록 함으로써 변론이 가능한 한 속행되지 않도록 하여야 하고, 당사자는 이에 협력하여야 한다($\frac{민소규칙}{\S69②}$). 당사자는 주장과 입증을 충실히 할 수 있도록 사전에 사실관계와 증거를 상세히 조사하여야 한다($\frac{민소규칙}{\S69의2}$).

공격 또는 방어의 방법은 소송의 정도에 따라 적절한 시기에 제출되어야 한다($\frac{민소법}{\S146}$). 이를 적시제출주의라 한다. 적시제출주의로 인하여 소송당사자는 소송촉진의무를 부담하게 한다. 변론이 집중되기 위해서는 법원은 물론 당사자나 소송대리인도 많은 노력이 필요하다.

(2) 제출기한의 제한 ─ 재정기간제도

재판장은 당사자의 의견을 들어 한 쪽 또는 양 쪽 당사자에 대하여 특정한 사항에 관하여 주장을 제출하거나 증거를 신청할 기간을 정할 수 있다. 당사자가 그 기간을 넘긴 때에는 주장을 제출하거나 증거를 신청할 수 없다. 다만, 당사자가 정당한 사유로 그 기간 이내에 제출 또는 신청하지 못하였다는 것을 소명한 경우에는 그러하지 아니하다($\frac{민소법}{\S147}$).

이 제도는 소송촉진을 위하여 개별적으로 소송자료 제출의 최종시점을 기간의 제정이라는 방법으로 구체화하여 그 기간을 도과한 것은 예외적인 사정이 없는 한 실권(失權)하도록 하는 제도이다. 이 제도는 부당한 소송지연을 방지하는 효과를 도모함과 아울러 사전에 실권 여부를 당사자에게 명확히 알려줌으로써 절차적 안정성과 예측가능성을 높이는 데에 초점을 맞추고 있다.[20]

---

20) 법원행정처, 민사재판운영실무, P. 204 참조.

(3) 실기한 공격방어방법의 각하

당사자가 민사소송법 제146조(적시제출주의)의 적시제출주의 규정을 어기어 고의 또는 중대한 과실로 공격 또는 방어방법을 뒤늦게 제출함으로써 소송의 완결을 지연시키게 하는 것으로 인정하거나 당사자가 제출한 공격 또는 방어방법의 취지가 분명하지 아니한 경우에 당사자가 필요한 설명을 하지 아니하거나 설명할 기일에 출석하지 아니한 때에는 법원은 직권으로 또는 상대방의 신청에 따라 결정으로 이를 각하할 수 있다($\frac{민소법}{\S149}$).

2. 변론의 준비

(1) 서면에 의한 변론의 준비

(i) 준비서면의 작성 및 제출   당사자는 변론을 서면으로 준비하여야 한다($\frac{민소법}{\S272①후}$). 당사자가 변론에서 진술할 사항을 기재한 서면을 준비서면이라 한다. 당사자는 변론 전에 준비서면을 작성하여 법원에 제출하여야 한다.

준비서면은 변론의 내용을 예고하여 법원과 상대방으로 하여금 미리 이해하고 준비하여 변론에 임하게 함으로써 변론의 집중과 소송의 촉진을 증진시킨다.[21] 준비서면은 그것에 적힌 사항에 대하여 상대방이 준비하는 데에 필요한 기간을 두고 제출하여야 한다($\frac{민소법}{\S273}$). 그리고 변론종결 후에 제출한 준비서면은 소송자료가 되지 아니한다. 당사자는 이 점에 유의하여야 한다. 준비서면은 국어로 작성하여야 한다. 준비서면에 인용된 문서가 외국어로 작성된 문서인 경우에는 번역문을 붙여야 한다($\frac{민소법}{\S277}$).

그리고 재판장은 당사자의 공격방어방법의 요지를 파악하기 어렵다고 인정하는 때에는 변론을 종결하기에 앞서 당사자에게 쟁점과 증거의 정리 결과를 요약한 준비서면을 제출하도록 할 수 있다($\frac{민소법}{\S278}$). 이러한 경우 당사자는 요약준비서면을 제출하여야 한다.

(ii) 준비서면의 기재사항   준비서면에는 당사자의 성명·명칭 또는 상호와 주소, 대리인의 성명과 주소, 사건의 표시, 공격 또는 방어의 방법, 상대방의 청구와 공격방어방법에 대한 진술, 덧붙인 서류의 표시, 작성한 날짜, 법원의 표시를 적고, 당사자 또는 대리인이 기명날인 또는 서명한다($\frac{민소법}{\S274①}$).

공격 또는 방어의 방법, 상대방의 청구와 공격방어방법에 대한 진술에 대하여

---

21) 민일영·김능환, 주석 신민사소송법(IV)(제7판)(2012), P. 507 참조.

는 사실상 주장을 증명하기 위한 증거방법과 상대방의 증거방법에 대한 의견을 함께 적어야 한다($\frac{민소법}{\S274②}$).

당사자가 가지고 있는 문서로서 준비서면에 인용한 것은 그 등본 또는 사본을 붙여야 한다. 문서의 일부가 필요한 때에는 그 부분에 대한 초본을 붙이고, 문서가 많을 때에는 그 문서를 표시하면 된다. 위 문서는 상대방이 요구하면 그 원본을 보여주어야 한다($\frac{민소법}{\S275}$).

(iii) **준비서면의 변론 상정**   준비서면은 제출한 것만으로는 소송자료가 될 수 없고, 변론에서 진술 또는 진술간주된 때에 비로소 소송자료로 되고 판결의 기초가 된다.

(iv) **준비서면 제출의 효과**   준비서면에 기재된 사실은 상대방이 불출석한 경우에도 주장할 수 있으며, 그 부분에 대하여 상대방이 아무런 주장을 하지 아니한 때에는 명백하게 다투지 아니한 것으로 되어 자백간주의 이익을 얻을 수 있다($\frac{민소법}{\S150①③}$).

(v) **준비서면 미제출의 효과**   준비서면에 적지 아니한 사실은 상대방이 출석하지 아니한 때에는 변론에서 주장하지 못한다($\frac{민소법}{\S276}$).

(2) **변론준비절차**

(i) **변론준비절차 회부**   재판장은 변론 없이 판결하는 경우 외에는 바로 변론기일을 정한다. 다만, 사건을 변론준비절차에 부칠 필요가 있는 경우에는 변론에 앞서 변론준비절차에 부칠 수 있다($\frac{민소법}{\S258①}$). 또한 재판장은 특별한 사정이 있는 때에는 변론기일을 연 뒤에도 사건을 변론준비절차에 부칠 수 있다($\frac{민소법}{\S279②}$).

(ii) **변론준비절차의 실시**   변론준비절차에서는 변론이 효율적이고 집중적으로 실시될 수 있도록 당사자의 주장과 증거를 정리하여야 한다($\frac{민소법}{\S279}$).

소장과 답변서, 준비서면 등을 토대로 법원의 석명과 당사자의 질의를 통하여 사건과 관계있는 주장과 관계없는 주장, 주장의 일치점과 상이점을 골라내고, 불필요한 주장과 흠결된 주장을 철회·보충하며, 증거를 정리하여 주장과 증거의 관계를 명백히 하고, 증거조사에 의하여 증명할 사실을 확정한다.[22]

(iii) **서면에 의한 변론준비절차의 진행**   서면에 의한 변론준비절차는 별도의 변론준비기일을 정하지 않고, 기간을 정하여 당사자로 하여금 준비서면, 그 밖의 서류를 제출하게 하거나 당사자 사이에 이를 교환하게 하고, 주장사실을 증명

---

22) 민일영·김능환, 주석 신민사소송법(Ⅳ)(제7판)(2012), P. 541 참조.

할 증거를 신청하게 하는 방법으로 진행한다($^{민소법}_{§280①}$).

　(iv) **변론준비절차에서의 증거조사**　　변론준비절차를 진행하는 동안 재판장 등은 변론의 준비를 위하여 필요하다고 인정하면 증거결정을 할 수 있고, 필요한 범위 안에서 증인신문 및 당사자신문을 제외하고는 증거조사를 할 수 있다($^{민소법}_{§281③}$).

　(v) **변론준비기일의 운용**　　재판장 등은 변론준비절차를 진행하는 동안에 주장 및 증거를 정리하기 위하여 필요하다고 인정하는 때에는 변론준비기일을 열어 당사자를 출석하게 할 수 있다. 당사자는 소송대리인을 선임한 경우 변론준비기일에 출석할 의무가 없으나, 재판장 등이 출석명령을 발하면 변론준비기일에 출석할 의무가 생긴다.[23] 그리고 당사자는 재판장 등의 허가를 얻어 변론준비기일에 제3자와 함께 출석할 수 있다($^{민소법}_{§282③}$).

　(vi) **변론준비절차의 종결**　　재판장 등은 ① 사건을 변론준비절차에 부친 뒤 6월이 지난 때, ② 당사자가 정해진 기한 내에 준비서면 등을 제출하지 아니하거나 증거의 신청을 하지 아니한 때, ③ 당사자가 변론준비기일에 출석하지 아니한 때에는 변론준비절차를 종결한다($^{민소법}_{§284①}$).

　(vii) **변론준비기일 종결의 효과**　　변론준비기일에 제출하지 아니한 공격방어방법은 ① 그 제출로 인하여 소송을 현저히 지연시키지 아니한 때 ② 중대한 과실 없이 변론준비절차에서 제출하지 못하였다는 것을 소명한 때 ③ 법원이 직권으로 조사할 사항인 때에 해당하여야만 변론에서 제출할 수 있다($^{민소법}_{§285①}$).

　변론에서 제출할 수 있는 경우에도 준비서면에 적지 아니한 사실은 상대방이 출석하지 아니한 때에는 변론에서 주장할 수 없다($^{민소법}_{§285②}$).

　다만, 변론준비절차 전에 제출한 준비서면에 적힌 사항은 이를 변론준비기일에서 진술하지 아니한 때에도 변론준비절차에서 철회되거나 변경된 때를 제외하고는 변론에서 진술할 수 있다($^{민소법}_{§285③}$).

제 4 항 특허법원의 심리매뉴얼

　특허법원의 심결취소소송심리 매뉴얼(2016. 9. 1. 실시)의 내용을 순번표시만을 이 책의 순번표시체제로 고쳐서 소개하기로 한다.

---

23) 민일영·김능환, 주석 신민사소송법(IV)(제7판)(2012), P. 575 참조.

1. 사건의 분류와 변론의 준비

(1) 사건분류

재판장은 당사자 사이의 서면공방이 완료되면 당사자가 제출한 주장 서면과 증거를 토대로 절차 진행에 관한 사항의 협의나 구체적인 심리계획의 수립 등이 필요한 사건인지를 검토하여, ① 바로 변론기일을 지정할 사건과 ② 변론준비절차에 회부할 사건으로 분류한다.

(2) 변론기일을 지정할 사건의 변론준비

바로 변론기일을 지정하는 사건에 대하여 재판장은 충실한 심리를 위하여 원고 및 피고에게 요약쟁점정리서면(要約爭點整理書面)의 제출을 명하는 변론준비명령을 할 수 있다. 또한 재판장은 당사자의 서면공방 결과를 참작하여 주장 및 증거의 제출기한, 전문가 증인 등 시일을 요하는 증거의 신청 기한 등을 정한 변론준비명령을 할 수 있다.

(3) 사건관리를 위한 화상회의

i) 재판장은 영상(映像)·음성(音聲)의 송수신에 의하여 동시에 통화를 할 수 있는 방법(이하 '사건관리 화상회의'라 한다)으로 절차 진행에 관한 사항을 협의할 수 있다. 재판장은 수명법관(受命法官)을 지정하여 위 절차를 담당하게 할 수 있다.

ii) 사건관리 화상회의를 개최하기로 한 사건에 대하여는 원고와 피고에게 화상회의의 개최사실을 통지하고, 그에 관한 준비명령을 할 수 있다.

iii) 사건관리 화상회의에서는 아래 사항을 협의할 수 있고, 협의된 내용에 대하여는 준비명령을 할 수 있다.

(i) 변론기일 횟수 및 일자, 각 기일별 진행사항

(ii) 주장 및 증거의 제출기한(종합준비서면의 제출기한, 전문가 진술서 제출기한, 준비서면의 제출횟수 및 분량 포함)

(iii) 검증(檢證)·감정(鑑定)이나 전문가 증인 등 시일을 요하는 증거방법(證據方法)의 신청 여부 및 기한

(iv) 전문심리위원 지정 여부

(v) 당사자에 의한 기술설명회의 실시 여부

(vi) 청구항 해석에 관한 심리를 선행(先行)하여 진행할 것인지의 여부

(vii) 쟁점의 확인 및 정리

iv) 전항의 준비명령에서 사건 전반 또는 특정 쟁점에 대하여 종합준비서면(綜

合準備書面)의 제출을 명한 경우, 원고는 사건관리 화상회의 후 3주(또는 준비명령에서 정한 기한) 이내에, 피고는 원고의 종합준비서면이 제출된 날부터 3주(또는 준비명령에서 정한 기한) 이내에 각각 종합준비서면을 제출하여야 한다.

v) 준비명령에서 정한 주장 및 증거의 제출·신청 기한 이후 주장을 추가·변경하거나 추가·변경된 주장에 대한 증거를 제출·신청하기 위해서는 정당한 사유로 위 기간 이내에 제출·신청하지 못하였음을 소명(疎明)하여야 한다(예를 들어, 청구원인이나 항변(抗辯)에 해당하는 주장, 신규성·진보성에 관한 주장 및 자유실시기술 항변에 있어서 가장 근접한 주된 선행발명을 변경하거나 선행발명들과 그 결합관계를 추가·변경하는 주장, 적용법조를 달리하는 명세서 기재불비 주장 등).

(4) 변론준비기일

(i) 위 (3)의 (i)항에 정한 사항을 협의하거나 증거조사 또는 기술설명회를 개최하기 위하여 필요한 경우 변론준비기일을 진행할 수 있다. 재판장은 수명법관을 지정하여 위 절차를 담당하게 할 수 있다.

(ii) 변론준비기일이 종결된 이후 주장을 추가·변경하거나 추가·변경된 주장에 대한 증거를 제출하기 위해서는 전항과 같이 정당한 사유로 변론준비기일 종결 전에 제출하지 못하였음을 소명하여야 한다.

2. 변론기일의 운영

(1) 변론의 진행

(i) 원고, 피고의 순서로 각 20분 이내의 범위에서 구술로 변론한다. 수인의 소송대리인이 선임된 경우에도 위 시간 내에 변론하여야 한다. 다만, 구체적인 변론시간은 재판장이 필요하다고 판단하는 경우 변경할 수 있다.

(ii) 구술변론을 위한 변론자료와 요약쟁점정리서면(要約爭點整理書面) 등은 변론기일 1주일 전까지 제출하여야 한다.

(iii) 당사자는 변론기일에 사건과 관련된 제품(등록특허·등록디자인, 선행특허, 확인대상발명·확인대상디자인의 실시품 등)을 지참하여 이를 시연하거나, 법정(法廷) 컴퓨터, 실물화상기(實物畵像機) 등을 이용하여 관련 기술을 이해하는 데 도움을 줄 수 있는 동영상 자료를 재생하거나, 사진 등을 제시하는 방법으로 변론할 수 있다.

(2) 쟁점별 집중 심리

(i) 재판부는 여러 개의 쟁점이 존재하는 사건에서 쟁점별 집중심리의 필요성

이 인정되는 경우 당사자와 협의하여 변론기일을 쟁점별로 운영할 수 있다.

<쟁점별 집중심리의 대상이 될 수 있는 사건의 예시> 청구항 해석이나 선행발명의 공지 여부 등의 선결문제(先決問題)가 되는 사건, 다수의 무효사유가 주장되는 사건, 확인대상발명의 특정 및 실시 여부가 문제되는 사건

(ii) 각 변론기일에서는 각 변론기일에 심리하기로 한 쟁점에 한하여 심리한다.

(iii) 재판부는 변론기일에 심리를 마친 쟁점에 대하여 구술 또는 서면으로 견해를 밝힐 수 있고, 당사자에게 위 견해를 토대로 나머지 쟁점 등에 대한 변론을 준비할 것을 명할 수 있다.

(3) 청구항 해석에 관한 심리

(i) 당사자 사이에 청구항 등의 해석에 관하여 다툼이 있고, 그에 따라 나머지 쟁점에 대한 주장이나 증거관계가 달라질 수 있어, 청구항 해석에 관한 심리가 선행되어야 하는 사건의 경우, 재판장은 당사자와 협의하여 청구항 해석에 관한 공방을 다른 쟁점에 앞서 진행할 수 있다.

(ii) 당사자는 다툼의 대상이 되는 청구항 등에 관하여 정정심판, 정정청구 등이 진행되고 있는 경우 그 진행상황을 재판부에 알려야 하고, 향후 정정심판(訂正審判), 정정청구(訂正請求) 등을 예정하고 있는 경우 정정심판, 정정청구 등에 관한 계획 및 의견을 구체적으로 밝혀야 한다.

(iii) 재판부는 청구항 등의 해석에 관하여 구술 또는 서면으로 견해를 밝힐 수 있고, 재판장은 당사자에게 위 견해를 토대로 나머지 쟁점 등에 대한 변론을 준비할 것을 명하는 준비명령을 할 수 있다.

(4) 심결취소소송과 관련 침해소송의 심리

(i) 특허법원에 동일한 특허·실용신안·상표·디자인에 관한 심결취소소송과 침해소송이 함께 계속되어 있고, 양 사건의 당사자 및 소송대리인이 동일한 경우 등 필요하다고 인정되는 경우, 양 사건을 병행하여 심리할 수 있다.

(ii) 심결취소소송과 침해소송에서의 관련 주장을 정리할 필요가 있는 등의 경우에는 변론준비절차를 병행하여 진행할 수 있다.

3. 증거의 조사와 전문가의 참여

(1) 증거의 신청 일반

(i) 서증(書證)을 제출하거나, 증인, 사실조회, 문서인증등본(文書認證謄本) 송부촉탁(送付囑託), 문서제출명령, 검증 및 감정 등을 신청하는 경우에는 그 증거방

법에 의하여 입증하고자 하는 내용을 구체적으로 밝혀야 한다.

(ii) 재판장은 증거조사 절차의 협의를 위하여 필요한 경우 사건을 변론준비절차에 회부할 수 있다. 재판장은 당사자의 의견을 들어 화상회의의 방법으로 절차 협의를 할 수 있다.

(2) **검증 및 감정**

(i) 재판부는 필요하다고 인정되는 경우 당사자의 신청에 따라 또는 직권으로 검증 및 감정절차를 진행할 수 있다.

(ii) 검증 및 감정의 채부(採否), 검증 및 감정 사항과 방식의 결정, 전제사실의 확정 및 필요한 자료의 제공, 감정인의 선정 등을 위하여 필요한 경우 변론준비절차를 진행할 수 있다. 재판장은 당사자의 의견을 들어 화상회의의 방법으로 절차 협의를 할 수 있고, 필요한 경우 준비명령을 할 수 있다.

(iii) 재판부는 정당한 이유가 있다고 인정되는 경우 결정으로 검증 및 감정 목적물의 제출을 명할 수 있다.

(3) **전문가 증인**

(i) 전문가 증인을 신청할 때에는 증인의 전문성과 객관성을 확인할 수 있는 전문가 증인 기본 사항 확인서를 첨부하여야 하고, 전문가 증인이 채택되면 전문가 증인의 증언이 담긴 증인 진술서와 증인신문사항(證人訊問事項)을 제출하여야 한다.

(ii) 주신문은 전문가 증인의 증인 진술서의 범위 내에서 하여야 한다. 주신문에서 제시하거나 인용하는 모든 자료는 증인신문기일 전에 증거로 제출되어야 한다.

(iii) 전문가 증인이 외국인인 경우 당사자는 각 주신문(主訊問)과 반대신문(反對訊問)을 위한 통역을 대동할 수 있다. 다만, 그 경우에도 통역인 지정과 비용예납 등을 위해 대동할 통역인의 인적 사항과 통역비용을 재판부에 알려야 한다. 당사자가 통역인을 대동할 수 없는 경우에는 증인신문기일 4주 전까지 재판부에 이러한 사정을 알리고 통역인 지정신청(指定申請)을 하여야 한다.

(iv) 재판장은 증인 진술서 및 증인신문사항(證人訊問事項)의 제출기한, 증인신문시간의 제한, 전문가 증인의 증언의 신빙성을 탄핵(彈劾)하는 주장 및 증거의 제출기한 등 전문가 증인의 신문을 위하여 필요한 사항에 관하여 변론준비명령을 할 수 있다.

(4) **전문심리위원**

(i) 재판부는 필요하다고 인정되는 경우 당사자의 의견을 들어 1인 또는 수인의 전문심리위원을 지정할 수 있다.

(ii) 전문심리위원의 사건파악 등을 위하여 필요한 경우에는 변론준비절차를 진행할 수 있다.

(iii) 전문심리위원은 변론기일 또는 변론준비기일에 재판장의 허가를 받아 당사자 등에게 직접 질문할 수 있다. 당사자는 전문심리위원의 질문에 대하여 추가로 답변할 필요가 있는 경우 재판장이 정한 기한 내에 서면으로 의견을 제출하여야 한다.

제 4 관 소송의 종료 및 확정판결의 효력

제 1 항 소송의 종료

심결취소소송은 법원의 재판에 의하여 종료되는 것이 통상이나, 소의 취하 또는 상고의 취하 등 당사자의 행위에 의하여 종료되는 경우도 있다. 그 밖에 당사자인 자연인의 사망 또는 법인이 소멸하고 그 소송승계인(訴訟承繼人)이 없으면 소송은 종료된다.

1. 당사자의 행위에 의한 종료

(1) 소 또는 상고의 취하

i) 취하의 개념

소의 취하(取下)란 원고가 제소(提訴)한 소의 전부 또는 일부를 철회(撤回)하는 의사표시이고, 상고의 취하는 상고를 철회하는 의사표시로서, 법원에 대한 원고 또는 상고인의 일방적인 소송행위이다. 소는 판결이 확정될 때까지 취하할 수 있으므로($\frac{민소법}{§266①}$), 상고심에서도 취하할 수 있다. 특허법원의 판결에 대하여 상고가 제기된 후에 상고인은 상고심의 종국판결이 있기 전에 상고를 취하할 수 있다($\frac{민소법}{§425, §393}$).

ii) 취하의 범위

소송물이 복수인 경우에는 일부에 대한 취하도 가능하다. 따라서 청구항별(請求項別)로 취하할 수 있다.

iii) 취하의 방식

(i) 취하서의 제출   소 또는 상고의 취하는 소송이 계속되어 있는 관할법원에 취하서(取下書)를 제출하는 방식으로 한다($\frac{민소법}{§266③}$). 소장을 송달한 뒤에는 취하의 서면을 상대방에게 송달하여야 한다($\frac{같은법조}{④}$). 다만, 변론 또는 변론준비기일에서는 말로 취하할 수 있다($\frac{같은법}{조항} \frac{}{단}$). 이 경우에 상대방이 변론 또는 변론준비기일에

출석하지 아니한 때에는 그 기일의 조서등본(調書謄本)을 송달하여야 한다($^{법}_{같은조⑤}$).

(ii) 상대방의 동의　소의 취하는 상대방이 본안에 관하여 준비서면을 제출하거나 변론준비기일에서 진술하거나 변론을 한 뒤에는 상대방의 동의를 받아야 효력을 가진다($^{민소법}_{§266②}$). 그러나 소취하의 서면이 송달된 날부터 2주 이내에 상대방이 이의를 제기하지 아니한 경우에는 소취하에 동의한 것으로 본다($^{법}_{같은조⑥전}$). 상대방이 기일에 출석한 경우에는 소를 취하한 날부터, 상대방이 기일에 출석하지 아니한 경우에는 등본이 송달된 날부터 2주 이내에 상대방이 이의를 제기하지 아니하는 때에도 또한 동의한 것으로 본다($^{법}_{같은조⑥후}$).

상고의 취하는 상대방의 동의를 요하지 않는다.

iv) 취하의 효과

(i) 소급적 소멸　소를 취하하면 취하된 부분에 대하여는 소송은 종료되고, 소가 처음부터 계속하지 아니한 것으로 본다($^{민소법}_{§267①}$). 그 취하된 부분에 관한 당사자·법원·제3자의 모든 소송행위는 그 효력을 잃는다. 따라서 특허심판원의 심결은 심결등본송달일부터 30일 경과된 날에 확정되는 것으로 보게 된다. 상고심에서 소를 취하하면, 특허법원의 판결이 소급적으로 소멸하고, 마찬가지로 특허심판원에서 한 심결이 확정되게 된다.

상고를 취하하면 소송은 종료된다. 상고가 처음부터 계속되지 아니하는 것으로 보게 되어, 특허법원의 판결은 판결정본이 송달된 날부터 2주 도과된 날에 확정된다($^{민소법 §425,}_{§393②, §267①}$).

(ii) 재소(再訴)의 금지　소 또는 상고를 취하하더라도 제소기간 또는 상고기간 도과 전에는 다시 같은 내용의 소를 제기하거나 상고를 할 수도 있다. 그러나 본안에 관한 종국판결(終局判決)이 있는 뒤에 소를 취하한 사람은 같은 소를 제기하지 못한다($^{민소법}_{§267②}$).

사건의 심리·판단에 소요된 법원의 노력은 원고의 소취하라는 일방적인 행위로 인하여 헛수고로 된다. 그러므로 남소(濫訴)를 방지하고, 소의 취하로 인하여 법원의 종국판결이 농락되는 것에 대한 제재의 뜻에서 본안에 관한 종국판결이 있는 뒤에는 이미 취하한 소와 같은 소를 제기하지 못하도록 규정하였다($^{민소법}_{§267②}$).

(2) 소의 의제적 취하

i) 세 가지 경우가 있다.

(i) 기일(期日)에 당사자 쌍방이 출석하지 않거나 또는 출석하여도 변론하지 아니한 때에는 재판장은 다시 변론기일을 정하여 양쪽 당사자에게 통지하여야 한

다($\frac{민소법}{\S268①}$). 새 변론기일 또는 그 뒤에 열린 변론기일에 양 쪽 당사자가 출석하지 아니하거나 출석하였다 하더라도 변론하지 아니한 때에는 1월 이내에 기일지정신청을 하지 아니하면 소를 취하한 것으로 본다($\frac{같은법조}{②}$). 그리고 기일지정신청에 따라 정한 변론기일 또는 그 뒤의 변론기일에 양 쪽 당사자가 출석하지 아니하거나 출석하였다 하더라도 변론하지 아니한 때에는 소를 취하한 것으로 본다($\frac{같은법조}{③}$).

(ii) 피고의 경정의 경우는 구 피고에 대한 소는 취하한 것으로 본다($\frac{민소법}{\S261④}$).

(iii) 법원재난에 기인한 민형사사건 임시조치법에 의한 소의 취하 간주($\frac{동법}{\S2, \S3}$). 화재, 사변 또는 그 밖의 재난으로 소송기록이 멸실된 경우 원고는 6개월 내에 소장 및 사건 계속을 소명할 자료를 제출하는 절차를 밟아야 하고, 만일 그 기간 내에 절차를 밟지 아니하는 경우에는 소가 취하된 것으로 본다.

ii) 심판청구 취하와의 구별

심판청구 또한 심결이 확정될 때까지 취하할 수 있다($\frac{법}{\S161②③}$). 심판청구를 취하하면, 심결이 소급하여 소멸하고 심판청구는 하지 아니했던 것으로 된다($\frac{법}{\S161①}$).

그러나 소송 계속 중 심판청구의 취하는 소의 이익이 없어질 뿐이고 소송이 종료되지 않고 남게 된다. 심판청구를 취하하면, 그 소는 각하된다. 상고심에서 심판청구가 취하되면, 소의 이익이 없게 되어, 대법원은 특허법원의 판결을 취소하고, 소의 이익이 없다는 이유로 소를 각하하는 판결을 한다.

심판청구의 취하는 심결이 확정될 때까지만 가능하다. 따라서 소 취하로 인한 효과가 발생되어 심결이 확정된 이후에는 심판청구를 취하할 수 없다. 소송관계인은 이 점을 유의하여야 한다.

2. 법원의 재판에 의한 종료

(1) 소장각하명령

소장에 필요적 기재사항이 누락된 경우, 인지를 붙이지 않은 경우, 피고에게 소장부본을 송달할 수 없는 경우에 특허법원의 재판장은 상당한 기간을 정하여 보정을 명하고, 원고로부터 보정이 없는 경우 소장을 각하한다. 각하명령을 받은 날부터 1주일이 경과하면 각하명령은 확정되고, 소송은 종료된다. 원고는 소장각하명령에 대하여 즉시항고를 할 수 있다. 즉시항고가 대법원에서 기각되면, 소송은 종료된다.

(2) 판결의 종류

(i) 중간판결과 종국판결   심결취소소송의 판결은 크게 중간판결(中間判決)과 종국판결(終局判決)로 나눌 수 있다. 중간판결이란 소송의 진행 중에 종국판결

을 하기에 앞서 당사자 간의 중간쟁점을 미리 정리·판단하여 종국판결을 쉽게 하기 위하여 미리 하는 판결이다($\frac{민소법}{\S201}$). 중간판결은 종국판결을 위한 예비적인 판결이므로, 중간판결로는 그 심급의 소송이 종료되는 것은 아니다.

종국판결은 그 심급의 소송을 종료시키는 판결이다. 법원은 소송의 심리를 마치고 나면 종국판결을 한다($\frac{민소법}{\S198}$).

(ii) **일부판결과 전부판결**   종국판결은 일부판결(一部判決)과 전부판결(全部判決)로 나눈다. 같은 소송절차에서 수개의 청구가 병합되어 제기되거나 변론이 병합되는 경우에, 그 일부의 심리만이 먼저 완료된 때에는 그 일부에 대한 종국판결을 할 수 있다($\frac{민소법}{\S200①}$). 이를 일부판결이라 한다. 한 건의 소송에서 청구항(請求項)이 여러 개인 경우에 일부판결이 나올 수 있다. 일부판결을 할 것인지의 여부는 재판부의 재량이다.

전부판결이란 같은 소송절차에서 심리되는 사건의 전부를 동시에 완결시키는 종국판결이다. 심결취소소송에 있어서는 전부판결을 하는 것이 원칙이고 또 바람직하다. 법원은 소송의 심리를 마치고 나면 종국판결을 한다($\frac{민소법}{\S198}$).

(iii) **소송판결과 본안판결**   종국판결은 소송판결과 본안판결로 나눌 수 있다. 제소기간의 도과, 당사자의 적격이나 소의 이익의 흠결 등 소송요건이 결여된 경우에는 특허법원은 본안에 대한 판단에 나갈 수 없음을 이유로 소를 각하하는 판결을 한다. 이를 소송판결이라 한다. 부적법한 소로서 그 흠을 보정할 수 없는 경우에 해당하여 변론 없이 판결로 소를 각하할 수 있다($\frac{민소법}{\S219}$).

본안판결이란 심결취소의 소에 의한 청구의 당·부를 재판하는 종국판결이다. 청구의 전부(全部) 또는 일부(一部)에 대하여 인용(認容) 또는 기각(棄却)하는 판결이므로, 그 심급 소송이 종료된다.

(iv) **청구인용판결과 청구기각판결**   본안판결은 청구인용판결(請求認容判決)과 청구기각판결(請求棄却判決)로 나누어진다.

기각판결이란 원고의 청구가 이유 없다는 취지로, 청구를 배척하고, 특허심판원이 심결(審決)을 유지시키는 판결이다. 원고의 패소판결(敗訴判決)이다. 특허심판원의 심결 또는 심판청구서 각하결정을 취소할만한 사유가 인정되지 아니한 경우에 법원은 원고의 청구를 기각하는 판결을 한다.

인용판결(認容判決)이란 원고의 청구인 심결(또는 결정)의 취소를 구하는 청구가 이유 있다고 인정하여 그 전부(또는 일부)를 인용하는 판결이다. 원고의 승소판결(勝訴判決)이다.

법원은 제186조(심결 등에 대한 소) 제1항에 따라 소가 제기된 경우에 그 청구가 이유 있다고 인정할 때에는 판결로써 해당 심결 또는 결정을 취소하여야 한다($_{§189①}^{법}$). 특허심판원의 심결 또는 결정을 취소할 사유가 인정되는 경우에 법원은 원고의 청구를 받아들여 심결 또는 결정을 취소하는 내용의 판결을 한다.

(3) 판결의 선고

(i) 선고의 개념   판결의 선고(宣告)란 판결서의 작성과 법관의 서명·날인에 의하여 판결내용이 성립된 것을 대외적으로 선언하는 사실행위이다.

판결은 선고에 의하여 완성되어 그 효력이 발생된다($_{§205}^{민소법}$). 따라서 판결이 선고되면 선고법원도 이에 기속되어 이것을 변경할 수 없다. 그러나 판결의 확정력(確定力)은 판결이 확정된 후에 발생한다.

(ii) 선고기일   판결은 변론이 종결된 날부터 2주 이내에 선고하여야 하며, 복잡한 사건이나 그 밖의 특별한 사정이 있는 때에도 변론이 종결된 날부터 4주를 넘겨서는 아니 된다($_{§207①}^{민소법}$).

또 판결은 소가 제기된 날부터 5월 이내에 선고한다($_{§199본}^{민소법}$). 다만, 항소심 및 상고심에서는 기록을 받은 날부터 5월 이내에 선고한다. 그러나 이 "5월 이내"라는 규정은 이를 어겼다는 이유로 판결의 무효주장을 할 수 없다는 헌법재판소의 결정이 있다.[24] 또 법률상의 의무조항이 아니라는 취지의 대법원의 판결도 있다.[25]

(iii) 선고방법   판결의 선고는 선고기일(宣告期日)에 공개된 법정(法廷)에서 ($_{법조법 §57본}^{헌법 §109본}$) 재판장이 판결원본(判決原本)에 따라 주문(主文)을 읽어 선고하며, 필요한 때에는 이유를 간략히 설명할 수 있다($_{§206}^{민소법}$).

판결의 선고에는 당사자의 일방 또는 쌍방이 출석하지 아니하여도 할 수 있다($_{§207②}^{민소법}$). 당사자의 적극적인 행위는 필요 없기 때문이다. 판결의 선고는 판결의 내용이 이미 확정된 것을 대외적으로 선고하는 것이어서 판결원본에 서명날인하지 아니한 법관이 하여도 상관이 없다.

(4) 판결정본의 교부 및 송달

판결을 선고한 뒤에는 재판장은 바로 판결원본(判決原本)을 법원사무관 등에게 교부하여야 한다($_{§209}^{민소법}$). 법원사무관 등은 판결원본을 받은 날부터 2주 이내에 판결정본(判決正本)을 작성하여 당사자에게 송달하여야 한다($_{§210}^{민소법}$). 여기에 규정된 2주는 훈시규정이다.

---

24) 헌법재판소 1999. 9. 16. 선고 99헌마75 결정.
25) 대법원 2008. 2. 1. 선고 2007다9009 판결.

법원은 특허법 제187조(피고적격) 단서에 따른 소, 즉 당사자계의 심판 또는 그 재심의 심결에 대한 소에 관하여 소송절차가 완결되었을 때에는 지체없이 그 사건에 대한 각 심급(審級)의 판결서 정본을 특허심판원장에게 보내야 한다($\frac{법}{\S188②}$). 이 경우는 2주 이내가 아니고 재판을 선고한 뒤에 지체없이 판결정본(判決正本)을 작성하여 송부하여야 한다.

(5) 상고기간 및 판결의 확정

특허법에는 상고기간에 관한 특별규정이 없으므로, 민사소송법의 상고기간에 관한 규정이 준용된다($\frac{민소법}{\S425, \S396}$).

따라서 상고기간은 판결서가 송달된 날부터 2주 이내에 하여야 한다. 다만, 판결서 송달 전에도 할 수 있다($\frac{민소법}{\S396①}$). 이 기간(2주 이내)은 불변기간(不變期間)이다($\frac{같은법}{조②}$). 상고의 제기가 없으면, 상고기간의 도과로 특허법원의 판결이 확정된다. 상고기각 판결이 선고되는 경우에도 특허법원의 판결이 확정된다.

3. 청구의 포기·인낙 또는 화해의 가부

(1) 청구의 포기

청구의 포기란 원고가 자기의 청구(주장)가 이유 없다는 것을 인정하는 법원에 대한 소송상의 진술을 말한다. 심결취소소송에서 당사자의 청구의 포기는 가능한 것일까? 화해의 경우와 같이 당사자가 임의로 처분할 수 있는 권리나 법률관계에 관한 청구에만 허용된다는 점, 심결취소소송이 공익성(公益性)을 전제로 되어 있다는 점, 그것이 확정판결과 같은 효력을 가진다는 점 등에서 일반 행정소송과도 같은 심결취소소송에 있어서의 공익성, 즉 제3자의 권익(權益)에 해가 되는 점은 없을까? 심히 우려되는 바 있어, 소극적으로 해석된다.

(2) 청구의 인낙

청구의 인낙이란 피고가 자기에 대한 원고의 청구인 권리주장이 이유 있다는 것을 자인(自認)하는 법원에 대한 소송상의 진술을 말한다. 청구의 인낙(認諾)은 변론주의가 지배하는 영역의 청구에 대해서만 인정되는 것으로, 고도의 공익성(公益性)을 전제로 일사부재리·사해심결을 금지하고 있는 특허제도의 심결취소소송에서는 적용될 여지가 없다.

(3) 재판상의 화해

재판상(裁判上)의 화해란 소송이 개시(開始)된 후에 당사자가 서로 양보하여 합의한 내용을 법정(法廷)에서 진술하여 소송을 재판에 의하지 않고 종료시키는 것이다. 법원·수명법관(受命法官) 또는 수탁판사(受託判事)는 소송에 계속 중인 사건에 대하여 직권(職權)으로 당사자의 이익, 그 밖의 모든 사정을 참작하여 청구의 취지에 어긋나지 아니하는 범위 안에서 사건의 공평한 해결을 위한 화해권고결정(和解勸告決定)을 할 수 있다($^{민소법}_{\S225①}$).

심결취소소송에서 위와 같은 화해가 가능한가에 관하여는, 공법상의 권리관계라 할지라도 소송의 대상으로 처분할 수 있는 재량행위의 범위 내에서 화해도 가능하다는 적극설과 공법상의 권리관계는 공익성이 전제되어 있으므로, 당사자의 처분권의 대상이 될 수 없으므로 화해는 불가능하다는 소극설이 대립될 수 있다.

사견으로는 인정될 수 없다고 봄이 타당하다. 특허법이 고도의 공익성을 담보로 ① 심판에서 직권주의원칙($^{법}_{\S159}{}^{\S157~}$)을 채용했고 ② 일사부재리의 대세적인 효력을 인정하였으며($^{법}_{\S163}$) ③ 심판의 당사자들이 공모(共謀)하여 제3자의 권익을 사해(詐害)하는 심결을 금하고 있기 때문이다($^{법}_{\S179}$).

제 2 항 확정판결의 효력

특허의 심결취소소송의 판결의 효력에는 ① 판결법원과 특허심판원에 대한 관계에서 발생하는 기속력(羈束力) ② 당사자 등의 관계에서 발생하는 형식적(形式的) 확정력(確定力) ③ 법원과 당사자 등은 물론이요, 제3자에게 까지 미치는 대세적(對世的)인 형성력(形成力) 및 ④ 기판력(旣判力) 등이 있다.

1. 판결의 기속력

(1) 법원에 대한 기속력

판결이 일단 선고되어 성립하면 판결을 한 법원 자신도 이에 구속된다.

첫째로, 판결법원은 그 자신이 한 판결을 스스로 철회(撤回)하거나 취소·변경할 수 없다. 판결이 잘못된 경우에도 마찬가지이다. 이를 소극적 기속력이라 한다.

둘째로, 법원은 스스로 한 중간판결(中間判決)에서 확정된 법률효과를 기초로 하여 종국판결(終局判決)을 해야 하는 기속을 받는다. 이를 적극적 기속력이라 한다.

판결에 기속력을 인정하는 근거는 판결에 대한 법적 안정, 재판의 권위과 신용(信用)을 높일 수 있기 때문이다.

(2) 특허심판원에 대한 기속력

취소판결은 특허심판원을 기속한다. 특허법원이 심결 또는 결정을 취소하는 판결이 확정되었을 때에는 특허심판원의 심판관은 다시 심리를 하여 심결 또는 결정을 하여야 하고($\frac{법}{\S189}$), 특허법원의 판결에서 취소의 기본이 된 이유는 그 사건에 대하여 특허심판원을 기속한다($\frac{법}{같은조③}$).

i) 취소판결과 기속력

특허법원은 특허심판원의 항소법원(抗訴法院)이 아니기 때문에 제2심으로서 심리하여 자판을 하는 것이 아니다. 특허심판원의 심결을 취소하는 판결이 확정되면, 특허심판원은 그 사건을 다시 재심판(再審判)한다.

특허법원의 판결이 확정되면, 특허심판원을 구속하는 기속력이 발생한다. 이 기속력은 두 가지로 나타나 있다. ① 한 가지는 심판관은 특허법원의 취소판결이 확정되었을 때에는 다시 심리를 하여 심결 또는 결정을 하여야 한다($\frac{법}{\S189②}$). ② 다른 한 가지는 특허법원의 판결에서 취소의 기본이 된 이유는 그 사건에 대하여 특허심판원을 기속한다($\frac{법}{\S189③}$).

ii) 기속력의 내용

이때에 특허심판원에서 같은 사실과 같은 증거를 놓고 원심결과 같은 심결을 다시 되풀이 한다면, 특허법원의 판결이 무의미하게 될 뿐만 아니라, 같은 심결과 같은 판결이 반복되는 현상이 나타날 수도 있다. 그래서 이러한 반복을 금지하는 기속력이다. 재심판을 할 때에는 특허법원의 판결에서 취소의 기본이 된 이유에 따라 심판을 하여야 할 기속을 받는다.

여기에서 "취소의 기본이 된 이유"란 특허법원 판결의 주문(主文) 및 그 전제로 된 요건사실(要件事實)의 인정과 효력의 판단에만 미치고 판결의 결론과 직접관계가 없는 것은 여기에 해당되지 아니한다. 쉽게 말한다면, 판결에 판시된 내용 중에서 심결의 취소라는 결론과 직접적인 원인이 되는 이유를 말한다.

그러나 새로운 사실과 새로운 증거에 의한 심리에 따른 판단에 의하여 결과적으로 원심결과 같은 결론이 나올 때에는 원심결과 같은 심결을 할 수 있다. 특허법원 판례도 재심리과정에서 취소의 기본이 된 이유와는 다른 새로운 사실과 증거가 발견된 경우에는 새로이 발견된 이유에 의해서 취소된 종전의 심결과 동일한 결론의 재심결을 할 수 있다고 판시했다.[26)]

iii) 기속력에 위반된 심결의 효과

기속력에 위반한 재심판의 심결은 위법한 것으로 되고, 그에 대한 불복의 심결취소의 소에 의하여 다시 취소된다.

---

26) 특허법원 2000. 10. 13. 선고 99허9366 판결.

만약에 당사자들이 야합하여 화해(和解)를 하고 심결불복취소의 소를 제기하지 아니하여 확정시킨다면, 이는 제3자의 권익(權益)을 사해(詐害)할 목적이 있다 할 것이므로, 제3자에 의한 재심청구의 사유로 될 것이다($\substack{법 \\ \S179}$).

(3) 판결의 경정

판결의 경정(更正)은 판결의 내용을 실질적으로는 변경하지 않는 범위 내에서 판결의 표현상의 잘못이나 계산의 착오 등 오류가 생겼을 때에, 법원의 직권(職權) 또는 당사자의 신청에 따라 법원이 이를 스스로 고치는 것을 말한다($\substack{민소법 \\ \S211}$).

2. 판결의 형식적 확정력

(1) 개   념

법원이 한 종국판결에 대하여 당사자의 불복상소로 취소할 수 없게 된 상태를 판결이 형식적으로 확정되었다고 하고, 그 취소불가능성을 형식적 확정력(確定力)이라 한다.[27] 판결의 형식적 확정은 판결정본(判決正本)이 적법하게 송달되었을 것을 전제로 한다.[28]

(2) 판결의 확정시기

(i) 판결 선고와 동시에 확정되는 경우   상소(上訴)할 수 없는 상고심의 판결, 판결선고 전에 불상소(不上訴)합의가 있는 때 등이다.

(ii) 상소기간 만료로 확정되는 경우   상소기간이 경과하면 그 기간만료시에 판결이 확정된다.

(iii) 상소기간 만료시에 소급하여 확정되는 경우   상소를 하였으나 상소를 취하한 때, 상소각하판결 또는 상소장각하명령을 받은 때에는 상소는 소급하여 없었던 것으로 되어, 상소기간 만료시에 확정된다.

(iv) 상소기간만료 전이라도 당사자가 상소를 포기하면($\substack{민소법 \\ \S394, \S425}$) 그 포기한 때에 판결은 확정된다.

(v) 상소기간 내에 상소가 제기되면 판결의 확정이 차단되지만, 상소기각의 판결이 확정되면 원판결(原判決)도 확정된다.

(vi) 복수의 청구항 중에서 일부의 청구항에 대한 상소를 하면, 나머지 청구항들은 상소불가분의 원칙에 따라 확정되지 아니하고 이심의 효력이 생긴다. 나머지 청구항들은 상고심 판결 선고 시에 확정된다.

---

27) 李時潤, 前揭書, P. 625.
28) 대법원 1997. 5. 30. 선고 97다10345 판결.

3. 판결의 형성력과 기판력

(1) 판결의 형성력

심결(審決) 또는 결정(決定)을 취소하는 취지의 판결이 확정되면 취소된 심결이나 결정은 특허심판원의 별도의 행위를 기다릴 필요 없이 그 효력을 잃는다. 국가의 행정처분에 대한 취소판결은 대세적인 것이어서($^{행소법}_{\S29}$), 당사자 등은 물론이요, 특허심판원이나 제3자라도 그 취소판결의 존재와 그 판결의 확정에 의하여 형성되는 법률관계를 부인할 수 없다.

이러한 경우에 대비하여 행정소송법은 제3자의 소송참가를 인정하여, "법원의 소송결과에 따라 권리 또는 이익의 침해를 받을 제3자가 있는 경우에는 당사자 또는 제3자의 신청 또는 직권에 의하여 결정으로써 그 제3자를 소송에 참가시킬 수 있다" 하였다($^{행소법}_{\S16①}$). 법원은 다른 행정청의 소송참가도 인정하고 있다($^{행소법}_{\S17①}$). 그 외에도 제3자에 의한 재심청구의 제도를 두었다($^{행소법}_{\S31}$).

(2) 판결의 기판력

기판력이란 확정된 판결의 내용이 가지는 규준으로서의 구속력(拘束力)을 말한다. 실체적 확정력이라고도 한다. 이 실체적 확정력에 의하여, 동일사항에 대하여 다시 다투는 소송이 허용되지 않고, 법원도 다시 재심사하여 그와 모순·저촉되는 판단을 해서는 아니 된다는 구속력을 의미한다.

특허소송 또한 행정소송으로서의 기판력이 있음은 물론이다($^{행소법}_{\S8②}$). 하지만, 특허법원의 판결이 확정된 이후에 새로이 제기된 심결취소소송은 제소기간을 도과한 것으로 각하될 것이기 때문에 기판력이 문제되는 경우는 없을 것이다.[29]

제 5 관 상   고

제 1 항 상고의 의의와 상고제도의 목적

1. 상고의 의의

(1) 개   념

상고는 미확정의 종국판결의 패소 당사자가 법률심인 대법원에 그 취소·변

---

29) 특허법원 지적재산소송실무연구회, 지적재산소송실무, P. 133 참조.

경을 구하는 절차이다. 특허취소결정 또는 심결에 대한 소 및 특허취소신청서·심판청구서·재심청구서의 각하결정에 대한 특허법원의 판결에 대해서는 대법원에 상고할 수 있다($^{법}_{§186⑧}$). 위 심결 등에 대한 특허법원의 판결에 대한 상고(上告)는 특허법원의 종국판결이 법률적인 면에서 위법(違法)의 판단이 있음을 전제로 그 구제를 구하는 불복의 상소(上訴)이다.

여기에서 한 가지 지적해둘 사항은 기술과 기술의 대비기준은 다르다는 점이다. 기술 그 자체에 대한 판단은 사실판단으로서, 특허법원이 적법하게 판단하여 확정한 것이면 상고법원(上告法院)인 대법원을 기속한다($^{민소법}_{§432}$). 그러나 기술의 대비기준은 법률사항으로서 대법원의 심리대상이라는 점이다.

(2) 성   질

법률심(法律審)으로서의 사후심(事後審)이다. 판결에 영향을 미친 헌법·법률·명령 또는 규칙의 위반이 있다는 것을 이유로 드는 때에만 할 수 있다($^{민소법}_{§423}$). 그리고 원심인 특허법원의 판결이 법령(法令)에 위반하였는지의 여부를 사후적으로 심리하는 사후심이다.

그러므로 원판결에 불복하는 경우에는 반드시 법령위반을 상고이유로 주장하여야 한다. 다만, 상고심에서도 예외적으로 직권조사사항인, 소송요건(訴訟要件)·상소요건(上訴要件)의 존부, 원심의 절차적 강행법규위배 등을 판단함에 있어서는 새로운 사실과 필요한 증거조사를 할 수 있다($^{민소법}_{§434}$).

2. 상고제도의 목적

상고는 법령의 해석·적용의 통일을 실현하고, 잘못 판단한 원판결을 취소 변경하여 당사자의 권리구제를 도모하는 두 가지 목적을 가지고 있다.

두 가지 목적 중에서 어떤 것을 중시할 것인지에 관하여서는 반드시 견해가 일치되어 있지 않다. 최근 대법원의 경향은 법령의 해석·적용의 통일에 많은 무게를 두고 있다

제 2 항 상고이유

상고이유란 상고(上告)를 하는 불복의 사유이다. 상고를 하면서 상고이유를 주장하지 아니하면 상고는 부적법한 것으로 된다. 상고이유에는 일반적 상고이유와 절대적 상고이유로 나누어서 규정하였다.

1. 일반적 상고이유

원판결(原判決)에 영향을 미친 법령위반이 상고이유로 되는 경우이다.

(1) 민사소송법이 예시한 법령

민사소송법이 예시한 판결에 영향을 미친 법령(法令)이란 헌법·법률·명령 또는 규칙의 위반 등이다($^{민소법}_{§423}$). 이외에도 국제조약(國際條約)과 협정(協定)·외국법(外國法)·지방자치단체의 조례(條例)·관습법(慣習法)·경험법칙(經驗法則) 등이 상고이유로 된다. 심결취소소송에서는 기술의 대비기준이 법률사항에 해당한다.

(2) 법령위반

i) 법령위반의 원인을 기준으로 법령해석의 과오와 법령적용의 과오가 있다.

(i) 법령해석의 과오　　법령 자체의 효력에 관한 시간적·장소적 제한의 오해나 법규의 취지·내용을 오해하는 경우이다.

(ii) 법령적용의 과오　　법령의 적용에 있어서 구체적인 사건이 법규의 구성요건에 해당하지 아니하는 데도 해당되는 것으로 잘못 적용한 경우이다.

ii) 법령위반의 모습을 기준으로 판단의 과오와 절차상의 과오가 있다.

(i) 판단의 과오　　원판결(原判決)의 청구의 당부(當否)에 관한 판단이 부당한 경우로써, 원판결 중의 법률판단이 부당(不當)하여 청구의 당부판단(當否判斷)의 잘못을 초래하게 된 경우이다. 실체법(實體法)의 올바른 적용은 법원의 당연한 의무요, 책임이다. 법원은 당사자의 주장인 상고이유에 구속됨이 없이 법률판단의 과오의 유무(有無)를 직권으로 조사하여야 한다($^{민소법}_{§434}$).

(ii) 절차상의 과오　　원심(原審)의 절차에 소송법규(訴訟法規)의 위반이 있는 경우이다. 변론주의·처분권주의·석명의무(釋明義務)·지적의무(指摘義務) 등의 위반 또는 당사자에게 기일(期日)을 알리지 않은 변론 등이다.

iii) 판결에 영향을 미친 법령위반

법령위반은 그것이 판결에 영향을 미쳐야 상고이유로 된다. 소송법규의 위반이라도 훈시규정(訓示規定)의 위반은 상고이유는 아니다. 훈시규정위반으로 판결에 영향을 미치는 것은 아니기 때문이다. 이에 반하여, 판단의 과오는 모두 상고이유가 된다.

2. 절대적 상고이유

이 경우는 원판결(原判決)에 영향을 미쳤는가의 여부에 불문하고 중대한 절차법위반(節次法違反)이 있는 경우의 상고이유이다. 민사소송법 제424조(절대적 상고이유) 제1항에 열거되어 있다. 판결에 다음 각호 가운데 어느 하나의 사유가 있는 때에는 상고에 정당한 이유가 있는 것으로 한다($\frac{민소법}{§424①본}$).

(1) **법률에 따라 판결법원을 구성하지 아니한 때**($\frac{민소법}{§424①(i)}$)

판결법원이 법원조직법 또는 민사소송법 등에 따르지 아니한 경우로서, 판결법원이 합의부 구성의 정원에 미달하거나 자격이 없는 자로 구성된 법원이 판결한 경우, 기본이 되는 변론에 관여하지 아니한 법관이 판결에 관여한 경우($\frac{민소법}{§204①}$), 법관이 바뀌었는데도 변론의 갱신절차($\frac{같은법조}{②}$)를 밟지 아니한 경우 등이다.

(2) **법률에 따라 판결에 관여할 수 없는 판사가 판결에 관여한 때**($\frac{민소법}{§424①(ii)}$)

제척의 이유에 해당하는 법관($\frac{민소법}{§41}$), 기피의 재판이 있는 법관($\frac{민소법}{§43}$) 또는 파기환송(破棄還送)된 원판결에 관여한 법관($\frac{민소법}{§436③}$)이 재판에 관여한 판결 등이 이에 해당된다.

판결에 관여란 판결의 합의(合議) 또는 판결원본(判決原本)의 작성에 관여하는 경우를 뜻하는 것이고, 판결의 선고(宣告)에만 관여한 것은 이에 포함되지 않는다.

(3) **전속관할에 관한 규정에 어긋난 때**($\frac{민소법}{§424①(iii)}$)

전속관할이 정해져 있는 사건을 관할권도 없는 법원이 판결한 경우이다. 특허소송 중, 심결취소를 구하는 소송은 특허법원의 전속관할로 되어 있다($\frac{민소법}{§28의4(i)}$).

(4) **법정대리인·소송대리권 또는 대리인의 소송행위에 대한 특별한 권한의 수여에 흠이 있는 때**($\frac{민소법}{§424①(iv)}$)

이 규정은 소위 당사자권, 즉 정당한 당사자가 변론에서 공격방어방법(攻擊防禦方法)을 제출할 기회를 부당하게 빼앗기고 변론이 종결된 경우에 절대적 상고이유로 하여 구제하려는 것이다. 소송무능력자(訴訟無能力者)의 법정대리인(法定代理人)에게 대리권이 없거나 법정대리인 또는 소송대리인에게 특별수권(特別授權)이 있어야 하는 사건인데도 특별수권에 흠이 있는 경우($\frac{민소법}{§56②, §90②}$)이다. 소송무능력자(訴訟無能力者)가 스스로 소송행위(訴訟行爲)를 하고 또 상대방의 소송행위에 응한 경우에도 본호를 준용한다. 법인이나 법인격 없는 사단이나 재단의 대표자 또는 관리인의 대표권한에 흠이 있는 때에도 준용된다.[30]

그러나 이 대리권에 관한 하자(瑕疵)는 상고심의 판결이 있기까지 민사소송법 제60조(소송능력 등의 흠과 추인) 또는 같은법 제97조(법정대리인에 관한 규정의 준용)의 규정에 따라, 정당한 권리자가 적법하게 추인(追認)하면 상고이유로 되지 아니한다

---

30) 대법원 2014. 3. 27. 선고 2013다39551 판결.

$\binom{\text{민소법}}{\text{§424②}}$.

한편, 본호의 규정은 당사자가 변론에서 공격방어방법을 제출할 기회를 부당하게 박탈당한 경우에도 유추적용된다. 예컨대, ① 판결의 효력을 받는 성명(姓名)의 피모용자(被冒用者)라든가 ② 소송절차의 중단(中斷) 중에 변론을 종결하여 판결한 경우 ③ 변론기일에 그 책임을 돌릴 수 없는 사유로 당사자가 불출석하였음에도 불구하고 그대로 판결한 경우 등에 준용한다.

이러한 경우에는 달리 구제방법이 없을 뿐만 아니라, 당사자가 변론에 관여하여 공격방어방법을 제출할 기회를 빼앗긴 점에서는 본호 소정의 사유와 같기 때문이다.[31]

(5) 변론을 공개하는 규정에 어긋난 때$\binom{\text{민소법}}{\text{§424①(v)}}$

재판의 심리에 기본이 되는 변론(辯論)은 헌법 제109조(재판공개의 원칙)와 법원조직법 제57조(재판의 공개)에 의하여 공개하는 것이 원칙이다. 이 기본이 되는 변론의 공개를 아니한 경우이다. 다만, 심리는 국가의 안전보장(安全保障) 또는 안녕질서(安寧秩序)를 방해하거나 선량(善良)한 풍속(風俗)을 해할 염려가 있을 때에는 법원의 결정으로 공개하지 아니할 수 있다$\binom{\text{헌법 §109단,}}{\text{법조법 §57①단}}$.

(6) 판결의 이유를 밝히지 아니하거나 이유에 모순이 있는 때$\binom{\text{민소법}}{\text{§424①(vi)}}$

판결의 이유불비(理由不備)와 이유모순(理由矛盾)의 경우이다.

(i) 이유불비   이유불비란 ① 판결에 이유를 전혀 기재하지 아니한 경우는 물론이요, ② 이유의 일부를 빠뜨린 경우 ③ 이유가 명확(明確)하지 않아서 법원이 어떻게 사실인정을 하고 법규를 해석·적용하여 판결의 결론인 주문에 이르렀는지, 그 논리의 전개과정이 명확하지 아니한 경우이다. ④ 판결에 영향을 미치는 중요한 사항에 대한 판단을 빠뜨린 소위 중요한 사항의 판단유탈(判斷遺脫)도 이유불비의 상고이유가 된다.

(ii) 이유모순   이유모순이란 판결문에 이유는 기재되었으나 이유자체에 모순이 있어 주문(主文)에 이르는 결론이 어떻게 하여 성립되었는지 불명(不明)한 경우이다.

이유모순은 이유불비에 준하는 것이며, 두 가지가 명백히 구별되지 않는 경우가 있고 중복되는 경우도 있어, 판례들의 판시에도 "이유불비 내지 이유모순" 또는 "이유불비 아니면 이유모순"이란 표현을 쓰는 것은 이 때문이라 한다.[32]

---

31) 편집대표 민일영·김능환, 주석 민사소송법(Ⅵ)(제7판), 한국사법행정학회, P. 353~354 참조.
32) 편집대표 민일영·김능환, 주석 민사소송법(Ⅵ)(제7판), 한국사법행정학회, P. 370~371 참조.

3. 기타의 상고이유 — 재심사유

재심사유(再審事由)도 상소(上訴)에 의하여 주장할 수 있으므로($\frac{민소법}{\S451①단}$), 법령 위반의 상고이유로 된다 할 것이다.

4. 상고이유를 제한하는 특례

위에서 소개된 상고이유들 중에서도 "상고심절차(上告審節次)에 관한 특례법 (特例法)"에 의하여 실질적으로 제한되는 경우가 있다. 상고심절차에 관한 특례법 (이하 "상고심특례법"이라 약칭한다)은 대법원이 법률심으로서의 기능을 효율적으로 수행하고, 법률관계를 신속하게 확정함을 목적으로($\frac{상고심특}{례법 \S1}$), 상고이유에 관한 주장 이, 그 상고심특례법 제4조(심리의 불속행) 제1항 각호에 규정된 경우의 어느 하나 의 사유를 포함하지 아니한다고 인정하면 더 나아가 심리를 하지 아니하고 판결로 상고를 기각(棄却)한다($\frac{상고심특}{례법 \S4①}$). 이는 상고이유에 조건을 덧붙여 놓은 것으로 실질 에 있어서 상고이유가 대폭적으로 제한되고 있는 것이 현실이라 할 수 있다. 구체 적인 내용은 뒤에서 설명한다.

제 3 항   상고의 제기절차

상고심의 절차는 상고(上告)의 제기에 의하여 개시된다. 상고심절차에는 항소 심(抗訴審)의 소송절차에 관한 규정이 준용된다($\frac{민소법}{\S425}$). 그리고 또 "상고심특례법" 이 적용됨은 물론이다.

1. 상고의 제기

(1) 상고장의 제출

상고의 제기는 상고기간 내에 상고장(上告狀)을 원심법원(原審法院)인 특허법 원에 제출하여야 한다($\frac{민소법}{\S425}$). 상고장은 전자접수(電子接受)도 가능하다. 상고장의 기재는 항소장(抗訴狀)에 준한다($\frac{민소법}{\S397}$).

(2) 상고기간

상고기간은 원심인 특허법원의 판결서(判決書)가 당사자에게 송달된 날부터 2 주 이내에 하여야 한다. 다만, 판결서 송달 전에도 할 수 있다($\frac{민소법}{\S396}$). 상고기간의 준수 여부는 원심인 특허법원이 상고장을 접수한 때를 기준으로 한다. 소정의 인지액(印紙額)을 내야 하고($_{§3}^{민소인지법}$), 상고장의 송달료도 예납(豫納)해야 한다.

2. 상고제기의 효과

(1) 확정차단의 효력

적법한 상고(上告)가 제기되면 원심판결인 특허법원 판결의 확정이 차단된다.

(2) 이심의 효력

상고(上告)가 제기되면 그 소송사건은 원심(原審)인 특허법원을 떠나 상고심인 대법원에 계속하게 된다. 이것을 이심(移審)의 효력이라 한다.

상고장(上告狀)이 각하(却下)되지 아니하면, 상고장이 제출된 날부터 2주 이내에, 판결등본 송달 전에 상고가 제기된 때에는 판결등본이 송달된 날부터 2주 이내에 상고기록을 특허법원으로부터 대법원에 송부하여야 한다($_{§425, §400}^{민소법}$).

(3) 상소불가분의 원칙과 청구항 독립의 원칙

상소불가분의 원칙이란 상고인이 불복한 범위에 관계없이 원심재판(原審裁判)의 전부에 관하여 불가분적(不可分的)으로 발생한다는 것이다. 원심재판의 일부에 대한 불복을 하여도 재판의 전부에 대하여 확정차단의 효력과 이심의 효력이 발생한다.

청구범위는 청구항의 독립원칙(獨立原則)에 따라, 청구항별로 특허취소신청을 할 수 있고($_{2①후}^{법 §132의}$), 청구항별로 특허의 무효심판을 청구할 수 있으며($_{§133①본}^{법}$), 청구항별로 권리범위확인심판을 청구할 수 있다($_{§135③}^{법}$).

그런데 심판과는 달리 심결취소소송에서는 상소불가분의 원칙이 청구항 독립의 원칙에 우선한다. 따라서 여러 개의 청구항 모두에 대하여 패소판결을 받은 당사자가 그 중 일부 청구항에 대하여만 상고를 한 경우에 상소불가분의 원칙에 따라 나머지 청구항 부분에 대하여도 확정차단의 효력과 이심의 효력이 발생한다. 나머지 청구항 부분은 대법원의 심판범위에는 포함되지 아니하되, 대법원 판결 선고 시에 확정된다.

3. 상고장의 심사·소송기록의 송부·소송기록접수의 통지서

(1) 상고장심사

상고장이 제출되면, 원심인 특허법원의 재판장과 상고심 재판장에 의한 상고장의 심사가 있다. 원심인 특허법원의 재판장은 상고장에 필요적 기재사항의 기재

유무($^{민소법}_{§425, §397②}$), 소정의 인지액을 납부했는지의 여부 등 방식심사(方式審査)를 하여 그 흠이 있으면, 상고인(上告人)에게 보정명령(補正命令)을 하고, 상고인이 소정기간 내에 흠을 보정하지 않은 때에는 원심인 특허법원의 재판장은 명령으로 상고장을 각하한다($^{민소법}_{§425, §399①②}$).[33]

상고가 상고기간을 경과하여 제기된 때에도 원심인 특허법원의 재판장은 명령으로 상고장을 각하한다($^{민소법}_{§425, §399②}$). 원심인 특허법원 재판장의 상고장 각하(却下)에 대하여는 즉시항고(卽時抗告)를 할 수 있다($^{민소법 §425,}_{§399③, §402③}$).

원심인 특허법원의 재판장이 위와 같은 흠결(欠缺)을 간과하였을 경우, 또는 상고장의 부본(副本)을 송달할 수 없는 경우에는 상고장(上告狀)을 송부받은 상고심의 재판장은, 상고인에게 상당한 기간을 정하여 그 기간 이내에 흠을 보정하도록 명령하여야 한다($^{민소법}_{§425, §402①}$). 상고인이 보정기간 내에 흠을 보정하지 아니한 때, 또는 원심인 특허법원의 재판장이 상고장을 각하하지 아니한 때에는 상고심 재판장은 명령으로 상고장을 각하하여야 한다($^{민소법}_{§425, §402②}$).

(2) 소송기록의 송부

원심인 특허법원의 재판장이 상고장심사에서 상고장이 적법하여 각하(却下)되지 아니한 경우에는, 특허법원사무관 등은 상고장이 제출된 날부터 2주 이내에, 판결등본송달 전에 상고가 제기된 때에는 판결정본이 송달된 날부터 2주 이내에 상고기록(上告紀錄)을 상고법원인 대법원에 송부하여야 한다($^{민소법}_{§425, §400}$). 소송기록이 상고법원에 송부되기 전까지는 기록을 보관하고 있는 원심법원의 관할이므로, 상고의 취하·상고권의 포기·소의 취하 등은 원심법원에 하여야 한다.[34]

(3) 소송기록접수의 통지서

상고법원의 법원사무관 등은, 원심인 특허법원의 법원사무관 등으로부터 소송기록을 받은 때에는 바로 그 사유를 당사자에게 통지하여야 한다($^{민소법}_{§426}$).

4. 상고이유서의 제출

(1) 상고이유서

상고이유서란 상고이유를 기재한 서면을 말한다. 상고장(上告狀)에 상고이유를 적지 아니한 때에는 소송기록접수통지서를 받은 날부터 20일 이내에 상고이유서를 제출하여야 한다($^{민소법}_{§427}$). 이 기간(20일 이내)을 어긴 때에는 직권조사사항이 있

---

33) 대법원 2014. 5. 16.자 2014마588 결정.
34) 李時潤, 前揭書, P. 903.

는 경우가 아니면, 상고법원은 변론 없이 상고를 기각(棄却)하여야 한다($^{민소법}_{§429}$).

우리나라와 같이 상고장(上告狀)에 상고이유를 적지 아니하거나 상고이유서를 제출하지 아니하면 상고를 기각함으로써 상고이유의 제출을 강요하는 법제를 상고이유서제출 강제주의(強制主義)라 한다. 상고이유서제출 강제주의는 상고사건을 신속하게 처리하기 위한 것이다.

(2) 상고이유서의 기재방법

상고이유서에는 당사자의 성명, 사건 및 첨부서류를 표시하고, 상고이유를 적어야 하며, 작성연월일(作成年月日)을 기재한 다음 상고인 또는 대리인이 기명날인(記名捺印)한다.

법령위반이 있다는 것을 이유로 하는 상고의 경우에 상고이유는 법령과 이에 위반하는 사유를 밝혀야 한다. 법령을 밝히는 때에는 그 법령의 조항 또는 내용을 적어야 한다. 그 법령이 소송절차에 관한 것인 때에는 그에 위반하는 사실을 적어야 한다($^{민소규칙}_{§129}$). 또한 "상고심특례법" 제4조(심리의 불속행) 제1항 각호의 어느 하나에 해당되는 사유가 포함되어 있음을 명시해야 한다. 이에 해당되지 않으면 더 나아가 심리를 아니하고 판결로 상고를 기각(棄却)하기 때문이다($^{상고심특례}_{법 §4①본}$). 단순히 '헌법에 위반된다'거나 '민법에 위반된다'와 같이 추상적인 주장만 하고 구체적이고도 명시적인 이유 설시가 없는 경우에는 적법한 상고이유가 되지 아니한다.[35]

절대적 상고이유 중 어느 하나를 상고이유로 삼는 때에는 상고이유에 그 조항과 이에 해당하는 사실을 밝혀야 한다($^{민소규칙}_{§130}$). 절대적 상고이유 여섯 가지 사항 중 다섯 가지($^{민소법}_{§424(i)-(v)}$)는 "상고심특례법"의 영향을 받지 아니한다($^{상고심특례}_{법 §4(vi)}$).

(3) 상고이유서의 제출기간

상고장에 상고이유를 적지 아니한 때에는, 상고인은 소송기록접수통지서를 받은 날부터 20일 이내에 상고이유서를 제출하여야 한다($^{민소법}_{§427}$). 상고인이 이 제출기간을 어기어 상고이유서를 제출하지 아니한 때에는 상고법원은 직권(職權)으로 조사하여야 할 사유가 있는 때가 아니면 변론없이 판결로 상고를 기각하여야 한다($^{민소법}_{§429}$).

상고법원은 상고이유서의 제출기간 내에 제출된 상고이유에 한하여 판단하고, 제출기간경과 후에 제출된 상고이유는 기간 내에 제출된 상고이유를 보충(補充)하는 범위에서만 판단한다. 다만, 직권조사사항에 관하여는 기간경과 후에 제출된 상고이유도 판단하여야 한다($^{민소법}_{§429단}$).

---

35) 편집대표 민일영·김능환, 주석 민사소송법(Ⅵ)(제7판), 한국사법행정학회, P. 477 참조.

5. 부대상고

(1) 부대상고의 개념

부대상고(附帶上告)란 피상고인(被上告人)이 상고인(上告人)의 상고(上告)에 부대하여 원판결(原判決)을 자기에게 유리하게 변경을 구하는 상고이다($\binom{민소법\ \S425,}{\S403\sim\S405}$).

(2) 민사소송에 있어서의 부대상고

피상고인은 상고권 소멸 후에도 부대상고를 할 수 있다. 다만, 위와 같은 부대상고는 상고이유와 별개의 이유에 따른 것에 해당하므로, 상고이유서의 제출기간 내에 상고법원에 부대상고장 및 부대상고이유서를 제출하여야 한다.

(3) 심결취소소송에서의 부대상고

특허권취소결정, 특허의 무효심판 및 권리범위확인심판 등은, 청구항 독립의 원칙에 따라, 청구항별로 취소ㆍ무효ㆍ권리범위확인 등의 심결 또는 판결을 할 수 있다. 원심판결이 수개의 청구범위 중 일부의 청구항은 소를 인용(認容)하고, 일부의 청구항은 소를 기각(棄却)한 경우에 어느 한 당사자가 패소한 부분에 대하여 상고를 하였을 때, 상대방 당사자가 부대하여 상고를 할 수 있느냐의 문제이다. 민사소송법상의 부대상고의 법리가 동일하게 적용된다고 봄이 타당하다.

제4항 상고심특례법에 의한 심리불속행의 제도

1. 상고심특례법의 목적과 입법이유

(1) 상고심특례법의 목적

상고심특례법 제1조(목적)는 『이 법은 상고심절차(上告審節次)에 관한 특례(特例)를 규정함으로써 대법원이 법률심(法律審)으로서의 기능을 효율적으로 수행하고, 법률관계를 신속하게 확정함을 목적으로 한다』라고 규정되어 있다.

이 법은 원심의 법령해석ㆍ적용에는 잘못이 없고 사실인정을 다투는 내용을 외형상 법률적 상고이유가 있는 것처럼 내세우는 상고의 남용을 방지하여 대법원의 법률심기능을 효율적으로 수행하고, 법률관계의 신속한 확정을 도모할 수 있다는 것이다.

(2) 상고심특례법의 제안이유

상고심특례법의 제정 당시(1994)의 제안이유(提案理由)의 요지를 소개해보면 다음과 같다. 즉 비록 상고이유에 해당하지 아니하면서도 마치 이에 해당하는 것처럼 남상고(濫上告)가 행하여짐으로써 판결확정의 지연, 대법관의 업무처리 부담, 이로 인한 대법원의 중요사건의 심리지장, 다수사건의 신속처리와 소송제도의 공익적 요건에 반하는 결과를 초래한다는 것 등이었다.[36]

2. 심리의 불속행 및 심리속행사유

(1) 의   의

대법원은 상고이유에 대한 주장이 상고심특례법 제4조 제1항 각호의 심리속행 사유를 포함하지 아니한다고 인정하면 더 나아가 심리를 하지 아니하고 판결로 상고를 기각한다($^{상고심특례}_{법 §4①}$).

(2) 판결의 특례

심리불속행의 기각판결에는 판결이유를 적지 아니할 수 있다($^{상고심특례}_{법 §5①}$). 심리불속행의 기각판결은 선고(宣告)가 필요하지 아니하며, 상고인(上告人)에게 송달됨으로써 그 효력이 생긴다($^{같은조}_{②}$). 그리고 이 판결은 그 원본을 법원사무관 등에게 교부하며, 법원사무관 등은 즉시 이를 받은 날짜를 덧붙여 적고 도장을 찍은 후 당사자에게 송달하여야 한다($^{같은조}_{③}$).

(3) 특례의 제한

상고심특례법 제4조(심리의 불속행) 및 제5조(판결의 특례)는 "법원조직법" 제7조(심판권의 행사) 제1항 단서에 따라 재판하는 경우에만 적용한다($^{상고심특례}_{법 §6①}$).

원심법원으로부터 상고기록을 받은 날부터 4개월 이내에 심리불속행(審理不續行)에 따른 기각판결의 원본이 법원사무관 등에게 교부되지 아니한 경우에는 상고심법 제4조(심리의 불속행) 및 제5조(판결의 특례)를 적용하지 아니한다($^{같은조}_{②}$). 원심법원으로부터 상고기록을 받고 4개월 이내에 심리불속행 여부를 판단하지 못한 사건은 본안심리(本案審理)를 속행해야 할 사건으로 의제하는 것이다.

(4) 재항고 및 특별항고에의 준용

심리불속행의 제도는 행정소송의 일종인 심결취소소송의 재항고 및 특별항고 (特別抗告) 사건에는 제3조(민사소송법 적용의 배제), 제4조(심리의 불속행) 제2항·제3항, 제5조(판결의 특례) 제1항·제3항 및 제6조(특례의 제한)를 준용한다($^{상고심특례}_{법 §7}$).

---

36) 李時潤, 前揭書, P. 905.

(5) 심리의 속행사유

상고심특례법 제4조 제1항 각호의 심리속행사유(審理續行事由)는 다음과 같다. 이 규정들이 열거조항(列擧條項)이냐 예시조항(例示條項)이냐? 그 내용들이 추상적인 경우가 많을 뿐만 아니라, 제5호의 규정(중대한 법령위반에 관한 사항) 등으로 보아 열거조항일 수 없고 예시한 것들로 보아야 할 것이다.

(i) 원심판결(原審判決)이 헌법에 위반되거나, 헌법을 부당(不當)하게 해석한 경우($\frac{같은조항}{(i)}$) 헌법해석은 어려운 점이 있어 학설이 갈리는 경우도 있으므로, 원심판결의 부당해석(不當解釋)은 구체적으로 명확하게 지적해야 할 것이다.

(ii) 원심판결이 명령·규칙 또는 처분의 법률위반여부에 대하여 부당하게 판단한 경우($\frac{같은조항}{(iii)}$) 이 경우에도 명령·규칙 등의 몇 조 어느 부분을 부당하게 판단했다는 것을 구체적으로 지적해야 한다.

(iii) 원심판결(原審判決)이 법률·명령·규칙 또는 처분에 대하여 대법원 판례와 상반되게 해석한 경우($\frac{같은조항}{(iii)}$)

(iv) 법률·명령·규칙 또는 처분에 대한 해석에 관하여 대법원 판례가 없거나 대법원 판례를 변경할 필요가 있는 경우($\frac{같은조항}{(iv)}$) 법령이 새로 제정된 경우 또는 법령이 제정된지 오래되었어도 실제로 활용되지 않는 경우에는 그에 대한 대법원 판례가 없는 것이 상례이다.

대법원 판례를 변경할 필요가 있는 경우란 법령이 개정됨으로써 대법원 판례도 바뀌어야 할 경우도 있지만, 원래 대법원의 판례 그 자체가 잘못된 것이어서 바꾸어야 할 경우이다.

(v) 제1호부터 제4호까지의 규정 외에 중대한 법령위반에 관한 사항이 있는 경우($\frac{같은조항}{(v)}$) "중대한 법령위반"이란 무엇을 말하는 것인지 매우 추상적(抽象的)이다. 이에 대한 대법원의 판례기준이 필요한 부분이다. 특히, 판단유탈·이유불비 등이 중대한 법령위반으로 원심판결의 결론에 영향을 미친 경우라면 "중대한 법령위반에 관한 사항이 있는 것"으로 해석하는 것이 바람직하다 할 것이다.

(vi) 민사소송법 제424조(절대적 상고이유) 제1항 제1호부터 제5호까지에 규정된 사유가 있는 경우($\frac{같은조항}{(vi)}$) 이 규정들은 민사소송법에서 절대상고이유(絶對上告理由)로 열거되었던 상고이유들이므로 당연히 심리속행되어야 할 사항들이다. 다만, 같은 법조항 제6호 "판결의 이유를 밝히지 아니하거나 이유에 모순이 있는 때"가 상고 특례법의 심리속행사유에 포함되지 않았으나, 이 경우는 원심판결의 결과에 영향을 미친 것이라면 "중대한 법령위반에 관한 사항이 있는 것"으로 포함

시켜야 할 것이다.

(ⅶ) 심리속행사유의 제외   상고이유에 관한 주장이 앞에서 본 (ⅰ) 내지 (ⅵ)인 각호의 사유를 포함하는 경우에도 그 주장 자체로 보아 이유가 없는 때(같은조③), 원심판결과 관계가 없거나 원심판결에 영향을 미치지 아니하는 때(같은조항)에는 심리를 속행하지 아니하고 판결로 상고를 기각한다(상고심특례법).

(6) 심리속행사유의 성격과 조사

상고심은 상고이유서(上告理由書)를 통하여 심리를 속행할 것인지의 여부를 조사(調査)하여야 한다. 심리속행사유가 직권조사사항에 해당하는지에 관하여는 견해가 대립된다.

긍정설에 따른다면 상고인은 상고이유서 제출기간이 경과된 후에라도 상고이유서와는 별도로, 심리속행사유서(審理續行事由書)를 제출할 수 있고, 상고심도 이를 심리·판단하게 된다.

부정설에 따른다면 대법원은 상고이유서 제출기간 내에 제출된 상고이유에 한하여 심사하면 되고 그 이후에 제출된 사유는 기간 내에 제출된 상고이유를 보완하는 경우에만 의미가 있고, 이와는 별개의 새로운 사유를 추가하면 심사의 대상이 되지 않게 된다.[37]

조사기간은 원심인 특허법원으로부터 상고기록을 받은 날부터 4개월 이내이다. 이 기간 내에 조사를 끝내고 심리속행사유가 없으면 심리를 불속행한다는 기각판결(棄却判決)로 당해 상고사건(上告事件)은 종료된다. 그러나 심리속행사유가 있는 경우와 원심인 특허법원으로부터 상고기록을 받은 날부터 4개월 내에 심리불속행의 기각판결이 없는 경우에는 상고심은 통상의 본안심리를 하게 된다.

제 5 항 상고심의 심리절차

1. 상고이유서 부본의 송달

상고인(上告人)의 상고이유서를 제출받는 상고법원(上告法院)은 바로 그 부본(副本)이나 등본(謄本)을 상대방(피상고인)에게 송달하여야 한다(민소법 §428①). 부적법한 상고이어서 상고를 각하하는 경우에는 상고이유서 부본의 송달은 아니한다.

---

37) 편집대표 민일영·김능환, 주석 민사소송법(Ⅵ)(제7판), 한국사법행정학회, P. 436 참조.

2. 답변서의 제출

상고이유서의 부본(副本)을 송달받은 상대방(피상고인)은 그 서면(부본)을 송달받은 날부터 10일 이내에 답변서를 제출할 수 있다($\frac{민소법}{§428②}$). 피상고인이 답변서를 제출하는 것은 상고인의 공격(상고이유)에 대한 방어적인 것이다. 답변서의 제출이 기일을 넘기거나 답변서의 제출이 없었다 하여 소송법상의 책임이 부과(賦課)되는 것은 아니다.

상고인이 상고이유서를 법정기간 내에 제출하지 아니하면 상고가 기각(棄却)되는 경우($\frac{민소법}{§429본}$)와는 전혀 다르다. 상고법원은 피상고인의 답변서의 부본이나 등본을 상고인에게 송달하여야 한다($\frac{민소법}{§428③}$).

3. 상고심의 심리

(1) 상고심의 심리범위

상고법원은 상고이유가 상고심특례법 제4조(심리의 불속행) 제1항 각호에 규정된 심리속행사유(審理續行事由)를 포함하고 있다고 판단되면, 상고이유에 관하여 심리를 속행(續行)한다.

이 경우 상고법원은 상고이유에 따라 불복신청(不服申請)의 한도 안에서 원심인 특허법원 판결이 정당한 것인지의 여부를 심리한다($\frac{민소법}{§431}$). 청구범위의 청구항이 여러 개인 경우에는 상고이유로 불복한 청구항만이 상고심의 심리대상이 된다. 다만, 직권조사사항에 대하여는 이 원칙이 적용되지 아니한다($\frac{민소법}{§434}$).

(2) 사실 확정과 증거자료추가의 불인정

상고심은 법률심(法律審)이므로 새로운 사실을 주장할 수 없고, 원심인 특허법원의 판결이 적법하게 확정한 사실은 상고심을 기속한다($\frac{민소법}{§432}$). 새로운 증거(證據)의 추가도 인정되지 않는다.

(3) 심리의 방법

상고심은 법률심이므로 상고법원은 상고장·상고이유서·답변서 그 밖의 소송기록에 의하여 변론없이 서면심리만으로 판결을 할 수 있다($\frac{민소법}{§430①}$).

(4) 참고인의 진술

상고심법원은 소송관계를 분명하게 하기 위하여 필요한 경우에는 특정한 사항에 관하여 변론(辯論)을 열어 참고인(參考人)의 진술을 들을 수 있다($\frac{민소법}{§430②}$). 상고심의 변론은 임의적(任意的)인 변론이다. 참고인의 진술을 듣는 경우에는 당사자를 참여하게 하는 것이 바람직할 것이다.

그러나 상고심의 변론은 임의적 변론이므로, 당사자의 한 쪽 또는 당사자의 양 쪽이 불출석했다 하여 불이익을 받는 것은 아니라 할 것이다.

제 6 항 상고심의 종료

1. 당사자의 행위에 의한 종료

소 또는 상고의 취하에 의하여 상고심은 종료된다. 소는 심결취소의 소를 제기한 원고가 상대방인 피고의 동의를 얻어서 취하할 수 있다($^{민소법}_{§266}$). 상고(上告)는 상고인 단독으로 취하가 가능하나, 상고장이 송달된 후에는 취하의 서면을 상대방인 피상고인(被上告人)에게 송달하여야 한다($^{민소법 §425,}_{§393②}$). 소, 상고의 취하로 상고심은 종료된다. 소를 취하하면 심결(審決)이 확정되고 상고를 취하하면 원심인 특허법원의 판결이 확정된다.

2. 명령 또는 판결에 의한 종료

(1) 상고장의 각하명령

앞에서 이미 밝혀둔 바와 같이, 원심인 특허법원의 재판장은 상고장(上告狀)의 방식심사(方式審査)에서 흠이 있는 경우에는 상고인에게 보정(補正)을 명하고, 소정기간 내에 그 흠을 보정하지 아니한 때, 또는 상고가 상고기간을 경과하여 제기된 때에는 원심의 재판장은 명령으로 상고장을 각하한다($^{민소법 §425,}_{§399①②}$).

원심인 특허법원의 재판장이, 위와 같은 흠결을 간과하였을 경우에는 상고심의 재판장이 같은 절차에 의하여 상고장을 각하함으로써 상고심이 종료된다.

(2) 상고의 각하판결

상고요건(上告要件)의 흠을 보정할 수 없는 경우에는 상고법원(上告法院)은 판결로써 상고를 각하한다($^{민소법}_{§425, §413}$). 상고심의 판결은 선고함으로써 확정된다. 따라서 상고심은 종료된다.

(3) 상고의 기각판결

상고(上告)가 이유 없다고 인정한 때에는 상고기각의 본안판결을 하여야 한다($^{민소법}_{§425, §414①}$). 상고심은 특허법원의 판결이유가 정당하지 아니한 경우에도 다른 이유에 따라 그 판결이 정당하다고 인정되는 때에는 상고를 기각하여야 한다($^{민소법}_{§425, §414②}$).

상고이유에 상고심특례법에 규정된 심리속행사유가 포함되어 있지 않은 경우
에도 상고기각판결을 하여야 한다(상고심특례법). 상고장(上告狀)에 상고이유를 적지
아니했고, 소송기록접수통지서를 받은 날부터 20일 내에 상고이유서를 제출하지
아니한 경우에도 상고가 기각된다(민소법).

당사자가 여러 개의 청구항 모두에 대하여 상고하였으나, 일부의 청구항들에
대하여만 상고이유서를 제출하고 나머지 청구항에 대하여서는 상고이유서를 제출
하지 아니한 경우에 상고이유서가 제출되지 아니한 청구항 부분은 상고이유서 미
제출을 이유로 상고가 기각된다.

(4) 상고의 인용판결

상고법원(上告法院)은 상고에 정당한 이유가 있다고 인정할 때에는 원판결을
파기(破棄)하여야 한다(민소법). 원판결을 파기하여야 할 경우란 상고이유가 이유
있다고 인정될 때와 직권조사사항에 관하여 조사한바 원판결이 위법한 때이다.

인용판결(認容判決)에는 파기환송(破棄還送)과 파기자판(破棄自判)이 있다.

i) 파기환송

파기환송이란 원심판결을 파기하고 사건을 원심법원(原審法院)에 환송(還送)하
는 것이다.

심결취소소송은 상고법원이 원심인 특허법원의 판결을 파기한 경우에는 사실
심리(事實審理)가 필요한 경우가 많으므로 원심인 특허법원에 환송하는 것이 원칙
이다. 사건을 특허법원에 환송(還送)하는 판결이 내려졌을 때에는 법원사무관 등은
2주 이내에 그 판결의 정본(正本)을 소송기록에 붙여 사건을 환송받을 특허법원에
보내야 한다(민소법).

환송판결에 의하여 사건은 특허법원에 계속된다. 사건을 환송(還送)받은 특허
법원은 다시 변론(辯論)을 거쳐 재판하여야 한다(민소법). 이 경우에는 상고법원이
파기의 이유로 삼은 사실상 및 법률상의 판단에 기속된다(같은법조). 이 기속력은 심
급제(審級制)에서 파생된 효력으로 사건을 환송받은 특허법원에서 원판결과 같은
견해를 고집한다면, 하극상으로 상급심(上級審)의 위신을 훼손시키면서, 사건이 상
급심 법원과 사이에 되풀이 되어, 결말이 나지 않는 것을 방지하기 위해서이다.

그리고 이 기속력은 당해사건이 다시 상고된 경우에는 상고법원도 파기이유
(破棄理由)로 된 판단에 기속된다. 이를 자기기속이라 한다. 사건을 환송받은 특허
법원이 다시 재판을 하는 경우에는, 원심판결(原審判決)에 관여했던 판사는 다시

관여하지 못한다($\frac{민소법}{§436③}$). 따라서 특허법원은 새로운 변론을 열어야 한다.

ⅱ) 파기자판

다음 각호 가운데 어느 하나에 해당하면 상고법원은 사건에 대하여 종국판결, 즉 자판(自判)을 하여야 한다.

(ⅰ) 확정된 사실에 대하여 법령적용이 어긋난다 하여 판결을 파기하는 경우에 사건이 그 사실을 바탕으로 재판하기에 충분한 때($\frac{민소법}{§437(ⅰ)}$)

(ⅱ) 사건이 법원의 권한에 속하지 아니한다 하여 판결을 파기하는 때($\frac{같은법조}{(ⅱ)}$)

이러한 판결은 원심법원이 할 수 있으므로 환송할 수도 있으나, 소송경제상 원심법원에 갈음하여 상고법원이 자판하는 것이라 한다.[38]

제 6 관 항   고

제 1 항 항고의 의의 및 종류

(1) 항고의 개념

판결 이외의 재판인 결정(決定)·명령(命令)에 대한 간이절차(簡易節次)에 의한 독립의 상소(上訴)이다. 소송절차에 관한 신청을 기각(棄却)한 결정(決定)이나 명령에 대하여 불복하면 항고(抗告)할 수 있다($\frac{민소법}{§439}$). 결정이나 명령으로 재판할 수 없는 사항에 대하여 결정 또는 명령을 한 때에도 항고할 수 있다($\frac{민소법}{§440}$).

항고는 상급법원(上級法院)에 원재판(原裁判)의 결정·명령에 불복하는 상소이지만, 항고(抗告)에 의하여 원법원(原法院)이 항고에 정당한 이유가 있다고 인정하는 때에는, 원결정을 경정하여야 하는 기회를 갖는 점에서 특색이 있다($\frac{민소법}{§446}$).

(2) 제도의 목적

종국판결이 아닌 소송절차의 진행에서 부수적이거나 파생하는 절차적 사항까지를 종국판결과 함께 상고법원(上告法院)의 판단을 받도록 한다면 상고심의 소송절차의 번잡과 지연을 초래하므로 그와 같은 절차적 사항은 종국판결과는 별도의 간이·신속한 절차에 따라 불복의 방법을 마련한 것이다.

(3) 항고의 종류

i) 통상항고·즉시항고

항고(抗告)의 제기기간(提起期間)의 유무에 따른 구분이다.

---

38) 李時潤, 前揭書, P. 917.

(i) 통상항고는 제기기간이 정하여 있지 않고 원재판(原裁判)을 취소할 실익(實益)이 있으면 언제든지 제기할 수 있다.

(ii) 즉시항고(卽時抗告)는 신속한 해결을 필요로 하는 것으로, 재판이 고지(告知)된 날부터 1주 이내에 제기하여야 한다($^{민소법}_{§444①}$). 그리고 이 기간은 불변기간(不變期間)이다($^{민소법}_{§444②}$).

즉시항고는 원재판의 집행(執行)을 정지시키는 효력을 가진다($^{민소법}_{§447}$). 즉시항고는 법에 명문으로 규정된 경우에만 할 수 있다. 특허법원 재판장의 상고장(上告狀) 각하(却下)에 대하여는 즉시항고(卽時抗告)를 할 수 있다($^{민소법}_{§425, §399③}$).

ii) **최초의 항고·재항고**

(i) 최초의 항고는 제1심 재판의 결정·명령에 대하여 하는 항고이다.

(ii) 재항고(再抗告)는 최초의 항고에 대한 항고심(抗告審)의 결정·명령, 고등법원 또는 항소법원이 제1심으로서 한 결정·명령에 대하여 대법원에 하는 불복신청이다. 고등법원에 해당하는 특허법원의 결정·명령에 대한 불복신청은 재항고에 해당된다.

재항고는 재판에 영향을 미친 헌법·법률·명령 또는 규칙의 위반을 이유가 있는 때에만 할 수 있다($^{민소법}_{§442}$). 재항고(再抗告)와 이에 관한 소송절차에는 상고(上告)의 절차규정을 준용한다($^{민소법}_{§443②}$).

iii) **특별항고·일반항고**

(i) 특별항고란 불복할 수 없는 결정이나 명령에 대하여는 재판에 영향을 미친 헌법위반(憲法違反)이 있거나, 재판의 전제가 된 명령·규칙·처분의 헌법 또는 법률의 위반여부(違反與否)에 대한 판단이 부당하다는 것을 이유로 하는 때에만 대법원에 특별항고를 할 수 있는 항고이다($^{민소법}_{§449①}$).

특별항고는 재판이 고지된 날부터 1주 이내에 한하여 할 수 있고($^{민소법}_{§449②}$), 이 기간은 불변기간이다($^{민소법}_{§449③}$). 특별항고와 그 소송절차에는 민사소송법 제448조(원심재판의 집행정지)와 상고(上告)에 관한 규정을 준용한다($^{민소법}_{§450}$). 특별항고에는 원심재판의 집행정지의 규정이 준용되므로, 항고법원 또는 원심법원이나 판사는 항고에 대한 결정이 있을 때까지 원심재판의 집행을 정지하거나 그 밖에 필요한 처분을 명할 수 있다($^{민소법}_{§448}$).

(ii) 일반항고란 특별항고에 대하여 그렇지 아니한 항고를 말한다.

iv) **준 항 고**

수명법관(受命法官)이나 수탁판사(受託判事)의 재판에 대하여 불복하는 당사자는 수소법원에 이의를 신청할 수 있다. 다만, 그 재판이 수소법원(受訴法院)의 재판인 경우로서 항고할 수 있는 것인 때에 한한다($\substack{민소법 \\ \S441①}$). 이와 같은 이의신청에 대한 재판에 대하여는 항고할 수 있다($\substack{민소법 \\ \S441②}$).

상고심이나 제2심에 계속된 사건에 대한 수명법관이나 수탁판사의 재판에는 제1항의 규정을 준용한다($\substack{민소법 \\ \S441③}$).

이상과 같은 경우의 항고를 민사소송법은 "준항고"라 하였다.

제 2 항 항고의 범위

1. 항고로 불복할 수 있는 재판

(1) 소송절차에 관한 신청을 기각한 결정·명령

소송절차에 관한 신청을 기각한 결정이나 명령에 대하여 불복하면 항고할 수 있다($\substack{민소법 \\ \S439}$).

소송절차에 관한 신청이란 본안에 관한 신청과는 구별되며, 절차의 개시·진행 등에 관한 신청을 말한다. 당사자에게 신청권이 있는 사항에 관한 신청에 한정되고, 당사자에게 신청권이 없는 사항에 관한 신청, 예컨대 변론재개의 신청과 같은 것은 포함되지 아니한다.[39]

(2) 형식에 어긋나는 결정·명령

결정이나 명령으로 재판할 수 없는 사항에 대하여 결정 또는 명령을 한 때에는 항고할 수 있다($\substack{민소법 \\ \S440}$). 예를 들면, 판결로 재판하여야 할 사항에 대하여 결정의 형식으로 재판한 경우에 그에 대한 불복은 항고에 의하여야 한다.[40] 당사자의 상소권(上訴權)을 박탈하는 결과로 되기 때문이다.

(3) 집행절차에 관한 집행법원의 재판($\substack{민집법 \\ \S15}$)[41]

(4) 법률이 개별적으로 항고를 인정하는 결정·명령

이 경우는 법률이 즉시항고로 규정하고 있는 경우들이다.

2. 항고가 허용되지 않는 결정·명령

(1) 법률의 규정에 따라 불복신청을 할 수 없는 재판

---

39) 대법원 1983. 1. 18. 선고 82누473 판결.
40) 대법원 1971. 1. 26.자 70스6 결정.
41) 李時潤, 前揭書, P. 920.

(2) 성질상(해석상) 불복할 수 없는 재판

중간판결에 대하여는 불복할 수 없으므로 성질상 항고할 수 없다.

(3) 항고 이외의 불복신청방법이 인정된 재판

(4) 대법원의 결정·명령

대법은 최종심(最終審)이어서 그 재판에 대하여는 항고(抗告)할 수 없다.[42]

(5) 수명법관 또는 수탁판사의 재판(준항고)

수명법관 또는 수탁판사의 재판에 대하여는 직접 상급법원(上級法院)에 항고할 수 없다. 다만, 민사소송법은 그에 대한 예외의 경우로서 수소법원(受訴法院)에 이의신청(異議申請)을 하고, 그 이의신청에 대한 재판에 대하여는 항고할 수 있다 하였다($\substack{\text{민소법} \\ \S441②}$).

제3항 특허법원의 결정·명령에 대한 불복절차

1. 당 사 자

항고는 당사자 대립의 구조가 아니고 편면적인 불복절차이다. 따라서 엄격한 의미에서 상대방은 없다. 다만, 항고결과 원재판이 변경됨으로써 불이익을 입을 자가 있는 경우에는 이러한 자를 항고인과 이해관계가 대립된다는 넓은 뜻에서의 상대방이라 할 수 있다. 하지만 이 경우에도 판결절차에 있어서의 상대방과는 개념이 다르므로, 항고장에 이를 기재하거나 소송서류 등을 송달할 필요는 없다.[43]

다만 항고로 말미암아 원재판이 상대방에게 불리하게 변경되어 그 상대방이 이에 불복한 권리를 갖는 경우에는 그에게 재항고의 기회를 주기 위하여 결정문을 송달해 주어야 할 것이다.

2. 항고의 제기

항고법원(抗告法院)의 소송절차에는 상소(上訴)의 규정이 준용되고($\substack{\text{민소법} \\ \S443①}$), 재항고와 이에 관한 소송절차에는 상고의 절차규정이 준용된다($\substack{\text{같은법} \\ \text{같은조②}}$). 특허법원의 결정·명령에 대한 항고는 그 성격이 재항고이므로, 상고의 절차규정이 준용된다.

---

42) 대법원 1966. 12. 21. 선고 66사7 판결.
43) 대법원 1997. 11. 27.자 97스4 결정.

(1) 항고의 제기방식

항고는 항고장(抗告狀)을 원심법원(原審法院)에 제출함으로써 한다($_{§445}^{민소법}$). 항고장의 기재(記載)는 항소장에 준한다. 항고장에는 소정의 인지(印紙)를 붙여야 한다. 원재판에 의하여 불이익을 받은 당사자 또는 제3자는 항고를 제기할 수 있다.

(2) 항고의 제기기간

통상항고는 기간의 제한이 없고, 불복의 이익이 있으면 언제든지 제기할 수 있다. 즉시항고(卽時抗告)는 원재판의 고지(告知)가 있은 날부터 1주 이내이며, 불변기간(不變期間)이다($_{§444}^{민소법}$). 항고기간의 준수여부(遵守與否)는 원심법원에 항고장이 접수된 때를 기준으로 하며, 당사자가 책임질 수 없는 사유로 불변기간을 지킬수 없었던 경우에는 추후보완(追後補完)이 허용된다($_{§173}^{민소법}$).

3. 항고제기의 효력

(1) 항고의 처리 — 원심법원의 재고

항고법원이 항고에 정당한 이유가 있다고 인정하는 때에는 그 재판을 경정(更正)하여야 한다($_{§446}^{민소법}$). 항고(抗告)가 제기되면 판결의 경우와는 달리 원재판에 대한 기속력이 배제되어, 원심법원은 반성의 기회를 가지고 잘못된 재판을 스스로 올바르게 고치는 것이어서 원심법원의 재고(再考), 즉 재도의 고안이 있다. 이것은 상급심의 절차를 생략하고 간이·신속하게 사건을 처리하여 당사자의 이익을 보호하기 위한 제도이다.

원심법원이 경정결정(更正決定)을 하면 당초의 항고의 목적이 달성되어 항고절차는 종료된다. 다만, 경정결정에 대해서는 별도의 즉시항고(卽時抗告)가 허용되며($_{§211③}^{민소법}$), 만일 항고법원이 원심법원의 경정결정을 취소하면 경정결정이 없는 상태로 환원되어, 당초의 항고가 존속된다.[44]

(2) 이심의 효력

원심법원이 항고에 정당한 이유가 없다고 인정한 때에는 항고기록에 항고장을 붙여 항고법원으로 보내야 한다($_{§443①, §400①}^{민소법}$).

특허의 심결 등에 대한 소송($_{§186①}^{법}$)에 있어서의 원심법원인 특허법원의 명령·결정에 대한 항고법원은 대법원이다.

(3) 집행정지의 효력

통상항고는 당연히 집행정지의 효력이 있는 것이 아니므로, 항고법원 또는 원

---

44) 李時潤, 前揭書, P. 923, 대법원 1967. 3. 22.자 67마141 결정.

심법원이나 판사는 항고에 대한 결정이 있을 때까지 원심재판의 집행을 정지하거나 그 밖에 필요한 처분을 명할 수 있다($\binom{민소법}{\S448}$). 이러한 집행정지 등의 재판은 직권 또는 당사자의 신청에 의하여 할 수 있다. 그러나 즉시항고가 제기되면 집행을 정지시키는 효력을 가진다($\binom{민소법}{\S447}$).

4. 대법원의 심판

(1) 상고심절차의 준용

재항고와 이에 관한 소송절차에는 상고심에 관한 규정이 준용된다($\binom{민소법}{\S443①②}$). 상고심특례법 제3조, 제4조 제2항, 제3항, 제5조 제1항, 제3항, 제6조가 준용된다.

(2) 변론의 재량성

변론은 재량에 속한다($\binom{민소법}{\S134①단}$). 변론을 열지 아니할 경우에 대법원은 당사자와 이해관계인, 그 밖의 참고인을 심문할 수 있다.

(3) 새로운 사실의 주장과 증거제출의 제약

심결 등에 대한 소를 제1심으로 심판하는 특허법원($\binom{법조법}{\S28의4(i)}$)의 결정·명령에 대한 항고의 항고법원은 법률심(法律審)인 대법원이므로, 직권조사사항이 아니면 항고인(抗告人)이 항고법원에서 새로운 사실과 증거를 주장·제출할 수 있느냐이다. 부정적으로 보아야 할 것이다.

따라서 원심법원인 특허법원의 재판에 대한 항고는 법률심의 범위로 제한된다고 해야 할 것이다.

제 7 관 재   심

제 1 항 재심의 의의 및 재심사유

1. 재심의 의의

재심이란 확정된 종국판결에 대하여 그 판결절차 또는 판결의 기초가 된 자료에 중대한 흠이 있음을 이유로 당사자가 그 판결의 취소 및 종국사건의 재심판을 구하는 불복신청방법을 말한다($\binom{민소법}{\S451 이하}$). 심결취소소송에서 확정된 판결에 대해서도 민사소송절차를 준용하여 재심을 청구할 수 있다.

2. 재심사유

재심사유는 민사소송법 제451조에 기재된 바와 같다. 민사소송법 제451조에 관한 상세한 설명은 전술한 확정된 심결에 대한 재심 부분(제7장 심판 제3절 재심)과 중복되므로, 여기에서는 설명을 생략한다.

제 2 항 재심의 절차

1. 재심의 관할법원

재심은 재심을 제기할 판결을 한 법원의 전속관할로 한다($\frac{민소법}{\S453}$). 특허법원 판결에 대한 재심은 특허법원이 관할하고, 대법원 판결에 대한 재심은 대법원이 관할한다.

다만, 재심사유 가운데 사실인정 자체에 관한 것, 예컨대 민사소송법 제451조(재심사유) 제1항 제6호의 서증의 위조·변조에 관한 것이나 제7호의 허위진술에 관한 것 등에 대하여는 사실심의 판결에 대한 재심사유는 될지언정 상고심 판결에 대하여서는 재심사유로 삼을 수 없다.[45]

2. 재심제기의 기간

재심의 소는 당사자가 판결이 확정된 뒤 재심의 사유를 안 날부터 30일 이내에 제기하여야 한다. 이 기간은 불변기간이다. 재심의 사유를 알지 못하여도 판결이 확정된 뒤 5년이 지난 때에는 재심의 소를 제기할 수 없다. 재심의 사유가 판결이 확정된 뒤에 생긴 때에는 그 사유가 발생한 날부터 계산한다($\frac{민소법}{\S456}$).

대리권의 흠 또는 재심을 제기할 판결이 전에 선고한 확정판결에 어긋나는 때를 이유로 들어 제기하는 재심의 소에는 재심제기의 기간의 제한을 받지 아니한다($\frac{민소법}{\S457}$).

3. 재심소장의 기재사항

재심소장에는 당사자와 법정대리인, 재심할 판결의 표시와 그 판결에 대하여 재심을 청구하는 취지, 재심의 이유를 적어야 한다($\frac{민소법}{\S458}$).

---

45) 대법원 2000. 4. 11. 선고 99재다746 판결.

4. 재심의 소송절차

재심의 소송절차에는 각 심급의 소송절차에 관한 규정을 준용한다($\substack{민소법 \\ \S455}$). 따라서 특허법원의 판결에 대한 재심은 제1심의, 대법원의 판결에 대한 재심은 상고심의 소송절차에 관한 규정이 준용된다.

5. 변론과 재판의 범위

본안의 변론과 재판은 재심청구이유의 범위 안에서 하여야 한다. 재심의 이유는 바꿀 수 있다($\substack{민소법 \\ \S459}$). 다만, 민사소송법 제456조의 재심제기기간의 제한을 받는다.

제3항   준 재 심

즉시항고로 불복할 수 있는 결정이나 명령이 확정된 경우에 민사소송법 제451조(재심사유) 제1항에 규정된 사유가 있는 때에는 확정판결에 대한 민사소송법 제451조(재심사유) 내지 제460조(결과가 정당한 경우의 재심기각)의 규정에 준하여 재심을 제기할 수 있다($\substack{민소법 \\ \S461}$).

제 3 절   특허권침해소송

제 1 관   침해금지 또는 예방 청구소송

제1항 의   의

특허법은 특허권자 또는 전용실시권자(이하 특허권자와 전용실시권자를 함께 지칭하는 경우에는 '권리자'라 한다)의 보호를 위하여 침해의 금지 또는 예방청구권을 마련해 두고 있다. 즉 특허권자 또는 전용실시권자는 자기의 권리를 침해한 자 또는 침해할 우려가 있는 자에 대하여 그 침해의 금지 또는 예방을 청구할 수 있다($\substack{법 \\ \S126①}$).

아울러 특허권자 또는 전용실시권자가 금지 또는 예방청구를 할 때에는 침해행위를 조성한 물건(물건을 생산하는 방법의 발명인 경우에는 침해행위로 생긴 물건을 포함한다)의 폐기(廢棄), 침해행위에 제공된 설비의 제거(除去), 그 밖에 침해의 예방에 필요한 행위를 청구할 수 있다($\substack{법 \\ \S126②}$). 이는 독립된 처분이 아닌 부수처분으로서, 금지 또는 예방청구에 부대해서 청구하여야 하고, 독립적으로 청구할 수는 없다.

제 2 항 청구취지 및 청구원인

1. 청구취지

(1) 금지의 대상

(i) **특정의 원리**   금지(청구)의 대상은 내용 및 범위를 명확히 알아볼 수 있도록 구체적으로 특정하여야 한다. 금지의 대상이 되는 물건 또는 방법, 금지의 대상이 되는 행위가 사회통념상 다른 물건 또는 방법, 다른 행위와 구별될 수 있는 정도로 구체적으로 기재하여야 한다. 이를 '금지대상으로서의 특정'이라고 한다.

(ii) **금지대상의 물건 또는 방법**   금지의 대상이 되는 물건은 사회통념상 다른 물건과 구별될 수 있을 정도로 구체적으로 기재하여야 한다.[46) 후술하는 '대비대상으로서의 특정'과 달리 원고의 특허발명의 구성과 대비될 수 있을 정도로 그 물건의 상세한 구조까지 특정할 필요는 없다.

(iii) **금지대상의 행위**   금지대상인 피고의 행위 역시 명확하고 구체적으로 기재하여야 한다. 금지 대상으로서의 행위는 다른 행위와 구별할 수 있을 정도로 구체적으로 기재되어 있으면 충분하다. 실무상 특허법 2조 3호의 발명의 실시행위에 대응하는 행위태양을 구체적으로 기재하는 방식으로 특정하고 있다.

(2) 부수처분의 특정

폐기 등 대상물을 다른 물건과 구별할 수 있을 정도로 구체적·개별적으로 기재하여야 한다. 예를 들어 그 밖의 장소 또는 기타의 장소에 보관 중인 물건은 어느 장소에 보관된 물건인지가 명확히 파악될 수 있어야 특정되었다고 볼 수 있고, 그렇지 아니하면 특정되었다고 볼 수 없다. 반제품은 당사자나 집행관이 명확히 인식할 수 있을 정도로 특정하여야 한다.

2. 청구원인

금지청구의 청구원인에는 금지청구의 대상(물건 또는 방법, 행위), 폐기청구의 대상, 원고의 권리, 피고의 행위가 구체적으로 기재되어 있어야 한다. 이를 공격방

---

46) 대법원 2011. 9. 8. 선고 2011다17090 판결 등 참조.

법으로서의 특정이라 한다.

청구원인사실에는 금지청구의 기초가 되는 원고의 권리가 무엇인지 나타나 있어야 한다. 피고의 물건 또는 방법은 원고의 특허발명의 구성과 대비할 수 있을 정도로 구체적으로 기재되어야 한다. 이를 '대비대상으로서의 특정'이라고 한다.

제 3 항   침해금지 또는 예방청구권의 성립요건

1. 특허권 또는 전용실시권의 보유

원고에게 특허권 또는 전용실시권이 있어야 한다. 특허권이 공유인 경우에는 그 중 1인이 단독으로 청구할 수 있다. 소송 중에 특허권의 존속기간이 만료된 경우에는 청구를 할 수 없다.[47]

특허권 전부에 대하여 전용실시권이 설정된 경우에 특허권자도 청구를 할 수 있는지 문제되나, 통설은 특허권자가 청구할 수 있다는 입장이다. 통상실시권은 채권에 불과하므로, 통상실시권자는 금지 등 청구를 할 수 없다.

2. 침해 또는 침해할 우려

(1) 침해 또는 침해할 우려의 의미

'침해'라 함은 제3자가 정당한 이유 없이 업으로서 타인의 특허발명을 실시하는 행위를 말한다. '침해할 우려'라 함은 현재 침해행위가 발생하고 있지는 아니하나 장래에 발생할 개연성(蓋然性)이 있는 경우를 의미한다. 객관적으로 실시의 준비행위가 완성되면, 침해할 우려가 있다고 볼 수 있다.

'업으로서'라는 것은 특허법 제94조의 '업으로'와 같은 의미이고 그것은 '사업 목적으로'라는 뜻이다. 사업에는 영리사업뿐만 아니라 비영리사업도 포함된다.

(2) 특허발명의 실시

'실시'란 특허법 제2조 제3호 각 목에 규정되어 있는 바와 같다. 위 각 목의 실시태양마다 침해가 발생하므로 원고는 피고의 개별적인 침해행위 또는 침해우려행위를 구체적으로 밝혀야 하고, 피고가 다투는 경우에는 이를 입증하여야 한다.

침해에는 간접침해도 포함된다($\frac{법}{\S128}$). 따라서 원고는 특허가 물건의 발명인 경우에는 피고가 사업목적으로 그 물건의 생산에만 사용하는 물건을 생산·양도 등

---

47) 다만, 후술하는 손해배상청구권은 남아 있을 수 있다.

을 하거나 할 개연성이 있음을 주장·입증하면 된다. 특허가 방법의 발명인 경우에는 피고가 사업목적으로 그 방법의 실시에만 사용하는 물건을 생산·양도 등을 하거나 할 개연성이 있음을 주장·입증하면 된다.

⑶ 금지 또는 예방청구의 상대방

법인이 특허를 침해하거나 침해할 우려가 있는 경우에는 법인이 금지 또는 예방청구의 상대방이 된다. 법인의 대표자나 임원 등은 법인의 기관으로서의 행위에 해당하므로, 원칙적으로 금지 또는 예방청구의 상대방이 되지 아니한다. 다만, 법인의 대표자 등의 행위가 법인의 행위와는 별도로 독립적인 행위로 평가될 수 있다면, 법인의 대표자 등도 금지 또는 예방청구의 상대방이 될 수 있다.

3. 생산방법의 추정

물건을 생산하는 방법의 발명에 관하여 특허가 된 경우에는 그 물건과 동일한 물건은 그 특허된 방법에 의하여 생산된 것으로 추정한다($^{법}_{\S129}$). 다만, 특허출원 전에 국내에서 공지(公知)되었거나 공연(公然)히 실시된 물건($^{법}_{\S129(i)}$), 특허출원 전에 국내 또는 국외에서 반포(頒布)된 간행물(刊行物)에 게재되었거나 전기통신회선(電氣通信回線)을 통하여 공중(公衆)이 이용할 수 있는 물건($^{법}_{\S129(ii)}$)에 해당하는 경우에는 추정 규정을 적용하지 아니한다.

생산방법의 추정 규정은 침해자가 특허된 방법을 실시하고 있다는 점을 입증하는 것이 무척 곤란하기 때문에 특허권자의 입증책임을 경감하고 입증의 편의를 도모하기 위하여 마련된 규정이다. 법률상의 사실추정이다. 그 반대의 증거가 있으면 추정은 번복된다.

위 추정규정을 활용하는 경우에는 원고는 피고가 사용하는 방법을 주장·증명하는 대신에 특허발명의 물건과 피고의 물건이 동일하다는 점, 그 물건이 특허출원 전에 국내에서 공지 또는 공용실시물건, 국내·국외에서 반포된 간행물 게재 또는 전기통신회선 이용물건에 해당하지 아니하는 점을 주장·입증하면, 피고의 물건이 특허발명의 방법에 의하여 생산된 것으로 추정된다.

피고가 위 추정을 번복하기 위해서는 피고는 피고의 물건이 특허발명의 방법과 다른 방법에 의하여 생산되었다는 점을 구체적으로 밝히고 입증하여야 한다. 이러한 입증은 반증(反證)이 아니라 본증(本證)이다.

4. 침해의 증명에 필요한 자료의 제출

(1) 의   의

법원은 특허권 침해소송에서 당사자의 신청에 의하여 상대방 당사자에게 해당 침해의 증명에 필요한 자료의 제출을 명할 수 있다.[48] 다만, 그 자료의 소지자가 그 자료의 제출을 거절할 정당한 이유가 있으면 그러하지 아니하다($\frac{법}{\S132}$).

(2) 정당한 이유의 심리

법원은 자료의 소지자가 제출을 거부할 정당한 이유가 있다고 주장하는 경우에는 그 주장의 당부를 판단하기 위하여 자료의 제시를 명할 수 있고, 이 경우 법원은 그 자료를 다른 사람이 보게 하여서는 아니 된다($\frac{법}{\S132②}$). 정당한 이유의 존부를 심리 판단하기 위하여 비공개심리절차를 채택하고 있다.

제출되어야 할 자료가 부정경쟁방지 및 영업비밀보호에 관한 법률 제2조 제2호의 영업비밀에 해당하더라도 침해의 증명 또는 손해액의 산정에 반드시 필요한 때에는 정당한 이유로 보지 않는다. 이 경우 법원은 제출명령의 목적 내에서 열람할 수 있는 범위 또는 열람할 수 있는 사람을 지정하여야 한다($\frac{법}{\S132③}$).

(3) 제출명령위반의 효과

당사자가 정당한 이유 없이 자료제출명령에 따르지 아니한 때에는 법원은 자료의 기재에 대한 상대방의 주장을 진실한 것으로 인정할 수 있다($\frac{법}{\S132④}$).

이 경우 자료의 제출을 신청한 당사자가 자료의 기재에 관하여 구체적으로 주장하기에 현저히 곤란한 사정이 있고 자료로 증명할 사실을 다른 증거로 증명하는 것을 기대하기도 어려운 때에는 법원은 그 당사자가 자료의 기재에 의하여 증명하고자 하는 사실에 관한 주장을 진실한 것으로 인정할 수 있다($\frac{법}{\S132⑤}$).

5. 기타 사항

침해금지 또는 예방청구권의 성립에는 피고의 고의 또는 과실을 요하지 아니한다. 금지청구권의 존부는 사실심 변론종결 당시를 기준으로 판단한다. 원고는 변론종결당시를 기준으로 금지청구권이 존재한다는 점을 주장·입증하여야 한다. 침해물의 폐기 또는 제거를 구하는 경우에는 피고가 침해물의 소유자에 해당하여야 가능하다.

---

48) 상세는 정상조·박성수 공편, 특허법 주해 II (2010), P. 326~354 참조.

제 4 항 판결의 집행

1. 간접강제

⑴ 의   의

침해의 금지 또는 예방을 명하는 판결이 선고되면 피고에게는 부작위의무(不作爲義務)가 발생하게 된다. 부작위의무 자체는 그 성질상 대체성이 없는 하는 채무로서, 부작위의무 자체의 이행을 강제하기 위하여 대체집행을 할 수 없고, 민사집행법 제261조 제1항의 간접강제를 하여야 한다.

⑵ 신청과 관할

간접강제는 제1심 법원의 관할에 속한다($\binom{민집법}{\S261①}$). 간접강제의 신청은 서면으로 하여야 한다($\binom{민집법}{\S4}$). 신청서에는 채무자가 하여야 할 부작위를 구체적으로 명시하여야 한다. 신청서에 배상금의 액수 등을 적을 필요가 없고, 이를 적더라도 법원을 구속하지 않는다.

⑶ 심리 및 결정

법원은 집행권원에 표시된 부작위의무와 신청된 부작위의무가 동일한지, 채무자의 위반행위가 있는지를 심리한다. 위반행위 유무에 다툼이 있는 경우에는 채권자가 입증하여야 한다.

법원은 심리결과 간접강제 요건을 갖추었다고 판단되면, 간접강제를 명하는 결정을 한다($\binom{민집법}{\S261①}$). 법원의 결정은 변론 없이 할 수 있다. 다만, 결정하기 전에 채무자를 심문하여야 한다($\binom{민집법}{\S262}$). 법원의 결정에 대하여는 즉시항고를 할 수 있다($\binom{민집법}{\S261②}$).

2. 금지의무 위반에 대한 대체집행

채무자가 부작위의무를 위반한 경우에 채권자는 위반한 것을 제각하고 장래에 대한 적당한 처분을 법원에 청구할 수 있다($\binom{민법}{\S389③}$). 이는 대체성이 없는 것이 아니므로, 대체집행에 의한다($\binom{민집법}{\S260①}$).

대체집행은 집행법원의 결정에 따라 채무자에 갈음하여 채무자 이외의 사람으로 하여금 그 행위를 하도록 하고, 그 비용을 채무자로부터 강제로 추심하는 것을 말한다.[49] 대체집행은 별도의 집행권원 없이 종전의 부작위를 명한 집행권원에

---

49) 상세한 내용은 법원실무제요 민사집행[Ⅲ], 법원행정처(2014), P. 589~595 참조

기초하여 결정을 받아 집행이 가능하다. 대체집행은 제1심 법원의 관할에 속한다. 법원의 재판에 대하여는 즉시항고를 할 수 있다(민집법§360③).

제5항 침해금지 가처분

1. 의의 및 성격

특허권 또는 전용실시권을 침해하거나 침해할 우려가 있는 자에게 본안판결에서 명하게 될 의무를 미리 부과하는 점에서 임시의 지위를 정하는 가처분에 속한다. 또한 가처분에서 명하는 의무가 본안소송에서 명할 의무와 내용상 일치하는 만족적 가처분에 해당한다.[50]

임시의 지위를 정하는 가처분은 계속하는 권리관계에 끼칠 현저한 손해를 피하거나 급박한 위험을 피하기 위하여 또는 그 밖의 필요한 이유가 있을 경우에 허용된다(민집법§300②).

2. 요 건

(1) 피보전권리

채권자의 금지 또는 예방청구권 및 채무자의 침해금지 부작위의무라는 권리의무관계가 현존하고 다툼이 있어야 한다. 피보전권리가 인정되려면, 채권자의 침해 금지 또는 예방청구권이 존재하여야 한다. 특허권을 침해하거나 침해할 우려가 있어야 금지 또는 예방청구권이 성립한다. 만족적 가처분에 해당하는 점을 고려하여, 그 입증의 정도도 본안에 준하는 정도의 고도의 소명이 필요하다.

(2) 보전의 필요성

당사자 쌍방의 이해득실관계, 본안소송에 있어서의 장래의 승패의 예상, 기타의 제반 사정을 고려하여 법원의 재량에 따라 합목적적으로 결정한다.[51]

특허권 관련 분쟁에서는 종래 가처분이 실질적으로 본안소송을 대체하는 수단으로 활용되고 있는 점, 특허권침해금지가처분은 임시의 지위를 정하는 보전처분이고 만족적 가처분에 속하는 점 등을 고려할 때 보전의 필요성에 관하여 보다 신중하게 심리·판단하여야 한다.

---

50) 이하의 설명은 법원실무제요 민사집행[IV] — 보전처분 —, 법원행정처(2014), P. 383~402 참조.
51) 대법원 1993. 2. 12. 선고 92다40563 판결 참조.

3. 증거방법

소명(疏明)은 즉시 증거 조사할 수 있는 증거에 의하여야 한다($^{민소법}_{\S299①}$). 심문기일에 즉석에서 제출될 수 있는 서증, 검증물, 참고인신문 등이 가능하다. 문서송부촉탁, 문서제출명령, 사실조회 등 즉시성이 없는 소명방법은 곤란하다.

제 2 관 　손해배상청구소송

제 1 항 　책임의 발생

1. 청구권자

특허권자 또는 전용실시권자는 침해자에 대하여 손해배상을 청구할 수 있다.[52] 통상실시권의 경우 비록 제3자가 무단으로 특허발명을 실시했다 하더라도 통상실시권자는 침해자에 대하여 손해배상을 청구할 수 없음이 원칙이다.[53] 통상실시권자는 특허권자 또는 전용실시권자를 대위하여 손해배상을 청구할 수도 없다.

2. 손해배상책임의 발생요건

(1) 고의 또는 과실

타인의 특허권 또는 전용실시권을 침해한 자는 그 침해행위에 대하여 과실이 있는 것으로 추정한다($^{법}_{\S130}$). 특허권의 침해행위에 대한 과실의 입증이 어려운 점을 감안한 것으로, 과실(過失)이 없다는 입증책임(立證責任)을 침해자에게 전환시키고 있다.

타인의 특허발명을 허락 없이 실시한 자에게 과실이 없다고 하기 위해서는 특허권의 존재를 알지 못하였다는 점을 정당화할 수 있는 사정이 있다거나 자신이 실시하는 기술이 특허발명의 보호범위에 속하지 않는다고 믿은 점을 정당화할 수 있는 사정이 있다는 것을 주장·입증하여야 한다.[54]

---

52) 상세한 설명은 사법연수원, 특허법(2015), P. 513~566(한규현 집필부분) 참조.
53) 사법연수원, 특허법(2009), 475면; 송영식 외 6인, 지적소유권법(상)(2008), P. 461; 윤선희, 특허법 제3판(2007), P. 682 등 참조.
54) 대법원 2006. 4. 27. 선고 2003다15006 판결[집54(1)민, 143; 공2006. 6. 1.(251), 879] 참조.

(2) 침해행위

침해자가 특허발명을 업으로서 실시하고 있어야 한다. 여가이용을 위한 사용은 여기에 해당하지 아니한다.

(3) 손해의 발생

손해배상의 목적은 손해의 전보에 있다. 손해란 '불법행위가 없었다면 있었을 재산상태와 불법행위로 인하여 발생한 재산상태의 차이'를 말한다는 것이 종래의 통설, 판례이다(소위 '差額說'). 그러나 권리자가 특허발명을 스스로 실시하고 있지도 않고, 또 제3자에게 실시허락도 하지 않고 있다면, 차액설에 따를 때 어떤 소극적 손해를 인정하기는 어렵다.

이러한 차액설의 문제점 때문에 '규범적 손해개념'이 대두되고 있고, 이에 따르면, '절대권의 하나인 특허권이 침해된 경우 상실된 객관적인 이용가치가 바로 손해'이고, 따라서 '그 이용가치를 체현하고 있는 실시료 상당액이 최소한의 손해 배상범위'가 된다.[55]

(4) 인과관계의 존재

침해행위와 손해의 발생 사이의 인과관계가 존재하여야 한다.

제 2 항　손해배상의 범위

1. 손해의 종류 및 손해액의 입증

특허권침해가 성립되는 경우 손해배상은 적극적 손해, 소극적 손해(일실이익. 특허권침해가 없었더라면 얻을 수 있었던 이익의 액을 말한다), 위자료로 나뉜다. 특허권자가 손해배상을 청구하기 위해서는 침해로 인한 손해액을 입증하여야 한다.

한편, 특허권침해로 인한 손해의 발생 또는 확대에 관하여 피해자에게도 과실이 있는 때에는 가해자의 손해배상의 범위를 정함에 있어 당연히 이를 참작하여야 한다.

---

55) 권택수, "특허권 침해로 인한 손해배상 — 특히 일실이익의 산정과 관련하여", 민사재판의 제문제 11권, 한국사법행정학회(2002), P. 596 참조.

2. 일실이익(소극적 손해)

(1) 민법상 일반원칙에 의한 손해

(i) 판매수량의 감소에 따른 손해

계산방법은 "감소한 판매수량 × 권리자 제품의 단위수량당 이익액(권리자 제품의 단위수량 당 가격 × 권리자의 이익률)"이다.

감소된 판매수량이란 침해행위가 없었다면 권리자가 판매할 수 있었던 물건의 수량을 의미한다. 권리자는 침해행위로 감소한 판매량을 주장·입증하여야 한다. 침해행위로 감소한 판매량을 밝히기 위해서는 권리자는 특허권자의 특허제품의 판매수량이 감소하였다는 사실(인과관계), 침해자가 판매한 침해제품의 수량 또는 매상고, 침해가 없었더라면 침해제품과 동수 또는 동액의 제품을 판매할 수 있었다는 사실을 주장·입증하여야 한다.

권리자 제품의 단위수량당 이익액이라 함은 매출액에서 비용을 공제한 것이기는 하나, 어떤 항목을 비용으로 인정하여 공제할 것인가에 대해서는 총이익설, 순이익설 및 한계이익설이 대립한다.

총이익은 판매가격으로부터 직접비용(제조하는 경우에는 원재료나 가공비 등의 제조원가, 판매뿐인 경우에는 매입원가)을 공제한 금액이다. 순이익은 그로부터 다시 판매비와 일반관리비를 뺀 금액이다. 즉 매출액에서 재료비, 운송비, 보관비 등의 변동경비와 설비비, 임차료, 인건비 등의 고정경비를 모두 공제한 것이다.

한계이익은 고정비용(임대료, 기본적 인건비 등)은 제외하지 않고, 제품을 추가로 생산할 때마다 드는 가변비용(원료비, 운반비 등)만을 제외한 금액이다.

종래 학설 및 실무는 순이익설[56]이 주류였으나, 최근 한계이익설에 따른 하급심 판결이 나타나고 있으며,[57] 학설로도 한계이익설[58]이 유력하다. 대법원 1997. 9. 12. 선고 96다43119 판결은 상표권침해사건에서 순이익설을 취하였음에 비하여, 대법원 2006. 10. 13. 선고 2005다36830 판결은 의장권침해사건에서 한

---

56) 윤선희, "특허권침해에 있어 손해배상액의 산정 — 특허법 제128조의 이해 — ", 저스티스 통권 제80호, 한국법학원(2004), P. 119 참조.

57) 권택수, "특허권 침해로 인한 손해배상 민사재판의 제문제", 변재승선생 권광중선생 화갑기념 11권, 민사실무연구회(2002), P. 561~562.

58) 양창수, "특허권 침해로 인한 손해배상 시론: 특허법 제128조 제1항의 입법취지와 해석론", 법조 제588호, 법조협회(2005), P. 60~63; 박성수, 특허침해로 인한 손해배상액의 산정(2007), P. 231~238.

계이익설을 취하고 있다.

　어느 설을 취하든 실제 지불이 예상되는 비용을 비용항목에서 제외할 수 없으므로, 이 부분은 구체적인 사건에서 법원이 판단할 문제이다.[59]

　한편, 판매수량의 감소로 인한 일실이익을 손해로 청구하기 위해서는 권리자 스스로 특허발명을 실시하고 있어야 한다. 따라서 권리자는 이 점을 주장·입증하여야 한다(사견).

　(ii) 가격인하 등으로 인한 손해　　특허권자가 침해자의 침해제품과 경쟁하기 위하여 어쩔 수 없이 자기 제품의 가격을 내렸다거나 침해제품이 판매되지 않았다면 당연히 인상하였을 특허제품의 가격을 인상하지 못했다면, 특허권자는 더 높은 가격으로 자기의 제품을 판매하였더라면 얻을 수 있었을 이익을 잃은 것이므로, 이를 손해로 청구할 수 있고, 또 그 이익 상실분이 손해배상의 범위가 된다.[60] 권리자는 침해행위와 특허제품의 가격인하 등 사이의 인과관계를 입증해야 한다.

　(iii) 실시권자의 판매량 하락으로 감소한 실시료 손해　　권리자가 타인에게 특허 실시를 허락하여 그로부터 매출액에 대한 일정 비율로 실시료를 받는 경우, 침해행위로 실시권자의 매상이 감소하면 특허권자 역시 당연히 그만큼 실시료 수입이 줄어진다.

　이 경우 주장 입증의 대상은 ① 침해행위와 실시권자의 매상감소 사이의 인과관계 ② 그 매상 감소분만큼의 일실 실시료이다. 구체적으로는 '침해제품 판매수량 × 실시권자의 판매가격 × 약정 실시료율'의 산식에 의하여 손해액을 산정할 수 있다.[61]

　(2) 특허법 제128조에 의한 손해배상액의 산정

　(i) 특허법 제128조의 개요　　손해액을 입증하는 것이 매우 어려운 점을 감안하여, 특허법은 제128조에 특칙을 두어서 특허권자 등의 입증책임을 완화하고 있다.

　제2항은 '침해품의 양도수량'을 '권리자의 일실 양도수량'으로 보고, 이 수량

---

59) 윤선희, "특허권침해에 있어 손해배상액의 산정 ─ 특허법 제128조의 이해 ─", 저스티스 통권 제80호, 한국법학원(2004), P. 121; 권두상, 산업재산권의 손해배상제도에 관한 연구, 고려대학교 법무대학원(2005), P. 171 등 참조.

60) 상세는 사법연수원, 특허법(2009), P. 482~483; 안원모, 특허권의 침해와 손해배상(2005), P. 143; 권택수, "특허권 침해로 인한 손해배상 민사재판의 제문제", 변재승선생 권광중선생 화갑기념 11권, 민사실무연구회(2002), P. 553~554; 김용섭, 특허권침해로 인한 손해배상액 산정에 관한 연구, 성균관대학교(2009), P. 118~120 등 참조.

61) 전효숙, "특허권 침해로 인한 손해배상", 저스티스 통권 제43호, 한국법학원(1997), P. 23.

에 권리자의 '단위수량당 이익액'을 곱한 금액을 손해액으로 인정하고 있다. 제4항은 '침해자의 이익'을 '권리자의 손해액'으로 추정하여 손해액을 산정하는 규정이다. 제5항은 '통상 받을 수 있는 실시료 상당액'을 권리자의 손해액으로 청구할 수 있도록 하고 있다. 제6항 제1문은 권리자의 실제 손해가 '제5항에서 정한 범위를 초과'한 경우에는 '그 초과액'에 대해서도 손해배상을 청구할 수 있고, 제2문은 침해자에게 고의 또는 중대한 과실이 없는 경우에 이를 참작할 수 있도록 하고 있다. 제7항은 권리자의 손해를 산정하기 어려운 경우에 법원으로 하여금 제2항 내지 제6항의 규정에도 불구하고 '변론 전체의 취지' 및 '증거조사결과'에 기초하여 '상당한 손해액'을 인정할 수 있도록 하고 있다.

(ii) 특허발명의 실시와 소극적 손해 발생의 관계   특허발명을 실시하고 있지 않은 경우에 특허권자에게 소극적 손해의 발생이 없다고 보아야 하지 않을까 하는 의문이 들지만, 특허발명의 실시와 소극적 손해의 발생 유무는 논리 필연적인 관계는 없다. 권리자가 특허발명을 실시하고 있지 않다고 하더라도 특허권이 침해된 경우 상실된 객관적인 이용가치를 손해로 평가할 수 있다. 다만, 특허법 제128조 제2항, 제4항을 적용하기 위해서는 특허발명의 실시가 전제되어야 한다. 제5항을 적용하는 경우에는 특허발명의 실시를 그 요건으로 하고 있지 않다(사견).

(iii) 제2, 4, 5항의 관계   제2, 4, 5항에 의한 주장의 관계에 대하여는 2항에 의한 청구권, 4항에 의한 청구권, 5항에 의한 청구권이라는 상이한 청구권이 있는 것이 아니라, 불법행위에 기한 손해배상청구권으로서는 1개의 것이고, 일실 이익 상당 손해에 관하여 손해액의 산정방법이 3종류 존재하는 것이다.[62]

3. 적극적 손해

적극적 재산손해란 피해자의 기존재산의 감소를 의미한다. 그 구체적인 내용은 ① 특허권자가 침해의 제거 또는 방지를 위하여 지출한 비용 ② 침해품의 조사를 위하여 권리자가 지출한 비용 ③ 변호사 비용 등이 될 것이다.

대법원 판례는 "변호사 강제주의를 택하지 않고 있는 우리나라 법제하에서는 손해배상청구의 원인이 된 불법행위 자체와 변호사 비용 사이에 상당인과관계가 있음을 인정할 수 없다"는 태도를 보이고 있다.[63] 그러나 어느 경우이든 무조건

62) 中山信弘 編著, 第3版 註解 特許法 上卷, 靑林書院, P. 980 참조.
63) 대법원 1978. 8. 22. 선고 78다672 판결[집26(2)민, 314; 공1978. 11. 15.(596), 11065]; 1996. 11. 8. 선고 96다27889 판결[공1996. 12. 15.(24), 3546] 등 참조.

인정되지 않는다는 것은 아니며, 불법행위를 저지른 사람이 부당응소 또는 부당항
쟁을 함으로써 부득이 소송을 제기하는 과정에서 변호사 비용을 지출하게 된 것이
라면 상당인과관계를 인정할 수 있다.

> 대법원 2005. 5. 27. 선고 2004다60584 판결[공2005. 7. 1.(229), 1035]
> 원심은, … 원고들이 피고들을 상대로 제기한 상표권침해금지가처분 신청사건에
> 관하여 변호사비용으로 합계 29,798,484원을 지출한 사실을 인정한 다음, 원고
> 들은 피고들이 수차에 걸쳐 상표권침해 등의 행위를 하지 않겠다는 취지의 각서
> 와 사과문을 작성·교부한 이후에도 침해행위를 계속하자 이로 인한 <u>피해의 확
> 대를 방지하기 위하여 부득이하게 위 가처분신청을 하면서 위 비용을 지출하게
> 된 것</u>으로서, 위 변호사비용의 지출 경위 및 지급내역, 소송물의 가액 및 위임업
> 무의 성격과 그 난이도 등을 고려하여 볼 때, 위 비용 중 300만 원은 피고들의
> 이 사건 상표권침해 및 부정경쟁행위와 상당인과관계에 있는 손해라고 판단하였
> 는바, 기록에 비추어 살펴보면, 원심의 증거취사와 사실인정 및 판단은 정당한
> 것으로 수긍할 수 있고 …

4. 정신적 손해

특허권이 침해된 경우에 특별한 사정이 없는 한 그 재산적 손해의 배상에 의
하여 정신적 고통도 회복된다고 보아야 할 것이므로, 원칙적으로 위자료 청구는
부정된다. 다만, 재산적 손해의 배상만으로는 회복할 수 없는 정신적 손해가 있다
는 특별한 사정이 존재하고 상대방이 그것을 알았거나 알 수 있었다면, 위자료 청
구가 인정될 수 있다.

제3항 특허법 제128조 제2항, 제3항에 의한 손해액 산정

1. 개   요

(1) 입법취지 및 법적 성격

이 조항은 권리자의 손해액에 대한 입증을 용이하게 하려는 데에 있다. 실무
및 우리나라 다수의 견해는 침해자의 이익을 특허권자의 손해액으로 추정함으로써
특허권자의 손해액에 관한 입증의 어려움을 해결하고자 하는 것으로 파악하는 견
해(입증편의설)를 취하고 있다.

(2) 산정방법 및 증명책임

(i) 제2항에 의한 배상금액(①)　　침해행위를 하게 한 물건의 양도수량 ×
침해행위가 없었다면 권리자가 판매할 수 있었던 물건의 단위수량당 이익액

(ii) 제3항에 의한 배상액의 한도(②)　　권리자의 (생산가능 수량 – 실제 판
매 수량) × 단위수량당 이익액

(iii) 제3항 단서에 의한 공제(③)　　침해행위 외의 사유로 권리자가 판매할
수 없었던 물건의 수량에 따른 금액

(iv) 계　　산　　① – ③ ≦ ②

(v) 증명책임　　①, ②는 권리자가 입증, ③은 상대방이 입증

2. 제2항에 의한 배상금액의 산정

(1) 침해행위를 하게 한 물건의 양도 수량

'침해행위를 하게 한 물건'이라 함은 특허권침해가 인정되는 물건을 의미한
다. 이는 특허법 제126조 제2항에서의 '침해행위를 조성한 물건'과 같은 의미이다.
양도수량에 관한 자료는 침해자가 가지고 있으므로, 특허법 제132조의 자료제출명
령이 활용될 수 있다.

(2) 침해행위가 없었다면 판매할 수 있었던 물건의 단위수량당 이익액

침해행위가 없었다면 판매할 수 있었던 물건이란 특허발명의 실시제품을 의
미한다. 단위수량당 이익액의 개념에 관하여는 전술한 부분을 참조. 단위수량당
이익액은 권리자가 주장·입증하여야 한다.

3. 제3항 본문에 의한 배상액의 한도

(1) 제3항 본문의 의의 및 취지

제2항에 의한 손해액은 권리자가 생산할 수 있었던 물건의 수량에서 실제 판
매한 물건의 수량을 뺀 수량에 단위수량당 이익액을 곱한 금액을 한도로 한다. 이
부분은 권리자가 입증해야 할 사항이다.[64]

(2) 생산할 수 있었던 물건의 수량

'생산할 수 있었던 물건의 수량'이라 함은 침해 당시 권리자가 자신의 유휴설

---

64) 양창수, "특허권 침해로 인한 손해배상 시론: 특허법 제128조 제1항의 입법취지와 해석론", 법조
제588호, 법조협회(2005), P. 64; 권두상, 산업재산권의 손해배상제도에 관한 연구, 고려대학교
법무대학원(2005), P. 149.

비로 추가 생산할 수 있었던 물건의 수량, 즉 권리자가 당해 침해가 없었다면 생산·판매할 수 있는 수량으로 새로운 투자와 노동자의 고용·훈련을 요하지 않고 침해행위 당시의 상태에서 생산·판매할 수 있는 수량을 말한다.[65]

권리자의 생산능력을 초과한 양도수량 부분에 관하여는 제2, 3항에 의한 손해액 산출이 이루어지지 않기 때문에 제5항을 적용하여 실시료 상당액을 인정할 수 있다.[66]

4. 제3항 단서에 의한 공제

(1) 취지 및 증명책임

권리자가 침해행위 외의 사유로 판매할 수 없었던 사정이 있는 때에는 제2항에 의한 배상액에서 당해 침해행위 외의 사유로 판매할 수 없었던 수량에 따른 금액을 빼야 한다. 제3항 단서의 규정은 손해액에 대한 추정을 복멸하기 위한 것이기 때문에 그 입증책임은 침해자에게 있다.

(2) 침해행위 외의 사유로 판매할 수 없었던 사정의 의미

'침해행위 외의 사유로 판매할 수 없었던 사정'이란 침해자의 영업능력, 시장에서의 대체품의 존재 등을 의미한다.[67]

제 4 항   특허법 제128조 제4항에 의한 손해액 산정

1. 취지 및 법적 성격

권리를 침해한 자가 그 침해행위에 의하여 이익을 받은 때에는 그 이익의 액을 권리자의 손해액으로 추정한다. 이는 권리자가 '손해액'을 손쉽게 입증할 수 있도록 특허권 침해행위와 손해와의 인과관계에 대해 권리자의 입증책임을 경감한 규정이다. 입증책임의 전환을 가져오는 추정규정이라고 보는 것이 통설·판례이다.

본 조항은 원칙적으로 권리자가 불법행위의 요건사실인 '침해행위와 인과관계 있는 손해의 액'을 증명해야 함에도 불구하고, 이보다 증명이 용이한 별개의 사

---

65) 윤선희, "특허권침해에 있어 손해배상액의 산정 — 특허법 제128조의 이해 — ", 저스티스 통권 제80호, 한국법학원(2004), P. 123; 김용섭, 특허권침해로 인한 손해배상액 산정에 관한 연구, 성균관대학교(2009), P. 146; 송영식 외 6인, 지적소유권법(상)(2008), P. 593 참조.

66) 안원모, 특허권의 침해와 손해배상(2005), P. 178, 187; 권두상, 산업재산권의 손해배상제도에 관한 연구, 고려대학교 법무대학원(2005), P. 153.

67) 대법원 2006. 10. 13. 선고 2005다36830 판결 참조.

실인 '침해행위에 의하여 침해자가 얻은 이익'을 증명함으로써 '침해행위와 인과관계 있는 손해'가 증명된 것으로 추정한다는, 이른바 법률상의 사실추정(事實推定)에 해당한다.

따라서 권리자는 손해배상을 청구할 때 '침해행위와 인과관계 있는 손해의 액'을 직접 증명할 수도 있고, '침해자의 이익액'을 증명하여 이를 대신할 수도 있다. 침해자는 반증에 의해 '침해행위에 의한 이익'을 다툴 수 있고(이는 추정의 복멸이 아니라 추정규정의 적용을 배제하는 경우이다), 나아가 '침해행위에 의한 이익'이 증명된 경우에는 '침해행위와 인과관계가 있는 손해의 액'의 부존재를 증명(본증)하여 추정을 복멸할 수도 있다.[68]

2. 적용요건

(1) 손해의 발생

제4항은 '그 침해에 의하여 자기가 받은 손해의 배상을 청구하는 경우' 침해자가 받은 이익을 '손해액'으로 추정한다고 규정하고 있으므로, 제4항에 의하여 손해 발생 사실까지 추정할 수는 없다.[69] 따라서 권리자는 손해의 발생사실을 입증하여야 하고, 침해자가 손해발생사실을 다투어 진위불명의 상태를 만들면 위 추정 규정을 적용할 수 없다.

하지만 본 조항이 입증책임을 경감하기 위한 규정이라는 점에서, 통설 및 판례는 '권리자가 침해자와 동종 영업을 하고 있다는 사실만 입증하면, 침해에 의한 영업상의 손해가 발생하였다는 사실을 사실상 추정할 수 있다'고 한다.[70]

침해행위에 의하여 이익을 받았을 때에는 그 이익의 액은 권리자가 받은 손해액으로 추정되므로 권리자는 침해자가 받은 이익을 입증하면 되고 그 밖에 침해행위와 손해의 발생 간의 인과관계에 대하여는 이를 입증할 필요가 없다.[71]

---

68) 손경한 편, 신특허법론, 전효숙 집필부분(2005), 802면; 권택수, "특허권 침해로 인한 손해배상 민사재판의 제문제", 변재승선생 권광중선생 화갑기념 11권, 민사실무연구회(2002), P. 565.

69) 대법원 1997. 9. 12. 선고 96다43119 판결, 대법원 2006. 10. 12. 선고 2006다1831 판결[공2006. 11. 15.(262), 1889]; 안원모, 특허권의 침해와 손해배상(2005), P. 201; 권택수, "특허권 침해로 인한 손해배상 민사재판의 제문제", 변재승선생 권광중선생 화갑기념 11권, 민사실무연구회(2002), P. 557.

70) 권택수, "특허권 침해로 인한 손해배상 민사재판의 제문제", 변재승선생 권광중선생 화갑기념 11권, 민사실무연구회(2002), P. 557~558; 대법원 1997. 9. 12. 선고 96다43119 판결; 2006. 10. 12. 선고 2006다1831 판결 등 참조.

71) 대법원 1992. 2. 25. 선고 91다23776 판결[공1992. 4.1 5.(918), 1124]) 참조.

(2) 권리자의 실시 여부

특허발명을 실시하고 있지 않다면, 권리자에게는 본 조항의 손해를 인정할 수 없다(다수설).[72] 따라서 권리자는 특허발명을 실시하고 있다는 점을 입증하여야 본 조항의 추정규정을 적용받을 수 있다.

(3) 침해자의 이익액

침해자의 이익액은 침해제품의 매출액으로부터 침해제품의 제조·판매에 든 비용을 공제한 금액을 의미한다.[73]

매출액에서 어떤 항목의 비용을 공제할 것인지에 관하여는 총이익설, 순이익설, 한계이익설이 대립한다. 그러나 각 설마다 구체적인 내용에 들어가면 공제해야 하는 항목에 관하여 반드시 일치하지 않아 같은 설을 취한다고 하여도 구체적으로 공제하는 비용의 범위에 차이가 생기고 있다.[74]

어느 견해에 의하든 침해자가 얻은 이익액은 권리자가 입증하여야 한다.

하급심으로는 매출액에 업계의 소득표준율을 곱하여 침해자의 이익액을 산정하거나[75] 권리자의 이익률에 침해자의 매출액을 곱하여 침해자의 이익액을 산정한 예가 있다.[76] 침해제품의 판매이익에 특허권 이외의 요인, 예컨대 침해자의 자본, 선전광고, 기타 능력으로 인한 이익이 포함된 경우, 피고의 이익 전액을 그대로 당해 권리자의 손해액으로 추정할 수 있는가?

특허법 제128조 제4항에서 '그 침해행위에 의하여 이익을 받은 때에는'라고 규정한 것은 권리자의 손해액과 침해자의 이익액 사이에 상당인과관계가 있어야 한다는 것을 의미한다. 따라서 침해자의 능력으로 인한 판매이익 증가분은 '침해행위에 의하여 이익을 받은 것'에서 공제해야 한다.

---

72) 송영식 외 6인, 송영식 지적소유권법(상)(2008), P. 593; 사법연수원, 특허법(2009), P. 497; 김용섭, 특허권침해로 인한 손해배상액 산정에 관한 연구, 성균관대학교(2009), 154면; 안원모, 특허권의 침해와 손해배상(2005), P. 203; 권택수, "특허권 침해로 인한 손해배상 민사재판의 제문제", 변재승선생 권광중선생 화갑기념 11권, 민사실무연구회(2002), P. 557.

73) 안원모, 특허권의 침해와 손해배상(2005), P. 209; 김용섭, 특허권침해로 인한 손해배상액 산정에 관한 연구, 성균관대학교(2009), P. 194.

74) 상세한 논의는 안원모, 특허권의 침해와 손해배상(2005), P. 209~216; 염호준, "Law&Amp; technology 제3권 제1호, 서울대학교 기술과법센터(2007), P. 50 이하 참조.

75) 서울중앙지법 2004. 7. 2. 선고 2002가합63652 판결.

76) 수원지법 2003. 4. 18. 선고 2002가합9304 판결 등.

3. 추정의 복멸

침해자는 권리자가 받은 현실의 손해액을 주장·입증하여 본 조항의 추정을 복멸할 수 있다. 권리자의 현실의 손해액이 추정액보다 낮다고 하는 정도의 지적 만으로는 부족하고 권리자의 현실의 손해액 그 자체를 입증하여 그것이 추정액보다 적은 것을 현실적으로 나타낸 구체적인 사실의 주장·입증이 필요하다.[77]

침해자의 이익액이 제2항의 권리자의 일실 판매이익보다 더 큰 경우에 침해자는 제2항의 권리자의 일실판매 이익액을 증명함으로써 제4항의 추정을 일부 복멸할 수 있는지 문제된다. 이를 긍정하는 견해[78]와 부정하는 견해[79]가 대립된다.

이와 관련하여, 대법원 2009. 8. 20. 선고 2007다12975 판결은 부정경쟁방지 및 영업비밀보호에 관한 법률 제14조의2 제1항에 관한 사안에서 "피침해자가 제1항에 의하여 손해액을 청구하여 그에 따라 손해액을 산정하는 경우에 침해자로서는 제1항 단서에 따른 손해액의 감액을 주장할 수 있으나, 제1항에 의하여 산정된 손해액이 제2항이나 제3항에 의하여 산정된 손해액보다 과다하다는 사정을 들어 제2항이나 제3항에 의하여 산정된 손해액으로 감액할 것을 주장하여 다투는 것은 허용되지 아니한다"라는 취지로 판시하고 있다.

제 5 항 특허법 제128조 제5항에 의한 손해액 산정

1. 의의 및 법적 성격

(1) 의   의

권리자가 스스로 실시하지도, 타인에게 실시를 허락하지도 않았다 하더라도, 특허권의 독점적 성격으로 잠재적으로 실시료 상당의 수입을 얻을 수 있는 객관적인 이용가치는 가지는 것이고, 따라서 특허권이 침해된 경우에는 실시료 상당액을 최소한의 손해액으로 볼 수 있다. 본 조항은 이런 점에 근거해서 규정된 것이다.[80]

77) 손경한 편, 신특허법론, 전효숙 집필부분(2005), P. 803; 이에 대하여 권리자는 추정 규정의 적용을 받기 위하여 침해행위와 인과관계 있는 손해의 범위를 입증하여야 하고 침해자가 얻은 이익 중에 기여요인이 존재하지 않은 점은 권리자의 입증책임으로 된다는 견해도 있다(안원모, 특허권의 침해와 손해배상(2005), P. 222~223 참조).
78) 안원모, 특허권의 침해와 손해배상(2005), P. 198~199.
79) 박성수, 특허침해로 인한 손해배상액의 산정(2007), P. 286~287.
80) 손경한 편, 신특허법론, 전효숙 집필부분(2005), 810면; 권택수, "특허권 침해로 인한 손해배상

(2) 법적 성격

손해액계산규정설[81]은 실시료 상당액을 최소한도의 보증된 손해액으로 법정한 것이라고 해석하는 견해이다. 손해발생의제설[82]은 특허권침해가 있으면 항상 최소한도의 실시료 상당액의 손해가 발생한 것으로 간주한 규정으로서, 손해액과 함께 손해의 발생을 동시에 의제한 규정이라고 보는 견해이다.

전설에 의하면, 손해의 발생을 주장할 필요가 없고, 특허권 침해 및 실시료 상당액만 주장·입증하면 족하고, 손해가 발생하지 않았다는 것은 항변사유가 된다. 후설에 의하면, 침해자가 손해가 발생하지 않았다는 점을 항변으로 주장할 수 없게 된다. 전설이 타당하다.

예컨대, 전용실시권을 설정한 경우 전용실시권을 설정한 범위 내에서는 특허권자도 실시권을 상실하므로, 제5항의 적용이 없게 된다. 이 점은 침해자가 항변으로 주장·입증하여야 한다.

2. 적용요건

(1) 권리자의 주장·입증 사항

권리자는 그 특허발명의 실시에 대하여 통상 받는 금액이 얼마라는 것만 입증하면 충분하고, 침해자가 실제로 받은 이익의 액은 물론 손해의 발생 그 자체를 주장·입증할 필요는 없다.

(2) 실시에 의하여 통상적으로 받을 수 있는 금액

본 조항에서 '실시에 의하여 통상적으로 받을 수 있는 금액'이란 '통상실시권'의 실시료 상당액으로서 객관적으로 상당한 액을 의미한다는 것이 통설이다. 특허권자는 배타적인 실시권을 타인에게 설정하는 것보다는 통상실시권을 설정하는 것이 보통이고, 전용실시료보다는 통상실시료가 낮다는 것이 그 이유다.

여기에서 "객관적으로 상당한 액"이란 침해자에게 실시를 허락하였다면 받을 수 있는 액 그 자체가 아니라 일반적으로 타인에게 실시를 허락하였다면 받을 수 있었을 액을 의미한다.

민사재판의 제문제", 변재승선생 권광중선생 화갑기념 11권, 민사실무연구회(2002), P. 567.

81) 이균용, "상표권침해로 인한 금지청구 및 손해배상청구에 관한 소고", 법조 제40권 제9호, 74면; 안원모, 특허권의 침해와 손해배상(2005), P. 236; 권택수, "특허권 침해로 인한 손해배상 민사재판의 제문제", 변재승선생 권광중선생 화갑기념 11권, 민사실무연구회(2002), P. 568.

82) 장수길, "지적소유권의 침해에 따른 손해배상", 인권과 정의(1991), P. 110; 정희장, "특허권 등 침해로 인한 손해배상청구, 부당이득반환청구권", 재판자료 제56집, P. 429.

(3) 산정방법
(i) 계산방법   총매출액(침해품의 판매가격) × 상당 실시료율
                단위수량당 상당 실시료 액 × 제조·판매수량
(ii) 권리자의 주장·입증사항   권리자는 침해자의 매상고, 실시료율(실제 실
시허락이 있는 경우 그 실시료율, 당업계에 있어서의 일반적인 요율 등) 등을 주장·입증해
야 한다.[83]

제6항 특허법 제128조 제6항에 의한 손해액 산정

1. 제1문

손해액이 제5항을 초과하는 경우 그 초과액에 대하여도 손해배상을 청구할
수 있다.

2. 제2문

제2문에서는 이 경우 침해자에게 고의 또는 중대한 과실이 없는 때에는 법원
은 손해배상의 액을 정함에 있어 이를 참작할 수 있다고 규정하고 있다. 특허권침
해에서는 권리존재의 탐지를 요구하는 것이 가혹한 때도 있고 특허권침해 여부는
미묘하고 또한 침해로 판단된 경우에 거액의 손해배상책임이 인정되므로 그러한
사정을 고려하여 경과실의 경우를 참작한 것이다.

침해자가 배상액의 감액을 받으려면 자기에게 고의 또는 중대한 과실이 없다
는 점을 주장·입증하여야 한다.[84] 제2문이 제128조 제2항, 제4항의 경우에도 적
용될 수 있는지에 관하여 견해가 대립되나, 긍정설이 다수설[85]이다. 제2문에 의한
감액을 하더라도 제5항 소정의 통상 실시료 상당액보다 적은 금액까지 경감할 수
는 없다.

---

83) 권택수, "특허권 침해로 인한 손해배상 민사재판의 제문제", 변재승선생 권광중선생 화갑기념 11
    권, 민사실무연구회(2002), P. 569.
84) 중과실과 경과실의 구별논의에 관하여는 안원모, 특허권의 침해와 손해배상(2005), P. 271 참조.
85) 권택수, "특허권 침해로 인한 손해배상 민사재판의 제문제", 변재승선생 권광중선생 화갑기념 11
    권, 민사실무연구회(2002), P. 575; 안원모, 특허권의 침해와 손해배상(2005), P. 272; 박성수,
    특허침해로 인한 손해배상액의 산정(2007), P. 312.

제 7 항   특허법 제128조 제7항에 의한 손해액 산정

1. 입법취지 및 의의

본 조항의 입법취지는 손해가 발생된 사실은 인정되지만 그 손해액을 입증하기 위하여 필요한 사실을 입증하는 것이 해당사실의 성질상 극히 어려워서 권리자가 손해배상을 제대로 받을 수 없는 경우, 법원이 제2항 내지 제6항의 규정에도 불구하고 상당한 손해액을 인정할 수 있도록 해 준 것이다.

본조에 의한 증명도의 경감의 요건은 "손해액"의 입증이 곤란한 경우가 아니라 "손해액을 입증하기 위하여 필요한 사실"을 입증하는 것이 해당 사실의 성질상 극히 어려운 경우이고, 본조에 의한 증명도의 경감대상은 손해의 "액"이 아니라 손해액을 입증하기 위하여 필요한 "사실"이다.

2. 적용요건

(1) 손해의 발생

제7항을 적용하기 위해서는 손해의 발생사실이 인정되어야 한다. 이 점은 권리자가 주장·입증하여야 한다.

(2) 손해액을 입증하기 위하여 필요한 사실을 입증하는 것이 해당사실의 성질상 극히 곤란한 경우

손해액을 입증하기 위하여 필요한 사실이란 특허권침해에 의한 손해의 계산요소로 되는 사실이다. 특허법 제128조 제2항 내지 제6항에 의하지 아니하고 손해를 계산하는 경우에 고려하여야 할 사실[86] 외에 특허법 제128조 제2항 내지 제6항에 의하여 손해계산을 하는 경우의 동조 각항의 요건사실(예컨대 침해자의 이익 등)에도 본항은 적용된다.[87]

제7항은 또한 간접사실에도 적용이 있다. 예를 들면 특허법 제128조 제4항의 요건사실인 이익의 액을 산정하는 데에 기초가 되는 간접사실인 판매수량에 대하여도 본조가 적용되고 증명도가 경감된다. 구체적으로는 침해물건의 양도수량, 판매단가, 원재료비, 직접제조경비, 운송료, 직접 판매경비, 이익률, 특허권의 기여율, 이익으로부터 공제할 수 있다고 인정되는 경우의 일반관리비 등의 분배비율,

---

86) 예컨대, 침해행위로 제품가격인하를 어쩔 수 없이 하게 된 경우의 계산요소사실인 권리자의 총 판매량, 가격 인하분.

87) 中山信弘 編著, 註解 特許法, 靑林書院(2010), P. 1873 참조.

실시에 대하여 통상 받아야 할 금액 또는 실시에 대하여 받을 수 있는 금액 등에
적용이 가능하다고 이해된다.[88]

3. 적용효과 및 산정방법

법원은 변론전체의 취지와 증거조사의 결과에 기초하여 상당한 손해액을 인
정할 수 있다. 이와 같은 인정 과정에서 개개의 계산요소에 대하여는 증명도가 경
감된다.[89]

상당한 손해액의 인정은 합리적인 근거가 있는 것이어야 하고 경험칙을 벗어
나서는 곤란하다.[90] 법원이 특허법 제128조 제7항에 의하여 구체적 손해액을 판
단함에 있어서는, 손해액 산정의 근거가 되는 간접사실들의 탐색에 최선의 노력을
다해야 하고, 그와 같이 탐색해 낸 간접사실들을 합리적으로 평가하여 객관적으로
수긍할 수 있는 손해액을 산정해야 한다.[91]

제 8 항 손해액 산정에 관한 특칙

1. 손해액 산정에 필요한 자료의 제출

법원은 특허권 침해소송에서 당사자의 신청에 의하여 상대방 당사자에게 해
당 침해로 인한 손해액의 산정에 필요한 자료의 제출을 명할 수 있다.[92] 다만, 그
자료의 소지자가 그 자료의 제출을 거절할 정당한 이유가 있으면 그러하지 아니하
다($\frac{법}{\S132}$).

2. 손해액 감정과 감정사항 설명의무

손해액 산정을 위하여 법원이 감정을 명한 경우 당사자는 감정인에게 필요한
사항을 설명하여야 한다($\frac{법}{\S128의2}$).

---

88) 안원모, 특허권의 침해와 손해배상(2005), P. 276~277; 中山信弘 編著, 註解 特許法, 靑林書
院(2010), P. 1218~1219 등 참조.
89) 안원모, 특허권의 침해와 손해배상(2005), P. 277; 中山信弘 編著, 註解 特許法, 靑林書院
(2000), P. 1220 등 참조.
90) 박성수, 특허침해로 인한 손해배상액의 산정(2007), P. 326.
91) 대법원 2011. 5. 13. 선고 2010다58728 판결[공2011상, 1156] 등 참조.
92) 상세는 정상조·박성수 공편, 특허법 주해 II (2010), P. 326~354 참조.

제 3 관 신용회복조치청구소송

제 1 항 의   의

법원(法院)은 고의(故意)나 과실(過失)로 특허권 또는 전용실시권을 침해함으로써 특허권자 또는 전용실시권자의 업무상 신용(信用)을 떨어뜨린 자에 대해서는 특허권자 또는 전용실시권자의 청구에 의하여 손해배상을 갈음하여 또는 손해배상과 함께 특허권자 또는 전용실시권자의 업무상 신용회복(信用回復)을 위하여 필요한 조치(措置)를 명할 수 있다($^{법}_{§131}$).

금전에 의한 손해배상만으로는 특허권자 또는 전용실시권자의 실추된 업무상 신용을 회복시킬 수 없는 경우에 법원이 침해자에 대하여 업무상의 신용회복을 위하여 필요한 조치를 명할 수 있도록 규정한 것이다.[93]

제 2 항 적용요건

신용회복에 필요한 조치의 청구를 하기 위해서는 특허권 침해가 인정되어야 한다. 고의 또는 과실이 있는 경우에 한한다. 고의·과실이 없는 경우에는 신용회복조치청구권이 인정되지 아니한다. 고의 또는 과실은 특허권 침해에 대한 고의 또는 과실을 의미하고, 신용훼손의 결과에 대한 고의 또는 과실을 의미하지는 않는다.[94]

특허권 침해로 인하여 특허권자 또는 전용실시권자의 업무상의 신용을 실추하게 하여야 한다. 업무상의 신용이란 업무활동과 관련된 사회적 평가이다. 특허권이 침해되었다는 점만으로는 부족하고, 업무상의 신용이 실추되었음이 인정되어야 한다.[95]

신용회복에 필요한 조치로는 해명광고를 들 수 있다. 해명광고를 구하는 경우에 원고는 광고문의 내용, 전체적 크기와 글자 크기 등을 구체적으로 특정하여야 한다. 한편, 사죄광고는 헌법재판소의 위헌결정으로 허용되지 아니한다.

---

93) 정상조·박성수 공편, 특허법 주해 II (2010), P. 315 참조.
94) 정상조·박성수 공편, 특허법 주해 II (2010), P. 319 참조.
95) 대법원 2008. 11. 13. 선고 2006다22722 판결 참조.

제 4 절 기타의 소송

제 1 관 보상금 또는 대가에 관한 불복의 소

제 1 항 개념·관할법원 및 제소기간

1. 보상금 또는 대가에 관한 소의 개념

(1) 특허법의 규정

특허법 제41조(국방상 필요한 발명 등) 제3항·제4항, 제106조(특허권의 수용) 제3항, 제106조의2(정부 등에 의한 특허발명의 실시) 제3항, 제110조(재정의 방식 등) 제2항 제2호 및 제138조(통상실시권 허락의 심판) 제4항에 따른 보상금(補償金) 및 대가에 대하여 심결(審決)·결정(決定) 또는 재정(裁定)을 받은 자가 그 보상금 또는 대가에 불복할 때에는 법원에 소송을 제기할 수 있다($\frac{법}{\S190①}$).

(2) 개념의 정리

i) 보 상 금

보상금이라 함은 아래에서 보는 바와 같이 특허권자 등의 손실(損失)을 보상(補償)하기 위한 금원을 말한다.

(i) 정부는 국방상 필요한 경우에 외국에 특허출원하는 것을 금지하거나 비밀로 취급하도록 명할 수 있는바($\frac{법}{\S41①}$), 이에 따른 손실에 대해서 정부는 정당한 보상금을 지급(支給)하여야 한다($\frac{법}{같은조③}$). 또 정부는 국방상 필요한 경우에는 특허를 하지 아니하거나 특허를 받을 수 있는 권리를 수용할 수 있는바($\frac{법}{같은조②}$), 이러한 경우에 정부는 정당한 보상금을 지급하여야 한다($\frac{법}{같은조④}$).

(ii) 정부는 특허발명이 전시(戰時), 사변(事變) 또는 이에 준하는 비상시(非常時)에 국방상 필요한 경우에는 특허권을 수용할 수 있는바($\frac{법}{\S106①}$), 이러한 경우에 정부는 특허권자, 전용실시권자 또는 통상실시권자(이하 "특허권자 등"이라 한다)에게 정당한 보상금을 지급하여야 한다($\frac{법}{\S106③}$).

(iii) 정부는 특허발명이 국가비상사태, 극도의 긴급상황 또는 공공(公共)의 이익을 위하여 비상업적으로 실시할 필요가 있다고 인정하는 경우에는 그 특허발명을 정부가 실시하거나 정부 외의 자에게 실시하게 할 수 있는바($\frac{법}{\S106의2①}$), 이러한 경우에는 정부 또는 정부 외의 자는 특허권자 등에게 정당한 보상금을 지급하여야

한다($\substack{법 \\ 같은조③}$).

ii) 대   가

대가라 함은 특허청장의 통상실시권 설정의 재정(裁定)을 함에 있어서($\substack{법 \\ §107①}$) 그 실시료(實施料)에 해당하는 대가($\substack{법 \\ §110②(ii)}$) 및 통상실시권 허락(許諾)의 심판에 있어서($\substack{법 \\ §138①③}$) 통상실시권을 허락받은 자가 특허권자, 실용신안권자, 디자인권자 또는 그 전용실시권자에게 지급하여야 하는 대가를 말한다.

(3) 보상금 또는 대가에 관한 소의 개념

정부의 국방상 필요한 발명에 대한 제한이나 수용(收用) 행위($\substack{법 \\ §41, §106}$), 정부의 강제적인 실시 또는 정부 외의 자에게 실시하게 하는 행위($\substack{법 \\ §106의2}$), 특허청장의 통상실시권 설정의 재정(裁定)을 하는 행위($\substack{법 \\ §107}$) 및 통상실시권 허락의 심판($\substack{법 \\ §138①③}$) 등은 모두 정부와 특허청장 또는 심결에 의한 행정처분(行政處分)이다. 이들 행정처분에 대하여는 승복을 하고 있으나, 그에 수반하는 보상금(補償金) 또는 대가인 금원이 정당하지 못함을 이유로 하는 불복의 소를 "보상금 또는 대가에 관한 불복의 소"라 한다.

따라서 정부의 행정처분 특허청장의 재정(裁定) 또는 특허심판원의 심결 등 그 행정처분들의 본안에 대하여는 승복을 하면서, 그에 부수되어 결정된 보상금(補償金) 또는 대가가 정당하지 못함을 이유로 불복하는 경우이므로, 본안인 행정처분(行政處分)에는 아무런 영향이 없다.

2. 관할법원

특허법 제190조(보상금 또는 대가에 관한 불복의 소) 제1항의 규정에는 " … 그 보상금 또는 대가에 불복할 때에는 법원에 소송을 제기할 수 있다"로만 되어 있다. 다수설은 행정소송으로 보고 있는바, 이에 따른다면 제1심은 행정법원의 관할이고, 항소심은 고등법원의 관할에 속한다.

3. 제소기간

보상금 또는 대가에 관한 불복의 소는 심결·결정 또는 재정(裁定)의 등본(謄本)을 송달받은 날부터 30일 이내에 제기하여야 한다($\substack{법 \\ §190②}$). 그리고 이 기간은 불변기간(不變期間)이다($\substack{법 \\ §190③}$).

제 2 항 소송의 대상물

소송의 대상물은 보상금 또는 대가의 금원(金員)이다. 즉 보상금액 또는 대가의 금액이 정당하지 아니하다는 점에 대한 불복으로 다음의 각 경우이다.

(1) 국방상 필요한 발명의 제한 또는 수용에 대한 보상금액($^법_{§41③④}$). 국방상 필요한 발명의 외국출원 등의 제한 또는 수용처분에 수반하는 보상금액이 정당하지 아니하다는 불복이다.

(2) 전시·사변 등 비상시 특허권의 수용에 대한 보상금액($^법_{§106③}$). 전시·사변 또는 비상시에 특허권을 수용(收用)한 경우에 정부는 특허권자 등에게 정당한 보상금을 지급하여야 하는바, 그 보상금액이 정당하지 아니하다는 불복의 소이다.

(3) 국가비상사태 등에 정부 등이 비상업적으로 실시한데 대한 보상금액($^법_{§106의2③}$). 정부는 특허발명이 국가비상사태 등에 비상업적으로 정부가 실시하거나 정부 외의 자에게 실시하게 한 경우에는 특허권자 등에게 정당한 보상금을 지급하여야 하는바, 그 보상금액이 정당하지 아니하다는 불복의 소이다.

(4) 특허청장의 통상실시권 설정의 재정에 수반한 대가액($^법_{§110②(ii)}$). 여기에서의 대가란 실시료(實施料)에 해당하는 정당한 금원이다. 그 대가액의 불만으로 불복하는 소이다.

(5) 통상실시권 허락의 심판에서 통상실시권의 허락을 받은 자가 특허권자 등에게 지급하여야 하는 대가액($^법_{§138④}$). 통상실시권을 허락받은 자는 특허권자·실용신안권자·디자인권자 또는 그 전용실시권자에게 정당한 대가를 지급하여야 하는바, 그 대가액이 정당하지 아니함을 이유로 불복하는 경우이다.

제 3 항 소송의 당사자

1. 원   고

정부의 행정처분, 특허청장의 재정(裁定) 또는 심결에 수반하여 결정된 보상금액 또는 대가액에 대한 불복을 하는 자가 원고이다.

특허법 제138조(통상실시권 허락의 심판)의 경우에는 같은조 제1항에 따른 심판청구인과 제3항에 따른 심판청구인은 각기 불복을 하는 경우에는 모두가 원고로 될 수 있다($^법_{§138①③}$).

2. 피   고

특허법 제191조(보상금 또는 대가에 관한 소송에서의 피고)는 각 경우의 피고(被告)를 법으로 정해 놓았다($^{법}_{§191(i)~(iii)}$). 각 경우의 피고는 다음과 같다.

(1) 제41조(국방상 필요한 발명 등) 제3항 및 제4항에 따른 보상금에 대해서는 보상금을 지급하여야 하는 중앙행정기관의 장 또는 출원인($^{법}_{§191(i)}$)

(2) 제106조(특허권의 수용) 제3항 및 제106조의2(정부 등에 의한 특허발명의 실시) 제3항에 따른 보상금에 대해서는 보상금을 지급하여야 하는 중앙행정기관의 장, 특허권자, 전용실시권자 또는 통상실시권자($^{법}_{같은조(ii)}$)

(3) 제110조(제정의 방식 등) 제2항 제2호 및 제138조(통상실시권 허락의 심판) 제4항에 따른 대가에 대해서는 통상실시권자·전용실시권자·특허권자·실용신안권자 또는 디자인권자($^{법}_{같은조(iii)}$)

제 4 항   소의 제기방식, 심리절차 등

보상금 또는 대가에 관한 불복의 소에 관한 제기방식, 심리절차 및 소송의 종료 등은 특허법에 특별히 규정된 것이 아니면 행정소송법이 적용되고, 행정소송법에 특별한 규정이 없는 사항에 대하여는 민사소송법에 규정된 소송절차를 준용한다.

제 2 관   형사소송

제 1 항   범죄의 유형

(1) 특허권 등의 침해죄

특허권 또는 전용실시권을 침해하는 자는 7년 이하의 징역 또는 1억 이하의 벌금에 처한다($^{법}_{§225①}$).

특허침해(特許侵害)의 죄는 친고죄(親告罪)로 되어 있어, 특허권자 등의 고소(告訴)가 있어야만 공소(公訴)를 제기할 수 있다($^{법}_{§225②}$).

친고죄란 고소가 소송조건(訴訟條件)으로 되는 범죄를 말한다. 범인에 대한 소추(訴追)가 오히려 피해자(被害者)의 명예를 해할 염려가 있거나, 피해법익(被害法益)이 경미하거나 또는 공익(公益)에 직접적인 영향이 없는 경우를 친고죄로 하고 있다. 특허제도 그 자체는 산업정책적인 공익성이 강한 것이지만, 특허권 등의 침해는 사익(私益)에 관한 것으로 보고 친고죄로 규정한 것이다.

(2) 비밀누설죄 등

특허청 또는 특허심판원 소속 직원이거나 직원이었던 사람이 특허출원 중인 발명(국제출원 중인 발명을 포함한다)에 관하여 직무상 알게 된 비밀을 누설(漏泄)하거나 도용한 경우에는 5년 이하의 징역 또는 5천만 원 이하의 벌금에 처한다($^{법}_{§226}$).

특허법 제58조(전문기관의 지정(指定) 등) 제1항에 따른 전문기관 또는 특허문서(特許文書) 전자화기관(電子化機關)의 임직원이거나 임직원이었던 사람은 제226조(비밀누설죄 등)를 적용하는 경우에는 특허청 소속 직원 또는 직원이었던 사람으로 본다($^{법}_{§226의2}$).

(3) 위 증 죄

특허법에 따라 선서(宣誓)한 증인(證人), 감정인(鑑定人) 또는 통역인(通譯人)이 특허심판원에 대하여 거짓으로 진술(陳述)·감정 또는 통역을 한 경우에는 5년 이하의 징역 또는 1천만 원 이하의 벌금에 처한다($^{법}_{§227①}$).

죄를 범한 자가 그 사건의 특허취소신청에 대한 결정 또는 심결이 확정되기 전에 자수(自首)한 경우에는 그 형을 감경 또는 면제할 수 있다($^{법}_{§227②}$). 가능한 한 결정 또는 심결의 확정 전에 자수시키어 진실을 밝힘으로써 당사자의 피해를 막고, 심판의 권위를 보장하려는 취지이다.

(4) 허위표시의 죄

특허법 제224조(허위표시의 금지)를 위반한 자는 3년 이하의 징역 또는 2천만 원 이하의 벌금에 처한다($^{법}_{§228}$).

허위표시에 해당하는 행위는 특허법 제224조에 열거되어 있다. 특허에 관한 물건에 특허표시(特許表示)를 하는 것은 특허권자로서는 그 물건이 특허를 받은 것임을 밝힘으로써, 특허침해를 미연에 방지하는 효과가 있다($^{법}_{§223}$).

특허된 것이 아닌 물건 또는 특허출원 중인 물건이 아님에도 불구하고 특허표시 또는 특허출원 중인 허위표시를 하여 수요자 일반을 혼동시키는 행위 따위를 방지하기 위한 것이다.

(5) 거짓행위의 죄

거짓이나 그 밖에 부정(不正)한 행위로 특허, 특허권의 존속기간의 연장등록, 특허취소신청에 대한 결정 또는 심결을 받은 자는 3년 이하의 징역 또는 2천만원

이하의 벌금에 처한다($\frac{법}{\S229}$).

(6) 비밀유지명령의 위반죄

국내외에서 정당한 사유없이 특허법 제224조의3(비밀유지명령) 제1항에 따른 비밀유지명령을 위반한 자는 5년 이하의 징역 또는 5천만원 이하의 벌금에 처한다($\frac{법}{\S229의2①}$). 비밀유지명령위반죄는 비밀유지명령을 신청한 자의 고소(告訴)가 없으면 공소(公訴)를 제기할 수 없다($\frac{법}{\S229의2②}$). 특허침해의 죄와 같이 친고죄임을 규정한 것이다.

제2항 범죄의 성립요건

(1) 객관적 구성요건

민사상의 침해금지청구권의 발생요건과 동일하다. 공소사실에는 피해자의 구체적인 권리, 피고인의 구체적인 침해태양 등이 특정되어 있어야 한다.

(2) 주관적 구성요건

민사상의 침해금지청구권의 발생과는 달리 침해자에게 고의(故意)가 인정되어야 한다.

제3항 양벌규정 및 몰수 등

(1) 양벌규정

제225조 제1항(침해죄), 제228조(허위표시의 죄), 제229조(거짓행위의 죄)의 경우에는 양벌규정(兩罰規定)을 두었다($\frac{법}{\S230본}$). 법인의 대표자나 법인 또는 개인의 대리인, 사용인(使用人), 그 밖의 종업원이 그 법인 또는 개인의 업무에 관하여 제225조 제1항(침해죄), 제228조(허위표시의 죄), 제229조(거짓행위의 죄)에 해당하는 위반행위를 하면 그 행위자를 벌하는 외에 그 법인에는 3억원 이하의 벌금형을 과한다($\frac{법}{\S230(i)}$). 다만, 법인 또는 개인이 그 위반행위를 방지하기 위하여 해당 업무에 관하여 상당한 주의와 감독을 게을리 하지 아니한 경우에는 그러하지 아니하다($\frac{법}{\S230단}$).

법인에 과하는 벌금형은 침해죄의 경우에는 3억 이하의 벌금, 허위표시의 죄, 거짓행위의 죄의 경우에는 1억 6천만 원 이하이다($\frac{같은법조}{(ii)}$).

(2) 몰수 등

특허침해행위로 조성한 물건 또는 그 침해행위로부터 생긴 물건은 몰수(沒收)

하거나 피해자(被害者)의 청구에 따라 그 물건을 피해자에게 교부(交付)할 것을 선고하여야 한다($_{\S231①}^{법}$).

그리고 피해자는 몰수한 물건을 받은 경우에 그 물건의 가액(價額)을 초과하는 손해액(損害額)에 대해서만 배상을 청구할 수 있다($_{\S231②}^{법}$).

제 3 관   과 태 료

제 1 항   과태료의 부과

과태료(過怠料)란 법률상 질서유지(秩序維持)를 위해 법령위반자에 대한 제재(制裁)로서의 질서벌(秩序罰)이다. 따라서 형법상(刑法上)의 과료(科料)와는 달리 형벌(刑罰)은 아니다($_{(viii) 참조}^{형법 \S41}$). 질서벌로서의 금전벌이다.

⑴ 다음 각호의 어느 하나에 해당하는 자에게는 50만 원 이하의 과태료를 부과한다($_{\S232①}^{법}$).

(i) 민사소송법 제299조(소명의 방법) 제2항 및 같은 법 제367조(당사자신문)에 따라 선서를 한 자로서 특허심판원에 대하여 거짓진술(陳述)을 한 자($_{\S232①(i)}^{법}$)

(ii) 특허심판원으로부터 증거조사 또는 증거보전(證據保全)에 관하여 서류나 그 밖의 물건 제출 또는 제시의 명령을 받은 자로서 정당한 이유 없이 그 명령에 따르지 아니한 자($_{같은조항(ii)}^{법}$)

(iii) 특허심판원으로부터 증인(證人)·감정인(鑑定人) 또는 통역인(通譯人)으로 소환된 자로서, 정당한 이유없이 소환에 따르지 아니하거나 선서·진술·증언·감정(鑑定) 또는 통역(通譯)을 거부한 자($_{(iii)}^{같은조항}$)

⑵ 제1항에 따른 과태료는 대통령령으로 정하는 바에 따라 특허청장이 부과·징수한다($_{같은조②}^{법}$). 이에 따라 대통령령인 특허법시행령 제20조(과태료의 부과)에 과태료의 부과기준은 별표로 정하여 놓았다.

제 2 항   과태료 부과에 대한 불복

과태료 부과에 불복하는 당사자는 부과 통지를 받은 날부터 60일 이내에 특허청장에게 서면으로 이의를 제기할 수 있다($_{\S20①}^{질서위반법}$). 이의 제기가 있는 경우에는 과태료부과처분은 그 효력을 상실한다. 이의 제기를 받은 특허청은 이의제기를 받은 날부터 14일 이내에 이에 대한 의견 및 증빙서류를 첨부하여 관할법원에 통보하여야 한다($\S20①^{질서위반법}$).

과태료($過怠料$) 사건은 당사자의 주소지의 지방법원 또는 그 지원의 관할로 한다($\S25^{질서위반법}$). 법원은 심문기일을 열어 당사자의 진술을 들어야 한다($\S31^{질서위반법}$). 법원은 직권으로 사실의 탐지와 필요하다고 인정하는 증거의 조사를 하여야 한다($\S33^{질서위반법}$). 과태료의 재판은 이유를 붙인 결정으로써 한다($\S36^{질서위반법}$). 결정은 당사자와 검사에게 고지함으로써 효력이 생긴다($\S37^{질서위반법}$).

제**9**장 실용신안법의 개요

제1절 실용신안제도의 연혁·목적·특허법과의 병존이유

제1항 실용신안제도의 연혁

"실용신안"을 세계최초(世界最初)로 보호한 발상지는 영국(1842)이고, 또 독립(獨立)된 "실용신안보호법"을 세계최초로 제정한 나라는 독일(1891)이라고 한다.

그러나 실용신안(實用新案)의 제도적인 연혁을 보면 독자적인 지위는 아니었고 의장(Design)제도 안에 끼워서 의장(意匠)의 한 모습(型)으로 보호되어왔던 것으로 보인다.

(1) 영 국

실용신안을 최초로 보호한 나라인 영국에서는 1842년 의장조례(意匠條例)의 보칙(補則)으로서, 1843년 "Design Copyright Acts"라는 조례(條例)를 공포(公布)하여 "실용(實用)의 목적이 있는 제품의 신규한 고안"에 대하여 3년간의 보호를 인정했다는 것이다.[1] 그렇다면 처음에는 실용신안을 디자인의 보호대상의 한 모습으로 여겼던 것이다.

그로부터 40년 후인 1883년에 "특허의장상표조례(Patents Designs and Trademarks Act)"가 제정되고, 이 조례에 의하여 실용적 목적을 갖춘 것도 또는 심미적(審美的) 목적을 갖춘 것도 같이, 산업적(産業的)인 신규(新規)의 형(型)이면 디자인(Designs)으로서 보호되었다 한다.

---

1) 일본 發明協會(1984년; 昭和59年)發行, "工業所有權制度年百史"上卷, P. 191.

(2) 독   일

독일에서는 1876년에 "작은모형 및 모형의 저작권에 관한 법률(Gesetz betreffend des Urheberrecht an Mustern und Modellen)"을 제정하였고, 그 보호의 객체는 "신규하고 특수한 의장(意匠)"으로 정하고 실용적 목적을 갖추거나 또는 심미적(審美的) 목적을 갖추거나 관계없이 신규의 형(型)이면 보호하는 것으로 그 기초자들과 업자들은 기대했었다 한다.

그러나 1878년 12월 3일 독일연방고등재판소(獨逸聯邦高等裁判所)는 이 법률의 적용되는 보호객체로서, 물품의 신규(新規)하고 독창적(獨創的)인 모양(模樣), 색채(色彩), 형상(形狀) 등에 의하여 사람의 취미에 만족을 주는 형, 다시 말해서 심미적(審美的)인 의장(意匠)만으로 한정하였고 실용적인 고안에는 그 법률을 적용할 수 없다는 판결이 있었다는 것이다.[2]

그래서 독일에서는 실용신안에 관한 특별법이 필요했고 1891년에는 실용신안보호법이 제정되었다. 실용신안에 관한 단독법으로는 이것이 세계최초의 법률이고 1891년 10월 1일부터 시행되었으며, 이 법을 이어 받은 나라들은 일본(1905), 폴란드(1928), 스페인(1929), 이태리(1934), 포르투갈(1940) 및 브라질(1945) 등으로 이어졌다는 것이다.[3] 그러나 현재 실용신안제도를 실시하고 있는 국가의 수는 그리 많지는 않은 것으로 알려지고 있다.

(3) 한   국

우리나라의 실용신안제도는 특허법과 같은 역정(歷程)을 걸어왔다. 미 군정법령 제91호로 공포되었던 "1946년법"에서는 독립되지 못하고 그 특허법에 "물품의 형상(形狀), 구조 또는 조합(組合)에 관하여 신규한 실용적 형(型)의 산업적 고안을 한 자는 그 형에 대하여 실용특허(實用特許)를 받을 수 있다"하였고($^{1946년법}_{\S20}$), 그 권리의 보호기간은 12년이었다($^{1946년법}_{\S87①(ii)}$).

그러나 "실용신안법"이 독립법으로 된 것은 1961년 12월 31일 공포(公布)된 법률 제952호부터이다.

이 독립법에서 실용신안의 보호대상이 물품의 "형(型)"이란 문자(文字)를 없앴고, 보호기간은 10년으로 단축시켰다. 이 법은 여러 차례의 개정을 거쳐 현행법으로 이어져 온 것이다.

---

2) 일본 發明協會, 前揭書, P. 192.
3) 일본 發明協會, 前揭書, P. 192.

제 2 항   실용신안제도의 목적과 특허법과의 병존이유

1. 실용신안제도의 목적

우리 실용신안법은 " … 실용적인 고안을 보호·장려하고 그 이용을 도모함으로써 기술의 발전을 촉진하여 산업발전에 이바지함을 목적으로 한다"라고 규정하였다($\frac{실용법}{\S1}$).

이를 특허법과 비교한다면 특허법은 "발명을 보호대상"으로 하고 있는데($\frac{특법}{\S1}$) 비하여, 실용신안법은 "실용적인 고안을 보호대상"으로 한다는 점만이 차이가 있을 뿐이고 그 외에는 같은 목적을 가지고 있음을 알 수 있다.

여기에서 양법을 병존시킬 필요가 있느냐의 문제가 제기된다.

2. 특허법과 실용신안법의 병존이유

(1) 우리의 제도적 과정

실용신안법에 고안이라는 용어는 미 군정법령인 1946년법에서부터 등장하기 시작하였고($^{1946년법\ \S2(iv)(v)(xi)(xvi),\ \S20,}_{\S21,\ \S22,\ \S25,\ \S26\ 등\ 외}$), 현행법 제2조(정의) 제1호의 규정은 "고안(考案)이란 자연법칙을 이용한 기술적 사상의 창작을 말한다"고 하였다.

현행법제하에서는 발명과 실용신안인 고안은 그 본질에 있어서 같은 것이며, 동질(同質)의 것을 위하여 동일한 목적으로 두 개의 법을 병존시킬 필요가 있느냐는 실용신안법의 존폐에 관한 재검토가 문제로 되었다.

이것은 저도(低度)의 소발명(小發明)까지를 국가가 보호하여야 할 산업정책상의 이유가 있느냐? 그럼으로써 어떠한 국민경제적 이익을 가져올 수 있겠느냐의 문제와 그것을 보호한다 하더라도 반드시 별개의 독립법이 필요한 것이냐는 점이다.

이에 대하여 우리의 입법과정을 보면 입법자들은 독립법의 존치를 의문없이 타당하다고 본 듯하다.

그것은 1946년법이 특허와 실용신안 및 의장까지를 단일법전에 포괄하여 규정하였던 것을 분리·독립시켰으며, 당시의 제안이유에 나타난 것을 보면 이러한 "사항이 혼합규정되어 법체제상 불합리할 뿐만 아니라 모순되거나 불충분한 규정이 많으므로 이를 각각 개별법으로 정리하기로 한다" 하였다.

그러나 이에 관한 심의과정에서 어떠한 구체적인 논의가 있었는지는 당시의 회의록이 없어 알길이 없다.

(2) 일본에서의 실정

우리나라와 그 실정이 비슷한 일본에서는 1959년에 실용신안제도를 어떻게 할 것인가의 논의에서, 실용신안법을 특허법과 의장법에 흡수시키자는 폐지론(廢止論)이 대두되어 존치론(存置論)과 격론을 벌인 바 있다. 이에 대한 양론의 요점만을 소개하면 다음과 같다.

(i) 폐 지 론   실용신안은 물품의 "형(型)"이냐 "고안"이냐가 명확치 않으므로 그 보호대상이 애매하다. 만약, 형에 중점을 두면 고안이 낮은 것에 대하여 독점권을 부여하게 되어 기술적 발전을 저해하게 되고, 또 고안이라고 한다면 발명과의 차이가 없어지므로 양법의 존치이유는 없으며 물품의 개량이란 이름을 빙자하여 설계변경에 불과한 정도의 것에도 권리가 부여되므로 선의의 실시자나 설계자유의 범위를 방해한다는 것이다. 논리적 근거는 기술의 국제경쟁시대에 있어서 고도(高度)의 기술(발명)보호를 급진시키자는 취지에서 주장된 것이다.

(ii) 존 치 론   실용신안제도를 폐지한다면 그 대부분은 특허법의 보호하에 들어가 발명의 수준이 그것만큼 저하하는 반면, 후한 보호를 부여하게 되는 것은 적당하지 않다. 따라서 특허발명(特許發明)의 수준저하를 방지하기 위하여 폐지론은 부당하다.

실용신안법의 대상이 애매하다는 것은 아직 연구가 부족한 것이며 폐지함으로써 도리어 특허법 또는 의장법의 대상을 혼미시킨다. 그리고 출원건수(出願件數)가 다른 3법(三法)보다 압도적으로 많고 이용도가 높으며 중소기업이 많은 일본의 산업경제(産業經濟)의 실정에는 그 보호제도는 필요한 것이라는 현실론이 강하게 주장되었던 것으로 보인다.

결론적으로는 특허수준(特許水準)의 저하방지(低下防止)와 중소기업(中小企業)의 보호적 견지에서 존치하는 것이 바람직하다는 것이다. 그 보호대상이 형이냐 고안이냐 하는 것은 입법적으로 해결하여 "고안"으로 규정하였다(일·실용법). 다만, 출원건수의 다과는 그 제도 자체의 본질과 결부되는 것은 아니다. 따라서 이 제도를 존치시키는 보다 큰 이유는 중소기업의 보호육성책으로서 존치시키는 것에서 그 이유를 구하였던 것이다.

일본은 1959년에 격론을 벌였던 실용신안법은 그 후 몇 차례의 개정을 거쳐 현재는 무심사주의(無審査主義)를 채택했다. 아무래도 그 출원건수가 많은 것이 제도운영의 걸림돌로 판단되었던 것으로 보인다.

3. 양법의 병존과 차별화로 수정·보완

실용신안법의 폐지론(廢止論)과 존치론(存置論)의 논리적 근거와 현실적 이유가 반드시 상충·상치되는 것만은 아니다. 양론의 줄거리를 다시 요약해보면 다음과 같다

(1) 폐지론의 줄거리

① 실용신안이 형이 아니고 고안이라면, 발명과의 차이가 없어지므로 양법을 병존시킬 이유가 없다. ② 소발명인 고안까지를 보호하는 것은 기술의 국제경쟁시대에서 국제경쟁력을 약화시키는 시대에 뒤떨어진 제도이다. ③ 실용신안의 출원건수증가로 특허출원의 심사가 지연되어 특허제도의 기능을 마비시킨다. ④ 물품의 개량이란 이름을 빙자하여 진보성이 약한 고안에 권리를 부여하여 선의의 실시자와 설계자유의 범위를 방해함으로써 분쟁이 빈발하여 오히려 산업정책에 반한다는 등이다.

(2) 존치론의 줄거리

① 발명과 고안을 특허법에서 같이 다룬다면 발명의 질적저하가 우려된다. ② 고안의 보호는 일본과 같이 중소기업이 많은 나라에서는 그 육성책으로서 필요하므로 별도의 법에 의한 보호가 필요하다. ③ 고안의 보호는 외국의 법제에서도 독립법으로 보호하거나 특허법으로 보호한다. ④ 분쟁이 빈발하는 것은 고안보호(考案保護)의 본질에 관한 것이 아니라, 첫째로, 심사주의(審査主義)하에서는 심사기준(審査基準)의 문제이므로 그 개선으로 해결될 일이고, 둘째로, 무심사주의(無審査主義)하에서는 애당초 그 분쟁을 통하여 심리·결정하라는 제도적인 장치이므로 분쟁이 필요한 것이다.

(3) 양법의 병존과 차별화로 수정·보완

실용신안제도의 폐지론과 존치론은 모두 나름대로의 근거를 가지고 있다. 그래서 현재 각국의 실정을 보면 양법을 병존시키면서도 양자의 보호대상 등을 질적으로 또는 양적으로 차별화하여 각국의 산업실정에 적합한 합리적인 정책으로 수정·보완해 가고 있다. 즉 그 차별화의 대상은 각국에 따라 다양한 것이지만, 우리 제도를 중심으로 본다면 다음과 같다.

(i) 보호대상의 차별화　　발명은 보호대상범위에 제한이 없다. 그러나 실용신안인 고안의 대상은 ① 이를 물품으로 제한하였고, ② 다시 물품의 형상(形象)·구조(構造) 또는 조합(組合)에 관한 고안으로 한정하였다.

(ii) 발명의 고도 여부에 따른 차별화   "발명"이란 자연법칙을 이용한 기술적 사상의 창작으로서 고도(高度)의 것을 말한다($\frac{특법}{§2(i)}$).

그러나 실용신안의 보호대상인 "고안"이란 자연법칙을 이용한 기술적 사상의 창작을 말한다로 규정($\frac{실용법}{§2(i)}$)함으로써 "고도"의 것을 요하지 아니한다. 그래서 발명을 대발명(大發明)이라 하고 고안을 소발명(小發明)으로 차등화시킨 것이다.

(iii) 진보성에 따른 차별화   특허발명의 진보성은 "특허출원 전에 그 발명이 속하는 기술분야에서 통상의 지식을 가진 사람이 공지·공용에 해당하는 발명에 의하여 쉽게 발명할 수 있으면", 그 발명은 진보성이 없는 것으로 된다($\frac{특법}{§29②}$).

그러나 실용신안등록 고안의 진보성은 "그 고안이 속하는 분야에서 통상의 지식을 가진 사람이 공지·공용된 고안에 의하여 극히 쉽게 고안할 수 있으면, 그 고안은 진보성이 없는 것으로 된다($\frac{실용법}{§4②}$).

(iv) 심사청구기간의 장단에 따른 차별화   종전의 우리 특허법은 특허출원의 심사청구기간은 출원일부터 5년 이내이었고, 실용신안등록출원의 심사청구기간은 출원일부터 3년 이내이었다.

그러나 개정 특허법(2017. 3. 1. 시행)은 특허출원의 심사청구기간도 3년으로 개정함으로써 실용신안등록출원의 심사청구기간과 같이 되었다. 그러나 실용신안등록출원의 청구기간을 2년 정도로 차별화하는 것이 합리적이다.

(v) 실용신안등록출원의 무심사주의로의 차별화   실용신안등록출원 건수의 급증으로 심사적체(審査積滯)를 해소하기 위한 수단의 하나이다.

우리나라도 한 때 무심사주의를 채택했었으나(1999. 7. 1.) 나름대로의 문제점들이 있어서 심사주의로 환원하였다(2006. 10. 1.). 현재는 심사주의이다($\frac{실용법}{§12 이하}$).

(vi) 출원료와 등록료(년도금 포함)의 차별화   특허에 관한 요금은 고액(高額)인데 대하여, 실용신안등록에 관한 요금은 상대적으로 저액(低額)이다.

(vii) 보호기간의 차별화   우리 특허권의 존속기간은 특허권을 설정등록(設定登錄)한 날부터 특허출원일 후 20년이 되는 날까지이다($\frac{특법}{§88①}$).

그러나 실용신안권의 존속기간은 실용신안권을 설정등록한 날부터 실용신안등록출원일 후 10년이 되는 날까지이다($\frac{실용법}{§22①}$). 이 존속기간 또한 각국에 따라 다양한 것으로 알려지고 있다.

(viii) 형사처벌의 차별화   특허권 침해 등의 죄는 중형(重刑)으로 다스리고, 실용신안권 침해의 죄는 경한 벌로 다스리는 것이 합리적일 것이다.

그러나 우리 제도는 특허권 또는 전용실시권을 침해한 자는 7년 이하의 징역 또는 1억원 이하의 벌금에 처한다 하였고($_{§225①}^{특법}$), 실용신안권 또는 전용실시권을 침해한 자도 7년 이하의 징역 또는 1억원 이하의 벌금에 처한다($_{§45①}^{실용법}$)고 규정함으로써 입법의 미숙함을 노출시키고 있다.

제 2 절 실용신안(Utility model)의 개념·보호대상·등록요건 및 고안의 선출원과의 관계

제 1 항 실용신안의 개념과 보호대상 — 성립요건

1. 실용신안의 개념

물품의 실용적인 고안이다. 물품의 "Utility"란 쓸모있는, 즉 실용적임을 말하는 것이고, "Utility model"이란 "실용적인 고안(考案)"이란 뜻이다.

우리 현행법은 입법의 미숙으로 "실용적인 새로운 고안"인, 실용신안의 보호대상 또는 실용신안의 성립요건인 "물품의 형상(形狀)·구조(構造) 또는 조합(組合)"을 실용신안의 등록요건인 규정과 같이 규정하였고($_{§4①}^{실용법}$), 다만, "고안"에 대하여서만 "고안"이란 자연법칙(自然法則)을 이용한 기술적 사상의 창작을 말한다고 정의하였다($_{§2(i)}^{실용법}$).

그러나 우리 1946년법에는 이를 물품의 형상·구조 또는 조합에 관한 고안임을 밝혀 놓았었고($_{법 §20}^{1946년}$), 일본의 실용신안법은 이것을 명료(明瞭)하게 정의하여 규정해 놓았다($_{§1}^{일·실용법}$).

2. 실용신안의 보호대상 — 성립요건

(1) 실용신안의 물품성

실용신안은 실용적인 물품에 관한 고안이다. "물품에 관한"이란 반드시 물품을 매체로 하여서만 성립될 수 있음을 말한다. 따라서 실용신안은 물품을 떠나서는 존재할 수 없다는 의미이다.[4]

물품이란 동산(動産)은 물론이요, 부동산(不動産)인 건조물(建造物)을 구성하는 일부 또는 토지(土地)의 구조·형상(形狀) 또는 부착물(附着物)이라도 거래의 목적

---

4) 임석재 졸저(拙著), 特許·實用新案·商標解說(1970), P. 285.

이 되는 것이면 여기에서의 물품에 포함된다 할 것이다.

그러나 물품이라도 일정한 외형적인 유형성(有形性)의 보호대상은 형체(形體)를 갖추지 못하는 기체(氣體)·액체(液體)·분말(粉末) 등은 여기에서의 물품은 아니다. 이외에도 실용신안의 물품성이 없는 것들로는 화학구조·물품의 제조방법·물품의 기능적 표현 등도 물품을 매체로 일정한 외형적인 형체를 갖추지 못하고 있으므로 실용신안의 보호대상은 아니다.

(2) 실용신안의 전형적인 보호대상

실용신안의 보호대상은 물품의 형상·구조 또는 조합에 관한 고안이다. 이 세 가지 전형적인 모습만이 보호대상 또는 실용신안의 성립요건으로 되어 있다.

(i) "형상(形狀)"이란 물품의 외형적인 모습을 말하며, 그것이 입체적(立體的)인 것(예로서 자동차·안경·필기용품 등)이든 평면적(平面的)인 것(걸어놓는 요일표시의 달력, 지도 또는 통계표 등)이든 불문한다.

(ii) "구조"란 물품의 구성을 말한다. 물품의 전체를 이루고 있는 부분들이 서로 연결되어 있는 관계를 말한다. 그것이 입체적이던 평면적이던 불문한다. 다만, 이것은 기계적(機械的) 또는 기구적(器具的) 구성이고 화학적(化學的) 구조는 여기에 포함되지 않는다.[5]

(iii) "조합(組合)"이란 각자 단독으로 사용가치가 있는 물품을 2개 이상 합체(合體)시킴으로써 특수한 실용적인 효과, 즉 유용성(有用性)을 증대시키는 것이다. 전기스탠드에 시계를 조합시키고, 하나의 칼에 몇 가지 도구를 조합시킨 것이 그 예이다.

(3) 실용신안의 고안성

실용신안의 본질은 물품에 관한 실용적인 고안이다.

"고안"이란 자연법칙(自然法則)을 이용한 기술적 사상의 창작을 말한다($\frac{실용법}{§1(i)}$). 이것은 특허법이 발명을 정의함에 있어서 "발명"이란 자연법칙을 이용한 기술적 사상의 창작으로서 고도(高度)한 것을 말한다는 규정($\frac{특법}{§2(i)}$)과 비교하여, "고도한 것"이 아니어도 된다는 차이가 있을 뿐이다.

그렇다면, "발명"은 고도한 것임을 그 보호대상 또는 성립요건으로 하고 있는 데 비하여, 실용신안은 "고도하지 않은 것"도 보호대상 또는 성립요건으로 규정하고 있음을 알 수 있다. 여기에서 "고도한 것"이란 발명으로서의 보호대상과 실용

---

5) 임석재 졸저(拙著), 前揭書, P. 286.

신안으로서의 보호대상을 구별하기 위한 상대적인 개념이다.

발명과 고안은 다같이 자연법칙을 이용한 기술적 사상의 창작이지만, 발명은 기술적 사상의 창작이 한층 높은 고도성(高度性)이라는 발명의 성립요건 하나를 더한 것인데 대하여, 실용신안의 고안은 고도라는 요건이 없어도 된다는 것이다.

기타의 내용은 제2장(총칙) 제1절(특허의 객체인 발명) 제1관(특허법상 발명의 정의) 제2항(발명의 성립요건)에 설명한 내용과 동일하다. 상세한 내용은 발명의 해당 내용을 참고하기 바란다. 여기에서는 그 요점만을 짚고 넘어간다.

(i) "자연법칙(自然法則)"이란 자연계(自然界)에 존재하는 원리를 말한다.

(ii) "자연법칙을 이용한다"는 것은 자연력(自然力)을 이용한다는 뜻이다.

(iii) "기술"이란 일정한 목적을 달성하기 위한 구체적인 수단을 의미한다.

(iv) "사상(思想)"이란 고안이 기술적으로 소기의 목적인 작용·효과를 달성하는 것에 대한 인식을 말한다.

(v) "창작"이란 새로운 것을 처음으로 만들어(생각해)냈다는 말이다.

3. 특허법의 준용

(1) 실용신안법은 여러 곳에서 특허법의 규정을 대폭적으로 준용하고 있다. 법리가 같기 때문이다. 따라서 각 해당 부분에서 구체적으로 어떠한 조문이 준용되고 있는지를 확인할 필요가 있다.

이들에 관하여는 특허법의 해당 항목의 설명을 참조하기 바란다.

(2) 실용신안법 제3조('특허법'의 준용)에서 준용되는 특허법의 규정은 다음과 같다.

특허법 제3조(미성년자 등의 행위능력), 제4조(법인이 아닌 사단 등), 제5조(재외자의 특허관리인), 제6조(대리권의 범위), 제7조(대리권의 증명), 제7조의2(행위능력 등의 흠에 대한 추인), 제8조(대리권의 불소멸), 제9조(개별대리), 제10조(대리인의 선임 또는 개임명령 등), 제11조(복수당사자의 대표), 제12조("민사소송법"의 준용), 제13조(재외자의 재판관할), 제14조(기간의 계산), 제15조(기간의 연장 등), 제16조(절차의 무효), 제17조(절차의 추후보완), 제18조(절차의 효력승계), 제19조(절차의 속행), 제20조(절차의 중단), 제21조(중단된 절차의 수계), 제22조(수계신청), 제23조(절차의 중지), 제24조(중단 또는 중지의 효과), 제25조(외국인의 권리능력), 제28조(서류제출의 효력발생시기), 제28조의2(고유번호의 기재), 제28조의3(전자문서에 의한 특허에 관한 절차의 수행), 제28조의4(전자문서 이용신고 및 전자서명) 및 제28조의5(정보통신망을 이용한 통지 등의 수행)까지의 규정을 준용한다($\frac{실용법}{§3}$).

제 2 항   실용신안의 등록요건

실용신안으로서의 성립요건에 충족되었다 하여도 그 등록요건에 충족되어야 등록을 받을 수 있다.

1. 산업상 이용가능성

실용신안은 그 고안이 산업상 이용가능성(利用可能性)이 있는 것이어야 등록을 받을 수 있다. 그 법리적 근거는 실용신안법이 산업발전에 이바지함을 그 목적으로 하고 있기 때문이다.

이것 또한 발명의 특허요건에서 설명한 내용과 완전히 동일하다. "산업"이란 생산업(生產業)을 말하며, 공업(工業)을 비롯한 모든 업을 포함하는 넓은 의미이다.

"이용가능성(利用可能性)"이란 장래에 이용가능한 것이면 된다. "이용"이란 실시를 말한다. 여기에서 실시란 생산업이 객관적으로 계속반복성(繼續反復性)을 전제로 한 실시를 말한다. 그러나 경제적인 이용가능성과는 별개의 문제이다.

2. 신 규 성

(1) "신규성"이란 실용신안인 고안의 내용이 그 등록출원 전에 불특정인(不特定人)이 알 수 있는 상태에 있지 아니한 것을 말한다.

이에 관하여도 발명의 신규성(新規性)에 관한 설명을 참고하기 바란다.

(2) 실용신안법은 신규성을 적극적으로 정의하지 아니하고 소극적으로 다음 각호의 어느 하나에 해당하는 것을 제외하고는 그 고안에 대하여 실용신안등록을 받을 수 있다고 규정하였다($\frac{실용법}{§4①본}$).

(i) 실용신안등록 출원 전에 국내 또는 국외에서 공지되었거나 공연(公然)히 실시된 고안($\frac{실용법}{§4①(i)}$)   공지(公知)라 함은 고안이 불특정인에게 알려진 것이다. 공연히 실시란 해당 기술분야에서 통상의 지식을 가진 자가 그 고안의 내용을 용이하게, 즉 쉽게 알 수 있는 상태로 실시하는 것을 말한다.

(ii) 실용신안등록출원 전에 국내 또는 국외에서 반포된 간행물에 게재되었거나 전기통신회선(電氣通信回線)을 통하여 공중이 이용할 수 있는 고안($\frac{실용법}{§4①(ii)}$)   반포(頒布)란 간행물 등이 공중인 불특정인이 열람(閱覽)할 수 있는 상태에 놓여진

것을 말한다. 간행물(刊行物)이란 반포에 의하여 공중에 공개함을 목적으로 인쇄 기타의 기계적·화학적 방법에 의하여 인쇄 또는 복제(複製)된 문서·도면·사진 또는 기타 이와 유사한 정보전달(情報傳達)의 매체를 말한다.

전기통신회선이란 유선·무선·광선 및 기타의 전자적 방식에 의하여 부호(符號)·문언(文言)·음향(音響) 또는 영상(映像)을 송신하거나 수신하는 것을 모두 포함한다(전기통신법§2①). 공중에 이용가능이란 고안으로 설명된 정보가 불특정인(不特定人)인 공중에게 접근가능한 상태에 놓여 있는 것을 말한다.

3. 진 보 성

실용신안인 고안의 진보성이란 실용신안등록출원 전 그 고안이 속하는 기술분야에서 통상의 지식을 가진 사람이, 실용신안등록출원 전에 국내에서 공지·공용된 고안이나, 또는 반포된 간행물에 게재되었거나 전기통신회선을 통하여 공중이 이용할 수 있는 고안에 의하여 극히 쉽게 고안할 수 있으면 진보성이 없는 고안이다(실용법§4②). 바꾸어 말하면 극히 쉽게 고안할 수 없으면, 즉 고안하기 어려우면 진보성이 있는 고안이라는 뜻이다.

발명의 진보성은 그 발명이 속한 당해 기술분야에서 통상의 지식을 가진 사람이 공지·공용 등의 발명으로부터 쉽게 발명할 수 있으면 발명의 진보성이 없는 것이고(특법§29②), 고안의 진보성은 그 고안이 속한 당해 기술분야에서 통상의 지식을 가진 사람이 공지·공용 등의 고안으로부터 극히 쉽게 고안할 수 있으면 고안의 진보성이 없는 것으로 규정되어 있다(실용법§4②).

따라서 발명은 공지·공용 등의 발명으로부터 쉽게 발명할 수 있는 경우에, 고안은 공지·공용 등의 고안으로부터 극히 쉽게 고안할 수 있는 경우에는 진보성이 없다는 것이다.

이와 같이 당해 기술분야에서 통상의 지식을 가진 사람이 극히 쉽게 고안할 수 있는 정도의 고안은 공지·공용 등의 기술에 준(準)하는 것이므로 독점권을 부여하는 것은 산업발전에 이바지하려는 실용신안법의 목적에 반(反)하므로 사회공유(社會共有)의 고안으로 누구나 자유롭게 사용할 수 있도록 맡겨두는 것이 산업정책에 부합된다는 취지이다.

기타 상세한 사항은 발명의 진보성에 관한 내용을 참고하기 바란다.

4. 실용신안등록을 받을 수 없는 고안

다음 각호의 어느 하나에 해당하는 고안에 대해서는 산업상 이용가능성이 있고, 신규성($\frac{실용법}{\S4①}$) 또는 진보성($\frac{실용법}{\S4②}$)이 있는 고안에도 불구하고 실용신안등록을 받을 수 없다($\frac{실용법}{\S6본}$).

(i) 국기 또는 훈장과 동일하거나 유사한 고안($\frac{같은조}{(i)}$)　　어느 특정인의 독점대상으로 할 수 없기 때문이다.

(ii) 공공질서(公共秩序) 또는 선량(善良)한 풍속(風俗)에 어긋나거나 공중의 위생을 해칠 우려가 있는 고안($\frac{같은조}{(ii)}$)　　이러한 고안에 독점권을 부여하는 것은 공익(公益)에 반하기 때문이다.

제 3 항　고안의 선출원과의 관계

1. 확대된 선출원범위 — 후출원을 거절하기 위한 공지의 의제

이에 관한 특허법 제29조(특허요건) 제3항 내지 제7항의 내용과 실용신안법 제4조(실용신안등록의 요건) 제3항 내지 제7항의 내용은 그 법리적 근거가 같은 것이므로 여기에서는 중복되는 설명을 생략하기로 한다.

상세한 내용은 특허법의 해당 설명을 참고하기 바란다.

2. 선출원주의의 선출원과의 관계

실용신안법 제7조(선출원)의 규정은 특허법 제36조(선출원)의 규정과 같은 법리의 같은 내용이 규정되어 있다.

따라서 이에 관한 설명 또한 특허법의 해당 설명을 참고하기 바란다.

제 3 절 실용신안등록의 출원 등

제 1 항 실용신안등록출원서의 요식행위, 1고안 1출원의 원칙과 1군의 실용신안출원등록 및 실용신안등록의 출원일 등

1. 실용신안등록출원의 법적 성질과 요식행위

실용신안등록출원이란 국가에 대하여 실용신안등록을 받고자 하는 취지의 의사표시인 법률행위이다. 그러므로 실용신안등록출원서는 실용신안등록을 받고자 하는 의사표시의 내용을 적은 문서이다.

따라서 실용신안등록출원서에 기재하는 내용들은 모두 법률적인 효력에 관계되는 것이어서 절차의 원활·신속과 그 정확성과 안정성을 기하기 위한 요식행위로 되어 있다.

2. 1고안 1출원의 원칙과 1군의 실용신안등록출원

실용신안등록출원은 하나의 고안마다 하나의 실용신안등록출원으로 한다. 다만, 하나의 총괄적 고안의 개념을 형성하는 1군(一群)의 고안에 대하여 하나의 실용신안등록출원으로 할 수 있다($\frac{실용법}{\S9①}$). 1군의 고안에 대하여 하나의 실용신안등록출원으로 할 수 있는 요건은 대통령령으로 정한다($\frac{같은조}{②}$).

이 규정에 따른 대통령령인 실용신안법 시행령(이하 "실용령"이라 한다)은 1군의 고안에 대하여 하나의 실용신안등록출원을 하기 위하여는 다음 각호의 요건을 갖추어야 한다($\frac{실용령}{\S4}$).

(i) 청구된 고안 간에 기술적 상호관련성이 있을 것($\frac{같은조}{(i)}$)

(ii) 청구된 고안들이 동일하거나 상응하는 기술적 특징을 가지고 있을 것. 이 경우 기술적 특징은 고안 전체로 보아 선행기술(先行技術)에 비하여 개선된 것이어야 한다($\frac{같은조}{(ii)}$).

3. 실용신안등록의 출원일 등

(1) 도달주의 원칙과 발신주의

실용신안등록출원일은 명세서 및 도면을 첨부한 실용신안등록출원서가 특허청장에게 도달한 날로 한다($\frac{실용법}{\S8의2①전}$). 그러나 도달주의 원칙은 특허청과 지역적으로 먼 거리에 있는 출원인과의 형평성(衡平性)에 반하므로 예외로서 발신주의(發信主義)를 채택했다(실용법 §3에서 준용하는 특허법 §28②각호 참조).

(2) 청구범위의 기재유예(記載猶豫)

명세서에 청구범위는 적지 아니할 수 있으나 고안의 설명은 적어야 한다(실용법 §8의2①후). 청구범위기재의 유예는 선원주의(先願主義)의 단점을 보완하기 위한 제도이다. 출원은 서둘러서 하더라도 고안을 한 사람에게 청구범위를 적을 수 있는 기간을 늘려주어서 완전한 청구범위를 적을 수 있는 기회를 마련해 주려는 것이다.

(3) 청구범위의 보정기한

실용신안등록출원서에 최초로 첨부한 명세서에 청구범위를 적지 아니한 경우에는 실용신안법 제15조('특허법'의 준용)에 따라 준용하는 특허법 제64조(출원공개) 제1항 각호의 구분에 따른 날부터 1년 2개월이 되는 날까지 명세서에 청구범위를 적는 보정을 하여야 한다(실용법 §8의2②본). 다만, 본문에 따른 기한 이전에 제15조('특허법'의 준용)에 따라 준용되는 특허법 제60조(출원심사의 청구절차) 제3항에 따른 출원심사청구의 취지를 통지받은 경우에는 그 통지를 받은 날부터 3개월이 되는 날 또는 제15조('특허법'의 준용)에 따라 준용되는 특허법 제64조(출원공개) 제1항 각호의 구분에 따른 날부터 1년 2개월이 되는 날 중 빠른날까지 보정을 하여야 한다(같은법 같은조항 단).

(4) 실용신안등록출원 취하의 의제

실용신안등록출원인이 실용신안등록출원서에 최초로 첨부한 명세서 청구범위를 적지 아니하고 소정의 기한에 따른 보정을 아니한 경우에는 그 기한이 되는 날의 다음날에 해당 실용신안등록출원을 취하(取下)한 것으로 본다(같은법 같은조항 ③).

(5) 고안자의 추가·정정

실용신안등록출원인이 착오로 인하여 실용신안등록출원서에 고안자 중 일부의 고안자의 기재를 누락하거나 잘못 적은 때에는 그 실용신안등록출원의 실용신안등록여부결정 전까지 추가 또는 정정할 수 있다(실용규칙 §7①본). 다만, 고안자의 기재가 누락(실용신안등록출원서에 적은 고안자의 누락에 한정한다) 또는 잘못 적은 것임이 명백한 경우에는 실용신안등록여부 결정 후에도 추가 또는 정정할 수 있다(같은규칙 같은조항 단).

실용신안등록출원인 또는 실용신안권자가 고안자를 추가 또는 정정하려면 다음 각호에 따른 보정서 또는 신청서를 특허청장에게 제출하여야 한다(실용규칙 §7②본).

(i) 실용신안권의 설정등록 전까지는 특허법 시행규칙 별지 제9호서식의 보정서(같은조항 (i))

(ii) 실용신안권의 설정등록 후에는 특허법 시행규칙 별지 제29호서식의 정정

발급신청서$\left(\substack{같은조항\\(iii)}\right)$

대리인에 의하여 절차를 밟는 경우에는 서식에 그 대리권을 증명하는 서류를 첨부하여야 한다$\left(\substack{실용규칙\\§7③}\right)$.

제 2 항 실용신안등록출원서의 작성 등

(1) 실용신안등록출원서의 기재사항

실용신안등록을 받으려는 자는 다음 각호의 사항을 적은 실용신안등록출원서를 특허청장에게 제출하여야 한다$\left(\substack{실용법\\§8①본}\right)$.

(i) 실용신안등록출원인의 성명(姓名) 및 주소(법인인 경우에는 그 명칭 및 영업소의 소재지)$\left(\substack{같은법\\같은조항(i)}\right)$

(ii) 실용신안등록출원인의 대리인이 있는 경우에는 그 대리인의 성명 및 주소나 영업소의 소재지〔대리인이 특허법인·특허법인(유한)인 경우에는 그 명칭, 사무소의 소재지 및 지정된 변리사의 성명〕$\left(\substack{같은법\\같은조항(ii)}\right)$

(iii) 고안의 명칭$\left(\substack{같은법\\같은조항(iii)}\right)$

(iv) 고안자의 성명 및 주소$\left(\substack{같은법\\같은조항(iv)}\right)$

(2) 실용신안등록출원서에 첨부되는 서류 등

출원서에는 고안의 설명, 청구범위(請求範圍)를 적은 명세서(明細書)와 도면(圖面) 및 요약서(要約書)를 첨부하여야 한다$\left(\substack{실용법\\§8②}\right)$.

(3) 고안의 설명의 기재요건

다음 각호의 요건을 모두 충족하여야 한다$\left(\substack{실용법\\§8③본}\right)$.

(i) 그 고안이 속하는 기술분야에서 통상의 지식을 가진 사람이 그 고안을 쉽게 실시할 수 있도록 명확하고 상세하게 적을 것$\left(\substack{같은조항\\(i)}\right)$

(ii) 그 고안의 배경이 되는 기술을 적을 것$\left(\substack{같은조항\\(ii)}\right)$

(4) 청구항의 기재요건

청구범위에는 보호받으려는 사항을 적은 항(이하 "청구항"이라 한다)이 하나 이상 있어야 하며, 그 청구항은 다음 각호의 요건을 모두 충족하여야 한다$\left(\substack{실용법\\§8④본}\right)$.

(i) 고안의 설명에 의하여 뒷받침될 것$\left(\substack{같은조항\\(i)}\right)$

(ii) 고안이 명확하고 간결하게 적혀 있을 것$\left(\substack{같은조항\\(ii)}\right)$

(5) 보호받으려는 사항의 명확화요건

청구범위에는 보호받으려는 사항을 명확히 할 수 있도록 고안을 특정하는데

필요하다고 인정되는 형상(形狀)·구조 또는 이들의 결합관계 등을 적어야 한다
($^{실용법}_{§8⑥}$).

(6) 청구범위의 기재방법

청구범위의 기재방법에 관하여 필요한 사항은 대통령령으로 정한다($^{실용법}_{§8⑧}$). 이
에 따라 실용신안법 시행령 제3조(청구범위의 기재방법)에 관한 규정은 다음과 같다.

(i) 청구범위의 청구항(이하 "청구항"이라 한다)을 기재할 때에는 물품에 관한 독
립청구항(이하 "독립항"이라 한다)을 기재하여야 하며, 그 독립항을 한정하거나 부가
하여 구체화하는 종속청구항(이하 "종속항"이라 한다)을 기재할 수 있다. 이 경우 필
요한 때에는 그 종속항을 한정하거나 부가하여 구체화하는 다른 종속항을 기재할
수 있다($^{실용령}_{§3①}$).

(ii) 청구항은 고안의 성질에 따라 적정한 수로 기재하여야 한다($^{실용령}_{§3②}$).

(iii) 다른 청구항을 인용하는 청구항은 인용되는 항의 번호를 적어야 한다($^{실용령}_{§3③}$).

(iv) 2 이상의 항을 인용하는 청구항은 인용되는 항의 번호를 택일적으로 기
재하여야 한다($^{실용령}_{§3④}$).

(v) 2 이상의 항을 인용한 청구항에서 그 청구항의 인용된 항은 다시 2 이상
의 항을 인용하는 방식을 사용하여서는 아니 된다. 2 이상의 항을 인용한 청구항
에서 그 청구항의 인용된 항이 다시 하나의 항을 인용한 후에 그 하나의 항이 결
과적으로 2 이상의 항을 인용하는 방식에 대하여도 또한 같다($^{실용령}_{§3⑤}$).

(vi) 인용되는 청구항은 인용하는 청구항보다 먼저 기재하여야 한다($^{실용령}_{§3⑥}$).

(vii) 각 청구항은 항마다 행을 바꾸어 기재하고, 그 기재하는 순서에 따라 아
라비아숫자로 일련번호를 붙여야 한다($^{실용령}_{§3⑦}$).

(7) 고안의 설명, 도면 및 요약서의 기재방법 등

이에 관하여 필요한 사항은 산업통상자원부령인 실용신안법 시행규칙(이하
"실용규칙"이라 약칭한다)으로 정한다($^{실용법}_{§8⑨}$). 그리고 실용규칙에 규정된 내용은 다음
과 같다.

i) 명세서, 도면 및 요약서 등

명세서는 특허법 시행규칙 별지 제15호서식의 명세서, 요약서는 특허법 시행
규칙 별지 제16호서식의 요약서, 도면은 특허법 시행규칙 별지 제17호서식의 도면
을 준용한다($^{실용규칙}_{§3②}$).

ii) 명세서에 적는 고안의 설명

명세서에 적는 고안의 설명에는 다음 각호의 사항이 포함되어야 한다($^{실용규칙}_{§3③본}$).

(i) 고안의 명칭($\substack{같은조항\\(i)}$)

(ii) 기술분야($\substack{같은조항\\(ii)}$)

(iii) 고안의 배경이 되는 기술($\substack{같은조항\\(iii)}$)

(iv) 다음 각 목의 사항이 포함된 고안의 내용($\substack{같은조항\\(iv)}$)

가. 해결하려는 과제

나. 과제의 해결수단

다. 고안의 효과

(v) 도면의 간단한 설명($\substack{같은조항\\(v)}$). 실용신안등록출원에 있어서, 도면(圖面)은 명세서 고안의 요부를 이루는 필수적인 요건이다. 도면의 "간단한 설명"은 생략할 수 있으나($\substack{실용규칙\\§3④}$), 도면 그 자체는 반드시 필요한 것이며 생략할 수 없다.

(vi) 고안을 실시하기 위한 구체적인 내용($\substack{같은조항\\(vi)}$)

(vii) 그 밖에 그 고안이 속하는 기술분야에서 통상의 지식을 가진 자가 그 고안의 내용을 쉽게 이해하기 위하여 필요한 사항($\substack{같은조항\\(vii)}$)

위의 제2호(기술분야) · 제4호(해결하려는 과제의 해결수단 및 고안의 효과 등이 포함된 내용) · 제5호(도면의 간단한 설명) 및 제7호(통상의 지식을 가진 자가 그 고안의 내용을 쉽게 이해하기 위하여 필요한 사항)의 사항은 해당하는 사항이 없는 경우에는 그 사항을 생략할 수 있다($\substack{실용규칙\\§3④}$).

(8) 실용신안등록출원료의 납부

실용신안등록에 관한 절차를 밟는 자는 소정의 출원료를 내야 한다($\substack{실용법\\§17①}$).

실용신안등록출원료와 그 납부방법 등은 부령인 "특허료 등의 징수규칙" 제3조 제1항 제1호에 규정되어 있고, "국제협력조약"(PCT)에 관한 국제출원 수수료는 제10조에, 납부방법은 제8조에 규정되어 있다.

제3항 특례, 조건, 제재, 출원시의 소급효 및 우선권주장의 실용신안등록출원들

1. 특례, 조건 및 제재를 받는 실용신안등록출원들

1) 외국어실용신안등록출원의 특례

(1) 외국어실용신안등록출원

실용신안등록출원인이 명세서 및 도면(도면 중 설명부분에 한정한다)을 국어가

아닌 부령(部令)인 실용규칙으로 정하는 언어(言語)로 적겠다는 취지를 실용신안
등록출원을 할 때 실용신안등록출원서에 적은 경우에는 그 언어로 적을 수 있다
($^{실용법}_{\S8의3①}$).

　　이 제도는 국제적인 추세에 따른 외국인출원인의 편의를 위한 것이다. 이 규
정에 따른 실용규칙은 외국어로 우선은 "영어"만을 지정하였다($^{실용규칙}_{\S3의2①}$).

　　그러나 특허협력조약(PCT)에 따른 국제출원인 경우에는 국어(한글), 영어 및
일본어로 지정되었음을 유의하여야 한다($^{실용법 \S41에서 \ 준용하는 \ 특허법193①, \ 실용규칙}_{\S17②에서 \ 준용하는 \ 특허법 \ 시행규칙 \ \S91}$).

(2) 외국어실용신안등록출원의 절차

　　실용신안등록출원인이 실용신안등록출원서에 최초로 첨부된 명세서 및 도면
을 영어로 적은 실용신안등록출원(이하 "외국어실용신안등록출원"이라 한다)을 한 경우
에는 제15조('특허법'의 준용)에 따라 준용되는 특허법 제64조(출원공개) 제1항 각호
의 구분에 따른 날부터 1년 2개월이 되는 날까지 그 명세서 및 도면의 국어번역문
을 부령(部令)인 실용규칙에서 준용하는 특허법 시행규칙으로 정하는 방법에 따라
제출하여야 한다($^{실용법 \S8의3②본,}_{실용규칙 \S3의3①②}$). 다만, 본문에 따른 기한 전에 제15조('특허법'의 준
용)에 따라 준용되는 특허법 제60조(출원심사의 청구절차) 제3항에 따른 출원심사청
구의 취지를 통지받은 경우에는 그 통지를 받은 날부터 3개월이 되는 날 또는 제
15조('특허법'의 준용)에 따라 준용되는 특허법 제64조(출원공개) 제1항 각호의 구분
에 따른 날부터 1년 2개월이 되는 날 중, 빠른 날까지 제출하여야 한다($^{실용법}_{\S8의3②단}$).

　　제15조('특허법'의 준용)에 따라 준용되는 특허법 제64조(출원공개) 제1항 각호
의 구분에 따른 날이라는 특허법의 규정은 다음과 같다.

　　(i) 제54조(조약에 의한 우선권주장) 제1항에 따른 우선권주장을 수반하는 출원
인 경우: 그 우선권주장의 기초가 된 출원일($^{법}_{같은조항(i)}$)

　　(ii) 제55조(특허출원 등을 기초로 한 우선권 주장) 제1항에 따른 우선권주장을 수
반하는 출원의 경우: 선출원의 출원일($^{법}_{같은조항(ii)}$)

　　(iii) 제54조(조약에 의한 우선권주장) 제1항 또는 제55조(특허출원 등을 기초로 한
우선권주장) 제1항에 따른 둘 이상의 우선권주장을 수반하는 특허출원의 경우: 해
당 우선권주장의 기초가 된 출원일 중 최우선일($^{법}_{같은조항(iii)}$)

　　(iv) 제1호부터 제3호까지의 어느 하나에 해당하지 아니하는 출원의 경우:
그 출원일($^{법}_{같은조항(iv)}$)

(3) 새로운 국어번역문의 제출

　　국어번역문을 제출한 실용신안등록출원인은 소정의 기한 이전에 그 국어번역

문을 갈음하여 새로운 국어번역문을 제출할 수 있다($^{실용법}_{§8의3③본}$). 다만, 다음 각호의 어느 하나에 해당하는 경우에는 그러하지 아니하다($^{실용법}_{같은조항\,단}$).

    (i) 명세서 또는 도면을 보정(제5항에 따라 보정한 것으로 보는 경우에는 제외한다)한 경우($^{실용법}_{같은조항\,단(i)}$)

    (ii) 실용신안등록출원인이 출원심사의 청구를 한 경우($^{실용법}_{같은조항\,단(ii)}$)

(4) 국어번역문 불제출에 의한 취하의 의제

실용신안등록출원인이 소정의 기한에 따른 명세서의 국어번역문을 제출하지 아니한 경우에는 소정에 따른 기한이 되는 날의 다음 날에 해당 실용신안등록출원을 취하한 것으로 본다($^{실용법}_{§8의3④}$).

(5) 국어번역문의 제출과 보정의 의제

실용신안등록출원인이 소정의 기한 내에 국어번역문 또는 새로운 국어번역문을 제출한 경우에는 외국어실용신안등록출원의 실용신안등록출원서에 최초로 첨부된 명세서 또는 도면을 그 국어번역문에 따라 보정한 것으로 본다($^{실용법}_{§8의3⑤본}$). 다만, 새로운 국어번역문을 제출한 경우에는 마지막 국어번역문(이하 "최종번역문"이라 한다) 전에 제출한 국어번역문에 따라 보정한 것으로 보는 모든 보정은 처음부터 없었던 것으로 본다($^{실용법}_{같은조항\,단}$).

(6) 잘못된 국어번역문의 정정

실용신안등록출원인은 제11조('특허법'의 준용)에 따라 준용되는 특허법 제47조(특허출원의 보정) 제1항에 따라 보정을 할 수 있는 기간에 최종 국어번역문의 잘못된 번역을 부령(部令)인 실용규칙으로 정하는 방법에 따라 정정할 수 있다($^{실용법\,§8의3⑥전,}_{실용규칙\,§3의3③}$). 이 경우 정정된 국어번역문에 관하여는 제5항(국어번역문의 제출과 보정의 의제)을 적용하지 아니한다($^{실용법}_{§8의3⑥후}$). 이는 번역문의 제출이 아니고 보정(補正)이기 때문이다.

(7) 마지막 정정 전의 정정들의 소급적 소멸

제11조('특허법'의 준용)에 따라 준용되는 특허법 제47조(특허출원의 보정) 제1항 제1호〔거절이유통지(거절이유통지에 대한 보정에 따라 발생한 거절이유에 대한 거절이유통지는 제외한다)를 최초로 받거나 제2호의 거절이유가 아닌 거절이유를 받은 경우: 해당 거절이유통지에 따른 의견서제출〕또는 제2호(거절이유통지에 대한 보정에 따라 발생한 거절이유에 대하여 거절이유통지를 받은 경우: 당해거절이유통지에 따른 의견서제출기간)에 따른 기간에 정정을 하는 경우에는 마지막 정정 전에 한 모든 정정은 처음부터 없었던 것

으로 본다($^{실용법}_{§8의3⑦}$).

2) 핵산염기 서열 또는 아미노산 서열을 포함한 실용신안등록출원

(1) 실용신안등록출원서에 기재하는 "서열목록" 또는 첨부하는 "서열목록 전자파일"

핵산염기 서열 또는 아미노산 서열(이하 "서열"이라 한다)을 포함한 실용신안등록출원을 하려는 자는 특허청장이 정하는 방법에 따라 작성한 서열목록(이하 "서열목록"이라 한다)을 명세서에 적고, 그 서열목록을 수록한 전자파일(이하 "서열목록전자파일"이라 한다)을 특허청장이 정하는 방법에 따라 작성하여 실용신안등록출원서에 첨부하여야 한다. 다만, 특허청장이 정하는 방법에 따라 작성한 서열목록전자파일 형식으로 명세서에 적은 경우에는 서열목록전자파일을 첨부하지 아니하여도 된다($^{실용규칙}_{§4①}$).

(2) 서열을 포함하는 보정

서열을 포함하는 실용신안등록출원의 보정에 관하여는 제1항을 준용한다.

3) 미생물에 관한 실용신안등록출원

이에 관하여 실용시행령 제9조('특허법 시행령'의 준용)는 미생물 관련 특허출원에 관하여 규정하고 있는 특허법 시행령 제2조(미생물의 기탁), 제3조(미생물에 관계되는 발명의 특허출원명세서 기재) 및 제4조(미생물의 분양) 등을 모두 준용하였다.

따라서 미생물에 관한 실용신안등록출원에 관하여는 미생물에 관한 특허출원의 설명(제3장 제2절 제1관 제3항)을 참조하기 바란다. 다만, 실용시행령에는 다음과 같은 2개 조문을 규정하고 있다.

(1) 미생물의 수탁번호변경신고

실용령 제9조('특허법 시행령'의 준용) 제1항에서 준용하는 특허법 시행령 제2조(미생물의 기탁) 제3항에 따라 새로운 수탁번호를 신고하려는 자는 미생물수탁번호변경신고서(특허법 시행규칙 별지 18호 서식의 미생물수탁번호 변경신고서를 준용한다)에 다음 각호의 서류를 첨부하여 특허청장에게 제출하여야 한다($^{실용시행규칙}_{§5본}$).

(i) 새로운 수탁번호를 증명하는 서류($^{같은조}_{(i)}$)

(ii) 대리인에 의하여 절차를 밟는 경우에는 그 대리권을 증명하는 서류 1통($^{같은조}_{(ii)}$)

(2) 미생물의 분양절차

실용령 제9조('특허법 시행령'의 준용) 제1항에서 준용하는 특허법 시행령 제4조(미생물의 분양) 제1항에 따라 미생물의 분양을 받으려는 자는 미생물분양자격의 증

명신청서(특허법 시행규칙 별지 19호서식의 증명신청서를 준용한다)에 다음 각호의 서류를 첨부하여 특허청장에게 제출하여야 한다($^{실용시행규칙}_{§6본}$).

(i) 실용령 제9조('특허법 시행령'의 준용) 제1항에서 준용하는 특허법 시행령 제2조(미생물의 기탁) 제1항 각호의 어느 하나에 해당하는 기관에 제출할 분양신청서 1통($^{같은조}_{(i)}$)

(ii) 실용령 제9조('특허법 시행령'의 준용) 제1항에서 준용하는 특허법 시행령 제4조(미생물의 분양) 제1항 각호의 어느 하나에 해당함을 증명하는 서류 1통($^{같은조}_{(iii)}$)

(iii) 대리인에 의하여 절차를 밟는 경우에는 그 대리권을 증명하는 서류 1통($^{같은조}_{(iii)}$)

4) 특별한 제재가 붙는 실용신안등록출원 ― 국방상 제한·제재를 받는 실용신안등록출원

(1) 이에 대하여도 실용신안법 제11조('특허법'의 준용)의 규정은 특허법 제41조(국방상 필요한 발명 등)를 준용하였고, 실용신안법 제28조(특허법의 준용)는 특허법 제106조(특허권의 수용)의 규정을 준용하고 있으므로, 이에 관한 법리적 근거와 이유는 특허법에서의 설명과 완전히 동일하다.

(2) 따라서 특허법의 해당 설명(제3장 제2절 제1관 제5항)을 참고하기 바란다.

2. 출원시의 소급효를 인정받는 실용신안등록출원들

1) 분할출원

(1) 실용신안법은 실용신안의 분할출원(分割出願)에 관하여 특허법 제52조(분할출원)를 준용하였다($^{실용법}_{§11}$).

(2) 따라서 이에 관하여는 특허법의 분할출원에 관한 설명(제3장 제2절 제2관 제1항)을 참조하기 바란다.

그 개념과 취지, 분할출원의 요건, 분할출원의 절차 및 분할출원의 효과 등이 모두 같은 법리에 근거를 두고 있다.

2) 변경출원

(1) 특허출원과 실용신안등록출원 상호간의 변경출원

실용신안법은 특허출원인은 그 특허출원의 출원서에 최초로 첨부된 명세서 또는 도면에 기재된 사항의 범위에서 그 특허출원을 실용신안등록출원으로 변경할 수 있다고 규정하였고($^{실용법}_{§10①본}$), 특허법은 실용신안등록출원인은 그 실용신안등록출원의 출원서에 최초로 첨부된 명세서 또는 도면에 기재된 사항의 범위에서 그 실용신안등록출원을 특허출원으로 변경할 수 있다고 규정하였다(특허법 §53①본).

이는 특허출원의 객체인 발명과 실용신안등록출원의 객체인 고안이 모두 자연법칙을 이용한 기술적 사상의 창작이란 점에서 동질(同質)의 것이고(특허법 §2(i), 실용법 §2(i)), 단지 발명은 고도(高度)의 것이라는 차이만 있는 것이어서, 출원인으로서는 발명인지, 고안인지 분간하기 어려운 경우에 특허출원으로 할 것을 실용신안등록출원으로 했거나, 그 반대로 실용신안등록출원으로 할 것을 특허출원으로 한 경우에는 일정한 기일 내에 올바른 출원으로 변경출원할 수 있는 길을 열어주되, 그 출원일(出願日)은 최초에 출원한 때로 소급하여 인정해 줌으로써 출원인의 불이익을 구제해주는 제도이다. 이를 변경출원(變更出願) 또는 출원의 변경이라 한다.

(2) 법리적 근거 등의 동일성

실용신안법은 제10조(변경출원)의 규정을 두고 있으나 그 법리적 근거와 이유 등은 특허법 제53조(변경출원)의 경우와 같다.

따라서 이에 관하여는 특허법의 해당 설명(제3장 제2절 제2관 제2항)을 참조하기 바란다. 다만, 여기에서는 실용신안법 제10조(변경출원)의 규정만을 주(註)로서 소개해둔다.[6]

---

6) 실용신안법 제10조(변경출원)

① 특허출원인은 그 특허출원의 출원서에 최초로 첨부된 명세서 또는 도면에 기재된 사항의 범위에서 그 특허출원을 실용신안등록출원으로 변경할 수 있다. 다만, 다음 각호의 어느 하나에 해당하는 경우에는 그러하지 아니하다. <2017. 3. 1. 시행>

1. 그 특허출원에 관하여 최초의 거절결정등본을 송달받은 날부터 30일〔특허법 제15조(기간의 연장 등) 제1항에 따라 같은법 제132조의17(특허거절결정 등에 대한 심판)에 따른 기간이 연장된 경우에는 그 연장된 기간을 말한다〕이 지난 경우

2. 그 특허출원이 특허법 제42조의3(외국어특허출원 등) 제2항에 따른 외국어특허출원인 경우로서 변경하여 출원할 때 같은 항에 따른 국어번역문이 제출되지 아니한 경우

② 제1항에 따라 변경된 실용신안등록출원(이하 "변경출원"이라 한다)이 있는 경우에 그 변경출원은 특허출원을 한 때에 실용신안등록출원을 한 것으로 본다. 다만, 그 변경출원이 다음 각호의 어느 하나에 해당하는 경우에는 그러하지 아니하다.

1. 제4조(실용신안등록의 요건) 제3항에 따른 다른 실용신안등록출원 또는 특허법 제29조(특허요건) 제4항에 따른 실용신안등록출원에 해당하여 이 법 제4조(실용신안등록의 요건) 제3항 또는 특허법 제29조(특허요건) 제4항을 적용하는 경우

2. 제11조('특허법'의 준용)에 따라 준용되는 특허법 제30조(공지 등이 되지 아니한 발명으로 보는 경우) 제2항을 적용하는 경우

3. 제11조('특허법'의 준용)에 따라 준용되는 특허법 제54조(조약에 의한 우선권 주장) 제3항을 적용하는 경우

4. 제11조('특허법'의 준용)에 따라 준용되는 특허법 제55조(특허출원 등을 기초로 한 우선권주장) 제2항을 적용하는 경우

③ 제1항에 따라 변경출원을 하려는 자는 변경출원을 할 때 실용신안등록출원서에 그 취지 및 변경출원의 기초가 된 특허출원의 표시를 하여야 한다.

3) 정당한 권리자의 실용신안등록출원 — 무권리자(無權利者)의 출원과 정당한 권리자의 보호

실용신안법은 이에 관하여 따로 규정하지 아니하고 특허법 제34조(무권리자의 특허출원과 정당한 권리자의 보호)와 같은법 제35조(무권리자의 특허와 정당한 권리자의 보호)의 규정을 준용하였다($\frac{실용법}{\S11}$).

따라서 이에 관하여도 특허법의 해당 설명(제3장 제2절 제2관 제3항)을 참조하기 바란다. 같은 법리적 근거이기 때문이다.

3. 우선권주장의 실용신안등록출원들

1) 조약에 의한 우선권주장의 실용신안등록출원

(1) 실용신안법은 이에 대하여도 특허법 제54조(조약에 의한 우선권주장)를 준용하였다($\frac{실용법}{\S11}$). 법리적인 근거와 이유 등이 같기 때문이다.

(2) 따라서 이에 대하여는 특허법의 해당 설명(제3장 제2절 제3관 제1항)을 참조하기 바란다.

2) 국내우선권주장의 실용신안등록출원 — 선출원을 기초로 한 우선권주장의 출원

(1) 실용신안법은 이에 관하여도 특허법 제55조(특허출원 등을 기초로 한 우선권주장)와 같은법 제56조(선출원의 취하 등) 등의 규정을 준용하였다($\frac{실용법}{\S11}$). 이 또한 법리적 근거와 이유 등이 같기 때문이다.

(2) 따라서 이에 관하여는 특허법의 해당 설명(제3장 제2절 제3관 제2항)을 참조하기 바란다.

---

④ 변경출원이 있는 경우에는 그 특허출원은 취하된 것으로 본다.

⑤ <삭제 2014. 6. 11>

⑥ 변경출원의 경우에 특허법 제54조(조약에 의한 우선권 주장)에 따른 우선권을 주장하는 자는 같은조 제4항에 따른 서류를 같은조 제5항에 따른 기간이 지난 후에도 변경출원을 한 날부터 3개월 이내에 특허청장에게 제출할 수 있다.

⑦ 실용신안등록출원인은 변경출원이 외국어 실용신안등록출원인 경우에는 제8조의3(외국어실용신안등록출원 등) 제2항에 따른 국어번역문 또는 같은조 제3항 본문에 따른 새로운 국어번역문을 같은조 제2항에 따른 기한이 지난 후에도 변경출원을 한 날부터 30일이 되는 날까지 제출할 수 있다. 다만, 제8조의3(외국어실용신안등록출원 등) 제3항 각호의 어느 하나에 해당하는 경우에는 새로운 국어번역문을 제출할 수 없다.

⑧ 실용신안등록출원인은 실용신안등록출원서에 최초로 첨부한 명세서에 청구범위를 적지 아니한 변경출원의 경우 제8조의2(실용신안등록출원일 등) 제2항에 따른 기한이 지난 후에도 변경출원을 한 날부터 30일이 되는 날까지 명세서에 청구범위를 적는 보정을 할 수 있다.

4. 특허법의 준용

실용신안법 제11조('특허법'의 준용)에서 준용된 특허법의 조문들을 다시 한번 확인하면 다음과 같다. 즉, 특허법 제30조(공지 등이 되지 아니한 발명으로 보는 경우), 제33조(특허를 받을 수 있는 자), 제34조(무권리자의 특허출원과 정당한 권리자의 보호), 제35조(무권리자의 특허와 정당한 권리자의 보호), 제37조(특허를 받을 수 있는 권리의 이전 등), 제38조(특허를 받을 수 있는 권리의 승계), 제41조(국방상 필요한 발명 등), 제43조(요약서), 제44조(공동출원), 제46조(절차의 보정), 제47조(특허출원의 보정), 제51조(보정각하), 제52조(분할출원), 제54조(조약에 의한 우선권 주장), 제55조(특허출원 등을 기초로 한 우선권주장) 및 제56조(선출원의 취하 등) 등이다($\binom{실용법}{§11}$).

제 4 항   특허협력조약(PCT)에 따른 국제실용신안등록출원

특허협력조약(이하 "PCT"라 약칭한다)에 따른 출원의 배경·특징·파리협약에 따른 출원과의 비교, PCT 국제출원의 국제단계(International Phase)와 PCT 국제조사, PCT 국제예비심사 및 PCT 국제출원의 국내단계(National Phase) 등에 관하여는 특허법 제3장 제2절 제4관 제1항 내지 제5항에서 상세히 설명되었으므로 그 해당 설명을 참조하기 바란다.

특히, 실용신안법은 PCT 국제출원에 관하여 특허법의 해당 조문들을 상당히 준용하고 있다($\binom{실용법}{§41}$).

따라서 여기에서는 중복되는 설명을 생략하고 실용신안법에 규정된 조항만을 소개한다.

1. 국제출원(PCT)에 의한 실용신안등록출원

(1) 실용신안등록출원일

PCT에 따라 국제출원일이 인정된 국제출원으로서 실용신안등록을 받기 위하여 대한민국을 지정국으로 지정한 국제출원은 그 국제출원일(國際出願日)에 출원된 실용신안등록출원으로 본다($\binom{실용법}{§34①}$).

(2) 특허법 제54조(조약에 의한 우선권 주장)의 배제

국제실용신안등록출원에 관하여는 제8조의2(실용신안등록출원일 등), 제8조의3(외국어실용신안등록출원 등) 및 제11조('특허법'의 준용)에 따라 특허법 제54조(조약에 의한 우선권주장)를 적용하지 아니한다(실용법 §34②).

이는 PCT 규정에 따른 우선권주장이 따로 규정되어 있기 때문이다(PCT 규칙 4.1(b)(i) 4.10(a)(b)).

2. PCT국제실용신안등록출원의 출원서 등

(1) 실용신안등록출원서의 의제

국제실용신안등록출원의 국제출원일까지 제출된 출원서는 제8조(실용신안등록출원) 제1항에 따라 제출된 실용신안등록출원서로 본다(실용법 §34의2①).

(2) 명세서 및 도면 등의 의제

국제실용신안등록출원의 국제출원일까지 제출된 고안의 설명, 청구범위 및 도면은 제8조(실용신안등록출원) 제2항에 따른 실용신안등록출원서에 최초로 첨부된 명세서 및 도면으로 본다(실용법 같은조②).

(3) 요약서의 의제

국제실용신안등록출원에 대해서는 다음 각호의 구분에 따른 요약서 또는 국어번역문을 제8조(실용신안등록출원) 제2항에 따른 요약서로 본다(실용법 같은조③본).

(i) 국제실용신안등록출원서의 요약서를 국어로 적은 경우: 국제실용신안등록출원의 요약서(같은조항 (i))

(ii) 국제실용신안등록출원서의 요약서를 외국어로 적은 경우: 제35조(국제실용신안등록출원의 국어번역문) 제1항에 따라 제출된 국제실용신안등록출원의 요약서의 국어번역문(제35조 제3항 본문에 따라 새로운 국어번역문을 제출한 경우에는 마지막에 제출한 국제실용신안등록출원의 요약서의 국어번역문을 말한다)(같은조항 (ii))

3. 국제실용신안등록출원의 국어번역문

(1) 국내서면제출기간

국제실용신안등록출원을 외국어로 출원한 출원인은 PCT 제2조(정의)(xi)의 우선일(이하 "우선일"이라 한다)부터 2년 7개월(이하 "국내서면제출기간"이라 한다) 이내에 다음 각호의 국어번역문을 특허청장에게 제출하여야 한다(실용법 §35①본). 다만, 국어번역문의 제출기간을 연장하여 달라는 취지를 제41조('특허법'의 준용)에 따라 준용되는 특허법 제203조(서면의 제출) 제1항에 따른 서면에 적어 국내서면제출기간 만료일 전 1개월부터 그 만료일까지 제출한 경우(그 서면을 제출하기 전에 국어번역문을 제출한 경우에는 제외한다)에는 국내서면제출기간 만료일부터 1개월이 되는 날까지 국어번역문을 제출할 수 있다(실용법
같은조①단).

(i) 국제출원일까지 제출한 고안의 설명, 청구범위 및 도면(도면 중 설명부분에 한정한다)의 국어번역문(같은조항
(i))

(ii) 국제실용신안등록출원의 요약서의 국어번역문(같은조항
(ii))

(2) 청구범위 보정 후에, 국제출원일까지 제출한 국어번역문을 보정 후의 청구범위에 대한 국어번역문으로 대체제출의 가능

국제실용신안등록출원을 외국어로 출원한 출원인이 PCT 제19조(국제사무국에 제출하는 청구범위의 보정서)(i)에 따라 청구범위에 관한 제출을 한 경우에는 국제출원일까지 제출한 청구범위에 대한 국어번역문을 보정 후의 청구범위에 대한 국어번역문으로 대체하여 제출할 수 있다(실용법
§35②).

(3) 국내서면제출기간에 새로운 국어번역문의 제출가능

제1항에 따라 국어번역문을 제출한 출원인은 국내서면제출기간(제1항 각호 외의 부분 단서에 따라 취지를 적은 서면이 제출된 경우에는 연장된 국어번역문 제출기간을 말한다. 이하 이조에서 같다)에 그 국어번역문을 갈음하여 새로운 국어번역문을 제출할 수 있다(실용법
§35③본). 다만, 출원인이 출원심사의 청구를 한 후에는 그러하지 아니하다(같은조
③단).

(4) 국어번역문 불제출에 따른 PCT출원의 취하로 보는 경우

제1항에 따른 출원인이 국내서면제출기간에 제1항에 따른 고안의 설명 및 청구범위의 국어번역문을 제출하지 아니하면 그 국제실용신안등록출원을 취하한 것으로 본다(실용법
§35④).

(5) 최종 국어번역문에 따라 보정을 한 것으로 보는 경우

실용신안등록출원인이 국내서면제출기간의 만료일(국내서면제출기간에 출원인이 출원심사의 청구를 한 경우에는 그 청구일을 말하며, 이하 "기준일"이라 한다)까지 제1항에 따라 고안의 설명, 청구범위 및 도면(도면 중 설명부분에 한정한다)에 국어번역문(제3항 본문에 따라 새로운 국어번역문을 제출한 경우에는 마지막에 제출한 국어번역문을 말한다. 이하 이조에서 "최종 국어번역문"이라 한다)을 제출한 경우에는 국제출원일까지 제출한 고안의 설명, 청구범위 및 도면(도면 중 설명부분에 한정한다)을 최종 국어번역문에 따라 국제출원일에 제11조('특허법'의 준용)에 따라 준용되는 특허법 제47조(특허출원의 보정) 제1항에 따른 보정을 한 것으로 본다(실용법
§35⑤).

(6) 최종 국어번역문의 정정

실용신안등록출원인은 제11조('특허법'의 준용)에 따라 준용되는 특허법 제47

조(특허출원의 보정) 제1항 및 이 법 제41조('특허법'의 준용)에 따라 준용되는 특허법 제208조(보정의 특례 등) 제1항에 따라 보정할 수 있는 기간에 최종 국어번역문의 잘못된 번역을 부령인 실용규칙으로 정하는 방법에 따라 정정할 수 있다〔실용규칙 제15조(국어번역문 등의 제출) 제5항은 특허법 시행규칙을 준용하였고, 이어서 징수규칙 제3조 제11항 제9호의3에 따른 수수료를 납부하여야 한다고 규정하고 있다〕. 이 경우 정정된 국어번역문에 관하여는 제5항(최종 국어번역문에 따라 보정을 한 것으로 보는 경우)을 적용하지 아니한다($^{실용법}_{§35⑥}$).

(7) 마지막 정정 전에 한 모든 정정의 소급적 소멸

제6항 전단에 따라 제11조('특허법'의 준용)에서 준용하는 특허법 제47조(특허출원의 보정) 제1항 제1호 또는 제2호에 따른 기간에 정정을 하는 경우에는 마지막 정정 전에 한 모든 정정은 처음부터 없었던 것으로 본다($^{실용법}_{§35⑦}$).

(8) 특허법 제204조 제1항 및 제2항의 적용배제

제2항에 따라 보정 후의 청구범위에 대한 국어번역문을 제출하는 경우에는 제41조('특허법'의 준용)에 따라 준용되는 특허법 제204조(국제조사보고서를 받은 후의 보정) 제1항 및 제2항을 적용하지 아니한다($^{실용법}_{§35⑧}$).

4. 도면의 제출

(1) 기준일(基準日)까지 도면의 제출

국제실용신안등록출원의 출원인은 국제출원일에 제출한 국제출원이 도면을 포함하지 아니한 경우에는 기준일까지 도면(도면에 관한 간단한 설명을 포함한다)을 특허청장에게 제출하여야 한다($^{실용법}_{§36①}$).

(2) 특허청장의 도면제출명령

특허청장은 기준일까지 제1항에 따른 도면의 제출이 없는 경우에는 국제실용신안등록출원의 출원인에게 기간을 정하여 도면의 제출을 명할 수 있다. 기준일까지 제35조(국제실용신안등록출원의 국어번역문) 제1항 또는 제3항에 따른 도면의 국어번역문의 제출이 없는 경우에도 또한 같다($^{실용법}_{§36②}$).

(3) 지정기간 내의 도면 불제출의 출원무효원인

특허청장은 도면의 제출명령을 받은 자가 그 지정된 기간에 도면을 제출하지 아니한 경우에는 그 국제실용신안등록출원을 무효로 할 수 있다($^{실용법}_{§36③}$). 실용신안등록출원에 있어서 도면은 그 고안을 설명하는 필수적인 일부분이기 때문이다.

(4) 도면 등의 제출을 보정한 것으로 의제

출원인이 제1항 또는 제2항에 따라 도면 및 도면의 국어번역문을 제출한 경우에는 그 도면 및 도면의 국어번역문에 따라 제11조('특허법'의 준용)에 따라 준용되는 특허법 제47조(특허출원의 보정) 제1항에 따른 보정을 한 것으로 본다. 이 경우 특허법 제47조(특허출원의 보정) 제1항의 보정기간은 도면의 제출에 적용하지 아니한다(실용법§㉠).

5. 변경출원시기의 제한

특허법 제199조(국제출원에 의한 특허출원) 제1항에 따라 국제출원일에 출원된 특허출원으로 보는 국제출원을 기초로 하여 실용신안등록출원으로 변경출원을 하는 경우에는 이 법 제10조(변경출원) 제1항에도 불구하고 특허법 제82조(수수료) 제1항에 따른 수수료를 내고, 같은법 제201조(국제특허출원의 국어번역문) 제1항에 따른 국어번역문(국어로 출원된 국제특허출원의 경우는 제외한다)을 제출한 후[특허법 제214조(결정에 의하여 특허출원으로 되는 국제출원) 제4항에 따라 국제출원일로 인정할 수 있었던 날에 출원된 것으로 보는 국제출원을 기초로 하는 경우에는 같은항에 따른 결정이 있는 후]에만 변경출원을 할 수 있다(실용법§37).

6. 출원심사청구시기의 제한

국제실용신안등록출원에 관하여는 제12조(실용신안등록출원심사의 청구) 제2항에도 불구하고 다음 각호의 어느 하나에 해당하는 때에만 출원심사의 청구를 할 수 있다(실용법§38본).

(i) 국제실용신안등록출원의 출원인이 출원심사의 청구를 하려는 경우는 제35조(국제실용신안등록출원의 국어번역문) 제1항에 따라 국어번역문을 제출하고(국어로 출원된 국제실용신안등록출원의 경우는 제외한다) 제17조(수수료) 제1항에 따른 수수료를 낸 후(실용법같은조(i))

(ii) 국제실용신안등록출원의 출원인이 아닌 자가 출원심사의 청구를 하려는 경우에는 국내서면제출기간[제35조(국제실용신안등록출원의 국어번역문) 제1항 각호의 외의 부분 단서에 따라 국어번역문의 제출기간을 연장하여 달라는 취지를 적은 서면이 제출된 경우에는 연장된 국어번역문 제출기간을 말한다]이 지난 후(실용법같은조(ii))

7. 결정에 의하여 실용신안등록출원으로 되는 국제출원

(1) 국제실용신안등록출원을 PCT 제25조(2)(a)에 따른 결정을 신청할 수 있는 경우

국제출원의 출원인은 PCT 제4조(출원서)(1)(ii)의 지정국에 대한민국을 포함하는 국제출원(실용신안등록출원만 해당한다)이 다음 각호의 어느 하나에 해당하는 경우 부령인 실용규칙으로 정하는 기간에 실용규칙으로 정하는 바에 따라 특허청장에게 PCT 제25조(지정관청에 의한 검사)(2)(a)에 따른 결정을 하여 줄 것을 신청할 수 있다$\left(\substack{실용법 \\ §40①본}\right)$.

(i) PCT 제2조(정의)(xv)의 수리관청이 그 국제출원에 대하여 PCT 제25조(지정관청에 의한 심사)(1)(a)에 따른 거부를 할 경우$\left(\substack{같은조항 \\ (ii)}\right)$

(ii) PCT 제2조(정의)(xv)의 수리관청이 그 국제출원에 대하여 PCT 제25조(지정관청에 의한 심사)(1)(a) 또는 (b)에 따른 선언을 한 경우$\left(\substack{같은조항 \\ (iii)}\right)$

(iii) PCT 제2조(정의)(xix)의 국제사무국이 그 국제출원에 대하여 PCT 제25조(지정관청에 의한 심사)(1)(a)에 따른 인정을 한 경우$\left(\substack{같은조항 \\ (iii)}\right)$

(2) 특허청장에게 신청서의 제출

제1항의 신청을 하려는 자는 그 신청시 고안의 설명, 청구범위 또는 도면(도면 중 설명부분에 한정한다), 그 밖에 부령인 실용규칙(실용규칙 제17조는 특허법 시행규칙을 준용하고 있다)으로 정하는 국제출원에 관한 서류의 국어번역문을 특허청장에게 제출하여야 한다$\left(\substack{실용법 \\ §40②}\right)$.

(3) 특허청장의 결정

특허청장은 제1항의 신청이 있으면 그 신청에 관한 거부·선언 또는 인정이 PCT 및 PCT 규칙에 따라 정당하게 된 것인지에 관하여 결정을 하여야 한다$\left(\substack{실용법 \\ §40③}\right)$.

(4) 결정에 따라 국제실용신안등록출원으로 보는 경우

특허청장은 제3항에 따라 거부·선언 또는 인정이 PCT 및 PCT 규칙에 따라 정당하게 된 것이 아니라고 결정을 한 경우에는 그 결정에 관한 국제출원은 그 국제출원에 대하여 거부·선언 또는 인정이 없었다면 국제출원일로 인정할 수 있었던 날에 출원된 실용신안등록출원으로 본다$\left(\substack{실용법 \\ §40④}\right)$.

(5) 특허청장의 결정등본의 송달

특허청장은 제3항에 따른 정당성(正當性) 여부의 결정을 하는 경우에는 그 결

정의 등본을 국제출원의 출원인에게 송달하여야 한다($\substack{실용법 \\ §40⑤}$).

⑹ 결정에 따라 국제실용신안등록출원으로 보는 경우의 준용

제4항에 따라 실용신안등록출원으로 보는 국제출원에 관하여는 제34조(국제출원에 의한 실용신안등록출원) 제2항, 제34조의2(국제실용신안등록출원의 출원서 등), 제35조(국제실용신안등록출원의 국어번역문) 제5항부터 제8항까지, 제38조(출원심사청구시기의 제한), 제41조('특허법'의 준용)에 따라 준용되는 특허법 제200조(공지 등이 되지 아니한 발명으로 보는 경우의 특례), 제202조(특허출원 등에 의한 우선권주장의 특례) 제1항·제2항 및 제208조(보정의 특례 등)를 준용한다. <2017. 3. 1. 시행>

⑺ 출원공개의 기산일

제4항에 따라 실용신안등록출원으로 보는 국제출원에 관한 출원공개에 관하여는 제15조('특허법'의 준용)에 따라 준용되는 특허법 제64조(출원공개) 제1항 중 "다음 각호의 구분에 따른 날"은 "제35조(국제실용신안등록출원의 국어번역문) 제1항의 우선일"로 본다($\substack{실용법 \\ §40⑦}$).

8. 특허법의 준용

국제실용신안등록출원에 관하여 준용되는 특허법은 앞에서 소개된 ⑹과 ⑺ 외에, 제41조('특허법'의 준용)에 따라 다음의 특허법 조문들이 준용된다. 즉, 특허법 제192조(국제출원을 할 수 있는 자), 제193조(국제출원), 제194조(국제출원일의 인정 등), 제195조(보정명령), 제196조(취하된 것으로 보는 국제출원 등), 제197조(대표자 등), 제198조(수수료), 제198조의2(국제조사 및 국제예비심사), 제200조(공지 등이 되지 아니한 발명으로 보는 경우의 특례), 제202조(특허출원 등에 의한 우선권주장의 특례), 제203조(서면의 제출), 제204조(국제조사보고서를 받은 후의 보정), 제205조(국제예비심사보고서 작성 전의 보정), 제206조(재외자의 특허관리인의 특례), 제207조(출원공개시기 및 효과의 특례), 제208조(보정의 특례 등) 및 제211조(국제조사보고서 등에 기재된 문헌의 제출명령) 등이 준용된다($\substack{실용법 \\ §41}$).

제 4 절 실용신안에 관한 기타사항들의 개요

제 1 항 심사주의와 심사청구 등

1. 심사주의에 따른 심사청구제도

(1) 심사주의와 심사적체의 해소를 위한 심사청구제

실용신안법은 심사주의(審査主義)를 채택하였고($^{실용법 §15에 의하여}_{준용되는 특허법 §57}$) 또 심사적체(審査積滯) 등을 해소하기 위하여 심사청구(審査請求) 제도를 두었다($^{실용법}_{§12①}$).

(2) 심사청구할 수 있는 자와 심사청구기간

심사청구는 누구든지 할 수 있고 심사청구기간은 실용신안등록출원일부터 3년 이내이다($^{실용법}_{같은조②본}$). 다만, 실용신안등록출원인은 다음 각호의 어느 하나에 해당하는 경우에는 심사청구를 할 수 없다($^{같은조}_{②단}$). 심사할 수 있는 준비가 갖추어지지 않았기 때문이다.

(i) 명세서에 청구범위를 적지 아니한 경우($^{같은조항}_{단(i)}$)

(ii) 제8조의3 제2항에 따른 국어번역문을 제출하지 아니한 경우(외국어실용신안등록출원의 경우로 한정한다)($^{같은조항}_{단(iii)}$)

(3) 심사청구기간 경과 후에도 심사청구할 수 있는 예외

다음 각호의 어느 하나에 해당하는 실용신안등록출원에 관하여는 제2항에 따른 기간이 지난 후에도 다음 각호의 구분에 따른 기간 이내에 출원심사의 청구를 할 수 있다($^{실용법}_{§12③}$).

(i) 변경출원: 변경출원을 한 날부터 30일($^{같은조항}_{(i)}$)

(ii) 제11조('특허법'의 준용)에 따라 준용되는 특허법 제34조(무권리자의 특허출원과 정당한 권리자의 보호) 및 제35조(무권리자의 특허와 정당한 권리자의 보호)에 따른 정당한 권리자의 실용신안등록출원: 정당한 권리자가 실용신안등록출원을 한 날부터 30일($^{같은조항}_{(iii)}$)

(iii) 제11조('특허법'의 준용)에 따라 준용되는 특허법 제52조(분할출원) 제2항에 따른 분할출원(分割出願): 분할출원을 한 날부터 30일($^{같은조항}_{(iv)}$)

(4) 출원심사청구의 취하불허

출원심사의 청구는 취하할 수 없다($^{실용법}_{§12④}$). 심사청구되면 바로 심사단계에 들어가기 때문에 그 취하는 행정절차의 농락으로 보는 것이다.

(5) 심사청구의 취하의제

출원심사의 청구를 할 수 있는 기간에 출원심사의 청구가 없으면 그 실용신안등록출원은 취하한 것으로 본다($\frac{실용법}{§12⑤}$).

2. 실용신안등록거절결정과 거절이유의 통지

(1) 실용신안등록거절결정

제15조('특허법'의 준용)에 따라 준용되는 특허법 제57조(심사관에 의한 심사) 제1항에 따른 심사관(이하 "심사관"이라 한다)은 실용신안등록출원이 다음 각호의 어느 하나의 거절이유(이하 "거절이유"라 한다)에 해당하는 경우에는 실용신안등록거절결정을 하여야 한다($\frac{실용법}{§13①}$).

(i) 제4조(실용신안등록의 요건), 제6조(실용신안등록을 받을 수 없는 고안), 제7조(선출원) 제1항부터 제3항까지, 제3조('특허법'의 준용)에 따라 준용되는 특허법 제25조(외국인의 권리능력) 또는 이 법 제11조('특허법'의 준용)에 따라 준용되는 특허법 제44조(공동출원)에 따라 실용신안등록을 받을 수 없는 경우($\frac{같은조항}{(i)}$)

(ii) 제11조('특허법'의 준용)에 따라 준용되는 특허법 제33조(특허를 받을 수 있는 자) 제1항 본문에 따른 실용신안등록을 받을 수 있는 권리를 가지지 아니하거나 같은 항 단서에 따라 실용신안등록을 받을 수 없는 경우($\frac{실용법}{§13①(ii)}$)

(iii) 조약을 위반한 경우($\frac{같은조항}{(iii)}$)

(iv) 제8조(실용신안등록출원) 제3항·제4항·제8항 또는 제9조(하나의 실용신안등록출원의 범위)에 따른 요건을 갖추지 아니한 경우($\frac{같은조항}{(iv)}$)

(v) 제10조(변경출원) 제1항에 따른 범위를 벗어난 변경출원인 경우($\frac{같은조항}{(v)}$)

(vi) 제11조('특허법'의 준용)에 따라 준용되는 특허법 제47조(특허출원의 보정) 제2항에 따른 범위를 벗어난 보정인 경우($\frac{같은조항}{(vi)}$)

(vii) 제11조('특허법'의 준용)에 따라 준용되는 특허법 제52조(분할출원) 제1항에 따른 범위를 벗어난 분할출원인 경우($\frac{같은조항}{(vii)}$)

(2) 거절이유통지

이 거절이유통지는 필수적이다. 즉, 심사관은 다음 각호의 어느 하나에 해당하는 경우에는 실용신안등록출원인에게 거절이유를 통지하고, 기간을 정하여 의견서를 제출할 수 있는 기회를 주어야 한다. 다만, 제11조('특허법'의 준용)에 따라 준용되는 특허법 제51조(보정각하) 제1항에 따라 각하결정을 하려는 경우에는 그러하

지 아니하다($\substack{실용법 \\ §14①}$). <2017. 3. 1. 시행>

(i) 제13조(실용신안등록거절결정)에 따라 실용신안등록거절결정을 하려는 경우 ($\substack{같은조항 \\ (i)}$)

(ii) 제15조('특허법'의 준용)에 따라 준용되는 특허법 제66조의3(특허결정 이후 직권재심사)에 따른 직권 재심사를 하여 취소된 실용신안등록결정 전에 이미 통지한 거절이유로 실용신안등록거절결정을 하려는 경우($\substack{같은조항 \\ (iii)}$)

(3) 청구항의 독립성

심사관은 청구범위에 둘 이상의 청구항이 있는 실용신안등록출원에 대하여 제1항 본문에 따라 거절이유를 통지할 때에는 그 통지서에 거절되는 청구항을 명확히 밝히고, 그 청구항에 관한 거절이유를 구체적으로 적어야 한다($\substack{실용법 \\ §14②}$).

3. 특허법의 준용

실용신안등록출원의 심사 · 결정에 관하여 준용되는 특허법의 조문은 다음과 같다. 즉 특허법 제57조(심사관에 의한 심사), 제58조(전문기관의 지정 등), 제58조의2 (전문기관지정의 취소 등), 제60조(출원심사의 청구절차), 제61조(우선심사), 제63조의2 (특허출원에 대한 정보제공), 제63조의3(외국의 심사결과 제출명령), 제64조(출원공개), 제65조(출원공개의 효과), 제66조(특허결정), 제66조의2(직권에 의한 보정 등), 제66조의3(특허결정 이후 직권재심사), 제67조(특허여부결정의 방식), 제67조의2(재심사의 청구), 제67조의3(특허출원의 회복), 제68조(심판규정의 심사에의 준용) 및 제78조(심사 또는 소송절차의 중지)를 준용한다($\substack{실용법 \\ §15}$).

제 2 항 실용신안에 관한 기타 중요사항의 요점

1. 실용신안권의 등록료 · 수수료 · 실용신안등록원부 및 실용신안등록증의 발급 등

(1) 등록료($\substack{실용법 \\ §16}$) · 수수료($\substack{실용법 \\ §17}$) 등

그 법리가 특허법에서 설명된 것과 같고, "특허권 등의 등록령"에 같이 규정되어 있다.

실용신안등록원부($\substack{실용법 \\ §18}$)와 실용신안등록증의 발급($\substack{실용법 \\ §19}$) 등도 그 법리는 특허법과 같다. 실용신안등록증의 발급에 관하여는 실용시행규칙 제11조(실용신안등

록증의 발급), 제12조(휴대용 실용신안등록증의 발급) 및 제13조(실용신안등록증 등의 재발급)에 규정되어 있다.

(2) 특허법의 준용

등록료 및 실용신안등록에 관하여는 특허법 제80조(이해관계인에 의한 특허료의 납부), 제81조(특허료의 추가납부 등), 제81조의2(특허료의 보전), 제81조의3(특허료의 추가납부 또는 보전에 의한 특허출원과 특허권의 회복 등), 제83조(특허료 또는 수수료의 감면), 제84조(특허료 등의 반환), 제85조(특허원부) 및 제86조(특허증의 발급) 등의 규정을 준용한다(실용법§20).

2. 실용신안권의 발생과 존속기간 등

(1) 권리의 발생

실용신안권은 설정등록(設定登錄)에 의하여 발생한다(실용법§21①).

(2) 권리의 존속기간

실용신안권의 존속기간은 실용신안권을 설정등록한 날부터 실용신안등록출원일 후 10년이 되는 날까지로 한다(실용법§22①).

(3) 등록지연에 따른 실용신안권의 존속기간의 연장

이에 관하여 실용신안법은 제22조의2(등록지연에 따른 실용신안권의 존속기간의 연장)부터 제22조의5(등록지연에 따른 실용신안권의 존속기간의 연장등록결정 등)까지 4개조를 규정하고 있으나 그 법리적 근거와 내용은 특허법의 그것들과 같다.

따라서 여기서의 그 설명은 생략한다.

(4) 특허법 등의 준용

실용신안권의 존속기간연장등록출원의 심사에 관하여는 실용신안법 제14조(거절이유통지), 특허법 제57조(심사관에 의한 심사) 제1항·제67조(특허여부결정의 방식) 제148조(심판관의 제척) 제1호부터 제5호까지 및 같은조 제7호를 준용한다(실용법§22의6).

3. 실용신안권의 효력과 그 효력이 미치지 아니하는 범위

(1) 실용신안권의 효력

실용신안권자는 업으로서 등록실용신안을 실시할 권리를 독점한다(실용법§23본). 다만, 그 실용신안권에 관하여 제28조('특허법'의 준용)에 따라 준용되는 특허법 제100조(전용실시권) 제1항에 따라 전용실시권을 설정하였을 때에는 같은조 제2항에 따라 전용실시권자가 그 등록실용신안을 실시할 권리를 독점하는 범위에서는 그러하지 아니하다(같은조).

(2) 실용신안권의 효력이 제한되는 경우

실용신안법은 실용신안권의 효력이 제한되는 경우로서 제24조(실용신안권의 효력이 미치지 아니하는 범위), 제25조(타인의 등록실용신안 등과의 관계), 제26조(무효심판청구 등록 전의 실시에 의한 통상실시권) 및 제27조(디자인권의 존속기간 만료 후의 통상실시권) 등을 규정하고 있는바, 이들의 법리적 근거 또는 이유 등도 특허법에서 설명한 바 같은 것들이다.

따라서 여기에서는 그 중복되는 설명을 생략한다.

(3) 특허법의 준용

실용신안권에 관하여는 특허법 제97조(특허발명의 보호범위), 제99조(특허권의 이전 및 공유 등), 제99조의2(특허권의 이전청구), 제100조(전용실시권), 제101조(특허권 및 전용실시권의 등록의 효력), 제102조(통상실시권), 제103조(선사용에 의한 통상실시권), 제103조의2(특허권의 이전청구에 따른 이전등록 전의 실시에 의한 통상실시권), 제106조(특허권의 수용), 제106조의2(정부 등에 의한 특허발명의 실시), 제107조(통상실시권 설정의 재정), 제108조(답변서의 제출), 제109조(산업재산권분쟁조정위원회 및 관계부처의 장의 의견청취), 제110조(재정의 방식 등), 제111조(재정서등본의 송달), 제111조의2(재정서의 변경), 제112조(대가의 공탁), 제113조(재정의 실효), 제114조(재정의 취소), 제115조(재정에 대한 불복이유의 제한), 제118조(통상실시권의 등록의 효력), 제119조(특허권 등의 포기의 제한), 제120조(포기의 효과), 제121조(질권), 제122조(질권행사로 인한 특허권의 이전에 따른 통상실시권), 제123조(질권의 물상대위), 제124조(상속인이 없는 경우 등의 특허권 소멸), 제125조(특허실시보고) 및 제125조의2(대가 및 보상금액에 대한 집행권원)를 준용한다(실용법§28).

4. 실용신안권의 보호

실용신안법은 실용신안권자의 보호에 관하여 1개의 조문만을 규정하였고, 특허법의 규정을 준용하였다.

(1) 침해로 보는 행위

등록실용신안에 관한 물품의 생산에만 사용하는 물건을 업으로 생산·양도·대여(貸與) 또는 수입(輸入)하거나 업으로서 그 물건의 양도 또는 대여의 청약(請約)을 하는 행위는 실용신안권 또는 전용실시권을 침해한 것으로 본다(실용법§29).

(2) 특허법의 준용

실용신안권자의 보호에 관하여는 특허법 제126조(권리침해에 대한 금지청구권 등), 제128조(손해액의 추정 등), 제130조(과실의 추정), 제131조(특허권자 등의 신용회복) 및 제132조(서류의 제출) 등의 규정을 준용한다($\substack{실용법 \\ §30}$).

5. 실용신안등록취소신청

(1) 특허취소신청과 법리의 동일성

실용신안법은 실용신안등록취소신청에 관하여 제30조의2(실용신안등록취소신청) 1개의 조문만을 규정하였고 나머지 사항에 관하여는 특허법의 규정을 준용했다. 그런데 실용신안등록취소신청은 특허법에 규정된 "특허취소신청"과 비교하여 그 법리적 근거 또는 이유 등이 완전히 동일하다. 따라서 자세한 설명은 특허법의 해당 설명(제7장 제1절)을 참조하기 바란다.

(2) 실용신안등록취소신청

누구든지 실용신안권의 설정등록일부터 등록공고일 후 6개월이 되는 날까지 그 실용신안등록이 다음 각호의 어느 하나에 해당하는 경우에는 특허심판원장에게 실용신안등록취소신청을 할 수 있다. 이 경우 청구범위의 청구항이 둘 이상인 경우에는 청구항마다 실용신안등록취소신청을 할 수 있다($\substack{실용법 \\ §30의2①본}$).

(i) 제4조(실용신안등록의 요건)에 위반한 경우(같은조 제1항 제1호에 해당하는 경우와 같은호에 해당하는 고안에 의하여 극히 쉽게 고안할 수 있는 경우는 제외한다)($\substack{같은조항 \\ (i)}$).

이 취소절차는 간이·신속을 요하는 절차이기 때문에 신규성의 심리·판단이 용이한 선행간행물에 기재된 기술내용만을 대상으로 하고 있으며, 출원 전 공지·공용($\substack{§4① \\ (i)}$) 또는 공지·공용에 의한 진보성을 대상으로 하는 취소신청은 할 수 없는 취지를 규정한 것이다.

(ii) 제7조(선출원) 제1항부터 제3항까지의 규정에 위반된 경우($\substack{같은조항 \\ (ii)}$)

(3) 실용신안등록취소신청을 할 수 없는 경우

실용신안공보에 게재된 제21조(실용신안권의 설정등록 및 등록공고) 제3항 제7호에 따른 선행기술에 기초한 이유로는 실용신안등록취소신청을 할 수 없다($\substack{실용법 \\ §30의2②}$).[7]

---

7) 실용신안법 제21조(실용신안권의 설정등록 및 등록공고) 제3항 제7호의 규정은 다음과 같다. 즉 "제14조(거절이유통지) 제1항 각호 외의 부분 본문에 따라 통지한 거절이유에 선행기술에 관한 정보(선행기술이 적혀 있는 간행물의 명칭과 그 밖에 선행기술에 관한 정보의 소재지를 말한다) 가 포함된 경우 그 정보."

이러한 정보는 심사과정에서 심사관이 이미 심사한 내용임을 공보에 공고하고 있기 때문이다.

⑷ 특허법의 준용

실용신안등록취소신청의 심리·결정 등에 관하여는 특허법 제132조의3(특허취소신청절차에서의 특허의 정정), 제132조의4(특허취소신청의 방식 등), 제132조의5(특허취소신청서 등의 보정·각하), 제132조의6(보정할 수 없는 특허취소신청의 각하결정), 제132조의7(특허취소신청의 합의체 등), 제132조의8(심리의 방식 등), 제132조의9(참가), 제132조의10(특허취소신청의 심리에서의 직권심리), 제132조의11(특허취소신청의 병합 또는 분리), 제132조의12(특허취소신청의 취하), 제132조의13(특허취소신청에 대한 결정), 제132조의14(특허취소신청의 결정 방식) 및 제132조의15(심판규정의 특허취소신청에의 준용) 등의 규정을 준용한다(실용법 §30의3).

6. 심판·재심 및 소송

⑴ 법리적 근거·이유·내용 등이 특허법과 같음

실용신안법은 심판·재심 및 소송에 관하여 실용신안등록의 무효심판(실용법 §31) 등 3개조문만을 규정하였고 그 외에는 특허법의 조문들을 대폭적으로 준용했다. 그 법리적 근거와 이유가 모두 같기 때문이다.

따라서 심판에 관하여는 제7장 제2절(특허의 심판)을, 재심에 관하여는 같은장 제3절(재심)을, 그리고 소송에 관하여는 제8장(특허소송)에 관한 해당 설명을 참고하기 바란다. 또 실용신안법에 따로 두고 있는 3개의 조문도 특허법에 대응되는 규정과 비교해보면, 실용신안법 제31조(실용신안등록의 무효심판)는 특허법 제133조(특허의 무효심판)에 대응되는 것이고, 실용신안법 제31조의2(실용신안권의 존속기간의 연장등록의 무효심판)는 특허법 제134조(특허권 존속기간의 연장등록의 무효심판)에 대응되는 내용이며, 실용신안법 제32조(통상실시권 허락의 심판)는 특허법 제138조(통상실시권 허락의 심판)의 내용과 같은 것임을 알 수 있다.

따라서 여기에서는 이들에 대한 모든 설명을 생략하기로 하고 다만, 실용신안등록의 무효심판에 관한 법조항만을 다음에 소개한다.

⑵ 실용신안등록의 무효심판과 그 무효이유

이해관계인(제5호 본문의 경우에는 실용신안등록을 받을 수 있는 권리를 가진 자만 해당한다) 또는 심사관은 실용신안등록이 다음 각호의 어느 하나에 해당하는 경우에는 무효심판을 청구할 수 있다. 이 경우 청구범위의 청구항이 둘 이상인 경우에는 청구항마다 청구할 수 있다. 다만, 실용신안권의 설정등록일부터 등록공고일 후 3개월 이내에는 누구든지 다음 각호(제5호는 제외한다)의 어느 하나에 해당한다는 이유로 무효심판을 청구할 수 있다($\frac{\text{실용법}}{\S31①본}$).

    (i) 제4조(실용신안등록의 요건), 제6조(실용신안등록을 받을 수 없는 고안), 제7조(선출원) 제1항부터 제3항까지, 제8조(실용신안등록출원) 제3항 제1호, 같은조 제4항 또는 제3조('특허법'의 준용)에 따라 준용되는 특허법 제25조(외국인의 권리능력)를 위반한 경우($\frac{\text{같은조항}}{(i)}$)

    (ii) 실용신안등록 후 그 실용신안권자가 제3조에 따라 준용되는 특허법 제25조(외국인의 권리능력)에 따라 실용신안권을 누릴 수 없는 자로 되거나 그 실용신안등록이 조약을 위반한 경우($\frac{\text{같은조항}}{(ii)}$)

    (iii) 조약을 위반하여 실용신안등록을 받을 수 없는 경우($\frac{\text{같은조항}}{(iii)}$)

    (iv) 제10조(변경출원) 제1항에 따른 범위를 벗어난 변경출원인 경우($\frac{\text{같은조항}}{(iv)}$)

    (v) 제11조('특허법'의 준용)에 따라 준용되는 특허법 제33조(특허를 받을 수 있는 자) 제1항 본문에 따른 실용신안등록을 받을 수 있는 권리를 가지지 아니하거나 특허법 제44조(공동출원)를 위반한 경우   다만, 제28조에 따라 준용되는 특허법 제99조의2(특허권의 이전청구) 제2항에 따라 이전등록된 경우에는 제외한다($\frac{\text{같은조항}}{(v)}$).

    (vi) 제11조에 따라 준용되는 특허법 제33조(특허를 받을 수 있는 자) 제1항 단서에 따라 실용신안등록을 받을 수 없는 경우($\frac{\text{같은조항}}{(vi)}$)

    (vii) 제11조에 따라 준용되는 특허법 제47조(특허출원의 보정) 제2항 전단(前段)에 따른 범위를 벗어난 보정인 경우($\frac{\text{같은조항}}{(vii)}$)

    (viii) 제11조에 따라 준용되는 특허법 제52조(분할출원) 제1항에 따른 범위를 벗어난 분할출원인 경우($\frac{\text{같은조항}}{(viii)}$)

    (3) 실용신안등록무효심판의 청구기간

    제1항에 따른 심판은 실용신안권이 소멸된 후에도 청구할 수 있다($\frac{\text{실용법}}{\S31②}$).

    (4) 무효심결의 소급효

    실용신안등록을 무효로 한다는 심결이 확정된 경우에는 그 실용신안권은 처음부터 없었던 것으로 본다. 다만, 제1항 제2호에 따라 실용신안등록을 무효로 한다는 심결이 확정된 경우에는 실용신안권은 그 실용신안등록이 같은 호에 해당하게 된 때부터 없었던 것으로 본다($\frac{\text{실용법}}{\S31③}$).

    무효사유가 후발적으로 발생한 경우이므로 권리는 그 무효사유가 발생한 때까지만 소급하여 소멸한다는 취지이다.

(5) 전용실시권자 등에 대한 통보

심판장은 제1항에 따른 심판이 청구된 경우에는 그 취지를 해당실용신안권의 전용실시권자나 그 밖에 실용신안등록에 관하여 등록을 한 권리를 가진 자에게 알려야 한다($\frac{실용법}{\S31④}$). 등록을 한 권리자란 질권자 또는 통상실시권을 등록한 자 등이다. 이들은 무효심판에 중대한 이해관계가 있기 때문이다.

(6) 특허법의 준용

실용신안권에 관한 심판·재심 및 소송에 관하여는 특허법 제132조의17(특허거절결정 등에 대한 심판), 제133의2(특허무효심판절차에서의 특허의 정정), 제135조(권리범위확인심판), 제136조(정정심판), 제137조(정정의 무효심판), 제139조(공동심판의 청구 등), 제140조(심판청구방식), 제140조의2(특허거절결정에 대한 심판청구방식), 제141조(심판청구의 각하), 제142조(보정할 수 없는 심판청구의 심결각하), 제143조(심판관), 제144조(심판관의 지정), 제145조(심판장), 제146조(심판의 합의체), 제147조(답변서 제출 등), 제148조(심판관의 제척), 제149조(제척신청), 제150조(심판관의 기피), 제151조(제척 또는 기피의 소명), 제152조(제척 또는 기피신청에 관한 결정), 제153조(심판절차의 종지), 제153조의2(심판관의 회피), 제154조(심리 등), 제155조(참가), 제156조(참가의 신청 및 결정), 제157조(증거조사 및 증거보전), 제158조(심판의 진행), 제159조(직권심리), 제160조(심리·심결의 병합 또는 분리), 제161조(심판청구의 취하), 제162조(심결), 제163조(일사부재리), 제164조(소송과의 관계), 제165조(심판비용), 제166조(심판비용액 또는 대가에 대한 집행권원), 제170조(심사규정의 특허거절결정에 대한 심판에의 준용), 제171조(특허거절결정에 대한 심판의 특칙), 제172조(심사의 효력), 제176조(특허거절결정 등의 취소), 제178조(재심의 청구), 제179조(제3자에 의한 재심청구), 제180조(재심청구의 기간), 제181조(재심에 의하여 회복된 특허권의 효력제한), 제182조(재심에 의하여 회복한 특허권에 대한 선사용자의 통상실시권), 제183조(재심에 의하여 통상실시권을 상실한 원권리자의 통상실시권), 제184조(재심에서 심판규정의 준용), 제185조('민사소송법'의 준용), 제186조(심결 등에 대한 소), 제187조(피고적격), 제188조(소제기 통지 및 재판서정본송부), 제188조의2(기술심리관의 제척·기피·회피), 제189조(심결 또는 결정의 취소), 제190조(보상금 또는 대가에 관한 불복의 소), 제191조(보상금 또는 대가에 관한 소송에서의 피고) 및 제191조의2(변리사의 보수와 소송비용) 등의 규정이 준용된다($\frac{실용법}{\S33}$).

7. 보   칙

실용신안법은 이에 관하여도 2개의 조문을 규정하였고 기타는 특허법의 규정들을 준용하였다. 다만, 특허법의 해설에는 보칙에 관하여 따로 장이나 절 또는 관·항으로 설명되지 아니하였고, 다른 장·절·관·항 등에 적절히 붙혀서 설명되었으므로 특허법의 해당항목을 참고하기 바란다.

실용신안의 보칙에 관하여 제44조('특허법'의 준용)는 특허법 제215조(둘 이상의 청구항이 있는 특허 또는 특허권에 관한 특칙), 제215조의2(둘 이상의 청구항이 있는 특허출원의 등록에 관한 특칙), 제216조(서류의 열람 등), 제217조(특허출원 등에 관한 서류 등의 반출 및 감정 등의 금지), 제217조의2(특허문서 전자화 업무의 대행), 제218조(서류의 송달), 제219조(공시송달), 제220조(재외자에 대한 송달), 제222조(서류의 제출 등), 제223조(특허표시), 제224조(허위표시의 금지), 제224조의2(불복의 제한), 제224조의3(비밀유지명령), 제224조의4(비밀유지명령의 취소) 및 제224조의5(소송기록열람 등의 청구통지 등)의 규정이 준용된다($\frac{실용법}{§44}$).

8. 형사벌칙

실용신안권 또는 그 전용실시권을 침해한 경우의 벌칙 등에 대한 규정은 특허법의 벌칙에 대응되는 규정과 완전히 동일하다.

그 조문의 배열과 표현 및 형량(刑量) 등이 모두 같다. 이미 지적된 바 있거니와 그 형량이 동일한 것은 불합리하다고 볼 수 있다. 특허권침해인 경우도 7년 이하의 징역 또는 1억원 이하의 벌금이고($\frac{특허법}{§225①}$), 실용신안권을 침해한 경우도 7년이하의 징역 또는 1억원 이하의 벌금이다($\frac{실용법}{§45①}$). 뿐만 아니라, 디자인권을 침해한 경우도 같고($\frac{디자인법}{§220①}$), 상표권을 침해한 경우도 또한 같다($\frac{상표법}{§230}$).

9. 개정법(2017. 3. 1. 시행)의 경과규정

실용신안법 중 개정법(2017. 3. 1. 시행)의 부칙에 규정된 경과규정(經過規定)의 내용(부칙 제2조 내지 제21조)도 특허법의 그것과 같은 내용으로 되어 있다.

제 **10** 장 특허 등에 관한 조약 등

제 1 절 특허 등에 관한 조약 서설

제 1 항 조약의 역사적 배경과 정의

(1) 역사적 배경

조약에 관한 국제법의 규칙(規則)은 20세기 중반까지는 거의가 모두 국제관습(國際慣習)에 의한 것이었고 국제연합(UN)이 성립됨으로써 성문의 규칙이 기도되었다는 것이다.[1]

한편, 1969년 5월 22일 오스트리아 비인(Vienne)에서 채택된 "조약법(條約法)에 관한 비인협약"(Vienne Convention on the Law of Treaties: 이하 "비인협약"이라 약칭한다)은 오랫동안 국제관행에 의하여 이루어진 조약에 관한 국제관습법을 성문화하는 근거가 된 것이다. 이 협약은 국가간의 조약에만 적용되고($^{비인협약}_{\S1}$), 규정하지 않은 사항에 관하여는 국제관습법이 적용된다 하였다($^{비인협약}_{전문(前文)}$). 그리고 강행법규(强行法規)에 반하는 조약은 무효라는 규정도 두었다($^{비인협약}_{\S71}$).

이 비인협약은 정하여진 내용에 따라 당사국에 구속력(拘束力)이 있는 것이어서, 당사국들은 그것을 준수하여야 할 의무가 있다. 우리나라는 1980년 1월 27일 이 비인협약의 당사국이 되었다.

(2) 조약의 정의

"조약"이란 국가 간 또는 국가와 국제단체 간에 서면 형식으로 체결되고 국제법에 의하여 규율되는 국제적 합의이다.

---

1) 橋本良郎 著, 特許關係條約 第三版(2002), P. 287.

그 서면의 형식과 명칭은 따지지 아니한다. 따라서 여기에서 조약이라 함은 조약(treaty)뿐만 아니라, 협약(convention), 협정(agreement), 약정(arrangement)이라는 명칭이 붙은 것도 포함되는 넓은 의미이다. 이것들에는 결정서(act), 의정서(protocol), 선언(declaration)이라는 명칭을 붙이기도 하고, 그 외에도 공문(note)이나 각서(memorandum)의 교환에 의하여 합의(合意)가 성립되는 경우도 있다.[2]

우리나라도 파리협약(Paris Convention for the Protection of Industrial Property)에 가입(1980. 5. 4.)하기 전에는 여러 나라들과 특허에 관한 각서(memorandum)의 교환만으로 상호보호를 합의하는 경우가 많았다.

제 2 항 특허 등에 관한 중요한 조약들 — 특허에 관한 사항이 포함된 조약들

(1) 특허 등에 관한 조약의 개념

여기에서 "특허 등에 관한 조약"이란 특허에 관한 사항이 포함된 조약(treaty)이나 협약(convention) 또는 협정(agreement) 등 국제간의 합의를 말하는 것이고, 오로지 특허에 관한 사항만을 내용으로 하는 조약을 의미하는 것은 아니다. 그러한 조약은 많지 않은 것으로 알려져 있다.

예로서 파리협약(Paris Convention)은 특허를 포함하는 산업재산권은 물론이요, 원산지표시, 원산지명칭 및 부정경쟁방지에 관한 사항 등을 보호하는 넓은 의미의 협약이고, 특허협력조약(Patent Cooperation Treaty: PCT)도 특허뿐만 아니라 실용신안에 관하여도 규정하고 있기 때문이다.

(2) 특허 등에 관한 조약으로서 중요한 것들

특허 등에 관한 크고 작은 조약들은 상당히 많이 있는 것으로 알려져 있다. 그러나 여기에서는 지면관계로 그것들을 모두 소개할 수는 없고, 그것들 중에서 중요한 다음의 것들을 간략하게 소개하기로 한다.

i) 1967년 7월 14일 스톡홀름에서 서명된 세계지식재산권기관 설립협약(Convention establishing the World Intellectual Property Organization signed at Stockholm on July 14, 1967)

ii) 산업재산권보호를 위한 파리협약(Paris Convention for the Protection of

---

2) 橋本良郎, 前揭書, P. 288.

Industrial Property).

   iii) 특허협력조약(Patent Cooperation Treaty: PCT)

   iv) 유럽특허협약(European Patent Convention: EPC)

   v) 공동체특허협약(Community Patent Convention: CPC)

   vi) 특허절차상 미생물기탁의 국제적 승인에 관한 부다페스트 조약(Budapest Treaty of the International Recognition of the Deposit of microorganisms for the purposes of Patent Procedure)

   vii) 지적재산권의 무역관련측면에 관한 협정(Agreement on Trade—Related Aspects of Intellectual Property Rights: TRIPS)

   viii) 기타의 특허 등에 관한 조약

   (i) 특허법조약(Patent Law Treaty: PLT)

   (ii) 국제특허분류에 관한 스트라스브르크협정(Strasbourg Agreement Concerning the International Patent Classification)

   (iii) EPC 또는 CPC 외의 지역특허조약(Regional Patent Treaty)

제 2 절 특허 등에 관한 중요한 조약들

제 1 항 세계지식재산권(WIPO)의 설립을 위한 협약

1. 협약의 중요성과 성립과정

파리협약(Paris Convention)은 1883년에 성립된 기본협약인데도 불구하고, 그보다는 훨씬 늦은 1967년에 서명된 "세계지식재산권기관(WIPO) 설립을 위한 협약"을 먼저 소개하는 것은 그 협약 자체가 중요한 것이라기보다는 그 협약에 의하여 설립된 "세계지식재산권기관(World Intellectual Property Organization: WIPO)"이 특허 등에 관한 모든 조약 등을 관장하는 기본적인 기관이기 때문이다.

이 협약의 공식명칭은 매우 길다. 즉 "1967년 7월 14일 스톡홀름에서 서명된 세계지식재산권기관 설립협약(Convention establishing the World Intellectual Property Organization signed at Stockholm on July 14, 1967)"이다. 이 협약은 전문 21개 조문으로 되었고 1970년 4월 26일 발효되었다. 우리나라는 1979년 3월 1일에 가입했

다. 이 협약의 의의와 중요성은 이 협약에 따라 탄생한 세계지식재산권기관(이하 "WIPO"라 한다)이다.

WIPO가 각국의 정부간의 국제기관인데 대하여, 이에 대응되는 민간단체(民間團體)의 세계적 조직으로 국제산업재산권보호협회(Association Internationale pour la Protection de la propriété Industrille: AIPPI)가 있다.

2. WIPO의 기본적인 목적과 임무

(1) WIPO의 기본적인 목적

WIPO의 목적은 국제간의 협력에 의하여 적당한 경우에 따라서는 다른 국제기관과 협력에 의하여, 전세계에 걸친 지적재산권의 보호를 촉진하는 일 및 그 관리에 관한 동맹간의 협력을 확보하는 것을 목적으로 한다($\frac{협약}{\S3}$).

(2) WIPO의 기본적인 임무

WIPO는 그 목적을 달성하기 위하여 다음의 임무를 수행한다.

(i) 전세계에 걸쳐 지적재산권의 보호를 개선하는 일 및 이 분야에 있어서의 각국의 국내법령(國內法令)을 조화(調和)시키는 것을 목적으로 하는 조치의 채용을 촉진하는 일($\frac{협약}{\S4(i)}$)

(ii) 각 동맹 등의 관리업무를 집중화(集中化)하는 것으로서 파리협약(Paris Convention)과 파리협약에 관련하여 설립된 특별협력과 베른협약(Berne Convention for the Protection of Literary and Artistic Works)의 관리업무를 행하는 일($\frac{협약}{\S4(ii)}$)

(iii) 지적재산권보호를 촉진하는 것을 목적으로 하는 다른 국제협정의 관리를 인수(引受)하는 일 또는 그 관리에 참가하는 것에 동의할 수 있는 일($\frac{협약}{\S4(iii)}$)

(iv) 지적재산권보호를 촉진하는 것을 목적으로 하는 국제협정(國際協定)의 체결을 장려하는 일($\frac{협약}{\S4(iv)}$)

(v) 지적재산권분야에 있어서 법률에 관한 기술원조(技術援助)를 요청하는 국가에 협력하는 일($\frac{협약}{\S4(v)}$)

(vi) 지적재산권보호에 관한 정보수집 및 광고활동(廣告活動)을 하며, 이 분야에 있어서의 연구를 하고 촉진하여 그 연구의 성과를 공표(公表)하는 일($\frac{협약}{\S4(vi)}$)

(vii) 지적재산권의 국제적 보호를 용이하게 하기 위한 서비스(役務)를 제공하고 또 적당한 경우에는 이 분야에 있어서 등록업무를 행하고 그 등록에 관한 사항을 공표하는 일($\frac{협약}{\S4(vii)}$) 등을 주요임무로 규정하고 있다.

3. WIPO의 기타의 활동·협력 등

(1) 국제연합(UN) 지적재산권문제의 전문기관

WIPO는 국제연합(UN)과의 협정(1974년)에 따라 UN산하에 있는 지적재산권문제를 총괄분담하고 있는 전문기관(Specialized Agency)이다.

(2) WIPO의 중재·조정

국제사무국에는 1994년에 WIPO 중재·조정센터(WIPO Arbitration and Mediation Center)가 설립되었다.

이 센터에서는 지적재산권에 관한 민간기업 또는 개인 등의 지적재산권에 관한 국제분쟁의 해결을 위한 서비스가 제공된다. 분쟁해결의 절차로는 중립의 중재자로서의 조정자가 분쟁 당사자의 쌍방이 만족한 합의로 해결되도록 원조하는 비구속적 절차인 조정(調停), 분쟁(紛爭)이 중재자(仲裁者) 또는 중재정(仲裁廷)에 제기되어 양 당사자를 구속하는 재정절차(裁定節次)의 중재(仲裁), 중재절차와 재정을 단기·저액의 비용으로 행하는 즉결중재조정(卽決仲裁調停)으로 해결되지 않는 경우에 미리 합의한 기간경과 후에 계속 이어서 중재를 진행시키는 병합절차 등이 있다.

또 인터넷의 도메인 명칭에 대한 온라인에 따른 신속한 중재조정서비스도 행하여진다. 뿐만 아니라, 운영을 원활하게 하기 위하여 센터의 계획과 방침을 조언하는 WIPO 중재이사회(6명)와 센터의 계획과 WIPO 중재절차에 의견과 조언을 해주는 WIPO 중재자문위원회(39명)가 설치되어 있다.[3]

(3) WTO와의 협력

1996년부터 WIPO와 세계무역기구(World Trade Organization: WTO)와의 협력협정에 의거하여 "지적재산권의 무역관련의 측면에 관한 협정(Agreement on Trade-Related Aspects of Intellectual Property Rights: TRIPS)"의 실시의 촉진을 도모하기 위한 WTO 가맹국(加盟國)의 문장(紋章)의 통지와 공표(파리협약 §6의3), TRIPS의 실시를 조직하기 위한 회합의 설치와 전문가의 파견 등 개발도상국에의 법률기술적 원조 및 기술협력 등이 행해지고 있다.

(4) UPOR 동맹과의 협력

1961년 12월 2일에 서명된 "식물의 신품종에 관한 국제조약에 의한 정부간기관

---

3) 橋本良郎, 前揭書, P. 14~15.

인 식물의 신품종에 관한 국제동맹(International Union for the Protection of New Varieties of Plants)"의 프랑스어 명칭(Union pour la Protection des Obtentions végétales) 의 약칭이 "UPOR"이다.

이 UPOR 동맹은 모든 국가에 개방(開放)되어 있고 동맹의 상설기관(常設機 關)으로서 이사회와 사무국이 있는데, 그 사무국은 제네바에 있어, WIPO 사무국 과 동거하고 있으며, WIPO 사무총장은 UPOR 사무국장을 겸하고 있다.

이 UPOR에는 생물 등 다양성보전과 그 구성요소의 지속가능한 이용 및 유전 자원의 이용으로 발생하는 이익의 공정하고 형평한 분배를 목적으로 1987년 2월 13일에 체결된 "생물의 다양성에 관한 협약(Convention on Biological Diversity)"이 있으며 이 유전자원이용기술에는 특허권 기타 산업재산권에 의하여 보호되는 기술 이 포함되어 특허권 기타 산업재산권협약의 실시에 영향을 미칠 가능성이 있음을 인식하고, 그러한 산업재산권이 협약의 목적을 조장하고 또한 이에 반하지 않도록 확보하기 위하여 국내법 및 국제법에 따라 협력하는 규정이다.

4. WIPO를 구성하는 기관

1) 총회(General Assembly)

⑴ 총회의 구성

총회는 WIPO의 최고기관으로서, 그 구성원(構成員)은 파리협약, 파리협약에 관련하여 만들어진 특별협약 및 협정, 베른협약과 지적재산권보호의 촉진을 목적으 로 하는 다른 국제협정으로서 WIPO 설립협약 제4조(iii)의 규정에 의하여 WIPO가 그 관리를 인수하는 것의 어느 하나에 해당하는 국가이다$\left(\substack{\text{협약} \\ \S6(i)}\right)$.

⑵ 총회의 임무

주요임무로는 사무총장의 선출과 필요한 지시, 조정위원회의 보고·활동의 검 토·승인 및 지시, 동맹의 공통경비의 2년 예산의 채택, 국제협정의 관리에 관한 사무총장의 제안에 대한 승인 등이다$\left(\substack{\text{협약} \\ \S6(2)}\right)$.

⑶ 표결정족수

투표총수의 3분의 2 이상 찬성의 다수결을 원칙으로 한다$\left(\substack{\text{협약} \S6(3) \\ \text{(d)(e)(f)}}\right)$. 특히, 사 무총장의 선출, 국제협정의 관리에 관한 사무총장의 제안승인, 본부의 제네바로부 터의 이전 등에 대하여는 총회의 의결만이 아니라, 파리동맹의 총회 및 베른동맹 의 총회에서도 소정의 다수찬성을 얻어야 결정된다는 조건이 붙어 있다$\left(\substack{\text{협약} \S6 \\ (3)(g)}\right)$.

2) 체약국회의(Conference)

모든 체약국으로 구성한다. 그 임무는 지적재산권분야의 일반적인 사항에 대한 토의 및 권고의 채택, 체약국회의의 2년예산의 채택, 그 예산범위 내에서의 법률에 관한 기술원조의 2년 계획의 결정, WIPO 설립협약의 개정의 채택 등이다($\substack{협약 \\ §7(2)}$). 그러나 체약국회의는 WIPO 설립협약의 개정은 UN헌장과 다른 국제기관설립조약과 같은 외교회의에 의하지 아니하고 채택될 수 있다.

하지만 투표에 붙이는 개정제안은 파리동맹의 총회와 베른동맹의 총회가 각각 협약의 관리규정의 수정의 채택에 대하여 적용되는 각자 규칙에 따라 미리 채택한 개정제안에 한정된다. 이 개정은 단순 다수결에 따라 채택되지만 투표권은 총회의 구성국가(각 동맹국)에 한정된다. 총회의 구성국가가 아닌 체약국 회의의 구성국은 당해 국가의 권리 및 의무에 영향을 미치는 경우에만 투표권이 인정되고($\substack{협약 \\ §17(2)(3)}$), WIPO 설립협약에 대하여는 어떠한 유보(留保)도 인정되지 않는다($\substack{협약 \\ §16}$).[4]

3) 조정위원회(Coordination Committee)

(1) 조정위원회의 구성

파리동맹 집행위원회의 구성국가인 가맹국 및 베른동맹 집행위원회의 구성국가인 가맹국으로 구성되며, 체약국회의의 사업계획 등의 특정의제의 심의에는 총회의 구성국가가 아닌 체약국회의의 구성국가 중, 미리 지정된 국가가 참가한다($\substack{협약 §8(1) \\ (2)(c)}$). 기타의 동맹은 조정위원회의 구성국가를 통하지 않으면 대표되는 것이 허용되지 않는다($\substack{협약 §8(2), 파리협약 \\ §14(4), 베른협약 §23(4)}$).

(2) 조정위원회의 임무

임무는 2년 이상의 동맹 공통의 이해관계 또는 WIPO와 공통의 이해관계가 있는 모든 관리상 및 재정상(財政上) 기타 사항에 대한 조언(助言), 동맹공통경비의 연차예산(年次豫算)의 결정, 체약국회의의 연차예산의 결정, 법률에 관한 기술원조의 연차계획결정, 사무총장 후보자의 지명, 사무총장이 결한 경우에 사무총장 임시대리의 임명, 사무차장의 임명승인 등이다($\substack{협약 \\ §8(3),9(7)}$).

4) 지적재산권 국제사무국(International Bureau of Intellectual Property)

(1) 사무국의 조직

WIPO의 사무국이다. 사무총장(Director General)과 그 휘하에 있는 직원들로 조직되어 있다. 사무총장의 임기는 6년 이상이고, 총회에서 선출되는 수석행정관

---

4) 橋本良郎, 前揭書, P. 9.

이며, WIPO를 대표하는 자이다($^{협약\ §9(1)}_{(2)(3)(4)}$).

사무총장 및 사무총장이 임명하는 직원은 WIPO의 내부기관인 사무국의 직무를 행하되 그 책임과 성질은 전혀 국제적인 것이며, 각국 정부 등의 지시를 받는 일은 허용되지 않는 국제공무원으로서의 입장을 손상시키는 어떠한 행위도 할 수 없다($^{협약\ §9(6)}_{(7)(8)}$).

(2) 사무국의 임무

지적재산권 국제사무국은 WIPO의 고유업무만이 아니라 역사적 사정을 반영하여, 파리협약과 베른협약 등의 국제사무국인 BIRPI(United Intenational Bureaux for the Protection of Intellecual Property)($^{파리협약\ §13(2)(a)(ii),}_{§15,\ 베른협약\ §24}$)의 업무도 겸무하고 있다. 따라서 WIPO의 사무총장은 WIPO를 대표할 뿐만 아니라, 파리동맹과 베른동맹의 수석행정관으로서 그 동맹들을 대표하고 있다($^{파리협약\ §15(1)(c),}_{베른협약\ §24(1)(c)}$).

제 2 항 파리협약(Paris Convention)

1. 성립과정과 보호대상

(1) 성립과정

산업재산권(産業財産權)의 국제적 보호를 위하여 1883년 3월 20일에 파리에서 서명(署名)되었고, 다음 해인 1884년 7월 7일에 발효되었다.

그 공식명칭(公式名稱)은 프랑스어로는 "Convention de Paris pour la protection de la propriété industrielle"이고, 영어로는 "The Paris Convention for the protection of industrial property"이다.

(2) 보호대상

그 보호대상은 특허 · 실용신안 · 디자인 · 상표 · 서비스표 · 상호 · 원산지표시 · 원산지명칭 및 부정경쟁방지 등이다. 우리나라는 1980년 5월 4일에 가입했다.

2. 중요내용의 개요

(1) 파리동맹의 형성

파리협약이 적용되는 국가는 산업재산권 보호를 위한 동맹을 형성한다($^{파리협약}_{§1}$). 파리협약이 적용되는 국가란 파리협약의 체약국 즉 파리협약에 가입한 국가와 같은 의미이다.

⑵ 파리협약의 3대원칙

파리협약의 내용 중에서 가장 중요한 것으로 3대원칙이 있다. ① 내·외국민 평등의 원칙 ② 우선권주장의 원칙 ③ 특허독립의 원칙 등이다.

i) 내·외국민 평등의 원칙

파리협약의 동맹국인 또는 준 동맹국인을 내국민(內國民)과 평등(平等)한 대우를 해야 한다는 원칙이다. 특허의 출원절차로부터 특허권의 설정 후 특허권의 보호인 특허침해사건에 이르기까지의 모든 면에서 내국민과 차별을 해서는 아니 된다는 것이다($^{파리협약}_{§2,\ §3}$). 이것을 "내·외국인 평등의 원칙(principle of assimilation with nationals)"이라 한다.

ii) 우선권 주장의 원칙

파리협약에 있어서의 우선권(convention priority right: right of priority)은 3대원칙 중에서도 핵심적이요 가장 많이 활용되는 중요한 비중을 차지하고 있다.

파리협약의 우선권주장이란 동맹국 중에서, 제1국에 특허 또는 상표 등을 최초의 출원을 한 후에, 일정기간(특허·실용신안은 1년, 디자인·상표는 6개월) 안에 동맹국 중 제2국 또는 2 이상의 동맹국에, 제1국에 출원한 내용과 같은 출원을 하면서 우선권주장을 하면, 제2국 또는 2 이상의 여러 동맹국은 제1국에 최초로 출원한 내용의 출원일을 제2국 또는 2 이상의 동맹국에 출원한 것으로 소급하여 인정해줌으로써 선출원의 순위는 물론이요, 특허요건인 신규성(新規性) 또는 진보성의 판단에 있어서도 제1국의 출원일(出願日)을 기준일(基準日)로 인정하는 제도이다. 파리협약은 이 우선권제도를 규정하고 있다($^{파리협약}_{§4}$).

조약에 의한 우선권주장의 역사적 배경, 국제우선권주장의 개념, 조약에 의한 우선권주장의 출원·요건·절차 및 우선권주장의 효과 등에 관하여는 제3장 제2절 제3관 제1항에서 상세히 설명되었으므로 해당 설명을 참고하기 바란다.

iii) 특허독립의 원칙

이 원칙은 각국의 특허는 속지주의(屬地主義)의 원칙 아래에 있음을 전제로 하고 있다.

같은 발명으로 여러 나라에서 특허를 얻은 경우에, 각국의 특허권은 각각 독립하여 존속 또는 소멸하고 다른 나라에서 얻은 특허권의 소장(消長)에 의존하지 않고 독립하여 존재한다는 것이다($^{파리협약}_{§4의2}$).

파리협약 제4조의2에는 다음과 같이 규정되어 있다.

⒤ 동맹국의 국민이 각 동맹국에 출원한 특허는 다른 국가(동맹국 여부를 불문

한다)에서 동일발명에 대하여 취득한 특허로부터 독립한 것으로 한다($\substack{\text{파리협약} \\ \text{§4의2①}}$).

(ii) 제1항의 규정은 절대적인 의미로, 특허, 우선권주장기간 중에 출원된 특허의 무효 또는 소멸의 이유에 대하여도 또 통상의 존속기간에 대하여도 독립이라는 의미로 해석하여야 한다($\substack{\text{파리협약} \\ \text{§4의2②}}$).

(iii) 제1항의 규정은 그 효력의 발생에 즈음하여 모든 특허에 대하여 적용한다($\substack{\text{파리협약} \\ \text{§4의2③}}$).

(iv) 제1항의 규정은 새로 가입하는 국가가 있는 경우에는 그 가입에 즈음하여 가입국 또는 다른 국가에 있는 특허에 대하여도 같이 적용한다($\substack{\text{파리협약} \\ \text{§4의2④}}$).

(v) 우선권의 이익에 의하여 취득한 특허에 대하여는 각 동맹국에 있어서 우선권의 이익없이 특허출원되고 또는 특허가 부여된 경우에 인정되는 존속기간과 동일의 존속기간이 인정된다($\substack{\text{파리협약} \\ \text{§4의2⑤}}$).

이것은 파리협약이 영토(領土)에 관한 속지주의(屬地主義)를 인정하고 있다는 점과 통일법규(統一法規)가 아니고 조정법규이기 때문이다.

이 특허독립의 원칙은 제5장 제3절(특허권의 효력-부(附) 진정상품의 병행수입) 제2항(실시행위의 독립성과 소진론: 消盡論)과도 연계하여 참고할 필요가 있다.

(3) 파리협약의 규정의 종류

4종으로 분류된다.

(i) 제1은 국제공법(國際公法) 내지는 관리적 성격의 규정들이다. 구체적으로 주목을 끄는 것은 특별협정($\substack{\text{파리협약} \\ \text{§19}}$)과 분쟁해결($\substack{\text{파리협약} \\ \text{§28}}$)인바 따로 후술한다.

(ii) 제2는 동맹국에 대한 산업재산권분야의 입법조치를 요구 또는 허용(許容)하는 규정이다.

(iii) 제3은 산업재산권분야에 있어서 개인의 권리의무에 관한 실체법규정(實體法規定)으로서, 동맹국의 국내법령이 개인에 적용되는 한도에 그치는 것이다.

구체적인 규정 중에는 내국인의 대우($\substack{\text{파리협약} \\ \text{§2}}$), 준동맹국민($\substack{\text{파리협약} \\ \text{§3}}$)에 대한 내·외국민의 평등을 규정한 것이 중요한 내용이다.

(iv) 제4는 개인의 권리의무에 대한 실체규정으로서 협약규정이 직접적용될 수 있도록 규정된 것이다. 이른바 자기집행적(Self-executing) 규정이다. 각국의 헌법제도(憲法制度)에 의하여 다르겠지만, 이들 규정은 헌법제도가 인정한다면 국내입법을 거치지 아니하고도 직접 적용되고, 헌법제도가 인정하지 아니하면 동맹국은 이들 규정을 국내법령으로서 제정할 의무를 지게 되는 것이다.

구체적인 예를 들면, 산업재산권의 정의($\substack{파리협약\\§1}$), 우선권($\substack{파리협약\\§4}$), 특허의 독립($\substack{파리협약\\§4의2}$) 등이다.

(4) 특별협정

앞에서 이미 지적한 바와 같이, 파리협약 제19조(special agreement)는 동맹국은 파리협약의 규정에 저촉되지 않는 범위에서 별도로 상호간의 산업재산권보호에 관한 특별협정을 할 권리를 유보(留保)한다($\substack{파리협약\\§19}$).

파리협약에 규정되어 있지 않은 사항 또는 파리협약의 규정보다도 한층 더 보호가 필요한 경우에 개정협약으로서 모든 동맹국의 동의를 얻을 수 없는 경우에는 특정의 동맹국간의 합의만으로 별도의 조약 등을 체결할 수 있다. 예로서, 특허협력조약(PCT)도 이 파리협약 제19조에 근거를 두고 탄생한 것이다.

(5) 분쟁해결의 방법

가맹국(加盟國)의 수가 증가함에 따라 협약의 해석 또는 적용에 관하여 가맹국간에 의견을 달리할 수 있고, 나아가서는 분쟁(紛爭)으로 될 수 있음을 예상하고, 그 해결방법으로 1980년 스톡홀름 개정에서 다음과 같은 요지의 규정을 마련했다. 즉, 이 협약의 해석 또는 적용에 관하여 2개국 이상의 동맹국간에 분쟁이 있는 경우 교섭에 의하여 해결되지 못하는 것은 그 중의 한 분쟁당사국은 국제사법재판소(國際司法裁判所)에 제소(提訴)할 수 있다. 다만, 이 분쟁해결절차를 이용하지 아니하기로 선언한 동맹국간의 분쟁에 대하여는 적용되지 아니한다($\substack{파리협약\\§28}$).

제 3 항 특허협력조약(PCT)

특허협력조약(Patent Cooperation Treaty: PCT)은 파리협약 제19조(special agreement)에 근거를 두고 탄생한 조약이다.

이에 관하여는 제3장, 제2절, 제4관 특허협력조약(PCT)에 따른 국제출원, 제1항(PCT)의 성립배경과 특징 및 파리협약에 따른 출원과의 비교, 제2항 PCT국제출원절차(1)-국제단계(International Phase)의 절차, 제3항 PCT국제조사, 제4항 PCT국제예비심사 및 제5항 PCT국제출원절차(2)-국내단계(National Phase)의 절차에서 상세히 설명되었다.

따라서 해당 설명의 항을 참조하기 바란다.

제4항 유럽특허협약(European Patent Convention: EPC)

1. 유럽특허협약의 목적과 이용의 개방

유럽의 국가들만을 체약국으로 하여 공통의 단일절차에 따른 실체심사(實體審査)에 의하여 특허권을 부여하고, 부여된 특허권은 체약국에서 부여된 국내특허와 동일한 효과와 동일한 조건에 따르는 것으로 되어 있다($_{§2}^{EPC}$).

이 협약은 파리협약 제19조(특별협정)에 근거를 둔 것으로, 1973년 10월 5일 독일 뮌헨(München)에서 서명되어 창설되었다.

유럽국가들만이 체약국으로 되어 있으나, 이 협약에 의한 특허제도의 이용은 체약국의 국민이 아닌 다른 국가의 국민들에게도 널리 개방되어 있다.

유럽특허협약은 유럽특허의 부여를 임무로 하는 유럽특허기관(European Patent Organization)을 뮌헨에 두고 그 산하에 유럽특허청(European Patent Office: EPO)과 EPO의 감독기관으로 관리이사회(Administrative Council)를 설치하고 있다.

2. EPC의 중요내용

(1) 가 맹 국

유럽공동체(European Community: EC)의 국가 이외의 유럽 각국도 가맹할 수 있다. 가맹국 중 1개국 이상을 지정하여 특허출원을 함으로써 특허를 부여받을 수 있다.

(2) 유럽특허(European Patent: EP)의 개요

유럽특허협약(EPC)에 의하여 부여된 특허를 유럽특허(European Patent)라 한다.

(i) 1개의 출원으로 가맹국 중 임의의 나라들을 지정할 수 있고, 뮌헨에 있는 유럽특허청(EPO)에서 실체심사(實體審査)를 하여 부여된 유럽특허는 지정한 각국에 있어서, 원칙적으로 국내특허의 효력을 발생한다(즉 부여된 유럽특허는 국내특허와 한 묶음으로 되어 효력이 발생한다).

(ii) 출원의 공용어는 영어, 독일어, 불어 중 어느 하나이다.

(iii) 출원인의 자격에 대해서는 특별한 제한이 없고 널리 개방되어 있다.

(iv) 조기공개제도(출원일 또는 우선일부터 18개월 전후의 무심사공개)와 심사청구제도를 채용하고 있다.

(v) 심사청구는 공개 후 6개월까지 출원인이 청구할 수 있다는 점에 있어서,

현재 각국에서 채용하고 있는 심사청구제도와는 상당한 차이가 있다.

(vi) 헤이그에 있는 신규성 조사의 국제정부간기관인 "국제특허협회(Institut International des Brevets: IIB)"는 이 협약에 의해 유럽 특허청의 일부가 되어, 유럽 특허 출원의 조사를 담당하게 된다.

(vii) 특허협력조약(PCT)에 의해 유럽특허출원이 가능하다.

(viii) 화학물질, 의약(醫藥), 음식물(飮食物)에 대해서도 유럽특허의 대상이 된다.

(ix) 유럽특허의 존속기간은 출원 후 20년이다.

(3) 유럽특허(European Patent)

이미 언급된 바와 같이 유럽특허협약(EPC)의 단일절차(單一節次)에 따라 부여된 특허권은 원칙적으로 지정된 국가의 국내법(國內法)에 의한 특허와 동일효과(同一效果)와 동일조건(同一條件)에 따르게 된다.

그러나 유럽특허의 보호대상을 비롯한 특허요건, 출원절차(出願節次) 등에 있어서는 조금 특이한 점들도 있다. 이에 관하여 상세하게 소개한 자료가 있다.[5]

(4) 유럽특허청(EPO)에 대한 특수절차

유럽특허청(EPO)에서 특허를 부여한 특허에 대하여는 누구든지$\left(\substack{\text{EPC}\\\S58}\right)$ 그 특허 허여의 공고된 날부터 9개월 이내에 이의신청(opposition)을 청구할 수 있다.[6]

그리고 한정 및 취소(limitation and revocation)의 제도가 있다$\left(\substack{\text{EPC}\\\S105(a)(b)}\right)$. 한정 및 취소는 특허권자가 자신의 특허청구항을 보정(補正)하여 권리범위를 축소하거나 소급하여 없었던 것으로 하는 제도이다. 언제라도 청구할 수 있으며 특허권의 존속기간이 만료된 후에도 할 수 있다.

(5) 불복심판(appeal)

관할(管轄)기관으로서 유럽특허청(EPO)에 항고국(抗告局: Boards of Appeal)이 있고$\left(\substack{\text{EPC}\\\S21}\right)$, 또 확대항고국(擴大抗告局: Enlarged Board of Appeal)이 있다$\left(\substack{\text{EPC}\\\S22}\right)$. 확대항고국은 항고국의 심결에 대한 한정적인 사건에 한하여만 재심리(再審理)를 하고 그 결정은 당해 항고사건에 한하여 항고국(抗告局)을 기속한다. 그러나 반드시 상급심(上級審)이라고 보기는 어렵다. 구체적 사안에 따라 그 관할이 다를 뿐이기 때문이다. 확대항고국(擴大抗告局)은 법의 해석·적용의 통일적 기준을 확보하고 또는 중요한 법률문제(法律問題)가 발생한 경우에 그에 대한 판단을 한다.

사안(事案)이 항고국(抗告局)에 계속중에, 필요한 경우에는 직권(職權) 또는 당

---

5) 박동식 저, 유럽특허법(2009)에 상세히 소개되어 있다.

6) 박동식, 前揭書, P. 263.

사자의 청구에 따라 확대항고국(擴大抗告局)의 판단을 구하는 경우가 있는바, 이 경우에 확대항고국의 결정은 당해 항고에 대하여 항고국을 기속한다.

한편, 항고국(抗告局)이 법률문제에 대하여 다른 결정을 했을 때에는, 유럽특허청장은 확대항고국(擴大抗告局)의 판단을 구하는 경우가 있다.

항고국 또는 확대항고국의 구성원은 유럽특허청의 직원이지만, 담당사건에 따라 제척·기피의 규정이 있고 그 신분(身分)과 직무상의 독립성(獨立性)이 보장되어 있다. 항고국은 적어도 3인으로 구성되며 그 중에 1인은 법률계직원이다. 기술계(技術系)가 포함되는 기술항고국이 있고, 전원(全員)이 법률계(法律系)로 구성되는 법률항고국이 있다. 확대항고국(擴大抗告局)은 법률계 5인과 기술계 2인으로 구성된다. 이 항고국의 판단은 유럽특허에 관한 최종적(最終的) 판단이며, 이에 대한 불복의 제도는 없다.

⑹ 유럽특허의 지정과 국내법과의 관계

유럽특허협약(EPC)의 규정에 따른 유럽특허(EP)는 유럽특허협약에 별단의 규정이 있는 경우를 제외하고는 해당 지정국(指定國)에서 부여된 국내특허와 같은 효과가 있으며 또 동일한 조건에 따르게 된다. 그러나 해당 지정국의 국내법은 그 적용에 제한을 받는 경우가 있다. 다음과 같다.

(i) 유 지 료   유지료는 유럽특허출원이 있는 해부터 3년 이후 매년 납부(納付)해야 한다($^{EPC}_{§86}$). 그러나 유럽특허가 부여된 후에는 각 지정국의 국내특허료와 동일액(同一額)을 동일한 방법으로 납부하고, 특허료를 내지 아니한 효과도 각 지정국에 따라 발생한다. 각 지정국에 특허료를 내는 것은 유럽특허출원의 유지료(維持料)의 납부의무가 끝난 다음 해부터이다($^{EPC}_{§141}$).

(ii) 무효이유   유럽특허의 무효는 각 지정국의 국내법에 따르나, 그 무효이유는 다음의 것으로 한정된다($^{EPC}_{§138}$).

(a) 유럽특허의 대상이 특허요건, 즉 신규성, 진보성, 산업상 이용가능성에 관한 규정($^{EPC}_{§52~§57}$)에 의하여 특허를 받을 수 없는 것일 때

(b) 유럽특허가 당해기술분야의 전문가(專門家)에 의하여 실시할 정도로 명확하고 충분하게 발명을 개시(開示)하지 아니했을 때

(c) 유럽특허의 대상이 출원서의 출원내용을 초과한 것일 때, 또는 유럽특허가 분할출원이나 모인출원(冒認出願)에 대한 정당 권리자의 선출원에 의한 것일 때에는 선출원의 출원시의 내용을 초과한 것일 때

(d) 유럽특허의 보호범위가 확장되었을 때

(e) 유럽특허의 소유자가 정당한 권리를 갖지 않았을 때

(iii) **지정국의 특허와의 관계**　　동일발명에 대하여 유럽특허와 지정국가의 국내특허가 경합(競合)한 때에는 선출원이 선원(先願)의 지위에 있고, 유럽특허냐 국내특허냐에 따라 차별되는 것은 아니다($_{§139(1)(2)}^{EPC}$).

동일출원(同一出願)이 경합된 경우에, 중복특허(重複特許)의 인정여부(認定與否)와 그 조건(條件)에 대하여는 각 지정국(各指定國)이 정하는 바에 따른다($_{§139(3)}^{EPC}$).

(iv) **보호범위**　　유럽특허의 침해에 대하여서도 각 지정국의 국내법령(國內法令)이 정한 바에 따라 판단한다($_{§64(3)}^{EPC}$).

유럽특허의 보호범위는 각 지정국에서 판단하지만 유럽특허협약이 정하고 있는 통일규정(統一規定)에 따라 해석되어야 한다($_{§69}^{EPC}$). 이에 관하여 부연한다면, 유럽특허 또는 유럽특허출원에 따라 부여되는 보호범위는, 청구범위의 내용에 따라 정하여진다. 또한 명세서와 도면은 청구범위를 해석하기 위하여 쓰여지는 것으로 한다. 다만, 보정(補正)이 있었을 때에는 그 최근의 보정에 따른다($_{§69(2)}^{EPC}$).

(7) EPC의 규정과 PCT의 규정과의 관계

유럽특허협약(EPC)의 규정과 특허협력조약(PCT)의 규정이 저촉(抵觸)되는 경우에는 PCT의 규정이 우선(優先)한다($_{§150(2)}^{EPC}$).

유럽특허청(EPO)이 지정관청 또는 선택관청으로 되는 국제출원은 유럽특허출원으로 본다($_{§153(2)}^{EPC}$). 그 심사청구의 기간은 PCT 제22조(지정관청에 대한 사본, 번역문 및 요금) 또는 제39조(선택관청에 대한 국제출원의 사본, 번역문 및 요금)에 규정한 기간 전(期間前)에 만료하지 않는 것으로 되어 있다. 유럽특허청(EPO)은 PCT출원의 수리관청이고($_{§151}^{EPC}$), 국제조사기관이며($_{§152}^{EPC}$), 국제예비심사기관이다($_{§152}^{EPC}$). 또 지정관청이며($_{§153}^{EPC}$), 선택관청이다($_{§153}^{EPC}$).

한편, 특허협력조약(PCT) 제45조(1)은 "지역특허조약(regional patent treaty)"이라 하였고, 이는 바로 유럽특허협약(EPC)과 같은 것을 지칭한 것인바, 일본에서는 이것을 "광역특허조약(廣域特許條約)"으로 통용(通用)하고 있다. 여기에서 "지역(regional)"이란 한 지역에서 2개 이상의 국가들이 특허에 관한 조약을 체결하는 경우를 의미하는 것이기 때문에 "광역의 지역(regional)"이란 의미에서 그렇게 사용되고 있는 것으로 보인다.

제5항 유럽의 공동체특허협약(Community Patent Convention: CPC)

(1) 협약의 탄생과 개요

공동체 각국이 지정하는 특허출원 및 유럽특허를 규율하는 유럽공동체(EC)에 공통의 법체제(法體制)를 창설(創設)하는 것이다($^{CPC}_{§1}$). 이 협약은 유럽공동체 각국만이 가맹(加盟)할 수 있는 폐쇄적(閉鎖的)인 협약이다. 1975년 12월 15일 룩셈부르크에서 유럽공동체(European Community: EC) 9개의 국가들이 서명하여 탄생되었다. 유럽공동체(EC)의 공동시장(Common Market)을 위한 유럽특허에 관한 협약이다.

유럽특허협약(European Patent Convention: EPC)을 제1조약이라 하고, 이 공동체특허협약(CPC)을 제2조약이라고도 한다. 그래서 간혹 EPC와 CPC를 혼동하는 경우도 있다. 이들은 모두 파리협약 제19조(특별협정)와 PCT 제45조(1)에 근거하여 같은 유럽에서 탄생한 것들이기 때문이다.

(2) 공동체특허협약(CPC)의 핵심적인 내용

이 협약의 가장 중요한 부분은 유럽특허청(EPO)에 의해 부여된 특허를 공동체 가입국의 전역에 효력을 갖는 단일특허로 발생하는데 있다.

공동체특허는 모든 가입국에 있어서 이 협약으로 규정된 동일한 효력을 갖게 되며, 무효가 되거나 소멸하지 않는 한 전체로서만 부여되고 양도될 수 있다($^{CPC}_{§1, §2}$). 일부의 가입국을 지정한 공동체 특허출원은 전부의 가입국을 지정한 것으로 취급된다($^{CPC}_{§3}$). 공동체특허는 각국의 국내특허에 영향을 미치는 것은 아니다($^{CPC}_{§6}$).

(3) 유럽특허협약(EPC)과의 관계

EPC 제142조에 "이 협약이 있는 군의 국가들은 이들 국가들에 부여된 유럽특허(EP)가 이들 국가들의 영역에 걸쳐 단일(單一)의 성질을 가진다는 특별한 결정을 한 경우는, 유럽특허(EP)는 이들 모든 국가들에 일체로만 부여할 수 있는 것이라고 규정할 수 있다"에 따른 특별결정에 의한 협약이 공동체특허협약(CPC)이다. EC 각국만 가맹할 수 있고, 부여된 유럽특허는 EC각국에 있어서 일체의 효력을 가지는 공동체특허가 된다.

주로 공동체특허의 성격, 특별기구, 효력, 무효, 라이센스, 국내 특허와의 관계 등이 규정되어 있다. 그 출원, 심사 등의 특허 부여절차는 EPC의 규정이 그대로 적용된다.

제6항 미생물에 관한 부다베스트 조약(Budapest Treaty of Microorganisms)

1. 조약의 성립과정

공식명칭은 "특허 등의 출원절차에 있어서 미생물기탁(微生物寄託)의 국제적 승인에 관한 부다베스트 조약(Budapest Treaty of the International Recognition of the Deposit of Microorganisms for the Purposes of Patent Procedure)"이다. 이 조약은 외국에 특허출원을 할 때에 미생물을 각국의 기탁기관에 각각 기탁(deposit)해야 하는 번거로움을 덜기 위해 1977년 4월 28일 헝가리의 수도 부다베스트(Budapest)에서 체결되었고, 1980년 8월에 발효된 조약이다. 파리협약 제19조(특별협정)에 근거를 두고 탄생한 조약이다. 우리나라는 하계 올림픽 대회가 열렸던 1988년에 가입했다.

이 조약에 가입한 체약국(締約國)은 동맹(同盟)을 형성하고($\frac{조약}{\S1}$), 체약국 상호간에는 특허 등의 출원을 할 때에 미생물을 하나의 국제기탁기관에 기탁하고 그 기관이 발행하는 수탁증(受託證)을 출원하려는 국가의 출원서에 첨부하면 된다.

2. 미생물기탁의 필요성

각국은 특허 등의 출원의 절차에 있어서, 서면주의(書面主義)를 채택하고 있는 것이 일반적이다. 출원서에 첨부하는 명세서(明細書)는 특허라는 독점권을 얻고자 국가에 청구하는 문서이므로 구술(口述)로 청구하는 것은 그 내용이 부정확(不正確)하다. 그래서 발명 등을 문서(서면 또는 전자문서)에 기재하여 특정시키고 또 그 특정된 내용이 공개된다. 그런데 신규의 미생물에 관한 발명 등은 문서에 의하여 특정시키는 것도 사실상 매우 곤란하다.

그러므로 미생물에 관한 국제출원을 하는 경우에, 미생물의 특정 또는 공개에 미생물의 기탁을 요구하는 국가들이 많다. 그러나 같은 미생물을 각국의 국내요건(國內要件)에 따라 각국마다 기탁한다는 것은 매우 번거롭기 때문에 1개의 국제기탁기관(國際寄託機關)에 기탁을 하고 그 수탁증(受託證)을 출원서에 첨부하면 체약동맹 각국들은 이를 유효한 것으로 승인하는 효력이 있게 함으로써, 출원인에게 중복되는 절차를 생략시키고 비용도 절감시킬 수 있는 국제출원에 관한 행정상 또는 사법상(司法上)의 절차이다($\frac{조약}{(iii)}$ §2(i),).

3. 국제기탁 당국과 이용범위 및 미생물기탁을 할 수 있는 자

(1) 국제기탁 당국

국제기탁 당국(International Depositary Authority)은 미생물을 수령·수탁·보관 및 미생물의 시료(試料: sample)를 분양(furnish)하는 정부기관 또는 민간단체로서($\frac{조약}{\S2(vii)}$), 이 조약이 정한 바에 의하여 그 지위를 취득한 기관이다. 이 기관은 체약국의 영역 내에 있어야 하고, 또 당해 기탁기관으로서의 소정의 요건에 충족되고, 계속 충족될 것의 보증을 당해 기탁기관이 있는 체약국이 부여하여야 한다($\frac{조약}{\S6(1)}$).

(2) 이용범위

이 조약에 따른 국제적 승인은 모든 체약국에 있어서 특허절차에 유효한 것이며, 여기에서 특허절차란 특허만이 아니라 발명자증(發明者證), 실용증(實用證), 실용신안, 추가특허, 추가발명자증, 추가실용증의 절차도 포함하는 것이다($\frac{조약}{\S2(i)(iii)}$). 그리고 이 기탁은 체약국에 있어서 국내의 특허 등의 절차뿐만 아니라, 유럽특허청(EPO)과 PCT의 국제출원의 경우에도 이용된다($\frac{PCT규칙}{\S13의2}$).

(3) 미생물기탁을 할 수 있는 자

이 조약에 의한 미생물의 기탁을 할 수 있는 자의 자격에 대한 제한은 없다. 파리협약의 적용을 받는 자는 이 조약의 체약국에의 출원이 인정되어 있으므로 기탁도 할 수 있는 것으로 풀이되지만 최종적인 판단은 각 체약국에 맡겨져 있다 할 수 있다.[7] 이를 부인해야 할 이유는 없다.

4. 미생물의 기탁과 수탁증

(1) 미생물의 원기탁

기탁은 ① 그 기탁이 조약에 의하여 이루어진다는 표시 ② 기탁자의 성명·명칭과 수신인 ③ 미생물의 배양 보관 및 생존시험에 필요한 조건 등의 상세한 내용과 함께, 혼합미생물을 기탁하는 경우에는 해당 혼합미생물의 조성의 설명과 각 미생물의 존재를 재확인하는 한 가지 이상의 방법의 설명 등을 기재한 문서 ④ 기탁자가 미생물에 부여한 식별표시(번호 또는 기타 등) ⑤ 건강 또는 환경에 대하여 해를 끼치거나 끼칠 염려가 있는 미생물의 성질표기 또는 기탁자가 그 같은 성질을 알지 못하고 있다는 표시 등을 기재한 서면에 기탁자가 이에 서명한 후에 제출

---

7) 橋本良郎, 前揭書, P. 234.

한다($\frac{규칙}{\S6의1}$).

(2) 미생물의 재기탁

국제기탁기관은 어떠한 이유, 즉 미생물이 생존하고 있지 않거나 시료분양을 위해서는 외국에 송부하는 것이 필요함에도 수출입(輸出入)의 규제에 따라 제한함으로써, 기탁기관이 시료를 분양할 수 없는 경우에는 즉시 그 이유를 지적하여 기탁자에게 분양할 수 없음을 통지하여야 하며, 기탁자는 원래 기탁되었던 미생물과 동일한 미생물을 기탁할 권리가 있다.

재기탁은 재기탁미생물이 원기탁 미생물과 동일한 것임을 진술하고 기탁자가 서명한 진술서를 동봉하여야 한다($\frac{조약}{\S4}$). 재기탁은 기탁자가 통지를 받은 날부터 3개월 이내에 원기탁기관에 한 경우에는 원기탁일에 한 것으로 의제된다.

(3) 수탁증의 발행

기탁자가 국제기탁당국에 미생물을 기탁하거나 이송할 경우에는 해당국제기탁기관은 그 미생물을 수탁(受託)하였음을 증명하는 수탁증(受託證)을 기탁자에게 발행하여야 한다.

재기탁에 따라 수탁증을 발행할 때에는 수탁증에 선행기탁(先行寄託)에 대한 수탁증의 사본과 선행기탁된 미생물이 생존하고 있음을 표시하는 최신의 생존에 관한 증명서의 사본을 첨부하여야 한다($\frac{규칙}{\S7(4)}$).

5. 미생물기탁의 승인과 시료의 분양

(1) 미생물기탁의 승인

이 조약의 체약국은 어느 국제기탁 당국에 한 미생물의 기탁을 자국의 특허 등의 절차에서 승인한다. 체약국은 이러한 미생물의 기탁에 대하여 해당 국제기탁 당국이 교부하는 수탁증의 사본을 요구할 수 있다.

(2) 시료의 분양

기탁된 미생물은 국제기탁 당국에서 기탁한 날부터 적어도 30년간 보관된다. 또 기탁된 미생물시료의 분양은 ① 체약국의 특허청 또는 유럽특허협약(EPC)에 따른 유럽특허청(EPO) 등의 청구가 있을 경우 ② 기탁자 자신의 청구 또는 기탁자의 승인을 얻은 자의 청구가 있을 경우 ③ 기타 시료의 분양에 대한 법령상의 자격이 있는 자의 청구가 있는 경우에는 청구자에게 시료를 분양하지만 소정의 조건에 충족되어야 한다($\frac{조약 \S3(1)(a),}{\S6(2)(viii)}$).

국가에 따라서는 국가의 안전보장(安全保障)이나 국민의 보건위생 또는 환경

문제 등의 이유로 국내법령으로 미생물의 수출·입을 제한하는 경우가 있기 때문이다.

그래서 이 조약은 각 체약국의 국내법령을 존중하면서도, 그 제한은 국가의 안전보장 또는 건강·환경 등에 대한 위험방지를 위해서만으로 최소화하고 미생물의 국제기탁제도의 적용이 매우 바람직하다는 인식(認識)을 요망하는 규정을 두었다($\frac{조약}{\S5}$).

제7항 무역관련 지식재산권협정(TRIPS)

(1) 협정의 개요

"무역관련지식재산권협정(Agreement on Trade−Related Aspects of Intellectual Property Rights: TRIPS)"은 WTO의 부속서(附屬書), 즉 부속협정의 형식으로 되어 있으며, 이미 지적한 바와 같이 WIPO와 WTO는 협력체제를 체결(1995. 12. 22. 체결 1996. 1. 1. 발효)한 바 있다.

이 협정은 지적재산권의 보호를 촉진하고 지적재산권을 행사(行使)하기 위한 조치 및 절차를 확보하기 위하여, 지적재산권의 무역관련측면(貿易關聯側面)에 관한 원칙 등을 정한 것이다.

TRIPS는 지적재산권이 사권(私權)임을 인정하고, 지적재산권 전반에 대하여 파리협약 등 기존의 국제조약을 준수할 의무를 규정하였고, 그것을 초과하는 수준의 보호 및 권리행사의 절차를 정비할 것을 의무화하였다. 다시 내국민대우(內國民待遇)에 더하여 최혜국대우(最惠國待遇: most favoured nation treatment)를 규정하여 2개국간(二個國間)의 교섭(交涉)의 성과를 다른 각국에도 초래하는 것으로 하여 보호수준의 국제적 향상을 기도하고 있다.

그리고 권리행사의 규정에 의하여 실질적인 권리보호를 가능하게 하고 지적재산권 분야에 있어서 분쟁에 통일적인 분쟁처리절차가 적용될 수 있게 하였다.

(2) 협정의 중요내용

(i) 협정의 일반규정 및 기본원칙   TRIPS는 일반규정 및 기본원칙에 있어서 가맹국(加盟國)은 협정을 실시한다는 규정과 같이, 협정이 요구하는 보호범위보다 광범한 보호를 국내법령(國內法令)으로 실시할 수 있으나 그것이 의무는 아니라고 규정하였다($\frac{협정}{\S1의1}$).

(ii) 협정의 적용범위   협정이 적용되는 지적재산권의 범위는 저작권 및 관

련권리, 상표, 지리적 표시, 디자인, 특허, 집적회로의 배치, 개시(開示)되지 않은 정보의 보호로 되어 있다(협정§1의2).

(iii) 가맹국은 다른 가맹국의 국민에 대하여 협정에 규정된 대우를 부여하는 것으로 되어 있다(협정§1의3).

(iv) 다른 지적재산권에 관한 조약에 대하여 가맹국은 파리협약 제1조 내지 제12조 및 제19조를 준수한다 하였다(협정§2의1).

(v) 협정은 파리협약, 베른조약, 로마조약, 집적회로조약(集積回路條約)에 의한 기존의 의무이며 가맹국이 서로 부담하는 것을 면하게 하는 것은 아니다(협정§2의2).

(vi) 각 가맹국은 지적재산권의 보호에 관하여 자국민(自國民)에 부여하는 대우보다 불리(不利)하지 않은 대우를 다른 가맹국의 국민에게 부여한다(협정§3).

(vii) 가맹국이 다른 나라의 국민에게 부여하는 이익, 특전, 특권 또는 면제(免除)는 다른 모든 가맹국의 국민에 대하여 즉시·무조건으로 부여한다(협정§4).

(viii) 내국민대우 및 최혜국대우의 의무는 지적재산권의 취득 및 유지에 관하여 WIPO의 주최하에 체결된 다수 국가간의 협정에 규정하는 절차에 대하여는 적용하지 아니한다(협정§5).

(ix) 협정에 계속되는 분쟁에 있어서는 제3조 및 제4조의 규정을 제외하고는 협정의 어떠한 규정도 지적재산권의 소진(消盡)에 관한 문제를 취급하기 위하여 쓰여서는 아니 된다(협정§6). 각국은 내국민대우 및 최혜국대우의 원칙에 따라 각각 판단하게 된다.

(x) 지적재산권의 보호 및 행사는 기술적 지식의 창작자 및 사용자 상호의 이익이 될 수 있게, 그리고 사회적 및 경제적 복지(福祉)의 향상에 도움이 되는 방법에 의한 기술혁신의 촉진 또는 기술의 이전 및 보급에 이바지하여야 하며, 권리와 의무의 균형에 이바지하여야 한다(협정§7).

(xi) 원칙적으로 가맹국은 국내법령의 제정 또는 개정(改定)에 있어서 공중(公衆)의 건강 및 영양을 보호하고 아울러 사회경제적 및 기술적 발전에 극히 중요한 분야에 있어서 공공(公共)의 이익을 촉진하기 위한 조치를 취할 수 있다(협정§8의1).

(xii) 가맹국은 권리자에 의한 지적재산권의 남용의 방지 또는 무역을 부당하게 제한하거나 기술의 국제적 이전에 악영향을 미치는 관행의 이용방지를 위하여 필요한 적당한 조치를 취할 수 있다(협정§8의2).

(xiii) PCT의 출원인적격(出願人適格)을 PCT 가맹국에 한정하는 규정을 부정

하는 것은 아니라는 것을 확인하고 있다($\substack{협정 \\ §9}$).

(3) 무역관련지적재산권 이사회(Council for TRIPS)

협정의 실시, 특허 가맹국의 의무의 준수를 감시하고, 지적재산권의 무역관련
의 측면에 관한 사항에 대하여 가맹국에 협의의 기회를 부여하며, 분쟁해결절차에
있어서 지원 등의 임무를 수행하는 일($\substack{협정 \\ §68}$), 지적재산권을 침해하는 물품의 국제무
역을 배제하기 위하여 상호협력하기 위한 가맹국의 합의($\substack{협정 \\ §69}$), 기존의 대상보호($\substack{협정 \\ §70}$),
검토 및 개정($\substack{협정 \\ §71}$), 유보(留保)($\substack{협정 \\ §72}$) 및 안전보장을 위한 예외($\substack{협정 \\ §73}$) 등에 관한 사항
을 관장한다.

제8항 기타의 특허 등에 관한 조약들

1. 특허법 조약(Patent Law Treaty: PLT)

특허법 조약(Patent Law Treaty: PLT)은 각국 특허법의 통일적인 조화(harmo-
nization)를 기도한 조약이다. 이 조약은 1984년 5월에 각국 특허법의 조화를 검토
하기 위한 정부 간의 전문가회의가 열린 것을 시원으로, 특허법 전반에 관한 조약
초안(條約草案)을 작성하여 그 채택을 위한 외교회의가 1991년 6월에 헤이그에서
열렸으나 결론을 얻지 못했고, 1993년에 예정되었던 회의는 당시에 선발명주의(先
發明主義)를 채택하고 있던 미국의 반대로 연기되었었다(현재는 미국도 선출원주의를
채택했다).

1995년 9월에는 WIPO 총회의 권고에 의하여, 특허의 절차에 관한 조화에
대한 검토가 있은 후에, 조약채택을 위한 외교회의가 개최되어 2000년 6월 1일에
채택되었다.[8]

2. 국제특허분류에 관한 스트라스부르그 협정

(1) 개   요

"국제특허분류에 관한 스트라스부르그 협정(Strasbourg Agreement Concerning
International Patent Classification)"은 특허나 실용신안에 대한 통일된 국제특허분류
(International Patent Classification: IPC, 이하 "국제특허분류"라 한다)의 채택을 통해 산
업재산권 분야에서 더욱 긴밀한 국제적 협력을 확인하고 이 분야에서 각국의 법령

---

8) 橋本良郎, 前揭書, P. 236.

을 조화시키는데 기여할 목적으로 1971년 3월 24일 스트라스부르그(Strasbourg)에서 체결된 국제협정이다.

이는 파리조약 당사국이면 이 협정에 가입할 수 있도록 되어 있다. 우리나라는 1998년 10월 8일 가입서를 기탁하였으며, 가입서 기탁일부터 1년 후인 1999년 10월 8일부터 발효되었다.

국제특허분류를 부여하는 것은 심사관이 출원된 발명의 기술내용을 파악하여, 해당 기술이 속하는 기술분류를 명확히 정함으로써 심사관이나 특허정보를 이용하고자 하는 자가 특허정보를 용이하게 검색을 할 수 있게 하며, 심사관의 심사 담당분야를 정하는 기준을 제공함으로써 전문적인 심사를 가능하게 한다.

(2) 주요내용

이 협정이 적용되는 국가는 특별동맹을 구성하며, 발명특허·발명자증·실용신안 및 실용증에 대하여는 "국제특허분류"로 알려진 공통의 분류를 채택한다($\frac{협정}{§1}$). 국제특허분류는 관리적 성격만을 가지며, 특별동맹의 각 회원국은 분류를 주요 또는 보조 분류체계로써 사용할 권리를 가진다($\frac{협정}{§4}$).

3. EPC 또는 CPC 외의 광역의 지역특허조약(Regional Patent Treaty)

광역에 걸친 지역특허조약(Regional Patent Treaty)은 EPC 또는 CPC 외에도 몇 개가 더 있다.

(1) OAPI

프랑스의 영향권에서 프랑스법을 공통으로 사용해온 아프리카 제국에서 1977년 3월 2일에 설립협정을 체결한 아프리카 지적소유권기관(Organization Africane de la Propriété Intellectuelle: OAPI)이 있어, 지적소유권의 통일적인 보호를 위하여, 특허 등을 직접출원(直接出願)하는 국가도 있지만, 국내관청을 경유하여 간접출원(間接出願)하는 국가도 있다. 이 OAPI에서 부여하는 권리는 각 가맹국(加盟國)의 독립권리(獨立權利)가 된다($\frac{OAPI}{§2}$).

(2) ARIPO

아프리카의 영어권(英語圈: English Speaking)의 여러 나라들은 산업재산권에 관한 협력과 보호의 조화를 위하여 1976년 12월 7일에 아프리카 영어권 산업재산권기관(ESAR-IPO)의 설립협정을 체결하고, 그 후 1982년 12월 10일에는 특허와 디자인에 관한 의정서가 체결되었다. 그리고 아프리카지역 산업재산권기관(African Regional Industrial Property Organization: ARIPO)으로 개칭했다.

이는 체약국을 위한 특허권과 디자인권을 부여하고 관리하는 권한을 이 기관에 위탁하기로 하고, 이 기관이 부여하는 특허와 디자인은 국내법에 의하여 부여된 특허 또는 디자인과 동일한 효력을 가진다.

(3) 유라시아특허협약(Eurasian Patent Convention)

구 쏘비에트연방(The Union of Soviet Socialist Republics: U.S.S.R.)이 해체와 동시에 독립된 11개국가들이 1994년 9월 9일에 체결된 지역특허협약(Regional Patent Convention)이다.

파리협약 제19조(특별협정)에 근거하였고 PCT 제45조(1)에 따른 협약이며, 유라시아 특허청은 러시아(Russia)의 모스크(Moscow)에 있다.

유라시아 특허(Eurasian Patent)는 하나의 특허출원으로 특허권을 얻으면, 유라시아의 전 체약국에 효력이 있다. 공용어는 러시아어이다. 유라시아특허청은 유라시아특허출원에 방식심사를 한 후에 조사에 회부되고, 조사보고서(調査報告書)가 작성되어 출원인에게 송달된다. 그리고 우선일(優先日)부터 18개월 후에는 출원공개된다. 실체심사(實體審査)는 조사보고서의 공개 후 6개월 이내에 출원인의 심사청구가 있어야 한다.

유라시아 특허의 특징은 출원이 거절되면 출원인은 그것을 국내출원(國內出願)으로 변경출원을 할 수 있다는 점이다. 유라시아특허의 존속기간은 출원일부터 20년이다.

그리고 특허권이 설정등록된 후에 특허료의 연도금(年度金)을 납부할 때에는 특허권을 유지하고자 하는 국가를 지정할 수 있다. 그리고 특허권의 유효성(有效性)의 분쟁이나 특허권의 침해여부에 관한 다툼은 체약국의 국내법원(國內法院)의 판단에 맡겨진다.

(4) 비세그라드 그룹(Visegrad Group)

1991년 2월 헝가리 수도 부다페스트 인근 비세그라드 시에서 체코슬로바키아, 헝가리, 폴란드 등 3국 정상이 상호 우호 증진을 목표로 만든 협의체다. 현재는 체코와 슬로바키아가 1993년에 각각 독립국가로 분리됨으로써 회원국은 4개국으로 되었다.

이 단체는 구체적인 목표로 유럽연합(EU) 및 북대서양조약기구(NATO) 공동가입을 내세웠으며, 이 두 기구에 가입한 후에도 상호협력과 유럽연합(EU) 내 지역협의체로서 지속해서 활동하고 있는바, 특허에 관한 사항도 규정되어 있고, PCT에도 가입되어 있다. 2017. 2. 1.에는 PCT국제조사기관으로 선정되었다.

찾아보기

공동저자 약력

임석재(任石宰)

고려대학교 법률학과 졸업
서울대학교 경영대학(최고경영자과정: AMP) 수료
서울대학교 공과대학(최고산업전략과정: AIP) 수료
서울대학교 법학연구소(지적재산권법과정) 수료
국회 사무처(國會 事務處) 도서과장·의사과장
법제처 법제조사위원회 전문위원(2급대우)
국회 전문위원(1급)
변리사시험합격·변리사개업
고려대학교 교수대우 강사(산업재산권법)
변리사시험위원
대한변리사회 회장
ASIA변리사회(APAA) 한국협회 회장
ASIA변리사회(APAA) 서울총회 집행위원장
ASIA변리사회(APAA) 본부 부회장
국제산업재산권보호협회(AIPPI) 한국협회 회장
국제변리사연맹(FICPI) 한국협회 회장
현재 **특허법인 원전(元全) 대표변리사 회장**

철탑산업훈장·은탑산업훈장 수상
ASIA변리사회 ENDURING AWARD 수상

[주요저서]
공업소유권법, 특허·상표해설, 특허의 이론과 전략

한규현(韓奎現)

고려대학교 법과대학 법학과 졸업
고려대학교 법무대학원 지적재산권법학과 석사
고려대학교 대학원 법학과 상법(지적재산권법)전공 박사과정 수료
사법연수원 20기 수료
대법원 재판연구관(지식재산 담당)
수원지방법원 부장판사(지식재산 담당)
서울중앙지방법원 부장판사(지식재산 담당)
특허법원 부장판사(심결취소소송 담당)
특허법원 수석부장판사(심결취소소송 담당)
서울고등법원 부장판사(지식재산 담당)

[주요저서]
특허법 주해, 지적재산소송실무, 특허법 연구, 저작권법 연구 공동 집필

특 허 법

초판발행　　　2017년　6월　20일

지은이　　　　임석재·한규현
펴낸이　　　　안종만

편　집　　　　김선민
기획/마케팅　조성호
표지디자인　권효진
제　작　　　　우인도·고철민

펴낸곳　　　　(주) **박영사**
　　　　　　　서울특별시 종로구 새문안로3길 36, 1601
　　　　　　　등록　1959. 3. 11. 제300-1959-1호(倫)

전　화　　　　02)733-6771
ｆａｘ　　　　02)736-4818
e-mail　　　　pys@pybook.co.kr
homepage　　www.pybook.co.kr
ISBN　　　　979-11-303-3042-6　93360